de Gruyter Lehrbuch

D1674576

Wilfried Härle

Dogmatik

Zweite, überarbeitete Auflage

Walter de Gruyter · Berlin · New York
2000

♾ Gedruckt auf säurefreiem Papier,
das die US-ANSI-Norm über Haltbarkeit erfüllt

Die Deutsche Bibliothek – *CIP-Einheitsaufnahme*

Härle, Wilfried:
Dogmatik / Wilfried Härle. – 2., überarb. Aufl. – Berlin ; New York :
de Gruyter, 2000
    (De-Gruyter-Lehrbuch)
    ISBN 3-11-016590-2 Gb.
    ISBN 3-11-016589-9 brosch.

© Copyright 2000 by Walter de Gruyter & Co., D-10785 Berlin

Dieses Werk einschließlich aller seiner Teile ist urheberrechtlich geschützt. Jede Verwertung außerhalb der engen Grenzen des Urheberrechtsgesetzes ist ohne Zustimmung des Verlages unzulässig und strafbar. Das gilt insbesondere für Vervielfältigungen, Übersetzungen, Mikroverfilmungen und die Einspeicherung und Verarbeitung in elektronischen Systemen.

Printed in Germany

Diskettenkonvertierung: Readymade, Berlin
Druck und buchbinderische Verarbeitung: WB-Druck, Rieden/Allgäu

Für

Sigrid

Glockzin-Bever

Vorwort

Ein Lehrbuch der Dogmatik trifft in unserer Zeit auf Interesse *und* auf Skepsis. Schon der Begriff „Dogmatik" ruft bei vielen Menschen Assoziationen von Enge, Starrheit und Dogmatismus hervor. Im Bewußtsein der hier drohenden Mißverständnisse bin ich nur zögernd an diese Aufgabe herangegangen. Ihre Übernahme wurde mir erleichtert durch die Tatsache, daß dieses Lehrbuch in einer Reihe erscheint, in der Wolfgang Trillhaas vor fast einem Vierteljahrhundert das Ziel der Dogmatik beschrieben hat mit der Formulierung, sie möge „zu einer eigenen Überzeugung und zu befreiendem Verstehen behilflich sein" (Dogmatik, 1972³, S. VIII). Diese Zielsetzung möchte ich mir gern zu eigen machen.

Angesichts des zunehmenden religiösen Pluralismus gibt es gerade heute viele Menschen, denen es wichtig ist, sich über ihren Glauben gedanklich Rechenschaft zu geben und so im Dialog mit anderen Auffassungen gesprächsfähig zu sein. Das kann aber nur gelingen, wenn sie in der Auseinandersetzung mit den Inhalten des Glaubens, wie sie durch eine lange Überlieferungsgeschichte vorgegeben sind, dazu angeleitet werden, eine aus eigenem Verstehen gewonnene Überzeugung auszubilden und argumentativ zu vertreten.

Die vorliegende Dogmatik will die Leserinnen und Leser dadurch zur eigenen Urteilsbildung anregen, daß in einem zusammenhängenden Gedankengang die Fragen, Argumente und Lösungsansätze entfaltet werden, die sich für den Verfasser bei seiner Beschäftigung mit dem christlichen Glauben ergeben haben. Diese Darstellung der *eigenen* Auffassung (anstelle der Wiedergabe mehrerer unterschiedlicher Lehrmeinungen) soll dazu anregen, in kritischer Anknüpfung an das Vorgetragene nun auch selbst einen *eigenen* Weg zu suchen.

In diesem Prozeß der Ausbildung systematisch-theologischer Urteilsfähigkeit sind die Anfragen und Einwände aus der gesellschaftlichen, wissenschaftlichen und religiösen Lebenswelt (aber auch aus dem eigenen Nachdenken) nicht störende Zwischenrufe, sondern notwendige Herausforderungen, die verhindern können, daß Glaube und Leben sich voneinander isolieren und damit – zum Schaden beider – beziehungslos werden. Je deutlicher diese Einwände artikuliert werden, desto mehr nötigen sie die Theologie, in der Besinnung auf ihre Sache nach tragfähigen Antworten zu suchen und über sie allgemeinverständlich Rechenschaft zu geben – oder ihre eigene Ratlosigkeit einzugestehen und auszuhalten.

Daraus resultieren für das vorliegende Dogmatik-Lehrbuch drei vorrangige Intentionen:

- Die Klärung der verwendeten *Begriffe* mit dem Ziel, zu einem möglichst genauen Verstehen vorzudringen und so Verständigung zu ermöglichen. Deswegen beginnen viele Kapitel und Abschnitte mit Vorüberlegungen zum Sprachgebrauch und zur verwendeten Begrifflichkeit.

- Die Anknüpfung an die biblische und kirchliche *Tradition*, in der der christliche Glaube für die heutige kritische Reflexion und Auslegung vorgegeben ist. Deswegen spielt der Bezug auf die Aussagen der Bibel und der kirchlichen Lehrentscheidungen durchgehend eine wichtige Rolle.

- Die Vermittlung dieser Tradition mit den Erfahrungen und mit dem Denken der gegenwärtigen *Lebenswelt*, weil der Glaube nur so als Grundlage und Orientierung für das Leben des einzelnen und der Gesellschaft entdeckt und angeeignet werden kann. Deswegen werden die Themen und Fragen, die in der heutigen Diskussion eine besondere Rolle spielen (wie z. B. der Absolutheitsanspruch, das Theodizeeproblem oder die Auseinandersetzung mit dem naturwissenschaftlichen Denken), relativ ausführlich behandelt.

Um dieser Klärung, Anknüpfung und Vermittlung willen geht diese Dogmatik an einigen Stellen neue, unvertraute Wege. Das ist insbesondere der Fall in der Gotteslehre, in der Christologie und in der Schöpfungslehre, wo mittels der Denkfigur des „kategorialen Unterschieds" der Versuch unternommen wird, sowohl das Wesen Gottes[1] als auch das Verhältnis zwischen Gott und Geschöpf so zu bestimmen, daß mit dem grundlegenden Unterschied zugleich die Verbundenheit, ja (bezogen auf Jesus Christus) die Einheit zwischen Gott und Mensch denkbar wird. Diese Gedanken sowie die Überlegungen zum (rezeptiven und) produktiven Aspekt des Erkennens (s. 7.1.1) sind anfängliche Schritte auf einem Weg, der für künftige Bewährung und Korrektur offenbleibt.

Wegen der vorgegebenen Umfangsbegrenzung mußten andere mögliche Zielsetzungen einer Dogmatik in den Hintergrund treten: So nimmt die Information über die dogmen- und theologie*geschichtlichen* Lehrentwicklungen nur geringen Raum ein, und das *fachwissenschaftliche* Ge-

---

1   Die Aussagen über Gottes Wesen als Liebe werden mit großer Wahrscheinlichkeit mißverstanden und irreführend gebraucht, wenn die Hinweise in Abschn. 8.1.1.3 über die *Grenzen* des Redens von Gottes Wesen als Liebe und wenn die durchgehend vorausgesetzte *Unterscheidung* zwischen der göttlichen Liebe und ihren irdischen Verwirklichungsformen nicht beachtet oder nicht ernstgenommen werden.

spräch mit anderen theologischen Auffassungen findet allenfalls anmerkungsweise statt. Wer diese Elemente sucht, wird in anderen Dogmatiken
eher fündig werden. Die beigefügten Literaturhinweise (s. S. 650 ff.) sollen aber einen *Zugang* zur fachwissenschaftlichen Diskussion eröffnen.[2]
Diese Dogmatik richtet sich dementsprechend nicht primär an Fach-
kollegen, sondern an Theologiestudierende sowie an Frauen und Männer, die beruflich im Pfarramt oder im schulischen Religionsunterricht
tätig sind und nach Anregungen für ihr systematisch-theologisches Nachdenken suchen. Deswegen hoffe ich, daß das Lehrbuch sowohl für das
Studium und die Examensvorbereitung brauchbar ist, als auch in der
Berufspraxis (etwa bei der Predigt- und Unterrichtsvorbereitung) mit
Gewinn verwendet werden kann. Letzteres ist meines Erachtens *die* Bewährungsprobe für den Nutzen *aller* dogmatischen Arbeit. Die beigefügten Bibelstellen- und Begriffsregister dienen vor allem der Verwendbar-
keit in diesem Bereich und für diese Aufgaben.

Das Lehrbuch ist mit seinen 15 Kapiteln so konzipiert, daß es auch als
Textgrundlage für ein dogmatisches Repetitorium verwendet werden
kann. In diesem Falle empfiehlt es sich jedoch, das sehr umfangreiche
Kap. 14 entweder in zwei Einheiten aufzuteilen oder, wenn dies nicht
möglich ist, den Abschn. 14.1 zusammen mit Kap. 13 zu behandeln. Das
hätte den zusätzlichen Vorteil, daß der Zusammenhang zwischen Sünde
und Heil besonders deutlich würde.

An dem Zustandekommen dieses Buches haben viele Menschen mitgewirkt, denen ich mich dadurch verbunden fühle:

An erster Stelle möchte ich Studienleiterin Pfarrerin *Sigrid Glockzin-
Bever* nennen, die den größten Anteil am Werden dieser Dogmatik hat.
In der – durchaus kontroversen – Kommunikation mit ihr ist dieses Buch
entstanden. Die Offenheit und Weite ihres theologischen Denkens, ihre
eigenständige weibliche Perspektive und ihr verläßliches Unterschei-
dungsvermögen zwischen lebendigen Gedanken und toten Formeln haben dieses Lehrbuch wesentlich mitgeprägt. Ihr ist darum die Dogmatik
gewidmet.

Auf dem beschwerlichen Weg der Entstehung dieses Buches sind mir
Botschaften von Menschen zuteil geworden, die mich ermutigt und die
mir weitergeholfen haben: aus meiner Familie, insbesondere von meinem
Sohn *Michael*; aus dem Kreis der Kollegen und Freunde, besonders von
Eilert Herms und *Manfred Marquardt*, sowie von meinem Arzt.

---

2 Sofern im Text oder in den Anmerkungen der Dogmatik Literaturhinweise *in
  Kurzform* vorkommen, sind die ausführlichen Angaben den jeweils zu diesem
  Kapitel oder Abschnitt gehörigen Literaturhinweisen zu entnehmen.

Einige meiner Mitarbeiter haben den Entstehungsprozeß der Dogmatik kontinuierlich mit wohlwollender, kritischer Aufmerksamkeit begleitet und mir eine Fülle sachlicher und sprachlicher Korrekturvorschläge
gemacht: *Rüdiger Gebhardt*, der insbesondere in den Abschnitten 2.2.4
und 15.3.2 für wesentliche Verbesserungen sorgte und außerdem das
Bibelstellenregister anfertigte; *Frank Miege*, der mir insgesamt anhand
von Peirce zu neuen semiotischen Einsichten verholfen und in Abschn. 7.1.1 bis in die sprachlichen Formulierungen hinein mitgewirkt hat;
Susanne Hahn, die sich nicht ganz erfolglos darum bemühte, die Sprache
ohne ästhetische Einbußen frauenfreundlicher zu gestalten; *Thomas
Jeromin*, der in unermüdlicher Geduld Fehler und Ungenauigkeiten im
Text aufspürte und zur Strecke brachte, sowie *Harald Goertz*, der mich
im Abschn. 14.3.3 an dem profitieren ließ, was er zum Allgemeinen Priestertum und ordinierten Amt bei Luther erarbeitet hat. Die beiden Letztgenannten haben mich außerdem bei der Anfertigung des Personen- und
Begriffsregisters mit großem Einsatz unterstützt.

Zu danken habe ich ferner meinem Kollegen *Dieter Lührmann*, der
sich der Mühe unterzog, Kap. 4 sowie Abschn. 9.2 aus der Perspektive des
Neutestamentlers kritisch durchzusehen. Daraus resultierten zahlreiche
wertvolle Verbesserungsvorschläge. Es versteht sich von selbst, daß er
nicht die Verantwortung für das trägt, was schließlich aus seinen Anregungen geworden ist.

Danken möchte ich ferner den Mitarbeitern des Verlags Walter de
Gruyter, insbesondere Herrn *Dr. Hasko von Bassi*, der von Anfang an das
Entstehen dieses Lehrbuchs mit sachkundigem Interesse, großzügiger
Unterstützung und gelegentlichem sanftem Druck begleitet und gefördert
hat.

Ein besonderer Dank gebührt Frau *Brigitte Ritter*, die diese Dogmatik mit bewundernswerter Sorgfalt in immer neuen Fassungen weit über
ihre Arbeitszeit hinaus auf Diskette geschrieben hat. In zunehmendem
Maße regte sie auch stilistische Verbesserungen an und ließ so ihr feines
Sprachgefühl dem Entstehen dieses Buches zugute kommen.

Daß sie für diese Tätigkeit immer wieder freigestellt wurde, habe ich
neben anderen Formen der Unterstützung meiner Arbeit der Evangelischen Kirche von Kurhessen-Waldeck zu verdanken, die mir durch die
Ernennung zum Landeskirchenrat im Nebenamt auch diese Hilfe zuteil
werden ließ. Es ist mir ein Bedürfnis, dafür an dieser Stelle meinen herz-
lichen Dank auszusprechen.

Abschließend möchte ich noch einmal der Hoffnung Ausdruck geben,
daß neben den Studierenden insbesondere Pfarrer und Pfarrerinnen, Leh-
rerinnen und Lehrer als *die* Amtsträger im Bereich der evangelischen
Landeskirchen, die den groß gewordenen Abstand zwischen der Kirche

mit ihrer Botschaft und den Menschen in unserer Lebenswelt zu über-
brücken haben, aus diesem Buch Anregungen, neue Einsichten, vor allem
aber Ermutigung zum *eigenen* theologischen Denken empfangen.

Marburg, Jahreswende 1994/95 *Wilfried Härle*

Vorwort zur zweiten Auflage

Die 1995 erschienene erste Auflage dieser Dogmatik hat eine erfreulich positive Aufnahme gefunden. Das kam in Briefen, Gesprächen, Rezensionen und nicht zuletzt in den Verkaufsziffern zum Ausdruck. So ist schon nach relativ kurzer Zeit eine zweite Auflage nötig und möglich geworden.

Ich hatte zunächst die Absicht, das Buch für diese Neuauflage anhand der Verbesserungsvorschläge und Anregungen, die mir von verschiedenen Seiten gemacht wurden, zu überarbeiten. Aber eine solche Neubearbeitung hätte die gemeinsame Benutzung der beiden Auflagen im Rahmen von Repetitorien, Seminaren und Arbeitsgruppen erheblich erschwert. Deshalb habe ich von diesem Plan Abstand genommen und mich auf die Korrektur von Fehlern und mißverständlichen Formulierungen sowie auf eine Ergänzung der Literatur im bibliographischen Anhang beschränkt, ohne in den Umbruch, d. h. in die Aufteilung und Zählung der Seiten einzugreifen.

Drei der vorgenommenen Änderungen verdienen Erwähnung:

– Die auffälligste Änderung betrifft die *Überschriften* der beiden Hauptteile. Diese wurden zwar etwas umständlicher, aber dafür genauer. Während die alten Formulierungen den Anschein erwecken konnten, es gehe um den Unterschied zwischen *Wesen und Wirklichkeitsverständnis* des christlichen Glaubens, wird nun deutlich, daß es um den zwischen *Rekonstruktion und Explikation* des christlichen Wirklichkeitsverständnisses geht, das das Wesen des christlichen Glaubens ausmacht.

– In der Behandlung des *Theodizeeproblems* (12.3) habe ich einen Denkfehler entdeckt und zu beheben versucht. Ich hatte in der ersten Auflage (S. 442 und 452) behauptet, *nur* wer den Anspruch erhebe, die Schöpfungsaussage beweisen zu können, müsse auch die Anklagen im Theodizeeprozeß widerlegen. Richtig ist dagegen, daß man sich dieser „Beweislast" auch dann nicht entziehen kann, wenn man nur hypothetisch von der Welt als Schöpfung Gottes spricht. Man muß dann „nur" die Hypothese begründen.

– Den Abschn. 14.1.4.1 habe ich aufgrund kritischer Hinweise und konstruktiver Verbesserungsvorschläge von S. Glockzin-Bever und J. Stolch sprachlich überarbeitet. Das hat dem Text m. E. gutgetan. Für diese Anregungen möchte ich auch an dieser Stelle meinen Dank aussprechen.

Zu danken habe ich ferner vor allem meinem Kollegen Th. Mahl-mann, der bei seiner sorgfältigen Lektüre eine große Anzahl Corrigenda entdeckt hat. Für Hinweise auf Fehler bin ich auch Herrn Kollegen G. Meckenstock, Herrn OKR Dr. R. Brandt, Frau K. Huxel und stud. theol. H. Riehm dankbar. Meine Mitarbeiter R. Gebhardt, M. Kauer, F. Miege, A.K. Redecker und W. Schmitt waren mir beim Korrekturlesen, bei der Überarbeitung der Register und bei der Erstellung der Druckfassung eine große Hilfe.

Ich hoffe, daß das Buch auch weiterhin Menschen in Studium und Beruf, in Kirche und Gesellschaft anregt und herausfordert zum theologi-schen Nachdenken und zum verantwortlichen Reden vom Glauben im Kontext unserer Lebenswelt.

Heidelberg, den 29. Januar 1999   *Wilfried Härle*

Inhaltsverzeichnis

Hauptteil I: Rekonstruktion des Wesens des christlichen Glaubens

Teil A: Das Gottesverständnis des christlichen Glaubens

Teil B: Das Weltverständnis des christlichen Glaubens

Abkürzungsverzeichnis

Apol	Apologie der Confessio Augustana
BSLK	Bekenntnisschriften der evangelisch-lutherischen Kirche
CA	Confessio Augustana
Conc(D)	Concilium, Einsiedeln
DS	Denzinger-Schönmetzer, Enchiridion Symbolorum
EG	Evangelisches Gesangbuch
EKL	Evangelisches Kirchenlexikon
Ep	Epitome (der Konkordienformel)
EvTh	Evangelische Theologie
FC	Konkordienformel
FS	Festschrift
GS	Gesammelte Schriften
GTB	Gütersloher Taschenbücher
GuV	Glauben und Verstehen (R. Bultmann)
GW	Gesammelte Werke
HDThG	Handbuch der Dogmen- und Theologiegeschichte
HK (Fr.)	Heidelberger Katechismus (Frage)
HST	Handbuch Systematischer Theologie
HW	Hauptwerke
KD	Kirchliche Dogmatik (K. Barth)
KTB	Kohlhammer Taschenbücher
LK	Leuenberger Konkordie
LM	Lutherische Monatshefte
LThK	Lexikon für Theologie und Kirche
LuJ	Luther-Jahrbuch
LuThK	Lutherische Theologie und Kirche
MJTh	Marburger Jahrbuch Theologie
MPG	Migne Patrologia Graeca
MPL	Migne Patrologia Latina
MThSt	Marburger theologische Studien
MW	Main Works
MySal	Mysterium Salutis
NA	Neuausgabe
ND	Nachdruck
NR	Neuner-Roos, Der Glaube der Kirche
NZSystTh	Neue Zeitschrift für Systematische Theologie
QD	Quaestiones disputatae

RAC	Reallexikon für Antike und Christentum
RGG	Religion in Geschichte und Gegenwart
SA	Schmalkaldische Artikel
SD	Solida Declaratio (der Konkordienformel)
STB	Siebenstern Taschenbücher
STh	Systematische Theologie
stw	Suhrkamp Taschenbuch Wissenschaft
ThB	Theologische Bücherei
ThExh	Theologische Existenz heute
ThSt	Theologische Studien
TRE	Theologische Realenzyklopädie
UB	Universalbibliothek
UTB	Uni-Taschenbücher
VuF	Verkündigung und Forschung
WA	Weimarer Ausgabe (M. Luther)
W²	Walch'sche Luther-Ausgabe, 2. Auflage
WuG	Wort und Glaube (G. Ebeling)
WzM	Wege zum Menschen
ZdZ	Zwischen den Zeiten
ZEE	Zeitschrift für Evangelische Ethik
ZSystTh	Zeitschrift für Systematische Theologie
ZThK	Zeitschrift für Theologie und Kirche

Einleitungsteil

1 Dogmatik im Gesamtzusammenhang der Theologie als Wissenschaft

Alles Lebendige braucht den Austausch mit seiner Umgebung. Nur so kann es leben, sich entwickeln und fruchtbar werden. Das gilt auch für eine Dogmatik. Isoliert von ihrem Umfeld wird sie leicht zu einer vertrockneten oder sogar toten Angelegenheit. Um diese Gefahr zu vermindern, soll hier der Versuch unternommen werden, die Dogmatik von vornherein in die Zusammenhänge einzuordnen, in denen sie ihren Lebensraum hat. Das geschieht z. B., indem wir nach Ort und Funktion der Dogmatik innerhalb der Systematischen Theologie im besonderen und innerhalb der christlichen Theologie im ganzen fragen und diese wiederum als Teil der gesellschaftlichen Institution „Wissenschaft" betrachten. Das ist der wissenschaftlich-theologische Zusammenhang der Dogmatik. In anderer Hinsicht bilden der christliche Glaube und die christliche Kirche im Kontext der allgemeinen Religiosität einen konstitutiven Zusammenhang, in den die Dogmatik hineingehört. Dies ist der kirchlich-religiöse Zusammenhang der Dogmatik.

Die Einzeichnung der Dogmatik in solche Zusammenhänge kann nun entweder so erfolgen, daß man vom Speziellen, also von der Dogmatik, ihrer Aufgabenstellung und Funktionsbestimmung ausgehend zu den immer umfassenderen Kontexten weiterschreitet, oder so, daß man zunächst ein möglichst weites Feld der Kommunikation in den Blick nimmt, in dem dann die Dogmatik mit ihren Besonderheiten verortet wird. In *beiden* Fällen muß man in der Darstellung zunächst Elemente voraussetzen, die erst später expliziert werden können. In dieser Hinsicht ist also keiner der beiden Wege dem anderen eindeutig vorzuziehen. Aber der Weg vom Allgemeinen zum Besonderen empfiehlt sich, weil so die konstitutive Bedeutung des Gesamtzusammenhanges von vornherein im Blick ist.

Das Interesse an einer Kommunikation über Grenzen hinweg spricht ferner auch eher dafür, mit dem wissenschaftlichen statt mit dem kirchlichen Kontext zu beginnen. Damit ist *nichts* über deren jeweilige Wichtigkeit gesagt, sondern nur etwas über das empfehlenswerte Vorgehen und über den Aufbau dieses ersten Kapitels, das den Einleitungsteil dieser Dogmatik bildet.

Bevor die für dieses Kapitel zentrale Frage nach der *Theologie als Wissenschaft* (1.3) beantwortet werden kann, müssen zunächst die grundlegenden Elemente des *Wissenschaftsbegriffs* (1.1) und das Selbstverständnis der (christlichen) *Theologie* (1.2) erhoben werden, um beides dann unter der Leitperspektive der Wissenschaftlichkeit der Theologie miteinander zu verbinden. Danach soll der Versuch unternommen werden, die *Dogmatik* in den Gesamtzusammenhang der in sich gegliederten Theologie einzuzeichnen (1.4). Den Abschluß dieses ersten Kapitels bildet das, was zu *Aufbau und Gliederung* des vorliegenden Lehrbuchs der Dogmatik zu sagen ist (1.5).

1.1   Zur Klärung des Wissenschaftsbegriffs

Wissenschaft hat die Funktion, Wissen[1] auf überprüfbare Weise zu erweitern. Damit ist zunächst die Aufgabe gestellt, zu klären, was mit dem Begriff „Wissen" gemeint ist. Im Begriff „Wissen" sind jedenfalls drei Elemente enthalten, die auch für den Wissenschaftsbegriff unaufgebbar sind:

– der *kognitive Inhalt*, der sich in Aussagen formulieren läßt;
– die *subjektive Überzeugung* vom Wahrsein dieser Aussagen;
– das *tatsächliche Wahrsein* dieser Aussagen.

Während die beiden ersten Elemente selbstverständlich sind, weil sie schon sprachlich aus der Formel „x weiß a" abgeleitet werden können, ruft das dritte Element in der Regel Widerspruch hervor. Trotzdem ist es konstitutiv für den Begriff „Wissen" auch und gerade in seinem wissenschaftstheoretischen Verwendungszusammenhang.

Selbstverständlich gibt es *vermeintliches* oder *angebliches* Wissen, von dem das Wahrsein der Aussagen *nicht* gilt, aber eben *deshalb* handelt es sich dabei auch *nicht* um Wissen, sondern nur um vermeintliches oder angebliches Wissen. „Wissen" impliziert „Wahrsein", und „Wissensanspruch" impliziert „Wahrheitsanspruch". So ist es mit den Verwendungsregeln des Wortes „Wissen" nicht vereinbar zu sagen: „Jemand weiß, daß etwas der Fall ist, aber es ist gar nicht der Fall." Um das damit Gemeinte auszudrücken, müssen wir sagen: „Jemand meint zu wissen, daß etwas der Fall ist, aber es ist nicht der Fall."

Freilich: Genau in dem Unterschied zwischen der subjektiven *Überzeugung* vom Wahrsein und dem tatsächlichen *Wahrsein* von Aussagen steckt das Problem, das der wissenschaftlichen Arbeit ihre Wichtigkeit

---

1   Dabei geht es in der Wissenschaft grundsätzlich um alles überhaupt mögliche Wissen, obwohl sich die gesellschaftlich institutionalisierte Wissenschaft faktisch auf relevantes bzw. als relevant vermutetes Wissen konzentriert.

verleiht. Sie sucht Antwort auf die Frage: Was wissen wir *wirklich*? Was ist also tatsächlich *wahr*? Wenn es in der Wissenschaft darum geht, Wissen zu *erweitern*, so ist dies denkbar als Überprüfung und Bestätigung (oder Verwerfung) von vorgegebenen Vermutungen oder Wissensansprüchen, aber auch als Erschließung von völlig neuen, in der Alltagskommunikation so gar nicht auftauchenden Fragestellungen, Erkenntnissen oder ganzen Wissensgebieten. Ein wesentliches Element wissenschaftlicher Arbeit kommt jedoch erst in den Blick mit der Forderung, diese Wissenserweiterung müsse *auf überprüfbare Weise* erfolgen. Was ergibt sich daraus für die Bestimmung des Wissenschaftsbegriffs?

1.1.1 Methodische Wissenserweiterung und -überprüfung

Von zahlreichen Formen alltäglicher oder zufälliger Wissenserweiterung und -überprüfung unterscheidet sich die Wissenschaft durch ihre strenge Ausrichtung an *Methoden*. Unter „Methoden" werden hierbei verstanden geordnete Wege zur Gewinnung neuen Wissens und zur Kontrolle von Wissensansprüchen oder -vermutungen. Sie erfüllen damit mehrere Funktionen:

– Zunächst dient die *Frage* nach Methoden der Bewußtmachung möglicher oder faktisch beschrittener Erkenntniswege;
– sodann ermöglicht die *Formulierung* von Methoden die Wiederholung von Erkenntnisprozessen an gleichen oder vergleichbaren Gegenständen;
– schließlich ermöglicht die *Offenlegung* von Methoden die Überprüfung sowohl der erzielten Ergebnisse (wurde die Methode unter Umständen fehlerhaft angewandt?) als auch die Überprüfung der Methode selbst (ist die Methode in sich stimmig und dem Gegenstand angemessen?).

An diesem schlichten Dreischritt wird bereits deutlich, daß die Orientierung an Methoden die Durchsichtigkeit des Prozesses der Wissenserweiterung und -überprüfung und damit die Kommunikation über ihn nicht nur erheblich befördert, sondern eigentlich erst ermöglicht. Zugleich zeigt sich, daß Methoden selbst nicht nur der Gewinnung von Wissen und der Überprüfung von Wissensansprüchen dienen, sondern selbst der kritischen Prüfung unterliegen (müssen). Kriterium dieser Prüfung ist insbesondere die *Sachgemäßheit* einer Methode. Woran entscheidet sich aber, ob eine Methode sachgemäß ist? Offensichtlich daran, ob sie unser Wissen über diesen Gegenstand erweitert. Ob das aber der Fall ist, läßt sich nur mittels einer dem Gegenstand angemessenen Methode überprüfen. So zeigt sich, daß zwischen Gegenstand und Methode offenbar ein zirkuläres Verhältnis besteht, das nicht von einem archimedischen Punkt aus aufgebrochen werden kann. Die Wissenschaft (auch die Naturwissenschaft) kann nur jeweils in einen solchen Zirkel eintreten und in ihm arbeiten, um dadurch zu einem angemesseneren Verständnis des Gegenstandes und der Methode zu kommen. Vergleiche, Prognosen, Überprüfungen der Widerspruchsfreiheit und dabei sich einstellendes Gelingen oder Mißlingen sind die Elemente, durch die die zirkuläre Bemühung um Wissenserweiterung und -überprüfung so vorangebracht werden kann, daß sie die Form einer Spirale annimmt, also Wissensfortschritt ermöglicht. Aber auch die Konstatierung solchen Wissensfortschritts entrinnt nicht der zirkulären Struktur und steht insofern stets unter einem wissenschaftstheoretischen Vorbehalt.

1.1.2 Umfassende Wissenserweiterung und -überprüfung

Der Wissensdrang, der in der Wissenschaft zum Zuge kommt, mag zwar von der geheimen Ahnung und Scheu des Menschen begleitet sein, daß er zerstörerisch werden könnte, gleichwohl ist er aus sich selbst heraus *unbegrenzt*. Sollen ihm Grenzen gesetzt werden, so muß dies von außerhalb geschehen und kann legitimerweise nur die Methoden betreffen, durch die Wissen erworben werden soll (z. B. Wissenserweiterung durch Menschenversuche, durch entbehrliche Tierversuche oder durch risikoreiche Projekte). Zwar gehört zu verantwortlicher wissenschaftlicher Arbeit auch die Anerkennung dessen, was wir *nicht* wissen *können*, aber diese Begrenzung, die sich im Wissenschaftsprozeß selbst einstellt, betrifft nicht den Wissensdrang, sondern nur seine mögliche Befriedigung. Daß Wissenserweiterung und -überprüfung umfassend geschehen und nicht willkürlich begrenzt werden, ist vor allem deswegen wichtig, weil nur so die immer schon vorauszusetzenden Vorverständnisse und Vorurteile in den Prozeß wissenschaftlicher Prüfung einbezogen werden können und nicht aus ihm ausgeklammert werden und ihn gerade dadurch beeinflussen.

Es ist längst erkannt worden, daß das damit angesprochene Postulat der *Vorurteilslosigkeit* der Wissenschaft keinesfalls mit irgendeiner Form von *Voraussetzungslosigkeit* verwechselt oder gleichgesetzt werden darf. Voraussetzungslos (und d. h. immer auch: ohne Vorverständnisse und Vorurteile) geschieht *gar nichts* – auch keine wissenschaftliche Arbeit. Schon die *Sprache*, mittels deren in der Wissenschaft kommuniziert wird, ist eine Voraussetzung wissenschaftlichen Arbeitens, die im Blick auf die

Methoden und Gegenstände keineswegs indifferent ist. Dasselbe gilt von den *grundlegenden Überzeugungen* (basic beliefs), die den Menschen im Laufe ihrer Lebensgeschichte zugewachsen sind und die als mitgebrachte Vorurteile oftmals erst im Lauf eines Forschungsprozesses bewußt werden und als solche erkannt werden können. Nicht der Verzicht auf solche Grundannahmen und Voraussetzungen ist sinnvollerweise zu fordern und deswegen ein Kriterium der Wissenschaftlichkeit, wohl aber die Bereitschaft, alle diese Größen im Prozeß wissenschaftlichen Arbeitens der Überprüfung auszusetzen. Es ist kein Verlust, sondern ein *Zugewinn* an Wissenschaftlichkeit, wenn solche Voraussetzungen, *die ja stets vorhanden sind*, in den Wissenschaftsprozeß einbezogen werden, indem sie bewußtgemacht und kritisch auf ihre Angemessenheit und Tragfähigkeit hin befragt werden.

1.1.3 Rationale Wissenserweiterung und -überprüfung

Wissenschaftliche Arbeit ist *rationale*, also vernunftgeleitete Tätigkeit. Das Medium, in dem sie sich artikuliert, sind komplexe Zeichen, insbesondere Begriffe, Aussagen und Schlußfolgerungen. Von da aus läßt sich auch – jedenfalls annäherungsweise – bestimmen, was unter der allen Wissenschaften gemeinsamen (also für „Wissenschaft" generell zu fordernden) *Rationalität* zu verstehen ist.

Rationalität ist zunächst und grundlegend die Fähigkeit zu differenzieren und zu präzisieren. Exemplarisch geschieht dies dort, wo *Begriffe* wissenschaftlich definiert, also inhaltlich bestimmt und von anderen Begriffen abgegrenzt werden.

Rationalität ist sodann die Fähigkeit, Zeichen so miteinander zu verbinden, daß verstehbare, wahrheitsfähige *Aussagen* entstehen. Mindestbedingung hierfür ist die Vermeidung kontradiktorischer Widersprüche, d. h. von Aussagen, die implizieren, daß etwas zum gleichen Zeitpunkt und in derselben Hinsicht bejaht und verneint wird.

Rationalität erweist sich schließlich als die Fähigkeit, Aussagen so miteinander zu verbinden, daß dadurch gültige (wenn auch nicht immer zwingende) *Schlußfolgerungen* entstehen. Unter diesen gültigen Schlußfolgerungen nimmt traditionell die *Deduktion* den ersten Rang ein, wenn sie nicht sogar als einzige anerkannt wird, weil nur sie „zwingend" ist, d. h. bei fehlerfreier Anwendung *stets* von wahren Prämissen zu wahren Konklusionen führt. Der Preis für diese Exaktheit liegt freilich darin, daß durch Deduktionen das Wissen *inhaltlich nicht erweitert wird*.

Neben der Deduktion ist insbesondere im Bereich der empirischen Wissenschaften die *Induktion* von erheblicher Bedeutung. Sie ist (in positiver Hinsicht) nicht zwingend, erweitert aber insofern auf unsichere[2] Weise unser Wissen, als sie von (einer Vielzahl von) Einzelfällen auf eine generelle Regel schließt. Die Wissenserweiterung ist in diesem Falle also quantitativer Art, nämlich verallgemeinernd. Bei genauer Betrachtung ergibt sich freilich, daß die eigentliche wissenschaftliche Funktion der Induktion darin besteht, anhand von Aussagen über Einzelfälle die Richtigkeit von Prämissen zu überprüfen, aus denen Folgerungen für diese Einzelfälle abgeleitet wurden.

Neben Deduktion und Induktion ist die dritte, vielleicht schon von Aristoteles, jedenfalls aber von Peirce (1839-1914) entdeckte Schlußform der *Abduktion* kaum beachtet worden. Dabei ist sie für *jede* Form qualitativer Wissenserweiterung grundlegend und verdient insofern größte Aufmerksamkeit. Freilich teilt die Abduktion den problematischen, also unsicheren Charakter mit der Induktion. Sie führt uns also nur zu (begründeten) *Vermutungen*, die wahr sein *können*. Aber sie dient dadurch der Gewinnung möglicher neuer Erkenntnis. Die Abduktion besteht darin, daß ein (unbekannter oder unerklärbarer) Einzelfall versuchsweise einer Regel zugeordnet und dadurch erklärt wird. Jede medizinische Diagnose, jede Textinterpretation und jede kreative Theoriebildung erweist sich als Abduktion. Auch für die Theologie sind die abduktiven Schlußfolgerungen von größter Bedeutung.

Von der *Abduktion* her läßt sich übrigens verstehen und erklären, wie die generellen Prämissen oder Axiome entstehen, aus denen mittels *Deduktion* zwingende Folgerungen abgeleitet werden, die sich mittels *Induktion* überprüfen lassen, um so entweder die ursprüngliche Abduktion zu bestätigen oder zu widerlegen. Im Falle der Widerlegung wird die Wissenschaft sich veranlaßt sehen, eine neue Abduktion zu bilden, die wiederum der deduktiven und induktiven Überprüfung ausgesetzt wird. Die drei Schlußverfahren bilden also einen Kreislauf, genauer gesagt: eine Spirale.

Keines dieser drei rationalen Schlußverfahren ist jedoch in der Lage, Letztbegründungen für Wissensansprüche zu geben. Stets muß entweder das Wahrsein der Axiome oder Prämissen, aus denen Theoreme oder Einzelaussagen zwingend gefolgert werden können, schon vorausgesetzt werden, oder die Folgerungen haben selbst keinen zwingenden Charakter. Sicherheit läßt sich allenfalls dort erreichen, wo Theoreme oder Einzelaussagen, die aus Axiomen oder Prämissen abgeleitet wurden, induktiv *widerlegt* werden können. Wissenschaft ist grundsätzlich nicht in der Lage, generelle (affirmative) Aussagen *zu verifizieren*, sie kann sie allen-

---

2   Eine Ausnahme bildet die sog. vollständige Induktion, die nicht unsicher ist, dafür aber auch das Wissen nicht erweitert.

falls (mit Sicherheit) *falsifizieren*. Generelle Aussagen, die nicht falsifiziert, sondern induktiv bestätigt sind, können als „wahrscheinlich", als „bewährt" o. ä. gekennzeichnet werden. Da ihre künftige Falsifizierung aber nicht ausgeschlossen werden kann, ist eine (definitive) Verifikation nicht möglich. Hier besteht also eine wissenschaftstheoretisch relevante Asymmetrie: Die Wahrheit genereller (affirmativer) Aussagen muß letztlich offenbleiben, während ihr Falschsein gegebenenfalls definitiv festgestellt werden kann. D. h.: Wissenschaftliche Sicherheit gibt es nur im Blick auf das, was wir *nicht* wissen, nicht dagegen im Blick auf das, was wir positiv *wissen*. Die Wissenschaft ist zwar in der Lage, für viele generelle Aussagen gute Gründe beizubringen – und das ist außerordentlich wichtig –, aber sie kann *keine Letztbegründung* und damit keine Verbürgung eines Wahrheitsanspruchs liefern.

1.1.1–1.1.3 Fazit

Die drei Charakterisierungen der Wissenserweiterung und -überprüfung als methodisch, umfassend und rational, die ihrerseits aus dem Begriff der überprüfbaren Erweiterung des Wissens abgeleitet sind, ergeben zusammengenommen einen hinreichend konkreten Begriff von Wissenschaft bzw. Wissenschaftlichkeit, an dem sich die weiteren Überlegungen orientieren können. Dabei sei noch einmal ausdrücklich notiert, daß in dieser Begriffsbestimmung, die selbst ein Resultat wissenschaftlicher, nämlich wissenschaftstheoretischer Reflexion ist, eine Selbstrelativierung der Wissenschaft enthalten ist, die über die Einsicht in die prinzipielle Irrtumsfähigkeit aller menschlichen Aussagen noch hinausreicht: Es geht um die Erkenntnis, daß zwar durch Wissenschaft Wissenserweiterung intendiert wird, daß aber das Erreichen dieses Zieles nicht definitiv festgestellt (also nicht verifiziert) werden kann. Der von der Aufgabe der überprüfbaren Wissenserweiterung her verstandene Wissenschaftsbegriff erweist sich somit als eine „*regulative Idee*" (I. Kant), von der alle wissenschaftliche Arbeit bestimmt wird, ohne daß sie je den Anspruch erheben könnte, das damit formulierte Ziel erreicht zu haben oder zu irgendeinem Zeitpunkt zu erreichen.

Bevor entschieden werden kann, ob der so verstandene Wissenschaftsbegriff auf die Theologie angewandt werden kann, muß nun in einem zweiten Schritt das Selbstverständnis der Theologie in den Blick genommen werden.

1.2   Das Selbstverständnis der Theologie

Mit dem christlichen Glauben beschäftigt sich nicht nur die Theologie, sondern z. B. auch die Religionswissenschaft in ihren verschiedenen Ausprägungen als Religionsphänomenologie, Religionssoziologie, Religionspsychologie und Religionsphilosophie einschließlich der Religionskritik. Während die Religionswissenschaft sich mit dem christlichen Glauben bewußt aus einer *Außenperspektive* befaßt, arbeitet die Theologie ebenso bewußt aus der *Innenperspektive* heraus. Beides ist zu unterscheiden, aber aufeinander bezogen, in vielerlei Hinsicht sogar aufeinander angewiesen. Wichtig ist deshalb, daß beide, indem sie je ihre spezifische Aufgabe erfüllen, die Fähigkeit und Bereitschaft zur Kommunikation miteinander nicht verlieren.

Was aber besagt die Formel, daß Theologie bewußt aus der Innenperspektive heraus betrieben werde?

1.2.1   Theologie und Glaube

Theologie ist eine Funktion des Glaubens. Christliche Theologie ist folglich eine Funktion des *christlichen* Glaubens. Das besagt zweierlei:

Erstens: Es gibt christliche Theologie nur, weil, solange und sofern es christlichen Glauben gibt. Die Wirklichkeit des christlichen Glaubens ist also einerseits die *Begründung* und zeitliche *Begrenzung* für die Existenz einer christlichen Theologie, und sie ist andererseits der *Aspekt*, unter dem die christliche Theologie sich mit den Inhalten und Vollzügen des Christentums beschäftigt: nämlich um des christlichen Glaubens *willen*. Gäbe es keinen christlichen Glauben mehr, so bliebe das Christentum zwar als ausgestorbene Religion ein möglicher Gegenstand wissenschaftlicher Untersuchung, aber einer christlichen *Theologie* wäre damit der Boden entzogen.

Zweitens: Christliche Theologie *dient* dem christlichen Glauben, indem sie ihn jeweils in ihrer Zeit zu verstehen versucht und auf seinen Wahrheitsgehalt hin überprüft. Das ist ihr *Erkenntnisinteresse*. *Weil und sofern* diese Überprüfung die Tragfähigkeit des christlichen Glaubens bestätigt, hat die Theologie über das Erkenntnisinteresse hinaus ein *Erhaltungsinteresse*. Insofern ist sie (und zwar als jüdische, christliche, islamische etc. Theologie) nicht neutral, sondern geschieht *aus der Perspektive des Glaubens heraus*, also noch einmal: um des christlichen Glaubens *willen*.

Die These von der (christlichen) Theologie als Funktion des (christlichen) Glaubens steht nicht im Widerspruch zu der bekannten These von der Theologie als Funktion der *Kirche* (K. Barth, P. Tillich), ist mit ihr allerdings auch nicht identisch, sondern ist als eine Präzisierung gemeint. Wird die Theologie der Kirche funktional zugeordnet, so wird sie damit auf die institutionalisierte Sozialgestalt des christlichen Glaubens bezogen. Da der Gemeinschaftscharakter aber auch schon für den christlichen Glauben an sich konstitutiv ist, stehen die beiden Thesen nicht im Widerspruch zueinander, besagen aber nicht dasselbe. Zwar entsteht die Theologie als *Institution* tatsächlich erst dort, wo es eine institutionalisierte Glaubensgemeinschaft mit ihren spezifischen Erfordernissen gibt. Und insofern ist die Theologie *als Institution* tatsächlich eine Funktion der Kirche. Aber die theologische *Aufgabenstellung* und damit das allgemeine Erfordernis theologischen Nachdenkens ergibt sich nicht erst aus der institutionalisierten Sozialgestalt des Glaubens, sondern schon aus seinem spezifischen *Geltungsanspruch* für das menschliche *Leben*. Deshalb ist es genauer und angemessener, die Theologie dem *Glauben* funktional zuzuordnen.

Mit dieser Präzisierung verbindet sich als weiterer Vorteil die Möglichkeit, ein häufig anzutreffendes Mißverständnis zu vermeiden: Die These von der Theologie als Funktion der Kirche erweckt leicht den Eindruck, als habe die Theologie die Aufgabe, unabhängig von der Wahrheitsfrage der Erhaltung oder Stabilisierung bestimmter kirchlicher Institutionen zu dienen. Daran ist zwar richtig, daß die Theologie auch der Institution Kirche dient, und zwar deshalb, weil sie dem als wahr erkannten Glauben dient, weil dieser nur in einer Gemeinschaft von Glaubenden entstehen und bestehen kann, und weil diese Gemeinschaft ihrerseits nicht dauerhaft ohne institutionelle Gestaltung existieren kann. Aber nur in dieser (zweifach) vermittelten Weise dient die Theologie der Institution Kirche. Das schließt jedoch nicht aus, daß die Theologie u. U. die gesamte institutionalisierte Kirche oder eine bestimmte kirchliche Institution kritisieren, ja radikal in Frage stellen muß, *wenn* diese sich in wesentlichen Punkten vom christlichen Glauben entfernt oder entfremdet.

Wird Theologie in diesem Sinne als Funktion des Glaubens (und der Kirche) verstanden, dann ist sie *kein Selbstzweck*, sondern unterstellt sich und untersteht damit dem Kriterium, ob und inwieweit sie tatsächlich dem Glauben dient. Die Zusammenordnung von Theologie und Glauben hat also nicht nur zur Folge, daß die Theologie unter Berufung auf den Glauben zum kritischen Gegenüber für die Kirchen wird, sondern auch, daß die Theologie zur Adressatin möglicher Kritik wird, die sich ihrerseits auf den Glauben beruft. Die Theologie ist also sowohl Subjekt als auch Gegenstand solcher Kritik. Es ist kein Zeichen von Souveränität, sondern von Funktionsvergessenheit, wenn die Theologie sich solcher Kritik entzieht oder verweigert – gleichgültig ob diese Kritik

ihr aus den Kirchen oder aus anderen Teilen der Gesellschaft entgegengehalten wird.

In jedem Fall resultiert aus der hier vorausgesetzten Verhältnisbestimmung von Theologie und Glauben, daß die Beschäftigung mit dem
Glauben nicht nur zu den unverzichtbaren Aufgabenstellungen der Theologie gehört, sondern daß auch das Selbstverständnis der christlichen
Theologie im allgemeinen und der Dogmatik im besonderen sachgemäßer-
weise nicht unter Absehen vom Wesen des christlichen Glaubens bestimmt
werden kann. Insofern verweisen die Vorverständigungen über Theologie
und Dogmatik, wie sie in diesem ersten Kapitel vorgetragen werden, auf
den folgenden ersten Hauptteil (I) und setzen ihn in inhaltlicher Hinsicht
sogar voraus.

1.2.2 Christlicher Glaube und kirchliche Lehre

Die christliche Verkündigung geschieht in der Überzeugung, daß die christliche Botschaft sich im Lebensvollzug als wahr und tragfähig erweist.
Deshalb verfolgt sie das Ziel, Glauben zu wecken. Die dabei vorausgesetzte Wahrheitsgewißheit begegnet jedoch Anfragen und Zweifeln, die aufgenommen und beantwortet werden müssen. Der als wahr bezeugte Inhalt des christlichen Glaubens verlangt nach Verstehen und Einsicht:
Fides quaerens intellectum (Anselm von Canterbury). Deshalb ist es dem
Glauben angemessen, daß seine Inhalte in Form von Aussagen und Aus-
sagenzusammenhängen als Lehre dargestellt werden.

Während bei der Verkündigung das Moment der *Vermittlung* der
christlichen Botschaft im Vordergrund steht, geht es in der Lehre vorrangig um die *Reflexion* der Inhalte dieser Botschaft. Ein Verbindungsglied
zwischen Verkündigung und Lehre bildet die kirchliche Unterweisung (z.
B. in Form des Konfirmandenunterrichts, der Christenlehre oder der kirchlichen Erwachsenenbildung), aber auch der schulische Religionsunterricht, die beide sowohl eine *reflektierende* als auch eine *vermittelnde*
Funktion erfüllen. Verkündigung und Lehre (sowie Unterweisung und
Unterricht) haben also durchaus denselben Gegenstand, nämlich die christliche Botschaft, aber sie befassen sich mit der christlichen Botschaft in
unterschiedlichen Situationen und mit unterschiedlicher Absicht, wobei
die reflektierende Intention primär der Lehre, die vermittelnde Intention
primär der Verkündigung zugeordnet ist.

In einem weiten Sinn des Wortes kann man jede Form solcher (re-
flektierender) *Lehre* als „Theologie" bezeichnen. In einem engeren und
präziseren Sinn wird der Begriff „Theologie" dagegen verwendet zur
Bezeichnung der institutionalisierten, wissenschaftlichen Form der Refle-

xion über Inhalte der christlichen Botschaft und Vollzugsweisen ihrer Vermittlung.

Gegen diesen Theologiebegriff läßt sich jedoch ein naheliegender Einwand erheben: „Theologie" heiße Lehre (oder Rede) von *Gott*, aber nicht: Lehre von der Verkündigung oder vom Glauben. Dieser Einwand ist nicht nur sprachlich berechtigt, sondern enthält auch ein zu berücksichtigendes Sachanliegen. Das wird sichtbar, wenn wir hier schon im Vorgriff (s. u. 2.2.1.3) die These formulieren: Glaube im religiösen Sinn des Wortes ist zu verstehen als unbedingtes Vertrauen, das sich stets und notwendigerweise auf (einen) Gott richtet. Um dieses Gottesbezuges willen verdient der Einwand gegen das oben angedeutete Theologieverständnis Beachtung, aber er ist gleichwohl nicht durchschlagend. Denn der Verweis auf die Verkündigung und den Glauben ist ja *kein Ersatz* für den Bezug der Theologie auf Gott, sondern bezeichnet genau die *Art und Weise*, wie allein der Bezug des Menschen auf Gott (unter irdischen Bedingungen) möglich und gegeben ist: eben nicht unmittelbar, sondern vermittelt durch die Verkündigung, die ihrerseits aus dem Glauben erwächst und erst dadurch zum Ziel kommt, daß sie Glauben findet.

Angesichts des geschichtlichen Wandels und der kritischen Infragestellung der christlichen Verkündigung und des christlichen Glaubens stellt sich die – freilich nie abschließend lösbare (s. u. 2.3.2.3) – Aufgabe, immer wieder neu innerhalb der Kirche über die Verkündigung und den Glauben einen Konsens zu suchen. Die theologische Arbeit bezieht sich also auf die in der Kirche geltende Lehre, ohne daß deswegen die theologische Lehre mit dieser kirchlichen Lehre identisch wäre. Die Theologie kann deshalb auch den für die Kirche erforderlichen Konsens[3] nicht herstellen, aber sie kann durch ihre Stellungnahmen, die den Charakter von „Gutachten" haben[4], der Kirche begründete Interpretationsvorschläge unterbreiten, und sie kann insbesondere denen, die (künftig) ein kirchliches oder schulisches Amt innehaben, diejenige theologische Kompetenz vermitteln, die sie zu einer der christlichen Botschaft angemessenen Wahrnehmung ihrer beruflichen Aufgaben befähigt.

Da an der Bildung und Erhaltung des kirchlichen Lehrkonsensus nach evangelischem Verständnis grundsätzlich alle Christen verantwortlich beteiligt sind, partizipieren sie auch grundsätzlich *alle* an der (produktiven und rezeptiven) Pflege theologischer Lehre. Es gibt von den Anfängen der Christenheit an bis heute eine in ihrer Qualität und Bedeutung nicht zu unterschätzende Gemeinde- oder Laientheologie, die freilich selbst das Resultat spezifischer Bildungsprozesse ist und deswegen ihrerseits zwar

---

3 Vgl. CA 1: „Ecclesiae magno consensu apud nos docent ..." (BSLK 50,3 f.).
4 S. dazu H. G. Fritzsche, Lehrbuch der Dogmatik I, S. 23.

nicht der Reglementierung, wohl aber der Deutung und der Pflege bedarf. Auch dies ist ein – leider noch nicht genügend wahrgenommenes – Aufgabengebiet für eine Theologie, die sich als Funktion des Glaubens und der Kirche versteht.

1.3   Theologie als Wissenschaft

Nachdem nun sowohl der Wissenschaftsbegriff (1.1) als auch das Selbstverständnis der Theologie (1.2) in wenigstens elementarer Weise geklärt worden ist, kann die Frage angegangen werden, ob es notwendig, angemessen und möglich ist, Theologie als Wissenschaft zu verstehen und zu betreiben.

1.3.1   Die Frage nach der Notwendigkeit wissenschaftlicher Theologie

Man kann sich ohne Schwierigkeiten Religionen vorstellen, die keine wissenschaftliche Theologie, ja nicht einmal so etwas wie eine kirchliche Lehre brauchen. Anschauungsbeispiele dafür sind etwa Stammesreligionen, die ausschließlich rituellen Charakter haben. Der christliche Glaube hingegen braucht – wie sich im vorigen Abschnitt zeigte – die denkende Verantwortung seiner Inhalte und Vollzüge, weil er das Leben des Menschen in umfassender Weise in Anspruch nimmt. Würde dieser Anspruch nicht *denkend* expliziert, reflektiert, überprüft und vermittelt, so bliebe er von einem wesentlichen Teil des menschlichen Seins und Selbstverständnisses ausgeschlossen. Das aber widerspräche dem Wesen des christlichen Glaubens. Und deswegen ist das Christentum zwar niemals *nur*, aber immer *auch* „denkende Religion".[5]

Im Unterschied zum *Denken*, das eine anthropologische Konstante darstellt, ist die *Wissenschaft* als die institutionalisierte, methodisch kontrollierte Form der Wissenserweiterung und -überprüfung und damit der Wirklichkeitserkenntnis eine vergleichsweise späte *geschichtliche Errungenschaft* der Menschheit. Deshalb kann man *nicht* sagen, christlicher Glaube brauche *notwendigerweise* die wissenschaftliche Durchdringung und Reflexion. Sehr wohl läßt sich aber die These vertreten, der christ-

---

5   Vgl. zum Sinn dieser auf A. von Harnack zurückgehenden Formel den Aufsatz von C. H. Ratschow: Das Christentum als denkende Religion (1963), in: ders., Von den Wandlungen Gottes. Beiträge zur Systematischen Theologie, Berlin/New York 1986, S. 3-23.

liche Glaube könne in einer geschichtlichen und gesellschaftlichen Situation, in der die Institution „Wissenschaft" ausgebildet worden und also vorhanden ist, um seiner selbst willen nicht auf die denkende Verantwortung auf wissenschaftlicher Basis, also anhand der Standards wissenschaftlicher Arbeit verzichten. Würde dies bestritten oder verweigert, so bliebe nicht nur die denkende Verantwortung des christlichen Glaubens unterbestimmt, sondern es würde auch die individuell wie gesellschaftlich unverzichtbare *Vermittlung* des christlichen Glaubens mit dem wissenschaftlich erarbeiteten Wissen der jeweiligen Zeit versäumt. Der Glaube stünde dann in Gefahr, zu einer isolierten, partikularen, nicht-kommunikablen Größe zu werden.

Gleichwohl ist die wissenschaftliche Analyse und Reflexion des christlichen Glaubens nicht frei von Problemen. Für die Wissenschaft, wie sie als Frucht des griechischen Denkens entstanden ist, seit dem Mittelalter vor allem im Abendland heimisch wurde und in der Neuzeit – insbesondere in Gestalt der Naturwissenschaften – zu universaler und dominierender Bedeutung gelangte, ist der Prozeß einer immer weiterschreitenden Differenzierung und damit verbundenen Spezialisierung charakteristisch. Wissenschaftliche (und keineswegs nur naturwissenschaftliche) Arbeit tendiert dazu, den jeweiligen Untersuchungsgegenstand aus größeren Zusammenhängen herauszupräparieren, um ihm auf experimentellem oder analytischem Weg sein Geheimnis zu entlocken und ihn so (besser) handhabbar oder beherrschbar zu machen. Dabei muß – methodisch – von vielen Zusammenhängen abstrahiert werden. Solange dies nicht dazu führt, daß diese Zusammenhänge ignoriert oder bestritten werden, *muß* das abstrahierende Verfahren nicht zu grundlegenden Fehlorientierungen führen. Im Blick auf den Verlauf und die Auswirkungen der abendländischen Wissenschaftsgeschichte ist aber kaum zu bestreiten, daß die darin liegenden Gefahren in wachsendem Maß akut werden.

Solche Gefahren betreffen einerseits die *Angemessenheit* wissenschaftlicher Methoden für alle möglichen Bereiche der Wirklichkeitserkenntnis. So stellt sich etwa im Blick auf Religiosität im allgemeinen und christlichen Glauben im besonderen die Frage, ob wissenschaftliche Analyse und Reflexion überhaupt eine diesem „Gegenstand" angemessene Form des Umgangs sein kann. Ähnliche Fragen stellen sich bekanntlich aber auch im Blick auf Teile der medizinischen Forschung, also hinsichtlich des Umgangs mit Krankheit und Gesundheit. Andererseits betreffen die hier bestehenden Gefahren den Aspekt der verantwortbaren *Anwendung* wissenschaftlicher Ergebnisse in gesellschaftlichen und individuellen Lebenszusammenhängen. Wissenschaft bedarf deshalb der kritischen, wissenschaftstheoretischen und -ethischen Reflexion und (Selbst-)Begrenzung.

Und das gilt auch im Blick auf die Frage nach der möglichen oder sogar zu fordernden Wissenschaftlichkeit der Theologie.

1.3.2 Die Auseinandersetzung um den Wissenschaftsbegriff

Schon die Überlegungen des vorigen Abschnitts haben gezeigt, daß der Begriff der Wissenschaft oder Wissenschaftlichkeit nicht so klar und eindeutig ist, daß eine Reflexion über seinen Gehalt sowie eine gegebenenfalls damit verbundene auswählende Entscheidung überflüssig wäre. Damit stellt sich aber in unserem Zusammenhang die spezielle Frage, von wo die Theologie den für sie maßgeblichen Wissenschaftsbegriff herleiten und gewinnen soll.

Zwei Grundpositionen stehen sich in dieser Frage gegenüber: Einerseits wird die Auffassung vertreten, daß die Theologie, wenn sie sich als Wissenschaft verstehen wolle, nicht einen eigenen Wissenschaftsbegriff einführen könne, der speziell auf sie zugeschnitten sei, sondern daß sie sich am *allgemeinen Wissenschaftsbegriff* orientieren müsse (so z. B. H. Scholz und W. Pannenberg). Andererseits wird dem entgegengehalten, daß die Theologie, wenn sie ihrer Sache treu bleiben wolle, sich nicht einem allgemeinen, von außerhalb der Theologie stammenden Wissenschaftsbegriff unterwerfen dürfe, sondern *selbst bestimmen* müsse, in welchem Sinne sie sich als Wissenschaft verstehen und wissenschaftlich arbeiten könne und wolle (so z. B. K. Barth).

Muß man zwischen diesen beiden Auffassungen wählen oder lassen sie sich so miteinander verbinden, daß die berechtigten Anliegen beider Seiten zum Zuge kommen?

Zunächst wird man der ersten Auffassung darin Recht geben müssen, daß es den *Sinn* der Wissenschaftlichkeit ausmacht, daß Theologie damit ihre Sache auf dem allgemeinen Feld des Denkens mit allgemein anerkannten Methoden verantwortet und kommunizierbar hält. Würde Theologie, die sich als Wissenschaft versteht, unabhängig von den anderen Wissenschaften für sich definieren, was „Wissenschaft" ist, dann ließe sie sich nicht wirklich auf die Herausforderung ein, die im Element der Wissenschaftlichkeit enthalten ist. Denn die denkende Verantwortung anhand *allgemein* gültiger Standards und Methoden bildet das *Spezifikum* der Wissenschaftlichkeit einer Theologie. Würde aber diese Allgemeinheit durch Einführung eines spezifisch theologischen Wissenschaftsbegriffs in Frage gestellt, so ginge offenbar gerade das verloren, was die Wissenschaftlichkeit leisten soll. Kann die Theologie hingegen die auf dem allgemeinen Feld des Denkens gültigen Kriterien nicht akzeptieren, dann ist Wissenschaftlichkeit für sie offenbar nicht möglich, und die

Theologie sollte diese dann auch nicht für sich reklamieren. Damit wäre ja keineswegs gesagt, daß Theologie überhaupt nicht möglich wäre, sondern nur eben nicht *als Wissenschaft*.

Trotz dieser grundsätzlichen Zustimmung zu der erstgenannten Auffassung gibt es aber auch ein Wahrheitsmoment der zweiten Position, und zwar in zwei Facetten: So ist zunächst festzustellen, daß der Begriff „Wissenschaft" selbst umstritten ist. Es gab und gibt nicht *den* Wissenschaftsbegriff, sondern über diesen Begriff ist eine langanhaltende und intensive Auseinandersetzung im Gange, und seine Klärung ist eine Aufgabe, die sich immer wieder neu stellt und keineswegs notwendig oder faktisch zu einem einheitlichen Ergebnis führt. Insofern muß die Theologie zumindest prüfen und entscheiden, *welchen* Wissenschaftsbegriff sie sich zu eigen machen kann und will – und welchen nicht.

Darüber hinaus nimmt die Theologie – gerade wenn und weil sie sich selbst als Wissenschaft versteht – teil an der Auseinandersetzung um den Wissenschaftsbegriff. Das gilt grundsätzlich für jede Wissenschaft. Die Theologie kann sich aber um ihrer Sache willen auf keinen Fall von dieser Auseinandersetzung dispensieren. Da Wissenschaft es mit methodisch kontrollierter und reflektierter Erkenntnis von Wirklichkeit zu tun hat, und da der christliche Glaube ein umfassendes Wirklichkeitsverständnis impliziert (s. u. 3.1.1 und 3.1.2.1), kann die christliche Theologie sich nicht von der Auseinandersetzung (gegebenenfalls: dem Streit) um das Wissenschaftsverständnis ausschließen oder ausschließen lassen; denn das christliche Wirklichkeitsverständnis ist auch wissenschaftstheoretisch relevant. In der jüngeren (insbesondere deutschen) Geschichte gibt es überdies Beispiele dafür, daß der Versuch eines solchen Ausschlusses (z. B. unter ideologisch totalitären Bedingungen) ein Gefahrenpotential für die Institution Wissenschaft, ja für das Bildungswesen insgesamt darstellt.

Aus diesen Überlegungen ergibt sich als Fazit: Da es für die Theologie gute, aus dem Wesen des christlichen Glaubens resultierende Gründe gibt, die Allgemeinheit der Methoden, Kriterien, Verfahren und Institutionen der Wissenschaft für sich in Anspruch zu nehmen, wäre es nicht sachgemäß, wenn die Theologie den Wissenschaftsbegriff unabhängig von der Philosophie und den Einzelwissenschaften für sich definierte. Wohl aber hat sich die Theologie an der allgemeinen Auseinandersetzung über das, was „Wissenschaft" ist, zu beteiligen, und sie hat zu prüfen, welchen Wissenschaftsbegriff sie akzeptieren und übernehmen kann. Als Extremsituation ist dabei der Fall zu denken, daß der Wissenschaftsbegriff (trotz theologischen Protestes) in einer Gesellschaft eine verengte Bestimmung oder gar eine ideologisierte Fassung erhielte, aufgrund deren die Theologie gezwungen wäre, auf die Verwendung des Begriffs (vorübergehend) zu verzichten oder dem allgemein in Geltung stehenden Wissenschaftsbegriff einen eigenen Wissenschaftsbegriff entgegenzusetzen. Diesen dürfte sie dann freilich nicht bloß als für sie selbst gültig in Anspruch nehmen, sondern müßte ihn als *allgemeingültig* behaupten und vertreten.

1.3.3 Die Wissenschaftlichkeit der Theologie

In diesem Abschnitt geht es nun um die Frage, ob die Theologie – und gegebenenfalls unter welchen Bedingungen, mit welchen Einschränkungen oder Ergänzungen – in der Lage ist, sich den in 1.1 explizierten Wissenschaftsbegriff zu eigen zu machen. Bei der Beantwortung dieser Frage gehe ich an sieben Begriffen entlang, die bei der Klärung des Wissenschaftsbegriffs eine bestimmende Rolle gespielt haben und die geeignet sind, sowohl die für die Theologie unproblematischen, als auch die möglicherweise inakzeptablen sowie schließlich die für die Theologie spezifischen Aspekte des Wissenschaftsbegriffs zu beleuchten.

1.3.3.1 Methodisierbarkeit

Die Forderung der Methodisierbarkeit wissenschaftlicher Verfahrensweisen könnte nur eine Theologie in Schwierigkeiten bringen, die entweder die *öffentliche* Kommunikation ihrer Inhalte und Methoden prinzipiell ablehnt oder einschränkt (also sich als Funktion einer Mysterienreligion versteht), oder die unter Berufung auf das Wirken Gottes (als Heiliger Geist) jegliche theologische Methode ablehnt. Der erste Fall kann wegen der Universalität der christlichen Botschaft sofort ausgeschlossen werden. Die Methodenverweigerung aus theologischen (bzw. pneumatologischen) Gründen ist an den Rändern des Christentums hingegen immer wieder mit einem Schein von Plausibilität aufgetreten. Ihr Wahrheitsmoment liegt darin, daß die christliche Theologie, weil sie um das Angewiesensein des Menschen auf das erleuchtende Wirken des Heiligen Geistes weiß, die Leistungsfähigkeit von Methoden als *grundsätzlich begrenzt* beurteilen muß. Diese Begrenzung darf aber gerade nicht zu einer Verwechslung, Vermischung oder Vertauschung von wissenschaftlichen Methoden und Geistwirken führen, weil sonst die in ihr vorausgesetzte theologische Unterscheidung zwischen Gottes- und Menschenwerk (s. dazu u. S. 167) verlorengeht. Zu dem nicht suspendierbaren *Menschen*werk gehört die methodisch kontrollierte wissenschaftliche Arbeit einschließlich der Rechenschaft über die Methodenwahl. Kriterium dieser Rechenschaft ist die Funktion und damit zugleich der Gegenstand der Theologie, also – unserer Auffassung zufolge – der christliche Glaube. Aus der Vielfalt seiner

Aspekte resultiert zugleich eine Vielfalt theologischer Methoden, die keine Beliebigkeit ist, weil und solange sie ihrerseits aus dem Kriterium der Sachgemäßheit ihre Begründung und Begrenzung empfängt.

1.3.3.2 Vorurteilsfreiheit

Das Element der Vorurteilsfreiheit bereitet offenbar einer Theologie, die sich als Funktion des Glaubens versteht, gewisse Schwierigkeiten. Ist nicht das Interesse an der Erhaltung und Weitergabe des Glaubens eine erhebliche Beeinträchtigung der Unabhängigkeit, die zu Recht von jeder Wissenschaft gefordert wird? Am konfessionellen Charakter der christlichen Theologie, also an ihrer Identität als evangelische oder katholische Theologie, entzündet sich diese Frage immer wieder mit besonderer Heftigkeit. Tatsächlich hat die Theologie in dieser Hinsicht einen – teilweise sogar staatskirchenrechtlich fixierten – Sonderstatus innerhalb der Universität. Die Frage ist jedoch, ob dieser Sonderstatus ihre Wissenschaftlichkeit aufhebt oder jedenfalls einschränkt. Man kann auch umgekehrt fragen, ob die Theologie sich trotz dieser Sonderstellung die Forderung zu eigen machen kann, *alle* vorgefaßten Überzeugungen (also auch die von der Wahrheit und Bedeutung des christlichen Glaubens) der Überprüfung auszusetzen und kritisch zu hinterfragen. Hier scheint es für die Theologie als Funktion des Glaubens Grenzen zu geben, die sie um ihrer Identität willen nicht überschreiten kann, aber um ihrer Wissenschaftlichkeit willen überschreiten müßte. Doch christliche Theologie ist nur *insofern* und *solange* eine Funktion des christlichen Glaubens, als sie von der Wahrheit und Bedeutung des christlichen Glaubens überzeugt ist (s. o. 1.2.1). Indem die christliche Theologie sich als Wissenschaft etabliert, übernimmt sie die *Verpflichtung*, diese (vorgefaßte) Überzeugung der wissenschaftlichen Prüfung auszusetzen. Täte sie dies nicht, dann hörte die Theologie tatsächlich auf, Wissenschaft zu sein. Setzt sie jedoch auch die Gewißheit des Glaubens der wissenschaftlichen Prüfung aus, dann muß es zumindest denkbar sein, daß diese Gewißheit dabei auch zerbrechen und verlorengehen kann. Eine Theologie, die zu diesem Ergebnis käme, wäre dann keine Funktion des Glaubens mehr und verlöre damit ihre Existenzberechtigung als Theologie. Sie müßte sich dann konsequenterweise als Religionswissenschaft definieren oder sogar zur Gegnerin von Glauben, Kirche und Theologie werden. Beide Möglichkeiten, die sich in der Geschichte immer wieder individuell realisiert haben, markieren Grenzen einer Theologie als Wissenschaft, aber sie stellen die Wissenschaftlichkeit der Theologie nicht (weder prinzipiell noch faktisch) in Frage. Daß ein negativer Ausgang der theologischen Prüfung des christlichen Glaubens das Ende der christlichen Theologie markieren würde, ist wohl wahr. Gegen die Vermutung oder Unterstellung, daß die christliche Theologie *schon deswegen* nicht zu vorurteilsfreier Prüfung des christlichen Glaubens in der Lage sei, liefert die Theologiegeschichte hinreichend viele Beispiele, zu denen auch die Herkunft mancher Religionskritiker zu zählen ist.

In diesem Zusammenhang stellt sich jedoch noch ein anderes Problem. Das bisher Gesagte könnte so verstanden werden, als sei der persönliche Glaube eines Menschen die notwendige Bedingung dafür, Theologie treiben zu können. Diese Vermutung hat genau besehen zwei *Aspekte*: einen wissenschaftstheoretischen und einen wissenschaftsethischen. Wissenschafts*theoretisch* würde sie besagen, daß Nicht-Glaubende gar nicht in der Lage sind, Theologie zu betreiben, weil ihnen der *existentielle* Bezug zur Sache der Theologie fehlt, ohne den diese gar nicht richtig *verstanden* und folglich auch nicht kritisch geprüft werden kann. Wissenschafts*ethisch* besagt diese Vermutung, daß Nicht-Glaubende nicht das moralische Recht haben, Theologie zu treiben, weil ihnen der *positive* Bezug zur Sache der Theologie fehlt, ohne den theologische Arbeit ihren Sinn und ihre *Existenzberechtigung verliert.* In dem wissenschafts*theoretischen* Aspekt taucht ein Problem auf, das unter dem Schlagwort „theologia (ir)regenitorum" bereits in den Kontroversen zwischen Pietismus und Orthodoxie eine Rolle gespielt hat. Dabei geht es um die Frage, ob persönlicher Glaube oder Wiedergeburt eine notwendige Bedingung theologischer Arbeit sei. Diese Frage ist zu *verneinen,* obwohl sie auf einen wichtigen Problemaspekt hinweist. Es ist richtig, daß sachgemäße theologische Arbeit nur einem Menschen möglich ist, dem sich die Sache der Theologie, also der Glaube, so erschlossen hat, daß er dessen Wahrheitsgehalt und seine Bedeutung versteht. Aber dieses Verstehen ist weder identisch mit der Wahrheitsgewißheit noch mit dem Glauben eines Menschen noch setzt sie diesen notwendigerweise voraus oder zieht ihn nach sich. Ob ein Mensch den Wahrheitsgehalt und die Bedeutung des christlichen Glaubens wirklich verstanden hat, zeigt sich vielmehr daran, daß er angeben kann, welche Bedingungen erfüllt sein müssen, damit der christliche Glaube als wahr und relevant gelten kann. Und nur dieses Verstehen ist eine notwendige Bedingung theologischer Arbeit.

Der wissenschafts*ethische* Aspekt umfaßt sowohl persönliche wie institutionelle Probleme, die durch die Begriffe Wahrhaftigkeit und Loyalität angedeutet werden. Grundsätzlich gilt auch hier: Kriterium in wissenschaftsethischer Hinsicht ist nicht der persönliche Glaube eines Menschen, sondern seine persönliche Bereitschaft, dem Glauben zu dienen (s. o. 1.2.1). Ein Mensch kann so lange aufrichtigerweise Theologe sein, als diese Bereitschaft bei ihm vorhanden ist. Es ist freilich nicht zu sehen, wodurch diese Bereitschaft bei einem Menschen begründet sein könnte, der zu der *Überzeugung* gekommen ist, daß es sich beim christlichen Glauben um Irrtum oder Lüge handelt. Wenn diese Überzeugung sich nicht als momentaner Zustand oder als Station in einem Entwicklungsprozeß, sondern als Resultat sorgfältiger Prüfung und Erwägung einstellt, dann erscheint die Trennung von der Theologie als die einzig redliche Konsequenz. Aus der Sicht des christlichen Glaubens kann man sagen, daß ein Mensch dann durch die Wahrhaftigkeit, mit der er zu seinem *Un*glauben steht, Gott die Ehre gibt, indem er nicht bereit ist, sich oder anderen vorzumachen, daß das auf Gott verweise, was den Charakter des Irrtums oder der Lüge hat.

1.3.3.3 Wahrheitsfähigkeit und Wahrheitsgewißheit

Schon das im Begriff des Wissens implizierte Element der Wahrheitsfähigkeit ist in Anwendung auf die Theologie nicht unumstritten. Außerhalb wie innerhalb der Theologie hat es immer wieder Versuche gegeben, den kognitiven Charakter, die Verstehbarkeit, ja sogar die Sinnhaftigkeit theologischer Aussagen zu bestreiten oder für entbehrlich zu erklären. So werden etwa Glaubensaussagen als unangemessene, irreführende Ausdrucksformen von subjektiven Gefühlszuständen, von Lebenseinstellungen oder von Handlungsappellen interpretiert, die allesamt keinen angebbaren, wahrheitsfähigen Inhalt, sondern nur eine psychische oder soziale Funktion haben. Demzufolge müßte die Theologie alle kognitiven Interpretationen von Glaubensaussagen als irreführend abweisen und sich auf die Analyse (und Stabilisierung oder Kritik) solcher Funktionen beschränken. Eine so verstandene Theologie könnte zwar noch wahrheitsfähige Meta-Aussagen (über den Sinn der religiösen Sprache) formulieren, aber keine wahrheitsfähigen Aussagen über den Inhalt des christlichen Glaubens machen.

Gegen diese Auffassung ist zweierlei einzuwenden: Sie widerspricht erstens dem Selbstverständnis des christlichen Glaubens, für den es konstitutiv ist, einen aussagbaren, wahren (also jedenfalls auch wahrheitsfähigen) Inhalt zu haben. Und zweitens verkennt diese Auffassung, daß der christliche Glaube seine psychischen und sozialen Funktionen für Menschen nur erfüllen *kann* unter der Voraussetzung, daß er für wahr gehalten wird, also wenigstens wahrheitsfähig ist. Alles andere läuft auf Betrug – im schwierigsten Fall auf Selbstbetrug – hinaus. Gerade um seiner möglichen psychischen und sozialen Funktionen willen bedarf der christliche Glaube der wissenschaftlichen Prüfung seiner wahrheitsfähigen Aussagen.

Diese Aussagen sind der Theologie aber vorgegeben mit dem Anspruch, wahr zu sein, und darum dort, wo sie als solche angenommen werden, im Modus der Wahrheitsgewißheit. Die allgemeine wissenschaftstheoretische Einsicht, daß Wissenschaft auf Voraussetzungen aufbauen muß, die nur im Modus der subjektiven Wahrheitsgewißheit zugänglich sind, ist für die Theologie deshalb nicht nur akzeptabel, sondern nimmt wesentliche theologische Einsichten auf. Dabei weiß auch die Theologie, daß Wahrheitsgewißheit und Zweifel (sei es als existentieller oder als methodischer Zweifel) sich keineswegs gegenseitig ausschließen, sondern sich vielmehr bedingen: Aller Zweifel lebt von vorausgesetzter (und gesuchter) aber fragwürdig gewordener Gewißheit, und alle Gewißheit erweist sich erst dadurch als echt, daß sie sich der Konfrontation mit dem Zweifel aussetzt (s. dazu u. 2.2.2). Daher gilt, daß der Zweifel die Gewißheit begleitet und bedroht, aber auch zu sich selbst bringt, indem er sie von einem unangreifbaren Besitz unterscheidet. Die Teilnahme an dieser Auseinandersetzung um die Wahrheitsgewißheit des Glaubens qualifiziert die Existenz als *theologische* Existenz.

1.3.3.4   *Hypothesenbildung*

Die wissenschaftstheoretisch wichtige Unterscheidung zwischen Axiomen und Theoremen stellt für die Theologie nur dann ein Problem dar, wenn der Axiom-Begriff mit der Zusatzbedingung verbunden wird, es müsse sich bei Axiomen um Aussagen von *allgemeiner Plausibilität* oder *allgemeiner Evidenz* handeln. Tatsächlich stand diese Zusatzbedingung über Jahrhunderte in Kraft und hat sich erst im Gefolge der fundamentalen Umbrüche in der Logik und Mathematik um die Wende vom 19. zum 20. Jahrhundert als unsachgemäß erwiesen. Versteht man unter Axiomen jedoch lediglich die Aussagen, deren Wahrsein im Prozeß wissenschaftlichen Arbeitens vorausgesetzt, in Anspruch genommen und bis zum Erweis des Gegenteils festgehalten wird, dann ist gegen die theologische Übernahme dieses Konzepts nichts einzuwenden. Im Gegenteil: Gerade von hierher ergibt sich für die Theologie die wissenschaftstheoretische Unterscheidung zwischen den Aussagen des kirchlichen Bekenntnisses oder Dogmas, deren Wahrsein im Vollzug theologischer Arbeit vorausgesetzt (und überprüft) wird, und den theologischen Aussagen, die daraus abgeleitet werden.

Damit stellt sich freilich auch für die Theologie die Aufgabe, das Zustandekommen jener Fundamentalaussagen zu erklären. Ihrem Selbstverständnis nach sind sie (abduktive) Interpretationen des Geschehens, das mit der Person Jesu von Nazareth (seinem Leben, seiner Verkündigung, seinem Wirken und seinem Geschick) verbunden ist. Ihre elementarsten Gestalten waren Aussagen wie: „Herr ist Jesus (Christus)" (Röm 10,9; I Kor 12,3; Phil 2,11), „Er ist auferstanden" (Mt 28,6 f.; Lk 24,6 u. 34; I Kor 15,4) oder „Dieser ist (bzw. Du bist) Gottes Sohn!" (Mk 15,39; Mt 16,16; Joh 11,27). Solche Fundamentalaussagen enthalten den christlichen Glauben in nuce. Vom Selbstverständnis des christlichen Glaubens her ist es jedoch mißverständlich, ja in gewisser Hinsicht sogar inakzeptabel, solche Fundamentalaussagen als „Hypothesen" zu bezeichnen. Für Menschen, die von der Wahrheit und Bedeutung dieser Aussagen ergriffen worden sind, also in existentieller Hinsicht, handelt es sich dabei gerade nicht um Hypothesen (im Sinne von Vermutungen oder nur bedingt gültigen Sätzen), sondern um tragende Gewißheiten, für die nicht wenige Menschen Hab und Gut, ja Leib und Leben aufs Spiel gesetzt und verloren haben. Wenn solche Fundamentalaussagen als „Hypothesen" bezeichnet werden, so gilt das ausschließlich in wissenschaftstheoretischer Hinsicht. Und in dieser Hinsicht ist die Bezeichnung akzeptabel.[6] Dies hebt nicht auf, daß Aussagen, die wissenschaftstheoretisch als Hypothesen bezeichnet werden (können oder müssen), in existentieller Hinsicht den Charakter unumstößlicher, existenztragender Gewißheiten haben können.

1.3.3.5 Falsifizierbarkeit

In den Grenzen, in denen das deduktive Verfahren in der wissenschaftlichen Arbeit anwendbar ist, gilt dies auch für die Theologie. D. h., es ist auch für die Theologie ganz sachgemäß, aus gegebenen und als wahr vorausgesetzten Aussagen mittels deduktiver Schlußformen Ableitungen vorzunehmen, die – wenn sie korrekt vollzogen wurden – zu Aussagen führen, die den gleichen Wahrheitsgehalt besitzen wie die vorausgesetzten Aussagen. Aber auch für die Theologie bleibt das Problem, daß solche Ableitungen immer schon und notwendigerweise von Aussagen ausgehen, deren Wahrsein vorausgesetzt wird. Der daraus resultierende *Verzicht auf Letztbegründungen* ist jedenfalls für eine Theologie akzeptabel, ja angemessen, die gelernt hat, sich selbst und ihre Aussagen sowohl von ihrem Gegenstand (also dem christlichen Glauben) zu unterscheiden als

---

6 In diesem Zusammenhang sei noch einmal ausdrücklich an die *prinzipielle* Begrenztheit der Überprüfung wissenschaftlicher Hypothesen erinnert. S. o. 1.1.3.

auch von dem, worauf sich der Glaube richtet (also von Gott in seiner Offenbarung). Der Theologie entspricht durchaus ein Wissenschaftskonzept, das um das Angewiesensein wissenschaftlicher Arbeit auf Fundamentalaussagen (Axiome) weiß und das den Versuch unternimmt, sich der Wahrheit dieser Fundamentalaussagen so und dadurch zu vergewissern, daß sie aus ihnen Ableitungen vornimmt und deren mögliches Falschsein überprüft.

Problematisch, ja inakzeptabel würde dieses Konzept für die Theologie nur dann, wenn es (was in der Wissenschaftsgeschichte teilweise der Fall war und ist) mit dem Zusatz verbunden würde, es dürften nur solche Fundamentalaussagen zugelassen werden, denen zu entnehmen sei, durch welche *empirischen* Daten sie falsifiziert werden könnten. Der christliche Glaube schließt zwar auch empirische Aussagen ein, und zwar sowohl als Aussagen über einzelne in der Erfahrung gegebene Tatbestände (z. B. die Existenz Jesu von Nazareth oder die Existenz der christlichen Kirche als leibliche Versammlung) als auch (und insbesondere) in Form von Aussagen über die Erfahrungswirklichkeit im ganzen (z. B. über die Welt als Schöpfung oder über die Sünde als Signatur unserer Welt), aber ein empiristisches Sinnkriterium[7] wäre ihrem Gegenstand und ihrer Aufgabe nicht angemessen.[8] Trotzdem gilt für die Theologie wie für jede Wissenschaft, daß jedes empirische Faktum, das einer theologischen Aussage widerspricht, diese Aussage damit falsifiziert und somit zur Revision oder Korrektur dieser Aussage zwingt. Die empirische Falsifikation ist folglich ein zwar hinreichendes(!), aber nicht notwendiges(!) Instrument zur Überprüfung theologischer Aussagen.

1.3.3.6   Widerspruchsfreiheit

Auch das Postulat der Widerspruchsfreiheit scheint der Theologie gewisse Schwierigkeiten zu bereiten. Einerseits kann man generell fragen, ob nicht die Wirklichkeit (zumindest partiell) so widersprüchlich sein könnte, daß auch nur widersprüchliche Aussagen ihr gerecht werden, also

---

7   Es besagt: „Nur solche Aussagen sind sinnvoll, die unmittelbar oder mittelbar Sinneserlebnisse zum Ausdruck bringen". Vgl. dazu E. Wölfel, Der Positivismus als Frage an die Theologie, in: Humanitas – Christianitas (FS W. v. Loewenich), Witten 1968, S. 257-275, bes. S. 267.

8   Ebensowenig ist ein solches empiristisches Kriterium z. B. der Mathematik oder der Philosophie angemessen.

wahr sein und unser Wissen erweitern können.[9] Andererseits wird vor
allem in Hinblick auf zwei zentrale Themenaspekte der Theologie immer
wieder die partielle Suspendierung des Widerspruchssatzes gefordert:
einerseits für Aussagen über *Gott* im Verhältnis zur Welt sowie andererseits für Aussagen über die *Sünde* im Verhältnis zu Gott und zum Menschen. Im Blick auf Aussagen über Gott kann sowohl mit der Majestät,
Unerforschlichkeit und völligen Andersheit Gottes gegenüber allen logischen Gesetzen als auch mit den inneren Spannungen in Gottes Wesen
und Wirken (Zorn/Gnade, Verdammnis/Erwählung, Verborgenheit/Of-
fenbarung) argumentiert werden, aber auch wesentliche christologische
Bestimmungen (vere Deus/vere homo) scheinen darunterzufallen. Im Blick
auf die Aussagen über die Sünde wird häufig auf deren Rätselhaftigkeit
und das Nicht-sein-Sollende verwiesen, um zu begründen, daß und warum die Sünde nicht in einem System widerspruchsfreier Sätze unterzubringen sei. Gerade das Widersprüchliche des Bösen (in sich und gegen
die Schöpfung) erfordere die Zulassung von Widersprüchen, jedenfalls
aber den Verzicht auf ein geschlossenes denkerisches System.

Im Blick auf beide Einwände ist jedoch zunächst zu betonen, daß es
beim Postulat der Widerspruchsfreiheit nicht um die Bestreitung von
Spannungen, Paradoxien oder Gegensätzen in der Wirklichkeit geht, sondern um die Frage, ob es sein könnte, daß die Gesetze der Logik, an die
unser Denken gebunden ist, der (widersprüchlichen) Struktur der Wirklichkeit nicht gerecht werden. Angenommen, dies wäre der Fall, dann
müßten wir konzedieren, daß wir solche „kontradiktorischen Sachverhalte" nicht einmal verstehen könnten. Das ist zwar kein durchschlagendes
Argument gegen ihre *Existenz* – wohl aber gegen ihre *Erkennbarkeit*.
Gäbe es „kontradiktorische Sachverhalte", so hieße das ja, es gibt Sachverhalte, denen bestimmte Eigenschaften (zum selben Zeitpunkt und in
derselben Hinsicht) sowohl zukommen als auch nicht zukommen. Das
können wir zwar *sagen*, aber nicht *denken* und darum auch nicht *verstehen*.

Daraus folgt für die Wissenschaft zweierlei: Einerseits muß das Auftauchen von kontradiktorischen Widersprüchen immer (und immer wieder) zum Anlaß genommen werden zu prüfen, ob nicht doch eine der
beiden einander widersprechenden Aussagen falsch ist oder ob beide Aussagen unzulässige Verallgemeinerungen darstellen oder auf irrigen Prämis-

---

9 Das klassische wissenschaftsgeschichtliche Beispiel für diese Vermutung bietet bekanntlich die Physik mit ihren unvereinbaren Aussagen über die Wellen-
und Teilcheneigenschaften des Lichts.

sen beruhen.[10] Solange es nicht gelingt, solche kontradiktorischen Widersprüche aufzulösen, ist es wissenschaftstheoretisch geboten, an einer solchen Stelle ein ungelöstes und noch nicht lösbares wissenschaftliches Problem zu konstatieren. Gerade aus dieser Einsicht resultiert aber zugleich eine wichtige Selbstbegrenzung im Blick auf den Geltungsanspruch wissenschaftlichen Erkennens. Es kann sich immer nur auf die Wirklichkeit beziehen, *soweit und sofern* wir in der Lage sind, sie zu erkennen. Daraus folgt freilich für *keine* Wissenschaft die Erlaubnis, Aussagen über eine widersprüchliche Wirklichkeit zu machen; denn für jede Wissenschaft gelten diese Grenzen des Verstehens. Andererseits kann aber keine Wissenschaft es ausschließen, daß sie auf Sachverhalte stoßen könnte, die unserem Verstehen nicht zugänglich sind und deren Realität wir gleichwohl nicht bestreiten können.

Und all das gilt auch für die Theologie! Deshalb ist auch die Theologie als Wissenschaft verpflichtet und in der Lage, am Widerspruchssatz uneingeschränkt festzuhalten. Das kann und sollte sie auf zweierlei Weise tun: Erstens, indem sie sich bei keinem auftauchenden kontradiktorischen Widerspruch beruhigt, sondern ihn zum Anlaß nimmt, immer wieder nach fehlerhaften Prämissen oder Schlüssen zu suchen und sich so zur permanenten Selbstkritik motivieren zu lassen. Andererseits, indem sie kontradiktorische Widersprüche – solange diese nicht auflösbar sind – als (derzeitige) Grenzen unserer Erkenntnis oder unseres Verstehens respektiert und sie weder mittels einer eigenen theologischen Logik überspringt noch als theologische Errungenschaft verklärt, sondern sie durch *Schweigen* respektiert.[11]

1.3.3.7   (Selbst-)Relativierung

In den hinter uns liegenden Überlegungen deutete sich bereits an, daß und inwiefern im neueren Wissenschaftsbegriff, wie er sich insbesondere den Einsichten des Kritischen Rationalismus verdankt, eine Selbstrelativierung von Wissenschaft enthalten ist, die für die christliche Theologie die

---

10 So hat das beharrliche Sich-nicht-Abfinden der Physik mit dem kontradiktorischen Widerspruch zwischen der Wellen- und Teilchennatur des Lichts zu einer tiefgreifenden Neuorientierung des physikalischen Denkens geführt, die sowohl die Perspektivität physikalischer Beobachtungen und Theoriebildungen als auch die Verhältnisbestimmung von Energie und Materie betrifft (vgl. dazu A. J. Leggett, Physik, 1989, S. 17-21, 38-43, 110 f. sowie 205-209).

11 Vgl. dazu den Hinweis von H. Scholz auf den „schönen, heute fast vergessenen Begriff des wissenschaftlichen *Schweigens*" (Wie ist eine evangelische Theologie als Wissenschaft möglich?, in: Theologie als Wissenschaft, S. 257).

Übernahme dieses Wissenschaftsbegriffs eher erleichtert als erschwert. Einerseits handelt es sich um den Abschied vom Ideal einer voraussetzungslosen Wissenschaft, und d. h., um die Anerkennung, daß (auch) Wissenschaft *stets* Voraussetzungen in Anspruch nehmen muß, die sie erst im Prozeß wissenschaftlichen Arbeitens ins Bewußtsein heben und der kritischen Prüfung aussetzen kann. Andererseits geht es um den Abschied vom Ideal einer definitiven Verifizierung wissenschaftlicher Aussagen, und d. h., sowohl um die Preisgabe der illusionären Vorstellung eines kontinuierlichen wissenschaftlichen Fortschritts, als auch um das Eingeständnis, daß alle Wissenschaft hinsichtlich der Wahrheitserkenntnis unter einem letzten Vorbehalt steht.

Diese zweifache Begrenzung und Selbstrelativierung stimmt mit Erkenntnissen zusammen, die für die christliche Theologie grundlegenden Charakter besitzen und die im Fortgang der Dogmatik noch zur Sprache kommen werden: einerseits das Angewiesensein des Menschen auf die ihm unverfügbare Selbsterschließung Gottes („Offenbarung"; s. u. 3.1) als Voraussetzung aller Wirklichkeitserkenntnis; andererseits der eschatologische Vorbehalt, wie er im Begriff der „eschatologischen Verifikation" (J. Hick) zum Ausdruck kommt. Zu diesen Begrenzungen, die eindeutig den Charakter von wissenschaftlichen bzw. wissenschaftstheoretischen *Selbst*relativierungen haben, kommen neuerdings Relativierungen, die teilweise von außen an die (abendländisch-westliche) Wissenschaft herangetragen werden, und von denen einige als theologisch wichtig und richtig beurteilt werden müssen. Ich denke hier an die in Abschn. 1.3.1 angedeuteten Einwände, die vor allem von Ganzheitlichkeitskonzepten aus die Sachgemäßheit differenzierender, isolierender und analysierender wissenschaftlicher Methoden betreffen und demgegenüber auf einer synthetisierenden Betrachtungsweise insistieren. Werden diese Einwände verabsolutiert, so besteht die Gefahr einer unkritischen, außerordentlich ideologieanfälligen Betrachtungsweise, die das Gegenteil christlich geforderter „Nüchternheit" und „Wachsamkeit" darstellt. Aber als Korrektiv gegen eine Verabsolutierung traditionellen wissenschaftlichen Denkens mit seiner primär zergliedernden Vorgehensweise verdienen sie durchaus Beachtung. Ein solches Korrektiv könnte sich aus theologischer Sicht unter drei Aspekten als wichtig erweisen:

– zunächst als Erinnerung an den schöpfungsbedingten *Gesamtzusammenhang* der Wirklichkeit;
– sodann als Erinnerung an die *daseinsbestimmende* Bedeutung des christlichen Glaubens;
– schließlich als Erinnerung an die in Jesus Christus geoffenbarte *Weisheit* Gottes, die die Torheit des Kreuzes einschließt (I Kor 1 f.).

Die damit intendierte Relativierung (nicht Bestreitung!) der wissenschaftlichen Theologie erreicht ihr kritisches Ziel freilich erst in der in I Kor 13,2 exemplarisch formulierten Einsicht, daß alles Wissen und alle Erkenntnis, ja sogar alle Glaubensstärke ohne *Liebe* nichts ist. Daß und warum das so ist, wird freilich erst noch aus der Sache der christlichen Theologie, genauer: vom Inhalt des christlichen Glaubens her zu zeigen sein.

1.3.3.1–1.3.3.7   Fazit

Als Fazit ergibt sich somit, daß der unter 1.1 explizierte Wissenschaftsbegriff, sofern er nicht mit bestimmten Zusatzbedingungen oder Interpretationen verbunden wird, für die Theologie nicht nur akzeptabel ist, sondern von der Theologie ausdrücklich bejaht und vertreten werden kann. Dabei sind es nicht zuletzt die selbstkritischen Begrenzungen des Wissenschaftsbegriffs, die sich aus wissenschaftstheoretischen Überlegungen in unserem Jahrhundert ergeben haben, die der Theologie die Zustimmung zu diesem Wissenschaftsbegriff ermöglichen. Die Tatsache, daß dieser heutige Wissenschaftsbegriff der Theologie besser entspricht, als es frühere Wissenschaftsbegriffe getan haben, bestätigt aber zugleich, daß die Theologie sich nicht einfach auf „den" Wissenschaftsbegriff (ihrer Zeit) festlegen (lassen) kann, sondern immer wieder zu prüfen und zu entscheiden hat, welchen Wissenschaftsbegriff sie (mit-)verantworten kann.

1.4   Ort und Funktion der Dogmatik im Gesamtzusammenhang der Theologie

In den bisherigen Teilen dieses Kapitels war in der Regel allgemein und undifferenziert von „der (christlichen) Theologie" die Rede. Auf die Tatsache, daß die Theologie ein in sich gegliedertes Ganzes ist, das aus mehreren (mindestens den fünf klassischen) *Disziplinen* besteht, wurde dabei noch nicht die Aufmerksamkeit gerichtet. Das ist das Thema dieses vierten Teils. Dabei geht es genaugenommen um zwei Fragestellungen, die dann sichtbar werden, wenn man sich vergegenwärtigt, daß Dogmatik ihrerseits eine Teildisziplin der Systematischen Theologie ist. Angesichts dessen ist nämlich zunächst nach dem Ort und der spezifischen Funktion der *Systematischen Theologie* innerhalb der Theologie zu fragen; sodann muß der Ort und die spezifische Funktion der *Dogmatik* innerhalb der Systematischen Theologie bestimmt werden. Voraussetzung für den ersten Arbeitsschritt ist jedoch eine *leitende Idee von der Theologie im ganzen,* die als solche erst entwickelt werden muß. Alle drei Aufgabenstellungen bilden zusammen das Arbeitsgebiet einer eigenen theologischen Teildisziplin, die üblicherweise der Systematischen Theologie zugerechnet wird, für die aber alle theologischen Disziplinen gemeinsam die Verantwortung tragen: die *theologische Enzyklopädie.* Es ist jedoch zu konstatieren, daß es in und zwischen den einzelnen Disziplinen in methodischer und teilweise sogar in wissenschaftstheoretischer Hinsicht zu einer fortschreitenden Spezialisierung und Auseinanderentwicklung gekommen ist. Deshalb ist kaum noch der Überblick möglich, der zur enzyklopädischen Arbeit befähigt und ermutigt. Dem defizitären Zustand dieser Teildisziplin kann durch die folgenden knappen Andeutungen im Rahmen dieser Dogmatik nicht abgeholfen werden. Die hier gegebenen Hinweise wollen lediglich als Problemskizze verstanden werden.

1.4.1   Die in sich differenzierte Einheit der Theologie

1.4.1.1   Die einheitliche Aufgabe der Theologie

Was die Theologie zu einer Einheit macht, was also auch alle theologischen Disziplinen miteinander verbindet, läßt sich weder rein spekulativ aus der Idee des Wissens oder der Wissenschaft noch rein empirisch aus dem faktischen Zustand oder der Tätigkeit wissenschaftlicher Theologie ableiten. Der spekulativ-deduktive Ansatz ist unvereinbar mit der Tatsache, daß die christliche Theologie sich auf ein kontingentes geschichtliches Ereignis bezieht, das nicht aus einer Idee abgeleitet werden kann. Der empirisch-induktive Ansatz ist dagegen unvereinbar mit dem Ziel, mögliche Defizite am faktischen Zustand der Theologie zu erkennen und zu überwinden. Statt dessen soll hier (im Anschluß an Schleiermacher) ein kritisch-abduktiver Ansatz gewählt werden, der von der *Aufgabenstellung* der christlichen Theologie ausgeht, diese also als positive Wissenschaft versteht, die die faktisch vorliegenden, d. h. im geschichtlich-gesellschaftlichen Lebenszusammenhang auftauchenden Probleme des christlichen Glaubens bearbeitet.

Daß die christliche Theologie eine Funktion des christlichen Glaubens sei, ist eine für diese Dogmatik grundlegende Hypothese. Um von daher eine leitende Idee von der Einheit der Theologie zu entwickeln, die auch aus der Sicht der anderen Disziplinen akzeptabel wäre, müßte die Hypothese einerseits weit genug sein, um für *alle* theologischen Disziplinen angemessen zu sein, und sie müßte andererseits eng genug sein, um *nur* auf die Theologie (im ganzen und in ihren Teilen) angewandt werden zu können. Ob die Hypothese für alle theologischen Disziplinen angemessen ist, kann nicht ohne den Dialog mit den anderen Disziplinen entschieden werden. Um mehr als einen Vorschlag kann es sich hier also nicht handeln. Daß die Hypothese *nicht nur* auf die Theologie angewandt werden kann, d. h., daß sie *zu weit* ist, ist dagegen ohne weiteres zu erkennen; denn nicht nur die Theologie ist eine Funktion des Glaubens, sondern z. B. auch die Institution Kirche samt ihren Lebensäußerungen, wie z. B. Liturgie, Verkündigung, Unterweisung, Kirchenmusik, Seelsorge, Diakonie und Kirchenleitung. Von alledem gilt: Es handelt sich dabei um Funktionen des christlichen Glaubens. Die Hypothese bedarf also einer präzisierenden Einschränkung, und es ist auch leicht zu erkennen, warum das so ist: Sie sagt ihrem Wortlaut nach nur, *daß* die Theologie *eine* Funktion des Glaubens ist. Sie sagt aber nicht, um *welche* Funktion es sich dabei handelt. Es geht also in der Frage nach der Einheit der Theologie zugleich um die Frage nach ihrer *spezifischen* Funktion.

Aus den Überlegungen zur Wissenschaftlichkeit der Theologie können wir zunächst die Grundbestimmung übernehmen, daß Theologie *als Wissenschaft* die Funktion hat, Wissen auf überprüfbare Weise zu erweitern. Hier ist nun weiterzufragen, um *welches* Wissen es sich handelt. In einer ersten, sehr allgemeinen Formulierung können wir sagen: Es handelt sich um Wissen, das sich auf den (christlichen) Glauben bezieht. „(Christlicher) Glaube" kann jedoch zweierlei bedeuten: einerseits den *Akt* (oder den Vollzug, das Geschehen, die Haltung) des Glaubens, andererseits den *Inhalt*, der besagt, worauf sich der Glaubensakt richtet. Auf *beides* bezieht sich das *Wissen*, mit dem sich die Theologie beschäftigt.[12]

---

12 Deswegen verwende ich in dieser Dogmatik sehr häufig den Ausdruck „der christliche Glaube" – auch dort, wo primär oder ausschließlich der *Inhalt* des christlichen Glaubens gemeint ist und deshalb ebensogut von „der christlichen Botschaft" gesprochen werden könnte. Seit dem frühen 17. Jahrhundert hat sich für die Unterscheidung zwischen Glaubensakt und Glaubensinhalt (in Aufnahme und Weiterbildung einer Augustinischen Formulierung) die formelhafte Differenzierung zwischen fides qua creditur und fides quae creditur eingebürgert. Bei genauerem Zusehen erweist sich jedoch die Formel „fides quae creditur" als irreführend. Entweder nimmt man das „quae creditur" ernst, dann muß man sagen: Was bzw. woran geglaubt wird, ist *Gott selbst* in seinem Wort. Dieses *Gegenüber*, auf das sich der Glaubensakt richtet, sollte man aber nicht als „Glauben" bezeichnen. Oder man versteht unter „fides" das Glaubensbekenntnis, also die *Aussagen* über das, woran Christen glauben, dann kann nicht gesagt werden, *das* bzw. *daran* werde geglaubt. Denn der Bezugspunkt des Glaubens sind nicht die *Aussagen*, sondern das, worauf sie sich *beziehen*. Das scheint nur ein geringfügiger Unterschied zu sein. Tatsächlich ist er aber von großer Bedeutung, weil

Was den Glaubensakt anbelangt, so reflektiert die Theologie die *Bedingungen für die Entstehung und Erhaltung des christlichen Glaubens.* Im Blick auf den Glaubensinhalt ist es Aufgabe der Theologie, das *unverwechselbare Wesen und das darin enthaltene Wirklichkeitsverständnis des christlichen Glaubens* zu erfassen und darzustellen. Zum Wesen und Wirklichkeitsverständnis des christlichen Glaubens gehören aber auch die Entstehungs- und Erhaltungsbedingungen des Glaubens*aktes*. Insofern kommt der Glaubensakt selbst *im* Glaubens*inhalt* vor und ist dort stets mitzubedenken. Andererseits gehört zum Glaubensakt das *Gegenüber, auf das* sich der Glaube richtet und das im Glaubensinhalt ausgesagt wird. Insofern kommt auch der Glaubensinhalt (indirekt) *im* Glaubens*akt* vor und ist dort stets mitzubedenken. Glaubensakt und Glaubensinhalt bedingen und durchdringen sich also gegenseitig.

Indem die Theologie den Glaubensakt und den Glaubensinhalt expliziert und reflektiert, leistet sie zugleich ihren unverzichtbaren Beitrag zur *Ausbildung theologischer Kompetenz*, die ihrerseits eine Voraussetzung für die Wahrnehmung der berufenen öffentlichen Verkündigung, also des ordinierten kirchlichen Amtes[13] sowie des Lehramtes in Schule und Hochschule ist.

Zur Erfüllung dieser Aufgabe ist aber nicht nur die Beschäftigung mit den Quellen und der Geschichte des christlichen Glaubens erforderlich, sondern auch die Einbeziehung der Bedingungen, unter denen die christliche Botschaft gegenwärtig kommuniziert wird. Die (fortgehende) Geschichte des christlichen Glaubens ist selbst ein Teil der Entfaltung, Interpretation, Erfassung und Darstellung dessen, was die Identität des christlichen Glaubens ausmacht. Mit Schleiermacher kann gesagt werden, daß „es der letzte Zweck aller Theologie ist, das Wesen des Christentums

---

dadurch – sicher unbewußt und ungewollt – ein (kirchliches) Glaubensbekenntnis zu demjenigen wird bzw. würde, worauf Christen vertrauen. Aber der christliche Glaube ist nicht ein Vertrauen auf ein Glaubensbekenntnis, sondern auf *Gott* in seinem Wort. Wegen der hier drohenden Verwechslung *verzichte* ich auf die – geläufige und bequeme – Unterscheidung zwischen „fides qua creditur" und „fides quae creditur".

13 Der Ausdruck „ordiniertes … Amt" hat sich (als Übersetzung von „ordained ministry") im kirchlichen und theologischen Sprachgebrauch eingebürgert. Der Ausdruck ist ungenau, da ja nicht das Amt ordiniert wird, sondern *Menschen* für ein Amt ordiniert werden. Korrekt wäre deshalb die umständlichere Bezeichnung: „kirchliches Amt, für das Menschen ordiniert werden". Aus Gründen der Bequemlichkeit gebrauche ich hier und an anderen Stellen (insbesondere in 14.3.3) den gebräuchlichen, ungenauen Begriff „ordiniertes Amt".

in jedem künftigen Augenblick reiner darzustellen".[14] Schon aus dieser
Aufgaben- und Zweckbestimmung der Theologie geht hervor, daß die
Theologie vor einer Aufgabe steht, die unter endlichen Bedingungen weder in ihren einzelnen Teilen noch insgesamt jemals abschließend erfüllt
werden kann. Das ändert nichts daran, daß diese teleologische Aufgaben-
und Zweckbestimmung die spezifische Funktion der Theologie in zurei-
chender Genauigkeit erfaßt – jedenfalls dann, wenn in ihr mitgedacht ist,
daß es sich um eine Aufgaben- und Zweckbestimmung handelt, die mit
wissenschaftlichen Mitteln zu erfüllen ist. Wie ergibt sich aber aus dieser
Funktion der Theologie die Gliederung in eine Vielfalt von Disziplinen?
Inwiefern ist also in der *einheitlichen* Aufgabenstellung bereits die innere
Differenzierung der Theologie angelegt?

1.4.1.2   Die innere Differenzierung der Theologie

Als Funktion des Glaubens setzt die Theologie voraus, daß Glaube eine
Realität ist, die im individuellen und sozialen Leben vorkommt und als
eine *bestimmte Ausprägung* von Religiosität eine *prägende Rolle* spielt.
Glaube (und zwar als Akt und Inhalt) ist also der Theologie vorgegeben.
Glaube – jedenfalls christlicher Glaube – entsteht aber nicht durch spon-
tanen Entschluß und ist erst recht kein Teil der genetischen Ausstattung
des Menschen, sondern bedarf der Verkündigung, die auf Jesus Christus
als den Grund des Glaubens (I Kor 3,11) verweist und die in der Gemeinschaft der Glaubenden tradiert und dargestellt, also kommuniziert wird.

Zum glaubenweckenden Geschehen wird die christliche Verkündigung aber nur dadurch, daß ihr Inhalt Menschen als glaub-würdig, also
als wahr und tragfähig einleuchtet und daraufhin von ihnen angenommen
wird. Das damit angedeutete komplexe Beziehungsgefüge aus geschichtlichem *Ursprung, Überlieferung, Wahrheitsgewißheit* und gegenwärtiger
Kommunikation muß stets mitgedacht und vorausgesetzt werden, wenn
vom christlichen Glauben die Rede ist. Und diese Komplexität des Glaubens findet in der Komplexität und inneren Differenziertheit der Theologie ihre Entsprechung. Dabei handelt es sich nicht um eine Verbindung
ursprünglich selbständiger Teile, die je für sich, also isoliert voneinander
existieren könnten oder betrachtet werden dürften, sondern es handelt
sich nur um unterschiedliche *Aspekte* an diesem einen, unteilbaren, komplexen Phänomen: dem christlichen Glauben.

---

14 Kurze Darstellung des theologischen Studiums, 1810, 2. Teil, Einleitung,
§ 18; in der Ausgabe von H. Scholz, Leipzig 1910, S. 36, Anm. 1 (ganz
ähnlich formuliert in § 84 der 2. Aufl. von 1830).

a) Die Rückfrage nach dem Ursprung des christlichen Glaubens

Aus der Orientierung am christlichen Glauben ergibt sich die spezifische Aufgabe der Rückfrage nach seinem Ursprung, ohne dessen Kenntnis die Identität des christlichen Glaubens überhaupt nicht bestimmt und überprüft werden könnte. Indem die Alte Kirche den Kanon der biblischen Schriften festgestellt hat, hat sie die bleibende Möglichkeit der Orientierung an den ursprünglichen Zeugnissen des christlichen Glaubens geschaffen (s. u. 4.1), die freilich – wie jedes Zeugnis und jeder Text – nur verstanden werden können, indem sie interpretiert werden. Von da aus ergibt sich einerseits die Aufgabe der sachgemäßen Interpretation, also Auslegung der biblischen Schriften auf dem jeweiligen Stand und unter Förderung der Entwicklung der Auslegungskunst und andererseits die Aufgabe der Erforschung derjenigen Auslegungs- und Überlieferungsgeschichte des christlichen Glaubens (einschließlich seiner Ursprungszeugnisse), ohne die die Bedingungen der Auslegung weder wahrgenommen noch verstanden noch weiterentwickelt werden können. Dabei ist diese Auslegungsgeschichte selbst auch als Wirkungsgeschichte der Bibel (und ihrer Interpretation) zu sehen und muß als solche selbst im hermeneutischen Prozeß der Auslegung wahrgenommen und reflektiert werden.

b) Die Wahrnehmung der kirchlichen Lehrentscheidungen und Lebensäußerungen

Eine besondere, herausragende Rolle spielen in der Auslegungsgeschichte der Bibel die Akte der Bekenntnis- und Dogmenbildung, in denen die Kirche z. B. in Situationen aktueller Bedrohung durch unvereinbare Interpretationen des christlichen Glaubens einen innerkirchlichen (wenn auch nicht in jedem Falle gesamtkirchlichen) Lehrkonsens gesucht, gefunden, formuliert und für verbindlich erklärt hat (s. u. 5.1). In solchen kirchlichen Lehrentscheidungen bekommt eine bestimmte Interpretation des christlichen Glaubens (und damit auch der Ursprungszeugnisse des christlichen Glaubens) für die Kirche oder für eine Konfession oder für eine kirchliche Gemeinschaft die Bedeutung eines Identitätsmerkmals, das nur unter Preisgabe der historischen Kontinuität geleugnet werden kann. Das hindert jedoch nicht, daß auch solche Lehrentscheidungen alsbald zum Gegenstand einer Auslegungsgeschichte werden, für die alles über die Auslegung der Bibel Gesagte in gleicher Weise gilt.

Es wäre freilich eine einseitige und damit abstrakte Betrachtung des christlichen Glaubens, würden zu seiner Interpretation nur die sprachlich verfaßten Texte herangezogen und nicht ebenso die sonstigen kulturellen, institutionellen, geschichtlichen, politischen, sozialen etc. *Lebensäußerungen*, die den Charakter von geprägten Ausdrucksformen, also Interpretationen des christlichen Glaubens (gehabt) haben. Daraus resultiert für eine wissenschaftliche Theologie die Aufgabe einer umfassenden, methodisch reflektierten Erforschung der Lebensäußerungen des christlichen Glaubens in seinem jeweiligen Kontext, die insgesamt (wie die Auslegung der biblischen Schriften) im Dienst der Aufgabe der Theologie steht, das Wesen des christlichen Glaubens immer genauer zu erfassen.

c) Die Einbeziehung des gegenwärtigen Glaubenslebens

Der Versuch einer immer genaueren Erfassung und Darstellung des Wesens des christlichen Glaubens kann aber aus mehreren Gründen auch nicht absehen von der *gegenwärtig praktizierten christlichen Frömmigkeit*, wie sie (im Kontext allgemeiner Religiosität) in der Gemeinschaft der Glaubenden Ausdruck und Gestalt gewinnt (s. u. 6.3.2). Erstens gehört diese gegenwärtige Frömmigkeitspraxis in die fortlaufende Geschichte der Auslegung des christlichen Glaubens hinein. Zweitens ist die Gemeinschaft der jetzt (und künftig) lebenden Gläubigen die *Adressatin*, auf die sich die Theologie auszurichten hat, wenn und weil sie eine Funktion des christlichen Glaubens ist. Während in der ersten Hinsicht die Beschäftigung mit gegenwärtiger kirchlicher Praxis (z. B. in Form der „kirchlichen Zeitgeschichte") und christlicher Frömmigkeit zur historischen Dimension und Aufgabe der Theologie gehört, ist der zweite Aspekt (nämlich die Analyse der „Lage" oder „Situation") der praktischen Dimension und Aufgabenstellung der Theologie zuzuordnen und enthält seinerseits eine Mehrzahl von Teilaspekten. So geht es einerseits darum, die *gegenwärtige Verfassung* der institutionalisierten und der nicht-institutionalisierten Religiosität so genau zu erfassen, daß Impulse, die ihrer Gestaltung dienen sollen, die Chance haben, das intendierte Ziel zu erreichen. Andererseits geht es darum, solche *Kommunikationsformen* zu entwickeln und zu pflegen, die der Entstehung und Erhaltung von christlichem Glauben unter den gegenwärtigen Lebens- und Kommunikationsbedingungen angemessen sind. Schließlich geht es darum, ein *Instrumentarium* auszubilden, das es erlaubt, die Entwicklungsprozesse in der Religiosität und Frömmigkeitspraxis verläßlich wahrzunehmen und angemessen auf sie zu reagieren.

d) Die Reflexion und Prüfung der christlichen Wahrheitsgewißheit

In der bisherigen knappen Entfaltung des komplexen Beziehungsgefüges der theologischen Beschäftigung mit dem christlichen Glauben fehlt nun nur noch *ein*, allerdings stets mitzudenkendes Element, das sich aus dem Wesen des christlichen Glaubens ergibt: das Element der *Wahrheitsgewißheit*. Zu einem Aspekt der theologischen Aufgabenstellung wird es dadurch, daß der Wahrheitsanspruch des christlichen Glaubens nicht fraglos und unangefochten akzeptiert ist, sondern den Charakter des Umstrittenen hat. Dabei handelt es sich sogar um zwei Kommunikationszusammenhänge, in denen dieser Streit aufbricht oder aufbrechen kann: die primär *interne* Kommunikation der Glaubenden über das *rechte Verständnis* des christlichen Glaubens und die primär *externe* Kommunikation zwischen Glaubenden und Nicht-Glaubenden über *Wahrheit und Gültigkeit* des christlichen Glaubens. Beide Formen der Auseinandersetzung können übrigens nicht nur *zwischen* verschiedenen Personen und Gruppen, sondern auch *innerhalb* ein und derselben Person ausgetragen werden. Das zeigt, daß die Unterscheidung zwischen „intern" und „extern" nur relativen Charakter hat und sich letztlich nicht auf Personengruppen, sondern auf unterschiedliche Fragestellungen bezieht. Dabei sind die beiden Fragestellungen insofern miteinander eng verzahnt, als die primär interne Kommunikation über das *rechte Verständnis* des christlichen Glaubens gerade dadurch ihre Brisanz erhält, daß es sich um das rechte Verständnis des Glaubens handelt, von dessen *Wahrheit und Gültigkeit* die Gemeinschaft der Glaubenden ausgeht, die dort also in irgendeiner Form vorausgesetzt wird. Andererseits entzündet sich die primär externe Auseinandersetzung über diese Wahrheit und Gültigkeit eben an dem Glauben, dessen genuiner Charakter als *christlicher* Glaube in irgendeiner Form vorausgesetzt ist. Da beide Kommunikationsstränge aber gleichzeitig laufen, erweisen sie sich von ihren Voraussetzungen und Zielsetzungen her als aufeinander angewiesen.

a) – d) Fazit

Das im Eingangsteil dieses Abschnitts angesprochene mögliche Mißverständnis, als handle es sich bei diesen vier Aspekten um selbständige *Teile* der Theologie, könnte dadurch noch befördert worden sein, daß hinter den Aspekten unschwer die (biblischen, dogmen- und kirchengeschichtlichen, praktisch- und systematisch-theologischen) Disziplinen der Theologie mit ihren spezifischen Fragestellungen erkennbar geworden sind.

Nun soll gar nicht bestritten werden, daß es zwischen jenen Aspekten und den einzelnen theologischen Disziplinen Affinitäten gibt, aufgrund deren sich sagen läßt, daß die jeweilige Disziplin sich schwerpunktmäßig mit dem zugehörigen Aspekt befaßt. Es ist jedoch problematisch, wenn diese schwerpunktmäßige Zuordnung als Trennung und isolierte Behandlung der Aspekte in den Disziplinen mißverstanden und so gehandhabt wird.[15] Um der einheitlichen Sache und Aufgabe der Theologie willen dürfen sich die einzelnen theologischen Disziplinen nicht auf den ihnen besonders naheliegenden Aspekt *beschränken*. So können z. B. die biblischen Fächer oder die Praktische Theologie ihre Aufgabe ebensowenig sachgemäß erfüllen, wenn sie vom Wahrheitsanspruch biblischer Texte oder vom Schriftverständnis und Schriftgebrauch in der Geschichte der Christenheit abstrahieren, wie es die systematischen Fächer können, wenn sie die Frage nach dem angemessenen Verständnis des biblischen Zeugnisses oder der kirchengeschichtlichen Überlieferung ausblenden. D. h.: In jeder der theologischen Disziplinen muß – wenn auch mit ganz unterschiedlichen Gewichtungen – das gesamte komplexe Beziehungsgefüge des christlichen Glaubens im Blick sein. Nur unter dieser Bedingung gerät die Spezialisierung der Disziplinen nicht zur Zersplitterung der Theologie, sondern ermöglicht differenzierte wissenschaftliche Arbeit im Interesse des Ganzen.

1.4.2 Ort und Funktion der Dogmatik innerhalb der Systematischen Theologie

Der Aspekt der theologischen Aufgabenstellung, der schwerpunktmäßig der Systematischen Theologie zufällt, läßt sich nach dem zuletzt Gesagten umschreiben mit der Formel: Rechenschaft über den Wahrheitsgehalt des christlichen Glaubens angesichts interner und externer Herausforderungen. Dabei zeigte sich bereits, daß diese Aufgabenstellung bipolaren Charakter hat, da sie zweierlei einschließt: einerseits die *Wesensbestimmung* des christlichen Glaubens in seinem Gesamtzusammenhang; andererseits die *Explikation des Wahrheitsgehaltes* des christlichen Glaubens. Schließlich muß aber auch das in dieser polaren Aufgabenstellung implizierte Verhältnis von *Dogmatik und Ethik* bedacht und die daraus folgende Aufgabenbestimmung der Dogmatik expliziert werden. Diese allgemeinen Aussagen bedürfen jedoch nun, da es um die Binnenstruktur der Systematischen Theologie geht, der Spezifizierung und Konkretisierung,

---

15 Man kann freilich nicht bestreiten, daß es in der gegenwärtigen Theologie zumindest eine starke Tendenz in diese Richtung gibt.

damit die unterschiedlichen Aufgabenfelder sichtbar werden, mit denen sich die Systematische Theologie zu beschäftigen hat.

a) Die Wesensbestimmung des christlichen Glaubens

Die Aufgabe der *Wesensbestimmung* des christlichen Glaubens, die nur in engster Zusammenarbeit mit den anderen theologischen Disziplinen erfüllt werden kann, bezieht sich primär auf die *interne* Kommunikation zwischen den Glaubenden. Diese Aufgabe stellt sich in dreifacher Weise:

– Aus den aktuellen innerkirchlichen *Konflikten* resultiert die situationsbedingte Aufgabe, zu neu auftauchenden Problemen oder Fragestellungen einen Konsens über das rechte Verständnis der Aussagen des christlichen Glaubens zu finden und zu formulieren.

– Aus der *Geschichtlichkeit*, an der auch der Glaube und die Glaubenden partizipieren, resultiert die kontinuierliche Aufgabe, den Konsens über das rechte Verständnis des christlichen Glaubens zu überprüfen, weiterzuentwickeln und *so* zu erhalten.

– Aus den zwischen den verschiedenen *Konfessionen* bestehenden Divergenzen resultiert die ökumenische Aufgabe einer (kritischen und selbstkritischen) christlichen Glaubenskommunikation über Konfessionsgrenzen hinweg mit dem Ziel, vorhandene Übereinstimmungen wahrzunehmen und echte von bloß scheinbaren Dissensen zu unterscheiden.

b) Die Explikation des Wahrheitsgehaltes des christlichen Glaubens

Die Aufgabe der *Explikation des Wahrheitsgehaltes* des christlichen Glaubens, die nur im Austausch mit anderen Wissenschaften, insbesondere mit der Philosophie erfüllt werden kann, bezieht sich vor allem (aber nicht nur) auf die *externe* Kommunikation zwischen Glaubenden und Nicht-Glaubenden (in uns, in unserer Mitte oder in unserer Umgebung). Auch sie stellt sich in dreifacher Weise:

– Aus den aktuellen, bedrängenden *Gesellschafts- und Weltproblemen* resultiert die Aufgabe, den spezifischen Beitrag des christlichen Glaubens in die (auch internationale) gesellschaftliche Diskussion über Glaubens- und Weltanschauungsgrenzen hinweg einzubringen und Fragen zu stellen, die in Gefahr sind, übersehen zu werden oder verlorenzugehen.

– Aus der Bestreitung des Wahrheitsanspruches des christlichen Glaubens durch *Nicht-Glaubende* (seien es Atheisten, Agnostiker oder
Unwissende) resultiert die Herausforderung zur argumentativen, d. h.
den allgemeinen Regeln des Denkens verpflichteten Rechenschaft über
die Inhalte und Gründe des christlichen Glaubens.

– Aus der Infragestellung des christlichen Glaubens durch die Existenz
anderer Religionen und durch deren Kritik resultiert die Aufgabe einer
(kritischen und selbstkritischen) Kommunikation über Religions-
grenzen hinweg mit dem Ziel, vorhandene Übereinstimmungen wahrzunehmen und echte von bloß scheinbaren Dissensen zu unterscheiden.

Es ist unschwer zu erkennen, daß sowohl *innerhalb* der Unterpunkte
als auch *zwischen* den jeweiligen Unterpunkten die Unterscheidungen
weder Trennungen sind noch absoluten Charakter haben. Sie gehen an
ihren Grenzpunkten sogar ineinander über, sind also bloß relativ voneinander unterschieden. Als solche relative Unterscheidungen eignen sie sich
freilich recht gut, um sich die Binnendifferenzierung der Systematischen
Theologie bewußtzumachen und die spezifische Funktion der Dogmatik
zu bestimmen.

c) Das Verhältnis von Dogmatik und Ethik

Zu diesem Zweck ist freilich noch eine weitere Unterscheidung erforderlich: Auf jedem der sechs Aufgabenfelder kann die zur Klärung anstehende Problematik sich entweder eher auf *Handlungen* (Ziele, Normen,
Werte, Motive etc.) oder eher auf *Erkenntnisse* (Einsichten, Deutungen,
Erklärungen, Begründungen etc.) beziehen. Die damit intendierte Unterscheidung ist begrifflich nicht leicht zu fassen, obwohl sie umgangssprachlich z. B. als Unterscheidung zwischen Handeln und Denken oder
zwischen Tun und Wissen durchaus geläufig ist. Die begriffliche Schwierigkeit resultiert daraus, daß auch Erkenntnisse (in einem weiten Sinn) als
Handlungen aufgefaßt werden können und daß Handlungen ohne Erkenntnisse (bezogen auf Handlungsmöglichkeiten und -ziele, Mittel und
Folgen) gar nicht vorstellbar sind. Das weist darauf hin, daß es sich
(auch) hier um eine bloß relative Unterscheidung an einem unteilbaren
Gesamtzusammenhang handelt. Wie ist diese Unterscheidung genauer zu
fassen?

Es muß jedenfalls eine Unterscheidung sein, die sich auf den christlichen Glauben bezieht und *an ihm* gemacht werden kann. Und diese Unterscheidung muß sich darauf beziehen, daß der christliche Glaube zwar

die von ihm ergriffenen Menschen mit innerer Notwendigkeit zu bestimmten Handlungen motiviert, aber selbst nicht aus diesen Handlungen resultiert. Christlicher Glaube *wird dadurch ermöglicht,* daß Menschen eine neue Sicht der Wirklichkeit zuteil wird, die sie nicht produzieren, sondern nur aufnehmen können. Der Glaube wird folglich *konstituiert* durch etwas, was den Glaubenden *vorgegeben* ist, also nicht erst von ihnen hervorgebracht wird. Innerhalb dieses Vorgegebenen ist dann freilich noch einmal grundsätzlich zu unterscheiden zwischen dem, was den Glaubenden durch *Gottes* Wirken vorgegeben ist (z. B. als Offenbarung), und dem, was ihnen durch *menschliches* Handeln vorgegeben ist (z. B. als Erziehung, Unterricht, Verkündigung). *Beides* hat jedoch den Charakter einer Wirklichkeit, die Glauben *ermöglicht.*

Christlicher Glaube *ermöglicht und erfordert* aber selbst einen veränderten Umgang mit der Wirklichkeit, der in der Verantwortung der Glaubenden liegt. Diese *Gestaltung der Wirklichkeit* ist den Glaubenden *aufgegeben,* wird also von ihnen erst hervorgebracht.

Es ist nicht nur sinnvoll, sondern von grundlegender Wichtigkeit, diese den Glaubenden *vorgegebene Sicht* der Wirklichkeit von der den Glaubenden *aufgegebenen Gestaltung* der Wirklichkeit zu unterscheiden. Die Analyse und Darstellung des ersteren ist Sache der *Dogmatik,* die der letzteren ist Sache der *Ethik.*[16]

Eine Trennung zwischen beidem ist schon deswegen nicht möglich, weil das, was den Glaubenden aufgegeben ist (z. B. die Verkündigung des Evangeliums), für andere Menschen zugleich dasjenige sein kann, was ihnen als Ermöglichung des Glaubens vorgegeben sein muß. Solche Elemente müssen darum sowohl in einer ausgeführten Dogmatik wie in einer ausgeführten Ethik auftauchen, und gerade dadurch wird der unauflösbare sachliche Zusammenhang von Dogmatik und Ethik sichtbar.

d) Die Aufgabenbestimmung der Dogmatik

Hieraus ergibt sich eine weite Aufgabenbestimmung für die systematisch-theologische Teildisziplin „Dogmatik". Sie hat auf den genannten sechs Aufgabenfeldern die dem christlichen Glauben eigene Sicht der Wirklichkeit darzustellen und ihren Wahrheitsgehalt zu explizieren. Sie ist dabei

---

16 In Anlehnung an Schleiermacher läßt sich deshalb sagen: Die Aufgabe der Dogmatik ist die Beantwortung der Frage: „Was muß *sein,* weil christlicher Glaube ist?"; während die Ethik die Frage zu beantworten versucht: „Was muß (durch menschliches Handeln) *werden,* weil christlicher Glaube ist?" (Die christliche Sitte, Hg. L. Jonas, Berlin 1884², S. 23).

lediglich von der *ethischen* Aufgabenstellung der Systematischen Theologie abgegrenzt. Eine solche weite Aufgabenbestimmung der Dogmatik wird auch in diesem Lehrbuch vorausgesetzt und ihre Realisierung zumindest angestrebt.

Hiervon läßt sich eine sehr viel engere Aufgabenbestimmung unterscheiden, derzufolge die Dogmatik die Teilbereiche der Fundamentaltheologie (= dogmatische Prinzipienlehre), der Apologetik und Ökumenik *nicht* umfaßt, sondern neben sich stehen hat. Dogmatik wäre dann lediglich *innerkonfessionelle Entfaltung der geltenden kirchlichen Lehre.* Eine so eingegrenzte Dogmatik stünde jedoch in der Gefahr, diejenigen internen und externen Herausforderungen aus dem Blick zu verlieren, die einen erheblichen Teil der Relevanz des systematisch-theologischen Nachdenkens im allgemeinen und des dogmatischen Nachdenkens im besonderen ausmachen.

1.5   Die Gliederung der Dogmatik

1.5.1   Grundsätzliche Überlegungen bezüglich der Gliederung einer Dogmatik

Fragen des Aufbaus und der Gliederung einer Dogmatik sind zwar keine theologischen Grundsatzfragen, haben aber trotzdem eine gewisse Bedeutung, die sich einerseits aus der dogmatischen Gesamtkonzeption, andererseits aus dem Vermittlungsinteresse des Autors ergibt. Wesentlich ist, daß eine Dogmatik in systematischer Form in den Gesamtzusammenhang der christlichen Glaubenslehre einführt. Wichtig ist aber auch, von welcher Seite aus und in welchen Schritten diese Einführung erfolgt. Hierfür sind Kriterien der Durchsichtigkeit und Nachvollziehbarkeit angemessen und ausreichend.

Ein Grundproblem hinsichtlich der Gliederung einer Dogmatik besteht darin, daß bei der Entscheidung für eine bestimmte Gliederung und bei der damit verbundenen Rechenschaft über den Erkenntnisweg der Dogmatik immer schon eine inhaltliche Konzeption vorausgesetzt ist, die aber erst sukzessive entfaltet werden kann. Dieses Grundproblem könnte dadurch minimiert (wenn auch nicht beseitigt) werden, daß die Dogmatik soweit wie möglich dem menschlichen *Erkenntnisweg* (und nicht der *Seinsordnung,* soweit wir sie erkennen) folgt. Dies würde jedoch eine weitgehende Umkehrung des üblichen Dogmatikaufbaus nach sich ziehen. Die Methoden- bzw. Prinzipienfragen stünden dann z. B. nicht am Anfang vor den inhaltlichen Fragen, sondern wären diesen nachgeordnet, weil auch im Erkenntnisvollzug die methodischen und methodologischen Überlegungen erst aus der Beschäftigung mit den Inhalten resultieren. Und bei der Bestimmung des Wesens des christlichen Glaubens müßte z. B. von der gegenwärtigen Situation ausgegangen und nach Bekenntnis, Bibel und Offenbarung zurückgefragt werden.

Der ursprüngliche Plan, in dieser Dogmatik möglichst streng der Erkenntnisordnung zu folgen, erwies sich aber aus zwei Gründen als undurchführbar. Einerseits würde eine solche Dogmatik – verglichen mit der gewohnten Anordnung – extrem unübersichtlich, widerspräche den Lesegewohnheiten und führte so leicht zur Desorientierung. Andererseits (und dies war der Hauptgrund) zeigte sich, daß dieser Erkenntnisweg so kompliziert ist, daß er fortgesetzt ein erneutes Durchdenken von bereits Gesagtem unter neuen Gesichtspunkten erforderlich macht, wodurch der vorgegebene Rahmen vollständig gesprengt würde. Menschliches Erkennen vollzieht sich offenbar so verwickelt, genauer gesagt: spiralförmig vertiefend, und deshalb so wenig geradlinig, daß sich seine Struktur nicht gut als Gliederungsprinzip für eine Dogmatik (oder ein anderes Lehrbuch) eignet.

1.5.2   Traditionelle Gliederungsprinzipien der Dogmatik

Überblickt man die Geschichte der Dogmatik (von den Sentenzenbüchern des Petrus Lombardus bis zur Gegenwart), so zeigt sich, daß es in ihr drei dominierende Gliederungsprinzipien gibt, die sich gegenseitig nicht ausschließen müssen, sondern miteinander kombiniert werden können und oft genug kombiniert worden sind:

1.5.2.1   Das trinitarische Gliederungsprinzip

In Anlehnung an den Aufbau des Apostolischen und Nicaenischen Glaubensbekenntnisses hat die Dogmatik von Anfang an immer wieder eine triadische oder trinitarische Gliederung gefunden, die sich von der Unterscheidung zwischen dem Vater, dem Sohn und dem Heiligen Geist ihre Strukturierung vorgeben läßt. Je strenger eine Dogmatik theozentrisch ausgerichtet ist, um so eher wird sie diesem Gliederungsprinzip zuneigen. Freilich geben schon die Glaubensbekenntnisse insofern keinen rein trinitarischen Aufbau vor, als im dritten Glaubensartikel der Zusammenhang zwischen Heiligem Geist, Kirche, Sakrament, Sündenvergebung und eschatologischer Hoffnung zumindest nicht explizit wird, sondern eher den Charakter einer losen Assoziierung hat.

1.5.2.2   Das heilsgeschichtliche Gliederungsprinzip

Schon das trinitarische Gliederungsprinzip wurde häufig mittels einer starken Betonung des sog. (heils-)ökonomischen Aspekts der Trinitätslehre (s. u. 11.2) geöffnet für das heilsgeschichtliche Wirken Gottes, das sich jeweils zuordnungsweise mit den einzelnen Personen der Trinität verbinden läßt, also: der Vater in Verbindung mit dem Werk der Schöpfung, der Sohn in Verbindung mit dem Werk der Versöhnung, der Heilige Geist in Verbindung mit dem Werk der Erlösung oder Vollendung. Das heilsgeschichtliche Gliederungsprinzip konnte sich aber auch verselbständigen und zur eigenständigen Leitperspektive werden, der sich dann auch das trinitarische Prinzip zu- und einordnen ließ. Das hatte den Vorteil, daß nicht nur eine Aufteilung der Christologie und Versöhnungslehre auf den zweiten und dritten Artikel vermieden und statt dessen beides zusammen behandelt werden konnte, sondern daß auch eine eigenständige Einbeziehung der Lehre von der Sünde (die in einer *trinitarischen* Gliederung keinen genuinen Ort hat) möglich wurde. So entstand parallel zu dem dreiteiligen (trinitarischen) ein vierteiliges (heilsgeschichtliches) Gliederungsprinzip, das sich in der Regel an den Begriffen Schöpfung, Sünde (bzw. Fall), Versöhnung und Vollendung orientierte, wobei der Begriff der Erlösung entweder mit Versöhnung oder mit Vollendung verbunden werden konnte.

Die meisten Gliederungsentwürfe der Dogmatik orientieren sich inhaltlich an einer Mischung oder Verbindung des trinitarischen Prinzips mit dem heilsgeschichtlichen und bieten in der Regel die Reihenfolge: Gott (der Vater), Schöpfung, Sünde, Jesus Christus, Versöhnung, Heiliger Geist (und sein Wirken in Wort, Sakrament und Kirche) sowie Vollendung.

1.5.2.3   Das methodisch-inhaltliche Gliederungsprinzip

In dem Maße, in dem die Dogmatik (aus äußeren und inneren Gründen) über ihre Voraussetzungen, Quellen, Kriterien und Methoden Rechenschaft ablegen mußte, kamen Themen hinzu, die nicht (oder nur mit Mühe, z. B. in der Gotteslehre oder in der Ekklesiologie) im Rahmen eines trinitarischen und/oder heilsgeschichtlichen Aufbaues unterzubringen waren. Diese Themen bildeten im Laufe der Zeit einen eigenen Teil der Dogmatik, der häufig unter der Überschrift „Dogmatische Prinzipienlehre" oder „Prolegomena" dem materialen (trinitarisch-heilsgeschichtlich gegliederten) Teil der Dogmatik vorangestellt wurde. Wie oben bereits angedeutet, gibt es Tendenzen, diese Untergliederung der Dogmatik zu einer Unterscheidung zwischen „Fundamentaltheologie" (= dogmatische Prinzipienlehre) und „Dogmatik" weiterzuentwickeln und so beides zu verselbständigen. Das Problem einer solchen Verselbständigung liegt darin, daß damit die methodischen Grundfragen aus der Dogmatik hinausverlagert werden könnten und nicht mehr *in ihr*, und d. h. in engster Beziehung zu den *inhaltlichen* Aussagen bearbeitet und geklärt würden. Deshalb empfiehlt es sich, die Unterscheidung zwischen Methode und Inhalt als *inneren* Gliederungsgesichtspunkt der Dogmatik und nicht als Teilungsgesichtspunkt für systematisch-theologische Teildisziplinen zur Geltung zu bringen.

1.5.3   Die Gliederung dieser Dogmatik

Die vorliegende Dogmatik versucht alle drei Gliederungsprinzipien je für sich im angemessenen Zusammenhang zur Geltung zu bringen. Sie löst dabei die weithin praktizierte Vermischung dieser Gliederungen auf und ordnet sie einander so zu, daß deren eigenständige Intention möglicherweise besser zur Geltung kommt.

1.5.3.1   Die trinitarische Gliederung des Gottesverständnisses

Es bedarf keiner Begründung, daß die trinitarische Gliederung im strengen Sinne nur der Gotteslehre (bzw. wie wir sagen werden: dem Gottesverständnis des christlichen Glaubens) angemessen ist. Deswegen soll sie auch nur das Gliederungsprinzip für den Teil abgeben, der von *Gott* – in seiner Beziehung zur Welt – handelt.

1.5.3.2   Die „heilsgeschichtliche" Gliederung des Weltverständnisses

Das heilsgeschichtliche Gliederungsprinzip wird hingegen am angemessensten verstanden werden, wenn es nicht im Sinne einer (quasi-) geschichtlichen Abfolge des Handelns Gottes an der Welt verstanden wird, sondern im Sinne des Aufweises der verschiedenen *Aspekte der Welt* – in ihrer Beziehung zu Gott – wie sie im christlichen Glauben als Elemente seines Weltverständnisses wahrgenommen und dargestellt werden. Deswegen sollen diese Aspekte nur das Gliederungsprinzip für den

Teil abgeben, der das Weltverständnis des christlichen Glaubens zum
Thema hat: die geschaffene, die gefallene, die versöhnte und die vollendete Welt.

1.5.3.3   Die Unterscheidung zwischen
Rekonstruktion und Explikation

Die bipolare Aufgabenstellung der Dogmatik, die einerseits auf die
Identitätsbestimmung, andererseits auf die Explikation des *Wahrheitsge-*
haltes des christlichen Glaubens gerichtet ist (s. o. 1.4.2), legt es nahe,
diese Unterscheidung auch im Aufbau der Dogmatik zur Geltung zu bringen. Dies dient zugleich der Erinnerung daran, daß die Dogmatik ihren
Gegenstand (als einen identischen) nicht hervorbringt, sondern daß er ihr
vorgegeben ist, woraus die Doppelaufgabe der *Rekonstruktion* dieser
Identität und der *Explikation* ihres Wahrheitsgehaltes allererst folgt. Dem
trägt die Gliederung dieser Dogmatik dadurch Rechnung, daß dem Hauptteil II, in dem das (aus dem Gottes- und Weltverständnis bestehende)
Wirklichkeitsverständnis des christlichen Glaubens expliziert werden soll,
ein Hauptteil I vorangestellt ist, in dem das *Wesen* des christlichen Glaubens bestimmt wird. Die Themen der Prinzipienlehre teilen sich nun in
solche auf, die das *gesamte* Unternehmen einer Dogmatik als Teildisziplin
der wissenschaftlichen Theologie betreffen, und in solche, die es im *spezi-*
fischen Sinn mit den Grundlagen, Quellen und Normen des christlichen
Glaubens zu tun haben. Die ersteren wurden in diesem vorangestellten
Kapitel (1) zusammengefaßt, die letzteren werden innerhalb von Hauptteil I jeweils dort verhandelt, wo sie sich von der Sache her stellen.

1.5.3.4   Das Verhältnis der drei Teile zueinander

Daß und wie die drei Teile sich gegenseitig ergänzen und miteinander das
Ganze einer gegliederten Dogmatik ergeben sollen, ist aus dem unter
1.5.3.1-3 Gesagten wohl deutlich geworden. Es wäre aber ein Mißverständnis, würden die drei Teile *nur* als Bruchstücke eines Ganzen aufgefaßt, vielmehr wollen sie jeweils auch als *Darstellung des Ganzen unter*
einem bestimmten Aspekt verstanden werden. Die Aussagen über das
Wesen (I) des christlichen Glaubens werden durch die Ausführungen über
das *Wirklichkeitsverständnis* (II) nicht ergänzt oder vervollständigt, sondern *expliziert.* Die Aussagen über das *Gottesverständnis* (II A) des christlichen Glaubens bedürfen ebenfalls nicht der Komplettierung durch die
über das *Weltverständnis* (II B) – oder umgekehrt –, sondern in ihnen soll

je das Ganze des christlichen Wirklichkeitsverständnisses in seinen Grundzügen unter verschiedenen Fragehinsichten zur Sprache gebracht werden. Überschneidungen zwischen den drei Teilen sind darum nicht immer zu vermeiden, vielleicht sind sie für das bessere Verständnis des Gesamtzusammenhanges sogar eine gewisse Hilfe.

Hauptteil I

Rekonstruktion des Wesens des christlichen Glaubens

2 Die Frage nach dem Wesen des christlichen Glaubens

Die Rede vom „Wesen" stößt häufig auf Bedenken, ja auf Widerspruch. Der Haupteinwand richtet sich dagegen, daß mit der Orientierung am (vermeintlichen) Wesen die Realität der geschichtlichen, also wandelbaren Erscheinungen nicht ernstgenommen werde. Geschichtsverlust oder ungeschichtliches Denken scheinen hier zu drohen. Um so bemerkenswerter ist es, daß die programmatische Formel „Wesen des Christentums"[1] als ein Resultat des *historischen* Denkens an der Wende vom 18. zum 19. Jahrhundert zu breiter Verwendung gekommen ist.[2] In der Formulierung „Wesen des Christentums" meldet sich die Frage nach dem, was *angesichts* des allgegenwärtigen geschichtlichen Wandels im Christentum bleibenden Charakter hat und darum verläßliche Orientierung ermöglicht. Mit der Suche nach dem Wesen (des Christentums) soll das geschichtliche Denken jedoch nicht ausgeschaltet oder neutralisiert werden. Es geht um das Wesen *im* geschichtlichen Wandel und *unter* geschichtlichen Bedingungen.

Die Verhältnisbestimmung von Wesen und geschichtlicher Erscheinung erweist sich damit als ein Zentralproblem, das hier zu bedenken ist. In diesem Zusammenhang ist zunächst zu klären, was mit den Begriffen „Wesen" und „Erscheinung" (2.1) sowie „Glauben" (2.2) gemeint ist, um dann (2.3) zu prüfen, unter welchen Bedingungen und in welcher Weise es möglich ist, das Wesen des christlichen Glaubens zu erfassen.

2.1 „Wesen" und „Erscheinung"

2.1.1 Das Verhältnis von „Wesen" und „Erscheinung"

Das Begriffspaar „Wesen" und „Erscheinung" weist auf eine Differenz hin, die nur scheinbar einfach zu erfassen ist. Konstatierbar ist zunächst, daß mit diesem Begriffspaar ausgesagt werden soll, die Erscheinung einer

---

1 Zur Geschichte und Herkunft dieser Formel s. die Arbeiten von Schäfer und Wagenhammer.

2 „Der ganze Ausdruck ‚Wesen des Christentums' hängt mit der modernen, kritischen und entwickelungsgeschichtlichen Historie zusammen", so Troeltsch GS II, S. 391.

Sache sei nicht notwendigerweise mit deren Wesen identisch (und umgekehrt). Dabei meint der Begriff „Erscheinung" (oder „Phänomen") offenbar die Art und Weise, wie eine Person oder ein Geschehen oder eine Sache uns erscheint, d. h., *sich uns zeigt*. Dabei muß weder behauptet noch bestritten werden, daß sich eine Sache *allen*, die mit ihr zu tun haben, in *gleicher* Art und Weise zeigt. Nicht diese mögliche intersubjektive Gemeinsamkeit ist entscheidend, sondern das Erschlossensein und Sich-Zeigen für ein Subjekt.

Indessen ist der Gedanke des Vergleichs verschiedener Wahrnehmungen von Phänomenen doch eine brauchbare Brücke, um sich der Differenz zwischen Wesen und Erscheinung zu nähern. Dabei muß es sich nicht um einen intersubjektiven, sondern kann sich auch um einen temporären Vergleich handeln. So erscheint mir z. B. ein Mensch in einer bestimmten Situation als aufrichtig oder mutig, während er sich mir ein anderes Mal als verschlagen oder feige zeigt. Hier stellt sich die Frage: Gehört beides zu seinem Wesen, oder waren Aufrichtigkeit und Mut *bloße* Erscheinungen, gemessen am Wesen des Menschen also Vorspiegelungen oder Täuschungen? In ähnlicher Weise kann ein Mensch, der eine Religionsgemeinschaft in einer bestimmten Erscheinungsweise kennengelernt hat, z. B. in einem Gottesdienst, in dem Männer und Frauen streng getrennt sind, sich (oder andere) fragen, ob dies zum Wesen dieser Religion gehört oder nur eine – zufällige – orts- und zeitbedingte Erscheinungsweise ist.

In beiden Beispielen ist vorausgesetzt, daß nicht alles, was sich in einer Erscheinung zeigt und damit wahrnehmbar und erkennbar wird, deshalb schon zum Wesen dessen gehört, was sich zeigt. Aber wie ist das eigentlich möglich, wenn doch „Erscheinung" die Art und Weise bezeichnet, wie jemand oder etwas „*sich* uns zeigt"? Müssen dann nicht doch *alle* Erscheinungen Ausdruck des Wesens sein – auch wenn vielleicht nicht alles, was zum Wesen gehört, in Erscheinung tritt?

Das angedeutete Problem entsteht dadurch, daß das Verhältnis von Wesen und Erscheinung in den bisherigen Aussagen noch nicht genau genug bestimmt worden ist. Es ist nämlich noch nicht bedacht worden, daß die Erscheinungen nicht „an sich" existieren, sondern immer nur als „Erscheinungen *für jemand*". Erscheinungen sind Bilder, Vorstellungen, Modelle, kurz: sie sind Zeichen, durch die etwas repräsentiert, also für jemanden vergegenwärtigt wird. Diese Zeichen werden zwar *ausgelöst*, gewissermaßen angestoßen durch das „Objekt", das zur Erscheinung kommt, aber die Zeichen sind keine Abbilder, die das „Objekt" im Subjekt hinterläßt, sondern sie sind *gedeutete Wahrnehmungen* des erkennenden Subjekts. Und in diese Deutungen oder Interpretationen gehen die spezifischen (sprachlichen, lebensgeschichtlichen, kulturellen etc.)

Prägungen des erkennenden Subjekts stets mit ein. Erscheinungen haben
daher immer *perspektivischen* Charakter, als solche erfassen sie aber nur
Aspekte der wahrgenommenen Wirklichkeit. Und deshalb können sie das
Wahrgenommene auch *verfälschend* repräsentieren. Durch die Einsicht,
daß zwischen „Wesen" und „Erscheinung" immer schon eine deutende
bzw. interpretierende Vermittlung stattfindet, wird also verständlich,
warum zu den Erscheinungen auch Unwesentliches, ja sogar Wesens-
fremdes gehören kann.

2.1.2 Der Begriff „Wesen"

Aber was meinen wir nun eigentlich genau, wenn wir in diesem Zusammenhang den Begriff „Wesen" gebrauchen? Es gibt hier mehrere mögliche
Antworten, die angedeutet werden können mit Formeln wie „das Unterscheidende und Unverwechselbare" oder „das Unveränderliche und
immer Gleichbleibende" oder „das Unaufgebbare und Unverzichtbare".
Keine dieser Bestimmungen ist ganz verfehlt, aber teilweise treffen sie die
gemeinte Sache nicht genau genug. Bei dem Versuch der Präzisierung gehe
ich so vor, daß ich mich zunächst mit den mißverständlicheren und nur
partiell richtigen Begriffsbestimmungen auseinandersetze und mich auf
diese Weise einer sachgemäßen Begriffsbestimmung von „Wesen" an-
zunähern versuche.

2.1.2.1 „Wesen" als das
Unterscheidende und Unverwechselbare

Dieses Verständnis des Wesensbegriffs setzt erneut mit dem Gedanken
einer Differenz an. Vorausgesetzt wird dabei, daß das, was das Wesen
einer Sache ausmacht, dasjenige sein müsse, was diese Sache von anderen
unterscheide. Zur Begründung hierfür könnte man z. B. darauf verweisen,
daß eine (Real-)Definition das Ziel habe, das *Wesen* einer begrifflich
bezeichneten Sache zu formulieren, und daß jede Definition (zugleich)
eine *Abgrenzung* („de-finitio") sei. Was unter dieselbe Definition fällt,
kann sich nicht seinem Wesen nach (also „wesentlich") voneinander unterscheiden, wohl aber unterscheidet es sich (eben dadurch) von dem, was
nicht unter diese Definition fällt.

   Das ist im Blick auf das Wesen von Gattungen oder Gattungsbegriffen
wohl wahr[3], aber bei näherem Zusehen zeigt sich, daß diese Bestimmung

---

3 Das Wesen von *Individuen* kann *gar nicht* definiert werden.

von „Wesen" irreführend und deshalb unangemessen ist. Wäre das Wesen einer Sache von dem her abzuleiten und zu bestimmen oder auf das zu begrenzen, was sie von anderem *unterscheidet* oder das an ihr *unverwechselbar* ist, so ließe sich nur in *abgrenzender* Hinsicht etwas über das Wesen sagen. Aber warum sollte nicht etwas zum Wesen einer Gattung gehören, das diese mit anderen verbindet?[4] So wäre es doch abwegig, zu behaupten, der konstitutive Bezug auf die Offenbarung Gottes gehöre deswegen nicht zum Wesen des christlichen Glaubens, weil er (auch) zum Wesen des Judentums oder des Islam gehört.

Zwar wird sich zeigen, daß das Wesen tatsächlich *auch* das Unverwechselbare und Unterscheidende einer Sache ist. Aber das ist ein *Implikat* des Wesens und nicht dessen Konstituierung. Die Schwäche der abgrenzenden Wesensbestimmung liegt darin, daß das Wesen hier nicht von dem Gemeinten her, sondern nur von seinem *Unterschied zu anderem*, also von diesem her erfaßt wird. Deshalb ist der Versuch, „Wesen" als Unterscheidendes und Unverwechselbares zu bestimmen, mißverständlich und irreführend.[5]

2.1.2.2   „Wesen" als das Unveränderliche und stets Gleichbleibende

Im Unterschied zu den sich wandelnden Erscheinungsformen scheint „Wesen" das zu bezeichnen, was stets gleichbleibt, ja sich gar nicht ändern *kann*, weil sonst das Gemeinte aufhören würde, es selbst zu sein. Dagegen erhebt sich freilich sofort der eingangs schon angedeutete Einwand, unter geschichtlichen Bedingungen könne es gar nichts stets Gleichbleibendes

---

4   In der Terminologie der traditionellen Definitionslehre („Definitio fit per genus proximum et differentiam specificam") formuliert: Nicht nur die differentia specifica gehört zum Wesen, sondern auch das genus proximum. Und nicht nur das genus proximum, sondern auch die differentia specifica kann eine Sache mit einer anderen verbinden, die nicht unter diesen Begriff fällt.

5   Ein klassisches Beispiel für dieses Mißverständnis liegt in der reformatorischen Ekklesiologie vor. Aus der richtigen Einsicht, daß nicht (schon) die leibliche Gemeinschaft, sondern (erst) die geistliche Gemeinschaft des Glaubens die Kirche konstituiert und von anderen Gemeinschaften unterscheidet, zog Luther terminologisch die Konsequenz, nur die geistliche Gemeinschaft als „wesentlich" (WA 6,296,39), d. h. zum Wesen der Kirche gehörig, zu bezeichnen. Dadurch konnte der irreführende Eindruck entstehen, die leibliche Gemeinschaft (ihr Aufbau, ihre Pflege etc.) gehöre nicht zum Wesen der Kirche. S. dazu u. 14.3.1.

oder Unveränderliches geben, da unter geschichtlichen Bedingungen (wesensmäßig!) alles dem Wandel unterliege.

Was mit diesem Einwand beschrieben wird, ist jedoch – paradoxerweise – das *unveränderliche Wesen* von Geschichtlichkeit, das offenbar gerade darin besteht, daß alles geschichtlich Gegebene dem Wandel unterliegt, sich also verändert. Und gerade *dies* bleibt sich offenbar gleich, ist also seinerseits unveränderlich. Insofern bestätigt der Einwand wider Willen das, wogegen er erhoben wird. Demnach gilt: Das unveränderliche Wesen der Geschichtlichkeit ist die Veränderung. Und das gilt folglich als ein Wesensmerkmal für alles geschichtlich Existierende, also z. B. auch für Personen, Ereignisse und Beziehungen.

Aber der genannte Einwand kann doch eine wichtige Einsicht vermitteln: Das Wesen steht nicht auf derselben Ebene wie die (geschichtlichen) Erscheinungen, es wird also niemals selbst zu einer Erscheinung neben anderen. Zwischen Wesen und Erscheinung besteht eine grundlegende (in 2.3.2.1 noch genauer zu bestimmende) Differenz. Und *insofern* gilt in der Tat: Die Erscheinungen wandeln sich unter geschichtlichen Bedingungen; das Wesen hingegen bleibt sich gleich.

Stellt der Hinweis auf die Geschichtlichkeit keinen stichhaltigen Einwand gegen die Bestimmung von „Wesen" als das Unveränderliche und stets Gleichbleibende dar, sondern führt nur zu einer differenzierenden Einsicht, so gibt es einen anderen Einwand, der ernst zu nehmen ist: Nicht alles, was sich gleichbleibt oder unveränderlich ist, muß deswegen schon zum Wesen gehören.[6] Unveränderlichkeit und Dauer können sich auch aus äußeren Umständen ergeben, die nichts mit dem Wesen einer Sache oder Person zu tun haben. Das Moment der Dauer reicht für sich allein also offenbar nicht aus, um zu bestimmen, was mit „Wesen" gemeint ist.

2.1.2.3 „Wesen" als das Unaufgebbare und Unverzichtbare

Die Begriffe „Unaufgebbares" und „Unverzichtbares" enthalten die Wahrheitsmomente der bisher reflektierten Begriffe, vermeiden aber deren Schwächen. Sie bestimmen das Wesen weder von der Differenz noch von der Kontinuität, sondern von der *Identität* her und schließen – von daher – die Momente der Differenz und Kontinuität als Implikate ein.

---

6 So hat z. B. die Konkordienformel mit guten Gründen die Auffassung vertreten, daß die Erbsünde dem Menschen lebenslang anhänge, aber gleichwohl nicht zum Wesen des Menschen gehöre (FC I).

Aber auch gegen diese Begriffsbestimmung scheint ein Einwand möglich zu sein: Kann nicht grundsätzlich alles aufgegeben, also auf alles verzichtet werden? Gibt es also im strengen Sinn überhaupt etwas Unaufgebbares oder Unverzichtbares?

Nun ist es generell richtig, daß man bei der Deutung einer Wahrnehmung alles aufgeben kann, aber man kann – jedenfalls in einem Kommunikationszusammenhang – nicht *Beliebiges folgenlos* aufgeben. Es gibt Elemente, deren Preisgabe bei gleichzeitiger Anerkennung allgemeiner Kommunikationsbedingungen zugleich die Identität des Gemeinten preisgibt, und andere, bei denen das nicht der Fall ist. So könnten wir nach den Regeln der deutschen Sprache z. B. etwas, das keine Blätter hat, unter Umständen als „Baum" bezeichnen; aber etwas, das keinen Stamm hat, könnten wir nicht (mehr) als „Baum" bezeichnen, sondern (vielleicht) als eine „Ansammlung von Zweigen". Das Unaufgebbare oder Unverzichtbare ist also dasjenige, was die Identität einer Sache oder Person ausmacht. Das „kann" man nur so aufgeben, daß man damit entweder diese Sache oder die personale Identität preisgibt oder – implizit – die Teilnahme an dem Kommunikationszusammenhang aufkündigt.

Demzufolge bezeichnet der Begriff „Wesen" im Kontext eines Kommunikationszusammenhanges den Inbegriff derjenigen Merkmale, die die Identität einer Person oder einer Sache ausmachen, durch die sie also *als sie selbst* ausgezeichnet ist, durch die sie sich *deshalb* von anderem *unterscheidet*, und die ihr *deshalb unveränderlich* zukommen. Bestimmt man so „Wesen" als „Identität", dann ermöglicht dieser Begriff drei wichtige Differenzierungen:

– die Differenzierung zwischen dem Wesen des *einen* und dem Wesen des *anderen* (also z. B. zwischen dem Wesen des christlichen Glaubens und dem des Islam);
– die Differenzierung zwischen dem Wesen und den vielfältigen *Erscheinungsformen* (also z. B. zwischen dem Wesen des christlichen Glaubens und den konfessionellen Kirchen);
– die Differenzierung zwischen dem Wesen und den wesenswidrigen *Deformationen* (also z. B. zwischen dem Wesen des christlichen Glaubens und Folterungen oder Hinrichtungen im Namen des christlichen Glaubens).

Erst in dieser dritten Differenzierung, durch die das Wesen vom *Unwesen* unterschieden wird, kommt die Bedeutung der Frage nach dem Wesen des christlichen Glaubens voll zum Ausdruck. Versteht sich Theologie als Funktion des Glaubens und hat ihm gegenüber nicht nur ein Erkenntnis-, sondern auch ein Erhaltungsinteresse (s. o. 1.2.1), so ist es eine ihrer unaufgebbaren (also wesentlichen) Aufgaben, das Wesen des christlichen Glaubens so genau wie möglich zu erfassen und darzustellen, um es vor drohenden Deformationen, also vor Identitätsverlust zu bewahren.

2.2 Glaube

Bis zum Beginn des 20. Jahrhunderts war es – wie oben (2.1) angedeutet – üblich, vom „Wesen des Christentums" oder vom „Wesen der christlichen Religion" zu sprechen, wenn man dasjenige zu bestimmen suchte, was die Identität des Christlichen ausmacht. Es dürfte vor allem eine Wirkung der Dialektischen Theologie (vielleicht auch wichtiger formgeschichtlicher Einsichten) gewesen sein, daß dieser Sprachgebrauch fast vollständig verschwunden ist und durch die Formel „Wesen des christlichen Glaubens" ersetzt wurde.

Diese terminologische Veränderung ist insofern von sachlicher Bedeutung, als damit das *Spezifische* des Christlichen anhand einer Formel zum Ausdruck gebracht wird, die nicht automatisch eine Vergleichbarkeit mit anderen Religionen voraussetzt oder ermöglicht. Während „Christentum" terminologisch ohne weiteres vergleichbar ist mit „Judentum", „Islam", „Buddhismus", „Hinduismus" etc., ist im Blick auf die Formel „christlicher Glaube" erst noch zu fragen, ob das Wesentliche anderer Religionen nach deren Selbstverständnis überhaupt im Begriff „Glaube" zum Ausdruck kommt oder dort gesucht werden darf. Sind Islam, Buddhismus, Hinduismus etc. ihrem Selbstverständnis nach „*Glaubensweisen*", wie M. Buber dies im Blick auf Judentum und Christentum formuliert hat?[7]

Mit der Rede vom Wesen des christlichen Glaubens ist jedenfalls implizit die Behauptung verbunden, die Identität des Christlichen lasse sich mit Hilfe und anhand des Begriffs „Glaube" bestimmen. Was aber ist unter „Glaube" bzw. „glauben" zu verstehen?

2.2.1 Zur Klärung des Glaubensbegriffs

Vom „Glauben" (als Substantiv und weit mehr noch als Verb) ist in der deutschen Umgangssprache in vielfältigen Zusammenhängen und Wendungen die Rede. Als die wichtigsten sprachlichen Formen, in denen „glauben" vorkommt, können folgende vier gelten:

---

7 Martin Buber, Zwei Glaubensweisen, 1950.

- glauben, daß etwas ist oder sein wird („ich glaube, daß ... ");
- etwas glauben („das glaube ich");
- jemandem glauben („ich glaube dir");
- an etwas oder an jemand glauben („ich glaube an ... ").

Diese unterschiedlichen Formulierungen können sich schließlich noch auf ganz unterschiedliche Sachverhalte, wie z. B. Aussagen, Ereignisse, Ideale oder Personen beziehen. Die Bedeutungsfülle erscheint geradezu als uferlos, und sie schließt eine erhebliche Spannweite ein. Bei genauerem Zusehen zeigt sich jedoch, daß es zwei Grundbedeutungen gibt, aus denen sich die anderen Bedeutungen ableiten lassen: „Glaube" wird entweder verstanden als eine *defizitäre Erkenntnisbeziehung* im Sinne subjektiven Überzeugtseins oder Vermutens, das aber objektiv unzureichend ist, weil es ohne hinreichende Gründe zustande kommt[8], oder als *unbedingtes Vertrauen*, d. h. als der Akt, durch den ein Mensch sich einem Gegenüber anvertraut (s. u. 2.2.1.1).

Bei dem Versuch, beide Bedeutungen miteinander zu verbinden oder zu vermitteln, zeigt sich, daß es keinen schlüssigen Weg vom Glauben als Nichtwissen zum Glauben als unbedingtem Vertrauen gibt, weil nicht einzusehen ist, wieso dasjenige, von dem wir nur unzureichendes Wissen haben, zum Gegenstand unbedingten Vertrauens werden sollte. Wohl aber gibt es umgekehrt einen schlüssigen Weg vom unbedingten Vertrauen zum Nichtwissen, weil sehr wohl einzusehen ist, daß der Adressat unbedingten Vertrauens jenseits dessen stehen könnte, was menschlicher Erkenntnis und darum menschlichem Wissen zugänglich ist.[9]

Der Ansatzpunkt beim Glauben als unbedingtem Vertrauen verdient aber nicht nur wegen dieser sprachlichen Beobachtungen den Vorzug. Ausschlaggebend ist vielmehr, daß nur der Glaubensbegriff in dieser Bedeutung als christlicher Zentralbegriff in Frage kommt. *„Glaube"* bezeichnet nach christlichem Verständnis *das grundlegende, daseinsbestimmende Vertrauen oder Sich-Verlassen eines Menschen auf ein Gegenüber,* von dem man mit Luther (BSLK 560,22 ff.) sagen kann: Dasjenige, worauf ein Mensch sich so verläßt, ist sein *Gott* (oder sein höchstes Gut oder die für ihn absolute Autorität). Drei Bestandteile dieser Formel sind

---

8   So I. Kant, Werke (Akademie-Ausgabe), Bd. IX, S. 67.

9   Sprachgeschichtlich wird dieser Befund im übrigen bestätigt durch die Tatsache, daß „glauben" ursprünglich religiöse Bedeutung hatte oder bedeutete „jemandem vertrauen, sich auf jemand verlassen". Die Bedeutung „meinen, vermuten" entstand erst sekundär durch Abschleifung (s. Grimm, J. u. W., Deutsches Wörterbuch, 4. Bd., I. Abt., 4. Teil, Leipzig 1949, Sp. 7821 f.).

besonders wichtig und sollen im folgenden interpretiert werden: Glaube
ist ein *Vertrauen*, das *unbedingt* ist und sich auf ein bestimmtes *Gegenüber* richtet.

2.2.1.1   Glaube als Vertrauen

„Vertrauen" (oder synonym: „Sich-Verlassen") auf jemand oder etwas
gehört zu den für das gemeinschaftliche und individuelle Leben unverzichtbaren Begriffen (mit einer großen emotionalen und ethischen Bedeutung), die wir in der Regel ohne besondere Schwierigkeiten gebrauchen
und verstehen können. Die Sicherheit im Umgang mit diesen Begriffen
zeigt sich darin, daß es uns nicht schwerfällt, Beispiele für Vertrauen zu
nennen. Hingegen bereitet es in der Regel Mühe, *begrifflich* zu bestimmen, was mit „Vertrauen" eigentlich genau gemeint sei.

Einen brauchbaren Zugang zur Begriffsbestimmung liefert die Beobachtung, daß es sich bei „Vertrauen" offensichtlich um einen *Relations*begriff handelt. „Ich vertraue" ist keine vollständige Aussage. Es fehlt das
„wem" oder „worauf". Dagegen sind die Aussagen: „Ich vertraue dir"
oder „Ich vertraue auf die Zukunft" vollständig und verständlich. Es
scheint sich also beim Begriff „Vertrauen" um einen zweistelligen Relationsbegriff zu handeln, der die Struktur hat: „x vertraut (auf) y". Bei dem
synonymen Begriff „Sich-Verlassen" scheint diese Zweistelligkeit geradezu räumlich sichtbar zu werden. Nimmt man ihn in seinem bildhaft-
wörtlichen Sinn, dann besagt er, daß jemand sich von sich selbst weg- und
sich auf jemand oder etwas anderes hinbewegt, ja sich an andere(s) hingibt. Ganz ähnlich, sogar noch bildkräftiger, kommt dies in der Formel
„Sein-Herz-an-etwas-Hängen" zum Ausdruck. Gerade diese bildhaften
Formulierungen weisen jedoch darauf hin, daß die Struktur von „Vertrau-
en" offensichtlich komplexer ist, als dies bislang sichtbar wurde.[10]

Es handelt sich nicht nur – explizit – um eine *zweistellige externe*
Relation, die mit Begriffen wie „Sich-Anvertrauen", „Sich-Hingeben"
oder „Sich-Ausliefern" bezeichnet werden kann, sondern zugleich – implizit – um eine *reflexive* Relation, also um eine Beziehung des Vertrauenden zu sich selbst. Nicht schon die Auslieferung oder Hingabe an ein
Gegenüber ist Vertrauen (sie könnte gegen die innere Einstellung eines

---

10 Schon die bisherigen Aussagen über „Vertrauen", aber auch das folgende
   zeigt, daß Glaube (als Vertrauen) strukturell und inhaltlich mit Liebe und
   Hoffnung nahe verwandt ist. Die Trias von I Kor 13,13 erweist sich auch von
   daher als gut begründet.

Menschen oder aus ganz anderen Gründen als denen des Vertrauens, z. B. aus Berechnung, erfolgt sein), sondern „Vertrauen" meint in der Regel ein spezifisches *Bestimmtwerden* durch ein Gegenüber, aufgrund dessen ein Mensch sich auf dieses Gegenüber ausrichtet und sich ihm hingibt. Erst dieses Bestimmtwerden löst Handlungen des Vertrauens aus, z. B. das Anvertrauen eines Geheimnisses oder der eigenen Gesundheit oder des Lebens an einen anderen, oder es schafft die Disposition für solche Handlungen. Noch genauer gesagt: Erst das Sich-bestimmen-*Lassen* durch ein Gegenüber zur Hingabe hat den Charakter des Vertrauens; denn das spezifische Bestimmtwerden des Vertrauens kommt weder durch Nötigung noch durch Zwang zustande. Vertrauen kann man nur *schenken*, und d. h. zugleich: Man kann sich weigern, sich so von einem Gegenüber bestimmen zu lassen, daß Akte des Vertrauens zustande kommen. Von daher kann man sagen: „Vertrauen" heißt, sich in seinem Handeln und in seinen Handlungsdispositionen von einem Gegenüber zur Hingabe an dieses Gegenüber bestimmen zu lassen.

Aber diese Definition ist noch zu ungenau, weil sie zu formal ist. Sie könnte unter Umständen auch gelten für Begriffe wie „Furcht" oder „Angst". Es fehlt offensichtlich noch das *positive* Moment, das den Begriff „Vertrauen" auszeichnet und von negativen Haltungen unterscheidet.[11] Das positive Element im Vertrauen besteht darin, daß ein Mensch, der vertraut, sich an ein Gegenüber hingibt und ausliefert in der Hoffnung, daß ihm Gutes zuteil wird. Das muß nicht immer Angenehmes oder Lustvolles sein, wohl aber etwas, das dem Wohl oder Heil des Menschen dient.

Von daher läßt sich nun präzisieren: *„Vertrauen" meint das Sich-bestimmen-Lassen eines Menschen zur Hingabe an ein Gegenüber in der Hoffnung auf Gutes.*[12]

2.2.1.2   Die Unbedingtheit des Glaubens

In der ersten Definition am Beginn von Abschn. 2.2.1 wurde (christlicher) Glaube als grundlegendes, daseinsbestimmendes Vertrauen bezeichnet. Die beiden Adjektive „grundlegend" und „daseinsbestimmend" wei-

---

11 Ein gewisser Unterschied liegt allerdings bereits in dem Sich-bestimmen-Lassen, weil Furcht oder Angst den Charakter des Zwanges haben, auf den ein Mensch sich einläßt oder dem er sich unterwirft, weil er nicht anders *kann*.

12 Diese Definition läßt sich übrigens auch auf den besonderen Fall des *Selbstvertrauens* anwenden, in dem das Selbst des Vertrauenden dasjenige „Gegenüber" ist, an das ein Mensch sich hingibt, weil er Gutes von ihm, also von sich selbst erhofft.

sen indirekt (erneut) darauf hin, daß Vertrauen verschiedene *Hinsichten* haben kann. Das Vertrauen zu einem Sessellift, einem Blindenhund, einer Anlageberaterin oder einem Seelsorger unterscheidet sich in der Regel qualitativ voneinander. Das hängt nicht nur daran, daß das Vertrauen in diesen vier Fällen unterschiedliche Adressaten hat, sondern auch daran, daß es sich auf verschiedene Aspekte des Daseins bezieht.

Als „grundlegend", „daseinsbestimmend" und darum als *unbedingt* kann ein Vertrauen nur bezeichnet werden, wenn es sich nicht bloß auf einzelne Elemente, bestimmte Hinsichten oder Erwartungen bezieht, sondern auf das, was „über Sein oder Nichtsein entscheidet".[13] Dabei wäre es zu kurz gegriffen, „Sein oder Nichtsein" einfach mit „Leben oder Tod" gleichzusetzen. „Sein oder Nichtsein" bezeichnet in diesem Zusammenhang vielmehr eine Leitdifferenz, die ihrerseits auf Leben *und* Tod anzuwenden ist, so daß sowohl das Leben als Nichtsein als auch der Tod als Sein erfahren und gedeutet werden können.[14] Andere Begriffspaare, die diese letztgültige Alternative bezeichnen, sind z. B. „Sinn oder Sinnlosigkeit", „Gelingen oder Scheitern", „Erfüllung oder Leere". Vorausgesetzt ist in jedem Fall, daß es für das menschliche Leben ein *Ziel* oder eine *Bestimmung* gibt, die erreicht oder verfehlt werden können. Die Rede von einem grundlegenden, daseinsbestimmenden, unbedingten Vertrauen hat nur Sinn, wenn dieses Vertrauen sich auf dasjenige richtet, von dem das Erreichen oder Verfehlen der menschlichen Bestimmung (und in diesem Sinn also: die Entscheidung über Sein oder Nichtsein) abhängt. Der christliche Glaube will verstanden sein als das unbedingte Vertrauen, das von seinem Gegenüber alles Gute, d. h. alles Lebens- und Heilsnotwendige erhofft und empfängt, also „Leben in Fülle".

Unbedingt ist der christliche Glaube insofern, als er sich auf das richtet, was über Sein oder Nichtsein entscheidet und darum nicht abhängt von bestimmten Bedingungen, die sich erst aus speziellen Gestaltungsmöglichkeiten und -erwartungen des Lebens ergeben. Unbedingt wird der christliche Glaube also *nicht* erst dadurch, daß er das Dasein eines Menschen vollkommen bestimmt. Die Frage, in welchem *Maß* und in welcher *Intensität* der Glaube faktisch das Leben und Handeln eines Menschen bestimmt, ist zwar keineswegs unwesentlich, aber sie ist nicht mit der Charakterisierung des Glaubens als unbedingtes (grundlegendes, daseinsbestimmendes) Vertrauen zu verwechseln oder zu vermischen. In der Bibel ist z. B. die Rede von einem vom Unglauben angefochtenen

---

13 So Tillich, STh I, S. 21.
14 Hierfür steht exemplarisch das Jesus-Logion aus Mk 8,35 parr.: „Wer sein Leben erhalten will, der wird's verlieren; und wer sein Leben verliert um meinetwillen und um des Evangeliums willen, der wird's erhalten."

Glauben (Mk 9,24), von kleinem Glauben oder Kleingläubigen (Mt 6,30; 8,26; 17,20; Lk 12,28; 17,6) sowie vom Wachsen im Glauben (II Kor 10,15; II Thess 1,3), aber in all diesen Fällen handelt es sich gleichwohl um *unbedingten* Glauben, weil er sich auf die Macht richtet, von der es abhängt, ob die Bestimmung des menschlichen Lebens erreicht oder verfehlt wird.

2.2.1.3 Das Gegenüber des Glaubens

Wenn Glaube zu verstehen ist als Akt unbedingten Vertrauens, dann setzt dies voraus, daß der Glaubende das, worauf er vertraut, für verläßlich, wahr, gültig, also für vertrauens*würdig* hält. D. h., Glaube muß sich auf etwas beziehen, das als glaubwürdig erkannt ist oder zumindest mit Gründen vermutet wird. Glaube ist insofern Ausdruck einer Lebensbewegung, in der ein Mensch nach dem sucht, was verläßlich ist und worauf er darum sein Vertrauen richten kann (vgl. dazu u. 14.3.1.1). Dieser kognitive Aspekt von Glauben schließt sogar, wie schon die altprotestantische Theologie erkannt hat, zwei Elemente ein: einerseits die *Kenntnis* (notitia) des Gegenübers, dem das Vertrauen gilt; andererseits die *Anerkennung* (assensus) des Gegenübers als vertrauenswürdig. Zwar sind Kenntnis und Anerkennung weder je für sich noch zusammen identisch mit dem Glauben im Sinne des Vertrauens (fiducia), auch folgt das Vertrauen keineswegs notwendig aus der Kenntnis und Anerkennung, wohl aber impliziert der Glaube als Vertrauen (bewußt oder unbewußt) immer sowohl ein Element der Kenntnis als auch der Anerkennung.

Die Anerkennung (assensus) ist ein Element im Glaubensakt, das nicht primär vom Willen oder Entschluß des Glaubenden abhängt. Deshalb kann es irreführend und gefährlich sein, Menschen zum „Glauben" im Sinne eines „Für-wahr-Haltens" aufzufordern. Ob eine Person etwas für wahr halten, also als glaubwürdig anerkennen *kann*, hängt zuallererst davon ab, wie sich das Gegenüber ihr erschlossen hat und immer wieder erschließt. Dabei gibt es nicht nur die Möglichkeit, durch *eigene* Erfahrung die Gewißheit von der Vertrauenswürdigkeit zu gewinnen, sondern auch ein indirektes Sich-Erschließen, bei dem andere Menschen in der Funktion als Glaubenszeugen eine entscheidende Rolle spielen. Eine dauerhaft tragfähige Basis ist aber nur in dem Maße gegeben, in dem sich *eigene* Gewißheit einstellt. Fehlt sie, kann kein fundierter Glaube entstehen, sondern u.U. nur das verzweifelte Bemühen des Glauben-*Wollens* oder gar die zwanghafte Forderung des Glauben-*Sollens*, das die (schmerzliche) Realität des Nicht-glauben-*Könnens* in ihrer ganzen Härte bewußtmacht. Wo der Verdacht aufkommt und zur Gewißheit wird, das Gegenüber sei gar nicht in der Lage, das Vertrauen zu rechtfertigen, kann Glaube nicht gedeihen. Dies zu verkennen, ist der entscheidende Fehler aller Theorien, die den Wahrheitsanspruch der Religion für erledigt halten, aber gleichwohl am Glauben als nützlicher (sei es tröstlicher, sei es motivierender) Illusion festhalten wollen.

Das, worauf ein Mensch sein unbedingtes Vertrauen richtet, ist *sein* Gott. Die Frage ist jedoch, *welcher* „Gott" ist in der Lage, das in ihn gesetzte (oder: zu setzende) unbedingte Vertrauen zu rechtfertigen? Luther prüft im Großen Katechismus unter diesem Gesichtspunkt die – damals wie heute – wichtigsten „Götter": Geld, Wissen, Macht, Einfluß, Ehre, Heilige und gute Werke (BSLK 561-565), und kommt zu dem Ergebnis, daß *keiner* von ihnen unbedingtes Vertrauen verdient; denn keiner von ihnen kann über *Sein und Nichtsein* entscheiden bzw. dem Menschen das *Heil* gewähren. Sie versagen also alle. Gleichwohl *gibt es* den Glauben, richtiger den *Aberglauben* an solche Götter bzw. Götzen.[15] Dieser Aberglaube ist der (in sich widersprüchliche) Versuch, sich auf etwas Irdisches mit dem unbedingten Vertrauen zu richten, als wäre es Gott und könnte deshalb über Sein oder Nichtsein entscheiden. Dieser Versuch ist wegen seiner inneren Widersprüchlichkeit letztendlich zum Scheitern verurteilt.

Das Scheitern des Aberglaubens führt freilich nicht automatisch zum Glauben an Gott (zurück), sondern es kann auch die resignative oder nihilistische Konsequenz nach sich ziehen, auf jedes unbedingte Vertrauen zu verzichten. Der Streit zwischen Glauben und *Aber*glauben wird darüber geführt, auf wen oder was sich das unbedingte Vertrauen eines Menschen richtet. Die Auseinandersetzung zwischen Glauben und *Un*glauben geht dagegen um die Frage, ob es überhaupt Sinn hat, auf etwas oder jemanden sein unbedingtes Vertrauen zu setzen, und was es für das Leben eines Menschen bedeutet, wenn in ihm solches Vertrauen (k)einen Platz (mehr) hat.

2.2.2 Die Angefochtenheit des Glaubens

Die Überlegungen am Ende des vorigen Abschnitts haben bereits gezeigt, daß der Glaube weder eine selbstverständliche noch eine unumstrittene Größe ist. Glaube ist ungesichert, begleitet vom Zweifel, in Frage gestellt, kurz: Glaube ist angefochten. Das resultiert aus seinem Wesen als *Vertrauen* (a), aus seinem Angewiesensein auf *Gewißheit* (b) und aus seiner Ausrichtung auf *Gott* (c).

---

15 BSLK 560,15 ff. u. 564,16 ff. sowie Tillich, STh I, S. 247.

a) Durch den Begriff „Glauben" als christlichen Zentralbegriff wird deutlich, daß das spezifisch Christliche nicht in einem Haben oder Sein des Menschen besteht, sondern den Charakter einer suchenden *Bewegung* (von sich weg) zu einem anderen hin hat. In diesem Aus-sich-heraus-Gehen, Sich-Verlassen und Sein-Herz-an-etwas-Hängen liegt das Risiko der Enttäuschung. Wer (unbedingt) vertraut, lebt nicht aus dem, was er besitzt oder sich selber geben und beschaffen kann, sondern erhofft sein Leben von außerhalb (ab extra). Aber er hat nicht die Garantie oder Gewähr dafür, daß dieses Vertrauen Erfüllung findet. Es kann enttäuscht werden, z. B. weil es sich auf das falsche Gegenüber richtet oder weil es sich mit falschen Erwartungen verbindet, oder weil es festgelegt ist auf eine bestimmte Art oder einen bestimmten Zeitpunkt der Erfüllung. Im Vertrauen wagt ein Mensch sich über das, was er hat, was er sieht und was er beweisen kann, hinaus in einen Bereich des nicht Verfügbaren. Nur so ist es möglich, die Grenzen des bekannten Lebens und der verfügbaren Welt zu überschreiten und sich für noch Ausstehendes zu öffnen. Aber diese Suche und dieses Wagnis begegnen eigenen und fremden Zweifeln und Widerständen. Glaube ist *als Vertrauen* angefochtener Glaube.

b) Im vorigen Abschnitt (2.2.1.3) war bereits die Rede von Luthers Unterscheidung zwischen falschem und rechtem Vertrauen. Danach ist das falsche Vertrauen (das sich auf einen „Abgott" richtet) gekennzeichnet durch das Schwanken zwischen Sicherheit und Verzweiflung, der rechte Glaube jedoch durch die ihm zugrundeliegende „Zuversicht des Herzens" (BSLK 560,32 u. 561,9-46), die sich nicht beirren läßt. Diese Zuversicht oder *Gewißheit* (certitudo) steht demnach nicht nur im Gegensatz zur Verzweiflung (desperatio), sondern auch zur *Sicherheit* (securitas). Diese Entgegensetzung widerstrebt freilich unserem Denken und Sprachgefühl, in denen „Sicherheit" und „Gewißheit" (oder „sicher" und „gewiß") häufig als austauschbare Begriffe verstanden oder empfunden werden. Inwiefern bezeichnen diese beiden Begriffe tatsächlich etwas Gegensätzliches? Insofern, als „Sicherheit" den (freilich bloß relativ erreichbaren) Zustand bezeichnet, in dem ein Mensch eine Situation so beherrscht und bestimmt, daß er unverwundbar ist. Gerade das gilt für Gewißheit nicht. Die Zuversicht oder das Überzeugtsein von einer Einsicht oder von einem Gefühl, die man als „Gewißheit" bezeichnet, ist kein Beherrschen und Bestimmen, sondern viel eher ein Beherrscht- und Bestimmtwerden, dem ein Mensch *wehrlos* ausgesetzt ist, und schließt deshalb Verletzbarkeit gerade *nicht* aus. Denn Gewißheit basiert nicht auf Beweisen, sondern auf Erfahrung, die jede Person nur *für sich* machen, die sie aber anderen nicht andemonstrieren kann. Deshalb ist Gewißheit anfechtbar, ohne daß dem, der sie hat, Verteidigungswaffen zur Verfügung stünden. Der Glaube – als auf Gewißheit gegründetes *unbedingtes Vertrauen* – impliziert sogar, daß ein

Mensch mit seinem *ganzen* Dasein angreifbar und verwundbar wird. Aber dazu gibt es keine Alternative; denn in der Beziehung zu *Gott* und in der *personalen* Beziehung zum *Mitmenschen* würde das Streben nach Sicherheit jede echte Begegnung verhindern.[16] Glaube, der *auf Gewißheit* gründet, ist angefochtener Glaube.

c) Glaube als unbedingtes Vertrauen richtet sich auf (einen) *Gott*. Das ist nur möglich, wenn und weil (dieser) Gott sich dem Menschen in irgendeiner Weise erschlossen hat. Der christliche Glaube hat sein Fundament in der Erkenntnis, daß Gott sich in der Schwachheit, Schande und Torheit des Kreuzes Christi erschlossen hat (I Kor 1,18-2,16). D. h. nicht nur, daß Gott sich an einem *Ort* und in einer *Gestalt* zeigt, wo keine menschliche Fantasie oder Spekulation die Selbsterschließung *Gottes* erwarten würde (s. dazu u. 3.2.2.1); sondern es heißt auch, daß Gott sich in einer *Rätselhaftigkeit* zeigt, die als ein *Widerspruch* zu seiner Allmacht und seiner Liebe wirken muß. Oftmals erscheint Gott den Glaubenden als ein in sich zerrissener, widersprüchlicher, unzuverlässiger Gott, der ihr Vertrauen auf eine harte Probe stellt. Insbesondere im Blick auf die Grausamkeiten der Weltgeschichte und die verzweifelten Abgründe individueller Schicksale muß sich immer wieder die Frage stellen, ob es überhaupt möglich ist, Gott unbedingt zu vertrauen, also (s. o. 2.2.1.1 u. 2.2.1.2) von ihm alles Gute und die Erfüllung der Bestimmung des Lebens zu erhoffen. Weil der Glaube *auf Gott*, wie er sich in der Welt erschließt, ausgerichtet ist, darum ist er angefochtener Glaube.

a) – c) Fazit

Diese dreifache Angefochtenheit kann der christliche Glaube (als auf Gewißheit gegründetes unbedingtes Vertrauen zu Gott) nicht abschütteln, sondern muß sie als seine verletzliche Wirklichkeit übernehmen.[17] Die in diesen Anfechtungen enthaltenen Fragen sind zwar nicht die einzigen, wohl aber die gravierendsten Gründe dafür, daß der Glaube zu seiner eigenen Klärung der theologischen Reflexion bedarf. Von diesen Fragen hat darum auch eine Dogmatik explizit und implizit zu handeln, wenn sie dem christlichen Glauben dienen will.

---

16 Das Streben nach einem Höchstmaß an Sicherheit kann jedoch in den Beziehungen zu *Dingen* und in den *sachlichen* Beziehungen zwischen Menschen legitim, ja ethisch geboten sein.

17 Das kommt auf beeindruckende Weise in dem K. Rahner zugeschriebenen Diktum zum Ausdruck: „Glauben heißt, die Unbegreiflichkeit Gottes ein Leben lang aushalten."

2.2.3   Glaube als Lebensbewegung

Wenn der Glaube den Charakter eines Vertrauens hat, durch das das Dasein eines Menschen in *grundlegender* Hinsicht bestimmt wird, dann erweist sich ein Glaubensbegriff als defizitär, der unter „Glauben" ein Vertrauen versteht, das nicht als solches verbunden wäre mit dem Tun und Lassen, also mit dem *Lebensvollzug* eines Menschen, so daß erst noch zu fragen wäre, *ob* aus dem Glauben bestimmte, dem Glauben entsprechende Taten bzw. Werke folgen.[18] *Daseinsbestimmendes* Vertrauen drückt sich per definitionem in den symbolisierenden (also deutenden) und in den gestaltenden (also verändernden) Handlungen und Verhaltensweisen eines Menschen aus, andernfalls bestimmt es nicht das Dasein dieses Menschen. D. h. *nicht,* daß aus ethisch überzeugenden Handlungen auf den wahren Glauben geschlossen werden könnte, wohl aber erweist sich daseinsbestimmendes Vertrauen erst dadurch als wirklich, daß es wie das Fühlen, Denken und Wollen so auch das Handeln eines Menschen bestimmt. Es hat den Charakter einer Handlungs- und Verhaltens*disposition*, die sich jeweils angesichts konkreter Entscheidungssituationen in bestimmter Weise aktualisiert. Ob ein Mensch glaubt, woran er glaubt und was er glaubt, erweist sich letztlich daran, wie er sich tatsächlich verhält (bzw. wie er sich in einer gegebenen Situation verhalten würde). Das Fragmentarische und Gebrochene der christlichen Existenz besteht demnach nicht in einer mangelhaften „*Umsetzung des Glaubens in die Praxis",* sondern in dem mangelnden, bloß bruchstückhaften *Vertrauen* auf Gott.

Was läßt sich *inhaltlich* über die Lebensbewegung sagen, in der der Glaube Gestalt annimmt?

Aus den bisherigen Überlegungen zum Glauben als daseinsbestimmendes Vertrauen folgt, daß die Lebensbewegung des Glaubens geprägt ist durch eine Gewißheit, die die Angst vor Enttäuschung und eigenem Versagen nicht ausklammert, sondern in „getroster Verzweiflung" (M. Luther) in das Vertrauen auf Gott hineinnimmt. Glaubende sind dessen gewiß, daß die Entscheidung über das Scheitern oder Gelingen ihrer Existenz *letztlich* nicht von ihren eigenen Anstrengungen und Bemühungen abhängt, sondern von dem, was ihnen von Gott her *zugedacht* ist und *zuteil* wird. Das nimmt dem eigenen Handeln nicht seine Wichtigkeit, wohl aber seine Verbissenheit und befähigt zu der Leichtigkeit und Gelassenheit, ja zu dem Humor des Glaubens, der seine Echtheit gerade in schwierigen, „ausweglosen" Lebenssituationen erweist.

---

18 Vgl. dazu die vom Glaubens*begriff* her defizitäre Auseinandersetzung des Jakobusbriefs mit einer *inhaltlich* mißverstandenen Interpretation der paulinischen Aussagen zum Glauben (Jak 2,14-26).

In der Lebensbewegung des Glaubens muß demzufolge die Tatsache zur Geltung kommen, daß das, was über Scheitern oder Gelingen der Existenz der Glaubenden entscheidet, ihnen von außerhalb ihrer selbst, genauer: von Gott als dem Gegenüber ihres unbedingten Vertrauens her zukommt und zuteil wird. Deshalb kann es nicht anders sein, als daß die Ausrichtung auf Gott, das Hören und Empfangen, wie es exemplarisch im *Gottesdienst* und im *Lesen der Bibel* geschieht, einen Ort im Leben hat und ein prägendes Element in der Lebensbewegung des Glaubens bildet. Das gilt ebenso für die einzelnen wie für die Gemeinschaft der Glaubenden.

Ein damit eng zusammenhängendes weiteres Element, das für den Glauben als Lebensgestalt charakteristisch ist, ist das *Gebet*, sei es als persönliches Gebet (oder auch nur als Stoßseufzer) von einzelnen oder als liturgisches Gebet der Gemeinde. In den Grundformen der Klage, Bitte und Fürbitte, des Dankes und Lobes bringt der betende Mensch alles, was ihn bewegt, vor Gott und spricht es vor ihm aus. Zugleich öffnet der Mensch sich im Gebet, um von Gott zu erbitten und zu empfangen, was er für sein Leben braucht und sich nicht selbst geben kann (s. dazu u. 8.3.5). Glaubende Existenz ist betende Existenz; denn: „Fromm sein und beten, das ist eigentlich eins und dasselbige".[19]

Ferner gehört auch die *gedankliche Durchdringung* des christlichen Glaubens zu den Elementen, in denen die Lebensbewegung des Glaubens zum Ausdruck kommt. Damit der Glaube das ganze Dasein eines Menschen erfassen und durchdringen kann, ist es notwendig, daß auch das menschliche Denken (samt allen Fragen, Zweifeln und Einwänden) nicht ausgeklammert, sondern einbezogen wird. Das geschieht normalerweise in Gestalt einer sog. *Laientheologie*, die auch schon bei Kindern in bemerkenswerten Ansätzen ausgebildet sein kann. Im besonderen Fall des akademischen Studiums nimmt die gedankliche Durchdringung die Gestalt einer *wissenschaftlichen Theologie* an, die den Glauben in tiefe Krisen führen kann und jedenfalls immer eine *existentielle* Dimension hat.

Schließlich ist es für den Glauben als Lebensbewegung charakteristisch, daß Glaubende sich in ihrem Tun und Lassen in den *Gesamtzusammenhang* aller Menschen, ja aller Geschöpfe hineingestellt und darin zur Dankbarkeit und Verantwortung gerufen wissen. Sie erkennen, daß der daseinsbestimmende Charakter des Glaubens sich nicht bloß auf das Dasein der Glaubenden selbst bezieht, sondern auf schlechthin *alles* Daseiende. Das resultiert aus der Gewißheit des Glaubens, daß auch für alle anderen Geschöpfe das Wohl und Heil von Gott zu erwarten und zu

---

19 F. Schleiermacher, Kleine Schriften und Predigten, Bd. I, 1970, S. 167.

erhoffen ist. Diese Erkenntnis ordnet die Mitgeschöpfe ein in die Gesamtheit der Mittel und Gaben, die den Glaubenden zum Erlangen der Bestimmung ihres Lebens helfen sollen, und zugleich wird für sie das Dasein der
anderen Geschöpfe zur Aufgabe, ihnen zur Erlangung ihrer Bestimmung
zu helfen.

2.2.4 Anthropologische Ortsbestimmung des Glaubens

Wenn Glaube die daseinsbestimmende Bedeutung für den Menschen hat,
die sich im vorigen Abschnitt zeigte, so stellt sich die Frage, wie solcher
unbedingter Glaube anthropologisch zu verorten ist. Setzt man die Dreiteilung der Seelenvermögen in Wille, Vernunft und Gefühl[20] voraus, so ist
zu fragen, ob und wie der Glaube im Sinne des unbedingten Vertrauens
diesen Seelenvermögen zuzuordnen ist. Um diese Frage mit Gründen
beantworten zu können, ist es sinnvoll, zu prüfen, ob es unter den Seelenvermögen so etwas wie ein *Zentrum* gibt, von dem aus das ganze Sein des
Menschen bestimmt wird und das darum als anthropologischer Ort unbedingten Vertrauens betrachtet werden kann.

2.2.4.1 Glaube und Wille

Kein Geringerer als Luther hat das Zentrum der menschlichen Person
immer wieder mit dem Begriff „voluntas" (neben „cor" und „conscien-
tia") bezeichnet. Für diese These spricht, daß im Wollen die Person offenbar ganz sie selbst ist. Ist nicht das „ich", das „will", der personale Kern,
hinter den man nicht zurückkommen kann? Und wenn „glauben" heißt,
sich von einem Gegenüber zu unbedingtem Vertrauen bestimmen zu *lassen*, dann zeigt dies doch – wie wir sahen (s. o. 2.2.1.1) –, daß dem
Glauben unverzichtbar ein voluntatives Element anhaftet. Glaube ist
nichts, was ein Mensch *ohne* sein Wollen oder gar *gegen* seinen Willen
hätte, sondern er schenkt sein Vertrauen *frei-willig* – oder er verweigert es.
  Aber ist der Wille deswegen der anthropologische Ort des Glaubens?
Gegen diese Vermutung spricht, daß es Menschen gibt, die von ganzem
Herzen glauben *wollen*, aber es nicht *können*. Dies wäre jedoch nicht
denkbar, wenn der Wille der anthropologische Ort des Glaubens wäre.
Zeigt dies nicht, daß allem Sich-bestimmen-Lassen ein Bestimmt-*Werden*

---

20 Sie wurde in Aufnahme und Weiterentwicklung von Platons Seelenlehre
   (Politeia, 439 d) erstmals 1776 von J. N. Tetens vertreten und gelangte durch
   Kant und Schleiermacher schnell zu weitgehender Anerkennung.

zum Glauben zugrunde liegen muß, das nicht vom Subjekt des Glaubens ausgeht, sondern vom Gegenüber des Glaubens? Der Glaube selber schafft nicht die Tatsache des Bestimmtwerdens, sondern der Glaubende nimmt es wahr und läßt es für sich gelten. D. h. aber: Er bezieht sich auf ein Bestimmt-Werden und auf ein Sich-bestimmt-Wissen, das jedem Willensakt als Ermöglichungsgrund schon *vorgegeben* ist und insofern nicht von ihm abhängt.

2.2.4.2 Glaube und Vernunft

Für die Annahme, daß die Vernunft das Zentrum der menschlichen Person und damit der Ort unbedingten Glaubens sei, spricht, daß Glaube ein Geschehen ist, in dem der Mensch sich seiner selbst in spezifischer Weise, nämlich in seinem Bestimmtwerden vom Gegenüber des Glaubens her, *bewußt* ist. Dazu gehört auch – wie sich zeigte (s. o. 2.2.1.3) – das *Erkennen* des Gegenübers, auf das sich der Glaube richtet, und die weisheitlich-denkende Vergewisserung seiner Vertrauenswürdigkeit (vgl. o. 1.3.3.7). Ohne irgendeine Form der „notitia" und des „assensus" (wie elementar auch immer) gibt es also allem Anschein nach keinen Glauben.

Aber ist die Vernunft deswegen der Ort des Glaubens? Dagegen spricht, daß die Vernunft offenbar nicht das Menschsein im ganzen umfaßt: Nicht nur der Bereich der Leibhaftigkeit, sondern auch die Gefühle und Neigungen unterliegen nur in geringem Maße der Kontrolle durch die Vernunft. Gegenüber diesen Elementen erscheint die Vernunft als ein „evolutionärer Spätling", der schwerlich die (somatischen und emotionalen) Tiefenschichten erreicht, in die Glaube doch hineinwirken muß, wenn er im umfassenden Sinn des Wortes daseinsbestimmend sein soll. Vor allem aber: Menschen können *alle* Glaubensaussagen verstanden und eingesehen haben, sie sogar möglicherweise für wahr halten, ohne deshalb zu glauben. Welch respektable Bedeutung z. B. Gottesbeweise auch immer haben mögen – Glaube läßt sich durch sie vermutlich nicht erzeugen.

2.2.4.3 Glaube und Gefühl

Der Verweis auf das Gefühl ist wohl die tragfähigste der drei Antwortmöglichkeiten; denn das Gefühl reicht von allen Seelenvermögen am weitesten und am tiefsten: Es bezieht unsere *Leiblichkeit* mit ein, und es bestimmt uns bereits in einer *Entwicklungsphase*, in der wir noch keinen Anlaß haben, einem Menschen mehr als die Anlage von Vernunft oder

Willen zuzusprechen. Von *Affekten* wie Lust und Unlust, Angst und Freude, Geborgenheits- und Verlassenheitsgefühlen werden Menschen vom Anfang ihres Daseins an bestimmt. Beim Glauben geht es freilich nicht um einzelne Gefühlszustände, sondern um den *affektiven Grundakkord*, der das Leben bestimmt und begleitet. Man kann dies das *Lebensgefühl* nennen, durch das ein Mensch – so oder so – *bestimmt wird* noch lange bevor er sich dessen *bewußt* wird und sich dazu *willentlich* (also auswählend) verhalten kann. Das Gefühl als das Vermögen seelisch-leiblichen Bestimmtwerdens ist offenbar die am tiefsten reichende Verankerung des Glaubens.

Aber ist das Gefühl deswegen *der* Ort des Glaubens? Das wird man schon deshalb besser so nicht sagen, weil dann die bei Wille und Vernunft aufgewiesenen Wahrheitsmomente nicht mehr zum Tragen kämen. Eine solche Festlegung wäre also defizitär. Außerdem würde sie möglicherweise dazu führen, daß der konstitutive Zusammenhang des Gefühls mit Willen und Vernunft bestritten wird und nachträglich nicht mehr hergestellt werden kann.

2.2.4.1–2.2.4.3 Fazit

Der anthropologische Ort des Glaubens kann also nicht in *einem* der Seelenvermögen, sondern nur in deren *Gesamtzusammenhang* gesucht werden. D. h., als anthropologischer Ort des Glaubens kommt nur die Dreiheit von Gefühl, Vernunft und Wille in ihrer gegenseitigen Durchdringung und in der damit gegebenen (zirkulären) Einheit in Frage. Denn erst wenn und indem das affektive Bestimmt*werden* die Form einer dem Menschen erschlossenen *Erkenntnis* annimmt und willentlich *zugelassen* (also weder verdrängt noch verhindert) wird, kann von einem daseinsbestimmenden, grundlegenden Vertrauen, also vom Glauben die Rede sein. Freilich: Auf *unmittelbarste* (widerfahrnisartige) Weise ist die Bestimmung durch den Glaubensgegenstand im Lebensgefühl bzw. Selbstgefühl gegeben, aber auf *vermittelte* Weise auch in der Vernunft und im Willen, und zwar als Selbstbewußtsein und Selbstbestimmung. Das Bestimmtwerden durch den Adressaten des Glaubens, Gott, hat also *unmittelbar* den Charakter des Sich-bestimmt-*Fühlens*[21], mittelbar den Charakter des Sich-be-

---

21 Wenn Luther immer wieder von der Möglichkeit des Säuglingsglaubens („fides infantium") spricht und gelegentlich sogar sagen kann, nur bei Kleinstkindern sei der Glaube *unverfälscht* erhalten (so z. B. WA 11,301,31-34; 17 II,85,7-10; 20,659,36-38; 47,331,36-332,3), so haben diese Aussagen guten Sinn, sofern sie sich auf das fundamentale Element des Bestimmtwerdens im

stimmt-*Wissens* und des Sich-bestimmen-*Lassens*. Erst in dieser Ganzheit und Einheit ist der Glaube, was er ist.

2.2.5 Konstitutionsbedingungen des Glaubens

Aus den Überlegungen zur anthropologischen Ortsbestimmung des Glaubens ergeben sich einige grundlegende Einsichten in die Bedingungen, unter denen Glaube in einem menschlichen Leben möglich und wirklich wird:

2.2.5.1 Die Unverfügbarkeit des Glaubens

In fundamentaler und darum entscheidender Hinsicht existieren Menschen von Bezugspunkten außerhalb ihrer Existenz her. Sie sind auf das angewiesen, was ihnen begegnet und lebensgeschichtlich „zugespielt"[22] wird. Insbesondere sind sie – immer wieder – darauf angewiesen, wie Gott sich ihnen in der Geschichte ihres Daseins erschließt. Die Rede von der Unverfügbarkeit des Glaubens hat insofern zentrale, ja unaufgebbare Bedeutung, und zwar in zweifacher Hinsicht: einerseits deswegen, weil Menschen vom Beginn ihres Lebens an darauf angewiesen sind, mit *welchen* Botschaften (verbaler und nonverbaler Art) sie konfrontiert *werden*. Das machen und wählen sie nicht nur, sondern das erleben und empfangen sie zunächst. Andererseits haben sie es ebenfalls nicht in der Hand, ob diese Botschaften sie so erreichen, daß in ihnen *Gewißheit* entsteht und daseinsbestimmendes Vertrauen geweckt wird. Auch das *widerfährt* ihnen von dem Gegenüber des Glaubens her, das sich ihnen vermittelt bzw. das ihnen vermittelt wird. *Insofern* ist es zutreffend, wenn der Glaube – seiner Konstitutionsbedingung nach – als <u>*Werk Gottes*</u> bezeichnet wird.[23]

Lebens- oder Selbstgefühl beziehen. Aber das ist eben nur *ein* wesentlicher Aspekt von Glauben – nicht seine ganze Wirklichkeit.

22 So H. Weder in seinem Synodalvortrag: „Die Entdeckung des Glaubens im Neuen Testament", in: Glauben heute. Christ werden – Christ bleiben, Gütersloh 1989[3], S. 53.

23 So besonders markant: Luther in seiner Vorrede zum Römerbrief (WA DB 7,6,2 f.).

2.2.5.2 *Der personale Charakter des Glaubens*

Die Formel vom Glauben als Werk Gottes wird aber mißverständlich, ja verkehrt, wenn daraus der Eindruck entsteht, Gott selbst sei das *Subjekt* des Glaubens oder der Glaube werde im Menschen ohne oder wider dessen innere Beteiligung erschaffen. Die nicht nur schöne, sondern auch sachlich angemessene Redeweise vom Glauben, der in einem Menschen „geweckt" wird (so wie Neugier, Interesse, Zuneigung oder Leidenschaft „geweckt" werden können), deutet schon an, daß es sich hierbei um ein Geschehen handelt, das die *Personalität* des Menschen betrifft und bei dem Gefühl, Vernunft und Wille des Menschen nicht ausgeschaltet, sondern auf *wache* Weise einbezogen sind. Deshalb ist der Mensch dem Entstehen und der Lebensbewegung des Glaubens nicht willenlos ausgeliefert, sondern kann dies geschehen lassen oder sich dem entziehen und verweigern. Daß es Gründe für diese Verweigerung gibt, wird plausibel, wenn man dessen gewahr wird, welche *Zumutung* es für das menschliche Selbstgefühl, für Vernunft und Willen bedeutet, *nicht* autark zu sein, sondern sich von einer Wirklichkeit außerhalb seiner selbst grundlegend bestimmen zu lassen und ihr die Möglichkeit zu verdanken, daß das Leben gelingt.

2.2.5.3 *Äußere Entstehungsbedingungen des Glaubens*

Wird der Glaube so – unter Voraussetzung und Anerkennung des *gegebenen* lebensgeschichtlichen Kontextes (2.2.5.1) – als *personaler* Akt verstanden, dann wird nicht nur die Entstehung von *Unglauben* im Sinne der Abkehr vom Glauben als Tat des Menschen verstehbar, sondern es kann dann auch deutlich werden, inwiefern ein Mensch im Blick auf die Entstehung des Glaubens selber tätig sein kann. Jedenfalls als Jugendliche und Erwachsene werden Menschen *nicht nur* von einem vorgegebenen Lebenszusammenhang geprägt, sondern können *auch* (in begrenztem Umfang) *wählen*, welchen Botschaften sie sich aussetzen und welchen sie sich entziehen. Damit kann zwar weder das gefühlsmäßige Bestimmt*werden* noch die Glaubens*gewißheit* noch die *Bereitschaft*, sich von Gott bestimmen zu lassen, produziert werden, aber es ist auf diese Weise möglich, sich in die Hörweite des Wortes zu begeben, das die Weckung des Glaubens verheißt. Daß sich beim Hören dieses Wortes tatsächlich ein Angerührt- und Bestimmtwerden in der Tiefe der Existenz ereignet und die Gewißheit der Vertrauenswürdigkeit dieses Wortes und dieses Gottes einstellt, ist eine Möglichkeit, die ein Leben lang immer wieder erhofft werden kann, aber die Verwirklichung dieser Möglichkeit hat kein

Mensch in der Hand. Menschen können sich jedoch diesem Wort entziehen oder zuwenden. Sie können dies tun in der Beharrlichkeit des Nichthören-Wollens *oder* in der Hoffnung, zum Glauben zu finden. Eine *hinreichende* Bedingung für die Entstehung des Glaubens[24] ist auch das letztere nicht, wohl aber ist es die Weise, wie ein Mensch tätig am Zustandekommen des Glaubens beteiligt sein kann.

2.3 Zur Wesensbestimmung des christlichen Glaubens

Die beiden hinter uns liegenden Abschnitte 2.1 u. 2.2 sollten dazu beitragen, den Begriff „Wesen" (im Verhältnis zu „Erscheinung") und den Begriff „Glauben" zu klären. Zwischen beidem bestand insofern ein impliziter Zusammenhang, als die Überlegungen zum Wesensbegriff ergeben hatten, daß das Wesen einer Gattung durch die Erarbeitung einer angemessenen Begriffsdefinition zu bestimmen ist. Die Begriffsklärung dient also selbst der Wesensbestimmung. Das gilt aber nur im Blick auf Gattungsbegriffe – wie z. B. „Wesen" oder „Glauben" –, nicht jedoch für Individuen oder ein *bestimmtes, besonderes* Beziehungsgeschehen, wie es mit dem Ausdruck „*christlicher* Glaube" bezeichnet wird. In ihm ist zwar das Allgemeine von „Glauben" enthalten, aber nur in der besonderen, individuellen Gestalt des Christlichen, das sich (wie alles Individuelle) einer vollständigen begrifflichen Erfassung entzieht.

D. h. freilich nicht, daß uns das Wesen des christlichen Glaubens in seiner Individualität und Besonderheit gar nicht zugänglich wäre. Im Gegenteil! So wie sich uns das Wesen eines (bestimmten, individuellen) Menschen durch persönliche Begegnung und Erfahrung erschließen kann und es dabei zu einem wirklichen Erkennen kommt, so gilt dies auch für das Wesen des christlichen Glaubens. Mit der Begriffsklärung erreichen wir nur die Außenseite oder Hülle des Glaubens. Erst durch eigene Erfahrung und persönliche Begegnung kommt es zu einem tieferen Erkennen. Die entscheidende Frage ist jedoch, auf welchem Weg eine solche erkennende Begegnung mit dem christlichen Glauben möglich wird.

---

24 Das alles gilt freilich nicht nur für den *christlichen* Glauben, sondern für den religiösen Glauben (also das unbedingte, grundlegende, daseinsbestimmende Vertrauen) *überhaupt.*

2.3.1   Der christliche Glaube als geschichtliche Wirklichkeit

Der christliche Glaube ist keine ontologische oder anthropologische Konstante, sondern eine *geschichtliche* Wirklichkeit. D. h. zweierlei: Er *entsteht* in der Geschichte (2.3.1.1), und er hat selbst *Anteil* an der Geschichte (2.3.1.2).

2.3.1.1   Der geschichtliche Ursprung des christlichen Glaubens

Christlicher Glaube verdankt seine Entstehung einem geschichtlichen Impuls. Das gilt zunächst für jeden einzelnen Menschen, der mit dem christlichen Glauben in seiner Lebensgeschichte durch andere Menschen in Berührung kommt. Das gilt aber nur deshalb für jeden einzelnen Menschen, weil es zuvor und grundsätzlich für das Entstehen des christlichen Glaubens in der Menschheitsgeschichte galt und gilt. Jeder einzelne geschichtliche Impuls verweist zurück auf den *geschichtlichen Urimpuls*, von dem er letztlich selbst herkommt. Freilich verweist auch dieser Urimpuls *zurück* auf (s)eine *Vor*geschichte, die ihn beeinflußt hat und auf ihn zugelaufen ist. Der Urimpuls selbst hat also auch Anteil an der Geschichte (s. dazu u. 2.3.1.2). Dieser Urimpuls ist gegeben in der Person, dem Wirken und Geschick Jesu Christi als der heilvollen Offenbarung Gottes (s. u. 3), die als solche zugleich die Offenbarung der Bestimmung der Welt und des Menschen ist. *In diesem Urimpuls ist darum alles enthalten, was das Wesen des christlichen Glaubens ausmacht.* Und deswegen besteht die Erkenntnis des Wesens des christlichen Glaubens in nichts anderem, als darin, diesen Urimpuls immer genauer und vollständiger zu erfassen und immer reiner darzustellen.

Der geschichtliche Urimpuls des christlichen Glaubens wäre völlig mißverstanden, wenn er als ein erst noch zu entwickelnder „Keim" oder gar als eine erst noch zu realisierende „Idee" aufgefaßt würde. Die Bestimmung der Welt und des Menschen ist in Jesus Christus als der Offenbarung Gottes bereits *vollkommen* gegeben. Und insofern kann man scheinbar paradox formulieren, daß der christliche Glaube *vom Ziel her* unterwegs ist. Aber dieses Bestimmungsziel, das im Ursprung des Glaubens enthalten ist, wird von Anfang an und immer wieder durch menschliche Deutungsversuche auch mißverstanden und verkannt, ja, es wird abgelehnt und verworfen. Und deshalb kann die Aufgabe der Wesensbestimmung des christlichen Glaubens sachgemäß nur so in Angriff genommen werden, daß sich die Erkenntnis – unter der Gefahr und gegen die Gefahr der Verfehlung – auf jenen Urimpuls, als die Quelle des christlichen Glaubens, *zubewegt.*[25]

2.3.1.2 *Der geschichtliche Charakter des christlichen Glaubens*

Christlicher Glaube hat in allen seinen Erscheinungsformen selbst teil an der Geschichte und damit auch an der Veränderlichkeit und Wandelbarkeit. Es gehört deshalb zum Wesen des christlichen Glaubens, grundlegend und ausnahmslos an den geschichtlichen Bedingungen der Wirklichkeit teilzuhaben. Der christliche Glaube ist *unwandelbar geschichtlich.* D. h. einerseits: Er ist eine geschichtlich *bedingte* Größe, die den jeweiligen kulturellen, gesellschaftlichen, politischen Bedingungen nicht entnommen ist, sondern an ihnen teilhat. D. h. andererseits: Er ist eine geschichtlich *bedingende* Größe, die in die jeweiligen kulturellen, gesellschaftlichen, politischen Gegebenheiten so eingeht, daß sie diese mitbestimmt, verändert und prägt. Diese unabgeschlossene, ja geschichtlich unabschließbare Wirkungsgeschichte des christlichen Glaubens ist ein Grund dafür, daß unter geschichtlichen Bedingungen eine vollständige Erkenntnis des Wesens des christlichen Glaubens nicht möglich ist, obwohl in dem geschichtlichen Urimpuls das Wesen des christlichen Glaubens vollkommen *enthalten* ist.

Die Einsicht in die konstitutive Geschichtlichkeit des christlichen Glaubens hat Konsequenzen für die Haltung gegenüber den geschichtlichen Wandlungen des Glaubens. Aus ihr resultiert *nicht* der Versuch, Veränderungen im Bereich der geschichtlichen Erscheinungen nach Möglichkeit zu verhindern oder abzulehnen; vielmehr kommt alles darauf an, das Wesen des christlichen Glaubens als konstruktives und kritisches Prinzip *für* die Entwicklung und Beurteilung seiner geschichtlichen Erscheinungen zur Geltung zu bringen. Es geht also nicht um die Frage, *ob*, sondern nur um die Frage, *welche* Veränderungen dem Wesen des christlichen Glaubens angemessen sind.

Dabei gilt: Der christliche Glaube ist seinem Wesen nach nicht begrenzbar auf Menschen bestimmter Kulturkreise oder Epochen. Er hat einen räumlich und zeitlich universalen Geltungsanspruch, der nicht jenseits von Raum und Zeit, sondern in ihnen zur Erscheinung kommt. Damit geht der christliche Glaube notwendigerweise ein in die sich von Kulturkreis zu Kulturkeis und von Epoche zu Epoche wandelnde Welt der Er-

---

25 Darin liegt die ausschlaggebende Begründung für die Kennzeichnung der Kirche als „ecclesia semper reformanda" (so erstmals als Titel der 1952 von W. Schneemelcher und K. G. Steck herausgegebenen Festschrift für E. Wolf).

scheinungen. *Und dies gehört zu seinem Wesen.* D. h.: Wesen und Geschichtlichkeit des christlichen Glaubens bilden keinen Gegensatz, sondern einen unauflöslichen Zusammenhang. Unter geschichtlichen Bedingungen kann nur *im Wandel* der Erscheinungsformen die Identität des
christlichen Glaubens gewahrt werden. Würden die Erscheinungsformen
bei allgemeinem geschichtlichem Wandel unverändert bleiben, so würde
sich – wider Willen – ihre Beziehung zur sich wandelnden Welt und damit
auch ihre Bedeutung unkontrolliert verändern. Es käme dadurch zum
Identitätsverlust durch Erstarrung. Deshalb ist unter geschichtlichen Bedingungen *Veränderung* eine notwendige Voraussetzung für die Wahrung
der *Identität* des christlichen Glaubens, also für die Wahrung seines Wesens. Umgekehrt gibt es freilich auch die Gefahr des *Identitätsverlustes
durch Anpassung.* Sie tritt dort ein, wo die sich verändernde Welt nicht als
Verstehens- und Bewährungskontext des Glaubens, sondern als dessen
Norm verstanden wird (s. dazu u. 6.2.2).

2.3.2   Schwierigkeiten und Möglichkeiten der
Wesens-Bestimmung des christlichen Glaubens

Was das Wesen des christlichen Glaubens ist, ist strittig z. B. zwischen
Christen und Nichtchristen, zwischen orthodoxen, römisch-katholischen
und evangelischen Christen, zwischen Konservativen und Progressiven
und auch innerhalb dieser Gruppierungen. Es wird sich in diesem Abschnitt zeigen, daß diese Strittigkeit auch sachliche und prinzipielle Gründe hat, die nicht einfach mit gutem Willen eliminiert werden können. Drei
Schwierigkeiten, in denen freilich zugleich Möglichkeiten des sachgemäßen Umgangs mit dem Problem enthalten sind, halte ich dabei für besonders gewichtig:

– die kategoriale Unterscheidung des Wesens von jeder Erscheinung;
– das zirkuläre Verhältnis von Erscheinung und Wesen;
– die Unabgeschlossenheit des christlichen Glaubens.

2.3.2.1   Die kategoriale Unterscheidung
des Wesens von jeder Erscheinung

Die grundlegende Differenz zwischen Wesen und Erscheinung, von der
bereits in Abschn. 2.1.2 die Rede war, ist eine *kategoriale* Differenz. Das
soll nun genauer bedacht werden. Eine kategoriale Differenz unterscheidet sich sowohl von einer quantitativen als auch von einer qualitativen

Differenz. Quantitative Differenzen bestehen zwischen unterschiedlichen *Graden* ein und derselben Art (z. B. zwischen Größerem und Kleinerem oder zwischen Entwickelterem und weniger Entwickeltem). Qualitative Differenzen bestehen zwischen verschiedenen *Arten* ein und derselben Klasse oder Gattung (z. B. zwischen verschiedenen Tierrassen oder Lehrveranstaltungstypen). Kategoriale Differenzen bestehen zwischen Sachverhalten, die jeweils unterschiedlichen *Grundbegriffen* zuzuordnen sind (z. B. zwischen Liebe und Liebenden) oder unterschiedlichen *Begriffsebenen* angehören (z. B. zwischen Geschöpf und Mensch[26]).

Die Abfolge dieser drei Arten von Differenzen (quantitativ, qualitativ, kategorial) erweckt leicht den Eindruck, als verhielten sie sich wie Steigerungen zueinander. Das ist jedoch *nicht ganz* richtig. Zwar könnte man sagen, die kategoriale Differenz sei „grundsätzlicher" als die quantitative oder qualitative, aber sie ist deswegen keineswegs „größer". Im Gegenteil: Nur im Fall der kategorialen Differenz ist es möglich, daß die beiden unterschiedenen Elemente in einem einzigen Sachverhalt ungetrennt, ja unter Umständen untrennbar verbunden sind. So besteht zwischen „Geschöpf" und „Mensch" ein kategorialer Unterschied im Sinne unterschiedlicher Begriffsebenen, aber gerade *deshalb* kann beides im Begriff „Mensch als Geschöpf" miteinander untrennbar verbunden werden. Ebenso besteht zwischen „Liebe" und „Liebenden" ein kategorialer Unterschied im Sinne unterschiedlicher Grundbegriffe (Kategorien), aber gerade *deshalb* eine untrennbare Verbindung, weil Liebe ja dasjenige ist, was Menschen erst zu Liebenden macht, und weil Liebe dadurch in der Welt existiert, daß sie in Liebenden Gestalt annimmt.

Von daher zeigt sich, daß die *kategoriale Unterscheidung* zwischen Wesen und Erscheinung keine Trennung, sondern – im Gegenteil – eine untrennbare *Einheit* meint. Und diese Einsicht erlaubt, ja gebietet es, noch einen weiteren gedanklichen Schritt zu tun. Wenn das Wesen einer Person oder Sache nur insofern erkennbar wird, als es zur Erscheinung kommt, dann muß – jedenfalls aus der Sicht des erkennenden Subjekts – gesagt werden: Es gehört zum *Wesen* einer Person oder Sache, *zur Erscheinung zu kommen*. Über ein „Wesen an sich", das nicht zur Erscheinung käme, lassen sich gar keine Aussagen mit irgendwelchem Er-

---

26 Diese beiden Arten kategorialer Differenzen oder Unterschiede dürfen nicht gleichgesetzt oder verwechselt werden. Gemeinsam ist ihnen jedoch, daß Begriffe, zwischen denen die eine oder andere kategoriale Differenz besteht, nicht sinnvoll in quantitativer oder qualitativer Hinsicht miteinander verglichen werden können. Tut man es dennoch, so entstehen „Kategorienfehler".

kenntniswert machen, sondern nur über das Wesen, das zur Erscheinung kommt.[27]

Genau dies gilt aber auch für die kategoriale Differenz zwischen Wesen und Erscheinung des christlichen Glaubens. Wer das Wesen des christlichen Glaubens *als* eine seiner Erscheinungsformen sucht, geht ebenso in die Irre wie derjenige, der meint, es sei *außerhalb* dieser Erscheinungsformen zu finden. Nur *in* den Erscheinungsformen kann das gesucht und gefunden werden, was das Wesen des christlichen Glaubens ausmacht.

2.3.2.2 Das zirkuläre Verhältnis von Erscheinung und Wesen

Wie kann aber in den Erscheinungsformen das Wesen des christlichen Glaubens gesucht und gefunden werden? Nach den Überlegungen zum Wesensbegriff scheiden zwei mögliche Verfahrensweisen als unzureichend aus: Weder kann das Wesen des christlichen Glaubens aus den *Differenzen* zwischen den Erscheinungsformen des christlichen Glaubens einerseits und den Erscheinungsformen anderer Religionen bestimmt werden, noch aus dem, was in den Erscheinungsformen des christlichen Glaubens immer und überall *gleichgeblieben* ist.[28] Aber auch eine Verbindung beider Verfahrensweisen führte nicht weiter, weil auch so faktisch das Wesen auf der Ebene der Erscheinungen (als eine von ihnen oder als eine Summe von Elementen aus ihnen) gesucht würde.

Die Frage nach dem Wesen *in* den Erscheinungen richtet sich dagegen auf die Erscheinungsformen des christlichen Glaubens, aus denen wir alles Entscheidende über das Wesen des christlichen Glaubens erfahren, aber in dem Wissen um die Möglichkeit, daß in diesen Erscheinungsformen auch Deformationen, ja Pervertierungen des christlichen Glaubens enthalten sein können. Ob und wo dies tatsächlich der Fall ist, können wir freilich nur entscheiden aufgrund von Einsichten, die wir aus diesen Erscheinungsformen gewonnen haben. Damit bewegen wir uns aber in einem *hermeneutischen Zirkel*, der konstituiert wird durch abduktive Hypothesenbildung, deduktive Ableitung, induktive Überprüfung und gegebenenfalls erneute Abduktion. In diesem komplexen Verfahren ist dasselbe „Material" (nämlich die Fülle der Erscheinungsformen des christ-

---

27 Die Bedeutung dieser Einsicht wird sich sowohl im Zusammenhang der Lehre von der Offenbarung (s. u. 3.1) als auch innerhalb der Ekklesiologie (s. u. 14.3.1) erweisen.

28 Was also z. B. das Kriterium des Vinzenz von Lerinum erfüllen würde: „quod ubique, quod semper, quod ab omnibus creditum est" (Commonitorium, cap. 2,3).

lichen Glaubens) zugleich *Quelle* für die Wesensbestimmung des christlichen Glaubens und *Objekt*, das anhand dieser Wesensbestimmung auf seine Wesensgemäßheit überprüft wird. Aus diesem hermeneutischen Zirkel gibt es grundsätzlich kein Entrinnen.[29]

Diese Zirkularität läßt sich auch nicht mit rein quantitativen Mitteln, also mechanisch neutralisieren. Die Erscheinungsformen des christlichen Glaubens dürfen nicht nur *gezählt*, sondern müssen immer auch *gewogen* werden. Die vollständige Übereinstimmung mit allen Erscheinungsformen und der vollständige Widerspruch gegen alle Erscheinungsformen sind zwar eindeutige Grenzwerte für eine Wesensbestimmung, die jedoch im Blick auf die Vielfalt und Disparatheit der Erscheinungsformen eher idealtypische als heuristische Bedeutung haben. Trotzdem lassen sich Kriterien nennen, die bei der abduktiven Interpretation der Erscheinungsformen auf das in ihnen zum Ausdruck kommende Wesen des christlichen Glaubens hin Beachtung verdienen:

- das Kriterium der *Widerspruchsfreiheit* oder inneren Homogenität als Bedingung für die *Verstehbarkeit* des Wesens des christlichen Glaubens in der Vielfalt seiner Erscheinungen;
- das Kriterium der *Neuheit* oder Originalität als Bedingung für die Erklärung der Entstehung *eigenständiger* Erscheinungsformen des christlichen Glaubens, die zwar an Vertrautes anknüpfen, sich aber zugleich von ihm unterscheiden;
- das Kriterium der *Erklärungsfähigkeit* oder Plausibilität als Bedingung für die *Ableitung* von sich wandelnden (einschließlich deformierten) Erscheinungsformen aus dem Wesen des christlichen Glaubens.

Alle drei Kriterien zusammengenommen verhelfen zu einem methodisch geordneten Umgang mit dem hermeneutischen Zirkel zwischen Erscheinung und Wesen des christlichen Glaubens. Keines von ihnen allein, aber auch nicht alle drei zusammen können jedoch *garantieren*, daß die Frage nach dem Wesen des christlichen Glaubens eine zweifelsfrei richtige Antwort findet.

2.3.2.3 *Die Unabgeschlossenheit des christlichen Glaubens*

Die beiden bisher angesprochenen Schwierigkeiten und Möglichkeiten betreffen die Wesensbestimmung *jeder* geschichtlichen Erscheinung –

---

29 P. Tillich hat wohl recht, wenn er die These vertritt: „Jedes Verständnis geistiger Dinge ist zirkulär" (STh I, S. 16).

auch wenn es sich dabei um eine bereits abgestorbene, nur noch in der Erinnerung vorhandene Größe handelt. Für geschichtliche Erscheinungen, die noch *lebendig* sind, kommen weitere Schwierigkeiten und Möglichkeiten hinzu. Dabei ist diese Lebendigkeit für den christlichen Glauben insofern konstitutiv, als nur durch sie der universale Geltungsanspruch des christlichen Glaubens, der ja auch die künftigen Menschheitsgenerationen umfaßt, zur Wirkung kommen kann.

Es ist für den christlichen Glauben also wesentlich, im geschichtlichen Überlieferungsprozeß weitervermittelt zu werden. Jeder solcher Vermittlungs- und Verstehensakt ist aber ein Interpretationsgeschehen, in dem der christliche Glaube *neu* gedeutet und verstanden wird und werden muß, und zwar – wie sich zeigte (s. o. 2.3.1.2) – gerade um seiner *Identität* unter sich wandelnden Verstehensbedingungen willen.

Alle diese Deutungsversuche stehen unter dem Risiko des *Mißlingens*, aber sie enthalten auch die Chance eines *genaueren Verstehens*, als es in den bisherigen geschichtlichen Erscheinungsformen gelang. Die christliche Überlieferungsgeschichte ist also nicht nur unter der Alternative von Bewahrung oder Verfälschung zu sehen, sondern kennt auch die Möglichkeit vertieften oder umfassenderen und damit genaueren Verstehens.

Solch ein genaueres Verstehen ist aber selbst ein Teil der *Wirkungsgeschichte* des christlichen Glaubens und nichts von außen zu ihr Hinzukommendes. Insofern ist nicht nur die Geschichte des christlichen Glaubens als Geschichte der fortgehenden Unterweisung, Mission und Evangelisation unabgeschlossen, also offen, sondern auch als Geschichte eines genaueren *Verstehens* des Wesens des christlichen Glaubens. Dies ist *nicht* im Sinne eines kontinuierlichen Fortschritts gemeint. Die Möglichkeit vertieften Verstehens bleibt bis ans Ende der Tage begleitet von der Möglichkeit der Verflachung, des Mißverständnisses und der Perversion. Aber solange diese positiven (und vielleicht auch die negativen?) Möglichkeiten nicht zur Entfaltung gekommen sind, kann die Frage nach dem Wesen des christlichen Glaubens *nicht abschließend* beantwortet werden. Ihre Beantwortung geschieht notwendigerweise unter eschatologischem Vorbehalt. Unter diesem Vorbehalt kann und muß sie aber gewagt werden.

2.3.3   Konsequenzen für die Beantwortung der Frage nach dem Wesen des christlichen Glaubens

Durch die in 2.3.2 beschriebenen Schwierigkeiten dürfte klar geworden sein, daß es das Wesen des christlichen Glaubens nicht als oder wie eine seiner Erscheinungsformen in der Geschichte *gibt*, sondern daß die

Wesensbestimmung eine diffizile, ja unabschließbare hermeneutische, analytische und rekonstruktive Aufgabe der Theologie darstellt. Das besagt:

– Auch die Verkündigung oder das Leben Jesu *sind* nicht das Wesen des christlichen Glaubens. Und das gälte auch dann, wenn wir diese Verkündigung in ihrem genauen und vollständigen Wortlaut kennen würden oder wenn uns alle biographischen Daten Jesu zuverlässig überliefert wären.[30]

– Auch die Bibel, die Dogmen oder Bekenntnisse *sind* weder in einzelnen Teilen noch im ganzen das Wesen des christlichen Glaubens.

– Und natürlich *sind* auch nicht die Vorstellungen oder Ausdrucksformen der heutigen Christenheit das Wesen des christlichen Glaubens.

Aber andererseits gilt: *In alledem* kommt das Wesen des christlichen Glaubens – mehr oder weniger authentisch und angemessen – zur Erscheinung. Deshalb kann das Wesen des christlichen Glaubens nur bestimmt werden anhand seiner Erscheinungen. Dabei ist jedoch zu fragen, ob es *in* diesen geschichtlichen Erscheinungen selbst eindeutige Hinweise auf *normative Elemente* gibt, an denen sich die Wesensbestimmung zu orientieren hat. Das läßt sich – abgesehen von dem geschichtlichen Urimpuls – nicht vorab beantworten, sondern nur aufgrund der konkreten Beschäftigung mit den geschichtlichen Erscheinungsformen des christlichen Glaubens selbst.

Was vorab beantwortet werden muß und kann, ist jedoch die Frage nach dem *Einstiegspunkt*. Und hierfür gibt es wohl nur zwei Möglichkeiten: Entweder wird der Einstieg gewählt bei dem geschichtlichen Urimpuls der Gottesoffenbarung in Jesus Christus, der allererst christlichen Glauben ermöglicht und erweckt, *oder* bei den gegenwärtigen Erscheinungsformen christlichen Glaubens als dem Ort, an dem jede theologische Besinnung auf das Wesen des christlichen Glaubens stattfindet.

Die Argumente, die für diese beiden Möglichkeiten sprechen, sind ganz unterschiedlicher Art: Im ersten Fall handelt es sich vor allem um inhaltliche, im zweiten Fall vor allem um hermeneutische Argumente. Deswegen läßt sich die Entscheidung argumentativ nicht zwingend begründen. Die hier getroffene Entscheidung für den Einstieg bei der Gottesoffenbarung in Jesus Christus, also bei der „Quelle", ergibt sich auch aus Gründen der übersichtlicheren Darstellung und besseren Nachvollziehbarkeit. Ihr sachlicher Vorteil ist, daß der normative Charakter des geschichtlichen Urimpulses für den christlichen Glauben auf diese Weise unübersehbar wird. Ihr Nachteil liegt darin, daß dabei aus dem

---

30 Wohl aber ist *in* Jesus Christus als dem geschichtlichen Urimpuls alles enthalten, was das Wesen des christlichen Glaubens ausmacht (s. o. 2.3.1.1).

Blick geraten könnte, daß jede *Aussage* über den Ursprung des Glaubens
ihrerseits bedingt ist durch den geschichtlichen Kontext, in dem und aus
dem heraus sie gemacht wird. Auf diesen hermeneutischen Aspekt muß
darum in den folgenden Kapiteln immer wieder besonders geachtet
werden.

3 Gottes Offenbarung in Jesus Christus als Grund des christlichen Glaubens

3.1 Der Offenbarungsbegriff

Neuere theologische Arbeiten über den Offenbarungsbegriff haben gezeigt, daß „Offenbarung" als ein *komplexer Relationsbegriff* zu verstehen ist, dessen Struktur durch mehrere Elemente konstituiert wird. Zu ihnen gehören auf jeden Fall ein *Urheber* der Offenbarung, eine Person, die die Offenbarung *empfängt*, sowie der *Inhalt* oder *Gehalt* der Offenbarung. Diese Struktur sagt aber als solche noch nicht genügend über das Besondere der *Relation* aus, die zwischen diesen Elementen besteht. (Durch dieselben Strukturelemente wird z. B. auch eine Unterrichtsstunde, ein Konzert oder ein Brief konstituiert.) Deshalb wenden wir uns zunächst dieser Relation zu, um dann die einzelnen Elemente zu betrachten und näher zu bestimmen.

3.1.1 Offenbarung als Erschließungsgeschehen

Einem verbreiteten Sprachgebrauch zufolge ist „Offenbarung" eine Eingebung, die einem Menschen auf außergewöhnliche Weise (z. B. mittels einer Vision oder Audition oder auch durch einen Traum) zuteil wird und die deshalb ihrem Zustandekommen nach nicht ohne weiteres nachvollzogen oder überprüft werden kann. So verstanden wäre Offenbarung etwas, das im Leben der meisten Menschen ganz selten oder überhaupt nicht vorkommt, sondern nur bei besonders veranlagten Personen oder in Ausnahmesituationen. Nun soll gar nicht bestritten werden, daß es solche visionären oder auditionären Erlebnisse gibt und daß sie Offenbarungscharakter haben können. Insbesondere darf die Bedeutung von Träumen auch in diesem Zusammenhang nicht unterschätzt werden. Aber das Entscheidende am Offenbarungsbegriff wird mit der genannten Deutung in ganz irreführender Weise auf *ein mögliches* Teilmoment verschoben, das im Ganzen des Offenbarungsbegriffs allenfalls einen Nebenaspekt darstellt.

Dem Wortsinn nach liegt (nicht nur im Deutschen) die Pointe des Begriffs „Offenbarung" darin, daß etwas, das bisher verhüllt, verborgen, unbekannt war, nun aufgedeckt, gezeigt, zugänglich gemacht wird, und zwar so, daß das Offenbarungsgeschehen auf einen Menschen *zukommt*, ihm widerfährt als etwas, das er nicht von sich aus aufdecken, zeigen oder sich zugänglich machen konnte. Eine Person oder eine Sache offenbart *sich für jemand*.

Orientieren wir uns an diesem Wortsinn von „Offenbarung", dann zeigt sich, daß Offenbarung ihrem Wesen nach ein *Erschließungsgeschehen* ist, durch das einem Menschen (dem Offenbarungsempfänger) eine Person oder eine Sache in einer Weise zugänglich gemacht wird, die ihm bisher verschlossen war und die er sich auch nicht selbst erschließen konnte. Ob dieses Erschließungsgeschehen auf sinnliche oder übersinnliche, auf natürliche oder übernatürliche Weise, im Wachzustand oder im Traum etc. erfolgt, ist dabei für den Offenbarungs*begriff* unerheblich. Das alles ist kontingent und daher variabel.

Nun scheint bei diesen Überlegungen nicht im Blick zu sein, daß „Offenbarung" ursprünglich und auch in unserem Verwendungszusammenhang ein *religiöser* Begriff ist. Tatsächlich enthielten die bisherigen Überlegungen keine spezifisch religiöse Komponente, und das war insofern wichtig, als auf diese Weise die eingangs genannte *unangemessene* Interpretation des religiösen Moments am Offenbarungsbegriff vermieden werden kann. Dieses religiöse Moment scheint einem irreführenden Denken und Sprachgebrauch zufolge im Element des Übernatürlichen oder Widervernünftigen enthalten zu sein. Aber wenn religiöser Glaube nach christlichem Verständnis ein daseinsbestimmendes Vertrauen ist, dann gibt es keinen Grund für die Annahme, daß ausgerechnet die Suspendierung der sinnlichen Wahrnehmung oder der Vernunft die Grundlage für den Glauben bilden müsse oder könne, ja dann erweist sich gerade der *Ausschluß* der natürlichen menschlichen Erkenntnisfähigkeiten als eine gefährliche Verengung, die die umfassende Bedeutung des Glaubens in Frage stellt. Mit der theologischen Tradition ist daran festzuhalten, daß die Offenbarung zwar „supra rationem" ist, weil sie von der Vernunft nicht *erdacht* werden kann, aber *nicht* contra rationem (s. dazu u. S. 367, Anm. 18). Trotzdem ist an der Unterscheidung zwischen Offenbarung und natürlichem Erkenntnisvermögen insofern etwas Richtiges, als dadurch zum Ausdruck kommt, daß es Sachverhalte gibt, die wir (überwiegend) mittels Wahrnehmung oder Denken von uns aus methodisch erschließen können[1], und andere, die sich (überwiegend) diesem Zugriff entziehen[2]. „Offenbarung" bezeichnet grundsätzlich den *Aspekt* am Er-

---

1　Hierbei ist z. B. zu denken an Meßvorgänge, an die Lösung von Rechenaufgaben oder an die Übersetzung fremdsprachiger Texte.

2　Hierfür kann man z. B. verweisen auf das Entdecken eines sog. Suchbilds, auf das Verstehen eines Traumes oder auf das Erkennen eines Menschen.

kenntnisprozeß, der sich nicht erdenken läßt, sondern der sich erschließt. *Das* ist das Wesentliche an diesem Begriff.

Das spezifisch *religiöse* Moment am Offenbarungsbegriff läßt sich bestimmen vom *Urheber* der Offenbarung oder von ihrem *Gehalt* her. Im ersten Fall ist religiöse Offenbarung zu verstehen als ein *von Gott ausgehendes* Erschließungsgeschehen, im zweiten Fall als ein Erschließungsgeschehen, durch das *Gott erschlossen wird*. Es wird sich zeigen, daß *beides* richtig ist und dort sogar eine Einheit bildet, wo Offenbarung als Selbstoffenbarung Gottes gedacht wird. Aber dieses Verständnis der Offenbarung als Selbstoffenbarung ist nicht immer vorauszusetzen. So gibt es z. B. in der biblischen Überlieferung sowohl die Rede von „Offenbarung", die sich auf einzelne von Gott her ergehende *Worte* oder *Weisungen* für bestimmte Situationen bezieht (z. B. I Sam 3,1; Jes 1,1; 21,2; Ez 7,26; Dan 2,19; I Kor 14,26-30; II Kor 12,1; Gal 2,2), als auch den Begriff von „Offenbarung", der besagt, daß *Gott* Menschen begegnet und *sich* ihnen dadurch erschließt (z. B. Gen 15,1; 46,2; Ex 3,14; Jes 40,5; Mt 11,27 par. Lk 10,22; Röm 1,17 f.; 3,21; II Kor 2,14; Gal 1,16). Das, was im religiösen Begriff der Offenbarung angelegt ist, findet erst da seine Erfüllung, wo Gott *sowohl* als Urheber *als auch* als der Gehalt der Offenbarung gedacht ist, d. h. dort, wo Offenbarung den Charakter der *Selbsterschließung Gottes* hat. Diese Selbsterschließung geschieht niemals beziehungslos oder isoliert. Das gilt zunächst in dem trivialen Sinn, daß die Offenbarung als Selbsterschließung Gottes *für jemanden* (s. dazu u. 3.1.2.4) selbst eine Beziehung herstellt. Es gilt sodann aber auch in dem nicht-trivialen Sinn, daß diese Beziehung – als Beziehung *Gottes* zu einem *nicht-göttlichen* Wesen – ihrerseits *aufdeckt* und *bewußtmacht*, daß der Mensch, der die Offenbarung empfängt, in seinem ganzen Dasein, ja samt der ganzen Welt, in der er lebt, immer schon von Gott her bestimmt ist. Denn indem Gott sich *als Gott* erschließt, erschließt er sich als „die Alles bestimmende Wirklichkeit" (Bultmann; s. dazu u. 7.1.2.4). D. h. aber, daß aufgrund der Selbsterschließung Gottes notwendigerweise die Empfänger der Offenbarung und die ganze Welt in ein neues Licht rücken und in einer bestimmten Weise verstanden werden müssen. Das Gottesverständnis bedingt ein bestimmtes Weltverständnis, das ein bestimmtes Selbstverständnis einschließt und dadurch daseinsbestimmende Bedeutung erhält. Für diesen unauflöslichen Zusammenhang von Gottesverständnis, Welt- und Selbstverständnis werde ich künftig den Begriff „*Wirklichkeitsverständnis*" verwenden.

In der (religiösen) Selbstoffenbarung erschließt sich also Gott als Gott-in-Beziehung. Insofern impliziert bereits das *Geschehen* der Offenbarung eine grundlegende Aussage über das Wesen Gottes. Ebenso gilt aber für den Offenbarungsempfänger, daß er durch die Offenbarung

Gottes *sich selbst* neu erschlossen wird, nämlich als ein Wesen, das unter der Bestimmung Gottes steht. Dieses Selbstverständnis kommt nicht als ein auswechselbarer Bestandteil zum Personsein hinzu, sondern ist die Weise, wie eine Person sich ihrer selbst bewußt ist. Insofern impliziert bereits der *Empfang* der Offenbarung eine grundlegende Aussage über das Wesen der Person, der die Offenbarung zuteil wird.

3.1.2 Die Strukturelemente der Offenbarung

Ist „Offenbarung" zu verstehen als ein Erschließungsgeschehen, so handelt es sich mindestens um einen dreistelligen Begriff: *Jemand* erschließt *etwas einem oder einer anderen*. Mitgedacht ist dabei aber stets zweierlei, das auch expliziert zu werden verdient, nämlich *wodurch* und mit welcher *Wirkung* dieses Erschließungsgeschehen sich ereignet. Von daher erweist es sich als sinnvoll (im Anschluß an Herms und Schwöbel), den Offenbarungsbegriff als fünfstelligen Begriff zu rekonstruieren und zu explizieren. Diese Struktur gilt ebenso für den weiten, *alle* Erschließungsvorgänge umfassenden Begriff „Offenbarung" wie für den spezifisch *religiösen* Offenbarungsbegriff, auf den ich mich im folgenden konzentrieren will. Wegen dieser Konzentration legt es sich nahe, die Strukturskizze von den Elementen aus zu entwickeln, die das spezifisch Religiöse ausmachen und zu erfassen erlauben: vom Gehalt der Offenbarung und von ihrem Urheber aus.

3.1.2.1 Der Gehalt der Offenbarung

Beim Nachdenken über Offenbarung als Erschließungsgeschehen (s. o. 3.1.1) zeigte sich, daß der Gehalt der religiös verstandenen Offenbarung als ein (umfassendes) *Wirklichkeitsverständnis* zu bestimmen ist. Das entspricht auch genau dem Wesen des Glaubens als grundlegendes, daseinsbestimmendes Vertrauen, und es entspricht der glaubenskonstitutiven Funktion von Offenbarung. Was aber ist genauer mit einem Wirklichkeitsverständnis gemeint? Ein Wirklichkeitsverständnis ist eine das Dasein mit all seinen konstitutiven Elementen und Aspekten umfassende Deutung bzw. Interpretation, die sich einem Menschen als angemessene (weil wahre) Deutung der Wirklichkeit (einschließlich seiner selbst) erschlossen hat. D. h. nicht, daß darin jedes einzelne Element des Daseins explizit vorkommen müßte, wohl aber, daß das Dasein insgesamt in eine neue Perspektive gerückt wird, von der jedes einzelne Element mitbestimmt wird. Ein Wirklichkeitsverständnis strukturiert nicht nur die Wirklichkeitswahrnehmung, sondern es ordnet sie in einen umfassenden Interpretationshorizont ein, der auch den Grund und die Bestimmung der Welt und des eigenen Lebens umschließt. In der letztgenannten Hinsicht, also bezogen auf die Bestimmung, hat das Wirklichkeitsverständnis zugleich den Charakter einer *Verheißung*. Ein solches Wirklichkeitsverständnis ist eine Sinndeutung des Daseins, wobei der Grad an Differenziertheit und Komplexität solcher Sinndeutungen erheblich variieren kann. Invariant ist hingegen der mit dem erschlossenen Wirklichkeitsverständnis verbundene Anspruch von dessen Angemessenheit, also *Wahrheit*, und damit zugleich von dessen Tragfähigkeit (s. dazu weiter unter 3.1.2.5).

Da ein Wirklichkeitsverständnis das ganze Dasein umfaßt, steht es nicht zur beliebigen Disposition der Person, der es zuteil wird. Es gibt für sie auch keinen archimedischen Punkt außerhalb des eigenen Wirklichkeitsverständnisses, von dem aus dieses verändert werden könnte. Vielmehr muß ein Wirklichkeitsverständnis, wie es z. B. in der religiösen Überlieferung enthalten ist, sich einem Menschen so erschließen, daß er es sich aneignen oder es ablehnen kann. Aber mit dieser Formulierung ist der Vorgang in dreifacher Hinsicht noch zu undifferenziert beschrieben:

– In ihrer Lebenswelt werden Menschen nicht bloß mit *einem* Wirklichkeitsverständnis konfrontiert, sondern es begegnen ihnen unterschiedliche, miteinander konkurrierende Wirklichkeitsverständnisse, die angeeignet werden wollen. Deswegen müssen Menschen zwischen verschiedenen Wirklichkeitsverständnissen *wählen* – und dies nicht nur einmal in ihrem Leben, sondern immer wieder.

– Das Wählen bezieht sich nicht nur auf die Alternative: Zustimmung oder Ablehnung, sondern schließt auch die Möglichkeit ein, *Teile oder Elemente auszuwählen* und sie mit anderen Elementen zu einem neuen Wirklichkeitsverständnis zu kombinieren. Das widerspricht zwar dem Charakter der vorgegebenen Wirklichkeitsverständnisse als umfassender, einheitlicher Deutungen und es schafft in weltanschaulich-religiöser Hinsicht eine pluralistische Situation, in der Kommunikation erschwert sein kann, aber es fördert auch Tendenzen der Individualisierung und Eigenverantwortung, die positiv beurteilt werden können.[3]

---

3 Die Studie „Person und Institution. Volkskirche auf dem Weg in die Zukunft", die von der Evangelischen Kirche in Hessen und Nassau 1992 herausgegeben wurde, unterstreicht durchgängig diese Individualisierungstendenz, neigt jedoch dazu, sie schon in die *kirchliche Darstellung* des christlichen Wirklichkeitsverständnisses hineinzunehmen. Damit wird jedoch *beides* gefährdet: die Klarheit der kirchlichen Verkündigung *und* die Eigenständigkeit der individuellen Aneignung.

– Die (auswählende) Stellungnahme zu einem vorgegebenen Wirklichkeitsverständnis hat nicht nur rezeptiven Charakter, sondern auch einen *produktiven* Aspekt (s. dazu u. 7.1.1.2): Sie schließt selbst eine bestimmte eigene *Deutung* dieses Wirklichkeitsverständnisses ein, die von nun an einen – wenn auch vielleicht nur minimalen – Bestandteil dieses Wirklichkeitsverständnisses bildet und in dessen Geschichte eingeht. In dieser sekundären Form wird ein erschlossenes Wirklichkeitsverständnis durch seine Empfänger nicht nur rezipiert, sondern auch verändert.

3.1.2.2 Der Urheber der Offenbarung

Als weiterer Ertrag der Reflexion über Offenbarung als Erschließungsgeschehen (3.1.1) ergab sich und soll hier festgehalten werden, daß religiöse Offenbarung als Selbsterschließung *Gottes* gedacht werden muß. Dem erschlossenen Gehalt der religiösen Offenbarung (dem Wirklichkeitsverständnis) korrespondiert der erschließende Urheber der Offenbarung (Gott als die Alles bestimmende Wirklichkeit). Impliziert das Wirklichkeitsverständnis ein Gottesverständnis, dann muß Gott auch als der Urheber des erschlossenen Wirklichkeitsverständnisses gedacht werden. Damit enthält der Offenbarungsbegriff eine erste Bestimmung über das Wesen Gottes: Gott ist so zu denken, daß er sich selbst erschließen *kann*. Ist diese Erkenntnis jedoch ihrerseits aus Offenbarung gewonnen, so läßt sich wesentlich mehr sagen: Gott ist so zu denken, daß er sich selbst erschlossen *hat* und *erschließt*. Gott als Urheber der Offenbarung ist ein sich-offenbarender Gott.

Aber läßt sich dies auch umkehren zu der Aussage: Wo immer aufgrund von Offenbarung geglaubt wird, ist Gott als Urheber dieses Offenbarungsgeschehens zu denken? Gibt es nicht auch eine Selbsterschließung der widergöttlichen Wirklichkeit, die als Grund des Aberglaubens gedacht werden muß? Es reicht nicht aus, das Sich-Durchsetzen „dämonischer" Ideologien *ausschließlich* auf das menschliche Verkennen oder Mißdeuten göttlicher Offenbarung zurückzuführen. Es muß auch eine gewißmachende Selbstmitteilung der widergöttlichen Wirklichkeit gedacht werden, die freilich gerade *nicht* den Charakter der Selbsterschließung hat, sondern den der Verschleierung und damit der Selbstverstellung. Die Lüge muß sich, um Gewißheit zu stiften, den *Schein der Wahrheit* geben, die Macht der Finsternis muß sich als Lichtgestalt präsentieren, sonst finden sie keinen Glauben (s. u. 13.4.2). Insofern gilt tatsächlich: Urheber *der* Offenbarung, die den Charakter der Selbsterschließung hat, ist stets Gott. Aber unter den *behaupteten* Selbster-

schließungen kann es immer auch trügerische Selbstverhüllungen des
Bösen geben, das mit dem Anspruch und Schein der Gottesoffenbarung
auftritt. Deswegen mahnt das Neue Testament zur wachsamen Prüfung
und zur Unterscheidung der Propheten und der Geister (Mt 7,15; 24,4 f.
u. 23 f.; II Kor 11,13-15; I Joh 4,1). Nirgends erweckt es jedoch den
Eindruck, dies sei eine leicht und sicher zu erfüllende Aufgabe (s. u. 10.2).

3.1.2.3 Die Gestalt der Offenbarung

Unter „Gestalt" verstehe ich in diesem Zusammenhang das Ereignis, die
Person, den Gegenstand etc., *an denen* oder *durch die* die Selbsterschließung Gottes geschieht. Den Begriff „Gestalt" verwende ich an Stelle
der sonst möglichen oder gebräuchlichen Begriffe „Medium", „Träger",
„situativer Anlaß" oder „Situation", weil in ihm der für den christlichen
Glauben wesentliche Bezug zu einer *menschlichen Person* („menschliche
Gestalt") am deutlichsten zum Ausdruck kommt.

Offenbarung braucht zwar immer irgendeine Gestalt, aber sie ist nicht
notwendig an *bestimmte* Gestalten gebunden. Ein Wirklichkeitsverständnis kann sich beim Miterleben der Geburt eines Kindes oder des
qualvollen Sterbens eines Menschen, beim Betrachten eines Kristalls oder
beim Hören eines Chorals sowie in unendlich vielen anderen Situationen
erschließen. All dies kann zur Gestalt der Offenbarung werden, die nicht
selbst Gegenstand religiöser Verehrung ist, sondern über sich hinaus auf
das Ganze der Wirklichkeit und damit zugleich auf Gott verweist. Die
Gestalt der Offenbarung hat also die Funktion eines *Zeichens.*

Die reformatorische Theologie hat konsequent daran festgehalten,
daß die Offenbarung die Gestalt des *äußeren* (d. h. hörbaren oder sichtbaren) *Wortes* braucht (CA 5). Das verdient schon deshalb Beachtung,
weil damit festgehalten wird, daß die materiellen Elemente der irdischen
Welt – als von Gott *geschaffen* – *grundsätzlich geeignet* sind, zur Gestalt
der Selbsterschließung Gottes zu werden. Im selben Zusammenhang
schärft CA 5 freilich die ebenso wichtige Erkenntnis ein, daß dies auf eine
für den Empfänger der Offenbarung unverfügbare Weise geschieht: „ubi
et quando visum est Deo".

3.1.2.4 Der Empfänger der Offenbarung

Daß die Person, die die Offenbarung empfängt, selber als Strukturelement des Offenbarungsbegriffs reflektiert wird, ist vor allem deshalb
wichtig, weil nur so die problematische Vorstellung von einer „Offenbarung an sich", die (noch) keinen Empfänger hätte, ausgeschlossen
werden kann. Als Erschließungsgeschehen muß Offenbarung stets als
„Offenbarung für jemanden" gedacht werden, also für diejenigen, *denen*
sie sich erschließt. Dabei kommen als Empfänger *religiöser* Offenbarung
nur solche Wesen in Frage, die ein Wirklichkeitsverständnis aufnehmen
können. Das gilt, soweit wir wissen, nur für *personale* Wesen, und d. h.
in dem uns zugänglichen Bereich: für *Menschen.* Ohne sie kann Offenbarung gar nicht gedacht werden. Die Frage, *wie* ein Mensch *Zugang* zur
Offenbarung erlangt, verwandelt sich damit in die Frage, *ob* Offenbarung
überhaupt *stattfindet*, von der per definitionem gilt, daß Gott sich durch
sie Menschen erschließt. D. h. aber zugleich, daß z. B. die zustimmende
Rede von der Selbstoffenbarung Gottes in Jesus Christus sich nicht auf
ein geschichtlich abgeschlossenes, zurückliegendes Ereignis beziehen
kann, von dem die Nachgeborenen Kunde erhalten, die sie für-wahr-
halten oder nicht, sondern Gottes Selbstoffenbarung in Jesus Christus
geschieht (auch) heute, wo sich einem Menschen (auf mittelbare Weise)
durch das Zeugnis von Jesus Christus ein neues Verständnis der Wirklichkeit erschließt. Damit ist freilich nicht gesagt, daß *alle* Menschen *aller*
Zeiten als Empfänger dieser Offenbarung gedacht werden müßten. Zwar
schließt der Begriff „Offenbarung" das Strukturelement des (personalen)
Empfängers ein, aber der Begriff „Mensch" schließt den Empfang dieser
Offenbarung nur als *Möglichkeit*, nicht jedoch als Faktum oder als
Notwendigkeit ein. Es ist *möglich*, daß ein Mensch im Zustand weltanschaulich-religiöser *Desorientierung* lebt. Freilich, *wenn* solche Offenbarung einen Menschen erreicht und wirksam bestimmt, dann hat sie für
das Dasein dieses Menschen *konstitutive* Bedeutung; denn wie sich schon
in 3.1.2.1 zeigte, impliziert das Wirklichkeitsverständnis als Gehalt der
Offenbarung notwendigerweise ein Selbstverständnis des Menschen,
durch das er sich im Geschehen der Offenbarung selbst erschlossen wird.
Deswegen läßt sich der Mensch nicht umfassend bestimmen unabhängig
vom Erschließungsgeschehen der Offenbarung, sondern nur unter seiner
Einbeziehung.

3.1.2.5   Die Wirkung der Offenbarung

Nach dem bisher Gesagten scheint es sich nahezulegen, die Wirkung der religiösen Offenbarung mit dem Begriff „Glauben" zu beschreiben. Aber in *einer* entscheidenden Hinsicht ist das unrichtig. Zwar kann man sagen, daß Glaube stets eine Wirkung religiöser Offenbarung ist, aber die Umkehrung (daß also die Wirkung religiöser Offenbarung stets Glaube sei) gilt nicht. Glaube – als unbedingtes, daseinsbestimmendes Vertrauen – setzt die Selbsterschließung Gottes voraus, aber diese Selbsterschließung zieht – wie wir bereits sahen (s. o. 2.2.1.1 u. 2.2.5.2) – den Glauben nicht *notwendig* nach sich, sie *erzwingt* ihn nicht. Die konstitutive Bedeutung der Offenbarung für den Glauben darf also nicht im Sinne einer *hinreichenden*, sondern nur im Sinne einer *notwendigen* Bedingung verstanden werden. Wie ist das angemessen begrifflich auszudrücken? Offenbarung, so kann man sagen, schafft diejenige (vom Zweifel begleitete und in Frage gestellte) *Gewißheit* (s. o. 2.2.2) oder *Erkenntnis*, die zwar eine notwendige, aber keine hinreichende Bedingung des Glaubens ist. Die Wirkung von Offenbarung läßt sich also mit dem Begriff (Glaubens-)Gewißheit beschreiben. Damit ist gesagt, daß das Wirklichkeitsverständnis durch die Offenbarung so für eine Person erschlossen ist, daß ihr dessen Wahrsein einleuchtet oder jedenfalls als möglich erscheint. Mehr kann aber nicht gesagt werden. Zwar liegt es in der „Intention" und „inneren Logik" eines Wirklichkeitsverständnisses, das als wahr einleuchtet, durch das daseinsbestimmende Vertrauen zur lebensgestaltenden Realität zu werden, also Glauben zu wecken, aber gerade diese Konsequenz kann der Mensch verweigern. Er gleicht dann möglicherweise dem in Jak 1,23 f. beschriebenen Mann, der sein Angesicht im Spiegel beschaut und, nachdem er sich beschaut hat, davongeht und von Stund' an vergißt, wie er aussah. Es gehört nicht zur Wirkung der Offenbarung, eine eigenständige Stellungnahme unmöglich zu machen. Offenbarung hebt menschliche Entscheidungsfreiheit nicht auf, ja sie führt den Menschen überhaupt erst in die Entscheidung hinein, indem sie sein bisheriges Wirklichkeitsverständnis in Frage stellt und ihm ein neues Wirklichkeitsverständnis als *tragfähig* erschließt, das zum Fundament seines Lebens werden kann.

3.2   Jesus Christus als Gottes Offenbarung

War im zweiten Kapitel vom christlichen Glauben als *Glaube* die Rede, so wird in diesem Abschnitt das Moment des *Christlichen* durch den Verweis auf Jesus Christus explizit. Der christliche Glaube ist in grundlegender und unaufgebbarer Weise auf Jesus Christus bezogen. Er ist der „Grund" des christlichen Glaubens, der durch nichts anderes ersetzt werden kann (I Kor 3,11), weil mit ihm die Identität, also das Wesen des christlichen Glaubens steht und fällt. Diese allgemeinen Formeln und Formulierungen werden – zumindest innerhalb der christlichen Kirche(n) – kaum auf Widerspruch stoßen. Sie sind in dieser Form auch noch viel zu allgemein und unspezifisch, um irgendwelche genauen inhaltlichen Aussagen entwickeln zu können. Dazu ist es erforderlich, den Christusbezug des christlichen Glaubens zu präzisieren (3.2.1) und zu begrenzen (3.2.2).

3.2.1 Das Christusgeschehen als Offenbarungsgeschehen

Der Begriff „Offenbarung" bzw. „offenbaren" dient vereinzelt schon in den neutestamentlichen Schriften (z. B. Mt 11,27 par.; Joh 17,6; Röm 1,17 u. 3,21 f.), häufiger in der Geschichte der Kirche und Theologie, insbesondere in der Neuzeit zur Interpretation des Wirkens und der Heilsbedeutung Jesu Christi: *In seiner Person, seiner Verkündigung, seinem Wirken, seinem Tod und seiner Auferstehung hat Gott sich selbst geoffenbart.* Es spricht vieles für die Annahme, daß Jesus von Nazareth nicht mit dem expliziten Anspruch auftrat, der Offenbarer Gottes zu sein, daß er aber in seiner Verkündigung und in seinem Wirken *implizit* einen solchen Anspruch erhoben hat. Er redete, handelte und lebte wie einer, dem sich Gott erschlossen hat und durch den Gott sich den Menschen erschließen will. In den christologischen Hoheitstiteln, die die Urgemeinde ihm beilegte, und in den christologischen Aussagen, die sie über ihn machte, explizierte sie diesen impliziten Anspruch.

Die Kategorie der Offenbarung oder Selbsterschließung Gottes knüpft an die prophetische Tradition des Alten Testamentes an, in der immer schon Menschen in besonderen Situationen Worte und Weisungen Gottes vernahmen, die sie weitergaben oder in Zeichenhandlungen zur Darstellung brachten. Aber die legitimierende Berufung auf eine Eingebung oder einen Spruch Jahwes („So spricht der Herr"), die für die Propheten charakteristisch ist, findet sich in der ganzen Jesus-Überlieferung an keiner Stelle. Er kennt Gott wie ein Sohn seinen Vater. Insofern sprengt seine Person den Titel des Propheten (s. dazu u. 9.4).

Indem Jesus Christus als der Offenbarer Gottes verstanden wird, geht der christliche Glaube davon aus, daß Gottes Offenbarung *nicht* in einer Kundgabe von Aussagen oder Lehrsätzen besteht, sondern in einer *menschlichen Person* („Menschwerdung" Gottes). Die Zentralstellung einer menschlichen Person als Gestalt der Selbstoffenbarung Gottes ist in dieser Form eine religionsgeschichtliche Besonderheit. Zu ihr gibt es allenfalls in bestimmten Kaiser- oder Königskulten gewisse Analogien. Mit

dem Bekenntnis zu Jesus Christus als Offenbarung Gottes verbindet sich
für den christlichen Glauben die Gewißheit, daß sich Gott in diesem
Menschen so erschlossen hat, daß durch ihn Welt und Mensch im Lichte
ihrer tiefsten Wahrheit, nämlich im Lichte *Gottes* wahrgenommen und
erkannt werden können. Deswegen ist es nach christlichem Verständnis
nicht nur möglich, sondern ganz angemessen und sachgemäß, von der
Erkenntnis Jesu Christi her Aussagen über das *Wesen Gottes* sowie über
die *Bestimmung des Menschen und der Welt* zu machen, die mit dem
Anspruch verbunden sind, *wahr* und *deshalb* tragfähig und orientierungs-
kräftig zu sein.

Daß Jesus von Nazareth nicht mit dem *expliziten* Anspruch auftrat,
Gottes Offenbarer zu sein, scheint selbst ein Argument *gegen* die Wahrheit dieser Deutung zu sein. Tatsächlich ist jedoch das Gegenteil der Fall:
Hätte Jesus selbst diesen Anspruch erhoben, so wäre schon diese Tatsache
ein möglicher Erklärungsgrund dafür, daß der Kreis derer, die ihm nachfolgten, oder die spätere christliche Kirche ihn als den Offenbarer Gottes
bezeichneten. Entfällt hingegen jener Eigenanspruch, so bleibt erst noch
zu erklären, wie diese Auszeichnung überhaupt entstehen konnte.

Bei dem Versuch, diese Frage zu beantworten, stößt man in der christlichen Überlieferung mit großer Einmütigkeit auf *ein* Ereignis, das *Ostergeschehen*: Der gekreuzigte Jesus von Nazareth erscheint den Frauen und
Männern, die ihm in der kurzen Zeit seines irdischen Wirkens nachgefolgt
waren. Er zeigt sich als der Lebendige, von Gott Erhöhte und Verherrlich-
te. Die durch diese Erlebnisse hervorgerufene Gewißheit findet ihren Ausdruck in dem Bekenntnis: „Er ist auferstanden" (Mt 28,6 f.; Mk 16,6; Lk
24,6 u. 34; I Kor 15,4,12 u. 20; I Thess 4,14; II Tim 2,8) oder „Gott hat
ihn auferweckt" (Act 2,32; 3,15; Röm 4,24 f.; 6,4; 8,11 u. 34; I Kor 6,14;
15,15; Eph 1,20; 2,6; I Thess 1,10; I Petr 1,21 u. ö.). Damit ist zumindest
zweierlei ausgesagt: Erstens: *Gott* hat sich in diesem Geschehen geoffenbart als *Herr über den Tod*, als Gott, „der die Toten lebendig macht"
(Röm 4,17; vgl. auch I Kor 15,54 ff.). Zweitens: Gott hat den *Gekreuzigten* nicht seinem Todesschicksal überlassen, sondern sich zu ihm bekannt,
ja ihn durch den Tod hindurch *zum Herrn eingesetzt* (Act 2,32 f.; Röm
1,4; Phil 2,9 ff.).

Erst in diesem zweiten Aspekt des Osterglaubens kommt die spezifische Bedeutung Jesu von Nazareth als Offenbarer Gottes zur Geltung.
Daß Gott den *Gekreuzigten* auferweckt und sich dadurch zu ihm bekennt, das erweist ihn in unverwechselbarer Weise als den Offenbarer
Gottes. Aber von hier aus wird dann auch die Rückfrage nach der Verkündigung, dem Wirken und Leben des irdischen Jesus wichtig, ja unvermeidlich. Denn der christliche Glaube gründet sich nicht darauf, daß
Gott *irgendeinen* Toten auferweckt hat, sondern *diesen* bestimmten, ein-

maligen und unverwechselbaren Jesus von Nazareth, der die anbrechende Gottesherrschaft verkündigt und den Willen Gottes vollmächtig ausgelegt hatte. Durch die Auferweckung von den Toten wird *er* als Offenbarer beglaubigt. D. h. aber: Nicht die Auferweckung – abstrahiert und isoliert von der Person Jesu Christi, seinem Leben und Geschick – ist Gottes Offenbarung, sondern beides nur *in engster Verbindung* miteinander.

Dabei erweist sich Jesus Christus gerade dadurch als Offenbarung Gottes, daß seine Erkenntnis als der Christus, Sohn und Herr, kurz: als die Offenbarung Gottes den Menschen nicht verfügbar oder von ihnen aus zugänglich ist, sondern ohne ihr Zutun von Gott erschlossen werden muß und erschlossen wird (vgl. Mt 16,17; I Kor 12,3 b; I Joh 4,2 f.).

Alles, was über die Selbstoffenbarung Gottes in Jesus Christus gesagt wurde, gilt dabei in gleichem Maße für die Menschen, die ihm zu seinen Lebzeiten persönlich und leibhaft begegneten oder erste Zeuginnen und Zeugen des Auferstandenen waren, wie für alle Spätergeborenen, die ihm vermittelt durch das Glaubenszeugnis früherer Generationen begegnen. Die Möglichkeiten und die Schwierigkeiten, in ihm die Selbstoffenbarung Gottes zu erkennen und sich vertrauend darauf einzulassen, werden durch den zeitlichen Abstand und durch die Indirektheit der Begegnung weder größer noch geringer.

3.2.2   Die Verborgenheit Gottes in Jesus Christus

Mit der Gewißheit: Gott hat sich in Jesus Christus selbst geoffenbart, scheint der Gedanke der Verborgenheit Gottes in Jesus Christus nur schwer zusammengedacht werden zu können. Und doch deutete sich bereits im vorigen Abschnitt an, daß die Gottesoffenbarung in Jesus Christus sich verbindet mit den Momenten der Indirektheit, der Verhüllung, ja des Nicht-Erkennens. Davon muß nun noch unter drei Aspekten die Rede sein, in denen zugleich wesentliche Elemente von Luthers theologia crucis und seine Unterscheidung zwischen dem Deus absconditus und dem Deus revelatus zur Sprache kommen.

3.2.2.1   Gottesoffenbarung in der Verborgenheit

Es ist ein Wesensmerkmal, das das Christentum von anderen Religionen unterscheidet, daß sein Glaubensgrund, die Offenbarung Gottes in Jesus Christus, von Armseligkeit, Schwäche und Schande gekennzeichnet ist. Brennpunkt dessen ist das Faktum und Symbol des Kreuzes. Was im Kreuz kulminiert, hat freilich seine Vor- und Nachgeschichte: in der

armseligen Geburt, in der Unbehaustheit und Mittellosigkeit seines Lebens als Wanderprediger, im Verraten-, Verlassen- und Verleugnet-
werden durch die eigenen Jünger sowie in der sozialen Schichtung und
Zusammensetzung der ältesten christlichen Gemeinde (I Kor 1,26-31).
Ein merkwürdiger, beharrlicher „Zug nach unten" ist für die Gottesoffenbarung in Jesus Christus insgesamt charakteristisch. Bedenkt man,
daß es sich um die Offenbarung des *allmächtigen* Gottes (Apk 1,8) und
seiner *Herrlichkeit* (II Kor 4,6) handelt, dann steht das Zeichen des Kreuzes dazu (scheinbar oder tatsächlich) in schneidendem Gegensatz: Gottes
Allmacht offenbart sich in der Ohnmacht eines wehrlos Leidenden (Mk
15,29-32 parr.), Gottes Weisheit und Herrlichkeit in der Torheit und
Schande des Kreuzes, seine Gerechtigkeit in der Hinrichtung Jesu Christi
als Verbrecher. Indem wir dies so formulieren, entsteht der Anschein, als
nähmen wir das Offenbarungsgeschehen aus der Sicht des sich selbst
erschließenden Gottes wahr. Aber den Menschen, die der Person und
dem Geschick Jesu begegneten, mußte sich diese Sichtweise ja erst erschließen. Sie *sehen* die Armseligkeit, Verlassenheit, das Leiden, den
Tod. Und all dies wird ja auch durch den Osterglauben nicht aufgehoben
oder durchgestrichen, sondern so, wie es ist, als Offenbarung Gottes
(„sub contrario") erschlossen.[4]

Hier stellt sich freilich die Frage: Steht diese Gestalt der Offenbarung
tatsächlich im Widerspruch zu ihrem Gehalt oder widerspricht sie nur
den menschlichen *Vorstellungen und Erwartungen* hinsichtlich des Wesens und der Selbsterschließung Gottes? Diese Frage ist insofern von
erheblichem Gewicht, als im Falle des Widerspruchs das Kreuz gar nicht
die Gestalt der Offenbarung wäre, sondern allenfalls ein irreführendes,
in die falsche Richtung weisendes Zeichen, hinter dem Gott verborgen
bliebe. Ist das Kreuz hingegen tatsächlich die Gestalt der Offenbarung
Gottes, die nur insofern den Charakter der Verborgenheit hat, als sie im
Gegensatz zu den menschlichen *Vorstellungen* von Gott steht, dann muß
zwischen dieser Gestalt und dem Gehalt der Gottesoffenbarung in Jesus
Christus ein innerer Zusammenhang bestehen, der sich nicht von selbst
versteht und darum noch sorgfältig bedacht werden muß (s. dazu u. 8.1
und 9.3).

---

4 Im biblischen Bild gesprochen: Der Auferweckte trägt noch die Nägelmale
   des Gekreuzigten (Joh 20,20 u. 27).

3.2.2.2   *Der offenbare und der verborgene Gott*

Der christliche Glaube hat seinen Grund in der Selbsterschließung Gottes in Jesus Christus, aber er weiß sich zugleich begrenzt durch eine eschatologische Hoffnung, für die in der Bibel immer wieder ebenfalls der Begriff „Offenbarung" verwendet wird (Act 2,20; I Kor 1,7; I Petr 4,13). Wie ist diese Begrenztheit zu verstehen und – vor allem – wie läßt sie sich mit der Vorstellung von der *Selbsterschließung* Gottes zusammendenken?

Im Neuen Testament findet sich der Gedanke, daß Jesus Christus als der Sohn zwar den Vater kennt (Mt 11,27), ja daß, wer ihn sieht, den Vater sieht (Joh 14,9), daß er aber dennoch nicht alles weiß, was der Vater weiß (Mk 13,32 par. Mt 24,36; vgl. auch Act 1,7). Dabei bezieht sich das Nicht-Wissen auf den Zeitpunkt des Kommens des Menschensohnes zum Gericht bzw. auf den Zeitpunkt der Wiederaufrichtung des Reiches für Israel. Nach neutestamentlichem Verständnis gibt es also Elemente, die Gott so vorbehalten sind, daß sie auch dem Sohn und Offenbarer Jesus Christus, der doch die Selbsterschließung Gottes ist, nicht erschlossen sind und darum auch nicht durch ihn geoffenbart werden.

Von einem scheinbar ganz anderen Ansatzpunkt aus kommt Luther in seiner Schrift „De servo arbitrio" (1525) zu Aussagen über Gott, sofern er sich in Jesus Christus nicht geoffenbart hat, also über den „Deus absconditus". In der Auseinandersetzung mit Erasmus stellt sich für Luther dort die Frage: „warum die einen … die angebotene Gnade annehmen und die anderen sie verachten".[5] Auf diese Frage gibt die Offenbarung Gottes in Jesus Christus, gibt also – wie Luther sagt – der Deus revelatus keine Antwort. Der in Jesus Christus, in seinem Wort geoffenbarte Gott bietet die Gnade an; denn er will nicht den Tod des Sünders, sondern daß dieser sich bekehre und lebe (Ez 18,23). Es ist für Luther das Geheimnis des *verborgenen* Gottes, den wir weder erforschen sollen noch können, warum dieses Angebot der Gnade, also die Selbstoffenbarung Gottes in Jesus Christus den einen zuteil wird, den anderen aber verschlossen bleibt. Vergleicht man die neutestamentlichen Aussagen (über den unbekannten Zeitpunkt der Parusie) und die Aussagen Luthers (über das rätselvolle Wirken des verborgenen Gottes) miteinander, so stimmen sie in zwei Hinsichten miteinander überein: a) Daß Gott sich in Jesus Christus geoffenbart hat, schließt nicht aus, daß Gottes „Gedanken" und „Pläne" bezüglich des Welt- und Geschichtsverlaufs uns verborgen bleiben. Die Offenbarung schließt nicht auch eine Mitteilung darüber ein, in welcher

---

5   WA 18,684,32 ff.

zeitlichen Ordnung und Folge Gottes Heilshandeln in der Welt und mit der Welt zum Ziel kommt. b) Alles, was für den Menschen zu seinem Heil zu wissen notwendig ist, hat Gott in Jesus Christus geoffenbart. Aus diesen beiden Grundgedanken folgt, daß es nicht zum Heil (sondern allenfalls zur Stillung des Wissensdurstes) notwendig ist, Erkenntnis über den Verlauf der zukünftigen (Heils-)Geschichte zu gewinnen. Diese Begrenzung und die damit zugemutete Bescheidung fällt schwer; denn es geht ja in der Regel nicht um die Befriedigung menschlicher Neugier, sondern um Antworten auf ungemein quälende und belastende Fragen. Insofern wiegt diese Begrenzung der Selbstoffenbarung Gottes schwer. Man muß sich aber andererseits klarmachen, daß das Postulat, die Selbstoffenbarung Gottes müsse das Wissen auch um den Verlauf der Geschichte einschließen, unweigerlich zum Determinismus führen würde. Indem Luther einerseits sagt, daß Gott in Jesus Christus „selbs offenbaret und aufgetan [hat] den tiefsten Abgrund seines väterlichen Herzens" (BSLK 660,29 f.), andererseits aber die Rätsel des Geschichtsverlaufs dem unerforschbaren Deus absconditus zuweist, macht er jedenfalls *vor* einer solchen explizit deterministischen Auffassung halt. Darin möchte ich ihm folgen.

3.2.2.3 *Das bleibende Geheimnis der Gottesoffenbarung in Jesus Christus*

Der tiefste Aspekt der Verborgenheit Gottes in Jesus Christus, der zugleich die beiden bisher angesprochenen Aspekte begründet, wird wohl erst dort wahrgenommen, wo die Offenbarung Gottes *selbst als Geheimnis* verstanden wird. Soll damit etwas gedanklich Nachvollziehbares gesagt werden, so empfiehlt es sich freilich zunächst, gewisse Mehrdeutigkeiten im Begriff „Geheimnis" anzusprechen und – wenn möglich – einer Klärung näherzubringen.

Unter „Geheimnis" kann man mindestens[6] viererlei verstehen:

a) etwas, das ein Mensch (von sich selbst) weiß, aber unter keinen Umständen irgendeinem anderen mitteilen möchte, sondern es ausschließlich für sich behalten will (das Unaussprechbare);

---

6   Wenigstens anmerkungsweise sei auf die *mißbräuchliche* Verwendung des Begriffs „Geheimnis" zur Bemäntelung mangelnder gedanklicher Durchdringung verwiesen – gleichgültig, ob die Durchdringung nicht versucht oder nicht erreicht wurde. Die *Erwähnung* dieses Mißbrauchs in einer Dogmatik schließt ihn freilich – auch für sie selbst – noch nicht aus.

b) etwas, das einem Menschen mitgeteilt wurde unter der Bedingung oder im Vertrauen darauf, daß er es für sich behält und es nicht an die Öffentlichkeit bringt (das Vertrauliche);

c) etwas, das ein Mensch wissen oder verstehen möchte, zu dem er aber bisher (noch) keinen Zugang finden konnte (das Rätselhafte);

d) etwas, das einem Menschen zwar zugänglich wird, aber nichtsdestoweniger unerklärlich bleibt und deshalb Anlaß zum ehrfürchtigen Staunen ist (das Unverfügbare).

Man sieht schnell, daß die – in der Alltagssprache dominierenden – Bedeutungen a bis c mit dem Begriff der Offenbarung nicht sinnvoll zusammengedacht werden können. Zwar berührt die Bedeutung c die Aussagen über den „Deus absconditus" (s. o. 3.2.2.2), aber dabei ging es ja um die Begrenzung und nicht um die Explikation der Offenbarung. Nur in der Bedeutung d ist der Geheimnisbegriff sinnvoll mit dem Offenbarungsbegriff zu verbinden, ja auf ihn anzuwenden. Und diese Anwendung ist sogar außerordentlich wichtig, um die Rede von „Offenbarung" oder „Selbsterschließung Gottes" vor Mißverständnissen zu schützen. Offenbarung ist nicht zu verstehen als ein einmaliger Vorgang, durch den einem Menschen ein neues Wirklichkeitsverständnis erschlossen würde, das er nun „hat" oder über das er „verfügt". Es ist gerade für das *christliche* Wirklichkeitsverständnis charakteristisch, daß es zwar zugänglich wird, aber unverfügbar bleibt. Selbst ein Apostel hat es nicht ergriffen, sondern kann nur von ihm *ergriffen werden* und sich dadurch auf den Weg bringen lassen, auf dem er es zu ergreifen sucht, wie Paulus dies Phil 3,12-16 beschreibt.

Aber mehr noch: Nicht nur die *Art und Weise*, wie die Selbsterschließung Gottes in Jesus Christus einem Menschen begegnet, hat den Charakter des unverfügbaren, ehrfurchtgebietenden Geheimnisses, sondern auch der *Gehalt* dieser Offenbarung. Daß im Leben, Leiden und Sterben Jesu Christi sich Gottes Wesen zum Heil der Welt erschließt, das bleibt ein Geheimnis, das eine Dogmatik auch und gerade dann zu ehren und zu wahren hat, wenn sie insgesamt den Versuch unternimmt, es zu *verstehen*.

3.3 Gottesoffenbarung außerhalb von Jesus Christus?

Wenn Jesus Christus die Selbstoffenbarung Gottes ist, dann stellt sich die Frage, ob damit die Möglichkeit und Wirklichkeit jeder anderen Offenbarung (vor, neben oder nach Jesus Christus) bestritten ist. Das würde heißen, daß alle Aussagen über andere Gottesoffenbarungen als bloße

Behauptungen ohne Wahrheitsgehalt beurteilt werden müßten. Dabei wäre es in unserem Zusammenhang unerheblich, ob es sich bei solchen Offenbarungsansprüchen um Irrtümer oder um bewußte Täuschungen handelte. Die Frage wird insbesondere dort unabweisbar, wo Gott als Urheber *und* als Gehalt der Offenbarung gedacht wird, diese also den Charakter der – wirklichen oder bloß behaupteten – Selbsterschließung Gottes hat. Die Frage stellt sich aber auch schon dort, wo einzelne Aussagen, die in den verschiedenen Religionen aus einer Offenbarung Gottes abgeleitet werden, inhaltlich nicht mit der Gottesoffenbarung in Jesus Christus vereinbar sind. Vorausgesetzt ist dabei, daß wir nur dann sinnvolle, verstehbare Aussagen über Gott und folglich auch über das Wirklichkeitsverständnis des christlichen Glaubens machen können, wenn die Offenbarung nicht in sich widersprüchlich ist, sondern sich unserem Verstehen erschließt (s. o. 1.3.3.6).

Die Annäherung an eine Beantwortung der oben genannten Fragen soll in drei Schritten erfolgen. Zunächst (3.3.1) geht es darum, genauer zu bestimmen, ob und inwiefern die Gottesoffenbarung in Jesus Christus als exklusiv zu verstehen ist. Sodann (3.3.2) ist zu prüfen, ob der christliche Glaube selbst die Möglichkeit und Wirklichkeit anderer Gottesoffenbarung kennt und anerkennt. Schließlich (3.3.3) geht es um die Verhältnisbestimmung von sog. allgemeiner und besonderer Offenbarung.

3.3.1   *Die Exklusivität der Gottesoffenbarung in Jesus Christus*

Die Formulierung von Art. I der Barmer Theologischen Erklärung, in der Jesus Christus als „das eine Wort Gottes" bezeichnet wird, erweckt den Eindruck eines exklusiven Offenbarungsverständnisses. Aber dies ergibt sich allem Anschein nach auch schon aus der Bezeichnung Jesu Christi als des „ein(zig)geborenen Sohnes", die sich im johanneischen Schrifttum (Joh 1,14 u. 18; 3,16 u. 18; I Joh 4,9) und in kirchlichen Bekenntnissen (Apostolicum; Nicaenum) immer wieder findet. Schließlich ergibt es sich aus einer ganzen Reihe neutestamentlicher Aussagen, unter denen die folgenden durch ihre Pointiertheit und Bekanntheit herausragen: „Niemand kennt den Vater als nur der Sohn und wem es der Sohn offenbaren will" (Mt 11,27 par. Lk 10,22). „Ich bin der Weg, die Wahrheit und das Leben; niemand kommt zum Vater, denn durch mich" (Joh 14,6). „In keinem andern ist das Heil, auch ist kein andrer Name unter dem Himmel den Menschen gegeben, durch den wir sollen selig werden" (Act 4,12). Nicht so sehr die positiven Aussagen, als vielmehr die damit verbundenen Negationen („niemand", „keinem", „kein") erwecken den Eindruck der

Exklusivität. Er ergibt sich aber genau besehen auch schon aus dem Gedanken der *Selbstoffenbarung Gottes* als solchem, der weder eine Alternative noch eine Aufteilung noch eine Ergänzung zuzulassen scheint.

Bedenkt man diese Aussagen jedoch genau, so zeigt sich, daß die Exklusivität nur in einer bestimmten, allerdings entscheidenden Hinsicht gilt: im Blick auf die Offenbarung *als Weg zum Heil.* Hier gilt, daß eine Alternative, Aufteilung oder Ergänzung ausgeschlossen ist. Aus Joh 14,6 und Act 4,12 ergibt sich dies ausdrücklich, bei Mt 11,27 aus dem Kontext. Und auch Art. I der Barmer Erklärung beansprucht im ganzen genommen „nur" die soteriologische Exklusivität der Christusoffenbarung, heißt es dort doch: „Jesus Christus ... ist das eine Wort Gottes, *das wir zu hören, dem wir im Leben und Sterben zu vertrauen und zu gehorchen haben.* Wir verwerfen die falsche Lehre, als könne und müsse die Kirche *als Quelle ihrer Verkündigung* außer und neben diesem einen Wort Gottes auch noch andere Ereignisse und Mächte, Gestalten und Wahrheiten als Gottes Offenbarung anerkennen" (Hervorhebungen von W.H.).

Die eigentliche Provokation (insbesondere für unser pluralistisches Zeitalter) steckt jedoch schon in der These, daß es nicht mehrere oder gar beliebig viele Wege zum wahren Leben gebe, sondern genau *einen,* und daß dieser eine Weg von Gott in Jesus Christus geoffenbart sei. Mit *diesem* herausfordernden Anspruch müssen wir uns noch genauer (s. u. 3.3.3 und 3.4) auseinandersetzen.

3.3.2   Die Möglichkeit und Wirklichkeit anderer Gottesoffenbarung

Die neutestamentlichen Aussagen über Offenbarung(en) Gottes außerhalb von Jesus Christus sind nicht zahlreich, aber markant. An erster Stelle ist hier an den solennen Beginn des Hebräerbriefs zu erinnern: „Nachdem Gott vorzeiten vielfach und auf vielerlei Weise geredet hat zu den Vätern durch die Propheten, hat er in diesen letzten Tagen zu uns geredet durch den Sohn" (Hebr 1,1 f.). Zweierlei ist hieran wichtig: einerseits die *Unterscheidung* zwischen dem Reden Gottes durch die *Propheten* und seinem Reden durch den *Sohn;* andererseits die *Verbindung,* die zwischen beidem dadurch festgestellt wird, daß es als Reden *Gottes,* also als Gottesoffenbarung bezeichnet wird. Hier ist also ausdrücklich von vielfacher und vielfältiger Gottesoffenbarung durch die Propheten vor Christus die Rede, und diese Anerkennung alttestamentlicher Prophetie, zu der sogar außer-israelitische Gestalten wie Bileam gehören (Num 22-24), ist im Neuen Testament nicht strittig.

Noch weiter reichen die Aussagen, die Paulus in Röm 1 u. 2 zur Offenbarung außerhalb von Christus macht. Hier wird sogar von den Heiden gesagt: „was man von Gott erkennen kann, ist unter ihnen offenbar; denn Gott hat es ihnen offenbart. Denn Gottes unsichtbares Wesen, das ist seine ewige Kraft und Gottheit, wird seit der Schöpfung der Welt ersehen aus seinen Werken, wenn man sie wahrnimmt, so daß sie keine Entschuldigung haben" (Röm 1,19 f.). Aus dem Schluß des Zitats und aus dem Kontext der Stelle wird deutlich, daß Paulus von einer *mißbrauchten* Möglichkeit spricht: Gott hat sich ihnen geoffenbart, und sie wußten von Gott (Röm 1,21; vgl. auch SD II, 9), aber sie haben Gott nicht als Gott anerkannt. Paulus behauptet damit aber nicht nur eine Möglichkeit, sondern sogar die *Wirklichkeit* einer Gottesoffenbarung durch die Werke der Schöpfung, die als solche prinzipiell *allen* Menschen *aller* Zeiten zugänglich ist. Und er vertritt ausdrücklich die Auffassung, daß es sich bei dieser Offenbarung um eine *Selbsterschließung* Gottes, seines Wesens und seiner Gottheit handelt.

Aber nun muß noch einmal daran erinnert werden, daß diese Gottesoffenbarung nach paulinischer und gemeinchristlicher Auffassung *generell verkannt, mißachtet und mißbraucht* wird. Deshalb erschließt sie nicht den Weg zum Leben, sondern hat *nur* die Funktion, die Unentschuldbarkeit des Menschen deutlich zu machen, ihm also die Ausflucht abzuschneiden, Gott habe sich ihm nicht erschlossen, und darum könne er Gott auch nicht erkennen. Aber auch in dieser Funktion bleibt die Offenbarung Selbsterschließung Gottes, die letztlich keinem anderen Ziel dient als dem Heil des Menschen.

3.3.3 Das Verhältnis von allgemeiner und besonderer Offenbarung

In der christlichen Überlieferung stehen sich so gegenüber einerseits die Aussagen über die Exklusivität der in Jesus Christus erschlossenen Heils-Offenbarung und andererseits die Aussagen über die Möglichkeit und Wirklichkeit von Gottesoffenbarung außerhalb von Jesus Christus. Die altprotestantische Theologie hat zwei – nicht scharf voneinander getrennte – Distinktionen entwickelt, um das Verhältnis dieser unterschiedlichen Aussagen zueinander zu klären, indem sie einerseits revelatio naturalis von revelatio supernaturalis, andererseits revelatio generalis von revelatio specialis unterscheidet und einander zuordnet. Die Unterscheidung zwischen revelatio naturalis und supernaturalis ist jedoch theologisch kaum brauchbar; denn es ist weder sinnvoll, zwischen einer natürlichen und einer übernatürlichen *Weise* der Offenbarung zu unterscheiden (Offenbarung ist immer Selbsterschließung Gottes), noch ist es sinnvoll, die *Schöpfung* als natürlich, *Jesus Christus* dagegen als übernatürlich zu bezeichnen (die Gestalten der Offenbarung sind immer Teil der geschöpflichen Welt). Leistungsfähiger ist – gerade von Röm 1 her – die Unterscheidung zwischen revelatio generalis, die durch die Werke der Schöpfung *als solche* geschieht, also generell, und der revelatio specialis, die durch die *besondere, einmalige* Person Jesus Christus geschieht.[7]

Mit dieser Unterscheidung muß allerdings auch deren konkrete Bestimmung übernommen werden, die besagt, daß die revelatio generalis dem Menschen zwar ein Wissen um Gott und das von Gott Gebotene vermittelt, aber nicht den Weg zum Heil. Das tut erst die revelatio specialis in Jesus Christus, die ihrerseits auch das Wissen um Gott und sein Gebot enthält. Die revelatio specialis ist also paradoxerweise *„umfassender"* als die revelatio generalis. Aber *das* ist nicht der entscheidende Unterschied. Dieser besteht vielmehr darin, daß die revelatio generalis zwar zum Leben gegeben ist, durch Mißverständnis und Mißbrauch aber zum Unheil führt, während die revelatio specialis gegen diesen Mißbrauch den *Weg zum Leben* weist.

Während das Neue Testament sich damit begnügt, dies als Faktum zu konstatieren, hat die Theologie Luthers versucht, die *Gründe* aufzuzeigen, *warum* das so ist. Schon in der Heidelberger Disputation von 1518 weist Luther darauf hin, daß *der* Mensch, der Gott *nur* aus den *Werken* der Schöpfung (also aufgrund der revelatio generalis) kennt und deswegen die Größe seiner Schöpfungswerke bewundert, notwendigerweise dem Wahn verfällt, das Urteil dieses Gottes über den Menschen hänge ebenfalls von den *Werken* ab, die der Mensch erbringe. Unter dieser Prämisse werden die Werke des Menschen aber notwendigerweise zu einem Instrument, um Gott zugunsten des Menschen gnädig zu stimmen, sie treten also in den Dienst der Selbstrechtfertigung des Menschen. Die so motivierten Werke geschehen also nicht um Gottes und des Nächsten, sondern um der eigenen Seligkeit willen. Sie sind also gerade nicht Ausdruck der Gottes- und Nächstenliebe, was sie sein müßten, um mit dem Willen Gottes übereinzustimmen, sondern sie sind Ausdruck von Eigensucht und führen deshalb ins Unheil.

---

7   Die Orthodoxie denkt bei revelatio specialis freilich nicht primär an Jesus Christus, sondern vor allem an die Bibel und kommt damit gewissermaßen zu einer *Verdoppelung* des Offenbarungsgeschehens (s. dazu u. 4.1) Wenn Quenstedt die revelatio specialis definiert als „actus divinus externus, quo Deus sese humano generi per verbum suum patefecit ad salutarem ejusdem informationem" (Theologia didactico-polemica, [1685] 1691[2], Bd. I, S. 32), so kann dem nur zugestimmt werden, wenn dabei vorausgesetzt ist, daß das Wort Gottes stets den Charakter eines lebendigen, unverfügbaren *Geschehens* hat.

Gleichwohl ist – auch für Luther – die revelatio generalis von großer Bedeutung, sofern sie dem Menschen seine Unentschuldbarkeit und seine Unheilssituation bewußtmacht und damit die Sehnsucht nach Rettung und wahrem Leben wachhalten und so die Hinwendung zum Evangelium bewirken kann.

Aber genügt diese Deutung? Müssen wir nicht doch aus guten theologischen Gründen darüber hinausgehen? Gibt es nicht doch auch (zumindest als Möglichkeit) außerhalb von Jesus Christus so etwas wie *Heils*-Offenbarung?

Gerade aus neutestamentlicher Sicht wird man diese Frage *bejahen* müssen. Die Gestalt, um derentwillen dies unumgänglich ist, ist *Abraham,* von dem es heißt, Gott habe sich ihm geoffenbart (Gen 15,1; 17,1 f.; Lk 1,55; Act 7,1), er habe Gott geglaubt und das sei ihm von Gott als Gerechtigkeit angerechnet worden (Gen 15,6; Röm 4,9-25; Gal 3,6; Jak 2,23), und er habe teil an Gottes Reich und Herrlichkeit (Mt 8,11; Lk 13,28; 16,22-31). Was so an Abraham, dem „Vater des Glaubens" (Röm 4,11 f.), der ja nicht nur für das Judentum, sondern auch für das Christentum und den Islam eine zentrale Offenbarungsgestalt ist, unübersehbar deutlich wird, gilt aber nicht nur für ihn, sondern auch für andere Gestalten (z. B. für Henoch, Mose und Elia).

Ist das mit der These von der *Exklusivität* der Heilsoffenbarung in Jesus Christus *vereinbar*? Ja, aber nur dann, wenn man diese Exklusivität als Aussage über den *Gehalt* der Offenbarung versteht und nicht als Aussage über ihre *Gestalt*. Allerdings gehört es zum *Gehalt* der Gottesoffenbarung als Heilsoffenbarung, daß sie sich in *dieser Gestalt* erschließt. Der Gehalt ist also von der Gestalt nur zu unterscheiden, aber nicht zu trennen. Man kann zwar nicht (theologisch verantwortlich) sagen, die Christusoffenbarung sei die *einzige Gestalt* wahrer Selbsterschließung Gottes zum Heil, wohl aber ist festzuhalten, daß aus christlicher Sicht die Selbstoffenbarung Gottes in Jesus Christus den Charakter eines *Maßstabs* bzw. einer *Norm* hat, die an jeden Offenbarungsanspruch anzulegen ist. Unter Aufnahme einer glücklichen Begriffsprägung Tillichs kann man sagen: Die Selbstoffenbarung Gottes in Jesus Christus zum Heil ist „letztgültig".[8]

Von da aus *muß*, ja *darf* die Möglichkeit und Wirklichkeit von (heilbringender) Gottesoffenbarung außerhalb von Jesus Christus – sei es vor, neben oder nach ihm – *nicht bestritten* werden, aber jeder derartige Offenbarungsanspruch muß sich an der Gottesoffenbarung in Jesus Christus messen lassen. Damit kehrt sich aber – und das ist eine wichtige Konsequenz – das Verhältnis von revelatio generalis und revelatio specialis in

---

8   STh I, S. 158 ff.

sachlicher Hinsicht um: Von da aus wird nämlich nicht mehr zunächst die revelatio generalis als Vorbereitung oder Hinführung auf die Christus-offenbarung verstanden, um danach in der revelatio specialis das insge-heim gesuchte und intendierte Ziel zu finden; sondern nun ist zunächst zu bestimmen, was der Gehalt der revelatio specialis ist, um von da aus zu fragen, wo dieser Gehalt – im ganzen oder partiell – auch außerhalb von Jesus Christus anzutreffen ist.

Indes liegt in dieser Aussage noch ein großes Problem: Kann es denn Gottes Offenbarung zum Heil überhaupt „partiell" geben? Handelt es sich dann nicht de facto um etwas anderes als um Gottes heilsame Offen-barung? Ein Wirklichkeitsverständnis ist doch – wie wir sahen – nicht aufteilbar! Man muß diesen Einwänden zustimmen. Ein Wirklichkeits-verständnis hört auf, es selbst zu sein, wenn es auf Teile reduziert wird. Wohl aber ist in einem anderen Sinn Partialität und damit auch eine Entwicklung von Offenbarung denkbar: im Blick auf ihren erkannten und anerkannten *Geltungsbereich*. Ob ein Wirklichkeitsverständnis als bloß für eine Person, einen Stamm, ein Volk oder für die Menschheit, ja für alle Kreaturen gültig erkannt und anerkannt wird, verändert nicht (notwendig) dessen Gehalt, aber trotzdem gibt es hier einen Fortschritt von partieller zu universeller Geltung. Diese Unterscheidung erlaubt es, auch dort Übereinstimmung im Gehalt der Offenbarung zu konstatieren, wo der Adressatenkreis der Offenbarung unterschiedlich weit bestimmt wird.

Aus der Sicht des christlichen Glaubens kann also an der Exklusivität der Heilsoffenbarung Gottes in Jesus Christus festgehalten werden, weil und sofern die Identität dieser Offenbarung durch ihren *Gehalt* bestimmt ist. Dies erlaubt, ja erfordert die Anerkennung von möglicher Gottes-offenbarung durch andere Gestalten, *sofern sie ihrem Gehalt nach mit der Christusoffenbarung übereinstimmen*. Das Entdecken solcher Über-einstimmung ist aus der Sicht des christlichen Glaubens ein Grund zur Freude.

3.4   Der sog. Absolutheitsanspruch des Christentums

Ist mit der im letzten Abschnitt (3.3) entwickelten Position nun der Absolutheitsanspruch des Christentums behauptet oder bestritten, fest-gehalten oder preisgegeben worden? Diese Frage ist nicht leicht zu beant-worten, und das liegt vor allem daran, daß die Rede vom Absolutheits-anspruch des Christentums relativ vage und vieldeutig ist. Der Streit um den sog. Absolutheitsanspruch gehört zu den Kontroversen, die auch deshalb schwer zu entscheiden sind, weil große Unklarheit darüber besteht, worum es in diesem Streit eigentlich genau geht. Dabei sind – bei Licht besehen – alle Elemente der Formel mehrdeutig und bedürfen der Klärung: „Absolutheit", „Anspruch" und „Christentum".

3.4.1 Begriffliche Vorklärungen

3.4.1.1 Was bedeutet „Absolutheit"?

In der Formel „absolute Religion" (Hegel) bzw. „Absolutheit des Christentums"[9] wird das vom lateinischen „absolvere" (ablösen, losmachen, befreien etc.) abgeleitete Adjektiv „absolutus" bzw. dessen deutsche Substantivierung („Absolutheit") auf die (christliche) Religion angewandt. „Absolutus" kann dabei sehr Unterschiedliches bedeuten: „losgelöst", „unbedingt", „unabhängig", „ohne Einschränkung", „unüberbietbar" sowie „vollendet", „vollständig" oder „vollkommen". Bei den fünf erstgenannten Bedeutungen handelt es sich explizit oder implizit um *Negationen* von *Beziehungen*, die eine Beeinträchtigung der Eigenständigkeit oder des Wertes darstellen (würden). „Absolutheit" ist hier also ein Gegenbegriff zu *Relativität*, wobei das Relative dasjenige ist, was bloß unter bestimmten Bedingungen oder Einschränkungen vorhanden bzw. gültig ist. Mit diesen negativen Bedeutungsnuancen von „absolut" oder „Absolutheit" stimmen die positiven („vollendet" etc.) insofern überein, als auch diese implizit eine Negation des Relativen, im Sinne des Fragmentarischen oder Partikularen enthalten: Das Vollendete, Vollständige und Vollkommene ist die Negation (Überwindung oder Transzendierung) des Bruchstückhaften. Das zeigt, daß paradoxerweise der Begriff „Absolutheit" gar nicht expliziert werden kann ohne fortgesetzte Bezugnahme auf diejenigen Relationen, durch die er konstituiert ist. „Absolutheit" ist also *selbst* kein absoluter, sondern ein *relativer* Begriff, der aufgrund der Vielzahl seiner (negierten) Bezugspunkte eine erhebliche Bedeutungsbreite hat. Um diese einzuschränken und so den Begriff „Absolutheit" zu präzisieren, ist es nötig, den Zusammenhang zu benennen und zu betrachten, in dem von „Absolutheit" die Rede ist.

Dieser Zusammenhang ist in unserem Fall die *Vielzahl der Religionen*, genauer: die Vielfalt der Religions*geschichte*, wie sie sich dem historischen und philosophischen Denken darstellt. Sowohl die Bejahung als auch die Bestreitung der Absolutheit des Christentums (oder einer anderen Religi-

---

9 Die bislang älteste Belegstelle findet sich bei I. A. Dorner, Die deutsche Theologie und ihre dogmatischen und ethischen Aufgaben in der Gegenwart (1856), in: ders., Gesammelte Schriften, 1883, S. 21.

on) erfolgt also im Kontext einer religionsgeschichtlich oder religions-
philosophisch vergleichenden Betrachtungsweise. Dabei wird häufig vorausgesetzt, daß es eine (sei es aufsteigende oder absteigende) geschichtliche Entwicklung gebe, an der die Religionen partizipieren. Auf diesem
Hintergrund könnte nun unter Absolutheit verstanden werden, daß in
einer bestimmten Religion die Wahrheit über Gott und die Welt vollkommen erfaßt und damit zugleich die Idee der Religion auf vollkommene
Weise erfüllt ist *oder* daß eine bestimmte Religion hinsichtlich ihres Wahrheitsgehaltes alle anderen Religionen übertrifft oder jedenfalls – etwas
vorsichtiger formuliert – von keiner anderen übertroffen wird und insofern *bisherige* „Höchstgeltung" (Troeltsch) besitzt. Wer diese letztgenannte Auffassung vertritt, muß zumindest mit der *Möglichkeit* rechnen,
daß es künftig noch höhere Entwicklungsstufen von Religion geben könnte. Dann kann aber hierfür nicht ernsthaft der Begriff „Absolutheit"
verwendet werden. „Absolutheit" meint *mehr* und etwas *anderes* als
„Höchstgeltung" oder „Unüberbotenheit", nämlich: *„Unüberbietbarkeit"*.

Der Begriff „Absolutheit" im Sinne von „Unüberbietbarkeit" wird
nun durch zwei negative Merkmale konstituiert: Er negiert erstens die
Überlegenheit irgendeiner anderen Religion gegenüber derjenigen bestimmten Religion, die als „absolut" gekennzeichnet wird. Und mit dieser
ersten Negation setzt der Begriff implizit die Vergleichbarkeit von Religionen unter dem Gesichtspunkt der Überbietung oder Überlegenheit
voraus. Der Begriff negiert aber zweitens auch die *Möglichkeit* der Überbietung einer bestimmten Religion durch irgendeine andere zu irgendeinem Zeitpunkt. Und mit dieser zweiten Negation setzt er entweder eine
Kenntnis (auch) der Zukunft oder ein prinzipielles Wissen über das
Mögliche voraus.

Mit diesen letzten Überlegungen sind die Fragen sichtbar geworden,
die unweigerlich mit dem Begriff „Absolutheit" in Anwendung auf Religion verbunden sind: Inwiefern sind Religionen unter dem Gesichtspunkt der Überbietung vergleichbar, und wie läßt sich die Behauptung
der Unüberbietbarkeit einer Religion überhaupt begründen? Beide Fragen und die Möglichkeit ihrer Beantwortung haben mehr, als es auf den
ersten Blick scheint, mit der Präzisierung dessen zu tun, *wovon* „Absolutheit" ausgesagt wird, nämlich: von der Religion, oder genauer: vom
Christentum. Davon soll nun die Rede sein.

3.4.1.2 Was bedeutet in diesem Zusammenhang „Christentum"?

Die Explikationen im vorigen Abschnitt (3.4.1.1) haben bereits gezeigt, daß der Begriff „Absolutheit" im Kontext der religionsgeschichtlichen Vielfalt beheimatet ist. Schon von daher legt sich die Vermutung nahe, daß mit „Christentum" nichts anderes als „die christliche Religion" gemeint sein könne. Das kann auch im Blick auf die Entstehungs- und Blütezeit der Formel „absolute Religion" oder „Absolutheit des Christentums", also für die Zeit vom frühen 19. bis zum frühen 20. Jahrhundert durchaus so konstatiert werden.

Aber was kann in diesem Zusammenhang mit „christlicher Religion" gemeint sein und was nicht? Zunächst ist mit Sicherheit die Vermutung auszuscheiden, damit könnte die Gesamtheit der *Menschen* gemeint sein, die den christlichen Kirchen angehören. Aber auch die geschichtlich gewordene *institutionelle Gestalt* der christlichen Religion: die Gesamtheit ihrer Gesetze, Ordnungen, Riten, Lebensformen, Ämter und Veranstaltungen kann damit nicht gemeint sein. Denn von alledem gilt ja, daß es dem geschichtlichen Wandel unterliegt, also auch durchaus überbietbar ist. Dasselbe gilt aber auch, wenn man unter „Christentum" den Inbegriff der in der christlichen Kirche (oder in den christlichen Kirchen) formulierten und als gültig anerkannten christlichen *Lehre* versteht. Selbst die römisch-katholische Kirche behauptet von der durch das päpstliche Lehramt verkündeten Lehre ja nur, sie sei „infallibel" und „irreformabel", also unfehlbar und unveränderlich, aber d. h. keineswegs: unüberbietbar. Das gilt um so mehr für die evangelischen Kirchen, nach deren Selbstverständnis die kirchliche Lehre irrtumsfähig und daher am Wort Gottes, also an der Selbsterschließung Gottes zu messen ist (s. dazu u. 5.2).

Damit kommt nun auch erst die Instanz in den Blick, die ernsthaft gemeint sein kann, wenn von „Absolutheit des Christentums" die Rede ist: die „christliche Offenbarung", also die Selbsterschließung Gottes in Jesus Christus. Von ihr, genauer: von ihrem Gehalt, also vom christlichen Wirklichkeitsverständnis wird „Absolutheit" behauptet oder bestritten. Im Blick auf den uns vertrauten Sprachgebrauch ist es zumindest mißverständlich, ja irreführend, wenn dies mit der Formel „Absolutheit des Christentums" bezeichnet wird. Weniger mißverständlich wäre es schon, wenn von der Absolutheit des *christlichen Glaubens* gesprochen würde, wobei sogleich hinzuzufügen wäre, daß damit nicht der Glaubens*akt*, sondern der Glaubens*inhalt* gemeint ist. Um dies zu verdeutlichen, ist es wohl noch angemessener und genauer, wenn von der Absolutheit der (Selbst-)*Offenbarung Gottes in Jesus Christus* gesprochen wird, um die gemeinte „Sache" zu bezeichnen. Ob *sie* (als der Inhalt des christlichen Glaubens und als das Fundament der christlichen Religion) unüberbietbar ist, *das* ist die Frage, um die es geht.

Aber wenn sich die Frage *so* stellt, dann müssen die Überlegungen zum Begriff „Unüberbietbarkeit" noch einmal aufgenommen werden. Was kann es im Blick auf ein durch Offenbarung erschlossenes Wirklichkeitsverständnis heißen, es sei im Vergleich zu anderen (un-)überbietbar? Wenn ich es recht sehe, kann das in kategorialer, in qualitativer und in quantitativer Hinsicht gemeint sein und gelten:

a) In *kategorialer* Hinsicht wäre ein durch Offenbarung erschlossenes Wirklichkeitsverständnis dann unüberbietbar, wenn es den *Begriff* „Wirklichkeitsverständnis" tatsächlich *erfüllt*, also z. B. nicht nur isolierte Gottes- bzw. Göttervorstellungen oder lediglich rituelle oder ethische Anweisungen enthält, sondern in umfassender Weise Gott und Welt einschließlich des Menschen zur Sprache bringt.

b) In *qualitativer* Hinsicht wäre ein durch Offenbarung erschlossenes Wirklichkeitsverständnis dann unüberbietbar, wenn es *wahr* ist, also weder im Ganzen noch in seinen Elementen Irrtümer enthält, sondern die Wirklichkeit so zur Sprache bringt, wie sie in der Tiefe ist.

c) In *quantitativer* Hinsicht wäre ein durch Offenbarung erschlossenes Wirklichkeitsverständnis dann unüberbietbar, wenn es mit einem *universalen Geltungsanspruch* (s. o. 3.3.3) ausgestattet ist, also nicht bloß für bestimmte Menschengruppen oder für bestimmte Zeitabschnitte gültig zu sein behauptet, sondern für alle Menschen, ja alle Kreaturen aller Zeiten.

Bei genauerer Betrachtung erweisen sich freilich alle drei Explikationen als zwar zutreffend, aber redundant, und sie sind deshalb entbehrlich. Daß ein Wirklichkeitsverständnis so umfassend ist, daß es den Begriff „Wirklichkeitsverständnis" tatsächlich erfüllt, heißt ja nichts anderes, als daß es ein Wirklichkeitsverständnis *ist*. Und daß ein Wirklichkeitsverständnis, das per definitionem beansprucht, Gott und Welt einschließlich des Menschen so darzustellen, *wie sie sind,* wahr ist, heißt ebenfalls, daß es tatsächlich ein Verständnis der Wirklichkeit *ist*. Und wenn ein Wirklichkeitsverständnis tatsächlich *wahr* ist, dann ist es damit für alle Menschen aller Zeiten wahr, also *universell gültig*. Damit läßt sich das mit dem Begriff „Absolutheit" bzw. „Unüberbietbarkeit" Gemeinte zusammenfassen in der Aussage: Ein durch Offenbarung erschlossenes *Wirklichkeitsverständnis* ist unüberbietbar, also absolut, wenn es den in diesem Begriff enthaltenen Anspruch erfüllt, also *umfassend, wahr* und *universell gültig* ist. In diesem Sinn soll hier der Begriff „Absolutheit" weiterhin gebraucht werden.

3.4.1.3   Was bedeutet in diesem Zusammenhang „Anspruch"?

Wenn vom Absolutheits-Anspruch die Rede ist, dann ist damit offenbar gemeint, daß die Aussage von der Gottesoffenbarung in Jesus Christus im Modus der *Behauptung* auftritt, die *anerkannt* werden, also Zustimmung finden will oder soll. Soweit ist die Bedeutung des Begriffs „Anspruch" ziemlich klar.

Noch völlig ungeklärt ist damit aber, *von wem* dieser Anspruch erhoben und *an wen* er gerichtet wird. Die naheliegendste Antwort ist vermutlich: von den Christen (oder vom „Christentum") an die Nichtchristen, d. h. an die Anhänger anderer Religionen, aber auch gegenüber sog. Religionslosen. Wäre diese Antwort richtig, dann würde das bedeuten: Christen, denen sich die Selbstoffenbarung Gottes in Jesus Christus als Wahrheit erschlossen hat (s. o. 3.1.2.5), erheben anderen Menschen gegenüber, denen dieses Erschließungsgeschehen (möglicherweise) nicht auf gewißmachende Weise zuteil geworden ist, die Forderung, diese Selbstoffenbarung gleichwohl als solche anzuerkennen. Das wäre eine Aufforderung zu einer Zustimmung wider besseres Wissen, also eine Aufforderung zur *Unwahrhaftigkeit*. Das kann nicht ernsthaft, jedenfalls nicht verantwortlicherweise gemeint sein.

Zwar gibt es sehr wohl die Verpflichtung der an Christus Glaubenden zur Bezeugung der geglaubten und erkannten Gottesoffenbarung in Jesus Christus gegenüber allen Menschen (Mission); aber diese Bezeugung hat den Charakter der *Verkündigung*, die sich selbst als Mittel versteht, durch das Gott sich einem Menschen offenbaren kann, indem er in ihm Wahrheitsgewißheit schafft und Glauben weckt. Diese legitime, ja unverzichtbare *Bezeugung* der Christusoffenbarung als Wahrheit ist jedoch radikal zu unterscheiden von der *Forderung* oder dem *Anspruch* an einen Menschen, die Wahrheit der Christusoffenbarung anzuerkennen, ohne daß sie sich ihm als solche erschlossen hat. Ein solcher Absolutheitsanspruch wäre ein das Gewissen der Adressaten vergewaltigender Unterwerfungsanspruch, der unter Berufung auf den christlichen Glauben niemals erhoben werden darf. Deshalb kann es sich nur um *den* Anspruch handeln, den die *Offenbarung* selbst an den Menschen erhebt, dem sie *zuteil* wird. Und dieser Anspruch enthält die Forderung, die erkannte Wahrheit *anzuerkennen* und *zur Wirkung kommen zu lassen* (vgl. Joh 3,21 u. 8,32). D. h. aber zugleich: die erkannte Wahrheit *ernst zu nehmen* und jedes distanzierte *Spielen* mit der Wahrheit zu unterlassen.

3.4.2   Die Absolutheit der Gottesoffenbarung

Ich gebrauche nun bewußt nicht mehr die irreführende Formel vom „Absolutheitsanspruch des Christentums", sondern spreche von der Absolutheit, d. h. von der (universell gültigen) Wahrheit der Gottesoffenbarung in Jesus Christus, also des in ihm von Gott her erschlossenen umfassenden Wirklichkeitsverständnisses. Die Anerkennung und Behauptung dieser Absolutheit ist für den christlichen Glauben nicht nur angemessen, sondern unverzichtbar. Denn es geht dabei um nicht mehr und nicht weniger als um die Wahrheit und um die damit gegebene Tragfähigkeit der christlichen Botschaft. Diese bezeugt ja Jesus Christus als die Offenbarung des Wesens Gottes, die als solche das Fundament des – als wahr geglaubten – christlichen Wirklichkeitsverständnisses ist. Deswegen, und nur deswegen gilt für den christlichen Glauben das „solus Christus", weil in ihm *die* heilsame Wahrheit, die weder reduzierbar noch ergänzungsbedürftig ist, erschienen ist. Dagegen wird die christliche Botschaft mit den (relativierenden) Aussagen: „Jesus Christus ist *eine* heilsame Wahrheit" oder: „Er ist *ein* Weg zum Leben" hoffnungslos *unter*bestimmt. Und dies ist deshalb als unangemessen zurückzuweisen, weil damit eine *Distanzierung* von der erschlossenen Wahrheit zum Ausdruck kommt, die mit *deren* Absolutheits*anspruch* (s. o. 3.4.1.3) unvereinbar ist.

Aber das alles gilt nicht nur für den christlichen Glauben, sondern zumindest auch schon für den alttestamentlich-jüdischen Glauben, wie er in der exklusiven Forderung der Jahweverehrung und in der Verpflichtung auf Gottes heilsamen Willen Ausdruck gefunden hat (z. B. im Dekalog: Ex 20,2-6; Dtn 5,6-10; im Sche'ma Israel: Dtn 6,4 f. oder auch Jes 45,5 f.: „Ich bin der Herr, und sonst keiner mehr"). Wir können hierbei jedoch nicht haltmachen. Zumindest als *Möglichkeit* ist *jeder* Religion, zumal jeder monotheistischen Offenbarungsreligion ein solcher Absolutheits*anspruch* zuzubilligen. Es handelt sich also um kein Privileg des christlichen oder des biblischen Glaubens. Denn: „Ein Gott ist als Gott der absolute Herr wie die absolute Wahrheit wie der einzig absolute Halt im Leben und im Sterben. Er besitzt diese absolute Geltung unter denen, die seine Epiphanie betraf. Alle anderen Menschen vermögen seinen absoluten Anspruch weder einzusehen noch anzuerkennen … Der Absolutheitsanspruch der Religionen ist daher für die eigene Religion unabweisbar, für jede fremde Religion nicht nachvollziehbar."[10] Das besagt zweierlei: Ei-

---

10 So C. H. Ratschow, Die Religionen, 1979, S. 126 f. Wichtig ist in diesem Zusammenhang auch Ratschows ergänzende, präzisierende These: „Die ‚Absolutheit' der religiösen … Einrichtungen, Antworten und Sitten … zu behaupten, ist die Dämonisierung der eigenen Religion" (a.a.O., S. 126).

nerseits kann der Absolutheitsanspruch nicht aufgegeben werden, ohne den eigenen Glauben zu *verleugnen* oder zu *verraten*. Und das gilt, wenn nicht für alle, so doch für *viele* Religionen. Andererseits folgt daraus aber *keineswegs* die gegenseitige *Anerkennung* der verschiedenen Offenbarungsgewißheiten und Absolutheitsansprüche. Das ist schon deshalb nicht möglich, weil „Offenbarung" nicht von außerhalb konstatiert werden kann, sondern nur aus der Position dessen, dem sie *zuteil geworden* ist (s. o. 3.1.2.4). Diese Einsicht wird sowohl dort preisgegeben, wo die Angehörigen verschiedener Religionen einander ihre Offenbarungserkenntnis *bestreiten*, als auch dort, wo sie diese *anerkennen*. Weder das eine noch das andere ist legitimerweise möglich, sondern nur die *Treue* gegenüber dem Absolutheitsanspruch der Offenbarung in der eigenen Religion und der *respektvolle Umgang* mit dem Absolutheitsanspruch in anderen Religionen. Dabei ist der Aufweis von Spannungen, Gegensätzen und Widersprüchen zwischen den Offenbarungsaussagen in den verschiedenen Religionen ein wesentlicher Teil dieses respektvollen Umgangs und keineswegs als mit ihm unvereinbar zu unterlassen oder zu unterdrücken.

Es sind also zwei Ebenen zu unterscheiden: Zunächst gibt es die Ebene der Religion bzw. des Glaubens, auf der ein Mensch der Selbsterschließung Gottes gewiß wird und die Gottesoffenbarung als *an ihn* gerichteten Absolutheitsanspruch erfährt, der keine Einschränkung zuläßt. Sodann gibt es die (Meta)Ebene der Kommunikation *über* Religion, auf der einem Menschen bewußt wird, daß das, was für ihn in seiner Religion gilt, prinzipiell *für alle Religionen* gültig ist, obwohl die unterschiedlichen Absolutheitsansprüche inhaltlich nicht kongruent, ja teilweise sogar inkonsistent sind. Es ist sehr wohl möglich, ja sogar notwendig, sich auf diesen *beiden* Ebenen zu bewegen. Der Absolutheitsanspruch der eigenen Religion wird dadurch nicht aufgehoben oder eingeschränkt, wohl aber wahrgenommen, artikuliert und gelebt im Horizont der (möglichen) Absolutheitsansprüche anderer Religionen.

Der subjektiv bedingten Wahrnehmung der Wirklichkeit und der damit gegebenen *Perspektivität* können wir nicht entrinnen, wir können sie uns aber bewußtmachen. Das hat nichts zu tun mit den relativistischen Thesen, es gebe gar keine Wahrheit oder es gebe für jeden Kulturkreis eine eigene Wahrheit. Wäre – was an sich schon einen Widerspruch darstellte – eine dieser Thesen *wahr*, so wäre damit dem Dialog zwischen den Religionen über die Wahrheitsfrage der Boden entzogen. Das Festhalten am Wahrheitsbegriff und an der notwendigen Konsistenz aller wahren Aussagen bei gleichzeitigem Wissen um die immer nur subjektiv erschlossene Wahrheitsgewißheit läßt Mission *und* Dialog zwischen den Religionen als gleichermaßen sinnvoll und notwendig erkennen und ermöglicht zugleich denjenigen Respekt vor abweichenden Wahrheitsgewißheiten und Absolutheitsansprüchen, der den Namen „Toleranz" verdient. Denn Toleranz besteht weder in der Bagatellisierung der Wahrheitsfrage noch in der Anerkennung aller Wahrheitsansprüche als gleichermaßen berechtigt und gültig, sondern in der (aus dem Wissen um die „tolerantia Dei"[11] gespeisten) Bereitschaft, die Gegensätze zwischen den unvereinbaren Absolutheitsansprüchen *auszuhalten* und zu *erleiden.*

Einer verbreiteten Meinung zufolge ist die Schaffung bzw. das Finden eines Konsensus in den Fundamentalüberzeugungen die Voraussetzung für jedes gedeihliche Miteinander unter Menschen. Dem ist aus der Sicht des christlichen Glaubens zu widersprechen: Die Fähigkeit zum gedeihlichen Miteinander hat sich gerade dort zu erweisen, wo Dissens, ja Widerspruch im Fundamentalen besteht. Und deswegen rechtfertigt kein Dissens ein respektloses oder rücksichtsloses Umgehen miteinander. Ein Konsens in den Fundamentalüberzeugungen kann sich nur einstellen, wenn er getragen ist von einer gemeinsamen Wahrheitsgewißheit, die jedoch kein Mensch *schaffen,* sondern die nur, wenn sie sich einstellt, *hingenommen* werden kann. Das Vertrauen darauf, daß trotz aller gegenteiligen geschichtlichen Erfahrungen nicht Irrtum und Lüge, sondern die Wahrheit das letzte Wort behält (II Kor 13,8), ermöglicht aus christlicher Sicht das *Ertragen* der unvereinbaren Absolutheitsansprüche in der *Hoffnung* auf ihre noch ausstehende Überwindung.

---

11 Vgl. G. Ebelings Aufsatz über „Die Toleranz Gottes und die Toleranz der Vernunft", in: Glaube und Toleranz, 1982, S. 54-73.

4 Die Bibel als Quelle und Norm des christlichen Glaubens

Der Grund des christlichen Glaubens ist die Selbstoffenbarung Gottes in Jesus Christus – dieser Gedanke wurde im vorigen Kapitel entfaltet und präzisiert. Die thematische Beschäftigung mit der Bibel, die sich nun anschließt, ergibt sich aus der Frage, wie den *später Lebenden* die geschichtliche Gestalt Jesu Christi *gegeben* und für sie *zugänglich* ist, so daß sie (auch) für diese Menschen zur Selbsterschließung Gottes werden konnte und kann. In dieser Frage ist vorausgesetzt, daß es eine Differenz gibt zwischen der Offenbarungssituation, in der Jesus Christus als *leibhafte, geschichtliche Person* anwesend war, und der Offenbarungssituation, in der er nur vermittelt *durch andere Zeichen*[1] zugänglich wird.

Das damit angesprochene Problem hat sogar zwei Aspekte: Einerseits geht es um die Frage, wie und wodurch die Nachgeborenen von der Selbsterschließung Gottes in Jesus Christus, die der Grund des christlichen Glaubens ist, *Kunde haben können*. Andererseits geht es um die Frage, wie und wodurch Jesus Christus *sich* nach seinem irdischen Wirken so vergegenwärtigt, daß dadurch Begegnung mit ihm möglich wird. Dieser zweite Aspekt soll in der Lehre von den Heilsmitteln (s. u. 14.2) behandelt werden. Von dem erstgenannten Aspekt handelt die Lehre von der Bibel als der Heiligen Schrift des Christentums, mit der wir uns in diesem Kapitel beschäftigen. Dabei geht es vor allem um folgende drei Themenstellungen: um die Bibel als Kanon (4.1), um die Begründung der Bibelautorität (4.2) sowie um das Problem der sachgemäßen Bibelauslegung (4.3).

---

1 Die Formel „durch andere Zeichen" geht davon aus, daß *semiotisch betrachtet* auch eine leibhafte, geschichtliche Person ein (Ensemble von) Zeichen ist. Es geht also *nicht* um die Differenz zwischen einem zeichenvermittelten und unvermittelten Zugang, sondern um die zwischen der leibhaften, geschichtlichen Person *als* Zeichen und *anderen* Zeichen.

4.1 Die Bibel als Kanon

4.1.1 Die geschichtliche Notwendigkeit der Kanonbildung

Wird Menschen durch Gottes Selbsterschließung ein neues Wirklichkeitsverständnis so erschlossen, daß es in ihnen daseinsbestimmendes Vertrau-
en, also Glauben weckt, so kann es gar nicht anders sein, als daß davon
auch ihre (sprachlichen und nichtsprachlichen) *Äußerungen* bestimmt
werden. Sie werden *notwendigerweise* zu *Zeugen* der Offenbarung. Dieser innere Zusammenhang zwischen Offenbarungsempfang und Zeugenschaft ist nur ein Element des unaufhebbaren Zusammenhangs zwischen
Glauben und Leben, von dem bereits (s. o. 2.2.3) die Rede war.

Die Bezeugung der Offenbarung gegenüber anderen Menschen hat
zwei Grundformen: einerseits die Erzählung, durch die primär die *Gestalt*
und damit das Ereignis der Offenbarung erinnert und überliefert wird,
andererseits die Unterweisung und Lehre, durch die primär der *Gehalt* der
Offenbarung, also das Wirklichkeitsverständnis formuliert und weitervermittelt wird.[2]

Diese zweifache Überlieferung geschieht (in der Regel) zunächst in
mündlicher Form. Und das ist – wie insbesondere Luther immer wieder
betont hat – auch dem Gehalt der Gottesoffenbarung in Jesus Christus, als
dem *Evangelium*, ganz angemessen. Die schriftliche Fixierung, in der die
Lebendigkeit einer menschlichen *Stimme* eliminiert ist, stellt im Blick auf
das Evangelium einen Notbehelf dar. Aber im Blick auf das drohende
Verblassen der Erinnerung und mit dem Auftauchen von irritierenden
Abweichungen wächst das Bedürfnis nach *Verschriftlichung*, durch die
das Überlieferte festgehalten, vor Verfälschung (besser) geschützt und
weiterverbreitet werden soll.[3]

Wegen der schlechthin grundlegenden Bedeutung der geschichtlichen
Gottesoffenbarung ist dieses Bemühen um Sicherung der Überlieferung
für die Glaubensgemeinschaft von größter Bedeutung. In diesem Prozeß
entsteht sowohl für das nachexilische Judentum als auch für das junge
Christentum insbesondere angesichts krisenhafter, identitätsbedrohender
Situationen die Notwendigkeit, die schriftlichen Zeugnisse von Gottes
Offenbarungswirken nicht nur zu sammeln, sondern wegen ihrer partiellen Uneinheitlichkeit auch zu *sichten* und sich auf einen *Kanon* (= Maßstab, Richtschnur) verbindlicher Schriften zu verständigen. Dieser Pro-

---

2   Andere Formen, wie z. B. der Ritus mit den Elementen der Feier, des Gebets
     und des Liedes etc., dienen weniger der Bezeugung, als vielmehr der *Darstel-*
     lung und *Vergewisserung.*

3   Dem *Gesetz* ist die Schriftlichkeit ganz angemessen.

zeß der Kanonbildung ist für das Judentum bis zum Ende des 1. Jahrhunderts n.Chr. abgeschlossen. Für das Christentum ist die Entscheidung für den zweiteiligen (alttestamentlichen/neutestamentlichen) Kanon um 200 n.Chr. gefallen, der Umfang des neutestamentlichen Kanons bleibt jedoch im Blick auf einzelne Schriften bis ins 4. Jahrhundert umstritten.[4]

Die Ausbildung des biblischen Kanons dient also der Erhaltung der Identität des (jüdischen und) christlichen Glaubens unter geschichtlichen Bedingungen, und zwar dadurch, daß das *ursprüngliche* Offenbarungszeugnis in möglichst *reiner* Form als *Maßstab* aller künftigen Verkündigung und Lehre benannt und ausgezeichnet wird. Das „sola scriptura" ist deshalb nicht zu verstehen als eine *Konkurrenz* zum „solus Christus", sondern als dessen *Konsequenz* angesichts der Notwendigkeit geschichtlicher Überlieferung.

4.1.2 Die Legitimation des Kanons

Weil der biblische Kanon verstanden wird als Konsequenz der geschichtlichen Gottesoffenbarung in Jesus Christus, darum sind die biblischen Schriften nach reformatorischer Lehre „die einige Regel und Richtschnur, nach welcher zugleich alle Lehren und Lehrer gerichtet und geurteilt werden sollen".[5] Gegen diese Überordnung des biblischen Kanons über „alle Lehren und Lehrer" wird immer wieder eingewandt, das Zustandekommen des Kanons beweise, daß er ein *Werk der Kirche* sei, die aus einer Vielzahl von Schriften ausgewählt und erst so den Kanon gebildet habe. Das scheint zu zeigen, daß die Kirche dem Kanon faktisch übergeordnet ist und daß folglich auch die Lehre der Kirche nicht dem Kanon zu unterwerfen ist. Wie ist dieser Einwand zu beurteilen?

Der *Sinn* der Kanonbildung besteht darin, einer Verfälschung des christlichen Glaubens zu wehren, und zwar durch Sammlung und Sichtung derjenigen Schriften, in denen das *Zeugnis* von der Offenbarung, wie es im Glaubensbekenntnis zusammengefaßt ist, so *authentisch* wie möglich bewahrt wird. Es sind demnach inhaltliche Merkmale der einzelnen Schriften, durch die sie sich als Bestandteil des Kanons qualifizieren, wobei zwischen Kanon und Glaubensbekenntnis ein Wechselverhältnis besteht.

---

4 S. dazu die Artikel „Bibel I und III" sowie „Kanon" in TRE Bd. 6 u. 17.
5 BSLK 767,15 ff. Dies ist die Fassung der Epitome. Die Solida Declaratio spricht an dieser Stelle theologisch genauer von „Gottes Wort" (BSLK 837,10 ff.).

Zwar trifft die Kirche die formelle *Feststellung*, welche Schriften (mit Gewißheit oder auf umstrittene Weise) als authentisches Offenbarungs-zeugnis („Offenbarungsurkunde") gelten, aber diese Feststellung hat nicht den Charakter einer (freien) *Erfindung*, sondern den einer *Entdeckung*, die sich auf die Wirkung bezieht, die diese Schriften aufgrund ihres Inhalts in der christlichen Kirche (gehabt) haben. Im Prozeß der Kanonbildung versucht die Kirche durch ihre Entscheidung festzustellen und festzuhal-ten, welche Schriften *sich selbst legitimiert haben*.[6]

Dieser Prozeß der Kanonbildung ist nur in einem vorläufigen, aber nicht in einem endgültigen Sinne abgeschlossen.[7] Zwar ist durch nichts rückgängig zu machen, daß der Kanon in seiner jetzigen Fassung (ein-schließlich seiner umstrittenen Bestandteile und seiner unscharfen Rän-der) in der Kirche Anerkennung gefunden *hat*, aber dadurch ist nicht ausgeschlossen, daß in der Überlieferungsgeschichte – z. B. aufgrund der patriarchalen Gesellschaftsstruktur[8] – Verluste stattgefunden haben kön-nen. Deswegen ist auch nicht auszuschließen, daß eventuelle Funde von Schriften, die den Charakter eines authentischen Offenbarungszeugnisses haben, dem Kanon *zuwachsen* könnten. Dies könnte freilich ebenfalls nur geschehen aufgrund eines Prozesses, in dem *sich* diese Schriften für die Kirche als dem Kanon zugehörig *erweisen*.

4.1.3   Die Autorität des biblischen Kanons für den christlichen Glauben

Von diesen Überlegungen her wird einsichtig, daß und warum die altpro-testantische Theologie von einer *zweifachen* Autorität der Bibel gespro-chen hat: von ihrer auctoritas causativa und von ihrer auctoritas norma-tiva – und zwar in dieser Reihenfolge. Beides ist nun zu bedenken.

---

6   Darin liegt das partielle Recht der These Barths: „die Bibel macht sich selbst zum Kanon. Sie ist Kanon, weil sie sich als solcher der Kirche imponiert hat und immer wieder imponiert" (KD I/1, S. 110). Von einem nur partiellen Recht ist zu sprechen, weil in Barths These nicht zum Ausdruck kommt, daß und wie die Kirche in diesen Prozeß durch ihre Interpretation und Aus-wahlentscheidung einbezogen ist.

7   Dem entspricht es, daß die lutherischen Bekenntnisschriften (im Unterschied sowohl zu den reformierten Bekenntnisschriften als auch zum Konzil von Trient) keine Liste der kanonischen Schriften und keine Festlegung auf eine bestimmte Textfassung enthalten.

8   Vgl. dazu E. Schüssler Fiorenza, Zu ihrem Gedächtnis …; samt der problema-tischen Konsequenz einer „Hermeneutik des Verdachts".

4.1.3.1 Die auctoritas causativa des Kanons

Die „auctoritas causativa" wird[9] definiert als diejenige Autorität, durch
die die Schrift die Zustimmung zum Glaubensinhalt in der Vernunft des
Menschen erzeugt und befestigt. Diese Definition zeigt zunächst, daß die
auctoritas causativa ganz eng zusammengehört, ja letztendlich zusam-
menfällt mit einer anderen, traditionell der Bibel zugesprochenen Eigenschaft, nämlich ihrer „efficacia", also ihrer Wirksamkeit als Mittel zur
Erleuchtung, zur Bekehrung und damit zum Heil des Menschen.[10]
    Die primäre Autorität der Bibel besteht also darin, daß sie Menschen
so anspricht, daß sie in ihnen Glauben weckt. Sie *wird* dadurch zum *Wort
Gottes* und erweist sich *damit* als solches. Die Gewißheit, daß die Bibel
diese auctoritas causativa „besitzt" und Gottes Wort „ist", kann sich nur
dadurch einstellen, daß *sie sich* durch das *innere Zeugnis des Heiligen
Geistes* („testimonium spiritus Sancti internum", so Calvin) selbst als
solches beglaubigt und einem Menschen „imponiert". Die Bibel ist also
als Offenbarungszeugnis ihrerseits selbst eine *Gestalt*, durch die die Selbsterschließung Gottes geschieht. Es wird freilich noch zu fragen sein (s. u.
4.2), wie sich *diese* Gestalt (das „*geschriebene* Wort Gottes") zu der
Gestalt Jesu Christi (dem „*menschgewordenen* Wort Gottes") verhält.

4.1.3.2 Die auctoritas normativa des Kanons

Durch ihre auctoritas *causativa* bringt die Bibel sich in ihrer auctoritas
normativa zur Geltung, d. h. sie erweist sich als die einzige Regel und
Richtschnur für alle christlichen Lehren und Lehrer. Eine solche Charakterisierung der Schriftautorität klingt für moderne Ohren völlig überzogen. Trotzdem ist an ihr *unter drei Bedingungen* nichts zu beanstanden.
Die Aussagen über die auctoritas normativa der Schrift gelten,

- wenn die Gottesoffenbarung in Jesus Christus *der Maßstab* für alle
  christliche Lehre ist;
- wenn die Bibel das Zeugnis von dieser Offenbarung und damit das
  Wirklichkeitsverständnis des christlichen Glaubens *zuverlässig* zur
  Sprache bringt;
- wenn es *keine andere* Quelle gibt, die in vergleichbarer Weise einen
  Zugang zur Gottesoffenbarung in Jesus Christus erschließt.

---

9 Z. B. von D. Hollaz, Examen theologicum acroamaticum, Bd. I, 1707, S. 153.
10 S. dazu K. Hase, Hutterus redivivus, 1883[12], S. 99.

Sind diese drei Bedingungen erfüllt, so wäre es sogar ein Selbstwiderspruch, der Bibel die Rolle als „unica regula et norma omnium dogmatum" (BSLK 837,13 f.) zu bestreiten. Aber *sind* sie erfüllt?

Die erste Bedingung kann als das Identitätsmerkmal des christlichen Glaubens bezeichnet werden und ist insofern als erfüllt vorauszusetzen. Die dritte Bedingung kann ebenfalls als erfüllt bezeichnet werden, weil es keine ernsthafte Alternative zu den biblischen Schriften als Quelle für die Christusoffenbarung gibt. Aber ist auch die *zweite* Bedingung erfüllt? Gibt es überzeugende theologische Gründe für die Annahme, die Bibel bringe das in Jesus Christus erschlossene Wirklichkeitsverständnis des christlichen Glaubens *zuverlässig* zur Sprache?

Aber was ist in diesem Zusammenhang mit „Zuverlässigkeit" („sufficientia" bzw. „perfectio") genau gemeint? Damit kann einerseits gemeint sein: *Jeder* Bestandteil der Bibel stimmt *vollkommen* mit dem in Jesus Christus erschlossenen Wirklichkeitsverständnis überein und gibt es auf *irrtumslose* Weise wieder (perfectio als Vollkommenheit). Damit kann aber andererseits gemeint sein: *In der Gesamtheit* der Bibel ist (neben und mit anderem) das Wirklichkeitsverständnis des christlichen Glaubens so enthalten, daß es *vollständig*, also ohne daß irgendein wesentliches Element fehlt, aus ihr gewonnen werden kann (sufficientia als Vollständigkeit).

Welche dieser beiden Deutungen des Begriffs „Zuverlässigkeit" sind theologisch angemessen und welche entsprechen tatsächlich der Bibel?

Gegen die Deutung der „Zuverlässigkeit" im Sinne der Vollkommenheit sprechen zwei Argumente, ein faktisches und ein prinzipielles: *Faktisch* ist es so, daß die Bibel Widersprüche und Irrtümer enthält und daß wir deshalb nicht berechtigt sind, ihr Vollkommenheit im Sinne von Unfehlbarkeit zuzuschreiben. *Grundsätzlich* ist jedoch darüber hinaus zu bedenken, daß nur von Gott als dem Urheber und Gehalt der Offenbarung, aber gerade nicht von irgendeiner ihrer (sekundären) irdischen Gestalten Vollkommenheit ausgesagt werden kann. Beide Argumente (das faktische und das prinzipielle) lassen es als *nicht* vertretbar erscheinen, der Bibel, als dem Offenbarungs*zeugnis*, das als solches selbst eine (sekundäre) *Gestalt* der Offenbarung ist, Vollkommenheit zuzusprechen.

Aber auch gegen das Verständnis von „Zuverlässigkeit" im Sinne der *Vollständigkeit* läßt sich ein Einwand erheben. Wenn das Wirklichkeitsverständnis des christlichen Glaubens in der Bibel zwar vollständig, aber neben und mit anderem enthalten ist, bedarf es dann nicht eines Kriteriums oder einer Instanz *außerhalb* und *über* der Schrift, um dieses Wirklichkeitsverständnis von anderem zu unterscheiden und als solches zu erheben? Und zeigt nicht gerade dies, daß unter dieser Voraussetzung die Bibel doch nicht die *einzige* Regel und Richtschnur, also norma nor-

mans, sondern nur norma normata (s. dazu u. 5.1) ist? Dieser Einwand
ließe sich nur entkräften, wenn gezeigt werden könnte, daß und wie es
trotz der Unvollkommenheit der Schrift keiner *externen* und *übergeord-
neten* Kriterien oder Instanzen bedarf, um das Wirklichkeitsverständnis
des christlichen Glaubens aus ihr zu erheben. (Damit werden wir uns in
Abschn. 4.3 beschäftigen.) Wenn sich dies nicht zeigen ließe, müßte in der
Tat die These von der Vollständigkeit der Schrift preisgegeben werden.

4.2　Die Begründung der Bibelautorität

In den hinter uns liegenden Überlegungen ergab sich für die Themenstellung dieses Abschnitts dreierlei: Erstens: Der Kanon der biblischen Schriften *besitzt* für den christlichen Glauben Autorität, und zwar sogar in
zweifacher Hinsicht, nämlich als Glaubensgewißheit bewirkende und als
die Lehre normierende Autorität. Zweitens: Diese Autorität wird der
Bibel nicht durch eine externe, übergeordnete Instanz *beigelegt*, sondern
durch sie selbst beansprucht. Drittens: Durch ihre *verursachende* Autorität bringt die Bibel sich in ihrer *normierenden* Autorität zur Geltung.
Diese drei Resultate werden im folgenden vorausgesetzt und nicht mehr
weiter erläutert, wohl aber soll der zwischen ihnen bestehende Zusammenhang noch deutlicher herausgearbeitet werden.

　　Die nun vor uns liegende Frage lautet nicht mehr, *ob* und *inwiefern* die
Bibel innerhalb der Christenheit Autorität beansprucht und besitzt, sondern *wodurch* diese Autorität *begründet* ist. Es geht also nicht mehr um
die quaestio facti, sondern um die quaestio *iuris*: Beansprucht die Bibel
mit Recht Autorität, und *worin besteht* dieses Recht? Zunächst (4.2.1)
sollen unterschiedliche Antwortmöglichkeiten bedacht, sodann (4.2.2)
deren Verhältnis zueinander bestimmt werden.

4.2.1　Mögliche Begründungsansätze

Soweit ich sehe, stehen *drei* Begründungsmöglichkeiten, genauer: drei
Typen möglicher Begründungen zur Auswahl, nämlich der Verweis

- auf die *Verfasser*,
- auf den *Inhalt*,
- auf die *göttliche Inspiration* der Bibel.

Diese drei möglichen Antworten sollen nun einzeln geprüft werden.

4.2.1.1 Die Verfasser der biblischen Schriften

Unter den Kriterien, die sowohl für das Judentum als auch für das Christentum bei der Auswahl und Kanonisierung der biblischen Schriften maßgebend waren, spielte immer auch die Verfasserfrage eine wichtige Rolle. Kanonische Schriften sollten nur diejenigen sein, die auf *Propheten* und *Apostel* zurückgehen oder jedenfalls aus deren Schülerkreis stammen. Worin liegt die Begründung für dieses Kriterium?

Man könnte an zwei mögliche Begründungen denken: Entweder ist gedacht an die *Geistbegabung* von Prophetinnen, Propheten und Aposteln oder an ihre *Funktion* als Menschen, die Gottes Offenbarung empfangen haben und bezeugen (sollen). Im Falle der ersten Begründung ergäbe sich eine Tendenz zur Verselbständigung der Schriftautorität gegenüber der Offenbarung. Das spricht aus der Sicht des christlichen Glaubens, für den die Exklusivität der Christusoffenbarung wesentlich ist, *gegen* diese Begründung. Im Fall der zweiten Begründung ergibt sich dagegen eine unmittelbare Verbindung zum Ereignis der Offenbarung. Als dessen erste Zeugen werden Propheten und Apostel hier namhaft gemacht, und zwar im Wissen um die Gefahr des Mißverständnisses, der Umdeutung und Verfälschung, die mit *jedem* Akt der Weitergabe des Offenbarungszeugnisses verbunden ist. Um der grundlegenden Bedeutung der Offenbarung willen sucht die Gemeinschaft der Glaubenden also die ursprünglichsten (ältesten und vermutlich authentischsten) Offenbarungszeugnisse zu sichern und erkennt ihnen *um ihrer Nähe zum Offenbarungsereignis willen* normative Autorität zu.

Freilich wirft das Kriterium der prophetischen oder apostolischen Verfasserschaft schon in historischer Hinsicht schwierige Probleme auf. Daß eine Schrift unter dem Namen eines Propheten oder Apostels umläuft, bedeutet ja noch nicht, daß sie tatsächlich von ihm stammt. In der Regel lassen sich nur in negativer Hinsicht, also was den *Ausschluß* eines bestimmten Verfassers betrifft, einigermaßen zuverlässige Ergebnisse erzielen. Im Blick auf die positive Feststellung der Verfasserschaft können wir angesichts der Quellenlage häufig nicht über Vermutungen hinauskommen.[11] Schon deshalb kann dem Verfasserkriterium für die Begründung der Schriftautorität keine vorrangige Bedeutung zukommen.

Genau betrachtet handelt es sich bei der Begründung der Schriftautorität durch die Verfasser jedoch gar nicht um einen eigenständigen Begründungstyp, sondern bloß um einen *Anwendungsfall*, der entweder der Begründung durch die *Inspiration* oder der Begründung durch den

---

11 Hierbei handelt es sich um einen Anwendungsfall eines bereits erläuterten wissenschaftstheoretischen Spezifikums (s. o. 1.1.3).

Inhalt zuzuordnen ist. Geistbegabung ist ja in diesem Fall nichts anderes als *Inspiration*. Und das Kriterium der unmittelbaren, authentischen Zeugenschaft bindet die Begründung der Autorität ganz an den bezeugten *Inhalt*. Deshalb kann in den weiteren Überlegungen dieser auf die Verfasser verweisende Begründungstypus (der in der Geschichte eine erhebliche Rolle gespielt hat) weitgehend unberücksichtigt bleiben.

4.2.1.2 Der Inhalt der Bibel

In Abschn. 4.1.1 hat sich ergeben, daß die geschichtliche Notwendigkeit der Kanonbildung aus zweierlei resultiert: einmal aus der grundlegenden Bedeutung von Gottes geschichtlicher Offenbarung für den Glauben, sodann aus der besonderen Gefahr der Verfälschung des Offenbarungszeugnisses durch die bloß mündliche Überlieferung. Von diesem Ansatz her erweist sich der Inhalt der Bibel, nämlich die durch sie bezeugte Gottesoffenbarung, als der innere Grund für die Ausbildung des Kanons und damit auch als die entscheidende Begründung seiner Autorität.

Diesem Ansatz zufolge ist die Autorität der Schrift eine *abgeleitete*, und zwar aus der Gottesoffenbarung in Jesus Christus abgeleitete Autorität. Das besagt zunächst negativ: Die Bibel ist nicht selbst eine von der Selbsterschließung Gottes in Jesus Christus unabhängige, zweite Gottesoffenbarung. Folglich kann ihre Autorität auch nicht aus einer solchen eigenständigen Offenbarungsqualität abgeleitet werden. Ebenso wichtig ist aber das Positive: *Weil und sofern* die Bibel die Selbstoffenbarung Gottes in Jesus Christus *bezeugt*, hat sie Autorität, ja *partizipiert sie* an der Autorität der Christusoffenbarung.

In der Formulierung „weil und sofern" ist freilich schon angedeutet, daß die Begründung der Schriftautorität aus dem Inhalt nicht aus-, sondern einschließt, daß der Inhalt damit auch zur kritischen Instanz gegenüber dem Text der Bibel wird. Davon wird noch im Zusammenhang mit dem Problem der sachgemäßen Schriftauslegung (4.3) zu sprechen sein.

4.2.1.3 Die göttliche Inspiration der Schrift

Mit der Inspiration, also dem „Eingeben" bzw. „Eingegebensein" der „Schrift", argumentiert bekanntlich bereits II Tim 3,16 (ähnlich II Petr 1,21). Dort ist mit „Schrift" freilich (noch) nicht die ganze Bibel, sondern „nur" das Alte Testament gemeint. *Das ist jedoch kein* ernsthafter Einwand gegen eine von daher motivierte Entwicklung einer Inspirationslehre als Begründung der Schriftautorität im ganzen. Schwerer wiegt ein zweiter, gängiger Einwand, nämlich: der Verweis auf die *Zirkularität* der Argumentation, die darin besteht, daß die Begründung der Schriftautorität durch die Inspirationslehre mittels einschlägiger Schriftaussagen bereits die (inspirierte) Autorität dieser Aussagen voraussetzen muß, um überhaupt beweiskräftig zu sein. Aber auch dieser Einwand widerlegt nicht die Inspirationslehre, sondern zeigt nur, daß es sich hierbei um eine Argumentation handelt, die allenfalls *in sich* kohärent, aber nicht *nach außen* beweiskräftig sein kann.

Wirklich gravierend sind jedoch zwei andere Einwände, von denen zumindest *bestimmte Fassungen der Inspirationslehre* getroffen werden:

Erster Einwand: Wird die göttliche Inspiration der Bibel als ein der Gottesoffenbarung in Jesus Christus gegenüber *eigenständiger* Akt der Eingebung des Schriftinhalts durch Gottes Geist verstanden, so wird die inspirierte Bibel nicht nur zu einer zweiten, gleichrangigen Offenbarungsgestalt neben Jesus Christus, sondern faktisch zu der für alle Nachgeborenen *einzig relevanten* Gestalt der Offenbarung, denn nur *sie* ist ihnen ja direkt zugänglich. Der Tendenz nach tritt hier das „sola scriptura" an die Stelle des „solus Christus" und nimmt es in sich auf. Das ist jedenfalls überall dort der Fall, wo die Christusoffenbarung nicht mehr als kritische Instanz gegenüber der Bibel zur Geltung gebracht wird, ja nicht gebracht werden *darf*.

Zweiter Einwand: Die Inspirationslehre ist häufig verbunden mit der Lehre von der *Irrtumslosigkeit* und *Vollkommenheit* der Bibel. Damit soll sichergestellt werden, daß die Gottesoffenbarung in Jesus Christus uns durch die Schrift auf untrügliche und eindeutige Weise vermittelt wird. Ja, es gibt Formen der Inspirationslehre, die letztlich gar keinen anderen Zweck haben, als die Unfehlbarkeit des biblischen Glaubenszeugnisses theoretisch zu *sichern*. Aber gerade gegen diesen – sozusagen „menschlich verständlichen" – Versuch der Absicherung des Offenbarungszeugnisses erheben sich theologische Bedenken: Ist eine solche Sicherung mit dem Wesen der Offenbarung und des Glaubens vereinbar? (s. o. 2.2.2) Entspringt sie nicht dem der Glaubens*gewißheit* widersprechenden Verlangen, das Offenbarungszeugnis und die Berufung auf dieses Zeugnis *unangreifbar* zu machen? Und kann dieser Versuch angesichts der zutage liegenden Geschichtlichkeit und Irrtumsfähigkeit der Bibel überhaupt – redlich – gelingen?

Beide Einwände sind m. E. gewichtig und stellen bestimmte Motive und Formen der Inspirationslehre grundsätzlich in Frage. Aber davon wird keineswegs die Inspirationslehre insgesamt und generell getroffen. Diese enthält vielmehr unaufgebbare *Wahrheitsmomente*, die in den bisherigen Überlegungen noch nicht zur Geltung gekommen sind:

In der theologischen Tradition findet sich häufig eine Unterscheidung dreier Aspekte der Inspirationslehre, die durch die Begriffe Personal-, Real- und Verbalinspiration oder auch durch die Begriffe „impulsus ad scribendum", „suggestio rerum" und „suggestio verborum" zum Ausdruck gebracht werden. Das zweite und dritte Glied beider Triaden ist dabei offensichtlich identisch, nicht aber das erste; denn unter Personalinspiration kann durchaus *mehr* und *anderes* verstanden werden (und ist immer verstanden worden) als der Anstoß zum Schreiben, nämlich z. B. das Bewahrtwerden der Schreiber vor Irrtum oder das Bestimmtwerden ihres ganzen Lebens durch das Wirken des Geistes.

Wenn ich es recht sehe, findet (auch unter neuzeitlichen Bedingungen) die *Personal*inspiration weitgehende Zustimmung oder jedenfalls Sympathie, die *Verbal*inspiration wird dagegen weithin als Irrweg abgelehnt, die *Real*inspiration nimmt eine (meist etwas unklare) Mittelposition ein. Auf diese Weise bilden die Aspekte der Inspirationslehre eine Art theologisches *Gefälle*, das von der *Personal*inspiration aus gedacht ist und – je nach theologischem Standort – mehr oder weniger weit in Richtung der Verbalinspiration reicht, in der Regel aber vor ihr abbricht.

Diese Verhältnisbestimmung scheint mir in sich tief problematisch zu sein, und sie ist – vor allem – ungeeignet, die Wahrheitsmomente (aber auch die entscheidende Problematik) der Inspirationslehre in den Blick zu bekommen. Das Grundproblem liegt m. E. darin, daß die Inspirationslehre hier nicht vom Begriff der *Realinspiration* aus gedacht wird und daß dadurch die *Personalinspiration* als eine von der Realinspiration relativ unabhängige, ja ihr sachlich *vorgeordnete* Größe erscheint.

Wählt man dagegen den Einstieg bei der *Realinspiration*, dann ist der Akt der Inspiration nichts anderes als die Wirkung der durch die Selbsterschließung Gottes (in Jesus Christus) erfolgenden und durch das Wirken des Heiligen Geistes beglaubigten Mitteilung des Offenbarungs*gehaltes*, der ja allein die „res" der Offenbarung *und* der Schrift ist und sein kann. Durch die Wahl dieses Einstiegspunktes ist zweierlei gewonnen: Der *Inhalt* (die res) der Inspiration ist dann per definitionem kein anderer als der *Gehalt* der Gottesoffenbarung, *und* der *Akt* der Inspiration ist per definitionem kein anderer als das *Ereignis* der Gottesoffenbarung, durch das einem Menschen die Gewißheit von der Wahrheit des Offenbarungsgehaltes zuteil wird.

Aus der so verstandenen Realinspiration resultiert nun die *Personalinspiration*, die sich – nicht nur, aber auch – auf die Weitergabe des Offenbarungszeugnisses bezieht. Von da aus erschließt sich nun aber auch der Wahrheitsgehalt der Lehre von der *Verbalinspiration*; denn eine Real- und Personalinspiration, die sich nicht auch auf die *Worte* der Person bezöge, wäre ein Abstraktum. Die künstliche – und hermeneutisch unhaltbare – Unterscheidung zwischen Inspiration im Blick auf Person, Inhalt und Wort entfällt damit. Zugleich zeigt sich, daß die altprotestantische Orthodoxie konsequent gedacht hat, wenn sie die Worte der biblischen Schriften als ebenso inspiriert verstand wie die Autoren und den Inhalt.[12] *Insoweit* ist die Lehre von der Verbalinspiration nicht zu tadeln oder preiszugeben, sondern erneut zur Geltung zu bringen.

Aber die traditionelle Inspirationslehre *verändert* sich durch die hier vorgeschlagene Interpretation in drei Hinsichten ganz entscheidend:

– Die *göttliche Inspiration* ist so gesehen kein Geschehen, das *nur* den Verfassern der biblischen Schriften zuteil geworden wäre, sondern es wird verstanden als Akt der *Geistmitteilung durch Gottesoffenbarung*, der *überall* stattfindet, wo Glaubensgewißheit entsteht. Der göttliche Geist ist *allen* Glaubenden verheißen und gegeben. Und nur *dieser* Geist kann gemeint sein und ist gemeint, wenn von Inspiration oder Theopneustie die Rede ist (II Petr 1,21: „getrieben vom Heiligen Geist").

– Der „impulsus ad scribendum" ist von daher nicht mehr zu verstehen als die „Spitze" der Inspiration, sondern als deren *Konsequenz* für eine Person, die sich in eine Situation gestellt sieht, in der die schriftliche Formulierung des Glaubenszeugnisses zu der angemessenen, vielleicht sogar unabweisbar notwendigen Form wird, wie *sie* im Gehorsam gegen die ihr zuteil gewordene Offenbarung das Zeugnis der Offenbarung weiterzugeben hat.

– Mit alledem erweist sich die Inspiration als ein Akt nicht der Ausschaltung, sondern der *Indienstnahme* menschlichen Fühlens, Denkens und Wollens durch und für die Bezeugung der Gottesoffenbarung. *Alles* – also auch die Worte – wird durch dieses Erschließungsgeschehen *neu bestimmt*; aber *alles bleibt menschlich* und *deshalb mitbestimmt* durch die zwar gebrochene, aber nicht verschwundene Macht des Irrtums und des Bösen. Die paulinische Erinnerung an die „irdenen Gefäße", in denen wir den „Schatz" der Offenbarung tragen, ist hier ebenso am Platz wie seine – durchschlagende – Begründung hierfür: „damit die überschwengliche Kraft von Gott sei und nicht von uns" (II Kor 4,7). Inspiration schafft also in keiner ihrer Formen (als Real-, Personal- und Verbalinspiration) Irrtumslosigkeit, sondern sie besagt in jeder ihrer Formen, daß eine Person so von dem in der Christusoffenbarung

---

12 Damit wird *nicht* behauptet, dies sei in allen Fällen das *Motiv* der altprotestantischen Orthodoxie gewesen. Hier spielte vielmehr das Interesse an der Verteidigung einer bestimmten Textfassung der Bibel eine wesentliche Rolle.

erschlossenen Wirklichkeitsverständnis ergriffen ist, daß ihr Reden und Schreiben von daher entscheidend bestimmt wird.

Aber müßte dann nicht doch alles Gesagte und Geschriebene wahr, ja unfehlbar sein? Das ist aus zwei Gründen nicht der Fall: Erstens erfaßt *kein* Mensch in diesem Leben (durch das Geschehen der Inspiration) das in der Offenbarung erschlossene Wirklichkeitsverständnis *vollkommen*, sondern immer nur in bestimmten Aspekten und Tiefenschichten. Andere bleiben ihm verborgen und unzugänglich. Und das gilt auch für die Verfasser der biblischen Schriften. Nichtsdestoweniger sind sie wahrhaftige Zeugen der Offenbarung. Zweitens bleibt *jeder* Mensch (im Geschehen der Inspiration) geprägt durch seine Sprache, seine Kultur, sein Geschlecht, seinen Bildungsstand. Das schließt nicht aus, sondern ein, daß diese Prägung durch die Begegnung mit dem Offenbarungszeugnis aufgebrochen, verändert und korrigiert wird. Aber dieser Prozeß hat nicht den Charakter einer vollständigen, momentanen Neuerschaffung, sondern eines Wachsens und Reifens, das in diesem Leben nicht zu dem Ziel vollkommener Wahrheitserkenntnis führt.

Problematisch ist also weder die Inspirationslehre im allgemeinen, noch die Lehre von der Verbalinspiration im besonderen. Beide sind vielmehr richtig und wichtig. Problematisch wird die Inspirationslehre aber dann,

– wenn sie die Bibel gegenüber der Gottesoffenbarung in Jesus Christus *verselbständigt*,
– wenn sie auf die Verfasser der biblischen Schriften *begrenzt* wird,
– wenn sie die menschliche Begrenztheit und damit auch die Irrtumsfähigkeit der biblischen Verfasser und ihrer Schriften *ausschließen will*.

Wo auch nur *eine* dieser drei isolierenden Tendenzen wirksam wird, ist die Inspirationslehre zu kritisieren. Aber diese Tendenzen gehören nicht zu ihrem Wesen, wohl aber zu bestimmten Erscheinungsformen, die korrigiert werden können und müssen.

4.2.2 Das Verhältnis der Begründungsansätze zueinander

Im zurückliegenden Abschnitt wurde erkennbar, daß zwischen Inhalt und Inspiration dann eine *Spannung* besteht, wenn die Begründung von der Inspiration her so akzentuiert wird, daß die Schrift als *eigenständige*, von der Christusoffenbarung *unabhängige* Gottesoffenbarung verstanden und damit *(wider Willen)* der Christusoffenbarung neben- oder gar vorgeordnet wird. Eine solche Inspirationslehre ist abzulehnen; denn der christliche Glaube basiert auf der Gewißheit, daß Gott sich letztgültig in Jesus Christus, also in einem *Menschen*, nicht in einem *Buch* geoffenbart hat.[13]

Aber die Inspirationslehre enthält ein grundsätzlich berechtigtes Anliegen, wenn sie zum Ausdruck bringt, daß dieses Buch auf eine Art und Weise von der Gottesoffenbarung in Jesus Christus spricht, die als von Gottes Geist bestimmt zu bezeichnen ist. Mehr noch: Erst sie bringt zum Ausdruck, daß es das testimonium spiritus Sancti internum ist, das den *Inhalt* der Heiligen Schrift so beglaubigt, daß ihr dadurch die auctoritas causativa zuteil wird, aus der ihre auctoritas normativa resultiert (s. o. 4.1.3.2). Und wenn dem so ist, dann kommt alles darauf an, die untrennbare Zusammengehörigkeit, ja die Einheit von Inhalt und Inspiration (also von äußerem und innerem Wort) zu denken.

Die von der *Real*inspiration her verstandene Inspirationslehre bildet mit der Begründung der Schriftautorität durch den Rekurs auf den *Inhalt* der Bibel eine solche untrennbare Einheit. Dementsprechend handelt es sich nicht um eine Alternative, sondern um *zwei Aspekte, die integrativ zusammengehören*.

4.2.3   Die Anwendbarkeit der Begründung der Schriftautorität auf das Alte Testament

Angesichts der zentralen Bedeutung, die in diesem Modell dem *Inhalt* der Schrift zukommt, der mit der Gottesoffenbarung in Jesus Christus gleichgesetzt wurde, scheint es so, als sei das Alte Testament, das doch zum Kanon gehört, gar nicht im Blick. Läßt sich die Bibelautorität insgesamt so begründen, wie das hier versucht wurde?

Hier müssen zwei Sichtweisen unterschieden werden: die *jüdische* Sichtweise, für die das „Alte Testament" *die hebräische*, genauer: *die jüdische Bibel* ist, und die *christliche* Sichtweise, für die die „jüdische Bibel" das *Alte Testament* ist.[14]

---

13 Es ist schon oft darauf hingewiesen worden, daß dies einen gewichtigen Unterschied zwischen Christentum und Islam darstellt. Für den Islam steht nicht etwa der Prophet Mohammed, sondern der Koran an der Stelle, an der für den christlichen Glauben Jesus Christus steht.

14 Gebrauchen *Christen* den Ausdruck „hebräische" bzw. „jüdische Bibel" als *ihre* Bezeichnung für das Alte Testament, so machen sie sich die jüdische Sichtweise zu eigen. Wenn dies nicht als *Konversion* gemeint ist, hat es den Charakter eines *Übergriffs*. Der von E. Zenger (Das Erste Testament) zur Diskussion gestellte Vorschlag, die Bezeichnung „Altes Testament" durch „Erstes Testament" zu ersetzen, um damit dem jüdischen Selbstverständnis

Die jüdische Sichtweise und Begründung der Schriftautorität kann im Rahmen einer christlichen Dogmatik nur aus einer Außenperspektive heraus wahrgenommen und beschrieben werden (s. o. 1.2.1). Aus dieser Perspektive kann gesagt werden, daß offenbar zweierlei für die jüdische Begründung der Schriftautorität konstitutiv ist:

a) Grundlegend ist die Gewißheit, daß der Gott Abrahams, Isaaks und Jakobs sich seinem Volk geoffenbart hat. Diese Offenbarung ist durch Taten (z. B. den Exodus) und durch Worte (z. B. den Dekalog) geschehen, und ihr Gehalt besteht darin, daß Gott Israel als sein Volk auserwählt und sich ihm als sein Gott zugesagt hat. Er geht mit Israel einen Bund ein, der diesem Volk eine heilvolle Zukunft verheißt. Als Wegweisung in diese Zukunft offenbart Gott dem Volk seinen Willen und nimmt damit zugleich das Volk für sich in Anspruch. Diese Doppelstruktur von Zusage und Inanspruchnahme, die sowohl im Begriff der „Erwählung" als auch im Begriff des „Bundes" in ihrer inneren Zusammengehörigkeit zum Ausdruck gebracht wird, findet immer wieder ihren Ausdruck in der Formel: „Ich will euer Gott sein und ihr sollt mein Volk sein." (Lev 26,12; Jer 7,23; 11,4; 24,7; 31,1 u. 33; Ez 11,20; 37,23 u. 27; Hos 2,25; Sach 8,8 u. ö.)[15] Die Doppelstruktur von Zusage und Inanspruchnahme bestimmt auch das erste Gebot des Dekalogs (Ex 20,2 f.; Dtn 5,6 f.; vgl. auch Dtn 6,4 f.). Damit ist in knappster Form der Gehalt der Gottesoffenbarung, wie er in der „jüdischen Bibel" bezeugt ist, zum Ausdruck gebracht.

b) Für das Judentum hat aber Jesus Christus *nicht* den Charakter einer Selbsterschließung Gottes, dementsprechend kann es auch im christlichen Neuen Testament kein Offenbarungszeugnis erkennen, dem kausative oder normative Autorität zukäme. Zwar ist das Judentum offen für eine künftige Epiphanie Gottes in Gestalt des erwarteten Messias Israels. Aber das Judentum teilt nicht die christliche Überzeugung, daß in Jesus Christus der Messias Israels bereits erschienen ist.

Die Autorität der „jüdischen Bibel" läßt sich also ebenfalls vom Gehalt der Schrift her, d. h. von der in ihr bezeugten Gottesoffenbarung begründen. Aber dieser *Gehalt* hat sich dem Judentum anders erschlos-

---

besser gerecht zu werden, löst das hier bestehende Problem nicht überzeugend. In Konsequenz dieses Vorschlags müßte ja das „Neue Testament" als „Zweites Testament" bezeichnet werden, was in gleichem Maße den Eindruck erwecken kann, das Erste Testament sei hinfällig geworden. Wenn man den Begriff „Altes Testament" (oder „Erstes Testament") so mißversteht, als bedeute er „hinfällig gewordenes Testament", ist er zu beanstanden. Aber dieses Mißverständnis kann vermieden werden.

15 Im Neuen Testament findet diese Formel Aufnahme in II Kor 6,16; Hebr 8,10 u. Apk 21,3.

sen und muß daher von ihm auch anders bestimmt werden als vom Christentum.

Für den christlichen Glauben verliert von der Gewißheit der Gottes-offenbarung in Jesus Christus her die „jüdische Bibel" nicht ihre Gültig-keit, sondern diese Gültigkeit wird (durch Zitierung und inhaltliche An-knüpfung) ausdrücklich bestätigt. Wohl aber wird die Gottesoffenbarung in Jesus Christus für den christlichen Glauben zur normgebenden Offen-barung, und zwar auch im Blick auf seine Stellung zu dem Offenbarungs-zeugnis Israels. Eben damit wird die „jüdische Bibel" für die Christen zum Alten Testament und damit zu einem *Teil* ihrer Heiligen Schrift. Wenn Christen das Alte Testament lesen, dann können sie dabei nicht von dem absehen, was sich *ihnen* (durch das Neue Testament) von Jesus Christus her erschlossen hat. Von daher entdecken sie, daß die *Wurzeln* ihres Glaubens in *der* Gottesoffenbarung liegen, die sich dem Volk Israel er-schlossen hat und die im Alten Testament bezeugt wird. Deshalb gilt die Begründung der Schriftautorität von Jesus Christus her *aus christlicher Sicht* tatsächlich auch für das Alte Testament.

Dabei wäre die Rede von den Wurzeln des christlichen Glaubens oberflächlich und unzureichend interpretiert, wenn sie sich primär an den sog. messianischen Weissagungen des Alten Testaments orientieren und diese als in Jesus Christus erfüllt bezeichnen würde. Es geht viel umfassen-der und grundlegender um die vierfache Gewißheit,

– daß der Vater Jesu Christi kein anderer ist als „der Gott Abrahams, Isaaks und Jakobs";
– daß die im Alten Testament bezeugte Heilsverheißung Gottes für Israel nicht hinfällig geworden ist, sondern durch Christus in Geltung bleibt;
– daß der im Dekalog und Liebesgebot bezeugte Gotteswille von der Gottesoffenbarung in Jesus Christus her bekräftigt und bestätigt worden ist;
– daß die Zusage und Inanspruchnahme „Ich will euer Gott sein und ihr sollt mein Volk sein" in Kraft bleibt – aber *nicht beschränkt* bleibt auf das Volk Israel, sondern *geöffnet* ist für „die Welt" (Joh 3,16 f.; II Kor 5,19), also für Juden *und* Heiden.

Es wäre freilich eine verkürzte Darstellung, wenn man nicht sähe, daß schon im Alten Testament immer wieder die Grenzen des Volkes Israel überschritten werden, so daß „die Völker" in Gottes Heilshandeln mit einbezogen werden.[16] Aber diese Einbeziehung geschieht nur ansatzweise

---

16 So etwa in der Abrahams-Verheißung Gen 12,3 b sowie Gen 18,18; 22,18; 26,4; 28,14; s. a. Jes 2,1-5; Jon 3 u. 4.

und beseitigt nicht die dominierende Begrenzung auf Israel, die insbesondere darin sichtbar wird, daß den *Feinden* Israels nicht Gottes *Heils*wille
zugesagt, sondern sein *Vernichtungs*wille angedroht wird (besonders
massiv in den sog. Rachepsalmen, z. B. Ps 68, 22-24; 137,7-9 oder in Jes
13,15 f.).

Mit der hier skizzierten christozentrischen Begründung der Autorität
(auch) des Alten Testaments mache ich mir ausdrücklich *nicht* eine Deu-
tung zu eigen, die das Alte Testament auf eine *Formel* festlegt und so dem
Neuen Testament gegenüberstellt oder zuordnet (z. B. als Gesetz gegenüber dem Evangelium oder als Weissagung gegenüber der Erfüllung).
Solche Formeln werden weder dem Alten Testament noch dem Neuen
Testament und deshalb natürlich auch nicht deren Verhältnis zueinander
gerecht. Auch das Alte Testament enthält Evangelium, und auch das Neue
Testament enthält Gesetz. Ebensowenig wird hier freilich ein das Alte
Testament und das Neue Testament miteinander verbindender *kontinuierlicher oder geradliniger* Entwicklungszusammenhang behauptet. Auch
er ist ein Konstrukt, das der Vielfalt und Lebendigkeit der Texte nicht
gerecht wird.

Die christozentrische Begründung der Autorität des Alten Testaments
schließt aus christlicher Sicht die christozentrische Kritik des Alten Testaments ein. Dasselbe gilt übrigens – wie sich zeigen wird (s. u. 4.3.3.3) –
auch für das Neue Testament. Gerade so kann diese Begründung eine
Vereinnahmung der „jüdischen Bibel" vermeiden und der Eigenbedeutung
des Alten Testaments Rechnung tragen. Das hebt nicht auf, daß die an
Christus Glaubenden das Alte Testament gar nicht anders lesen und verstehen *können* als vom Glauben an die Gottesoffenbarung in Jesus Christus her. Sie entdecken von da aus die tiefreichenden Gemeinsamkeiten,
die sie zu „Schuldnern" gegenüber Israel machen.[17] Aber sie entdecken
auch das Trennende, das sie sich nicht zu eigen machen können. So ist die
Autorität des Alten Testaments (wie die des Neuen Testaments) für den
christlichen Glauben von der Selbstoffenbarung Gottes in Jesus Christus
her *begründet* und *begrenzt.*

---

17 Diesen Gedanken veranschaulicht Paulus in Röm 11,17-24 an dem Bild des
(edlen) Ölbaums, dem einige Zweige ausgebrochen wurden und dafür ein
wilder Ölzweig eingepfropft wurde.

4.3   Das Problem der sachgemäßen Schriftauslegung

4.3.1   Das Verstehen der Bibel als Auslegungsgeschehen

Die Bibel ist vielerlei: Sie ist eine Sammlung religiöser Texte aus mehr als einem Jahrtausend; sie ist eine historische Quelle für den antiken vorderen Orient; sie ist ein kulturgeschichtliches Dokument, das selbst den Charakter eines Kunstwerkes hat, etc. Für den christlichen Glauben ist die Bibel auch und vor allem die grundlegende Überlieferungsgestalt, durch die die Offenbarung Gottes in Jesus Christus für die Nachgeborenen zugänglich wird. Aber gerade wenn die Bibel *so* verstanden wird, stellt sich unübersehbar das Problem, wie die *Bibel selbst* dem Verstehen (der Nachgeborenen) *zugänglich* wird. Darauf ist zunächst allgemein zu antworten: (nur) durch *Auslegung*. Das gilt nicht nur für die Bibel, sondern für *jeden* Text, ja für jedes Zeichen. Aber eben deshalb gilt es *auch* für die Bibel.

Gegen die These, nur durch Auslegung werde die Bibel zugänglich, wird gelegentlich der Einwand erhoben, jede Auslegung verfälsche zumindest potentiell den auszulegenden Text, in diesem Fall also die Bibel, und deswegen komme es darauf an, die Worte der Bibel nicht auszulegen oder zu interpretieren, sondern „einfach so zu nehmen, wie sie dastehen". An diesem Einwand ist richtig, daß jeder Auslegungsakt das Risiko des Mißverstehens oder der Verfälschung in sich trägt, aber trotzdem gilt, daß ohne ihn *gar kein* Verstehen möglich wäre. Im Blick auf die biblischen Texte ist das schon insofern evident, als diese in Sprachen verfaßt worden sind (hebräisch, aramäisch, griechisch), die die allermeisten heutigen Menschen nicht verstehen, so daß sich nur durch Übersetzung, die selbst schon ein entscheidender Interpretationsakt ist, Sinn und Bedeutung dieser Texte erschließen können.

Aber noch viel grundsätzlicher gilt: Verstehen heißt Auslegen. Dabei geht es sowohl um eine *syntaktische* Interpretation, aufgrund derer die Elemente des Textes einander zugeordnet werden, als auch um eine *semantische* Interpretation, durch die den Elementen des Textes eine Bedeutung zugeordnet wird, sowie schließlich um eine *pragmatische* Interpretation, anhand derer dem Text bestimmte Absichten oder Zielsetzungen entnommen werden. Diese drei Interpretationsvorgänge finden – wenn auch häufig unbewußt – *gleichzeitig* statt und *durchdringen* sich *gegenseitig*. Bewußt werden sie vor allem dann, wenn die zu verstehenden Texte fremdartig (z. B. fremdsprachig, kompliziert, unklar) sind oder wenn bei dem Versuch, sie zu verstehen, offenkundige Widersprüche auftreten. In der direkten Kommunikation läßt sich häufig (durch Rückfrage, Korrektur oder Bestätigung) überprüfen, ob wir einander

richtig interpretiert, also verstanden haben, wenngleich auch diese Überprüfung nur durch (erneute) Interpretation möglich ist. Bei der Lektüre
eines geschriebenen Textes ist eine solche Rückkoppelung aber in der
Regel nicht möglich. Und je weiter die Entstehung eines Textes zeitlich
entfernt ist, desto schwieriger wird die Auslegungsaufgabe – aber auch
desto dringlicher. Es ist eine große Schwäche, ja eine grundlegende Aporie
vieler Formen des Biblizismus, daß dieses Auslegungsproblem ignoriert
oder jedenfalls erheblich unterschätzt wird. Auslegungsbedürftig sind
nicht etwa nur die sog. „dunklen Stellen in der Bibel", sondern *alle* ihre
Elemente. Wo dies nicht gesehen oder nicht anerkannt wird, besteht die
Gefahr, daß in die Bibel vor allem das *hineingelesen* wird, was den
mitgebrachten Vorstellungen der Leserinnen und Leser entspricht, was
aber keineswegs mit Sinn, Bedeutung und Intention der Bibeltexte übereinstimmen muß. Deswegen ist die Position eines hermeneutisch unzureichend reflektierten Biblizismus als *kontraproduktiv* oder *selbstwider-
sprüchlich* zu bezeichnen: Er *will* nichts anderes, als die Bibel zu Wort
und zur Geltung kommen zu lassen, aber er steht dabei in der akuten
Gefahr, die Bibel von seinen *eigenen* Vorstellungen her unbewußt zu
(miß-)deuten.

Die hermeneutische Problemlage ist im Blick auf die *Bibel* besonders
komplex und diffizil. Die Bibel ist ja eine Sammlung von Schriften ganz
unterschiedlicher Verfasser aus verschiedenen Jahrhunderten und nicht
das Werk *eines* Autors. Und diese Sammlung ist in sich keineswegs einheitlich, sondern vielstimmig, ja teilweise widersprüchlich. Das zeigt sich
freilich oft erst bei sehr *genauem* Lesen. Die in der Bibel enthaltenen
Angaben, Darstellungen, vor allem aber Theologien ergänzen und bestätigen sich nicht nur gegenseitig (das tun sie *auch*), sondern sie liegen
teilweise miteinander im *Streit*. Damit ergibt sich aber sowohl für die
Exegese als auch für die Dogmatik die Aufgabe zu klären, in welchen
biblischen Aussagen das Wesen des christlichen Glaubens angemessen zur
Erscheinung kommt und in welchen es verfälscht oder unterbestimmt
wird.

4.3.2   *Schriftauslegung als Erfassung des Schriftsinnes*

Je konsequenter die Autorität der Bibel aus dem von ihr bezeugten
Inhalt abgeleitet wird, um so größere Bedeutung bekommt der buchstäb-
liche bzw. „historische" Sinn der biblischen Texte (sensus literalis sive
historicus). Daß die reformatorische Theologie sich von der Theorie des
vierfachen Schriftsinnes löste, hat seinen entscheidenden Sachgrund im

Verständnis der Bibel als „Christusbuch"[18]. Denn wenn die Autorität der Schrift aus ihrem *Inhalt* resultiert, muß *dieser* möglichst genau erfaßt werden. Umgekehrt ermöglicht eine Orientierung an der Inspiration oder an den Verfassern der Schrift die Öffnung für alte und neue Lehren vom mehrfachen Schriftsinn. Mit der in Abschn. 4.2 getroffenen Entscheidung für die *inhaltliche* Begründung der Bibelautorität ist folglich die grundsätzliche Entscheidung dafür gefallen, daß Schriftauslegung legitimerweise nichts anderes sein kann als das Bemühen, den *Literalsinn* der biblischen Texte durch Auslegung zu erfassen.

Trotzdem bleiben hier zwei Anfragen zu bedenken. Zunächst: Bedeutet diese Konzentration auf den Literalsinn nicht eine unsachgemäße *Reduktion*, bei der das Anliegen und das mögliche Wahrheitsmoment der Lehre vom mehrfachen Schriftsinn verlorengeht (4.3.2.1)? Sodann: Ist der Literalsinn der biblischen Texte, und d. h. *auch*: der von den biblischen Autoren *gemeinte* Sinn überhaupt (mit Sicherheit) durch Auslegung zu *erfassen* (4.3.2.2)?

4.3.2.1 Wahrheitsmomente der Lehre vom mehrfachen Schriftsinn

Sucht man nach einer inneren Begründung für die klassische Lehre vom vierfachen Schriftsinn, so kann man sich an dem bekannten mittelalterlichen Merkvers orientieren:

> „Litera gesta docet, quid credas allegoria, moralis quid agas, quo tendas anagogia."[19]

An diesem Vers kann zweierlei auffallen: Erstens, daß dem Literalsinn keine (existentielle) *Funktion* (kein: „du ... sollst") zugeordnet wird; zweitens, daß bei den drei Funktionen des allegorischen, moralischen und anagogischen Schriftsinnes offenbar eine Nähe zu den drei Kardinaltugenden Glaube, Liebe und Hoffung besteht. Das gebietet zwar nicht, aber es erlaubt doch, die innere Begründung der Lehre vom vierfachen Schriftsinn so zu rekonstruieren, daß sie ausgehend von der Auslegung des Schrift*inhaltes* (gesta) dessen umfassende Bedeutung für das *Glauben,*

---

18 Diesen Begriff prägte – in historischer Absicht – R. Schäfer (Der Evangelische Glaube, Tübingen 1973, S. 45 u. 48). Ich nehme ihn hier als systematisch-theologischen Begriff auf.

19 „Der Buchstabe lehrt, was geschehen ist, die Allegorie, was du glauben sollst, der moralische Sinn, was du tun sollst, die Eschatologie, wohin du deine Hoffnung ausrichten sollst."

Handeln und Hoffen des Menschen auf methodisch verläßliche Weise zur Geltung bringen will. So gesehen vertritt die Lehre vom vierfachen Schriftsinn nicht nur ein legitimes, sondern sogar ein unaufgebbares Anliegen, geht es ihr doch offenbar darum, den uneingeschränkt daseinsbestimmenden Charakter der in der Bibel bezeugten Gottesoffenbarung bei der Schriftauslegung zur Sprache kommen zu lassen.

Freilich, die Lehre vom vierfachen Schriftsinn bringt dieses legitime, ja unaufgebbare Interesse mit *ungeeigneten Mitteln* zur Geltung, indem sie den allegorischen, moralischen und anagogischen Schriftsinn (also die funktionalen Sinnaspekte) dem Literalsinn ergänzend *nebenordnet*. Damit öffnet sie jedoch dem hermeneutischen Mißbrauch Tor und Tür, indem sie erlaubt, Auslegungsprobleme, die sich vom Literalsinn her ergeben, mittels Moralisierung oder Allegorisierung, also durch Wechsel der Auslegungs*art* zu beheben oder zu umgehen. Noch problematischer ist jedoch, daß auf diese Weise der Literalsinn und die drei funktionalen Sinnaspekte *gegeneinander isoliert* werden, wodurch der Literalsinn tendenziell theologisch *entleert* wird und die funktionalen Sinnaspekte ihr „fundamentum in re" *verlieren*.

Mit dieser Kritik ist aber auch schon der Weg gewiesen, wie dem Anliegen und dem Wahrheitsmoment der Lehre vom vierfachen Schriftsinn besser Rechnung getragen werden kann: Die drei funktionalen Sinnaspekte sind dem Literalsinn nicht neben-, sondern *unter*zuordnen. Sie ergänzen nicht, sondern sie *explizieren*, d. h. sie *entfalten* den Literalsinn. Recht verstanden sagt die Lehre vom vierfachen Schriftsinn Wesentliches aus über die *innere* Struktur des Schrift*inhaltes*, der das Glauben, Handeln und Hoffen des Menschen neu orientieren und bestimmen will. Aber diese „Funktionen" kommen nicht zum Schriftinhalt *hinzu*, sondern sie sind bereits in ihm enthalten, ja, sie konstituieren ihn. Und deshalb kommt das Wahrheitsmoment der Lehre vom *vier*fachen *Schrift*sinn erst dann zur Geltung, wenn man sie als Lehre vom *drei*fachen Sinn der *Offenbarung* rekonstruiert.

Gilt dies auch für die neueren Vorschläge zur Ergänzung des sensus literalis sive historicus etwa durch eine materialistische, psychoanalytische (bzw. tiefenpsychologische) oder feministische Hermeneutik? Diese Ansätze sind untereinander zu verschieden, als daß man das obige Rekonstruktionsmodell unverändert und undifferenziert auf sie anwenden könnte. Aber in zwei entscheidenden Hinsichten ist doch eine Gleichartigkeit festzustellen: Erstens wollen auch diese neueren Theorien die *umfassende* Bedeutung der biblischen Botschaft für das Glauben, Handeln und Hoffen des Menschen – *in einer bestimmten Hinsicht* – auf methodisch verläßliche Weise zur Geltung bringen. Und das ist nicht nur ein grundsätzlich berechtigtes Anliegen, sondern eine hermeneutische

Bereicherung. Zweitens stehen auch diese neueren Theorien in der Gefahr, dieses Anliegen mit ungeeigneten Mitteln zu vertreten, wenn sie die Ergebnisse der historisch-kritischen Schriftauslegung, die dem Literalsinn verpflichtet ist, ignorieren oder nicht ernst nehmen. Die faktische (und nicht nur grundsätzliche) Berechtigung und hermeneutische Bedeutung solcher Ansätze muß sich daran prüfen lassen, ob sie in der Lage sind, das *Offenbarungsgeschehen* (zumindest in einer bestimmten Hinsicht) angemessen zu explizieren und sich dabei am *Literalsinn* des biblischen Offenbarungszeugnisses messen und gegebenenfalls von daher korrigieren zu lassen, und ob sie eine *existentiell relevante* Dimension des Offenbarungsgeschehens zur Geltung bringen.

4.3.2.2   Die Erfaßbarkeit des Literalsinnes

Zur Vermeidung eines hermeneutischen Mißverständnisses sei noch einmal gesagt: Der Literalsinn eines (biblischen) Textes ist *nicht* „einfach das, was dasteht", sondern der Literalsinn wird nur zugänglich durch eine *verstehende Auslegung* (in syntaktischer, semantischer und pragmatischer Hinsicht), in die das Vorverständnis der auslegenden Person immer mit eingeht. Die am Literalsinn orientierte Auslegung versucht, die Botschaft des Textes so zu erfassen, wie sie von dessen Autorin oder Autor *gemeint* ist. Diese Auslegung ist also nicht daran interessiert, mit oder aus dem Text etwas zu *machen*, sondern sich vom Text *etwas sagen zu lassen*, und zwar genau das, *was der Text sagen will*. Dahinter steckt die Überzeugung, die Gewißheit oder auch nur die Vermutung, daß dieser Text etwas *unersetzlich Wichtiges* zu sagen *hat*, indem er die Gottesoffenbarung in Jesus Christus bezeugt, und daß er zu respektieren ist in der Art und Weise, *wie* er das tut.

Aber mit alledem ist noch keineswegs gesagt, daß die Erfassung des Literalsinnes eine *einfache* Angelegenheit sei. Vielmehr tritt hier all das in Kraft, was bereits früher über die Kontextualität, geschichtliche Bedingtheit und die daraus resultierende *Unabschließbarkeit* der theologischen Arbeit an den Quellentexten des Glaubens gesagt wurde. D. h. aber, auch die Erfassung des Literalsinnes der biblischen Botschaft stellt eine unter endlichen Bedingungen *nicht abschließend erfüllbare* Aufgabe dar. Auch für sie gilt also die von Schleiermacher aufgestellte Zweckbestimmung, daß sie „in jedem künftigen Augenblick reiner darzustellen" sei (s. o. S. 31f.). D. h. aber: Die Erfassung des Literalsinnes hat den Charakter einer *regulativen Idee*, und d. h. einer das Handeln bestimmenden, aber durch das Handeln selber nicht zu erreichenden Zielangabe. Die Erfassung des Literalsinnes ist also keine Tätigkeit, die man zu irgendeinem

Zeitpunkt als definitiv erledigt hinter sich lassen könnte, sondern eine unabschließbare Aufgabe. Für die Arbeit an dieser Aufgabe muß sich die Theologie der (besten) allgemeinen exegetischen und hermeneutischen Mittel bedienen, die vorhanden sind und (unter ihrer Beteiligung) weiterentwickelt werden.

Kann aber unter dieser Bedingung die Bibel in ihrem Literalsinn überhaupt ihre *normative Funktion* für die Lehre und für das Leben der Kirche erfüllen? Hat – unter dieser Voraussetzung – die Bibel *faktisch* eine auctoritas normativa? Die Antwort kann nur lauten: *Ja*, als *auszulegende*, wobei die Auslegung sich an der Erfassung des Literalsinnes als einer regulativen Idee zu orientieren hat. Daraus folgt, daß die Handhabung der Schriftautorität nach evangelischem Verständnis nur in einem durch *Sorgfalt, Sachverstand und Lernbereitschaft* qualifizierten *Prozeß der Schriftauslegung* erfolgen kann. D. h., eine mechanische Handhabung der Schriftautorität, die sich darauf *beschränken* würde festzustellen, ob irgendwelche *Aussagen* der Bibel zustimmend nachgesprochen oder aber verneint werden, ist nach evangelischem Verständnis ungeeignet, weil sie dem Charakter der Bibel nicht angemessen ist.[20] Wenn die Schriftauslegung mit Sorgfalt, Sachverstand und Lernbereitschaft betrieben wird, ist Fortschritt in der Auslegungstätigkeit und -kunst möglich und können begründete Ergebnisse erzielt werden. Aber auch sie stehen unter dem Vorbehalt der Irrtumsfähigkeit.

4.3.3 Die „Mitte der Schrift" als Auslegungsprinzip

Beim Nachdenken über die perfectio sive sufficientia der Bibel (s. o. 4.1.3.2) habe ich mich gegen die Eigenschaft der perfectio im Sinne der Vollkommenheit und für die Eigenschaft der sufficientia im Sinne der *Vollständigkeit* entschieden. Das besagt: In der Gesamtheit des biblischen Zeugnisses ist (neben und mit anderem) das Wirklichkeitsverständnis des christlichen Glaubens so enthalten, daß es vollständig aus ihr gewonnen werden kann. Die in Klammern gesetzten Worte „neben und mit anderem" und die damit angesprochene Auslegungsproblematik verdienen noch eigene Beachtung.

Mit der Entscheidung für die Interpretation der sufficientia als Vollständigkeit habe ich mir implizit zwei reformatorische Grundüberzeugungen zu eigen gemacht, die nun expliziert und reflektiert werden sollen. Die eine lautet: Es gibt eine „*Mitte*", d. h. eine *Leitperspektive* der

---

20 Dies ist auch bei der Anwendung der Schriftautorität im Rahmen von Lehrbeanstandungsverfahren unbedingt zu beachten.

Schrift (und es gibt dementsprechend auch Ränder und Nebenaspekte der Schrift). Die andere lautet: Die Schrift legt sich selbst aus, denn sie besitzt „perspicuitas", und darum gilt das Prinzip *„sola scriptura".*

4.3.3.1   Die Frage nach der Einheit des Kanons als Auslegungsaufgabe

In einem vielzitierten Aufsatz hat E. Käsemann 1951 die Frage gestellt: „Begründet der neutestamentliche Kanon die Einheit der Kirche?" Und er kommt in diesem Aufsatz zu dem Ergebnis: „Der nt.liche Kanon begründet als solcher nicht die Einheit der Kirche. Er begründet als solcher, d. h. in seiner dem Historiker zugänglichen Vorfindlichkeit dagegen die Vielzahl der Konfessionen."[21] Diesem Urteil kann ich nur teilweise zustimmen. Der Schlußsatz des Zitats ist m. E. zutreffend und macht zu Recht die Komplexität und Uneinheitlichkeit schon des *neutestamentlichen* Textbestandes deutlich. Den ersten Teil von Käsemanns Urteil halte ich hingegen für problematisch. Die komplexe Bedeutung des biblischen Kanons wird angemessener beschrieben, wenn man sagt, daß er als solcher in der Vielzahl der Konfessionen bzw. kirchlichen Richtungen die Einheit der *Kirche* (sing.!) bewahrt. Wie ist das zu verstehen?

Die Einheit der Kirche (s. dazu u. 14.3.1.3) ist ebensowenig eine empirisch erfaßbare Größe wie *die eine Kirche* selbst. Die eine Kirche ist die für uns nicht aufweisbare und abgrenzbare Gemeinschaft der Glaubenden, deren Einheit darin besteht, daß Jesus Christus der eine gemeinsame Grund ihres Glaubens ist. Weil der Kanon das grundlegende, ursprüngliche Zeugnis von diesem Glaubensgrund enthält, *darum* und *insofern* bewahrt er die durch das Christusgeschehen begründete Einheit der Kirche. Da der Kanon diesen Glaubensgrund aber auf vielfältige, spannungsvolle, teilweise sogar widersprüchliche Weise bezeugt, begründet er *zugleich* die Vielzahl der Konfessionen. „Einheit" und „Vielzahl" schließen sich also ebensowenig gegenseitig aus wie „die Kirche" und „die Konfessionen". Wohl aber ist es bei beiden Begriffspaaren notwendig, ihre Vereinbarkeit erst mittels Differenzierung aufzuzeigen.

Der Aufweis der *begrifflichen* Vereinbarkeit ersetzt aber noch nicht die *exegetische* Überprüfung des sowohl Einheit wahrenden als auch Vielfalt hervorbringenden Charakters des Kanons, der anzunehmen ist, wenn er sowohl die Einheit der Kirche als auch die Vielzahl der Konfessionen erklären soll. Zur Erfüllung dieser Aufgabe ist es notwendig, aber auch

---

21 Exegetische Versuche und Besinnungen. 1. Band, S. 221.

ausreichend, zu zeigen, daß es *in* der faktisch gegebenen Vielfalt und Disparatheit der biblischen Aussagen und Theologien eine *Gemeinsamkeit im Grundlegenden* gibt, die man als die „Mitte" oder besser als die *Leitperspektive* der Schrift bezeichnen kann und die auch dem Kanon seine *innere Einheit* verleiht.

4.3.3.2 Die Vielfalt der biblischen Schriften und die Mitte der Schrift

Fragen wir zunächst, *wie* eine solche „Gemeinsamkeit im Grundlegenden" aufgespürt und aufgezeigt werden kann, bevor wir weiterfragen, *worin* sie besteht. Für die Vermutung, daß es eine solche Gemeinsamkeit gebe, spricht vor allem die Tatsache der Kanonbildung selbst. Denn in ihr findet ja die Überzeugung des Frühjudentums und der frühen Christenheit Ausdruck, daß die im Kanon versammelten Schriften den Gehalt der göttlichen Offenbarung so zur Sprache bringen, daß dieses Zeugnis kausative und normative Autorität besitzt.

Aber man muß mit der Möglichkeit rechnen, daß bei der Kanonbildung Fehldeutungen und Irrtümer vorgekommen sind. So könnten z. B. Schriften anders verstanden worden sein, als sie – jedenfalls unserer Erkenntnis zufolge – ihrer eigenen Aussageabsicht nach verstanden werden müssen. Oder es könnten Widersprüche zwischen den Schriften oder innerhalb der Schriften unentdeckt geblieben sein, die sich erst im Laufe späterer Auslegung herausgestellt haben. Solche Umdeutungen könnten freilich auch bei *unserer* Auslegung vermutet oder wahrgenommen werden. Das erinnert noch einmal an den notwendigerweise(!) fragmentarischen Charakter (s. o. 2.3.2.3) jedes Versuchs, das Wesen des christlichen Glaubens (z. B. durch Rückbesinnung auf die Ursprungszeugnisse) zu bestimmen.

Unter dieser generellen Prämisse bleibt nun zu fragen, wie die Mitte der Schrift angesichts und anhand der Vielfalt der biblischen Schriften aufgefunden werden kann. Zwei Abwege sind zunächst auszuscheiden:

a) Die Bestimmung der Schriftmitte kann *nicht* erfolgen durch das Aufspüren eines Kernbestandes an übereinstimmenden Aussagen. Es ist also unangemessen, die Aussagen, die in allen biblischen Schriften vorkommen (wenn es solche überhaupt gibt), allein *deshalb* für die Mitte der Schrift zu erklären. Ein solches mechanisches Verfahren würde der gestellten Aufgabe nicht gerecht, weil durch nichts sichergestellt wäre, daß die möglicherweise gefundenen gemeinsamen Aussagen tatsächlich die zentrale *Aussageabsicht* der Schrift zum Ausdruck bringen würde. Die Mitte der Schrift ist nicht in dem zu finden, was die biblischen Schriften *sagen*, sondern in dem, was sie *meinen*; wobei sofort hinzuzufügen ist, daß wir über das Gemeinte nur aufgrund des Gesagten etwas in Erfahrung bringen können. Aber nicht die Übereinstimmung der sprachlichen Zeichen entscheidet über das Gegebensein einer Mitte der Schrift, sondern die Gemeinsamkeit dessen, was von den Schriften bezeugt wird.

b) Diese Unterscheidung könnte den Anschein erwecken, als sei folglich der biblische Text ungeeignet, jedenfalls aber unzureichend, um die Mitte der Schrift zu bestimmen, und als liege diese Entscheidung deshalb letztlich bei einer von der Bibel zu unterscheidenden, externen Auslegungsinstanz. Gegen *diese* Auffassung haben die Reformatoren, allen voran Luther, das Prinzip „sola scriptura" als *hermeneutische Regel* eingeschärft und beharrlich verteidigt. Aus der Bibel selbst und *nicht von anderswoher* muß und kann die Bestimmung der Mitte der Schrift gewonnen werden. *Daß* sie von dorther gewonnen werden *muß*, ergibt sich daraus, daß andernfalls die Schrift ihre – aus der in ihr bezeugten Sache resultierende – auctoritas normativa verlöre und damit die theologische Urteilsbildung (in) der Kirche dem Belieben preisgegeben würde. *Ob* sie aber auch von dorther gewonnen werden *kann*, ob also die Schrift diejenige (äußere) Klarheit (claritas) und Durchsichtigkeit (perspicuitas) besitzt, die den Aufweis einer Mitte der Schrift erlaubt, kann nur durch den entsprechenden Versuch überprüft werden.

Die damit übernommene These, die Schrift sei ihre eigene Auslegerin („sacra scriptura sui ipsius interpres"), muß allerdings in einer Hinsicht „eingeschränkt", genauer: präzisiert werden. Daß die Schrift aus sich selbst ausgelegt werden muß, setzt allerdings voraus, daß bei dieser Auslegung der allgemeine hermeneutische Kontext (von Sprache, Kultur, Gesellschaft etc.) der biblischen Schriften berücksichtigt werden muß. Auch die Bibel ist den allgemeinen Entstehungs- und Verstehensbedingungen von Texten nicht entnommen. Man kann sogar umgekehrt formulieren: Die hermeneutische Regel, die Schrift aus sich selbst auszulegen, gilt darum für die Bibel, weil sie grundsätzlich gilt und dabei den Kontext stets einschließt. Sie schließt jedoch eine Auslegung gegen ihre eigene Aussageabsicht unter Berufung auf eine externe Instanz aus. Diese allgemeine hermeneutische Regel hat freilich in Anwendung auf die Schrift besonderes *Gewicht*. Das resultiert aus der *Bedeutung*, die der in der Bibel bezeugte Inhalt für das Wirklichkeitsverständnis des christlichen Glaubens und damit für die Verkündigung und Lehre in den Kirchen hat.

Luthers bekannte Beschreibung der Schriftmitte durch die Formel „was Christum treibet"[22] ist dabei m. E. in dreifacher Hinsicht überzeugend und deswegen zu übernehmen:

---

22 WA DB 7,384,26 ff.

a) Sie reduziert die Mitte der Schrift auf *einen* Punkt. Das legt sich nicht nur von den Metaphern „Mitte" und „Leitperspektive" her nahe, sondern ergibt sich auch aus den bisherigen hermeneutischen Überlegungen. Wenn es eine *gemeinsame Aussageabsicht* in der Bibel gibt, dann muß dieses Gemeinsame auch letztlich als *Eines* formuliert werden können. Aber dieses Eine ist unterschiedlich interpretierbar und unbegrenzter Entfaltung und Differenzierung fähig.

b) Sie benennt die Mitte der Schrift mit dem als *Name* zu verstehenden Titel: „Christus". Wenn die Begründung der Schriftautorität aus dem Inhalt der Schrift und wenn die Identifizierung dieses Inhaltes als Gottes Selbstoffenbarung in Jesus Christus zutreffend ist, dann muß die Mitte der Schrift in dieser Person (Act 4,12; I Kor 3,11; Kol 2,2 f.) gesucht und gefunden werden. Damit kommt die dem christlichen Glauben angemessene Verhältnisbestimmung von Schriftzeugnis und Offenbarungsereignis treffend zum Ausdruck: In der Mitte der Schrift steht *der Mensch*, in dem Gott sich zum Heil der Welt geoffenbart hat.

c) Sie charakterisiert die Mitte der Schrift als ein lebendiges *Geschehen*. Nicht eine Lehre oder ein Lehrsatz bildet die Mitte der Schrift, sondern das, was in bezug auf die Person Christi geschieht: was Christum *treibet*, d. h.: was ihm dient. Das Geschehen, das in Luthers Sprache durch das Verbum „treiben" bezeichnet wird, enthält mehrere Facetten. Es besagt,

– daß Christus *verkündigt* werden muß, weil die Offenbarung sich nur durch Worte und andere Zeichen vermitteln kann;

– daß Christus *ausgelegt* werden muß und daß dies auf mehr als eine Weise geschehen kann;

– daß Christus zur *Geltung* kommen muß[23], damit die Selbstoffenbarung Gottes wirksam wird.

Gegen Luthers Bestimmung der Schriftmitte ist immer wieder eingewandt worden, sie sei einerseits zu *unbestimmt*, andererseits *willkürlich festgelegt*. Der erste Einwand bezieht sich primär auf den *Wortlaut* der Formel, der zweite vor allem auf Luthers Interpretation dessen, was Christum treibet, mittels der *paulinischen Rechtfertigungslehre*. Man könnte zwar darauf hinweisen, daß sich diese beiden Einwände gegenseitig aufheben, damit sind die angesprochenen Probleme aber nicht erledigt. Tatsächlich gibt es bei Luther beides: die weite, relativ unbestimmte, funktional klingende Formel *und* deren (implizite oder explizite) Interpretation

---

23 Das insbesondere im Markusevangelium immer wieder auftauchende Schweigegebot (vgl. Mk 1,44; 7,36 u. o.) kann freilich auch als Hinweis darauf verstanden werden, daß nicht nur das rechte Reden, sondern auch das rechte *Schweigen* Christus „treiben", ihn also zur Geltung bringen kann.

im Sinne der paulinischen Rechtfertigungslehre (oder auch des johanneischen Christuszeugnisses).

Beide Elemente lassen sich insofern miteinander verbinden und füreinander fruchtbar machen, als die weite Formel „was Christum treibet" die *gemeinsame Aussageabsicht* der neutestamentlichen (und damit implizit der biblischen) Schriften angemessen erfaßt, während die Aufnahme der paulinischen Rechtfertigungslehre als Interpretament jener Formel zur Geltung bringt, daß diese Formel auslegungsbedürftig und ‑fähig ist. Und gerade in dieser letzteren Hinsicht zeigen sich die Unterschiede und die spannungsvolle Vielfalt der biblischen Schriften, die nicht neben oder abgesehen von der Schriftmitte bestehen, sondern *in der Art und Weise*, wie diese Leitperspektive in den verschiedenen biblischen Schriften zur Geltung gebracht wird. So zeigt sich auch *an* der Bestimmung der Mitte der Schrift deren Einheit *und* Vielfalt.

4.3.3.3   Die kritische Funktion der Mitte der Schrift

Von einer kritischen Funktion der Mitte der Schrift, also dessen, was Christus treibt, ist in zweierlei Hinsicht zu reden:

a) Zunächst ist zu erinnern an die auctoritas normativa der Schrift, die deren kritische Funktion gegenüber den Hörern und Lesern benennt. In dieser grundlegenden Bedeutung hat der Begriff „Schriftkritik" den Charakter eines Genitivus subiectivus oder auctoris, bezeichnet also die von der Schrift geübte und ausgehende Kritik gegenüber aller anderen Lehre. Diese kritische Funktion eignet den biblischen Aussagen nicht gleichmäßig und flächig, sondern nur soweit und sofern sie Ausdruck dessen sind, was Christus treibt. Die kritische Funktion der Schrift kulminiert also und konzentriert sich in der Mitte der Schrift. Sie eigentlich, und letztlich sie allein, besitzt normative Autorität, die als solche immer auch Autorität zur Kritik ist, der die Glaubenden sich zu stellen und an der sie sich auszurichten haben.

b) Sodann aber ist die *interne* schriftkritische Funktion der Schriftmitte zu thematisieren, die in dem erstgenannten Aspekt schon implizit enthalten war, aber als eigenständiger Gedanke expliziert werden muß. Der Begriff „Schriftkritik" bekommt hier (ohne den Charakter als Genitivus auctoris zu verlieren) *auch* den Charakter eines Genitivus obiectivus: Die Schrift, genauer: die biblischen Schrift*en* werden von der Mitte der Schrift her zum *Gegenstand und Adressaten* der Kritik. Es war wiederum Luther, der dieses Prinzip der Schriftkritik insbesondere in seinen Vorreden zu einzelnen biblischen Büchern (sowie durch die Anordnung der Reihenfolge der neutestamentlichen Schriften) *exemplarisch praktiziert* und ihm eine *gültige Formulierung* verliehen hat: „Denn wenn die Gegner die Schrift gegen Christus ins Feld führen, führen wir Christus gegen die Schrift ins Feld."[24] Dieses Zitat belegt, daß es (auch für Luther) offenbar Aussagen der Schrift gibt, die *nicht* Christus treiben, sondern „gegen Christus" gerichtet sind oder jedenfalls so verwendet werden können.[25] Wichtiger ist jedoch, daß gegen solche Aussagen *Christus* ins Feld geführt werden kann, ja sogar muß. Weil die Schriftautorität aus der Christus-offenbarung *abgeleitet* ist, darum ist das, was Christus treibt, zugleich der *kritische Maßstab*, an dem sich die einzelnen Aussagen der Schrift und die einzelnen biblischen Schriften auf ihre Christusgemäßheit hin messen lassen müssen.

Freilich ist es zur Vermeidung von Mißverständnissen wichtig, noch einmal zu betonen, daß die Schriftmitte nicht von einer Instanz außerhalb oder oberhalb der Schrift bestimmt werden kann, sondern nur im Rahmen eines hermeneutisch reflektierten und kontrollierten Auslegungsprozesses der biblischen Schriften, der nicht durch dogmatische oder bekenntnismä-ßige Vorgaben präjudiziert werden darf. Würde das kirchliche Christus-dogma oder die theologische Christologie die Auslegung des biblischen Zeugnisses normieren, so würde damit der von der Schrift bezeugten „Sache" und damit der (Mitte der) Schrift selbst ihre normierende und kritische Funktion gegenüber Kirche und Theologie genommen oder be-stritten. Das aber darf nicht geschehen, damit der christliche Glaube nicht seinen Grund und seine Identität verliert. Daß die kritische Funktion der Schrift zugleich eine *selbst*kritische Funktion ist, hebt – wie bei aller ernst-haften Selbstkritik – deren Autorität nicht auf, sondern bekräftigt sie.

Aus allem Gesagten ergibt sich, daß und warum nach reformatori-schem Verständnis die Rechtfertigungsbotschaft als der Inhalt des Evan-geliums und die Rechtfertigungslehre als inhaltliche Bestimmung der Mitte der Schrift *das* Kriterium ist, an dem sich alle kirchliche und theologische Lehre messen lassen muß.[26]

---

24 WA 39 I, 47,19 ff.: „Quod si adversarii scripturam urserint contra Christum, urgemus Christum contra scripturam."

25 Dazu gehörten für Luther nicht nur die Aussagen des Jakobusbriefs über die Rechtfertigung durch die Werke, sondern z. B. auch die Aussagen des Hebräer-briefs über die Unmöglichkeit einer zweiten Buße.

26 Weil die Rechtfertigungsbotschaft und -lehre kein *Teil*stück, sondern der *Grund* und das *Kriterium* aller Lehre ist, darum taucht in der Soteriologie dieser Dogmatik (Kap. 14) kein gesonderter Abschnitt über die Recht-fertigung(slehre) auf.

5 Das kirchliche Bekenntnis als maßgebliche Interpretation des christlichen Glaubens

Christlicher Glaube lebt nur innerhalb einer Gemeinschaft von Menschen, in der die Botschaft von Jesus Christus verkündigt, gehört und angenommen wird. Ihre sichtbare, institutionalisierte Gestalt findet diese Gemeinschaft in den christlichen Kirchen. Die Bestimmung des Wesens des christlichen Glaubens bliebe deshalb abstrakt, wenn man diese *kirchliche Lebensform* des Glaubens außer acht ließe. Ebenfalls abstrakt bliebe die Bestimmung, wenn dabei ignoriert würde, daß es die sichtbare, institutionalisierte Gestalt dieser Gemeinschaft nur in der *Pluralität* der *Konfessionen* gibt.

Die *Möglichkeit* einer solchen Pluralität ist insofern im Wesen des christlichen Glaubens angelegt, als die Offenbarung Gottes in Jesus Christus keine einheitliche Auslegung *erzwingt*, sondern eine Mehrzahl von Interpretationen *zuläßt*. Das *Faktum* der Pluralität resultiert jedoch nicht mit Notwendigkeit aus dem Wesen des christlichen Glaubens, sondern ist ihm gegenüber *kontingent*. D. h.: Es *muß* nicht so sein, daß unterschiedliche (Gruppen von) Menschen die Offenbarung Gottes in Jesus Christus auf unterschiedliche, miteinander unvereinbare Weise interpretieren. Aber angesichts der tatsächlichen konfessionellen Pluralität, die nicht erst unter neuzeitlichen Bedingungen entstanden, unter ihnen aber für uns unübersehbar geworden ist, kann die Beantwortung der Frage nach dem Wesen des christlichen Glaubens nicht an der konfessionellen Vielfalt der Kirchen vorbei erfolgen. „Konfessionelle Vielfalt" meint dabei nicht nur die Vielfalt *der* Konfessionen, sondern auch die Vielfalt *innerhalb* der Konfessionen, die es im Bewußtsein vieler Menschen zunehmend schwer macht, eindeutige konfessionelle Zuordnungen vorzunehmen. In diesem Sinne kann man insbesondere heute von einer konfessionellen Nivellierung sprechen, konfessionelle Mischformen konstatieren und in vielen Fällen nur noch eine unbewußte Konfessionalität diagnostizieren.

Trotzdem ist daran festzuhalten, daß es keinen christlichen Glauben *jenseits* konfessioneller Interpretationen gibt. Was als solche transkonfessionelle Christlichkeit erscheinen könnte, ist entweder bloßes Konstrukt oder enthält latent in sich konfessionelle Differenzen. Christlichen Glauben gibt es unter unseren geschichtlichen Bedingungen nur *in* konfessionellen Interpretationen.[1] Und da diese Interpretationen untereinander teilweise grundsätzlich divergieren, ergibt sich die Notwendigkeit des Vergleichs und der auswählenden Entscheidung.

Damit stellt sich unter den Bedingungen konfessioneller Pluralität für die Bestimmung des Wesens des christlichen Glaubens eine *dreifache* Aufgabe:

- Zunächst ist danach zu fragen, wie das Verhältnis von *konfessioneller Identität* und *ökumenischer Gemeinschaft* im Blick auf die Kirchen und von daher für die Dogmatik zu bestimmen ist (5.1).
- Sodann ist zu fragen, welche Bedeutung das *kirchliche Bekenntnis oder Dogma* für die Bestimmung der kirchlichen Identität und von daher für die Dogmatik besitzt (5.2).
- Schließlich ist zu fragen, wie die konfessionelle Identität aufgrund des *reformatorischen Bekenntnisses* für die evangelischen Kirchen zu beschreiben ist und von daher auch für eine Dogmatik, die sich dem reformatorischen Bekenntnis und der evangelischen Kirche verpflichtet weiß (5.3).

Damit sind Thematik und Aufbau dieses Kapitels vorgezeichnet.

5.1   Der konfessionelle und ökumenische Charakter der Dogmatik

Stand im vorigen Kapitel die – trotz aller Vielfalt – einheitstiftende Bedeutung des biblischen Kanons im Vordergrund, so richtet sich nun der Blick auf die – unbeschadet dieser Einheit – bestehende Vielfalt der Konfessionen. Versteht man die Kirchengeschichte (auch) als „Geschichte der Auslegung der Heiligen Schrift" (G. Ebeling), so erweisen sich die unterschiedlichen, ja teilweise gegensätzlichen Interpretationen der Bibel, wie sie in kirchlichen Bekenntnissen oder Dogmen ihren Ausdruck gefunden haben, als Schlüssel zum Verständnis und zur Erklärung dieser Vielfalt.

Eine bekenntnismäßig fundierte konfessionelle Pluralität gibt es nicht erst seit der Trennung zwischen der Ost- und Westkirche im Jahre 1054 oder gar erst seit der innerabendländischen Trennung zwischen der römisch-katholischen Kirche und der reformatorischen Bewegung. Konfessionsartige Sonderprägungen hat es im Christentum schon seit den ersten Anfängen gegeben. Trotzdem kann man sagen, daß für unseren

---

1   Es könnte allerdings so sein, daß *ganz neue* Formen der konfessionellen Bewußtseinsbildung entstehen, die sich von den aus der Geschichte bekannten weitestgehend unterscheiden.

kulturellen Bereich der Augsburger Religionsfriede von 1555 und insbesondere der Westfälische Friede von 1648 den Eintritt in das bis heute bestehende *konfessionelle Zeitalter* des Christentums bedeutet haben. Neu an dieser Situation ist die dauerhafte Kopräsenz und Konkurrenz mehrerer konfessioneller Ausprägungen des christlichen Glaubens *innerhalb eines territorialen Bereichs*. Diese Situation hat von Anfang an nicht nur die Reflexion auf die je eigene konfessionelle Identität herausgefordert, sondern auch vielfältige Gespräche und Verständigungsbemühungen zwischen den Konfessionen hervorgebracht, die dem Ziel dienten, konfessionelle Gegensätze und Trennungen zu überwinden.

Das konfessionelle und das ökumenische Moment haben sich in wechselnden Anteilen und Akzentuierungen immer wieder in den christlichen Kirchen und in ihren Theologien als präsent erwiesen. Im Gefolge der innerevangelischen Unionen in der ersten Hälfte des 19. Jahrhunderts und im Blick auf die ökumenische Bewegung seit dem Beginn des 20. Jahrhunderts stellt sich die Frage, ob sich nun das Ende des konfessionellen Zeitalters abzeichnet, ja ob nicht heute schon Dogmatik als überkonfessionelle, ökumenische Disziplin betrieben werden kann und sollte.[2] Ein solches Unternehmen steht jedoch unabweisbar vor der Frage, wie es die Differenzen beurteilt und bewertet, die in der Kirchengeschichte aufgebrochen sind und zu Kirchenspaltungen geführt haben. Ein Rückgriff lediglich auf die Bekenntnisse und Dogmen, die *vor* der konfessionellen Trennung formuliert wurden, führt hier nicht weiter, weil er de facto auf eine Ausklammerung der Differenzen hinausläuft, die zur konfessionellen Trennung geführt haben. Ebensowenig hilft eine Reduktion auf dasjenige, was von allen Konfessionen gemeinsam gesagt und bekannt werden kann, weil damit die unterschiedliche geschichtliche Entwicklung übersprungen würde und wesentliche Inhalte des christlichen Glaubens ausgespart blieben. Zudem erweist sich das auf die Gemeinsamkeit Reduzierte bei näherem Zusehen in der Regel von dem Strittigen (indirekt, aber wirksam) *mitbetroffen*.

Ökumenisch ist eine Dogmatik nicht dann, wenn sie die konfessionellen Differenzen ausklammert, sondern wenn sie diese wahrnimmt und möglichst beharrlich im Blick behält. Das Bemühen um Überwindung der konfessionellen Trennungen steht vor folgender Alternative: Entweder müssen die Kontroversen, die zur Kirchentrennung geführt haben, im nachhinein für (de iure) nicht kirchentrennend erklärt und muß damit das theologische Urteil der damals Lebenden bestritten werden. Oder es ist zu

---

2   Einen programmatischen Versuch in diese Richtung stellt die „Ökumenische Dogmatik" von E. Schlink aus dem Jahr 1983 (mit Geleitworten von H. Fries und N. A. Nissiotis) dar.

zeigen, daß und auf welche Weise die damaligen Kontroversen in der Zwischenzeit durch neue theologische Einsichten überwindbar geworden oder bereits überwunden worden sind.

Wenden wir uns zunächst den *innerevangelischen* Differenzen zu[3]: Was das Verhältnis zwischen Luthertum und Calvinismus anbelangt, wird zwar kaum ein Kundiger behaupten, die traditionellen Differenzen seien völlig verschwunden oder bedeutungslos geworden. Sie bestehen in der Bekenntnis- und Amtsfrage, in der Christologie und Abendmahlslehre sowie in der politischen Ethik fort, auch wenn sie eher atmosphärischen Charakter haben und vor allem in unterschiedlichen Akzentsetzungen zum Ausdruck kommen. Der entscheidende ökumenische Fortschritt wurde in diesem Bereich anknüpfend an die Arnoldshainer Thesen (1957) erzielt durch die Leuenberger Konkordie (1973), deren kirchengeschichtliche Bedeutung darin besteht, daß es gelang, zwischen lutherischen, reformierten und unierten Kirchen ein *gemeinsames Verständnis des Evangeliums* zu formulieren. Dabei steht „Evangelium" für den wesentlichen Gehalt der Gottesoffenbarung in Jesus Christus, der die Mitte der Schrift bildet. Die Formulierung „gemeinsames Verständnis" bringt zum Ausdruck, daß dieser Gehalt nur in Form einer bestimmten Interpretation zugänglich und gegeben ist. Dieses gemeinsame Verständnis des Evangeliums stellt den Fundamentalkonsens dar, der laut CA 7 für die wahre Einheit der Kirche *notwendig*, aber auch *hinreichend* ist. Auf der Basis dieses Fundamentalkonsenses war es möglich, zwischen allen Kirchen, die der Leuenberger Konkordie beigetreten sind, *volle, also uneingeschränkte Kirchengemeinschaft* zu erklären (was keineswegs mit *organisatorischer Kircheneinheit* gleichzusetzen oder zu verwechseln ist). Für diese Kirchen sind damit die Bekenntnisunterschiede der Reformationszeit zwar nicht verschwunden, aber sie haben sich so gewandelt, daß sie ihre kirchentrennende *Bedeutung* verloren haben.[4]

Das alles gilt jedoch *nicht* für das Verhältnis zwischen den reformatorischen Kirchen und der römisch-katholischen Kirche.[5] Noch ist umstrit-

---

3   Auf die unterschiedlichen Entwicklungen zwischen den Reformationskirchen und den evangelischen Freikirchen kann hier aus Raumgründen leider nicht eingegangen werden (vgl. aber u. 14.3.4.4).

4   Genau dies besagt auch der erste Artikel der „Grundsatzerklärung der Arnoldshainer Konferenz" aus dem Jahr 1976, wenn es dort von den Mitgliedern heißt: „Sie sind der Überzeugung, daß die Bekenntnisse der Reformation, unbeschadet ihrer Verbindlichkeit nach dem Verständnis der einzelnen Gliedkirchen, aufgrund der theologischen und gesamtkirchlichen Entwicklung ihre kirchentrennende Bedeutung verloren haben."

5   Es gilt auch nicht für das Verhältnis der reformatorischen Kirchen zu den orthodoxen und zu den anglikanischen Kirchen.

ten, ob (und gegebenenfalls wodurch) die Lehrverurteilungen aus der
Reformationszeit ihre kirchentrennende Bedeutung verloren haben. Aber
selbst diejenigen, die diese Frage bejahen, sind sich dessen bewußt, daß
damit noch keine Konkordie im Sinn eines gemeinsamen Verständnisses
des Evangeliums erreicht ist. Das ist schon deswegen nicht der Fall, weil
es Elemente der römisch-katholischen Lehre gibt (z. B. in der Amtsfrage),
die zwar nach reformatorischem Verständnis mit dem Evangelium unvereinbar sind, aber in keiner reformatorischen Bekenntnisschrift ausdrücklich verurteilt wurden. Ferner ist an die Lehrgegensätze zu erinnern, die
erst *nach* der Reformationszeit entstanden sind oder sich erst später verschärft haben, z. B. im Zusammenhang mit der Mariologie (1854 und
1950) oder dem päpstlichen Lehramt (1870).

Obwohl nicht zu verkennen, sondern wahrzunehmen und anzuerkennen ist, daß seit dem Zweiten Weltkrieg (ausgelöst auch durch gemeinsame Verfolgungs- und Unterdrückungserfahrungen) und vor allem im
Gefolge des II. Vaticanum (1962-65) erhebliche Annäherungen zwischen
der römisch-katholischen Kirche und den reformatorischen Kirchen stattgefunden haben, bleiben *Fundamentalunterschiede* bestehen, die am deutlichsten in der Lehre von der *Kirche* und hier wiederum in der Lehre vom
Amt zum Ausdruck kommen. Da das Amtsverständnis jedoch z. B. das
Sakramentsverständnis mitbestimmt und da durch das sog. Unfehlbar-
keitsdogma von 1870 („Pastor aeternus", DS 3065-75) alle vom unfehlbaren („infallibili", Überschrift zu DS 3065-3075) Lehramt „ex cathedra"
verkündeten Lehrentscheidungen für nicht reformierbar („irreformabi-
les", DS 3074) erklärt worden sind, betrifft die Lehre vom (Papst-)Amt
alle diese anderen kirchlichen Lehren *mit*.

Die eigentliche Schwierigkeit ergibt sich jedoch daraus, daß durch die
Dogmatisierung der Lehre vom unfehlbaren Lehramt des Papstes die
möglichen Wege zur Korrektur und Revision früherer Entscheidungen
und zur Entdeckung neuer Gemeinsamkeiten entscheidend eingeschränkt
sind. Es ist eine noch offene Frage, wie unter diesen Voraussetzungen die
wissenschaftliche Erforschung der Bibel und der Kirchengeschichte sowie
das systematisch-theologische Gespräch zu einem interkonfessionellen
Konsens über die Themen führen *können*, bei denen die Konfessionen sich
durch frühere Entscheidungen getrennt wissen.

Eine evangelische Dogmatik tut gut daran, wenn sie die in der römisch-katholischen Position zum Ausdruck kommende Überzeugungs-
treue und Achtung vor der Geschichte ihrer Kirche nicht (nur) als Starrheit und Sturheit interpretiert, sondern ihrerseits respektiert und damit
anerkennt, daß das römisch-katholische Lehramt sich in dieser Hinsicht
gebunden hat und gebunden fühlt und darum nicht einfach „mit etwas
gutem Willen" anders kann. Das gilt unbeschadet der Tatsache, daß die

Positionen des Lehramtes innerhalb der römisch-katholischen Kirche in zunehmendem Maße zum Gegenstand einer freimütigen Diskussion werden.

Ob und wie sich der römisch-katholischen Kirche, den orthodoxen, den anglikanischen und den reformatorischen Kirchen künftig Horizonte und Sichtweisen erschließen werden, die ohne Verleugnung gewonnener Wahrheitserkenntnis ein gemeinsames Verständnis des Evangeliums ermöglichen, ist weder absehbar noch machbar, sondern kann nur im Vertrauen auf eine lebendige Weiterentwicklung erhofft werden. Daß dies durch eine Fortsetzung der Suche nach Kompromißformeln gelingen könnte, erscheint im Rückblick auf die Bemühungen der sog. Konsensökumene zumindest als unwahrscheinlich. Auf diesem Weg ist es bisher häufig nur gelungen, für strittige Themen Formeln oder Formulierungen zu finden, denen beide Seiten zustimmen *können*. Das ist aber nur deshalb möglich, weil die Formeln bzw. Formulierungen selbst in der Regel *mehrdeutig* sind, so daß in den unterschiedlichen Interpretationsmöglichkeiten die alten Kontroversen latent enthalten sind und deswegen schnell wieder zum Vorschein kommen. Ein wirklicher Fortschritt ist erst dann möglich, wenn sich (wie dies z. B. bei den lutherisch-reformierten Kontroversen um das Abendmahl der Fall war) für beide Seiten ein neuer Verstehenshorizont erschließt, der die bisherigen Gegensätze einzuordnen und zu relativieren erlaubt (vgl. dazu o. 1.3.3.6 sowie u. 14.2.4). Das ist aber im Verhältnis zwischen der römisch-katholischen Kirche und den reformatorischen Kirchen bisher nur ansatzweise der Fall.

Konstruktive Ökumene[6] besteht unter diesen Bedingungen zunächst *(negativ)* im *Verzicht* auf die – ausgesprochene oder unausgesprochene – Erwartung an die Gegenseite, sie möge ihre konfessionelle Identität und die in ihr enthaltene Wahrheitserkenntnis um der Einheit willen nicht zur Geltung bringen oder gar verleugnen. Konstruktive Ökumene besteht sodann *(positiv)* darin,

– so sorgfältig und genau wie möglich auf die Lehraussagen und die darin enthaltenen kritischen Anfragen der *anderen Konfessionen* zu hören und sich ihnen zu stellen;
– so präzise und verläßlich wie möglich über die eigene Wahrheitserkenntnis und die dadurch bestimmte konfessionelle Identität *im Horizont* der kritischen Anfragen der anderen Konfessionen und *als* kritische Anfrage an sie *Rechenschaft abzulegen*;

---

6   Vgl. dazu E. Herms, Von der Glaubenseinheit zur Kirchengemeinschaft, passim.

– so umfassend und partnerschaftlich wie möglich ohne Verleugnung
eigener Wahrheitserkenntnis *kirchliche Gemeinschaft und Zusammenarbeit* zu praktizieren und damit Felder für mögliche neue Erfahrungen und Einsichten zu erschließen oder offenzuhalten.

Da das Verständnis des christlichen Glaubens zwischen der römisch-katholischen Kirche und den reformatorischen Kirchen zwar einerseits in *wesentlichen* Punkten übereinstimmt, andererseits aber auch in *wesentlichen* Punkten differiert und darum *kirchentrennende* Bedeutung hat, kann eine Dogmatik nicht umhin, Position zu beziehen und ihr konfessionsspezifisches (in diesem Fall: reformatorisches) Verständnis des christlichen Glaubens kenntlich zu machen und offenzulegen. Dies geschieht *nicht* in der Meinung, es gebe zwei oder mehrere gleichberechtigte Arten von christlichem Glauben, sondern als Ausdruck des *Streites* um das rechte Verständnis des christlichen Glaubens, nach dem alle christlichen Kirchen suchen. In diesem Streit scheint die reformatorische Seite insofern im Nachteil zu sein, als sie mit der *Irrtumsmöglichkeit* aller menschlichen Aussagen und Lehren, also auch aller kirchlichen Aussagen und Lehren rechnet, während die römisch-katholische Seite dies *für sich* an einer entscheidenden Stelle bestreitet. Schon die beiden Formulierungen zeigen jedoch, daß es sich hier nicht um Vorteil oder Nachteil, sondern selbst um eines der entscheidenden *strittigen Themen* handelt, denen genauer nachzugehen ist.

5.2 Die Bedeutung von Dogma und Bekenntnis für den christlichen Glauben

Für die innerhalb einer kirchlichen Gemeinschaft maßgebliche Interpretation des biblischen Offenbarungszeugnisses und damit des christlichen Glaubens stehen vor allem zwei Begriffe zur Verfügung: „Dogma" und „Bekenntnis". Sie lassen sich zwar nicht eindeutig, aber doch schwerpunktmäßig dem Selbstverständnis der römisch-katholischen Kirche und der reformatorischen Kirchen zuordnen. Zunächst ist zu fragen, was beide Begriffe *bedeuten* und wie sie sich zueinander *verhalten* (5.2.1), sodann soll anhand des Bekenntnisbegriffs in *theologischer* Hinsicht geklärt werden, welches Gewicht und welcher Stellenwert solchen maßgeblichen kirchlichen Interpretationen des biblischen Zeugnisses zukommt (5.2.2), weiter soll nach der *Relevanz* des kirchlichen Bekenntnisses für das christliche Leben gefragt werden (5.2.3), schließlich ist (in Analogie zur Schriftauslegung) die Notwendigkeit der angemessenen *Interpretation* des kirchlichen Bekenntnisses zu thematisieren (5.2.4).

5.2.1 „Dogma" und „Bekenntnis"

5.2.1.1 Zur Klärung des Dogma-Begriffs

Der aus dem griechischen Verbum „δοκεῖν" abgeleitete Begriff „Dogma" hat von seinem Ursprung her eine Doppelbedeutung. Er bezeichnet einerseits das, was eine Person *meint* oder was ihr *der Fall zu sein scheint,* und er bezeichnet andererseits das, was einer Person *gutdünkt* oder was sie *wünscht, fordert oder verlangt.* Im ersten Fall ist ein Dogma eine (Lehr-) Meinung, im zweiten Fall ein Werturteil oder eine Willenskundgabe. Im Neuen Testament dominiert der *zweite* Bedeutungsaspekt. „Dogma" bezeichnet dort in der Regel ein „Gebot" oder eine „Forderung" (so Lk 2,1 u. Act 17,7; aber auch Act 16,4; Eph 2,15; Kol 2,14). In der Kirchen- und Theologiegeschichte wird der Begriff „Dogma" hingegen bis in die Neuzeit hinein meist zur Bezeichnung häretischer Sondermeinungen und Irrlehren gebraucht, also in Aufnahme und pejorativer Zuspitzung des *ersten* Bedeutungsaspekts.

In der neuzeitlichen Theologie ist demgegenüber der positive Bezug des Dogmas zur Lehre der Kirche ein konstitutives Element des Dogmenbegriffs geworden. „Dogma" ist demzufolge *verbindliche kirchliche Lehre.* Eine besondere Zuspitzung hat dieser Dogmenbegriff innerhalb der römisch-katholischen Kirche und durch sie im allgemeinen Sprachgebrauch erhalten aufgrund der (den Begriff „Dogma" allerdings nicht verwendenden) „Definition" des I. Vaticanum (1870), wonach unter „Dogma" das zu verstehen ist, was im geschriebenen oder überlieferten Wort Gottes enthalten ist und von der Kirche „als von Gott geoffenbart zu glauben vorgelegt wird".[7] Bemerkenswert daran ist einerseits die *Gleichsetzung* des Dogmas mit *göttlicher Offenbarung* und andererseits die (daraus resultierende) Qualifizierung des Dogmas als „credendum". Daraus ergibt sich, daß die Bestreitung oder Leugnung eines Dogmas *eo ipso* häretisch ist und dem Anathema verfällt. Von diesem Verständnis des Dogmas her erschließt sich übrigens auch unschwer ein Zugang zu dem – pejorativ gemeinten – Begriff „Dogmatismus"[8], und zugleich erklärt dies auch die überwiegend negative Bedeutung des Adjektivs „dogmatisch" im heutigen Sprachgebrauch. Beide Worte bezeichnen ein unkritisches oder

---

7   DH 3011: „tamquam divinitus revelata credenda proponuntur"; deutsche Fassung nach NR11 Nr. 34.

8   Der Begriff „Dogmatismus" ist im Französischen entstanden. Er kommt im 16. Jahrhundert bei Montaigne und im 17. Jahrhundert bei Pascal vor und erhielt durch Kants „Kritik der reinen Vernunft" allgemeine philosophische Bedeutung.

sich gegen Kritik immunisierendes Festhalten an vorgefaßten Meinungen und Überzeugungen. Soweit die neuere evangelische Theologie den Begriff „Dogma" zustimmend aufgenommen hat (z. B. K. Barth, W. Elert, R. Slenczka), hat sie ihm eine vom römisch-katholischen Dogmenbegriff unterschiedene Fassung gegeben. Wesentlich ist vor allem, daß das kirchliche Dogma nach evangelischem Verständnis stets von der Offenbarung Gottes zu *unterscheiden*, ihr *unterzuordnen* und an ihr kritisch zu *messen* ist. Mit diesen (allerdings umgangssprachlich nicht selbstverständlichen) Präzisierungen ist der Dogma-Begriff auch für die evangelische Kirche, Theologie und Dogmatik brauchbar, weil er den *Geltungsanspruch erkannter Wahrheit* zum Ausdruck bringt. Es wird zu fragen sein, ob dazu auch der Begriff „Bekenntnis" in der Lage ist.

5.2.1.2   Zur Klärung des Bekenntnis-Begriffs

Auch der Begriff „Bekenntnis" und sein lateinisches Äquivalent „confessio" (griech.: „ὁμολογία") enthält mehrere Bedeutungsnuancen. So macht es einen Unterschied, ob jemand *etwas* bekennt (z. B. sein Versagen) oder sich *zu* jemandem oder etwas bekennt (z. B. zu einem Verdächtigen oder zu einer bestimmten Überzeugung). Im ersten Fall geht es darum, etwas aus dem eigenen Leben, das bislang verborgen war, vor anderen *einzugestehen* oder *bekanntzumachen*.[9] Im zweiten Fall handelt es sich dagegen um einen Akt der öffentlichen *Solidarisierung* mit anderen Personen oder um einen Akt der *Identifizierung* mit einer bestimmten Überzeugung. Gemeinsam ist beiden Verwendungsweisen sowohl das Moment des persönlichen Stehens-zu-Jemand oder -Etwas, als auch das *forensische* Element, also die Tatsache, daß das Bekenntnis immer vor einem Gegenüber (Gott, Mensch, Öffentlichkeit) geschieht. Dabei kann der Begriff „Bekenntnis" sowohl den *Akt* des Bekennens (Bekenntnis als Confessio[10]) als auch den *Inhalt* bzw. die *Aussage* des Bekenntnisses (Bekenntnis als Credo) bezeichnen sowie schließlich sogar die (institutionalisierte) *Gemeinschaft* der Bekennenden (Bekenntnis als Konfession).

Geht es um das *kirchliche* Bekenntnis (als eine maßgebliche Interpretation des christlichen Glaubens), so rücken naturgemäß die Inhalts- und

---

9 Es ist zu beachten, daß man nur *Eigenes*, niemals Fremdes bekennen kann. Andere kann man anklagen, bloßstellen oder denunzieren. Das ist eine wichtige Unterscheidung, die z. B. bei der Formulierung liturgischer Texte Beachtung verdient.

10 „Confessio" kann freilich auch den Bekenntnistext bzw. -inhalt bezeichnen.

Aussagenaspekte von „Bekenntnis" (also der Credo-Charakter) ins Zen-
trum, ohne daß deswegen das Moment des Bekenntnis*aktes* oder das
*Gemeinschaft*selement aus dem Blick gelassen werden dürften; denn alle
Bekenntnisinhalte und -aussagen haben ihren „Sitz im Leben" im *Akt* des
(sei es erstmaligen, sei es wiederholten) Bekennens, und für diesen Sitz im
Leben ist – beim kirchlichen Bekenntnis – der *Gemeinschaftsbezug* unverzichtbar.[11] Diese Bezüge werden anschaulich in einer Typologie zum
Bekenntnisbegriff, die R. Schäfer[12] vorgeschlagen hat und an die ich mich
anschließe. Danach ist „Bekenntnis"

– zunächst *Gebet* eines einzelnen Menschen, und zwar als Sündenbekenntnis und als Übereignung an Christus, was beides miteinander im
  urchristlichen Taufgeschehen seinen Ort hatte;
– sodann *Verständigung* der Gemeinde „über ihren Glauben mit Hilfe
  der Bekenntnisformulierungen", in die die Täuflinge einstimmen;
– weiter *Abgrenzung* der Getauften von ihrer areligiösen oder anders-
  gläubigen Umgebung;
– schließlich *Lehrgesetz*[13] einer Kirchengemeinschaft zur „Unterscheidung des wahren vom irrenden Glauben".

In dieser Typologie kommt gut zum Ausdruck, wie sich die verschiedenen Bedeutungsvarianten des Bekenntnisbegriffs aus der Ursprungs-
situation des Taufbekenntnisses entwickeln und erklären lassen. Zugleich
wird daran deutlich, daß und wie die im Bekenntnis intendierte (univer-
selle) *Gemeinschaft* nicht erreicht wird und das Bekenntnis gewissermaßen wider Willen eine nach außen („Abgrenzung") und nach innen
(„Lehrgesetz") unterscheidende, ja trennende Funktion bekommt. Das
resultiert – wie bereits angedeutet – nicht notwendigerweise aus dem
Bekenntnis als solchem, sondern daraus, daß es keine *erzwungene* Zustimmung zum Bekenntnis gibt und geben darf. So kann das, was die
einen verbindet, zugleich zur Trennung von anderen führen. Wegen der
Universalität der göttlichen Heilszusage kann diese abgrenzende Wirkung des Konfessorischen und Konfessionellen immer nur mit Schmerz
und als etwas Vorläufiges wahrgenommen und angenommen werden.
Weil aber die Selbsterschließung Gottes und das Zur-Wirkung-kommen-
Lassen dieser Selbsterschließung im lebensbestimmenden Glauben eines
Menschen nicht zu den Dingen gehört, über die wir verfügen könnten,
muß diese Situation und der mit ihr verbundene Schmerz auch tatsächlich

---

11 Vgl. den Anfang von Art. 1 der CA: „Ecclesiae magno consensu apud nos
    docent ..."
12 Der evangelische Glaube, S. 52 f.
13 Die pejorativ klingende (und gemeinte) Formulierung „Lehrgesetz" läßt sich
    ersetzen durch den neutraleren Begriff „Lehrgrundlage".

angenommen werden. Durch das Bekenntnis sind Christen und Nichtchristen, sind aber auch katholische und evangelische Christen zumindest
partiell getrennt.

Das kirchliche Bekenntnis ist nach evangelischem Verständnis jedoch
in keiner seiner Formen mit der göttlichen Offenbarung identisch, sondern es ist menschliche Interpretation von Gottes Offenbarung, genauer:
menschliche Interpretation des biblischen Zeugnisses von Gottes Offenbarung. Diese Interpretation muß von der in der Schrift bezeugten Offenbarung her auf ihre Angemessenheit hin geprüft und gegebenenfalls
kritisiert werden. D. h.: Das kirchliche Bekenntnis ist nach evangelischem Verständnis niemals „unfehlbar" oder „irreformabel". Es kann
auch *kein Credendum* sein, sondern „nur" Hinweis auf das lebendige
Wort Gottes. Deswegen besteht schließlich die *Verbindlichkeit* des kirchlichen Bekenntnisses nicht in einem Zustimmungsanspruch an *andere*,
sondern in der freien Anerkennung des Bekenntnisses als derjenigen Interpretation des christlichen Glaubens, die für die Bekennenden *selbst*
verbindlich ist, an die sie sich also aus Überzeugung gebunden wissen,
und zu der sie stehen.

5.2.2 Die theologische Bedeutung des kirchlichen Bekenntnisses

Mit dem Ausdruck „kirchliches Bekenntnis" ist aufgrund der erreichten
Klärung der Bestand derjenigen Texte (vom Apostolicum bis zur Leuenberger Konkordie) gemeint, die in den reformatorischen Kirchen (in der
Regel durch die Grundartikel der jeweiligen Kirchenordnung) als Ausdruck des gemeinsamen Verständnisses des christlichen Glaubens in
Geltung gesetzt sind. Ihrem reformatorischen Selbstverständnis nach
sind diese kirchlichen Bekenntnisse zusammenfassender sprachlicher Ausdruck des wesentlichen Inhalts (oder doch wesentlicher Inhalte) der
christlichen Botschaft, wie sie in der Bibel ursprünglich bezeugt ist. D. h.,
das kirchliche Bekenntnis versteht sich als *Anleitung* zum rechten Verständnis der Bibel, indem es das *Wesentliche* (gegenüber Unwesentli-
chem) hervorhebt und eine *bestimmte Interpretation* (gegenüber einer
anderen) als die sachgemäße proklamiert. Die darin enthaltene Intention,
zum Verstehen des Wesentlichen anzuleiten, erklärt, warum kirchliche
Bekenntnisse als „der Laien Bibel"[14] bezeichnet werden können. In dieser
Funktion hat das kirchliche Bekenntnis die Bedeutung eines *hermeneu-*

---

14 BSLK 769,6 f. als Bezeichnung für Luthers Großen und Kleinen Katechismus
     in Übernahme einer Formulierung, die Luther selbst gebraucht hat (vgl. BSLK
     769, Anm. 1).

tischen Schlüssels, der den Zugang zur biblischen Botschaft erschließen soll.

Wird dieser anleitende, erschließende Aspekt des kirchlichen Bekenntnisses dominierend, oder wird er gar verabsolutiert, so droht jedoch die Gefahr der Überordnung des kirchlichen Bekenntnisses über die Bibel und ihre Botschaft. Das Bekenntnis wirkt dann wie eine „Brille", die nur noch eine bestimmte Sichtweise der biblischen Botschaft zuläßt und es gar nicht mehr möglich macht, anderes wahrzunehmen. Das ist deshalb eine große Gefahr, weil damit der Zugang zu dem ursprünglichen Glaubenszeugnis und zu der in ihm bezeugten Gottesoffenbarung verengt, schlimmstenfalls sogar verhindert werden könnte. Damit träte dann möglicherweise das kirchliche Bekenntnis an die Stelle, an der für den christlichen Glauben nur die Offenbarung Gottes selbst stehen kann.

Deswegen muß neben und mit der *anleitenden* Funktion immer der *abgeleitete* Charakter des kirchlichen Bekenntnisses gesehen und zur Geltung gebracht werden. Dabei reicht es nicht aus, beides durch ein „Einerseits – Andererseits" nebeneinander zu stellen, sondern es muß in seiner *inneren Zusammengehörigkeit* bedacht werden. Die zum Verstehen der Bibel anleitende Funktion kommt dem kirchlichen Bekenntnis *nur insoweit* zu, als es selbst aus der biblischen Botschaft *abgeleitet* ist. Es wird also nur dann richtig verstanden, wenn man es sieht als die *aus der Bibel selbst* gewonnene Anleitung zum rechten Verständnis der biblischen Botschaft, und zwar als diejenige Anleitung, die sich (in einer bestimmten geschichtlichen Situation oder angesichts einer bestimmten Herausforderung) nach sorgfältiger Prüfung für eine kirchliche Gemeinschaft als eine der biblischen Botschaft angemessene Auslegung erschlossen hat. Deshalb ist das kirchliche Bekenntnis der Bibel und der in ihr bezeugten Gottesoffenbarung stets *unter*geordnet.

Diesen Doppelcharakter des kirchlichen Bekenntnisses in seiner anleitenden, und insofern *normativen*, und in seiner abgeleiteten, und insofern *normierten* Funktion und Stellung hat die evangelische Theologie an der Wende vom 17. zum 18. Jahrhundert auf die Formel „norma normata" gebracht und damit von der Funktion und Stellung der Bibel, genauer: der *Mitte* der Schrift (s. o. 4.3.3.3 a) als der „norma normans" unterschieden. Die Bezeichnung des kirchlichen Bekenntnisses als „norma normata" läßt sich jedoch auf zweierlei Weise verstehen, und diese beiden Deutungen sind weder identisch noch ohne weiteres miteinander zu verbinden. Daß das kirchliche Bekenntnis „norma normata" ist, kann heißen,

– daß das kirchliche Bekenntnis *deshalb* Maßstab der kirchlichen Lehre ist, *weil* es aus der Bibel (als der norma normans) abgeleitet und in seiner Übereinstimmung mit der Bibel *erwiesen* ist, so daß seine An-

gemessenheit definitiv feststeht und deswegen nicht mehr legitimerweise gegen das Bekenntnis an die Bibel appelliert werden kann, *oder*
– daß das kirchliche Bekenntnis *insofern* Maßstab der kirchlichen Lehre ist, *als* es aus der Bibel (als der norma normans) abgeleitet ist und mit ihr übereinstimmt, daß aber diese Übereinstimmung mit der Bibel legitimerweise immer wieder in Frage gestellt und überprüft werden kann, so daß auch mit der *Möglichkeit* einer nachträglichen Kritik – aufgrund besserer Einsicht und eines genaueren Verständnisses des biblischen Zeugnisses – gerechnet werden muß.

Dem *Wortlaut* („normata") nach legt sich eher die erste Deutung nahe: Es *ist* normiert. Von der *Intention* der Unterscheidung her muß man aber der zweiten Interpretation den Vorzug geben. Denn die qualitative Differenz zwischen norma normans und norma normata droht verlorenzugehen, wenn die norma normata als definitiv mit der norma normans übereinstimmend erwiesen und folglich als gleichermaßen gültig gedacht wird. Um die prinzipielle (und darum auch dauerhafte) Überordnung der Bibel als norma normans über das kirchliche Bekenntnis auszudrücken, sollte man letzteres genauer als „norma normata et normanda" bezeichnen.

Daß dies jedenfalls dem Selbstverständnis der reformatorischen Bekenntnisschriften entspricht, ergibt sich aus dem Artikel, in dem die Konkordienformel von 1577, als die abschließende lutherische Bekenntnisschrift der Reformationszeit, sich über die Prinzipien der Lehr- und damit auch der Bekenntnisbeurteilung äußert. Dieser sog. „summarische Begriff, Regel und Richtschnur" enthält folgende Aussagen:

> „Wir glauben, lehren und bekennen, daß die einige Regel und Richtschnur, nach welcher zugleich alle Lehren und Lehrer gerichtet und geurteilet werden sollen, seind allein die prophetischen und apostolischen Schriften Altes und Neues Testamentes … Andere Schriften aber der alten oder neuen Lehrer, wie sie Namen haben, sollen der Heiligen Schrift nicht gleich gehalten, sondern alle zumal miteinander derselben unterworfen und anders oder weiter nicht angenommen werden, dann als Zeugen, welchergestalt nach der Apostel Zeit und an welchen Orten solche Lehre der Propheten und Apostel erhalten worden …
> Solchergestalt wird der Unterschied zwischen der Heiligen Schrift Altes und Neuen Testamentes und allen andern Schriften erhalten, und bleibt allein die Heilige Schrift der einig Richter, Regel und Richtschnur, nach welcher als dem einigen Probierstein sollen und müssen alle Lehren erkannt und geurteilt werden, ob sie gut oder bös, recht oder unrecht sein.
> Die andere Symbola aber und angezogene Schriften sind nicht Richter wie die Heilige Schrift, sondern allein Zeugnis und Erklärung des Glaubens, wie j[e]derzeit die Heilige Schrift in streitigen Artikuln in der Kirchen

Gottes von den damals Lebenden vorstanden und ausgeleget, und derselben widerwärtige Lehr vorworfen und vordambt worden." (BSLK 767,14-769,35 in Auszügen)

An diesem reformatorischen Grundtext ist in unserem Zusammenhang zweierlei wichtig: Einerseits wird das *Verhältnis* zwischen den biblischen Schriften zu allen (anderen) Lehren und Lehrern mittels der Begriffe „Richter, Regel, Richtschnur" (lat.: iudex, norma, regula)[15] recht präzise bestimmt: Beurteilende Instanz im Sinne des Beurteilungsmaßstabs für alle christlichen Lehraussagen sind allein die alt- und neutestamentlichen Schriften. Zu diesen zu beurteilenden christlichen Lehraussagen werden ausdrücklich die reformatorischen Bekenntnisse gezählt, also auch die Konkordienformel selbst. Was hier theologisch geschieht, kann man als die *Selbstrelativierung* des reformatorischen Bekenntnisses bezeichnen, wobei „Relativierung" nicht heißt: Abwertung oder Vergleichgültigung, wohl aber Unterordnung und Anbindung.[16] Zu bedauern ist freilich, daß der „summarische Begriff" nur eine unzureichende *Begründung* für die Sonderstellung der biblischen Schriften gegenüber allen anderen Lehren enthält. Das begründende Zitat aus Ps 119: „Dein Wort ist meines Fußes Leuchte und ein Licht auf meinem Wege" (BSLK 767,20 f.) sowie die implizite Gleichsetzung von Bibel und Wort Gottes in der ausführlichen Fassung des „summarischen Begriffs"[17] erweckt den Eindruck, daß hier die biblischen Schriften mit dem Wort Gottes identifiziert werden. Das wäre zwar eine starke, aber – wie sich gezeigt hat – problematische, ja inakzeptable Begründung für die normative Autorität der Bibel.

Andererseits wird die *Bedeutung* des kirchlichen Bekenntnisses (zusammen mit anderen Lehren) bestimmt, indem es gekennzeichnet wird als „Zeugnis und Erklärung des Glaubens"[18] sowie als Verständnis und Auslegung der Heiligen Schrift „in der Kirchen Gottes" (BSLK 769,32 ff.)

---

15 BSLK 769,23; ähnlich 767,15 u. 769,29 sowie 834,20 u. 837,11 f.

16 Der „summarische Begriff" ist insofern das genaue Gegenstück zu der *Selbstverabsolutierung* des Dogmas, wie sie in der *dogmatischen*, also ihrerseits „unfehlbaren" Konstitution „Pastor aeternus" von 1870 durch das päpstliche Lehramt erfolgt ist.

17 Vgl. BSLK 834,28 u. 44; 835,10 f.; 836,32 f. u. 40 sowie vor allem 837,10 ff., wo „Gottes Wort" als „die einige Richtschnur und Regel aller Lehr" bezeichnet wird, in der lateinischen Fassung dasselbe jedoch von den Heiligen Schriften gesagt wird. Die problematische Gleichsetzung von Bibel und Wort Gottes wird explizit vollzogen 840,1 f.

18 BSLK 769,30 f.; ähnlich 768,4; 838,2 u. 39 ff. In den gegenwärtig gültigen Kirchenordnungen im Bereich der EKD wird die Funktion der kirchlichen Bekenntnisse in der Regel mit dem Verbum „bezeugen" wiedergegeben.

zu einer bestimmten Zeit angesichts einer damaligen Herausforderung. Von daher stellt sich die Frage, ob dem kirchlichen Bekenntnis lediglich eine *historische* Bedeutung oder auch eine (aktuelle) *theologische* Bedeutung zukommt. Diese Frage erweist sich bei genauerem Nachdenken als zwar nicht falsch, wohl aber als mißverständlich und irreführend gestellt. Denn es geht nicht um eine zur historischen Bedeutung *hinzukommende* theologische Bedeutung des kirchlichen Bekenntnisses, sondern um die theologische Bedeutung des kirchlichen Bekenntnisses *als* historische Größe und *in* seiner historischen Bedeutung. Es geht also um die Frage nach der *theologischen* Bedeutung des kirchlichen Bekenntnisses, das seinerseits *nichts anderes* ist als eine Interpretation des biblischen Offenbarungszeugnisses unter bestimmten *geschichtlichen Bedingungen*.

– Die theologische Bedeutung des kirchlichen Bekenntnisses besteht zunächst darin, daß es die *Notwendigkeit der Interpretation* der biblischen Botschaft bewußtmacht, wenn diese überhaupt verstehend weitergegeben werden soll. Ist damit zunächst (im Anschluß an das oben 4.3.1 Gesagte) auf den Auslegungs- und Überlieferungsprozeß der biblischen Botschaft *im allgemeinen* verwiesen, so kommt das *Spezifikum* des kirchlichen Bekenntnisses und seiner diesbezüglichen theologischen Bedeutung erst dort in den Blick, wo die Interpretation *strittig* wird. Dabei kann es sich um eine Bestreitung von außerhalb oder um ein Umstrittensein innerhalb der christlichen Gemeinschaft handeln. Wesentlich ist, daß in solchen Situationen der Strittigkeit das Bedürfnis nach einer *verbindlichen* Interpretation, die zugleich den Charakter der Abgrenzung hat, unabweisbar werden kann. Den Rang eines *kirchlichen Bekenntnisses* wird eine solche verbindliche Interpretation allerdings erst dann erhalten, wenn *wesentliche* Elemente des christlichen Glaubens strittig geworden sind oder als bedroht erscheinen.

– Die theologische Bedeutung des kirchlichen Bekenntnisses besteht sodann darin, daß es die Herausforderung *eigenverantwortlicher Überprüfung und Entscheidung* angesichts der geschichtlich vorgegebenen Interpretation der biblischen Botschaft zum Bewußtsein bringt. Das Bekenntnis ist ja selbst eine bestimmte Interpretation der biblischen Botschaft, die (möglicherweise) anderen Interpretationen gegenübersteht oder sogar widerspricht. Die zweifache Differenz zwischen biblischer Botschaft und kirchlichem Bekenntnis sowie zwischen unvereinbaren kirchlichen Bekenntnissen erfordert eine auswählende Entscheidung zwischen solchen geschichtlich vorgegebenen Interpretationen aufgrund *eigener* Einsicht. Maßstab dieser Entscheidung ist die *Schriftgemäßheit* und d. h. letztlich: die *Christusgemäßheit* des jeweiligen kirchlichen Bekenntnisses.

– Die theologische Bedeutung des kirchlichen Bekenntnisses besteht schließlich darin, daß es den*unverzichtbaren Gemeinschaftsbezug* des christlichen Glaubens bewußtmacht. Glaube entsteht oder wird geweckt durch ein Kommunikationsgeschehen, in dem die christliche Botschaft, wie sie in der Bibel auf ursprüngliche Weise gegeben ist, interpretiert und weitergegeben wird. Die Kirchen sind solche (allerdings nicht die einzigen) Kommunikationsgemeinschaften, und zwar in ihrer *konkreten*, empirisch faßbaren und beschreibbaren Gestalt. Seine „konkreteste" Gestalt gewinnt der Gemeinschaftsbezug des Glaubens dort, wo Gemeinschaft den umfassenden Charakter von *Lebensgemeinschaft* hat, also z. B. in einer Familie, die sich selbst als Teil der christlichen Kirche versteht. Angesichts der derzeitigen Erosionsprozesse, die gleichermaßen die Institution Kirche wie die Institution Familie betreffen, stellt dies auf längere Sicht vermutlich eher den Ausnahme- als den Normalfall dar. Ja, man muß mit der Möglichkeit rechnen, daß schon heute viele Eltern keine so ausgeprägte christliche und konfessionelle Identität (mehr) besitzen, daß sie diese an ihre Kinder weitervermitteln könnten. Von der Orientierungs- und Prägekraft der Religion im allgemeinen und des christlichen Glaubens im besonderen her ist und bleibt es freilich wünschenswert, wenn Eltern ihren Kindern in dieser grundlegenden Hinsicht etwas mitzugeben haben. Dabei wäre es eine verengte Sicht, zu meinen, Eltern würden nur oder primär durch ihr *Reden* ihr Verständnis des Christlichen in einer bestimmten konfessionellen Interpretation an ihre Kinder vermitteln. Sie tun dies viel umfassender und vielfältiger durch ihr *Verhalten* und ihre *Lebensführung*. Diese sind selbst Ausdruck eines bestimmten (zustimmenden oder ablehnenden) Verständnisses des christlichen Glaubens und damit (häufig unbewußt) auch Auslegung eines Bekenntnisses und einer konfessionellen Identität.

5.2.3   Die Relevanz des kirchlichen Bekenntnisses

Gegen die zuletzt gemachten Aussagen könnte eingewandt werden, für das christliche *Leben* spiele das kirchliche Bekenntnis kaum eine Rolle. Das bisher Gesagte sei vielleicht grundsätzlich richtig, werde aber jedenfalls der *heutigen* Situation nicht mehr gerecht. Und zur Begründung könnte man darauf verweisen, daß nur ein geringer Bruchteil der kirchlichen Bekenntnisse, wie sie etwa in den Bekenntnisschriften zusammengefaßt sind, den Kirchengliedern, aber auch den Pfarrern und Pfarrerin-

nen bekannt sein dürfte und daß schon deswegen die Bekenntnisse für
deren Leben und Berufspraxis kaum eine Bedeutung besäßen. Betrachtet
man nur das alltägliche Leben, so scheint sich diese These zu bestätigen.
Genaueres Zusehen läßt freilich anderes wahrnehmen, und zwar sowohl
hinsichtlich des kirchlichen Lebens im allgemeinen als auch im Blick auf
das ordinierte Amt im besonderen.

5.2.3.1   Die Relevanz des Bekenntnisses für das kirchliche Leben

Das kirchliche Bekenntnis, insbesondere das Apostolicum (gelegentlich
auch das Nicaenum) hat seinen festen Ort und eine wichtige Funktion im
Gottesdienst der Kirche.[19] Im gemeinsamen Sprechen des Credo artikuliert und memoriert die versammelte Gemeinde den wesentlichen Inhalt
des christlichen Glaubens. Vorausgesetzt ist dabei, daß das Glaubensbekenntnis bereits sowohl bei der *Taufe* als Formulierung des Glaubens, auf
den die Täuflinge getauft werden, als auch im *Konfirmandenunterricht* in
Form der Erläuterung des Glaubensinhaltes eine wichtige Rolle gespielt
hat.[20] Diese expliziten, regelmäßigen Verwendungsweisen des Glaubensbekenntnisses darf man schon deswegen nicht *unter*schätzen, weil durch
sie der Text zumindest *eines* kirchlichen Bekenntnisses *auswendig* gelernt wird, und zwar in der Regel schon in einer so frühen Lebenspha-
se, daß er zu dem *Verfügungswissen* gehört, das bei den meisten Menschen bis ins hohe Alter erhalten bleibt und ihrer inneren Orientierung
dient.

Trotzdem wird man sagen müssen, daß die *indirekten* Formen, in
denen das kirchliche Bekenntnis das christliche Leben beeinflußt, gestaltet und prägt, noch gewichtiger sind. Vor allem ist in diesem Zusammenhang an das *Kirchenjahr* (samt der Ordnung der Schriftlesungen
und der Perikopen) und an den kirchlichen *Festkalender* zu denken, der
heute in seiner Bedeutung zunehmend wiederentdeckt wird. Kirchenjahr
und Festkalender stellen ja nicht einfach eine Umsetzung des Bibeltextes
dar, sondern werden durch die Hauptthemen des kirchlichen *Bekennt-*

---

19   Das gilt wohl auch für die – wenigen – Landeskirchen sowie für die Freikir-
     chen, bei denen das Glaubensbekenntnis nicht in *jedem* Sonntagsgottesdienst,
     sondern nur an den hohen Feiertagen und bei besonderen Gelegenheiten
     gesprochen wird. Damit soll das Glaubensbekenntnis ja *aufgewertet* werden.
20   Selbst dort, wo in der Konfirmandenarbeit die traditionellen Katechismen
     keine oder allenfalls eine marginale Rolle spielen, bildet doch das Apostolicum –
     neben Dekalog und Vaterunser – einen unverzichtbaren *Grundtext* des christ-
     lichen Glaubens.

nisses strukturiert. In engem Zusammenhang damit muß auch das *Kirchenlied* und die *Kirchenmusik* (z. B. Oratorien, Passionen, Kantaten) gesehen werden, deren thematische Schwerpunkte sich oftmals aus dem kirchlichen Bekenntnis ableiten lassen. Und auf diesem Wege kommen in unserer Zeit vermutlich sehr viel mehr Menschen mit der christlichen Botschaft in Berührung als durch das Lesen der Bibel oder durch die Teilnahme an Predigtgottesdiensten.

5.2.3.2 *Die Relevanz des Bekenntnisses für das ordinierte Amt*

Die besonders enge Beziehung zwischen Ordination und kirchlichem Bekenntnis ergibt sich aus der Tatsache, daß das kirchliche Bekenntnis eine der entscheidenden Grundlagen der Ordination ist. Ja, sofern das Bekenntnis selbst den Verweis auf die Bibel als die norma normans und auf sich selbst als die norma normata et normanda enthält, kann man sagen: Das kirchliche Bekenntnis *ist* die Grundlage der Ordination.

Dabei setzt die Ordination nicht nur voraus, daß die Bekenntnisgrundlage in den entsprechenden kirchlichen Ordnungen *deutlich bezeichnet* ist, sondern auch, daß die Ordinanden für sich das kirchliche Bekenntnis auf seine Schrift- und Christusgemäßheit hin *überprüft* haben und von daher die Ordinationsverpflichtung ehrlichen Herzens *übernehmen können*. Nicht erst im Rahmen eines möglichen Lehrbeanstandungsverfahrens, sondern schon bei der Übernahme der Ordinationsverpflichtung und vor allem in der theologisch verantworteten Führung des Pfarramtes (in Verkündigung, Seelsorge, Unterweisung, Gemeindeleitung etc.) spielt die Einsicht in die *Notwendigkeit* der Interpretation und die Frage nach der *angemessenen* Interpretation (auch) des kirchlichen Bekenntnisses eine entscheidende Rolle (s. dazu u. 5.2.4). Dabei gilt hinsichtlich der Interpretation des kirchlichen Bekenntnisses (wie von der Interpretation der Bibel): Sie stellt eine Aufgabe dar, die unter geschichtlichen Bedingungen niemals *definitiv* abgeschlossen werden kann, bei der es aber gleichwohl möglich ist, zu einem so breiten, methodisch abgesicherten Konsens zu gelangen, daß ihre Resultate als tragfähig angesehen werden können. Und dies reicht aus, um auf dieser Basis verantwortlich zu verkündigen sowie die Gemeindearbeit zu planen und zu gestalten.

5.2.4   Die Notwendigkeit der angemessenen Interpretation des kirchlichen Bekenntnisses

Wie das Offenbarungsgeschehen seine Interpretation durch die (von Menschen verfaßten) Texte der Bibel hervorruft, so ruft die Bibel ihre Interpretation durch die (von Menschen verfaßten) kirchlichen Bekenntnisse hervor. Damit ist die Kette der Interpretationen aber noch nicht zu Ende; denn auch das kirchliche Bekenntnis kann nur eine Funktion bekommen, indem es (von Menschen) interpretiert wird. Über die allgemeinen hermeneutischen und semiotischen Begründungen hinaus ergibt sich die Einsicht in die Auslegungsbedürftigkeit des kirchlichen Bekenntnisses auch aus den Bekenntnisschriften der lutherischen und reformierten Kirchen selbst. Sowohl die Katechismen Luthers als auch der Heidelberger Katechismus enthalten nicht nur *Bibelauslegung* (in Gestalt der Auslegung des Dekalogs, des Vaterunser und der Einsetzungsworte zu den Sakramenten), sondern sie enthalten auch *Bekenntnisauslegung*, konkret: Auslegung des Apostolicums. Dieses wird nicht nur zitiert (so BSLK 510 f.; 647-653; HK Fr. 23), sondern durch Erklärungen oder in Frage- und-Antwort-Form *interpretiert* und damit als interpretations*fähig* und *-bedürftig* erwiesen.

Diese Auslegungsaufgabe stellt sich nicht erst dann, wenn bestimmte Bekenntnistexte für eine Mehrheit nicht mehr verständlich sind (dann wird sie allerdings *unübersehbar*), und sie dient *nicht* etwa der Uminterpretation oder Weiterentwicklung des Bekenntnisses, sondern sie stellt sich bei *jedem* Versuch des dem Text angemessenen Verstehens – selbst wenn er ganz mühelos zu gelingen scheint. Denn *jeder* Versuch zu verstehen *ist* ein Auslegungsvorgang, der von dem zu verstehenden Text *ausgelöst* wird und der Intention des Textes mehr oder weniger gerecht werden oder sie mehr oder weniger verfehlen kann.[21] Daß die Versuche zu verstehen nicht vergeblich (weil beliebig) sind, sondern zu wirklichem Verstehen führen können, ist zwar *nicht beweisbar*, weil jeder Beweis wiederum denselben hermeneutischen Bedingungen unterliegt wie dasjenige, was durch ihn bewiesen werden soll, wohl aber ist es in überzeugender Weise *erlebbar*. Man kann dies in individueller Hinsicht bezeich-

---

21 Das gilt folglich auch für das „Dogma" im engeren Sinne. Das wird in der römisch-katholischen Theologie und Kirche auch nicht bestritten, wie insbesondere die Bemühungen um eine angemessene Dogmen-Hermeneutik zeigen. Wesentlich ist aber, *wem* die Kompetenz zur Dogmen-Interpretation zugesprochen wird und *ob einer* dieser Instanzen das Recht zugestanden wird, den Streit um die angemessene Dogmen-Interpretation definitiv zu entscheiden.

nen als „hermeneutische Gewißheit", in sozialer Hinsicht als „hermeneutischen Konsens".

Solche Gewißheit und solcher Konsens kann sich auf das Verstehen des Bekenntnisses und der Bibel je für sich beziehen, aber auch auf das Verhältnis beider zueinander, also auf die Überprüfung der Schriftgemäßheit des Bekenntnisses. Im letzteren Fall beziehen sie sich auf drei Größen (Schrift, Bekenntnis, Verhältnis beider), und deswegen ist hier auch mit drei Fehlerquellen zu rechnen, die nach Möglichkeit zu vermeiden sind. Ohne ein Höchstmaß an Sorgfalt und Sachverstand kann das schwerlich gelingen.

Dabei gelten für die Auslegung des Bekenntnisses grundsätzlich dieselben Regeln wie für die Bibelauslegung und Bibelkritik. Insbesondere ist die Unterscheidung zwischen Intention und Wortlaut sowie zwischen Mitte und Rändern bzw. zwischen Leitperspektive und Nebenaspekten bei der Bekenntnisauslegung nicht weniger zu berücksichtigen als bei der Schriftauslegung. Es gibt auch eine *„Mitte", d. h. eine Leitperspektive des Bekenntnisses,* der sich die Auslegung annähern kann und von der her Einzelaussagen gegebenenfalls zu relativieren oder zu kritisieren sind. Weder die Bibel noch das kirchliche Bekenntnis hat nach evangelischem Verständnis den Charakter einer Sammlung von Aussagen, denen in einem Akt des „Glaubensgehorsams" zuzustimmen wäre. Vielmehr *verweisen* die Aussagen des Bekenntnisses durch ihre Interpretation der Bibelaussagen auf die Selbsterschließung Gottes in Jesus Christus als den Grund des christlichen Glaubens. Die Frage nach der Schriftgemäßheit des kirchlichen Bekenntnisses und nach der Bekenntnisgemäßheit kirchlicher Verkündigung kulminiert darum in der Frage, ob im Bekenntnis und in der Verkündigung diese von der Bibel bezeugte Selbsterschließung Gottes in Jesus Christus klar und deutlich zur Sprache kommt oder nicht.

5.3 Das reformatorische Verständnis des christlichen Glaubens

Als *maßgebliche* Interpretation des christlichen Glaubens hat das kirchliche Bekenntnis auch für die *Dogmatik* eine grundlegende und orientierende Funktion. Um diese Aussage nicht im Allgemeinen und Grundsätzlichen zu belassen, füge ich an dieser Stelle – gewissermaßen als Exkurs – eine Skizze des Gehalts des reformatorischen Bekenntnisses ein, wie es für diese Dogmatik leitend ist. Dabei ist es im Rahmen einer Dogmatik nicht möglich, eine Theologie der reformatorischen Bekenntnisschriften zu entfalten. Aber es soll wenigstens der Versuch unternommen werden, in knappen Zügen zu skizzieren, worin nach reformatorischem Verständnis²² das Wesen des christlichen Glaubens besteht. Dabei erfolgen die Abgrenzungen zum römisch-katholischen (orthodoxen und anglikanischen) Verständnis nicht explizit, sondern nur implizit.

5.3.1 Die Mitte des reformatorischen Bekenntnisses

Die reformatorische Theologie ist aus dem Erleben, genauer: aus dem Erleiden geboren. Das läßt sich insbesondere an Luther zeigen. In einem verzweifelten existentiellen Ringen um „die Gerechtigkeit, die vor Gott gilt", erschließt sich ihm die Einsicht in das Ungenügende, ja das Todbringende des Gesetzes *als Heilsweg*. Dabei wird für ihn über das Neue Testament hinaus verstehbar, *warum* das Gesetz als Heilsweg untauglich ist. Ausgangspunkt ist die Einsicht, daß das Gesetz einerseits in dem, *was* es fordert, recht hat, andererseits dadurch, daß es als *Forderung* begegnet, nicht zum Heil, sondern zur Verzweiflung oder zur Hybris führt, weil es im Menschen den Irrglauben weckt, er könne durch sein *Tun* sein Heil bewirken. Das Gesetz, das nicht nur ein neues Tun, sondern letztlich ein neues *Sein* des Menschen fordert, verhindert also *durch seine Form als Forderung* die Verwirklichung seines Inhalts.

– Das läßt sich *formal* zeigen: Indem das Gesetz vom Menschen eine radikale Veränderung fordert, appelliert es an den alten Menschen, der bereits ein neuer sein müßte, um das Gebotene erfüllen zu können. Der alte Mensch kann sich aber nicht selbst zu einem neuen Menschen machen – jedenfalls nicht in einem radikalen Sinn.
– Das läßt sich aber auch *inhaltlich* zeigen: Das Gesetz gebietet Gottes- und Nächstenliebe, die von Herzen kommt. Solange aber das Tun des Gebotenen als Weg zum Heil verstanden wird, appelliert das Gesetz faktisch an die Selbstsucht. Es fixiert den Menschen also gerade auf das, was durch die Forderung des Gesetzes überwunden werden soll.

An dieser Stelle ereignet sich das reformatorische Durchbruchserlebnis, durch das Luther aus dem Teufelskreis von (unabweisbarer) Gesetzesforderung und *prinzipieller* Unmöglichkeit, das Gebotene zu erfüllen, befreit wird: Die Forderung des Gesetzes wird *so* erfüllt, daß Gott dem Sünder ohne jede Vorbedingung seine vergebende Liebe zuspricht und *so* in ihm den Glauben weckt, der die Erfüllung des ersten Gebots und die

---

22 Als Quellen hierfür werden vor allem *die* Bekenntnisschriften herangezogen, die nicht die Bearbeitung innerevangelischer Kontroversen zum Ziel haben, sondern das Wesentliche des reformatorischen Verständnisses herauszustellen versuchen, also neben der CA vor allem die Katechismen Luthers, seine Schmalkaldischen Artikel und der Heidelberger Katechismus.

Wurzel der Erfüllung aller Gebote ist. Gottes- und Nächstenliebe sind demzufolge nicht Voraussetzung, sondern *Konsequenz* des Heils, an dem der Mensch um Christi willen allein aus Gnade und allein durch den Glauben Anteil hat. Im Gegensatz zu der formalen und inhaltlichen Aporie, in die das Gesetz hineinführt, gilt deshalb unter dem Evangelium:

– Der Mensch ist in Jesus Christus und von Jesus Christus her bereits der neue Mensch, zu dem er sich selbst nicht machen konnte und nicht machen kann.
– Die empfangene und geglaubte Zusage der Liebe Gottes, die dem Menschen das Heil bedingungslos gewährt, setzt die Gottes- und Nächstenliebe frei, die das Gesetz (vergeblich) vom Menschen forderte.

Diese – vor allem in den paulinischen Schriften wiederentdeckte – Rechtfertigungslehre ist für das reformatorische Bekenntnis der Inbegriff des Evangeliums, mit dem nicht nur „die Kirche steht und fällt"[23], sondern von dem die Existenz der ganzen Schöpfung abhängt (so Luther BSLK 415,21 f.); denn schon Gottes Schöpfungswirken geschieht ja „aus lauter väterlicher, göttlicher Güte und Barmherzigkeit ohn all mein Verdienst und Würdigkeit" (BSLK 511,3 ff.). In der Rechtfertigungslehre geht es um nichts weniger als um das Gottsein Gottes, die Geschöpflichkeit der Welt und das durch Christus verwirklichte und ermöglichte Heil des Menschen, je für sich und in ihrer Beziehung zueinander. Gott wäre nicht Gott, und der Mensch wäre nicht Gottes Geschöpf, wenn er sich Gottes Gnade (die dann keine Gnade wäre) verdienen könnte oder müßte; denn dann würde Gott zum Schuldner des Menschen gemacht (BSLK 565,10). Aber der eigentliche Gehalt der Rechtfertigungsbotschaft kommt erst zum Ausdruck in der Erkenntnis, daß Gott die Gerechtigkeit, die der Mensch sich nicht verdienen kann, ihm um Christi willen aus Gnaden *zuteil werden läßt*. Daß Gott *Sündern* das Heil ohne Vorbedingung zuspricht und zueignet, *das* ist die zentrale Einsicht der paulinischen Rechtfertigungslehre, die auch zur *Mitte* der reformatorischen Theologie und des reformatorischen Bekenntnisses geworden ist.

Diese Mitte ist aber noch unterbestimmt, wenn in ihr nur das „sola gratia" und nicht auch das „sola fide" zur Geltung gebracht wird (CA 4). Dabei würde alles verdorben, wenn man „Gnade" und „Glauben" durch ein „Zwar-Aber" miteinander verbände, so als sei der Glaube das Minimum, das der Mensch wenigstens als Antwort auf die Gnade Gottes beizusteuern habe. Das reformatorische „sola fide" richtet sich nicht ein-

---

23 S. dazu Th. Mahlmann, Art. „Articulus stantis et (vel) cadentis ecclesiae": RGG⁴ I, 799f.

schränkend gegen das „sola gratia", sondern es steht einerseits gegen den
Gedanken der Gerechtigkeit aus *Werken,* andererseits gegen die Vorstellung einer eingegossenen Gnade („gratia infusa"). Gnade und Glaube sind
durch ein „Weil-Darum" miteinander zu verbinden (so schon bei Paulus
Röm 4,16). Weil das Heil dem Menschen allein *aus* Gottes Gnade zuteil
wird, darum kann es ihm nur so zuteil werden, daß in ihm der Glaube
geweckt wird, *durch* den ihm das Heil zuteil wird. Indem die Reformatoren mit Paulus daran festhalten, daß das Heil dem Menschen durch den
Glauben zuteil wird, kommt zur Geltung, daß die Person des Menschen bei
diesem Geschehen nicht ausgeschaltet, sondern verwandelt und insofern
neu konstituiert wird. Indem ein Mensch glaubt, hat er Anteil am Heil –
nicht weil er es *verdient,* sondern indem er es *empfängt.*

5.3.2   Die Entfaltung der reformatorischen Grundeinsicht

5.3.2.1   Der Glaube als Täter der guten Werke

Der Glaube als das Vertrauen auf Gottes bedingungslose Liebe ist nach
reformatorischem Verständnis selbst die Erfüllung des Ersten Gebotes
und damit des Gebotes der Gottesliebe. So ist das Evangelium, das Glauben weckt, selbst der Grund für die Erfüllung dessen, was das Gesetz
gebietet. *So* kommt also das Gesetz nicht nur seiner Form nach (als Forderung) in Jesus Christus an sein Ende, sondern durch ihn zugleich seinem
Inhalt nach an sein Ziel. Denn die Gottesliebe muß sich in der Nächstenliebe konkretisieren. Dieses „Muß" meint – jedenfalls bei Luther – nicht
eine zu fordernde Folgerung oder Ergänzung, es hat also nicht deonto-
logischen Charakter, sondern es meint eine innerlich notwendige Konsequenz, hat also ontologischen Charakter.[24] In der reformatorischen Theologie wird dafür häufig das biblische Bild vom Baum und seinen Früchten
(Mt 3,10 par., 7,16 ff. par. u. 12,33) verwendet und in zweifacher Hinsicht pointiert. *Erstens:* Ein Baum kann nicht gutgemacht werden, indem
man seine Früchte verbessert, wohl aber können die Früchte gutgemacht
werden, indem man den Baum verbessert. Ohne Bild: Die Person kann
nicht durch ihre Taten, aber die Taten können durch die Veränderung der
Person (mit-)verändert werden. *Zweitens:* Zwischen dem Baum und sei-

---

24 Wenn demgegenüber die Konkordienformel (Art. VI) und der Heidelberger
    Katechismus (Fr. 115) mit Calvin einen tertius usus legis, also eine anleitende
    Funktion des Gesetzes auch für die Glaubenden lehren, dann bestreiten sie
    damit nicht, daß diese durch den Heiligen Geist erneuert und zu guten
    Werken befähigt sind. S. dazu u.14.1.4.3.

nen Früchten besteht kein Sollens-, sondern ein Seinszusammenhang. Wie der Baum, so die Früchte, und d. h.: wie die Person *ist*, so *sind* auch ihre Taten. Nun ist aber der Glaube dasjenige, was die Person umwandelt, ja neu konstituiert. Insofern ist der Glaube „der Täter", und die Liebe ist „die Tat", an der der Täter (also der Glaube) erkannt werden kann. Zugleich zeigt sich von daher, daß nur das ein gutes Werk genannt werden kann, was „gerne", d. h. mit „Lust und Liebe" (BSLK 510,21; 661,36) getan wird bzw. Ausdruck der Dankbarkeit für empfangene Liebe ist (HK Fr. 86). Der Glaube ist also nach reformatorischem Verständnis die notwendige und die hinreichende Bedingung der guten Werke.

5.3.2.2 Gerechter und Sünder zugleich

Die reformatorischen Aussagen über den Zusammenhang von Glauben und guten Werken könnten so verstanden werden, als sei der Glaubende vollkommen gerecht. Das ist – in gewisser Hinsicht – auch tatsächlich der Fall! Der Glaubende ist vollkommen gerecht, und zwar *als* Glaubender. Solange der Mensch jedoch in dieser Welt lebt, wird er niemals *nur* durch das Evangelium zum Glauben bestimmt, sondern steht immer zugleich auch unter dem Einfluß anderer Bestimmungsfaktoren. In dieser Hinsicht hat das neue Leben fragmentarischen Charakter. Das bedeutet zweierlei:
Erstens: Wenn der Mensch in seinem vorfindlichen irdischen Leben niemals *ausschließlich* durch den Glauben an Gott bestimmt wird, dann wird er immer auch durch die Macht der Sünde *mitbestimmt*. Ein Mensch, der durch die Macht der Sünde mitbestimmt wird, ist aber selbst ein Sünder, ja er ist „*totus* peccator". Das ist so, weil ein *einziges* Moment des Unglaubens, also des fehlenden Vertrauens auf Gott, *alles* verdirbt. In der ehrlichen, kritischen Selbstbetrachtung ergibt sich somit die Erkenntnis: „totus peccator in re" bzw. „in se".
Aber das hebt nicht auf, daß für den Glaubenden zugleich gilt: „totus iustus in spe" bzw. „coram Deo". So wahr ein einziges Moment des Unglaubens den Menschen (in sich) ganz als sündig qualifiziert, so wahr qualifiziert ihn ein einziges Moment des Glaubens (vor Gott) ganz als gerecht. Anders gesagt: Der Mensch, dem seine Untaten zugerechnet werden, kann immer nur als Sünder zu stehen kommen. Der Mensch, dem seine Untaten von Gott vergeben sind, also nicht angerechnet werden, kann dagegen nur als Gerechter zu stehen kommen – und dies nicht etwa wegen seiner übrigen Liebestaten, sondern allein wegen der Zusage der Vergebung.
Beide Betrachtungsweisen haben ihre Wahrheit. Darum gilt: „*simul* iustus et peccator", und zwar „simul *totus* iustus et *totus* peccator".

Aber dieses „simul" beschreibt aus der Sicht des Glaubens *kein Gleichgewicht*, sondern das unendliche *Übergewicht* von Gottes Liebe über allen menschlichen Unglauben.

Zweitens: Ohne Aufhebung dieser Totalbetrachtung gilt aber auch eine *Partial*betrachtung, durch die der fragmentarische Charakter des neuen Lebens zur Geltung kommt.[25] Da der Glaube notwendigerweise die Frucht des guten Werkes bringt, verändert sich auch das Leben des Menschen („in re"). Die Liebe Gottes gewinnt im Leben Raum und Gestalt. Und in *dieser* Hinsicht gibt es ein „Teils-Teils" („partim iustus – partim peccator") und ein *Wachstum* im Glauben und in der Liebe. Dieses Wachstum führt in diesem Leben nie zur Vollkommenheit, also nie zum „totus iustus in re" bzw. „in se", aber es ist das notwendige Zeichen dafür, daß ein Mensch tatsächlich (als der Sünder, der er ist und bleibt) von Gottes Liebe ergriffen worden ist.

In diesem *zweifachen* Sinne gilt von den Gerechtfertigten: Sie sind Gerechte und Sünder zugleich.

5.3.2.3   Das weltliche und das geistliche Regiment Gottes

Unter irdischen Bedingungen werden Menschen niemals ausschließlich und vollständig vom Evangelium bestimmt; deshalb bleibt die (allerdings durch die Erfahrung von Vergebung und durch die Hoffnung auf ihre endgültige Überwindung gebrochene) Macht der Sünde auch im Leben der Glaubenden eine Realität. Außerdem erreicht das Evangelium anscheinend nicht alle Menschen so, daß es in ihnen Glauben weckt. Wo das Evangelium aber keinen Glauben findet, dort kann sich die Macht der Sünde *ungebrochen* auswirken und das Böse *ungehemmt* seine Eigendynamik entfalten. Die Hauptfunktion des Gesetzes ist es nach reformatorischem Verständnis, diese (sei es gebrochene, sei es ungebrochene) Macht der Sünde dem Menschen bewußtzumachen und ihn so zum Evangelium „hinzutreiben" (das ist der „usus elenchticus legis", d. h. der überführende Gebrauch des Gesetzes). Aber dies ist nicht die einzige Aufgabe und Funktion des Gesetzes. Es dient nicht nur als „Spiegel", in dem der Sünder sich erkennen kann, sondern zugleich als „Riegel", den Gott dem Bösen vorschiebt, um es in seiner zerstörerischen Macht zu begrenzen und einzudämmen (das ist der „usus politicus legis", also der politische Gebrauch des Gesetzes). Wohlgemerkt: Es geht dabei nur um Begrenzung und Eindämmung, nicht um wirksame Überwindung des Bösen durch das Gute. Aber auch diese Begrenzung ist für die reformatorische

---

25 Vgl. dazu W. Joest, Gesetz und Freiheit, Göttingen 1961, bes. S. 65-82.

Theologie Ausdruck der die Welt *erhaltenden* Liebe Gottes. Sie ist der die Welt *erlösenden* Liebe Gottes, wie sie erst im Evangelium sichtbar und hörbar wird, zugeordnet und empfängt von dorther ihren tiefsten Sinn, aber sie ist demgegenüber eine *eigene* Weise, wie Gott die Welt regiert. So kennt die reformatorische Theologie *zwei* Regierweisen (= Regimente) *Gottes*, durch die er die Welt einerseits erhalten, andererseits retten und erneuern will: das Regiment mit der „Linken", das insbesondere durch die politische Ordnung unter Androhung und Ausübung von Gewalt (so Barmen V) ausgeübt wird, und das Regiment mit der „Rechten", das durch die Evangeliumsverkündigung ohne jeden menschlichen Zwang allein durch Wort und Sakrament ausgeübt wird (CA 28). Beide Regierweisen *unterscheiden* sich zwar durch ihre Ziele und ihre Mittel, aber sie werden dadurch innerlich zusammengehalten, daß sie Regierweisen *Gottes* sind.

Von hier aus läßt sich nun auch zeigen, wie die Rede von den zwei Regimenten oder Regierweisen Gottes mit der bekannteren Redeweise von den zwei *Reichen* Gottes zusammenhängt. Die Menschen, bei denen die Verkündigung des Evangeliums Glauben gefunden hat, gehören zum Reich Christi, während die Nicht-Glaubenden (nur) zum Reich der Welt gehören, das unter dem weltlichen Regiment Gottes steht. Aber auch die Ungläubigen sollen ja durch das geistliche Regiment Gottes erreicht und für das Evangelium gewonnen werden, d. h., das geistliche Regiment richtet sich auch auf die Menschen, die nur zum „Reich der Welt" gehören. Und auch die Glaubenden stehen – insofern als sie noch Sünder und deshalb für ihre Mitmenschen potentiell bedrohlich sind – unter dem weltlichen Regiment, d. h., das weltliche Regiment richtet sich auch auf die Menschen, die zum „Reich Christi" gehören. Nur in dieser Komplexität und Verschränkung läßt sich das reformatorische Verständnis der zwei Reiche und Regimente Gottes angemessen beschreiben.

5.3.2.4 Die Kirche als geistliche und leibliche Versammlung

Hinsichtlich der Kirche muß nach reformatorischem Verständnis unterschieden werden zwischen der im Glaubensbekenntnis angesprochenen Gemeinschaft der Heiligen, verstanden als die *geistliche* Gemeinschaft der Glaubenden, und der *leiblichen* Versammlung derer, die sich um Wort und Sakrament scharen. Diese leibliche Versammlung ist eine notwendige Bedingung dafür, daß die geistliche Gemeinschaft entstehen kann, aber beide sind nicht miteinander identisch, sondern sind als zwei *Aspekte* an der komplexen Realität von Kirche zu unterscheiden.

Da zu der leiblichen Versammlung aber auch Menschen gehören (können), die nicht glauben, ist die leibliche Versammlung nicht nur die sichtbare Außenseite der Gemeinschaft der Heiligen, sondern tritt als ein „corpus permixtum" in Erscheinung, zu dem neben den Glaubenden auch „falsche Christen, Heuchler und öffentliche Sünder" (CA 8) gehören (können).

Aber über diese Aussage ist noch hinauszugehen; denn von dem oben (5.3.2.2) über das „simul" Gesagte her ergibt sich, daß *alle* Glaubenden „in sich" sündig sind und bleiben. Deshalb gibt es in der Kirche unter irdischen Bedingungen immer auch Unglauben, Selbstsucht und Lieblosigkeit, die zerstörerische Wirkungen hervorbringen können. Die Kirche ist unter irdischen Bedingungen außerdem nicht gefeit vor der Gefahr, zur *falschen* „Kirche" zu werden, in der das Evangelium *nicht* „rein gepredigt" (CA 7) wird. Wo das geschieht, dient die „Kirche" nicht mehr dem geistlichen Regiment Gottes, sondern wird zur „,Kirche' des Teufels", die die Gewissen verwirrt und Menschen zum Unheil verführt. Darum muß auf die unverfälschte Verkündigung und Lehre des Evangeliums größte Sorgfalt verwandt werden.

5.3.2.5   *Äußeres Wort und Geistwirken*

Maßstab für die reine Verkündigung ist allein das Evangelium von Jesus Christus, wie es in der Bibel gegeben ist. An ihm ist alle Lehre zu messen und zu beurteilen. Das Recht und die Befähigung zu solcher Lehrüberprüfung und -verantwortung ist nach reformatorischem Verständnis nicht exklusiv oder letztinstanzlich an das Bischofsamt gebunden, sondern es kommt allen Gläubigen zu; denn die Gläubigen sind (nach Joh 10,14 u. 27) diejenigen, die die Stimme des guten Hirten kennen und darum von der Stimme der Diebe und Räuber unterscheiden können (Joh 10,8).

Voraussetzung hierfür ist allerdings, daß das Evangelium als „äußeres Wort" (einschließlich des Sakraments) ergeht und daß durch das unverfügbare Wirken des Heiligen Geistes bei denen, die dieses äußere Wort hören, Glaube geweckt wird (CA 5). Dieses Geistwirken und damit die Hinführung zur Wahrheit und die Erhaltung bei der Wahrheit ist der Kirche als der Gemeinschaft der Glaubenden insgesamt verheißen (Joh 16,13), nicht aber an einzelne Ämter gebunden. Darum kann nach reformatorischem Verständnis auch nicht die Schriftauslegung irgendeines Amtsträgers *grundsätzlich* über der Schriftauslegung anderer Glieder der Kirche stehen. Für konkrete Auseinandersetzungen um die unverfälschte Evangeliumsverkündigung gelten darum folgende Kriterien: Maßstab ist

das Schriftzeugnis, durch das ein Mensch „überwunden" und in seinem
Gewissen gebunden ist. Wo unterschiedliche Schriftauslegungen zu einem
Gegensatz im Verständnis des Evangeliums führen, muß anhand der all-
gemeinen hermeneutischen Regeln versucht werden, die Auslegungsunter-
schiede auszuräumen und zu einem Konsens zu kommen. Aber dieses
Bemühen findet seine Grenze an dem unverfügbaren Gebundensein des
Menschen durch die Wahrheitsgewißheit, die sich ihm erschlossen hat.
Dieses *Gebundensein* anzuerkennen, heißt, gerade die *Freiheit* des Gewis-
sens zu respektieren.[26]

5.3.2.1–5.3.2.5   Fazit

Sucht man nach einem gemeinsamen Nenner dieser verschiedenen Entfal-
tungsaspekte des reformatorischen Rechtfertigungsglaubens, so zeigt sich
bei genauerem Zusehen, daß es jeweils die konsequente, und zwar kategorial gedachte, Unterscheidung von Gotteswerk und Menschenwerk ist,
auf die es der reformatorischen Theologie im Rechtfertigungsartikel und
in seinen theologischen Explikationen ankommt. Diese Leitdifferenz bestimmt insofern das Rechtfertigungsverständnis selbst, als dieses ja von
der biblischen Einsicht bestimmt ist, daß das Erlangen des Heils nicht von
menschlicher Leistung abhängig gemacht werden darf, sondern allein von
Gott her zu erhoffen, zu erbitten und zu empfangen ist. Aber gerade *darin*
besteht die menschliche Beteiligung. Und das so empfangene Heil setzt
seinerseits das gute Werk des Menschen frei und in Gang, ja, in diesem
Bewegtwerden *besteht* Gottes Werk am Menschen. Die Unterscheidung
zwischen Gotteswerk und Menschenwerk zielt nicht auf eine Trennung
zwischen beidem, geschweige denn auf eine Geringschätzung oder Abwertung des Menschenwerks. Durch Gottes Werk wird des Menschen
Werk ja freigesetzt und in Anspruch genommen, und das Werk des Menschen hat keine andere Aufgabe, als dem Wirksamwerden des Gottes-
werkes Raum zu geben. Aber die Unterscheidung zwischen beidem schärft
ein, daß kein Mensch für sich oder für andere das Heil schaffen oder
erwerben kann. Es kann nur *von Gott her empfangen* werden. „Der
Seelen soll und kann niemand gebieten, er wisse denn ihr den Weg zu
weisen gen Himmel. Das aber kann kein Mensch tun, sondern Gott allein." (WA 11, 263,3-5)

---

26 Das Bekenntnis des II. Vaticanum zur Religions- und Gewissensfreiheit
(„Dignitatis humanae"), das vor allem von der Unerzwingbarkeit der
Wahrheitserkenntnis her begründet wird, erweist sich von daher als ein für
die interkonfessionelle Verständigung kaum zu überschätzender Beitrag.

6 Die gegenwärtige Lebenswelt als Kontext des christlichen Glaubens

In den zurückliegenden Kapiteln richtete sich der Blick auf die Aspekte am christlichen Glauben, die sein *geschichtliches Vorgegebensein* betreffen, aufgrund dessen er nicht erst neu hervorzubringen ist, sondern nur *empfangen und angeeignet* werden kann. Im vor uns liegenden Kapitel geht es auf dem Hintergrund der geschichtlichen Entwicklung und im Horizont der Erwartung künftiger Entwicklungen um den Aspekt der *gegenwärtigen Wirklichkeit* des christlichen Glaubens, ohne die das Christentum eine abgestorbene, allenfalls noch erinnerte Religion wäre. Erst in dieser Sichtweise wird der christliche Glaube als etwas *Lebendiges* wahrgenommen, und erst damit erweist er sich als Gegenstand der *Theologie* (s. o. 1.2.1).

Mit dem Stichwort „gegenwärtige Wirklichkeit" werden zwei Sachverhalte angesprochen, die nicht miteinander identisch, aber doch in mehrfacher Hinsicht miteinander verbunden sind: Einerseits geht es darum, daß christlicher Glaube *selbst* gegenwärtige Realität *ist*; andererseits darum, daß der christliche Glaube *in* der gegenwärtigen Lebenswelt seinen *Ort* hat. *Unterscheidbar* und unterscheidungsbedürftig sind diese beiden Sachverhalte insofern, als die Lebenswelt zumindest als eine *gedacht* werden kann, in der christlicher Glaube nicht (mehr) vorkäme und darum keinen Ort hätte, während der Glaube *nicht* als gegenwärtige Realität gedacht werden kann, ohne Teil der gegenwärtigen Lebenswelt zu sein. Die Formel „gegenwärtige Wirklichkeit" bezeichnet also zwei *unterscheidbare*, aber aus der Sicht des christlichen Glaubens *untrennbare* Sachverhalte: den *Gesamtzusammenhang*, in dem wir leben und in dem darum auch der Glaube lebt, und das *Lebendigsein* des christlichen Glaubens. *Untrennbar* sind beide Sachverhalte aus der Sicht des christlichen Glaubens gerade wegen des zuletzt genannten Zusammenhangs, also deshalb, weil es den Glauben nicht unabhängig von der Lebenswelt (folglich gegenwärtigen Glauben nicht unabhängig von der gegenwärtigen Lebenswelt) geben kann. Das ergibt sich schon aus seinem Charakter als *daseinsbestimmendes* Vertrauen, das ohne den Bezug zum Dasein mit all seinen Elementen gar nicht möglich wäre.

Von diesen Vorüberlegungen her stellen sich drei Aufgaben, die in diesem Kapitel in Angriff genommen werden sollen:

- Zunächst (6.1) ist zu klären, was mit dem *Ausdruck* „gegenwärtige Lebenswelt" gemeint ist und wie das damit Gemeinte methodisch erfaßt werden kann. Schon in diesem Zusammenhang stellt sich aber die Frage, ob die Wahrnehmung der Lebenswelt unabhängig vom Glauben geschehen kann und soll oder konstitutiv von ihm mitbestimmt ist. Deshalb und insofern muß schon hier vom christlichen Glauben die Rede sein.
- Sodann (6.2) wird zu fragen sein, wie das *Verhältnis* von christlichem Glauben und gegenwärtiger Lebenswelt angemessen bestimmt werden kann und was es bedeutet, wenn in diesem Zusammenhang die Lebenswelt als *Kontext* des Glaubens bezeichnet wird.
- Schließlich (6.3) soll der Versuch unternommen werden, in knappsten Strichen ein *Bild* der gegenwärtigen Lebenswelt und des in ihr vorkommenden christlichen Glaubens zu zeichnen.

6.1 Die gegenwärtige Lebenswelt

6.1.1 Zum Begriff „Lebenswelt"

Der Terminus „Lebenswelt"[1] enthält mehrere Momente, die ihn als geeignet erscheinen lassen, den Zusammenhang zu bezeichnen, in dem der christliche Glaube seinen Ort hat. Ich ziehe ihn deswegen anderen Begriffen wie „Situation", „Gesellschaft" oder „Welt" vor. Die Bedeutung, in der der Begriff „Lebenswelt" hier verwendet wird, ergibt sich aus den folgenden Charakterisierungen.

6.1.1.1 „Lebenswelt" als umfassende Wirklichkeit

Mit dem Begriff „Lebenswelt" ist der *umfassende* Zusammenhang gemeint, in dem sich *alles* menschliche Leben, Handeln und Denken vollzieht. Zur Lebenswelt gehört also nicht nur die *Kultur* (als die von Menschen durch Gestaltung hervorgebrachte Welt), sondern ebenso die *Natur* (als die ihrerseits lebendige und allem menschlichen Gestalten vorgegebene Welt). Dabei bringt der Begriff „Lebenswelt" deutlicher als etwa die

---

1   Der Begriff „Lebenswelt" wurde von E. Husserl als Terminus in die Philosophie des 20. Jahrhunderts eingeführt. Die Übernahme des Begriffs „Lebenswelt" impliziert freilich weder eine Festlegung auf Husserls Terminologie noch auf seine Konzeption von Phänomenologie (s. dazu Husserliana VI, 1954, bes. S. 105-193 u. 446-472).

Begriffe „Umwelt" oder „Mitwelt" zum Ausdruck, daß der Mensch (*als* Naturwesen und *als* Kulturwesen) selbst *Teil* der Lebenswelt ist, und als solches an ihr partizipiert, ihr also nicht gegenübersteht. Freilich wird von daher auch deutlich, daß das empirische Individuum, das einen bestimmten Ort in der Lebenswelt einnimmt, diese nicht als Ganzheit und Einheit wahrnehmen kann, sondern immer nur bruchstückhaft, aus einer besonderen *Perspektive* und in bestimmten *Ausschnitten*. Deswegen schließt der Begriff „Lebenswelt" die Möglichkeit ein, daß die Lebenswelt vom Menschen wahrgenommen wird als Stufenbau, in dem es Grundlegendes und Unwichtigeres gibt, oder als ein Gefüge konzentrischer Kreise, in dem sich Näheres und Ferneres unterscheiden läßt. Die Lebenswelt ist in sich vielfältig differenziert, und gerade so bildet sie den umfassenden Zusammenhang, in dem sich menschliches Leben vollzieht mit allem, was zu ihm gehört.

6.1.1.2 „*Lebenswelt*" als alltägliche Wirklichkeit

Ein wesentliches Anliegen, das im Begriff „Lebenswelt" zum Ausdruck kommt, ist es, hinter eine bloß wissenschaftlich vermittelte Sichtweise der Welt zurückzugehen zu einer elementaren, vorwissenschaftlichen Zugangsweise, wie sie den Menschen immer schon durch ihre Alltagserfahrung gegeben ist und als solche die (zeitliche und sachliche) Voraussetzung aller wissenschaftlichen Welterkenntnis bildet. „Lebenswelt" meint insofern die Welt, in der sich das alltägliche Leben abspielt und von dem es bestimmt und geprägt wird. Problematisch würde der Begriff „Lebenswelt" freilich dann, wenn er zu einem programmatischen *Gegenbegriff* gegen die wissenschaftlich gedeutete und gestaltete Welt würde; denn damit würde er selbst einen wesentlichen Teil der Lebenswelt preisgeben oder ausklammern. Diese problematische Verengung ist aber nicht notwendig mit dem Begriff „Lebenswelt" verbunden. Vielmehr ist die Lebenswelt ganz zu Recht selbst Gegenstand der wissenschaftlichen Theorie, ja unterschiedlicher, miteinander konkurrierender Theorien geworden.[2] Das mit dem Begriff „Lebenswelt" verbundene charakteristische Insistieren auf dem *vor*wissenschaftlichen Erfahrungsbezug muß daher nicht als Wissenschaftsfeindlichkeit interpretiert werden, sondern kann die wichtige Funktion bekommen, alle wissenschaftliche Arbeit (in ihrem auf Erkenntnis oder Gestaltung der Welt gerichteten Impetus) *rückzu-*

---

2   Vgl. dazu H. Luther, Perspektiven der neueren Diskussion zu „Alltag" und „Lebenswelt": ein Literaturbericht, in: ders., Religion und Alltag, 1992, S. 184-211.

binden an die alltägliche Lebenswelt, in der und für die wissenschaftliches Erkennen und Gestalten sich bewähren muß. Insofern eignet dem Begriff „Lebenswelt" ein unaufgebbar *wissenschaftskritisches* Moment, aber gerade dies weist ihn als offen für Wissenschaft aus, die sich anders als kritisch und selbstkritisch gar nicht verstehen kann.

6.1.1.3 „Lebenswelt" als subjektbezogene Wirklichkeit

Ein weiteres ursprüngliches (teils positivistisch, teils phänomenologisch orientiertes) Interesse, das im Begriff „Lebenswelt" seinen Ausdruck findet, wird knapp zum Ausdruck gebracht in der Formel: „Zu den Sachen selbst!" Darin spricht sich die Suche nach einer Zugangsweise zur Wirklichkeit aus, die alle Theoriebildungen, die eine unmittelbare Wahrnehmung verstellen, durchstößt und der Realität sozusagen „von Angesicht zu Angesicht" begegnet. Die Phänomenologie selbst ist sich jedoch dessen bewußt, daß das, was dem Menschen als „Lebenswelt" zugänglich wird, gerade nicht eine „Welt an sich" ist, wie sie sich unabhängig vom menschlichen Erkennen darstellt, sondern die Welt, wie sie sich dem menschlichen Erkennen *zeigt*, wie sie vom Menschen gedeutet und verstanden wird. So gesehen wird der Begriff „*Lebens*welt" nun gerade umgekehrt zur Erinnerung an die unaufhebbare *Subjektbezogenheit* jeder Weltwahrnehmung. Und diese Subjektbezogenheit ist erst dann hinreichend konkret gedacht, wenn sie als eine durch *Zeichen* vermittelte Weise des Gegebenseins verstanden wird. D. h.: Auch die Lebenswelt (wie die Offenbarung, die Schrift und das Bekenntnis) gibt es nur und haben wir nur als *interpretierte* Wirklichkeit.

6.1.1.4 „Lebenswelt" als geschichtliche Wirklichkeit

Wird Welt als *Lebens*welt verstanden und wahrgenommen, so kommt damit schließlich das Moment der Dynamik, Entwicklung und Bewegung zur Geltung. Die Lebenswelt ist – per definitionem – *im Fluß*. In der Begriffsgeschichte von „Lebenswelt" findet das häufig seinen Ausdruck durch die Charakterisierung der Lebenswelt als „strömend". Damit ist zweierlei ausgedrückt: einerseits das Moment der Bewegung, das eine permanente *Veränderung* zur Folge hat, andererseits das Moment des Zusammenhangs, das in der Bewegung und als Bewegung ein *Kontinuum* bildet. Mit diesem bildhaften Ausdruck wird nicht bestritten, daß es Phasen geben kann und gibt, in denen der Strom der Lebenswelt zum *reißenden* Strom wird. Aber auch in diesem Fall bleibt die Lebenswelt *sowohl* durch das Moment der (rasanten) Veränderung, *als auch* durch das Moment des kontinuierlichen Zusammenhanges bestimmt. Die Geschichtlichkeit der Lebenswelt ist insofern das *zeitliche* Pendant zu der *räumlichen* Umfassendheit, von der in 6.1.1.1 die Rede war. Gerade darum gilt aber auch hier: Es gibt keinen (archimedischen) Standpunkt *außerhalb* der geschichtlichen Welt, von dem aus sie betrachtet oder bewegt werden könnte. Als beobachtende und reflektierende Wesen befinden sich Menschen selbst *in* dem kontinuierlichen Strom der Lebenswelt. Damit ist freilich *nicht* gesagt, daß Menschen sich in diesem Strom nur wie Treibholz bewegen könnten. Wie in jedem Strom kann man sich treiben lassen, aber man kann auch steuern oder aus eigener Kraft schwimmen – unter Umständen sogar *gegen* den Strom. Aber in *jedem* dieser Fälle bleibt man *im* Strom und wird von ihm bewegt und mitbestimmt. In *einer* Hinsicht ist die Metapher „Strom" für die Lebenswelt freilich irreführend. Sie kann den Eindruck erwecken, als gebe es feste Ufer, zwischen denen sich der Strom der Lebenswelt bewegte und von denen aus oder gemessen an denen der Strom als solcher wahrgenommen werden könne. Aber demgegenüber ist noch einmal an das Umfassende der Lebenswelt zu erinnern, das die Unterscheidung zwischen „Strom" und „Festland" verbietet. Vielleicht ist es darum treffender, bei dem Begriff „Strom" nicht an einen Fluß, sondern an so etwas wie den Golfstrom zu denken, der seinerseits nicht durch feste Ufer begrenzt ist. Es gibt für uns keinen Ort außerhalb der strömenden Lebenswelt. Ihre Bewegung und Geschichtlichkeit können nur aus ihr selbst heraus wahrgenommen werden. Die Lebenswelt ist konstitutiv geschichtlich.

6.1.2   Die Gegenwärtigkeit der Lebenswelt

In der Überschrift und im Vorspann dieses Kapitels ist nicht nur von der Lebenswelt (in dem nun in 6.1.1 explizierten Sinn) die Rede, sondern immer wieder von der *gegenwärtigen* Lebenswelt. Welchen Sinn hat dieser ausdrückliche Hinweis auf die Gegenwärtigkeit der Lebenswelt? Damit soll einerseits ein *prinzipieller* Sachverhalt, andererseits ein – daraus resultierender – *aktueller* Sachverhalt in Erinnerung gebracht werden:
Prinzipiell gilt, daß die Lebenswelt insofern immer „gegenwärtige Lebenswelt" ist, als sie die Lebenswelt derer ist, die sie als solche erkennen, bezeichnen, analysieren. „Unsere Lebenswelt" ist die Welt, in der wir jetzt leben. Und das gilt natürlich nicht nur für „uns", sondern für jeden Menschen, jeden Bereich, jedes Zeitalter. Um dies zum Ausdruck zu bringen, ist die Einfügung eines „je" oder „jeweils" erforderlich: Die Lebenswelt ist die jeweils gegenwärtige Welt. Sie ist die Welt, in der

Menschen je jetzt leben. Nur in diesem prinzipiellen und darum allgemeinen Sinn kann die gegenwärtige Lebenswelt als Kontext des christlichen Glaubens bezeichnet werden. Natürlich ist nicht *unsere* gegenwärtige Lebenswelt *der* Kontext des christlichen Glaubens. Wohl aber läßt sich das von der *jeweils* gegenwärtigen Lebenswelt sagen. Sprechen die Früher- oder Spätergeborenen von ihrer – für uns vergangenen oder auf uns zukommenden – Lebenswelt, dann sprechen sie zwar von einer *für sie erlebbar* gegenwärtigen, aber von einer *für uns* heute nur im Modus der *Erinnerung* oder *Erwartung* gegenwärtigen Lebenswelt. Die *prinzipielle* Gegenwärtigkeit der Lebenswelt ist also eine *relative* Gegenwärtigkeit, nämlich eine, die bezogen ist auf die (jeweils) *in ihr* Lebenden. Weil diese relative Gegenwärtigkeit aber prinzipiellen Charakter hat, darum verbindet sie alle Menschen aller Zeiten miteinander: *nicht* durch die Suggestion einer durch die Zeiten hin *unveränderten* Lebenswelt, *wohl aber* durch die Einsicht in das unaufhebbare *Eingebundensein in die je eigene Lebenswelt*. Wird dies gesehen, so kann sowohl die (positive oder negative) Verabsolutierung der je eigenen Lebenswelt als auch das Messen anderer Menschen oder Zeitalter am Maßstab der gegenwärtigen Lebenswelt vermieden werden. Das ist ein Zugewinn an Bescheidenheit, Respekt und Solidarität.

Aus der Einsicht in die prinzipielle Gegenwärtigkeit der Lebenswelt resultiert nun die *aktuelle* Herausforderung an die jetzt Lebenden, *ihre* (also *unsere*) gegenwärtige Lebenswelt als Kontext *jedes* zeitgenössischen religiösen Glaubens, folglich auch des christlichen Glaubens wahrzunehmen, ernstzunehmen und anzunehmen. Das ist deswegen nicht trivial oder selbstverständlich, weil es eine kirchlich-theologische Versuchung gibt, vergangenen oder von der Zukunft erhofften Lebenswelten als Wunschkontexten nachzuhängen oder sie zu erträumen und darüber die Wahrnehmung der gegenwärtigen Lebenswelt zu versäumen. Erinnerung und Fantasie sind wesentlich, wenn Menschen ihre Lebenswelt nicht nur an der alltäglichen Oberfläche wahrnehmen, sondern in der Tiefe begreifen und verantwortlich gestalten wollen. Hierzu leisten Kunst, Literatur und Musik, die die Alltagswelt schöpferisch transzendieren, einen wesentlichen Beitrag. Erinnerung und Fantasie werden jedoch unfruchtbar, ja gefährlich, wenn sie den Kontakt zur gegenwärtigen Lebenswelt verlieren. Insofern ist der Verweis darauf, daß die *gegenwärtige* Lebenswelt unser Kontext des christlichen Glaubens ist, unerläßlich.

6.1.3 Die Erkenntnis der gegenwärtigen Lebenswelt

Die (je) gegenwärtige Lebenswelt ist der umfassende Zusammenhang, in dem Menschen sich stets bewegen, von dem sie immer umgeben sind und (mit)bestimmt werden. Diese Tatsache könnte zu der irrigen Annahme verleiten, die angemessene, realistische Erkenntnis dieser Lebenswelt sei etwas Unproblematisches, geradezu Selbstverständliches. Daß die Erkenntnis der Lebenswelt ein Problem darstellt, kann man sich anhand folgender drei Punkte klarmachen:

a) Zunächst ist auf ein grundsätzliches erkenntnistheoretisches Problem zu verweisen, das aus der *Gegenwärtigkeit* der Lebenswelt resultiert. Zugänglich wird die gegenwärtige Lebenswelt für das Erkennen durch Erfahrung und Reflexion. Da die Lebenswelt sich jedoch kontinuierlich verändert, kann sie in keiner „Momentaufnahme" erfaßt, festgehalten oder angemessen beschrieben werden. In dem Moment, in dem ein Bild von der Lebenswelt entsteht, ist es auch schon durch deren geschichtliche Entwicklung überholt. Mag die Differenz im Einzelfall auch als minimal erscheinen oder tatsächlich unerheblich sein, so ändert sich doch nichts daran, daß die Erkenntnis stets der Lebenswelt gewissermaßen „hinterherläuft" und sie „nicht zu fassen bekommt". Zwar können wir gerade abgelaufene Phasen der Lebenswelt retrospektiv betrachten und auf ihre Bedeutung für die gegenwärtige Lebenswelt hin analysieren, aber diese überschaubaren Phasen gehören eben schon nicht mehr im strengen Sinn zur gegenwärtigen Lebenswelt. Die permanente Veränderung der gegenwärtigen Lebenswelt macht deren angemessene Erkenntnis zum Problem.

b) Das zweite Problem resultiert daraus, daß kein endliches Wesen die Lebenswelt in ihrer *Gesamtheit* (gleichzeitig) wahrnehmen und erkennen kann. Diese Schwierigkeit ergibt sich nicht nur aus faktischen Begrenzungen, sondern hat ebenfalls prinzipiellen Charakter. Selbst wenn es die Möglichkeit gäbe, die gesamte Lebenswelt in *einem* Akt zu erfassen, so wäre dieser Akt der Erkenntnis selbst auch ein Teil der Lebenswelt, er müßte also auch selbst wahrgenommen und erkannt werden, wenn die Lebenswelt in ihrer *Gesamtheit* erkannt werden soll. Das gälte aber auch für diesen Akt wieder usw. usw. Ein unendlicher Regreß ist hier unvermeidlich. Deswegen ist die Erkenntnis der Lebenswelt für endliche Wesen *prinzipiell* unabschließbar. Zu dieser prinzipiellen Unabschließbarkeit kommen aber noch zahlreiche *faktische* Begrenzungen hinzu, aufgrund deren wir die Lebenswelt immer nur in Ausschnitten, also selektiv, und von einem bestimmten Standpunkt aus, also perspektivisch, erfassen können. Dabei spielen die Grenzen unserer Wahrnehmungs- und Reflexionsfähigkeit ebenso eine Rolle wie die Prägungen und Einschränkungen, die mit unserer Sprache und kulturellen Tradition, mit unserer Geschlechterrolle und unserer sozialen Stellung gegeben sind.

c) Das dritte Problem ergibt sich daraus, daß wir die Lebenswelt nur erkennen können, indem wir sie *interpretieren*. Sie ist uns nicht einfach unmittelbar gegeben oder zugänglich, sondern begegnet uns so, daß sie uns veranlaßt, ja – um erkannt zu werden – sogar *nötigt*, Interpretationen zu versuchen. Diese können (mehr oder weniger) gelingen oder scheitern, d. h., der Lebenswelt angemessen oder unangemessen sein. So können Interpretationen, die sich in früheren Zeiten als zutreffend erwiesen haben, heute das Erkennen der Lebenswelt erschweren oder unmöglich machen, weil diese sich in entscheidenden Punkten verändert hat. Auch hier zeigt sich wieder eine *prinzipielle* Schwierigkeit, die daraus resultiert, daß jede Interpretation einen *Interpretationsrahmen* voraussetzt, dessen Angemessenheit sich erst aus der Interpretation der Phänomene ergibt. Damit stellt sich die Frage, welcher Interpretationsrahmen vorauszusetzen ist, wenn die gegenwärtige Lebenswelt als Kontext des christlichen Glaubens in den Blick genommen werden soll.

a) – c) Fazit

Die drei genannten Schwierigkeiten sind prinzipieller Art und lassen sich deswegen nicht eliminieren. Sie zeigen, daß die Erkenntnis der gegenwärtigen Lebenswelt nur *annäherungsweise, bruchstückhaft* und belastet mit dem Risiko des *Irrtums* gelingen kann. Die Konsequenz, die daraus zu ziehen ist, kann nicht lauten, diese Aufgabe zu unterlassen oder geringzuschätzen, sondern sie mit einem Höchstmaß an Sorgfalt und Behutsamkeit in Angriff zu nehmen – und zwar eingedenk der dabei bestehenden Schwierigkeiten. Diese Probleme ernst zu nehmen, heißt, die Aufgabe der Erkenntnis der Lebenswelt auf einer möglichst *breiten Kommunikationsbasis* in Angriff zu nehmen; denn nur durch eine multiperspektivische Wahrnehmung und Deutung wird die Gefahr ungeschichtlicher, selektiver oder ideologischer Fehldeutungen reduziert (nicht: ausgeschlossen!). Die Theologie ist an dieser Stelle ebenso wie die kirchliche Praxis auf die Kooperation mit den gesellschaftlichen (inklusive der wissenschaftlichen) Institutionen angewiesen, zu deren Aufgabe es gehört, die gegenwärtige Lebenswelt angemessen zu deuten: Journalismus, Publizistik, Kunst, Sozialwissenschaften sowie Praxis und Theorie des Politischen. Eine theologische Gegenwartsdeutung können Kirche und Theologie von dort nicht erwarten oder pauschal übernehmen, wohl aber im kommunikativen Austausch mit diesen Institutionen immer wieder neu versuchen, und d. h., sie müssen dazu ihren eigenen Beitrag leisten.

6.2   Der Kontext-Charakter der gegenwärtigen Lebenswelt

Nachdem im vorigen Abschnitt (6.1) die „gegenwärtige Lebenswelt" im Mittelpunkt des Nachdenkens stand, geht es nun darum, die *Beziehung* der (jeweils) gegenwärtigen Lebenswelt zum christlichen Glauben sowie ihre *Bedeutung* für den Glauben genauer zu beleuchten. Zur Beschreibung dieser Beziehung und Bedeutung greife ich – trotz gewisser Bedenken (s. u. 6.2.1.1) – den Begriff „Kontext" auf, der seit einigen Jahren sowohl als *deskriptiver* Begriff („Kontextabhängigkeit oder -bedingtheit der Theologie") wie auch als *normatives* Konzept („Kontextuelle Theologie") eine erhebliche Verbreitung erfahren hat. Ich gehe in drei Schritten vor, indem ich zunächst etwas sage zur Verständigung über den *Begriff* „Kontext" (6.2.1), sodann über die Kontext*funktion* der (jeweils gegenwärtigen) Lebenswelt für den christlichen Glauben (6.2.2), schließlich über Sinn und Problematik des *Konzepts* „Kontextuelle Dogmatik" (6.2.3).

6.2.1   Der Begriff „Kontext" und die Kontexte

6.2.1.1   Der Kontextbegriff

Der Begriff „Kontext" verdankt sich einer schlichten *Differenzierungs-leistung*, nämlich der Unterscheidung zwischen einem Text und seiner Umgebung, also dem Textzusammenhang, in den er hineingehört. Dabei ist ursprünglich sowohl der Begriff „Text" als auch der Begriff „Kontext" *wörtlich* gemeint. D. h., in beiden Fällen handelt es sich um wirkliche Texte, also (schriftliche) *literarische* Produkte mit einer komplexen, kohärenten semiotischen Struktur. Der Begriff „Text" bezeichnet dabei den Teil des literarischen Gebildes, auf den sich das *Interesse* der Lesenden richtet, während die diesem Teilstück vorangehenden und nachfolgenden Textpassagen als *„Kontext"* bezeichnet werden. In diesem präzisen, aber engen Sinn wird der Begriff im folgenden *nicht* verwendet, sondern in einem unbestimmteren, weiten Sinn.

Die Möglichkeit, die Unterscheidung zwischen Text und Kontext auch in einem weiteren, übertragenen Sinn zu verwenden, liegt im Begriff „Kontext" selbst. Zum Verständnis eines Textes ist ja nicht nur der *unmittelbar* vorangehende und nachfolgende Text-Teil heranzuziehen, sondern

– die gesamte Schrift, in der der Text vorkommt;
– das sonstige literarische Werk eines Autors oder einer Autorin;

– die sonstigen Äußerungen und Tätigkeiten sowie die Lebensgeschichte der Autoren;
– die Zeitumstände, unter denen der Text entstanden ist.

Das alles läßt sich mit gutem Grund als „Kontext" bezeichnen unter der Voraussetzung, daß „Kontext" den Zusammenhang meint, in den ein Text hineingehört und dessen Berücksichtigung deshalb für das Verständnis des Textes unverzichtbar, jedenfalls aber förderlich ist. Dabei „überschreitet" der Begriff „Kontext" an einer bestimmten Stelle den Gattungsbegriff „Text" und bezeichnet im allgemeinen Sinn einen Verstehenszusammenhang. Der Begriff „Kontext" wird dadurch zur Metapher.[3]

Der metaphorische Gebrauch von „Kontext" erlaubt dann seine Anwendung nicht nur auf Texte, sondern auch auf Ereignisse, Personen, Institutionen, Theorien usw., ohne daß diese (normalerweise) deswegen als „Text" bezeichnet werden. Zufolge dieser Übertragung(en) ist es gebräuchlich geworden, z. B. von dem Kontext zu sprechen, in dem ein Mensch lebt oder in dem eine bestimmte Anschauung in Geltung steht. In diesem weiten, metaphorischen Sinn wird auch in dieser Dogmatik der Begriff „Kontext" gebraucht, um den jeweiligen Zusammenhang zu bezeichnen, in dem christlicher Glaube zu sehen und aus dem heraus er zu verstehen ist. Dabei ist der Kontext *nicht* bloß zu verstehen als die *Umgebung* des christlichen Glaubens, sondern zugleich als die Wirklichkeit, an der er *teilhat*, von der er darum *mitbestimmt* wird.

6.2.1.2 Unterschiedliche Kontexte

Die Kontexte, in denen Menschen leben, sind unaufhebbar verschieden. Zu einer bewußten und differenzierten Beachtung der Kontextfunktion der je gegenwärtigen Lebenswelt gehört folglich auch die Wahrnehmung und Reflexion derjenigen spezifischen Unterschiede, die sich daraus ergeben, daß Menschen sich an ganz unterschiedlichen Orten innerhalb dieser Lebenswelt befinden und sie darum auch perspektivisch ganz unterschiedlich erleben.

---

3 In der obigen Aufzählung erfolgt dieser Übergang zwischen dem „sonstigen literarischen Werk eines Autors oder einer Autorin" und den „sonstigen Äußerungen und Tätigkeiten", wobei – je nach vorausgesetztem Textbegriff – die Zäsur zwischen „literarischem Werk" und „Äußerungen" oder zwischen „Äußerungen" und „Tätigkeiten" liegt.

Soll eine Dogmatik kommunikationsfähig sein, so kann sie sich nicht nur an dem eigenen spezifischen Kontext des Autors orientieren, sondern muß einen weiteren Rahmen in den Blick fassen, ohne dabei die konkrete Erfahrbarkeit der Lebenswelt zu überspringen. Als solcher spezifischer Kontext für eine Dogmatik eignet sich der *Kulturkreis*, in dem sie entsteht und rezipiert werden will. In unserem Fall ist dies die Bundesrepublik Deutschland im Ensemble der mittel- und westeuropäischen Gesellschaften, die im Begriff sind, sich als Einheit zu formieren. D. h. jedoch nicht, daß die restliche Lebenswelt außer Betracht bleiben dürfte. Sie ist als Gegenüber und als Verantwortungshorizont unseres Kulturkreises stets mitzubedenken. Aber indem eine Dogmatik dies tut, wird sie damit noch längst nicht selbst zu einer Dogmatik z. B. für den asiatischen oder lateinamerikanischen Kulturkreis. Nur theologischer Protektionismus könnte den Anspruch erheben, die mitteleuropäische Theologie sei in der Lage, eine Dogmatik für andere Kontexte zu entwickeln. Geboten ist die theologische Verantwortung vor dem eigenen spezifischen Kontext und für ihn sowie der Respekt davor, daß andere Theologien unter anderen kontextuellen Bedingungen entstehen und dort auch bestehen müssen.

„Die gegenwärtige Lebenswelt" ist insofern ein Abstraktum, das im Blick auf die unterschiedlichen Vollzüge kirchlichen Lebens und theologischer Theoriebildung der Differenzierung und Konkretisierung bedarf. Und nur in dieser konkreten Differenziertheit ist die Lebenswelt der Kontext des christlichen Glaubens.

6.2.2 Die Funktion der Lebenswelt als Kontext des christlichen Glaubens

Welche Funktion die Lebenswelt als Kontext des christlichen Glaubens spielen kann, ist schon aus den vorangegangenen Begriffsbestimmungen andeutungsweise erkennbar geworden: Sie dient dem *Verstehen* des Glaubens in seiner jeweiligen geschichtlichen Besonderheit. Das gilt in gleicher Weise für die *überlieferten* Ausdrucksformen des christlichen Glaubens, wie wir sie exemplarisch in Bibel und Bekenntnis vor uns haben, wie für seine *gegenwärtigen* Ausdrucksformen in Gestalt kirchlicher Praxis, religiösen Lebens und theologischer Konzeptionen. Dieser letztgenannte Aspekt ist jetzt genauer zu betrachten.

Die gegenwärtige Lebenswelt ist insofern der Kontext des christlichen Glaubens, als die Menschen, für die der Glaube Grundlage und Bestimmung ihres Daseins ist oder sein soll, in dieser Lebenswelt ihren Ort haben. Ist der Glaube daseinsbestimmendes Vertrauen, so gewinnt

von daher die Lebenswelt in zweifacher Hinsicht eine Kontextfunktion
für den Glauben:

a) Die Funktion der Lebenswelt
für das Verstehen des Glaubens

Um den christlichen Glauben überhaupt verstehen zu können, muß er
dargestellt werden mit Worten, Bildern, Handlungen, Gesten etc., deren
Bedeutung aus der jeweiligen Lebenswelt vertraut sein oder sich von
Vertrautem her erschließen (lassen) muß.[4] Zu einem Verstehen des Glaubens kommt es aber erst dann, wenn die *Bedeutung* des Glaubens für das
Leben des Menschen sichtbar und nachvollziehbar wird. Und das ist nur
möglich, wenn sichtbar und nachvollziehbar wird, was es in der gegenwärtigen Lebenswelt bedeutet, sein unbedingtes Vertrauen auf den Gott
zu setzen, der sich in Jesus Christus erschlossen hat.

Die (jeweilige) gegenwärtige Lebenswelt bildet dabei in mehrfacher
Hinsicht den Verstehenskontext des christlichen Glaubens – entsprechend
den Faktoren, die für das Verstehen konstitutiv sind. Insbesondere kommt
es darauf an, auf folgende drei Fragen eine Antwort zu finden:

- Wie ist das, was Bibel und Bekenntnis als die christliche Botschaft
  bezeugen, in der *Sprache* der gegenwärtigen Lebenswelt auszusagen?
- Welche Modifikationen an den Aussagen von Bibel und Bekenntnis
  sind im Blick auf die Unterschiede zwischen dem damaligen und dem
  gegenwärtigen *Weltbild* erforderlich?
- Welche *Fragestellungen* unserer Lebenswelt entsprechen denjenigen,
  die von Bibel und Bekenntnis als Bezugspunkt der christlichen Botschaft vorausgesetzt werden?

Das zeigt: Zum Verstehen des Glaubens gehört nicht nur die aufmerk-
same Wahrnehmung seines Ursprungs und seiner Überlieferung, sondern
auch die sorgfältige Beachtung der gegenwärtigen Lebenswelt mit ihren
Selbstverständlichkeiten, Errungenschaften, Brüchen und Abgründen, in
der der Glaube wirksam werden soll. Dabei handelt es sich nicht um zwei
selbständige, voneinander unabhängige Erkenntnisprozesse, in denen einerseits der Glaube, andererseits die gegenwärtige Lebenswelt erkannt
würde. Vielmehr kann es – da sowohl der Glaube als auch die Lebenswelt
jeweils das Dasein in allen Aspekten mitbestimmen – nur so sein, daß
beides in seiner *Zusammengehörigkeit* und *Wechselbeziehung* erschlos-

---

4   Die umgangssprachlichen Konnotationen zu den Worten „glauben" und
      „Glaube" (s. o. 2.2.1) sind selbst ein Beleg für die Unverzichtbarkeit solcher
      kontextueller Beobachtungen und Reflexionen.

sen wird. Die Darstellung des Glaubens ist also nichts, was schon feststeht, bevor der Glaube in einen bestimmten Kontext eingeht, so daß er
nur noch unter veränderten Verhältnissen weitervermittelt werden müßte, sondern der Inhalt des Glaubens *erschließt sich* je neu durch die Darstellung in seinem Kontext. Dabei kann die Lebenswelt – gemäß Tillichs
Korrelationsmethode – als *Frage* verstanden werden, auf die die christliche Botschaft antwortet, aber ebenso kann der Glaube – über Tillichs
explizite Aussagen hinaus – zum *Spiegel* der Lebenswelt werden, durch
den ihre Fragwürdigkeiten und Beschädigungen allererst bewußtgemacht
werden, so daß durch ihn allererst die *Fragen gestellt* werden, die sonst
unentdeckt oder verdrängt blieben.

b) Die Funktion der Lebenswelt für die Bewährung des Glaubens

Wenn der Glaube Grundlage und Bestimmung des menschlichen Daseins
ist, dann beschränkt sich die Funktion der Lebenswelt als Kontext des
christlichen Glaubens nicht auf das Verstehen, sondern erstreckt sich auch
auf die *Bewährung* des Glaubens. Die jeweils gegenwärtige Lebenswelt ist
also der Ort, an dem sich die Tragfähigkeit des christlichen Glaubens
erweisen muß. Damit werden zwei Aspekte angesprochen, die zueinander
in einem spannungsvollen, fast widersprüchlichen Verhältnis stehen.

– Es geht einerseits darum, daß der christliche Glaube *seine Wahrheit* im
  menschlichen Leben erweist. Er begegnet ja mit der Zusage und dem
  Anspruch, Gott, Welt und Mensch so erkennen zu lassen, wie sie
  wirklich sind. Damit wird die Lebenswelt zu dem Ort, an dem der
  Glaube sich den – bestätigenden oder widersprechenden – Erfahrungen der Menschen aussetzt und sich so *bewähren* muß.
– Es geht andererseits im christlichen Glauben nicht bloß um eine Beschreibung der Wirklichkeit, sondern um die Ent-deckung der tiefsten
  Wahrheit, ja um das Zur-Geltung-Bringen der *wahren Bestimmung*
  des Menschen und der Welt (s. dazu u. 7.1.1.4). Demnach ist es so, daß
  der Glaube erst die Welt und den Menschen *zur Wahrheit bringt.* Ja,
  sogar im Blick auf Gott kann man – mit Luther – sagen: Erst der
  Glaube macht Gott – für den Glaubenden – zu Gott.[5]

Mit diesem zweiten Aspekt wird das Verhältnis zwischen Glaube und
Lebenswelt von der anderen Seite aus betrachtet: Nun ist es nicht die

---

5 WA 40 I, 360,5 ff.: „Fides est creatrix divinitatis, non in persona, sed in
   nobis. Extra fidem amittit deus suam iustitiam, gloriam, opes etc., et nihil
   maiestatis, divinitatis, ubi non fides."

Lebenswelt, an der sich der Glaube zu bewähren und als wahr zu erweisen hat, sondern der Glaube bringt erst die Lebenswelt zu ihrer Wahrheit im Sinne ihrer eigentlichen Bestimmung. Der Anschein eines Gegensatzes entsteht dadurch, daß „Wahrheit" und „Wahrheitserweis" in den beiden genannten Hinsichten unterschiedliche Bedeutungen haben: Im ersten Fall ist „Wahrheit" eine *Beziehung* zwischen Aussage und Wirklichkeit, im zweiten Fall bezeichnet der Begriff eine *Qualität* der Wirklichkeit. Diese beiden Deutungen von „Wahrheit" und „Wahrheitserweis" müssen nicht gegeneinander ausgespielt oder als Alternativen verstanden, sondern können miteinander in Verbindung gebracht und so füreinander und für das Verständnis der Sache fruchtbar gemacht werden: Wird der christliche Glaube als Wirklichkeitsverständnis bezeichnet, so ist damit *beides* gesagt, daß er die Bestimmung, das Wesen, das Geheimnis der Wirklichkeit *auf-deckt* und daß das so Aufgedeckte und zur Sprache Gebrachte sich in der Lebenswelt als gültig und tragfähig *erweist*. Der Glaube *gibt* Gott, Welt und Mensch auf eine neue Weise zu *verstehen*, er deckt eine Tiefendimension auf, die der „normalen" Wahrnehmung verborgen bleibt. Aber er deutet und interpretiert damit nicht nur, sondern gibt etwas zu *sehen*, zu *fühlen* und *wahrzunehmen*, was sonst nicht gesehen, gefühlt und wahrgenommen würde, obwohl es da ist (s. dazu u. 7.1.1.2). Auch wenn diese Wahrnehmung immer nur *punktuell* möglich ist und darum den Glauben nicht durch ein Schauen oder Wissen *ersetzt*, ist die Glaubensgewißheit doch auf solche punktuelle Bestätigungen angewiesen. *So* wird auch in dieser Hinsicht die Lebenswelt zu dem Ort, an dem sich der christliche Glaube zu bewähren hat.

6.2.3   Kontextuelle Dogmatik?

Nach allem, was bisher über die Funktion und Bedeutung der Lebenswelt als Kontext des christlichen Glaubens gesagt wurde, scheint es sich nahezulegen, Dogmatik programmatisch als „kontextuelle Dogmatik" zu betreiben und sich damit den vielerorts lautwerdenden Ruf nach einer *kontextuellen Theologie* zu eigen zu machen. Ob diese Folgerung zu ziehen ist, hängt jedoch davon ab, was mit dem Programm „Kontextuelle Theologie" genau gemeint ist.

Unter kontextueller Theologie kann eine Theologie verstanden werden, die sich ihres lebensweltlichen Kontextes ebenso *bewußt* ist wie der kontextuellen Bedingtheit *aller* Theologien und die darum ihre Themen stets im Verstehens- und Bewährungshorizont dieser Kontexte reflektiert und verantwortet. Eine so verstandene kontextuelle Theologie bzw. Dogmatik ist ausdrücklich zu *fordern*.

Unter kontextueller Theologie kann jedoch auch eine Theologie verstanden werden, in der der jeweilige lebensweltliche Kontext neben dem „Text" von Bibel und Bekenntnis eine *gleichartige* Funktion erhält. Eine *so* verstandene kontextuelle Theologie oder Dogmatik ist m. E. als problematisch zu beurteilen. Das soll im folgenden kurz begründet werden.

Wenn dem jeweiligen lebensweltlichen Kontext über seine beschriebene Verständnis- und Bewährungsfunktion hinaus die Funktion einer eigenständigen „Quelle" zugesprochen wird, aus der neue Inhalte in den christlichen Glauben eingespeist werden, die dem Urimpuls widersprechen, dann wird der „Kontext" selbst zum „Text" des christlichen Glaubens, und damit wird der Urimpuls, der das Wesen des christlichen Glaubens zu bestimmen hat, relativiert oder verliert sogar gänzlich seine grundlegende Funktion.

– Das kann in *subtiler* Weise schon dort geschehen, wo *nur* solche Aussagen des christlichen Glaubens zugelassen werden, die sich als Antworten auf Fragen ausweisen lassen, die im jeweiligen lebensweltlichen Kontext tatsächlich gestellt werden.
– In *deutlicherer* Form geschieht das dort, wo die in der Lebenswelt anerkannten Überzeugungen und Standards den *unhinterfragbaren* Rahmen abgeben, innerhalb dessen sich die christlichen Glaubensaussagen zu bewegen haben.
– *Unübersehbar* ist das dort der Fall, wo nur einzelne Elemente des christlichen Glaubens ausgewählt und zugelassen werden, sofern sie sich als *Versatzstücke* mit einem anderswoher gewonnenen (z. B. faschistischen, marxistischen, humanistischen) Wirklichkeitsverständnis verbinden lassen und dieses komplettieren, verstärken oder illustrieren.

Das Problem liegt nun darin, daß solche kontextuellen Theologien selten *offen* und *programmatisch* erkennen lassen, in welchem Maße sie die christliche Botschaft als eine kontextabhängige Variable interpretieren oder gebrauchen. Diese kontextuellen Theologien treten (sei es aus Überzeugung, sei es aus taktischen Überlegungen) in der Regel mit dem Anspruch auf, nichts anderes als sachgemäße und zeitgemäße Interpretation der christlichen Botschaft *für* die gegenwärtige Lebenswelt zu sein. Ob sie das tatsächlich sind *oder* ob bei ihnen eine Vertauschung oder Gleichsetzung von Text und Kontext stattfindet, kann niemand vorab und von außerhalb entscheiden. Das erfordert eine sorgfältige Überprüfung anhand der konkreten Ausprägungen und der geschichtlichen Konsequenzen. Solche Sorgfalt ist erforderlich, weil es hierbei um nichts Geringeres geht als um die Frage, ob die christliche Botschaft durch funktionale

Äquivalente ersetzt wird oder ob sie als *die* heilsame Botschaft für die Welt zur Sprache gebracht und wirksam wird.

Freilich gilt auch für eine solche Prüfung, daß alle an ihr Beteiligten geprägt sind durch den Kontext *ihrer* Lebenswelt. Es gibt keine trans-kontextuellen Positionen. (Auch die hier vorgetragenen Analysen und Reflexionen sind natürlich kontextuell bedingt.) Aber es gibt den beharr-lichen, in der Wissenschaft sogar methodisierten Versuch einer inter-kontextuellen Verständigung, die gelingen *kann*. Dazu müssen freilich zwei Voraussetzungen erfüllt sein: einerseits die Bewußtmachung und Anerkennung der kontextuellen Bedingtheit; andererseits die prinzipielle Unterscheidung zwischen der *grundlegenden* Funktion der christlichen Botschaft und der *Verständnis- und Bewährungs*funktion der jeweiligen Lebenswelt. Eine Dogmatik, die die erste Voraussetzung nicht erfüllt, steht in der Gefahr, den Bezug zu ihrer *Zeit* zu mißachten oder zu verlie-ren. Eine Dogmatik, die die zweite Voraussetzung nicht erfüllt, steht in der Gefahr, den Bezug zu ihrer *Sache* zu mißachten oder zu verlieren. Beide Gefahren führen, wenn sie akut werden, dazu, daß die Theologie unfähig wird, ihren Auftrag zu erfüllen.

6.3 Christlicher Glaube im Kontext der gegenwärtigen Lebenswelt

In dem vor uns liegenden Schlußabschnitt des ersten Hauptteils geht es um eine doppelte Aufgabenstellung: Zunächst sollen einige wesentliche Merk-male der gegenwärtigen Lebenswelt herausgestellt und auf den christli-chen Glauben bezogen werden (6.3.1); sodann soll angedeutet werden, wie christlicher Glaube in der gegenwärtigen Lebenswelt vorkommt (6.3.2). Beides kann im Rahmen einer Dogmatik nur in knappsten Zügen skizziert werden.

6.3.1 Grundzüge der gegenwärtigen Lebenswelt

Aus dem geschichtlichen Charakter der Lebenswelt ergibt sich, daß die wesentlichen Merkmale der gegenwärtigen Lebenswelt sich nur erkennen und verstehen lassen, wenn diese Lebenswelt im Zusammenhang mit der Vorgeschichte gesehen wird, der sie entstammt, und die zugleich durch sie transformiert wird. Deshalb wird dem Blick auf die wesentlichen Bestimmungsfaktoren der gegenwärtigen Lebenswelt (6.3.1.2) ein Ab-schnitt vorangestellt, der nach allgemeinen Charakterzügen neuzeitlicher Lebenswelten fragt (6.3.1.1).

6.3.1.1   Allgemeine Charakteristika neuzeitlicher Lebenswelten

Im Blick auf den für uns überschaubaren gesellschaftlichen Entwicklungsprozeß, insbesondere aber im Blick auf die neuzeitlichen Lebenswelten,
drängt sich der Eindruck auf, daß in ihnen ein Prozeß kontinuierlich
zunehmender *Ausdifferenzierung* und einer daraus resultierenden *Komplexitätssteigerung* im Gange ist. Zwar kann dieser Prozeß durch kata-
strophale Einbrüche und Zusammenbrüche (wie z. B. durch dramatische
Klimaveränderungen, Epidemien oder Kriege) aufgehalten werden, aber
unter neuen Lebensbedingungen setzte er sich bisher allem Anschein nach
immer wieder fort. Es gibt sogar Indizien dafür, daß der Prozeß der
Ausdifferenzierung und Komplexitätssteigerung nicht gleichförmig, sondern mit ansteigender Geschwindigkeit abläuft.

Aber wie ist es überhaupt zu erklären, daß in der gesellschaftlichen
Entwicklung ein solcher Prozeß durchgängig zu beobachten ist? Das kann
wohl nur dadurch begründet sein, daß durch solche Differenzierungs-
prozesse menschliche Bedürfnisse befriedigt oder Ziele verwirklicht werden, die auf anderem Wege nicht (oder weniger gut) gestillt bzw. erreicht
werden können. Das läßt sich exemplarisch an drei verschiedenen Phänomenen zeigen:

a)   Informationsverarbeitung

Der Mensch besitzt die Fähigkeit, *Informationen* in Form von Zeichen-
systemen nicht nur zu produzieren und zu rezipieren, sondern auch zu
konservieren, zu verarbeiten und zu reaktivieren. Das versetzt die einzelnen Individuen und die Gesellschaft im ganzen in die Lage, erworbenes
Wissen zu speichern und zu tradieren, aber auch neues Wissen zu erarbei-
ten, kompliziertere Zusammenhänge zu erfassen und damit auch diffizi-
lere Probleme zu lösen. Die unaufhaltsame Durchsetzung immer neuer
Techniken der Informationsverarbeitung ist ein eindrucksvolles Indiz ihrer Effektivität, die offenbar als wichtige gesellschaftliche Leistung empfunden wurde und wird. Eine Folge dieses Prozesses ist eine gewaltige
Komplexitätssteigerung. Unter dem Stichwort „Information" ist aber
nicht nur die *produktive* Verarbeitung von Informationen zu erwähnen,
sondern auch der *rezeptive* Umgang mit den Informationen, die durch die
Massenmedien allen Menschen zugänglich sind, deren Freizeitgestaltung
und politische Meinungsbildung mitbestimmen und dabei zahlreiche Möglichkeiten der Manipulation eröffnen.

b)   *Arbeitsteilung*

Der Mensch besitzt die Fähigkeit, seinen Lebensunterhalt kurz- und langfristig durch *Arbeit* zu sichern und sich darüber hinausgehende Annehmlichkeiten zu verschaffen. Die in der Menschheitsgeschichte beobachtbare Tendenz zur fortschreitenden *Arbeitsteilung* erweist sich dabei ökonomisch als ungeheuer effektiv und setzt sich schon früh in Gestalt beruflicher Spezialisierung durch. Zu einem Entwicklungssprung kam es hier durch die industrielle Produktionsweise mit dem Ziel der Massenfertigung durch Anhäufung von Kapital und Arbeitskräften sowie durch eine Zerlegung der Arbeitsprozesse in Teilstücke, die möglichst mechanisch und darum im Idealfall maschinell erledigt werden können. Ganzheitliche, übergreifende und abwechslungsreiche Arbeits- und Berufsmöglichkeiten wurden dadurch zur Ausnahme, sie stellen jedenfalls nicht (mehr) den Normalfall des Arbeitslebens dar. Folgen der Arbeitsteilung sind einerseits ein immenses Angebot an Waren und Dienstleistungen, andererseits wachsende Freizeit sowie eine zunehmende Ersetzbarkeit der menschlichen Arbeitskraft, also strukturell bedingte Arbeitslosigkeit, schließlich aber auch die Verlagerung der Suche nach Lebenssinn aus dem Bereich der Arbeit in den der Freizeit und der Privatsphäre.

c)   *Versicherungssysteme*

Der Mensch kann durch vorausschauendes Planen die *Auswirkungen* von Gefahren mindern, denen er seitens der Natur oder von anderen Menschen her ausgesetzt ist. Durch vielfältige Formen gesellschaftlicher *Institutionalisierung* und *Organisation* läßt sich der dadurch angestrebte *Sicherungs- und Entlastungseffekt* erheblich erhöhen. Eine breite Verteilung und vielfältige Absicherung von Gefahren und Risiken in der Gesellschaft setzt finanzielle Mittel und psychische Kräfte zur Gestaltung der Gegenwart frei, die ansonsten durch die Vorsorge für die Zukunft gebunden wären. Auch hier ist ein immenses Anwachsen der (Ver-)Sicherungssysteme in der Neuzeit zu beobachten, das in der gegenwärtigen Lebenswelt einen (vorläufigen) Höhepunkt erreicht hat. Freilich werden durch die institutionelle Absicherung auch individuelle Entscheidungsräume enger und die Verantwortung für das eigene wie für fremdes Leben – vor allem für die Zukunftsperspektive des Lebens – wird zurückgedrängt und verliert im Bewußtsein der Menschen an Bedeutung.[6]

---

6   Dazu Chr. Berg (Fürsorgliche Belagerung, in: LM 34/1995, S. 34): „Die Entsolidarisierung in unserer Gesellschaft – möglicherweise unbeabsichtigte Folge entgrenzter Versicherungsmentalität – läßt nicht mehr mit einer mate-

Die drei angesprochenen Bereiche zeigen exemplarisch, inwiefern die in der Menschheitsgeschichte, insbesondere aber in der Neuzeit beobachtbare Komplexitätssteigerung einen Zuwachs an *Wissen, Wohlstand* und *Sicherheit* erbringt und damit drei wesentliche menschliche *Grundbedürfnisse* befriedigt.

Das ist freilich nur die *eine* – in sich schon ambivalente[7] – Seite der Lebenswelt. Die andere Seite wird sichtbar, wenn man sich bewußtmacht, daß zunehmende Differenzierung und Komplexität *wachsende Unübersichtlichkeit* schafft und folglich große *Orientierungsprobleme* hervorruft. Immer weniger Menschen sind in der Lage, die komplexen Wissensbestände, Arbeits- und Wirtschaftsprozesse oder Institutionen- und Organisationsgefüge unserer Lebenswelt überhaupt noch zu überblicken oder zu durchschauen. Darin dürfte *ein* Grund für die wachsende Distanz und Kritik gegenüber den Institutionen (besonders den großen, mächtigen, undurchschaubaren, auch z. B. den Kirchen) liegen. Der Verlust an Durchblick und eigenen Gestaltungsmöglichkeiten ist aber nicht nur subjektiv unbefriedigend, sondern schafft auch objektiv eine Situation der Abhängigkeit und das daraus resultierende Gefühl der Fremdbestimmung. Man kann in dieser Hinsicht geradezu von einem Gefühl der Inkompetenz für das eigene Leben sprechen.

Eine solche abhängige, fremdbestimmte Lebensform wird zunehmend vor allem von *Frauen* schmerzhaft empfunden und kritisiert. Die primär an Effizienz, Macht und Gewinn orientierte Lebenswelt erscheint ihnen als eine reine Männerwelt, in der sie nicht viel zu bestimmen haben. Viele Frauen verfolgen deshalb nicht mehr das Ziel, die Hälfte der Macht zu erringen, sondern sie stellen diese männlich bestimmte Lebenswelt grundsätzlich in Frage und suchen nach Alternativen, in denen es sich für sie lohnt, eigenverantwortlich mitzuwirken.

Schließlich gehört es auch zu den Merkmalen der neuzeitlichen Lebenswelt, daß sie dem einzelnen in seiner Lebensplanung ein Maß an *Flexibilität* und *Anpassungsfähigkeit* zumutet, das dem menschlichen, insbesondere dem kindlichen Bedürfnis nach Vertrautheit, Verläßlichkeit und Erwartungssicherheit widerspricht.

---

riellen Alterssicherung durch Kinder rechnen, auch nicht mehr auf deren Schutz vor Alterseinsamkeit hoffen ..."

7   Diese Ambivalenz kommt pointiert zum Ausdruck in folgendem Text von H. Gerlach (Dein Wort sucht meine Antwort, Marburg 1988, S. 425): „Nie zuvor waren wir so satt wie heute – dennoch: nie waren wir so unersättlich wie heute. Nie zuvor hatten wir so viel Freizeit wie heute – dennoch: nie waren wir so gehetzt wie heute. Nie zuvor hatten wir so viele Versicherungen wie heute – dennoch: nie fühlten wir uns so unsicher wie heute. Wir leben in Widersprüchen!"

So ist es verständlich, daß im Gegenzug zur Differenzierung und Komplexitätssteigerung ein Bedürfnis nach *Vereinfachung* (Entdifferenzierung und Komplexitätsreduktion) entsteht, durch die die immer unübersichtlicher werdende Lebenswelt – tatsächlich oder scheinbar – verständlich und lebbar wird. Solche *Reduktionsprozesse* finden in der neuzeitlichen Lebenswelt am ehesten einen Spielraum durch Rückzug in die Privatsphäre sowie im Bereich der Unterhaltung und Freizeitgestaltung. Das Bedürfnis nach eindeutiger Orientierung artikuliert sich freilich auch als *religiöses Bedürfnis* – sei es (was eher die Ausnahme ist) als Anschluß an eine „verbindliche Gemeinschaft", sei es (was häufiger vorkommt) als individuelle, selbst ausgewählte und gestaltete, private Religiosität.

Besteht zwischen den Differenzierungs- und den Vereinfachungstendenzen eine produktive Balance oder führt der darin enthaltene Antagonismus auf die Dauer in eine psychische und soziale Zerreißprobe? Die Beantwortung dieser Frage ist für mich offen. Sie wird nicht zuletzt davon abhängen, ob die vereinfachenden Interpretationen und Angebote (in Medien, Freizeitgestaltung, Religion etc.) sich als *simplifizierend* erweisen, d. h. unzulässige Vereinfachungen darstellen, die mit der Komplexität der neuzeitlichen Lebenswelt nicht mehr zu vermitteln sind, oder ob sie *elementarisierenden* Charakter haben, d. h., ob sie die Vielfalt, ohne sie zu ignorieren oder zu bestreiten, auf das Wesentliche und Grundlegende reduzieren.

Schließlich resultiert aus der hohen Komplexität der neuzeitlichen Lebenswelt, daß sie einer angemessenen Darstellung nur schwer zugänglich ist. Deshalb steht auch *jede* Analyse dieser Lebenswelt in der Gefahr zu simplifizieren, statt zu elementarisieren.

6.3.1.2 Grundlegende Bestimmungsfaktoren der gegenwärtigen Lebenswelt

Kein Teil einer Dogmatik veraltet naturgemäß schneller als der, in dem auf die *gegenwärtige* Lebenswelt Bezug genommen wird. Daraus können unterschiedliche Konsequenzen gezogen werden, die vom *Verzicht* auf die Thematisierung über die *Beschränkung* auf die grundsätzliche Problematik bis hin zur permanenten *Aktualisierung* reichen. Der gänzliche Verzicht ist m. E. aus theologischen Gründen kaum zu verantworten. Die permanente Aktualisierung ist zwar im Vorlesungsbetrieb (wenn auch mit Einschränkungen) möglich, aber bei einer gedruckten Dogmatik nicht realisierbar. So bleibt nur die „mittlere" Lösung übrig, die darin besteht, nach einigen *wesentlichen* Bestimmungsfaktoren der gegenwärtigen

Lebenswelt zu fragen, konkrete gesellschaftliche Phänomene und Tendenzen hingegen nur in *illustrativer* Absicht zu erwähnen und in Erinnerung zu rufen. Eine solche grundsätzlichere Bezugnahme auf die Gegebenheiten der Lebenswelt ist weniger anfällig für rasche Überholung durch einzelne gesellschaftliche Veränderungen. Aber die prinzipielle Anfälligkeit bleibt und *muß* bleiben, wenn das oben (6.1.1.4) über die Geschichtlichkeit der Lebenswelt Gesagte ernstgenommen werden soll.

Fragen wir nun unter dieser Voraussetzung danach, welche Grundhaltungen in unserer Lebenswelt zum Ausdruck kommen, die so etwas wie die innere Triebfeder für die Merkmale, Prozesse und Tendenzen unserer Lebenswelt darstellen, so zeigen sich drei Phänomene, die untereinander zusammenhängen und vielleicht so etwas wie Schichten oder Stufen darstellen, die in die Tiefe des Lebensgefühls führen, das unserer Lebenswelt zugrunde liegt. Je tiefer wir dabei steigen, desto mehr stoßen wir auf Bestimmungsfaktoren, die wahrscheinlich nicht nur für *unsere* Lebenswelt gelten, sondern *allgemein menschlichen* Charakter haben.

a) Das Gefühl relativen Wohlstands

Das Gefühl, eigentlich gehe es uns – in der Bundesrepublik Deutschland und in Mitteleuropa – recht gut, ja so gut wie noch kaum einer Generation vor uns, und eigentlich hätten wir auch so viele „Freiheiten", wie keine Zeit vor uns sie gehabt hat, wird von vielen Menschen geteilt. Umfrageergebnisse weisen jedenfalls in diese Richtung. Andererseits zeigt sich nicht nur im Weltmaßstab, sondern auch mit Blick auf die breiter werdenden „Ränder" unserer Gesellschaft eine erschreckende „Schere" zwischen Reichtum und Armut.

Charakteristisch für die gegenwärtige Lebenswelt (etwa im Unterschied zu den 70er Jahren) ist nicht so sehr der Wille zu verändern und Neues zu wagen, sondern eine eher defensive, an Erhaltung und Verteidigung von Besitzständen orientierte Haltung. Das Bewußtsein, daß die Wohlstandsentwicklung sich nicht ungebrochen fortsetzen kann, ist weit verbreitet, und der Hauptgrund dafür ist ein sowohl *ökonomisch* wie *ökologisch* begründetes Bewußtsein von den „Grenzen des Wachstums".

Aber das ist gewissermaßen nur die *Außenseite* des Lebensgefühls. Die Wohlstandssteigerung einschließlich der erheblichen Vergrößerung der Freizeit (sei es als Urlaub, freies Wochenende, frühzeitiger Feierabend oder vorzeitiger Ruhestand) ging häufig einher mit der Verheißung und Erwartung, dadurch das Lebensglück zu steigern, vielleicht sogar zu garantieren. Nun schafft zwar vermehrter Wohlstand bei gleichzeitig sinkender Arbeitszeit den Freiraum, in dem Lebensprobleme wahrgenommen und angegangen werden können, und das ist sehr viel. Aber der

Wohlstand steigert deswegen nicht schon das Lebensglück, ja es ist häufig so, daß auf diesem Wege die Lebensproblematik erst richtig aufbricht und schmerzlich empfunden wird. Die Frage ist jedoch, ob dies als *Chance* wahrgenommen und angenommen wird oder ob sich die Versuche der Verdrängung der Lebensprobleme auf andere Gebiete verlagern.

b) *Verlustangst als Lebensangst*

Das Gefühl relativen Wohlstands ist so etwas wie die positiv wirkende Oberfläche unserer Lebenswelt. Aber darunter lauert ein tiefersitzendes Gefühl, das ich mit dem Stichwort *„Verlustangst"* bezeichnen möchte. Diese Verlustangst bezieht sich allem Anschein nach vor allem auf das, was man besitzt, ist also auf den ersten Blick die Angst, zu verlieren, was man *hat*. Aber woher bezieht diese Angst ihre Kraft, wo doch erkennbar ist, daß viele Menschen wesentlich *mehr* haben, als sie zum Leben brauchen? Könnte es sein, daß die Angst, zu verlieren, was man *hat*, nur eine verschlüsselte (sozusagen indirekte) Angst ist, hinter der eigentlich die Angst steckt, zu verlieren, was man *ist*, also selbst *verlorenzugehen*, das Leben *zu verfehlen* oder *nicht zu schaffen?*[8] Diese Codierung des *Seins* (bzw. der Daseinsangst) durch das *Haben* (bzw. die Angst vor Besitzverlust) dürfte entscheidend damit zusammenhängen, daß in unserer Lebenswelt die Anerkennung von Menschen häufig durch materielle Äquivalente (Belohnungen, Prämien, Gehälter) ausgedrückt wird, ja, daß nicht selten schon in früher Kindheit emotionale Zuwendung durch Geschenke oder Geld unterstrichen oder sogar ersetzt wird und durch Leistung oder Wohlverhalten verdient werden muß. Wenn unsere Lebenswelt immer wieder kritisch als eine „Warenwelt" bezeichnet wird, dann ist das zumindest mitgemeint.

c) *Sehnsucht nach erfülltem Leben*

Man kann nicht bei der Diagnose der Verlustangst als grundlegendem Bestimmungsfaktor stehenbleiben, weil diese Angst nichts Erstes, sondern selbst schon etwas Abgeleitetes ist. Hinter der – durchaus berechtigten und als Warnung heilsamen – „Angst verlorenzugehen", das Leben

---

8 Vgl. dazu E. Fromm, Haben oder Sein. Die seelischen Grundlagen einer neuen Gesellschaft, Stuttgart 1976 u. NA. Einen nachdenklich machenden Beleg für die oben ausgesprochene Vermutung bietet H.-Chr. Piper in seinem Buch „Gespräche mit Sterbenden" (Göttingen ⁴1990, S. 43 f.), in dem er zeigt, daß die bei alten Menschen häufig anzutreffende (gelegentlich völlig irrationale) Angst, ihnen gehe das Geld aus, nur eine Verschlüsselung für die Angst vor dem Zuendegehen des Lebens, also vor dem Tod ist.

zu verfehlen und damit natürlich auch hinter dem verzweifelt-absurden Versuch, das Leben durch das zu gewinnen und zu sichern, was wir selbst *leisten* oder was wir *besitzen*, steckt als letzte Triebfeder die dem Geschöpf Mensch, das mit einem unbändigen Lebenshunger ausgestattet ist, mitgegebene *Sehnsucht nach erfülltem Leben.* Diese Sehnsucht nach erfülltem Leben richtet sich auf etwas, das dem Menschen zuteil werden muß, also nicht gemacht, hergestellt, abgesichert werden kann. Deshalb erklärt diese Sehnsucht auch das Entstehen der Angst vor dem möglichen – unabwendbaren? – Scheitern und Mißlingen des Lebens. Schließlich wird von daher sogar nachvollziehbar, daß es neben den aufregenden und faszinierenden Erlebnissen („Erlebnisgesellschaft") gerade die „Fülle" der Waren und Besitztümer ist, die das verführerische Versprechen *erfüllten* Lebens geben kann, während sie in Wirklichkeit das Leben nur *anfüllt.* Begreift man die eigene Lebenswelt sowohl von dem Gefühl relativer Zufriedenheit als auch von der Verlustangst, vor allem aber von dieser Sehnsucht her, dann kann es gelingen, einen verstehenden Zugang zu den Menschen, die von dieser Lebenswelt geprägt sind, zu gewinnen. Nur eine solche verstehende Haltung macht es den Kirchen möglich, ihren Dienst in der Lebenswelt auszuüben und den christlichen Glauben im Kontext der gegenwärtigen Lebenswelt angemessen wahrzunehmen und zur Geltung kommen zu lassen.

6.3.2   Christlicher Glaube in der gegenwärtigen Lebenswelt[9]

Daß Bonhoeffers Prognose einer „völlig religionslosen Zeit"[10] sich bislang als irrig erwiesen hat, ist schon oft festgestellt worden. Die gegenwärtige Lebenswelt wird durchzogen von einer unübersehbaren Vielfalt an religiösen Elementen, Richtungen und Gruppierungen. Darin kommt das auch und gerade in einer hochdifferenzierten Lebenswelt bestehende Bedürfnis nach Orientierung und damit die „Sehnsucht nach erfülltem Leben" zum Ausdruck. Neu ist daran (jedenfalls in unserem

---

9   Ich beschränke mich in diesem Abschnitt darauf, christliche Religiosität und kirchliche Wirklichkeit in der gegenwärtigen Lebenswelt zu skizzieren, und verzichte darauf, die Inhalte christlicher Verkündigung und Lehre in der gegenwärtigen Lebenswelt zusammenzufassen. Wer sich von letzterem einen repräsentativen Eindruck verschaffen will, kann dies vielleicht am besten an Hand der Ausarbeitung tun, die die Synode der EKD im Jahre 1988 mit großer Mehrheit als gemeinsam verantwortete Interpretation dessen, was heute im Bereich der Evangelischen Kirche als christlicher Glaube verstanden wird, angenommen und unter dem Titel „Glauben heute" veröffentlicht hat.
10 Widerstand und Ergebung, München 1985³, S. 305 (Brief vom 30.4.1944).

mitteleuropäischen Kontext) das Maß an *Pluralität*, in dem Religiosität als inner- und vor allem als außerkirchliches Phänomen in Erscheinung tritt. Kirchliche Überlieferung, Lehre und Sitte, die über Jahrhunderte hin das religiöse Leben geprägt haben, sind in ihrem Einfluß zurückgegangen, besitzen jedenfalls kein Monopol mehr. Das gilt naturgemäß zunächst im Blick auf die *außerchristliche* Religiosität, wie sie in Gestalt von Weltreligionen (z. B. Islam und Buddhismus), Neureligionen (z. B. Scientology, Mun-Sekte, Transzendentale Meditation) oder in Phänomenen wie Okkultismus, Esoterik und New Age in unserer Lebenswelt Fuß gefaßt hat. Es gilt aber auch in gewisser Hinsicht für die *christliche* Religiosität. Dabei geht es einerseits – vor allem bei Jugendlichen – um Einstellungen und Verhaltensweisen, die sich zwar als christlich, zugleich aber als *nicht- oder sogar antikirchlich* verstehen; andererseits um das Phänomen einer bewußt aufrechterhaltenen *Zugehörigkeit* zu einer christlichen Kirche bei gleichzeitiger *Distanz* gegenüber deren Lehre und Leben. Dieses weit verbreitete Phänomen findet seinen augenfälligen Ausdruck in der Differenz zwischen *Kirchenmitgliedschaft* und regelmäßigem *Gottesdienstbesuch*. Zwar ist der christliche Gottesdienst die mit Abstand am häufigsten besuchte öffentliche Veranstaltung in unserer Gesellschaft[11], aber gemessen an den Mitgliederzahlen und an dem Gottesdienstbesuch, wie er in den ersten Jahrzehnten nach dem Zweiten Weltkrieg üblich war, fällt diese Differenz auf. Und angesichts der großen Bedeutung des Gottesdienstes für das kirchliche Leben (s. u. 14.3) hat dieser Tatbestand auch theologisches Gewicht. Freilich wird er dadurch wieder relativiert, daß vom weit überwiegenden Teil der Kirchenmitglieder die lebensbegleitenden *Amtshandlungen* (Taufe, Konfirmation, Trauung und Beerdigung) nach wie vor – ja in steigendem Maß – in Anspruch genommen werden.

Was die Mehrzahl der Kirchenmitglieder sucht, ist offenbar nicht ein das alltägliche Leben strukturierender und bestimmender Dauerkontakt zur biblischen Überlieferung und zur kirchlichen Gemeinschaft, sondern Begegnung und Begleitung in Krisensituationen und an Knotenpunkten des Lebens. So entspricht die allgemeine Praktizierung christlicher Religiosität in gewisser Hinsicht der Spannung, die in der Lebenswelt zwischen einem anscheinend zufriedenen Zurechtkommen mit dem Leben einerseits und dem immer wieder aufbrechenden Gefühl des Bedrohtseins sowie der daraus resultierenden Verlustangst andererseits zu beobachten ist. Das schließt freilich nicht aus, daß die in beidem zum Ausdruck

---

11 Vgl. dazu Statistisches Jahrbuch 1990 für die Bundesrepublik Deutschland, Wiesbaden 1990, S. 86 f., und Jahrbuch für die Evangelische Kirche 113/ 1986, S. 87 f.

kommende Sehnsucht nach erfülltem Leben immer wieder auch in anderen Formen aufbricht und sich Ausdruck verschafft.

Richtet man den Blick schließlich auf die Erscheinungsformen von christlicher Religiosität, wie sie im Leben der sog. *Kerngemeinde* zum Ausdruck kommt, so ist auch hier eine relativ große *Pluralität* zu konstatieren. Diese Vielfalt begegnet im Verhältnis von Großstadt und ländlichem Bereich, im Süd-Nord-Gefälle sowie in den ganz unterschiedlichen Formen christlichen und kirchlichen Selbstverständnisses. Insbesondere in den Volkskirchen findet sich ein Nebeneinander (das auch ein Miteinander *oder* ein Gegeneinander sein kann) von unterschiedlichen Prägungen, die sich teils aus Pietismus und Erweckungsbewegung, teils aus Aufklärung und Kulturprotestantismus, teils aus Religiösem Sozialismus und social gospel herleiten lassen. Diese unterschiedlichen Richtungen kann man auf verschiedenen Ebenen beobachten:

– bei der theologischen Prägung der Pfarrerinnen und Pfarrer, die sich auch auf die Gemeinden auswirkt;
– bei Schwerpunkten und favorisierten Veranstaltungsformen der kirchlichen Arbeit;
– bei den unterschiedlichen, teilweise völlig gegensätzlichen Gruppierungen und „Fraktionen" in den Synoden.

Das pluralistische Konzept der offenen Volkskirche ist davon abhängig, daß auf all diesen Ebenen die *Pluralität selbst* durch ein prinzipielles Ja zum *Pluralismus* eine hinreichend breite *Akzeptanz* findet. Dem ist es durchaus förderlich, daß es in Gestalt der Freikirchen eine institutionelle Alternative gibt, die geprägt ist durch ein größeres Maß an Homogenität (in der Regel: pietistisch-erwecklicher Prägung), durch intensive Gemeinschaftspflege und durch eine am Gedanken der Verbindlichkeit orientierte Frömmigkeitspraxis. Demgegenüber bieten die Volkskirchen nicht nur nach innen einen weiten Raum für unterschiedliche religiöse Gestaltung und theologische Entfaltung, sondern auch in der Beziehung zur Gesellschaft zahlreiche Möglichkeiten der (seelsorgerlichen, pädagogischen, diakonischen) Präsenz, Erreichbarkeit, Ansprechbarkeit, Mitwirkung und Mitverantwortung (dazu u. 14.3.4.4). Ob die Volkskirche mit ihren spezifischen Möglichkeiten und Grenzen auch in Zukunft eine dem Auftrag der Kirche in der kommenden Lebenswelt angemessene Gestalt kirchlicher Wirklichkeit sein wird, dürfte nicht zuletzt davon abhängen, ob sie in der Lage ist, die christliche Botschaft so zur Sprache zu bringen, daß diese sich als befreiende, orientierende und ermutigende Antwort auf die Herausforderungen der Lebenswelt erweist und so der Sehnsucht nach erfülltem Leben Raum gibt.

Hauptteil II

Explikation des christlichen Wirklichkeitsverständnisses

7 Die im Wirklichkeitsverständnis des christlichen Glaubens vorausgesetzte Gottes- und Welterkenntnis

Im zweiten Hauptteil dieser Dogmatik geht es – wie oben (1.4.2 u. 1.5.3.3) gesagt – um die Explikation des *Wahrheitsgehaltes* des christlichen Glaubens. Dasjenige, was dabei expliziert werden soll, läßt sich als das Wirklichkeitsverständnis des christlichen Glaubens bezeichnen und umfaßt einerseits das Gottesverständnis (Teil A), andererseits das Weltverständnis (Teil B) des christlichen Glaubens. Daß und wie die Teile A und B, also das Gottesverständnis und das Weltverständnis des christlichen Glaubens zusammenhängen, ja eine sachliche Einheit bilden und nur aus methodischen Gründen als unterschiedliche Aspekte getrennt voneinander dargestellt werden, wird hier als bereits geklärt (s. o. 1.5.3.4) vorausgesetzt.

Was jedoch noch nicht vorausgesetzt werden kann, sondern erst noch geklärt werden muß, sind die Bedingungen der Möglichkeit von Gottes- und Welterkenntnis (7.1) sowie die Zugänge zur Gottes- und Welterkenntnis (7.2), die im Wirklichkeitsverständnis des christlichen Glaubens vorausgesetzt werden.

Ein solches erkenntnistheoretisches Kapitel wird deshalb den beiden Teilen der Dogmatik (II A und B) vorangestellt, in denen das Gottes- und Weltverständnis des christlichen Glaubens jeweils inhaltlich expliziert wird.

7.1 Die Bedingungen der Möglichkeit von Gottes- und Welterkenntnis

In diesem ersten Abschnitt geht es um die Erkenntnis*möglichkeit*, d. h. um die nur *miteinander* sinnvoll zu bearbeitenden Fragen, ob, inwiefern und auf welche Weise Gott und die Welt nach christlichem Verständnis erkenn*bar* sind, also erkannt werden *können*. Damit geht es um die erkenntnistheoretische Basis alles folgenden Redens von Gott und Welt, also des christlichen Wirklichkeitsverständnisses.

Das Gewicht dieser Fragestellung leuchtet jedenfalls im Blick auf das Problem der *Gottes*erkenntnis ohne weiteres ein; denn Gott kommt unter den möglichen Gegenständen unserer Erkenntnis nicht – jedenfalls nicht unmittelbar und direkt – vor. Wir können Gott nicht wie ein in unserer raum-zeitlichen Wirklichkeit existierendes Wesen wahrnehmen und erkennen. Und deshalb ist der (religionskritische) Verdacht nicht ohne weiteres von der Hand zu weisen, Gott sei keine Wirklichkeit, sondern bloß etwas vom Menschen Erdachtes oder Erdichtetes.

Die Bedeutung des Problems der Gotteserkenntnis bedarf keiner ausführlichen Begründung, sie versteht sich gewissermaßen von selbst. Was jedoch einer genaueren Besinnung bedarf, ist die Frage, wie dieses Problem methodisch sinnvoll angegangen werden kann. Müßte man nicht bereits über eine inhaltlich entfaltete Gotteslehre verfügen, bevor man überhaupt sinnvoll fragen kann, ob, inwiefern und auf welche Weise Gott, nämlich der Gott, den der christliche Glaube bekennt, überhaupt erkannt werden kann? Dieser Einwand klingt im ersten Moment überzeugend, löst aber bei genauerem Nachdenken sofort die weitere Frage aus: Woher ist eine solche inhaltlich entfaltete Gotteslehre zu gewinnen, und woher haben die Zeugen des christlichen Glaubens, auf die man sich dabei beziehen kann, ihr Verständnis von Gott gewonnen? Und auch hiergegen ließe sich wiederum sofort inhaltlich nach dem dabei schon vorausgesetzten Gottesverständnis fragen usw. Es gibt offensichtlich keinen „archimedischen Punkt" und keinen „absoluten Anfangspunkt", von dem aus sich die Frage nach der Möglichkeit der Gotteserkenntnis beantworten ließe, weil im Begriff der Erkenntnis immer schon der Bezug auf ein Erkanntes oder Zu-Erkennendes (also einen Erkenntnis*inhalt*) und auf Erkennbarkeit (also auf die *Möglichkeit* des Erkennens) mitgedacht und mitenthalten sind. Nur im Sinne einer nachträglichen Abstraktion kann darum nach den beiden Größen gefragt werden, die im Begriff und Phänomen der Gotteserkenntnis immer schon als miteinander vermittelte Größen auftauchen: Erkenntnis und Gott.

Daß die *Gottes*erkenntnis ein Problem darstellt, ist unbestritten, aber daß auch die *Welt*erkenntnis des christlichen Glaubens ein Problem darstellt, ist nicht ebenso einleuchtend. Am ehesten wird dieses erkenntnistheoretische Problem noch im Blick auf die *Eschatologie* empfunden, die von der noch ausstehenden *vollendeten* Welt handelt. Hier tauchen in vielen Dogmatiken erkenntnistheoretische Überlegungen auf, die man in der Schöpfungslehre, Sündenlehre, Soteriologie und Ekklesiologie meist vergeblich sucht. Der Grund für dieses Defizit ist jedoch leicht zu finden: Die geschaffene, gefallene und selbst die versöhnte Welt (und insbesondere die Kirche) scheint ja – im Unterschied zur *vollendeten* Welt und zur Wirklichkeit *Gottes* – vor unser aller Augen zu liegen oder jedenfalls unserer Wahrnehmung und unserem Erkennen zugänglich zu sein. Aber der Schein trügt: Die Welt als *Schöpfung*, das Böse in der Welt als *Sünde*, die Ermutigung zum Leben als *Versöhnung*, die Kirche als Gemeinschaft der *Glaubenden* – das alles liegt keineswegs „vor aller Augen". Das ist nicht etwa deshalb so, weil es sich dabei um nichts Wirkliches handelte, sondern deshalb, weil es Aspekte oder Dimensionen der Welt betrifft, die sich erst von deren Beziehung zu Gott her erschließen lassen. Und die Welt in Beziehung zu Gott zu erkennen, stellt natürlich kein geringeres erkenntnistheoretisches Problem dar als die Erkenntnis Gottes selbst.

Freilich: Nicht erst in ihrer Beziehung zu Gott ist „Welt" ein erkenntnistheoretisches Problem, sondern schon in der in diesem Begriff implizierten *Totalität*. Zwar wird der Begriff „Welt" in der Umgangssprache ziemlich unbefangen für alle möglichen abgrenzbaren Sachverhalte gebraucht (s. u. 7.1.3), aber hinsichtlich des Weltverständnisses und damit auch hinsichtlich der Welterkenntnis des christlichen Glaubens würde ein solcher unbefangener, gedankenloser Sprachgebrauch in die Irre führen. Wie bei der Frage nach der Möglichkeit der Gotteserkenntnis stellt sich also auch im Blick auf die Welterkenntnis die Aufgabe, nicht nur zu klären, was unter „Erkenntnis", sondern auch was unter „Welt" verstanden werden kann und soll und wie beides sinnvoll miteinander zu verbinden ist.

Die in diesem Abschnitt vor uns stehende Aufgabe hat demzufolge vier Teile: Es ist zu klären, was unter „Erkenntnis" zu verstehen ist und wie sie zustande kommt (7.1.1); sodann ist zu klären, welche Bedeutung die Begriffe „Gott" (7.1.2) und „Welt" (7.1.3) je für sich haben. Schließlich ist zu fragen, von welchen Ansatzpunkten aus die Wirklichkeitserkenntnis des christlichen Glaubens, also seine Gottes- und Welterkenntnis als möglich gedacht werden können (7.1.4).

7.1.1 Erkenntnis

Nicht alles, was wir zum Bestand unseres Wissens, unserer Überzeugungen, Meinungen oder Anschauungen zählen, basiert auf (eigener) Erkenntnis. Vieles – und in der neuzeitlichen Lebenswelt immer mehr (s. o. 6.3.1.1) – übernehmen wir von anderen, und zwar aus zweiter, dritter oder vierter Hand. Wir übernehmen es z. B., weil diese Personen oder Institutionen uns als vertrauenerweckend erscheinen oder weil das, was sie uns mitteilen, auf uns plausibel wirkt. Zwar kann man sagen, daß auch in jedem dieser Fälle ein Erkenntnisakt (aus erster Hand) vorliegt, nämlich das Erkennen dessen, was ein anderer Mensch gesagt oder geschrieben oder gezeigt hat – also Akte des Hörens, Lesens, Verstehens etc. Aber *diese* Erkenntnisakte sind zu unterscheiden von der *indirekten* Erkenntnis (Erkenntnis aus zweiter oder dritter Hand), die uns damit von einem (anderen) Erkenntnisgegenstand vermittelt werden soll. Nur die (direkte) Erkenntnis aus erster Hand gibt uns *Gewißheit*: Sofern wir etwas erkannt haben, sind wir dessen gewiß, daß es sich so verhält, wie wir es erkannt haben. Im Unterschied zur Vermutung, Ahnung oder bloßen Meinung steckt in aller Erkenntnis eine Gewißheit, und zwar eine *Wahrheitsgewißheit*. Wir können zwar sagen, jemand habe vermutet, gemeint oder geglaubt, etwas verhalte sich so und so, in Wirklichkeit sei es aber ganz anders. Wir können aber *nicht* sagen, jemand habe *erkannt*, daß sich etwas so und so verhalte, in Wirklichkeit sei es aber ganz anders. Wir müssen dann sagen: Der- oder diejenige habe zu erkennen *geglaubt* oder *gemeint*, habe sich dabei aber getäuscht. Die *Behauptung* von Erkenntnis schließt natürlich die Möglichkeit des Irrtums *nicht* aus, aber wenn etwas *tatsächlich* erkannt ist, dann kann es sich nicht um einen Irrtum handeln. Und wenn *behauptet* wird, daß etwas tatsächlich erkannt sei, dann schließt diese Behauptung zugleich den Anspruch ein, es handele sich nicht um einen Irrtum. Erkenntnis schließt Wahrheit ein. Das, was oben (1.1) über „Wissen" gesagt wurde, gilt also auch für „Erkenntnis".

„Erkenntnis" bezeichnet aber nicht nur den Inhalt dessen, was sich so erschlossen hat, daß es als wahr gewiß geworden ist, sondern zugleich den *Vorgang*, durch den eine Person oder Sache, ein Ereignis oder eine Theorie etc., d. h.: der Erkenntnis*gegenstand* uns so zugänglich wird, daß wir ihn erkennen. Und dasjenige, *als was* wir einen Erkenntnisgegenstand erkennen, nenne ich den Erkenntnis*inhalt*. Die *Instanz*, die den Erkenntnisakt vollzieht, nenne ich das Erkenntnis*subjekt*.

Zwischen Akt, Subjekt, Gegenstand und Inhalt der Erkenntnis kann nicht getrennt werden, weil sie *als solche* immer nur *miteinander* vorkommen können. Wohl aber ist es sinnvoll, ja notwendig, zwischen diesen Größen (mittels Sprache) zu *unterscheiden*. Fragt man, in welchem Verhältnis das so Unterschiedene zueinander steht, so zeigt sich, daß die Erkenntnisbeziehung zwei Aspekte hat, die ihrerseits voneinander unterschieden werden können:

– Die Erkenntnisbeziehung kann betrachtet werden als das Geschehen, in dem der dem Erkenntnisakt *vorgegebene* Erkenntnisgegenstand den Erkenntnisinhalt für das Erkenntnissubjekt *bestimmt*. Dieser Aspekt des Erkenntnisaktes läßt sich als *rezeptiver Aspekt* verstehen und bezeichnen.

– Die Erkenntnisbeziehung kann betrachtet werden als das Geschehen, in dem der im Erkenntnisakt *entstehende* Erkenntnisinhalt den Erkenntnisgegenstand für das Erkenntnissubjekt allererst in einer bestimmten Hinsicht *erschließt*. Dieser Aspekt des Erkenntnisaktes läßt sich als *produktiver Aspekt* verstehen und bezeichnen.

Diese beiden Betrachtungsweisen beschreiben weder Alternativen noch unterschiedliche Typen von Erkenntnis, sondern zwei grundsätzlich zu unterscheidende, von Fall zu Fall auch unterschiedlich zu gewichtende, aber in *jedem* Erkenntnisakt vorhandene und nachweisbare Aspekte von Erkenntnis. Sich dies bewußtzumachen, ist für die Theologie im allgemeinen und für das Problem der Gottes- und Welterkenntnis im besonderen von großer Wichtigkeit. Dieser Unterscheidung (und den in ihr vorausgesetzten Gemeinsamkeiten) soll daher etwas genauer nachgegangen werden.

7.1.1.1 Der rezeptive Aspekt der Erkenntnis

Beim *rezeptiven* Aspekt der Erkenntnis geht es um die oben angedeutete Einsicht, daß der dem Erkenntnisakt *vorgegebene* Erkenntnisgegenstand den Erkenntnisinhalt für das Erkenntnissubjekt *bestimmt*. Fragt man, wodurch diese Größen miteinander verbunden sind, auf welche Weise der Erkenntnisakt also stattfindet, so erweist es sich als leistungsfähig (weil phänomengerecht), den Erkenntnisakt als einen durch *Zeichen* vermittelten und stattfindenden Prozeß aufzufassen. Demzufolge läßt sich der rezeptive Aspekt der Erkenntnis wie folgt beschreiben: Er besteht darin, daß der Erkenntnisgegenstand – repräsentiert durch Zeichen – das Erkenntnissubjekt so *affiziert*, daß dieses in der Lage ist, auf regelgeleitete (und nicht willkürliche) Weise interpretierende Zeichen („Interpretanten") auszuwählen, durch die der Erkenntnisgegenstand dem Erkenntnissubjekt als Erkenntnisinhalt präsent ist. Aufgrund dieses Erkenntnisaktes kann sich das Erkenntnissubjekt dem Erkenntnisgegenstand gegenüber intentional, d. h.: bewußt wählend verhalten. Die Zeichen fungieren dabei als Repräsentanten des Erkenntnisgegenstandes und des Erkenntnisinhaltes für das Erkenntnissubjekt.

Wie kommt solche Erkenntnis zustande? Sie ist auf zweierlei angewiesen: einerseits auf (zeichenvermittelte) *Wahrnehmung* des Erkenntnisgegenstandes durch das Erkenntnissubjekt, andererseits auf den *Gebrauch von Zeichen* (Interpretanten) seitens des Erkenntnissubjekts, durch den diese Wahrnehmung so interpretiert wird, daß der Erkenntnisinhalt zustande kommt.

Um *Wahrnehmungen* machen zu können, benötigen wir unsere (fünf) *Sinne*, durch die uns die Wirklichkeit auf dem Weg der Reizübermittlung zugänglich wird. Die Wahrnehmung selbst und als solche ist aber noch keine *Erkenntnis*. Dazu wird sie erst, wenn der durch sie hervorgerufene Sinneseindruck im Erkenntnissubjekt ein passendes Zeichen (z. B. ein Wort) hervorruft und dadurch interpretiert wird. Anschauliche Beispiele hierfür sind die Vorgänge, in denen wir jemand oder etwas erkennen, indem es uns gelingt, einen optischen oder akustischen Reiz mit dem richtigen Namen oder Begriff zu verbinden.

Aber jeder Erkenntnisakt steht unter dem Risiko des Mißlingens, also des Irrtums. Für das Zustandekommen von (wahrer) Wirklichkeitserkenntnis sind in rezeptiver Hinsicht drei Gruppen von Voraussetzungen erforderlich:

– das Vorhandensein einer wahrnehmbaren und bezeichenbaren, also *erkennbaren Wirklichkeit*, die dem Erkenntnisakt vorgegeben ist;
– das Vorhandensein von Wesen, die sinnliche Wahrnehmungen machen, Zeichen gebrauchen und beides regelgeleitet miteinander verbinden können, also *erkenntnisfähige Subjekte*[1];
– das Vorhandensein von Zeichen, die auf Wahrnehmungen anwendbar sind, also *erkenntniserschließende Zeichen*.

Ob Wirklichkeitserkenntnis tatsächlich *gelingt*, hängt aber in rezeptiver Hinsicht nicht nur davon ab, ob diese Voraussetzungen gegeben sind, sondern auch davon, ob sie fehlerhaft oder fehlerfrei *gebraucht* werden. Dabei sind – den Voraussetzungen entsprechend – drei Fehlerquellen zu beachten:

– die zeichenvermittelte *Wahrnehmung*, die – aus Gründen, die im Erkenntnisgegenstand oder im Erkenntnissubjekt liegen können – deutlich oder getrübt sein kann;
– das zur Verfügung stehende *Zeichensystem*, das hinreichend genau und differenziert oder unzureichend sein kann;
– die *Verbindung* von zeichenvermittelter Wahrnehmung und Interpretanten, die gelingen oder mißlingen kann.

Alles Gesagte gilt auch für die Erkenntnisakte, die sich auf Erkenntnisgegenstände richten, die für die Erkenntnissubjekte nur dadurch zugänglich werden, daß sie aus anderen Erkenntnissen *erschlossen* werden. (Man denke z. B. an Indizienprozesse oder mikrophysikalische Theoriebildungen.) In diesen Fällen ist die Anwendung der ausgebildeten Zeichensysteme wesentlich aufwendiger, weil hier mittels Zeichengebrauch (z. B. mittels logischer Ableitungen) aus gegebener Erkenntnis auf neue Erkenntnis *geschlossen* wird. Das ist etwa überall dort der Fall, wo von bestimmten Wirkungen abduktiv (also hypothetisch) auf Ursa-

---

1   Es ist sinnvoll, zwischen einem weiten und einem engeren Erkenntnisbegriff wie folgt zu unterscheiden: Erkenntnis im weiten Sinn des Wortes findet überall dort statt, wo Wahrnehmungen regelgeleitet mit Interpretanten verbunden werden; Erkenntnis im engeren Sinn des Wortes hingegen nur dort, wo dieser Vorgang stattfindet *und* seinerseits (reflexiv) erkannt wird, wo dem Erkenntnissubjekt diese Verbindung also *bewußt* ist.

chen geschlossen wird, die der zeichenvermittelten Wahrnehmung nicht zugänglich sind (z. B. bei dem Versuch, statistisch feststellbare Entwicklungen zu *erklären*). Aber das gilt auch dort, wo aus gegebenen Ursachen deduktiv auf Wirkungen geschlossen wird, die der Wahrnehmung (noch) nicht zugänglich sind (z. B. bei Planungsentscheidungen, durch die zukünftige Entwicklungen gesteuert werden sollen).

An dieser Stelle nähern wir uns der Grenze, an der es notwendig wird, neben dem rezeptiven Aspekt auch den produktiven Aspekt der Erkenntnis in den Blick zu fassen. Gleichwohl steht beim Fall der deduktiven Prognose insofern noch der rezeptive Aspekt im Vordergrund, als behauptet wird, daß das Neue, das erschlossen wird, aus dem Gegebenen folge. Was die Zukunft bringen wird, kann in diesen Fällen nur die *Bestätigung* dessen sein, was jetzt schon (rezeptiv) erkannt wird.

7.1.1.2 Der produktive Aspekt der Erkenntnis

Die letzten Bemerkungen haben schon andeutungsweise gezeigt, inwiefern es unabdingbar ist, neben und mit dem rezeptiven auch den *produktiven Aspekt* der Erkenntnis zu betonen. Dieser Aspekt besteht darin, daß Erkenntnis nicht (nur) auf der Gegebenheit des Wahrgenommenen *basiert*, sondern (auch) das Gegebene beeinflußt und so Wahrnehmung *ermöglicht*.

Das gilt zunächst in einem ganz elementaren Sinn insofern, als jede Erkenntnis selbst eingeht in den Zeichenbestand des Erkenntnissubjekts und damit dessen Differenziertheit und Angemessenheit bestätigt oder das Erkenntnissubjekt zu weiteren Ausdifferenzierungen oder Korrekturen seines Zeichensystems stimuliert. Dadurch wird es dann *möglich*, aufgrund gewonnener Erkenntnis künftig Irrtümer zu vermeiden oder feinere Unterschiede wahrzunehmen und zu erkennen. So *sieht* z. B. der Botaniker wesentlich mehr beim Gang durch die Natur als der naturkundlich Ungebildete. Und so *hört* der Musikkenner ungleich mehr in einem Konzert als diejenigen, für die das eine ihrer ganz seltenen Begegnungen mit Musik ist. Generell gilt: Je mehr ein Erkenntnissubjekt bereits erkannt *hat*, desto größer ist (ceteris paribus) sein Bezeichnungsrepertoire *und* daraufhin auch seine Wahrnehmungsfähigkeit, desto mehr kann es also erkennen.

Aber der produktive Aspekt der Erkenntnis beschränkt sich keineswegs auf diesen elementaren Sachverhalt. Er zeigt sich auch an allen Erfahrungen und Aussagen, sofern sie sich (und sei es auch nur implizit und unbewußt) auf die Zukunft beziehen und damit die Zukunft für das Erkennen erschließen. Eine Zusage, ein Versprechen, aber auch eine Warnung oder eine Drohung vermitteln eine Erkenntnis, die jetzt nicht hinreichend durch Wahrnehmung überprüft, bestätigt oder korrigiert werden kann, sondern unreduzierbar auf künftige Wahrnehmung angewiesen ist. Der Erkenntnisgegenstand ist hier nämlich nicht ein Sachverhalt, der zu dem Zeitpunkt, an dem der Erkenntnisakt stattfindet, bereits hinreichend bestimmt ist, sondern der Erkenntnisgegenstand ist die *gegenwärtige Bestimmtheit* eines Ereignisses, das erst in der *Zukunft* (unter jetzt noch nicht eindeutig bestimmten und deshalb möglicherweise veränderten Bedingungen) eintreten wird.

Die Zusage richtet die Erwartung und das Wahrnehmungsvermögen auf das, was noch aussteht. Und das zukünftig eintretende Ereignis könnte gar nicht als Verwirklichung einer Zusage wahrgenommen werden, wenn diese nicht stattgefunden hätte.

Aber das ist noch nicht alles und noch nicht einmal das Wesentliche am produktiven Aspekt der Erkenntnis. Dieses Wesentliche kommt erst dort in den Blick, wo die Erkenntnis selbst als *konstitutiver* Faktor für neue Wirklichkeitswahrnehmung verstanden wird, d. h. dort, wo berücksichtigt werden muß, daß eine bestimmte neue Wahrnehmung ohne solche produktive Erkenntnis gar nicht *möglich* wäre. Das ist dann der Fall, wenn es wichtig ist herauszustellen, daß die wahrzunehmende *Wirklichkeit* sich ohne den Akt der Erkenntnis gar nicht einstellen würde. Aber wie kann man sich vorstellen, daß Erkenntnis Wirklichkeit verändert, ja hervorbringt?

Ein bekanntes Beispiel, bei dem der produktive, wirklichkeitsverändernde Aspekt der Erkenntnis unübersehbar ist, ist die sog. self-fulfilling prophecy, also die Ankündigung, die allein dadurch, daß sie gemacht und rezipiert wird, das *bewirkt*, was sie ankündigt (z. B. den Konkurs eines Unternehmens oder einen Modetrend) – wobei verdeutlichend hinzuzufügen ist: und das ohne diese Ankündigung gar nicht zustande gekommen wäre. Die self-fulfilling prophecy ist freilich nicht das *einzige* und sie ist wegen ihres in der Regel manipulativen Charakters sogar ein besonders *problematisches* Beispiel von Erkenntnis, bei der der produktive, wirklichkeitsverändernde Aspekt zu betonen ist. Ein anderes Beispiel sind die personalen und besonders die religiösen Begegnungen, durch die Menschen auf eine Hoffnung, eine Bestimmung oder eine Verheißung hin angesprochen werden, die durch die dieser Begegnung *vorgegebene* (oder *unabhängig* von dieser Begegnung wahrnehmbare) Wirklichkeit (noch) nicht abgedeckt oder bestätigt wird, sondern sich zu ihr *kontrafaktisch* verhält. Und nun das Entscheidende: Indem die so Angesprochenen sich auf diese Verheißung einlassen, können sie im Prozeß der Erkenntnis die Erfahrung machen, daß sich die Wirklichkeit im Sinne der Verheißung *verändert* und als solche wahrnehmbar *wird*.[2] Der Hinweis auf die notwendige Bereitschaft, eine solche Zusage oder Verheißung zuzulassen, zeigt, daß es von zwei (untereinander zusammenhängenden) Bedingungen abhängt, ob der Erkenntnisakt insofern produktiv ist, als er die Wirklichkeit verändert: Der Erkenntnisinhalt muß einem Erkenntnissubjekt *zugesprochen* werden, und er muß von diesem Erkenntnissubjekt *geglaubt* werden.[3]

Von daher zeigt sich, daß der produktive Aspekt der Erkenntnis sich stets auf die Erkenntnis des *Möglichen* bezieht. Aber es wäre unzureichend und irreführend, den produktiven Aspekt von Erkenntnis bloß in Verbindung zu bringen mit der (rezeptiven) Erkenntnis von bereits *gegebenen*, aber noch nicht ausgeschöpften *Möglichkeiten*. Richtig daran ist zwar, daß der produktive Aspekt sich *stets* auf die Kategorie der *Möglichkeit* bezieht. Versteht man unter „Möglichkeit" jedoch nicht *Denkmöglichkeit*, sondern nur *reale* Möglichkeit im Sinne dessen, was in einer bestimmten Situation gewählt und aktualisiert werden kann, dann greift die Deutung an entscheidender Stelle zu kurz. Denn es kommt gerade darauf an, daß durch eine Zusage oder Verheißung solche reale Möglichkeiten nicht nur *aufgewiesen*, sondern u. U. allererst *geschaffen* werden. Und diese realen Möglichkeiten stehen als *realisierte* Möglichkeiten erst der zukünftigen (das kann auch heißen: eschatologischen) Verwirklichung und Wahrnehmung offen. D. h.: Ob es sie tatsächlich (als Möglichkeiten) gibt, läßt sich nicht jetzt hinreichend erkennen, wohl aber in der noch ausstehenden Zukunft.

---

2   Die zugesagte und geglaubte Rechtfertigung des Sünders, durch die die tatsächlich begangene und geschehene Sünde *nicht angerechnet* wird, ist für den christlichen Glauben eine solche Erkenntnis, durch die Wirklichkeit verändert und folglich auch Wahrnehmung völlig neu erschlossen wird (s. dazu u. 14.1). Welche immense Bedeutung das hat, wird erst dann ganz einsichtig, wenn man erkennt, daß es im Akt der Rechtfertigung um eine – kontrafaktische – *Neukonstituierung der Person* geht. Die Person wird also nicht nur *auf etwas* angesprochen, das es *so* (d. h. dem Akt der Rechtfertigung vorgegeben) noch nicht gibt, sondern sie wird *als jemand* angesprochen, der sie so noch gar nicht ist. *Wenn das keine Illusion sein soll, muß es als die Konstituierung einer neuen Wirklichkeit gedacht werden.*

3   Deshalb sind nach II Kor 5,19 u. Röm 3,28 sowohl das „Wort von der Versöhnung" als auch der Glaube *notwendige Bedingungen* für das wirksame Geschehen der Rechtfertigung, wobei der Glaube durch nichts anderes als durch das Wort geweckt wird. Indem eine Person sich ansprechen läßt auf ihr Gerechtfertigtsein vor Gott, *wird* sie als gerechtfertigte neu *konstituiert*.

7.1.1.3   Die Zusammengehörigkeit des rezeptiven
und des produktiven Aspektes der Erkenntnis

Stand bisher der *Unterschied* zwischen dem rezeptiven und dem produktiven Aspekt der Erkenntnis im Vordergrund, so geht es nun darum, das *Gemeinsame* und *Verbindende* in den Blick zu fassen, aufgrund dessen es sich beide Male um Aspekte von *Erkenntnis* handelt.

Unserer Alltagserfahrung scheint es zu widersprechen, wenn behauptet wird, daß es sich beim rezeptiven und produktiven Moment um zwei Aspekte handelt, die in *jedem* Erkenntnisakt vorhanden und nachweisbar sind. Das hieße ja, daß auch in solchen Erkenntnisakten ein produktiver Aspekt aufzuweisen ist, die sich unter ausschließlicher Berücksichtigung des rezeptiven Aspektes mit aller lebenspraktisch wünschenswerten Genauigkeit beschreiben lassen. Doch läßt sich tatsächlich auch an den Gegenständen, mit denen wir es in unserer Alltagserfahrung vorwiegend zu tun haben, der produktive Aspekt der Erkenntnis in den drei Hinsichten wahrnehmen und aufzeigen, die in 7.1.1.2 dargestellt wurden.

a) Erkenntnis *ermöglicht neue* Wahrnehmung und Erkenntnis. Andererseits ist aber auch zu beachten, daß jede Erkenntnis ihrerseits durch vorhergehende Erkenntnis und jede Wahrnehmung durch evolutionär ausdifferenzierte Wahrnehmungsmuster *ermöglicht* ist. Ein Rückgang auf einen Nullpunkt der Erkenntnis oder Wahrnehmung ist uns nicht möglich. Wird dabei weiter berücksichtigt, daß Erkenntnis stets auf erkenntnisermöglichende *Zeichen* angewiesen ist, so wird deutlich, daß diese Zeichen die Wirklichkeit nicht einfach abbilden, sondern diese unserer Erkenntnis nur mittels unseres kultur- und lebensgeschichtlich gewonnenen Zeichenbestandes – und damit *perspektivisch* – zugänglich ist. Diese unvermeidliche Perspektivität stellt weder die Möglichkeit von Erkenntnisfortschritten in Abrede noch macht sie den Streit um die Wahrheit sinnlos, weil durch die Widerständigkeit der Erkenntnisgegenstände (rezeptiver Aspekt) die Fülle möglicher Deutungen begrenzt wird und der Überprüfung ausgesetzt werden kann. Insofern zeigt sich an der notwendigen Zeichenvermitteltheit aller Erkenntnis nicht nur der durchgängige produktive Aspekt von Erkenntnis, sondern auch die notwendige Zusammengehörigkeit von produktivem und rezeptivem Aspekt der Erkenntnis.

b) Auch die Ausrichtung der Erkenntnis auf *Zukunft* läßt sich unter Bezugnahme auf die Alltagserfahrung verdeutlichen; denn in *jedem* Erkenntnisakt ist (implizit) ein Wissen darüber enthalten, was von dem Erkenntnisgegenstand künftig erwartet oder mit ihm gemacht werden kann. So schließt die Erkenntnis: „Dieser Stein ist hart und schwer" in Verbindung mit anderen Erkenntnissen (z. B. über die Fallgesetze, über die Beschaffenheit des menschlichen Fußes und über Schmerzempfindung) implizit die Erkenntnis ein: „Wenn dieser Stein auf meinen Fuß fällt, wird mir das weh tun". Diese implizite Erkenntnis über das, was gegebenenfalls zu erwarten ist, bestimmt weitgehend unser Verhalten und unseren Umgang mit den Erkenntnisgegenständen, es *verändert* also Verhaltensweisen und *erschließt* insofern einen neuen Zugang zur Wirklichkeit, der durch künftige Erfahrungen seinerseits bestätigt oder korrigiert wird. Auch hier zeigt sich also, daß mit dem produktiven Aspekt der Erkenntnis immer auch der rezeptive Aspekt verbunden ist – und umgekehrt.

c) Daß auch bei der Erkenntnis relativ stabiler raum-zeitlicher Gegenstände Erkenntnis einen produktiven Aspekt hat, der als wirklichkeits*verändernd* bezeichnet werden kann, d. h., daß der Erkenntnisgegenstand nicht völlig unbeeinflußt vom Erkenntnissubjekt und Erkenntnisakt bleibt, erschließt sich erst physikalischer Forschung, wird von ihren Ergebnissen her allerdings unabweisbar. Es eröffnet sich dann die – für die Alltagswahrnehmung überraschende und befremdliche – Einsicht, daß kein Erkenntnisgegenstand (auch nicht der oben genannte Stein) beim Versuch exakter Beobachtung von den Bezügen zu seiner Umwelt einschließlich des Erkenntnissubjektes zu isolieren ist. Von daher erweist sich unsere Alltagserkenntnis als eine *Vereinfachung*, die davon *abstrahiert*, daß die Wirklichkeit *grundsätzlich relationalen* Charakter hat. Solche Vereinfachung ist dort unproblematisch und lebenspraktisch erfolgreich, wo wir es mit Erkenntnisgegenständen zu tun haben, deren interne und externe Relationen in hohem Maße stabil sind. Bei den oben genannten Beispielen für den produktiven Aspekt der Erkenntnis – eine Zusage oder eine self-fulfilling prophecy – wird jedoch die Unangemessenheit einer solchen abstrakten, reduktiven Betrachtung augenscheinlich. Denn im Blick auf das Eintreffen und Zutreffen einer solchen Vorhersage kann gerade *nicht* davon abgesehen werden, ob dieser Zusage oder Ankündigung vertraut wird oder nicht. Durch eine Zusage werden Menschen (möglicherweise) zu einem entsprechenden Verhalten motiviert, das ohne diese gar nicht zustande käme. Was in diesem Falle (wegen der Variabilität der externen Relation) *unübersehbar* ist, ist aber auch in all den anderen Fällen vorhanden und nachweisbar, wo wir es nicht wahrnehmen und aus praktischen Gründen vernachlässigen (können).

Die genauere Analyse dessen, was mit „Erkenntnis" gemeint ist, nötigt uns also zusammenzudenken, daß Erkenntnis die Wirklichkeit auch ihres Erkenntnisgegenstandes *verändert* und von diesem dennoch als dem Erkenntnisakt *vorgegebener* Wirklichkeit bestimmt ist. Dies ist nur dadurch möglich, daß Erkenntnisakt und Erkenntnisgegenstand gedacht werden als untrennbare, aber unterscheidbare Elemente der einen Wirk-

lichkeit, die unhintergehbar relational verfaßt ist. Daraus ergeben sich
auch Konsequenzen für den im Begriff „Erkenntnis" mitgesetzten Begriff
„Wahrheit".

7.1.1.4   Das Entsprechungsverhältnis
von Wirklichkeit und Interpretation

In der Überschrift dieses Abschnitts ist unschwer ein Anklang an die traditionelle Definition von „Wahrheit" zu erkennen: „veritas est adaequatio
rei et intellectus".[4] Tatsächlich ist das Wesentliche am Akt der Erkenntnis,
das beide Aspekte der Erkenntnis miteinander verbindet, daß durch ihn
und in ihm die Wirklichkeit für ein Erkenntnissubjekt so zugänglich wird,
daß Wirklichkeit und zeichenhafte Interpretation der Wirklichkeit (also
Erkenntnisgegenstand und Erkenntnisinhalt) einander angemessen sind,
d. h., daß die Interpretation *wahr* ist.

Ob das Bemühen um Gewinnung von Erkenntnis erfolgreich war, ob
also (wahre) Wirklichkeitserkenntnis tatsächlich zustande gekommen ist,
läßt sich daher, strenggenommen, nur durch (erneute) Erkenntnisakte
überprüfen, korrigieren oder bestätigen, die alle unter denselben grundsätzlichen Bedingungen und Vorbehalten stehen. Wir können zwar gelegentlich technische Hilfsmittel heranziehen oder uns intersubjektiv vergewissern. Aber im Prinzip bleibt es dabei, daß jeder Erkenntnisakt auf
Überprüfung und Bestätigung durch neue Erkenntnisakte angewiesen ist,
so daß es sich bei Erkenntnis grundsätzlich um einen *offenen, un-
abschließbaren Prozeß* handelt. Ob dieser Prozeß gelingt, also zur Wahrheit hinführt, läßt sich nur daran erkennen, daß seine Ergebnisse *konver-
gieren.*

Von den Voraussetzungen, die für das Gelingen und die Überprüfung
von Erkenntnis gegeben sein müssen, und von den damit verbundenen
Fehlerquellen und Irrtumsmöglichkeiten war bereits im Zusammenhang
mit dem rezeptiven Aspekt der Erkenntnis die Rede. Aber das beschränkt
sich nicht auf den rezeptiven Aspekt, sondern gilt für Erkenntnis überhaupt, also auch für den produktiven Aspekt. Hier ist freilich der Faktor
„Zeit" mit in Anschlag zu bringen – jedenfalls was die *Verifikation* (oder
Falsifikation) der Erkenntnis anbelangt. Während bei Erkenntnisakten,
bei denen der rezeptive Aspekt dominiert, weil die Tatsache, daß der
Erkenntnisakt durch den Erkenntnisgegenstand *bestimmt* wird, im Vor-

---

4   Thomas von Aquin zitiert diese klassische Definition der Wahrheit z. B. in
    seinen Quaestiones disputatae, Vol. I De veritate (1256-1259), q. 1; a. 1
    unter Verweis auf Isaac Israeli (845-940).

dergrund steht, die hinreichende Verifikation oder Falsifikation des Erkenntnisinhalts grundsätzlich als *schon* möglich zu behaupten ist, gilt dies dort nicht, wo der produktive Aspekt dominiert, weil es wesentlich ist, daß der Erkenntnisakt die (noch ausstehende) Realität in bestimmter Hinsicht konstituiert und erst hervorbringt. In dieser Hinsicht ist der Erkenntnisanspruch auf noch *ausstehende* Verifikation angewiesen. Der Begriff „Verifikation" gewinnt hier sogar eine neue, zusätzliche Bedeutung (vgl. dazu o. 6.2.2 b): Er bezeichnet nun nicht primär den Wahrheits*erweis* aufgrund erkannter Entsprechung zwischen Erkenntnisgegenstand und Erkenntnisinhalt, also zwischen Wirklichkeit und Interpretation, sondern primär die Veränderung der Wirklichkeit in Richtung auf die *erkannte Wahrheit*. „Verifikation" bekommt hier den wörtlichen Sinn von „Wahrmachung".[5] Der Zielpunkt: „Entsprechungsverhältnis" bleibt gleich, aber in diesem Falle eilt die Interpretation der Wirklichkeit gewissermaßen voraus und kann erst durch die Entwicklung der Wirklichkeit eingeholt werden, so daß es zur Entsprechung *kommt*. Es dürfte deutlich geworden sein, daß dies kein defizienter oder defizitärer Modus, sondern ein besonders tief- und weitreichender Aspekt von Erkenntnis ist, in der Wirklichkeit in ihrer Tiefe, ihrem Geheimnis, ihrem verborgenen Wesen sich erschließt und erschlossen wird.[6]

7.1.2 Der Begriff „Gott"

In diesem Unterabschnitt geht es noch nicht um eine – und sei es auch nur ansatzweise – Entfaltung der Gotteslehre, sondern zunächst nur um

---

5 Diesen Sinn von „Verifikation" betont besonders G. Ebeling – freilich nicht immer deutlich als einen *Aspekt* von Verifikation, sondern als deren (einzige?) christlich-theologische Deutung. So z. B. in: „Das Verständnis von Heil in säkularisierter Zeit" (1967), in: ders.: Wort und Glaube, Bd. 3, Tübingen 1975, S. 358. Diese einseitige Interpretation erscheint mir als problematische Engführung eines grundsätzlich richtigen und wichtigen Gedankens. Ebelings Intention ist es freilich seinerseits, die „üblichen Verengungen des Wahrheits- und Verifikationsverständnisses zu öffnen" (Dogmatik des christlichen Glaubens, Bd. I, Tübingen 1979, S. 60).

6 Zwischen den beiden Aspekten der Erkenntnis und Luthers Unterscheidung zwischen menschlicher und göttlicher Liebe, wie er sie in der Heidelberger Disputation macht, besteht eine bedenkenswerte Parallele, die gewiß *mehr* ist als eine Parallele. Während vom „amor hominis" gilt: „Er entsteht von dem her, was für ihn liebenswert ist" (also rezeptiv), gilt vom „amor Dei": „Er findet nicht vor, sondern erschafft das, was für ihn liebenswert ist" (also produktiv) (WA 1,354,35 f. u. 365,2 f.).

eine Verständigung darüber, was wir mit dem Begriff „Gott" meinen. Mit dem „wir" in dieser Frage sind nicht einfach alle Menschen gemeint, sondern diejenigen, die an der christlichen Glaubenskommunikation Anteil haben. Es geht hier also nicht um eine allgemeine religions*phänomenologische* oder um eine grundsätzliche religions*philosophische* Frage, sondern um die *theologische* Frage nach dem *christlichen* Gottesbegriff. Deswegen muß hier weder das gesamte religionsgeschichtlich verfügbare Material gesichtet werden, noch ist es ratsam, die Frage nach der Möglichkeit von Gotteserkenntnis auf dem Weg über einen völlig neuen, eigenen „Definitions"-Vorschlag, eine sog. stipulative „Definition", zu beantworten.[7] Als sinnvoll erscheint es hingegen, sich an solchen *klassischen* „Definitionen" zu orientieren, die im Kontext des *christlichen* Glaubens entwickelt und vorgetragen worden sind und *prägende* Bedeutung erlangt haben. Ich nenne und diskutiere kurz im folgenden vier (Gruppen solcher) Begriffsbestimmungen.

7.1.2.1 „Etwas, über das hinaus nichts Größeres gedacht werden kann"

Einen der meistbeachteten und wichtigsten „Definitions"-Vorschläge hat Anselm von Canterbury im Zusammenhang mit seinem sog. „ontologischen Argument" gemacht, wenn er schreibt: „Et quidem credimus te esse aliquid quo nihil maius cogitari possit."[8] Diese „Definition" hat nach Anselms eigenem Verständnis den Charakter einer *Glaubens*aussage („credimus"). Sie besagt *nicht*: „Gott ist das *Größte*, das wir denken können" oder: „Gott ist *größer* als alles andere, das wir denken können", sondern sie sagt „nur": Etwas kann *nur* dann als „Gott" bezeichnet werden, wenn

---

7   Von einer „Definition" ist in Anwendung auf den Begriff „Gott" nur in einem uneigentlichen Sinn zu sprechen – deshalb wird der Begriff „Definition" im folgenden immer in Anführungszeichen gesetzt –, weil es für den Begriff „Gott" weder einen Oberbegriff noch ein begriffliches Äquivalent geben kann, durch die er definiert werden könnte. Diese Einsicht kommt in dem traditionellen theologisch-philosophischen Grundsatz zum Ausdruck: „Deus definiri nequit". Vgl. dazu Thomas von Aquin, Summa contra gentiles I, cap. 25 (Bd. I, Darmstadt 1987², S. 106 f.) sowie Johann Gerhard, Loci theologici II, cap. 5 (Bd. 1, Berlin 1863, S. 284 ff.).

8   Proslogion (= Anrede, Gebet), cap. II. Zum Sinn und Status dieser Formel sowie zur Analyse von Anselms Argumentation vgl. vor allem I. U. Dalferths scharfsinnige Studie: „Fides quaerens intellectum", ZThK 81/1984, S. 54-105, jetzt in: ders., Gott. Philosophisch-theologische Denkversuche, Tübingen 1992, S. 51-94.

wir *nichts anderes denken können,* das *größer* ist als dieses „Etwas". D. h., die Bedeutung und Leistungsfähigkeit von Anselms „Definition" besteht darin, daß sie dazu anleitet, *unzureichende Gottesbegriffe auszusondern.* Als eine solche *„kritische Regel"* erscheint sie angemessen, ja unverzichtbar; denn wenn wir etwas Gott Überlegenes auch nur denken könnten, dann hätten wir – mit dem Unterlegenen – noch nicht Gott gedacht.

Dagegen spricht auch nicht, daß Gott sich nach christlichem Verständnis in der *Niedrigkeit* des Kreuzes offenbart und damit „niedrig und gering" (EG 27,3) wird. Man wird hier vielmehr (mit Karl Barth) sagen müssen, daß es gerade Gottes *Größe* ist, nicht nur unabhängig und überlegen sein zu *müssen,* sondern auch ganz *abhängig* und *gering* werden zu *können.*[9] Ein Gott, der nicht so gering werden *könnte,* wäre ein *geringerer Gott* und damit eben nicht Gott im Sinne der kritischen Regel Anselms.

Auch ein zweiter Einwand geht an Anselm vorbei: nämlich die Behauptung, wir könnten Gott *gar nicht denken,* weil er *größer* sei als alles, was wir denken können. Anselm muß keineswegs behaupten, wir könnten Gott denken. Er vertritt im Gegenteil sogar selbst die These, Gott sei größer als alles, was wir denken können.[10] Ausschlaggebend für seinen „Definitions"-Vorschlag ist nur die Einsicht, daß Gott „etwas" sei, im Vergleich zu dem wir *nichts Größeres* denken können.

Die eigentliche Schwäche von Anselms Gottes-Begriff liegt auf anderem Gebiet, nämlich darin, daß er weder etwas aussagt über die *Bedeutung* Gottes für den Menschen noch über die *Beziehung* Gottes zur Welt. Beides leitet Anselm zwar im Fortgang seiner Argumentation aus seinem Gottes-Begriff theologisch ab, aber der Begriff als solcher bringt das nicht zur Sprache, und das ist ein Defizit.

7.1.2.2 *„Worauf Du Dein Herz hängest und verlässest"* bzw. *„Was einen Menschen unbedingt angeht"*

Mit den beiden Formeln, die nun zu bedenken sind, bekommen wir gerade das zu Gesicht, was bei Anselm fehlt: die existentielle Relevanz Gottes für den Menschen. Luther bringt das im Großen Katechismus zum Ausdruck durch die Formel: „Worauf Du nu … Dein Herz hängest und verlässest, das ist eigentlich Dein Gott" (BSLK 560,22-24). Bei Tillich findet der entsprechende Gedanke seinen Ausdruck in der Formulierung:

---

9 S. dazu KD II/1, S. 340-361.
10 „Quod maior sit quam cogitari possit" Proslogion, cap. XV (Köln 1966, S. 225).

„daß das, was einen Menschen unbedingt angeht, für ihn zum Gott (oder Götzen) wird".[11] Beide Formeln erinnern zu Recht daran, daß der Begriff „Gott" eine Wirklichkeit bezeichnet, die das Leben bestimmt (bestimmen will, bestimmen soll oder tatsächlich bestimmt) und in Anspruch nimmt, also eine existentielle Dimension hat.

Beide Formeln lassen aber auch erkennen, inwiefern sie nur ein *notwendiges* Moment des Gottesbegriffs zur Sprache bringen, aber für sich genommen noch *nicht hinreichend* sind: Beide Formeln gelten *nicht nur* für Gott, sondern *auch* für einen „*Abegott*" (BSLK 560,17) bzw. für einen „*Götzen*" (Tillich, a.a.O.), sie sind also für die Bestimmung des christlichen Gottesbegriffs *zu weit*. Zwar könnte man zu Recht sagen, daß der Anspruch bzw. die „Verheißung" eines Abgotts oder Götzen, vertrauenswürdig zu sein, eine bloß angemaßte, sozusagen erlogene Zusage ist, aber das läßt sich anhand des Gottes*begriffs* weder erkennen noch entscheiden oder unterscheiden. Dazu müßte man einerseits Anselms Kriterium heranziehen, andererseits auf die daseinskonstitutive Beziehung Gottes zur Welt verweisen, von der erst in den folgenden Gottesbegriffen die Rede sein wird.

7.1.2.3   „*Das* Woher *unseres empfänglichen und selbsttätigen Daseins*" bzw. „*Der Grund des Seins*"

Das *Gemeinsame* dieser beiden Formeln, deren erste von Schleiermacher[12] stammt, während die zweite in unserem Jahrhundert vor allem durch Tillich programmatisch verwendet wurde[13], besteht darin, daß sie Gott als diejenige Wirklichkeit zur Sprache bringen, die zur Welt in einer für deren Dasein *konstitutiven Beziehung* steht. Damit wird Gott als *Schöpfer der Welt* gedacht, auch wenn dieser Begriff so nicht auftaucht. Man würde vermutlich einen Schritt zu weit gehen, wenn man aus diesen Formeln ableitete, daß das Schöpfersein zum Gottes*begriff* gehört, obwohl die beiden Formeln unverkennbar dahin tendieren. Wohl aber wird mit diesen beiden „Definitions"-Vorschlägen – *unter der Bedingung der Existenz der Welt* – behauptet, daß der Begriff „Gott" dann am genauesten erfaßt ist, wenn er in seiner das Dasein der Welt *begründenden Beziehung* gedacht wird.

---

11 STh I, S. 247.
12 Der christliche Glaube (2. Auflage 1830/31), hg. von M. Redeker, Berlin 1960, S. 28.
13 STh I, S. 273 ff.

Freilich hat jede dieser beiden Formeln auch ihre spezifischen Schwächen: Im Blick auf Schleiermachers Formulierung ist einerseits zu fragen, wie das Wort „*Woher?*" genau zu verstehen ist. Es kann jedenfalls im wörtlichen Sinn weder *räumlich* noch *zeitlich* gemeint sein, weil Gott dann selbst raum-zeitlich gedacht würde, also als ein endliches Wesen (neben anderen). Wie aber ist das „Woher?" sonst zu verstehen? transzendental, also als Bedingung der Möglichkeit alles Seienden? oder modallogisch im Sinne eines Notwendigen im Unterschied zu allem Kontingenten? Andererseits muß man fragen, ob es ausreicht, wenn Schleiermacher nur von „unserem" Dasein (als Menschen) spricht, müßte sich die Formel nicht auf *alles* Dasein beziehen?

Bei Tillich ist einerseits zu fragen: Was meint der Begriff „*Grund*", wenn er – wie Tillich hervorhebt – weder im wörtlichen Sinn als „Ursache" noch als „Substanz"[14] und natürlich erst recht nicht als räumliches Fundament verstanden werden darf? Hat das Wort „Grund" hier den Charakter eines Symbols oder einer Metapher, und wenn ja: wofür? Andererseits stellt sich die Frage, ob Tillich nicht exakter und konsequenter vom „Grund des *Seienden*" sprechen müßte statt vom Grund des Seins, oder ist tatsächlich (in Anlehnung an Schelling) auch der Grund (und Abgrund) gemeint, den das *Sein* in sich trägt?

7.1.2.4   „Der Allmächtige, d. h. die Alles bestimmende Wirklichkeit"

Diese von Bultmann[15] eingeführte und u. a. von W. Pannenberg[16] übernommene Formel ist m. E. der angemessenste „Definitions"-Vorschlag, den es zur Zeit für den Begriff „Gott" gibt. Zwar kann man an dieser Formel kritisieren, daß das Wort „*bestimmende*" unpräzise und mehrdeutig ist, weil es z. B. bedeuten kann: determinierend, beeinflussend, durchdringend, in Anspruch nehmend.[17] Wenn man sich dieser semantischen Unschärfe aber bewußt ist und bestimmte Deutungen (wie z. B. „determinierend") ausschließt, dann ist diese Formel nicht nur akzeptabel, sondern bringt durch ihre Offenheit unterschiedliche Aspekte zum Ausdruck, die unverzichtbar zum Gottesbegriff hinzugehören: die schlecht-

---

14 So STh I, S. 275.
15 GuV I, S. 26.
16 *Wissenschaftstheorie und Theologie* (1973), Frankfurt 1977, S. 304.
17 Im *strengen* Sinne „Alles bestimmende Wirklichkeit" ist Gott erst im Eschaton. Zu den theologischen Schwierigkeiten der Begriffe „Allmacht" und „der Allmächtige" vgl. u. 8.1.3.2 a.

hinnige *Überlegenheit*, die ontologische *Fundierung*, die existentielle *Relevanz* sowie – vor allem – den teleologischen Aspekt, der darin besteht, daß Gott die Wirklichkeit ist, die Allem ein letztes *Ziel* gibt.

Es wäre wünschenswert, wenn es ein Wort oder eine Formel gäbe, die ohne irreführende Nebenbedeutungen, also auf eindeutige Weise, diese *umfassende* Bedeutung des Begriffs „Gott" zum Ausdruck brächten. Aber vielleicht hat es ja auch einen tiefen Sinn, wenn wir *nicht* in der Lage sind, in unserer Sprache mit *einer unmißverständlichen* Formel auszudrücken, was der Begriff „Gott" meint. Bultmanns Formel hat jedenfalls nicht nur den Vorteil, daß sie inzwischen weitgehend eingebürgert und anerkannt ist, sondern auch und vor allem den, daß sie relativ gut die Wahrheitselemente der anderen Formeln verbindet und deren Schwächen vermeidet.

Daß keiner unserer Begriffe und keine unserer Formeln ganz „paßt", wenn sie auf „Gott" angewandt werden, zeigt noch einmal, daß eine Definition des Gottesbegriffs im strengen Sinn nicht möglich ist, sondern daß es nur Umschreibungen gibt, die Annäherungen darstellen. Entscheidend ist aber, daß jeder „Definitions"-Versuch drei Elemente enthält und zum Ausdruck bringt:

- die Nichttranszendierbarkeit Gottes;
- die unbedingte Bedeutung (Relevanz) Gottes für das menschliche Dasein;
- die daseinskonstitutive Beziehung Gottes zu allem welthaft Seienden.

Auf diese Elemente kommt es auch im Fortgang unserer erkenntnistheoretischen Überlegungen an, weil sie zeigen, daß und warum Gott *nicht* als *ein* Element *innerhalb* der welthaften Wirklichkeit gedacht, gesucht und erkannt werden kann. Zugleich hält Bultmanns Formulierung aber fest, daß auch der von der welthaften Wirklichkeit so radikal *unterschiedene* Gott gleichwohl als *Wirklichkeit* zu denken ist – also nicht bloß als menschlicher Wunsch, Gedanke oder Begriff. Und diese Einsicht ist für den christlichen Glauben mindestens ebenso wichtig wie die drei genannten „definierenden" Elemente.

7.1.3   Der Begriff „Welt"

Das Wort „Welt" spielt sowohl in der Sprache der Bibel und der Kirche als auch in unserer Alltagssprache eine relativ große Rolle. Betrachtet man die Verwendungsweisen und Bedeutungen etwas genauer, so zeigt sich eine große Vielfalt und ein häufig ungenauer Sprachgebrauch, der bezogen auf unsere Themenstellung eher irritierend als klärend wirkt.

– So wird „Welt" gelegentlich gebraucht, um die Gesamtheit der *Menschen* oder auch nur eine größere Menschenmenge zu bezeichnen. So sagen z. B. die Pharisäer lt. Joh 12,19 über Jesus: „Alle Welt läuft ihm nach" (vgl. das französische „tout le monde"). Daß dieser Begriff von „Welt" für das Weltverständnis des christlichen Glaubens nicht brauchbar, weil viel zu eng ist, versteht sich von selbst.

– Ein anderer (auch philosophiegeschichtlich belegter) Sprachgebrauch stellt in gewisser Hinsicht die Umkehrung dieser Verengung dar: „Welt" als Gegenüber zu „Mensch" oder „Ich", also als das Nicht-Ich – so z. B. in der bekannten Trias der speziellen Metaphysik: Gott, Welt, Mensch. Man könnte sagen: Hier wird – in einem nicht ökologischen, sondern philosophischen Sinn – Welt als *Umwelt* des Menschen verstanden, der Mensch also nicht als *Teil* der Welt. Auch dieser Weltbegriff kann für unsere Fragestellung keine Verwendung finden. Der Mensch gehört zur Welt; deswegen ist dieser Weltbegriff auch theologisch inakzeptabel.

– Sehr viel häufiger wird „Welt" freilich gebraucht, um die *Erde* (samt ihrer Atmosphäre) zu bezeichnen. So sprechen wir z. B. von „Weltrekorden" oder „Weltenbummlern" etc., wo wir (trotz der begründeten *Vermutung*, daß es nur auf der Erde menschenartige Wesen gibt) eigentlich bescheidener von „Erdrekorden" oder „Erdenbummlern" sprechen müßten. Auch dieser Begriff ist also zu eng.

– Präziser und einleuchtender ist es, wenn „Welt" im Sinne von „*Universum*" gebraucht wird. In der Regel wird damit freilich heute nur noch ein bestimmter Aspekt der Welt bezeichnet, nämlich ihre physikalische Sichtweise. Und insofern ist auch „Universum" ein verengter Begriff von „Welt", weil er in dieser Deutung weder die Weltgeschichte noch die Weltdeutungen mit einbezieht, die aber zu einem theologisch brauchbaren Begriff von „Welt" notwendig hinzugehören.

– „Welt" kann freilich auch noch einmal ganz anders verwendet werden, nämlich als Bezeichnung für einen in sich zusammenhängenden, nach außen einigermaßen klar abgrenzbaren *Bereich*. So spricht man z. B. von der Welt der Frau, der Musik, des Sports, der Technik, der Mode oder von der Männerwelt, Tierwelt, Arbeitswelt etc. Und meint dabei stets den Inbegriff dessen, was zu einem bestimmten Lebenszusammenhang oder einer Personengruppe gehört. Hier kann also unschwer von „Welten" (im Plural) gesprochen werden – analog der philosophischen Redeweise von „möglichen Welten". Auch dieser Begriff von Welt ist jedoch zu eingeschränkt, um für das Weltverständnis und die Welterkenntnis des christlichen Glaubens Verwendung finden zu können.

Alle diese Begriffsbestimmungen bzw. -verwendungen sind dadurch charakterisiert, daß sie „Welt" nicht umfassend genug denken, sondern jeweils eingeschränkt auf einen bestimmten *Teil* der Welt, auf einen speziellen *Aspekt* oder auf einen abgegrenzten *Bereich* innerhalb der Welt, der dann *metaphorisch* als „Welt" bezeichnet wird. Deshalb scheint es sich nahezulegen, den Weltbegriff möglichst zu entgrenzen, ihn also im uneingeschränkten Sinn des Wortes *universal* zu denken. Dabei fungiert der Begriff „Entgrenzung" gewissermaßen als heuristische Regel für denjenigen Prozeß, durch den ein solcher universaler Weltbegriff gewonnen werden könnte.

Das Ziel eines solchen universalen Weltbegriffs kann scheinbar leicht erreicht werden, indem „Welt" als die *Gesamtheit alles Wirklichen* oder als die *Gesamtheit alles Bezeichenbaren* gedacht wird. Indessen lassen sich gegen beide Deutungen gewichtige Bedenken geltend machen: Wäre „Welt" zu verstehen als die Gesamtheit alles *Wirklichen*, so ergäbe sich das Dilemma, entweder Gott als Teil der Welt zu denken oder Gott vom Wirklichen zu unterscheiden. Das erste ist mit dem Gottesbegriff (nach christlichem Verständnis) unvereinbar. Das letztere wäre auf zweifache Weise möglich: entweder indem Gott als *nicht-wirklich*, also als unwirklich gedacht wird, oder indem Gott als Wirklich*keit* vom Wirklichen unterschieden wird. Auch hier ergab sich bereits, daß die erste Alternative für den christlichen Glauben inakzeptabel ist. Diskutabel ist nur die letztgenannte Lösung. Sie hat freilich den großen Nachteil, daß in ihr nicht mehr die Wirklichkeit Gottes als selber *wirklich* gedacht werden kann. Sie tendiert also zu einem *abstrakten* und d. h. unterbestimmten Gottesverständnis.

Die Definition von „Welt" als Gesamtheit des *Bezeichenbaren* (also ein sozusagen semiotischer Weltbegriff) ist dagegen für die christliche Glaubenslehre ganz ungeeignet, weil er keine benennbare Differenzierungsleistung erbringt. Bezeichenbar ist ja nicht nur welthaft Seiendes im einzelnen und „Welt" im ganzen, sondern auch „Gott". Bezeichenbar sind aber auch *Fiktionen*, ja sogar unmögliche, logisch undenkbare Gebilde (wie z. B. „Rundquadrate"). Faßt man „Welt" als semiotischen Universalbegriff, so läßt sich nichts mehr *nennen* (also bezeichnen), was durch ihn *nicht* umfaßt würde.

Die Begriffe „Wirkliches" und „Bezeichenbares" erweisen sich also als *zu weit*, um den Begriff „Welt" sinnvoll zu bestimmen. Es käme für den christlichen Glauben bzw. für die Theologie also darauf an, einen Weltbegriff zu finden, der weder *zu eng* ist, weil er nur Teile, Bereiche oder Aspekte der Welt umfaßt, noch *zu weit* ist, weil er schlechterdings *alles* dem Weltbegriff einverleibt.

Einen solchen Weltbegriff hat m. E. Kant zu entwickeln versucht, wobei er zu dem Ergebnis kommt, daß das Wort „Welt" „die absolute Totalität des Inbegriffs existierender Dinge bedeutet".[18] Dreierlei ist an dieser Begriffsbestimmung wesentlich:

- „Welt" ist kein empirischer, aus der Fülle vergleichender Beobachtungen abgeleiteter Begriff, sondern ein transzendentaler Begriff, der sich als solcher auf die Bedingung der Möglichkeit von Erfahrung überhaupt bezieht.
- Der Begriff „Welt" bezeichnet eine (absolute) „Totalität", also eine Ganzheit oder Gesamtheit. Diese Totalität kommt auf begrifflicher Ebene zustande durch einen Akt der Synthetisierung, genauer: durch „die Vollständigkeit der Synthesis" (a.a.O.). Diese Vollständigkeit der Synthesis wird freilich bei Kant selbst insofern in Frage gestellt, als er sich auf die *gegebene* Welt beschränkt und damit die Möglichkeit des Noch-Ausstehenden als *reale Möglichkeit* nicht mit einbezieht. Diese Beschränkung des Weltbegriffs ist jedoch nicht notwendig, sondern kann zugunsten eines dynamisch-offenen Begriffs von „Welt" überschritten werden.
- Das, was in der Synthesis zur Einheit gebracht wird, ist der Inbegriff *existierender Dinge,* die dem Erkenntnissubjekt als „Erscheinungen" (Phänomene) zugänglich sind. Diese dritte und letzte Bestimmung *begrenzt* den Weltbegriff so, daß weder der Gottesbegriff unter ihn fällt, noch der Begriff des Fiktionalen. Andererseits vermeidet die Formel „Inbegriff der existierenden Dinge" die oben kritisierten Einschränkungen – jedenfalls dann, wenn man unter „Dingen" nicht nur raum-zeitlich gegebene Gegenstände, sondern umfassend „Phänomene" versteht, also z. B. auch Relationen und Modalitäten.

„Welt" läßt sich von daher beschreiben als die Totalität dessen, was *„es gibt"* und was *„vorkommt",* und dazu gehören nicht nur Gegenstände, Lebewesen und Personen, sondern auch Ereignisse, Beziehungen, Möglichkeiten, Handlungen und ihre Resultate. Zu dem, was „es gibt" und was „vorkommt", gehört aber nicht Gott; denn Gott als die Alles bestimmende Wirklichkeit ist selbst nichts Existierendes oder Seiendes, das welthaft Existierendem oder Seiendem gleich wäre.[19] Zu dem, was „es gibt" und was „vorkommt", gehört aber auch nicht das *bloß Erdachte,* also das Fiktionale. Wohl aber sind die Gedanken, Fantasien,

---

18 Kritik der reinen Vernunft, A 419; B 447.
19 Zur Begründung dafür, daß auf die Wirklichkeit Gottes der Begriff „Existenz" sowie die Ausdrücke „es gibt" bzw. „es kommt vor" nicht angewandt werden sollte, vgl. u. 8.2.2.

Worte und Bilder, mit denen wir Fiktionen erdenken oder beschreiben, Teil der Welt; denn all das „gibt es" ja, und „es kommt vor".

In dem so umschriebenen und präzisierten Sinn soll künftig der Begriff „Welt" verwendet werden als der dynamische Begriff, mittels dessen alles Existierende, also alles, was „es gibt" und was „vorkommt", als Einheit und Gesamtheit gedacht und bezeichnet wird.[20]

Konstitutiv für den Weltbegriff des christlichen Glaubens ist, daß er gebildet ist *im Gegenüber* zum Gottesbegriff, wobei „Gegenüber" *sowohl Unterscheidung als auch Beziehung* meint. „Welt" ist und umschließt nicht „Gott", aber „Welt" ist auch nicht denkbar ohne „Gott", sondern nur als von ihm *bestimmt*.

7.1.4 Das Erkenntnisinteresse des christlichen Glaubens

Es geht in diesem Unterabschnitt nicht um die Frage, ob auch von der Wirklichkeitserkenntnis des christlichen Glaubens gilt, daß sie von einem Interesse geleitet wird, das als solches den Erkenntnisprozeß *anstößt* und *in Gang hält*. Von der Wirklichkeitserkenntnis des christlichen Glaubens als einer zielgerichteten theologischen Unternehmung ist das gar nicht zu bestreiten (s. o. 1.2). Unter Voraussetzung dieser allgemeinen Feststellung geht es hier darum, zu bedenken, aus *welchem* Interesse heraus und darum auch in *welcher* Erkenntnis*haltung* die Theologie sich darum bemüht, die Wirklichkeit zu erkennen und das Wirklichkeitsverständnis des christlichen Glaubens zu entfalten.

Im Anschluß an Tillichs Unterscheidung zwischen beherrschendem und einendem Erkennen[21] kann man zwei Grundtypen von Erkenntnisinteresse unterscheiden, ohne damit behaupten zu müssen, dies sei eine vollständige Disjunktion: Das *beherrschende* Erkennen ist ein distanzierendes Erkennen, das daran interessiert ist, ein Höchstmaß an *Genauigkeit* und *Überprüfbarkeit* zu erzielen. Es ist häufig nur dadurch möglich, daß der Erkenntnisgegenstand im Erkenntnisprozeß in seine Elemente zerlegt oder zerstört wird (z. B. durch sprachliche oder logische Analyse, durch chemische Analyse, durch Entnahme von Gewebeproben oder

---

20 Als einzelne Aspekte dieses Weltverständnisses werden dann Aussagen eine Rolle spielen, die aus der biblischen und kirchlichen Überlieferung geläufig sind, z. B. „Welt" als Gegenmacht oder Gegengröße zu Gott oder zum Glauben, wie das etwa im johanneischen Schrifttum häufig der Fall ist. Als Elemente der *Begriffs*bestimmung von „Welt" kommen diese Aussagen nicht in Betracht; denn sie sagen nichts über den *Begriff* „Welt", sondern nur etwas über deren *Verfassung* und *Qualität*.

21 STh I, S. 117-121.

durch Sektionen). Ziel des beherrschenden Erkennens ist es, dem Erkenntnisgegenstand soweit wie möglich sein Geheimnis zu entlocken, damit es berechenbar, beherrschbar und für menschliche Zwecke einsetzbar wird.

Das *verbindende* Erkennen[22] ist demgegenüber daran orientiert, den Erkenntnisgegenstand in seiner Ganzheit, Lebendigkeit und seinem Wesen in den Blick zu fassen, wobei das Erkenntnissubjekt sich im Erkenntnisprozeß als Teil derselben Wirklichkeit weiß, der auch der Erkenntnisgegenstand angehört. Deswegen kann es ihn nicht zerstören wollen, sondern hat ein Interesse daran, ihn in seiner Integrität zu bewahren. Ziel des verbindenden Erkennens ist es, das Geheimnis des Erkenntnisgegenstandes zu *erspüren*, um ihm Raum zu geben und an ihm Anteil zu nehmen.[23]

Schon die *Formulierungen*, mit denen diese Unterscheidung eingeführt wurde, lassen vermuten, *welches* Erkenntnisinteresse das des christlichen Glaubens ist: natürlich das der *verbindenden* Erkenntnis. Das ergibt sich sowohl aus der Gott-Welt-Beziehung als auch aus dem darin enthaltenen Gottes- und Weltbegriff (s. o. 7.1.2 u. 7.1.3). Und doch kann dies nicht das *einzige* sein, was hier zu sagen ist. Der christliche Glaube hat auch ein Interesse daran, daß bei der Wirklichkeitserkenntnis das Höchstmaß an Genauigkeit und Überprüfbarkeit erzielt wird, das möglich ist. Zwar ist für ihn jeder Versuch, *Gott* zu berechnen, zu beherrschen oder für menschliche Zwecke einzusetzen, in jeder Hinsicht illegitim und zum Scheitern verurteilt, aber das gilt nicht ebenso für die *Welt*erkenntnis des christlichen Glaubens. Nicht das beherrschende Erkenntnisinteresse an sich und als solches ist mit dem christlichen Glauben unvereinbar, wohl aber ein beherrschendes Erkenntnisinteresse, das sich auf Gott richtet *oder* das sich dem verbindenden Erkenntnisinteresse gegenüber isoliert und verselbständigt. Der christliche Beitrag zur Frage des Erkenntnisinteresses besteht also weder darin, daß das beherrschende Erkennen zugunsten des verbindenden Erkennens geächtet wird, noch darin, daß beide als unabhängig voneinander und nebeneinander bestehende Möglichkeiten akzeptiert werden, sondern darin, daß das von der Gott-Welt-Beziehung her grundlegende verbindende Erkenntnisinteresse noch einmal auf das Verhältnis von beherrschendem und verbindendem Erkennen angewandt wird, so daß beide *miteinander verbunden* wer-

---

22 Ich ersetze bewußt den (tendenziell symbiotischen) Begriff „einend" durch den m. E. angemesseneren Begriff „verbindend".

23 Dabei macht es einen Unterschied, ob dieses Geheimnis gar nicht erkannt wird und deshalb „Geheimnis" bleibt, oder ob es *als erkanntes* geschützt und gewahrt wird.

den. Im Hintergrund dieser Überlegungen steht die Unterscheidung und Verbindung zwischen Gott und Welt, wie sie sich ansatzweise aus den vorangegangenen Abschnitten über den Gottesbegriff und den Weltbegriff ergeben hat und in der Schöpfungslehre (s. u. 12.1.1) wiederkehren wird.

7.2   Zugänge zur Gottes- und Welterkenntnis

7.2.1   Ansatzpunkte in der Welterkenntnis

Aufgrund der erkenntnistheoretischen Überlegungen und der versuchten Klärungen zum Gottes- und Weltbegriff stellt sich das Problem der Wirklichkeitserkenntnis des christlichen Glaubens wie folgt dar: Da der Begriff „Gott" die Alles bestimmende *Wirklichkeit* bezeichnet, muß es prinzipiell möglich sein, daß Erkenntnis, die sich ja – interpretierend – auf Wirklichkeit bezieht, sich auch auf Gott beziehen kann. Mehr noch: Schon die entscheidende Prämisse, „Gott" sei als *Wirklichkeit* zu verstehen, ist entweder eine *willkürlich* angenommene Hypothese oder hat ihrerseits den Charakter einer (sei es rezeptiven, sei es produktiven) *Erkenntnis.* Insofern scheint Gotteserkenntnis mit dem bisher Ausgeführten nicht nur gut vermittelbar zu sein, sondern darin sogar vorausgesetzt zu werden. Aber andererseits zeigten die Überlegungen zum Erkenntnisbegriff und zum Gottesbegriff deutlich, inwiefern Gotteserkenntnis ein *Problem* darstellt: Die Alles bestimmende Wirklichkeit, über die hinaus Größeres nicht gedacht werden kann, kann kein Element der Wirklichkeit *neben* anderen sein. Sie kann nicht – wie diese Elemente – dem erkennenden Subjekt als Erkenntnisgegenstand *gegenüberstehen.* Und sie kann für das Erkenntnissubjekt darum auch nicht unmittelbar durch sinnliche *Wahrnehmung* zugänglich werden. Damit fehlen aber im Blick auf „Gott" offenbar entscheidende Momente, die gegeben sein müßten, wenn sinnvoll von Gotteserkenntnis die Rede sein soll.

Nun besagt aber die Formel „Alles bestimmende Wirklichkeit" nicht nur, daß Gott eine von allen anderen Erkenntnisgegenständen, also von „Welt", *kategorial unterschiedene,* sondern zugleich eine mit allen anderen Erkenntnisgegenständen, also mit „Welt" *untrennbar verbundene* Wirklichkeit ist. Die Erkenntnisgegenstände der Welt sind aber unserer Erkenntnis – jedenfalls prinzipiell – zugänglich. Damit spitzt sich das Problem der Gotteserkenntnis zu auf die Frage: Ist auch das *Bestimmtwerden* bzw. *Bestimmtsein* der Welt und ist *insofern* auch die Alles bestimmende Wirklichkeit *selbst* erkennbar?

Mit dieser Zuspitzung ist eine weitreichende Vorentscheidung verbunden, auf die zunächst ausdrücklich aufmerksam gemacht werden muß: In ihr ist die *Absage* an jede Form menschlicher Gotteserkenntnis enthalten, die sich auf Gott bezöge, wie er unabhängig von seiner Beziehung zur Welt ist oder wäre. Im Grunde genommen ergibt sich diese Absage bereits aus der „Definition": „Gott ist die Alles bestimmende Wirklichkeit"; denn dann ist es für Gott *wesentlich, als* Alles bestimmende Wirklichkeit in Beziehung zur Welt zu sein. Von diesem Zugang her verbietet es sich sogar, Gott als die Alles bestimmende Wirklichkeit zu *unterscheiden* von „Gott an sich", der unserer Erkenntnis nicht zugänglich wäre und nicht in Beziehung zur Welt stünde; denn von hier aus gilt: Gott *ist* die Alles bestimmende Wirklichkeit. Auf diesen Gott, und d. h., auf Gott-in-Beziehung-zur-Welt richtet sich die Frage nach der möglichen Gotteserkenntnis. Ist *dieser* Gott erkennbar? Ist also das Bestimmtwerden und Bestimmtsein der Welt durch Gott und insofern Gott *als* die Alles bestimmende Wirklichkeit erkennbar?

Schien in den bisherigen Überlegungen nur die Gotteserkenntnis ein Problem zu sein, so haben die letzten Formulierungen gezeigt, daß und inwiefern die Welterkenntnis mit in diese Problematik involviert ist. Dabei ist es jedoch keinesfalls so, als sei Welterkenntnis (im Unterschied zur Gotteserkenntnis) eine in sich selbst völlig unproblematische Größe. Ist „Welt" zu denken als die (gesuchte, nicht erreichte) Einheit und Gesamtheit alles Existierenden, so wird sofort deutlich, daß und inwiefern Welterkenntnis ein *Problem* darstellt: Diese Einheit und Gesamtheit ist unserer *Wahrnehmung* in keiner Hinsicht zugänglich: weder *zeitlich* noch *räumlich*, noch als Erkenntnis*gegenstand*; denn dazu müßten wir mit dem Erkennen der Welt auch immer unser Erkennen der Welt miterkennen usw. (s. dazu o. 6.1.3 b). Wir können zwar Gegenstände, Personen, Beziehungen, Ereignisse etc. erkennen, die *in* der Welt sind, aber wie sollten wir *die Welt* erkennen können?

Im Sinne rezeptiver Erkenntnis können wir nur zu Aussagen über einzelne Elemente, Teile oder Ausschnitte der Welt gelangen. Im Sinne produktiver Erkenntnis bleiben dagegen alle Aussagen prinzipiell künftiger Bewährung oder Widerlegung ausgesetzt, erlauben also keine abschließende Verifizierung. Im Sinne der produktiven Erkenntnis sind jedoch Aussagen über die Welt tatsächlich möglich, die wissenschaftstheoretisch den Status von *Hypothesen* haben. Solche Hypothesenbildung ist auf zweierlei Weise denkbar: als *induktiv* verfahrende *Verallgemeinerung*, die vom Bekannten ausgeht und es (räumlich und zeitlich) generalisiert, oder als *abduktiv* verfahrende *Deutung*, die auf dem Weg über Analogiebildungen auch qualitativ *Neues* zu denken, zu sagen und zu erwarten erlaubt.

Die Welterkenntnis des christlichen Glaubens benutzt *beide* Wege, indem sie einerseits an das Erfahrbare und Erfahrene anknüpft und es voraussetzt, indem sie aber andererseits darüber weit hinausgeht und überraschend neue, unerwartete Elemente erschließt.[24] Erst in dem zweiten, dem produktiven Aspekt der Erkenntnis, kommt jedoch das Spezifische des christlichen Glaubens und seines Wirklichkeitsverständnisses zum Ausdruck. Sein bevorzugtes sprachliches Ausdrucks- und Darstellungsmittel ist die *Metapher*, die durch Übertragung eines Wortes oder eines komplexeren sprachlichen Gebildes in einen neuen Kontext die Wirklichkeit auf neue Weise sehen läßt, z. B. die Welt *als Schöpfung Gottes*, den Kreuzestod Christi *als Entmachtung des Bösen* oder das Sterben als *Durchgang zum ewigen Leben*. Diese neue, vertiefte Sicht der Welt, die niemals bloß rezeptiven, sondern immer auch produktiven Charakter hat, ergibt sich für den christlichen Glauben daraus, daß die Welt in Beziehung zu Gott als der Alles bestimmenden Wirklichkeit gesehen und gedeutet wird. D. h. einerseits: Sie wird nicht in abstrakter Isolation wahrgenommen und gedeutet, sondern von ihrer Beziehung zu Gott her. Dieses „von … her" ist dabei ganz streng gemeint; denn für den Glauben ist es nicht so, daß es zunächst eine Welt (oder ein Menschenleben) gäbe, zu der (bzw. zu dem) dann Gott in Beziehung träte, sondern diese Gottesbeziehung hat für das Sein und darum auch für das Verstehen der Welt (und des Menschenlebens) *konstitutive* Bedeutung, d. h. ohne diese Beziehung gäbe es gar keine Welt und kein Menschenleben.

Aber läßt sich an dieser Welt, genauer: an den unserer Erkenntnis zugänglichen Elementen oder Aspekten der Welt erkennen, daß sie Welt-in-Beziehung-zu-Gott ist? Worauf müßte sich unsere Aufmerksamkeit richten, um *an* den welthaften Erkenntnisgegenständen *Spuren Gottes* als der Alles bestimmenden Wirklichkeit wahrnehmen und erkennen zu können?

Wenn ich es recht sehe, sind darauf drei Antworten möglich: Die Aufmerksamkeit müßte sich richten

– auf die *Existenz* der welthaften Erkenntnisgegenstände und damit auf den *Ursprung* der Welt;
– auf die *Beschaffenheit* der welthaften Erkenntnisgegenstände und damit auf die *Sinnhaftigkeit* der Welt;
– auf die *Vollendung* der welthaften Erkenntnisgegenstände und damit auf das *Bestimmungsziel* der Welt.

---

24 Jesu Gleichnisse, die vom Typischen ausgehen, und seine Parabeln, die sich am Einzigartigen orientieren, sind Beispiele für diese beiden Aspekte der Erkenntnis.

7.2.1.1 Die Erkennbarkeit des Ursprungs der Welt

Auch wenn wir den Ursprung der Existenz jedes einzelnen Erkenntnisgegenstandes aufweisen könnten, so gerieten wir damit doch in einen –
infiniten – Regreß, der als solcher gedanklich unbefriedigend bleibt und
die Frage nach einem Ursprung der *ganzen Reihe* von Erkenntnisgegenständen, also der Welt, aus sich heraus setzt. „Ex nihilo nihil fit" –
wie bereits die traditionelle Logik axiomatisch postuliert –, und darum
scheint schon die Tatsache, daß eine Welt *existiert* die Annahme eines
nicht-welthaften Ursprungs notwendig zu machen. Es erscheint als zumindest plausibel[25], anzunehmen, daß die Welt (von Gott) ins Dasein
gerufen, also erschaffen ist. Wer die Reihe der Erkenntnisgegenstände
statt auf Gott auf „die Natur" zurückführt, verschiebt das Problem lediglich; denn dann stellt sich die Alternative, ob die Natur selbst als etwas
Welthaftes, ihrerseits Erklärungsbedürftiges gedacht werden muß oder
als etwas Göttliches. Im letzteren Fall ist „Natur" nur ein anderes Wort
für „Gott". Der Glaube an einen solchen göttlichen Ursprung der Welt
wird (auch heute noch) von vielen Menschen als unmittelbar einleuchtend empfunden.

Aber ist das tatsächlich an den welthaften Erkenntnisgegenständen
erkennbar? Was wir erkennen können, ist, daß diese Gegenstände nicht
aus sich selbst (a se) sind, sondern jeweils in etwas *anderem* (als sie selbst)
ihren Ursprung haben. Aber die Annahme, die ganze Reihe der Erkenntnisgegenstände, also die Welt, müsse einen nicht-welthaften Ursprung haben, ergibt sich *nicht* aus dieser Erkenntnis, sondern ist eine mit
ihr zwar verbundene, aber nicht zwingend aus ihr resultierende *Schlußfolgerung.* Und diese Schlußfolgerung ist zudem *in sich* problematisch,
weil sie einerseits *bestreitet*, was sie andererseits *postuliert*: die Annahme
einer Wirklichkeit, die der Ursprung von anderem ist, selbst aber ihren
Ursprung in nichts anderem hat. Der hier drohende Widerspruch wird
(nur) dadurch vermieden, daß *grundsätzlich* zwischen der welthaften und
der nicht-welthaften Wirklichkeit *unterschieden* wird und daß im Blick
auf die welthafte Wirklichkeit die Möglichkeit des Seins-aus-sich-selbst
prinzipiell bestritten wird, die im Blick auf die nicht-welthafte Wirklichkeit Gottes behauptet wird. Das ist – aus der Sicht des Glaubens – ja auch
sinnvoll und notwendig. Aber gerade wenn man so unterscheidet, zeigt
sich, daß das, was Gott als die Alles bestimmende Wirklichkeit ausmacht,
nicht aus den Erkenntnisgegenständen erkannt werden kann. Die Unterscheidung zwischen der welthaften und der göttlichen Wirklichkeit muß

---

25 Vgl. dazu H. G. Hubbeling, Einführung in die Religionsphilosophie, Göttingen 1981, S. 87-95 u. 184-189.

also schon *mitgebracht* werden, um der Folgerung Plausibilität zu verleihen.

Dasselbe gilt übrigens im Blick auf die anspruchsvollere Argumentation, in der aus der *Kontingenz* alles Welthaften auf das *notwendige Sein* Gottes als des Ursprungs der Welt geschlossen wird.[26] Auch diese Schlußfolgerung *resultiert* nicht aus der Erkenntnis der Welt, sondern aus einer gedanklichen Operation, die von dem (modallogischen) *Gegensatz* zwischen der Welt (als kontingentem Sein) und Gott (als notwendigem Sein) *ausgeht*, diesen Gegensatz also *voraussetzt*.

Die Erkenntnis der *Existenz* der welthaften Erkenntnisgegenstände im einzelnen oder der Welt im ganzen führt also *nicht von sich aus* zur Erkenntnis des (oder eines) nicht-welthaften Ursprungs der Welt. Wohl aber führt die Erkenntnis der Existenz der Welt zur *Frage* nach dem (oder einem) nicht-welthaften Ursprung der Welt. Diese Frage ist unabweisbar, aber aus der Erkenntnis der Welt findet sie keine zwingende Antwort.

7.2.1.2 Die Erkennbarkeit der Sinnhaftigkeit der Welt

Mit der Frage, ob nicht die *Beschaffenheit* der Welt auf ihr Bestimmtwerden und Bestimmtsein und so auf Gott als die Alles bestimmende Wirklichkeit verweise, treffen wir auf Aussagen, die sich auch in der Bibel, insbesondere in Schöpfungstexten (wie z. B. Gen 1 f.; Ps 19; 104 u. 136 sowie Röm 1,19-25) finden: Die Zweckhaftigkeit, Erhabenheit und Schönheit der Welt wird hier verstanden als ein sichtbares Zeichen für die Weisheit, Macht und Güte Gottes, ihres Schöpfers. Die Welt, die im einzelnen und im ganzen „gut“, ja „sehr gut“ (Gen 1) ist, verweist demnach auf ihr Geschaffen- und Geordnetsein durch Gott und ermöglicht *so* Erkenntnis Gottes (Röm 1,19 f.). Nicht schon die Tatsache, *daß* es eine Welt und in ihr welthafte Erkenntnisgegenstände gibt, ist hier der Anlaß zur Gotteserkenntnis, sondern erst deren wohlgeordnete, wunderbare Beschaffenheit, die den Rückschluß auf einen weisen Baumeister, der diese Welt so geschaffen hat, als zwingend, jedenfalls aber als plausibel erscheinen läßt.

Überraschenderweise hat Kant, der grundsätzliche Kritiker der Gottesbeweise, gesagt, daß der Beweis, der von der zweckmäßigen Beschaffenheit der Welt auf die Existenz Gottes schließt, nicht nur unsere Naturkenntnisse erweitere, sondern daß diese Kenntnisse wiederum „den Glauben an einen höchsten Urheber bis zu einer unwiderstehlichen Über-

---

26 So grundlegend bei Anselm im Proslogion, cap. III.

zeugung" vermehre.[27] Gleichwohl bestreitet Kant den (apodiktischen) Beweischarakter dieses Gedankenganges mit einem durchschlagenden Argument: Wir müßten das *Verhältnis* zwischen der Beschaffenheit der Welt und der Vollkommenheit Gottes vollständig *erkennen*[28], um vom einen auf das andere schließen zu können. Dazu müßten wir aber, was unmöglich ist, einen Standpunkt oberhalb von Gott und Welt einnehmen können.

Zu diesem fundamentalen erkenntnistheoretischen Einwand kommt aber noch die Tatsache hinzu, daß wir in der Welt ja nicht nur Schönes und Staunenerregendes wahrnehmen, das auf einen weisen, allmächtigen, gütigen Schöpfer verweist, sondern auch Häßliches, Erschreckendes, Sinnlos-Erscheinendes, das ebenfalls nach einer Erklärung verlangt. Dies dualistisch auf eine *andere* (Gott gleichrangige) Wirklichkeit zurückzuführen, ließe sich nicht mit dem christlichen Glauben an Gott als die *Alles* bestimmende Wirklichkeit vereinbaren. Die Tatsache, daß dem bonum in der Welt das malum und dem sinnvoll Erscheinenden das sinnlos Erscheinende gegenübersteht, macht die Erkennbarkeit Gottes aus der Beschaffenheit der Welt zum *Problem*, ja, von da aus kommt es schließlich zur *Infragestellung* einer Alles bestimmenden Wirklichkeit (s. u. 12.3). Die Ambivalenz der Beschaffenheit der Welt bringt die Frage nach Gott zwar nicht zum Verstummen, macht sie aber selbst ambivalent.

7.2.1.3 Die Erkennbarkeit des Bestimmungszieles der Welt

Im Blick auf die Vollendung der Welt läßt sich tatsächlich sagen: Wenn Gott die Alles bestimmende Wirklichkeit ist, dann muß sich von diesem Endpunkt der Welt her erkennen lassen, zu welchem Ziel sie von Gott bestimmt worden ist. Das Erreichen dieses Telos ermöglicht die Erkenntnis des Bestimmungszieles und *insofern* auch die Erkenntnis der Alles bestimmenden Wirklichkeit. (Von daher ließe sich dann auch Gott als der *Ursprung* erkennen, der der Welt dieses Bestimmungsziel auf ihren Weg mitgegeben hat.)

Aber von diesem Bestimmungsziel kann – definitionsgemäß – *von uns* nur im Futur gesprochen werden. Wir können dieses Telos der Welt nicht so wahrnehmen und darum auch nicht so erkennen, wie wir das

---

27 Kritik der reinen Vernunft, B 651.
28 Kant spricht von dem – unmöglichen – Versuch, dieses Verhältnis „einzusehen" (a.a.O., B 656).

wahrnehmen und erkennen können, was bereits in der Welt *verwirklicht* ist.[29]

Der Gedanke der Erkennbarkeit Gottes vom Bestimmungsziel der Welt her verliert aber durch das bisher Gesagte nicht seine Wichtigkeit. Er hat seine unverzichtbare Bedeutung als Hinweis auf ein entscheidendes Moment eschatologischer Hoffnung. Er verheißt, daß der Glaube, wenn er an sein Ziel gekommen ist, sich nicht in nichts auflöst, sondern zum Erkennen (zum „Schauen") wird.

7.2.1.1–7.2.1.3   Fazit

Das Ergebnis der drei Reflexionsgänge scheint negativ zu sein: Weder der Ursprung, noch die Sinnhaftigkeit, noch das Ziel der Welt läßt sich aus der Erkenntnis der Welt stringent ableiten. Zwar stießen wir auf eine unabweisbare Frage, eine ambivalente Einsicht und eine eschatologische Hoffnung, aber aus ihnen läßt sich weder einzeln noch zusammengenommen so etwas wie ein schlüssiger Gottesbeweis gewinnen.

Ein anderes Bild ergibt sich freilich, wenn wir diese drei Ansatzpunkte nicht primär in ihrer rezeptiven, sondern primär in ihrer produktiven Bedeutung in den Blick fassen. Sie werden dann zur Frage und Vermutung, durch die die Aufmerksamkeit auf den *möglichen* Ursprung, die *mögliche* Sinnhaftigkeit und das *mögliche* Bestimmungsziel der Welt gelenkt wird.

An den Gegenständen unserer Erkenntnis können wir *Spuren* wahrnehmen, die auf Gott als die Alles bestimmende Wirklichkeit *verweisen*. Sie werden dadurch zu (solchen) *Zeichen*, die auf eine *verborgene* und *anders nicht zugängliche* Dimension der Welt hinweisen: eben auf ihr Bestimmtwerden durch die Alles bestimmende Wirklichkeit, Gott.

Die Sprache, die der Gottes- und Welterkenntnis, also der Wirklichkeitserkenntnis des christlichen Glaubens allein angemessen ist, ist – wie bereits angedeutet – die der *Metaphern*, also der Worte und anderer Zeichen in einer *übertragenen* Bedeutung, die über ihre wörtliche Bedeutung hinausreicht und gerade *so* neuen Erfahrungs- und Denkmöglichkeiten Ausdruck verleiht. Metaphern sind im Zusammenhang mit dem Reden

---

29 Pannenbergs These, in der Auferweckung Jesu Christi von den Toten habe sich bereits das Ende vorweg ereignet, vermag dieses Problem nicht zu lösen, weil die These selbst in zweifacher Hinsicht (und zwar christologisch wie eschatologisch) eine Aussage des *Glaubens* ist, die sich auch dann nicht aus unserer welthaften Erkenntnis ableiten läßt, wenn man, wie Pannenberg, die Auferweckung Jesu Christi von den Toten als ein historisch nachweisbares Ereignis versteht. Aus ihrer historischen Nachweisbarkeit resultiert noch nicht ihre eschatologische Bedeutung.

von Gott und Welt nicht (bloß) Elemente der ästhetischen Ausgestaltung und Verfeinerung der Sprache, sondern sie machen deren *Substanz* aus. Eine andere Sprache steht für die Wirklichkeitserkenntnis des christlichen Glaubens nicht zur Verfügung. Das kann freilich nicht heißen, daß *beliebige* Metaphern auf Gott und die Welt anwendbar wären. Vielmehr stellt sich nun allererst die Frage, auf welchen Wegen, aus welchen Quellen und anhand welcher Kriterien der christliche Glaube diejenigen Metaphern gewinnt, die dem Wirklichkeitsverständnis des christlichen Glaubens angemessen sind und tatsächlich Gottes- und Welterkenntnis ermöglichen.

Während ich im zurückliegenden Abschnitt (7.2.1) nach Ansatzpunkten für das christliche Wirklichkeitsverständnis vom Ursprung, von der Sinnhaftigkeit und vom Bestimmungsziel der *Welt* aus fragte und dabei zu dem Ergebnis kam, daß aus der Welterkenntnis *an sich* die Gotteserkenntnis und damit auch die Wirklichkeitserkenntnis des christlichen Glaubens nicht gewonnen werden kann, soll im folgenden Abschnitt (7.2.2) im Blick auf die *Gottes*erkenntnis nach deren Ermöglichung und Wirklichkeit gefragt werden.

7.2.2   Charakteristika der Gotteserkenntnis

7.2.2.1   Gotteserkenntnis als Ziel menschlichen Suchens

Gibt es überhaupt eine menschliche Möglichkeit, Gotteserkenntnis zu suchen – und zu finden? Läßt sich das prophetische Verheißungswort: „Wenn ihr mich von ganzem Herzen suchen werdet, so will ich mich von euch finden lassen" (Jer 29,13 f.; ähnlich Dtn 4,29; Sach 1,3; Mt 7,7 f.; Lk 11,9 f.; Act 17,27 u. Jak 4,8) auch auf die Gottes*erkenntnis* anwenden? Die *Sachfrage*, um die es dabei geht, lautet: Kann menschliches Fragen und Suchen nach Gott, also menschliches Streben nach Gotteserkenntnis tatsächlich eine positive – möglicherweise sogar ausschlaggebende – Bedeutung für die Gewinnung von Gotteserkenntnis haben?

Das Problem hat einen erkenntnistheoretischen und einen theologischen Aspekt:

–   Erkenntnistheoretisch stellt sich die Frage, ob es überhaupt sinnvoll möglich ist, nach Gott zu fragen und zu suchen, wenn dabei nicht bereits eine (und sei es rudimentäre) Erkenntnis Gottes *vorausgesetzt* wird. Wie sollte ein Mensch Gott erkennen können, wenn er nicht schon wüßte, wonach er sucht?

– Theologisch stellt sich die Frage, ob aus der Einsicht, daß Gotteserkenntnis nur aufgrund der Selbsterschließung Gottes möglich ist (s. o.
3.1 u. u. 7.2.2.2), dem menschlichen Erkenntnisstreben im Blick auf
die Gotteserkenntnis überhaupt irgendeine positive Funktion zukommen *kann*.

In einer bestimmten Hinsicht muß die Frage nach der positiven Bedeutung menschlichen Suchens für das Erlangen von Gotteserkenntnis klar
verneint werden: Es gibt *keinerlei* Verfahren, Methode oder Technik, wie
Menschen Gotteserkenntnis erreichen könnten. Durch Meditation können wir zwar (möglicherweise) in tiefere Schichten unserer Person und der
uns umgebenden Wirklichkeit eindringen, der Alles bestimmenden Wirklichkeit können wir auf diesem Wege aber nur dann begegnen, wenn die
Meditation ihrerseits von dieser Wirklichkeit in Dienst genommen wird.
Das aber haben wir nicht in der Hand. Die Einsicht, daß Gotteserkenntnis
stets auf – uns unverfügbare – Selbsterschließung Gottes angewiesen ist,
bleibt gültig und wird auch durch nichts, was in diesem Abschnitt noch
zu sagen ist, aufgehoben oder eingeschränkt.

Inwiefern kann dann aber davon die Rede sein, daß Menschen Gott
und die Erkenntnis Gottes *suchen* können und daß es die *Frage* nach Gott
(sei es verborgen oder explizit) im Leben eines Menschen geben kann,
auch wenn er noch nichts von Gott vernommen hat? Im vorigen Abschnitt
(7.2.1) hat sich gezeigt, daß es – in mehrfacher Hinsicht – Grenzen des
menschlichen Erkennens gibt, die selbst als solche erkannt werden können
und damit – gedanklich! – transzendiert werden. Die Fragen nach Ursprung, Sinn und Ziel der Welt oder des Menschenlebens führen an solche
Grenzen, die den *Ort* bezeichnen, an dem das angemessene Reden von
Gott seinen Platz finden kann. Freilich gibt es keine der menschlichen
Erkenntnis innewohnende *Notwendigkeit*, sich diese Grenzen bewußtzumachen oder über sie hinauszufragen.

Gerade das Fragen über *diese* Grenzen der Erkenntnis hinaus, und
zwar nicht nach irgendeiner „Hinterwelt", sondern nach dem, „was die
Welt im Innersten zusammenhält" (J. W. v. Goethe), läßt sich mit gutem
Grund als ein Suchen nach Gotteserkenntnis interpretieren. Mit dem *Offenhalten* der Frage nach dem transzendenten Welt- und Erkenntnisgrund
ist nicht schon insgeheim die Antwort auf diese Frage gegeben, wohl aber
steckt in dieser Offenheit die Chance, die Antwort auf diese Frage, *wenn
sie erfolgt*, tatsächlich wahrzunehmen und aufzunehmen. Die Aufmerksamkeit eines Menschen bleibt so ausgerichtet auf den Ort der (erhofften)
Selbsterschließung Gottes. In alledem geht es darum, wie Menschen mit
den Defiziten und Rätseln, aber auch mit den Selbstverständlichkeiten und
Erfolgen eines Lebens umgehen, das in sich selbst die Antwort auf die

Frage nach dem Woher und Wohin, nach Ursprung, Sinn und Ziel *nicht* so enthält, daß sie an ihm ablesbar wäre.

Grundsätzlich sind im Blick auf diese Situation verschiedene Haltungen möglich: das *Vergessen*(wollen), das *Verdrängen* (durch gezielte Ablenkung), das *resignative Sich-Abfinden* oder das beharrliche *Fragen und Suchen*. Aber noch einmal sei daran erinnert: Das Fragen und Suchen ist keine methodische Anweisung zum Finden der Antwort; es ist jedoch Ausdruck der *Offenheit*, in der die Antwort wahrgenommen und empfangen werden kann. Die Ernsthaftigkeit und das Gewicht der Frage nach Gott kommt gerade in solcher Beharrlichkeit zum Ausdruck.

Von da aus ist es nur ein relativ kleiner Schritt, das *Gebet* um Gewißheit oder Glauben als Explikation dessen zu verstehen, was im Suchen und Fragen eines Menschen schon enthalten war.[30] Das Gebet hat dabei letztlich nicht die Funktion, Gott dazu zu bewegen, daß er sich endlich zu erkennen gibt, sondern das Gebet wird selbst zu dem Ort, an dem ein Mensch sich so auf Gott ausrichtet, daß ihm zuteil werden kann, was Gott an Erkenntnis und Gewißheit schenken will. Das ist freilich eine Einsicht, die sich erst von der Erkenntnis Gottes her erschließt. Von dorther – also retrospektiv – zeigt sich, daß es nicht unser Fragen und Suchen ist, durch das wir Gott veranlassen, sich uns zu erkennen zu geben, sondern daß Gott schon immer zum Menschen hin unterwegs ist, so daß Menschen im Gebet und im Glauben Empfangende sind. Ihren Höhepunkt erreicht diese Einsicht dort, wo ein Mensch erkennt, daß schon sein Suchen und Fragen nach Gott und nach dem Glauben *Gottes Wirken in ihm war*. Von dieser Erkenntnis Gottes her zeigt sich: Wir könnten Gott nicht finden, wenn er nicht (durch äußere Zeichen) in uns so wirken würde, daß wir ihn suchen. Dieser „Wechsel des Subjekts"[31] wirkt nur bei oberflächlicher Betrachtung widersprüchlich. Er bezeichnet genau das Geheimnis des Glaubens, dem Paulus in Phil 2,12 f. den paradoxen Ausdruck verliehen hat: „Schaffet, daß ihr selig werdet, mit Furcht und Zittern. Denn Gott ist's, der in euch wirkt beides, das Wollen und das Vollbringen, nach seinem Wohlgefallen." Die Art und Weise, wie menschliches Suchen und göttliches Wirken miteinander verbunden sind, ist begrifflich schwer zu explizieren, kann aber existentiell eindrücklich erfahren werden. In diesem Sinne ist wohl auch der zu Beginn dieses Abschnitts zitierte Satz aus Jer 29,13 f. zu verstehen.

---

30 Ich schließe mich (auch) hier der Sichtweise an, die T. Koch in seinem Buch: Mit Gott leben, S. 38 entfaltet hat.

31 So die Formel von T. Koch (a.a.O., S. 10 f. u. ö.), deren hermeneutische und soteriologische Bedeutung er in seinem Buch durchgängig zur Geltung bringt.

Dabei gewinnt nach dem zuletzt Gesagten noch einmal die Einsicht an Bedeutung, daß es sich hierbei nicht um eine Methode zur Herbeiführung von Gotteserkenntnis, sondern um eine *Verheißung Gottes* handelt. Sich auf sie einzulassen heißt *negativ*: die Frage nach Gott nicht durch anderes zu verdrängen oder auszufüllen, sie also *offenzuhalten*, und es heißt *positiv*: seine Aufmerksamkeit dorthin zu wenden, wo die Beantwortung dieser Frage mit Gründen *erhofft* werden darf, d. h., dorthin, wo die Selbsterschließung Gottes *bezeugt* wird.

7.2.2.2   *Gotteserkenntnis als Offenbarungserkenntnis*[32]

Die als Überschrift verwendete Formel „Gotteserkenntnis als Offenbarungserkenntnis" kann entweder verstanden werden als Bezeichnung einer bestimmten *Art* von Gotteserkenntnis, nämlich solcher, die durch Offenbarung zustande kommt (im Unterschied zu anderer Gotteserkenntnis, die auf anderen Wegen gewonnen wird), *oder* als Beschreibung eines notwendigen Elements *jeder* Gotteserkenntnis. Im ersten Fall scheint es neben der Offenbarung, also neben der Selbsterschließung Gottes, auch noch andere Quellen der Gotteserkenntnis, wie z. B. Erfahrung und Vernunft, zu geben. Im zweiten Fall scheint hingegen alles auf den Gegensatz zuzulaufen: Gotteserkenntnis als Offenbarungserkenntnis und darum *nicht* als Vernunft- oder Erfahrungserkenntnis.

Gegenüber der zuletzt angedeuteten Alternative vertrete ich hier – mit einem Großteil der gegenwärtigen Theologie – die Auffassung, daß Offenbarung zwar eine notwendige Bedingung *jeder* Gotteserkenntnis bildet, aber gleichwohl *nicht* im Gegensatz zur Vernunft- oder Erfahrungserkenntnis steht. Das gilt in einem sehr umfassenden Sinn. *Jede* Erkenntnis hat insofern den Charakter einer Offenbarung, also eines Erschließungsgeschehens, als sich durch sie ein Teil der Lebenswelt überhaupt erst so erschließt oder neu erschließt, daß er dadurch zum Gegenstand menschlicher Interpretation und zielgerichteten Verhaltens wird. Erkenntnis kann man nicht durch Willensvorsatz, auf Beschluß oder Befehl hervorrufen oder zustande bringen (während man bestimmte *Tätigkeiten* durchaus auf Beschluß oder Befehl vollziehen, einüben oder ausprobieren kann), sondern Menschen machen Erfahrungen und gewinnen Erkenntnisse oder Einsichten, indem sie *ihnen zuteil werden*, also *widerfahren*. Jede Erkennt-

---

32 Vgl. zu diesem Abschnitt durchgängig Kap. 3 über Gottesoffenbarung in Jesus Christus als den Grund des christlichen Glaubens. Das dort Gesagte wird hier vorausgesetzt und im Blick auf die Frage nach der Gotteserkenntnis akzentuiert.

nis hat den Charakter eines Erschließungsgeschehens, an dem die Empfänger zunächst *rein passiv* beteiligt sind (über das sie darum auch *nicht
verfügen*), das aber „ihre Welt" konstituiert, in der sie sich auswählend zu
verhalten und aktiv zu bewegen haben. Insofern hat also *jede* Erkenntnis,
die Neues erschließt oder Bekanntes neu erschließt, den Charakter einer
Offenbarung, und das gilt darum *auch* für die Erkenntnis Gottes. Sofern
sich *an* einem welthaften Erkenntnisgegenstand (z. B. an der Erfahrung
einer Grenzsituation des Lebens oder in der Begegnung mit Elementen der
christlichen Überlieferung) die Alles bestimmende Wirklichkeit erschließt,
ereignet sich Gotteserkenntnis als Offenbarungserkenntnis.

Mit dem bisher Gesagten ist begründet, warum Gotteserkenntnis
stets *Offenbarungs*erkenntnis ist, wobei „Offenbarung" im weiten Sinn
des Wortes als Erschließungsgeschehen verstanden wird (vgl. dazu und
zum folgenden o. 3.1.1). Das Besondere der Gotteserkenntnis als *religiöser* Offenbarung liegt nicht darin, daß durch sie eine übernatürliche
Erkenntnisquelle erschlossen würde, die demjenigen, der aus ihr schöpfen
kann, eine Sonderstellung und eine privilegierte Position gegenüber anderen einräumen würde. Das Besondere der religiösen Offenbarung besteht vielmehr darin, daß in ihr die Alles und darum auch das Dasein des
Erkenntnissubjekts bestimmende Wirklichkeit erschlossen wird. Religiöse Offenbarung ist *vorbehaltlose Inanspruchnahme* des Erkenntnissubjekts zu *unbedingtem Vertrauen* auf Gott. Sie betrifft darum den
Menschen in allen Aspekten oder Dimensionen seines Daseins. Die Inanspruchnahme durch die Selbsterschließung Gottes bezieht sich also gewiß
nicht nur auf die menschliche Vernunft, sondern ebenso auf das Gefühl
und den Willen des Menschen. Aber in unserem Zusammenhang, wo es
nicht allgemein um die Frage des Glaubens (wie oben in Kap. 2) geht,
sondern um die Frage nach der Gottes*erkenntnis*, muß *dieses* Element
hervorgehoben werden. Durch die Vernunft kann der Mensch die ihm
erschlossene Wahrheit vernehmen und erkennen. Insofern gilt: *Gotteserkenntnis erschließt sich als Offenbarungserkenntnis der menschlichen
Vernunft*. Sie setzt die menschliche Vernunft nicht außer Kraft und stattet
sie nicht mit übernatürlichen Informationen aus, sondern nimmt sie – *in
ihren Grenzen* – in Anspruch, indem sie sie erleuchtet.[33]

---

33 Das ist wohl auch der tiefe Sinn von Anselms großartigem theologischen
   Programm: „Fides quaerens intellectum", zu dessen wesentlichen Elementen
   es gehört, daß sich der dem Glaubenden (passiv!) erschlossene Inhalt der
   Offenbarung allein mittels Vernunft (sola ratione – remoto Christo) auf seine
   „ontische und noetische Rationalität" (so K. Barth, Fides quaerens intellectum,
   1958², S. 42 ff.) hin überprüfen und nach-denken läßt (Anselm von Canterbury, Cur Deus homo, Praef. u. I,20).

7.2.2.3   Gotteserkenntnis als Glaubenserkenntnis

Daß Gotteserkenntnis nach christlichem Verständnis stets den Charakter einer *Glauben*serkenntnis habe, wird vermutlich in der Regel als eine begrenzende, ja pejorative Aussage empfunden: also *bloß* eine geglaubte oder dem Glaubenden sich erschließende Erkenntnis. Daran ist richtig, daß die Charakterisierung der Gotteserkenntnis als Glaubenserkenntnis *auch* eine Indirektheit zum Ausdruck bringt, die den Charakter einer *Begrenzung* hat. Aber darin geht die Charakterisierung nicht auf. Sie hat vielmehr auch eine positive Bedeutung, die es wert ist, eigens bedacht und zur Sprache gebracht zu werden. Von beidem soll im folgenden die Rede sein.

a)   Glaube als Begrenzung der Gotteserkenntnis

Gotteserkenntnis als Glaubenserkenntnis ist begrenzte Erkenntnis. Ihr Gegenstand hat den Charakter der *Verheißung*, aber noch nicht den der endgültigen *Erfüllung*. Letztere ist dem durch Rätsel, Zweifel und Gegen-erfahrungen *angefochtenen* Glauben des Menschen in dieser Zeit und Welt *nicht* gegeben. Weder entnimmt die Selbsterschließung Gottes den Menschen der Situation, in der andere, irreführende Stimmen seine Ohren und sein Herz erreichen, noch kann er die sich einstellende Glaubens-gewißheit konservieren und gegen Zweifel immunisieren. Der Versuch einer solchen Abkapselung des Glaubens *kann* zwar unternommen wer-den (und er wird im Fundamentalismus unternommen), aber das hat nicht zur Folge, daß der Glaube sich festigt und kräftigt, sondern daß er sich nicht entwickeln, nicht wachsen, nicht leben kann und darum allmählich *erstarrt* oder *abstirbt*. In der Gewißheit des Glaubens ist zwar der Zweifel überwunden, aber diese Überwindung geschieht nie ein für allemal. Der Zweifel (als Gegengewißheit) begleitet die Gewißheit des Glaubens wie ein dunkler Schatten – jedenfalls, solange Menschen in dieser Welt leben. So erweist sich die Begrenztheit der Gotteserkenntnis als Wesensmerkmal der *theologia viatorum*, also derer, die noch unterwegs sind und das auch wissen und akzeptieren.

Gegenüber einer in sich verschlossenen Weltsicht hat freilich die dem Glauben erschlossene Gotteserkenntnis nicht den Charakter einer Begren-zung, sondern vielmehr den einer *Entgrenzung*. Von der Gotteserkenntnis her erweist sich vieles, was uns „vor Augen ist" – erweist sich vor allem jede *Verabsolutierung* unserer Erkenntnismöglichkeiten und unserer eige-nen Wirklichkeitserkenntnis – als irreführende Halbwahrheit (vgl. EG 482,3) und damit als Täuschung und Irrtum. Hier ist noch einmal an den *produktiven* Aspekt von Erkenntnis zu erinnern (s. o. 7.1.1.2), der gerade im Blick auf die Gotteserkenntnis unübersehbar ist. Dabei geht es keineswegs nur um eine *Ergänzung* der aus der sinnlichen Wahrnehmung gespeisten (rezeptiven) Erkenntnis, sondern u. U. sogar um deren *Infragestellung* – in jedem Fall aber um ihre *radikale Vertiefung.*

b) Glaube als Vollzug der Gotteserkenntnis

Beim Nachdenken über die Konstitutionsbedingungen des Glaubens (s. o. 2.2.3) zeigte sich, daß es nicht nur sinnvoll, sondern notwendig ist, zwischen der *Gewißheit*, die einem Menschen durch Offenbarung zuteil wird, und dem *Vertrauen*, durch das er sich auf diese Gewißheit einläßt, zu unterscheiden. Zwar besteht zwischen beidem ein enger Zusammenhang: Vertrauen setzt Gewißheit voraus und Gewißheit zieht Vertrauen mit *innerer Notwendigkeit* nach sich, *wenn und soweit* sie nicht durch andere Gewißheiten in Frage gestellt wird. Trotz dieses Zusammenhangs ist es sinnvoll, Gewißheit als Resultat eines *Erkenntnis*aktes vom Glauben als *Vertrauen*sakt zu unterscheiden.

Diese Unterscheidung wird auch nicht aufgehoben durch die These, erst der Glaube sei in Wahrheit der *Vollzug* der Gotteserkenntnis. Aber in dieser These kommt die Zusammengehörigkeit von Gewißheit und Vertrauen noch einmal neu in den Blick. Jedenfalls für die *Gottes*erkenntnis ist es charakteristisch, daß sie – als Erkenntnis der Alles (also auch den Erkennenden selbst) bestimmenden Wirklichkeit – erst dann an ihr Ziel kommt, wenn sie im Menschen daseinsbestimmendes Vertrauen weckt und findet. „Erkenntnis" meint hier *notwendigerweise mehr* als die Einsicht, „daß es sich so *verhält*", nämlich ein Sehen mit den „erleuchteten Augen des Herzens" (Eph 1,18), das ein umfassendes Vertrautsein und vorbehaltloses Sich-Anvertrauen ist.

Von daher läßt sich im Umkehrschluß sagen: Wer Gott nicht vertraut und sich ihm nicht anvertraut, zeigt damit, daß er ihn nicht wirklich erkannt hat. Der Unglaube macht vor der Grenze halt, an der die Gotteserkenntnis (im Glauben) zu ihrem Ziel kommt. Ohne den Schritt über diese Grenze bleibt die entscheidende *existentielle Dimension* der Gotteserkenntnis verschlossen. Ob dieses Vertrauen *trägt*, weil es sich auf einen tragfähigen *Grund* bezieht, läßt sich *nicht von außerhalb* erkennen. Auf eine gewißmachende Weise ist das nur erfahrbar, indem Menschen sich (auch gegen den Augenschein) *darauf einlassen*. Das gilt (per definitionem) für alle daseinsbestimmenden Wahrheitsansprüche, d. h. für alle Aussagen, die den Anspruch erheben, wahr zu sein und für das ganze Leben zu gelten. Zwar gibt es Wahrheitsansprüche, die schon wegen ihrer *inneren Widersprüchlichkeit* oder wegen ihrer *partikularistischen, menschenverachtenden* Konsequenzen als trügerisch oder diabolisch *durchschaut*

werden können. Deshalb muß man sich keineswegs auf *alle* daseinsbestimmenden Wahrheitsansprüche erprobend einlassen. Aber die *positive* Vergewisserung, die zugleich die einzige Bewährung der Gotteserkenntnis im irdischen Leben ist, kann sich nur im *Vollzug des Vertrauens*
einstellen. Dabei ist freilich noch einmal (s. o. 7.1.1.4) daran zu erinnern,
daß die Erkenntnis der Alles bestimmenden Wirklichkeit sich nicht nur
(im rezeptiven Sinn von Verifikation) als wahr erweisen muß. Vielmehr
gilt hier auch die Umkehrung: Erst die Erkenntnis Gottes bringt die
menschliche Wirklichkeitserkenntnis zurecht und erweist sich als freima-
chende Wahrheit (Joh 8,32), die *sich so* bewahrheitet, daß sie den Menschen zur Wahrheit bringt, d. h. zum Wahrhaftigsein in der Liebe
(Eph 4,15) befreit, befähigt und erweckt. Das aber ist nicht Menschen-,
sondern Gotteswerk.

Teil A

Das Gottesverständnis
des christlichen Glaubens

8 Gottes Sein (Theo-logie)[1]

Der Schritt von der Frage nach der Gotteserkenntnis zum Nachdenken über das Sein Gottes ist ein Schritt vom Methodischen zum Inhaltlichen. Dieser Schritt ist gewichtig, weil es nun nicht mehr um den (christlichen) *Begriff* „Gott", sondern um das *Sein* Gottes als der Alles bestimmenden Wirklichkeit geht und sich nun zeigen muß, wovon der christliche Glaube spricht, wenn er Gott bekennt.

In dem Ausdruck „Gottes Sein" sind implizit drei Fragestellungen enthalten, die für den christlichen Glauben von grundlegender Bedeutung sind:

– *Ist* Gott überhaupt (wirklich), oder gibt es nur menschliche *Wunschbilder* (oder auch Schreckensbilder), die wir „Gott" *nennen*?
– *Wer und wie* ist Gott, wenn er ist; mit was für einem Gott haben wir es also zu tun?
– Gibt es zwischen Gott und Welt eine derartige *Beziehung*, daß von einem *Wirken* Gottes in der Welt geredet werden kann (und muß); und – wenn ja – in welcher Weise wirkt Gott an und in der Welt?

Auf den ersten Blick erscheint es als sinnvoll, diese drei Grundfragen nach der *Wirklichkeit* (oder der „Existenz"), nach dem *Wesen* (und den Eigenschaften) und nach dem *Wirken* (oder dem „Handeln") Gottes auch in *dieser* Reihenfolge anzusprechen und zu bedenken. Die Wirklichkeit Gottes scheint die Voraussetzung zu sein, von der es abhängt, ob überhaupt sinnvoll vom Wesen und Wirken Gottes gesprochen werden kann. Aber diese Vermutung täuscht. Wir können sehr wohl sinnvoll vom Wesen und Wirken Gottes sprechen, ohne zu wissen, ob wir dabei von einer Wirklichkeit (oder einem bloßen Fantasiegebilde) reden. Es ist jedoch nicht sinnvoll möglich, über die Wirklichkeit Gottes nachzudenken, solange nicht geklärt ist, von „*wessen*" oder von „*was für einer*" Wirklichkeit wir denn sprechen. Darum steht die Frage nach dem *Wesen* und den *Eigenschaften* Gottes am Beginn (8.1) dieses Kapitels und die Fragen nach der *Wirklichkeit* (8.2) und dem *Wirken* Gottes (8.3) werden ihr nachgeordnet.

---

1 Zur Vermeidung eines möglichen Mißverständnisses dieser Überschrift s. S. 399, Anm. 25.

8.1 Gottes Wesen und Eigenschaften

Wenn wir nach dem Wesen und den Eigenschaften Gottes fragen, bewegen wir uns auf das zentrale Geheimnis des christlichen Glaubens zu. Größte Behutsamkeit ist darum geboten, um sich möglichst nicht durch unbedachtes, leichtfertiges *Reden* zu vergreifen, aber um auch nicht durch Achtlosigkeit und Unaufmerksamkeit das zu übersehen oder zu *verschweigen*, was verantwortlicherweise von Gott gesagt werden kann und soll. Alles folgende basiert auf der Voraussetzung, daß Gott sich in Jesus Christus zum Heil der Welt erschlossen hat (s. o. 7.2.2.2 und u. Kap. 9) und gerade darin ein für uns unerforschliches und unverfügbares Geheimnis bleibt (s. o. 3.2.2.3). Auch die Aussagen über das Wesen und die Eigenschaften Gottes haben nicht den Charakter der Erfassung („comprehensio"), sondern „nur" den der Erkenntnis („cognitio") Gottes, und zwar – wie mit J. Gerhard hinzuzufügen ist – der „cognitio *viatoris*".[2] Alles, was im folgenden über das Wesen (8.1.1), die Personalität (8.1.2) und die Eigenschaften (8.1.3) Gottes gesagt wird, steht unter diesem Vorzeichen und Vorbehalt.

8.1.1 Gottes Wesen als Liebe

Die Erkenntnis des Wesens Gottes, die aus der Person und dem Werk Jesu Christi gewonnen ist, läßt sich verdichten in dem Satz: *„Gottes Wesen ist Liebe"*.

Im Hintergrund dieses Satzes steht natürlich die biblische Aussage: „Gott ist Liebe" (I Joh 4,8 u. 16). Aber die Tatsache, daß es in der biblischen Überlieferung eine solche – geradezu definitorisch klingende – Aussage gibt, rechtfertigt für sich genommen noch nicht ihre Übernahme als Wesensbestimmung Gottes. Wenn man hier biblizistisch *für* I Joh 4 argumentieren würde, müßte man damit rechnen, daß andere mit gleichen Mitteln *gegen* die Verwendung dieser Stelle Bedenken anmelden könnten: Verbietet nicht die Tatsache, daß dieser Satz *nur* im I Johannesbrief vorkommt, aus ihm eine Wesensbestimmung Gottes abzuleiten oder zu machen?

Aber in der Aussage: „Gott ist Liebe" verdichtet sich eine Fülle biblischer, kirchlicher und theologischer Aussagen über Gott. D. h., sie ist trotz der Einzigartigkeit ihrer Formulierung keineswegs eine isolierte, einmalige, sozusagen zufällige Aussage, sondern bringt – im Blick auf das Wesen Gottes – das Wesentliche des christlichen Gottesverständnisses

---

2   Loci theologici II, Cap. 5, Nr. 90 (Bd. 1, Berlin 1863, S. 286).

zum Ausdruck. Für viele Christen ist sie – aus diesem*inhaltlichen* Grund –
die kostbarste Aussage des christlichen Glaubens.

In wichtigen biblischen Texten (von denen nicht wenige auch in Lied-
form Eingang in das Gesangbuch und damit in die gottesdienstliche
Glaubenskommunikation und in das Bewußtsein der Menschen gefunden
haben) wird genau diese Erkenntnis Gottes vermittelt.[3] Die altkirchlichen
Bekenntnisse sowie die CA sprechen diese Einsicht *nicht* aus, setzen sie
aber voraus und *umschreiben* sie teilweise (so z. B. CA 1-5). Wiederholt
und eindrucksvoll thematisiert wird die Erkenntnis, daß Gott bzw. Gottes
Wesen Liebe ist, dagegen in Luthers Katechismen (BSLK 511,4; 512,24;
660,28-32 u. 661,13) sowie in der Konkordienformel (BSLK 1088,35-
1089,5).

Die breite Verankerung dieser Erkenntnis in der biblischen Botschaft
(s. dazu auch u. 9.2), in Teilen des kirchlichen Bekenntnisses und im
Bewußtsein vieler Christen verhindert jedoch keineswegs, daß gerade
dieser Satz sowie der Begriff „Liebe" (auch in Anwendung auf Gott) zu
den besonders häufig *mißverstandenen, mißbrauchten* und *trivialisierten*
Aussagen und Begriffen gehört. Dem fast inflationären Reden von „Liebe
(Gottes)" stehen nur wenige brauchbare Begriffsklärungen gegenüber.[4]
Das Nachdenken über den Sinn der Aussage: „Gottes Wesen ist Liebe"
(8.1.1.2) wird darum hier umrahmt von einem Reflexionsgang über den
Sinn des Wortes „Liebe" (8.1.1.1) und einigen Hinweisen zu den *Grenzen*
der Formel „Gott bzw. Gottes Wesen ist Liebe" (8.1.1.3).

8.1.1.1 Was ist „Liebe"?

Die Worte „Liebe" und „lieben" weisen ebenso wie die Worte „Glaube"
und „glauben" (s. o. 2.2.1) eine große Vielfalt an Bedeutungen auf. So
etwas wie eine allgemein anerkannte Definition von „Liebe" gibt es nicht.
Bei etwas genauerer Betrachtung zeigt sich, daß es dafür mindestens zwei
unterschiedliche Gründe gibt:

Einerseits werden mit dem deutschen Wort „Liebe" (bzw. „lieben")
ganz *unterschiedliche* Phänomene bezeichnet (Zuneigung, Sympathie,
Freundschaft, Erotik, Sexualität, Leidenschaft, Passion, Hobby etc.), die
zwar irgend etwas miteinander zu tun haben, aber offenbar nicht auf

---

3 Zu denken ist dabei etwa an Ps 23 u. 103, an Hos 11, Jon 4 u. Thr 3,22 f.,
   sodann an Mt 5,44 f.; 20,1-15; Lk 15; Joh 3,16; Röm 8,30-39; I Kor 13;
   II Kor 13,11-13; Eph 2,4 u. I Joh 3,1.
4 Zu ihnen zählt m. E. der Aufsatz über „Liebe" von G. Meckenstock, in: MJTh
   V, 1993, S. 63-93.

einen Nenner zu bringen sind. Andere Sprachen (z. B. das Griechische und Lateinische) differenzieren hier stärker begrifflich. Insbesondere der Unterschied zwischen Agape und Eros spielt in diesem Zusammenhang bekanntlich eine große Rolle.[5] Handelt es sich bei diesen beiden Formen von „Liebe" nicht geradezu um entgegengesetzte Phänomene, die nur mißverständlicherweise in *einem* Wort, wie „Liebe", *zusammengefaßt* werden können?

Andererseits ist Liebe offenbar etwas, das sich von seinem Wesen her *nicht begrifflich erfassen und definieren* läßt. Sie ist etwas Lebendiges und in die Tiefe des Gefühls Reichendes, das sich jedem Zugriff entzieht. Sie *ist* frei und sie *läßt* frei. Liebe kann nur *von innen*, also aus der Situation persönlicher Begegnung und Beteiligung erkannt werden.[6] Jeder Versuch einer begrifflichen Definition geschieht aber von einer *Außen*perspektive her und kann darum nicht *mehr* leisten, als den *Begriff* „Liebe" abzugrenzen. Letztlich gilt auch von der Liebe – wie von Gott –: „definiri nequit" (s. o. 7.1.2). Die folgenden Überlegungen können deshalb nur versuchen, die Aufmerksamkeit in *die* Richtung zu lenken, in der sich die Liebe in ihren konkreten, leibhaften Erscheinungsformen *zeigt*.

a)   Liebe als Agape

Liebe als Agape ist eine bestimmte Weise der *Zuwendung*. Die Metapher „Zuwendung" verweist auf das leibhafte Geschehen, in dem ein Wesen sich mit seinem *Angesicht*, das deutlicher als alle anderen Teile des Leibes das erkennen läßt, wovon ein Mensch innerlich bewegt wird, so auf ein Gegenüber ausrichtet, daß es dieses *anschaut* und von ihm *angeschaut werden* kann. Das eigene „nackte Antlitz"[7] und das des Gegenübers und in beiden noch einmal der „Augen-Blick" sind die ausgezeichneten leibhaften *Orte* der Zuwendung, die mit dem Begriff „Liebe" bezeichnet wird.

Aber das Angesicht und der Blick der Augen sowie die Körperhaltung und Gestik können – im Modus der Zuwendung – auch ganz anderes ausdrücken als Liebe: z. B. Mitleid oder Verachtung, Aggressivität oder Haß. Es kommt offenbar auf die „bestimmte Weise" der Zuwendung an,

---

5   Dazu hat vor allem das Werk „Eros und Agape" von A. Nygren, Gütersloh 1930, beigetragen.

6   In Bultmanns Terminologie gesagt: Man kann nicht *über* die Liebe (ebensowenig wie über Gott!) reden, sondern nur *von* ihr, und d. h. *aus* ihr (GuV I, S. 26 f.).

7   So die berühmte Schlüsselformulierung von E. Lévinas, z. B. in: Humanismus des anderen Menschen, Hamburg 1989, S. 40 ff.

wenn erkannt werden soll, was Liebe ist und worin sie sich als *innere Zugewandtheit* qualitativ von anderen, z. B. demütigenden oder zerstörerischen Weisen der Zuwendung unterscheidet.

Dieser qualitative Unterschied besteht darin, daß Liebe als Agape sich nicht an den eigenen Wünschen, Interessen und Vorteilen des Liebenden orientiert, sondern um des geliebten Gegenübers willen geschieht. Sie will und bejaht das geliebte Gegenüber *als es selbst* in seiner unverwechselbaren Eigenart und Besonderheit – einschließlich des Unerfreulichen und Unangenehmen. Liebe als Agape unterscheidet sich von symbiotischer Verschmelzung dadurch, daß sie die Einmaligkeit, das Anderssein und damit das Geheimnis des geliebten Gegenübers achtet und schützt. Den Liebenden ist ihr Gegenüber nicht um dessentwillen wichtig, was *sie* von ihm an Zuwendung oder anderen Vorteilen (zurück-)bekommen können, sondern um *seinetwillen*. „(D)ie Liebe ... will", wie Bonhoeffer[8] formuliert hat, „nichts von dem anderen, sie will alles für den anderen".[9] Deshalb läßt die Agape sich auch dort, wo sie die schmerzliche Erfahrung macht, nicht erwidert zu werden, „nicht erbittern" (I Kor 13,5), sondern erweist sich als die Kraft, die in der Lage ist, Haß, Gleichgültigkeit und Lieblosigkeit zu überwinden und so – vielleicht doch noch – Liebe zu wecken.[10]

b) Liebe als Eros

Für Liebe als Eros ist es charakteristisch, ja *konstitutiv*, daß die mit diesem Begriff bezeichnete Zuwendung *von Herzen* kommt. Deshalb gehört zum Eros immer das Element des affektiven Ergriffenseins – im glücklichsten Fall das Element der Lust. Eros kann deswegen nicht befohlen oder angeordnet werden, sondern die erotische Liebe stellt sich ein, sie ergreift oder erfaßt einen Menschen, und zwar dadurch, daß ihm ein *liebenswertes* (oder auf andere Weise faszinierendes) Gegenüber begegnet, von dem er sich angezogen und zu dem er sich hingezogen fühlt.

Eros kann aber *mehr* sein als dieses Angezogenwerden: nämlich brennende Leidenschaft für einen Menschen, für eine Sache oder für ein Le-

---

8 Predigt zu I Kor 13,4-7, in: ders., Werke, 13. Bd., Gütersloh 1994, S. 389. Den Hinweis auf diesen Fundort verdanke ich Herrn Dirk Schulz, Heidelberg.
9 Vgl. dazu auch E. Lévinas a.a.O., S. 134: „Liebe ... ist immer nicht-reziprok; Liebe besteht ohne Sorge für das Geliebt-Sein."
10 Vgl. dazu die eindrücklichen Formulierungen K. Rahners: „Es wird das durchbohrte Herz beschworen, das geängstigte, das ausgeronnene, das gestorbene Herz. Es wird das genannt, was Liebe bedeutet, die unbegreiflich und selbstlos ist, die Liebe, die in Vergeblichkeit siegt, die entmächtigt triumphiert, getötet lebendig macht, die Liebe, die Gott ist" (Schriften zur Theologie, Bd. VII, Einsiedeln 1966, S. 485).

bensziel, das fasziniert und begeistert. Dieser leidenschaftliche Eros kann Menschen überwältigen und entflammen, ja über sich selbst hinausreißen und zur Ekstase bringen. Der Eros, der die Sexualität umfaßt oder zumindest an sie angrenzt, ist als Trieb in der leiblich-seelischen Verfassung des Menschen angelegt und bedarf der Bildung, damit seine ungestüme Kraft nicht versklavt oder zerstört, sondern dem Leben zugute kommt.

Aus sich heraus ist der Eros nicht davor gefeit, destruktive Abhängigkeiten zu schaffen, Selbstsucht zu kultivieren, ja, zur Vergötzung zu führen. Aber das ändert nichts daran, daß er als solcher eine unbändige, lustvolle Lebenskraft ist, ohne die das menschliche Dasein in Lethargie und Langeweile verkümmern würde.

c) Liebe als Agape und als Eros

Aus den knappen Andeutungen der beiden vorigen Unterabschnitte dürfte deutlich geworden sein, daß Agape und Eros einerseits miteinander verwandt, andererseits aber auch deutlich voneinander unterschieden sind.

Beginnen wir mit der Unterscheidung, so läßt sich sagen: Agape ist diejenige Form von Zuwendung, die *für* das geliebte Gegenüber Gutes will.[11] Von der Agape gilt: Sie sucht nicht das eigene Wohl oder Glück, sondern sie sieht auf das, „was dem andern dient" (I Kor 10,24; Phil 2,4). Demgegenüber kann man vom *Eros* sagen: Er ist die Form der (leidenschaftlichen) Zuwendung, die *mit* dem geliebten Gegenüber *Glück* oder *Erfüllung* sucht. Der Eros ist – wie die Agape – einem Gegenüber zugewandt, aber der Eros ist *nicht selbstlos* – allenfalls selbstvergessen in der Sehnsucht oder im ekstatischen Erlebnis der Erfüllung. Eros ist (jedenfalls seiner Intention nach) immer auf *Gegenseitigkeit* hin angelegt. Von ihm gilt: „Mein Freund ist mein, und ich bin sein" (Cant 2,16; 6,3; vgl. auch 7,11).

So sind Agape und Eros deutlich voneinander *unterschieden* und nicht zu verwechseln, aber gleichwohl würden beide zerstört, wenn sie in einen *Gegensatz* gerieten. Dann bestünde nämlich die Gefahr, daß der Eros verkommt zur Instrumentalisierung des Gegenübers als Mittel zur Verwirklichung des *eigenen Glücks* – und dann hätte er mit Liebe nichts mehr zu tun. Und umgekehrt bestünde die Gefahr, daß die Agape verkommt zur *lustlosen Wohltätigkeit,* die auf ihre Weise das Gegenüber ebenfalls instrumentalisiert als Mittel zur Verwirklichung der *eigenen Sittlichkeit* – und hätte dann ebenfalls mit Liebe nichts mehr zu tun.

---

11 Auf die Frage, *was* für den Menschen gut bzw. das Gute sei, werde ich im Rahmen der Soteriologie (s. u. 14.1.4.1) noch genauer eingehen.

Der neutestamentliche Begriff für „Liebe" ist *nur* „Agape" und *nie* „Eros". Aber das biblische Verständnis von Agape würde verzeichnet, wenn daraus ein Verständnis der Liebe – und des Wesens Gottes als Liebe – abgeleitet würde, das sich aus dem *Gegensatz* zum Eros definiert. Zur biblischen Agape gehört es unaufgebbar, daß sie „von Herzen" geschieht, ja, daß sie – gerade als göttliche Liebe – ein leidenschaftliches Brennen ist (Hos 11,8 f.; Lk 15,20). Damit ist der Agape selbst ein erotisches Element eingepflanzt. Die biblische Agape ist die Zuwendung zu einem Gegenüber, die *von Herzen um des Gegenübers willen* geschieht.[12] Agape und Eros kommen dort zur Einheit, wo das Glück des geliebten *Gegenübers* als *gemeinsames* Glück und *darum* auch als je *eigenes* Glück der Liebenden erlebt wird. Da berührt der Himmel die Erde.

8.1.1.2 Die Zuordnung von Liebe zu Gottes Wesen

Läßt sich der so umschriebene Begriff „Liebe" auf *Gott* anwenden? Und was ist gemeint, wenn Gottes *Wesen* als Liebe bezeichnet wird? Um diese beiden Fragen, die offensichtlich eng zusammengehören, geht es in diesem Abschnitt.

a) Gott als Liebe und als Liebender

Die Frage nach der Anwendbarkeit des Liebesbegriffs auf Gott scheint von der biblischen, speziell von der neutestamentlichen Überlieferung her schnell eine positive Antwort finden zu können, ist doch dort häufig davon die Rede, daß Gott *liebt* – seien es bestimmte Menschen, alle Men-

---

12 Die Erinnerung an den bei Luther durchgängig auftauchenden Dual: „mit Lust und Liebe" (so z. B. BSLK 733,15 f.; vgl. auch 730 f.) ist geradezu unvermeidlich. (Das Register zu den lutherischen Bekenntnisschriften enthält leider nur das Stichwort „Lust, böse".) Das erotische Element der Agape bringt Luther sehr schön zum Ausdruck in einer Predigt über das Doppelgebot der Liebe (Mt 22,34-46): „Fragt nun einer: Was ist doch dies hohe Gebot der Liebe? Antwort: Es ist, daß ich keine Lust hab, williglich und mit Freuden zu tun, was Gott lieb ist. Welchen ich nun liebhabe, bei dem bin und wohne ich gern mit allem Wandel und Fleiß, auch ist alle meine Freude, daß man mir viel Gutes von ihm sagt." (WA 20, 510,33-511,14) Das von Herzen kommende „gerne" taucht hier nicht nur ausdrücklich auf, sondern es ist auch so anschaulich umschrieben, daß gut nachvollziehbar wird, warum *ein* Äquivalent für „lieben" „gernhaben" ist.

schen oder die Welt.[13] Diese Formulierungen zeigen zwar, daß Gott als *ein*
liebendes Wesen vorgestellt wird, aber gerade das steht in einer gewissen
Spannung zu der Aussage: „Gott *ist* Liebe". Wenn dies als schlichte
Identitätsaussage gemeint wäre, dann könnte die Aussage „Gott liebt"
offenbar nicht mehr gemacht, jedenfalls nicht mehr im wörtlichen Sinn
verstanden werden; denn Liebe liebt nicht.[14]

Dieser Gedankengang scheint es umgekehrt nahezulegen, den Satz:
„Gott ist Liebe" als eine hyperbolische Formulierung aufzufassen, die bei
genauer Interpretation zu reduzieren wäre auf die Aussage: „Gott liebt"
oder: „Liebe ist eine Eigenschaft Gottes" oder „Gott ist der Liebende".
Aber damit bliebe die Dogmatik nicht nur hinter dem zurück, was die
paulinische Formel vom „Gott der Liebe" (II Kor 13,11) und die
johanneischen Aussagen „Gott ist Liebe" (I Joh 4,7-21) offensichtlich
sehr bedacht formulieren, sondern sie bliebe auch zurück hinter Zentralaussagen der reformatorischen Theologie, wie z. B. Luthers Aussagen
über *Gott* bzw. die göttliche *Natur* als „glühender Backofen voller Liebe"
(WA 10 III 56,2 f. u. 36, 425,2) oder über Gottes *Wesen* als „Liebe zu
den Leuten" (WA 36, 424,4). Sowohl bei Paulus und Johannes als auch
bei Luther stehen unmittelbar neben diesen *Wesens*aussagen jedoch solche, die von Gott als *Liebendem* sprechen (II Kor 9,7; I Joh 4,10 f.; WA
36, 423,32 u. 426,32). Wesen und Wirken bilden hier offensichtlich
einen engen, unauflöslichen Zusammenhang. Das ist auch nicht verwunderlich, weil Liebe als Zuwendung selbst ein *Beziehungsgeschehen* ist.
Deshalb steht hier nicht ein statisches Wesen einem dynamischen Wirken
gegenüber, sondern deshalb *ist* das *Wesen* Gottes, das Liebe ist, selbst
zugleich sein *Wirken*.

b)   Liebe als Gottes Wesen

Mit dem Satz „Gott ist Liebe" ist *mehr* gesagt, als daß Gott nur die
Eigenschaft der Liebe oder des Liebens zukommt. Mit Ebeling läßt sich
(im Anschluß an Schleiermacher) sagen: „Die strenge Unterscheidung

---

13 Ohne Anspruch auf Vollständigkeit seien hier genannt: Dtn 4,37; 7,8 u. 13;
10,18; II Sam 12,24; II Chr 2,10; Ps 91,14; 146,8; Jes 48,14; 63,9; Jer 31,3;
Dan 9,23; Joh 3,16; 10,17; 14,21 u. 23; 15,9; 16,27; 17,23-26; Röm 9,13;
II Kor 9,7; Eph 2,4; I Joh 4,10 f.

14 Das hierin liegende Problem wird – leider sehr knapp – angedeutet in Jüngels
Aussagen: „Liebe geschieht nicht ohne Liebende. Der Satz ‚Gott ist Liebe'
impliziert den anderen: Gott liebt" (Gott als Geheimnis der Welt, S. 505,
ähnlich S. 448 f.). Das Bedauern über die Knappheit soll aber nicht verdecken,
wie nahe meine eigenen Überlegungen zum Gottesverständnis denen von
Jüngel sind und an wievielen Stellen ich von ihm gelernt habe.

zwischen Eigenschaften und Wesen Gottes wird in dem Satz ‚Gott ist Liebe' aufgehoben. Allein die Liebe kann dem Wesen Gottes gleichgesetzt werden. Sie ist die einzige Eigenschaft Gottes, welche an die Stelle des Namens Gottes selbst gesetzt werden kann."[15] Wenn dies der Sinn des Satzes „Gott ist Liebe" ist, dann wird mit ihm das Genaueste, Umfassendste und Tiefste von Gott gesagt, was wir überhaupt sagen können. Dann ist Liebe das, was Gott zu Gott macht (s. o. 2.1.2) – und demzufolge auch von anderem unterscheidet. Alle kreatürlichen Verwirklichungsformen von Liebe werden dadurch im doppelten Sinn des Wortes relativiert, d. h. von der Liebe selbst, also von Gottes Wesen, *unterschieden*, aber eben damit auch zu dieser Liebe *in Beziehung gesetzt*. Wer liebt, *ist* nicht Gott, aber er „bleibt in Gott und Gott in ihm"; denn er ist „von Gott geboren" (I Joh 4,16 u. 7), dessen Wesen Liebe ist.

Gegen diese uneingeschränkte Gleichsetzung des Wesens Gottes mit Liebe könnte eingewandt werden, hier drohe eine gefährliche Engführung und damit Verfehlung des Wesens Gottes, weil auf diese Weise Gott gewissermaßen auf Liebe „festgelegt" werde, also außer acht bleibe, daß Gott nicht lieben *muß*, sondern *frei* ist zu lieben. Außerdem könnte aus einer solchen „Festlegung" möglicherweise menschliche Gleichgültigkeit oder eine Anspruchshaltung gegenüber Gott entstehen.[16] Trotz dieser nachvollziehbaren Bedenken erscheint es mir theologisch nicht richtig, die Wesensaussage „Gott ist Liebe" durch die *Hinzufügung* von „Freiheit" *einzuschränken*; denn *Liebe ist wesensmäßig frei, aber sie ist nicht durch Freiheit begrenzt oder eingeschränkt*. Was ist damit gemeint?

Es gehört zum Wesen der Liebe, frei zu sein, also in Freiheit geschenkt und zuteil zu werden. Unter Unfreiheit und Zwang kann Liebe nicht entstehen und darum auch nicht gedeihen.[17] Das „von Herzen", das für die Liebe charakteristisch ist, ist mit Forderung und Nötigung unvereinbar, ja es wird durch sie erstickt und unmöglich gemacht. Insofern ist Liebe wesensmäßig frei. Aber die Freiheit, von der hier die Rede ist, ist eben nicht Freiheit *von* der Liebe, also eine Freiheit zum Haß oder gar

---

15 Ebeling, G., Schleiermachers Lehre von den göttlichen Eigenschaften (1968), in: WuG II, S. 340.

16 Dieser letzte Gedanke ist offenbar ein Hauptmotiv für K. Barth, in der Gotteslehre dem Begriff „Liebe" den der „Freiheit" an die Seite zu setzen (KD II/1, S. 288 ff.). Ich habe mich damit ausführlicher auseinandergesetzt in der Arbeit „Sein und Gnade", Berlin 1975, S. 46-69.

17 Das schließt nicht aus, daß um eines geliebten Gegenübers willen u. U. – insbesondere dort, wo dies nicht erkennen kann, daß ihm Gefahr droht – auf Zeit Zwang ausgeübt und Freiheit beschränkt werden kann. Das ist für die Liebe aber stets ein *opus alienum*, das im Dienste des *opus proprium* stehen muß.

zur Gleichgültigkeit, sondern es ist die Freiheit (nur) *zur* Liebe. Von allen
endlichen Liebenden müssen wir zwar sagen: Sie sind „frei" auch zur
Lieblosigkeit. Von der Liebe selbst, die das Wesen Gottes ist, kann das
aber nicht gesagt werden. Sie ist ganz sie selbst – aber im Modus der
Freiheit. Liebe braucht, ja sie verträgt keine Einschränkung. Sie ist *in sich*
frei. Als solche kann sie mißdeutet und mißbraucht werden. Aber sie hört
deswegen nicht auf zu sein, was sie ist.

8.1.1.3 *Die Grenzen des Redens von Gottes Wesen als Liebe*

Nach dem vorigen Abschnitt mag es überraschen, wenn nun doch noch in
einem eigenen letzten Abschnitt (mit dem unvermeidlichen und gewollten
Achtergewicht) Grenzen thematisiert werden. Freilich geht es nicht um
Grenzen der Liebe Gottes, sondern um Grenzen des *Redens* von der Liebe
als Wesen Gottes. Und das Nachdenken über *diese* Grenzen ist von großem Gewicht, weil sonst die Gefahr besteht, wesentliche biblische Einsichten fahrlässig zu verfälschen und zu verderben. Vier Grenzen, deren
Nichtbeachtung eine solche Gefahr darstellt, sollen hier genannt werden:

a)   *Die Begrenzung durch ein*
verharmlosendes Mißverständnis von „Liebe"

Die Wörter einer Sprache haben aufgrund ihrer Geschichte einen „Hof"
oder „Kometenschweif" von Assoziationen und Konnotationen, die man
weder abstreifen kann noch außer acht lassen darf, wenn man diese
Wörter gebraucht. Das gilt wegen der eingangs genannten Bedeutungsbreite, vor allem aber wegen der hohen affektiven Wertigkeit in *besonderem* Maße für alle aus dem Wortstamm „lieb-" abgeleiteten Wörter. Vor
allem die Assoziation des Angenehmen, Wohltuenden und Freundlichen
verbindet sich in der Regel mit „Liebe", „lieben" und mit allem, was
„lieb" ist. In diesem Zusammenhang verdient auch die merkwürdige
Tatsache Beachtung, daß in der alltäglichen, öffentlichen Kommunikation – wenn überhaupt – meist nicht von „Gott", sondern fast ausschließlich vom „lieben Gott" die Rede ist. Das mag eine Art Beschwörungs-
formel sein; es ist aber auch eine Verniedlichungs- und Verharmlosungs-
formel, die mitzuhören und mitzubedenken ist, wenn von Gottes Wesen
als Liebe gesprochen wird. Die Behauptung, daß Liebe Widerstand leisten, Schmerz zufügen, Leid verursachen, zum Gericht werden kann, wirkt
demgegenüber fremdartig, ja unglaubwürdig. Was im alltäglichen Sprachgebrauch als „Liebe" oder „lieben" bezeichnet wird, könnte man häufig

mit „Willfährigkeit", „Freundlichkeit" oder „nett sein" wiedergeben. Dementsprechend wird dann von einem lieben oder liebenden Gott oder von einem Gott, dessen Wesen Liebe ist, erwartet, daß er unsere Wünsche erfüllt, uns vor Unangenehmem bewahrt und unsere Schwächen und Fehler großzügig verzeiht. Ein theologisches und kirchliches Reden von Gottes Wesen als Liebe muß mit solchen Mißverständnissen rechnen und sollte versuchen, sich gegen sie abzugrenzen. Aber inwieweit ist das überhaupt möglich?[18]

b) Die Begrenzung durch andere Begriffe

Es gehört zu den überraschenden biblischen Befunden, daß in den synoptischen Evangelien *niemals* die Aussage „Gott liebt" oder der genitivus subjectivus „Liebe Gottes"[19], geschweige denn die Formel „Gott ist Liebe" vorkommt. Man wird daraus schließen müssen, daß die Rede von der Liebe Gottes in der Verkündigung Jesu *keine*, jedenfalls keine bemerkenswerte Rolle gespielt hat. Natürlich ist in zentralen Texten (wie Mt 5,43-48; 7,11; 18,23-27; 20,1-16; Lk 6,36; 15,1-32; 18,7 f.) von *nichts anderem* die Rede als von Gottes Liebe, aber – und eben das ist das Bemerkenswerte – ohne daß dieser Begriff oder das Verbum „lieben" auftaucht. Man kann durch diesen Befund freilich zunächst auch die hermeneutische Vermutung bekräftigt sehen, daß auf den Gebrauch eines Begriffs *dann* verzichtet werden kann, wenn das mit ihm Gemeinte *verstanden* ist und darum in anderen Begriffen und Bildern ausgesagt werden kann – während umgekehrt der häufige Gebrauch eines Wortes oder Begriffs auch ein Indiz für ein Verständnis-Defizit sein kann. Über diese hermeneutische Einsicht hinaus führt der synoptische Befund aber zu der Frage, ob es andere Begriffe gibt, die geeignet sein könnten, das Wesen Gottes zu bezeichnen. Tatsächlich gibt es – wiederum vor allem im johanneischen Schrifttum – mehrere Begriffe, die dafür in Frage kämen: „Leben" (Ps 36,10; Joh 1,4; 5,26), „Licht" (Ps 36,10; Joh 1,4), „Wort" (Joh 1,1) oder „Geist" (Joh 4,24; II Kor 3,17). Man sieht schnell, daß keiner dieser Begriffe eine *inhaltliche* Alternative zu „Liebe" darstellt. Vielmehr bieten sie nur unterschiedliche *Zugänge* zum Reden von Gott und Gottes Wesen. Nicht in einer inhaltlichen Einschränkung, sondern in der Unterschiedlichkeit der Zugangsweisen liegt also hier die Begrenzung

---

18 Ein Beitrag hierzu soll der für diese Dogmatik zentrale Gedanke sein, der besagt: Die (göttliche) Liebe besteht darin, dem geliebten Geschöpf so zu begegnen, daß es selbst zu einem liebenden Geschöpf wird (s. dazu u. 14.1.4.1).
19 Die einzige Stelle, an der in den Synoptikern die Formel „Liebe Gottes" vorkommt, nämlich Lk 11,42, meint eindeutig die Liebe *zu* Gott.

durch andere Begriffe. Diese Begrenzung hebt aber nicht die Tatsache auf, daß der Begriff „Liebe" in der christlichen Überlieferung eine – verglichen mit den anderen Begriffen – *einzigartige* Wirkungsgeschichte gehabt hat, weil er offenbar in *besonderer* Weise geeignet ist, von Gott, wie er sich in Jesus Christus erschlossen hat, zu reden.

c)   Die Begrenztheit aller Begriffe

Die Beobachtung, daß der Begriff „Liebe" in Anwendung auf Gottes Wesen durch andere Begriffe, Worte und Bilder begrenzt ist, führt weiter zu der grundsätzlichen Frage, ob eine *begriffliche* Beschreibung dem Wesen Gottes überhaupt angemessen sein kann. Die Beantwortung dieser Frage hängt vor allem davon ab, was in diesem Zusammenhang unter „angemessen" zu verstehen ist. Damit könnte dreierlei gemeint sein:

– Zwischen der begrifflichen Darstellung des Wesens Gottes und dem Wesen Gottes selbst besteht *keine erkennbare Differenz.*
– Begriffe sind die *am besten geeigneten Mittel* zur Beschreibung des Wesens Gottes.
– Begriffe sind *brauchbare Mittel* zur Beschreibung des Wesens Gottes.

In den beiden ersten Deutungen ist die Frage nach der Angemessenheit von Begriffen für die Beschreibung des Wesens Gottes eindeutig zu *verneinen.* Wer eine erkennbare Differenz zwischen den menschlichen Begriffen (und andere haben wir nicht) und dem Wesen Gottes bestritte, würde entweder die menschlichen Begriffe vergöttlichen oder Gott zur Kreatur des Menschen machen. Beides ist gleichermaßen indiskutabel. Aber auch die These von den Begriffen als den am besten geeigneten Mitteln zur Beschreibung des Wesens Gottes läßt sich aus hermeneutischen und aus theologischen Gründen *nicht* aufrechterhalten. Hermeneutisch ist einzuwenden, daß gerade dann, wenn Gottes Wesen als „Liebe" zu beschreiben ist, Begriffe mit Sicherheit *nicht* die am besten geeigneten Mittel zur Beschreibung sind. Für das Beziehungsgeschehen der Zuwendung, die von Herzen kommt, ist die *gelebte* Zuwendung selbst ein ungleich geeigneteres Ausdrucksmittel. Theologisch wird dies eingeholt durch die Einsicht, daß nicht der Begriff „Liebe", sondern der *Mensch* Jesus Christus „das Ebenbild seines (sc. Gottes) Wesens" (Hebr 1,3; vgl. Kol 1,15) ist. Darüber hinaus kann man mit guten Gründen die These vertreten, daß die Verbindung von Wort und *Musik* (z. B. in Chorälen, Motetten oder Kantaten) oder auch *bildhafte* oder szenische Darstellungen umfassendere und darum geeignetere Ausdrucks- und Beschreibungsmittel sind als Begriffe.

Das alles hebt aber nicht auf, daß in der dritten Bedeutung des Wortes die Angemessenheit von Begriffen nicht nur bejaht werden kann, sondern auch muß. Wenn die Theologie im allgemeinen und die Dogmatik im besonderen die Aufgabe hat, den Inhalt des christlichen Glaubens gedanklich zu klären und zu reflektieren, dann ist dafür die begriffliche Arbeit ein unerläßliches Hilfsmittel.[20] In dieser klärenden und reflektierenden Intention und Funktion bezieht sich die begriffliche Arbeit auch auf die Erzählungen, Lieder und Bilder, die geeignetere Mittel der Beschreibung sind, aber nicht gefeit sind vor Irrtum und Mißbrauch. Deshalb bedürfen auch sie der begrifflichen Reflexion und Überprüfung.

d)   *Die Begrenzung durch das* Geheimnis *des Wesens Gottes*

Auch wenn die bisher genannten Begrenzungen vollständig respektiert werden, gibt es doch noch eine tödliche Gefahr des Redens von Gottes Wesen als Liebe. Sie besteht in der Meinung, mit dem (so begrenzten) Reden von Gott sein Wesen (doch) *erfaßt* zu haben. Diese Gefahr ist deswegen groß, weil mit dem Satz „Gott ist Liebe" ja nach christlichem Verständnis tatsächlich etwas ausgesagt wird, was an das Geheimnis rührt, das Gott ist (s. o. 3.2.2.3). Aber gerade dieses Geheimnis bliebe verschlossen und entzöge sich der Berührung, wenn man meinte, damit *entschlüsselt* oder *durchschaut* zu haben, wer oder was Gott ist. Man würde dann „Gott" gewissermaßen auflösen in das eigene Verständnis von „Liebe" und könnte damit theologisch und pastoral vorzüglich hantieren. Aber das Wesen *Gottes* würde man dabei aus dem Blick verlieren oder verfehlen. Wohlgemerkt: Es geht *nicht* darum, durch die Rede von dem „Geheimnis, das Gott ist" einen generellen Vorbehalt zu formulieren, der besagen würde: „Es könnte vielleicht doch alles ganz anders sein". Sondern es geht darum, zu erkennen und anzuerkennen, daß gerade die Erkenntnis des Wesens Gottes als Liebe dann verfehlt würde, wenn man meinte, damit über Gott Bescheid zu wissen. Von Gottes Wesen können Menschen immer nur bestimmte Aspekte und Dimensionen erfassen, aber niemals das Ganze. Und insofern bleibt es ein *Geheimnis*. Dieses Geheimnis kann einer Person begegnen, sie anrühren, ihr Leben erfassen und bestimmen – dem menschlichen *Zugriff* wird es sich immer entziehen. Und nur im Wissen darum können wir von Gott reden, dessen

---

20 Dazu als unverdächtiger Zeuge Luther, 1521: „Die Vernunft erfaßt zwar nicht, was Gott ist, doch erfaßt sie ganz gewiß, was nicht Gott ist ... Denn was dieser Vernunft offensichtlich widerspricht, widerspricht gewiß noch vielmehr auch Gott. Denn wie sollte das der himmlischen Wahrheit nicht widerstreiten, was der irdischen Wahrheit widerstreitet?" (WA 8,629,26-33).

Wesen Liebe ist. Unter diesem Vorbehalt ist alles zu sehen, was auch in dieser Dogmatik über Gottes Wesen und Eigenschaften, über seine Wirklichkeit und sein Wirken gesagt wird.

8.1.2 Die Personalität Gottes

Die Frage nach der Personalität, also dem Personsein Gottes gehört zu den drängendsten und schwierigsten Fragen einer Dogmatik. Drängend ist die Frage, weil das biblische, kirchliche und religiöse Reden von Gott *durch und durch personal* ist, während es starke theologische Gründe dafür gibt, Gott *nicht* als Person zu denken und zu bezeichnen. Was aber geschieht mit den personalen Aussagen von Gott, vor allem mit den Aussagen über sein Handeln, wenn ein personales Gottesverständnis sich als theologisch problematisch erweist?

Besonders schwierig ist die Beantwortung dieser Fragen, weil nicht nur das Gottesverständnis und die Begriffe „Person", „personal" sowie „Personalität" (vgl. dazu auch u. 12.2.2) je für sich klärungsbedürftig sind, sondern weil von dieser Klärung zugleich die Anwendbarkeit personaler Kategorien auf Gott abhängt. Deswegen wenden wir uns zunächst (8.1.2.1) den Begriffen „Person" und „Personalität" zu, prüfen dann ihre Anwendbarkeit auf Gott (8.1.2.2) und reflektieren abschließend die Frage nach den Konsequenzen personalen Redens für ein männlich und/oder weiblich geprägtes Gottesverständnis (8.1.2.3).

8.1.2.1 Zur Klärung der Begriffe „Person" und „Personalität"

Der Begriff „Person" ist verbunden mit Eigenschaften wie: wollend, handelnd, frei, bewußt, vernünftig, verantwortlich. Je mehr von diesen Eigenschaften an einem Wesen wahrgenommen werden können, um so weniger ist zu bezweifeln, daß es sich dabei um eine Person handelt. Aber was ist das, was mit diesen Eigenschaften umschrieben wird? Ist es – wie die klassische Definition des Boethius nahelegt – die *vernünftige Natur,* die in Gestalt eines *Individuums* existiert („rationalis naturae individua substantia")? Wichtig und tragfähig an dieser Definition ist jedenfalls die in ihr enthaltene Unterscheidung zwischen der *Personalität,* also dem, was eine Person zur Person macht, das mit der Formel „vernünftige Natur" bezeichnet wird, und der *Einzelperson,* die „individuelles Wesen" genannt wird. Klärungsbedürftig ist jedoch das Verständnis der einzelnen Begriffe, die in dieser Definition vorkommen. Geht man ihnen genauer nach, so zeigt sich, daß sie letztlich alle einen relationalen Sinn haben und auf ein Beziehungsgefüge verweisen. Was ist damit gemeint?

Fragen wir zunächst, worin die vernünftige Natur besteht, die ein Individuum zu einer Person macht, so können wir antworten: darin, daß dieses Individuum sich zu sich selbst verhält oder sich jedenfalls zu sich selbst verhalten kann. Es ist in der Lage, über sich nachzudenken, seine Ziele zu prüfen, seine Wünsche zu realisieren oder zu korrigieren etc. Vorausgesetzt ist dabei jeweils, daß das Individuum *so verfaßt ist*, daß es *sich zu sich verhalten* kann. Das verweist auf einen *zweischichtigen* Vorgang[21], bei dem die *eine, grundlegende* Schicht vom Individuum als nicht erst hervorzubringen, sondern nur als gegeben angenommen und wahrgenommen werden kann.

Aber wie kommt jene grundlegende Schicht, auf der ein Individuum konstituiert ist, zustande? Gelegentlich wird die Auffassung vertreten, dies geschehe durch die Begegnung mit anderen Personen, genauer: dadurch, daß andere Personen dem Individuum begegnen und es als ein Du anreden und nicht als oder wie ein Es behandeln. Bei genauerer Betrachtung erweist es sich jedoch als irreführend, zu sagen, durch die Ich-Du-Beziehungen werde die Personalität eines Individuums als Person *konstituiert*. Richtig ist, daß die Personalität in Gestalt des personalen Selbstbewußtseins durch solche Beziehungen und Begegnungen *geweckt* wird. Aber geweckt werden kann nur, was schon (latent) vorhanden ist.

Personalität ist *nicht* durch das Verhalten von Personen *konstituiert*, geht auch nicht in solchem personalen Verhalten auf, sondern setzt – als Bedingung der Möglichkeit personalen Verhaltens – eine Beziehungsstruktur voraus, die allem Verhalten *vorgegeben* ist. Personalität erweist sich so als ein allem Verhalten vorgegebenes komplexes Beziehungsgefüge und der Begriff „Person" demzufolge als ein Relationsbegriff, an dem wenigstens drei Aspekte zu unterscheiden sind:

– die Beziehung der Person zu sich selbst;
– die Beziehung der Person zu anderen Personen (und zu Gegenständen);
– die Beziehung der Person zum Ermöglichungsgrund ihres Personseins.

Im Blick auf jeden dieser drei Aspekte ist es – wie sich zeigte – dann noch einmal sinnvoll, zwei Ebenen zu unterscheiden: die ontologische Ebene, auf der die Person sich in ihrer Selbstbezogenheit, Weltbezogenheit und Ursprungsbezogenheit *gegeben* ist, und die dadurch ermöglichte Ebene der Selbstbestimmung, auf der eine Person sich zu sich selbst, zu

---

21 Vgl. dazu E. Herms, in: W. Härle/E. Herms, Rechtfertigung, S. 175 ff.

ihrer Mitwelt und zu ihrem Ursprung *verhält.* Dieses komplexe Beziehungsgefüge als Ganzes bezeichnen wir als „Personalität". Und alle Individuen, die aufgrund ihrer Gattungszugehörigkeit an diesem komplexen Beziehungsgefüge partizipieren, bezeichnen wir als „Personen".

8.1.2.2 Die Anwendbarkeit personaler Kategorien auf Gott

Treten wir von diesen begrifflichen Vorklärungen her an die Frage nach der Anwendbarkeit des Person-Begriffs auf Gott heran, so ergibt sich ein ambivalenter Eindruck: Einerseits legt das christliche Reden von Gott es nahe, von Gott personale Attribute wie Wille, Handeln, Freiheit, Selbstbewußtsein auszusagen.[22] Gott ist jedenfalls keine Sache, kein Ding, kein Es, sondern im Kontext des christlichen Glaubens wird von und zu ihm gesprochen, als sei er ein *Du.* Andererseits erweist sich das als „Personalität" identifizierte Beziehungsgefüge in kaum einem seiner Elemente als direkt anwendbar auf Gott als die Alles bestimmende Wirklichkeit, deren Wesen Liebe ist. Zwar kann man von einer Selbstbeziehung Gottes sowie von einer Gott-Welt-Beziehung sprechen, und in der Denkfigur der „causa sui" läßt sich sogar die Rede von der Ursprungsbeziehung sinnvoll auf Gott anwenden, aber trotzdem paßt all das Gesagte offenbar nicht auf Gott. Das problematischste Element von „Personalität" im Blick auf das Wesen Gottes ist die Rede von der „Beziehung der Person zu *anderen* Personen". Hier zeigt sich, daß im Person-Begriff eine *Nebenordnung* und *Gleichordnung* enthalten ist, die für den Person-Begriff unverzichtbar ist, ihn aber in seiner Anwendung auf Gott äußerst problematisch macht. Daran ändert sich auch nichts, wenn dem Person-Begriff in Anwendung auf Gott Adjektive wie „unendlich" oder „absolut" beigefügt werden, um damit Gottes Personsein von der Personalität aller anderen Personen zu unterscheiden. Die in der Nebenordnung enthaltene *Begrenzung* Gottes bleibt auch in der Überordnung erhalten; denn in jedem Fall stehen der Person „Gott" andere Personen *gegenüber.*[23] Gott als die Alles bestimmende Wirklichkeit ist keine solche (begrenzte) Instanz. Ein (theistisches) Gottesverständnis, das Gott als eine solche höchste, der Welt

---

22 In diesem Zusammenhang gehören auch die biblischen Aussagen vom „Antlitz" und vom „Namen" Gottes.

23 Es ist deswegen kein Zufall, daß die altkirchliche Theologie den Begriff „Person" (griech.: „πρόσωπον"; lat.: „persona") innerhalb der *Trinitätslehre* aufgenommen hat. Die sich hier gegenüberstehenden Personen sind die drei *göttlichen* Personen: Vater, Sohn und Heiliger Geist (s. u. 11). In der Trinitätslehre wird aber auch zu prüfen sein, ob *diese* Verwendung des Person-Begriffs sinnvoll und angemessen ist.

gegenüberstehende Instanz, also als *eine Person* denkt, wird dem Wesen Gottes nicht gerecht.

Und doch ist damit noch nicht alles und noch nicht einmal das Entscheidende gesagt. In dem Beziehungsgefüge von „Personalität" wird vielmehr der *Ort* erkennbar, an dem das Reden von Gott im Zusammenhang mit Personalität unverzichtbar ist. Der Hinweis liegt in der Formel „Ermöglichungsgrund ihres Personseins". Er besagt, daß die Person sich nicht selbst setzen, sondern nur als gesetzt annehmen und wahrnehmen kann. Das Gesetztsein kann aber letztlich auch nicht auf andere Personen (geschweige denn auf Dinge) zurückgeführt werden. Der (christliche) Glaube spricht im Blick auf diesen Ermöglichungsgrund von Gott als der Alles, also auch die Personalität von Personen, bestimmenden Wirklichkeit. Von da aus ist Tillichs Aussage zuzustimmen: „‚Persönlicher Gott' bedeutet nicht, daß Gott eine Person ist. Es bedeutet, daß Gott der Grund alles Personhaften ist und in sich die ontologische Macht des Personhaften trägt." (STh I, S. 283)

Was aber meint die Formel „Grund alles Personhaften" genauer? Es wäre ein Mißverständnis, „Grund" hier als „Ursache" zu deuten; denn damit würde Gott in die Reihe von Ursachen und Wirkungen eingeordnet und de facto doch mit den Wirkungen (in diesem Falle also: mit den Personen) auf dieselbe Ebene gestellt. „Grund" meint aber auch nicht „Begründung"; denn es geht nicht um ein rationales Argument für die Existenz von Personen, sondern um die schöpferische Wirklichkeit, der sie sich verdanken. Diese *schöpferische* Wirklichkeit ist aber *als solche* unserer unmittelbaren sinnlichen Wahrnehmung entzogen. Wir können nur *geschaffene* Wirklichkeit wahrnehmen und so erkennen. Freilich: Indem wir geschaffene Wirklichkeit *als geschaffene* deuten, verstehen wir sie als Ausdruck der schöpferischen Wirklichkeit Gottes und damit zugleich als *Hinweis* auf ihn.

Diese Einsichten haben Konsequenzen für das *Reden* von Gott als dem Grund alles Personhaften: Was unserer unmittelbaren sinnlichen Wahrnehmung und begrifflichen Deutung (und damit der überprüfbaren Erkenntnis) zugänglich ist, ist die Wirklichkeit von Personen, nicht aber der Grund alles Personhaften. Diese Wirklichkeit von Personen verweist aber auf ihren schöpferischen Grund. Von ihm kann deshalb auf zweierlei Weise geredet werden: einerseits *transzendental*, d. h. als Bedingung der Möglichkeit der Existenz und Selbsterschlossenheit von Personen; andererseits *metaphorisch* als Schöpfer der Existenz und Erschlossenheit von Personen. Beide Redeformen bilden keinen Gegensatz, sondern ergänzen sich. Die metaphorische Rede, in der von Gott *als* von einer Person gesprochen wird, *konkretisiert* und *veranschaulicht* das (für sich genommen abstrakte) transzendentale Reden. Dieses wiederum *präzisiert und inter-*

pretiert das (für sich genommen mißverständliche) metaphorische Reden von Gott, und zwar genau dadurch, daß es *als metaphorisches Reden* bewußtgemacht wird. Ja, man könnte sogar davon sprechen, daß die Rede von Gott als *Person* so etwas wie eine *potenzierte Metapher* sei.[24] Denn nicht nur die (geschöpfliche) Kategorie der Personalität wird hierbei auf Gott übertragen, sondern zugleich der Personbegriff, der eine individuelle Instanz bezeichnet. Aber Gott ist weder Geschöpf noch Individuum, darum enthält diese Metapher eine *zweifache* Brechung.

Daß Gott, dessen Wesen Liebe ist, der Grund alles Personhaften ist, ist jedoch eine metaphorische Aussage, die sich *nicht* in eine angemessenere oder genauere begriffliche Aussage übersetzen läßt, zu deren Verständnis es aber unverzichtbar ist, daß sie *als* metaphorische Aussage verstanden und gebraucht wird. Dabei erweist es sich nun auch in dieser Hinsicht als erhellend, daß Liebe als ein Beziehungsgeschehen zu verstehen ist. Nur von einer solchen *relationalen und dynamischen* Wirklichkeit kann sinnvollerweise gesagt werden, sie sei der *schöpferische Grund* alles Personhaften. Zugleich zeigt sich von der inhaltlichen Charakterisierung der Liebe (als Zuwendung zu einem Gegenüber um dessentwillen) her, daß der schöpferische Grund alles Personhaften zugleich die *Bestimmung* und das *Ziel* alles Personhaften in sich enthält: Erst in der Liebe finden Personen ihre Erfüllung (s. u. 12.2). Von daher kann gesagt werden, daß die Aussage: „Gottes Wesen ist Liebe" die *beiden* Bedingungen erfüllt, die hinsichtlich der Anwendung personaler Kategorien auf Gott gelten: Sie spricht von Gott weder wie von *einer* Person neben anderen, noch spricht sie von Gott apersonal wie von einem *Ding* oder einer *Sache*. Deswegen kann man sagen: Die Aussage: „Gottes Wesen ist Liebe" ist eine die Ebene der Personalität umfassende aber zugleich übersteigende, also *personale aber nicht individualistische* Aussage[25] und entspricht insofern dem *Wesen* Gottes.

---

24 In diese Richtung weist auch die Aussage von Hans-Peter Müller: „insbesondere die personhafte Gottesvorstellung ist deshalb der Uneigentlichkeit einer mythischen Metaphernsprache zuzuordnen ..." (Bauen – Bewahren – Mit-Sinn-Erfüllen. Von der Bestimmung des Menschen, in: ZThK 90/1993, S. 246). In der Formulierung „mythische(n) Metaphernsprache" entdecke ich ein Analogon zu der Rede von der „potenzierten Metapher", die im übrigen nicht zu verwechseln ist mit der sog. „kühnen Metapher". Für letztere ist charakteristisch, daß ihre Elemente aus weit voneinander entfernten Bereichen genommen und miteinander verbunden werden (vgl. dazu H. Weinrich, Semantik der kühnen Metapher, in: Deutsche Vierteljahresschrift für Literaturwissenschaft und Geistesgeschichte 37/1963, S. 325-344).

25 Diese Formulierung hat den Sinn, die personalen Elemente der Zuwendung, des Wählens, Wollens, Redens, Hörens und Wirkens mit der Wirklichkeit

Schließlich sei im Vorgriff auf die Christologie (9) und die Trinitätslehre (11) schon hier darauf hingewiesen, daß noch in einem anderen, konkreten Sinn gilt, daß die Aussagen über Gott die Ebene der Personalität *umfassen*: In Jesus Christus, der als inkarnierter Logos mit Gott *wesenseins* ist, nimmt Gott menschliche Natur und Gestalt an und *wird* insofern zur irdischen *Person*. Von Jesus Christus kann gesagt werden: Er ist die göttliche Liebe in Person. Damit ist Personalität noch einmal in neuer Weise in das Wesen und die Wirklichkeit Gottes einbezogen.

8.1.2.3 Männliche und/oder weibliche Ausdrucksformen im Reden von Gott

Das Problem, das in diesem Abschnitt angesprochen wird, ergibt sich *historisch* daraus, daß in der christlichen Überlieferung von der Bibel bis zur Gegenwart von Gott ganz überwiegend in *männlichen* und nur selten in *weiblichen* Metaphern gesprochen wird. *Sachlich* stellt sich das Problem aufgrund der Tatsache, daß die uns bekannten, endlichen personalen Wesen durchgängig durch die Geschlechterdifferenz von weiblich *oder* männlich geprägt sind. Was folgt daraus für das metaphorische Reden von Gott als dem schöpferischen Grund alles Personhaften? Spielt auch hierfür der Unterschied der Geschlechter eine Rolle? Und wenn ja, in welcher Weise? Verdienen männliche oder weibliche Metaphern den Vorzug? Sind geschlechtsspezifische Metaphern in Anwendung auf Gott möglichst überhaupt zu vermeiden?

Diese Fragen lassen sich nicht befriedigend beantworten durch den (durchaus richtigen und beachtenswerten) Hinweis, Gott und das Wesen Gottes stehe *jenseits* der Geschlechterdifferenzierung. Denn das Problem besteht darin, daß wir ein solches Jenseits der Geschlechterdifferenzierung *sprachlich* nicht mit personalen, sondern nur mit a-personalen bzw. neutrischen Metaphern ausdrücken können, indem wir z. B. Gott als die Tiefe, den Ursprung, den Grund, das Umgreifende, das Sein-Selbst, das Absolute etc. bezeichnen. Gerade das ist aber – wie sich zeigte – zwar nicht falsch, zumindest aber unzureichend und deswegen – wenn es als einzige Sprachform zugelassen wird – irreführend, weil es den Anschein erweckt, als fehle dem Wesen Gottes das personale Element. Die sachlich gebotene Verwendung personaler Metaphern beim Reden von Gott bringt also die Frage nach der Angemessenheit männlicher oder weiblicher Begriffe und Bilder notwendig mit sich.

Gottes zusammenzudenken, ohne damit die *Beschränkung* und *Begrenzung* zu verbinden, die mit den uns bekannten Formen des *Personseins* gegeben sind.

Aber auch von einer anderen Überlegung her ergibt sich diese Fragestellung: Wird Gott als der schöpferische Grund alles Personhaften gedacht, dann muß Gott auch als Grund der für das Menschsein wesentlichen geschlechtlichen Differenzierung gedacht werden.[26] Dabei setze ich
voraus, daß die Unterschiede zwischen Frau und Mann sich nicht reduzieren lassen auf solche, die *biologischer* Art oder *gesellschaftlich* bedingt
sind, sondern daß sie hineinreichen in die *Anlage* und *seelische Prägung*,
also in ihr inneres *Wesen*.[27]

In der Bibel taucht dieser Unterschied auf in der häufig vorkommenden metaphorischen Rede von Gott als dem Vater oder Herrn und in der
gelegentlich auftauchenden von Gott als Gebärender, als Mutter oder als
Hausfrau.[28] Das weiblich-mütterliche Element kommt dabei zum Ausdruck in Bildern und Aussagen, die körperliche und seelische Nähe, behü-
tende und nährende Fürsorge sowie Lebensbegleitung, Zärtlichkeit und
Trost zum Ausdruck bringen. Das männlich-väterliche Element findet
Ausdruck in Bildern und Aussagen, die auf großzügige Güte, verläßlichen
Schutz, ermutigendes Zutrauen, aber auch auf Strenge verweisen. Der
weiblich-mütterlichen *Nähe* korrespondiert auf männlich-väterlicher Sei-
te ein Element der *Distanz*. Daß die männlichen, distanzierenderen Me-
taphern beim biblischen und kirchlichen Reden von Gott überwiegen, hat
einen guten Grund: Durch sie wird der *Unterschied* zwischen Gott und
Geschöpf stärker betont. „Als weiblich ‚gedachter‘ würde Gott gerade als
Ursprung des Lebens als zu menschlich erscheinen."[29] Die männliche
Metaphorik bringt deutlicher als die weibliche zum Ausdruck, daß die
Geschöpfe nicht von Natur aus mit Gott wesensgleich sind und auf keinen
Fall mit Gott gleichgesetzt oder verwechselt werden dürfen.

Andererseits kann das Neue Testament ganz unbefangen, ja sogar
betont unter Aufnahme weiblicher Metaphorik davon sprechen, daß die
Glaubenden als Gottes *Kinder aus Gott geboren* sind.[30] Damit wird gerade das, was *nicht* von Natur aus gilt, durch den Glauben wirklich, und

---

26 In diese Richtung ist K. Barth besonders weit gegangen mit seiner These, „das
gottebenbildliche Wesen des Menschen (bestehe) ... schlicht und geradezu in
seiner Existenz als *Mann* und *Frau*" (KD III/1, S. 219).

27 Vgl. Helmut Barz, Männersache. Kritischer Beifall für den Feminismus, Stuttgart (1984) 1987³, bes. S. 7-50.

28 Neben dem bekannten Wort vom Trösten, „wie einen seine Mutter tröstet"
(Jes 66,13), ist zu verweisen auf Hi 38,29; Ps 123,2; 131,2; Jes 42,14; Hos
11,3 f.; 13,8; Mt 13,33; Lk 13,21 u. 15,8-10.

29 So K. Berger, Die Männlichkeit Gottes, in: EK 21/1988, S. 713. Die Aussage
Bergers wäre noch präziser, wenn es statt „zu menschlich" hieße: „zu irdisch".

30 So Joh 1,13; 3,5 f.; Röm 8,15-17; Gal 4,5-7; Eph 1,5; I Joh 3,9; 4,7; 5,1,4 u.
18; Jak 1,18.

damit *entsteht* eine Nähe zwischen Gott und Mensch, die über die allgemeinen männlichen Metaphern hinaus die spezifisch *väterlichen* und insbesondere die *mütterlichen* Metaphern an sich zieht. Insofern besteht zwischen den männlichen und den weiblichen Metaphern ein Steigerungsverhältnis zwar nicht quantitativer, wohl aber *qualitativer* Art. Von daher ist es zu bedauern, daß in der Bibel (und in der kirchlichen Überlieferung) die männliche Metaphorik so dominiert, daß primär die *Distanz* zwischen Gott und Mensch zur Geltung kommt. Trotzdem wäre es problematisch, als Konsequenz dieser Einsicht die männliche Metaphorik generell durch die weibliche ersetzen zu wollen.[31] Durch eine solche Ersetzung ginge möglicherweise die lebendige *Bewegung* verloren, die darin besteht, daß Gott, der als Herr geehrt und gefürchtet wird, die natürliche Distanz zwischen sich als dem Schöpfer und dem Geschöpf aus Liebe und in Liebe *überwindet*. Auf diese Überwindung hat das Geschöpf keinen Anspruch. Sie versteht sich nicht von selbst. Die Mütterlichkeit Gottes erweist sich so als der gänzlich überraschende, nicht-selbstverständliche Ausdruck der liebevollen *Nähe* Gottes.[32]

8.1.3 Die Eigenschaften Gottes

Auf dem Weg, der durch die Fragen „Wer ist Gott?" und „Wie ist Gott?" gewiesen ist, bildet die Beschäftigung mit der Lehre von den Eigenschaften Gottes einen weiteren Schritt. Dabei sei zu Beginn noch einmal an die Einsicht erinnert, die Ebeling im Anschluß an Schleiermacher formuliert hat: „Die strenge Unterscheidung zwischen Eigenschaften und Wesen Gottes wird in dem Satz ‚Gott ist die Liebe' aufgehoben" (s. o. 8.1.1.2). Dieser Satz bildet so etwas wie eine Richtungsangabe für das folgende. Ging es in Abschn. 8.1.1 darum, Liebe nicht (nur) als Eigenschaft, sondern als das Wesen Gottes zu denken, so geht es nun darum, die Konsequenzen dieser Erkenntnis für die Lehre von den Eigenschaften Gottes zu bedenken. Aber ist eine solche Eigenschaftslehre überhaupt nötig? Ist mit dem Satz „Gottes Wesen ist Liebe" nicht *alles* gesagt?

31 Abzulehnen ist das Unterfangen, die überlieferten Texte (Bibel, Bekenntnisse, Gesangbuchlieder, Gebete) *umzuschreiben*, sofern dadurch das Glaubenszeugnis früherer Generationen, das *deren* Bewußtseinsstand zum Ausdruck bringt, nachträglich *verfälscht* wird. Das darf jedoch nicht ausschließen, daß die überlieferten Texte in Interpretationen, die *wir* zu verantworten haben und die sich auch als solche zu erkennen geben, in unsere Sprache *übertragen* werden.
32 In einer Religion, die von einer natürlichen, symbiotischen Nähe zwischen Mutter-Gottheit und Geschöpf ausgeht, müßte die Botschaft vom *Nahekommen* der Gottesherrschaft entweder sinnlos oder geradezu bedrängend wirken.

Tatsächlich ist mit diesem Satz *implizit alles* gesagt, und darum kann
nichts, was über die Eigenschaften Gottes zu sagen ist, dieser Aussage
widersprechen oder ihr auch nur etwas *anderes* hinzufügen. Aber mit ihr
ist eben *nur implizit* alles gesagt. Und wenn die Sprache des Glaubens und
der Theologie nicht verarmen und verkümmern soll, dann ist es wichtig,
ja notwendig, dieses implizit Gesagte zumindest ein Stück weit zu explizieren. Damit wird etwas von dem inneren Reichtum des Wesens Gottes
sichtbar, der sonst verborgen und unbedacht bliebe. Von der dabei vorausgesetzten Einheit *und* Unterscheidbarkeit der Eigenschaften Gottes
soll zunächst (8.1.3.1) die Rede sein, bevor in zwei weiteren Abschnitten
(8.1.3.2 u. 3) die so differenzierten Eigenschaften selbst expliziert werden.

8.1.3.1 Einheit und Unterscheidbarkeit
der Eigenschaften Gottes

Das bisherige Nachdenken über das christliche Gottesverständnis basierte
auf der Erkenntnis, daß Gottes *Wesen* Liebe ist. Schon von daher drängt
es sich geradezu auf, den Gedanken zu wagen, *alle* Eigenschaften Gottes
seien Eigenschaften seines *Wesens*, also Eigenschaften seiner *Liebe*. Dieser – im Vergleich mit der theologischen Tradition ungewohnte – Denkansatz legt sich aber nicht nur von den Aussagen über das Wesen Gottes
her nahe, sondern ebenfalls von den *Aporien* her, in die man sich unweigerlich verstrickt, wenn man Eigenschaften wie z. B. Allmacht, Allwissenheit und Allgegenwart *abstrakt*, d. h. ohne konstitutive Bezugnahme auf
das *Wesen* Gottes zu denken und zu bestimmen versucht. Demgegenüber
soll hier der Versuch unternommen werden, die Eigenschaften Gottes
konsequent als Eigenschaften seiner Liebe zu denken. D. h., sie sollen
verstanden werden als Konkretisierungen, Spezifizierungen und Qualifi-
zierungen der göttlichen Liebe.

Dieser Denkansatz erlaubt es auch, die *Vielzahl* möglicher göttlicher
Eigenschaften zusammenzudenken mit der *Einheit* seines Wesens. D. h.
aber auch: Die Unterscheidungen, die mittels der Eigenschaftslehre getroffen werden, haben den Charakter bloß formaler, nicht materialer
Distinktionen; sie sind also bloße Unterscheidungen, keine Trennungen.
Dabei ist die Anzahl möglicher Eigenschaften Gottes grundsätzlich *unbegrenzt*. Deshalb gibt es keinen „abgeschlossenen Kanon" göttlicher Eigenschaften. Im folgenden beziehe ich mich auf die Eigenschaften, die in
Bibel, Bekenntnis, Frömmigkeits- und Theologiegeschichte eine herausragende Rolle gespielt haben und immer noch spielen.

Wirft man auch nur einen oberflächlichen Blick auf die Eigenschaften,
die in der christlichen Überlieferung Gott zugesprochen worden sind, so

gewinnt man rasch den Eindruck, daß es sich um (wenigstens) zwei *Gruppen* von Eigenschaften handelt, die deutlich zu unterscheiden sind. In die *eine* Gruppe lassen sich Eigenschaften wie Allmacht, Allgegenwart, Allwissenheit, Ewigkeit, Unveränderlichkeit zusammenordnen; in die *andere* Gruppe gehören hingegen Eigenschaften wie Güte, Barmherzigkeit, Gerechtigkeit, Heiligkeit, Weisheit und natürlich vor allem Liebe.[33] So plausibel diese Unterscheidung wirkt, so schwierig ist es – wie auch ein Blick in die Theologiegeschichte zeigt[34]–, Kriterien zu nennen, anhand deren diese Unterscheidung und Einteilung vorgenommen wird. Lassen sich aus der Einsicht, daß es sich um Eigenschaften der göttlichen *Liebe* handelt, solche Kriterien gewinnen?

Die erste Gruppe umfaßt Eigenschaften Gottes, von denen man sagen kann, daß sie den Menschen (und allen anderen Geschöpfen) jedenfalls in dieser Zeit und Welt *gnädig vorenthalten* sind, daß sie auch den Liebenden nicht zuteil werden und darum von ihnen weder angestrebt werden sollen noch können. Sie sind Gott vorbehalten. Nach ihnen zu streben, stellt eine für den Menschen gefährliche *Versuchung* dar. Von diesen Eigenschaften gilt: Weil sie für Gott, dessen Wesen Liebe ist, gelten, darum *nicht* für uns (auch nicht als Liebende).

Die zweite Gruppe umfaßt hingegen Eigenschaften, die den Menschen in dieser Zeit und Welt *gnädig zugedacht* sind, ihnen also zuteil werden können und darum auch erstrebt, besser: erbeten und erhofft werden können und sollen. Sie sind nicht Gott vorbehalten, sondern teilen sich mit. Von diesen Eigenschaften gilt: Weil sie für Gott, dessen Wesen Liebe ist, gelten, darum *auch* für uns (als Liebende).

Von daher läßt sich sagen: Die erste Gruppe umfaßt die Eigenschaften, in denen der *kategoriale Unterschied* zwischen der Liebe und den Liebenden (und damit zwischen Gott und Mensch) zum Ausdruck kommt. Die zweite Gruppe umfaßt dagegen die Eigenschaften, in denen die *reale Verbundenheit* zwischen Liebe und Liebenden (und damit zwischen Gott und Mensch) ihren Ausdruck findet. Diese Unterscheidung[35] wird in den beiden folgenden Abschnitten vorausgesetzt.

---

33 In einer möglichen dritten Gruppe könnten z. B. Einheit und Einzigkeit zusammengefaßt werden.

34 S. z. B. O. Weber, Grundlagen der Dogmatik I, S. 464 f.

35 In ganz ähnlicher Weise unterscheidet J. A. Quenstedt (Theologia didactico-polemica, [1685] 1691², Bd. I, Kap. 8, S. 293) zwischen den Attributen, die Gott allein zukommen, und denen, die von Gott und den vernünftigen Kreaturen zugleich ausgesagt werden (können). Den Hinweis auf diesen Text verdanke ich meinem Kollegen Th. Mahlmann.

8.1.3.2　Die Eigenschaften, die den kategorialen Unterschied zum Ausdruck bringen

a)　Gottes Allmacht und Allwirksamkeit

Die Rede von Gott als dem Allmächtigen ist nicht nur durch die biblischen Schriften vorgegeben[36], sondern auch im kirchlichen Bekenntnis an herausragender Stelle verankert.[37] Aber der Begriff „Allmacht" wirft immense denkerische Probleme auf. Versteht man – was naheliegend ist – unter „Allmacht" unbegrenzte Macht, also ein Alles-Können, dann stellt sich unweigerlich die Frage, ob ein allmächtiges Wesen auch seine eigene Macht einschränken oder aufheben kann. Gleichgültig, ob man diese Frage bejaht *oder* verneint – in jedem Fall löst sich der so verstandene Begriff „Allmacht" auf. Soll der Begriff überhaupt (theologisch) verwendet werden können, so muß „Allmacht" offenbar als eine irgendwie begrenzte Macht und Fähigkeit gedacht werden. Eine solche Grenze bildet z. B. die Wirklichkeit und das Wesen Gottes selber. Aber stellen nicht auch die Gesetze der Logik und die Naturgesetze solche Grenzen dar – auch oder gerade dann, wenn sie als von Gott geschaffene Gesetze gedacht werden?[38] Aber das Reden von Gott als dem Allmächtigen und Allwirksamen stößt nicht nur auf solche denkerischen Schwierigkeiten, sondern es ist auch geeignet, gefühlsmäßige Reaktionen hervorzurufen, die mit dem christlichen Glauben nur schwer oder gar nicht vereinbar sind: das Gefühl, als Geschöpf kleingemacht und niedergedrückt zu werden, einer geradezu gewalttätigen Übermacht ausgeliefert zu sein. Ferner wohnt den Begriffen „Allmacht" und „Allwirksamkeit" eine bedenkliche Tendenz in Richtung auf ein deterministisches Wirklichkeitsverständnis inne. Hierbei wird die Übermacht Gottes dann nicht so sehr als gewalttätig, sondern eher als mechanisch empfunden. Gemeinsam ist diesen Reaktionen das Gefühl, daß neben (oder richtiger: unter) einem allmächtigen, allwirksamen Gott kein Raum bleibt für ein *personales* Geschöpf, geschweige denn für eines, das sich *frei* entfalten könnte.

Ein ganz anderes gedankliches Bild und andere gefühlsmäßige Eindrücke entstehen, wenn wir Allmacht und Allwirksamkeit als Eigenschaf-

---

36　Z. B. Gen 17,1; 28,3; 35,11; 49,25; Ex 6,3; Hi 5,17 u. o.; Ps 68,15; 91,1; II Kor 6,18; Apk 1,8 u. o.

37　So z. B. zweimal im Apostolicum, im Nicaenum, Athanasianum und in CA 19.

38　Auch der in Schrift und Bekenntnis seltener vorkommende Begriff der „Allwirksamkeit" ist nur mit einer Begrenzung theologisch akzeptabel: Gott wirkt nicht die Sünde (CA 19 in Verbindung mit Apol 19; vgl. auch BSLK 770,35 f.; 771,35-38; 856,48-52 u. 865,12-18).

ten des Wesens Gottes, also seiner *Liebe* verstehen.[39] Dann stehen diese
Begriffe für *die* Macht und Wirksamkeit, durch die Personen ihr Dasein
als Personen erhalten, die sich ihnen als Personen zuwendet, damit sie –
in Freiheit! – aus der Liebe leben können.[40] Der Glaube an Gott als den
Allmächtigen bzw. an die Allwirksamkeit Gottes besagt unter dieser Voraussetzung dreierlei:

– Der *Grund* nicht nur alles Personhaften, sondern *alles Seienden* ist
  seinem Wesen nach Liebe. D. h. Liebe ist die schöpferische Macht, die
  alles ins Dasein ruft. Dieser Satz wird in der Schöpfungslehre (s. u.
  12) noch zu entfalten und im Blick auf mögliche Mißverständnisse und
  Einwände zu bedenken sein. Wenn dieser Satz aber wahr ist, dann hat
  jedes Geschöpf einen *Eigenwert*. Geschaffen sein heißt dann Bejaht-
  und Gewolltsein.
– Es gibt letztlich *keine Macht, die größer wäre* als die Liebe. In ihrer
  ganzen Wehrlosigkeit und Gewaltlosigkeit ist Liebe die größte Macht,
  weil nur sie die Macht der Lieblosigkeit, der Angst und des Todes zu
  überwinden vermag. Mit dieser Gewißheit steht und fällt der christliche Glaube. Deshalb kann er die Rede von Gottes Allmacht nicht
  preisgeben. Die Allmacht Gottes als die Allmacht seiner Liebe verbietet, nein: sie erspart es uns, im Blick auf uns selbst oder irgendeinen
  anderen Menschen endgültig zu resignieren.
– Kein Mensch, auch *kein Liebender hat diese Allmacht*. Weil die Eigenschaft der Allmacht nur der *Liebe* selbst, aber nicht den *Liebenden*
  zukommt, sind die Liebenden untereinander verbunden zur Gemeinschaft der *fragmentarisch* Liebenden, die auf dem Weg von der Liebe
  her und zur Liebe hin unterwegs sind. Diese Erkenntnis bewahrt die
  Liebenden vor Idealisierungen und (Selbst-)Überforderungen, die für
  ihre Liebe tödlich wären.

b) Gottes Allwissenheit

Der (abstrakte) Begriff „Allwissenheit" scheint weniger spannungsvoll
und aporetisch zu sein als die Begriffe „Allmacht" und „Allwirksamkeit".
Denn „Allwissenheit" enthält in sich nicht den latenten Widerspruch, wie

---

39 In diese Richtung weist auch die Aussage Jüngels: „Gottes Allmacht ist ... als
   die Macht seiner Liebe zu verstehen. Nur die Liebe ist allmächtig" (Gott als
   Geheimnis der Welt, S. 26). Ebenso Pannenberg, STh I, S. 456. Jüngel und
   Pannenberg ziehen hieraus allerdings keine weitergehenden Konsequenzen
   für das Verständnis der (übrigen) Eigenschaften Gottes.
40 Hier ist zu erinnern an die Einsicht (s. o. 8.1.1.2 a), daß Zwang, Unfreiheit,
   Nötigung mit dem Wesen der Liebe unvereinbar sind.

er in „Allmacht" steckt, d. h., „Allwissenheit" ist widerspruchsfrei *denkbar*. Zwar gibt es Gegenstände des Wissens, die nur als *unendliche* gedacht werden können, und dazu gehört z. B. das umfassende Wissen, das auch das Wissen um sich selbst usw. einschließt, aber im Blick auf ein seinerseits unendliches Erkenntnissubjekt stellt auch ein solches unendliches Wissen durchaus eine Denkmöglichkeit dar.

Freilich erheben sich von dem in 8.1.2 Gesagten her Bedenken schon gegen die Anwendung des Begriffs „Erkenntnissubjekt" auf Gott, wenn dies nicht in (potenziert) metaphorischem Sinn verstanden wird. Sowohl die dabei vorausgesetzte *Gegenüberstellung* (und wechselseitige Begrenzung) von Erkenntnissubjekt und -gegenstand, als auch die im Erkenntnis- oder Wissensbegriff enthaltene *Weise*, wie der Gegenstand dem Subjekt gegeben und erschlossen ist (s. o. 7.1.1), lassen sich nicht im direkten, eigentlichen Sinn auf Gott anwenden. Gottes „Erkennen" und „Wissen" ist von allem irdisch-menschlichen Erkennen und Wissen qualitativ (oder sogar kategorial?) unterschieden. Das kommt im Begriff „Allwissenheit" nicht zum Ausdruck, ist aber in ihm enthalten, wenn mit ihm eine Eigenschaft *Gottes* bezeichnet werden soll.

Ein weiteres Problem wird sichtbar, wenn man den Begriff „Allwissenheit" auf die zeitliche Dimension, insbesondere auf die *Zukunft* bezieht. Wenn Gott als der Allwissende das Zukünftige jetzt (ja von Ewigkeit her) schon *weiß*, dann kann die Zukunft nicht anders sein bzw. werden, als Gott sie weiß. Die Zukunft erscheint dadurch als *festgelegt*, wobei nicht notwendigerweise gelten muß, daß sie *durch* Gottes Wissen festgelegt ist, wohl aber *in* Gottes Wissen. Doch auch damit wird eine Tendenz zu einer *deterministischen* Sicht der Wirklichkeit erkennbar. Das gilt freilich nur, wenn das auf die Zukunft bezogene Wissen so verstanden wird wie das Wissen, das sich auf Vergangenes oder Gegenwärtiges, also auf Geschehenes oder Geschehendes bezieht. Der gedankliche Ausweg, daß die Zukunft (von Gott) nur *als Zukunft*, also als ein *Inbegriff von Möglichkeiten* (als Geschehen-Könnendes) gewußt wird, löst dieses Problem und vermeidet den latenten Determinismus, rückt aber „Allwissenheit" in die Nähe der Art und Weise, wie auch Menschen um die Zukunft wissen können.

Auch beim Begriff „Allwissenheit" kommen zu den gedanklichen Schwierigkeiten gravierende gefühlsmäßige Probleme. Der Gedanke, daß Gott alles weiß, übt auf viele Menschen eher eine beunruhigende und bedrückende als eine tröstliche Wirkung aus. Vermutlich verbindet sich damit in vielen Fällen seit der Kindheit ein Gefühl des Überwacht- und Kontrolliertwerdens, des Ausgeliefert- und Entblößtseins, mit dem sich eher dämonische als göttliche Assoziationen verbinden. Zu einer Eigenschaft des Gottes, der sich in Jesus Christus erschlossen hat, wird die

Allwissenheit erst dann, wenn sie als Eigenschaft des Wesens Gottes, also als Eigenschaft seiner Liebe verstanden wird.

Auch hieraus lassen sich drei Einsichten gewinnen:

- Wirkliches Erkennen ist *nur möglich als liebendes Erkennen*. Das gilt primär für die Beziehung zwischen Menschen, aber in analoger Weise auch für die Beziehung zu Tieren und Pflanzen und vielleicht sogar darüber hinaus. Daß man *nur* mit dem Herzen gut sieht (Exúpery), ist zwar nicht beweisbar, aber erfahrbar.[41] Dabei geht es nicht darum, das Sehen der Augen und die Erkenntnis des Verstandes geringzuachten oder abzuwerten, sondern sie in den Gesamthorizont des liebenden Erkennens einzubeziehen und ihnen darin ihren Platz zuzuweisen.
- Liebe erkennt *in der Tiefe*. Entgegen der sprichwörtlichen Annahme macht die Liebe, die das Wesen Gottes ist, nicht blind, sondern hellsichtig. Damit ist freilich nicht die überwachende, ausspionierende Hellsichtigkeit gemeint, die das Gegenüber unter Kontrolle bringen und sich gefügig machen will, sondern die zugewandte Hellsichtigkeit, die mehr und Tieferes am Gegenüber wahrnimmt, als dieses möglicherweise von sich selbst weiß. So erkennt Liebe Entwicklungsmöglichkeiten, wo andere nur Zerstörung, Beschädigung oder Lähmung sehen (produktiver Aspekt der Erkenntnis!). Freilich gehört zu diesem Erkennen in der Tiefe auch ein genaueres, abgründigeres Erkennen der Angst, Lieblosigkeit oder gar Liebesunfähigkeit des Gegenübers. Aber auch diese Erkenntnis wendet sich – als Erkenntnis der Liebe – nicht gegen den andern, sondern steht im Dienst der Zuwendung um seinetwillen. Darum – und letztlich *nur* darum – hat es guten Sinn, die quälende Frage: „Wer bin ich (wirklich)?" mit Bonhoeffer[42] letztlich dem Gott zu überlassen, dessen Wesen Liebe ist.
- Kein Mensch, auch *kein Liebender ist allwissend*. Selbst Liebende, die einander in der Tiefe erkennen, wissen voneinander nicht alles. Ja, es charakterisiert sie als Liebende, daß sie bereit sind, das Geheimnis, das jeder Mensch (letztlich sogar jedes Geschöpf) ist, zu achten, zu hüten und zu schützen. Während wir uns von der *Liebe* umfassend erkannt wissen dürfen, ist alles *menschliche* Erkennen notwendigerweise *frag-*

---

41 Hier ist noch einmal zu erinnern an das, was in 7.1.4 über das Erkenntnisinteresse des christlichen Glaubens und dessen grundlegende Ausrichtung am verbindenden Erkennen gesagt wurde.

42 Widerstand und Ergebung, NA 1985, S. 381 f. Die Schlußzeilen des dort abgedruckten Gedichtes „Wer bin ich?" lauten: „Wer bin ich? Einsames Fragen treibt mit mir Spott. Wer ich auch bin, Du kennst mich, *Dein* bin ich, o Gott!" (a.a.O., S. 382).

mentarisch. „Jetzt erkenne ich stückweise; dann aber werde ich erkennen, wie ich erkannt bin" – heißt es bemerkenswerterweise am Ende des Hohenlieds der *Liebe* (I Kor 13,12).

c) Gottes Ewigkeit

Bei dem Versuch, zu verstehen, was „Ewigkeit" (als Eigenschaft Gottes und von daher auch als eschatologisches Hoffnungsziel) meint, begegnen wir in der Philosophie- und Theologiegeschichte einer Fülle von Interpretationsangeboten, die sich nicht ohne weiteres miteinander vereinbaren lassen.

Ewigkeit wird z. B. verstanden als

- *Unendlichkeit*, d. h. als Anfangs- und Endlosigkeit der Zeit;
- *Gleichzeitigkeit*, d. h. als Einheit von Vergangenheit, Gegenwart und Zukunft;
- *Ursprung der Zeit*, d. h. als die Quelle, der die Zeit „entspringt";
- *Zeitlosigkeit*, d. h. als die Wirklichkeit, die von aller Zeitlichkeit frei ist.

Während bei den ersten drei Deutungen Ewigkeit in einem *positiven* Verhältnis zu Zeit gedacht ist, indem sie diese umfaßt oder aus sich heraussetzt, geht die vierte Deutung von einer *Entgegensetzung* zwischen Zeit und Ewigkeit aus. Diese Dualität verweist auf zwei spannungsvolle Elemente im Zeitbegriff. Einerseits ist in „Zeit" das Element der *Dauer* enthalten, und damit bezeichnet „Zeit" einen Inbegriff von *Möglichkeiten*; andererseits steht Zeit für *Endlichkeit* und damit für die Begrenztheit und Begrenzung eben dieser Möglichkeiten. Diese Ambivalenz im Zeitbegriff spiegelt sich gewissermaßen in den unterschiedlichen Verständnissen von Ewigkeit wider. Während das Element der Zeitdauer eine innere Affinität zu „Ewigkeit" besitzt, ist das Element der Zeitbegrenzung mit Ewigkeit gänzlich unvereinbar. Gerade das ist es, was der Begriff „Ewigkeit" in jeder seiner Deutungen ausschließt.

Bei genauerer Betrachtung zeigt sich freilich, daß die Verbindung von Zeit mit Begrenzung oder Begrenztheit nichts Ursprüngliches, sondern etwas Abgeleitetes ist. Zwar ist *meßbare* Zeit *begrenzte* Zeit, und von allem, das eine *bestimmte* Zeit hat, gilt, daß es begrenzt ist, aber spätestens seit Augustin ist erkannt, daß das Wesen der Zeit nicht anhand ihrer Meßbarkeit erfaßt werden kann. Diese ist vielmehr etwas Abkünftiges. Ursprüngliche Zeiterfahrung ist die Erfahrung von *gewährter Möglichkeit und Dauer*. Gerade dies aber verbindet Zeit und Ewigkeit miteinander. Deshalb ist es nicht angemessen, Ewigkeit aus dem *Gegensatz* zu Zeit, also als Zeitlosigkeit zu deuten, sondern Zeit ist viel eher so zu verstehen, daß sie ihren Ursprung in der Ewigkeit hat, von dieser durchglüht wird und in sie einmündet, Ewigkeit also selber Zeit *umfängt.*

Mit dieser Verhältnisbestimmung von Ewigkeit und Zeit lassen sich die beiden oben zuerst genannten Deutungen von Ewigkeit so verbinden, wie das in der klassischen Definition des Boethius der Fall ist: „Ewigkeit ist der ganze und zugleich vollkommene Besitz unbegrenzbaren Lebens.“[43] Damit ist sowohl der Gedanke irgendeiner Begrenzung aus dem Begriff „Ewigkeit“ ausgeschlossen, als auch das Auseinanderfallen der Ewigkeit in die Zeitmodi der Vergangenheit, Gegenwart und Zukunft. Dadurch, daß Ewigkeit als „Besitz“[44] des Lebens gedacht ist, ist bereits eine erste inhaltliche Qualifizierung vorgenommen.[45] Aber als Eigenschaft des Gottes, der sich in Jesus Christus erschlossen hat, bedarf Ewigkeit einer weiteren inhaltlichen Qualifizierung, um das unbegrenzbare Leben Gottes eindeutig von der Ewigkeit des peinigenden Feuers (Jud 7), der Prometheus-Qual oder des Sisyphus-Schicksals zu unterscheiden. Und diese Qualifizierung ergibt sich dadurch, daß (auch) Ewigkeit verstanden wird als Eigenschaft des *Wesens* Gottes, also seiner Liebe.[46]

Was folgt daraus für das Verständnis der Ewigkeit Gottes?

– Das Wesen Gottes, das Liebe ist, unterliegt *keinen Begrenzungen* von außerhalb ihrer selbst. Es gibt kein mögliches Vorher, in dem die göttliche Liebe noch nicht wäre, noch gibt es ein mögliches Nachher, in dem die göttliche Liebe nicht mehr wäre. Aber diese quantifizierenden Bestimmungen müssen verstanden werden von der dabei mitgedachten *qualifizierenden* Bestimmung: Liebe ist *vollkommene Erfüllung.* Deshalb gilt von ihr, daß sie nicht nur zu dem (wenigen) gehört, das *bleibt,* sondern unter den Bleibenden „*die größte*“ ist (I Kor 13,13), weil sie ihren Sinn und Wert vollkommen in sich selbst trägt.

– Die göttliche Liebe realisiert sich, indem sie *zeitliche Gestalt annimmt,* also unter zeitlichen Bedingungen, die sie selbst setzt. Liebe wird erfahrbar als Beziehungs*geschehen,* für das es konstitutiv ist, dem Gegenüber Zeit zu geben und Zeit zu gewähren. *Geduld und Langmut* (I Kor 13,4-7) sind darum Weisen, wie sich die Ewigkeit der göttlichen

---

43 De consolatione philosophiae V, 6: „Aeternitas ... est interminabilis vitae tota simul et perfecta possessio.“

44 Zur Kritik an diesem Begriff s. u. 15.3.4.1.

45 Schon aufgrund dieser Qualifizierung kann die Rede vom „ewigen Tod“ nur mit größten Vorbehalten gebraucht werden.

46 Dieser Gedanke findet sich bei Barth: „Die *Ewigkeit* Gottes ... ist die Souveränität und Majestät seiner Liebe, sofern diese reine Dauer hat und selber reine Dauer ist“ (KD II/1, S. 685; ähnlich S. 687).

Liebe konkretisiert. So wie Zwang und Forderung das Entstehen von
Liebe verhindern, so ist alles Drängen und jeder planende Zugriff der
Liebe feind. Liebe läßt Zeit.
– Nicht die Liebenden sind ewig, sondern *nur die Liebe selbst* ist es.
Die Liebenden sind begrenzt und endlich, und sie spüren den Schmerz
der Endlichkeit an nichts so sehr wie am drohenden oder erlebten
Verlust des geliebten Gegenübers. Deswegen besteht unter den Bedingungen der Zeitlichkeit ein *unaufhebbarer* Zusammenhang zwischen Liebe und Leiden. Dieser Zusammenhang wird noch einmal
ganz anders dadurch sichtbar, daß es kein deutlicheres Zeichen der
Liebe gibt, als die Bereitschaft, für einen anderen Menschen den Tod
auf sich zu nehmen und damit die Endlichkeit in ihrer ganzen Härte
zu erleiden, ohne dabei noch etwas für sich wollen zu können (Joh
15,13; Röm 5,8; I Joh 3,16). Die Liebenden sind nicht ewig, aber
im Erlebnis der Liebe wird die Transzendierung der zeitlichen Begrenztheit und damit die Anteilhabe an der Ewigkeit für sie (punktuell) *erlebbar*.

d)   Gottes Allgegenwart

Wird mit dem Begriff „Ewigkeit" die Beziehung Gottes zur Zeit angesprochen, so wird mit dem Begriff „Allgegenwart" seine Beziehung zum *Raum*
thematisiert. Dabei enthält der Begriff „Allgegenwart" bereits in sich
einen (zweifachen) positiven Bezug zum Raum: Die Beziehung wird bestimmt als *Gegenwart*, also nicht als Abwesenheit oder Unräumlichkeit;
und sie wird mit dem *Allquantor* verbunden, d. h. die Gegenwart ist nicht
als begrenzt zu denken (s. Ps 139). Von daher legt es sich nahe, den Begriff
„Allgegenwart" als genaue räumliche Entsprechung zum Begriff „Ewigkeit" zu interpretieren.
    Bei „Allgegenwart" stellt sich jedoch als zusätzliches Problem die
Frage, wie das Verhältnis der Gegenwart Gottes zur Anwesenheit räum-
licher Gegenstände und zum Universum (Weltraum) gedacht werden könne. Das Denkmodell des *Pantheismus*, demzufolge Gottes Wesen als das
Universum durchdringend gedacht wird, tendiert dazu, Gott selbst *als*
räumliche, körperliche Wirklichkeit zu deuten, die nicht welttranszendent
ist *und* den Geschöpfen keinen eigenen Entscheidungs- und Handlungs-
raum läßt, sondern (ebenfalls) zum Determinismus tendiert.
    Gegen die Vorstellung sowohl der punktuellen Gegenwart (circum-
scriptive) als auch der im Raum ausgebreiteten Gegenwart (diffinitive) ist
mit der theologischen Tradition die alles *erfüllende* Gegenwart (repletive)
Gottes zu lehren, und zwar so, daß damit dem Geschöpf nicht nur Raum

bleibt, sondern Raum gegeben wird.[47] Um die *Art* dieser Gegenwart anzudeuten, spricht die christliche Überlieferung häufig von *Gott als Geist.*
Mit seinem Geist und durch seinen Geist ist Gott seinen Geschöpfen
gegenwärtig (s. u. 10.1). Auch hier läßt sich sagen: Der Begriff „Geist"
bietet eine erste Näherbestimmung zum Verständnis der Allgegenwart
Gottes. Aber sie reicht für sich genommen noch nicht aus, um die Allgegenwart *Gottes* zu qualifizieren; denn Geist und Gegenwart des Geistes
gibt es auch im Blick auf den „bösen Geist" oder „Ungeist".

Der Verweis auf das Wesen Gottes, das *Liebe* ist, gibt auch hier erst
die notwendige zusätzliche Qualifizierung, die es erlaubt, „Allgegenwart"
uneingeschränkt als Eigenschaft *Gottes* zu denken. Was folgt daraus?

- Allgegenwart Gottes als Allgegenwart der (göttlichen) Liebe besagt,
  daß und wie Gott in der Welt *gegenwärtig und wirksam* ist: als das
  Beziehungsgeschehen der Zuwendung zur geschaffenen Welt um ihrer
  selbst willen. Liebe gibt Raum zum Leben, zur Entfaltung, zur Freiheit. Das besagt, daß es in der Welt *keinen* von Gott verlassenen Ort
  gibt, sondern daß jeder Ort dazu bestimmt ist, zur Wohnung der Liebe
  zu werden. Und deswegen kann von Jesus Christus als der „menschgewordenen Liebe Gottes" tatsächlich gesagt werden: „Die Welt ist
  durch ihn gemacht" und „Er kam (sc. nicht in die Fremde, sondern)
  in sein Eigentum" (Joh 1,10 f.). Die Welt kann zwar widergöttlich,
  aber sie kann letztlich nicht gottlos werden.
- Aber daß die Welt trotz der Allgegenwart Gottes *widergöttlich* werden *kann*, ist nun eigens zu bedenken. Auf die beiden zitierten Aussagen aus Joh 1,10 f. folgen die Halbsätze: „aber die Welt erkannte ihn
  nicht ... und die Seinen nahmen ihn nicht auf". Die Art des göttlichen
  „Machens" und „Kommens" schließt also das Verkennen und die
  Ablehnung nicht aus. Das unsichtbare (weil selbst nicht körperliche)
  Wesen Gottes wird erkennbar *durch* die sichtbaren (körperlichen)
  Werke der Schöpfung (Röm 1,20); aber es kann wegen dieser Mittel-
  barkeit auch *verkannt* werden, indem die Zeichen verwechselt werden
  mit dem, auf das sie verweisen (Röm 1,23). Und weil Liebe in Freiheit
  bejaht werden will, darum kann sie auch *zurückgewiesen* werden.
  Liebe läßt Raum auch für die Verweigerung.
- Nicht die Liebenden sind allgegenwärtig, sondern *nur die Liebe* ist es.
  Auch der Schmerz über die räumliche Trennung gehört zum Leiden

---

47 Dazu sagt Pannenberg sehr schön: „Die biblischen Aussagen über das Wohnen Gottes im Himmel sind mir besonders auch darum aufschlußreich, weil
sie mit der Unterscheidung des Himmels von der Erde implizieren, daß Gott
seinen Geschöpfen auf Erden Raum gibt für ein eigenes Dasein, in seiner
Gegenwart, aber neben ihm" (STh I, S. 446).

der Liebenden unter endlichen Bedingungen. Nur im Durchgang durch den Tod kann diese Begrenzung definitiv überwunden werden. Darum hat nur der durch den Tod hindurchgegangene Christus teil an der Allgegenwart Gottes. Und seine Gegenwart in Wort und Sakrament ist die Grundgestalt der *heilsamen* Gegenwart der Liebe Gottes in dieser Welt (s. u. 14.2.4.2). Die Zusage der Gegenwart Gottes in, mit und unter *diesen* Zeichen hat den Charakter einer zuverlässigen Verheißung. Als solche ist sie eine Anleitung dazu, Gottes Allgegenwart in der Welt zu entdecken und wahrzunehmen.

8.1.3.3 Die Eigenschaften, die die reale Verbundenheit zum Ausdruck bringen

Während bei den Eigenschaften, die den kategorialen Unterschied zwischen Liebe und Liebenden zum Ausdruck bringen, relative Ausführlichkeit geboten war, weil es sich um einen unüblichen Interpretationsvorschlag handelte, kann ich mich hier wesentlich kürzer fassen, weil hier vertrautere Wege beschritten werden. Was bei den vier Eigenschaften Allmacht, Allwissenheit, Ewigkeit und Allgegenwart jeweils im letzten Absatz betont wurde: Es sind Eigenschaften der Liebe und (darum) *nicht* der Liebenden, kann hier entfallen bzw. ersetzt werden durch den Satz: Es sind solche Eigenschaften, die zugleich Eigenschaften der Liebe wie der Liebenden sind. Und deswegen stehen sie für die reale Verbundenheit zwischen Liebe und Liebenden.

Aus der Fülle der Eigenschaften, die hier zu nennen wären, wähle ich drei Gruppen von jeweils zusammengehörigen Eigenschaften aus, die jede für sich einen wichtigen Aspekt am Wesen Gottes zum Ausdruck bringen.

a) Gottes Güte, Gerechtigkeit und Treue

Das Gemeinsame dieser Eigenschaften, aufgrund dessen sie hier zusammengefaßt werden, liegt darin, daß sie alle das Wesen der Liebe als *Zuwendung* umschreiben. Das wird für „Güte" und „Treue" unmittelbar einleuchten, für „Gerechtigkeit" jedoch weniger. Tatsächlich gilt es nur für „Gerechtigkeit" im biblischen und reformatorischen Sinn, demzufolge „Gerechtigkeit" als „Gemeinschaftstreue" zu verstehen ist, durch die Gott den Menschen *annimmt* und gerecht *macht* (s. dazu o. 5.3.1). Die so verstandene Eigenschaft der Gerechtigkeit bringt dabei vielleicht noch deutlicher als „Güte" und „Treue" zum Ausdruck, daß die Zuwendung der göttlichen Liebe mit dem Geschöpf im allgemeinen und mit dem Menschen im besonderen „etwas vorhat", ihn verändern, und zwar auf dem Weg zu seiner Bestimmung hin heilsam verändern will. Die Botschaft der Liebe lautet nicht: „Du bist okay", sondern: „Du bist mir um Deiner selbst willen wichtig". Die Liebe will – als Güte, Gerechtigkeit und Treue – beharrlich und verläßlich das Beste für das geliebte Gegenüber.

b) Gottes Barmherzigkeit und Gnade

Die im vorigen Abschnitt angesprochenen Eigenschaften können als symmetrische oder wechselseitige Eigenschaften bezeichnet werden. Sie haben kein einseitiges Gefälle. Das kann aber auch mißverstanden werden:

– Einmal könnte es so scheinen, als bestünde zwischen der göttlichen Liebe und den fragmentarischen menschlichen Realisierungen von Liebe ein Verhältnis der *Gleichrangigkeit* (vgl. dagegen I Joh 4,10).
– Andererseits könnte der Eindruck entstehen, als handele es sich bei der Liebe um eine *Beziehung auf Gegenseitigkeit* (vgl. dagegen Mt 5,46 ff.).
– Schließlich könnte sich gar der Gedanke einschleichen, Menschen hätten einen *Anspruch* auf Gottes Liebe (vgl. dagegen Röm 11,35).

Dieses dreifache Mißverständnis wird als solches aufgedeckt und bewußtgemacht durch die Erkenntnis, daß Gottes Liebe den Charakter von Barmherzigkeit und Gnade hat. D. h.: Sie kann nur als *unverdiente* Gabe empfangen werden. Im Blick auf den Menschen als Sünder muß sogar gesagt werden: Sie kann nur als *verwirkte* Gabe empfangen werden. Denn der Widerstand der Sünde richtet sich letztlich gegen nichts anderes als gegen die göttliche Liebe (s. u. 13.1.3.3). Würde diese Liebe als Reaktion auf den menschlichen Widerstand in Gleichgültigkeit oder Ablehnung umschlagen, so wäre dies nicht verwunderlich, sondern „normal". Aber so ist es nicht (s. Thr 3,22 f.). Diese Unbeirrbarkeit und Verläßlichkeit *kann* den Eindruck des Selbstverständlichen machen, das dem Menschen zusteht. Aber dieser Eindruck wird sich nur dort breitmachen, wo ein Mensch noch nicht von der Liebe innerlich angerührt worden ist. Wer der Liebe begegnet, erkennt das Anspruchsdenken als groteskes Mißverständnis dessen, was Liebe ist.

c) Gottes Heiligkeit und Zorn

Hier scheint nun doch von dem die Rede zu sein, das eben noch negiert wurde: vom Umschlagen der Liebe Gottes in „heiligen Zorn". Die These, alle genannten Eigenschaften seien nur Näherbestimmungen der Liebe

Gottes, ist an diesem Punkt vermutlich am wenigsten plausibel und zugleich aus sachlichen Gründen am wichtigsten. Denn wenn nicht verantwortlich gesagt werden kann, Heiligkeit und Zorn seien Eigenschaften der Liebe Gottes, dann liegt über dem Gottesbild ein Schatten, der geeignet ist, *alles* zu verdunkeln. Deswegen muß diese Zusammengehörigkeit etwas ausführlicher begründet werden.

Es könnte so scheinen, als sei es ratsam, das sich hier zeigende Problem dadurch zu umgehen oder auszuschließen, daß man (im Anschluß an Schleiermacher und Ritschl) das Reden von Gottes Zorn ganz vermeidet. Freilich, selbst wenn man dies – gegen den durchgängigen biblischen Befund[48] – täte, so bliebe doch das Sachproblem bestehen; denn auf das Reden von Gottes *Heiligkeit* kann unter keiner Bedingung verzichtet werden. Die Eigenschaft der Heiligkeit ist untrennbar mit Gott verbunden.[49]

Wenn von Personen, Lebewesen, Dingen oder Ordnungen gesagt wird, sie seien heilig oder geheiligt, dann heißt das: Sie sind mit Gott in Berührung gekommen und gehören (zu) ihm. In Anwendung auf Gott bezeichnet Heiligkeit seine ehrfurchtgebietende Hoheit. In der Begegnung mit Gottes Heiligkeit wird der Mensch sich nicht nur seiner Vergänglichkeit, sondern auch seiner Sünde bewußt (Jes 6,5), die ihn von der Heiligkeit Gottes trennt.

Das Gemeinsame von Heiligkeit und Zorn ist dieser unversöhnliche(!) Gegensatz zwischen Gottes Wesen und der Realität der Sünde, wobei „Heiligkeit" eher die *Unvereinbarkeit* von beidem, „Zorn" eher die *Verneinung* der Sünde durch Gottes Wesen bezeichnet. Aber auch im Sinne einer solchen Verneinung darf Zorn nicht als – gelegentlich die Liebe durchbrechender – „Affekt" Gottes verstanden werden, sondern ist zu denken als eine Eigenschaft seines Wesens, also seiner Liebe. Wie ist das zu verstehen? Ich kann keine bessere Antwort geben, als O. Weber sie formuliert hat: „Der Zorn Gottes kann nur als Gottes wirkliches und wirksames Nein gegen die Sünde verstanden werden. Da aber die Sünde ihrerseits die Abweisung der Liebe Gottes ist ..., so ist der Zorn Gottes nichts anderes als Gottes Liebe, die sich gegen ihre eigene Abweisung kehrt" (Grundlagen der Dogmatik I, S. 483).

Der Zorn als *Eigenschaft* der Liebe unterscheidet sich radikal von dem selbstsüchtigen, gekränkten Zorn, den wir aus zwischenmenschlichen Beziehungen kennen und der tatsächlich dem Wesen der Liebe widerstreitet. Der heilige Zorn bzw. die zornige Liebe Gottes richtet sich *um des*

---

48 Vom „Zorn" bzw. „Zürnen" Gottes ist nicht nur im Alten Testament, sondern auch im Neuen Testament und hier in *allen* Traditionssträngen häufig die Rede.
49 Symbol hierfür ist das alt- und neutestamentliche Trishagion: Jes 6,3; Apk 4,8.

geliebten Menschen willen gegen alles, was ihm bzw. wodurch er sich selbst schadet. „Liebe" ohne solchen heiligen Zorn wäre keine echte Liebe.[50] Sie wäre im besten Fall Freundlichkeit, im schlimmsten Fall Gleichgültigkeit. Darum gehören die Eigenschaften der Heiligkeit und des Zornes zu dem Wesen Gottes, das Liebe ist.

8.2 Gottes Wirklichkeit

Der hinter uns liegende Abschnitt über Gottes Wesen und Eigenschaften könnte an vielen Stellen den Eindruck erweckt haben, hier sei von Illusionen die Rede, die mit der erlebten Realität der Welt wenig oder nichts zu tun haben. Existiert denn überhaupt ein solcher Gott, dessen Wesen Liebe ist? Müßte, wenn es ihn gäbe, die Welt nicht ganz anders aussehen, als wir sie erleben? In diesen schlichten, aber gerade in ihrer Schlichtheit unüberhörbaren Fragen bringen zahllose Menschen einen, vermutlich ihren Haupteinwand gegen den christlichen Glauben, ja gegen *jeden* Glauben an einen (guten, allmächtigen) Gott zum Ausdruck. Aber auch vielen, die sich als Christen verstehen (möchten), sind diese Fragen und Zweifel keineswegs fremd, sondern aus dem Herzen gesprochen, auch wenn sie selbst vielleicht nicht wagen, dies so offen auszusprechen und (sich selbst) einzugestehen. Diesen Einwänden und Anfragen muß sich die Kirche, die Theologie, die Dogmatik stellen, und darum stehen die (religionskritischen) Infragestellungen der Wirklichkeit Gottes am Beginn dieses Abschnitts (8.2.1).

Von diesen Infragestellungen her ist dann zu bedenken, was es heißt, an Gott als Wirklichkeit zu glauben (8.2.2).[51]

8.2.1 Infragestellungen der Wirklichkeit Gottes

Es kann hier nicht darum gehen, die Geschichte der Religionskritik im Abriß darzustellen oder ihre Hauptvertreter zu referieren. Vielmehr geht es darum, einige wesentliche religionskritische Anfragen systematisch zu-

---

50 Das gilt im übrigen auch für zwischenmenschliche Liebe, zu deren Echtheit es gehört, zornig zu sein über alles, was dem geliebten Gegenüber schadet.

51 Völlig illegitim wäre es, aus der *„Definitions"*-Formel: „Gott als die Alles bestimmende Wirklichkeit" (s. o. 7.1.2.4) abzuleiten, daß Gott Wirklichkeit *sei*. Eine solche „Ableitung" würde den grundlegenden Unterschied zwischen *Zeichen* und dem, *worauf* sie verweisen, mißachten. Die oben genannte Formel schließt (als „Definition") nicht aus, daß eine solche „Alles bestimmende Wirklichkeit" *bloß erdacht* sein könnte, also keine Wirklichkeit wäre.

sammenzufassen, die als Kontext des heutigen Redens von Gott wahrgenommen, ernstgenommen und (selbst-)kritisch reflektiert werden müssen. Drei Argumente sind dabei m. E. von besonderem Gewicht: der Illusionsverdacht (8.2.1.1), die naturalistische Antithese (8.2.1.2) und das Theodizeeproblem (8.2.1.3). Diese drei Infragestellungen sind scheinbar schwächer als der bewußte *Atheismus*, der den Anspruch erhebt, den Glauben an die Wirklichkeit Gottes zu *widerlegen*. Sie sind aber insofern tatsächlich *stärker*, als sie sich an Stelle des aussichtslosen Unterfangens eines „negativen Gottesbeweises"[52] auf die *Kritik* der Begründung des Glaubens an Gott richten und damit dem Glauben – und nicht dem Unglauben – die Beweislast aufladen.

8.2.1.1 Der Illusionsverdacht

Entgegen einer weitverbreiteten Interpretation besagt der, besonders von S. Freud eindrucksvoll formulierte Illusionsverdacht *nicht*, die Religion bzw. der Glaube an Gott sei *falsches Bewußtsein* und deswegen zu kritisieren bzw. preiszugeben, sondern er besagt nur, der Glaube an Gott sei *Wunschdenken*.[53] Dabei können für dieses Wunschdenken ganz unterschiedliche Motive geltend gemacht werden: das Leiden an der menschlichen Begrenztheit und Unvollkommenheit, die gesellschaftlich produzierte Verelendung, die infantile Sehnsucht auch des erwachsenen Menschen nach einer Vatergestalt etc. Gemeinsame Voraussetzung ist hier immer der Gedanke, daß der Mensch (sei es kollektiv, sei es individuell) sich Religion und damit Glauben an Gott schafft, um die Schwierigkeiten seines Lebens besser ertragen, möglichst sogar überwinden zu können; aber er tut das auf illusionäre Weise, indem er sich an Wunschbildern orientiert, die er für Wirklichkeit hält oder erklärt und sich von ihnen Hilfe und Rettung verspricht. Aber stimmt die Wirklichkeit tatsächlich mit diesen Wunschbildern überein?

Diese religionskritische Infragestellung der Wirklichkeit Gottes erscheint aus mehreren Gründen als plausibel:

– Sie erklärt nicht nur die mögliche Entstehung des Gottesglaubens aus einem bestimmten Leidensdruck heraus, sondern sie macht auch zahlreiche religiöse Verhaltensweisen und Praktiken verständlich, so z. B.

52 Vgl. dazu meinen Aufsatz über „Leiden als Fels des Atheismus?", in: FS E. Wölfel, Marburg 1992, S. 127-143, bes. S. 134-140.
53 Vgl. zum Illusionsverdacht den instruktiven Aufsatz von Th. Mahlmann: Was genau verstand Sigmund Freud unter „Illusion" oder wie weit reicht die Religionskritik?, in: WzM 46/1994, S. 79-101.

das Gebet, die Ergebung in Gottes Willen oder den Gehorsam gegen Gottes Gebote.

– Sie ermöglicht das Wiedererkennen eigener und fremder Sehnsüchte, Hoffnungen und Wünsche, die sich häufig mit dem Glauben an Gott verbinden.

– Sie harmoniert mit der Tatsache, daß individuelle und gesellschaftliche Leidenszeiten oft mit einem höheren Maß an religiöser Praxis verbunden sind als Zeiten des Wohlergehens und der Prosperität.

Aber was ist mit alledem gesagt? Nicht weniger, aber auch nicht mehr, als daß diese Defizite ein *Motiv* sein *könn(t)en* für die Entstehung des Glaubens an Gott. Aber es sagt *nichts* über die Wahrheit oder Falschheit der Überzeugung, daß Gott wirklich ist.[54]

Außerdem läßt sich die Argumentation auch umkehren, wie man spätestens aus der Religionskritik Nietzsches lernen kann. Er nimmt – womöglich unbewußt – Luthers Gedanken auf, daß der Mensch von Natur aus nicht wollen kann, daß Gott Gott sei, sondern viel lieber wollte, er selbst wäre Gott und Gott wäre nicht Gott[55] und gibt ihm die Gestalt: *„wenn* es Götter gäbe, wie hielte ich's aus, kein Gott zu sein! *Also* giebt es keine Götter."[56] D. h. aber: Es gibt im Unabhängigkeitsverlangen oder im Stolz des Menschen ein gutes Motiv, die Wirklichkeit Gottes *zu bestreiten*. Aber auch dieses Motiv sagt nichts über die Wahrheit oder Falschheit der Bestreitung. Freilich: *Wenn* die Religionskritik das mögliche Motiv des Glaubens *als Argument* gegen seine Wahrheit verwendet, *dann* schlägt dieses Argument unweigerlich auf sie selbst zurück: Ihr eigenes Motiv wird dann – ihrer Logik zufolge – zum Argument gegen ihre Wahrheit.[57]

8.2.1.2 Die naturalistische Antithese

Die naturalistische Antithese zum Glauben an Gott kommt unter neuzeitlichen Bedingungen in vielen Spielarten vor. Ihr gemeinsamer Nenner läßt sich etwa folgendermaßen formulieren: Zur Erklärung der Existenz des Universums und aller in ihm vorkommenden Ordnungen, Ereignisse und

---

54 Daß ein Mensch ein Motiv hat, macht ihn zwar verdächtig, kann aber nicht die Wahrheits- oder Schuldfrage beantworten.

55 So WA 1,225,1 f., ähnlich WA 39 I,48, Th 71.

56 Also sprach Zarathustra (1883-85), in: Sämtliche Werke. Kritische Studienausgabe, Bd. 4, Berlin/New York 1980, S. 110.

57 Diesen Gedanken hat Th. Mahlmann herausgearbeitet in dem Aufsatz: Christentum – an die Wahrheit glauben, in: Solidarität 43/1993, H. 6/7, S. 14-19.

Prozesse ist die Hypothese „Gott" *nicht* erforderlich. All das läßt sich
ebensogut (oder besser) durch natürliche Ursachen erklären.
Fragen wir wieder zunächst, worin die Plausibilität dieses Arguments
besteht:

- Die neuzeitlichen Naturwissenschaften haben an zahlreichen Punkten
  erwiesen, daß Phänomene, die man sich früher nur als Werk Gottes
  vorstellen oder „erklären" konnte, eine ganz natürliche Ursache haben. Warum sollte das nicht für das Universum generell gelten?
- Im alltäglichen Leben, insbesondere beim Umgang mit der Technik,
  rechnen auch Christen offenbar in aller Regel nicht mit einem Eingreifen Gottes, sondern mit dem lückenlosen Funktionieren der Naturgesetze. Auch sie benötigen (hierfür) offenbar die Hypothese „Gott"
  nicht.
- Das sog. Rückzugsgefecht, bei dem Gott und sein Wirken in den
  Wissenslücken angesiedelt wird, die durch die Forschung *noch* nicht
  ausgefüllt worden sind, hat offensichtlich etwas Würdeloses, das mit
  dem Glauben an Gott als die Alles bestimmende Wirklichkeit nicht
  oder nur schwer vereinbar ist.

Man könnte nun im Gegenzug darauf verweisen, daß die Naturgesetze selbst keine Letzterklärungen darstellen, sondern die Frage nach *ihrem*
Ursprung wecken, also das Problem nur um eine Stufe verschieben. Freilich könnte ein Vertreter dieses religionskritischen Arguments denselben
Einwand gegen den Versuch geltend machen, die Naturgesetze aus Gott
abzuleiten und zu erklären. Wird nicht auch damit das Problem nur um
eine Stufe verschoben? Wenn dem entgegengehalten würde, Gott sei die
Ersturs ache und damit auch causa sui, so müßte begründet werden,
warum das für *Gott* behauptet werden kann, aber nicht für die *Naturgesetze*. Und dieselbe Argumentationskette ergibt sich stets, wenn der
Gottesglaube mit kausalen Argumenten bestritten oder verteidigt wird.
Die „Partie" endet remis. Stärker scheinen die Argumente gegen den
Naturalismus zu sein, die darauf hinweisen, wie absolut unwahrscheinlich die Evolution bis hin zur Hervorbringung des Menschen war, so daß
es rein wissenschaftlich betrachtet als unvernünftig erscheint, die Ermöglichung der Evolution auf „reinen Zufall" zurückzuführen. Paradebei-
spiel für dieses anti-naturalistische Argument ist die beeindruckende
Tatsache, daß nur unter der Bedingung des im Universum tatsächlich
herrschenden Verhältnisses zwischen der Gravitation und der starken
Kernkraft die Entstehung und Entwicklung des Universums überhaupt
möglich war. Bei einer auch nur minimalen Abweichung von dem gegebenen zahlenmäßigen Verhältnis – sei es nach oben oder nach unten –
wäre Evolution überhaupt nicht möglich gewesen. Aber ein zwingendes

Gegenargument ist auch das nicht – zumal wir nicht wissen können, wieviele „Fehlversuche" es vor und neben unserem Universum gegeben hat, in denen tatsächlich niemals Evolution möglich wurde. Auch auf dieser Ebene wird es schwerlich zu einer eindeutigen argumentativen Entscheidung kommen können.

Die Bedeutung der naturalistischen Antithese für den Glauben an Gott (und umgekehrt) liegt denn auch an einer ganz anderen Stelle: Die naturalistische Argumentation kann die Problematik des dabei vorausgesetzten und durch sie in Frage gestellten *Gottesverständnisses* sichtbar machen. Zwar können naturwissenschaftliche und theologische Aussagen durchaus miteinander in Konflikt geraten, und diesen Konflikt kann die Theologie weder „auf sich beruhen" lassen noch durch Revierabgrenzungen neutralisieren, sondern sie muß ihn aufnehmen und austragen. Aber das heißt nicht, daß Gott die Funktion einer Hypothese haben könnte, die für die Lösung naturwissenschaftlicher Probleme erforderlich ist. Tatsächlich wäre ein solches Gottesverständnis würdelos und mit dem christlichen Glauben unvereinbar.

Wenn Gott der Grund alles Seienden ist und wenn sein Wesen Liebe ist, dann sagt das Entscheidendes über den Ursprung und das Ziel der Welt und des Menschenlebens. Aber das, was es sagt, *konkurriert nicht* mit dem und *ergänzt nicht* das, was wir über das *Wie* der Entstehung und Entwicklung der Welt und des Menschen wissen (können).[58]

8.2.1.3 Das Theodizee-Problem[59]

Die Aussagen des christlichen Glaubens über die Liebe, Güte, Allmacht und Allwissenheit Gottes lassen das Theodizee-Problem in aller Schärfe empfinden: Wie kann Gott, dem diese Eigenschaften zugesprochen werden, die Begrenztheit, das Böse und das Leiden in einer Welt zulassen, deren Ursprung und Ziel seine Liebe ist? Kann es in diesem Theodizee-Prozeß gegen Gott einen anderen Freispruch Gottes geben als den „wegen der erwiesensten jeder möglichen Unschuld: der Unschuld wegen Nichtexistenz"?[60]

Durch die obigen Aussagen über Gottes Wesen und Eigenschaften sind jedenfalls alle Auswege zur Lösung des Theodizee-Problems abge-

---

58 Dieser Gedanke wird aufgenommen und detaillierter weitergeführt im Rahmen der Schöpfungslehre (s. u. 12.1.2).

59 Auch dieses Thema wird noch einmal im Rahmen der Schöpfungslehre aufgegriffen und dort ausführlich behandelt: s. u. 12.3.

60 So O. Marquard, Rechtfertigung, in: Gießener Universitätsblätter 1980, S. 82.

schnitten, die entweder Gottes Liebe oder deren Allmacht oder Allwissenheit als *eingeschränkt* denken und aus dieser Einschränkung das Vorhandensein des Übels erklären. Aber wie könnte dann Gott und das Übel zusammengedacht werden? Diese Frage wird uns noch mehrfach, insbesondere in der Schöpfungslehre, beschäftigen müssen. Aber schon beim Reden von der Wirklichkeit Gottes ist neben dem Verdacht, die Glaubenden seien Opfer ihres Wunschdenkens, und neben der naturalistischen Antithese, die zur Präzisierung des Redens von Gott nötigt, das Theodizee-Problem als Herausforderung für den Gottesglauben stets im Blick zu behalten. Das ist auch deswegen unabweisbar, weil die religionskritischen Einwände, und hier insbesondere das Theodizee-Argument, ja nicht nur Anfragen „von außerhalb des Glaubens" sind, sondern dem Ausdruck verleihen, was immer wieder als Stimme des Zweifels und der Anfechtung in den Glaubenden selbst laut wird und nach einer Antwort sucht.

8.2.2   *Das christliche Verständnis der Wirklichkeit Gottes*

8.2.2.1   *„Existenz" und „Wirklichkeit" in Anwendung auf Gott*

Wenn Menschen die Existenz oder Wirklichkeit Gottes in Frage stellen oder sich zu ihr bekennen, dann ist in einer ersten Näherung durchaus verständlich, was mit solchen Infragestellungen oder Bekenntnissen gemeint ist: der Unterschied zu *bloß Gedachtem* (oder *bloß Gesagtem*). So sagen wir von einer erfundenen Gestalt: Es gibt sie nicht; sie existiert nicht, oder: sie ist nicht wirklich. Natürlich könnte man auch sagen: Es gibt sie nur in der Fantasie (von Schreibenden und/oder Lesenden), oder: sie existiert nur in der Einbildung, oder: sie ist eine bloß erdachte Wirklichkeit. D. h., man kann die Welt der Gedanken und der Sprache (also der Zeichen) selbst als *eine Welt* betrachten, auf deren Elemente die Begriffe „Existenz" oder „Wirklichkeit" angewandt werden können. Aber dann muß das ausdrücklich kenntlich gemacht werden: *nur* in der Fantasie; *nur* in der Einbildung; *bloß* erdacht.

Mit diesen *weiten* Verwendungsweisen von „Existenz" und „Wirklichkeit" scheint sich das Problem kaum noch beschreiben zu lassen, um das es hier geht. D. h., das Problem verschiebt sich dann in die mit der Partikel „nur" oder „bloß" bezeichnete Differenz. Und wenn wir *diese* Differenz beschreiben wollen, dann müßten wir etwa formulieren: Existiert Gott nur in unseren Gedanken und unserer Sprache oder auch unabhängig von unseren Gedanken und unserer Sprache in der durch Gedanken und Sprache bezeichneten Wirklichkeit?

Der Sinn dieser Frage wäre klar und gut verständlich, wenn in ihr statt von Gott z. B. vom Einhorn oder vom Schneemenschen die Rede wäre. Gefragt wäre dann, ob in unserer raum-zeitlichen Welt an irgendeiner Stelle und zu irgendeinem Zeitpunkt Wesen angetroffen, wahrgenommen und erkannt werden können, die die Eigenschaften von Einhörnern oder Schneemenschen haben. Wer so nach der Existenz oder Wirklichkeit fragt, fragt nach etwas *Gegenüberstehendem, Widerständigem,* in der Welt *Begegnendem.*[61] In diesem Sinn ist die Frage nach der Existenz oder Wirklichkeit *Gottes* zu verneinen. Schon die allgemeine Begriffsbestimmung, derzufolge „Gott" als die Alles bestimmende Wirklichkeit zu verstehen ist, aber auch die inhaltliche Beschreibung, die besagt, Gottes Wesen sei *Liebe,* zeigen, daß Gott kein individuelles Wesen *ist,* das es *in* unserer raum-zeitlichen Welt gibt – und sei es auch als „höchstes Wesen". Aber auch die Vorstellung eines höchsten Wesens, das *jenseits* unserer raum-zeitlichen Welt existiert, führt in die Irre. Einerseits müßte dann erneut gefragt werden, was in diesem Zusammenhang mit „Existenz" gemeint ist, andererseits würde ein solches höchstes Wesen (auch) als *begrenzt,* nämlich durch die raum-zeitliche Welt begrenzt und als ihr *gegenüberstehend* gedacht.

Gleichwohl bleibt das Ausgangsproblem bestehen, nämlich die Frage, ob wir nur von unserem Fantasieprodukt sprechen, wenn wir von Gott sprechen. Soll diese Frage angemessen formuliert werden, so dürfen wir dabei nicht hinter die gewonnenen Einsichten über das *Wesen Gottes* zurückfallen oder von ihnen absehen. Die Frage lautet also, ob wir nur von unserem Fantasieprodukt sprechen, wenn wir von der *göttlichen* (also allmächtigen, allwissenden, ewigen, allgegenwärtigen) *Liebe* sprechen. Positiv gefragt: Ist diese Liebe bloße Einbildung oder ist sie (die Alles bestimmende) *Wirklichkeit?* Hier zeigt sich, daß der Begriff „Wirklichkeit" offenbar besser geeignet ist als der Begriff „Existenz", um das zu formulieren, was mit der Leitfrage dieses Abschnitts gemeint ist; denn „wirklich" ist für uns all das, was wir voraussetzen und von dem wir ausgehen, das wir also nicht bestreiten können, ohne in einen inneren Widerspruch zu geraten. „Wirklich" kann also auch etwas sein, das nicht als ein Individuum oder Gegenstand existiert, sich uns aber gleichwohl so erschlossen hat, daß wir es nur um den Preis der Unwahrhaftigkeit bestreiten könnten. So sind z. B. Eigenschaften oder Qualitäten, Ereignisse oder Beziehungen, Regeln oder Gesetze *wirklich,* ohne daß wir normalerweise sagen würden, sie existieren. Wenn Gottes Wesen Liebe ist und wenn

---

61 Eine anschauliche und präzise Beschreibung dessen, was „Existenz" meint, bietet m. E. Peirce mit seiner Beschreibung der Kategorie der Zweitheit (Phänomen und Logik der Zeichen, Frankfurt 1993², S. 55).

Liebe den Charakter eines Beziehungsgeschehens hat, dann wird es von daher plausibel, daß die Rede von der „Existenz" dem Sein Gottes ungleich weniger angemessen ist als die Rede von der „Wirklichkeit".[62]

Die Fragen: Gibt es Gott? oder: Existiert Gott? verführen schon durch ihre sprachliche Formulierung leicht dazu, die Aufmerksamkeit in die falsche Richtung zu lenken oder nach der verkehrten Art von Wirklichkeit Ausschau halten zu lassen. Damit ist eine *zweifache* Gefahr verbunden: Einerseits besteht dann die Gefahr, die Existenz eines „Gottes" zu *behaupten* oder zu *postulieren*, der ein (höchstes) Wesen *neben* anderen (endlichen) Wesen wäre, und damit für Gott zu erklären, was weder Gott sein noch existieren kann; andererseits ergibt sich die Gefahr, die Wirklichkeit Gottes, und d. h. Gott als Wirklichkeit zu *verkennen*, zu *übersehen* oder zu *bestreiten*.

Der Begriff „Wirklichkeit" erweist sich schließlich auch dadurch dem Existenzbegriff in Anwendung auf Gott überlegen, daß er auf den Zusammenhang von Wirklichkeit und *Wirken* verweist, ja, die Rede von der Wirklichkeit (Gottes) vom Wirken (Gottes) her zu beantworten erlaubt. Und von da aus stellt sich die Frage nach der Wirklichkeit Gottes erst in ihrer ganzen Schärfe. Die Entscheidungsfrage des christlichen Glaubens ist nicht die Frage, ob irgendwo im Universum oder außerhalb desselben ein Wesen existiert, das wir „Gott" nennen können, sondern ob dieses Universum und damit auch alles, was in ihm existiert, bestimmt wird von einer Wirklichkeit, deren Wesen Liebe ist.[63]

8.2.2.2 Die Wirklichkeit Gottes als Wirklichkeit der Liebe

Die Frage nach der Wirklichkeit Gottes ist also letztlich die Frage nach der Wirklichkeit der Liebe. Diese Aussage ist freilich mißdeutbar und mißverständlich. Sie könnte wirken wie eine identifizierende Gleichsetzung zwischen jeder (fragmentarischen) Verwirklichung von Liebe, die sich zwischen Geschöpfen ereignet, mit Gott selbst. Damit wäre die Frage nach der Wirklichkeit Gottes scheinbar durchschlagend beantwortet: Wo Liebe ist, ist Gott, und weil Liebe wirklich ist, ist Gott wirklich. Der Preis dieser „durchschlagenden" Antwort wäre freilich eine faktische *Ersetzung* des Glaubens an Gott durch den Glauben an das Ereignis zwischen-

---

62 *Zusätzlich* bleibt aber auch hier zu bedenken, daß ein Begriff wie „Beziehungsgeschehen" in Anwendung auf *Gott metaphorischen* Charakter bekommt. Deshalb ist eine *univoke* Anwendung relationsontologischer Begriffe und Aussagen auf die Wirklichkeit Gottes ausgeschlossen.

63 Die Frage nach der *Erkennbarkeit* dieser Wirklichkeit hängt also daran, wie sie *wirksam* wird. Davon soll in 8.3 die Rede sein.

menschlicher Liebe. Aber es darf nicht vergessen werden: Wir reden von *Gott* als der *Alles bestimmenden Wirklichkeit*. So kostbar die Liebe zwischen Menschen auch ist: die Alles bestimmende Wirklichkeit kann sie nicht sein, und wenn sie dazu „gemacht" (also: erklärt) würde, so würde sie mit Sicherheit als das, was sie ist und sein kann, zerstört.

Die Formulierung der Überschrift dieses Abschnitts darf also nicht einfach umgekehrt werden. Sie besagt, daß die Alles bestimmende Wirklichkeit Gottes als Wirklichkeit der Liebe gedacht werden muß, und sie sagt *nur* von der *Alles bestimmenden Wirklichkeit* der Liebe, daß sie Gottes Wesen sei. Die Vergöttlichung endlicher Verwirklichungsformen von Liebe ist dagegen mit dieser Formel weder intendiert noch auch nur vereinbar. Was die Liebe als Wesen Gottes von *jeder* endlichen Realisierung von Liebe *unterscheidet*, ist deren schlechthinnige *Universalität*. Die göttliche Liebe grenzt kein Geschöpf aus, ja sie richtet sich (positiv) auf *jedes* Geschöpf, indem sie ihm sein Dasein und seine Bestimmung verleiht. Das kann – per definitionem – von keiner endlichen Verwirklichungsform von Liebe gesagt werden.

Es ist nun zu bedenken, was es für das Verständnis der Wirklichkeit Gottes besagt, wenn sie als Wirklichkeit der Liebe gedacht wird. Dabei werden die im vorigen Unterabschnitt (8.2.1) vollzogenen Abgrenzungen vorausgesetzt und nicht wiederholt. Die Aufmerksamkeit richtet sich jetzt auf die *positive* Entfaltung dieses Gedankens, und sie muß drei Aspekte zur Geltung bringen: Als Wirklichkeit der Liebe muß die Wirklichkeit Gottes so gedacht werden, daß von ihr gesagt werden kann: Sie hat den Charakter eines *Ereignisses* (a), einer *Beziehung* (b) und der *Verborgenheit* (c).

a) Die Wirklichkeit Gottes als Ereignis

Liebe geschieht. Das gilt unmittelbar vom leibhaften Vollzug der Zuwendung zu einem Gegenüber. Es gilt aber auch mittelbar und indirekt von der inneren Zugewandtheit, die die Fähigkeit und die Bereitschaft, also die Disposition zur leibhaften Zuwendung darstellt. Das Moment der Bewegung und des Bewegtseins ist aus der Wirklichkeit der Liebe und damit aus der Wirklichkeit Gottes gar nicht wegzudenken. Es darf darum auch im Kontext dieser „ontologischen" Überlegungen nicht fehlen.

Im Gegensatz zu allen *substanz*ontologischen Vorstellungen vom Sein Gottes (und der Welt) ist von der biblischen Überlieferung her der *Ereignis*-charakter der Wirklichkeit Gottes hervorzuheben (Ex 3,14). D. h. zugleich: Die Wirklichkeit Gottes ist nicht statisch, sondern dynamisch zu denken, freilich nicht so, als würde sie durch etwas anderes bewegt oder gar als würde sie sich erst zu ihrer Bestimmung hin entwickeln. Gottes Sein *wird* nicht, und deshalb kann es leicht mißverstanden werden, wenn von Gottes Sein „im Werden" gesprochen wird.[64] Gottes Wirklichkeit ist *in sich selbst* Bewegung, sein Sein ist *„durch sich selbst bewegte(s)* Sein".[65] Dies wird sowohl im Blick auf das *Wirken* Gottes (s. u. 8.3) als auch im Blick auf die *Trinitätslehre* (s. u. 11) noch weiter zu bedenken sein. Hier sollen zunächst drei Einsichten bedacht werden, die sich aus dem Ereignis-Charakter der Wirklichkeit Gottes ergeben.

– Die erste Einsicht bezieht sich auf die *Ermöglichung* der Erkenntnis der Wirklichkeit Gottes. In Kap. 3 u. 7 (insbesondere in 3.1.2.2 u. 7.2.2.2) stießen wir bereits auf die Einsicht, daß Gotteserkenntnis nur als möglich gedacht werden kann aufgrund der *Selbsterschließung* Gottes. Wird der Begriff der Selbsterschließung ernstgenommen, so schließt er das Element des *Geschehens* ein; Selbsterschließung hat also Ereignischarakter. Wenn es sich dabei aber um *Selbst*erschließung handelt, dann kann dieser Ereignischarakter der Wirklichkeit Gottes nicht äußerlich sein, so als würde er nur ein *gelegentliches* „Handeln" Gottes beschreiben. Wird Gottes *Wirklichkeit* hingegen als Ereignis gedacht, so kann sie auch als sich-selbst-erschließende Wirklichkeit gedacht werden. Gottes Sein ist die Bedingung und Ermöglichung, ja der Vollzug seiner Offenbarung.

– Die zweite Einsicht bezieht sich auf die *Erkenntnis* der Wirklichkeit Gottes. Als Ereignis entzieht sich die Wirklichkeit Gottes allen Versuchen, sie zu be-greifen, zu er-fassen, sie also durch Begriffe oder Bilder fest-zu-halten. Greifen, fassen, halten läßt sich hier gar nichts. Was hingegen möglich ist, ist ein Ergriffen-, ein Erfaßt- und ein Gehalten-*werden* durch die Wirklichkeit Gottes. Das will dann auch erkannt, bedacht und bezeugt werden. Aber alles Denken und Reden ist gegenüber dem Ereignis der Wirklichkeit Gottes nachgängig und darum *in keinem* Fall mit ihm gleichzusetzen oder zu verwechseln. Erkennt die Theologie den Ereignischarakter der Wirklichkeit Gottes, so muß sie sich selbst als theologia viatorum verstehen.

– Die dritte Einsicht betrifft den Zusammenhang von Gottes Wirklichkeit und Gottes Wirken. Hat Gottes Wirklichkeit Ereignischarakter, so verschwindet das grundsätzliche und grundlegende Problem, wie ohne Eintragung zeitlicher Elemente in das Sein Gottes gedacht werden kann, daß Gott *wirkt*. Der Gott, dessen Wesen Liebe ist, ist „der

---

64 Vgl. die eindrückliche Interpretation der Barthschen Rede von Gott durch E. Jüngel unter dem Titel „Gottes Sein ist im Werden", Tübingen 1986[4] und meine kritische Auseinandersetzung mit der dabei von Jüngel verwendeten Terminologie in meiner Arbeit: Sein und Gnade, Berlin 1975, S. 46-52.

65 So K. Barth, KD II/1, S. 301.

bewegte Beweger", dessen *durch sich selbst* bewegtes Sein zugleich sein Wirken *ist*. Und *insofern* gilt: Gottes Wirklichkeit ist sein Wirken. Von da aus wird auch verständlich, warum das biblische Reden – auch und gerade das Reden Jesu in Gleichnissen – von Gott eine unverkennbare Tendenz zur *Zukunft* hat. Der Glaube redet so von der Wirklichkeit Gottes, daß er sie immer auch und immer wieder *erhofft* und nach ihr *Ausschau hält.*

b) Die Wirklichkeit Gottes als Beziehung

Wenn Gottes Wesen Liebe ist, dann ist die Charakterisierung als „Ereignis" noch zu allgemein und zu unspezifisch; dann muß der Charakter dieses Ereignisses als Beziehung, also die Wirklichkeit Gottes als *Beziehungsgeschehen* bezeichnet und bedacht werden. Das ist besonders wichtig, aber auch besonders schwierig; denn wir sind gewohnt, Gott als ein höchstes Wesen, aber nicht als Beziehung zu denken. Für das religiöse Leben scheint es sogar unverzichtbar zu sein, mit Gott als einem personalen Gegenüber zu rechnen, das eine Beziehung zu Welt und Mensch *hat*, aber nicht selbst eine Beziehung *ist*. Nun sahen wir (s. o. 8.1.2), daß von Gott nicht im wörtlichen, eigentlichen Sinn gesagt werden kann, er sei *eine Person*, wohl aber, er sei „der Grund alles Personhaften".[66] Das impliziert eine zweifache Relationalität der Wirklichkeit Gottes: eine interne und externe:

– Gottes *interne* Relationalität, von der im Rahmen der Trinitätslehre (s. u. 11) noch genauer die Rede sein muß, ergibt sich aus der Einsicht, daß Gottes Wesen Liebe ist; denn Liebe ist ihrem Wesen nach *Beziehung*. Wird diese Beziehung als die *Alles* bestimmende Wirklichkeit gedacht, dann muß der letzte Grund der Wirklichkeit selbst den Charakter einer Beziehung haben. Dagegen erhebt sich der Einwand, eine Beziehung sei nur möglich zwischen (wenigstens) zwei Bezugspunkten oder Beziehungspartnern. Aber was konstituiert diese Partner einer Liebesbeziehung? *Als* Partner der Liebesbeziehung werden sie durch nichts anderes konstituiert als durch die Beziehung der Liebe selbst: nämlich als Liebende und Geliebte. Während dabei aber von der menschlichen Liebe gilt: „Sie findet das Liebenswerte vor", d. h., die Beziehung ist ihrerseits konstituiert durch Eigenschaften der Partner, gilt von der göttlichen, schlechthin schöpferischen Liebe: „Sie findet

---

66 Hier sei noch einmal ausdrücklich daran erinnert, daß dies nicht im Sinne apersonalen, sondern im Sinne überpersonalen Redens, das die Ebene der Personalität umfaßt und transzendiert, gemeint ist.

das Liebenswerte nicht vor, sondern erschafft es".[67] Diese abschließende und krönende theologische These der Heidelberger Disputation
erweist sich damit als Anweisung zur Ausarbeitung einer *relationalen
Ontologie*: Wirklichkeit muß von ihrem Grund her als *Beziehung*
gedacht werden.

– Gottes *„externe"*[68] Relationalität bezieht sich auf die geschaffene Welt,
d. h., Gott ist seinem Wesen nach nicht nur Gott-in-Beziehung-zu-
sich-selbst, sondern er ist auch Gott-in-Beziehung-zur-Welt. Hier stellt
sich freilich das Problem: Wird damit nicht die Schöpfung zu einer
Notwendigkeit für Gott? Die Antwort, Gottes Liebe hätte sich auch
anders realisieren können als durch die Erschaffung der Welt, ist nicht
begründbar, weil sie sich unserem Erkenntnisvermögen entzieht. Von
unserem Erkennen aus kann tatsächlich von einer Notwendigkeit gesprochen werden, aber nicht von einer Notwendigkeit *für* Gott, der er
unterworfen wäre, sondern nur von einer *inneren* Notwendigkeit
Gottes selbst, dessen *Wesen* es ist, in Freiheit zu lieben.[69]

c) Die Verborgenheit der Wirklichkeit Gottes

Die Verborgenheit Gottes wird häufig als *Abwesenheit* Gottes gedeutet
oder jedenfalls mit dieser zusammengedacht. Aber das Gegenteil ist richtig: Verborgenheit ist immer eine Weise der *Anwesenheit* und der *Gegenwart*. Nur was „da" ist, kann verborgen, d. h. unerkennbar oder uner-
kannt sein. Der deus absconditus ist nicht der „verreiste", „abwesende"
oder „tote" Gott wie er in Nietzsches Philosophie oder in Sölles Theologie
eine Rolle spielt, sondern der rätselhaft, vielleicht sogar bedrohlich *nahe*
Gott, der sich aber nicht zeigt oder den wir nicht sehen (können).

Inwiefern kann von der Liebe Gottes gesagt werden, sie sei „da", aber
sie zeige sich nicht oder wir könnten sie nicht sehen? Liebe gehört wesensmäßig zu den (sei es beglückenden, sei es rätselhaften, sei es bedrohlichen)

---

67 So die bereits in 7.1.1.4 (Anm. 6) zitierte Unterscheidung Luthers aus WA
    1,354,35 f.

68 Die Anführungszeichen sind hier gesetzt, weil die Rede von etwas Externem
    im Blick auf Gott noch mißverständlicher ist als die vom Internen. Gleichwohl
    ist es nicht nur zulässig, sondern notwendig, zwischen Gott und der geschaf-
    fenen Welt zu *unterscheiden*, und die Beziehung zwischen beiden kann man –
    metaphorisch – als *externe Relation* bezeichnen.

69 Ein eindrucksvoller biblischer Beleg für die innere Notwendigkeit Gottes, in
    Freiheit zu lieben, ist Hos 11,8 f., wo in Form einer Gottesrede beschrieben
    wird, wie Gottes Barmherzigkeit seinem eigenen vernichtenden Zorn in den
    Arm fällt mit der Begründung: „Denn ich bin Gott und nicht ein Mensch".

Erfahrungen, die sich der direkten sinnlichen Wahrnehmung und begrifflichen Erfassung entziehen (s. o. 8.1.1.1). Ob ein Wort, eine Geste, eine
Handlung tatsächlich eine Ausdrucksform von Liebe ist, das kann uns
unter Umständen gefühlsmäßig unbezweifelbar gewiß sein, aber wir können das nicht „sehen", nicht „zeigen" und darum auch nicht „beweisen".
Da gibt es keine Sicherheit.[70]
    Und das gilt auch im Blick auf die Liebe als die Alles bestimmende
Wirklichkeit. Sie kann nur *indirekt* wahrgenommen werden – selbst an
der Person und dem Geschick Jesu Christi. Denn gerade von ihm gilt: Die
Selbsterschließung Gottes (als Liebe) geschieht *verborgen unter dem Gegenteil*: unter Kreuz, Leiden, Schande, Schwachheit, Tod.[71] Dabei bemißt
sich das, was hier „Gegenteil" heißt, nicht am Wesen Gottes, sondern an
dem menschlichen Vorverständnis und an der menschlichen Erwartungs-
haltung, die entsteht, wenn von „Gott" oder von der „Alles bestimmenden Wirklichkeit" die Rede ist. Zu diesen Begriffen passen Vorstellungen
von Macht, Größe, Ehre, Hoheit, Stärke und Leben. Und das alles ist ja
auch nicht abwegig. Aber *was für eine* Macht, Größe, Ehre etc. und vor
allem *was für ein* Leben es ist, *und wo* sie sich zeigen, das stellt alle
mitgebrachten Vorstellungen radikal in Frage.
    An der Oberfläche seiner Wahrnehmung und ausgehend von seinem
Vorverständnis von Gott wird der Mensch an der Person und dem Geschick Jesu Christi nicht die *Wirklichkeit Gottes* entdecken, sondern
bestenfalls einen „guten Menschen", der aber gescheitert ist. Erst dem
Blick in die *Tiefe* erschließt sich die verborgene Gegenwart und so die
Wirklichkeit Gottes, wie das exemplarisch in biblischen Texten wie Mk
15,39; Mt 11,25-27; 16,16 f.; Lk 24,1-12 zum Ausdruck kommt. Aber
dieser Blick in die Tiefe ist nicht methodisch zu bewerkstelligen oder zu
erlernen, sondern er muß dem Menschen in einem Akt der „Erleuchtung"
zuteil werden (Lk 24,31; Eph 1,18). Dann kann es dazu kommen, daß
die – verborgene – Wirklichkeit Gottes *geschaut* wird.[72] Ob und inwieweit das in diesem Abschnitt Gesagte der Wirklichkeit Gottes angemessen ist, wie sie sich in Jesus Christus erschlossen hat, ließe sich überprüfen, indem diese Aussagen von den Reich-Gottes-Gleichnissen Jesu her

---

70 I Kor 13,1-3 nennt z. B. höchst beeindruckende Fähigkeiten und Handlun-
     gen, die wie Liebe aussehen, bei denen es aber immer möglich ist, daß sie
     nicht Verwirklichungen von Liebe, sondern irgend etwas anderes sind.

71 So besonders eindrücklich Paulus in I Kor 1 f. und Luther in der Heidelberger
     Disputation WA 1,362; s. dazu die immer noch grundlegende Arbeit von W.
     von Loewenich: Luthers theologia crucis (1929), Bielefeld 1982⁶.

72 Hier sei erinnert (s. o. 7.2.1) an die Bedeutung der Metapher, die etwas „sehen
     läßt" oder nach etwas „ausschauen läßt", das sonst unserem Blick entzogen
     bliebe.

gegengelesen werden. In ihnen wird von der auf verborgene Weise nahe
kommenden Wirklichkeit Gottes geredet, und zwar so, daß das Reden
selbst diese Wirklichkeit für die Hörenden erschließt und sie einlädt, sich
ihr zu öffnen, um so an ihr teilzuhaben. Diese Gleichnisse sind Grundtexte des christlichen Glaubens, an denen sich das dogmatische Reden
von der Wirklichkeit Gottes bewähren muß – und nicht umgekehrt. Dabei
ist die Form der *Gleichnisse* (und Parabeln) kein austauschbares Gewand
(s. dazu u. 9.2), sondern die der Wirklichkeit Gottes angemessen*e*
Sprache – verglichen mit den begrifflichen Klärungsbemühungen der Dogmatik. Und so vermag unter Umständen ein Gleichnis, eine Erzählung
oder ein Gedicht wie das folgende mehr über die Wirklichkeit Gottes
auszusagen als ein ganzes Kapitel der Gotteslehre:

Bevor ich sterbe

Noch einmal sprechen
von der Wärme des Lebens
damit doch einige wissen:
Es ist nicht warm
aber es könnte warm sein

Bevor ich sterbe
noch einmal sprechen
von Liebe
damit doch einige sagen:
Das gab es
das muß es geben

Noch einmal sprechen
vom Glück der Hoffnung auf Glück
damit doch einige fragen:
Was war das
wann kommt es wieder?[73]

8.3   Gottes Wirken

In diesem letzten Unterabschnitt der Lehre vom Sein Gottes nehmen wir
ein Thema auf, das bereits im Zusammenhang mit der Wirklichkeit Gottes kurz angesprochen wurde, aber wegen seiner Wichtigkeit eigens bedacht werden muß: Gottes Wirken an und in der Welt. Seine Wichtigkeit

---

73 E. Fried, Vorübungen für Wunder. Gedichte vom Zorn und von der Liebe,
   Berlin 1987, S. 28.

erhält dieses Thema dadurch, daß für die religiöse Praxis, also den gelebten Glauben kaum eine Frage brennender ist als die, ob und wie Gott
„handelt" oder „wirkt"; in welchem Verhältnis dieses göttliche Handeln
oder Wirken zu den naturhaften Prozessen, zu den geschichtlichen Ereignissen und zu den menschlichen Handlungs- und Verhaltensweisen steht;
schließlich ob und inwiefern der Mensch seinerseits dieses Wirken (mit-)
bestimmen kann.

Nachdenkenswert ist dabei wiederum zunächst (8.3.1) die Frage nach
den geeigneten und ungeeigneten *sprachlichen Mitteln*: Soll vom „Handeln" oder „Tun" Gottes oder soll von seinem „Wirken" gesprochen
werden, und wie läßt sich diese Entscheidung (für „Wirken") begründen
(8.3.1)? Sodann ist zu entwickeln, was von Gottes Wirken an und in der
Welt gesagt werden kann. Dabei ist grundsätzlich zu unterscheiden zwischen den beiden *Weisen* des Wirkens Gottes: dem *daseinskonstituierenden* (schöpferischen und vollendenden) Wirken (8.3.2) und dem *geschichtlichen* Wirken Gottes (8.3.3), das in dem Raum stattfindet, in dem sich
auch die menschlichen Handlungen sowie die naturhaften und geschichtlichen Prozesse abspielen. Dabei kennt die biblisch-christliche Tradition
(wie auch andere Religionen) die Vorstellung, daß Gottes Wirken vermittelt ist durch *Boten*, die in der Regel als „Engel" bezeichnet werden. Mit
diesem durch Engel vermittelten Wirken Gottes wollen wir uns in Abschn.
8.3.4 beschäftigen. Schließlich muß bedacht werden, ob und inwiefern
das menschliche *Gebet*, insbesondere das Bittgebet, nach christlichem
Verständnis den Sinn haben kann, auf Gott *einzuwirken*, um ein bestimmtes Wirken Gottes zu erwirken (8.3.5).

8.3.1 „Handeln" oder „Wirken" Gottes

Das Thema dieses Abschnitts wird häufig mit der Formel „Handeln
Gottes" oder auch „Tun Gottes" benannt. Das ist auch sicher nicht unzulässig. R. Preul hat freilich in seiner präzisen „Problemskizze zur Rede
vom Handeln Gottes"[74] gezeigt, daß der Handlungsbegriff als anthropologischer Grundbegriff (ähnlich wie die Begriffe „Tun" oder „Machen")
zumindest zwei Elemente enthält, die es verbieten, ihn im wörtlichen Sinn
auf Gott anzuwenden: die *Körperlichkeit* des Handlungssubjekts und das
Vorgegebensein von (subjektiven und objektiven) Handlungsmöglichkeiten.

---

74 MJTh I, 1987, S. 3-11. Der ganze Band steht unter dem Thema „Handeln
Gottes".

Demgegenüber hat Chr. Schwöbel im selben Band (a.a.O., S. 56-81) einen *weitergefaßten* Handlungsbegriff zur Diskussion gestellt, der nur durch folgende drei Elemente definiert ist:

- Das Subjekt einer Handlung verfolgt eine *Absicht* (Intention) und kann sein Handeln zur Realisierung dieser Absicht regulieren.
- Das Verfolgen der Absicht und ihre Realisierung durch bestimmte Mittel sind das Ergebnis bewußter *Wahl*.
- Ein Ereignis ist nur dann das Ergebnis einer Handlung, wenn diese Handlung eine *notwendige Bedingung* für das Eintreten des Ereignisses darstellt.

Hier entfallen also die Elemente, die die wörtliche Anwendung des Handlungsbegriffs auf Gott problematisch oder unmöglich machen (würden) – insofern verdient diese Definition theo-logisch den Vorzug. Aber der Handlungsbegriff ist ja ein in der Alltags- und Wissenschaftssprache eingeführter Begriff, der in seiner Bedeutung relativ festgelegt ist und deshalb auch möglichst nur in dem allgemein gebräuchlichen Sinn verwendet werden sollte – und dazu gehören m. E. durchaus die von Preul analysierten Elemente.

Das Dilemma läßt sich dadurch auflösen, daß man auf den Handlungsbegriff in Anwendung auf Gott *verzichtet* und statt dessen vom *Wirken Gottes* spricht. Hierfür sind die drei von Schwöbel genannten Elemente m. E. ausreichend, ja die Einbeziehung des dritten Elements, nämlich der *Wirkung* einer „Handlung" zeigt sogar, daß die Verwendung dieses Begriffs, wegen des Zusammenhangs zwischen Wirken und Wirkung, auch aus sprachlichen Gründen näherliegt.

Die größere Angemessenheit des Begriffs „Wirken" in Anwendung auf Gott kann man sich aber auch an folgender Überlegung verdeutlichen: Je mehr es um eine *umfassende* Perspektive (im Unterschied zur Orientierung an einer einzelnen Tat) geht, desto eher ist der Begriff „Wirken" (gegenüber „Handeln", „Tun" oder gar „Machen") geeignet. So sprechen wir im Blick auf das *Lebenswerk* oder einen Lebensabschnitt eines Menschen zu Recht davon, er habe in einer bestimmten Weise *gewirkt* – und nicht etwa nur gehandelt. So können Ereignisse, Einsichten, Beziehungen, Ordnungen etc. zwar wirken, aber sie können nicht handeln, tun oder machen.

Freilich zeigt sich von da aus auch schnell, wo der Begriff „Wirken" in Anwendung auf Gott problematisch wird und unangemessene Konnotationen mit sich bringt. Deutlich wird das etwa am Wirken eines Medikaments oder einer Droge, die einem Menschen möglicherweise wider Willen verabreicht wird und dann wirkt. Dieses Moment des Mechanischen oder Automatischen kann nicht mitgemeint sein, wenn von

Gott gesagt wird: Er wirkt. Wird jedoch diese Einschränkung beachtet, so erscheint die Rede vom Wirken Gottes auf dem Hintergrund dessen, was bisher über das Wesen, die Eigenschaften und die Wirklichkeit Gottes gesagt wurde, als durchaus angemessen. Jedenfalls ist die Rede vom „Wirken Gottes" dem gebräuchlichen Begriff „Handeln Gottes" vorzuziehen.

8.3.2 Gottes daseinskonstituierendes Wirken

Von Gottes daseinskonstituierendem Wirken wird die Schöpfungslehre, aber auch die Eschatologie, insgesamt ausführlich handeln. Hier geht es nur darum, zu bedenken, in welchem Verhältnis dieses Wirken (wie im folgenden Unterabschnitt das geschichtliche Wirken Gottes) zum Wesen und zur Wirklichkeit *Gottes* steht. Wir fragen jetzt gewissermaßen nach der „Anschlußstelle" für die Schöpfungslehre und Eschatologie in der Gotteslehre.

Dabei versteht es sich nicht von selbst, daß neben der Schöpfungslehre auch die Eschatologie unter der Überschrift „Gottes daseinskonstituierendes Wirken" in den Blick gefaßt wird. Dafür sind jedoch zwei Gründe maßgeblich:

- Würde das daseinskonstituierende Wirken nicht auch in seiner eschatologischen Dimension bedacht, so bliebe ungeklärt, wie die *Endlichkeit* der Welt mit Gottes Wirken zusammengedacht werden kann. Die schon in der biblischen Überlieferung und in der christlichen Lehre immer wieder angesprochene Zusammengehörigkeit von Gottes Geben und Nehmen, von Ursprung und Telos der Welt bliebe theologisch unreflektiert.
- Die Eschatologie thematisiert aber *nicht nur* (und nicht einmal primär) das *Ende* des irdischen Daseins der Geschöpfe, sondern auch und vor allem die *Neukonstituierung* des Geschaffenen durch Gott, wie sie in den Bildern und Begriffen „Auferstehung", „Verwandlung", „ewiges Leben" oder „neuer Himmel und neue Erde" zum Ausdruck kommt. Das Eschaton ist als Ende des Alten zugleich die Konstituierung des unvergänglich Neuen. Und dieses Neue hat keinen anderen Ursprung als das irdische Dasein. Auch die *Vollendung* des Daseins ist als *Gottes* daseinskonstituierendes Wirken zu bedenken.

Aber wie kann dieses daseinskonstituierende Wirken Gottes überhaupt gedacht werden? Drei gedankliche *Schwierigkeiten* stellen sich hier vor allem:

– Wie kann vermieden werden, daß das daseinskonstituierende Wirken
als *kausales* Wirken verstanden wird (s. dazu u. 12.1.2) und Gott
damit als ein (erstes) Element in den Weltprozeß *eingeordnet* wird?
– Wie kann ein *daseins*konstituierendes Wirken gedacht werden, das
nicht schon *etwas voraussetzt*, sondern strikt voraussetzungslos ist,
also „ex nihilo" (s. dazu u. 12.1.2.3) geschieht?
– Wie verhält sich das, was *theo-logisch* zum schöpferischen Wirken
Gottes zu sagen ist, zu dem, was sich von *naturwissenschaftlichen*
Weltentstehungstheorien her über den Anfang und die Entstehungsbedingungen des Universums (s. dazu u. 12.1.2.1) sagen läßt?

Lassen diese Schwierigkeiten sich bewältigen oder jedenfalls verrin-
gern, wenn wir das Wirken Gottes nicht abstrakt-allgemein bedenken,
sondern konkret im Blick auf das Wesen Gottes, das sich in Jesus Christus
als Liebe erschlossen hat? Die entscheidende Frage lautet: Läßt Liebe sich
in einer Weise als *schöpferisch* denken, die weder *kausalen* Charakter hat,
noch auf *Voraussetzungen* angewiesen ist, die ihr vorgegeben sind, noch
mit den naturwissenschaftlichen Theorien *konkurriert*? Das ist tatsächlich möglich; denn Liebe ist ihrem Wesen nach schöpferisch, weil sie nicht
bei sich bleiben kann und will, sondern *überfließt* und *überströmt* in
Richtung auf ein *Gegenüber*. Dabei ist es das Charakteristikum der *göttlichen* Liebe, nicht auf ein Gegenüber angewiesen zu sein, das erst die
Liebe erweckt und entzündet, sondern – als Liebe! – selbst das Geliebte zu
schaffen. Aber diese Formulierungen wecken vermutlich die Vorstellung
von einem (höchsten) liebenden Wesen, das sich entscheidet, *aus* Liebe ein
Gegenüber zu erschaffen, dem es sich *in* Liebe zuwendet. Aber genau diese
*substanz*ontologische Vorstellungsweise, derzufolge die *Beziehung* (der
Liebe) ihrerseits als erst durch die Beziehungs*partner* konstituiert gedacht
wird, führt zu Vorstellungen, die dem Wesen und der Wirklichkeit Gottes
nicht angemessen sind.
Versuchen wir demgegenüber den *relations*ontologischen Denkansatz festzuhalten, der den Aussagen über Gott als Alles bestimmende
Wirklichkeit der Liebe entspricht, dann läßt sich diese Vorstellungsweise
überwinden. Dann ist nämlich die *Beziehung* (der Liebe) als diejenige
Wirklichkeit zu denken, die erst die Beziehungs*partner* konstituiert, und
zwar *nicht* auf kausale Weise, sondern durch *Partizipation*, also durch
Anteilgabe und Anteilhabe. Die Liebe eines Menschen zu einem anderen
ist ja nicht die *Ursache* dafür, daß Menschen zu liebenden und zu geliebten Menschen werden, sondern die Existenz als liebender und geliebter
Mensch ist die *Weise*, wie beide an der Liebe *Anteil* haben. Diese Denk-
weise mag *ungewohnt* erscheinen, aber sie ist – nicht nur aus theologischen Gründen – der Wirklichkeit angemessener als die vertrautere

abstrahierende Betrachtungsweise, die die Beziehungspartner (als Relate) je für sich – also unabhängig von der Beziehung – in den Blick faßt. Die am verbindenden Erkennen orientierte relationale Sicht könnte darum auch den *Rahmen* abgeben, in den die naturwissenschaftlichen Aussagen über die Entstehung und Entwicklung des Universums einzuzeichnen sind, sofern diese nicht sogar selbst eine solche relationsontologische Betrachtungsweise nahelegen.[75]

Wir sagten: Liebe ist ihrem Wesen nach schöpferisch, und d. h. ausgerichtet auf ein Gegenüber um seiner selbst willen. Liebe *will* und *bejaht* das Gegenüber, und darin eingeschlossen ist die Tendenz der Liebe, für das geliebte Gegenüber *das Beste zu wollen*. Der Liebe eignet insofern ein *teleologischer* Zug. Sie ist ausgerichtet auf ein heilvolles *Ziel* für das geliebte Gegenüber. Insofern gehört auch vom Wesen der Liebe her die (eschatologische) *Vollendung* zum daseinskonstituierenden Wirken Gottes. Daß diese Vollendung – sei es als Auferstehung, als Verwandlung oder als Neuschöpfung – den Abschied von den uns bekannten irdischen Daseinsformen, d. h. Sterben und Tod im wörtlichen und im übertragenen Sinn, einschließt, gehört unter den Bedingungen der Endlichkeit zu den schmerzlichen, leidvollen Elementen der Liebe (unter irdischen Bedingungen), die *entweder* zum Anlaß werden, die Wirklichkeit und das Wirken der göttlichen Liebe zu bestreiten *oder* uns dazu bewegen, von der Erkenntnis dieser Liebe her die mitgebrachten, herkömmlichen Vorstellungen von Liebe korrigieren und vertiefen zu lassen.

8.3.3 Gottes geschichtliches Wirken (providentia)

Während im vorigen Unterabschnitt von dem Wirken Gottes die Rede war, das die *Bedingungen* welthaften Daseins, Geschehens und Handelns betrifft, geht es nun um die Frage, ob und wie angemessen von einem Wirken Gottes gesprochen werden kann, das sich auf das welthafte Dasein, Geschehen und Handeln *selbst* bezieht. Dabei gehört es auch zum *daseinskonstituierenden* (und nicht nur zum geschichtlichen) Wirken, daß Gottes schöpferisches Wirken im Sinne der creatio continua(ta) als *erhal-*

---

75 Es gibt zu denken, daß sowohl die philosophischen Konzeptionen von Peirce und Whitehead, die auf dem Hintergrund fundierter naturwissenschaftlicher Forschungsarbeit entstanden sind, relationsontologische Ansätze implizieren, als auch die neueren naturwissenschaftlichen Forschungen über Entstehung und Aufbau des Universums immer stärker auf *Relationen* und *Ereignisse* (statt auf Substanzen) als elementarste „Bausteine" stoßen. Diese „Bausteine", nämlich die sog. Quarks, scheinen letztlich aus nichts anderem als aus *dynamischen Relationen* zu bestehen.

tendes Wirken gedacht werden muß. Die Schöpfung als Erhaltung bildet gewissermaßen die Klammer, die das daseinskonstituierende und das geschichtliche Wirken Gottes miteinander verbindet und zusammenhält.

Wenden wir uns dem geschichtlichen Wirken Gottes selbst zu, so könnte es überraschen, daß die obige Ausgangsfrage lautete: *ob* und *wie* angemessen von einem Wirken Gottes gesprochen werden könne, das sich auf das welthafte Dasein, Geschehen und Handeln *selbst* (also nicht bloß auf seine Konstitutionsbedingungen) bezieht. Kann dieses „ob" für den christlichen Glauben – ja für irgendeine Religion – ernsthaft in Frage stehen?

Mit dem sog. *deistischen* Gottesverständnis stoßen wir tatsächlich auf ein theologisches Denkmodell, das Gottes Wirken strikt als auf den daseinskonstituierenden Aspekt beschränkt zu denken versucht. Gottes Wirken wird demzufolge gedacht als bloße Erschaffung einer Welt, deren Entwicklung ausschließlich von ihren inneren Gesetzen und Kräften gestaltet wird, ohne daß Gott in sie einwirkt. Mit diesem deistischen Modell *verschwinden* all die Probleme, die mit der Rede vom geschichtlichen Wirken Gottes verbunden sind, insbesondere verschwinden die Probleme der Verhältnisbestimmung zwischen

– der Geltung der Naturgesetze und Gottes Wirken (Wunder-Thematik);
– menschlichem Handeln und Gottes Wirken (Freiheits-Thematik);
– menschlichem Beten und Gottes Wirken (Gebets-Thematik).[76]

Dem deistischen Denkmodell zufolge hat Gott die Welt durch die Naturgesetze weise geordnet. Er *kann* und *muß* nicht in deren Geltung und den dadurch geregelten Ablauf der Ereignisse eingreifen. Das Dasein der Welt sowie die Regelhaftigkeit und Verläßlichkeit des Weltlaufs, *das* sind die – Staunen erregenden – „*Wunder*", im Vergleich zu denen irgendwelche Durchbrechungen der Naturgesetze, wenn es sie gäbe, bloße Mirakel wären, mit denen Gott im übrigen seiner eigenen Weltordnung und Weisheit widerspräche. Für eigenverantwortliches, menschliches Handeln bleibt daher – aus deistischer Sicht – ein weiter Raum, der in Verantwortung vor Gott zu nützen ist.

Die beträchtliche *Problemreduktion*, die damit erzielt wird, ist freilich um einen *hohen Preis* erkauft: Gott wird hier im Grunde genommen „aus der Welt hinausgedrängt"; er hat keinen Raum als wirkende Macht oder Kraft *in* der Geschichte und *im* menschlichen Leben. Gott ist so zwar

---

76 Dieser dritte Problemaspekt, also die Gebets-Thematik, soll erst im abschließenden Unterabschnitt 8.3.5 bedacht werden. Hier beschränke ich mich auf die beiden ersten Aspekte.

noch gedacht als die Alles äußerlich *ermöglichende*, aber nicht mehr als die Alles *bestimmende* Wirklichkeit – jedenfalls nicht im Sinne einer *lebendigen* Wirklichkeit, nicht als der „*bewegte*" Beweger. Daraus folgt fast unweigerlich die Tendenz, die Hoffnungen und Erwartungen von einem geschichtlichen Wirken Gottes weg auf das Wirken des Menschen zu verlagern und damit den Menschen zu überlasten und zu überfordern.

Von dieser Kritik her empfiehlt es sich scheinbar, sich an einem Konzept zu orientieren, demzufolge das innerweltliche Geschehen vollständig als durch Gott bestimmt verstanden wird. Eine solche Konzeption wäre ein *Determinismus*, der besagt: Alles, was geschieht, geschieht so, wie es geschieht, allein deswegen, weil Gott es so gewollt und bewirkt hat. Und darum ist alles, was ist, so, wie es ist, weil Gott es so gewollt und bewirkt hat.

Im Rückblick auf die zahlreichen gedanklichen Durchdringungsversuche dieser Theorie in der Philosophie- und Geistesgeschichte kann man mit gutem Grund sagen: Diese deterministische Auffassung ist vermutlich theoretisch *unwiderlegbar*, sie ist allerdings auch *unbeweisbar*. Ob sie als theologische Konzeption zu akzeptieren ist, läßt sich deshalb nur entscheiden, wenn man die Konsequenzen des Determinismus anhand der Aussagen der christlichen Glaubenslehre überprüft.

Was würde es bedeuten, wenn der Determinismus mit seiner Sichtweise recht hätte? Dann wären alle Annahmen, Vermutungen oder Gewißheiten, die besagen, daß es so etwas wie menschliche (Handlungs-) Freiheit oder Verantwortung gibt, *Irrtümer*. Das hieße aber: Es wäre nur *scheinbar sinnvoll*, Motive gegeneinander abzuwägen, sich an Werten oder Geboten zu orientieren, Buße zu tun, andere zur Rede zu stellen, nach Gründen zu fragen, die Zukunft zu planen etc. D. h. *nicht*, daß all das unter den Bedingungen des Determinismus nicht mehr geschähe (es geschieht ja ohnedies durch Gott), und es heißt auch *nicht*, daß es dann sinnvoll wäre, all dies zu *unterlassen* (denn auch die Unterlassung geschähe ja durch Gott), sondern es heißt, daß die Kategorie „*Sinn*" nicht mehr – *sinnvoll* – auf menschliche Handlungen (sondern allenfalls auf das *Ganze* des Weltgeschehens) angewandt werden *kann*. Diese Konsequenz ist so unverantwortlich, daß sie – wenn schon nicht theoretisch, so doch –*praktisch* widerlegt werden *kann* und ihr praktisch widersprochen werden *muß*.[77] Konsequent deterministisch zu leben, hieße: *sich vollständig treiben zu lassen* – noch genauer gesagt: sich als jemand zu verstehen, der vollständig getrieben *wird*.

---

77 Vermutlich hat es noch nie einen Menschen gegeben, der auch nur einigermaßen konsequent nach dieser Theorie gelebt hat.

Nun liegt diese Charakterisierung zum Verwechseln nahe bei dem, was „glauben" heißt: sein Vertrauen ganz auf Gott setzen, und d. h.: sich ganz von Gott bestimmen lassen. Der grundlegende Unterschied zwischen dem Sich-treiben-Lassen und dem Sich-von-Gott-bestimmen-Lassen liegt aber gerade darin, daß das Vertrauen auf Gott anleitet zum *Unterscheiden*, und zwar zum Unterscheiden zwischen *Gott* und den Ereignissen, Mächten und Gewalten (Barmen I u. II), denen Menschen sich *nicht* anvertrauen, überlassen und ausliefern sollen[78], während der Determinismus gerade *diese* Unterscheidung *nicht* machen *kann*.

An dieser Stelle wird der zweite große Defekt des Determinismus deutlich: „Gott" wird hier faktisch zu einer Art *Dublette* zu „Weltgeschehen". Daß eine solche Dublette letztlich überflüssig ist, ist die *eine* Konsequenz; daß das Gottesbild auf diesem Weg nicht mehr vom Bild der (gefallenen) *Welt* unterschieden werden kann, ist die *andere* Konsequenz. In der Sicht des Determinismus ist die Sendung Jesu zur Rettung der Welt *ebenso* Gottes Werk wie der Sündenfall, Kains Brudermord *ebenso* wie die Tat des barmherzigen Samariters, der Holocaust *ebenso* wie die Überwindung der Apartheid etc. Man muß zumindest zugeben: Die christliche Botschaft ist in dieser deterministischen Auffassung *nicht* wiederzuerkennen.

Wie können diese Konsequenzen vermieden werden, ohne daß man nun wieder umgekehrt in die defizitäre Position des Deismus gerät? Auch im Blick auf das geschichtliche Wirken Gottes ist die Einsicht tragfähig, daß Gott, dessen Wesen Liebe ist, dem Geschöpf *eigene* Lebensmöglichkeiten und dem Geschöpf *Mensch* eigene Möglichkeiten *bewußten* Wählens und Handelns einräumt. Alle diese eigenen Möglichkeiten verdanken sich einem Akt des Gesetzt- und Bejahtwerdens, den die Geschöpfe nicht selbst hervorbringen, sondern nur in Anspruch nehmen können – selbst wenn sie ihn dazu in Anspruch nehmen, dieses Vorgegebensein zu bestreiten oder nicht wahrhaben zu wollen. Im Blick auf den geschichtlichen *Vollzug* geschöpflichen Daseins gilt aber stets ein Miteinander von Bestimmtwerden und Selbstbestimmung.

In der theologischen Überlieferung wurde hierfür die Lehre von der göttlichen *Vorsehung* (providentia) ausgebildet, die neben der Erhaltung (conservatio; s. o.) die *Mitwirkung* (cooperatio oder concursus) und die *Lenkung* (gubernatio) der Geschöpfe durch Gott thematisiert. Die damit gegebenen und darin enthaltenen Akzentsetzungen und Unterscheidungen erweisen sich bei näherer Betrachtung als durchaus geeignet, die Rede vom geschichtlichen Wirken Gottes unter Vermeidung deistischer oder

---

78 Vgl. dazu das unten (10.2) zur Notwendigkeit der Unterscheidung der Geister Gesagte.

deterministischer Abwege zu konkretisieren; deswegen orientieren sich
die weiteren Ausführungen daran.

8.3.3.1 Vorsehung als Mitwirkung

Die Rede von Gottes (Vorsehung als) *Mitwirkung* erscheint in zweifacher
Hinsicht als problematisch:

– Einerseits erweckt sie den Eindruck, als bedürfe Gottes Wirken der
   menschlichen Ergänzung und als könne oder müsse der Mensch einen
   aktiven Beitrag zur Erlangung des Heils leisten.
– Andererseits wirkt schon die vorausgesetzte Vorstellung von einer
   cooperatio zwischen Gott und Mensch merkwürdig, weil sie den Anschein erweckt, Gott und Mensch seien zwei gleichrangige oder gleichartige, jedenfalls aber vergleichbare Größen.[79]

Beide Bedenken beruhen jedoch auf Mißverständnissen und gehen
deswegen an der Intention der Lehre vom concursus divinus vorbei. Das
soll kurz begründet werden:

– Was den Eindruck der Ergänzungsbedürftigkeit von Gottes Wirken
   anbelangt, so geht es in der concursus-Lehre genau um das Gegenteil:
   um das Angewiesensein des *Menschen* und der übrigen Geschöpfe auf
   Gottes Begleitung, Hilfe und Kraft. Nicht Gott braucht die menschliche cooperatio, sondern der Mensch die göttliche. Daß das Geschöpf
   und insbesondere der Mensch bei dem geschichtlichen Wirken selbst
   einen wesentlichen Beitrag leisten kann, ist eine von Gott *gewährte*
   Möglichkeit, die dem Geschöpf Würde verleiht. Freilich bleibt all
   dies – jedenfalls nach evangelischem Verständnis – *begrenzt* auf das
   Wirken des Menschen in Beziehung zu den anderen Kreaturen. Im
   Blick auf die Beziehung zu *Gott*, und damit im Blick auf das *Heil* ist
   der Mensch *rein passiv, nur Empfangender*. Hier ist jede cooperatio
   des Menschen ausgeschlossen.[80]
– Was den Anschein einer unsachgemäßen Gleich- oder Nebenordnung
   von Gott und Mensch (bzw. Geschöpf) betrifft, so hat schon die
   mittelalterliche Theologie dem zu wehren versucht, indem sie zwischen Gottes Wirken als *Ersturache* (causa prima) und dem geschöpflichen Wirken als *Zweitursache* (causa secunda) unterschied.

---

79 Vgl. dazu E. Wölfel, Welt als Schöpfung (ThExh 212) 1981, S. 33.
80 Daß und wie der Mensch auch in reiner Passivität und als nur Empfangender
   ein *personales* Wesen bleibt und als solches am Heilsgeschehen *beteiligt* ist,
   wird freilich in 14.1.3 noch eigens zu entfalten sein.

Freilich ist diese Unterscheidung so lange keine befriedigende Lösung, als nicht eine Verhältnisbestimmung von Erst- und Zweitursache gelingt, bei der *weder* die oben genannte *Nebenordnung* wiederkehrt, *noch* eine *Instrumentalisierung* der Zweitursache die Folge ist.[81] Wie ist dieses Verhältnis von Erst- und Zweitursache, also das Verhältnis von göttlichem und geschöpflichem Wirken in der Geschichte zu denken? Die Pointe der Unterscheidung und Verbindung liegt darin, daß beide Wirkweisen zwar als *eigenständige* Kräfte gedacht werden, daß aber die *Fähigkeit* der Zweitursache zum eigenständigen Wirken allererst begründet, ermöglicht und gegeben ist durch die Erstursache. Insofern hat schon das daseinskonstituierende Wirken Gottes den Charakter einer Erstursache. Aber darauf beschränkt es sich nicht. Vielmehr fällt all dasjenige, was zur äußeren und inneren Ermöglichung eigenverantwortlichen menschlichen Handelns gehört, mit unter diesen Begriff.

Setzen wir diese beiden Erläuterungen in Beziehung zu dem konkreten Verständnis des Wesens und der Wirklichkeit Gottes, wie es sich in Jesus Christus als Liebe erschlossen hat, dann folgt daraus, daß das geschichtliche Wirken Gottes weder zu bestreiten *noch* im Sinne eines Eingreifens auf der Ebene des geschöpflichen Wirkens zu denken ist, sondern als diejenige *Begleitung* alles geschöpflichen Wirkens, die es *ermöglicht*. Liebe *befreit* und *inspiriert* die Geschöpfe, genauer: den Menschen zum verantwortlichen geschichtlichen Wirken. Aber diese Befreiung und Beanspruchung muß dem Menschen immer wieder zuteil werden. Darin, daß dies „alle Morgen neu" (Thr 3,23) geschieht, erweist sich Gottes geschichtliches Wirken als Begleitung (concursus) und Mitwirkung (cooperatio) im Blick auf das geschöpfliche Wirken.

Das geschichtliche Wirken Gottes, das so vom Gottesverständnis aus *gedacht* wird, wird freilich vom Menschen nicht immer als Ausdruck der Liebe *erlebt*. Im geschichtlichen Geschehen als solchem enthüllt sich *nicht*, daß und inwiefern es Ausdruck des Wirkens und Wesens Gottes ist. Was hier erlebbar ist, kann immer nur mit dem verglichen und an dem gemessen werden, was sich von der Selbstoffenbarung Gottes in Jesus Christus her einem Menschen erschlossen hat. Wo es zwischen dieser Gotteserkenntnis und dem geschichtlichen Erleben zum Einklang kommt, da ist dies Anlaß für das menschliche *Gotteslob*, durch das Gottes geschichtliches Wirken gepriesen wird. Dort jedoch, wo solcher Einklang

---

81 Den grundlegenden Unterschied zwischen causa secunda und causa instrumentalis hat R. Schulte klar herausgearbeitet in seinem insgesamt erhellenden Aufsatz: Wie ist Gottes Wirken in Welt und Geschichte theologisch zu verstehen?, in: Vorsehung und Handeln Gottes, 1988, S. 116-167, bes. S. 121-124.

sich nicht einstellt, ja wo das geschichtliche Erleben im krassen Gegensatz zum Glauben an Gott steht, wird es zum Anlaß für die *Klage*, die sogar zum Zweifel, ja zur Absage an Gott werden kann. Dabei kann es so sein, daß durch den Fortgang der Ereignisse das Lob Gottes in Klage umschlägt – oder umgekehrt. Aus der Sicht des Menschen bleibt das geschichtliche Wirken Gottes undurchschaubar und rätselhaft. Auch das, was im folgenden über die Vorsehung Gottes gesagt wird, steht unter dem Vorbehalt: „Wir sehen jetzt durch einen Spiegel ein dunkles Bild ...“ (I Kor 13,12).

8.3.3.2 Vorsehung als Lenkung

Würde Vorsehung nur als Erhaltung der Geschöpfe und als Mitwirkung und als ermöglichende Begleitung ihres Wirkens beschrieben, so bliebe sie unterbestimmt, weil darin die Erkenntnis fehlte, daß Gottes conservatio und concursus *zielgerichtet* ist, also das Geschöpf nicht nur im Dasein *erhält* und sein Wirken *ermöglicht* und *begleitet*, sondern es auch in eine bestimmte Richtung *lenken* will. Hier erst kommt zum Ausdruck, daß zwischen dem geschichtlichen Wirken Gottes und des Menschen eine *Spannung*, ja ein *Gegensatz* bestehen kann. Es versteht sich nicht von selbst, daß menschliches Wirken dem Wirken Gottes entspricht. Die Einwirkung Gottes auf das geschöpfliche Wirken hat die altprotestantische Theologie im Begriff der *gubernatio* (Lenkung) zusammengefaßt und hat das damit Gemeinte dann noch einmal durch vier Begriffe differenziert, von denen allerdings zwei so eng verwandt sind, daß sie gut zusammengefaßt werden können: Zulassung (permissio), Hinderung und Begrenzung (impeditio und determinatio) sowie Leitung (directio).

a) Gottes lenkendes Wirken als Zulassung

Die schwächste Form von Gottes gubernatio ist die Zulassung. Sie ist der im vorigen Unterabschnitt genannten Begleitung und Mitwirkung Gottes unmittelbar benachbart. Sie besagt zunächst nur: Gott macht *nicht unmöglich*, daß Geschöpfe ihren *eigenen* Weg wählen und dabei auch *gegen* seinen Willen handeln. Gerade die Zulassung ist immer wieder (bewußt oder unbewußt) zum Anklagepunkt gegen Gott gemacht worden: Wie kann Gott das zulassen?[82]

---

[82] Aber muß die Liebe nicht Raum geben zum Gehen eigener, auch *verkehrter* Wege? Jedenfalls im Blick auf Personen kann man diese Frage nur *bejahen*. Das Beste für eine Person zu wollen, heißt zugleich, auf Gängelung und

Wenn wir *Gottes* zulassendes Wirken ernst nehmen, so folgt daraus, daß wir auch *uns selbst* – insbesondere im Rückblick auf verfehlte Entscheidungen und Handlungen – die Möglichkeit verkehrter Wege einräumen müssen, sie nicht verleugnen oder verfluchen dürfen, sondern unter Scham, Schmerz und Trauer als *unsere* Wege *unter Gottes Vorsehung* annehmen, sie also auch selbst zulassen dürfen und sollen.[83] Zur Lebensgestaltung des Glaubens gehört darum die Übernahme und Annahme (also die Zulassung) auch der Elemente und Wegstrecken, die der Liebe nicht entsprechen, sondern von ihr nur toleriert, d. h., ertragen und erduldet werden können.

b) *Gottes lenkendes Wirken als Hinderung und Begrenzung*

Daß neben die permissio nun die impeditio und determinatio tritt, schränkt erstere ein Stück weit ein und hat die Funktion, die Zulassung von Beliebigkeit zu unterscheiden. Dabei wäre es ein verfehlter Denkansatz, bestimmen zu wollen, *wo* die Grenzen liegen und *welche* menschlichen Untaten durch Gottes Wirken verhindert oder unmöglich gemacht werden oder wurden. Im Blick auf individuelle und kollektive Handlungszusammenhänge drängt sich freilich oft der Eindruck auf, daß Schlimmeres gnädig verhindert wurde, daß es nicht zum Äußersten gekommen ist, daß ein (stummes aber wirksames) „Bis-hierher-und-nicht-Weiter" (Hi 38,11) gesprochen wurde. Aber warum das im einen Fall geschehen ist, im anderen nicht, das läßt sich aus unserer Sicht nicht bestimmen oder begründen. Nur soviel läßt sich sagen, daß es nicht zum zulassenden Wirken der göttlichen Liebe gehören muß, *alles* zuzulassen, sowenig es zu echter zwischenmenschlicher Liebe gehört, niemals hindernd oder begrenzend einzugreifen.

Von hier aus ist auch zu verstehen, daß und warum die reformatorische Theologie das sog. *weltliche Regiment*, das der *Eindämmung* des

---

Bevormundung zu verzichten. Und darum muß Liebe – oft blutenden Herzens – *zulassen*, daß auch das Verkehrte gewählt werden kann. Eltern kennen diese schmerzliche Bewährungsprobe echter Liebe, wobei in diesem Falle zusätzlich zu bedenken ist, daß Eltern sich *täuschen* können in dem, was sie für einen verkehrten Weg ihrer Kinder halten.

83 Hier hat Luthers oft mißverstandenes und mißbrauchtes „pecca fortiter" an den zaudernden Melanchthon seinen legitimen Platz. Durch die nicht zu vergessende Ergänzung Luthers: „sed fortius fide et gaude in Christo, qui victor est peccati …" (WA Br 2 [Nr. 424], 372,84 f.) unterscheidet es sich von Gleichgültigkeit oder Laxheit und erweist sich als Ausdruck des christlichen Vorsehungsglaubens.

Bösen und so der Erhaltung der Welt dient[84] und insbesondere durch die politischen Institutionen wahrgenommen wird, mit Nachdruck als Regiment *Gottes* in Anspruch genommen und bei diesem Anspruch behaftet hat (s. o. 5.3.2.3). Diese Erkenntnis kann auf ihre Weise vor einem sentimentalen Liebesbegriff warnen und in Erinnerung rufen, daß Liebe, die das Beste für das geliebte Gegenüber will, auch den Mut und die Kraft zum Nein, zum Widerstand und zur harten Grenzziehung haben muß, *sofern* dies im Dienst der Liebe steht und geschieht.

c) Gottes lenkendes Wirken als Leitung

Die Begriffe Lenkung (gubernatio) und Leitung (directio) liegen so nahe beieinander, daß man sie fast gleichsetzen könnte. Das zeigt, daß die directio offenbar das *Wesentliche* an der gubernatio zur Sprache bringt. Was aber ist damit gemeint? Man könnte dabei an den Vorgang denken, durch den z. B. ein Fahrzeug oder eine Flüssigkeit in eine bestimmte Richtung gelenkt oder geleitet wird. In diesem Fall ist das Gelenkte oder Geleitete *nur Objekt*. Es wird an eine bestimmte Stelle befördert – ob es will oder nicht. Dieses mechanische Verständnis von Lenkung oder Vorsehung, das eine deterministische oder fatalistische Weltsicht zur Folge hat, ist auch im Christentum und in anderen Religionen immer wieder anzutreffen. Aus theologischen Gründen ist dieser Sichtweise aber zu widersprechen. Liebe wirkt nicht mechanisch oder zwanghaft, sondern sie lädt ein und bittet, spricht an und erhofft Antwort, und mit alledem *wirbt* sie um das geliebte Gegenüber, um es so für sich (d. h.: für die *Liebe!*) zu gewinnen.

Darin spricht sich die Einsicht aus, daß es zwar mit dem Wesen der Liebe vereinbar ist, Grenzen zu ziehen und Schranken zu setzen, aber daß damit das Böse nur *äußerlich* eingedämmt, an seinem Ausbrechen oder Überhandnehmen gehindert werden kann, aber nicht *innerlich* überwunden wird. Freilich, mit dem Zielpunkt der inneren Überwindung des Bösen durch das Gute ist schon die Grenze überschritten, innerhalb deren sich die *Vorsehungs*lehre herkömmlich bewegt, und es ist damit die Selbsterschließung Gottes zum *Heil* ins Auge gefaßt, von der in der Christologie (s. u. 9) und in der Soteriologie (s. u. 14) die Rede sein soll. Da aber auch, ja gerade diese Selbsterschließung als ein Wirken Gottes in der Geschichte zu verstehen ist, ist es durchaus sachgemäß, am Ende der Vorsehungslehre zumindest über diese Grenze hinauszublicken. Sofern die Vorsehungslehre innerhalb dieser Grenze verbleibt, erfaßt sie nicht das *ganze* geschichtliche Wirken Gottes, ja sie nimmt das *Herzstück*

---

84 Ob darin eine Verengung des erhaltenden Wirkens liegt, wird noch in Abschn. 14.1.4.2 zu bedenken sein.

dieses Wirkens, nämlich die Offenbarung Gottes in Jesus Christus zum
Heil der Welt, noch gar nicht in den Blick.[85] Für diese Selbstbegrenzung
kann es nur *praktische* Gründe geben. *Grundsätzlich* gehört *alles*, was in
den folgenden Kapiteln an geschichtlichem Wirken Gottes zu entfalten
ist, zum Gegenstandsbereich der Vorsehungslehre.

8.3.4   Engel als Boten Gottes

Gegen die Behandlung der Lehre von den Engeln (Angelologie) im Rahmen der Lehre vom Wirken Gottes und damit innerhalb des *Gottesverständnisses* läßt sich ein gravierender Einwand erheben: Es besteht die
Gefahr, daß Engel auf diese Weise mit Gott gleichgesetzt werden oder gar
an die Stelle Gottes treten. In diesem Fall würde eine Wirkweise Gottes
oder etwas, das auf ihn verweist, unversehens mit Gott selbst vertauscht.
Demgegenüber betont der christliche Glaube die Unterscheidung zwischen Gott und den Engeln und lehnt eine religiöse Verehrung oder Anbetung der Engel ab.[86] Gerade angesichts der Tatsache, daß Engel heute
wieder – auch im evangelischen Bereich – an Beachtung und Bedeutung
für den Glauben gewinnen, ist es wichtig, Gott und Engel deutlich zu
unterscheiden.

   Gegen die Beschäftigung mit den Engeln im Rahmen der Gotteslehre
könnte man aber auch einwenden: durch diese Plazierung komme es zu
einer Engführung, bei der die Dämonen und/oder (der) Teufel als „Gegen-
spieler" der Engel aus dem Blick gerieten. Beherzigenswert an diesem
Einwand ist die darin implizit enthaltene Warnung vor einer einseitig

---

85 Auf den hier bestehenden Zusammenhang verweist aus exegetischer Sicht
    Günter Klein mit seiner These: Bei Paulus bzw. von Paulus her „gerät das
    Lehrstück de gubernatione mundi nun in den Sog einer unerhörten Konzen-
    tration, sofern Gottes herrscherliches Weltwalten hier im Modus von *Christi*
    Weltwalten vor Augen tritt". Deshalb gilt für Paulus, „daß die Herrschaft
    Christi unter den Bedingungen von Zeit und Geschichte die einzige Weise ist,
    in der Gottes herrscherliches Walten zum Zuge kommen will" („Über das
    Weltregiment Gottes". Zum exegetischen Anhalt eines dogmatischen Lehr-
    stücks, in: ZThK 90/1993, S. 262 u. 267). Daß diesen paulinischen Aussagen
    „alle sonstigen Aussagen des Neuen Testaments ... der Sache nach konform"
    sind, betont Klein a.a.O., S. 268.
86 Vgl. dazu Kol 2,18; Apk 19,10 u. 22,8 f. Auch die römisch-katholische
    Theologie und Kirche kennt nur eine *Anrufung* der Engel (wie der Heiligen)
    als Bitte um *Fürbitte*, aber keine *Anbetung* der Engel (oder der Heiligen). Ob
    dieser Unterschied in der Praxis immer beachtet wird und inwieweit er den
    Menschen überhaupt bewußt ist, ist freilich eine andere Frage.

positiven, verharmlosenden (oder gar verniedlichenden) Betrachtungsweise der Engel. Um diese Gefahr zu vermeiden, könnte es richtig sein,
gewissermaßen als negatives, bedrohliches Gegenelement sofort die Dämonen und Teufel mit in den Blick zu fassen – zumal in der Bibel an vielen
Stellen von *beidem* die Rede ist. Trotzdem erscheint mir diese Erweiterung
oder Ergänzung nicht als richtig. Einerseits könnte gerade sie dazu beitragen, das Erschreckende an den *Engeln* nicht mehr wahrzunehmen, sondern den Dämonen zuzuweisen. Andererseits könnte durch diese Ergänzung der Eindruck einer Symmetrie entstehen, die aus theologischen
Gründen nicht behauptet werden darf. Es gibt *nicht* zwei Arten von Boten
Gottes (gute und böse), sondern es gibt nur die von Gott gewollten und
bejahten Boten Gottes, nämlich die Engel, denen mit den Dämonen und
Teufeln die von Gott nicht gewollten, aber zugelassenen Wirkweisen des
Bösen gegenüberstehen. Von letzteren soll darum erst im Zusammenhang
mit der Lehre von der gefallenen Welt (s. u. 13.4.2) die Rede sein.

Aber ist es theologisch überhaupt sinnvoll und hinreichend begründet,
eine Lehre von den Engeln vorzutragen? Geraten wir hier nicht unweigerlich auf ganz spekulatives Gebiet? Gibt es überhaupt Engel, oder sind
Engelsvorstellungen mythische Restbestände, die in einem aufgeklärten
Denken und in einer auf der Höhe des neuzeitlichen Bewußtseins sich
befindenden Theologie keinen legitimen Ort haben?

Wendet man sich mit diesen Fragestellungen zunächst an die biblische
Überlieferung, so sind zwei Befunde zu konstatieren, die in einer gewissen
Spannung zueinander stehen:

Einerseits gilt für das (Judentum und) Christentum: Die Vorstellung
und das Reden von Engeln sind hier nicht marginal, sondern fest im
Überlieferungsbestand verankert. In der Bibel spielen an zahlreichen Stellen diese ungreifbaren Boten Gottes eine entscheidende Rolle, indem sie
als Verkündigende oder Beschützende, als Begleitende oder Führende, als
Kämpfer oder Strafende, als Fürsprecher oder Ankläger begegnen. Und
zwar kommen Engelwesen in der Bibel an ganz entscheidenden Stellen
vor: bei der Vertreibung aus dem Paradies (Gen 3,24); in den Abrahams-
Geschichten (Gen 16; 19; 22); sodann als Offenbarer des Gottesnamens
bei der Berufung Moses (Ex 3,2)[87]; bei der Berufung Jesajas (Jes 6,1-7); als
Verkündigungsengel und als Warner im Umfeld der Geburt Jesu (Mt 1,20
u. 24; 2,13 u. 19; Lk 1,11-35; 2,9); vor der Gefangennahme Jesu in
Gethsemane (Lk 22,43) und dann vor allem im Umfeld der Auferweckung

---

87 Hier zeigt sich freilich, daß in der alttestamentlichen Überlieferung Gott und
der „Engel des Herrn" nicht immer deutlich voneinander unterschieden sind.
Deshalb ist es sicher auch berechtigt, Gen 32,23-38 mit in die Angelologie
einzubeziehen, obwohl dort nicht von Engeln die Rede ist.

Jesu (Mk 16; Mt 28; Lk 24; Joh 20) sowie bei der Himmelfahrt Jesu (Act 1,10 f.). Diese erinnernde Aufzählung mag genügen, um die *eine* Beobachtung und These zu belegen: Engel werden in der Bibel an zahlreichen und entscheidenden Stellen genannt.

Andererseits gibt es in der Bibel keinerlei Ansatzpunkt für eine *Lehre* von den Engeln: weder in Form einer *Wesens*beschreibung noch durch irgendwelche Aussagen oder Andeutungen über ihren *Ursprung*. Für das Alte wie für das Neue Testament (im Unterschied zu den Apokryphen und zur sonstigen Religionsgeschichte) gilt, daß sie „wenig am Sein des Boten und ... ausschließlich an der geeigneten Ausrichtung der jeweiligen Botschaft interessiert" sind.[88]

Während in den altkirchlichen Bekenntnissen Engel gar nicht erwähnt werden, spielen sie in den reformatorischen Bekenntnisschriften in dreierlei Hinsicht eine Rolle:

- In der Apologie zu CA 21 (BSLK 318,13-17) und in den SA II,2 (BSLK 425,1-25) wird mit Verweis auf Sach 1,12 zugestanden, daß Engel für uns im Himmel Fürbitte leisten; die Anrufung, Anbetung und religiöse Verehrung der Engel wird jedoch abgelehnt; „denn das ist Abgötterei, und solche Ehre gehöret Gott alleine zu" (BSLK 425,10 f.).
- In SA II,2 weist Luther – in deutlicher Anspielung auf Gal 1,8 – darauf hin, daß niemand, auch kein Engel, das Recht hat, Glaubensartikel aufzustellen, als allein das *Wort Gottes* (BSLK 421,23-25).
- Laut dem Kleinen Katechismus soll (oder kann jedenfalls) Gott um die beschützende und bewahrende Sendung seines heiligen Engels gebeten werden, wie dies im Morgen- und Abendsegen, die Teil des Katechismus sind, zum Ausdruck kommt (BSLK 521,33 u. 522,17 f.).

Faßt man diese drei Beobachtungen zusammen, so läßt sich sagen: Engel können für uns bitten und uns bewahren, deshalb dürfen wir Gott um seine(n) Engel bitten. Aber sie sind keine göttlichen Wesen, darum kommt ihnen keine eigenständige Autorität und keine religiöse Verehrung zu. *Engel sind* (nur) *Gottes gute Boten.*

Vergleicht man den Befund aus Bibel und reformatorischen Bekenntnisschriften mit der altprotestantischen Lehre von den Engeln, so gewinnt man den Eindruck, daß diese Lehre auf einen *Abweg* führt. Was dort über

---

88 So Horst Seebaß, Art. „Engel", in: TRE 9, S. 585. Ähnlich resümiert O. Böcher für das Neue Testament (a.a.O., S. 599): „Im Bild von den Engeln veranschaulicht sich der Fromme der Bibel das Geheimnis des göttlichen Wirkens. Vor der Würde ihres Auftraggebers und dem Gewicht ihres Auftrags treten im Neuen Testament die Engel völlig zurück; sie sind weder Gegenstand theologischer Reflexion noch gar kultischer Verehrung."

die „Natur" und den „sittlichen Zustand" der Engel gesagt wird[89], ist
dermaßen spekulativ und konstruiert, daß dadurch das Wesentliche der
Aussagen von Schrift und Bekenntnis gerade zugedeckt wird, ja verlorengeht. Der grundlegende Fehler ist m. E. einerseits in der *Prämisse* zu
suchen: „Über das Dasein der Engel ... wissen wir, daß sie von Gott
geschaffene Wesen sind"[90]; andererseits in dem *deduktiven Verfahren*,
durch das ihr Wesen aus der Differenz zu Gott und zum Menschen abgeleitet wird.

Der theologische Ansatz, der von der These ausgeht: „Es gibt Engel",
also müssen sie von Gott geschaffen sein, also müssen sie ein bestimmtes
Wesen und bestimmte Eigenschaften haben, führt m. E. in die Irre. Der –
tragfähige – *biblische* Ansatz der Engellehre liegt ganz bei ihrem Auftrag,
ihrem Wirken, ihrer Funktion: *Engel sind Boten Gottes.* Eine überzeugende Konsequenz daraus hat C. Westermann gezogen, wenn er schreibt:
„Der Engel kommt ins Sein mit seinem Auftrag, er vergeht mit der Erfüllung seines Auftrags, denn seine Existenz ist Botschaft."[91] Mit dieser
Formulierung ist in nuce alles Wesentliche zur Angelologie gesagt. Das
soll nun noch kurz entfaltet werden.

Die Frage: „Gibt es Engel?" ist zwar verständlich, führt das Denken
aber in eine falsche Richtung. Es gibt *keinen* Grund zu der Annahme,
unter der Vielzahl der Geschöpfe Gottes gebe es eine Art von Geschöpfen,
die als „Engel" zu bezeichnen seien (so wie es Pflanzen, Tiere, Menschen,
Gestirne, Land und Meer gibt). *Aber:* Es *ereignet* sich, es *geschieht*, daß
Menschen (und vielleicht sogar Tieren[92]) eine *Begegnung* widerfährt, in
der ihnen die bedrohliche oder rettende Wirklichkeit Gottes auf spürbare
Weise so nahe kommt, daß sie dessen innewerden, daß ihnen auf leibhaf-
tige Weise das Wirken Gottes zuteil geworden ist. Der Bote, durch den
dies geschieht, mag im *Traum* begegnen, in einem *Bild*, einem *Musikstück*
oder in einem *Menschen* aus Fleisch und Blut (der u. U. davon selbst nichts
weiß) oder in einer *Gestalt*, die in die alltägliche Erfahrung überhaupt
nicht einzuordnen ist. Entscheidend ist nicht die Gestalt und Erscheinungsweise des Boten, sondern sein *Auftrag.* Durch seinen Auftrag und
solange er ihn erfüllt, *wird* der Bote zum Engel. Die Seinsweise eines
Engels ist der göttliche Auftrag, den er erfüllt. Dadurch wird der Engel
zum *Symbol*, das auf Gott verweist.

---

89 Vgl. dazu z. B. Heinrich Schmid, Die Dogmatik der evangelisch-lutherischen
   Kirche (1843). Hg. H. G. Pöhlmann, Gütersloh 1990[11], S. 134-149.
90 A.a.O., S. 134.
91 Gottes Engel brauchen keine Flügel, S. 7. Nicht recht einzusehen ist lediglich,
   warum Westermann am Ende dieses Satzes den Begriff „Auftrag" durch
   „Botschaft" ersetzt. Das ist eine unnötige Verengung.
92 S. Num 22,21-35: Bileams Eselin.

Der Versuch, das Wesen und die Eigenschaften von Engeln anstelle ihres Auftrags und ihrer Wirkweise zu bestimmen, ist nicht nur ein verfehlter Denkansatz, sondern birgt die Gefahr in sich, Engel dort *nicht* wahrzunehmen, sie also dort zu übersehen, wo sie tatsächlich in Erscheinung treten, auftauchen oder vorkommen. Und diese Gefahr ist *noch größer* als die einer verfehlten oder ins Leere gehenden Konstruktion von Wesen und Eigenschaften, weil es ja bei der Begegnung mit Engeln um die Begegnung mit dem Wirken Gottes geht, das durch den Botendienst der Engel erschlossen wird.[93] Die Gefahr, Engel (und damit die durch sie erschlossene Gottesbegegnung) nicht wahrzunehmen, ist ganz real. Engel können verkannt, ihre Botschaft kann überhört oder übersehen werden. Einer der Gründe dafür ist darin zu suchen, daß Engel ganz in ihrem Auftrag aufgehen und – im Unterschied zu Dämonen – nicht die Aufmerksamkeit und Verehrung auf sich ziehen, sondern transparent sind für Gottes Wirken.

Eine Dogmatik kann und sollte über Engel *nicht viel* sagen, sondern nur versuchen, durch gedankliche Klärungen die Bereitschaft und Aufmerksamkeit für solche Erfahrungen zu wecken. Für die symbolisierende Darstellung der Gestalten, die Engel sein können, und der Situationen, in denen Engel begegnen können, ist die Kunst in allen ihren Zweigen eher zuständig, weil besser geeignet als die Dogmatik.[94] Entscheidend ist, daß es um die Begegnung mit Boten Gottes und *ihrem* Auftrag geht, durch die es zu einer Erfahrung des Wirkens Gottes kommt, die *immer heilsam*, aber *keineswegs immer angenehm* ist, sondern *schrecklich* sein kann[95].

8.3.5   Gottes Wirken und das Gebet des Menschen

Das Gebet als Element der Lebensgestalt des Glaubens (s. o. 2.2.3) wird durch seine Verhältnisbestimmung zu Gottes Wirken nicht vollständig erfaßt, sondern nur unter einem bestimmten Blickwinkel. Dieser Blick-

---

93 Dies kommt auch in der bekannten Liedstrophe Bonhoeffers zum Ausdruck: „Von *guten Mächten* wunderbar geborgen, erwarten wir getrost was kommen mag. *Gott* ist bei uns am Abend und am Morgen und ganz gewiß an jedem neuen Tag." (EG 65,7, Hervorhebungen von W. H.).

94 In diesem künstlerisch zu gestaltenden Raum hat dann unter Umständen vieles Platz: nicht nur Paul Klees „Engel noch tastend", sondern vermutlich auch die geflügelte Barockputte neben den „himmlischen Heerscharen" und dies alles unter oder am „Himmel über Berlin".

95 Vgl. dazu die bekannte Zeile von R. M. Rilke: „Ein jeder Engel ist schrecklich" (Duineser Elegien, erste und zweite Elegie), in: Rilke, Gesammelte Gedichte, Insel-Verlag, Frankfurt a. M. 1962, S. 441 u. 445.

winkel wird noch weiter verengt, wenn man sich gar auf die Frage nach der möglichen Beeinflussung des Wirkens Gottes durch das Gebet beschränkt. Aber man kann kaum bestreiten, daß mit diesen beiden Perspektiven jedenfalls entscheidende Problempunkte der Lehre vom Gebet angesprochen sind. Deswegen mag es legitim sein, das Thema „Gebet" an dieser Stelle – zugleich als Abschluß der Gotteslehre – zu bedenken.

Das Gebet ist in der Vielfalt seiner Formen und Inhalte in erster Linie *menschliches Reden zu Gott.* Im Gebet sammelt eine Person sich und spricht in eigenen oder angeeigneten Worten (allein oder gemeinsam, begleitet von Gesten oder als bloße innere Gedankenbewegung) vor Gott aus, was sie zutiefst bewegt. Und indem sie dies tut, bleibt sie nicht länger mit sich, ihren Erfahrungen, Ängsten, Sorgen oder Freuden allein, sondern sucht die Nähe und Gegenwart Gottes. Das bedeutet einerseits, daß sie durch die Ausrichtung auf Gott heilsamen Abstand gewinnen kann von sich selbst und von dem, was sie bewegt. Und es bedeutet andererseits, daß sie gerade so ganz zu sich selbst finden kann, indem sie ihr Leben von Gott her in einem neuen Licht wahrnimmt, annimmt und gestalten läßt.

In diesem Sinn ist das Gebet in allen seinen Grundformen: als Klage, Bitte und Fürbitte, Dank und Lob primär *Ausdruck* und *Aussprache* dessen, was einen Menschen bewegt – *vor Gott.* Es trägt deshalb seinen Sinn und Wert in sich selbst, es ist *Selbstzweck.* Und die unersetzliche Bedeutung des Gebets liegt darin, daß es der Ort völliger Offenheit und Aufrichtigkeit, letzter Ernsthaftigkeit und vorbehaltlosen Sich-Anvertrauens ist. Deswegen ist es legitim, daß das Gebet die *Klage* einschließt, in der eigenes und fremdes Elend unverstellt zu Worte kommt, Gott seine Verheißungen vorgehalten werden und die Klage sogar zur *Anklage* gegen Gott werden kann (vgl. Hi 16,7-17; 30,20 f.; Ps 22,2 f.; Jer 20,7).

Aber in dieser *expressiven* Bedeutung geht das Gebet nicht auf. Es ist ja in der Regel (und von seinem Begriff her) auch *Bitte* und *Fürbitte,* in der Gott angerufen und von ihm erbeten wird, die Not zu wenden und Hilfe zu schaffen. Dabei geschehen diese Bitten in der christlichen Gemeinde „im Namen Jesu" (Joh 14,13 f.; 15,16; 16,23-26), d. h. *nicht:* unter formelhafter Berufung auf Jesus Christus, sondern in der Gewißheit, daß Gott, an den sich die Betenden wenden, sich in Jesus Christus als Liebe geoffenbart hat. Das Gebet im Namen Jesu, also das Gebet nach christlichem Verständnis, geschieht unter der *Voraussetzung:* „euer Vater weiß, was ihr bedürft, bevor ihr ihn bittet".[96]

---

96 Mt 6,8 unmittelbar *vor* dem Text des Vaterunser. Diese Voraussetzung ist hier wie meist im Neuen Testament personal, also (potenziert) metaphorisch formuliert.

Aber gerade wenn das gilt, stellt sich die Frage nach dem Sinn des *Bittgebets* verschärft. Wenn Gott „weiß", was Menschen bedürfen, bevor sie ihn bitten, warum „will" Gott dann noch gebeten sein? An so etwas wie einen menschlichen Unterwerfungsakt als Bedingung für Gottes Erhörung kann vom christlichen Gottesverständnis her *nicht* gedacht werden. Sinnvoll ist das Bittgebet aber dann, wenn es selbst als die *Weise* verstanden wird, wie ein Mensch sich vor Gott und für Gottes Wirken öffnet, um so – für sich und für andere – das zu *empfangen*, was er braucht: Mut, Glauben, Zuversicht und – als Inbegriff aller guten Gaben – den Heiligen Geist (Lk 11,13).[97] Durch dieses Gebet werden die Bitten um Brot, Gesundheit, Errettung etc. nicht verdrängt, aber sie werden dadurch umfangen und unter den Vorbehalt des Willens Gottes gestellt (s. Mt 6,10 u. Lk 22,42). So ist das Gebet nicht nur *Ausdruck* und *Aussprache* dessen, was einen Menschen bewegt, sondern auch Akt des *Sich-Öffnens* und des *Empfangens* dessen, was Gott gibt – und insofern hat das Gebet *rezeptiven* Charakter.[98]

Von daher kann auch die falsche Alternative überwunden werden, vor die man leicht gerät, wenn man die Frage stellt, ob das Gebet Gott veranlassen kann, etwas zu tun, was er ohne das Gebet nicht getan hätte. Es geht im Gebet weder um ein „Veranlassen" seitens des Menschen noch um ein „Tun" Gottes, sondern es geht darum, daß ein Mensch sich im Gebet in seiner ganzen Bedürftigkeit so vor Gott und für Gott öffnet, daß er das, was er zum Leben braucht, von Gott empfangen kann. Wo das geschieht, da ereignet sich etwas, das ohne das Gebet nicht geschehen wäre: Da gewinnt ein Mensch Anteil an der Wirklichkeit Gottes.

---

97 *Insofern* kann man sagen, daß das Gebet eine reale *Veränderung* in der Gott-Mensch-Beziehung *bewirkt*. Dabei handelt es sich aber nicht um eine *Einschränkung* der göttlichen Selbstbestimmung und Souveränität von Seiten des Menschen, sondern um ein Sich-bestimmen-*Lassen* Gottes durch das menschliche Gebet. Vgl. als *Vorform* des hier skizzierten Gebetsverständnisses meine ausführlichere Darstellung in dem Aufsatz: Den Mantel weit ausbreiten. Theologische Überlegungen zum Gebet, in: NZSTh 33/1991, S. 231-247. Daß ich nicht bei dieser Vorform stehen geblieben bin, verdanke ich vor allem den weiterführenden Überlegungen von M. Kauer zu Tillichs Gebetsverständnis.

98 Faßt man das expressive Moment und das rezeptive Moment *zusammen*, so kann man auch von einem *dialogischen* Charakter des Gebets sprechen, wenngleich diese Redeweise mißverständlich ist, weil sie den Eindruck eines Gesprächs zwischen zwei gleichartigen Partnern erweckt.

9 Gottes Selbsterschließung in Jesus Christus (Christologie)

9.1 Das Thema der Christologie

Alles, was im vorigen Kapitel über das Sein Gottes, sein Wesen und seine Eigenschaften, seine Wirklichkeit und sein Wirken gesagt wurde, war letztlich hergeleitet von der Person und dem Werk Jesu Christi als dem geschichtlichen Urimpuls des christlichen Glaubens. Hier ist nun der Ort, die Lehre von Jesus Christus, also die Christologie, zu entfalten. Dabei soll zunächst die Themenstellung der Christologie expliziert werden, indem der christliche Glaube als Glaube an das Evangelium von Jesus Christus (9.1.1) interpretiert und von da aus die Zusammengehörigkeit, ja Einheit von Person und Werk Jesu Christi (9.1.2) angesprochen wird.

9.1.1 Der christliche Glaube als Glaube an das Evangelium von Jesus Christus

Christlicher Glaube hat seinen Ursprung und bleibenden Grund in dem – primär gelebten und gesprochenen, sekundär geschriebenen – Evangelium, das verstanden sein will als *Evangelium von Jesus Christus*. Jedes der vier Worte, aus denen diese Formel besteht, verdient eine (kurze) eigene Besinnung.

9.1.1.1 Die Botschaft von Jesus Christus als Evangelium

Der Begriff „εὐαγγέλιον" bedeutet ursprünglich „(Lohn für eine) gute Nachricht, Siegesnachricht". Dieser Begriff hat bereits in vorchristlicher Zeit im römischen Kaiserkult religiöse Bedeutung erlangt, wo der Kaiser als ein Wesen göttlicher Art verstanden wird, das alles Heilvolle für die Menschen in seiner Person vereinigt. Schon die Nachricht von seiner Geburt ist ein εὐαγγέλιον, ebenso die von seinem Mündigwerden und seiner Thronbesteigung. Desgleichen können alle seine Erlasse als εὐαγγέλια bezeichnet werden.

Das Neue Testament übernimmt diesen Begriff in seiner positiven, heilvollen Bedeutung als zusammenfassende Bezeichnung der Botschaft Jesu (Mk 1,14) und der christlichen Botschaft (Röm 1,1 u. o.). Im Unterschied zum Kaiserkult gibt es im Neuen Testament aber nur *ein* Evangelium, nämlich das von Jesus Christus. Damit wird die Heilserwartung und -verkündigung auf *einen einzigen* Punkt konzentriert. Auch wenn der Inhalt des Evangeliums mit unterschiedlichen Begriffen beschrieben werden kann, z. B. als Gottesherrschaft, Gerechtigkeit Gottes, Heil oder Versöhnung, so ist doch immer ein und dasselbe Heilsgeschehen gemeint, das für das Neue Testament untrennbar verbunden ist mit dem Namen Jesus Christus.

Von daher ergibt sich ein weiterer, wirklich gravierender Unterschied zum Kaiserkult. Dort sind die εὐαγγέλια mit kaiserlichem Machterweis, Herrlichkeit, Wohlleben etc. verbunden – hier mit Armut, Niedrigkeit, ja mit der Schande des Verbrechertodes. Das Evangelium von Jesus Christus ist ein mögliches σκάνδαλον, dessen man sich schämen kann (Röm 1,16; I Kor 1,18-2,5). Und dem entsprechen auch der Inhalt und die Adressaten des Evangeliums. Es ist Heilszusage für Verlorene, Erwählung derer, die vor der Welt nichts gelten (Lk 15; I Kor 1,26-29).

9.1.1.2   *Das Evangelium als Botschaft* von *Jesus Christus*

Das „von" kann sowohl für einen genitivus auctoris wie für einen genitivus obiectivus stehen. Im ersten Fall bezeichnet es denjenigen, von dem das Evangelium herstammt; im anderen Fall denjenigen, von dem es handelt. Diese Doppeldeutigkeit ist sachgemäß und nicht zu eliminieren. Man kann zwar sagen: Im Blick auf die (synoptische) Überlieferung der irdischen Verkündigung Jesu überwiegt der genitivus auctoris, und im Blick auf die nachösterliche Verkündigung von Jesus Christus überwiegt der genitivus obiectivus. Aber in beiden Fällen ist beides (zumindest implizit) vorhanden. D. h., das Evangelium von Jesus Christus ist untrennbar mit seiner Person und seinem Wirken verknüpft, weil das, was er verkündigt und bringt, nicht unabhängig von seinem Reden und Wirken existiert, sondern sich darin ereignet und manifestiert. Im irdischen Wirken Jesu ist dieser Bezug dadurch unübersehbar, daß er selbst ja der Verkündiger und der Heilende ist. Von Kreuz und Auferstehung her ergibt sich für die Urgemeinde die Nötigung, diesen Bezug zwischen der Verkündigung und dem Verkündiger christologisch zu explizieren, so daß nun der Akzent ganz zu Recht auf das „von" im Sinne des genitivus obiectivus fällt. In ihm ist aber der genitivus auctoris nicht eliminiert, sondern aufbewahrt, also enthalten.

9.1.1.3 *Der Bezug des Evangeliums zu* Jesus von Nazareth

Der christliche Glaube verdankt sich der Verkündigung, dem Wirken und Geschick Jesu von Nazareth. Dieser konstitutive Bezug zu einem konkreten Menschenleben versteht sich nicht von selbst. Es gibt Religionen, die sich auf Mythen, Riten, Normen, Ideen oder Lehren beziehen, ohne daß es einen konstitutiven Bezug zu der Person oder zu den Personen gäbe, von denen sie herstammen oder auf die sie zurückzuführen sind. Anders ist es beim christlichen Glauben. Er richtet sich auf die Selbsterschließung Gottes, wie sie sich in einem bestimmten Menschen, Jesus von Nazareth, in einem bestimmten geschichtlichen und gesellschaftlichen Kontext ereignet hat. Dabei ist das Bild dieses Menschen durch die – notwendigen – Vermittlungen und Interpretationen der Überlieferung ausgeschmückt und verändert worden. Entscheidend ist, daß der christliche Glaube sich von seinem Ursprung her der Begegnung mit einer *Person* verdankt, von der gesagt werden konnte und kann: In ihr hat Gott sich – als Liebe – erschlossen.

Würde dieser Bezug zu einer konkreten Person preisgegeben oder für unwesentlich erklärt, indem z. B. der Ursprung des christlichen Glaubens in eine erdachte „Christusmythe" (A. Drews) verlegt würde, so wäre der christliche Glaube schon in *struktureller* Hinsicht als *Illusion*, d. h. als Wunschdenken zu bezeichnen (s. o. 8.2.1.1). Er wäre dann nicht *konstituiert* durch die *Begegnung* mit einer Person, die unbedingtes Vertrauen auf Gott weckt, sondern er wäre aus der Sehnsucht nach einer solchen Begegnung heraus *konstruiert*. Ein solches Konstrukt taugte aber nicht als Fundament für ein daseinsbestimmendes Vertrauen.

9.1.1.4 *Das Evangelium von Jesus als dem* Christus

Die Christologie – um deren Sinn und Bedeutung es hier geht – bezieht ihren Namen von dem Titel „Christus" (= „Messias"; = „Gesalbter") und nicht von dem Namen des irdischen Jesus. Dabei kann man durchaus darüber streiten, ob gerade der Christus-Titel das geeignete begriffliche Instrument ist oder ob es nicht viel eher der Titel „Herr" oder „Sohn" ist, der die Heilsbedeutung Jesu angemessen zum Ausdruck bringt (s. dazu u. 9.4). Faktisch ist der Christus-Titel sehr schnell zu einer Art Eigenname verblaßt. Aber gerade dieser Titel hat die wichtige Funktion, den jüdischen Lebenszusammenhang im Bewußtsein zu erhalten, aus dem Jesus stammt, in dem er gewirkt hat, und in dem er darum auch gesehen werden muß.

Entscheidend ist, daß mit diesem oder einem anderen Titel die einzigartige Bedeutung Jesu in Form eines *Bekenntnisses* zum Ausdruck kommt (vgl. Mt 16,16). Die Christologie handelt von Jesus als dem Christus, d. h., von seiner Heilsbedeutung. Dabei wird in der theologischen Überlieferung unterschieden zwischen der Heilsbedeutung seines *Wirkens* und *Geschicks* einerseits (de opere bzw. munere Christi) und der Heilsbedeutung seiner *Person* (de persona Christi) andererseits. Die altprotestantische Christologie hat außerdem hiervon noch unterschieden die Lehre von den sog. Ständen Christi (de statibus Christi), nämlich seiner Erniedrigung (exinanitio) und Erhöhung (exaltatio). Genau besehen sind die „Stände" jedoch kein Unterscheidungsmoment, das auf dieselbe gedankliche Ebene gehört wie die Unterscheidung zwischen Person und Werk, sondern sie sind ein Aspekt, der sich seinerseits primär auf die Lehre von der Person, sekundär auf die vom Werk Christi bezieht. Deswegen werden sie hier auch nicht als eigenständiges Thema behandelt.

Wichtig ist jedoch, daß über der sinnvollen, ja in gewisser Hinsicht notwendigen *Unterscheidung* zwischen Person und Werk Christi die unauflösliche innere *Zusammengehörigkeit*, ja deren *Einheit* nicht aus dem Blick gerät. Erst von dieser Einheit her läßt sich m. E. auch die Unterscheidung sachgemäß begründen, in eine sinnvolle Reihenfolge bringen und gegen die Gefahr einer abstrakten Trennung sichern. Deswegen soll nun von dieser Einheit die Rede sein.

9.1.2   Die Einheit von Person und Werk Jesu Christi

Daß auch die altprotestantische Christologie trotz dieser Unterscheidung um die *Einheit* von Person und Werk Jesu Christi gewußt hat, zeigt sich schon daran, daß die beiden Hauptbestimmungen der Lehrstücke de persona und de opere Christi genauestens harmonieren: Zentrum der Lehre von der *Person* Christi ist der Gedanke der unio personalis, derzufolge von Jesus Christus gesagt werden kann und muß, daß er wahrhaft Gott und wahrhaft Mensch (vere Deus et vere homo) sei. Im Zentrum der Lehre vom *Werk* Christi steht der Begriff des Mittleramtes (opus mediatoris). D. h. aber doch: Weil in Jesus Christus Gottheit und Menschheit (göttliche und menschliche Natur) sich in einer Person verbunden haben, darum ist Jesus Christus der Mittler zwischen Gott und Mensch. Wäre er nicht zugleich wahrhaft Gott und wahrhaft Mensch, dann könnte er auch nicht der Heilsmittler zwischen Gott und Mensch sein. Man sieht sofort: Die Begründung erfolgt hier von der Person her zum Werk – nicht umgekehrt. Die in der Inkarnation (und Kondeszendenz) gründende unio personalis ist die Voraussetzung, durch die die Verkündigung, das Wirken

und das Geschick Jesu erst seine außergewöhnliche, ja einmalige Heilsbedeutung erhält.

Gegen das von daher sich ergebende Begründungsgefälle von der Person zum Werk erhebt sich aber zumindest ein erkenntnistheoretisches
Bedenken. Zwar ergibt sich für diejenigen, die von Phil 2 oder Lk 1 her
die Evangelien lesen, der Eindruck, das *erste* sei die Auszeichnung der
Person, *dann* und *von daher* ergebe sich die Bedeutung seines Werks, aber
das ist nicht die Erkenntnisordnung der Menschen, die ihm als erste
nachfolgten. Sie wurden ja nicht mit einer Erzählung oder Theorie über
Jesu göttlichen Ursprung oder seine Herkunft konfrontiert.[1] Vielmehr
begegnen sie der Person Jesu, sie hören seine Verkündigung, sie sehen
seine Taten, sie werden Zeugen seines Leidens und Sterbens, und sie
werden schließlich dessen gewiß, daß er von den Toten auferweckt und
erhöht worden ist. Und aus alledem *gewinnen* sie die Überzeugung: Er ist
der Kyrios, der Christus, der Sohn Gottes.

Wenn wir verstehend nachvollziehen wollen, wie es zu dem Bekenntnis zu Jesus als dem Christus kam und kommt, werden wir deshalb bei der
Betrachtung seiner Verkündigung, seines (geschichtlichen) Wirkens und
seines Geschicks anzusetzen haben[2], wie es durch die synoptische Überlieferung zugänglich wird (9.2), um von da aus nach dem Heilswerk (9.3)
und der Person Jesu Christi (9.4) zu fragen.

9.2 Verkündigung, Wirken und Geschick Jesu

9.2.1 Die geschichtliche Überlieferung von Jesus

Alles Wesentliche, was wir über Jesus von Nazareth wissen, ist den synoptischen Evangelien entnommen. Diese sind freilich keine neutralen historischen Quellen, sondern Glaubenszeugnisse, d. h., sie sind geschrie-

---

1   Laut der synoptischen Evangelienüberlieferung ist dies nirgends Bestandteil
    der Verkündigung Jesu.
2   Die Alternative: Einsatz bei der Person oder beim Werk Jesu Christi ist *nicht*
    identisch mit der Alternative zwischen einer *Christologie von oben* und einer
    Christologie von unten. Mit einer Christologie von unten ist der *methodische
    Einsatz* bei der Person und/oder beim Wirken des irdischen Jesus gemeint –
    anstelle einer *Deduktion* der Christologie aus der Trinitätslehre oder aus dem
    ewigen Ratschluß Gottes (Christologie von oben). Das Modell der Christolo-
    gie von unten muß gegen das verbreitete Mißverständnis in Schutz genommen
    werden, als solle hier eine „Christologie" entwickelt werden, in der nur die
    wahre Menschheit, nicht aber die wahre Gottheit Jesu Christi zur Geltung
    kommt – also bloß eine Jesulogie, statt einer Christologie.

ben aufgrund des Glaubens an Jesus Christus, und sie wollen Glauben wecken. Können solche Glaubenszeugnisse aber als Quellen für die Erkenntnis des geschichtlichen Jesus in Anspruch genommen werden? Das müßte nur dann grundsätzlich verneint werden, wenn man von der – abwegigen – Voraussetzung ausginge, daß Menschen, die an jemand glauben, sich also auf ihn verlassen, weil sie ihn als vertrauenswürdig erlebt haben, schon deswegen keine verläßlichen Zeugen von dieser Person sein können. Der Begriff *„Glaubens-Zeugnis"* enthält – in seinen beiden Bestandteilen – den Anspruch der Zuverlässigkeit und Vertrauenswürdigkeit.

Aber es handelt sich dabei zunächst nur um einen Anspruch, der im einzelnen kritisch geprüft werden muß, wobei schon die Tatsache, daß wir die Jesus-Überlieferung in (drei) unterschiedlichen Evangelien haben, nicht nur Grund, sondern auch Ansatzpunkt für eine solche historisch-kritische Würdigung und Handhabung dieser Quellen ist.

9.2.2　Verkündigung und Wirken Jesu

Die synoptischen Evangelien berichten Zuverlässiges nur über die kurze Zeit des öffentlichen Wirkens Jesu von seiner Taufe bis zu seiner Kreuzigung. Sie schildern ihn als einen Wanderprediger und Wundertäter. Umgeben von einer Schar von Menschen, die ihm auf seinen Ruf hin nachfolgen, zieht er durch Palästina (insbesondere durch Galiläa). Dabei verkündigt er, führt Gespräche, heilt Kranke und pflegt Tischgemeinschaft. Im Mittelpunkt seiner Verkündigung und seines Wirkens steht die Ansage der *nahenden Gottesherrschaft* (Mk 1,15; Mt 4,17; Lk 21,31).

Mit der Rede von der Gottesherrschaft (βασιλεία τοῦ θεοῦ) nimmt Jesus eine Vorstellung auf, die bereits im Alten Testament vorgeprägt war und in Israel seit der Exilszeit immer stärker an Bedeutung gewonnen hatte (vgl. Jes 52,7; Mi 4,4-6; Sach 14,9). Dabei ist mit „Gottesherrschaft" nicht ein Herrschafts*gebiet* gemeint, wie der Begriff „Reich Gottes" nahelegen könnte, sondern das – erhoffte – *Geschehen*, durch das und in dem Gott seine Herrschaft über die Erde sichtbar antritt. Diese Hoffnung auf den Herrschaftsantritt Gottes steigerte sich in der nachexilischen Zeit, und zwar gerade angesichts der trostlosen politischen Verhältnisse, in denen Israel sich befand. Die Hoffnung nimmt universale, kosmische, wunderhafte Züge an. Jahwe wird sich als König erweisen nicht nur über Israel, sondern über die Völker (z. B. Ps 47; 99,1 f.). Diese werden zum Zion und nach Jerusalem kommen, um Jahwes Königtum anzuerkennen und Weisung zu empfangen, so daß ein Zustand ewigen Friedens eintritt (Jes 2,2-4; Mi 4,1-3; Jer 3,17). Ja, selbst im Tierreich und zwischen Mensch und

Tier wird Friede sein (Jes 11,6-8; 65,25). Noch freilich ist diese Gottesherrschaft „im Jenseits des Himmels und im Schoß einer geheimnisvollen Zukunft"[3] verborgen und nur den Propheten oder Sehern offenbar. Schon in der Predigt Johannes des Täufers wird der Anbruch der Gottesherrschaft (so Mt 3,2) bzw. das endzeitliche Gericht (so Lk 3,9) als unmittelbar bevorstehend verkündigt. Und dieses bevorstehende Ereignis ist die Begründung für den dringlichen Ruf zur Umkehr und zur Taufe (Mk 1,4 parr.). Möglicherweise gehörte Jesus eine Zeitlang zum Jüngerkreis des Täufers und kannte dessen Botschaft; jedenfalls ließ er sich von ihm taufen (Mk 1,9-11 parr. Mt 3,13-17; Lk 3,21 f.). Doch trotz dieser Verbundenheit unterscheidet sich die Verkündigung Jesu von der des Täufers in zweierlei Hinsicht grundsätzlich:

– Während der Täufer das kommende *Strafgericht* Gottes ankündigt, das bald über ganz Israel wegen seiner Sünde ergehen wird (Mt 3,7 ff.; Lk 3,9), bedeutet die von Jesus verkündigte Gottesherrschaft (ohne daß der Gerichtsgedanke preisgegeben wird) *Heil und Rettung* – und zwar gerade für die Verlorenen (Mt 5,3-12 par. Lk 6,20 ff.; Mt 20,1-16; Lk 14,16-24; 15,1-32; 18,9-14; 19,1-10).

– Charakteristisch ist, daß für Jesus die Gottesherrschaft nicht nur – wie für den Täufer – eine zukünftige Größe ist, sondern *in seinem Wirken* schon *gegenwärtig wird*. Dabei ist beides gleichermaßen wichtig: die Gegenwärtigkeit der Gottesherrschaft und ihre Bindung an die Person und das Wirken Jesu (Mk 3,22-27; Mt 11,5 f. par. Lk 7,22; Mt 12,28 par. Lk 11,20; Lk 10,23 f.; 17,20 f.).[4]

Diese Gegenwart der Gottesherrschaft hebt freilich in der Verkündigung Jesu ihre Zukünftigkeit nicht auf. Beides besteht spannungsvoll mit- und nebeneinander. Die Gottesherrschaft ist nicht schon verwirklicht, sondern sie bricht sich erst Bahn. Aber als solche ist sie schon im Kommen, sie realisiert sich in Jesu Verkündigung und Wirken schon jetzt. Der Gedanke der Gottesherrschaft bekommt dadurch nicht nur einen eigenen Akzent, sondern einen gegenüber der Tradition *neuen Sinn*. Denn wenn die Gottesherrschaft das ist, was in dem unscheinbaren Wirken Jesu bereits anbricht und sich verwirklicht, dann muß sie *auf verborgene Weise gegenwärtig* sein. Und davon sprechen tatsächlich meh-

---

3 G. Bornkamm, Jesus von Nazareth, S. 61.
4 Zu diesen beiden Unterschieden in der Verkündigung paßt auch der grundlegende Unterschied im Lebensstil zwischen dem asketischen Täufer, der im Büßergewand am Rand der Wüste von Heuschrecken und wildem Honig lebt, und Jesus, der unbekümmert mit den Menschen lebt, ißt, trinkt und feiert und sich dadurch den Vorwurf zuzieht, ein „Fresser und Weinsäufer" zu sein (vgl. dazu Mk 1,6 par.; Mt 11,18 f. par. sowie Mk 2,18-22 parr.).

rere Gleichnisreden Jesu (Mk 4,26-32; Mt 13,31-35; Lk 17,21), ja die Redeform des Gleichnisses erweist sich selbst als die der Wirklichkeit der Gottesherrschaft *angemessene Sprachform*.[5] Was hier zu zeigen und zu sagen ist, bedarf der *indirekten* Mitteilung, des erschließenden *Hinweises*, der bildhaften *Andeutung*. Es läßt sich nicht in der sog. „Sprache der Tatsachen" erfassen und vermitteln. Durch sie würde es vielmehr zerstört (Mk 4,33 f.).

In der Metaphorik der Bildworte und Gleichnisse wird die Gottesherrschaft von Jesus zur Sprache gebracht als eine Wirklichkeit, die Menschen *finden* können wie einen verborgenen Schatz oder eine kostbare Perle, um derentwillen sie dann mit Freuden alles andere drangeben (Mt 13,44-46). Oder sie läßt sich beschreiben als etwas, das auf geheimnisvolle Weise *wächst und wirkt*, bis die geringe Kraft des Anfangs zu einem großen Ziel gelangt (Mk 4,1-9; Mt 13,31-33). Dieses Wirken und Wachstum geschieht einerseits „von selbst" (Mk 4,28), aber andererseits so, daß es *an Menschen* geschieht und diese einbezieht, sofern sie sich diesem Wirken öffnen und es an sich geschehen lassen (Mk 2,5; 5,34; 7,24-27; Mt 15,28; Lk 7,50; 8,48; 17,20 u. o.).

Damit wird die Gottesherrschaft verstanden als ein Geschehen, das sich in der Verkündigung und im Wirken Jesu dort ereignet, wo Sünder wieder in die Gemeinschaft mit Gott aufgenommen werden (Mk 2,1-12; Lk 15,1-32; 18,9-14; 19,1-10) und wo die dämonischen Mächte der Besessenheit der Lebensmacht Gottes weichen müssen (Mk 3,22 ff.; 5,1 ff.; 9,14-29; Mt 12,28; 17,14 ff.; Lk 11,14 ff.). Ziel der Verkündigung und des Wirkens Jesu ist es, den *Verlorenen*, den Gesetzesbrechern und den vom Kult Ausgeschlossenen, also allen, die an der Gemeinschaft mit Gott nicht teilhaben, die heilsame Nähe und die Anteilhabe an der Gottesherrschaft *ohne Vorbedingungen* zuzusprechen, und zwar in präsentischer und in futurischer Form. Das ist *nicht* zu verstehen als Ausdruck einer Vergleichgültigung des im Gesetz geoffenbarten Gotteswillens (s. Mk 10,19; Mt 5,17 ff.; Lk 10,26 ff.) oder einer Bagatellisierung der Sünde (s. Mk 2,9 f.; Lk 19,7-10). Im Gegenteil: Weil die Verlorenen so unter der Macht des Bösen stehen, daß sie sich selbst nicht helfen können, darum *brauchen* sie Hilfe von außerhalb ihrer selbst, und zwar von Gott her (Mk 2,7 u. 17; Mt 9,12; Lk 5,21. Vgl. auch Mk 15,31 b par.). Und der entscheidende Inhalt der Verkündigung und des Wirkens Jesu, der ihnen zugleich ihre unverwechselbare Eigenart verleiht, läßt sich so ausdrücken: Es macht das Wesen, ja die Vollkommenheit Gottes aus, die Verlorenen zu suchen

---

5   Vgl. dazu H. Weder, Die Gleichnisse Jesu als Metaphern, Göttingen (1978) 1990[4], bes. S. 58-69 u. 282 f. sowie W. Harnisch, Die Gleichniserzählungen Jesu, Göttingen 1985, S. 158-176.

und auch die zu lieben, die als die „Ungerechten" und Gesetzesübertreter seine „Feinde" sind (Mt 5,44 f.; Lk 15). Weil das so ist, darum kann Jesus ihnen *bedingungslos* die heilsame Nähe und die Anteilhabe an der Gottesherrschaft zusagen und durch gewährte (Tisch-)Gemeinschaft zeichenhaft erlebbar machen.

Neben dieser bedingungslosen Heilszusage wirken die Worte Jesu, die vom Gericht, vom Ernst der Entscheidungssituation, ja von der Möglichkeit der Verdammnis sprechen[6], wie ein Fremdkörper. Und doch sind sie nur die Kehrseite der Erkenntnis, daß allein von Gottes bedingungsloser Liebe her dem verlorenen Menschen Heil und Rettung zuteil werden kann. Wer diese Liebe mißachtet und sich nicht von ihr bestimmen läßt, stellt *sich selbst* außerhalb des Heils und liefert sich dem Gericht aus. Der Gerichtsgedanke schränkt in der Verkündigung Jesu Gottes Liebe zu den Verlorenen nicht ein, sondern er *qualifiziert* diese Liebe als die *einzige* Rettung für den Menschen. Sich ihr *zu verweigern* und zu *verschließen* bedeutet *bleibende Verlorenheit*.

Deshalb verkündigt Jesus die anbrechende Gottesherrschaft nicht als Information über ein Ereignis, das sich unabhängig vom Menschen vollzieht, sondern als *Einladung und Aufruf* zur Teilnahme an diesem Geschehen, als Ruf zur Umkehr und zur Buße (Mk 1,15; 2,17; Mt 4,17; Lk 5,32; 13,3 ff.; 15,7 u. 10). Seine tiefste Begründung empfängt dieser Bußruf von der Größe und Kostbarkeit der verheißenen *Gabe* her. Um ihrer teilhaftig zu werden, soll der Mensch sich in das Ereignis der göttlichen Liebe hineinnehmen, von seinen falschen, selbstsüchtigen Wegen zur Umkehr zu Gott als seinem „Vater" rufen lassen. Das Verbindungsglied zwischen der anbrechenden Gottesherrschaft und der Inanspruchnahme des Menschen für Gott und seinen Willen ist nichts anderes als die *Liebe* – bis hin zur Feindesliebe (Mt 5,38-48; vgl. auch Mt 18,21-35). Der Ernsthaftigkeit der Heilszusage entspringt und entspricht die – wörtlich zu verstehende – *Radikalität* der ethischen Inanspruchnahme des Menschen, wie sie exemplarisch in der Bergpredigt zum Ausdruck kommt.

Wird dadurch die Rede von der *bedingungslosen Heilszusage* nicht nachträglich aufgehoben? Das könnte so scheinen. Tatsächlich wird aber nur ihr Sinn genauer bestimmt. Entscheidend ist, daß die als Heil zugesagte Gottesherrschaft an keine von Menschen zu erbringenden *Vorbedingungen* gebunden oder von diesen abhängig gemacht wird. Die Pointe der Botschaft Jesu lautet *nicht*: „Naht euch zu Gott, *so* naht er sich zu euch" (Jak 4,8; vgl. Sach 1,3), sondern: „Das Reich Gottes ist herbeigekommen. Tut Buße und glaubt an das Evangelium!" (Mk 1,15; vgl.

---

6   So z. B. Mk 12,9 ff.; Mt 6,14 f.; 7,1 f. u. 21 ff.; 11,20 ff.; 18,6 ff. u. 23 ff.; 25,1 ff. u. 41 ff.; Lk 12,16 ff., 45 ff., 57 ff.; 16,19 ff.

auch Mt 18,32 f.). Das Tun des Gotteswillens rückt also an einen anderen
Ort und bekommt damit eine ganz andere Bedeutung: Es ist nicht Voraussetzung, sondern *Konsequenz* der wiederhergestellten Gottesbeziehung. Zwar galt auch für Israel stets, daß das Gebot Ausdruck von Gottes
Bundeswillen und deshalb eine Wohltat für den Menschen ist[7], aber die
prinzipielle Bedingungslosigkeit der Liebe Gottes gegenüber den *Sündern*
ist etwas qualitativ Neues in der Verkündigung und im Wirken Jesu. Der
im Gebot geoffenbarte Gotteswille wird dadurch nicht aufgehoben oder
für gleichgültig erklärt, sondern er wird der Heilszusage konsequent
nachgeordnet: Gott erweist dem sündigen Menschen seine Liebe, *damit*
dieser umkehre und der Gottesherrschaft teilhaftig werde. Gottes Gnade
ist also die Bedingung für die menschliche Umkehr – und nicht durch
diese bedingt.

In dieser Bedingungslosigkeit ist auch bereits *implizit* die Durchbrechung der Begrenzung des Heils auf Israel enthalten. Mag diese Konsequenz sich in der Verkündigung Jesu auch erst nach und nach Geltung
verschafft haben (Mk 7,24-30 par. Mt 15,21-28. Vgl. auch Mt 8,5-13 par.
Lk 7,1-10), so ist sie doch bereits in dem bisher dargestellten Verständnis
Gottes und seiner Herrschaft in nuce enthalten. Die Bedingungslosigkeit
der Heilszusage zieht ihre Universalität mit innerer Notwendigkeit nach
sich.

9.2.3 Der Tod Jesu

Diese Bedingungslosigkeit der Heilszusage, die Jesu Verkündigung und
Wirken konsequent bestimmte, war wohl auch der Grund dafür, daß er
in Konflikt mit den religiösen, sozialen und politischen Ordnungsmächten
seiner Zeit geriet. Einer, der „Zöllnern und Huren" (Mt 21,31 f.), Unreinen und anderen „öffentlichen Sündern" ohne Vorbedingungen die Teilhabe an der Gottesherrschaft zusprach, untergrub die religiöse und gesellschaftliche Ordnung. Für die politische Obrigkeit war er damit ein
gefährlicher Unruhestifter, für die religiöse Obrigkeit ein Gotteslästerer.
Auch wenn die äußeren Gründe für die Verhaftung, Verurteilung und
Hinrichtung Jesu für uns weitgehend im dunkeln liegen, so sind doch die
inneren Gründe für seinen Kreuzestod an dieser Zentralstelle seines Wirkens und seiner Verkündigung zu suchen.

Zwar können wir nicht sagen, Jesus habe diesen Tod gesucht oder
gewollt; aber er ist ihm nicht ausgewichen, sondern hat ihn als innere
Notwendigkeit auf sich genommen. Möglicherweise hat Jesus mit seinem

---

7 Dies gilt übrigens grundsätzlich auch für den Islam.

gewaltsamen Tod in Jerusalem – nach Art der Propheten (Lk 13,33 f. par. Mt 23,37; vgl. Mt 5,12 par. Lk 6,23 sowie Act 7,52) – gerechnet. Daß er seine Auferstehung vorhergesagt habe, ist dagegen unwahrscheinlich. Das würde zwar die Entstehung des Auferstehungsglaubens sehr gut erklären, aber es wäre dann völlig unverständlich, warum seine Anhänger – mit Ausnahme einiger Frauen – ihn kopflos verließen, nachdem er gefangengenommen wurde. Die Evangelien betonen an den entsprechenden Stellen darum auch das *Unverständnis* der Jünger (Mk 8,31 f.; 9,32). Es scheint so, daß die Anhänger Jesu erschreckt, enttäuscht und verängstigt auf seine Gefangennahme und auf seinen Tod reagiert haben. Gott hatte ihn offenbar „verlassen" (Mk 15,29-37 u. Lk 24,19-21).

9.2.4 Die Auferweckung Jesu

Aber kurze Zeit später treten dieselben Leute ganz unerschrocken und gewiß auf mit der Aussage: Gott hat den Gekreuzigten auferweckt und erhöht (s. o. 3.2.2). Diese Aussage wird einerseits – und vermutlich geschichtlich primär – mit Erscheinungen des Auferstandenen, andererseits – und vermutlich geschichtlich sekundär[8] – mit der Entdeckung des leeren Grabes *begründet*. Die *Erfahrung*, die die Gewißheit von der Auferweckung Jesu und das Bekenntnis zum Auferweckten ausgelöst hat, wird immer wieder beschrieben durch die Formeln: „Er wurde gesehen" und: „Er ist erschienen" (so z. B. I Kor 15,5-8; Mk 16,9-11; Lk 24,34; Act 9,17). In den Aussagen des Apostels Paulus, der sich selbst zu den Zeugen des Auferstandenen zählt, wird deutlich, daß es sich bei dem Ostergeschehen um einen Vorgang handelt, der offenbar sowohl als ein *visionäres bzw. auditionäres* wie als ein *erkenntnisbegründendes* Ereignis beschrieben werden kann (Gal 1,16; vgl. auch II Kor 4,1-6). Aber erst indem das Sehen zum Erkennen wird, wird der Glaube an den Auferstandenen geweckt.

Die Frage, ob es sich dabei um ein bloß subjektives, *inneres* Geschehen gehandelt habe, oder um ein objektives, *äußeres* Geschehen, erweist sich bei näherem Zusehen als falsch gestellt, weil sie trennt, was nur als Einheit begriffen werden kann. Die Auferweckung Jesu geschieht nicht zunächst als ein „geschichtliches Faktum", das dann „geglaubt" werden kann, sondern sie vollzieht sich so, daß in bestimmten Menschen Glaube

---

8   *Dies* hat neuerdings zu Recht noch einmal G. Lüdemann (Die Auferstehung Jesu) herausgearbeitet. Unerfindlich ist es freilich, wie er – daraus? – zu dem „Schluß" (a.a.O., S. 216) kommt, der Leichnam Jesu sei verwest. Dies kann allenfalls eine *physiologische Prämisse* sein.

geweckt wird. Aber dieses glaubenerweckende Geschehen vollzieht sich als Wirken Gottes an bestimmten Menschen, zu einer bestimmten Zeit[9] und durch das Bild eines bestimmten, leibhaftigen Menschen, nämlich des gekreuzigten Jesus von Nazareth.

Der Auferstehungsglaube basiert auf der Gewißheit, daß Gott den Gekreuzigten nicht der Macht des Todes überlassen hat. Gott hat ihn *nicht* verlassen, sondern sich zu ihm bekannt, seine Person und sein Wirken bestätigt, und d. h.: ihn „erhöht" (Phil 2,9). „Auferweckung" und „Erhöhung" heben zwei unterscheidbare, aber sachlich zusammengehörige Aspekte[10] *eines* Geschehens hervor (s. o. 3.2.1):

– Jesus Christus hat Anteil an dem Leben Gottes, das die Macht des Todes überwindet, und zwar als der „Erstling unter denen, die entschlafen sind" (I Kor 15,20).
– Jesus Christus ist von Gott selbst legitimiert und bestätigt und hat damit Anteil an der Hoheit und Herrlichkeit Gottes (Röm 1,4; Phil 2,9).

Dieser zweite Aspekt ist einerseits die definitive Antwort auf die Krise, die durch den Kreuzestod Jesu hervorgerufen wurde, und er ist andererseits die Begründung für den Sinn und die Notwendigkeit *expliziter* christologischer Reflexion. D. h., vom Auferstehungsglauben her stellt sich unabweisbar die Frage: Was bedeutet dieses Erhöhtsein für das Verständnis Jesu Christi, und zwar für das Verständnis seines *Werkes* und seiner *Person?*

9.3   Das Heilswerk Jesu Christi

Daß schon in der Überschrift vom *Heils*werk Jesu Christi die Rede ist, verdient in zweierlei Hinsicht Beachtung:

– Indem das Wirken und Geschick Jesu Christi generell als *Heils*werk verstanden wird, wird die eindeutig heilvolle Ausrichtung in den Blick genommen, von der schon im Zusammenhang mit Jesu Verkündi-

---

9 Man beachte die von Anfang an mit dem Auferstehungsglauben verbundene Zeitbestimmung: „am dritten Tage" (I Kor 15,4; Lk 24,21; Mt 16,21; 17,23; 20,19; Lk 9,22; 18,33; 24,7 u. 46).
10 Im lukanischen Geschichtswerk (Lk 24,50-53 u. Act 1,9-11) werden die beiden Aspekte als zwei unterscheidbare geschichtliche Ereignisse verstanden: Ostern und Himmelfahrt. Da diese Trennung (auch durch die Gestaltung des Kirchenjahres) bewußtseinsbildend geworden ist, ist die Einsicht in die Zusammengehörigkeit von Auferweckung und Erhöhung im allgemeinen nur schwach entwickelt.

gung der Gottesherrschaft (im Unterschied zu der des Täufers) die
Rede war. Sinn und Ziel des Wirkens Jesu ist weder die Verdammung,
Vernichtung oder das Strafgericht über die Menschen, noch eine Mi-
schung oder ein Nebeneinander von Heil und Unheil, sondern nur das
Heil, d. h. die Rettung, Erlösung, Zurechtbringung der Menschen.
Das Wirken Jesu Christi hat den Charakter der heilsamen Zuwendung
zu den Menschen um ihretwillen, also den Charakter der *Liebe*. Dies
ist auch und gerade dort zu bedenken, wo vom Werk Jesu Christi als
Richter oder als Gericht (s. dazu u. 15.3.3) die Rede ist und sein muß.

– Indem das Werk Jesu Christi als *Heils*werk verstanden wird, erweist
sich jede Deutung als unzureichend, die in Jesus Christus nur oder vor
allem ein ethisches Vorbild, einen Wundertäter, Sozialreformer oder
Gesetzgeber sieht. Weder die Beschränkung auf das leiblich-irdische
Wohlergehen noch die Isolierung der ethischen (oder politischen) Forderungen werden dem Werk Jesu Christi gerecht, das als Heilswerk zu
kennzeichnen ist.

Worin aber besteht dieses Heilswerk, und wie ist es heute angemessen zur Sprache zu bringen? Blickt man auf die theologische Literatur
in Vergangenheit und Gegenwart, dann kann es so scheinen, als sei
„Versöhnung" (vielleicht auch oder statt dessen „Erlösung") *der* Begriff,
mit dem das Heilswerk Jesu Christi insgesamt am angemessensten zusammengefaßt wird. Tatsächlich wird auch in dieser Dogmatik die
Versöhnungslehre die sachliche und architektonische Mitte des Abschnitts über das Heilswerk Jesu Christi bilden (s. u. 9.3.2). Aber als
alles zusammenfassender und umfassender Begriff ist „Versöhnung" m.
E. doch nur bedingt geeignet. Weder die Ansage der anbrechenden
Gottesherrschaft, noch der damit verbundene Kampf gegen die Mächte
des Verderbens, noch die vollmächtige Verkündigung des Gotteswillens
lassen sich zwanglos dem Begriff „Versöhnung" unterordnen. Alle diese
Elemente haben wir aber als konstitutive Bestandteile der Verkündigung
und des Wirkens Jesu kennengelernt. Sie dürfen nicht eliminiert oder
übergangen werden. Deshalb ist im Rückblick auf den biblischen und
dogmengeschichtlichen Befund zu fragen, ob es einen anderen Begriff
gibt, der das Heilswerk Jesu Christi treffender zusammenfaßt und beschreibt.

In einer breiten Übereinstimmung gebrauchen alle christlichen Konfessionen die im Neuen Testament nur schwach bezeugten und erst in
späten Schriften zur Bezeichnung Jesu Christi verwendeten Begriffe „Mittler" und „Mittleramt" (opus mediatoris) zur Bezeichnung des Heilswerkes Christi (vgl. die Stellenangaben in BSLK 1194 u. in DH E 4a sowie

HK Fr. 36).[11] Dieses Mittleramt besteht darin, daß Jesus Christus die durch die Sünde gestörte, ja zerstörte Gemeinschaft zwischen Gott und Mensch wiederherstellt. Damit wird zugleich die alttestamentliche Verheißung eines neuen Bundes (Jer 31,31-34) aufgenommen und als in Jesus Christus erfüllt gedeutet (Röm 11,25-32; Hebr 8,6-13; 10,15-17).

Der Begriff des Mittlers faßt die verschiedenen Aspekte des Heilswerkes Jesu Christi gut zusammen, weil es in ihnen allen um die Wiederherstellung von zerbrochener Gemeinschaft und d. h. auch um die Herstellung einer neuen Gemeinschaft und Beziehung geht. Zugleich hat der Mittler-Begriff – wie bereits oben (9.1.2) angedeutet – eine unmittelbare Nähe zu den Aussagen über die *Person* Jesu Christi. Er taugt also auch dazu, die Einheit von Person und Werk auszusagen oder doch anzudeuten.

Trotzdem hat der Mittler-Begriff auch eine nicht geringzuachtende Schwäche. Er kann mißverstanden werden im Sinne eines unabhängigen Dritten, eines Vermittlers oder Schiedsrichters, der außerhalb des Konfliktes steht und beide Parteien wieder zueinander bringt. Diese Interpretation ist deswegen außerordentlich gefährlich, weil ihr zufolge Jesus Christus weder wahrhaft Mensch noch wahrhaft Gott wäre, sondern ein Mittelwesen, das irgendwo zwischen Gott und Mensch stünde, und weil auf diese Weise Gott nicht mehr *Subjekt* des Heilswerkes wäre, das in Jesus Christus geschieht, sondern zu seinem *Objekt* würde. Beide Gefahren sind jedoch nicht notwendig mit dem Begriff „Mittler(amt)" verbunden, sondern ergeben sich nur bei bestimmten Interpretationen. Wird sowohl am vere Deus – vere homo als auch daran festgehalten, daß Jesus Christus der *von Gott gesandte* Mittler ist, dann – aber auch nur dann – lassen sich diese Mißverständnisse vermeiden. Unter dieser Bedingung sind die Begriffe „Mittler" und „Mittleramt" gut zu gebrauchen.

Aus ihnen lassen sich auch die drei Aspekte des Heilswerkes Jesu Christi entwickeln, die schon in der Alten Kirche gelegentlich als solche unterschieden wurden, jedoch erst durch Calvin[12] die Gestalt der ausformulierten Lehre vom *dreifachen Amt* (munus triplex) Jesu Christi erhielten. Diese drei Ämter sind das *prophetische, hohepriesterliche* und *königliche* Amt (munus propheticum, sacerdotale et regium) Jesu Christi.

---

11 In der altprotestantischen Orthodoxie wird der Begriff „Mittleramt" zur durchgängigen und verbindenden Bezeichnung für *alle* Aspekte des Heilswerkes Jesu Christi. So formuliert J. Gerhard in seinen Loci theologici von 1625: „Officium Christi consistit in opere mediationis inter Deum et homines, quod est finis incarnationis" (IV; Cap. 15; Nr. 1, Berlin 1863, S. 601f.).
12 Institutio 2. Buch, 15. Kap. (Übersetzung von Otto Weber, Bd. I, S. 551 ff.).

Diese Lehre ist unterschiedlich begründet worden: von den drei alttestamentlichen Salbämtern, von großen (prophetischen, priesterlichen und königlichen) Vorbildgestalten des Alten Testaments oder von bestimmten alttestamentlichen Heilsweissagungen her (Dtn 18,15; II Sam 7,12 f.; Ps 110,5). Keine dieser Begründungen ist sachlich ganz überzeugend. Vom Begriff „Mittleramt" her lassen sich aber drei Aspekte entwickeln, die sich daraus ergeben, daß *Gott* und *Mensch* durch Jesus Christus in eine neue, heilvolle *Beziehung* gesetzt werden. Dies schließt ein,

– daß in Jesus Christus Gott *sich* dem Menschen zur Gemeinschaft *erschließt* (Jesus Christus als *Offenbarung* Gottes),
– daß in Jesus Christus Gott die *Gemeinschaft* mit dem verlorenen Menschen *wiederherstellt* (Jesus Christus als *Versöhnung* zwischen Gott und Mensch) und
– daß in Jesus Christus der *Mensch* zum Leben in der Gemeinschaft mit Gott *befreit* wird (Jesus Christus als *Erlösung* des Menschen).

Es ist unschwer zu erkennen, daß zwischen diesen drei Aspekten und der traditionellen Lehre vom dreifachen Amt jedenfalls eine gewisse Nähe und Affinität besteht: So nimmt der *Offenbarungsgedanke* zentrale Anliegen der Lehre vom *prophetischen* Amt auf, der *Versöhnungsgedanke* steht im Mittelpunkt der Lehre vom *hohepriesterlichen* Amt und der *Erlösungsgedanke* korrespondiert dem *königlichen* Amt Jesu Christi. Mit dieser Zuordnung ist nicht die Behauptung verbunden, es handele sich um eine notwendige oder erschöpfende Unterscheidung an dem Heilswerk Jesu Christi, wohl aber soll damit gesagt werden, daß diese Einteilung sinnvoll ist und daß sie es erlaubt, wesentliche Aspekte der biblischen Botschaft und der kirchlichen Lehre in einer auch heute verantwortbaren Weise aufzunehmen und zur Sprache zu bringen.

9.3.1 Jesus Christus als Offenbarung Gottes für den Menschen[13]

9.3.1.1 Jesus Christus als Offenbarung in Person

Daß Jesus als der Verkündiger der nahenden Gottesherrschaft und als der gewaltsam Getötete den Titel des Propheten auf sich zieht, belegt schon

---

13 Da dieser Aspekt des Heilswerkes Jesu Christi im Zusammenhang mit dem Offenbarungsbegriff bereits im Hauptteil I (Kap. 3, insbesondere 3.2) ausführlicher thematisiert wurde, können wir uns hier kurz fassen. Kap. 3 sollte zum Vergleich und zur Ergänzung herangezogen werden.

das Neue Testament (Mk 6,4 parr.; 6,15 parr.; Mt 23,37; Lk 13,33; 24,19). Und daß zwischen dem Amt des Propheten und dem Geschehen der Offenbarung eine enge Verbindung besteht, bedarf allem Anschein nach keiner besonderen Begründung, sind doch die Propheten die Gestalten, die – in einer bestimmten geschichtlichen Situation – das Wort und den Willen Gottes kundtun. Aber trotz dieser zweifellos bestehenden Beziehungen läßt sich das prophetische Heilswerk Jesu Christi nicht allein von daher angemessen verstehen.

Während es für die alttestamentlichen Propheten weithin charakteristisch ist, daß sie ihre Worte mit der sog. Botenformel: „(So) spricht der Herr" (Jes 7,7 u. o.; Jer 2,2 u. o.; Ez 2,4 u. o. sowie Am 1,3) einleiten und damit auch legitimieren, findet sich eine solche Formel nirgends in der Verkündigung Jesu. Er erzählt in Bildern und Gleichnissen, wie es sich mit der Gottesherrschaft verhält, und er verkündigt den Willen Gottes, aber er beruft sich dabei nicht auf spezielle Eingebungen oder Offenbarungen. Er spricht von Gott wie einer, der Gott in der Tiefe seines Wesens erkannt hat (Mt 11,27) und der aus einer nicht abreißenden, innigen Beziehung zu Gott heraus lebt und darum auch handelt und redet. Das prophetische Heilswerk Jesu Christi bezieht sich also nicht nur auf seine Verkündigung, sondern auf die Einheit und Ganzheit seiner Person.[14] Wer ihn sieht, sieht den Vater (Joh 14,9).

Dieses umfassende Verständnis von Offenbarung kommt auch zum Ausdruck in der altprotestantischen Unterscheidung zwischen der unmittelbaren (immediate) Ausübung des prophetischen Werks Jesu Christi in seiner irdisch-geschichtlichen Verkündigungstätigkeit und der mittelbaren (mediate) Ausübung durch die gegenwärtige – in der Kirche geschehende – Wortverkündigung und Darreichung der Sakramente. Damit kommt nicht nur der Zusammenhang zwischen Wortverkündigung und sakramental-personaler Präsenz (s. u. 14.2.4.2) zum Ausdruck, sondern auch der Zusammenhang, der zwischen dem prophetischen Werk Christi einerseits und seinem priesterlichen sowie königlichen Werk andererseits besteht: In Wortverkündigung und Sakrament vergegenwärtigt Jesus Christus sich in der Ganzheit und Einheit seines Heilswerkes. Als der Prophet bezeugt Jesus Christus zugleich sich selbst als den Hohenpriester und König.[15]

---

14 Hier zeigt sich erneut, wie eng die Lehre vom Werk und von der Person Jesu Christi miteinander verbunden sind.

15 Diesen Gedanken hat insbesondere K. Barth in KD IV, 1-3 entwickelt und ihm eine für die ganze Versöhnungslehre strukturgebende Funktion gegeben.

9.3.1.2 Jesus Christus als Selbstoffenbarung Gottes

Wenn es zutrifft, daß wir es in den Worten, dem Wirken und dem Geschick Jesu Christi tatsächlich mit Gott zu tun bekommen, dann muß das bisher Gesagte noch prägnanter formuliert werden: In Jesus Christus offenbart Gott *sich selbst*. Erst mit dieser Zuspitzung wird im Blick auf das prophetische Amt Jesu Christi die oben (S. 316) angesprochene Schwäche und Gefahr des Mittler-Begriffs vermieden, derzufolge Jesus Christus wie eine dritte Größe zwischen Gott und Mensch erscheinen könnte. Diese irreführende Vorstellung wird überwunden durch die Einsicht, daß es Gott selbst ist, der sich in Jesus Christus offenbart. Gott erweist und erschließt sich an dem Gekreuzigten, Gestorbenen und Begrabenen einerseits als der aus Liebe leidende Gott, andererseits als der Gott, „der die Toten lebendig macht und ruft das, was nicht ist, daß es sei" (Röm 4,17), d. h. als die Macht, die den Tod überwindet.

Nach dem, was in 8.1 über Gottes Wesen und Eigenschaften ausgeführt wurde, kann dies aber nur heißen: In Jesus Christus nimmt *die Liebe selbst* menschliche Gestalt an, d. h.: sie erscheint und erschließt sich in diesem *liebenden Menschen*. So wie die (göttliche) Liebe schöpferisch ist im Blick auf das *Dasein* der Kreaturen, so ist diese Liebe auch schöpferisch im Blick auf die *Erkenntnis* des Ursprungs und Bestimmungsziels der Kreaturen. Sie erschließt sich (in Jesus Christus) dem menschlichen Erkennen. Das kann (und soll) zwar ein Mensch dem anderen bezeugen, aber die Glaubensgewißheit stammt nicht von „Fleisch und Blut", sondern hat ihren Ursprung in Gott selbst (Mt 16,17).

9.3.1.3 Der Gehalt der Gottesoffenbarung in Jesus Christus

Der Gehalt dessen, was in Jesus Christus von Gott her offenbart ist, wird nirgends im Neuen Testament zum Ausdruck gebracht mit Formeln wie: „Gott existiert" oder „Es gibt Gott" oder „Gott ist Wirklichkeit". Alles Interesse konzentriert sich demgegenüber auf die Fragen: „Was bedeutet es, daß Gottes Herrschaft sich naht?", „Wie ist Gott?", „Was will und wirkt Gott?"

Dieser Befund ist immer wieder damit erklärt worden, daß für die vorneuzeitliche Welt die Wirklichkeit Gottes fraglos gewiß gewesen sei, so daß sich alles Interesse auf die Frage nach dem Wesen und Wirken Gottes konzentrieren konnte. Demgegenüber bestehe die neuzeitliche Radikalisierung der Gottesfrage darin, daß die Wirklichkeit Gottes selbst zum Problem geworden sei.

Diesen Überlegungen ist jedoch inzwischen – mit guten Gründen – von vielen Seiten widersprochen worden. Dabei besteht das Hauptargument nicht in dem Hinweis auf die Tatsache, daß sich auch in der vorneuzeitlichen Welt (so z. B. in Ps 14,1) die Bestreitung der Wirklichkeit Gottes nachweisen lasse, sondern in dem Verweis darauf, daß die Frage nach dem *Wesen und Wirken* Gottes noch grundlegender ist als die abstrakte (weil vom Wesen und Wirken Gottes abstrahierte) Frage nach der Wirklichkeit Gottes (vgl. dazu o. 8.2.2.1). Die Frage nach der Wirklichkeit Gottes gewinnt nämlich erst dadurch Gewicht und existentielle Relevanz, daß sie sich bezieht auf das Wesen und Wirken Gottes, das sich in bestimmter Weise auf das Dasein des Menschen bezieht und darum vom Selbstverständnis des Menschen nicht zu trennen ist. Das Offenbarungswirken Jesu Christi ist ganz ausgerichtet auf dieses Wesen und Wirken Gottes. Er offenbart den Gott, der dem Menschen[16] auf verborgene Weise als Liebe nahekommt.

Wie durch ein Brennglas auf einen Punkt versammelt, kommt diese Selbsterschließung des Wesens und Wirkens Gottes in der Verkündigung und im Wirken Jesu Christi zum Ausdruck im biblischen Gebrauch *eines* Verbums: „Es jammerte ihn" („ἐσπλαγχνίσθη"). Dieses Wort, das im Neuen Testament nur von Jesus ausgesagt wird (Mk 1,41; 6,34; 8,2; 9,22; Mt 9,36; 14,14; 15,32; 20,34; Lk 7,13) und in den Gleichnisreden Jesu vorkommt (Mt 18,27; Lk 10,33 u. 15,20), versammelt in sich das, was an Jesus und in ihm von Gott erkennbar wurde: die bedingungslose Liebe, die sich vom – verschuldeten oder unverschuldeten – Elend der Menschen in der Tiefe anrühren läßt.[17] Von daher wird aber erkennbar, daß und inwiefern die Selbstoffenbarung Gottes in Jesus Christus, indem sich in ihr das liebende, heilvolle Wesen und Wirken Gottes erschließt, zugleich die Wahrheit über die *Welt* und den *Menschen* ans Licht bringt. Im Lichte der nahenden Gottesherrschaft wird die Heillosigkeit der Menschenwelt, die

---

16 Das Offenbarungswirken Jesu Christi richtet sich nicht nur an seine Zeitgenossen und – auf vermittelte Weise – an die Nachgeborenen, sondern an *alle* Menschen, also auch an die, die *vor* ihm gelebt haben. In einer uns fremden Vorstellungsweise kommt dieser inhaltlich wichtige Gedanke zum Ausdruck in I Petr 3,19 f., wo gesagt wird: Jesus Christus ist nach seinem Tode „hingegangen und hat gepredigt den Geistern im Gefängnis, die einst ungehorsam waren ...". In der Formulierung: „hinabgestiegen in das Reich des Todes" hat dieser Gedanke auch Aufnahme ins Apostolicum gefunden. Damit wird festgehalten, daß die Menschen, die früher gelebt haben und gestorben sind, nicht vom Heil ausgeschlossen sind.

17 Der griechische Wortstamm (σπλάγχνα), der in diesem Verbum steckt, bedeutet „Eingeweide" und zeigt damit, in welche somatischen Tiefenschichten diese Berührung reicht.

ohne Gott leben will, offenbar, aber auch, ja viel mehr, ihre Bestimmung
zum Leben in der heilsamen Nähe Gottes. Die Selbstoffenbarung Gottes
in Jesus Christus deckt zwar die Lieblosigkeit, die Unwahrhaftigkeit und
Todverfallenheit des Menschen auf, aber dies ist kein Selbstzweck und
kein Mittel zur Beschämung oder Erledigung des Menschen, sondern
der – einzig mögliche – Weg zu seiner Versöhnung und Befreiung.

9.3.2 Jesus Christus als Versöhnung
zwischen Gott und Mensch

Die Versöhnungslehre gehört zu den schwierigsten, wichtigsten und
klärungsbedürftigsten Stücken der Dogmatik. Insbesondere die für den
christlichen Glauben *zentrale* Aussage, die nicht nur in zahlreichen neutestamentlichen Aussagen und kirchlichen Bekenntnissen vorkommt, sondern an die auch jedes Kruzifix, jedes Passionsbild und -lied erinnert, daß
Jesus Christus *„für uns gestorben"* sei, erscheint vielen Menschen als
unverständlich, fremd oder sogar als abstoßend. Deshalb erfordert das
theologische Nachdenken über dieses zentrale Thema besondere Aufmerksamkeit und Sorgfalt. Dabei ist ein Erkenntnisfortschritt an dieser
Stelle wohl nur dann zu erzielen, wenn man sich über die *Schwierigkeiten*
(9.3.2.1), die *Bedeutung* (9.3.2.2) und die *Denkmöglichkeiten* (9.3.2.3)
dieser Lehre Rechenschaft gibt und dabei jeweils sowohl die intellektuel-
len als auch die emotionalen Gesichtspunkte berücksichtigt.

9.3.2.1 Die Schwierigkeiten der Versöhnungslehre

Läßt man die Bilder und Begriffe, in denen die Versöhnungslehre zum
Ausdruck kommt (z. B. Sühnopfer, Stellvertretung, Versöhnung), gefühlsmäßig und gedanklich auf sich wirken, so zeigen sich vor allem drei
Schwierigkeiten, eine theo-logische (a), eine anthropologische (b) und
eine ethische (c) Schwierigkeit.

a) Die theo-logische Schwierigkeit

Die m. E. größte, nämlich die Gotteslehre, genauer: das Gottesverständnis
betreffende Schwierigkeit der Versöhnungslehre läßt sich folgendermaßen beschreiben: „Versöhnung" bezeichnet (normalerweise) einen Vorgang, durch den eine *schuldhaft gestörte Beziehung* zwischen Personen
wiederhergestellt oder in Ordnung gebracht wird. Setzt man dabei voraus,
daß die Störung nur von *einer* Seite ausging, so kann man sich Versöhnung

entweder so denken, daß der Schuldige einen (akzeptierten) Akt der Sühne
oder der Wiedergutmachung leistet (sog. *objektive* Versöhnung) *oder* daß
der Verletzte bzw. Geschädigte großmütig verzeiht (sog. *subjektive* Versöhnung).[18] Das Resultat der Versöhnung wäre in beiden Fällen, daß der
Verletzte nichts mehr gegen den Schuldigen hat. Die Angelegenheit ist
bereinigt; die Beziehung wiederhergestellt.

Wenn nun mit dem einhelligen biblischen Zeugnis festgehalten werden soll, daß die Initiative zur Versöhnung *von Gott* ausgeht, dann kann
eigentlich nur Gottes Vergebung der Grund der Versöhnung sein. Wenn
das aber so ist, dann scheinen alle Aussagen, die von einem stellvertreten-
den oder sühnenden (Opfer-)Tod Jesu Christi reden, funktionslos, ja
unangemessen zu werden.

Einen Ausweg scheinen hier die Denkmodelle (z. B. Anselm von Canterbury: Cur Deus homo?) zu bieten, die davon ausgehen, daß Gott zwar
das Subjekt des Versöhnungsgeschehens sei, aber nicht „einfach vergeben" könne, weil durch die Sünde eine objektive Verletzung der Majestät
Gottes geschehen sei, die nur durch eine – ebenso objektive – Sühneleistung wettgemacht werden könne. Demzufolge müßte – um der Weltordnung willen – ein der Sünde entsprechendes Sühnopfer dargebracht
werden, das jedoch nicht von den (schuldigen) Menschen, sondern (an
ihrer Stelle) von dem einzig Schuldlosen, nämlich dem Mensch gewordenen Gott(essohn) dargebracht wird. Auf diese Weise wird der (moralischen) Weltordnung Genüge getan: Der Sühnetod des Sündlosen schafft
die Versöhnung zwischen Gott und Mensch.

In dieser Vorstellung liegen gleich mehrere Schwierigkeiten: Einerseits
muß es so scheinen, als gebe es eine (moralische) Weltordnung, über die
sich auch Gott in seiner Versöhnungsbereitschaft nicht hinwegsetzen,
sondern die er nur respektieren kann. Ist dies mit der Erkenntnis vereinbar, daß Gott die *Alles* bestimmende Wirklichkeit ist? Andererseits zeigt

---

18 Vgl. zu dieser Unterscheidung zwischen objektiver und subjektiver Versöh-
    nung den klassischen Aufsatz von G. Aulén, Die drei Haupttypen des christ-
    lichen Versöhnungsgedankens, in: ZSTh 8/1931, S. 501-538. Aulén fügt die-
    sen beiden Haupttypen einen dritten hinzu, den er für theologiegeschichtlich
    und systematisch besonders wichtig hält: Versöhnung als Kampf- und Siegesta-
    tat. Dem – m. E. berechtigten – Einwand, dies sei kein Typus der Versöh-
    nungs-, sondern des Erlösungsgedankens, setzt Aulén die These entgegen: „Es
    handelt sich hier um eine Versöhnung in dem eigentlichen Sinne des Wortes,
    nicht um eine ‚Erlösung' im Gegensatz zur Versöhnung, sondern um eine
    Erlösung, die zugleich und vor allem Versöhnung ist. Durch die Überwindung
    der Mächte des Verderbens geschieht die Versöhnung zwischen Gott und
    Welt: eine neue, durch die Versöhnung bestimmte Lage wird geschaffen"
    (a.a.O., S. 502).

sich eine erhebliche gedankliche Schwierigkeit, wenn man sich klarmacht, *wie* Gott dieser Weltordnung Genüge tut: durch den Sühnetod eines *Unschuldigen*. Ist dies nicht eher eine erneute schreiende Ungerechtigkeit? Fordert denn die (moralische) Weltordnung *irgendein* Opfer, oder fordert sie nicht vielmehr die Bestrafung des oder der Schuldigen? Schließlich: Was besagt es, daß Gott diese Weltordnung zwar offenbar nicht aufheben, wohl aber so „interpretieren" kann, daß der stellvertretende Tod Jesu Christi dieser Sühneforderung Genüge tut?

b) Die anthropologische Schwierigkeit

Insbesondere seit der Aufklärung ist – im Gefolge Kants – gegen die Aussage, Jesus Christus sei „für uns" bzw. „für unsere Sünden" gestorben, folgendes Argument geltend gemacht worden: Sünde und Schuld und darum auch Sühne gehören zu den Dingen, in denen ein Mensch prinzipiell *unvertretbar* ist. Dies gehört zur unaufgebbaren Würde der Person. Gemessen daran erscheint es weder gedanklich nachvollziehbar noch ethisch verantwortbar zu sein, Sünde und Schuld so zu „verarbeiten", daß sie von einem anderen stellvertretend übernommen wird. Müssen nicht Schuldanerkenntnis, Schuldverarbeitung, Reue und Umkehr, wenn sie wirksam sein sollen, *in uns selbst* geschehen?

c) Die ethische Schwierigkeit

Die ethische Schwierigkeit besteht schließlich darin, daß das Neue Testament durchgängig dazu einlädt oder auffordert, zu vergeben, *ohne* auf Sühne, Wiedergutmachung, Vergeltung oder Ausgleich zu bestehen (so z. B. Mk 11,25; Mt 6,14; 18,21 ff.; Lk 6,37; 17,4; Eph 4,32; Kol 3,13). Zugleich wird unser Vergeben ganz eng verknüpft mit Gottes Vergebung (so etwa im Vaterunser: Mt 6,12 ff. par.). Wie sollte aber für uns zumutbar und möglich sein, was bei Gott allem Anschein nach nicht möglich ist: ohne Forderung einer Sühneleistung zu vergeben? Oder umgekehrt formuliert: Wie sollte die (vergebende) Liebe, die das Wesen Gottes ist, das nicht einschließen, was das Evangelium *uns* zutraut und zumutet? Tillich hat gegen diesen Einwand geltend gemacht: „Menschliche Vergebung sollte immer wechselseitig sein, auch wenn es nicht ausgesprochen wird. Aber Gott steht für die Weltordnung, die durch die Losreißung von Gott verletzt ist. Seine Vergebung liegt nicht auf der subjektiven Ebene menschlichen Vergebens" (STh II, S. 187). Demgegenüber kann freilich mit guten Gründen auf die Bergpredigt verwiesen werden, wo in Mt 5,43-48 nicht nur Gottes (vergebende) Liebe gegenüber Bösen und Ungerechten die Begründung für die Forderung der Feindesliebe ist, sondern das

besondere Merkmal gerade seiner *Vollkommenheit*, also seiner Göttlichkeit.

a) – c)   Fazit

Diese drei Schwierigkeiten, die sich unschwer durch andere ergänzen
ließen[19], ergeben sich nicht nur aus einer Position außerhalb des christlichen Glaubens, sondern mit Gründen, die dem christlichen Glauben selbst
entstammen. Von daher scheint es sich nahezulegen, jeder Form einer sog.
objektiven Versöhnungslehre und auch den Begriffen „Sühnopfer" und
„Stellvertretung" in der Dogmatik den Abschied zu geben.

9.3.2.2   Die Bedeutung der Versöhnungslehre

Gibt es trotz dieser massiven Schwierigkeiten Gründe, die die Bedeutung
der Versöhnungslehre bewußtmachen und damit gegen ihre Preisgabe
sprechen? M. E. lassen sich unter vier Gesichtspunkten solche Gründe
nennen.

a)   Das Angewiesensein auf Stellvertretung

Viele Menschen machen angesichts von Passionsgeschichten, -liedern und
-bildern eine ambivalente Erfahrung: Einerseits haben sie große gedankliche Schwierigkeiten und gefühlsmäßige Vorbehalte gegenüber der Vorstellung, daß Jesus Christus „für uns gestorben" sei; andererseits fühlen
sie sich auf einer tiefen Schicht ihres Empfindens von Texten wie Jes
53,4 f., von dem Kreuzigungs-Bild des Isenheimer Altars, von den
Passionsliedern Paul Gerhardts oder von den Passionen Johann Sebastian
Bachs angesprochen. Was ist es in all dem, das Menschen trotz ihrer
Vorbehalte und Widerstände anrührt? Ich vermute, es geht hier um die
(partiell gemachte und immer wieder erhoffte und benötigte) Erfahrung,
daß wir nicht (alles) selbst „auslöffeln" und abbüßen müssen, was wir uns
eingebrockt und was wir angerichtet haben. Diese Formulierung ist freilich noch selbst höchst ambivalent und enthält zwei Möglichkeiten, die
radikal unterschieden werden müssen: auf der einen Seite die Möglichkeit,
daß wir uns vor den Konsequenzen unserer Untaten drücken und andere
(unschuldig) für uns leiden lassen, wodurch wir uns noch tiefer in Schuld
verstricken; auf der anderen Seite die Erfahrung, daß Menschen, die (in

---

19 Vgl. dazu den Artikel „Opfer D", Abschn. 1, von I.U. Dalferth, in: TRE,
    Bd. 25 (1995), S. 286-289.

diesem Falle) unschuldig sind, bewußt und freiwillig so für uns eintreten, daß sie solche Folgen mit uns tragen oder sogar an unserer Stelle übernehmen. Diese zweite Erfahrung gibt es auch dort, wo es nicht um Sünde und Schuld, sondern um das Erleiden von Unglück und Not geht. Was darin erfahrbar wird, läßt sich mit Joh 15,13 formulieren: „Niemand hat größere Liebe als die, daß er sein Leben läßt für seine Freunde." Was im Selbstopfer des Lebens seinen höchsten Ausdruck findet, gilt aber in einem viel umfassenderen Sinn: Liebe schließt die Bereitschaft ein, für den geliebten Menschen dazusein, mit ihm zu leiden und damit in einem bestimmten Sinn Stellvertretung zu praktizieren. Es dürfte keinen Menschen geben, der nicht auf solche liebende – oder wenigstens solidarische – Stellvertretung angewiesen ist. Und die Einsicht, wie notwendig, aber auch wie wenig selbstverständlich solche Stellvertretung in unserer Welt ist, ist m. E. *einer* der Ansatzpunkte dafür, daß Menschen sich von der (objektiven) Versöhnungslehre und ihren künstlerischen Ausdrucksformen unmittelbar angesprochen fühlen.

b) Verarbeitung des Bösen

Wir wissen, oder ahnen jedenfalls, daß wir durch unser Versagen und unsere Liebesunfähigkeit Folgewirkungen hervorbringen, die teils auf uns selbst zurückfallen, teils aber auch andere Menschen „völlig unschuldig" treffen. Diese Folgewirkungen sind reale, oftmals irreparable und nicht wiedergutzumachende Verletzungen oder Beschädigungen menschlichen Lebens an Leib und Seele. Was geschieht eigentlich mit diesem Unheil und dem Bösen, das auf diese Weise angerichtet wird? Die Vorstellung, es erledige sich nach einiger Zeit gewissermaßen von selbst (weil wir uns daran gewöhnen, es vergessen oder verdrängen), ist trügerisch. Auch in dieser Hinsicht geht nichts verloren, sondern bleibt im Untergrund unserer Seele und unserer Gesellschaft als schleichend wirkendes Gift erhalten, solange es nicht verarbeitet ist. Die (objektive) Versöhnungslehre weist nicht nur auf die Notwendigkeit, sondern auch auf die Möglichkeit einer solchen Verarbeitung hin und hat insofern eine klärende Kraft: In seinem Leiden und Sterben hat Jesus Christus „die Sünde der Welt" (Joh 1,29) bewußt und freiwillig auf sich genommen, getragen und damit definitiv erledigt.

c) Die Heiligkeit der Liebe Gottes

Die (objektive) Versöhnungslehre versucht, die Heiligkeit und Gerechtigkeit als Eigenschaften des Wesens Gottes, also der göttlichen Liebe, ebenso ernst zu nehmen wie die Barmherzigkeit und Gnade (s. o. 8.1.3.3). Sie macht also damit Ernst, daß Heiligkeit und Gerechtigkeit Wesenseigenschaften Gottes sind, die auch durch sein vergebendes und versöhnendes Wirken nicht außer Kraft gesetzt oder übergangen werden. Die (objektive) Versöhnungslehre trägt insofern dem verzweifelten Schmerz Rechnung, der aus der Erkenntnis entsteht, daß die Sünde sich gegen *die* Liebe richtet, die dem Menschen bedingungslos begegnet. Das Furchtbare an der Sünde ist ihr Charakter als Mißachtung, Verleugnung oder Verrat der Liebe. Vergebung kann von daher jedenfalls nicht verstanden werden als ein – sei es großzügiges, sei es schwächliches, sei es verächtliches – Hinweggehen über die Sünde, so als sei sie unerheblich. Die objektive Versöhnungslehre bringt zum Ausdruck, daß es die menschliche – also auch die je eigene – Sünde ist, die Jesus ans Kreuz gebracht hat, und daß es darum nicht nur sinnvoll, sondern notwendig ist zu sagen, daß Jesus Christus am Kreuz die Sünde erlitten hat und (auch) insofern „für die Sünder" gestorben ist. Indem die Versöhnungslehre die menschliche Sünde als Verletzung der göttlichen Liebe todernst nimmt, wird sie dem biblischen Gottes- und Menschenbild eher gerecht als eine Theologie, bei der die Vergebung als eine Selbstverständlichkeit oder gar als ein Anspruch des Menschen Gott gegenüber zu stehen kommt.

d) Das Todbringende der Sünde

Daß wir durch unsere Sünde den Tod verdient haben, den an unserer Stelle Jesus Christus stirbt, scheint eher zu den Elementen der Versöhnungslehre zu gehören, die den Menschen der Gegenwart Schwierigkeiten bereiten, als daß ausgerechnet daran die Bedeutung dieser Lehre anschaulich gemacht werden könnte. Der in der biblischen Überlieferung fest verankerte Zusammenhang zwischen Sünde und Tod (Gen 2,17; 3,3 f. u. 19; Röm 5,12-21; 6,23) leuchtet nicht ohne weiteres ein, wirkt vermutlich auf viele Menschen dramatisierend und überzogen.[20] Dieser Zusammenhang wird jedoch eher einsichtig, wenn man sich bewußtmacht, daß Sünde ihrem Wesen nach Absage an die schöpferische Liebe ist, der wir als Menschen unser Dasein und Wesen verdanken. D. h. aber: Der Sünder sagt sich durch sein Tun vom Grund und Ursprung seines Lebens los und bestreitet damit (wahrscheinlich unbewußt) die Bedingungen seines eigenen Daseins. Deswegen ist die Sünde, wenn auch auf verkappte Weise, immer ein Akt, der auf *Selbstzerstörung* angelegt ist. Sich von der göttlichen Liebe lossagen heißt: den Tod wählen. Von daher kann verständlich werden, warum es bei der menschlichen Sünde um Leben und Tod geht.

---

20 Das ist auch nur *ein* Aspekt der Todesproblematik. Zum Zusammenhang zwischen Geschöpflichkeit, Sünde und Tod s. u. 13.4.1.2 u. 15.3.1.

9.3.2.3 Denkmöglichkeiten der Versöhnungslehre

Hält man das in 9.3.2.1 zu den Schwierigkeiten und in 9.3.2.2 zur Bedeutung der (objektiven) Versöhnungslehre Gesagte nebeneinander, so ist nicht ohne weiteres zu erkennen, welche der beiden Seiten das Übergewicht hat oder wie die beiden Argumentationsreihen miteinander vereinbart werden könnten. Soll beides gleichermaßen ernstgenommen werden, so muß der Versuch gemacht werden, den guten Gründen für die Bedeutung der (objektiven) Versöhnungslehre *so* Rechnung zu tragen, daß dabei die berechtigten theologischen Einwände und Bedenken gegen diese Lehre voll zum Zuge kommen. Dabei empfiehlt es sich, dort anzusetzen, wo die gravierendsten Schwierigkeiten formuliert werden, also beim Gottesverständnis, um zu sehen, ob es dort einen Ansatzpunkt für eine „Lösung" gibt.

Den Begriff „Lösung" habe ich in Anführungszeichen gesetzt, um damit anzudeuten, daß es sich bei diesem Thema nicht um so etwas wie die Lösung eines mathematischen Problems handeln kann. Das wäre nur dann möglich, wenn es bei der Deutung des Todes Jesu Christi „für uns" um ein Geschehen ginge, das unserer direkten sinnlichen Wahrnehmung und begrifflichen Deutung zugänglich wäre. Dieser direkten Wahrnehmung und begrifflichen Deutung ist (und war) aber nur zugänglich, daß ein Mensch namens Jesus – wie viele vor, mit und nach ihm – zu der grausamen Todesstrafe der Kreuzigung verurteilt wurde und diese qualvolle Hinrichtungsart bis zum bitteren Ende erlitten hat. Was dieses Geschehen *bedeutet*, erschließt sich den damaligen Augenzeugen ansatzweise von seiner Art und seinen Begleitumständen her (Mk 15,22-41 parr.), in seiner Tiefe wird es erst (und auch da immer nur bruchstückhaft) verstehbar vom Zusammenhang mit der Verkündigung und dem Wirken Jesu einerseits und dem Osterglauben andererseits.

Ein solcher Rückblick auf das Leben Jesu ist auch in unserem Zusammenhang wichtig, um eine *Beschränkung* des Versöhnungswerkes Jesu Christi auf seinen Kreuzestod zu vermeiden. Dabei reicht es nicht aus – wie in der altprotestantischen Christologie –, das Leben Jesu nur unter dem Gesichtspunkt der „oboedientia activa", also des vollkommenen Gehorsams gegen Gott zu sehen, aufgrund dessen gesagt werden kann, daß sein im Gehorsam gegen Gott („oboedientia passiva") erlittener Tod nicht zur Sühne seiner eigenen Sünden erforderlich war, sondern – als der Tod des vollkommenen Gerechten – allen anderen Menschen als den wirklichen Sündern zugute kommen konnte. Vielmehr ist unter das Versöhnungswerk Jesu Christi auch schon die Tatsache zu rechnen, daß er während seines irdischen Wirkens Menschen Sündenvergebung zugesprochen und diese Vergebung durch Praktizierung von (Tisch-)Gemeinschaft auch *gelebt* hat. Dabei wäre es eine abwegige Vorstellung, anzunehmen, diese Vergebung sei, weil sie *vor* dem Kreuzestod Jesu Christi geschehen ist – noch nicht voll gültig. Das ist so wenig der Fall wie Ps 103,3 oder Jon 3,10 bloß von einer künftigen Möglichkeit oder Hoffnung redeten. Wohl aber läßt sich umgekehrt sagen: Der, der sich so mit Sündern einläßt, sie annimmt und ihnen damit Vergebung zuteil werden läßt, der wird ans Kreuz gebracht und erleidet dort die Folgen und Auswirkungen *der* Sünde, die sich der in Jesus Christus offenbar gewordenen göttlichen Liebe verschließt und verweigert.

Diese letzte Aussage ergibt sich aber nicht schon vom Kreuz, sondern erst von der Auferstehung Jesu Christi her. Der Kreuzestod dessen, der anderen geholfen hat, aber sich selber nicht helfen kann (Mk 15,31), scheint ja zu beweisen, daß er mit seiner Botschaft und seinem Wirken gescheitert ist und als ein von Gott Verlassener stirbt. Erst von Ostern her tut sich für die Menschen, die ihn während seines Erdenwirkens begleitet oder von ihm gehört haben, die Einsicht in die Heilsbedeutung dieses Todes auf, und zwar nicht in einem momentanen Akt vollständiger Klarheit, sondern in einem allmählichen Prozeß der Erleuchtung und Verstehens.

Schon die Urgemeinde konnte nur mit einer *Mehrzahl* von Bildern und Begriffen (Sühnopfer, Versöhnung, Stellvertretung, Loskauf etc.) versuchen, die Bedeutung dieses Geschehens „für uns" zur Sprache zu bringen. *Alle* in diesem Zusammenhang verwendeten Begriffe und Aussagen haben den Charakter von *Metaphern*, die möglicherweise einen entscheidenden Aspekt an diesem Geschehen erschließen, die aber falsch werden, wenn sie als Begriffe oder Aussagen im direkten, wörtlichen Sinn genommen werden. Nur eine solche *mehrdimensionale, metaphorische* Zugangsweise ist dem angemessen, was mit der Formel „Heilsbedeutung des Kreuzestodes Jesu Christi" bezeichnet wird. Dabei haben die biblischen Metaphern (nur) insofern kanonische Bedeutung, als sich an ihnen (als dem Ursprungszeugnis des christlichen Glaubens) später entstandene Metaphern (wie z. B. „Genugtuung", „wunderbarer Wechsel" oder „Solidarität mit den Verlorenen") auf ihre Angemessenheit hin überprüfen und messen lassen müssen. Aber auch in dieser Hinsicht ist der Kanon nicht abgeschlossen, d. h., die Verwendung anderer, neuer Metaphern ist durchaus *legitim*, ja kann sich in einem veränderten sprachlichen Kontext sogar als *notwendig* erweisen.

Im folgenden sollen einige wesentliche Metaphern für das Versöhnungsgeschehen daraufhin überprüft werden, ob und inwiefern sie in der Lage sind, sowohl der Bedeutung des Versöhnungsgedankens als auch den mit ihm verbundenen Schwierigkeiten gerecht zu werden, d. h., ob und inwiefern sie Denkmöglichkeiten der Versöhnungslehre darstellen.

a) Vergebung als objektive Versöhnung

Wenn es in der christlichen Versöhnungslehre (jedenfalls in ihren *biblischen* Ausdrucksformen) so etwas wie *eine* schlechterdings grundlegende und unbeirrt festzuhaltende Einsicht gibt, dann ist es die, *daß Gott selbst das Subjekt des Versöhnungsgeschehens ist.* Gott wird nicht durch den Tod Jesu Christi zu einem versöhnten, liebenden Gott, sondern die „Sendung" bzw. „Hingabe" seines Sohnes (und d. h.: die *Selbsthingabe Gottes*) ist schon das Werk und Wirken der göttlichen Liebe (Joh 3,16; Röm 5,8; Gal 4,4 f.; I Joh 4,9 f. u. o.). Und darum steht im Zentrum der christlichen Versöhnungslehre der Gedanke, den Paulus in II Kor 5,19 zum Ausdruck gebracht hat in dem Satz: „Gott war in Christus und versöhnte die Welt mit sich selber".

Aber gerade diese zentrale und unaufgebbare Einsicht scheint durch die objektive Versöhnungslehre gefährdet zu sein, weil in ihr der Eindruck entsteht, die Vergebung Gottes und die Versöhnung der Welt mit Gott werde erst ermöglicht durch das Leiden und Sterben Jesu Christi, durch das Gottes Zorn besänftigt, seiner verletzten Ehre genuggetan oder die gestörte Weltordnung wiederhergestellt werde. Mit all diesen Bildern und Formulierungen entsteht (möglicherweise wider Willen) das Bild eines Gottes, der nicht vergeben und sich versöhnen lassen will oder kann, ohne daß (ihm) zuvor das Opfer eines unschuldigen Menschenlebens dargebracht wurde. Diese Gottesvorstellung hat viel mit einem grausamen Despoten, aber *nichts* mit dem in Jesus Christus geoffenbarten Gott zu tun, dessen Wesen Liebe ist.

Von den Aussagen über das Wesen Gottes her spricht offenbar alles für die sog. subjektive Versöhnungslehre, also für die Konzentration und Reduktion des Versöhnungsgedankens auf Vergebung ohne irgendwelche Vorbedingungen. Wenn das Neue Testament von „Vergebung" spricht, so setzt es ja – ganz zu Recht – voraus, daß der Vergebende damit auf jede Form der Vergeltung verzichtet. Aber hat es unter dieser Voraussetzung überhaupt noch Sinn, von einer anderen Versöhnung zu sprechen, als von der, *zu der* die Menschen eingeladen werden mit den Worten: „Laßt euch versöhnen mit Gott!" (II Kor 5,20)?

In dieser Beschränkung auf die sog. subjektive Versöhnungslehre (unter Zurückweisung aller objektiven Elemente) könnte jedoch eine Verkürzung enthalten sein, die ihre Hauptwurzel darin hat, daß das Wesen von Vergebung (oder subjektiv verstandener Versöhnung) nicht gründlich genug bedacht wird. Das kann deutlich werden, wenn man Vergebung vergleicht mit den anderen Formen, wie mit (schuldhafter) Verfehlung gegen eine Beziehung umgegangen werden kann. Es gibt neben der Vergebung noch drei andere Grundformen: das *Ignorieren*, die *Ver-*

geltung und das *Nachtragen.* Jede dieser Möglichkeiten unterscheidet sich von den drei anderen in spezifischer Weise:

Wer die Verfehlung gegen eine Beziehung *ignoriert*, geht über sie hinweg, bagatellisiert sie und nimmt damit letztlich weder die Verfehlung noch den Partner, noch die Beziehung ernst. Nur scheinbar ist solches Ignorieren eine Wohltat. Es erspart den Beziehungspartnern eine Auseinandersetzung und ist insofern *bequem*, aber gerade das geht zu Lasten der Substanz einer Beziehung. Es gibt sicherlich Menschen, die uns (äußerlich oder innerlich) so fernstehen, daß es angezeigt sein mag, Verfehlungen zu ignorieren, aber das ist eben nur dort und nur insofern angebracht, wo bzw. als es nicht um eine echte und tiefe Beziehung geht.

Vergeltung nimmt hingegen die Verfehlung ernst. Wer vergilt, zeigt, daß er sich verletzt fühlt, den Schmerz spürt und darin weder die Beziehung noch den Partner bagatellisiert. Das ist etwas Positives. Aber wer vergilt, versucht, erlittene Verletzungen dadurch auszugleichen, daß er dem anderen auch eine Verletzung zufügt. Das mag als momentane psychische Entlastung empfunden werden (vielleicht sogar von dem, dem die Vergeltung zuteil wird), aber die Verfehlung gegen die Beziehung ist damit nicht aus der Welt geschafft. Eine erlittene Verletzung verschwindet nicht dadurch, daß der Verletzte sie vergilt, sondern sie wird dadurch nur um eine neue vermehrt.

Wer *nachträgt*, nimmt ebenfalls die Verfehlung ernst, vergrößert sie aber (scheinbar oder tatsächlich) nicht durch neue Verletzung, sondern reagiert auf sie durch ein Verhalten, das an die Verfehlung und damit an die gestörte Beziehung erinnert. Dieses zeichenhafte Erinnern signalisiert, daß die Beziehung durch eine unverarbeitete Verfehlung dauerhaft gestört ist. Und das Nachtragen als solches signalisiert noch nicht einmal die Hoffnung oder Bereitschaft zu künftiger Verarbeitung der Beziehungsstörung. Insofern ist es (auf Dauer) wohl die belastendste Form der Reaktion, weil dadurch die durch die Verfehlung angerichtete Beziehungsstörung konserviert, perpetuiert und zugleich als ständige Anklage präsentiert wird.

Gegenüber diesen drei destruktiven Formen des Umgangs mit Verfehlungen gegen eine Beziehung ist *Vergebung* die einzig konstruktive, weil von Liebe bestimmte Form des Umgangs und der Verarbeitung. Das Spezifikum der Vergebung besteht – bildhaft gesprochen – darin, daß der Vergebende zwar die Verletzung sieht und spürt, aber zugleich durch diese Tat hindurch den *Menschen* ansieht, der von seinen Verfehlungen zu unterscheiden ist. Der Mensch, der vergibt, nimmt die Verfehlung nicht weniger ernst als der, der vergilt oder nachträgt, aber er *unterscheidet* zwischen der Verfehlung und dem, von dem sie ausging, und läßt die Beziehung zu dem *Menschen* für sich *wichtiger* sein als die

Beziehung zu der Verfehlung. Vergebung besteht also genaugenommen aus zwei Akten: einem Akt des Unterscheidens und einem Akt des Wertens. In beiderlei Hinsicht bewirkt Vergebung weder, daß die Verfehlung „ungeschehen gemacht" wird, noch, daß sie „vergessen" wird – wenngleich letzteres sich tatsächlich einstellen *kann*. Wohl aber zeigt Vergebung, daß eine (wahrgenommene und ernstgenommene) Verfehlung insofern durch Liebe überwunden wird, als sie die Beziehung, gegen die die Verfehlung gerichtet ist, nicht zerstört und auch nicht auf Dauer belastet. Insofern gilt tatsächlich: „Liebe deckt alle Übertretungen zu" (Prov 10,12 u. I Petr 4,8) – freilich erst, nachdem sie (liebevoll) *aufgedeckt* wurden.

Aber mit alledem bleibt immer noch *eine* Frage unbeantwortet: Was geschieht mit der Verfehlung, die durch die Liebe zugedeckt oder als – verglichen mit der Person – unwichtig bewertet wird? Sie wird ja im Akt der Vergebung nur „zugedeckt" und „nicht angerechnet", aber nicht eliminiert und beseitigt.

Gerade das sagt aber der christliche Glaube von dem Kreuzestod Jesu Christi aus: Durch seinen Tod ist der „Schuldbrief getilgt ... und an das Kreuz geheftet" (Kol 2,14); er ist das „Lamm Gottes, das der Welt Sünde trägt" (Joh 1,29); ja, er ist „für uns zur Sünde gemacht" worden, „damit wir in ihm die Gerechtigkeit würden, die vor Gott gilt" (II Kor 5,21). Mit diesen unterschiedlichen Bildern wird jeweils metaphorisch ausgesagt, daß durch das Leiden und Sterben Jesu Christi die Sünde des Menschen nicht nur vorläufig zurückgestellt wird, sondern von Gott her endgültig überwunden, so daß sie den Menschen nicht mehr von Gott zu trennen vermag. D. h. aber: Im Leiden und Sterben Jesu Christi erweist sich die *Liebe* als diejenige Alles bestimmende Wirklichkeit, die auch noch ihr eigenes Verleugnet- und Verratenwerden umfängt und es so, ohne es zu bagatellisieren, *überwindet*. Dabei ist es entscheidend, daß der mit Verleugnung und Verrat verbundene Schmerz nicht durch einen Akt der Vergeltung dem Sünder „zurückgegeben" wird, sondern daß Gott in Jesus Christus diesen Schmerz *in sich* „verarbeitet" und erleidet. Und in diesem Sinne kann gesagt werden, daß Gott selbst, dessen Wesen Liebe ist, in Jesus Christus die Sünde der Welt (die letztlich immer Verfehlung gegen die Liebe ist) auf sich nimmt, trägt, erduldet und so vergibt.

b) *Sühnopfer als Überwindung des Opfers*

Während die Begriffe, Aussagen und Bilder, die von Vergebung und Versöhnung handeln, dem Bereich zwischenmenschlicher Beziehungen, also der Sozialität, entnommen sind, gehört die Vorstellung vom Sühnopfer in den kultischen Bereich.[21] Beiden Anschauungsbereichen ist gemeinsam, daß es jeweils um eine durch die Sünde gestörte oder sogar zerstörte Beziehung geht, aber das Anschauungsmaterial, durch das deutlich gemacht werden soll, wie im Kreuzestod Jesu Christi diese Beziehung von Gott her wieder zurechtgebracht wird, ist ganz unterschiedlichen Bereichen entnommen.

Das Verständnis des Todes Jesu als Opfer (so vor allem im Hebräerbrief, Kap. 5-12) oder als Sühnopfer (so I Joh 2,2 u. 4,10, aber auch Röm 3,25) setzt das alttestamentliche und jüdische Opferritual voraus, für das drei Elemente konstitutiv sind:

- das Auflegen oder Aufstemmen der Hand auf den Kopf des Opfertiers, wodurch dieses symbolisch die Sünde des Menschen aufgeladen bekommt und diesen als Opfer vertreten kann;
- den Opferakt selbst, in dem das Opfertier getötet und sein Blut in einer Schale aufgefangen wird;
- das Versprengen des Opferblutes im Allerheiligsten des Tempels durch den Hohenpriester.

Dieser für die frühe christliche (vor allem die judenchristliche) Gemeinde vertraute Verstehenszusammenhang ist unserer Lebenswelt – nicht zuletzt durch den Einfluß und die Wirkungsgeschichte des christlichen Glaubens – fremd geworden. Zwar gibt es noch die Rede vom „Opfer" (auch von menschlichen Lebensopfern), etwa im Zusammenhang von Verkehrsopfern und anderen Unfallopfern, aber der kultische Interpretationsrahmen ist entfallen. Gleichwohl hat das Verständnis des Kreuzestodes Jesu Christi als (Sühn-)Opfer insofern eine bleibende Bedeutung, als durch sie gerade die innere Auflösung des Opferkultes und -gedankens als wesentliche Vertiefung des Gottesverständnisses verstehbar wird.

Die Opfervorstellung hat ihren Sinn ja nur im Zusammenhang mit einem Verständnis der Gottesbeziehung, das voraussetzt, daß zur Wiederherstellung dieser Beziehung der Tod des Schuldigen oder eines an seiner Stelle gegebenen Lebens erforderlich ist. Diese in vielen Religionen anzutreffende Vorstellung wird im christlichen Glauben radikal überwunden, und zwar nicht (nur) durch Aufklärung, sondern insbesondere durch die Vorstellung, daß im Kreuzestod Jesu Christi Gott *selbst sich* zugunsten

---

21 Im Deutschen wirken „Sühne" und „Versöhnung" als nahe miteinander verwandte Worte. Im Griechischen, das zwischen „ἱλασμός" und „καταλλαγή" unterscheidet, kann dieser irrige Eindruck nicht entstehen. Es ist mißlich, daß Luther in I Joh 2,2 und 4,10 „ἱλασμός" mit „Versöhnung" übersetzt hat.

des verlorenen Menschen geopfert habe.[22] Im Blick auf diesen paradoxen Rollentausch, durch den Gott selbst zum Opfer wird und damit zugleich der Opfergedanke in schlechthin unüberbietbarer Weise erfüllt wird, kann man sagen, daß in dem Tod Jesu Christi die religiöse Institution des Opfers an ihr Ende gebracht, also selbst „geopfert" wird.

Die darin enthaltene Vertiefung des Gottesverständnisses besteht in der Einsicht, daß dort, wo Gottes Wesen als Liebe erkannt und verstanden ist, die Rede vom „Opfer" im ursprünglichen Sinn keinen Platz mehr hat, weil die Liebe nicht Opfer verlangt, sondern auf Gegenliebe hofft, und weil die Selbsthingabe, die zum Wesen der Liebe gehört, nicht den Charakter eines Opfers hat, durch das etwas erwirkt werden soll, sondern ihren Sinn in sich selbst trägt. Dieses „Opfer" der leibhaften Hingabe ist darum im Kontext des christlichen Glaubens – wiederum paradox – nur als ein lebendiges (also gerade nicht getötetes) „Opfer" denkbar (Röm 12,1). In diesem Sinne: Als Überwindung der religiösen Institution des Opfers behält das Verständnis des Kreuzestodes Jesu Christi als Sühnopfer seine bleibende Bedeutung.

c) Stellvertretung als „wunderbarer Wechsel"

Die zentralen neutestamentlichen Aussagen, daß Jesus Christus „für uns" („ὑπὲρ ἡμῶν", „pro nobis") bzw. „für unsere Sünden" gestorben sei, haben unterschiedliche Bedeutungen. Wenn das „für" sich auf „die Sünde" bezieht, bedeutet es soviel wie „wegen" oder „um der Sünde willen". Bezieht das „für" sich hingegen auf „uns" oder „die Welt", so gewinnt es eine andere, positive Bedeutung, nämlich entweder: „zugunsten" oder „an Stelle". Dabei kann man von der Einsicht her, daß Christi Werk ein *Heils*werk ist, die Konsequenz ziehen, daß auch das, was an unserer Statt geschieht, immer zugleich zu unseren Gunsten geschieht. Das „für" im Sinne von „zugunsten" ist also die umfassende Deutung. Das „für" im Sinne von „anstatt" faßt hingegen einen spezielleren Aspekt in den Blick, von dem nun die Rede sein soll.

Daß Jesus Christus an unserer Statt gestorben ist, wird in der Regel so verstanden, daß er durch seinen Tod die Strafe für die Sünde erlitten hat[23], die eigentlich wir als die Sünder erleiden müßten. Der Sinn der Stellvertretung bestünde demnach darin, daß Jesus Christus das (für uns)

---

22 Eine Vorstufe dieser Erkenntnis ist bereits in aller Klarheit in Hebr 9,11-15 formuliert, wo Jesus Christus – als der Sohn Gottes (Hebr 1,1-5) – verstanden wird als der Hohepriester, der sich selbst ein für allemal geopfert hat (Hebr 9,11-15 u. 10,11-18).

23 Röm 6,23: „Denn der Sünde Sold ist der Tod …". Vgl. auch Jes 53,5: „Aber er ist um unsrer Missetat willen verwundet und um unsrer Sünde willen

erleidet, was wir (aufgrund seiner Stellvertretung) nicht erleiden müssen. Gegen diese Deutung sind verschiedene Einwände möglich: Zunächst ist zu konstatieren, daß auch den Menschen nach Christus das Sterben und der Tod nicht erspart werden. Würde man demgegenüber so argumentieren, daß Jesus Christus an unserer Statt nur *den* Tod gestorben ist, der ewig von Gott trennt, so wäre gerade von Ostern (s. o. 9.2.4) her zu sagen, daß Jesus Christus durch seinen Tod *nicht* ewig von Gott getrennt wurde.

Sodann ist aber auch von verschiedenen neutestamentlichen Aussagen her festzustellen, daß die Stellvertretung nicht so verstanden werden muß, daß uns dadurch etwas abgenommen wird, sondern so, daß in diesem Tod *etwas mit uns geschieht*: So artikuliert z. B. II Kor 5,14 die Überzeugung, „daß, wenn *einer* für alle gestorben ist, so sind sie *alle* gestorben". In ganz ähnlicher Form deutet Paulus in Gal 2,19 f. die Gewißheit, daß Christus „sich selbst für mich dahingegeben" hat, durch den Satz: „Ich bin mit Christus gekreuzigt".[24] Daß Jesus Christus „an unserer Statt" stirbt, heißt demnach, daß wir an seinem Tod zeichenhaft, aber real Anteil haben, so daß mit (der Verkündigung von) Christi Tod und Auferstehung etwas geschieht, das man als die Neukonstituierung der Person durch Gott bezeichnen kann: Der alte Mensch, der der Sünde dient, wird in den Tod gegeben; der neue Mensch, der aus Gott lebt, ersteht. Was so von Gott her für jeden Menschen gültig ist, wird freilich im Leben des Menschen nur wirksam durch die Selbstvergegenwärtigung Gottes, die an ihr Ziel kommt in dem Glauben, der in der Liebe Gestalt gewinnt.

Was in der paulinischen Metapher vom Sterben mit Christus angelegt ist, wird m. E. ganz angemessen aufgenommen von Luther mit einem Bild aus der mittelalterlichen Brautmystik, nämlich dem „admirabile commercium", dem „fröhlichen Wechsel" oder „wunderbaren Tausch"[25], der darin besteht, daß Christus durch seinen Tod unsere Sünden übernimmt und uns dafür seine Gerechtigkeit gibt. Und auch hier gilt wieder: Dieser von Gott her in Jesus Christus geschehene wunderbare Wechsel ereignet sich im Glauben am Menschen. D. h. aber: Der Glaube ist selbst ein konstitutives Element des Versöhnungsgeschehens. Darum gehört zum Kreuz als Heilsereignis das *Wort* vom Kreuz notwendig hinzu (I Kor 1,18-31 u. II Kor 5,16-21). Und darum gilt: Erst durch Wort und Glaube, d. h.

---

zerschlagen. Die Strafe liegt auf ihm, auf daß wir Frieden hätten, und durch seine Wunden sind wir geheilt."

24 Den Gedanken des Mit-Christus-gekreuzigt-Seins entwickelt Paulus ausführlicher in Röm 6,1-11 vom Taufverständnis her.

25 WA 5,608,6; 7,25,28; 7,54,31; 10 III,356,21; 31 II,435,11.

als verkündigtes und durch das Wirken des Heiligen Geistes im Menschen
zur Wirkung gekommenes Geschehen wird das Kreuz im vollen und
umfassenden Sinn des Wortes zum Heilsereignis.

9.3.3 Jesus Christus als die Erlösung des Menschen durch Gott

Im Begriff „Erlösung" werden unterschiedliche sprachliche Ausdrücke
zusammengefaßt: Loskauf, Freikauf oder Befreiung (aus Gefangenschaft
oder Sklaverei), Rettung oder Bewahrung (aus bzw. vor Gefahr und Not).
Das Gemeinsame dieser unterschiedlichen Vorstellungen, das auch im
Begriff „Erlösung" zum Ausdruck kommt, ist einerseits die dabei vorausgesetzte Situation des Menschen, der gefährdet, bedroht, unterdrückt ist
und sich selbst nicht helfen kann, andererseits das Widerfahrnis wirksa-
mer Hilfe, durch die die Gefährdung, Bedrohung oder Unterdrückung
abgewendet wird. Erlösung kann deshalb – in einem weiten Sinn – immer
verstanden werden als ein Befreiungsgeschehen, das konstitutiv bestimmt
ist durch ein „Wovon?" und ein „Wozu?".

Der Aspekt des Heilswerkes Jesu Christi, der mit der Formel „Erlösung des Menschen durch Gott" bezeichnet wird, unterscheidet sich von
den beiden bisher betrachteten Aspekten dadurch, daß hier der Mensch
als *Opfer* unheilvoller Mächte gesehen und angesprochen wird. Zwar
kann man auch die Verblendung, die durch das offenbarende Wirken Jesu
Christi aufgebrochen wird, und die Entfremdung, die durch das versöhnende Wirken Jesu Christi überwunden wird, in gewisser Hinsicht als
Gefangenschaft verstehen, aber dieser Gesichtspunkt tritt beim Erlösungsgedanken ganz in den Vordergrund. Es ist darum auch nicht verwunderlich, daß Menschen, die sich selbst primär als Opfer von Unterdrückung,
Gewalt und Ungerechtigkeit erleben, eine starke Affinität zu diesem (erlösenden, befreienden) Aspekt des Heilswerkes Christi haben. Problematisch wird dies jedoch dort, wo dieser Aspekt isoliert und verabsolutiert
wird, so daß Menschen sich *nur noch* als Opfer und *nicht auch* als verantwortliche Subjekte wahrnehmen. Bedenkt man eine Aussage wie Joh 8,34:
„Wer Sünde tut, der ist der Sünde Knecht", so zeigt sich, daß Täter- und
Opfer-Sein auf unentwirrbare Weise ineinander verflochten sein können
(vgl. auch Röm 6,16-18).

Läßt sich der Offenbarungsaspekt des Heilswerkes Jesu Christi schwerpunktmäßig seiner Verkündigung und seinem Wirken zuordnen, der
Versöhnungsaspekt schwerpunktmäßig seinem Leiden und Sterben, so
läßt sich der Erlösungsaspekt schwerpunktmäßig seiner Auferweckung
und Erhöhung zuordnen. Mehr als eine solche schwerpunktmäßige Zuordnung darf freilich nicht behauptet werden, weil andernfalls die Einheit

des Heilswerkes Jesu Christi in Frage gestellt würde. Tatsächlich enthält ja auch schon das irdische Wirken Jesu (etwa in Gestalt der Dämonenaustreibungen und Krankenheilungen[26]) und der Tod Jesu Christi (verstanden als Sieg über die Mächte des Verderbens[27]) den Erlösungsaspekt in sich. Aber in der Auferweckung und Erhöhung Jesu Christi rückt dieser Aspekt ins Zentrum: Er hat die Macht des Todes durchbrochen (so I Kor 15,20-28; Apk 1,17 f.) und ist über alle Mächte und Gewalten erhöht (so Phil 2,9-11; Apk 11,15). Dieser letztgenannte Gesichtspunkt macht bereits deutlich, daß Erlösung im christlichen Glauben nicht verstanden wird als Übergang von einer Situation der Gefangenschaft in einen Zustand der Herrenlosigkeit, sondern daß sich mit dem christlichen Erlösungsgedanken immer die Einsicht verbindet, daß (wahre) Befreiung nur verstanden werden kann als Herrschafts*wechsel*. Den beiden darin enthaltenen Gedanken – Erlösung als Befreiung (a) und Erlösung als Herrschaftswechsel (b) – soll nun nachgedacht werden.

a)   Erlösung als Befreiung

Wird das Heilswerk Jesu Christi hinsichtlich seines erlösenden Aspekts als Befreiung gedacht, so stellt sich zunächst die Frage, unter welche Mächte der Mensch versklavt ist, der sich nach Befreiung sehnt. Im Anschluß an die biblische Überlieferung sind hier vor allem zu nennen: die *Sünde* (und der Teufel) sowie der *Tod*. Aber auch das Gesetz kann im Neuen Testament unter diese Mächte gezählt werden (so z. B. Röm 7 u. Gal 3 f.). Ja, grundsätzlich wird man sagen müssen, daß die Aufzählung solcher Mächte nicht definitiv abgeschlossen werden kann. Denn alles, was einen Menschen daran hindert, sich für Gott zu öffnen und von ihm her sein Leben bestimmen zu lassen, wird damit zu einer solchen Verderbensmacht. *So* kann das Gesetz – als Forderung und Anklage! – den Menschen daran hindern, der Liebe zu trauen. *So* ist die Sünde (als die Verleugnung der Liebe) eine Macht, die nur von außerhalb, nämlich durch zuteil werdende Liebe überwunden werden kann. Und *so* ist der Tod als die Infragestellung aller Beziehungen die große bedrohliche Macht, an der auch die Liebe schließlich zu scheitern scheint. Dabei ist es aus der Sicht des christlichen Glaubens ganz entscheidend, diese Mächte nicht *nur* als Größen zu verstehen, die den Menschen von außen unter Druck setzen oder in der Gewalt haben, sondern die ihn *von innen* mit Beschlag belegen, indem sie im Herzen des Menschen Wohnung nehmen und von dort aus ihre dämonische Angst verbreiten.

---

26 So z. B. Mk 1,21-28 parr.; 1,40-45 parr.; 3,22-30 parr. u. 5,1-20 parr.
27 So z. B. Gal 3,13; Kol 2,15; I Petr 1,18 f.

Inwiefern kann das Werk Jesu Christi als Befreiung von diesen Mächten gedacht werden? Eine naheliegende Antwort wäre: dadurch, daß er ihnen von vornherein so überlegen ist, daß sie ihm nichts anhaben können. Aber diese naheliegende Antwort erweist sich bei näherem Zusehen als irreführend. Er bekommt mit all diesen Mächten zu tun, er wird von ihnen angegangen, versucht und muß ihre Gewalt erleiden (s. Mk 1,12 f. parr.; 15,37 parr.; Gal 4,4) – mit der einen, entscheidenden Ausnahme, daß die Macht der Sünde ihn zwar versuchen, aber nicht für sich gewinnen und unterwerfen kann (Mt 4,1-11 par.; Hebr 4,15). Indem Jesus Christus die Macht des fordernden und anklagenden Gesetzes, die Macht der Sünde und des Todes bis auf den Grund durchleidet, überwindet, ja besiegt er diese Mächte, die den Menschen in ihrer Gefangenschaft halten.[28] Die widergöttlichen Mächte toben sich sozusagen an ihm aus, aber weil sie kein Recht an ihm gewinnen, darum erhalten sie auch keine Macht über ihn. Und darum laufen ihre tödlichen Attacken in diesem einen Fall ins Leere – ja sie kehren sich gegen sie selbst. Die Allmacht Gottes als die Allmacht der Liebe (s. o. 8.1.3.2 a) erweist sich auch und gerade an den Mächten, die ihr feindlich entgegenstehen. Nicht sie sind die unübersteigbare Grenze der Liebe, sondern umgekehrt begrenzt die göttliche Liebe ihre Macht und erweist sich damit als – letztendlich – überlegen.

Aber der christliche Glaube ist realistisch genug, zu wissen, daß diese Überwindung und damit die in Jesus Christus geschehene Erlösung noch nicht vollendet, sondern nur im Anbruch verwirklicht ist. Deswegen hat der Begriff „Erlösung" immer auch eine eschatologische Bedeutung: Er verweist auf ein Geschehen, das hier und jetzt nur fragmentarisch erlebbar ist, dessen Vollendung aber noch aussteht. Freilich, damit, daß an *einer* Stelle, nämlich in Jesus Christus, die Macht des fordernden und anklagenden Gesetzes, der Sünde und des Todes überwunden ist, ist der entscheidende Durchbruch schon geschehen.

Die Teilhabe des Menschen an der Erlösung in Jesus Christus wird dabei wohl am angemessensten verstanden im Anschluß an die Interpretation des Stellvertretungsgedankens, wie sie in 9.3.2.3 c begegnete. D. h.: Auch für die an Jesus Christus Glaubenden besteht Erlösung nicht darin, daß ihnen das Erleiden der widergöttlichen Mächte erspart bliebe, sondern darin, daß ihr alter Mensch mit Jesus Christus der Macht der

---

28 Das bringt Luther im Kleinen Katechismus (im Anschluß an I Petr 1,18 f.) zum Ausdruck in den Worten: „...der mich verlorenen und verdammten Menschen erlöset hat, erworben, gewonnen von allen Sünden, vom Tode und von der Gewalt des Teufels; nicht mit Gold oder Silber, sondern mit seinem heiligen, teuren Blut und mit seinem unschuldigen Leiden und Sterben ..." (BSLK 511,27-33).

Sünde stirbt und sie, indem sie sich von daher verstehen, durch den Tod hindurch am neuen Leben Anteil erlangen.

b)   Erlösung als Herrschaftswechsel[29]

Der oben zitierte Abschnitt aus dem Kleinen Katechismus, in dem Luther den Erlösungsgedanken auslegt, ist umgeben von Aussagen über das Herr-Sein Jesu Christi.[30] Das könnte wie ein Widerspruch wirken. Wie kann ein Mensch frei sein, wenn er einen Herrn hat? Müßte man nicht sagen: Was im Erlösungswerk Jesu Christi stattfindet, ist Herrschaftswechsel *statt* Erlösung oder Befreiung? Dieser Einwand läßt sich sogar dadurch noch verstärken, daß der Anschein entsteht, dieser Herr (Jesus Christus) habe uns mit seinem Blut und seinem unschuldigen Leiden und Sterben erworben, um damit einen unübertrefflichen und unwidersprechlichen Besitzanspruch auf uns geltend machen zu können.

Diese Deutungsmöglichkeit ist solange nicht auszuschließen, als man nicht den Blick darauf richtet, um *welchen* Herrn und damit um *welche* Herrschaft es sich hier handelt. Abstrahiert man bei diesen Aussagen von der Einsicht des christlichen Glaubens, daß Jesus Christus nichts anderes ist als die menschgewordene Liebe Gottes, so werden solche Aussagen nicht nur mißverständlich oder falsch, sondern sogar gefährlich und bedrohlich. Behalten wir jedoch im Blick, was über das Wesen der widergöttlichen Mächte und über das Wesen Gottes zu sagen war, dann ist es nicht nur akzeptabel, sondern notwendig, Erlösung und damit Befreiung als Herrschaftswechsel zu denken; denn es gibt kein Niemandsland, keine

---

29 Der Begriff „Herrschaft" begegnet heute starken Vorbehalten und vielfältiger Kritik. Vieles davon ist verständlich und berechtigt. Der folgende Abschnitt versucht jedoch zu zeigen, daß die damit angesprochenen Probleme sich nicht damit eliminieren lassen, daß auf den Herrschaftsbegriff verzichtet, sondern daß er vom Wesen Gottes her verstanden und interpretiert wird.

30 „Ich glaube, daß Jesus Christus ... sei *mein Herr*, der mich verlorenen und verdammten Menschen erlöset hat ..., auf daß ich *sein eigen* sei und in *seinem Reich unter ihm* lebe und *ihm diene* in ewiger Gerechtigkeit, Unschuld und Seligkeit, gleichwie er ist auferstanden vom Tode, lebet und *regieret* in Ewigkeit" (BSLK 511,23-37, Hervorhebungen von W. H.). In dieselbe Richtung weist die grundlegende 1. Frage und Antwort des Heidelberger Katechismus: „Was ist dein einziger Trost im Leben und im Sterben? Daß ich mit Leib und Seel, beide im Leben und im Sterben (Rm. 14,7.8), nicht mein (1. Kor. 6,19), sondern meines getreuen Heilands Jesu Christi eigen bin (1. Kor. 3,23), der mit seinem teuren Blut (1. Pt. 1,18.19) für alle meine Sünden vollkömmlich bezahlet (1. Joh. 1,7; 2,2) und mich aus aller Gewalt des Teufels erlöset hat (1. Joh. 3,8) ...".

neutrale Zone zwischen Lieblosigkeit und Liebe. Wäre die Erlösung von den widergöttlichen Mächten nicht zugleich Befreiung *zur* Liebe, so wäre sie nicht Erlösung und Befreiung.[31] Man kann von dem her, was wir als Herrschaft kennen, gute Gründe dafür geltend machen, für diesen Vorgang nicht den Begriff „*Herrschafts-wechsel*" zu verwenden. Es gibt freilich auch gute Gründe dafür, das ideologiekritische Potential dieses Geschehens gegen das übliche Ver-ständnis und die übliche Praxis von Herrschaft geltend zu machen. Dann könnte in Übereinstimmung mit der biblischen Tradition deutlich wer-den, daß von der Herrschaft *Gottes* (als der Herrschaft der *Liebe*) her *alle* weltliche, menschliche, politische Macht und Herrschaft relativiert wird. D. h.: Es wird ihr damit ihr willkürlicher und uneingeschränkter Charak-ter bestritten. Sie wird begrenzt und muß sich messen lassen an ihrer Vereinbarkeit mit der Herrschaft Jesu Christi, die er als der Schöpfungs-mittler (s. Kol. 1,16) schon im Naturgeschehen („regnum naturae"), als der Heilsmittler durch Wortverkündigung und Darreichung der Sakra-mente ausübt („regnum gratiae"), und deren eschatologische Vollendung der christliche Glaube erhofft („regnum gloriae").

9.4 Die Person Jesu Christi

All das, was im vorigen Abschnitt über das Heilswerk Jesu Christi gesagt wurde, schließt ein, daß der Person, von der dies ausgesagt wird, eine ganz besondere, ja eine einmalige Bedeutung zukommen muß. Insbeson-dere die Erkenntnis, daß das Heilswerk Jesu Christi unter jedem seiner Aspekte als Wirken *Gottes* durch und in Jesus Christus verstanden wer-den muß, nötigt dazu, die Beziehung Jesu Christi zu Gott, aber auch sein Verhältnis zu allen anderen Menschen genauer zu bestimmen und zu

---

31 Vgl. dazu auch Luthers Auslegung des zweiten Artikels im Großen Katechis-mus: „Denn zuvor habe ich keinen Herrn noch König gehabt, sondern bin unter des Teufels Gewalt gefangen, zum Tod verdammt, in der Sünde und Blindheit verstrickt gewesen. ... da war kein Rat, Hilfe noch Trost, bis daß sich dieser einige und ewige Gottes Sohn unsers Jammers und Elends aus grundloser Güte erbarmte und vom Himmel kam, uns zu helfen. Also sind nun jene Tyrannen und Stockmeister alle vertrieben, und ist an ihre Statt getreten Jesus Christus, ein Herr des Lebens, der Gerechtigkeit, alles Guten und der Seligkeit, und hat uns arme, verlorene Menschen aus der Hölle Rachen gerissen, gewonnen, freigemacht und wiedergebracht in des Vaters Huld und Gnade und als sein Eigentum unter seinen Schirm und Schutz genommen, daß er uns regiere durch seine Gerechtigkeit, Weisheit, Gewalt, Leben und Seligkeit" (BSLK 651,36-652,12).

explizieren. Das Nachdenken über das geschichtliche Wirken und das Heilswerk Jesu Christi setzt – gewissermaßen von selbst – die Frage aus sich heraus: „Wer ist der, von dem all dies gesagt werden kann?" (vgl. Mk 4,41).

Zu der damit erkennbar werdenden außerordentlichen Bedeutung der Person Jesu Christi steht es scheinbar im Kontrast, daß die Verkündigung Jesu keine Lehre über seine Person enthält. Soweit wir aufgrund der Erforschung des Neuen Testaments wissen, hat der geschichtliche Jesus vermutlich keinen Hoheitstitel (ausdrücklich und exklusiv) für sich in Anspruch genommen. Selbst im Blick auf den Hoheitstitel, der Jesus schon sehr früh beigelegt wurde: den Menschensohn-Titel[32], unterscheidet die synoptische Überlieferung (in einem Jesus-Wort) zwischen Jesus selbst und dem kommenden Menschensohn: „Wer mich bekennt vor den Menschen, den wird auch der Menschensohn bekennen vor den Engeln Gottes" (Lk 12,8). Diese Unterscheidung wäre aber undenkbar, wenn Jesus bereits die Identifikation vollzogen, also den Menschensohn-Titel für sich in Anspruch genommen hätte. Freilich, gerade diese Stelle zeigt, daß der Verzicht auf Hoheits*titel* keineswegs den Verzicht auf einen Hoheits*anspruch* bedeutet. Im Gegenteil: Wenn das Urteil des kommenden Menschensohnes davon abhängen wird, ob die Menschen sich zu Jesus bekannt oder ihn verleugnet haben, dann heißt das ja nicht weniger, als daß an der Stellung zu der Person Jesu sich das ewige Schicksal der Menschen entscheidet. In dieser Aussage ist also ein ganz außergewöhnlicher Hoheitsanspruch enthalten, der aber auch sonst in der Verkündigung und im Wirken Jesu zum Ausdruck kommt, insbesondere dort, wo er Verlorenen die heilsame Nähe der Gottesherrschaft und d. h. zugleich: Sündern die bedingungslos vergebende Liebe Gottes zuspricht.

E. Jüngel[33] hat zu Recht darauf hingewiesen, daß das irdisch-leibliche *Entzogensein* Jesu aufgrund seines Todes die Begründung für die Entfaltung der Christologie, im Sinne der Lehre von der Person Jesu Christi, war und ist. War im Wirken und in der Verkündigung des irdischen Jesus seine Glauben weckende „Vollmacht" erlebbar (s. z. B. Mk 1,27; Mt 7,29; Lk 4,32), so mußte diese Vollmacht nach Ostern *begrifflich*, d. h. auch unter Zuhilfenahme geeigneter Hoheitstitel expliziert werden. Die Christologie dient so – im Medium der Lehre – der Vergegenwärtigung dessen, der nicht mehr irdisch-leiblich anwesend ist. Damit geschieht aber nichts

---

32 Und zwar in seiner ursprünglichen, aus Dan 7,13 abgeleiteten Bedeutung, derzufolge der Menschensohn der am Ende der Tage „mit den Wolken des Himmels" kommende Richter ist.

33 Paulus und Jesus. Eine Untersuchung zur Präzisierung der Frage nach dem Ursprung der Christologie, Tübingen 1979[5], S. 279 ff.

anderes, als daß der implizite Anspruch Jesu, der mit seiner Verkündigung, seinem Wirken und seinem Geschick gegeben war, christologisch expliziert wird. So wird der Verkündiger zum Verkündigten.[34]

Die christologische Explikation macht auch deutlich, inwiefern der christliche Glaube als „Glaube *an* Jesus Christus" verstanden werden kann und muß. In der synoptischen Verkündigung Jesu kommt die Formel: „an mich glauben" nur vereinzelt vor (Mk 9,42 par. Mt 18,6). Erst im Johannesevangelium spielt die Aufforderung: „glaubet an mich" oder die Formel: „an Jesus (Christus) glauben" eine tragende Rolle (z. B. Joh 2,11; 3,15-18; 6,35 u. o.) – dort freilich bereits als Resultat christologischer Reflexion und Explikation. Trotzdem besteht schon von der Verkündigung Jesu her die Notwendigkeit, die Beziehung des Glaubens zu seiner Person zu bestimmen. *Er* ist es, der zum Glauben aufruft und der durch sein Reden und Handeln Glauben ermöglicht, und zwar Glauben an den Gott, dessen Vollkommenheit in grenzenloser Liebe besteht. Die Formel: „Glauben *wie* Jesus" ist darum zwar richtig, sagt aber noch zu wenig. Andererseits ist die Formel: „Glauben *an* Jesus Christus" mißverständlich, weil in ihr der konstitutive Bezug des Glaubens zu Gott nicht zu Worte kommt. Soll die in der Beziehung des Glaubens zur Person Jesu implizit enthaltene Ausrichtung auf Gott expliziert werden, so müßte man z. B. sprechen von dem „Glauben an Gott, wie er sich in Jesus Christus geoffenbart hat". Gerade von dieser letzten Formulierung her wird aber auch deutlich, inwiefern die Formel „Glaube an Jesus Christus" eine theologisch legitime Formel ist.

Bei der christologischen Explikation der Bedeutung Jesu Christi durch Hoheitstitel stehen zunächst die Titel „Menschensohn" und „Messias" bzw. „Christus" im Vordergrund. Letzterer verblaßt freilich bald zu einer Art Eigenname. Neben diesen Titeln erhalten vor allem die Titel „Herr" und „Sohn (Gottes)" größtes Gewicht. Beide bekommen zugleich eine neue Bedeutung: der Titel „Herr" dadurch, daß das griechische Äquivalent „κύριος" in der Septuaginta die Wiedergabe des Gottesnamens „Jahwe" ist; der Titel „Sohn (Gottes)" dadurch, daß seine hebräisch-rechtliche Bedeutung (s. Ps 2,7, aber auch Röm 1,4 u. Hebr 1,5) zugunsten seiner griechisch-physischen Bedeutung (Lk 1,26-38; Mt 1,18-25) immer mehr zurücktritt. Darin kommt zum Ausdruck, daß die christliche Verkündigung und Lehre im Vollzug der christologischen Reflexion sich immer stärker genötigt sieht, Jesus Christus in seiner Einheit mit Gott

---

34 Diese gängige Formel ist freilich insofern ungenau und mißverständlich, als sie nicht zum Ausdruck bringt, daß wir vom irdischen Jesus auch nur aufgrund der *Verkündigung* der Urgemeinde wissen, also den Verkündiger nur als „verkündigten Verkündiger" kennen.

wahrzunehmen und auszusagen. Das hat zur Folge, daß die Bestimmung des Verhältnisses Jesu Christi zu Gott (und zu den Menschen) zum theologischen Problem und zur denkerischen Herausforderung für die Alte Kirche wird, dem sie sich in der trinitätstheologischen und christologischen Dogmenbildung der ersten Jahrhunderte stellt.

Im folgenden soll zunächst dargestellt werden, zu welchen – auch noch heute gültigen – Einsichten über das Wesen Jesu Christi die christliche Lehrbildung dabei gelangt ist (9.4.1); von da aus sollen die – unterschiedlichen – Ansätze bedacht werden, mit deren Hilfe das Geheimnis des göttlichen Ursprungs Jesu Christi umschrieben worden ist und umschrieben werden kann (9.4.2). In diesem Zusammenhang werden wir uns auch in einem Exkurs mit dem Thema „Mariologie" beschäftigen.

9.4.1   Das Wesen Jesu Christi

Wenn es so etwas wie ein Zentrum der christologischen Lehrbildung gibt, das sich als Kriterium für Aussagen über die Person Jesu Christi eignet, dann ist es die aus dem Chalcedonense stammende Doppelformel: „Θεὸν ἀληθῶς, καὶ ἄνθρωπον ἀληθῶς" (lat.: „Deum vere et hominem vere"; in der Formulierung des Kleinen Katechismus: „wahrhaftiger Gott ... und auch wahrhaftiger Mensch"). Die Bedeutung dieser Doppelformel wird aber erst dann ganz klar, wenn man sie im Zusammenhang mit der im Chalcedonense vorkommenden Formel sieht: „ἕνα καὶ τὸν αὐτὸν Χριστὸν υἱὸν" (lat.: „unum eundemque Christum Filium"), daß von *einem* (mit sich identischen) *Subjekt*, nämlich Jesus Christus, ausgesagt wird, er sei „wahrhaft Gott" und *zugleich* „wahrhaft Mensch", *das* erst macht das Gemeinte deutlich und zeigt zugleich die Größe und Komplexität der hier bestehenden Denkaufgabe. Dabei schneidet das Chalcedonense insofern zahlreiche Möglichkeiten (besser: Abwege) einer „Lösung" ab, als es – das Nicaenum und das Nicaeno-Constantinopolitanum aufnehmend und weiterentwickelnd – feststellt, daß Jesus Christus seiner Gottheit nach *wesenseins* („ὁμοούσιος"; lat.: „consubstantialis") sei mit (Gott) dem Vater und seiner Menschheit nach wesenseins mit uns (Menschen) – in allem, außer der Sünde (vgl. DH 301).

Die Notwendigkeit, beides von Jesus Christus auszusagen, ergibt sich (dogmengeschichtlich und sachlich) aus alledem, was über das Heilswerk Jesu Christi zu sagen ist, ja, sie ergibt sich schon daraus, daß die Verkündigung, das Wirken und Geschick Jesu als *Heils*werk verstanden wird. Wenn wir es in Jesus Christus nicht mit Gott selber zu tun bekommen, und zwar mit Gott in einem wirklichen Menschen, dann kann entweder nicht gesagt werden, daß wir in ihm dem *Heil* begegnen, oder es kann nicht gesagt werden, daß uns in ihm das Heil *begegnet*. Aber steckt in dieser Doppelaussage: „wahrhaft Gott und wahrhaft Mensch" nicht doch ein – letztlich unauflösbarer – Widerspruch? Zerbricht dieses zentrale Geheimnis des christlichen Glaubens am Denken – oder scheitert das Denken an diesem Geheimnis des Glaubens, so daß schließlich nur die Zumutung übrigbleibt, das Undenkbare zu glauben? Wer hier allzu schnell bereit ist, eines von beiden (das Geheimnis des Glaubens oder die Klarheit des Denkens) aufzugeben, sollte sich die Konsequenzen solcher Preisgabe bewußtmachen. Gerade wegen der zentralen Stellung dieser christologischen Aussagen ist von einem Verzicht – so oder so – das Ganze des christlichen Glaubens mit betroffen.

Die altkirchliche und die altprotestantische Theologie hat an dieser Stelle keineswegs einen Denkverzicht propagiert oder gefordert, sondern im Gegenteil mit einem gedanklichen und argumentativen Aufwand um Klärungen gerungen, der bewundernswürdig ist, auch wenn wir uns die dabei erzielten Lösungen nicht in jeder Hinsicht zu eigen machen können oder sogar schon gegen den Denkansatz Bedenken anmelden.

Die Möglichkeit, die wahre Gottheit und wahre Menschheit Jesu Christi zusammenzudenken, sieht die altkirchliche (und mit ihr die mittelalterliche, reformatorische und altprotestantische) Christologie in der Unterscheidung zwischen der *einen* Person oder Seinsweise („πρόσωπον" oder „ὑπόστασις") und den *zwei* Naturen („φύσις") Jesu Christi. Dabei wird nicht nur gelehrt, daß die eine Person *aus* zwei Naturen entsteht, sondern daß sie *in* zwei Naturen existiert („ἐν δύο φύσεσιν"). Von diesen beiden Naturen heißt es im Chalcedonense, sie seien „unvermischt, unverwandelt, ungetrennt (und) ungesondert" („ἀσυγχύτως, ἀτρέπτως, ἀδιαιρέτως, ἀχωρίστως"). Mit diesen vier Negationen ist freilich nur ein denkerisch auszufüllender Raum abgegrenzt, aber selbst noch keine konstruktive Lösung gegeben. Nach einer solchen Lösung zu suchen, stellt sich für Kirche und Theologie immer wieder neu als Aufgabe. Dabei muß aber auch die Problem*formulierung*, wie sie durch die theologische Tradition vorgegeben ist, kritisch überprüft werden. Bevor wir jedoch Schritte in Richtung auf die Denkbarkeit der christologischen Zentralaussage(n) tun können, ist es zunächst sinnvoll, wenn nicht sogar notwendig, sich genauer darüber Rechenschaft zu geben, worin denn die Schwierigkeiten liegen, die den Eindruck einer gedanklichen Aporie erwecken. Warum also ist es schwierig, wenn nicht sogar unmöglich, von der *einen* Person Jesu Christi zu sagen, sie sei zugleich göttlich und menschlich, Jesus Christus sei also wahrhaft Gott und wahrhaft Mensch?

Diese Schwierigkeiten werden dann erkennbar, wenn man sich auf die *Eigenschaften* (des Wesens) Gottes und (des Wesens) des Menschen besinnt. Mit ersteren haben wir uns bereits ausführlicher beschäftigt

(s. o. 8.1.3), so daß wir darauf hier nun zurückgreifen können und müssen. Ohne Anspruch auf Vollständigkeit haben wir dort genannt: Gottes Allmacht und Allwirksamkeit, seine Allwissenheit, Ewigkeit und Allgegenwart, Gottes Güte, Gerechtigkeit und Treue, seine Barmherzigkeit und Gnade, seine Heiligkeit und seinen Zorn. Dabei zeigte sich, daß es sinnvoll ist, zwei Gruppen von Eigenschaften zu unterscheiden, deren erste den *kategorialen Unterschied* zwischen Gott und Mensch zum Ausdruck bringt, während in der zweiten Gruppe die *reale Verbundenheit* zwischen Gott und Mensch ihren Ausdruck findet. Bei den Eigenschaften des kategorialen Unterschieds (s. o. 8.1.3.2) war darum zu sagen: Kein Mensch, auch kein Liebender ist allmächtig, allwissend, ewig oder allgegenwärtig. Aber muß nicht genau diesem Satz widersprochen werden, wenn gelten soll, daß Jesus Christus wahrhaftig Gott und wahrhaftig Mensch ist?

Diese Konsequenz legt sich jedenfalls dann nahe (oder ist sogar unvermeidlich), wenn die Eigenschaften Gottes abstrakt als Eigenschaften einer göttlichen Natur oder einer göttlichen Person verstanden werden und nicht als Eigenschaften des *Wesens* Gottes, also der (göttlichen) *Liebe*. Faßt man in Aufnahme des in der Gotteslehre gewählten Denkansatzes die Eigenschaften Gottes hingegen als Eigenschaften seines Wesens, also seiner Liebe auf, so verschwinden keineswegs alle gedanklichen Probleme, wohl aber stellen sie sich teilweise in veränderter Gestalt; denn nun bekommt der Begriff der Wesenseinheit („ὁμοουσία") – ganz im Sinne der altkirchlichen Christologie – eine Schlüsselfunktion: Zwischen Jesus Christus und Gott besteht insofern Wesenseinheit, als Jesus Christus vollkommen bestimmt ist von dem Wesen Gottes, das Liebe ist. Deswegen kann (und muß) gesagt werden: Er hat am Wesen Gottes teil; er ist *eines* Wesens mit Gott.

Diese Aussagen können alle gemacht werden, ohne daß damit das wahrhafte Menschsein Jesu aufgehoben oder in Frage gestellt würde. Auch der vollkommen durch Gottes Wesen bestimmte Mensch Jesus bleibt – als irdisch-geschichtlicher – *begrenzt* in seiner Macht, in seinem Wissen, in seiner Zeit und in seiner räumlichen Gegenwart. Hier bewährt sich erneut die These, daß zwischen Gott und Mensch eine *kategoriale* Differenz besteht, derzufolge es gerade möglich ist, Gott und Mensch aufs engste miteinander verbunden zu denken.

Von diesem Denkansatz aus läßt sich sogar noch sehr viel mehr sagen: Gottheit und Menschheit sind auf diese Weise nicht nur – widerspruchsfrei – als in Jesus Christus vereinigt zu denken, sondern Jesus Christus ist gerade dadurch *der wahrhafte Mensch*, daß er am Wesen Gottes teilhat. Seine Göttlichkeit geht also nicht zu Lasten seiner Menschlichkeit (oder umgekehrt), sondern die vollkommene Anteilhabe am Wesen Gottes ist zugleich die vollkommene Verwirklichung der menschlichen Bestimmung.

Was dabei sichtbar wird, hat eine seiner wesentlichen Voraussetzungen im Gedanken der Gottebenbildlichkeit als Bestimmung des Menschen (s. dazu u. 12.2.2). Diesen Zusammenhang hat schon das Neue Testament in verschiedenen Überlieferungsschichten wahrgenommen und ausgesprochen, indem es Jesus Christus als *das* Ebenbild Gottes bezeichnet (II Kor 4,4; Kol 1,15; Hebr 1,3[35]). Dabei ist es für das rechte Verständnis des Begriffs „Ebenbild" wesentlich, daß es sich nicht um das Abbild einer selbst schon sichtbaren Wirklichkeit handelt, sondern um das Sichtbarwerden „des unsichtbaren Gottes" (Kol 1,15).[36]

Von der Imago-Lehre her läßt sich auch gut der entscheidende Unterschied verdeutlichen, der zwischen Jesus Christus und allen anderen Menschen besteht, den das Chalcedonense (im Anschluß an Hebr 4,15) in den Worten zusammenfaßt: „die Sünde ausgenommen" („χωρὶς ἁμαρτίας"). Der dabei vorausgesetzte biblische Zusammenhang macht deutlich, daß das Nicht-Sündigen gesehen werden muß auf dem Hintergrund echter Versuchlichkeit und Versuchung (Mk 1,13 parr.; Hebr 2,18 und 4,15). Deswegen stellt die Sündlosigkeit Jesu Christi seine echte Menschlichkeit nicht in Frage. Zwar gehört es zum Wesen des Menschen, durch die Sünde versucht werden zu können, aber es gehört nicht zum Wesen (sondern zur Verfehlung des Wesens) des Menschen zu sündigen. Auch in dieser Hinsicht bestätigt sich also noch einmal der Grundgedanke: *Weil* Jesus Christus wesenseins mit Gott ist, *darum* ist er wahrhaft und im vollen Sinne des Wortes Mensch.

Dieser christologische Denkansatz, der sich aus dem Gottesverständnis ergibt, ist m. E. in der Lage, die entscheidenden christologischen Aussagen der altkirchlichen, reformatorischen und altprotestantischen Lehrentwicklung aufzunehmen, mit den biblischen Aussagen zu verbinden und in einer gedanklich nachvollziehbaren Form zum Ausdruck zu bringen. Dabei erweist sich ein Rückgang hinter die *Terminologie* der altkirchlichen Dogmenentwicklung als hilfreich. Insbesondere die Verwendung des Naturbegriffs hat im Zusammenhang der altkirchlichen Christologie nicht

---

35 In diesen Zusammenhang gehören auch die Aussagen über Christus als den zweiten Adam, wie sie sich Röm 5,12 ff. finden.

36 In diese Richtung weist auch Luthers eindrückliche Aussage: „Si deus pingendus, sol ichs malen, quod in abgrund seiner Gottlichen natur nihil aliud est quam ein feur und brunst, quae dicitur lieb zun leuten" (WA 36,424,2-4). Das Besondere des Bildes der göttlichen Natur, das Jesus Christus ist, besteht freilich darin, daß die „lieb zun leuten" in der Person Jesu Christi menschliche Gestalt und ein menschliches Antlitz angenommen hat.

nur klärend, sondern auch verwirrend gewirkt.[37] Die Rede von zwei Naturen in einer Person ist es, die das gedankliche Erfassen des damit Gemeinten erschwert, wenn nicht sogar unmöglich macht. Diese Einheit läßt sich aber unreduziert denken, wenn man damit Ernst macht, daß die Göttlichkeit Jesu nicht mit seiner Menschlichkeit konkurriert, sondern gerade *in ihr* Gestalt gewinnt und zum Ausdruck kommt.[38] Von der Erkenntnisordnung her gedacht heißt dies: Gerade weil Jesus vollkommen und authentisch Mensch ist, darum kann an ihm und in ihm Gott selbst wahrgenommen werden. Jesus Christus ist – als Mensch – „ein Spiegel … des väterlichen Herzens" Gottes (BSLK 660,41 f.).

Im Blick auf den *auferstandenen und erhöhten* Jesus Christus ist freilich noch mehr zu sagen: Mit der Verwandlung und Verherrlichung seiner irdisch-geschichtlichen Existenzform hat er auch Anteil an den Wesenseigenschaften Gottes, die den kategorialen Unterschied zwischen Gott und Mensch bezeichnen. D. h.: Der erhöhte Christus hat teil an der Allmacht und Allwirksamkeit, an der Allwissenheit, Ewigkeit und Allgegenwart Gottes. Der auferweckte und erhöhte Jesus Christus ist – als der Menschgewordene – eingegangen in die Alles bestimmende Wirklichkeit der Liebe, die zugleich sein Ursprung ist. Die sinnlich wahrnehmbaren Weisen, wie er – als der Menschgewordene – an der Alles bestimmenden Wirklichkeit Gottes Anteil hat, sind Wortverkündigung und Darreichung der Sakramente (s. u. 14.2). So übt er zugleich als der Erhöhte sein prophetisches, sein hohepriesterliches und sein königliches Amt aus (s. o. 9.3.1.1).

Was eben als Gedanke gestreift wurde, bedarf freilich jetzt noch einer ausführlichen Besinnung: der Ursprung Jesu Christi in der Alles bestimmenden Wirklichkeit Gottes, dessen Wesen die Liebe ist.

---

37 Schleiermacher hat die Verwendung des Begriffs „Natur(en)" in der Christologie mit zwei durchschlagenden Argumenten problematisiert: 1.) Gottheit und Menschheit können und dürfen nicht durch *einen* gemeinsamen Oberbegriff bezeichnet werden. (Darin steckt die Einsicht in die kategoriale Differenz zwischen Gott und Mensch.) 2.) Der Begriff „Natur" ist in Anwendung auf Gott irreführend und unangemessen, weil darin eine mit dem Sein Gottes unvereinbare Beschränkung enthalten ist (Der christliche Glaube, 1. Aufl., § 117; 2. Aufl., § 96).

38 Von da aus läßt sich auch der insbesondere für die lutherische Theologie wichtige Gedanke der communicatio idiomatum zur Geltung bringen, der besagt, daß es in Jesus Christus zwischen der göttlichen und der menschlichen Natur zu einer so engen Gemeinschaft kommt, daß die beiden Naturen auch an den Eigenschaften der jeweils anderen Natur Anteil haben.

9.4.2 Das Geheimnis des göttlichen Ursprungs Jesu Christi

Wie sich in diesem Abschnitt zeigen wird, hat die christliche Lehrüberlieferung von den neutestamentlichen Schriften an auf die Frage nach dem göttlichen Ursprung Jesu Christi mehrere unterschiedliche Antworten gegeben, die einander zwar nicht widersprechen, wohl aber auch nicht einfach miteinander zur Deckung zu bringen sind.[39] Bei aller Vielfalt ist jedoch stets *eines* festgehalten und einmütig gelehrt worden: Ursprung der Göttlichkeit Jesu Christi ist nicht der Mensch Jesus von Nazareth, sondern Gott, der an ihm, in ihm und durch ihn wirkt.[40] *Wie* aber der göttliche Ursprung Jesu Christi gedacht werden kann, darauf gibt die christliche Lehrüberlieferung – zumindest vier – unterschiedliche Antworten.

9.4.2.1 Die Einsetzung in die Gottessohnschaft durch die Auferstehung

Es spricht vieles für die Annahme, daß der Titel „Sohn (Gottes)" erst *nach* der Ostererfahrung auf Jesus Christus angewandt wurde. Aber selbst wenn historisch die Verwendung des Sohnes-Titels für Jesus schon vor Ostern nachweisbar wäre, so bleibt doch das Osterereignis *sachlich* eine Bedingung für den Glauben an die Gottessohnschaft Jesu Christi. Erst im Durchgang durch den (Fluch-)Tod am Kreuz ist Jesus tatsächlich als Sohn Gottes erwiesen und damit „eingesetzt als Sohn Gottes in Kraft" wie Paulus dies Röm 1,4 formuliert. Die Auferweckung Jesu Christi ist die Besiegelung seiner Verkündigung und seines Wirkens und deswegen die

---

39 Wir haben es hier allem Anschein nach mit einer Analogie zu den unterschiedlichen Aussagen über die Heilsbedeutung des Todes Jesu Christi zu tun. In beiden Fällen erinnert die unhintergehbare Vielfalt der Antwortmöglichkeiten an den metaphorischen Charakter aller Aussagen, die, wie dort das Geheimnis seines Todes, so hier das Geheimnis seines Ursprungs hüten, indem sie ihm nachzudenken versuchen.

40 Auch in dieser Hinsicht entspricht also der Ursprung Jesu Christi seinem Tod und seiner Auferweckung als Heilsereignis. Die Erkenntnis, daß in Jesus Christus Gott das schöpferisch wirkende Subjekt ist, bringt die altkirchliche Christologie u. a. zum Ausdruck durch die (positive) Lehre von der Enhypostasie sowie in der ihr entsprechenden (negativen) Lehre von der Anhypostasie der menschlichen Natur Jesu Christi. Damit wird gesagt, daß die menschliche Natur Jesu Christi keine eigenständige, vom göttlichen Wesen unabhängige Seinsweise hat, sondern nur in der Bestimmtheit vom göttlichen Wesen her existiert.

endgültige Bestätigung seiner Sendung und Person. Dabei kann der Hinweis auf die Einsetzung als Sohn Gottes „*in Kraft*" in zweifacher Hinsicht verstanden werden: einerseits als Hinweis auf die den Tod – als den letzten Feind (I Kor 15,26) – überwindende Kraft Gottes; andererseits als Hinweis auf den Auferstehungsglauben, durch den die Offenbarung des Sohnes insofern in Kraft gesetzt wird, als sie ihre Adressaten erreicht, also Glauben findet. In beiderlei Hinsicht spiegelt Röm 1,4 keine christologische *Vor*stufe wider, sondern enthält *eine bleibend gültige* Antwort auf die Frage nach dem göttlichen Ursprung Jesu Christi – wenn es auch gewiß nicht die einzige ist und sein kann.

9.4.2.2   Die Berufung zur Gottessohnschaft durch die Taufe

Die neutestamentlichen Berichte von der Taufe Jesu am Beginn seines öffentlichen Wirkens (Mk 1,9-13 parr.) enthalten alle den Hinweis auf „eine Stimme vom Himmel", durch die Jesus als geliebter Sohn Gottes angesprochen (so Mk 1,11 u. Lk 3,22) oder der Öffentlichkeit vorgestellt wird (so Mt 3,17). Die ursprüngliche Form ist zweifellos die der Anrede, mit der die Adoptionsformel aus Ps 2,7: „Du bist mein Sohn, heute habe ich dich gezeugt" aufgenommen und auf Jesus angewandt wird. Die Tatsache, daß in Hebr 1,5 und 5,5 die Adoptionsformel in ihrem ursprünglichen Wortlaut auf Jesus Christus angewandt wird, bestätigt in exegetischer Hinsicht diesen Zusammenhang.[41] Die Taufberichte erinnern an die Notwendigkeit, die Entstehung des Sendungs*bewußtseins* Jesu als eine geschichtliche, genauer: biographische Wirklichkeit zu denken.[42] Freilich stoßen wir hier ganz schnell an eine unüberwindbare Grenze. Die biblischen Texte geben keine – jedenfalls keine eindeutige oder zuverlässige – Antwort auf die Frage, *wie* das Sendungsbewußtsein Jesu entstanden ist, das sich dann in seinen Worten und Taten, in seinem Vollmachtsanspruch und in seiner Leidensbereitschaft ausdrückt. Die Erinnerung an ein „*daß*" der Entstehung dieses Sendungsbewußtseins ist aber insofern wichtig, als dadurch deutlich wird, daß Jesus Christus nicht als willenloses Objekt von Gott gebraucht oder benutzt, sondern als antwortfähiger Mensch in An-

---

41 Ps 2,7 wird in seinem ursprünglichen Wortlaut auch in Act 13,33 christologisch interpretiert, dort allerdings nicht auf die Taufe, sondern auf die Auferweckung Jesu Christi von den Toten angewandt. Insofern wäre dieser biblische Beleg eher im Abschn. 9.4.2.1 mitzubedenken.

42 Eine ähnliche Funktion könnte aus dem synoptischen Überlieferungsbestand ursprünglich einmal der Verklärungsgeschichte (Mk 9,2-8 parr.), der Vision vom Satanssturz (Lk 10,18) oder der ersten Predigt Jesu in Nazareth (Lk 4,16-21) zugekommen sein.

spruch genommen wird und sich vollkommen in Anspruch nehmen läßt.
Von da aus wird auch verständlich, warum im Leben Jesu das *Gebet* eine
wichtige Rolle spielt (s. Mk 1,35; 6,46; 14,32 ff. parr.; Mt 14,23; Lk 3,21;
5,16; 6,12; 9,29; 11,1) und warum er echten *Versuchungen* ausgesetzt
sein konnte. Erweist sich bei näherem Zusehen die Begründung der
Gottessohnschaft Jesu durch einen Akt der „Adoption" als unzureichend,
so behält doch die Taufe Jesu ihre christologische Bedeutung als Ausdruck
dafür, daß sich dem Menschen Jesus von Nazareth seine Berufung und
Bestimmung *in* seiner Lebensgeschichte erschlossen haben muß. Die Taufe Jesu verweist also auf die lebensgeschichtliche Erfahrung und Realisierung seiner Berufung, in vollkommener Einheit mit Gott zu leben, zu
wirken und in Konsequenz dessen zu leiden und zu sterben.[43]

9.4.2.3 Die Geburt des Gottessohnes von der Jungfrau Maria

Von den beiden bisherigen Antwortversuchen unterscheidet sich der nun
zu bedenkende dadurch, daß er nicht nur (wie jene) in der neutestamentlichen Überlieferung verankert ist (Mt 1,18-25 u. Lk 1,26-38), sondern daß
er auch in die kirchliche Bekenntnisbildung ausdrücklich aufgenommen
worden ist. Nach ihren eigenen Angaben (s. Mt 1,22 f. u. Lk 1,35) wollen
die Erzählungen von der Jungfrauengeburt begründen und erklären, warum Jesus zu Recht „Sohn Gottes" genannt wird. Ältere Überlieferungsschichten – wie z. B. Paulus und das Markusevangelium – erwähnen nichts
von einer Jungfrauengeburt. Ja, Paulus kann sagen, der Sohn Gottes sei
von einer *Frau* geboren worden (Gal 4,4), und die bei Matthäus und
Lukas überlieferten Stammbäume Jesu laufen auf *Joseph*, nicht auf Maria,
zu (Mt 1,16 sowie Lk 3,23), setzen also offensichtlich ursprünglich die
natürliche Abstammung Jesu von Joseph voraus. Das alles zeigt schon,
daß wir es hier weder mit der ältesten noch mit einer unumstrittenen
Antwort auf die Frage nach dem göttlichen Ursprung Jesu zu tun haben.
   Ein genaueres Durchdenken zeigt, daß wir es sogar mit einer gefährlichen, jedenfalls problematischen Antwort zu tun haben; denn wenn die
Jungfrauengeburt so verstanden wird, daß dabei der Zeugungsakt, also
der männliche Anteil, durch das Wirken des Heiligen Geistes ersetzt wird,
dann erscheint Jesus Christus als eine Art *Halbgott*, der vom Heiligen
Geist die göttliche, von der irdischen Mutter die menschliche Natur erhalten hat, der aber so *weder* wahrhaft Mensch *noch* wahrhaft Gott ist. Das
meinen und wollen diese Erzählungen natürlich nicht, aber diese Inter-

---

43 Auf den Bezug zwischen Taufe und Passion verweisen ausdrücklich Mk
   10,38 f. par. sowie Lk 12,50.

pretationsmöglichkeit ist von den Texten her nicht ohne weiteres auszuschließen.

Hinzu kommt ein zweites gravierendes Problem: Der Vorstellung von der Jungfrauengeburt könnte entnommen werden, daß die menschliche Sexualität ausgeschlossen werden müsse, um den göttlichen (und damit sündlosen) Ursprung Jesu Christi beschreiben zu können. Damit würde aber (und *ist* in der Wirkungsgeschichte der Lehre von der Jungfrauengeburt) die menschliche Sexualität in einem solch gefährlichen Maß in die Nähe der Sünde gerückt, daß ihre Kreatürlichkeit und damit gegebene Natürlichkeit kaum noch unbefangen wahrgenommen werden kann.[44] In der Lehre von der immerwährenden (also über die Geburt Jesu hinausreichenden) Jungfrauschaft Marias, die bedauerlicherweise auch in die reformatorischen Bekenntnisschriften Eingang gefunden hat (s. BSLK 414,40), wird diese Tendenz unübersehbar. Diese Lehre dürfte nicht unerheblich zur Entstehung eines „idealisierten", d. h. de facto asexuellen Frauenbildes beigetragen haben, dessen Problematik für Frauen und Männer vermutlich in vergleichbarer Weise wirksam und spürbar wurde.

Diese theologischen Gründe (und nicht etwa die ebenfalls zu bedenkenden naturwissenschaftlich-medizinischen Einwände) sind die Hauptgründe, warum die Lehre von der Jungfrauengeburt als problematisch, ja als gefährlich zu beurteilen ist. Aber trotz dieser Gefährlichkeit scheint es mir *nicht* richtig, die Bekenntnisformulierung: „empfangen durch den Heiligen Geist, geboren von der Jungfrau Maria" für „erledigt" zu erklären. Sie weist nämlich auf ein theologisch zu bedenkendes Problem hin und enthält zur Lösung dieses Problems einen bedenkenswerten Hinweis. Das gilt freilich nur dann, wenn man die Rede von der Jungfrauengeburt, wie alle anderen Aussagen, die die Wirklichkeit und das Wesen Gottes betreffen, als *metaphorische* Rede erkennt und anerkennt.

Das Problem, um das es geht, ist die menschliche Beteiligung an der Inkarnation.[45] In der Jungfrauengeburt ist die menschliche Beteiligung nicht ausgeschaltet oder ausgeschlossen, aber auf das Einwilligen und Empfangen beschränkt (s. Lk 1,38: „mir geschehe, wie du gesagt hast"). „(D)er wollende, vollbringende, schöpferische, souveräne Mensch als solcher kommt hier nicht in Betracht, ist für dieses Werk nicht zu gebrauchen. Der Mensch ist hier wohl im Spiel, aber nicht als Werkgenosse

---

44 Zwischen dieser Abwertung der Sexualität und der in 8.1.1.1 angesprochenen Ausklammerung des Eros aus dem Liebesbegriff in der christlichen Tradition besteht zweifellos ein Zusammenhang. Beide Tendenzen haben oft genug in der Geschichte in unheilvoller Weise zusammengewirkt und zu einer gefährlichen Abspaltung von Eros und Sexualität vom Glauben beigetragen.

45 Ich folge hier weitgehend den Gedanken, die M. Luther (WA 11,318), besonders aber K. Barth (KD I/2, S. 202-214) entfaltet haben.

Gottes, nicht in seiner Eigenständigkeit, nicht mitverfügend über das, was werden soll, sondern gerade nur – und auch das nur, weil Gott sich ihm schon geschenkt hat – in seiner Bereitschaft für Gott."[46] Die spezifisch *männliche* Art der Beteiligung (die freilich keineswegs auf Männer beschränkt ist) wird also durch die Rede von der Jungfrauengeburt als für das Geheimnis des göttlichen Ursprungs Jesu Christi ungeeignet ausgeschlossen, womit keineswegs die menschliche Beteiligung überhaupt ausgeschlossen ist.[47]

Die beiden Teilaussagen: „empfangen durch den Heiligen Geist" und „geboren von der Jungfrau Maria" bilden ein christologisches Pendant zu den beiden Grundbestimmungen der Rechtfertigung: „sola gratia" und „sola fide". Als – bezogen auf Jesus Christus erste – Repräsentantin des „sola fide" und dadurch als die leibliche Mutter Jesu hat Maria eine besondere Beziehung zum Göttlichen und verdient deshalb Beachtung in der Dogmatik. Von daher stellt sich das Thema der Mariologie.[48]

Exkurs zur Mariologie

Die dogmatische Beschäftigung mit Maria erscheint sinnvoll, ja geboten um ihrer – einzigartigen – Beziehung zu Jesus Christus willen: als seine leibliche Mutter. Die Tatsache, daß es insbesondere in der römisch-katholischen Kirche und Theologie eine Hypertrophie der Marienfrömmigkeit und der Mariologie gibt, ist kein Grund zur dogmatischen Enthaltsamkeit von diesem Thema, wohl aber zur dogmatischen Behutsamkeit.

---

46 So K. Barth, KD I/2, S. 210.

47 Es verdient Beachtung und weist auf die grundlegende Bedeutung dieses Gedankens hin, daß nach Joh 1,12 f. dies für *alle* Kinder Gottes gilt: „Wie viele ihn aber aufnahmen, denen gab er Macht, Gottes Kinder zu werden, denen, die an seinen Namen glauben, die nicht aus dem Blut noch aus dem Willen des Fleisches noch aus dem Willen eines Mannes, sondern von Gott geboren sind." In *diesem* Sinne läßt sich sagen: Der Ursprung *jedes* Menschen, der Gottes Kind ist, hat den Charakter einer „Jungfrauengeburt".

48 Der aus der Rolle des männlichen Erzeugers ausgeschlossene Joseph, der nicht nur das Kind, sondern damit zugleich sein eigenes „Ausgeschlossensein" anzunehmen hat, verdiente freilich nicht weniger Beachtung. Die hier bestehende Lücke in der Lehrüberlieferung kann freilich nicht im Rahmen einer Dogmatik geschlossen werden. Das Defizit relativiert sich jedoch insofern, als Maria und Joseph in dem – gesprochenen oder getanen – „fiat" (Lk 1,38 u. Mt 1,24) verbunden sind, das ihnen als ihre Form der Beteiligung am Heilsgeschehen zugemutet wird.

Was wir historisch zuverlässig aus dem Neuen Testament über Maria
wissen können, ist wenig und in dogmatischer Hinsicht nicht sonderlich
ergiebig. Einhellig bezeugt ist, daß sie die leibliche Mutter Jesu und seiner
(ebenfalls leiblichen) Geschwister war (Mk 6,3 par. Mt 13,55; vgl. auch
I Kor 9,5; Gal 1,19 u. Joh 7,3 ff.). Historisch zuverlässig ist wohl auch
die Aussage, daß die Familie, genauer: die Mutter und die Geschwister
Jesu ihm, zumindest anfangs, ablehnend oder jedenfalls zurückhaltend
gegenüberstanden (s. Mk 3,21 u. 31-35 parr.: Mt 12,46-50 u. Lk 8,19-
21; ähnlich, bezogen auf die Brüder Jesu: Joh 7,3-10). Daß Maria und
die Brüder Jesu später der Urgemeinde angehört haben, ist Act 1,14 zu
entnehmen. Zu den nicht historisch begründeten, sondern aus theologischem Interesse gestalteten Aussagen, die sich nur in späteren Überlieferungsschichten finden, gehören die Erzählungen von der Jungfrauengeburt (bei Matthäus und Lukas), dazu auch die vom Stehen unter dem
Kreuz (Joh 19,25-27).[49]

Im Zentrum der dogmengeschichtlichen Lehrentwicklung steht zunächst die (gemeinchristliche) Glaubensaussage von Maria als der *jung-
fräulichen* Mutter Jesu Christi. Diese Aussage wird durch das Konzil von
Ephesus (431) präzisiert und zugespitzt in dem Titel der „Gottesgebärerin"
(DH 251: „θεοτόκος"). Damit wird zugleich die in der römisch-katholischen Tradition geläufige Bezeichnung Marias als „Mutter Gottes" vorbereitet. Der Titel der Gottesgebärerin ist insofern berechtigt und verwendbar, als damit die Meinung abgewehrt wird, Maria habe lediglich die
„menschliche Natur" Jesu geboren, Jesu Menschsein sei also nicht von
vornherein und vollkommen von der Wirklichkeit Gottes bestimmt gewesen. Freilich kommt in diesem Titel nicht mehr zum Ausdruck, daß der so
Geborene wahrhaft Mensch ist, und bei der Bezeichnung Marias als
„Mutter Gottes" kann dies ganz aus dem Blick geraten. Zugleich deutet
sich hierin – schon sprachlich – eine Verbindung zwischen Maria und
dem dreieinigen Gott an, die die Frage nach der angemessenen Verhältnisbestimmung und nach einem möglichen Konkurrenzverhältnis aufkommen läßt. Dem soll noch etwas genauer nachgegangen werden.

Die Tendenz zu einer Überbetonung der Mariologie zeigt sich mit
besonderer Deutlichkeit in den römisch-katholischen Mariendogmen des
19. und 20. Jahrhunderts und in den Tendenzen der neueren mario-
logischen Lehrentwicklung. Zu erinnern ist dabei an das Dogma von der
unbefleckten Empfängnis Mariens (1854: DH 2803), das von Maria aus-

---

49 Gegenüber der naheliegenden Vermutung, hier werde eine historisch zuverlässige Erinnerung wiedergegeben, ist darauf hinzuweisen, daß in dem ältesten uns erhaltenen Bericht (Mk 15,40 f.) die Mutter Jesu *nicht* erwähnt wird
als eine der Frauen, die unter dem Kreuz Jesu standen.

sagt, sie sei in dem Augenblick, als sie von ihrer Mutter (Anna) empfangen wurde, durch einen einmaligen göttlichen Gnadenerweis von der Erbsünde unbefleckt erhalten geblieben, sowie das Dogma von der leiblichen Aufnahme Marias in den Himmel (1950: DH 3900-3904). Schließlich zeichnet sich in mehreren neueren lehramtlichen Verlautbarungen eine Tendenz ab, Maria den Titel der „Miterlöserin" („corredemptrix") zu verleihen.[50] Dabei nimmt die römisch-katholische Mariologie für sich in Anspruch, die Ehre Marias nicht auf Kosten Christi, sondern um seinetwillen zu erhöhen. Im Ergebnis tritt jedoch – insbesondere in der praktizierten Marienfrömmigkeit – eine immer stärkere Gleichrangigkeit zwischen Maria und Christus und eine dem entsprechende Verquickung zwischen Mariologie und Christologie zutage. Die christologische Intention kann de facto in der Mariologie nicht die Tendenzen verhindern, die zu einer Infragestellung des „solus Christus" führen.

Fragt man nach den Ursachen hierfür, so ergibt sich ein bemerkenswerter Befund: Gerade die enge Verknüpfung Marias mit Christus, ihre ausschließliche Würdigung als „Mutter des Herrn" führt unweigerlich dazu, daß sie einerseits an seiner Hoheit und Würde *partizipiert* (und daraus resultiert eine Tendenz zur Vergöttlichung Marias) und daß sie andererseits gewissermaßen *funktionalisiert*, nämlich durch ihre Rolle als Mutter (Jesu Christi) *definiert* wird. Faßt man beides zusammen, so kann man sagen: In der traditionellen Mariologie kommt Maria zu ausschließlich in ihrer Verknüpfung mit Jesus Christus und zu wenig als eigenständige, den Willen Gottes für ihr Leben akzeptierende Frau zur Geltung.

Der reformatorische Ansatz zur Marienverehrung beim „mir geschehe, wie du gesagt hast" (Lk 1,38) weist in gewisser Hinsicht einen Weg zur Überwindung dieser Gefahr. Er lenkt den Blick auf Maria als eine Frau, die in exemplarischer Weise als Empfangende und Annehmende am Heilsgeschehen beteiligt ist. Die Gefahr dieses reformatorischen Ansatzes liegt jedoch darin, Maria damit auf die Rolle der „dienenden Magd" oder „demütigen Frau" zu reduzieren. Als *Pendant* zu ihrer Demut und Empfänglichkeit muß ihr *Erhöhtwerden* und ihre *Stärke* beachtet werden, wie dies im Magnificat (Lk 1,46-55) zum Ausdruck kommt und dabei nicht auf sie als Einzelperson beschränkt bleibt, sondern *soziale* und *politische* Relevanz bekommt.

Dieses Bild deutlich zu machen, ist der gute theologische Sinn mariologischer Aussagen und einer theologisch verantworteten Marienvereh-

---

50 Vgl. hierzu H. Grass, Traktat über Mariologie, Marburg 1991, S. 79-102.

rung.[51] Wenn daraus jedoch unter der Hand eine menschliche Eigenleistung und Herrschaftsstellung Marias wird, dann wird an dieser Stelle alles verdorben. Daß eine Frau, wie Maria, sich so für das Wirken Gottes öffnen kann, daß in ihr das Leben entsteht, das zum Heil der Welt wird, und daß sie gerade *dadurch erhöht* wird, *das* verleiht Maria ihre Sonderstellung.[52]

9.4.2.4 Die Präexistenz des Gottessohnes

Der Präexistenzgedanke ist diejenige Antwort auf die Frage nach dem göttlichen Ursprung Jesu Christi, die diesen Ursprung am engsten mit dem Wesen Gottes verbindet. Um dieser Verbindung willen sind freilich zwei Unterscheidungen notwendig: einerseits die *innergöttliche* Unterscheidung zwischen dem (ewigen) Vater und dem (ewigen) Sohn, die gleichwohl *eines* Wesens und gleich ewig sind; andererseits die Unterscheidung innerhalb der *Person Jesu Christi* zwischen der göttlichen Hypostase und der von ihr angenommenen menschlichen Natur. Die Präexistenz Jesu Christi wird freilich erst dann gedacht, wenn der ewige Sohn als mit der göttlichen Hypostase *identisch* gedacht und verstanden wird. Um diese Identität zu formulieren, verwendet die altkirchliche Christologie schon sehr früh den im johanneischen Schrifttum gebrauchten Logos-Begriff (Joh 1,1-14 sowie I Joh 1,1; s. ferner: Apk 19,13). Insbesondere der Prolog des Johannesevangeliums gibt (Joh 1,1-5 u. 14) die entscheidenden Aussagen vor, die es erlauben, den in Jesus Christus inkarnierten Logos als wesenseins mit Gott und damit das Wesen Gottes selbst als den ewigen Ursprung Jesu Christi zu denken.

Diese zunächst rein spekulativ wirkenden Aussagen haben in dreierlei Hinsicht große theologische Bedeutung:

– Was sich in Jesus Christus erschließt, ist nicht nur *ein* Wort oder *eine* Willenskundgabe Gottes, sondern das ewige Wesen Gottes selbst. Der fleischgewordene Logos ist also wirklich „ein Spiegel des väterlichen

---

51 In diese Richtung weist auch der für die Mariologie grundlegende Aufsatz von E. Wölfel: Erwägungen zu Struktur und Anliegen der Mariologie, in: Mariologie und Feminismus, 1985, S. 71-102.

52 Abwegig und gefährlich sind jedoch die Versuche, durch Einbeziehung Marias in die Gotteslehre, d. h. durch Erweiterung der Trinität zur Quaternität, das weibliche Element im Gottesverständnis zu verankern. Dieser Denkansatz weist in eine falsche Richtung, weil er voraussetzt, daß das Gottesverständnis eine menschliche Projektion darstellt, die beliebig modifiziert werden kann.

Herzens" Gottes (BSLK 660,41 f.), und was in diesem Spiegel erkennbar wird, ist die göttliche Liebe.

- Der ewige Logos, der sich in Jesus Christus als Liebe offenbart, ist auch schon der *Schöpfungsmittler*. „Denn in ihm ist alles geschaffen, was im Himmel und auf Erden ist, das Sichtbare und das Unsichtbare, ... es ist alles durch ihn und zu ihm geschaffen" (Kol 1,16). Damit wird die geschaffene Welt von vornherein als „gut" ausgezeichnet.

- Wenn der Logos selbst zum Wesen Gottes gehört und wenn Gott sich in ihm und durch ihn der Welt erschließt, dann gehört die Zuwendung Gottes zu seinem Wesen. Auch insofern hält der Präexistenzgedanke die Einsicht fest, daß „Liebe" nicht nur ein Wirken, sondern das Wesen Gottes bezeichnet.

Trotz dieser wichtigen, mit der Logos-Christologie verbundenen Einsichten ist die Wahl des Logos-Begriffs (schon im johanneischen Schrifttum, dann aber auch in der altkirchlichen Christologie) nicht frei von Problemen. Nach allgemeiner exegetischer Überzeugung[53] steht im Hintergrund des Johannesprologs Quellenmaterial, das dem jüdisch-hellenistischen *Weisheits*denken zuzuordnen ist. D. h., all das, was in Joh 1 vom Logos gesagt wird (seine Präexistenz als ewiges Sein-bei-Gott, seine Schöpfungsmittlerschaft, sein Kommen in die Welt und sein Abgelehntwerden durch die Welt), sind ursprünglich Aussagen über die *Weisheit* (σοφία; vgl. dazu Prov 8,22-36 sowie Hi 28,20-28[54]). Die Ersetzung der („weiblichen") Sophia durch den („männlichen") Logos ist vermutlich bereits auf einer vorchristlichen Überlieferungsstufe erfolgt und entsprang wohl dem Empfinden, es sei unpassend, Jahwe ein weibliches gottgleiches Wesen zur Seite zu stellen.

---

53 Vgl. dazu E. Haenchen, Gott und Mensch. Gesammelte Aufsätze, Tübingen 1965, S. 122 f. sowie J. Becker, Das Evangelium nach Johannes, Gütersloh/Würzburg (1979) 1991³, S. 87 ff. Vgl. zur Bedeutung der Sophia-Lehre im Bereich der östlich-orthodoxen Kirche E. Benz, Geist und Leben der Ostkirche, München 1971², S. 56 f.

54 Aus dem außerkanonischen, apokryphen Schrifttum sind besonders wichtig und ertragreich die Aussagen aus Weish 7-11 über die Weisheit, in denen die Weisheit als „Schöpferin" (7,12), als ein „Hauch der göttlichen Kraft und ein reiner Strahl der Herrlichkeit des Allmächtigen" sowie als „ein Abglanz des ewigen Lichts und ein fleckenloser Spiegel des göttlichen Wirkens und ein Bild seiner Güte" (7,25 f.) bezeichnet wird. Von „ihrer edlen Herkunft" (aus Gott) spricht 8,3. In 9,1 f. wird die σοφία dem λόγος parallelisiert, in 9,17 dem Heiligen Geist. Vgl. auch Sir 24,3-6. In der abendländischen Theologiegeschichte wird diese Weisheitstradition aufgenommen bei Hildegard von Bingen (De operatione Dei III,7) sowie bei Heinrich Seuse (Büchlein der ewigen Weisheit).

Fragt man jedoch – ausgehend vom Werk und der Person Jesu Christi –, welcher Begriff und welche Vorstellung passender wäre („σοφία" oder „λόγος"), so gibt es gute Gründe, die Weisheit dem Logos zumindest gleichzusetzen; denn Weisheit enthält nicht nur das Element der Wahrheitserkenntnis, sondern auch das Element des rechten, menschengemäßen *Umgangs* mit der erkannten Wahrheit. Die „Verdrängung" der Sophia durch den Logos ist von daher als ein Verlust zu werten, und deswegen ist die Wiederbelebung der Sophia-Vorstellung grundsätzlich zu bejahen. Andererseits enthält der Logos-Begriff, der ja nicht nur „Vernunft", sondern auch „Wort" bedeutet, den Hinweis auf die Notwendigkeit der sprachlichen (zeichenhaften) Vermittlung des Wesens Gottes, der im Weisheits-Begriff zumindest nicht explizit wird.

Die (nicht nur grammatische) „Weiblichkeit" der Sophia (vgl. Prov 7-9) ist weder ein *theo*-logisches noch ein *christo*-logisches Argument gegen eine solche Wiederbelebung. Im Gegenteil: Gerade die Aussage, in (dem Mann) Jesus Christus sei die Weisheit Gottes (oder die Einheit von Sophia und Logos) *Mensch* geworden, könnte geeignet sein, problematische „geschlechtliche" Mißverständnisse christologischer Aussagen, die sich teilweise bis in die Lehre von den Ämtern der Kirche hin auswirken, zu durchbrechen. Gravierender ist jedoch ein anderes Bedenken, nämlich die Nähe der Weisheitsvorstellung zu einem rein philo-*sophischen* Zugang zu Gott, nämlich über die „Weisheit dieser Welt" (I Kor 1,18-31). Diese Gefahr dürfte jedoch am wirksamsten durch das gebannt sein, was von I Kor 1 und 2 her über die *Weisheit Gottes* (im Gegensatz zur Weisheit der Welt) zu sagen ist, nämlich, daß sie die Weisheit des *Kreuzes*, also der sich hingebenden Liebe ist, die der Welt als Torheit erscheint. Von daher bekommt all das, was die alttestamentliche Weisheitsliteratur über die Weisheit als Schöpfungsmittlerin und Liebling Gottes sagt, die Tiefendimension, die es sowohl von menschlicher Hybris als auch von unernster Spielerei unterscheidet. Die Sophia *Gottes*, also die Weisheit des *Kreuzes*, ist die vollkommene Einheit von *Wahrheit und Liebe*. Von ihr, aber auch nur von ihr, ist zu sagen: „Christus Jesus ist uns von Gott gemacht zur Weisheit" (I Kor 1,30).[55]

---

55 Die anderen Elemente: Gerechtigkeit, Heiligung und Erlösung können deswegen hier ungenannt bleiben, weil sie im Zusammenhang mit der Lehre vom Heilswerk Jesu Christi, jedenfalls der Sache nach, bereits bedacht wurden und weil sie in Abschn. 14.1.1.1 noch einmal explizit aufgenommen werden.

10 Die Gegenwart Gottes als Heiliger Geist (Pneumatologie)

Die Beschäftigung mit dem Heiligen Geist oder mit der Lehre vom Heiligen Geist, also der Pneumatologie, liegt für die meisten (westlichen) Christen, sofern sie nicht einer Pfingstkirche angehören oder der charismatischen Bewegung nahestehen, eher am Rande als im Zentrum ihres Interesses. Der Heilige Geist scheint ein spezielles Thema für besonders interessierte Gruppen und für spekulative Denker zu sein. Das ist tatsächlich häufig so gewesen. Deshalb versteht es sich nicht von selbst, sondern bedarf einer Begründung, daß und inwiefern die Beschäftigung mit dem Heiligen Geist zu den *zentralen* Themen einer Dogmatik auch im Kontext der gegenwärtigen Lebenswelt gehört.

Man könnte vermuten, das Nachdenken über den *Geist* im allgemeinen und den *Heiligen Geist* im besonderen verstehe sich deswegen nicht von selbst, weil es sich dabei um eine nicht greifbare, nur schwer zugängliche, unerreichbar ferne Wirklichkeit handele. Nun ist es zweifellos richtig, daß Geist – sogar in mehrfacher Bedeutung des Wortes – „nicht greifbar" ist. Ob er deswegen schwer zugänglich sei, ist erst noch zu fragen. Aber daß die Wahrnehmungsschwierigkeiten jedenfalls nichts mit einer unerreichbaren Ferne zu tun haben, läßt sich mit Gewißheit sagen. Denn (Heiliger) Geist ist nicht das Ferne, Unerreichbare, sondern das Nahe, das Gegenwärtige. Aber gerade diese unmittelbare Nähe könnte einer der Gründe dafür sein, warum es für viele Menschen schwierig ist, zum (Heiligen) Geist ein Verhältnis zu gewinnen.[1]

Für die Hinführung zur Bedeutung der Pneumatologie bieten sich verschiedene Themen der christlichen Glaubenslehre als Einstiegspunkt an: der Glaubensbegriff, das Offenbarungsverständnis, die Theo-logie, die Christologie oder die Soteriologie. Vom Aufbau und Duktus dieser Dogmatik her legt sich die Anknüpfung an die Christologie nahe, in der wesentliche Elemente des Offenbarungs-, des Glaubens- und des Gottesverständnisses mit enthalten sind.

Die Christologie als die Lehre von der Selbsterschließung Gottes in Jesus Christus expliziert, daß und inwiefern christlicher Glaube Glaube an Jesus Christus ist, genauer: Glaube an Gott, wie er sich in Jesus Christus

---

1 Wahrnehmungsschwierigkeiten können wir ja nicht nur mit dem haben, was zu weit von uns entfernt ist, sondern auch mit dem, was uns zu nahe ist oder kommt – und auch das gilt in mehr als einer Bedeutung des Wortes.

geoffenbart hat. Diese Selbsterschließung Gottes ist ausgerichtet auf das Ziel, im Menschen Gewißheit zu schaffen und so Glauben zu wecken. Und erst dort, wo solcher Glaube geweckt worden ist, ist die Selbstoffenbarung Gottes in Jesus Christus an ihr Ziel gelangt. Aber wie und wodurch geschieht dies? Die eine notwendige, aber für sich genommen noch nicht hinreichende Antwort lautet: dadurch, daß die Selbsterschließung Gottes einem Menschen in leibhafter Gestalt begegnet – sei es damals in der unmittelbaren persönlichen Begegnung mit Jesus von Nazareth, sei es später in der mittelbaren Begegnung durch Zeichen, die auf ihn verweisen. Diese Antwort ist deswegen nicht hinreichend, weil die leibhafte Begegnung als solche nicht notwendigerweise Glaubensgewißheit schafft. Das Evangelium kann an einem Menschen äußerlich abprallen, ihm gleichgültig, ärgerlich oder verachtenswert sein; es kann ihn aber auch im Innersten anrühren oder treffen und in ihm die Gewißheit wecken: „So ist es. Das ist die Wahrheit."

Warum wird der eine Mensch vom Evangelium innerlich erreicht und der andere nicht? Warum gibt es auch im Leben des einzelnen Menschen *beide* Erfahrungen? Der Hinweis auf das rhetorische Geschick oder Ungeschick dessen, der das Evangelium bezeugt, reicht als Antwort ebensowenig aus wie der Verweis auf das vorhandene oder nicht vorhandene Interesse, die Bereitschaft oder den guten Willen der Person, die die Botschaft hört. Weder durch Geschick noch durch guten Willen ist das machbar, was *sich* nur ereignen und einstellen kann: daß die Botschaft einen Menschen so erreicht, daß sie in ihm Gewißheit schafft. Daß sich solche Gewißheit mit unwiderstehlicher Gewalt, ja wider Willen einstellen kann, belegen ungezählte Erfahrungen; aber ebenso das andere: daß ein Mensch trotz allen Wollens und Suchens diese Gewißheit nicht findet.

Dieses unverfügbare Geschehen, durch das das Evangelium einen Menschen *so* erreicht, daß es in ihm die Gewißheit schafft, die die *Voraussetzung und Bedingung* des Glaubens ist, bezeichnet die christliche Glaubenslehre als Wirken des Heiligen Geistes. Die beiden klassischen Texte des reformatorischen Bekenntnisses, in denen dies ausgedrückt ist, sind einerseits CA 5[2], andererseits die Auslegung des dritten Artikels im Kleinen Katechismus[3]. Von beiden Texten her wird deutlich, inwiefern die

---

2   „Solchen Glauben zu erlangen, hat Gott das Predigtamt eingesetzt, Evangelium und Sakrament geben, dadurch er als durch Mittel den heiligen Geist gibt, welcher den Glauben, wo und wenn er will, in denen, so das Evangelium hören, wirket ..." (BSLK 58,2-7).

3   „Ich gläube, daß ich nicht aus eigener Vernunft noch Kraft an Jesum Christ, meinen Herrn, gläuben oder zu ihm kommen kann, sondern der heilige Geist hat mich durchs Evangelion berufen, mit seinen Gaben erleuchtet, im rechten Glauben geheiliget und erhalten ..." (BSLK 511,46-512,5).

Rede vom Heiligen Geist zu den zentralen, also unaufgebbaren Themen der christlichen Glaubenslehre gehört: Nur durch sie erlangt der christliche Glaube ein hinreichendes Bewußtsein von seinen eigenen Konstitutionsbedingungen, die dem Inhalt des christlichen Glaubens genau entsprechen. Dieser Inhalt besagt, daß dem Menschen das, was er zu seinem Heil benötigt, nicht durch eigene Leistung, sondern als Geschenk Gottes zuteil wird. Die Pneumatologie bringt zum Ausdruck, daß auch die *Gewißheit* des Heils, die diesen Glauben erst ermöglicht, eine Wirkung des Heiligen Geistes ist. Das besagt, daß der Mensch sie nicht als Resultat eigener Anstrengung hervorbringen, sondern sie nur als Gabe *empfangen* oder *erhoffen* kann. Insofern entsprechen Inhalt und Vollzug des christlichen Glaubens einander genau, und dies kann nur dadurch zum Bewußtsein gebracht werden, daß die Konstitutionsbedingungen des Glaubens pneumatologisch reflektiert und expliziert werden. Unterbliebe diese Reflexion und Explikation, so bestünde die große Gefahr (die in der Geschichte des Christentums immer wieder manifest geworden ist), daß der Glaube als menschliche Leistung mißverstanden wird und dadurch ein *heilloser* Widerspruch zwischen dem Verständnis des Glaubensinhalts und des Glaubensvollzuges entsteht. Dieser heillose Widerspruch bestünde darin, daß ein Mensch aufgefordert wird, im Leben und im Sterben nicht auf seine eigenen Leistungen, sondern auf Gottes Wirken zu vertrauen, daß aber dieses Vertrauen von ihm als eigene Leistung erwartet oder verlangt wird.

Daß die Pneumatologie für das angemessene Verständnis der Konstitutionsbedingungen des Glaubens unerläßlich ist, zeigt, daß die Lehre vom Heiligen Geist zu den zentralen Themen der Dogmatik gehört. Es wäre jedoch ein Mißverständnis, daraus abzuleiten, daß die Pneumatologie sich *nur* auf die Konstitutionsbedingungen des Glaubensaktes bezieht. Das Wesen und die Wirkungen des Heiligen Geistes reichen weiter, als dies in der Begründung der Glaubensgewißheit zum Ausdruck kommt. Sie schließen diese ein, gehen aber nicht in ihr auf. Bevor dies jedoch entfaltet werden kann, ist zunächst zu fragen, was mit dem Begriff „Geist" („πνεῦμα") in Anwendung auf Gott gemeint ist (10.1). Sodann ist zu bedenken, was es besagt, daß Gott nicht nur als „Geist", sondern genauer: als „Heiliger Geist" bezeichnet und damit implizit von anderen Geistern unterschieden wird (10.2). Von da aus können dann schließlich die Wirkungen des Heiligen Geistes in den Blick genommen werden, von denen schon andeutungsweise (und im Blick auf die Glaubensgewißheit ausführlicher) die Rede war (10.3).

10.1   Die Rede vom „Geist" in Verbindung mit Gott

Schon in den ersten Versen der Bibel ist im Zusammenhang mit Gott vom „Geist" die Rede, nämlich vom „Geist Gottes" (Gen 1,2), und diese Formulierung taucht in der biblischen und christlichen Überlieferung durchgängig auf. An einer Stelle erfolgt im Neuen Testament sogar eine Gleichsetzung von Gott und Geist, die geradezu „definitorischen" Charakter hat: „Gott ist Geist" (Joh 4,24: „πνεῦμα ὁ θεός"). Andererseits kann „Geist" aber auch die Benennung einer Gabe sein, die Gott Menschen gibt oder durch die er die Kreaturen am Leben erhält. Wir haben zunächst zu fragen, was dabei unter „Geist" zu verstehen ist (10.1.1); sodann ist zu bedenken, ob und inwiefern Geist als eine Gott und Mensch miteinander verbindende Wirklichkeit verstanden werden kann (10.1.2); schließlich ist zu fragen, wie die Aussagen über *Gott* als Heiligen Geist und über den Heiligen Geist als *Gabe* Gottes miteinander zusammenstimmen (10.1.3).

10.1.1   Beobachtungen und Überlegungen zum Geistbegriff[4]

Es kann als allgemeine Überzeugung gelten, daß der Begriff „Geist" zu den Begriffen zählt, die sich – wenn überhaupt – nur mit Mühe und einem erheblichen Maß an Unschärfe und Offenheit näher bestimmen und von verwandten Begriffen wie „Vernunft" oder „Seele" abgrenzen lassen. Es ist freilich nicht auszuschließen, daß gerade diese Unschärfe und Offenheit der Wirklichkeit angemessen ist, die mit diesem Begriff bezeichnet werden soll.

Dabei bezeichnet die Wurzel des hebräischen, griechischen und lateinischen Wortes für „Geist", nämlich „ruach" (fem.), „πνεῦμα" (neutr.) und „spiritus" (masc.) durchaus etwas Konkretes, das gespürt und beschrieben werden kann: den Lufthauch, Wind, Atem oder Lebensodem. In diesen anschaulichen Grundbedeutungen sind zumindest drei Elemente enthalten, die auch für das Verständnis dessen, was „Geist" meint, aussagekräftig sind:

– Von seinen Wurzeln her bezeichnet „Geist" demnach etwas Dynamisches, das selbst in Bewegung ist und anderes zu bewegen vermag, und zwar eher auf sanfte als auf gewaltsame Art und Weise.[5]

---

4   Vgl. hierzu neben den einschlägigen Artikeln in theologischen und philosophischen Nachschlagewerken das III. Kap. in T. Koch, Mit Gott leben (1989) 1993², S. 149-160.

5   Zu den Wortwurzeln von „Geist" kann freilich auch „Sturm" gehören; und auch dazu gibt es Entsprechungen, wie sie z. B. im Phänomen der Begeisterung

– Insbesondere in den Worten „Atem" und „Lebensodem" steckt das Moment des Lebendigen, genauer: des Belebenden und Lebenschaffenden, ja man kann im Blick darauf geradezu vom Geist als Lebensprinzip sprechen.

– Ein weiteres, für das Verständnis des Geistbegriffes wichtiges Moment ist seine Fähigkeit, anderes zu durchdringen, zu erfüllen und so beim anderen zu sein. Von daher kann man „Geist" verstehen und beschreiben als (nicht-gegenständliche) Weise der *Gegenwart*.

Insbesondere von dem zuletzt genannten Moment her ergibt sich ein guter Zugang zum Verständnis des Geistbegriffs. Geist ist eine spezifische Weise der Gegenwart im Sinne des Seins-bei-anderem. Während es unmöglich ist, daß mehrere materielle Gegenstände denselben Raum erfüllen könnten, kann Geist sowohl Materie als auch anderen Geist (gedanklich oder atmosphärisch) durchdringen[6] und so wirklich ganz bei einem anderen sein. Da der Geist auch (anderen) Geist durchdringen kann, ist er auch in der Lage, sich selbst zu durchdringen. Ja, es ist eine Besonderheit des Geistes, daß er seiner selbst bewußt und so bei sich selbst sein kann. Dabei stellt das Sein-bei-anderem keinen Gegensatz zum Sein-bei-sichselbst dar, sondern beides kann durchaus eine Einheit bilden.

Die angedeuteten Beobachtungen und Überlegungen zum Geistbegriff lassen sich nicht ohne Verkürzungen auf *einen* Nenner bringen. Zwar dominiert in unserem Sprachgebrauch das Verständnis des Geistes als *Erkenntnis*prinzip, durch das in der Bewegung zum anderen hin und in der Rückkehr zu sich selbst das andere dem erkennenden Geist (und dieser sich selbst) erschlossen und gegeben ist, aber in dieser Erkenntnisbeziehung geht das mit dem Begriff „Geist" Beschriebene nicht auf. Von seinem Ursprung im hebräischen Denken her ist „Geist" immer auch – und vermutlich ursprünglicher – zu verstehen als *Lebens*prinzip[7], hat also schöpferischen Charakter.[8]

---

oder im Ergriffenwerden von einem Geist (vgl. Jdc 14,19) zum Ausdruck kommen.

6 Dies kommt zum Ausdruck in Formulierungen, die vom „Geist eines Hauses" sprechen oder von dem „Geist, der in einer Gruppe herrscht". Ein anschauliches Beispiel hierfür bringt T. Koch, Mit Gott leben, 1993[2], S. 150.

7 Dies kommt auch zum Ausdruck in der Aussage des Nicaeno-Constantinopolitanum, in der der Heilige Geist gekennzeichnet wird als „der da lebendig macht" (BSLK 27,2; lat.: „vivificantem").

8 In der Sprache unserer Zeit gesagt: „Geist" ist von seiner ursprünglichen Bedeutung her sowohl „Information" als auch „Energie".

10.1.2   Geist als Gott und Mensch verbindende Wirklichkeit

Die bisherigen Andeutungen zum Verständnis des Geistbegriffs können so verstanden werden, als sei Geist etwas, das sowohl Gott als auch dem Menschen (als Person) zukommt, also Gott und Mensch miteinander verbindet. Auch wenn dies noch ungenau und mißverständlich formuliert ist, kann dieser Konsequenz durchaus grundsätzlich zugestimmt werden. Eine solche Vorstellung steht offenbar auch im Hintergrund von Röm 8,16, wo es heißt: „Sein Geist (πνεῦμα) gibt Zeugnis unserem Geist (πνεύματι), daß wir Gottes Kinder sind". Der Geist könnte hier wie ein „Sender" und „Empfänger" erscheinen, mittels deren zwei geistige Wesen (nämlich Gott und Mensch) miteinander kommunizieren.

Aber schon in der Lehre vom Sein Gottes zeigt es sich, wie irreführend ein solches Denkmodell ist, und das bestätigt sich nun auch in der Lehre vom Heiligen Geist. Zwar ist es richtig, daß etwa im Neuen Testament der Begriff „πνεῦμα" im Blick auf den Menschen den Inbegriff seiner psychischen Funktionen, besser: seiner Seelenvermögen, also: Fühlen, Erkennen und Wollen und damit den Menschen als Person bezeichnet. Aber dies kann so nicht von Gott gesagt werden, und es kann – was jetzt noch wichtiger ist – vom Menschen nicht gesagt werden unabhängig von seiner Gottesbeziehung. Daß der Mensch das Leben und geistige Fähigkeiten hat, wird ihm allererst von Gott *verliehen.* Und das, woran der Mensch dabei Anteil bekommt und wodurch er zum lebendigen, geisthaften Wesen wird, ist selber nichts anderes als der „Lebensodem" oder „Geist" *Gottes* (so schon Gen 2,7; aber auch Gen 6,3 u. Ps 104,29 f.). Aber eben deswegen geht es bei der Geistmitteilung Gottes an den Menschen nicht bloß um die – sozusagen neutrale – Ausstattung mit geistig-seelischen Fähigkeiten, sondern um ein Bestimmtwerden des Menschen durch Gottes Geist, aufgrund dessen der Mensch geheiligt, gerecht gemacht, ja zu Gottes Kind wird (I Kor 6,11; Röm 8,14[9]). Dabei gilt von dieser Anteilhabe des Menschen am Geist Gottes dreierlei:

–   Sie geht ganz und ausschließlich von Gott aus, auch wenn Gott dabei äußere Zeichen (z. B. menschliche Handlungen) als Mittel der Geistverleihung in Dienst nimmt. Aber es gibt keine menschliche Möglichkeit, sich den Geist zu beschaffen oder über ihn zu verfügen (vgl. Act 8,14-24).

–   Durch die Geistverleihung kommt es zu einer wirksamen Veränderung im Menschen, die ihn so mit Gott verbindet, daß von einem „Wohnen" des Geistes Gottes im Menschen (I Kor 3,16; Röm 8,9-11;

---

9   Gilt dies von allen Kindern Gottes, so gilt es erst recht von *dem* Sohn Gottes: Jesus Christus (Mk 1,10 par.; Lk 4,18).

II Tim 1,14), ja von einer Anteilhabe an der „göttlichen Natur" (II Petr 1,4) gesprochen werden kann.[10]

– Weil die Anteilhabe des Menschen am Geist Gottes auf geisthafte (und nicht etwa auf magische) Weise erfolgt, darum ist sie verbunden mit einem Erkennen und Wissen, wie es zur „Weisheit Gottes" gehört (I Kor 2,6-16).

Dieser dritte und letzte Aspekt zeigt einerseits, daß es zwischen dem biblischen Begriff und Verständnis von „Geist" als „πνεῦμα" und dem neuzeitlich-philosophischen Geistbegriff, wie er insbesondere in der Philosophie des deutschen Idealismus zu einer beherrschenden Stellung gelangt ist, durchaus Berührungspunkte gibt. Geist ist immer auch (reflexives) Erkennen. Aber es ist eine *spezifische* Weise des Erkennens, nämlich des verbindenden Erkennens, das als solches schon Ausdruck einer – von Gott her – bestehenden Verbindung und Gemeinschaft ist.

Aber wir müssen noch einen Schritt weiter gehen. Es muß nicht nur die menschliche Geisthaftigkeit als von Gott verliehene Anteilhabe an seinem Geist verstanden werden, sondern nun doch auch ausdrücklich der Anteil gebende und damit dem Menschen gegenwärtig werdende Gott *als Geist* (Joh 4,24; II Kor 3,17 f.).

Was damit zu denken aufgegeben ist, ist der Gedanke einer Wirklichkeit, die nicht den Charakter einer Substanz oder eines Gegenstandes hat, also nicht zu den Dingen gehört, die in Raum und Zeit existieren. Zugleich aber muß diese Wirklichkeit so gedacht werden, daß sie der schöpferische Grund aller Substanzen, Gegenstände und Dinge ist, die in Raum und Zeit existieren. Beim Nachdenken über das Sein Gottes (s. o. Kap. 8) sind wir bereits von anderen Fragestellungen und Überlegungen her zu dem Ergebnis gekommen, daß das Wesen und die Wirklichkeit Gottes nicht in den Kategorien „Substanz", „Gegenstand" oder „Existenz", sondern in den Kategorien „Beziehung" und „Geschehen" („Beziehungsgeschehen") gedacht werden müsse. Zugleich zeigte sich, daß die Bestimmung des Wesens Gottes als „Liebe" eine inhaltliche Beschreibung dieses Beziehungsgeschehens ist, die dem entspricht, was die biblische, die dogmen- und theologiegeschichtliche Überlieferung des christlichen Glau-

---

10 Von daher ist auch der für die orthodoxen Kirchen wichtige Begriff der „Vergöttlichung" des Menschen, dem die evangelische Theologie mit einer gewissen Zurückhaltung gegenübersteht, nicht grundsätzlich zu kritisieren (s. dazu u.14.1.1.1 c). In welchem Maße (und in welchem Sinn) Luther diesen Begriff aufnehmen konnte, belegt der Aufsatz von Simo Peura, Die Vergöttlichung des Menschen als Sein in Gott, in: LuJ 60/1993, S. 39-71. Das Fazit dieses Aufsatzes lautet: „Die wahre Vergöttlichung des Menschen kommt ... als die göttliche Liebe, die in ihm lebt, zum Vorschein" (a.a.O., S. 68).

bens an tragfähigen Aussagen über das Wesen und die Wirklichkeit Gottes enthält. Die pneumatologische Zentralaussage: „Gott ist Geist" *harmoniert* mit der Aussage: „Gott ist Liebe", ist jedoch nicht mit ihr *identisch.*

– Die Harmonie zwischen beidem besteht darin, daß Liebe stets – in struktureller Hinsicht – als Sein-bei(-einem-anderen) verstanden werden kann, also wesensmäßig etwas *Verbindendes* ist. Deshalb kann gesagt werden: Liebe hat Geist-Struktur.
– Die Nicht-Identität zwischen beidem besteht jedoch darin, daß nicht alles, was Geist-Struktur hat, deswegen schon inhaltlich (d. h. seiner inneren Ausrichtung und Zielsetzung nach) den Charakter von Liebe hat. Es gibt ja auch den Geist des Hasses oder der Herrschsucht. Die Geist-Struktur ist ambivalent.[11]

10.1.3   Geist als Gabe und Geber

Im vorigen Abschnitt blieb insofern eine Doppeldeutigkeit bestehen, als mit „Geist" einerseits etwas bezeichnet wurde, was den Menschen (von Gott) *gegeben* wird und woran sie daher Anteil haben; andererseits aber auch *Gott selbst* in seinem Sein-beim-Menschen. Wir fragen jetzt, ob diese Doppeldeutigkeit aufhebbar ist, wie die Aufhebung gegebenenfalls möglich ist und welche Konsequenzen sich daraus für das Geistverständnis ergeben.

Eine Aufhebung der Doppelung im Sinne einer Reduktion auf *eines* der beiden Elemente wäre dann möglich, wenn sich einer der beiden Aspekte als bloß abgeleitete, also uneigentliche Redeweise erklären und aufweisen ließe. Das hätte zur Folge, daß wir entweder sagen müßten, der Geist werde dem Menschen nicht wirklich *gegeben*, bleibe ihm also äußerlich, oder es sei nicht wirklich *Gott selbst*, der sich dem Menschen als Geist zueigne, sondern es handle sich nur um eine von Gott zu unterscheidende Gabe oder Befähigung, die dabei dem Menschen zuteil werde. *Beide* Möglichkeiten müssen aber zurückgewiesen werden, weil sie mit dem christlichen Glauben nicht vereinbar sind: Nur *Gott selbst* kann die Wirklichkeit sein, die dem Menschen Anteil am Heil gibt; und nur was

---

11   Es ist freilich noch eigens zu bedenken, ob diese Ambivalenz den Charakter der Gleichwertigkeit hat, oder ob nicht eine bestimmte inhaltliche Ausrichtung, wie sie z. B. mit den Begriffen „Haß" oder „Herrschsucht" bezeichnet wird, de facto die *Struktur* des Seins-bei zerstört, also *selbstzerstörerischen* Charakter hat.

dem Menschen wirklich *gegeben* und so zuteil wird, kann für ihn im umfassenden Sinne heilvoll sein.

Muß es also bei dieser Doppelung und der dadurch bedingten Doppeldeutigkeit bleiben? Ja, sofern keines der beiden genannten Elemente auf das andere reduziert werden kann. Aber nein, sofern die Doppelung selbst als Einheit gedacht und zur Sprache gebracht werden kann. Diese Einheit kommt zum Ausdruck in der Erkenntnis, daß, wenn beides richtig und unaufgebbar ist, *der Geber selbst die Gabe* und folglich *die Gabe selbst der Geber ist*. Diesen wichtigen Gedanken hat W. Kasper so formuliert: *„Eine Theologie des Heiligen Geistes als Geber und Gabe in einem, also eine Theologie des Heiligen Geistes als Selbstgabe, ist der letzte Grund ... der Wirklichkeit und Verwirklichung des Heils, das uns durch Jesus Christus geschenkt ist.* "[12] Der Begriff „Selbstgabe", den man als die genaue pneumatologische Entsprechung zum christologischen Begriff der „Selbsthingabe" bezeichnen kann, ist bereits die sprachliche Integration von Gabe und Geber. Der Begriff „Selbstgabe" zeigt (gerade durch seine Nähe zu „Selbsthingabe") zugleich, welche Wirklichkeit damit inhaltlich nur gemeint sein kann: die *Liebe* als diejenige Selbstgabe, in der die eine Person so bei der anderen ist, daß sie sich ganz selbst gibt und dabei doch ganz sie selbst ist und bleibt – ja recht eigentlich dadurch erst sie selbst wird. Diese letzte Bestimmung – daß die Person erst durch die Selbstgabe eigentlich sie selbst wird – könnte wie eine Übertreibung wirken. Das wäre dann tatsächlich der Fall, wenn die Selbstgabe etwas zum Personsein nur äußerlich Hinzukommendes wäre. Ist die Selbstgabe hingegen ein *wesentliches* Moment, durch das die Person erst unverwechselbar *als sie selbst* konstituiert wird, dann ist tatsächlich zu sagen, daß sie erst durch den Akt der Selbstgabe ganz sie selbst *wird*.[13] Mit diesen letzten Überlegungen sind wir – genaugenommen – durch die Interpretation der „Selbstgabe" im Sinne der „Selbsthingabe", also durch die christologische Deutung dessen, was „Geist" ist, über den Rahmen dieses ersten Unterabschnitts hinausgegangen. Anders gesagt: Wir haben bereits von Gott als *Heiligem* Geist – und nicht nur allgemein: als Geist – gesprochen. Die Differenz, die zwischen beidem besteht, und die damit gegebene Notwendigkeit der Unterscheidung soll nun in den Blick genommen werden.

---

12 W. Kasper, Der Gott Jesu Christi, Mainz 1983², S. 279.

13 Sofern mit alledem von der Wirklichkeit *Gottes* die Rede ist, gilt freilich auch hier, daß das personale Reden unverzichtbar, weil unübertroffen ist, gleichwohl aber seinen – potenziert – metaphorischen Charakter behält (s. o. 8.1.2.2).

10.2   Gott als Heiliger Geist

Die vor uns liegende Fragestellung und Aufgabe läßt sich gut anhand eines neutestamentlichen Zitats verdeutlichen: „Ihr Lieben, glaubet nicht jedem Geist (πνεύματι), sondern prüfet die Geister (πνεύματα), ob sie aus Gott sind" (I Joh 4,1). Damit ist zunächst gesagt, daß es unterschiedliche Geister gibt, die sich zueinander nicht (nur) verhalten wie das Gute zum Schönen oder wie das Bessere zum Guten, sondern wie das Heilige zum Unheiligen, das Gute zum Bösen, das Reine zum Unreinen.[14]

Die Aufforderung zum Prüfen und Unterscheiden der Geister ist deswegen nötig, weil sich die unheiligen Geister (z. B. durch die Worte der „falschen Propheten"[15]) nicht als solche zu erkennen geben, sondern sich den Anschein des Guten und Göttlichen geben. So gehört es zum Wesen der Lüge, mit dem Anspruch der Wahrheit zu begegnen. Aber gerade um diese – nicht leicht zu vollziehende – Unterscheidung zwischen Wahrheit und Lüge, Gott und Teufel geht es, wenn zur Unterscheidung und zum Prüfen der Geister aufgefordert wird.

Wo die neutestamentliche Überlieferung vom Geist Gottes oder von Gott als Geist spricht, da ist stets der Heilige Geist gemeint, der im Gegensatz zu den unreinen, bösen Geistern steht. Das schließt nicht aus, daß diese widergöttlichen Geister unter Gottes Zulassung ihre Wirksamkeit entfalten, aber sie entsprechen dabei nicht, sondern widersprechen dem Willen Gottes.[16]

Aber anhand welcher Kriterien kann und soll unterschieden werden, welcher Geist der Heilige Geist Gottes (also Gott selbst) ist und welcher ein widergöttlicher, dämonischer Geist? Ohne Anspruch auf Vollständigkeit[17] können von der christlichen Glaubensüberlieferung her jedenfalls

---

14 Vgl. dazu die Kennzeichnung der „anderen", widergöttlichen Geister im Neuen Testament als „böse" (Mt 12,45 par.; Lk 8,2; Act 19,12-16) oder als „unrein" (Mk 1,23-27 par.; 3,11 u. 30; 5,2-13 par.; 6,7 par.; 9,25 par.; Mt 12,43 par.; Act 5,16; 8,7; Apk 16,13 u. 18,2). Die Parallelisierung von „rein"/„unrein" mit „heilig"/„unheilig" wird im Alten Testament mehrfach vollzogen (Lev 10,10; Ez 22,26 u. 44,23).

15 Vgl. Jes 9,14; Jer 14,14; 23,32; Mk 13,22 par.; Mt 7,15; Lk 6,26; II Petr 2,1; I Joh 4,1; Apk 16,13; 19,20 u. 20,10. Die Beziehung zwischen falschen Propheten und unheiligen Geistern wird ausdrücklich hergestellt in I Joh 4,1-6.

16 Das Alte Testament kennt sogar die Vorstellung, daß Gott selbst einen bösen Geist senden kann (s. z. B. Jdc 9,23; I Sam 16,14-23; 18,10 u. 19,9), ohne daß deswegen Gott mit dem bösen Geist gleichgesetzt würde. Der böse Geist ist in diesem Fall so etwas wie ein Straf- oder Gerichtswerkzeug Gottes.

17 Als weitere Kriterien ließen sich etwa nennen „Gemeinschaft" (vgl. I Kor 12,1-13) oder „Freiheit" (II Kor 3,17).

drei Kriterien benannt und einsichtig gemacht werden: Wahrheit, Liebe
und Leben.

10.2.1 Der Heilige Geist als Geist der Wahrheit

Insbesondere im johanneischen Schrifttum (Joh 15,26; 16,13; I Joh 5,6;
vgl. aber auch schon Joh 4,23 f.) wird der Heilige Geist bzw. der
verheißene Paraklet als „Geist der Wahrheit", und d. h.: als Geist, der in
die Wahrheit, also zur Erkenntnis leitet, beschrieben. Aber auch schon
in den paulinischen Briefen (vgl. I Kor 2,10-13) ist der unlösbare Bezug
zwischen Geist und Erkenntnis (und damit implizit zur Wahrheit)
thematisiert. Die mit dem Begriff „Wahrheit" gemeinte Entsprechung
oder Konvergenz zwischen Aussage und Wirklichkeit kann nicht anders
als geisthaft erfaßt und zur Geltung gebracht werden. Die Wahrheit zu
erkennen, setzt die Fähigkeit voraus, auf geisthafte Weise bei dem zu sein,
was erkannt werden soll. Nur durch Geist ist Erkenntnis möglich. Und
darum ist auch Wahrheit nur dem Geist erschlossen.

Aber nicht alles, was mit dem Anspruch der Erkenntnis auftritt, was
also wahr zu sein behauptet, wird diesem Anspruch gerecht. Es gibt auch
den „Lügengeist" (I Reg 22,22 f. par. II Chr 18,21 f.). Und dementsprechend gilt vom Teufel: „er ist ein Lügner und der Vater der Lüge".
Freilich, was jeweils Wahrheit und Lüge ist, das erkennen wir oft erst im
nachhinein, weil die Lüge davon zehrt, daß sie sich den Schein der Wahrheit gibt. Die – oftmals schmerzvolle – (liebevolle) Aufdeckung der Wahrheit über das Leben eines Menschen (einschließlich all seiner Verirrungen,
Abgründe und Trostlosigkeiten) ist das untrügliche Erkennungszeichen
des Geistes, der der Heilige Geist ist.

Diese Verbindung von Heiligem Geist und Wahrheit ist für das persönliche wie das gesellschaftliche Leben, aber auch für die theologische
Arbeit eine wichtige Ermutigung, der Wahrheitsfrage vorbehaltlos Raum
zu geben und zu folgen. Wenn der Heilige Geist „in alle Wahrheit leitet"
(Joh 16,13), dann ist Erkenntnis im Heiligen Geist stets Wahrheitserkenntnis. Folglich gehört es zu den Wesensmerkmalen des Heiligen Geistes, daß er die rationale Struktur des menschlichen Geistes weder zerstört
noch außer Kraft setzt, sondern ausdrücklich bestätigt und in Anspruch
nimmt. Man kann – und muß – zwar vom Heiligen Geist sagen, was der
Philipperbrief vom Frieden Gottes sagt: daß er *höher* sei als alle Vernunft,
aber eben höher und nicht niedriger oder gegen die Vernunft.[18] Von da aus

---

18 Von daher ist der altprotestantischen Orthodoxie zuzustimmen, wenn sie die
von Fausto Sozzini formulierten Einsichten übernahm: „Das philosophisch Wahre

drängt sich geradezu die Metapher der (von oben kommenden) „Erleuchtung" auf, die durch das Geistwirken zustande kommt und in einem Menschen Wahrheitserkenntnis und Wahrheitsgewißheit schafft. Von daher kann man sagen, daß der Heilige Geist jedenfalls keine irrationale oder antirationale Wirklichkeit ist, sondern die Vernunft erhellt, betätigt und insofern auch bestätigt. In diesem Einwirken auf die Vernunft geht das Wirken des Heiligen Geistes gewiß nicht auf – es affiziert ebenso das Gefühl, den Willen und den Leib –, aber ein antirationaler Geist ist der Heilige Geist, der in die Wahrheit leitet, gewiß nicht.

Wirkt der Heilige Geist so, daß er in ihm Erkenntnis und damit zugleich Wahrheitsgewißheit schafft, so macht er den einzelnen Menschen dadurch innerlich unabhängig(er) gegenüber der Beeinflussung durch fremde Meinungen – auch wenn sie von der großen Masse geteilt werden. Eben damit kann der Heilige Geist aber den einzelnen Menschen auch einsam machen. Dabei ist die Einsamkeit nicht nur dadurch belastend, daß in ihr der Verzicht auf Zustimmung und Beifall ertragen werden muß, sondern auch dadurch, daß die subjektive Gewißheit nicht zu haben ist ohne die Infragestellung durch den Zweifel, der seine Nahrung aus der Frage zieht, ob wir tatsächlich durch den Heiligen Geist oder nicht vielmehr durch einen Lügengeist bestimmt werden. Keine äußere Autorität, keine Institution, kein Konsens-Verfahren kann es uns abnehmen, für uns selbst die Geister zu prüfen anhand des Kriteriums der Wahrheit. Und über die persönliche Gewißheit können wir dabei nicht hinauskommen.[19]

10.2.2 Der Heilige Geist als Geist der Liebe

Ob ein Mensch am Heiligen Geist, also am Geist Gottes, teilhat, entscheidet sich dem christlichen Glauben zufolge daran, ob dieser Geist ein Geist der Liebe ist und darum den Menschen zur Liebe befreit und befähigt. Darauf weisen schon biblische Aussagen wie Röm 5,5 hin: „denn die Liebe Gottes ist ausgegossen in unsre Herzen durch den heiligen Geist, der uns gegeben ist". Damit stimmt auch überein, daß in Gal 5,22 die Liebe als erste Frucht des Geistes genannt wird. Theologisch ausschlag-

---

widerspricht dem theologisch Wahren nicht" und: „Wenn auch in der Schrift vieles übervernünftig (supra rationem) ist, so ist doch nichts widervernünftig (contra rationem)" (vgl. dazu den Art. „Sozzini, Fausto" von Th. Mahlmann, in: Theologenlexikon [Hg. W. Härle und H. Wagner], München 1994², S. 251 f.) u. Art. „suprarational/kontrarational", in: HWP 10 (1999), 677-681.

19 Vgl. dazu Röm 14,5: „Ein jeder sei in seiner Meinung gewiß." Was Paulus hier im Blick auf das Halten von Feiertagen formuliert, findet sich bei Luther ganz grundsätzlich am Beginn der sog. ersten Invokavit-Predigt (WA 10 III,1,7-2,3).

gebend ist jedoch die Einsicht, daß Liebe das Wesen Gottes selbst ist und daß der Heilige Geist als Selbstgabe Gottes darum Anteilgabe an der Liebe sein muß. Jeder Geist, der zum Haß oder zur Gleichgültigkeit anderen Menschen gegenüber bewegt, ist jedenfalls *nicht* der Heilige Geist, sondern irgendein unguter, widergöttlicher Geist. Dabei ist der Zusammenhang zwischen Gottes Wesen als Liebe und der Befähigung des Menschen zur Liebe, den Paulus in Röm 5,5 mit dem Bild des „Ausgießens" beschreibt, als ein geisthaftes Geschehen zu denken. Indem die göttliche Liebe verkündigt, erkannt und vertrauensvoll angenommen wird, erwächst als innere Konsequenz dieses Glaubens (als „Frucht") die Liebe, die anderen an dem teilgibt, woran wir selbst teilhaben und wovon wir leben. Dabei ist es ein Wesensmerkmal und Erkennungszeichen der göttlichen Liebe, also des Heiligen Geistes, daß sie grundsätzlich keinen Menschen, ja keine Kreatur ausschließt.

Wie beim Kriterium der Wahrheit, so müssen wir aber auch beim Kriterium der Liebe noch einen – entscheidenden – Schritt weitergehen. Im Blick auf die (göttliche) Liebe, wie sie in Jesus Christus Mensch geworden ist und wie sie etwa in I Kor 13 beschrieben wird, ist nicht nur zu sagen: Wo solche Liebe nicht ist, da ist und wirkt nicht der Heilige Geist, sondern es ist auch zu sagen: Wo solche Liebe sich ereignet, da ist dies stets eine Frucht des Heiligen Geistes, also ein Wirken Gottes. Es gibt nicht nur biblische Aussagen, die eindeutig in diese Richtung weisen[20], sondern es gibt auch gute theologische Gründe, das Kriterium der Liebe so zu verstehen. Wenn im Liebesgebot der Wille Gottes an den Menschen seinen zusammenfassenden Ausdruck findet (s. Mk 12,28-34 parr.; Röm 13,8-10) und wenn das, was vor Gott gilt und Bestand hat, nur als Gabe Gottes *empfangen* werden kann, dann ist der Schluß zwingend, daß alle (wahrhafte) Liebe als Gabe und Werk Gottes, d. h. als Gabe und Werk des Heiligen Geistes zu verstehen ist.

Freilich, auch hier haben wir es mit einem Kriterium zu tun, das zwar in sich klar und deutlich ist, dessen *Anwendung* auf andere (aber auch auf uns selbst) weder leicht noch zweifelsfrei ist. Gerade I Kor 13,3 nennt eindrucksvolle Beispiele für Taten, die wie Taten der Liebe aussehen und es möglicherweise doch nicht sind. Wir werden – jedenfalls im Blick auf andere, aber auch im Blick auf uns selbst – gut daran tun, Taten, die aussehen wie Taten der Liebe und auf uns so wirken, auch für solche zu halten und uns ihrer zu freuen. Aber das ist – wie Luther (WA 18,652) eingeschärft hat – immer selbst ein Urteil nach dem Maßstab der Liebe, das der Täuschung unterliegen kann, nicht das endgültige Urteil Gottes selbst.

---

20 So z. B. I Joh 4,7: „Die Liebe ist von Gott, und wer liebhat, der ist von Gott geboren und kennt Gott."

10.2.3   Der Heilige Geist als Geist des Lebens

Von der Beziehung, die nach biblisch-christlichem Verständnis zwischen Geist und Leben besteht, war bereits kurz (s. o. 10.1.2) die Rede. Gottes Geist verleiht Leben, und umgekehrt bewirkt der Entzug seines Geistes den Tod. Das gilt insbesondere für die alttestamentliche ruach, die auf das organische, biologische Leben des Menschen und der anderen Geschöpfe bezogen ist. Von daher läßt sich schon sagen, daß der Heilige Geist als Geist Gottes ein die Schöpfung belebender Geist ist, ein „spiritus vivificans" (BSLK 27,2).

Noch auf dieser Linie liegend, aber einen Schritt weitergehend ist das biblische Verständnis körperlicher und seelischer Erkrankungen als Ausdruck des Wirkens lebensbedrohlicher, widergöttlicher Geister (so z. B. I Sam 16,14-23; Mk 1,32-34 par.; Mt 9,32 f.; Lk 7,21 u. o.[21]). Diesen bösen Geistern tritt Jesus entgegen, indem er sie „durch Gottes Finger" (Lk 11,20) hinausweist, mehr noch, indem er sie „durch den Geist Gottes" austreibt (Mt 12,28). Und dieses Geschehen, an dem Jesus auch seinen Jüngern Anteil gibt (Mk 6,7 parr.), ist selbst ein Anzeichen dafür, daß die Gottesherrschaft herbeigekommen ist (Mt 12,28 par.). Daß auch dieses Kriterium bestreitbar und umstritten ist, belegt schon Mk 3,22-30, wo die Austreibung der bösen Geister ihrerseits auf einen bösen Geist (Jesu) zurückgeführt wird. Dies belegt aber auch die ganze Geschichte der sog. Wunderheilungen, von denen nicht automatisch und mit Sicherheit gesagt werden kann, daß sie auf das Wirken des Heiligen Geistes zurückzuführen sind. Dies muß nach dem bisher Gesagten wie ein Widerspruch wirken, weil konstatierbare Heilerfolge als Ausdruck der Lebensbejahung allem Anschein nach das Kriterium des Lebens erfüllen.

Aber „Leben" meint nach christlichem Verständnis mehr und etwas anderes, als die Abwesenheit von körperlicher und seelischer Krankheit. Um dieses Mehr und damit das dem christlichen Glauben entsprechende Verständnis von Leben in den Blick zu bekommen, muß ein weiterer Schritt getan werden: Leben im vollen Sinne ist *ewiges Leben* (s. dazu u. 15.3.4), d. h. ein Leben, das durch die Macht der Sünde und des Todes nicht zerstört werden kann, sondern seinerseits diese Verderbensmächte überwindet. Das Leben, durch das sich der Geist als Heiliger Geist erweist, ist also im wörtlichen und im metaphorischen Sinn durch den Tod hindurchgegangen (Röm 8,10) und hat darum den Charakter einer Neugeburt „aus Wasser und Geist" (Joh 3,5; vgl. aber den ganzen Abschnitt:

---

21 Dem entspricht es, daß der Teufel in Joh 8,44 nicht nur als „ein Lügner und der Vater der Lüge" bezeichnet wird (s. o. 10.2.1), sondern auch als „ein Mörder von Anfang an".

Joh 3,1-21). Von diesem Geist gilt: „wer ... auf den Geist sät, der wird von dem Geist das ewige Leben ernten" (Gal 6,8).

10.2.1–10.2.3 Fazit

Die Nennung der drei Kriterien – Wahrheit, Liebe und Leben – hat, wie bereits gesagt, nicht den Sinn einer vollständigen Aufzählung, sondern ist exemplarisch gemeint. Läßt sich das so Differenzierte zusammenfassen und als Einheit verstehen?

An der Bibelstelle, von der wir in diesem Abschnitt unseren Ausgang nahmen, nämlich I Joh 4,1, wo zum Prüfen der Geister aufgefordert wird, nennt der Verfasser des I Johannesbriefs selbst *ein einziges* Kriterium, das mit keinem der bisher genannten identisch ist, durch das sie aber alle zusammengefaßt und zur Einheit gebracht werden: „Daran sollt ihr den Geist Gottes erkennen: Ein jeder Geist, der bekennt, daß Jesus Christus in das Fleisch gekommen ist, der ist von Gott; und ein jeder Geist, der Jesus nicht bekennt, der ist nicht von Gott." Man könnte dies das Inkarnations-Kriterium nennen, und es ist leicht einzusehen, daß dieses Kriterium nicht auf dieselbe gedankliche Ebene gehört wie die Kriterien Wahrheit, Liebe und Leben. Wohl aber ist es sinnvoll, von Jesus Christus als Wahrheit, Liebe und Leben *in Person* zu sprechen (Joh 14,6 u. I Joh 4,9 f.).

Von der engen – christologischen – Verbindung zwischen Jesus Christus und dem Heiligen Geist war bereits (s. o. 9.3) die Rede. Hier geht es nun darum, diese Verbindung auch noch in pneumatologischer Hinsicht zu bedenken: Der Geist erweist sich als Heiliger Geist, also als Geist Gottes dadurch, daß er Jesus Christus als den Sohn, d. h. als den Offenbarer Gottes zu sehen, zu verstehen und anzuerkennen lehrt.[22] Daraus folgt zweierlei:

– Die Bestreitung der Gottesoffenbarung in Jesus Christus ist unvereinbar mit dem Wirken des Geistes Gottes; deshalb ist diese Bestreitung für die christliche Gemeinde ein Negativ-Kriterium, an dem andere Geister, die nicht mit dem Geist Gottes identisch sind, erkennbar werden.

– Das aufrichtige Bekenntnis zur Gottesoffenbarung in Jesus Christus ist selbst nur möglich aufgrund des Wirkens des Geistes Gottes, weil es sich dem Bekennenden nur von Gott her, also durch den Heiligen Geist erschließen kann.

---

22 Außer in der zitierten Stelle aus I Joh 4,2 f. kommt dies auch in I Kor 12,3 deutlich zum Ausdruck: „Darum tue ich euch kund, daß niemand Jesus verflucht, der durch den Geist Gottes redet; und niemand kann Jesus den Herrn nennen außer durch den heiligen Geist".

Der Heilige Geist ist nach christlichem Verständnis *keine zusätzliche*, über die Gottesoffenbarung in Christus hinausreichende Quelle der Offenbarung, sondern diejenige Weise des Seins Gottes bei den Menschen, durch die die Christusoffenbarung beglaubigt (Joh 14,26) und so Jesus Christus als der Offenbarer Gottes bezeugt und verherrlicht wird (Joh 15,26; 16,14). Eben dadurch werden Menschen in dieses Heilsgeschehen einbezogen und haben an ihm – als Gottes Kinder – Anteil (Röm 8,14-17). Das Wirken des Heiligen Geistes ist dasjenige innere Erschließungsgeschehen, aufgrund dessen Jesus Christus als die Mensch gewordene Liebe Gottes erkannt und anerkannt werden kann, das also den Glauben ermöglicht, „der durch die Liebe tätig ist" (Gal 5,6).

10.3   Die Wirkungen des Heiligen Geistes

Schon im vorigen Abschnitt (10.2), in dem es um die Kriterien ging, anhand deren der Heilige Geist, als der Geist Gottes, sich von anderen, widergöttlichen Geistern unterscheiden läßt, war – unvermeidlich – immer auch schon vom Wirken oder von den Wirkungen des Heiligen Geistes die Rede. Es sind ja solche Wirkungen (Wahrheit, Liebe, Leben), durch die sich der Heilige Geist von den anderen Geistern unterscheidet und aufgrund deren er deshalb von ihnen unterschieden werden kann. Während es im zurückliegenden Abschnitt jedoch nur um Wirkungen des Heiligen Geistes unter dem Aspekt des *Prüfens* und *Unterscheidens* ging, sollen sie nun *als solche* Gegenstand des Nachdenkens sein.

Von der christlichen Glaubensüberlieferung her drängt es sich dabei auf, zwei Gruppen von Wirkungen zu unterscheiden, deren erste unter dem Stichwort „Heiligung" oder „heiligende Wirkungen" zusammengefaßt werden kann, die diejenigen Elemente umfaßt, die *integrale* Bestandteile des Heilsgeschehens sind (10.3.1; vgl. dazu auch u. 14.1), während die zweite Gruppe mit dem Stichwort „Charismen" oder „begabende Wirkung" charakterisiert werden kann und diejenigen Elemente enthält, die den einzelnen in *individuell-unterschiedlichen* Formen zuteil werden (10.3.2).

10.3.1   Die heiligende Wirkung des Heiligen Geistes

Im Kleinen und Großen Katechismus hat Luther den Inhalt des dritten Glaubensartikels im Begriff „Heiligung" zusammengefaßt (BSLK 511,39 u. 653,33). Diese Anregung nehme ich hier auf und beziehe mich dementsprechend auf den dritten Artikel des Apostolicums als inhaltliche

Entfaltung dessen, was „Heiligung" oder „heiligende Wirkung" meint. Damit ist ein umfassenderes Verständnis des Begriffs „Heiligung" gegeben, als dies dort der Fall ist, wo Heiligung – vom Gedanken des „ordo salutis" her – als *ein* Element oder *eine* Stufe des Heilsgeschehens (neben Berufung, Erleuchtung, Rechtfertigung etc.) verstanden wird.[23]

Zu den drei genannten Themen „Kirche", „Vergebung" und „Hoffnung", die unter der Überschrift „heiligende Wirkung des Heiligen Geistes" zu verhandeln sind, kommt im Kleinen Katechismus noch der Glaube hinzu. Es wäre jedoch mißverständlich, das Thema „Glaube" auf derselben Ebene wie Kirche, Sündenvergebung, Auferstehung und ewiges Leben (also diesen Themen nebengeordnet) zu verhandeln, weil Glaube ja diese Elemente umfaßt und sich auf sie bezieht. Anderseits ist die Erinnerung wichtig, daß die Glaubens*gewißheit* zu den Wirkungen des Heiligen Geistes gehört. Davon war bereits am Beginn von Kap. 10 (sowie in 2.2.3) die Rede. Es mag deshalb hier genügen, auf diese Ausführungen zu verweisen, um die Einsicht nicht aus dem Blick zu verlieren, daß der christliche Glaube selbst das Wirken des Heiligen Geistes zu seiner Voraussetzung hat.

10.3.1.1 Gemeinschaft der Heiligen[24]

Es ist kein Zufall, daß von der biblischen Überlieferung her die Ausgießung des Heiligen Geistes und die Entstehung der christlichen Kirche aufs engste zusammengehören. Der biblische Grundtext hierfür ist die Pfingstgeschichte aus Act 2. Insofern ist es auch ganz sachgemäß, daß im dritten Glaubensartikel unmittelbar im Anschluß an die Nennung des Heiligen Geistes – sozusagen als dessen erste Wirkung – die „heilige, christliche Kirche, Gemeinschaft der Heiligen" genannt wird. Damit ist

---

23 Daß „Heiligung" von Luther in diesem umfassenden Sinn verstanden wird, ergibt sich nicht nur von den Themen her, die unter dieser Überschrift verhandelt werden (Kirche, Sündenvergebung, eschatologische Hoffnung), sondern auch von der – zweimaligen – Aufzählung der Wirkungen des Heiligen Geistes durch die Worte „berufen, (gesammelt), erleuchtet, geheiligt und erhalten" (BSLK 512,3-5 u. 6 f.). Die in der späteren Lehre vom „ordo salutis" ausdifferenzierten Aspekte bilden hier also eine Einheit und werden insgesamt mit den Begriffen „Heiligung" bzw. „Heiligmachen" bezeichnet. Zugleich bereitet sich in der Aufzählung, in der „geheiligt" auch als *ein* Element vorkommt, die Ausdifferenzierung vor.

24 Vgl. hierzu durchgängig den – unter dem Aspekt des christlichen Weltverständnisses – korrespondierenden Abschn. 14.3, der die ausgeführte Lehre von der Kirche, also die Ekklesiologie enthält.

zweierlei zu denken aufgegeben: einerseits die Heiligkeit der geglaubten, verborgenen (s. dazu u. 14.3.1.2) Kirche, andererseits die gemeinschafts- bildende Wirkung des Heiligen Geistes.

a) Kirche als Gemeinschaft der Heiligen

Im allgemeinen Sprachgebrauch ist die Bezeichnung „Heilige(r)" verbun- den mit der Vorstellung, daß es sich dabei um Menschen handeln müsse, die in besonders eindrucksvoller Weise ihren christlichen Glauben leben, wobei das Besondere sowohl ethischer als auch asketischer Art sein kann. Heilige werden von daher häufig verstanden als Menschen, die sich in religiöser Hinsicht mehr abverlangen und zumuten (lassen), als dies von Christen eigentlich und im allgemeinen erwartet oder verlangt werden kann. Nun soll gar nicht bestritten werden, daß es tatsächlich Christen gibt, deren Leben (oder Sterben) besonders beeindruckend *wirkt* und darum eine orientierende Bedeutung für andere Menschen bekommen kann. Es ist auch richtig und wichtig, das Andenken an solche eindrucks- vollen Gestalten (insbesondere an die Märtyrer) wachzuhalten und zu pflegen, damit sie nicht vergessen werden. Eine Anrufung der Heiligen (also die Bitte um ihre Fürbitte) über deren Tod hinaus hat jedoch im Rahmen reformatorisch verantworteter Frömmigkeit keinen legitimen Ort; denn dadurch würden die Heiligen zu Mittlergestalten in Ergänzung zu dem *einen* von Gott gesandten Mittler: Jesus Christus (s. I Tim 2,5 f.). Der reformatorische Einspruch richtet sich aber nicht erst gegen *diese* Form der Heiligen-„Verehrung", sondern schon gegen den dabei voraus- gesetzten Begriff des oder der „Heiligen".

Nach einhelligem neutestamentlichem Sprachgebrauch sind *alle* Glie- der der (verborgenen) Kirche Heilige, und zwar nicht wegen ihrer ein- drucksvollen christlichen Lebensführung, sondern weil sie von Gott durch Christus angenommen, in die Gemeinschaft mit Gott aufgenommen und d. h.: *geheiligt* sind. „Heilig" ist nach christlichem Verständnis alles, was zu Gott gehört, weil es dadurch an der Heiligkeit Gottes selbst Anteil hat. Von da aus wird auch verständlich, warum Menschen durch die „Selbst- gabe" (s. o. 10.1.3) des Heiligen Geistes zu Heiligen werden: Gott gibt ihnen durch seinen Heiligen Geist Anteil an sich selbst und macht sie damit zu Heiligen. Gegenüber der oberflächlichen Wahrnehmung, die nur sieht, „was vor Augen ist" (I Sam 16,7), wird dadurch eine in die Tiefe reichende Sicht des Menschen eröffnet, die sich an dem ausrichtet, wozu der Mensch von Gott her *bestimmt* ist und was von daher in ihm als *Möglichkeit* angelegt ist (s. dazu o. 7.1.1.2).

b) *Kirche als* Gemeinschaft *der Heiligen*

Aus den bisherigen Ausführungen ist noch nicht deutlich geworden, inwiefern das Wirken des Heiligen Geistes nicht nur heiligenden, sondern auch – zugleich – gemeinschaftsstiftenden Charakter hat. Alles bisher Gesagte könnte grundsätzlich auch von lauter isoliert existierenden Einzelnen gesagt werden. Demgegenüber ist es jedoch außerordentlich wichtig festzuhalten, daß nach christlichem Verständnis der Heilige Geist so zur Wirkung kommt, daß er Menschen, *indem* er sie mit Gott verbindet, *zugleich* untereinander verbindet. Diese Verknüpfung wirkt nur solange als willkürliche Behauptung oder Forderung, als sie nicht bezogen wird auf das in Jesus Christus geoffenbarte *Wesen* Gottes. Wird jedoch erkannt, daß der Heilige Geist die Gegenwart des Gottes in uns ist, dessen Wesen Liebe ist, dann wird verständlich, warum es gar nicht anders sein kann, als daß die Verbindung mit Gott eo ipso die Menschen miteinander verbindet. D. h. aber auch, daß dort, wo es nicht zu solcher Verbindung der Menschen untereinander kommt, der Heilige Geist (noch) nicht zur Wirkung gekommen ist.

Würde man sagen, die Entstehung oder Bildung der Gemeinschaft der Heiligen sei eine aus der Gemeinschaft mit Gott notwendig zu ziehende *Folgerung,* so wäre dies eine *irreführende* Formulierung des hier bestehenden Zusammenhangs. Der Zusammenhang zwischen Gottesbeziehung und Gemeinschaft der Heiligen ist nicht deontologischer, sondern ontologischer Art.[25]

Der spezifische Gemeinschaftscharakter der christlichen Kirche kommt sprachlich angemessen dadurch zum Ausdruck, daß die Glieder der Kirche als „Schwestern" und „Brüder" bezeichnet werden und nicht etwa als „Freunde", „Kollegen" oder „Gesinnungsgenossen". Was Brüder und Schwestern miteinander verbindet, ist nichts anderes als die gemeinsame Abstammungsbeziehung. Durch diese sind und bleiben sie aber – unweigerlich – miteinander verbunden. Insofern gilt: Die „Selbstgabe" des Heiligen Geistes verbindet die Glaubenden mit innerer Notwendigkeit untereinander zur Gemeinschaft der Heiligen.

Die zeichenhafte Aufnahme in diese Gemeinschaft erfolgt durch die *Taufe* (s. dazu u. 14.2.3), durch die das Menschenleben in die Perspektive

---

25 Dies kommt sehr genau zum Ausdruck in I Joh 4,20, wo derjenige, der behauptet, Gott zu lieben, aber seinen Bruder haßt, als „Lügner" bezeichnet wird mit der Begründung, daß es nicht *möglich* sei, den (unsichtbaren) Gott zu lieben, während man den (sichtbaren) Bruder nicht liebt. Weniger klar ist dieser innere Zusammenhang freilich in dem folgenden Vers (I Joh 4,21) erfaßt, wo die Liebe zum Bruder als Folgegebot zur Gottesliebe erscheint.

der heilsamen Gegenwart Gottes gerückt und von daher angenommen wird. Insofern stellt die Taufe sowohl die gemeinschaftsstiftende als auch die heiligende Wirkung des Heiligen Geistes dar.

10.3.1.2 *Vergebung der Sünden*

Man kann fragen, ob es richtig ist, sich der Reihenfolge anzuschließen, wie sie durch das Apostolicum vorgegeben ist, also die Vergebung der Sünden der christlichen Kirche als der Gemeinschaft der Heiligen nachzuordnen. Gehört unter sachlichen Gesichtspunkten die Sündenvergebung nicht *vor* die Gemeinschaft der Heiligen – gewissermaßen als deren Eingangspforte? Daran ist richtig, daß die Anteilhabe an Gottes Geist die Vergebung (und d. h. auch: die Durchbrechung der Macht) der Sünde einschließt. Aber es wäre eine irreführende Vorstellung, daraus zu folgern, Vergebung der Sünden sei so etwas wie ein einmaliger Akt, auf den diejenigen, die der Gemeinschaft der Heiligen angehören, zurückblicken. Unter endlichen Bedingungen bleibt die Liebe bedroht, ist die Gefahr, sie zu verachten, zu verleugnen oder zu verraten, stets gegenwärtig und bleibt der Mensch darum fortgesetzt angewiesen auf Vergebung, also auf Beziehungen, die trotz Verfehlungen und Enttäuschungen gewährt werden. Dabei zeigte sich (s. o. 9.3.2), daß Vergebung nicht verwechselt werden darf mit einem Ignorieren oder Bagatellisieren der Sünde. Im Akt der Vergebung wird Sünde ernstgenommen. Und Vergebung kann nur da stattfinden, wo Sünde – und zwar von *beiden* Seiten – als solche wahrgenommen und ernstgenommen wird. Wer eine Tat oder Lebenseinstellung nicht als Verfehlung empfindet, kann sie sich auch nicht vergeben lassen. Deshalb gehört es zu den Wirkungen des Heiligen Geistes, Menschen zur Erkenntnis (und zum Bekennen) ihrer Lieblosigkeit oder Liebesunfähigkeit zu führen. Auch hierin erweist sich der Heilige Geist als Geist der *Wahrheit* (s. o. 10.2.1). Das Geschehen, in dem ein Mensch so seiner inneren Verkehrtheit überführt wird, daß er sie vor Gott und vor sich selbst – und möglicherweise auch vor anderen Menschen – eingestehen und bekennen muß, wird dabei erlebt als ein Zunichte-gemacht-Werden, das scheinbar die letzte Lebensmöglichkeit nimmt. Tatsächlich ist diese Erkenntnis der Wahrheit des eigenen Lebens jedoch der Durchbruch zur Rettung, nämlich die Befreiung aus der Verstrickung in die eigene Lebenslüge. Das gilt freilich nur, wenn und weil der Geist, der die *Wahrheit* der Verlorenheit aufdeckt, zugleich der Geist der *Liebe* ist, der zurechtbringt und so *Leben* eröffnet.

10.3.1.3   *Auferstehung der Toten und das ewige Leben*[26]

Mit diesem dritten Element, der eschatologischen Hoffnung des christlichen Glaubens, wird ausdrücklich der Gedanke aufgenommen, der im Zusammenhang mit dem Kriterium „Leben" (s. o. 10.2.3) bereits anzusprechen war: Das geistgewirkte Leben enthält als ewiges Leben die Überwindung des Todes in sich. Daß es sich um eine echte Überwindung des Todes (und weder um eine Vermeidung noch um eine Verdrängung) handelt, zeigt die Rede von der „Auferstehung der Toten". Die vollendete Anteilhabe am Geist Gottes und damit die vollkommene Gegenwart Gottes erschließt sich nur im Durchgang durch die Bitterkeit und Traurigkeit des Sterbens und des Todes. Was es heißt, loszulassen und sich allein auf Gott zu verlassen, das verdichtet sich im Sterben und im Tod aufs äußerste. Hier muß auch noch das Liebste, das man hat, losgelassen werden. Und der Mensch muß sich selbst, seinen Leib und seinen Geist aufgeben. Das kann entweder so geschehen, daß es uns vom Tod weggerissen wird oder so, daß wir unseren Geist (und unseren Leib) in Gottes Hände befehlen (Lk 23,46).[27]

Welche entscheidende Bedeutung die Rede vom Heiligen Geist für die Formulierung der christlichen Hoffnung über den Tod hinaus hat, zeigt schon die Tatsache, daß der zentrale biblische Text über die Auferstehung der Toten (I Kor 15) die Auferstehungswirklichkeit nur unter konstitutiver Einbeziehung des Geistbegriffs formulieren kann: Die Leiblichkeit der Auferstehung ist zu denken als *geisthafte* Leiblichkeit („σῶμα πνευματικόν"; I Kor 15,44). Dabei bezeichnen die Begriffe „Geist" und „geisthaft" nicht nur die Art und Weise des Auferstehungsleibes im Unterschied zum irdischen Leib, sondern auch die Kraft, aus der das ewige Leben hervorgeht. Es ist der Geist Jesu Christi, „der lebendig macht" (I Kor 15,45; vgl. auch Röm 8,11). Damit ist die Aussage geprägt, die das schöpferische Wirken des Heiligen Geistes – in seiner protologischen wie in seiner eschatologischen Dimension – umfassend beschreibt und die vom Nicaeno-Constantinopolitanum aufgenommen wurde: Ich glaube „an den Herrn, den heiligen Geist, der da lebendig macht" (BSLK 27,1 f.).

---

26 Vgl. hierzu u. die Abschn. 15.3.2 u. 15.3.4.

27 Im Rahmen der Eschatologie wird zu bedenken sein, ob und inwiefern die Rede vom Heiligen Geist einen Beitrag leisten kann zur gedanklichen Klärung des Problems, wie Auferstehung der Toten so gedacht werden kann, daß sowohl die Radikalität des Todes als auch die Identität der auferstehenden Toten ernstgenommen und zur Geltung gebracht werden.

10.3.2 Die begabende Wirkung des Heiligen Geistes

In diesem abschließenden Abschnitt soll von den Charismen oder Gnadengaben die Rede sein, wie sie im Neuen Testament vor allem in I Kor 12 (und Röm 12,3-8) beschrieben werden.[28] Charakteristisch für die Charismen in diesem Sinn ist die Bestimmung, die Paulus I Kor 7,7 gibt: „jeder hat seine eigene Gnadengabe von Gott, der eine so, der andere so". Dieses je individuell Unterschiedliche ist das Spezifikum, durch das die Charismen von den Gnadenwirkungen unterschieden sind, die allen in gleicher Weise gelten, von denen im vorigen Abschnitt (10.3.1) die Rede war.

Dabei kann man fragen, ob es richtig ist, im Blick auf diese Charismen von *Gaben* des Heiligen Geistes oder von einer „begabenden Wirkung des Heiligen Geistes" zu sprechen. Handelt es sich hierbei nicht vielmehr um *natürliche* Veranlagungen und Begabungen, die Menschen von ihren Eltern ererbt, im Laufe der Sozialisation erworben oder durch Bildungsprozesse entwickelt haben? In gewisser Hinsicht scheint es mir tatsächlich richtig zu sein, wenn gesagt wird, die Wirkung des Heiligen Geistes bestehe darin, daß sie die Gaben und Fähigkeiten eines Menschen in Dienst nimmt, damit diese zur Ehre Gottes und zum Besten der Menschen gebraucht werden. Aber bei genauerem Nachdenken erweisen sich solche Formulierungen doch als zu vordergründig. Es gibt ja nicht solche menschlichen Gaben und Fähigkeiten *an sich*, d. h. ohne Indienstnahme durch *irgendeinen* Geist. Man kann zwar sagen, daß eine Fähigkeit durch einen Geist – so oder so – bestimmt werde, aber man muß, um nicht abstrakt zu reden, sofort hinzufügen, daß jede Fähigkeit immer schon durch einen Geist – so oder so – bestimmt *wird*. Was durch das Wirksamwerden des Heiligen Geistes geschieht, kann als Inanspruchnahme bestimmter Fähigkeiten und Begabungen beschrieben werden, aber dem ist hinzuzufügen, daß die Gaben und Fähigkeiten dadurch eine neue Funktion und Bedeutung erhalten. Und insofern gilt: Sie werden durch das Wirken des Heiligen Geistes etwas anderes, als sie vorher waren. Deswegen ist die Redeweise, daß durch den Heiligen Geist Gaben verliehen werden, durchaus treffend und bringt einen wichtigen Aspekt zur Geltung. In diesem Sinne ist hier von der „begabenden Wirkung" des Heiligen Geistes die Rede.

---

28 Dieser – heute gebräuchliche – Begriff „Charisma" stellt freilich gemessen am neutestamentlichen Sprachgebrauch eine Verengung dar. Insbesondere im Römerbrief kann Paulus den Begriff „χάρισμα" auch gleichbedeutend mit „Gnade" verwenden (so z. B. Röm 5,15 f.; 6,23 oder 11,29). In diesem Sinn des Wortes gilt dann: „die Gnadengabe Gottes aber ist das ewige Leben in Christus Jesus, unserm Herrn" (Röm 6,23).

Da diese Gaben je individuell-unterschiedlich sind, ist ihre Fülle potentiell unendlich. Die folgende Nennung dreier (Gruppen von) Charismen, die sich an I Kor 12 orientiert und an dem, was in der Kirchen- und
Theologiegeschichte unter dem Begriff „Charismenlehre" verhandelt
worden ist, hat darum nur illustrativen, allenfalls exemplarischen Charakter, beansprucht jedoch in keiner Weise, eine umfassende Typologie
der Charismen zu geben.

10.3.2.1 Theologische Begabungen

Der Begriff „theologische Begabungen" ist kein fester Terminus, der bereits geprägt wäre, sondern ein sprachlicher Versuch, unterschiedliche
Gaben zusammenzufassen, die im Neuen Testament etwa unter den Begriffen „Lehre" und „Ermahnung" (Röm 12,7 f.), „Weisheit" und „Erkenntnis" (I Kor 12,8) oder „prophetische Rede" (Röm 12,6; I Kor 12,10;
13,2) aufgeführt werden. Dabei geht es jeweils um ein besonderes Maß an
Einsicht und Urteilsfähigkeit in Fragen des Glaubens. Daß diese Fähigkeiten als Charismen eingeordnet werden, belegt zunächst noch einmal, daß
der Geist Gottes keine widervernünftige Größe ist, sondern sich auch
dem Denken und Verstehen des Menschen erschließt, dieses in Anspruch
nimmt und so zur Erkenntnis der Wahrheit führt.

Daß diese Fähigkeiten als Charismen verstanden werden, zeigt aber
weiter, daß sie nicht zu den Wirkungen des Heiligen Geistes gehören, die
allen an Christus Glaubenden (in gleicher Weise) zuteil werden, sondern
den verschiedenen Menschen in je unterschiedlicher Weise gegeben sind.
Von daher läßt sich ausdrücklich begründen, daß und warum theologische Bildung keinen höheren geistlichen Stand verleiht, sondern *eine* von
vielen speziellen Gaben ist, die nur in ihrer Mannigfaltigkeit und in ihrem
Zusammenwirken dem Wesen des „Leibes Christi" entsprechen (s.
I Kor 12,12-30).

Schließlich ergibt sich von dieser Sichtweise her auch ein dem Wesen
des christlichen Glaubens entsprechender Zugang zu dem, was sinnvollerweise „Berufung zum Pfarramt" heißen kann. Im Unterschied zum Allgemeinen Priestertum (s. u. 14.3.3.1), zu dem alle Christen durch die Taufe
berufen sind, hängt die Berufung zum ordinierten Amt, also zum Pfarramt, ausschließlich davon ab, ob ein Mensch die für die Führung des
Pfarramtes notwendigen Fähigkeiten hat, sie in hinreichendem Maße aus-
bildet und mit Freude einsetzt. Ein „Berufungserlebnis" mag die Form
sein, wie einem Menschen bewußt wird, daß er für diese Aufgabe begabt
und geeignet ist – aber nur die Form, nie das tragende Fundament. Weil
dies so ist, darum ist es auch ganz legitim, daß die Entscheidung über die

Eignung zur Wahrnehmung des ordinierten Amtes niemals nur von dem Betreffenden selbst gefällt wird, sondern daß in diese Entscheidung immer auch die Urteile anderer Personen und Gremien mit eingehen. Die Berufungsgewißheit des einzelnen muß ihre Bestätigung finden in der Urteilsbildung der christlichen Kirche, die diese theologischen Begabungen erkennt, anerkennt und ihnen durch die Ordination im Leben der Kirche Raum gibt.

Das bisher Gesagte wäre freilich völlig mißverstanden, wenn man daraus folgerte, nur bei den ordinierten Inhabern des Pfarramts gebe es anerkannte theologische Begabungen oder alle solche Begabungen müßten zum ordinierten Amt hindrängen. Die christliche Kirche braucht auch die theologischen Begabungen, die in Verbindung mit einer anderen beruflichen Kompetenz oder in einem anderen lebensgeschichtlichen Kontext zur Geltung kommen. Sog. Laientheologie gehört zu den theologischen Begabungen, in denen die christliche Kirche das Wirken des Heiligen Geistes erkennt und mit denen sie entsprechend aufmerksam und pfleglich umgehen sollte.

10.3.2.2   Die Gabe der Krankenheilung

Das Charisma, gesundzumachen, spielt in der neutestamentlichen Überlieferung eine große Rolle (s. Mk 6,7-13 parr.; I Kor 12,9 u. 28; Jak 5,13-16). Eine der entscheidenden Wurzeln dafür liegt zweifellos im Wirken Jesu, dessen Krankenheilungen ein integraler Bestandteil seines – geistgewirkten – Auftretens waren. Daß das Wirken des Heiligen Geistes nicht nur den Geist oder die Seele des Menschen bestimmt, sondern – von da aus – auch seinen Leib, und daß diese Auswirkungen heilenden Charakter haben können, erschließt sich in unserer Zeit allmählich wieder (wenn auch gegen Widerstand) als eine Einsicht, die lange belächelt, ignoriert oder in den Hintergrund gedrängt wurde. Die Zusammenhänge zwischen geistigen und leiblichen Vorgängen (und damit auch die Bedeutung geistiger Prozesse für Krankheit und Heilung) sind seit Urzeiten bekannt, aber nur wenig erforscht und exakter Erforschung auch nur schwer zugänglich. Das liegt nicht zuletzt daran, daß der Mensch aus ethischen Gründen nur in ganz engen Grenzen als Objekt für Experimente in Frage kommt. Diese schwere Zugänglichkeit für die sog. exakte empirische Forschung hat wohl vor allem dazu geführt, daß in der Neuzeit diese Zusammenhänge weithin ignoriert oder bestritten wurden und daß außerwissenschaftliche Methoden zu ihrer Wahrnehmung (wie z. B. Lebenserfahrung oder Intuition) mit Skepsis beurteilt oder abgelehnt wurden. Damit wurde dieses Feld freilich in einem Maße sich selbst überlassen, daß dort Scharlatanerie und Betrug tatsächlich ihr Unwesen treiben konnten.

Im Blick auf das Phänomen sog. „Geistheilungen" oder „Glaubensheilungen" kann daraus nicht gefolgert werden, daß solche Phänomene zu bestreiten wären, bevor wir sie nicht wissenschaftlich erklären können. Was für ein armseliges Weltbild entstünde, wenn wir es auf das reduzierten, was wir wissenschaftlich erklären können! Die christliche Glaubenslehre hat von ihrer Überlieferung her keinen Grund, die Möglichkeit von Heilungen durch das Wirken des Heiligen Geistes zu bestreiten, und wo einem Menschen dieses Charisma gegeben ist, da sollte dies dankbar anerkannt und verantwortlich gebraucht werden. Wie wir aber bereits oben (10.2.3) sahen, muß nicht jede Heilung und jede Begabung, gesund zu machen, Wirkung des Heiligen Geistes sein. Ob sie das sind, ist oft nicht leicht zu entscheiden und bedarf eines sorgfältigen Urteils, das die Heilungsphänomene nicht isoliert, sondern in ihrem Gesamtzusammenhang betrachtet. Dabei ist vom Wesen des Heiligen Geistes her zu fragen,

- ob die Heilung mit dem Anspruch verbunden ist, aus einer für den Menschen verfügbaren Methode zu resultieren;
- ob sie einhergeht mit suggestiven Praktiken, durch die Menschen manipuliert oder in Abhängigkeit gebracht werden;
- ob sie eingesetzt wird für den materiellen Gewinn oder den Ruhm derer, die die Heilungsgabe für sich in Anspruch nehmen;
- ob dabei Krankheit und Behinderung als unvereinbar mit dem christlichen Glauben und deshalb als unannehmbar dargestellt werden.

Ist auch nur *eine* dieser vier Fragen zu bejahen, so ist aus der Sicht des christlichen Glaubens größte Zurückhaltung geboten, hier von einer Wirkung des Heiligen Geistes zu sprechen. Damit wird die Möglichkeit solcher Heilungen nicht in Frage gestellt, wohl aber zur Wachsamkeit bei ihrer Beurteilung aufgerufen. Insbesondere ist zu widersprechen, wenn zwischen christlichem Glauben und Krankenheilung ein *notwendiger* Zusammenhang behauptet wird. Bestünde ein solcher Zusammenhang, dann wäre Krankheit ein Indiz für fehlenden Glauben, und der unheilbar Kranke (der wir alle möglicherweise einmal kurz vor unserem Tod sein werden) müßte verzweifeln. Der trotz seines Gebetes nicht geheilte Apostel (s. II Kor 12,7-10) ist die bleibende Erinnerung daran, daß Krankenheilung eine mögliche, aber keineswegs eine notwendige Wirkung des Heiligen Geistes ist.

10.3.2.3   Die Gabe der Zungenrede

Mit dem Charisma der Glossolalie beschäftigt sich Paulus ausführlich im
I Korintherbrief (insbesondere in Kap. 14). Aber auch die Pfingstgeschichte berichtet von einem Sprachenwunder, das teilweise (Act 2,4 u.
13) im Sinne der Zungenrede gedeutet werden kann. Beide Befunde wären
aber keine hinreichende Begründung für die Thematisierung dieses Phä-
nomens in einer Dogmatik, wenn nicht in einem großen (und wachsen-
den) Teil der Christenheit die Zungenrede eine zentrale Rolle spielte.
Gemeint sind die sog. pfingstlerischen und charismatischen Bewegungen,
die weltweit einen beachtlichen Zuwachs verzeichnen.

Mit den Begriffen „Zungenrede" oder „Glossolalie" bezeichnet man
das Phänomen ekstatischen Redens, Singens oder Lallens, das für den
Betreffenden eine intensive religiöse Erfahrung darstellen kann, die sich
aber an die Umgebung nicht in verständlicher Sprache vermittelt. Es ist
gut nachvollziehbar, daß ein solcher ekstatischer Zustand als ein zugleich
erschreckendes und faszinierendes Mysterium wirkt, das große Ausstrahlung und Anziehungskraft besitzt und als besonders intensive Gottes-
erfahrung verstanden werden kann.

Die christliche Glaubensüberlieferung bestreitet von ihren Ursprüngen
her nicht die Möglichkeit solcher Zungenrede, und sie bestreitet auch
nicht, daß solche ekstatischen Erfahrungen Wirkungen des Heiligen Geistes sein *können.* Von daher erscheint es nicht nur als verständlich, sondern auch als berechtigt, daß von charismatischen Gruppierungen her die
Frage gestellt wird, ob ein Christentum, in dem solche ekstatischen Phänomene nicht mehr vorkommen, nicht „geistlos" oder „geistvergessen" geworden sei und sowohl hinter den in der christlichen Überlieferung gegebenen, als auch hinter den aktuell wichtigen Ausdrucksmöglichkeiten des
Glaubens zurückbleibe. Wenn aus dieser kritischen Anfrage in der charismatischen Bewegung die Folgerung gezogen wird, der Glaube an das Evangelium von Jesus Christus genüge nicht, sondern bedürfe der Ergänzung
durch den sog. „zweiten Segen", nämlich die Gabe des Heiligen Geistes,
dann wird hier Richtiges und Falsches in problematischer Weise vermischt.
Nach reformatorischem Verständnis wird der Heilige Geist mit Wort und
Sakrament gegeben und durch den Glauben an das Evangelium empfangen. Die Gabe des Heiligen Geistes (im Sinne der heiligenden Wirkung) ist
keine Ergänzung zum Evangelium, sondern dessen Beglaubigung und Vergewisserung. Wird hingegen die Gabe der Zungenrede zum Ausweis wahren Christseins erklärt, so wird *ein* Moment, das zur begabenden Wirkung
des Heiligen Geistes gehört, die je individuell-unterschiedlich ist, in unzulässiger Weise verallgemeinert und zum Maßstab erhoben, an dem das
Christsein anderer Menschen gemessen wird.

Gegenüber dem Eindruck, beim Charisma der Zungenrede handele es sich um so etwas wie eine christliche „Spitzenbegabung", ist mit Paulus daran zu erinnern, daß sie den theologischen Begabungen – aber auch der Gabe der Krankenheilung – *nach*zuordnen ist, weil sie nur der *eigenen* Erbauung dient, aber nicht der Erbauung, der Ermahnung oder Tröstung *anderer* Menschen (so I Kor 14,3 f.). Obwohl Paulus selbst das Charisma der Zungenrede zuteil geworden war (I Kor 14,18), zeigt gerade seine durchschlagende Argumentation, daß diesem Charisma wegen seiner fehlenden Bedeutung für das geistliche Leben der christlichen Gemeinde nur eine marginale Rolle zukommen kann.

Daß ekstatische Phänomene im volkskirchlichen Gemeindeleben so gut wie gar keine Rolle spielen, mag man als einen Mangel beklagen. Aber *dieser* Mangel ist weit eher zu ertragen, als wenn die theologischen Begabungen nicht mehr ausreichend zu Worte und zur Geltung kämen; denn *sie* dienen dem Aufbau und der lebendigen Entwicklung der christlichen Kirche.

Was in der Auseinandersetzung mit dem Charisma der Zungenrede ansatzweise deutlich wurde, verdient freilich – mit Paulus – gegenüber *allen* individuell-unterschiedlichen Charismen in Erinnerung gerufen zu werden: Alle diese Charismen gehören zu dem Fragmentarischen, das einmal aufhören wird (I Kor 13,8-10). Sie bleiben nicht, sondern sind vergänglich. Was bleibt, sind Glaube, Hoffnung, Liebe (I Kor 13,13), also die Gaben, die durch das heiligende Wirken des Heiligen Geistes verliehen werden. Diese Gaben zu erlangen, ist der „bessere Weg" (I Kor 12,31), verglichen mit dem Streben selbst nach den höchsten Charismen. Deren Wert hängt vollständig von dem ab, was durch sie an Glaube, Hoffnung und Liebe wirksam wird; denn nur dadurch sind sie Zeichen der Gegenwart Gottes, also des Heiligen Geistes.

11 Die Dreieinigkeit Gottes (Trinitätslehre)

Nachdem in den drei zurückliegenden Kapiteln (8-10) vom Sein Gottes, von der Selbsterschließung Gottes in Jesus Christus und von der Gegenwart Gottes als Heiliger Geist die Rede war, folgt nun – als Abschluß des Teiles der Dogmatik, der das Gottesverständnis des christlichen Glaubens zum Thema hat – die Trinitätslehre. Sie trägt bewußt *nicht* die Überschrift „Der dreieinige Gott", sondern „Die Dreieinigkeit Gottes". Damit soll dem *Mißverständnis* gewehrt werden, als sei in den vorangegangenen Kapiteln von einem *anderen* als dem dreieinigen Gott die Rede gewesen. Vom dreieinigen Gott und nur von ihm war die Rede – aber noch nicht von der *Dreieinigkeit*, also der Trinität. Sie muß nun thematisiert werden.

Schon mit dieser ersten Erläuterung zur Überschrift wird sichtbar, daß die Trinitätslehre nicht die bisherige Themenreihe auf gleicher Ebene fortsetzt, sondern sich (reflektierend) zurückwendet und das bisher zum Gottesverständnis Gesagte noch einmal unter einem besonderen Aspekt beleuchtet und betrachtet. Die – kategoriale – Andersartigkeit der Trinitätslehre gegenüber den vorangegangenen Teilstücken der Gotteslehre wird auch dadurch deutlich, daß „Sein", „Selbsterschließung" und „Gegenwart" offensichtlich einer anderen begrifflichen Ebene angehören als „Dreieinigkeit". Letztere handelt davon, wie sich die drei Erstgenannten *zueinander* verhalten, bezieht sich also auf diese, fügt sich aber nicht als ein gleichartiges Glied dieser Reihe an.

Der damit gegebene *besondere Status* der Trinitätslehre soll in einem ersten Abschnitt bedacht werden (11.1). Dabei muß es zugleich um die Frage gehen, welche Gründe dafür maßgebend sind, daß in einer christlichen Dogmatik eine solche – als kompliziert und spekulativ geltende – Lehre überhaupt verhandelt wird. Der weitere Aufbau wird sich dann insofern aus dem ersten Abschnitt ergeben, als darin gezeigt werden soll, daß und warum die Trinitätslehre im Blick auf das differenzierte (aber einheitliche) *Wirken Gottes* als Lehre von der sog. *ökonomischen* Trinität (11.2) und im Blick auf das eine (aber differenzierte) *Sein Gottes* als Lehre von der sog. *immanenten* Trinität (11.3) nicht nur sinnvoll, sondern letztlich unverzichtbar ist und wie beide Aspekte miteinander zusammenhängen.

11.1 Begründung und Status der Trinitätslehre

Nicht nur im interreligiösen Dialog (z. B. mit dem Judentum und dem Islam) bereitet die Trinitätslehre große Verstehens- und Verständigungsschwierigkeiten, sondern für viele Christen auch in der internen Kommunikation. Dafür sind mehrere Gründe maßgebend:

- Der Kern dieser Schwierigkeiten dürfte darin bestehen, daß diese Lehre von *drei göttlichen Personen* spricht, jedoch zugleich behauptet, es handele sich dabei nicht um drei Götter oder Gottheiten, sondern nur um *einen einzigen Gott*. Damit wird dem menschlichen Denken scheinbar zugemutet, zu akzeptieren, daß in diesem Fall 3 = 1 ist. Da das offensichtlich widervernünftig ist, muß diese Lehre allem Anschein nach gegen eigenes Erkennen und Verstehen – im pejorativen Sinn des Wortes – „geglaubt", also für wahr gehalten werden. Wenn aber an einer solch zentralen Stelle die Regeln des Denkens verletzt oder mißachtet werden, wie soll es dann möglich sein, über den Inhalt des christlichen Glaubens überhaupt verständlich und nachprüfbar zu kommunizieren?

- Ein zweites Argument kommt hinzu: Die Trinitätslehre ist nicht durch die *biblischen* Texte vorgegeben, sondern erst von der Alten Kirche in den ersten nachchristlichen Jahrhunderten entwickelt worden. Zwar gibt es in der Bibel[1] die beiden bekannten triadischen Formeln, in denen „Jesus Christus, Gott und Heiliger Geist" bzw. „Vater, Sohn und Heiliger Geist" neben- und miteinander genannt werden (II Kor 13,13 u. Mt 28,19), aber auch diese Formeln enthalten noch keine Trinitätslehre; denn sie sagen nichts darüber aus, in welchem Verhältnis Vater, Sohn und Heiliger Geist zueinander stehen.[2] Ist es aber tatsächlich notwendig, an diesem Punkt über die biblische Botschaft hinauszugehen und eine solche Lehre zu entwickeln?

- Ein dritter Einwand sei noch genannt: Müssen wir uns nicht schon deshalb eine Trinitätslehre verboten sein lassen, weil diese den Versuch darstellt (oder jedenfalls darstellen könnte), in das *innere Geheimnis* Gottes einzudringen und es mittels menschlicher (aus der antiken Philosophie übernommener) Begriffe zu entschlüsseln und lehrhaft darzustellen? Wenn *ein* Lehrstück der christlichen Dogmatik

---

1 Neben den zahlreichen dyadischen (Gruß-)Formeln, in denen Gott (der Vater) und Jesus Christus genannt werden: z. B. I Thess 1,1; I Kor 1,3; II Kor 1,2; Gal 1,3; Phil 1,2; Röm 1,7; Eph 1,2; I Tim 1,2; II Joh 3.

2 Ansätze zu einer solchen Verhältnisbestimmung finden sich jedoch z. B. Joh 15,26, wo vom „Geist der Wahrheit" gesagt wird, er gehe vom Vater aus, werde vom Sohn gesandt und gebe von ihm Zeugnis.

nicht nur als lebensfern, abstrakt und kompliziert, sondern überdies noch als hybrid erscheint, dann ist es die Trinitätslehre.

Läßt sich angesichts so massiver Einwände noch die Legitimität oder gar die Notwendigkeit der Trinitätslehre begründen? Inwiefern kann die Trinitätslehre den genannten Bedenken Rechnung tragen, und was folgt daraus für ihre inhaltliche und begriffliche Gestaltung? Darum soll es im folgenden gehen.

11.1.1 Die Begründung der geschichtlichen Notwendigkeit der Trinitätslehre

Ich spreche hier bewußt nur von einer *geschichtlichen* Notwendigkeit, nicht von einer *absoluten* Notwendigkeit. Das geschieht nicht nur, um den Eindruck zu vermeiden, die christliche Theologie in den ersten drei bis vier Jahrhunderten, die noch keine vollständige Trinitätslehre ausgebildet hatte, sei deswegen defizitär gewesen; die Behauptung einer bloßen geschichtlichen Notwendigkeit erfolgt auch aus *sachlichen* Gründen, die sich bereits aus dem bisher Gesagten ergeben: Die Trinitätslehre ist ein nachträgliches Reflexionsprodukt, das die Rede von Gott (und zwar vom *dreieinigen Gott*) schon voraussetzt und sich auf sie bezieht. Sie *expliziert* etwas, das *implizit* im *rechten* Reden von Gott bereits enthalten ist. Die Notwendigkeit zu dieser Explikation ergibt sich innerhalb des geschichtlichen Kommunikations- und Reflexionsprozesses angesichts neu auftauchender Fragestellungen und möglicher Mißverständnisse.[3]

Fragt man genauer, warum sich die Notwendigkeit zu solcher Explikation ergibt, so läßt sich – historisch wie sachlich – sagen: Sie ergibt sich aus der Erkenntnis, daß in Jesus Christus Gott selbst dem Menschen nahe kommt; anders gesagt: daß der Mensch es in Jesus Christus mit dem Wesen Gottes selbst zu tun bekommt. Die Wesenseinheit Jesu Christi mit Gott, die *christologisch* durch den Sohnestitel (aber auch durch den Titel „κύριος") zum Ausdruck kommt, weckt aufgrund ihrer christologischen Explikation die Frage, ob damit nicht die (monotheistische) Grundeinsicht von der *Einzigkeit* Gottes preisgegeben ist oder zumindest zweifelhaft wird.

Nicht erst die *Bezeichnung* des Vaters und des Sohnes als unterschiedliche „*Seinsweisen*" (griech.: „ὑποστάσεις") gleichen „*Wesens*" (griech.:

---

3   Insofern stellt die Trinitätslehre ein Analogon zur Christologie dar, die – geschichtlich – notwendig wurde, als Jesus nicht mehr irdisch-leibhaft gegenwärtig war, und die die Aufgabe hatte, die in Verkündigung, Wirken und Geschick Jesu *implizit* vorhandene Christologie zu explizieren.

„ούσία") legt diese Frage nahe, sondern schon die Bezeichnung Gottes als „*Vater*" (des ewigen Sohnes) und die Bezeichnung Jesu Christi als „*Sohn*" (des ewigen Vaters).[4] Durch die Erkenntnis der Göttlichkeit (auch) des Heiligen Geistes verändert sich diese Problemstellung nicht qualitativ, wird aber komplexer. Denn nun stellt sich (auch) im Blick auf den Heiligen Geist die Frage, ob er *wesenseins* mit dem Vater (und dem Sohn) ist, und was dies für die Frage nach der *Einzigkeit* Gottes bedeutet.

Die Trinitätslehre wird dadurch, aber auch *nur* dadurch für den christlichen Glauben *notwendig*, daß sowohl die Behauptung der *Göttlichkeit* Jesu Christi und des Heiligen Geistes, als auch das Festhalten an der *Einzigkeit* Gottes für den christlichen Glauben notwendig ist. Beides ergab sich bereits (implizit und explizit) in den hinter uns liegenden Erörterungen der Theo-logie, Christologie und Pneumatologie. Wir können uns deshalb hier relativ kurz fassen:

Hätte die Person Jesu Christi nicht am Wesen Gottes teil, wäre sie also nicht *eines* Wesens mit Gott,

- dann wäre in Jesus Christus nicht die *Gottesherrschaft* nahe gekommen;
- dann wäre er nicht der *Mittler* (Offenbarer, Versöhner und Erlöser) zwischen Gott und Mensch;
- dann hätte er keine konstitutive *Heilsbedeutung*.

Ebenso gilt: Hätte der Heilige Geist nicht am Wesen Gottes teil, wäre er also nicht *eines* Wesens mit Gott,

- dann wäre in ihm nicht *Gott* beim Menschen gegenwärtig;
- dann wäre er nicht die *Selbstgabe* Gottes;
- dann hätte auch er keine konstitutive *Heilsbedeutung*.

Aber wenn durch diese Aussagen die *Einzigkeit* Gottes aufgehoben oder in Frage gestellt würde, dann hörte nicht nur Gott auf, *Gott* zu sein: das, „quo maius cogitari nequit" (s. o. 7.1.2.1), sondern dann wäre Jesus Christus *gleichfalls* nicht Mittler zwischen Gott und Mensch, und der Heilige Geist wäre *gleichfalls* nicht Gottes Selbstgabe, denn dann begegnete in Jesus Christus und im Heiligen Geist ja nicht *Gott*, sondern nur *ein* Gott, also gerade nicht der „Vater", sondern „nur" der Sohn oder der Heilige Geist.

---

4   An den Anfängen der Christologie kann man anschaulich studieren, wie die Alte Kirche mit dem Problem ringt, die Göttlichkeit Jesu Christi als des Sohnes festzuhalten, *ohne* damit die Einzigkeit Gottes preiszugeben. Sie versucht dies vor allem durch Ausbildung der sog. Logos-Christologie, die der Überwindung des adoptianischen und des modalistischen Irrwegs dient.

Aus diesen knappen Überlegungen, die sich unschwer erheblich aus-
weiten ließen, ergibt sich für den christlichen Glauben fraglos die *Not-*
wendigkeit, sowohl die Göttlichkeit Jesu Christi und des Heiligen Geistes
zu behaupten, als auch an der Einzigkeit Gottes festzuhalten. *Folglich*
ergibt sich hieraus auch in einer geschichtlichen Situation, in der dies in
Frage gestellt oder bestritten wird, die Notwendigkeit, die Dreieinigkeit
Gottes theologisch zu reflektieren und lehrhaft darzulegen, also die Notwendigkeit der Trinitätslehre.

11.1.2   Die Trinitätslehre als Theorie
reflektierten Redens von Gott

Aus den Überlegungen des vorigen Unterabschnitts (11.1.1) ergibt sich
nun auch, welchem Zweck die Trinitätslehre dient, und welche Funktion
sie erfüllt: Sie soll die *Göttlichkeit* Jesu Christi und des Heiligen Geistes
mit der *Einzigkeit* Gottes zusammendenken. Damit schließt sie von vornherein alle Theorien aus, die Jesus Christus oder den Heiligen Geist als
lediglich *gottähnlich* (und nicht als wesenseins mit Gott) denken. Ebenso
schließt sie alle Theorien aus, die Jesus Christus oder den Heiligen Geist
als eigenständige göttliche *Subjekte neben Gott* denken. Zur Abwehr des
erstgenannten Irrtums, der sich kirchen- und dogmengeschichtlich mit
dem Namen des Arius verbindet, hat die Alte Kirche sich in Nicaea (325)
auf den Begriff „ὁμοούσιος" verständigt und festgelegt, der sich zunächst
nur auf den „Vater" und den „Sohn" bezieht, später[5] auch den Heiligen
Geist mit einbezieht.
    Nicht so eindeutig ist es hingegen gelungen, die *Einzigkeit* Gottes in
einer Formel auszudrücken und gegen tritheistische Tendenzen festzuhalten. Gerade dort, wo das Nicaenum (und das Nicaeno-Constantinopolitanum) von dem *einen* Gott spricht („Πιστεύομεν εἰς ἕνα Θεόν")
wird die Einzigkeit Gottes eher verdunkelt als herausgestellt, weil dem
einen Gott der *eine* Herr Jesus Christus, als der Sohn Gottes, an die Seite
gestellt wird („καὶ εἰς ἕνα κύριον Ἰησοῦν Χριστόν, τὸν υἱὸν τοῦ θεοῦ"). In
ähnlicher Form wird der Heilige Geist als dritte Größe additiv hinzugefügt
(„καὶ εἰς τὸ ἅγιον πνεῦμα" bzw. „καὶ εἰς τὸ πνεῦμα τὸ ἅγιον, τὸ κύριον καὶ
ζωοποιόν"), ohne daß es (jedenfalls im Nicaenum oder im Nicaeno-
Constantinopolitanum) darüber hinausgehende Aussagen über die Einheit und Einzigkeit Gottes gäbe. Diese finden sich erst in dem von Augu-

---

5   Im Gefolge der pneumatologischen Erweiterung des Nicaenum durch das
    Konzil von Konstantinopel (381); explizit im sog. Athanasianum (BSLK
    28,10 ff.).

stin und Ambrosius geprägten sog. Athanasianum mit seiner refrainartig wiederholten Formel: „et tamen non tres ..., sed unus ..." (BSLK 28,30-29,9). Freilich, auch das Athanasianum führt nicht hinaus über ein „Einerseits – Andererseits".[6] Es zeigt nicht (jedenfalls nicht explizit), wie beides miteinander gedanklich *vereinbart* und darum *gleichzeitig* gesagt werden kann.

Es ist längst erkannt und von vielen ausgesprochen worden, warum die altkirchliche Trinitätstheologie sich schwertat, die Einzigkeit des dreieinigen Gottes gedanklich klar zum Ausdruck zu bringen. Zumindest *ein* wesentlicher Grund dafür liegt in der verwendeten *Terminologie*. Insbesondere die Benutzung des *Person*begriffs (griech.: „πρόσωπον"; lat.: „persona") für „Vater, Sohn und Heiligen Geist"[7] erschwert es außerordentlich, die Einheit und Einzigkeit Gottes festzuhalten. Das gilt auch dann, wenn man den antiken Personbegriff vom neuzeitlichen Begriff der Person oder Persönlichkeit deutlich unterscheidet und wenn man den Personbegriff grundsätzlich als relationalen Begriff denkt.[8] Der Begriff „Person" ist für uns stets mit Subjektivität, Bewußtsein, Wille verbunden und bezeichnet damit eine eigenständige, selbstbewußte Instanz (s. o. 8.1.2). Wird der Personbegriff in der Gotteslehre ausschließlich auf „Vater, Sohn und Heiligen Geist" in ihrem Miteinander und Gegenüber angewandt (und nicht auf Gott im Gegenüber zur Welt[9]), so entfallen zwar die Argumente, die in der Theo-logie gegen eine Verwendung des Personbegriffs in seiner wörtlichen, direkten Bedeutung sprechen, aber es bleiben die Argumente in Kraft, die darin eine Infragestellung der Einheit und Einzigkeit Gottes sehen (vgl. dazu u. 11.3).

---

6 „Quia sicut singillatim unamquamque personam et Deum et Dominum confiteri christiana veritate compellimur, ita tres Deos aut Dominos dicere catholica religione prohibemur." Dt.: „Denn gleichwie wir müssen nach christlicher Wahrheit eine jegliche Person für sich Gott und HERrn bekennen: Also können wir im christlichen Glauben nicht drei Götter oder drei HERRN nennen" (BSLK 29,10-14).

7 Ich verwende diese gängige Formel hier und im folgenden in Anführungszeichen, weil erst noch zu prüfen ist, was mit dieser Formel genau gemeint ist und inwiefern sie als angemessen bezeichnet werden kann.

8 So z. B. programmatisch J. Moltmann, Trinität und Reich Gottes, S. 162-168 u. 187-193.

9 Tillich macht – freilich in einer kuriosen Formulierung („Gott wurde erst im 19. Jahrhundert eine Person ...") – darauf aufmerksam, daß der Personbegriff erst seit dem 19. Jahrhundert auf Gott (in seiner Beziehung zur Welt) angewandt wird, während er früher in der Gotteslehre nur als *innertrinitarischer* Begriff eine Rolle spielte (STh I, S. 283).

Nun verwendet die altkirchliche Theologie neben dem Begriff „πρόσωπον" auch den Begriff „ὑπόστασις" (dt.: „Hypostase" oder „Seinsweise"; so z. B. DH 112,421) als Äquivalent für „persona", um „Vater, Sohn und Heiligen Geist" in ihrer Unterschiedenheit und jeweiligen Besonderheit (bei identischem Wesen) zu bezeichnen. Der Begriff „Seinsweise" ist weniger festgelegt und nicht so mit der Vorstellung einer selbstbewußten Instanz verbunden wie der Personbegriff. Er eignet sich deshalb weitaus besser, um die Unterschiedenheit zwischen „Vater, Sohn und Heiligem Geist" auszusagen, ohne damit schon terminologisch die Einheit und Einzigkeit Gottes in Frage zu stellen.[10]

Die Trinitätslehre hat also die Funktion, dazu anzuleiten, daß von den drei Seinsweisen Gottes, von denen in den letzten drei Kapiteln die Rede war, so gesprochen wird, daß dabei weder deren göttliches Wesen noch die Einheit und Einzigkeit Gottes in Frage gestellt werden. Die Trinitätslehre erfüllt diese Funktion jedoch solange nur in unzureichender Form, als sie lediglich diese Grenzziehungen markiert und einschärft, ohne zugleich zu klären, *wie* beides gedanklich miteinander vereinbart und so auch *verstanden* werden kann. Diese Aufgabe steht noch vor uns.

11.1.3 Die Unterscheidung zwischen ökonomischer und immanenter Trinitätslehre

Geschichtlich und sachlich nimmt die Trinitätslehre – als *menschliche* Denkbemühung – zu Recht ihren Ausgang bei dem *Wirken* Gottes, durch das er dem Menschen begegnet. Der Zugang zu dieser Lehre erschließt sich dort am leichtesten, wo Menschen die Erfahrung machen, daß sich das Vertrauen auf Gott, das ihr Leben bestimmt, nicht ihrem eigenen Entschluß oder ihrer eigenen Leistung verdankt, sondern in ihnen durch das Wirksamwerden einer Kraft geweckt wurde und immer wieder geweckt wird, die sie unter Inanspruchnahme christlicher Symbole als „Geist Gottes" oder „Heiligen Geist" deuten und verstehen können. Die Entstehung des Glaubens wird auf diese Weise verstehbar als ein Geschehen, das allein von Gott her ermöglicht ist, und zwar dadurch, daß in einem Menschen *Gewißheit* entsteht. Diese Gewißheit bezieht sich auf etwas Bestimmtes, nämlich darauf, daß Gott sich in Jesus Christus zum Heil des Menschen erschlossen hat. *Inhalt* dieser Gewißheit ist also das Evangelium von Jesus Christus. Dieser Inhalt verweist aber seinerseits auf das

---

10 Der Begriff „Seinsweise" als Äquivalent für „Hypostase" und als Ersatz für „Person" ist insbesondere durch die Trinitätslehre K. Barths zu breiter Wirkung gebracht worden. Vgl. KD I/1, S. 374-388.

Wesen des Gottes, der als *Schöpfer* der Welt der Grund alles Daseins ist, den darum alle Kreaturen mit ihrem Dasein bezeugen.

Der hier erkennbar werdende Verweisungszusammenhang, der sich vom Akt des Glaubens her erschließt, kann nun aber auch mit gutem Grund – gewissermaßen in umgekehrter Reihenfolge – in Gestalt der *Seins*ordnung (so, wie *wir* sie erkennen!) dargestellt werden. *Dann* ist das schöpferische Wirken Gottes das *erste* in der Reihe seiner Werke, dem die Selbsterschließung Gottes in Jesus Christus *folgt* und das in der Glauben erweckenden Selbstgabe Gottes als Heiliger Geist zu seinem (innergeschichtlichen) *Ziel* kommt. Für diese Folgeordnung des göttlichen Wirkens im Sinne einer Heilsgeschichte hat die Alte Kirche[11] den Begriff der „οἰκονομία" (dt.: „Ökonomie") gewählt.[12] Darin spricht sich die Einsicht aus, daß die Trinitätslehre – zumindest auch – das heilsgeschichtliche Wirken Gottes zum Ausdruck bringen muß, und zwar unter den für die Trinitätslehre generell gültigen beiden Aspekten, daß alle Werke Gottes im vollen und uneingeschränkten Sinn an seinem *göttlichen Wesen* partizipieren *und* daß die Vielfalt der Werke die *Einheit und Einzigkeit* Gottes nicht aufhebt. Dabei steht gerade die ökonomische Trinitätslehre, die von der *Vielfalt* der Werke Gottes ausgeht, vor der Aufgabe, zu zeigen, daß durch diese Vielfalt die Einheit und Einzigkeit Gottes nicht aufgehoben wird. Die Vielfalt muß folglich als Vielfalt *innerhalb* der Einheit und Einzigkeit Gottes gedacht werden.

Von da aus stellt sich aber weiter die Aufgabe, zu klären, wie unter Voraussetzung der Einheit und Einzigkeit Gottes eine Vielfalt oder Differenzierung *in Gott* überhaupt gedacht werden könnte. Das ist das Thema der sog. *immanenten* Trinitätslehre, die die inneren trinitarischen Relationen von „Vater, Sohn und Geist" reflektiert.

Schon aus den bisherigen Formulierungen ist deutlich geworden, daß die sog. ökonomische und die sog. immanente Trinitätslehre in einer ganz engen Beziehung zueinander stehen. Sie ergänzen sich nicht nur gegenseitig und müssen deswegen untereinander konsistent sein, sondern sie behandeln *ein und dasselbe Thema* nur unter verschiedenen *Aspekten*. Von daher erscheint es nicht nur als zulässig, sondern als wichtig, die

---

11 In Anknüpfung an den biblischen Sprachgebrauch, wie er sich Eph 1,10 u. 3,9 sowie I Tim 1,4 findet.

12 Neuerdings hat F. Mildenberger in seinem Werk „Biblische Dogmatik" den Begriff „Ökonomie" wieder programmatisch verwendet und ihm (als Ersatzbegriff für „Offenbarungstheologie") eine für seine ganze Dogmatik strukturgebende Funktion zugetraut. Ob dies angesichts der allgemeinen Gleichsetzung von „Ökonomie" mit „Wirtschaft(swissenschaft)" zur intendierten größeren begrifflichen Genauigkeit in der theologischen Diskussion (so Bd. 1, S. 231) beitragen kann, muß erst abgewartet werden.

inhaltliche Gleichsetzung von ökonomischer und immanenter Trinität zu vertreten, wie K. Rahner dies in seiner bekannten These getan hat: „Die ‚ökonomische' Trinität *ist* die immanente Trinität und umgekehrt."[13] Die in diesem Satz enthaltene Doppelaussage soll in den beiden folgenden Abschnitten unter den theologischen Voraussetzungen *dieser* Dogmatik expliziert werden.

11.2   *Die ökonomische Trinität als immanente Trinität*

Wenn wir zu zeigen versuchen, inwiefern die ökonomische Trinität *als* immanente Trinität gedacht werden kann, so müssen wir drei gedankliche Schritte vollziehen: Zunächst ist zu zeigen, daß und wie die verschiedenen Werke Gottes verschiedenen *Wirkweisen* Gottes zuzuordnen sind (11.2.1); sodann ist zu bedenken, inwiefern von den verschiedenen Werken Gottes gesagt werden kann, sie bildeten eine Einheit (11.2.2); schließlich ist zu reflektieren, wie diese Deutung der Trinität mit den Aussagen über das Sein, die Selbsterschließung und die Gegenwart Gottes (Kap. 8-10) gedanklich verbunden werden kann (11.2.3).

11.2.1   *Die Zuordnung des göttlichen Wirkens zu verschiedenen Wirkweisen Gottes*

In dem Abschnitt, der vom Wirken Gottes handelte (s. o. 8.3), wurde *nicht* erkennbar, daß es angemessen sein könnte, dieses Wirken in genau drei Gruppen oder Teile zusammenzuordnen.[14] Zählen wir die Werke Gottes auf, die von der Bibel bezeugt werden, so kommen wir zu einer (heilsgeschichtlichen) Reihung, die zumindest folgende Elemente enthält:

– Gott erschafft und erhält die Welt,
– Gott lenkt die Geschichte,

---

13 Bemerkungen zum dogmatischen Traktat ‚De Trinitate', in: ders., Schriften zur Theologie, Bd. IV, 1964[4], S. 115. Die Berufung auf diese These Rahners besagt nicht, daß die folgende *Interpretation* der These mit der Interpretation Rahners identisch ist.

14 Aus den abschließenden Bemerkungen in Abschn. 8.3.3 wurde jedoch schon deutlich, daß unter der Überschrift „Gottes Wirken" (8.3) dort faktisch nur ein *Ausschnitt* behandelt wurde, der zu ergänzen ist durch „Das Heilswerk Jesu Christi" (9.3) und „Die Wirkungen des Heiligen Geistes" (10.3). Erst in dieser Trias von „Wirken", „Heilswerk" und „Wirkungen" wird das erfaßt, was *hier* mit „göttlichem Wirken" gemeint ist.

- Gott redet durch die Propheten,
- Gott offenbart sich in Jesus Christus,
- Gott sendet seinen Geist,
- Gott schafft Glaubensgewißheit,
- Gott sammelt und erhält die Kirche,
- Gott vollendet seine Schöpfung.

Diese Aufzählung ließe sich ohne Mühe ergänzen und würde dadurch noch reichhaltiger und unübersichtlicher. Aber schon in der vorliegenden einfachen Form ist nicht zu erkennen, wie man hier strukturieren und ordnen könnte und wie sich dabei eine Dreiteilung ergeben sollte.

Eine klassische Möglichkeit der Unterscheidung und Zuordnung bildet die reformatorische Lehre von den zwei Regimenten, d. h. Regierweisen Gottes.[15] Demnach wäre zu unterscheiden zwischen dem Wirken Gottes, das auf die *Erlösung* der Welt gerichtet ist, und dem Wirken Gottes, das (nur) der *Erhaltung* der Welt dient. Diese wichtige und leistungsfähige Unterscheidung ist für unsere Fragestellung jedoch unzureichend, da sie begrenzt ist auf das (inner-)geschichtliche Wirken Gottes, also weder die Schöpfung noch die eschatologische Neuschöpfung der Welt umfaßt. Außerdem ist in ihr das Wirken des Heiligen Geistes nur schwer unterzubringen. *Gehört* es als *ein* Element zum *erlösenden* Wirken (z. B. *neben* der Selbstoffenbarung Gottes in Jesus Christus), oder *bezieht* es sich insgesamt *auf* das erlösende Wirken (indem es dieses für das menschliche Erkennen erschließt), oder bezieht es sich auch auf das *erhaltende* Wirken Gottes, wie dies z. B. viele alttestamentliche Aussagen über den Geist Gottes nahelegen?

Ein anderes Einteilungsschema besteht in der Unterscheidung zwischen dem *schöpferischen* Wirken („als Existenzbegründung"), dem *offenbarenden* Wirken („als Erschließung der Wahrheit über das Verhältnis Gottes des Schöpfers zu seiner begnadigten Schöpfung") und dem *inspirierenden* oder *erleuchtenden* Wirken Gottes („als Ermöglichung von Gewißheit in bezug auf die Wahrheit der Konstitution der Wirklichkeit")[16]. Das Leistungsfähige dieser Unterscheidung besteht darin, daß hier zwischen drei Formen des göttlichen Wirkens de facto *kategorial*

---

15 Vgl. zu dieser Lehre und zu dem Begriff „Regierweisen" die beiden Bände „Gottes Wirken in seiner Welt" (= Zur Sache, Heft 19 u. 20). Hg. N. Hasselmann, Hamburg 1980, bes. Bd. II, S. 162-172 sowie meinen Aufsatz „Die Zwei-Regimenten-Lehre als Lehre vom Handeln Gottes", in: MJTh I, 1987, S. 12-32.

16 So Chr. Schwöbel, Die Rede vom Handeln Gottes im christlichen Glauben, in: MJTh I, 1987, S. 56-81. Die in den Klammern wiedergegebenen Zitate stammen aus diesem Aufsatz S. 70.

unterschieden wird. Faßt man „Existenzbegründung" nicht zu eng, sondern im Sinne von „Wirklichkeitsbegründung", so erscheint mir die hier
vorgeschlagene Trias als ein leistungsfähiges, umfassendes Modell. Eine
Schwäche dieses Vorschlags scheint mir nur darin zu liegen, daß nicht
deutlich genug der *kategoriale* Charakter dieser Unterscheidung zur Geltung gebracht wird, indem immer wieder von „drei Typen"[17] des Handelns oder Wirkens Gottes die Rede ist, denen lediglich eine „einheitliche Intentionalitätsstruktur"[18] zuerkannt wird, aber keine reale *Einheit*.[19]

11.2.2 Die Einheit des göttlichen Wirkens

Was besagt es, wenn schöpferisches, offenbarendes und erleuchtendes
Wirken Gottes als reale *Einheit* verstanden wird, an der (nur) in *kategorialer Hinsicht* Unterscheidungen vorzunehmen sind? Es besagt, daß nicht
drei *Arten* oder *Typen* göttlichen Wirkens zu unterscheiden sind, sondern
drei *Aspekte* oder *Dimensionen* oder *Facetten* an *jedem* Wirken Gottes.
Das wird freilich erst dann plausibel, wenn man das *erkennende Subjekt*,
das vom Wirken Gottes spricht, nicht außer acht läßt, sondern konstitutiv mit *einbezieht*. Das ist nicht nur generell zu fordern, um einer
abstrakten Betrachtungsweise vorzubeugen, sondern auch speziell in einer Trinitätslehre zu berücksichtigen, die nur theologisch verantwortet
werden kann, wenn sie als Theorie reflektierten *Redens* von Gott (s. o.
11.1.2) verstanden wird. Aus der Sicht des erkennenden Subjekts stellt
sich *alles*, also auch das Wirken Gottes als ein *Zeichenprozeß* dar, in dem
ein Element der Wirklichkeit (z. B. eine Eigenschaft, eine Person oder ein
Ereignis) als (durch sein Dasein und Sosein) auf Gott weisend (von einem
Subjekt) *erkannt* und *gedeutet* wird. An *jedem* solchem Zeichenprozeß
lassen sich folgende drei *Aspekte* unterscheiden:

– schöpferisches (= wirklichkeitsbegründendes) Wirken,
– offenbarendes (= wirklichkeitserschließendes) Wirken und
– erleuchtendes (= gewißheitschaffendes) Wirken.

Dieser Prozeß, den wir mit dem Begriff „Wirken Gottes" benennen,
kommt zum Ziel in der Gewißheit eines Subjekts: „Das hat Gott gewirkt."

---

17 A.a.O., S. 70 f. u. 78.
18 A.a.O., S. 78.
19 Erst wenn letzteres gelingt, kommt aber m. E. Schwöbels Intention voll zur
    Geltung, „Gott als einheitliches Handlungssubjekt zu identifizieren" (a.a.O.,
    S. 78).

Dabei erkennt das Subjekt reflektierend, daß alle drei Aspekte dieses Prozesses nicht von ihm und (letztlich) auch von keinem anderen endlichen Subjekt hervorgebracht sind, sondern als („dreifaltiges") Wirken *Gottes* verstanden werden müssen.

Gegen diesen Deutungsansatz lassen sich zwei Einwände erheben: Man könnte einerseits sagen, es gebe (von Gott geschaffene) Wirklichkeit, die als solche noch nicht die Wahrheit ihres göttlichen Ursprungs offenbare und das erkennende Subjekt noch nicht dessen gewiß mache. Zumindest in dieser Hinsicht müßten also doch drei *Typen* von Handlungen Gottes unterschieden werden:

- nur schöpferische,
- schöpferische und zugleich offenbarende,
- schöpferische, offenbarende und zugleich erleuchtende.

Aber wir sahen bereits: Dieser Einwand basiert seinerseits auf einem abstrakten, unterbestimmten Verständnis des Wirkens Gottes, bei dem das erkennende Subjekt ausgeblendet ist. Bezieht man es ein, so kann zwar im Blick auf andere Subjekte u. U. gesagt werden, daß sich *ihnen* ein bestimmtes Element der Wirklichkeit (noch) nicht als Wirken Gottes erschlossen habe – aber dann eben auch nicht als (bloß) *schöpferisches* Wirken. D. h.: Entweder hat sich ein Geschehen einem Subjekt als Wirken Gottes erschlossen, dann als schöpferisches, offenbarendes und erleuchtendes Wirken; oder ein Geschehen hat sich einem erkennenden Subjekt (noch) *nicht* als Wirken Gottes erschlossen, dann *nicht* als erleuchtendes, dann aber auch nicht als offenbarendes und schöpferisches Wirken. Deshalb bleibt es dabei: Wo sich Gottes Wirken einem Subjekt erschließt, da eignen diesem Wirken alle drei genannten Aspekte.

Der andere mögliche Einwand bestünde in der Bestreitung der Notwendigkeit eines Elementes der Wirklichkeit als *äußeres Zeichen* (s. dazu o. 3.1.2.3). Wäre dieser Einwand stichhaltig, so entfiele damit die Dimension des *schöpferischen* Wirkens, konsequenterweise dann freilich auch des *offenbarenden* Wirkens, das sich ja (wirklichkeitserschließend) auf das schöpferische Wirken *bezieht*. Was übrigbliebe, wäre allem Anschein nach lediglich das erleuchtende, gewißheitschaffende Wirken Gottes als solches. Aber *was für eine* Gewißheit könnte es schaffen? Gewißheit bezieht sich doch immer auf Wahrheit und diese auf Wirklichkeit. So würde sich eine isolierte Gewißheit als *leere Gewißheit* erweisen. Auch eine solche Abstraktion erweist sich also als inkonsistent.

So bleibt es dabei, daß *jedes* Wirken Gottes, von dem sinnvoll *gesprochen* werden kann, *drei Aspekte* aufweist, die mit den Begriffen schöpferisches, offenbarendes und erleuchtendes Wirken bezeichnet werden können.

11.2.3   Das Wirken des dreieinigen Gottes

Zwischen den drei aufgezeigten Aspekten des Wirkens Gottes (als schöpferisches, offenbarendes und erleuchtendes Wirken) und der „heilsgeschichtlichen" („ökonomischen") Abfolge der Werke Gottes, wie sie etwa in den drei Artikeln des Apostolischen und Nicaenischen Glaubensbekenntnisses angedeutet wird, scheint eine Affinität zu bestehen. Ja, im Bewußtsein vieler Christen ist vermutlich die Unterscheidung zwischen Gottes Wirken in der Schöpfung, seinem Versöhnungswerk in Jesus Christus und seinem (erleuchtenden und inspirierenden) Wirken als Heiliger Geist das plausibelste Erklärungsmodell für die Trinitätslehre. Und doch führt dieser Zugang eher in die Irre.

Bereits die altkirchliche und mittelalterliche Theologie hat im Blick auf die Beziehung zwischen dem dreifachen Wirken und dem dreieinigen Sein Gottes den Grundsatz formuliert, es könne sich dabei nur um Appropriationen (= Zueignungen oder Zuordnungen) handeln, die nach dem Prinzip der Ähnlichkeit oder Affinität erfolgen, aber niemals den Charakter von exklusiven Gleichsetzungen oder Identitätsaussagen haben.[20] Das besagt: Zwischen den Aussagen über Gott als den „Vater" (s. u. 11.3.1) und denen über das schöpferische Wirken Gottes besteht eine Affinität, die es erlaubt, den Aspekt der *Väterlichkeit* und *Mütterlichkeit* Gottes vorrangig mit dem *schöpferischen* Wirken Gottes in Beziehung zu setzen. Dasselbe gilt für die Aussagen über Gott als den „Sohn" (s. u. 11.3.2) in bezug auf das *offenbarende* Wirken Gottes und für die Aussagen über Gott als den *Geist* (s. u. 11.3.3) im Blick auf das *erleuchtende* Wirken Gottes.

Aber all dies wird falsch und gefährlich, wenn es im Sinne einer exklusiven Verbindung verstanden wird, die dazu führen würde, daß die unterschiedlichen Aspekte des Wirkens Gottes ausschließlich je einer Wirk- oder Seinsweise Gottes zugeordnet würden. Auf dem Umweg über eine solche exklusive Zuordnung bestünde die Gefahr, daß die *Einheit* des Seins und Wirkens Gottes und damit die *unreduzierte Göttlichkeit* seiner Werke aus dem Blick geriete oder in Frage gestellt würde. Dem hat die Alte Kirche durch den im Anschluß an Augustin[21] entwickelten trinitätstheologischen Fundamentalsatz gewehrt: „Opera trinitatis ad extra sunt indivisa"[22]. Damit ist nicht nur gesagt, daß das Wirken des dreieinigen Gottes *ungeteilt*, sondern daß es *unteilbar* ist: *Jedes* Wirken Gottes par-

---

20   S. dazu die knappe, informative Übersicht bei K. Barth, KD I/1, S. 393-395.
21   De trinitate I,4: „Sicut inseparabiles sunt, ita inseparabiliter operantur".
22   Wann und wo diese Formel erstmals in diesem Wortlaut auftaucht, konnte ich nicht eruieren. Als kirchliche Lehrentscheidung findet sie sich jedenfalls der

tizipiert uneingeschränkt an seiner Göttlichkeit *und* an seiner Einheit. Das aber kann wohl nur dann ohne Abstriche festgehalten werden, wenn zwischen den Wirkweisen Gottes nicht quantitativ oder qualitativ, sondern (nur) *kategorial* (s. o. 2.3.2.1) unterschieden wird. D. h.: Die göttliche Liebe wirkt schöpferisch (d. h. Leben schaffend), offenbarend (d. h. sich selbst erschließend) und erleuchtend (d. h. gewißmachend und inspirierend), und zwar *immer und überall*, wo sie wirkt, so daß gesagt werden kann und muß: Diese drei Aspekte sind *stets* am Wirken Gottes zu *unterscheiden*, aber *nie* voneinander zu *trennen*. In *diesem* Sinne geschieht Gottes Wirken auf dreieinige, also trinitarische Weise.

11.3 Die immanente Trinität als „ökonomische" Trinität

Mit dieser Überschrift greife ich noch einmal die programmatische Formel von K. Rahner in ihrer vollständigen Form auf: „Die ‚ökonomische‘ Trinität *ist* die immanente Trinität und umgekehrt." Dabei geht es nun um das (gelegentlich übersehene) „und umgekehrt". Zugleich schließe ich mich jetzt noch enger an den Wortlaut der Formel an, indem ich nun – wie Rahner[23] – das Adjektiv „ökonomisch(e)" in Anführungszeichen setze. Damit trage ich der im vorigen Abschnitt entfalteten Einsicht Rechnung, daß auf das differenzierte (aber einheitliche) Wirken des dreieinigen Gottes Ausdrücke wie „ökonomisch" oder „heilsgeschichtlich" nur in einem uneigentlichen Sinn angewandt werden können, weil es sich *nicht* um eine (geschichtliche) *Abfolge* von Werken handelt, sondern um unterschiedliche *Aspekte* an dem einen, unteilbaren Wirken Gottes (nach außen).

Warum ist es dann aber überhaupt noch sinnvoll oder gar theologisch notwendig, die immanente Trinität als „ökonomische" Trinität zu denken und zur Sprache zu bringen? Reicht es nicht aus, die *Einheit* des

---

Sache nach auf dem Konzil von Toledo (675): „Inseparabilia enim inveniuntur in eo ... quod faciunt" (DH 531).

23 In der zitierten Fassung und auch an anderen Stellen seines Aufsatzes setzt Rahner das Wort „ökonomisch" in Anführungszeichen. Das könnte so wirken, als gebrauche (auch) er dieses Wort nur in einem uneigentlichen Sinn. Rahner begründet jedoch nicht den Gebrauch der Anführungszeichen, ja er kann sie auch in seinem Aufsatz gelegentlich weglassen (so a.a.O., S. 123 u. 128), und er vertritt pointiert die Auffassung: „Je weniger eine Trinitätslehre sich scheut, heilsökonomisch zu sein, um so mehr hat sie Aussicht, von der immanenten Trinität das Eigentliche zu sagen ... " (a.a.O., S. 129).

göttlichen Wirkens auszusagen? Das reicht deshalb nicht aus, weil so die Einheit des göttlichen Wirkens nicht als in sich *differenzierte* Einheit gedacht würde. Aber gerade dies ist im Blick auf die unterscheidende Rede vom Sein, von der Selbsterschließung und von der Gegenwart Gottes notwendig; denn damit wird zwar von dem *einen* Wirken Gottes gesprochen, aber es wird von ihm *nicht* dreimal *dasselbe* gesagt. Die drei Aspekte des einen Wirkens Gottes müssen der Wirklichkeit Gottes so zugeordnet werden, daß deutlich wird, inwiefern sie zwar *unteilbar*, aber gleichwohl *unterscheidbar* sind.

Als sprachliches Mittel zur Formulierung dieser Unterscheidung (bei gleichzeitiger unteilbarer Einheit) hat die theologische Tradition vor allem den Begriff „Person" verwendet, indem sie zwischen Vater, Sohn und Heiligem Geist als den drei „Personen" unterschied und diese einander zuordnete, wobei das Zuordnungsverhältnis als „wechselseitige Durchdringung" („Perichorese") bezeichnet wurde. Wir sahen bereits (s. o. 11.1.2), daß die terminologische Entscheidung für den Personbegriff insofern problematisch war, als sich mit ihm die Vorstellung eines mit Selbstbewußtsein ausgestatteten Individuums verbindet. Von den hinter uns liegenden Überlegungen her ist außerdem *gegen* die Verwendung des Personbegriffs innerhalb der Trinitätslehre einzuwenden, daß durch ihn die drei göttlichen Wirk- oder Seinsweisen als (kategorial) *gleichartige* Größen erscheinen könnten, deren innere Einheit als bloße *Addition* gedacht würde. Auch von daher legt es sich nahe, an Stelle des Personbegriffs den Begriff der „Seinsweisen" zu verwenden, der offen genug ist, daß *an ihm* kategoriale Differenzierungen vorgenommen werden können.

Es ist nun zu prüfen, ob und inwiefern die grundlegenden Verhältnisbestimmungen, die in der altkirchlichen Lehrentwicklung im Blick auf die innertrinitarischen Beziehungen zwischen „Vater, Sohn und Geist" entwickelt wurden, in dem hier vorgetragenen Modell der Trinitätslehre so reformuliert und zur Geltung gebracht werden können, daß sie dem angemessen sind, was über das Wesen Gottes als Liebe gesagt wurde.

11.3.1 Der „Vater" als die innertrinitarisch ermöglichende Seinsweise Gottes

Wenn das Apostolicum und das Nicaenum mit dem Bekenntnis zu Gott als dem *Vater* beginnen, dann scheinen sie damit eine grundlegende Aussage über das Verhältnis Gottes zur geschaffenen *Welt*, insbesondere zu dem Geschöpf *Mensch* zu machen. Seinem ursprünglichen Sinn nach bezieht sich der Begriff „Vater" hier – im Unterschied z. B. zum Vaterunser – jedoch auf das Gegenüber zum „*Sohn*" (und „Heiligen Geist"), von dem im zweiten (und dritten) Artikel die Rede ist. Es handelt sich also um eine Bekenntnisaussage über die immanente Trinität.[24] Welche denkerischen Probleme damit verbunden sind, wird schon dadurch deutlich, daß (nur) der „Vater" in diesen Bekenntnissen zugleich als „Gott" bezeichnet wird.[25] Dadurch kann der Eindruck entstehen: Der „Vater" *ist* Gott, und Gott *ist* der „Vater", während Jesus Christus „nur" der „Sohn Gottes" – freilich der einzige bzw. eingeborene Sohn Gottes – ist, und der Heilige Geist „vom Vater (und vom Sohn) *ausgeht*" und „mit dem Vater und dem Sohn zugleich angebetet und zugleich geehrt wird" (BSLK 27,2-4).

Wir richten nun zunächst die Aufmerksamkeit ganz auf die Beziehung des „Vaters" *zum* „Sohn" und *zum* „Geist" und auf dasjenige, was damit über die *Seinsweise* des „Vaters" gesagt wird. In diesem Zusammenhang ist noch einmal (s. o. 8.1.2.3) – nun in innertrinitarischer Perspektive – die Frage aufzunehmen, ob der Gebrauch der *männlichen* Metapher „Vater" dem Gemeinten angemessen ist oder ob darin eine theologische Verengung zum Ausdruck kommt. Alle diese Fragen lassen sich sinnvoll nur in engem Zusammenhang miteinander bearbeiten.

Durch die Wahl der Begriffe „Vater" und „Sohn" ist – wie bereits am Beginn dieses Abschnitts angedeutet – eine *besondere* Beziehung gemeint, die von der Beziehung zwischen Gott und Mensch im allgemeinen *unterschieden* werden muß. Der *„Sohn"*, d. h. der Logos oder die Sophia, ist nach übereinstimmender christlicher Lehre *nicht geschaffen*, also *kein Geschöpf* Gottes, sondern „vom Vater geboren" (lat.: „ex patre natum") und „gezeugt" (lat.: „genitum")[26].

Es ist wichtig, hier schon zu notieren, daß durch diese Aussagen die Vater-Metapher gesprengt, d. h. transzendiert wird in Richtung auf eine quasi „androgyne" Vorstellung: Der „Sohn" wird vom „Vater" nicht nur

---

24 Diese trinitätstheologische Aussage ist aber insofern für das Verhältnis Gott – Mensch relevant, als sie daran erinnert, daß wir nur vermittelt durch Jesus Christus zu Gott „Vater" sagen können.

25 Diese Schwäche taucht auch in *dieser* Dogmatik insofern auf, als Kap. 8 die Überschrift trägt „Gottes Sein". Das könnte so mißverstanden werden, als seien damit Jesus Christus und der Heilige Geist vom Sein Gottes ausgeschlossen. Trinitätstheologisch betrachtet ist die Überschrift von Kap. 8 deshalb nur ein terminologischer Notbehelf.

26 Im griechischen Text des Nicaenum heißt es zweimal „γεννηθέντα", was sowohl „geboren" wie „gezeugt" heißen kann. Entscheidend ist der Gegensatz: „γεννηθέντα οὐ ποιηθέντα", aufgrund dessen gesagt werden kann, der Sohn sei „ὁμοούσιος τῷ πατρί" (lat.: „consubstantialis patri"). S. BSLK 26,7 ff.; DH 125 u. NR 155.

gezeugt, sondern – wie von einer „Mutter" – *geboren*[27]. Ja, hier muß nun festgestellt werden, daß gerade *die* Argumentation, die im Blick auf das Verhältnis Gott – *Mensch* für die Bevorzugung der *distanzierteren* Metapher „Vater" (gegenüber „Mutter") spricht, im Blick auf das Verhältnis „Vater" – „*Sohn*" die Bevorzugung der *weniger* distanzierten Metapher „Mutter" nahelegt.[28]

Ferner gilt: Nicht einmal im Blick auf die trinitätstheologische Grundunterscheidung zwischen „γεννηθέντα" und „ποιηθέντα" ist von einem absoluten Gegensatz zu sprechen. Nicht nur, weil der Logos bzw. die Sophia menschliche, also *geschaffene* Natur *angenommen* hat und damit Mensch, also *Geschöpf* geworden ist, sondern vor allem deswegen, weil die (geschaffenen) Menschen dazu bestimmt sind, durch den Glauben (und die damit verliehene Gabe des Heiligen Geistes) zu *Kindern Gottes* zu werden (Mt 5,9; Röm 8,14-21; Gal 3,26; I Joh 3,1 f.), die – ebenfalls – von Gott *geboren* sind (Joh 1,12 f.; I Joh 2,29; 3,9; 4,7; 5,1-4; Jak 1,18[29]) und damit am Wesen Gottes Anteil haben.

Was läßt sich von daher über den Sinn und die Bedeutung der Aussagen über die trinitarische „Vater-Sohn"-Beziehung als Geburts- oder Zeugungsrelation sagen? Zunächst ist zu bedenken, daß es sich um eine *ewige* Geburt oder Zeugung handelt, der Gedanke eines *zeitlichen* Anfangs also ausgeschlossen ist. Gott *wird nicht* durch Geburt oder Zeugung des „Sohnes" zum „Vater" oder zur „Mutter", sondern er *ist* es von Ewigkeit her, er ist es seinem *Wesen* nach.

Es ist also zu fragen, was damit gesagt wird, wenn vom Wesen Gottes her die *Beziehung* zwischen der Seinsweise des „Vaters" und der des „Sohnes" mit den Metaphern der Zeugung und Geburt beschrieben wird. Wichtig zum Verständnis dessen scheint mir die Erinnerung daran zu sein, daß die zweite Seinsweise der Trinität (der „Sohn", der Logos, die Sophia) *nicht als unterschiedslos identisch* mit der ersten Seinsweise (dem „Vater", der „Mutter"), also nicht als ihre Verdoppelung gedacht wird, sondern als die Seinsweise, die zum *Eingehen in die Welt* bestimmt ist. D. h. aber (s. o. 7.1.3): Auf die (inkarnierte!) zweite Seinsweise der Trinität ist (im Unterschied zur ersten – und zur dritten – Seinsweise) der *Existenz-*

---

27 In der Parallelisierung des Kleinen Katechismus kommt dies unübersehbar zum Ausdruck: „Ich glaube, daß Jesus Christus, wahrhaftiger Gott vom Vater in Ewigkeit geboren und auch wahrhaftiger Mensch von der Jungfrau Maria geboren, sei mein Herr ..." (BSLK 511,23-26).

28 Diese Einsicht hat sich freilich nicht gegen die Dominanz männlicher Begriffe und Bilder für Gott in Bibel und Bekenntnis durchsetzen können.

29 Es fällt auf, daß im Neuen Testament – im Unterschied zur späteren Bekenntnisbildung – *nie* gesagt wird, der Sohn oder Logos sei von Gott geboren, sondern daß dies nur von den an Christus Glaubenden gesagt wird.

begriff anwendbar.[30] Von Jesus Christus als dem Mensch gewordenen „Sohn" kann gesagt werden: *Er existiert,* d. h. „es gibt ihn" in Raum und Zeit. Im Unterschied dazu kann von der Seinsweise des „Vaters" „nur" gesagt werden: „Sie ist wirklich"[31]; und von der Seinsweise des „Geistes": „Sie ereignet sich". Aber was *besagen* diese Unterscheidungen?

Wenden wir uns zunächst der ersten Seinsweise Gottes zu, so ergeben sich aus dem bisher Gesagten zwei Bestimmungen, eine negative und eine positive: Die negative Bestimmung besagt, daß die erste Seinsweise *nicht* „*existiert*", daß es sie nicht in Raum und Zeit gibt. Die positive Bestimmung besagt, daß diese erste Seinsweise der *Ursprung* ist, aus dem die zweite (zur welthaften Existenz fähige) Seinsweise überhaupt nur sein und existieren kann. Beides läßt sich gedanklich dadurch miteinander verbinden, daß die erste Seinsweise als dasjenige *Ermöglichungsgeschehen* gedacht wird, das *aus sich selbst heraus* ein anderes da sein läßt und ihm Raum gibt, das seinem *Wesen* nach vollkommen mit dieser Ermöglichung übereinstimmt und ihr konkrete Gestalt verleiht. Es leuchtet unmittelbar ein, daß zumindest nicht *jedes* Ermöglichungsgeschehen *diesen* Kriterien genügt. Aber es läßt sich sehr wohl zeigen, daß *Liebe* als dasjenige *Ermöglichungsgeschehen* gedacht werden kann, das *aus sich selbst heraus* anderes da sein läßt und ihm Raum gibt, das seinem *Wesen* nach vollkommen mit dieser Ermöglichung, also mit der Liebe, übereinstimmt und ihr konkrete Gestalt verleiht. Schon als Ermöglichungsgeschehen bleibt Liebe nicht bei sich, sondern ist offen auf anderes hin, und insofern ist Liebe ihrem Wesen nach *schöpferisch* und *zugewandt.* Als Ermöglichungsgeschehen ist sie – innertrinitarisch – der Ursprung des „Sohnes" (des „Logos"/der „Sophia"), und in der Einheit des trinitarischen Wirkens „ad extra" ist sie der Ursprung der geschaffenen Welt, die ihrerseits zur Liebe bestimmt ist.

11.3.2 Der „Sohn" als die innertrinitarisch zur welthaften Existenz bestimmte Seinsweise Gottes

Zur Näherbestimmung der ersten Seinsweise Gottes (als „Vater", „Mutter", „Ursprung") war es bereits erforderlich, entscheidende Aussagen

---

30 Dieser Unterschied zwischen den trinitarischen „Personen" spielt bei K. Rahner eine entscheidende Rolle, indem er immer wieder einschärft: „die zweite göttliche Person, der Logos Gottes ist Mensch, er und nur er" (a.a.O., S. 116). Dementsprechend verwirft Rahner die These, „daß *jede* göttliche Person Mensch werden könne", als „unbewiesen und falsch" (a.a.O., S. 119).

31 Zu der Unterscheidung zwischen „Existenz" und „Wirklichkeit" in Anwendung auf Gott s. o. 8.2.2.1.

über die zweite Seinsweise (als „Sohn", „Logos", „Sophia") heranzuziehen. Wir können uns deshalb in diesem Abschnitt wesentlich kürzer
fassen.

Die bisherigen Aussagen über die zweite Seinsweise der Trinität könnten so wirken, als seien sie zu weit und zu unspezifisch, weil sie zu sehr mit
dem allgemeinen Existenz- und Weltbegriff und zu wenig mit dem präziseren Offenbarungsbegriff verbunden sind. Aber diese Weite ist dem christlichen Glauben durchaus angemessen, und sie darf darum auch dort nicht
preisgegeben werden, wo sachlich ganz zu Recht die Aussage über die
zweite Seinsweise Gottes durch das Reden von Inkarnation, Selbsterschließung und Heil christologisch präzisiert und pointiert wird. Damit
wird die biblische Einsicht, daß durch die Sophia bzw. den Logos nicht
nur das Heil vermittelt, sondern schon die Schöpfung gestaltet und geprägt wird (so Kol 1,15-20; vgl. aber auch Hi 28,25-28; Prov 8,22-31; Sir
24,1-14; Joh 1,1-3; Hebr 1,2), zur Geltung gebracht. Indem sich das
Ermöglichungsgeschehen der göttlichen Liebe (ihrem Wesen gemäß) in
der zweiten Seinsweise *konkretisiert*, nimmt Liebe *Gestalt* an, wird sie aus
der (wirklichen) *Ermöglichung* zur (existierenden) *welthaften Realität*.
Damit gewinnt aber auch allererst die an sich *unsichtbare* Möglichkeit des
Seins Gottes *anschaubare* Gestalt. Als das durch die zweite Seinsweise
Gottes vermittelte Werk Gottes ist die Welt im allgemeinen und ist die
Person Jesu Christi im besonderen das *Bild* oder *Zeichen*, in dem Gott sich
anschaulich macht (Ps 19,1-7; 104; Weish 7,26; Joh 14,8 f.; Röm 1,19 f.;
II Kor 4,4; Kol 1,15; Hebr 1,3; BSLK 660,41 f.). Von daher läßt sich
sagen: Der christliche Glaube kennt keinen weltlosen und keinen men-
schenlosen Gott, sondern nur *den* Gott, der sich in der Schöpfung und in
Jesus Christus konkretisiert hat.[32] Und das hat auch zur Folge, daß der
christliche Glaube keinen λόγος ἄσαρκος, sondern nur einen λόγος
ἔνσαρκος kennt. Die erste Seinsweise der Trinität ist wohl von der zweiten
zu *unterscheiden*, aber nicht von ihr zu *trennen*.

11.3.3   Der Heilige Geist als die innertrinitarisch vermittelnde Seinsweise Gottes

Auch vom Heiligen Geist als der dritten Seinsweise des dreieinigen Gottes
muß nach allem Gesagten gelten: Er ist wohl von den anderen Seinsweisen

---

32 Dies formuliert Luther unzweideutig in seinem bekannten – gegen Zwingli
gerichteten – Diktum: „Nein geselle, wo du mir Gott hinsetzest, da mustu mir
die menscheit mit hin setzen ..." (WA 26,333,6 f.).

zu *unterscheiden*, aber *nicht von ihnen zu trennen*. Worin besteht der Unterschied, und wie ist die untrennbare Einheit zu denken? Zunächst der Unterschied: Das Besondere des Heiligen Geistes als der dritten Seinsweise Gottes besteht darin, daß er sich auf das Verhältnis der ersten und zweiten Seinsweise, also auf das Verhältnis des „Vaters" und des „Sohnes" zueinander, bezieht. In der theologischen Tradition ist der Heilige Geist deswegen häufig als das „Band der Liebe" („vinculum charitatis") zwischen Vater und Sohn bezeichnet worden. Diese Bestimmung ist insofern sehr prägnant, als sie das Wesen Gottes insgesamt und darum auch die Wesenseinheit zwischen „Vater" und „Sohn" bezeichnet. Aber gerade indem dies durch die Rede vom „Heiligen Geist" so *bezeichnet* wird, wird das Neue der dritten Seinsweise erkennbar: Der Heilige Geist ist dasjenige Geschehen, in dem die Gestaltwerdung der zweiten Seinsweise *als Konkretisierung* des Ermöglichungsgeschehens der ersten Seinsweise (sich) *durchsichtig* wird. Insofern kann die dritte Seinsweise als diejenige bezeichnet werden, in der die erste und die zweite Seinsweise miteinander *vermittelt* und als vermittelte (sich selbst) *erschlossen* sind. Aber diese Vermittlung und Erschließung erfolgt nicht von *außerhalb*, sondern hat ihren Ursprung auch im Sein Gottes.

Für die *Art* dieser Ursprungsbeziehung hat die altkirchliche Trinitätslehre *nicht* noch einmal die Begriffe „Zeugung" und „Geburt" verwendet, sondern die Begriffe „Hervorgehen" (griech.: „ἐκπορεύεσθαι", lat.: „procedere"; s. BSLK 26 f. u. 29,20 f.) sowie „Hauchung" (griech.: „πνοή", lat.: „spiratio"; s. PG 28,1193A; PL 33,1043 sowie DH 850[33]). Der Begriff „Hervorgehen" (oder „Hauchung") ist auch durchaus angemessen, um den besonderen Charakter dieses Geschehens zum Ausdruck zu bringen. Ein Vermittlungs- und Erschließungsgeschehen kann nicht gezeugt oder geboren werden, wohl aber *hervorgehen* oder sich wie ein Windhauch *ereignen*.[34]

Aber woraus geht der Heilige Geist als die dritte Seinsweise der Trinität hervor: nur aus der *ersten* Seinsweise oder auch aus der *zweiten*? Geht der Heilige Geist nur aus dem „Vater" oder auch aus dem „Sohn" hervor? Damit stehen wir vor dem Streit um das „Filioque"[35], der im

---

33 Den Hinweis auf die altkirchlichen Belegstellen aus Pseudo-Athanasius und Augustin verdanke ich meiner Kollegin D. Wendebourg.
34 Im Hintergrund des Begriffs „spiratio" stehen zweifellos drei zentrale pneumatologische Texte des Neuen Testaments: Joh 20,22 f. sowie Joh 3,5-8 und Act 2,1-4, in denen jeweils der Zusammenhang zwischen Geistverleihung und Windhauch anschaulich wird.
35 Zur Entstehungsgeschichte dieses folgenreichen Streites vgl. W.-D. Hauschild, Art. „Geist etc. IV", in: TRE, Bd. 12, S. 203 f. sowie A. M. Ritter, Dogma und Lehre in der Alten Kirche, in: HDThG, Bd. 1, S. 211 f., Anm. 260.

11. Jahrhundert zum Anlaß für die Trennung zwischen Ostkirche und Westkirche wurde, die bis heute nicht überwunden ist. Wie ist zu diesem Streit Stellung zu beziehen? Mir scheint, daß es wichtig ist, zwei Problemebenen zu unterscheiden:

–   In dogmenhermeneutischer Hinsicht ist zu konstatieren, daß das „Filioque" einen *nachträglichen, ergänzenden Zusatz* zu dem ursprünglichen Text des Nicaeno-Constantinopolitanum von 381 darstellt. Dort folgt auf die Formel: „der vom Vater ausgeht" unmittelbar die Formel „der mit dem Vater und dem Sohn zugleich angebetet und geehrt wird". Aus diesem Nebeneinander muß geschlossen werden, daß das Konzil von Konstantinopel hier *bewußt* unterschieden hat zwischen einem Ausgehen (nur) vom „Vater" und einer Anbetung und Verehrung zusammen mit „Vater" *und* „Sohn". Insofern ist die nachträgliche Ergänzung keine Explikation „im Sinne" der Konzilsväter, sondern stellt eine *Korrektur* dar. Vom evangelischen Verständnis von Dogma und Bekenntnis her (s. o. 5.2.2) ist eine solche Korrektur als grundsätzlich *möglich* zu bezeichnen, wenn sie theologisch hinreichend begründet ist. Wichtig ist jedoch, daß sie als *Korrektur* und nicht als *Interpretation* des Dogmas dargestellt wird.
–   Auf inhaltlicher Ebene ist zu prüfen, ob eine hinreichende theologische Begründung für das „Filioque" gegeben werden kann. Das ist m. E. tatsächlich der Fall. Die *Bestreitung* des „Filioque" würde besagen, daß der Heilige Geist *ausschließlich* vom „Vater" und *nicht* auch vom „Sohn" ausgeht. Das Geistgeschehen wäre dann nicht mehr gebunden an die zur welthaften Existenz bestimmte Seinsweise des Logos bzw. der Sophia. Damit wäre aber zumindest eine Differenz, möglicherweise sogar ein Gegensatz zwischen dem denkbar, was vom „Vater" und was vom „Sohn" ausgeht. Die innere *Einheit* des dreieinigen Gottes wäre damit in Frage gestellt. Wenn man hiergegen anführt, der Geist gehe ja vom „Vater des Sohnes" aus[36], so ist dies entweder eine bloße Explikation des „Vater"-Begriffs, bleibt also bei der ostkirchlichen Auffassung, oder eine *implizite* Übernahme des „Filioque", vertritt also die westkirchliche Auffassung, die dann auch als solche zu *explizieren* wäre. Von der hier vorgelegten Interpretation der Trinitätslehre her gibt es jedenfalls gute inhaltliche Gründe, das exklusiv gemeinte „qui ex Patre procedit" korrigierend zu ergänzen durch den Zusatz: „filioque".

---

36 Dies ist die neuere „Kompromiß"-Formel, z. B. bei Moltmann, Trinität und Reich Gottes, S. 199 ff., die das Problem aber eher verschleiert als klärt.

Im Blick auf den Zusammenhang von Christologie und Pneumatologie darf aber nicht bestritten werden, daß die zweite Seinsweise der Trinität mittels des Geistgeschehens menschliche Natur annimmt und zu der vom Geist Gottes bestimmten *Realität* wird. Die unübersehbaren Hinweise auf das Wirken des Geistes bei der Schöpfung, bei der Menschwerdung, Berufung und Einsetzung Jesu Christi zum Sohn Gottes (Gen 1,2; Mt 1,18-20; Lk 1,35; Mk 1,9-11 parr.; Röm 1,1-4) dürfen vom „Filioque" her weder geleugnet noch in den Hintergrund gedrängt werden. In ihnen meldet sich die Einsicht zu Wort, daß das konkrete *Ereignis* der Liebe erst da geschieht, wo alle drei Seinsweisen des dreieinigen Gottes in ungeteilter, ja unteilbarer, aber in sich differenzierter Einheit zur Wirkung kommen.

11.3.1–11.3.3   Fazit

Die „ökonomische" Trinität ist insofern als immanente Trinität zu denken, als die „ökonomische" Trinität verstanden wird als diejenige kategoriale Differenzierung des Wirkens Gottes, die dessen innere Einheit nicht preisgibt, sondern ausdrücklich festhält. Umgekehrt ist die immanente Trinität *insofern* als „ökonomische" Trinität zu denken, als die innere Einheit des Seins Gottes dessen kategoriale Differenzierung nicht ausschließt, sondern sie in Gestalt dreier Aspekte oder Facetten zu denken erlaubt. Für diese drei Facetten haben wir die Begriffe „Ermöglichungsgeschehen", „Konkretisierungsgeschehen" und „Vermittlungsgeschehen" verwendet. Daß und wie sie zusammengehören, wird deutlich, wenn man sieht, daß „Ermöglichung", „Konkretisierung" und „Vermittlung" in dem Beziehungsgeschehen der Liebe, das die Wirklichkeit Gottes ist (s. o. 8.2.2.2), nicht nur miteinander verbunden sein können, sondern eine unauflösbare Einheit bilden. Diese Einheit und damit zugleich die Einheit von Sein und Wirken Gottes kategorial differenziert zu denken, ist die Bedeutung der Lehre von der „ökonomischen" und immanenten Trinität, die *ihrerseits* ebenfalls nur zu unterscheiden, aber nicht zu trennen sind, sondern eine *differenzierte Einheit* bilden.

Teil B

Das Weltverständnis
des christlichen Glaubens

12 Die geschaffene Welt (Schöpfungslehre)

Die erste Bestimmung der Welt, die gemäß dem Verständnis des christlichen (wie des jüdischen und islamischen) Glaubens zu bedenken ist, lautet: Die Welt ist *geschaffene* Welt, genauer: Sie ist *Gottes* Schöpfung. Damit wird eine zentrale Aussage aus der christlichen (und wiederum auch aus der jüdischen und islamischen) *Gottes*lehre aufgenommen: „Gott ist der *Schöpfer* der Welt" (s. o. 8.3.2) und nun daraufhin reflektiert, was sie über die *Welt* besagt. Es geht jetzt also nicht noch einmal darum, zu erläutern, was unter dem schöpferischen, daseinskonstituierenden Wirken Gottes zu verstehen ist. Die Aufgabe, die in diesem Kapitel vor uns liegt, besteht vielmehr darin, zu explizieren, welchen Sinn der Ausdruck „von Gott *geschaffene Welt*" bzw. „Welt als *Schöpfung Gottes*" hat (12.1) und was mit ihm über das Wesen und die Bestimmung der in der Welt existierenden Geschöpfe gesagt wird (12.2). Ferner ist zu prüfen, inwiefern diese Aussagen des christlichen Glaubens angesichts kritischer Anfragen, Einwände, ja massiver Bestreitungen aufrechterhalten werden können (12.3).

12.1 Der Sinn der Bezeichnung der Welt als „Schöpfung" oder als „geschaffen"

Auf die Frage, welchen Sinn die Bezeichnung der Welt als „Schöpfung" oder als „geschaffen" habe, scheint die Antwort nicht schwierig zu sein. Was könnte damit anderes gemeint sein, als daß Gott die Welt, also die Einheit und Gesamtheit alles Existierenden (s. o. 7.1.3) aus nichts hervorgebracht, also erschaffen habe. Gott wäre demnach so Schöpfer der Welt, wie ein Bildhauer der Schöpfer einer Statue oder ein Komponist der Schöpfer einer Sinfonie ist – mit dem einen entscheidenden Unterschied, daß Gott für seine Schöpfung kein ihm vorgegebenes Material (weder Stein noch Noten) brauchte. Sein Schaffen ist – als creatio ex nihilo – *einzigartig*.[1] Dementsprechend hieße „Welt als Schöpfung" oder „geschaffene Welt": Sie ist das von Gott (aus nichts) hervorgebrachte *Werk*, also die Wirkung und das Resultat seines Schaffens.

---

1 Die hebräische Sprache hat für dieses göttliche Schaffen ein eigenes Wort, das auch Gen 1,1 verwendet wird: „bara".

Wenn diese Antwort theologisch zutreffend und befriedigend wäre, dann wäre die Schöpfungslehre jedenfalls eine *Alternative* zu naturwissenschaftlichen Weltentstehungstheorien – möglicherweise auch zu naturwissenschaftlichen Weltentwicklungstheorien. Sie wäre also selbst (jedenfalls *auch*) eine naturwissenschaftliche Theorie, die sowohl unvereinbar wäre mit der Annahme, die Welt sei „aus sich selbst" entstanden, als auch mit der Theorie, die Welt habe *gar keinen Anfang*, sei also anfangslos und in diesem Sinne „ewig".

Als eine solche mit naturwissenschaftlichen Welterklärungstheorien konkurrierende Aussage ist die Bezeichnung der Welt als „Schöpfung Gottes" über lange Zeit hin verstanden worden – teilweise bis heute. Dabei macht es keinen *grundlegenden* Unterschied, ob jemand bei der Deutung der Welt als Gottes Schöpfung an der biblischen Vorstellung von einem *Sechs-Tage-Werk*[2] festhält *oder* sie zurücknimmt auf das *Ingangsetzen der Evolution* oder sie bloß als *Auslösung des „Urknalls"* versteht. Das Gemeinsame aller dieser Interpretationen besteht darin, daß die geschaffene Welt als Resultat einer *Kausalbeziehung* verstanden wird, deren *Ursache* Gott ist. Damit wird Gottes Wirken (und Sein) aber – wider Willen – selbst zu einem Element welthafter Wirklichkeit erklärt, und demzufolge wird die Schöpfungsaussage zu einer Lehre, die mit naturwissenschaftlichen Theorien auf prinzipiell gleicher Ebene steht und darum konkurriert.[3]

Aber wie ist statt dessen die Beziehung zwischen Gott und Welt, Welt und Gott zu beschreiben, die dem angemessen ist, was die Begriffe „Schöpfung" oder „geschaffen" meinen?

12.1.1 Geschaffensein als In-Beziehung-Sein der Welt zu Gott

Der Begriff „Schöpfung" kann sowohl den *Akt* des Erschaffens als auch dessen *Resultat*, also das Geschaffene *als* Geschaffenes bezeichnen. Auf

---

2 Wobei das, was hier „Tag" heißt, u. U. im Sinne von Ps 90,4 und II Petr 3,8 interpretiert werden kann.

3 Gegenüber diesen Denkansätzen ist mit T. Koch (Das göttliche Gesetz der Natur, S. 48) zu sagen: „Die Theologie trägt ... keine Weltentstehungstheorie in Konkurrenz mit der naturwissenschaftlichen Astronomie und Evolutionslehre, oder gar als deren ‚Lücken'-Ergänzung, vor. Gott ist in bezug auf die Natur als seine Schöpfung nicht vorzustellen als Architekt oder ‚Programmierer' oder Baumeister der Welt, der die Welt ‚fabriziert' oder wie ein äußeres Produkt verfertigt, hergestellt oder sie als erste oder letzte Ursache verursacht habe. Auf die Kategorie der Kausalität hat die Theologie gründlich zu verzichten."

dieses letztere richtet sich hier, wo es um das Weltverständnis des christlichen Glaubens geht, vorrangig das Interesse. Es geht also um das eine *Element* der Beziehung, die mit dem Begriff „Schöpfung" bezeichnet wird, nämlich: die geschaffene Welt. Freilich zeigte sich schon bei den ersten Vorüberlegungen, daß das, was mit „geschaffen" gemeint ist, nur hinreichend klar verstanden werden kann, wenn die *Art* der Beziehung, die mit dem Begriff „Schöpfung" bezeichnet werden kann, zutreffend beschrieben wird.[4] Damit ist dreierlei zu denken aufgegeben:

– zunächst die wesensmäßige *Verschiedenheit* zwischen Welt und Gott, die mit der Kennzeichnung „geschaffene Welt" (und „Gott als Schöpfer der Welt") ausgesagt wird (12.1.1.1);
– sodann die *Verbundenheit* der Welt mit Gott, die in dem Ausdruck „geschaffene Welt" (und „Gott als Schöpfer der Welt") gesetzt ist (12.1.1.2);
– schließlich die *Einheit* von Wesensverschiedenheit und Verbundenheit zwischen Welt und Gott, die in diesen Aussagen enthalten ist (12.1.1.3).

12.1.1.1 Die Wesensverschiedenheit zwischen Welt und Gott

Vergleicht man Schöpfungs*mythen* und Schöpfungs*vorstellungen* anderer Religionen und Kulturen mit denen des (Judentums und) Christentums, dann zeigt sich, daß die grundlegende Unterscheidung zwischen Gott und Welt, wie sie in der biblisch-christlichen Überlieferung durchgängig vorausgesetzt wird, in gewisser Hinsicht *nicht selbstverständlich* ist. Zwar setzt der Schöpfungsgedanke stets eine Unterscheidung zwischen Schaffendem und Geschaffenem, Schöpfer und Geschöpf voraus, aber diese Unterscheidung hat keineswegs immer den Charakter eines *Wesens*unterschiedes. „Schöpfung" ist in der Religions- und Philosophiegeschichte immer wieder so gedacht worden, daß *aus der Gottheit* (oder aus den Göttern) die Welt *hervorgeht*. Dabei kann ganz konkret-materiell die Rede sein vom Zeugen der Gottheit oder vom Schoß der Gottheit, aus dem die Welt geboren wird, oder es kann davon gesprochen werden, daß die Welt aus dem Blut oder Leib der Gottheit(en) – u. U. nach einem Götterkampf – hervorgegangen ist.[5]

---

4 Auch „Kausalität" beschreibt ja eine Beziehung, aber eine, die dem Verhältnis zwischen Gott und Welt unangemessen ist.
5 Vgl. dazu C. Westermann, Genesis Kap. 1-11, Neukirchen 1974, S. 26-85; U. Mann, Schöpfungsmythen, Stuttgart/Berlin 1982, bes. S. 79-104 sowie

Philosophisch reflektiert findet diese Vorstellung ihren Ausdruck im
neuplatonischen Gedanken der Emanation (= Ausfluß, Ausströmen) aus
dem einen göttlichen Urprinzip, durch das – vermittelt über mehrere Stufen – Welt entsteht. Charakteristisch für alle diese Vorstellungen ist, daß Gott und Welt
wesens*gleich*, ja wesens*eins* sind – wenn auch nicht in jedem Fall total, so
doch partiell. Unter dieser Denkvoraussetzung ist es darum auch prinzipiell möglich, „Schöpfung" oder „Erschaffung" in umgekehrter Richtung
zu denken als ein Hervorgehen der Gottheit(en) aus der Welt, also als
Theogonie.

Die Grundvorstellung einer *Wesenseinheit* zwischen Gott und Welt ist
dem jüdisch-christlichen Glauben (ebenso dem Islam) fremd.[6] Und deswegen ist auch der Gedanke, Gott könne ein Geschöpf der Welt sein, für
Judentum, Christentum und Islam eine Absurdität. Und wo etwas Ähnliches in der Bibel als Gedanke auftaucht (z. B. Jes 44,9-20 u. Act 17,29[!]),
ist es Anlaß und Gegenstand des Spottes.

Entscheidend ist dabei die Bestreitung der Grundvoraussetzung, zwischen Gott und Welt bestehe eine (zumindest partielle) Wesenseinheit.
Demgegenüber unterscheidet der christliche Glaube zwischen der Welt,
die *geschaffen* und *deshalb* nicht von Gott *gezeugt* oder aus Gott *geboren*
ist, und dem ewigen „Sohn" oder Logos Gottes, von dem gesagt wird: Er
ist von Gott „gezeugt" und „geboren", aber eben deshalb *nicht* geschaffen
(s. o. 11.3.1).

Gegenüber vielen Schöpfungsmythen und anderen Schöpfungslehren
ist dies eine „Säkularisierung" oder – wie Max Weber in Aufnahme einer
Formulierung von Friedrich Schiller formuliert hat – „Entzauberung der
Welt"[7]. Diese Entzauberung ist mit Händen zu greifen an der Kennzeichnung von Sonne, Mond und Sternen, die in der antiken – und gegenwärtigen! – Religiosität häufig als Gottheiten verehrt wurden und werden, als
bloße Lampen oder Lichter, die der Orientierung der anderen Geschöpfe
dienen (Gen 1,14-19). Ob diese Entzauberung der Welt nicht auch etwas
Gefährliches und Problematisches ist, weil damit zugleich ein rücksichts-

W. Thiel, Bekenntnis zum Schöpfer, in: Funkkolleg Religion, Studientexte,
Weinheim u.a. 1985, S. 276-291.

6   Dies gilt auch im Blick auf die in diese Richtung wohl weitestgehende Aussage
aus Act 17,28 f.: „wie auch einige Dichter bei euch gesagt haben: Wir sind
seines Geschlechts". Lukas zitiert zwar diese Auffassung und knüpft an sie an,
um die Nähe Gottes zu betonen, aber er zieht gerade nicht die logische
Konsequenz, am Menschen könne das Göttliche abgelesen werden.

7   M. Weber, Die protestantische Ethik und der Geist des Kapitalismus (1905),
in: ders., Die protestantische Ethik I. Hg. J. Winckelmann (GTB 53), 1984[7],
S. 123.

los-ausbeuterischer Umgang mit der Welt vorbereitet, erleichtert oder gar in Gang gesetzt wurde, wird noch (s. u. 12.2.2.3) zu prüfen sein. Hier ist zunächst festzuhalten: Der christliche Glaube denkt Gott und Welt, Schöpfer und Schöpfung als voneinander unterschieden, und zwar – wie früher (s. o. 2.3.2.1) gezeigt – weder *quantitativ* noch *qualitativ*, sondern *kategorial*. Aber gerade *weil* der Unterschied kategorial zu denken ist, darum schließt er Verbundenheit, Beziehung und Gemeinschaft *nicht aus*. Davon ist nun zu reden.

12.1.1.2 Die Verbundenheit von Welt und Gott

Ließ sich im vorigen Abschnitt das Besondere des biblisch-christlichen Schöpfungsverständnisses am Unterschied zu emanatistischen Vorstellungen deutlich machen, so läßt sich in *diesem* Abschnitt das Besondere des biblisch-christlichen Schöpfungsverständnisses durch die Gegenüberstellung zu *dualistischen* Denkformen herausstellen. Dabei umfaßt das Wort „dualistisch" eine erhebliche Spannweite von Konzeptionen und hat in diesem Zusammenhang einen *spezifischen* Sinn. Gemeint sind alle die Deutungen, die die geschaffene Welt nicht aus *Gott* (oder jedenfalls nicht aus dem eigentlichen, wahren, guten Gott) ableiten, sondern aus einer minderen oder gar aus einer gegengöttlichen Macht. Hierzu ist z. B. die platonische und gnostische Vorstellung zu rechnen, nach der die Welt nicht das Werk Gottes, sondern des Demiurgen ist, der als eine Art Weltbaumeister an der Spitze der Engel steht.[8]

Entscheidend ist in unserem Zusammenhang die daraus resultierende negative Sicht und Bewertung der Welt. Sie ist *nicht* gut, sondern minderen Werts, ja möglicherweise so schlecht und widergöttlich, daß man sie nur als das bezeichnen kann, *wovon* der Mensch erlöst werden muß.[9]

Demgegenüber ist es eine fundamentale Überzeugung des christlichen Glaubens, daß die Welt trotz alles Leidvollen, Bösen und Übels, das es in ihr gibt, als Gottes Schöpfung gut ist: etwas Wertvolles, Erhaltenswertes,

---

8 So wird bei Marcion Jahwe als Demiurg verstanden, der gegenüber dem wahren Gott und Vater Jesu Christi nicht nur von minderer Macht und Weisheit, sondern auch von minderer Güte ist. Seine Haupteigenschaft ist vergeltende Gerechtigkeit.

9 Zu einer solchen negativen Sicht der Welt *tendiert* – mehr kann man freilich nicht sagen – der Buddhismus aufgrund seiner ersten „Heiligen Wahrheit": „Alles ist Leiden". Im Hinduismus sind dagegen emanatistische und dualistische Weltdeutungen *nebeneinander* ausgeprägt worden. Vgl. dazu H. Küng/ J. von Ess/H. von Stietencron/H. Bechert, Christentum und Weltreligionen, München/Zürich 1984, S. 278 ff. u. 423 ff.

zu Bejahendes. Das kommt nicht erst darin zum Ausdruck, daß laut Gen 1
Gott sein Werk im einzelnen (Gen 1,4.10.12.18.21.25) als „gut", ja insgesamt (Gen 1,31) als „sehr gut" befindet, sondern schon darin, daß die
Welt als *Werk Gottes* verstanden wird. Derselbe Gott, der sich in Jesus
Christus zum *Heil* der Welt erschlossen hat, ist auch ihr *Schöpfer*. Das
zeichnet die Welt aus als von Gott gewollt und bejaht. Es ist ein Ausdruck
des Wesens Gottes, also der göttlichen Liebe, daß er die Welt ins Dasein
ruft. Und diese Liebe ist – das werden wir noch zu bedenken haben – nicht
so etwas wie eine Initialzündung, die die Welt entstehen läßt und sich
dann allmählich verflüchtigt[10], sondern sie ist der kontinuierliche, verläßliche Grund und das Bestimmungsziel der Welt im ganzen und jeder
Kreatur im einzelnen. Und darum ist die Liebe Gottes, die in der Schöpfung Gestalt annimmt, das, was Gott und die geschaffene Welt miteinander *verbindet*.

12.1.1.3   Die Einheit von
Wesensverschiedenheit und Verbundenheit

Wie ist aufgrund des Gesagten die Wesensverschiedenheit zwischen Gott
und Welt mit der Verbundenheit von Gott und Welt als *Einheit* zusammenzudenken? Die Theologie bietet als Antworten auf diese Frage zwei
Metaphern an, die diese Einheit nicht nur aus unterschiedlicher Perspektive, sondern auch mit unterschiedlicher Akzentsetzung beschreiben: „Die
Welt ist *Werk* Gottes" und „Gott ist der *Grund* der Welt". In beiden
Metaphern ist sowohl die Wesensverschiedenheit als auch die Verbundenheit implizit enthalten und ausgedrückt, aber die Metapher „Werk"
tendiert zu einer stärkeren Betonung der Wesensverschiedenheit, die
Metapher „Grund" zu einer stärkeren Betonung der *Verbundenheit*. So
korrigieren sie sich gegenseitig und bewahren einander vor dem Abgleiten
in eine dualistische *Entwertung* oder in eine emanatistische *Vergöttlichung* der Welt.

Was mit den Metaphern „Werk (Gottes)" und „Grund (der Welt)"
theologisch zu denken aufgegeben ist, ist die für die Existenz der Welt
konstitutive Beziehung zu Gott, ohne die sie keinen Bestand haben würde. Diese konstitutive Beziehung ist zwar nicht zu verstehen als Emanation des Wesens Gottes, wohl aber als *Partizipation* der Welt am Wesen
Gottes, und zwar als eine Partizipation, die von Gottes Seite aus unverbrüchlich gilt. Das bedeutet, daß das Geschöpf selbst dann, wenn es von

---

10 Wie das bei Menschen im Blick auf ihre „Schöpfungen", ja sogar im Blick auf
    ihre Kinder gelegentlich der Fall ist.

sich aus die Beziehung zu Gott ignoriert, aufkündigt oder zu zerstören versucht, damit doch nicht die daseinskonstitutive Beziehung Gottes zur Welt aufheben, vernichten oder rückgängig machen kann.

Wie aber ist diese konstitutive Beziehung Gottes zur Welt zu denken? Und in welchem Verhältnis steht sie zu dem, was wir über den Anfang und die Entwicklungsgeschichte des Universums wissen (können)?

12.1.2 Schöpfung und Weltentstehung

Zu Beginn von 12.1 war die Rede von der scheinbar einfachen Beantwortbarkeit der Frage nach dem Sinn der Begriffe „Schöpfung" und „geschaffen". Es zeigte sich jedoch schnell, daß die einfache Antwort, Schöpfung sei das Hervorbringen oder Entstehenlassen der Welt durch Gott, theologisch nicht hinreichend reflektiert ist und erhebliche Probleme aufwirft. Als weiterführender erweist es sich, das Geschaffensein der Welt als ihr (daseins-)konstitutives In-Beziehung-sein-zu-Gott zu verstehen, das die Wesensverschiedenheit und Verbundenheit von Welt und Gott im Gedanken der Partizipation als *Einheit* zu denken versucht. Damit ist aber noch nicht hinreichend geklärt, was mit dem Adjektiv („daseins-")konstitutiv genauer gemeint ist und wie sich das damit Gemeinte zu dem verhält, was wir naturwissenschaftlich über die Entstehung des Universums wissen (können). Dem wollen wir uns nun zuwenden.

12.1.2.1 Schöpfung und zeitlicher Anfang des Universums

Die Überschrift dieses Abschnittes lautet bewußt nicht „Schöpfung *als* zeitlicher Anfang des Universums", sondern „Schöpfung *und* zeitlicher Anfang des Universums". Damit soll eine vorschnelle (wenn auch geläufige) *Gleichsetzung* der Begriffe (und Vorstellungen) von „Schöpfung" mit (zeitlichem) „Anfang des Universums" vermieden werden. Man könnte natürlich definitorisch festsetzen: Unter „Schöpfung" verstehen wir den (zeitlichen) Anfang des Universums; aber diese Festsetzung hätte zwei problematische Konsequenzen: Erstens würde damit die Frage nach der Schöpfung zu einer naturwissenschaftlichen, d. h. von den Naturwissenschaften zu beantwortenden Frage; und zweitens würde als Folge dieser Festsetzung die Einsicht, das Universum habe keinen (zeitlichen) Anfang, besagen, das Universum sei folglich auch *nicht* geschaffen, also keine Schöpfung Gottes.

Aber wäre ein Universum ohne (zeitlichen) Anfang (und ohne zeitliches Ende) denn tatsächlich *nicht* Gottes Schöpfung? Würde durch den

Wegfall einer solchen zeitlichen Begrenzung tatsächlich die Begriffe
„Schöpfung" oder „geschaffen" sinnlos?

Man könnte versuchen, sich diesen Fragen durch den Verweis darauf
zu entziehen, daß nach der heute – im Unterschied zu der Situation noch
vor sechzig Jahren[11] – überwiegenden Auffassung das Universum endlich
ist, jedenfalls einen zeitlichen *Anfang* hat. Ausschlaggebend dafür, daß
sich diese Auffassung in den Naturwissenschaften durchgesetzt hat, war
die Beobachtung E. P. Hubbles (in den zwanziger Jahren unseres Jahrhunderts), daß die meisten Galaxien in der Spektralanalyse eine Rot-
verschiebung aufweisen, sich also von uns *fortbewegen*, und zwar mit um
so größerer Geschwindigkeit, je weiter sie von uns entfernt sind. Die
daraus abgeleitete Theorie, daß das Universum sich *ausdehnt* (wie ein
Luftballon, der aufgeblasen wird), ist heute weitgehend anerkannt.[12] Diese Ausdehnungsbewegung erlaubt aber nun den gedanklichen Umkehrschluß: Also muß die Ausdehnung irgendwann begonnen haben; es muß
also einen (zeitlichen) *Anfang* des Universums geben[13].

Die These vom (zeitlichen) Anfang des Universums scheint den
Schöpfungsgedanken zumindest zu stützen, wenn nicht sogar zu begrün-

---

11 Vgl. dazu C. F. von Weizsäcker, Die Tragweite der Wissenschaft, S. 166 ff.
12 Neuerdings wird diese Theorie (und damit auch die Annahme eines Anfangs des
    Universums) allerdings wieder in Frage gestellt, und zwar einerseits, weil es
    starke Abweichungen einzelner Galaxien von der von Hubble konstatierten
    gleichförmigen Bewegung gibt, andererseits, weil die ungleiche, komplizierte
    Verteilung der Materie im Universum aus der Urknall-Theorie nicht abgeleitet
    werden kann. Vgl. dazu H. J. Fahr, Der Urknall kommt zu Fall, Stuttgart 1992.
13 Daraus folgt übrigens nicht, daß es auch ein *Ende* des Universums geben
    müsse. Diesbezüglich sind drei Fälle denkbar:
    a) Die Expansionsenergie wird allmählich durch die Gravitation so abge-
        bremst, daß irgendwann die Schwerkraft größer ist als die Expansions-
        kraft. Das Universum zöge sich dann wieder (mit steigender Geschwindig-
        keit) zusammen und kollabierte schließlich in einem „schwarzen Loch".
    b) Die Expansionsenergie ist und bleibt stets größer als die Gravitation.
        Folglich kommt es nie zu einer Umkehrung der Expansion und zu einem
        Kollaps des Universums, sondern es dehnt sich unendlich aus.
    c) Die Expansionsenergie wird allmählich durch die Gravitation abgebremst,
        aber nur so schwach, daß die Expansion zwar gegen „0" geht, aber
        niemals „0" wird (geschweige denn sich umkehrt und zum Kollaps führt).
    Nur im Falle a hätte das Universum ein zeitliches *Ende*, im Falle b hätte es *kein*
    Ende, im Falle c würde es sich „grenzwertig" einem stabilen Zustand annä-
    hern. Alle drei Fälle gehen jedoch von der Annahme aus, daß das Universum
    einen *Anfang* hat. Das zeigt, daß aus der Annahme eines Anfangs die Annahme
    eines Endes nicht notwendig folgt.

den, und zwar dann, wenn sie verbunden wird mit dem traditionellen logischen Axiom: „ex nihilo nihil fit". Und da für das Entstehen des Universums offenbar nichts als Ursache in Frage kommt, was selbst ein Teil oder Element des Universums wäre, scheint nur übrigzubleiben, Gott als die schöpferische Ursache des Universums, also der Welt zu denken.

Dieser Gedankengang basiert jedoch einerseits auf der – problematischen (s. o.) – Anwendung des Kausalitätsgedankens auf Gott, andererseits auf der Annahme, das Kausalitätsprinzip sei im Blick auf die Welt lückenlos und ausnahmslos anwendbar. Aber diese letztere Annahme ist durch die Quantentheorie fragwürdig geworden. Zwar gelten gemäß der Quantentheorie auch im atomaren und subatomaren Bereich die Gesetze der Wahrscheinlichkeit, die so etwas wie einen „lockeren Kausalitätszusammenhang" darstellen, aber das Auftreten eines subatomaren Teilchens an einer bestimmten Stelle ist „seinem Wesen nach unvorhersagbar" und hat in diesem Sinne „keine Ursache"[14]. Man kann freilich fragen, ob es nicht ein reichlich kühner Schluß sei, aus der Unvorhersagbarkeit auf die Ursachlosigkeit zu schließen. Aber demgegenüber ist zu fragen, woher denn das Axiom von der ausnahmslosen Gültigkeit des Kausalitätsprinzips seine Plausibilität erlangt: doch aus der Vorhersagbarkeit oder Erklärbarkeit von Phänomenen anhand von Ursache-Wirkungs-Zusammenhängen. Diese Zusammenhänge können wir im makrophysikalischen Bereich ja auch durchgängig beobachten. Was bedeutet es aber, wenn wir sie im subatomaren Bereich durchgängig und prinzipiell *nicht* beobachten können? Was rechtfertigt dann eigentlich die Annahme, daß sie auch dort Geltung haben?

Paul Davies vertritt als Fazit seiner Untersuchung[15] folgende These: „Bei diesem bemerkenswerten Szenarium entsteht der ganze Kosmos vollständig in Übereinstimmung mit den Gesetzen der Quantenphysik ,einfach aus dem Nichts' und erzeugt dabei alle Materie und Energie, die nötig ist, um das Universum zu errichten, das wir jetzt vor uns sehen. Dazu gehört die Schaffung aller physikalischen Dinge einschließlich Raum und Zeit. ... Wir sind an die Vorstellung gewöhnt, daß man ,etwas hergibt und etwas anderes dafür herausbekommt', aber die Vorstellung, etwas für nichts oder aus nichts zu erhalten, ist uns fremd. Doch erzeugt die Welt der Quantenphysik durchweg etwas aus nichts. Die Quantentheorie der Gravitation läßt sogar die Annahme zu, daß wir alles für nichts bekommen."

Ich kann nicht beurteilen, ob Davies mit diesen Aussagen recht hat. Ich kann jedoch feststellen, daß andere Forscher (wie z. B. Atkins und

---

14 So P. Davies, Gott und die moderne Physik, S. 57 f.
15 A.a.O., S. 278.

Hawking) zu ganz ähnlichen Ergebnissen kommen. Vor allem aber: Ich sehe nicht, welche *theologischen* Argumente es geben könnte, um diese Theorien zu widerlegen oder zu bestätigen. Aufgrund der nachgewiesenen „Existenz" von Antimaterie neben der Materie könnte es möglich sein, daß aus nichts – spontan – etwas wird. Im Blick auf diese sich abzeichnende theoretische Möglichkeit sollte die Schöpfungslehre weder vereinnahmend behaupten, dies sei die naturwissenschaftliche Bestätigung der Lehre von der creatio ex nihilo, noch sollte sie diese Anschauung als mit dem Schöpfungsglauben unvereinbar zurückweisen.

Inwiefern könnte aber eine „ursachlose" Entstehung des Universums mit dem Verständnis der Welt als „Schöpfung", d. h. als „geschaffen" vereinbar sein? Das wäre dann – aber auch nur dann – möglich, wenn der Sinn der Begriffe „Schöpfung" oder „geschaffen" nicht gleichzusetzen wäre mit „Hervorbringung", „Verursachung" oder „Setzung eines raumzeitlichen Anfangs", sondern wenn der Schöpfungsgedanke von alledem *unterschieden* werden könnte und dabei auch die Anwendung des Kausalgedankens auf Gott unterbliebe. Wie ist das möglich?

12.1.2.2 Schöpfung als innerer Grund der Weltentstehung

Einen weitreichenden und tragfähigen Ansatz zu einem Schöpfungsverständnis, das „Schöpfung", d. h. „geschaffen sein" von „Weltentstehung" und „Verursachung der raum-zeitlichen Existenz" unterscheidet, bietet die vermutlich bekannteste Interpretation des Schöpfungsglaubens, die es in der reformatorischen Christenheit (deutscher Sprache) überhaupt gibt: der berühmte Anfang von Luthers Auslegung des ersten Glaubensartikels im Kleinen Katechismus: „Ich glaube, daß mich Gott geschaffen hat samt allen Kreaturen" (BSLK 510,33 f.). Gegenüber der traditionellen Gleichsetzung von „Schöpfung" mit „Weltentstehung" oder „Weltverursachung" stellt diese Interpretation der Schöpfungsaussage in zweierlei Hinsicht einen revolutionierenden Neuansatz dar[16]:

- erstens dadurch, daß die Schöpfung als ein auch in der *Gegenwart* (noch) stattfindendes Geschehen verstanden wird;
- zweitens darin, daß der Begriff „Schöpfung" angewandt wird auf etwas, das einen „natürlichen" Anfang in der Zeit hat und dessen Entstehungsbedingungen bekannt oder naturwissenschaftlich erklärbar sind.

---

16 Dabei sollte allerdings nicht übersehen werden, daß dieser Neuansatz im biblischen Denken – insbesondere bei Paulus und Johannes – schon vorbereitet ist. Einschlägig dafür sind Stellen wie II Kor 5,17; Röm 4,17 und Joh 3,3-5.

Wenn Luther den Glauben an Gott als den Schöpfer des Himmels und
der Erde und folglich an das Geschaffensein der Welt zum Ausdruck
bringt durch den Satz: „Ich glaube, daß mich Gott geschaffen hat samt
allen Kreaturen", dann ist ihm dabei natürlich bewußt, daß er – wie jeder
andere Mensch – durch Zeugung und Empfängnis seiner Eltern entstanden ist, und natürlich weiß er auch, wie „alle Kreaturen" und wie „Kleider
und Schuh, Essen und Trinken, Haus und Hof" etc., die alle als Gaben des
Schöpfers erwähnt werden, zustande kommen. Da besteht *kein Erklärungsbedarf*. Gottes Schöpferwirken kommt hier weder als *ein* Faktor
auf der Ebene der natürlichen Entstehungsursachen in Betracht noch als
eine erste oder letzte Ursache hinter diesen Ursachen. Die Tatsache, daß
jemand in der Lage ist, die Entstehung eines Menschen oder einer anderen
Kreatur *restlos zu erklären*, ändert aus der Sicht des im Kleinen Katechismus zu Worte kommenden Schöpfungsverständnisses*nichts* an der Wahrheit des Satzes: „Ich glaube, daß mich Gott geschaffen hat samt allen
Kreaturen". Was ist dann aber in diesem Satz mit der Formulierung
„geschaffen hat" gemeint?

Unter Aufnahme und Uminterpretation einer Formel aus der Schöpfungslehre Karl Barths[17] möchte ich diese Frage beantworten mit der
These, die die Überschrift dieses Abschnitts (12.1.2.2) bildet: Die Schöpfung ist der *innere Grund* der Weltentstehung. Dabei verstehe ich – mit
Barth – unter einem *inneren* Grund[18] das Motiv, also den Beweggrund,
der zugleich das Ziel und die Absicht angibt. Demgegenüber umfaßt der
„äußere Grund" das, was zur Verwirklichung des inneren Grundes erforderlich ist.[19]

Während Barth mittels der Termini „innerer" und „äußerer Grund"
den Bund und die Schöpfung einander zuordnet[20], versuche ich, mittels
dieser Termini Schöpfung und Weltentstehung einander zuzuordnen. Das

17 KD III/1, S. 258-377. Zur Interpretation dieser Formel und der darin zum
   Ausdruck kommenden Konzeption Barths siehe meine Arbeit „Sein und
   Gnade. Die Ontologie in Karl Barths Kirchlicher Dogmatik", Berlin 1975,
   S. 70-98, bes. S. 73 f.
18 Man muß freilich sehen, daß der Begriff „Grund" an sich auch im kausal-
   mechanischen Sinn verstanden und interpretiert werden kann. Durch die
   folgenden Erläuterungen soll diese kausal-mechanische Interpretation jedoch
   für die Formel „innerer Grund" definitiv *ausgeschlossen* werden, während sie
   mit der Formel „äußerer Grund" durchaus verbunden werden kann.
19 Barth nennt den äußeren Grund auch „technische Ermöglichung" und „for-
   male Voraussetzung" (so KD III/1, S. 107 u. 262).
20 „Der *Bund* ist *der innere Grund der Schöpfung*". Die „*Schöpfung* ist der
   äußere Grund dieses Bundes" (a.a.O., S. 261 u. 105).

besagt: Die – naturwissenschaftlich mehr oder weniger vollständig erklär-
bare – Weltentstehung ist der äußere Grund der Schöpfung; die Schöpfung hingegen ist der innere Grund der Weltentstehung. Was ist damit
gewonnen?

Der Gewinn einer solchen Verhältnisbestimmung bestünde darin, daß
die Schöpfungslehre weder mit der naturwissenschaftlichen Welterklärung
auf eine Ebene oder unter eine Kategorie gebracht würde (sei es als Bestätigung, als Ergänzung oder als Widerspruch), noch daß beides als bezie-
hungsloses Nebeneinander gedacht würde. Dabei weist Luthers Auslegung des ersten Artikels im Kleinen Katechismus insofern die Spur, als er
von naturwissenschaftlich erklärbaren Sachverhalten sagt: Sie sind von
Gott geschaffen, *und d. h.*: sie sind Ausdruck von „väterlicher, göttlicher
Güte und Barmherzigkeit", die dem Menschen ohne all sein „Verdienst
und Würdigkeit" zuteil werden (BSLK 511,3-5). So verstanden steht die
Schöpfungsaussage weder *neben* der naturwissenschaftlichen Erklärung
noch *gegen* sie, sondern bezieht sich auf sie, indem sie diese in einer
bestimmten Weise *interpretiert*. Wenn das Geschaffensein des naturwissenschaftlich Erforschbaren und Erklärbaren dessen *inneren* Grund bezeichnet, dann bezieht sich die Schöpfungsaussage immer auch, ja entscheidend, auf die *Bestimmung* des Geschaffenen, also auf das, *als was* es
von Gott gewollt und gemeint ist, und damit auf das Ziel, auf das hin es
unterwegs ist.

12.1.2.3   Schöpfung als creatio ex nihilo

In den biblischen Schöpfungserzählungen ist der Gedanke einer Schöpfung aus nichts offenbar noch nicht vorausgesetzt. Die jahwistische Schöpfungsgeschichte (Gen 2,4b-25) geht von einem wüstenartigen Anfangszustand aus, in dem es weder Sträucher noch Kraut gibt, weil es noch
nicht geregnet hatte. In diese Situation hinein bildet Jahwe aus der Erde
des Ackerbodens als erstes Werk den Menschen und pflanzt dann – gewissermaßen um den Menschen herum – einen Garten. In der priesterschriftlichen Schöpfungsgeschichte (Gen 1,1-2,4a) ist der Anfangszustand
Chaos, das von einem Tagewerk zum anderen allmählich zum Kosmos
umgestaltet wird. Das Werk der Schöpfung beginnt hier nicht mit dem
Menschen, sondern endet bei ihm und klingt im Sabbat als der Ruhe
Gottes und seiner Geschöpfe aus.

Als theologische Lehre oder auch nur als klar entwickelte Vorstellung
ist die Schöpfung aus nichts in Gen 2 und 1 also (noch) *nicht* vorauszusetzen. Sie ist aber in Gen 1 insofern angelegt und vorbereitet, als dort für

den Akt der Schöpfung das Verbum „bara" verwendet wird, das „ausschließlich zur Bezeichnung des göttlichen Schaffens aufbehalten" ist und das „einerseits die vollendete Mühelosigkeit, andererseits, da es nie mit einer Angabe des Stoffes verbunden wird, den Gedanken der creatio ex nihilo" enthält[21].

Macht man sich bewußt, daß es sich bei den biblischen Schöpfungserzählungen um theologisch gründlich reflektierte, in langen Zeiträumen entstandene und verdichtete Texte handelt, dann ist es jedenfalls bemerkenswert, daß diese Erzählungen die Frage nach dem Ursprung der Materie und in diesem Sinne nach einem Anfang der Welt recht unbefangen *offenlassen* konnten. Sieht man von der Verwendung des Verbums „bara" ab, so wäre mit diesen Erzählungen durchaus die Vorstellung vereinbar, die Materie sei zeitlich unbegrenzt (anfangslos) oder spontan entstanden. Die Ablehnung *solcher* Vorstellungen kann demzufolge jedenfalls *nicht* die eigentliche Pointe der Schöpfungserzählungen und des in ihnen zum Ausdruck kommenden Schöpfungsglaubens sein. Diese Pointe liegt vielmehr darin, daß es der in der Geschichte Israels sich erweisende Gott ist, der auch die Welt geschaffen, *und d. h. vor allem: geordnet* und *gestaltet* hat.

Diesem Bestimmtsein der Welt durch Gottes (schöpferischen) Willen versucht auch die Lehre von der creatio ex nihilo Geltung zu verschaffen, indem sie ausschließt, daß Gott bei seinem Erschaffen der Welt irgend etwas ihm Vorgegebenes in Anspruch nimmt oder gar benötigt. Die Lehre von der creatio ex nihilo will die schlechthinnige *Voraussetzungslosigkeit* von Gottes Schöpferwirken aussagen und sicherstellen. Dabei *tendiert* sie freilich zu einem kausalen Verständnis des Schöpfungsaktes, versteht „Schöpfung" also als Hervorbringung der Welt „aus nichts". Dementsprechend könnte es so scheinen, als würde mit der Distanzierung von einem solchen Schöpfungsverständnis auch die Lehre von der creatio ex nihilo hinfällig, nämlich *gegenstandslos*. Sofern die Lehre von der creatio ex nihilo mit einem solchen kausalen Verständnis der Schöpfung verbunden ist, ist das tatsächlich der Fall. Aber von einer vollständigen Festlegung kann man hier nicht sprechen. Die Lehre von der creatio ex nihilo tendiert lediglich in diese Richtung. Sie ist damit weder identisch noch

---

21 G. von Rad, Das erste Buch Mose. Genesis, Göttingen (1949) 1961[6], S. 37. Im Anschluß an James Barr warnt C. Westermann (Genesis 1-11, Neukirchen 1974, S. 138) freilich vor „einer Überhöhung der Vokabel ... , so als könne sie als solche die Einzigartigkeit des Schaffens Gottes zum Ausdruck bringen. ... Es ist dann auch falsch, aus der Vokabel als solcher die creatio ex nihilo abzulesen ..."

ausschließlich daran gebunden. Und deshalb gibt es unaufgebbare *Wahr-heitsmomente* der „creatio ex nihilo", die *auch* für das Verständnis der Schöpfung als *innerer Grund* der Weltentstehung gelten. Creatio ex nihilo besagt demnach:

–   Gottes Schöpferwirken setzt *nicht* die Existenz der raum-zeitlichen Realität *voraus*, sondern ist *voraussetzungslos*. Es wäre ein Mißver-ständnis, wenn man das Verhältnis von äußerem und innerem Grund im Sinne einer *zeitlichen Abfolge* interpretieren würde: zunächst Welt-entstehung, dann (als deren Bejahung und sinnhafte Ausrichtung) Schöpfung. *Nein*: Äußerer und innerer Grund dürfen weder so noch anders als zeitliche Abfolge, sondern müssen als streng *gleich-„zeitig"* gedacht werden. D. h.: Gottes Schöpferwirken ereignet sich *an* der Weltentstehung und *durch* sie. Es „bedarf" ihrer nur als Verwirk-lichungsform, nicht als vorgegebenes Material.

–   Wenn Schöpfung als innerer Grund der Weltentstehung zu denken ist, dann ist sie zwar nicht die (kausale) *Ursache* der Weltentstehung, aber dann ist sie der Weltentstehung als dem äußeren Grund *sachlich* vor-geordnet; denn der Beweggrund und das Telos eines Ereignisses hat den *sachlichen* Primat gegenüber der *kausalen* Ermöglichung seiner Realisierung, da die Realisierung selbst zwar nicht eine Wirkung, wohl aber eine *Folge* des inneren Grundes ist. Der innere Grund ist insofern die ursprünglichere Wirklichkeit und die tiefere Wahrheit gegenüber dem äußeren Grund.

–   Der Gedanke, den Paul Davies an der ursachlosen Entstehung des Universums verdeutlicht, daß hier nämlich im Gegensatz zum bekann-ten Denkmuster etwas, ja *alles* „für nichts", also gratis, gegeben werde (s. o. S. 417), läßt sich gut mit Luthers Aussage aus dem Kleinen Katechismus verbinden, daß „das alles aus lauter väterlicher, göttli-cher Güte und Barmherzigkeit, ohn all mein Verdienst und Würdig-keit" und also auch in diesem Sinne „ex nihilo" gegeben ist. *Wenn* damit der innere Grund der Weltentstehung (also „Schöpfung") theo-logisch zutreffend beschrieben ist, und *wenn* die naturwissenschaftli-che These von der Entstehung des Universums, also des äußeren Grun-des der Schöpfung aus nichts zutrifft, dann ist die Entstehung des Universums aus nichts die genaue Entsprechung des äußeren Grundes zum inneren Grund; denn dann bestünde der *innere Zusammenhang* zwischen innerem und äußerem Grund gerade in der Voraussetzungs-losigkeit, also im *„gratis"*. Aber selbst wenn sich die naturwissen-schaftliche These als nicht zutreffend und nicht tragfähig erweisen sollte, gilt von der Schöpfung als dem inneren Grund der Welt-entstehung: Sie ist insofern creatio ex nihilo, als sie Realisierung der

Liebe ist, die nicht erst durch das Liebenswerte, das ihr begegnet, geweckt wird und entsteht, sondern die aus sich selbst das Geliebte (nämlich die Welt) erst liebenswert *macht.*[22]

12.1.3 Schöpfung als creatio continua(ta)

Der Begriff der creatio continua(ta) hat ursprünglich seinen Ort in der Vorsehungslehre (s. o. 8.3.2 u. 8.3.3) und bringt dort den Zusammenhang zwischen Schöpfung (creatio) und *Erhaltung* (conservatio) zum Ausdruck[23]. Indem die Erhaltung der Welt als *creatio* continuata verstanden wird, rücken Schöpfung und Erhaltung so eng zusammen, daß Erhaltung nichts anderes ist als die kontinuierliche Fortsetzung des Schöpfungsgeschehens[24]. Dieser Gedanke ist in zweierlei Hinsicht beachtenswert: Einmal macht er deutlich, daß die Welt einer göttlichen Erhaltung *bedarf*, ohne die sie nicht bestehen könnte. Sodann aber macht er – gewissermaßen in der Umkehrung – deutlich, daß Schöpfung *selbst* als Erhaltung gedacht werden kann. Das Spezifische am Schöpfungsgedanken ist nicht das Element des Anfangs, sondern der Daseins-Gewährung und des Dasein-Lassens. Dabei richtet der Begriff „creatio continua" die Aufmerksamkeit auf den kontinuierlichen *Prozeß* des Schöpfungsgeschehens, der Begriff „creatio continuata" hingegen auf dessen *Resultat*, die erschaffene und erhaltene Welt.

Aber wie soll man sich eine creatio continua oder continuata denken? Je nachdem, ob dabei das Substantiv „creatio" oder das Adjektiv „continua(ta)" betont wird, entstehen unterschiedliche Vorstellungen. Im ersten Fall tendiert die creatio continua zu einer ständigen Neuschöpfung, derzufolge die Welt in jedem Augenblick neu von Gott bejaht, gewollt und geliebt wird[25]. Was wir als Kontinuität und Identität der Welt erleben, wäre demzufolge letztlich nur eine Kontinuität und Identität von

---

22 So Luthers schon mehrfach zitierte Aussage aus der Heidelberger Disputation, in der er vom amor Dei sagt: „non invenit, sed creat suum diligibile" (WA 1,354,35 f. u. 365,2 f.).

23 Im Kleinen Katechismus ist dieser Zusammenhang ausgedrückt durch die Formulierung: „geschaffen hat ... und noch erhält" (BSLK 510,33 u. 36).

24 S. dazu J. A. Quenstedt, Theologia didactico-polemica, Wittenberg (1685) 1691², Bd. I, S. 531: „Deus res omnes conservat continuatione actionis, qua res primum produxit".

25 Die Kosmologie, die A. N. Whitehead in seinem Hauptwerk „Prozeß und Realität" (1929), dt. Frankfurt a. M. (1979) 1984², entwickelt und vorgetragen hat, läßt sich als Veranschaulichung dieses Gedankens einer ständigen Neuschöpfung lesen.

Gottes schöpferischer Weltbejahung. Die Welt hätte aber *in sich* keine Kontinuität.

Im zweiten Fall (d. h. bei der Betonung von continua bzw. continuata) entsteht hingegen das Bild eines kontinuierlichen Ereigniszusammenhangs, das weniger an eine Serie von Momentaufnahmen als vielmehr an einen fließenden Strom erinnert. So wie der menschliche Organismus nur dadurch lebt, daß ihm kontinuierlich Sauerstoff zugeführt wird, so würde bei diesem Vorstellungsmodell die Schöpfung nur dadurch im Dasein erhalten, daß sie kontinuierlich von Gott bejaht und gewollt wird. Daß die creatio continua dabei als *creatio* verstanden werden kann oder muß, bezöge sich hier vor allem darauf, daß *ohne* diese Erhaltung die Welt verginge und daß die Gewährung dieser Erhaltung aus der Sicht der Welt *unverdient*, aus der Sicht Gottes *ungeschuldet* erfolgt.

Vergleicht man beide Vorstellungsmodelle miteinander, so zeigt sich, daß sie *beide* Wahrheitselemente enthalten, die verlorengingen, wenn man sich nur für *eines* der beiden Modelle (und damit gegen das andere) entschiede. Es handelt sich bei diesen beiden Modellen nur um einen *relativen* Gegensatz, bei dem einerseits – aus der Perspektive Gottes – das je Neue, für die Welt Unverfügbare der Daseinsgewährung, andererseits – aus der Perspektive der Welt – das Kontinuierliche und von Gott her Verläßliche der Welterhaltung zum Ausdruck kommt. Wichtig ist dabei freilich, daß der zweite Aspekt vom ersten her gedacht und verstanden wird, weil nur so die (wesenhafte!) Freiheit der göttlichen Liebe gewahrt wird, während bei der Umkehrung der Betrachtung die göttliche Liebe als Gegenstand eines welthaften *Anspruches* verstanden und damit verkannt und zerstört werden könnte. Die *Treue* Gottes als Verläßlichkeit der göttlichen Liebe und diese als den inneren Grund der Entstehung und des Bestehens der Welt zu denken, das ist es, was der Gedanke der creatio continua(ta) als wichtiges Element des christlichen Glaubens zum Ausdruck bringt.

12.2 Die Geschöpfe

In vielen Dogmatiken war es bis in die sechziger Jahre unseres Jahrhunderts üblich, in der Lehre von den Geschöpfen ausschließlich die *Anthropologie* zu behandeln[26]. Gegenüber diesem Anthropozentrismus, ja

---

26 Exemplarisch hierfür K. Barth, KD III/2. Dieser Teilband der Kirchlichen Dogmatik, der die Lehre vom Geschöpf enthält, beginnt mit dem Satz: „Weil der Mensch – unter dem Himmel, auf der Erde – das Geschöpf ist, dessen Verhältnis zu Gott uns in Gottes Wort offenbar ist, darum ist er der Gegen-

Anthropomonismus hat es insbesondere in den siebziger und achtziger Jahren eine (ökologisch, philosophisch und religiös motivierte) *Gegenbewegung* gegeben, aufgrund deren die Verbundenheit des Menschen mit den anderen Geschöpfen, sein Eingebettetsein in die Natur und seine Teilhabe an ihr ins allgemeine Bewußtsein gerückt wurden. Gelegentlich kommt es dabei sogar zu einer Überbetonung dieses Aspekts, so daß eine *Nivellierung* droht, derzufolge die *Würde* des Menschen nicht mehr in den Blick kommt oder jedenfalls nicht mehr ausgesagt wird. Wer eine Sonderstellung des Menschen im Kosmos *ablehnt*, muß sich darüber klarwerden, welche immensen Konsequenzen dies bis hin zum Verbot der Vernichtung von Krankheitserregern hätte. Wer dagegen der Auffassung ist, es sei ethisch vertretbar, das Leben von Pflanzen und Tieren notfalls zu zerstören, wenn dadurch Menschenleben gerettet werden kann, muß das auch theologisch und ethisch *begründen* können. Gibt es eine solche Sonderstellung des Menschen, durch die gleichwohl der Eigenwert aller übrigen Geschöpfe nicht in Frage gestellt, sondern respektiert wird?

12.2.1 Vielfalt und Einheit der Geschöpfe

Die geschaffene Welt ist als geordnete, strukturierte Welt in sich *vielfältig*. Daran erinnert schon der Dual „Himmel und Erde", mit dem in der Bibel (Gen 1,1) und im Bekenntnis (Apostolicum und Nicaenum) das Schöpfungswerk zusammenfassend beschrieben wird. Daran erinnern aber vor allem die erfahrbaren Differenzierungen, in denen uns die geschaffene Welt begegnet. Die Lehre vom *Geschöpf* (sing.) hat damit zweierlei zu bedenken: einerseits die Vielfalt und Unterschiedenheit der Geschöpfe und andererseits das sie Verbindende, das sie alle zu Geschöpfen macht.

---

stand der theologischen Lehre vom Geschöpf überhaupt" (a.a.O., S. 1). Ähnlich O. Weber, Grundlagen der Dogmatik, 1. Bd., Neukirchen (1954) 1977[5], S. 582 ff. u. 615 ff.

12.2.1.1   Die Vielfalt der Geschöpfe

Nicht nur die summarischen Formeln „Himmel und Erde"[27] sowie „Sichtbares und Unsichtbares"[28] erinnern an die Vielfalt der Geschöpfe, sondern mehr noch die differenzierte Beschreibung des Schöpfungswirkens
Gottes in den Schöpfungserzählungen und -psalmen. In ihnen wird gesprochen von der Erschaffung von Himmel, Erde und Meer, Gras, Kraut
und Bäumen, Sonne, Mond und Sternen, Wasser-, Luft- und Landtieren
sowie (schließlich) der Menschen. Dabei kann das göttliche Schaffen
sowohl als ein unmittelbares Hervorbringen (durch das Wort oder eine
Handlung) verstanden werden (so z. B. Gen 1,3.6.14 u. 27; 2,7), also als
creatio *immediata*, oder als ein Hervorgehenlassen (so z. B. Gen 1,11 u.
24; 2,9 f.), also als creatio *mediata*. Die creatio mediata ist insofern für
unsere Thematik besonders interessant, als daran erkennbar wird, daß
das schöpferische Wirken Gottes (sei es als verursachendes oder bejahendes Wirken verstanden) sehr wohl als *vermitteltes* Wirken gedacht werden kann, bei dem die Erschaffung des *einen* Geschöpfs bereits die Existenz eines anderen voraussetzt und aus ihm hervorgeht.
Von der Vielfalt der Geschöpfe läßt sich im Blick auf ihre göttliche
Bestimmung dreierlei sagen:

– Jede der – exemplarisch aufgezählten – Gruppen oder Typen von
   Geschöpfen ist „gut" – allein durch ihr Dasein, das der Absicht und
   Bestimmung des Schöpfers entspricht. Sie sind nicht nur gut, weil sie
   zu etwas gut sind, sondern es ist ein Reichtum, daß es sie gibt. Das
   kommt mit besonderer Deutlichkeit zum Ausdruck bei den Pflanzen,
   Tieren und Menschen, die *alle* dazu bestimmt sind, fruchtbar zu sein,
   d. h.: ihr Leben weiterzugeben. Durch ihre Lebendigkeit, ihr Wachstum und ihre Fruchtbarkeit bringen sie selbst die Freude am Dasein
   sinnlich zum Ausdruck.
– Ohne das bisher Gesagte einzuschränken, gilt nun aber zusätzlich: Das
   Anorganische und die Pflanzen haben nach biblischem Verständnis
   von Haus aus eine *Funktion*: Sie sind nicht nur in sich gut, sondern
   auch „gut zu etwas". Für die Tiere gilt das nicht ursprünglich, sondern
   erst (nach der Sintflut) aufgrund der „menschlichen Bosheit" (Gen 6,5
   u. 8,21). Aufgrund dieser Funktionsbestimmung sind Pflanzen den
   Tieren und Menschen (Gen 1,29 f.) und Tiere den Menschen *zur*

---

27 Diese summarische Formel findet sich von Gen 1,1 bis Apk 21,1 in zahlrei-
    chen biblischen Aussagen.
28 Diese Formel taucht bereits einmal in der Bibel auf, und zwar in Verbindung
    mit „Himmel und Erde", nämlich Kol 1,16, und hat Eingang ins Nicaenum
    gefunden.

Nahrung gegeben(Gen 9,3). D. h. aber: Zu ihrer (schöpfungsgemäßen bzw. durch die Sünde bedingten) Bestimmung gehört es, um der Erhaltung des Daseins von anderen willen ihr Leben herzugeben. Eine *solche* funktionale Bestimmung gibt es für den Menschen nicht. An ihre Stelle tritt die Bestimmung des Menschen zum Ebenbild Gottes (Gen 1,26 f.; s. dazu u. 12.2.2.2). Daß das (schon) im Alten Testament so gemeint ist, zeigt die Tatsache, daß das Verbot der Tötung des Menschen mit dessen Gottebenbildlichkeit begründet wird (Gen 9,5 f.), wobei dieses Verbot sich unmittelbar anschließt an die Erlaubnis für den Menschen, Tiere (allerdings ohne ihr Blut) zu essen (Gen 9,3 f.). Einen *Menschen* zu töten, kann nach biblischer Vorstellung nur gerechtfertigt werden als *Sühne* für die Tötung eines anderen Menschen sowie als letztes Mittel zur Rettung oder Bewahrung anderen menschlichen Lebens.

– Von unserem naturwissenschaftlichen Kenntnisstand her läßt sich ergänzen, daß es im anorganischen Bereich nicht nur für die Gestirne eine funktionale Bestimmung gibt (s. Gen 1,14-18), sondern ebenso für Licht, Erde und Meer. Die Photosynthese als Grundvorgang des pflanzlichen Lebens ist der anschauliche Koinzidenzpunkt, an dem diese Elemente (Licht, Wasser, Mineralien) von den Pflanzen für ihr Wachstum „verwendet" und „verbraucht" und damit den Pflanzen anverwandelt werden. Bei oberflächlicher Betrachtung handelt es sich dabei um einen Funktionszusammenhang mit einem einsinnigen Richtungspfeil vom „Niederen" zum „Höherentwickelten". Dabei kommt aber nicht ausreichend zur Geltung, daß es auch einen (in seiner Bedeutung vielleicht geringeren und deshalb übersehbaren) entgegengesetzten Richtungspfeil gibt. Zwar geht menschlicher Geist nicht (jedenfalls nicht für uns erkennbar) in Mineralien, Pflanzen oder Tiere ein, aber die mineralischen *Anteile*, die die höherentwickelten Geschöpfe haben, gehen nicht erst nach deren Tod, sondern schon durch Atmung und Stoffwechsel wieder in die anderen Arten von Geschöpfen über. Trotz des bekannten, einleuchtenden Satzes: „Die Natur braucht uns nicht, aber wir brauchen die Natur", gibt es eine solche *Wechselwirkung*, die darauf hinweist, daß schon die Entgegensetzung von „wir" und „Natur" schief ist. Denn wir sind und bleiben ein Teil der Natur. Und sofern wir das sind, gibt es auch ein Abgeben, ja ein Zerstört- und Aufgelöstwerden des menschlichen Körpers (wie der tierischen Körper und der Pflanzen), durch das er eine funktionale Bestimmung gegenüber dem Anorganischen und den niedrigeren Formen des Lebens erfüllt.

12.2.1.2 Die Einheit der Geschöpfe

Das über die Vielfalt und Unterschiedenheit der Geschöpfe Gesagte wird
nun nicht aufgehoben, sondern vorausgesetzt. Aber daß es eine Vielfalt
der Geschöpfe gibt, ist nicht *alles*, was über sie gesagt werden kann. Es
gibt auch eine *Einheit* – zumindest eine solche, die uns berechtigt, sie alle
als „Geschöpfe" zu bezeichnen. Aber das ist nur eine *begriffliche* Einheit.
Darüber hinaus läßt sich auch eine konkrete, lebensmäßige Einheit der
Geschöpfe ausmachen. Genau besehen haben schon die Überlegungen
zur Vielfalt der Geschöpfe wesentliche Hinweise darauf enthalten, worin
diese Einheit zu suchen ist – zeigte sich doch, daß die Vielfalt zu verstehen
ist als die Vielfalt eines geordneten Zusammenhanges, für den dreierlei
charakteristisch ist:

– Die geschaffene Welt stellt sich dar als ein stufenförmiger Aufbau, in
  dem die früheren Stufen nicht eliminiert, sondern aufbewahrt sind, so
  daß ein kohärenter evolutionärer Zusammenhang besteht mit einem
  dominierenden Richtungssinn, dem jedoch eine partielle Wechselwirkung korrespondiert.[29] D. h.: Die geschaffene Welt ist ein einheitlicher
  Prozeß, in dem letztlich *alles mit allem zusammenhängt* und darum
  auch *alles voneinander abhängt*. Die Einheit der Geschöpfe besteht
  nicht nur darin, daß sie *in* einem großen Zusammenhang existieren,
  sondern daß sie *als* dieser Prozeß und Zusammenhang existieren.[30]
  Dabei gehört zu diesem Zusammenhang auch die Tatsache, daß es
  funktionale Zuordnungen gibt, aufgrund deren gesagt werden muß:
  Die Existenz des *einen* ist von der *Preisgabe* (dem Ende, Tod) der
  Existenz des *anderen* abhängig.
– Die geschaffene Welt stellt sich dar als eine in sich differenzierte
  Einheit, in der sowohl die differenzierenden Elemente und Typen je
  für sich als auch die Einheit des Geschaffenen im ganzen als „gut",
  und d. h. auch: als *erhaltenswert* beurteilt und bezeichnet werden.
  Vordergründig betrachtet könnte man aufgrund der priesterschriftlichen Schöpfungserzählung sagen: Gott *lobt* die Schöpfung. Aber das
  ist nur an der Oberfläche richtig; denn Gott lobt die Welt, wie *er* sie
  (als ihr innerer Grund) erschaffen hat. Genau betrachtet ist es daher
  so, daß die Schöpfung den Schöpfer lobt. Das geschieht nicht durch

---

29 Es spricht vieles für die Annahme, daß genau dieses Modell auch gültig ist für
    die (gelingende) psycho-soziale Entwicklung des menschlichen Individuums.
    Neuere psychologische und pädagogische Entwicklungstheorien weisen je-
    denfalls in diese Richtung. Vgl. dazu u. 14.1.3.1.
30 Dies ist einer der Punkte, an dem die Bedeutung des „verbindenden Erken-
    nens" (s. o. 7.1.4) deutlich sichtbar wird.

besondere Aktivitäten, Anstrengungen oder Leistungen der Geschöpfe, sondern allein durch ihr Dasein, wobei dies angesichts der Grausamkeiten, die es in der Natur gibt, für uns oft unerkennbar und rätselhaft bleibt. Dies ändert jedoch nichts daran, daß es nach christlichem Verständnis die eigentliche und höchste Bestimmung der geschaffenen Welt ist, ein Lob Gottes zu sein.[31]

– Gerade *in* dieser Einheit wird nun die besondere Stellung und Bestimmung des Menschen erkennbar: Er ist nicht nur mit seinem Dasein ein Lob Gottes (Ps 8,6), sondern er kann *erkennen*, daß es bei ihm selbst und bei allen anderen Geschöpfen so *sein soll*. Und deswegen kann auch der Mensch – soweit wir erkennen können – als *einziges* unter den Geschöpfen dieser Bestimmung in seinem Verhalten *entsprechen* oder ihr *widersprechen*. Und er kann dies so wirksam tun, daß davon die *anderen Geschöpfe* auf eine Weise betroffen werden, daß an ihnen das Lob Gottes nicht mehr (oder nur mit großer Mühe) wahrgenommen werden kann. Das Lob Gottes oder die Verweigerung des Lobes Gottes (und damit die Verachtung Gottes) geschehen in einem *Gesamtzusammenhang*, an dem *alle* Geschöpfe partizipieren. Und darum hat Paulus wohl recht, wenn er behauptet, daß die Kreatur ängstlich darauf wartet, daß die Kinder Gottes offenbar werden: „Denn wir wissen, daß die ganze Schöpfung bis zu diesem Augenblick mit uns seufzt und sich ängstet" (Röm 8,19 u. 22). Was ist das für ein Geschöpf, dem so viel anvertraut und zugetraut ist, und das so schrecklich versagen kann? Was ist der Mensch inmitten der anderen Geschöpfe?

12.2.2 Der Mensch als Geschöpf Gottes

Die theologische Lehre vom Menschen, also die theologische Anthropologie, *bezieht sich* auf die philosophische Anthropologie sowie auf die Ergebnisse der biologischen, soziologischen, psychologischen, pädagogischen etc. Anthropologie. Sie hat ihr Spezifikum aber nicht darin, daß sie diesen philosophischen und humanwissenschaftlichen Ergebnissen weitere Aussagen über den Menschen auf gleicher Ebene hinzufügt (etwa über den Menschen als religiöses Wesen), sondern sie reflektiert den Menschen einschließlich alles dessen, was die Philosophie und die Human-

---

31 Biblische Belege hierfür finden sich Gen 1; Hi 38 f.; Ps 19,1-7; 29; 104 u. 147; Jes. 55,12; aber auch Mt 6,26-29. Die formelhafte Zusammenfassung in dem Satz: „Gott loben, das ist unser Amt" findet sich freilich erst im Gesangbuch (EG 288,5).

wissenschaften über ihn ermitteln können, in seiner von Gott gegebenen *Bestimmung*. Im Zentrum der theologischen Anthropologie steht deswegen die Frage nach der göttlichen Bestimmung des Menschen (12.2.2.2). Ihr ist jedoch vorgeordnet die Beschäftigung mit dem Begriff „Mensch" und damit zugleich mit der Unterscheidbarkeit dieses Geschöpfs von den anderen Geschöpfen (12.2.2.1). Der Beschäftigung mit der göttlichen Bestimmung des Menschen nachgeordnet ist die Verhältnisbestimmung des Menschen zu den übrigen Geschöpfen, die sich aus seiner Bestimmung ergibt (12.2.2.3).

12.2.2.1   Der Begriff „Mensch"

Wenn die Gefahr vermieden werden soll, in der theologischen Anthropologie zu Aussagen zu kommen, die den Menschen gegenüber den anderen Geschöpfen isolieren oder verabsolutieren, dann empfiehlt es sich, schon bei der Definition des Begriffs „Mensch" den Zusammenhang und die Zusammengehörigkeit des Menschen mit den anderen Geschöpfen im Blick zu behalten. Das leistet bereits die klassische – der Sache nach vermutlich auf Alkmaion[32] zurückgehende – „Definition"[33] des Menschen als „ζῷον λόγον ἔχον"[34], als „animal rationale", als „vernunftbegabtes Lebewesen". Wird der Mensch dabei als „ζῷον" bzw. als „animal" verstanden, so wird er damit jedenfalls eingeordnet in die Klasse der Lebewesen, zu denen (nach traditioneller Auffassung) neben den Menschen nicht nur die Tiere, sondern auch die Pflanzen zu zählen sind. Was den Menschen darüber hinaus mit allen anderen geschaffenen Dingen verbindet, ist seine *Körperlichkeit*. Was ihn mit allen anderen Lebewesen verbindet, ist seine *Lebendigkeit*, und d. h. nach traditioneller Auffassung: der Besitz einer vegetativen *Seele* (anima vegetativa). Was der Mensch dagegen nur

---

32 S. Die Vorsokratiker, Hg. W. Nestle, Düsseldorf/Köln (1956) ND 1978, S. 97.

33 Ähnlich wie beim Begriff „Gott" kann auch beim Begriff „Mensch" gefragt werden, ob eine Definition im strengen Sinn überhaupt möglich sei. E. Jüngel (Wertlose Wahrheit, 1990, S. 199) weist darauf hin, daß sich in der Neuzeit immer stärker die Einsicht durchsetzt oder jedenfalls der Eindruck verbreitet, es gelte nicht nur der Satz: „Deus definiri nequit", sondern auch der neue Satz: „Homo definiri nequit".

34 Auch die auf Aristoteles zurückgehende Definition des Menschen als „ζῷον πολιτικόν", d. h. als (von Natur) nach Gemeinschaft strebendes Lebewesen, enthält diesen Bezug zu den anderen Geschöpfen. Sie unterscheidet den Menschen jedoch nicht hinreichend deutlich von anderen Lebewesen, die gleichfalls von Natur aus gemeinschaftsbezogen sind (z. B. Insekten oder Herdentiere) und eignet sich deswegen weniger gut.

mit (vielen) *Tieren* gemeinsam hat, was also zu seiner „Animalität" gehört, ist seine *Empfindungsfähigkeit* (anima sensitiva) für Sinnesreize (z.
B. Wahrnehmungen und Schmerzempfindungen). Was ihn dagegen von
allen anderen Lebewesen (als differentia specifica) *unterscheidet,* ist seine
Rationalität (anima rationalis). Dabei ist zu beachten: Nicht diese spezifische Differenz, sondern nur die *Verbindung und Einheit* von „Animalität" und Rationalität macht das Menschsein aus. Die Körperlichkeit
des Menschen und seine Zugehörigkeit zu den Lebewesen dürfen nicht als
unerheblich beiseite oder außer acht gelassen werden.[35] Die Seele existiert
(in jeder ihrer Bedeutungen) nicht unabhängig von der Körperlichkeit der
Lebewesen, sondern durchdringt und bestimmt diese. Damit erhält die
Körperlichkeit der lebendigen Wesen einen *spezifischen* Charakter: Sie
wird zur *Leiblichkeit.*[36]

Der Mensch ist also zu verstehen als – körperliches, empfindungs-
fähiges – Lebewesen, das vernunftbegabt ist. Zur Näherbestimmung dessen, was mit „Vernunftbegabtheit" oder „Rationalität" gemeint ist, ist in
der Geschichte der Anthropologie immer wieder auf die *Sprache* oder
Sprachfähigkeit des Menschen rekurriert worden. Daß Rationalität mit
Sprache, genauer: mit der Verwendung von *Zeichen* zu tun hat, ist sicher
richtig[37], aber erlaubt nicht die Gleichsetzung von Rationalität mit Sprachfähigkeit oder Zeichengebrauch. Auch Tiere, Pflanzen, ja sogar (chemische) Elemente kommunizieren mittels Zeichen und können dabei beachtliche Verständigungsleistungen erbringen. Würde man hingegen
„Sprache" auf die Sprache der *Wörter* begrenzen, so wäre zu sagen, daß
Wörter an sich weder *Rationalität* garantieren, noch ein ausschließlich
menschliches Kommunikationsmittel darstellen.

Als „rational" kann ein Umgang mit Zeichen bzw. Sprache nur dann
bezeichnet werden (s. o. 1.1.3), wenn er die Fähigkeit einschließt,

– Begriffe zu bilden und voneinander zu unterscheiden;
– Aussagen, d. h. sinnvolle sprachliche Gebilde, die wahr oder falsch
  sein können, zu formulieren;

---

35 Hier zeigt sich erneut (s. o. 2.1.2), wie irreführend es sein kann, wenn das
    Wesen einer Sache mit dem Unterscheidenden und Unverwechselbaren iden-
    tifiziert und von ihm her bestimmt wird.
36 Vgl. hierzu E. Herms, Der Leib als Symbol menschlicher Freiheit und Abhän-
    gigkeit, in: ders., Sport. Partner der Kirche und Thema der Theologie, Han-
    nover 1993, S. 13-24, bes. S. 17-19.
37 Vgl. die treffende Bemerkung von J. G. Herder (Sämmtliche Werke, Bd. 5, Hg.
    B. Suphan, Berlin 1891, S. 47), daß die Sprache der *„würkliche Unter-
    scheidungscharakter unsrer Gattung von außen ..., wie es die Vernunft von
    innen ist".*

– Schlußfolgerungen zu ziehen, d. h. aus gegebenen Aussagen andere
Aussagen abzuleiten.

Wo sich aufgrund von Äußerungen oder Verhaltensweisen eines Lebewesens erschließen läßt, daß auch nur *eine* dieser drei Fähigkeiten
gegeben ist, da können wir davon ausgehen, daß Rationalität vorliegt.
Und wenn es sich tatsächlich um ein *Lebewesen* handelt, das diese Fähigkeit besitzt (also nicht etwa um einen Computer), dann wäre – dieser
Definition zufolge – davon auszugehen, daß dieses Lebewesen ein *Mensch*
ist. Diese „Definition" des Begriffs „Mensch" enthält freilich zwei Probleme, die in anthropologischer und ethischer Hinsicht von erheblicher Bedeutung sind:

a) Die Definition „homo est animal rationale" kann den Eindruck
erwecken, das, was den Menschen nicht nur von anderen Lebewesen
unterscheidet, sondern was auch das Spezifische des Menschseins ausmacht, also die *Humanität*, sei gleichzusetzen mit der Rationalität. Daraus würde folgen: je rationaler, desto menschlicher. Das kann so nicht
stimmen, weil Rationalität in jeder ihrer Formen in den Dienst der Inhu-
manität treten kann und weil eine einseitige Entwicklung der rationalen
Fähigkeiten das Menschsein nicht erblühen, sondern eher verkümmern
läßt. Das zeigt, daß Rationalität nicht mit Humanität gleichgesetzt werden kann.

Bei der Frage nach dem Spezifischen des Menschseins, also nach der
Humanität, sind deshalb Formeln, wie wir sie bei E. Lévinas oder K. E.
Løgstrup finden, viel angemessener: die Fähigkeit, einander von Angesicht zu Angesicht zu begegnen, im Angesicht des anderen die (unausgesprochene) Bitte um Schutz, Vertrauen und Zuwendung wahrzunehmen,
angeredet zu werden und darauf in Freiheit zu antworten.[38] Aber solche
Formeln eignen sich nach traditionellen Kriterien nicht zur Definition des
Menschen; denn sie sprechen eher das Einfühlungsvermögen als das ra-
tionale, begriffliche Denken an. Andererseits hat eine Definitionsformel
wie „animal rationale" durchaus einen Bezug zu solchen personalen
Beschreibungen, ohne mit ihnen identisch zu sein: In der personalen,
dialogischen Begegnung mit dem anderen ist die Fähigkeit nicht nur zur
Wahrnehmung und Empfindung, sondern auch zum Bewußtsein und zur
Reflexion vorausgesetzt und mit enthalten. Deshalb kann man – mit
Luther – sagen, die Definition „Homo est animal rationale" sei unzurei-

---

38 Vgl. dazu E. Lévinas, Humanismus des anderen Menschen (1972), dt. Ham-
burg 1989, bes. S. 37-47, 68-74 u. 91-102 sowie K. E. Løgstrup, Die ethische
Forderung (1956), dt. Tübingen (1959) 1989³, bes. S. 7-30; vgl. auch ders.,
Norm und Spontaneität (1972), dt. Tübingen 1989, bes. S. 6-36.

chend[39], aber d. h. auch bei Luther nicht, sie sei gänzlich unbrauchbar. Zur *Abgrenzung* des Menschen von anorganischen Substanzen, von Pflanzen und Tieren kann sie etwas leisten – aber nur *wenig* zur Beschreibung des menschlichen Wesens, also der Humanität.

b) Ein anderes Bedenken, das in der ethischen Diskussion wieder an Gewicht gewonnen hat, artikuliert sich in der Frage, ob die Definition des Menschen als animal rationale nicht *zu eng* sei, weil durch sie alle diejenigen (menschlichen) Wesen aus dem Begriff „Mensch" ausgeschlossen würden, bei denen aufgrund ihres Entwicklungsstandes oder ihres Gesundheitszustandes Rationalität nicht vorhanden (jedenfalls nicht nachweisbar) ist. Die ethische Problematik besteht darin, daß mit dem Begriff „Mensch" zugleich die Anwendbarkeit der Begriffe „Menschenrecht" und „Menschenwürde" zur Diskussion steht. Insbesondere im Blick auf menschliche Embryonen, schwerbehinderte Säuglinge, krankheits- oder altersbedingte Demente oder sog. Hirntote wird immer wieder die Frage gestellt, ob es sich dabei eigentlich „schon" oder „noch" um Menschen handle, ob deren Leben darum unbedingt schutz- und erhaltungswürdig sei oder ob darüber nicht vielmehr aus anderen ethischen oder ökonomischen Gründen verfügt, und d. h.: ob es nicht unter bestimmten Umständen getötet werden könne. Wie läßt sich unter Anerkennung der partiellen Berechtigung der Definition des Menschen als animal rationale *argumentativ* begründen, daß die Ausklammerung einzelner Individuen oder Gruppen aus den Begriffen „Mensch", „Menschenrecht" und „Menschenwürde" aus der Sicht des christlichen Glaubens inakzeptabel ist?

Einen gangbaren Weg dazu hat m. E. D. Bonhoeffer gewiesen, wenn er in seiner „Ethik"[40] schreibt: „Die Frage, ob es sich bei Fällen angeborener Idiotie überhaupt um *menschliches* Leben handelt, ist so naiv, daß sie kaum einer Antwort bedürfte. Es ist von Menschen geborenes, krankes Leben, das ja nichts anderes sein kann als, freilich höchst unglückliches, *menschliches* Leben." Die entscheidende Prämisse, von der Bonhoeffer dabei Gebrauch macht, lautet: „Von Menschen geborenes Leben ist menschliches Leben." Diese Prämisse hat nicht den Charakter einer Definition des Begriffs „menschliches Leben", sondern ist zu verstehen als Hinweis darauf, daß bei der Entscheidung, ob ein Wesen ein „Mensch" ist, nicht isoliert das Einzelwesen betrachtet werden darf, sondern es in seinem Zusammenhang, und zwar primär in seinem Abstammungszusammenhang gesehen werden muß. Alles, was (durch Geburt) von

---

39 Luther nennt sie in seiner „Disputatio de Homine" (WA 39 I,176,4) „exigua, lubrica et nimio materialis", d. h. „dürftig, schlüpfrig und allzusehr am Materiellen orientiert".

40 Werke, Bd. 6, München 1992, S. 190.

Menschen abstammt, ist selbst Mensch – vom ersten bis zum letzten Augenblick seines Daseins –, und niemand hat das Recht, ihm dies abzusprechen. Das Recht, ein Mensch zu *sein*, wird einem Kind auch nicht erst durch seine Akzeptanz seitens der Eltern *verliehen* (und könnte dementsprechend u. U. auch wieder *entzogen* werden). Nein: Es handelt sich um ein Recht und eine Auszeichnung, die schon mit seinem Dasein, also mit seiner physischen Existenz gegeben ist.

Von daher läßt sich sagen: Der Begriff „Mensch" bezeichnet das *Gattungs*wesen, das als „vernunftbegabtes Lebewesen" definiert werden kann. D. h.: Jedes vernunftbegabte Lebewesen und jeder Abkömmling eines vernunftbegabten Lebewesens ist „Mensch". Damit ist zwar nur etwas vergleichsweise *Äußerliches* über den Menschen gesagt, aber das ist als solches nicht unwichtig. Wohl aber ist es im Blick auf das *theologische* Nachdenken über den Menschen, sein Wesen und seine Bestimmung zu dürftig und unzureichend.

12.2.2.2 *Die Bestimmung des Menschen zum Ebenbild Gottes*

Erst dieser zweite Unterabschnitt führt in das Zentrum der theologischen Anthropologie, indem darüber nachgedacht werden soll, was aus der Sicht des christlichen Glaubens das Wesen des Menschen ausmacht. Die biblischen Aussagen, die hierfür maßgebend sind, konzentrieren sich auf einige wenige alttestamentliche Stellen, die freilich eine beachtliche Wirkungsgeschichte schon im Neuen Testament, erst recht aber in der Geschichte der christlichen Theologie gehabt haben. Neben Ps 8 sind es besonders die Aussagen von Gen 1,26 f., auf die dann Gen 5,1 ff.; 9,6; I Kor 11,7; Kol 3,10 u. Jak 3,9 Bezug nehmen, die hier zu bedenken sind: „Und Gott sprach: Lasset uns Menschen machen, ein Bild, das uns gleich sei, die da herrschen über die Fische im Meer und über die Vögel unter dem Himmel und über das Vieh und über alle Tiere des Feldes und über alles Gewürm, das auf Erden kriecht. Und Gott schuf den Menschen zu seinem Bilde, zum Bilde Gottes schuf er ihn; und schuf sie als Mann und Weib." Die darin ausgesprochene Erschaffung und Bestimmung des Menschen zum Bild Gottes gilt – zu Recht – in der gesamten christlichen Überlieferung als *die* entscheidende theologische Aussage über den Menschen, die ihn einerseits von allen anderen Geschöpfen unterscheidet (davon soll in diesem Unterabschnitt die Rede sein), ihn andererseits aber auch zu allen anderen Geschöpfen in Beziehung setzt (dies ist das Thema des folgenden Unterabschnitts).

Die Erschaffung des Menschen zum Bild Gottes ist in der priesterschriftlichen Schöpfungserzählung das Neue, das von keinem anderen

Geschöpf ausgesagt wurde. Und d. h.: Der Mensch wird von seiner schöpfungsmäßigen Bestimmung her in einer bestimmten, ausgezeichneten *Beziehung zu Gott* gesehen. Diese Beziehung wird ausgedrückt durch die beiden hebräischen Begriffe „zelem" und „d'mut" („εἰκών" und „ὁμοίωμα"; „imago" und „similitudo"). Seit Irenäus von Lyon hat man immer wieder gemeint, damit würden zwei unterscheidbare Sachverhalte ausgesagt, nämlich einerseits die (bleibende) geschöpfliche Ausstattung des Menschen mit Vernunft und Willen, andererseits die (durch die Sünde verlorene) Entsprechung des Menschen zu Gottes Willen im Zustand der ursprünglichen Vollkommenheit („status integritatis"). Nach einhelliger exegetischer Überzeugung ist eine solche Unterscheidung aber von den Begriffen her nicht gerechtfertigt. Zwar bezeichnet „zelem" eher das Standbild oder die Statue mit Bildcharakter, während „d'mut" eher das Bild im Sinne des Vergleichbaren und Ähnlichen meint, aber dabei handelt es sich eben nicht um zwei selbständige Teile oder Elemente, sondern um wechselseitige Näherbestimmungen. Luthers Übersetzung: „ein Bild, das uns gleich sei" (Gen 1,26), bringt das gut zum Ausdruck.

Entscheidend ist nun: Es ist nicht *etwas* am Menschen, das ihn zu einem Bild Gottes macht – sei es die körperliche Gestalt, der aufrechte Gang, die Geistnatur, die Ansprechbarkeit, die Zweigeschlechtlichkeit oder der Herrschaftsauftrag –, sondern gemeint ist die Existenz im Gegenüber und in Beziehung zu Gott insgesamt, die seine Erschaffung und Bestimmung zum Bild Gottes ausmacht. Diese Bestimmung ist mit dem Dasein des Menschen gegeben, und der Mensch entspricht ihr, indem er in Bundestreue, d. h. in *Gerechtigkeit*, Gott gegenüber lebt. Er kann diese Bestimmung zwar verleugnen und ihr widersprechen, aber er hat sie auch nach dem „Sündenfall" nicht verloren (s. Gen 5,1 u. 3 sowie 9,6). Was folgt aus diesen knappen biblischen Aussagen über die Bestimmung des Menschen für die theologische Anthropologie?

Eine *unmittelbare* Übernahme des biblischen Befundes in die systematisch-theologische Anthropologie ist aus hermeneutischen Gründen grundsätzlich nicht möglich. Im Blick auf unsere jetzige Fragestellung ist aber außerdem zu bedenken, daß die Sprache und Vorstellungsart der biblischen Aussagen über die Erschaffung des Menschen zum Bild Gottes geprägt sind von einem Gottesverständnis, demzufolge Gott von den Geschöpfen zwar *qualitativ* verschieden ist, aber mit ihnen *kategorial* durchaus als gleich gedacht wird. Daß so von Gott geredet wird, kann man durchaus als bildhafte, metaphorische Anschauungs- und Ausdrucksform akzeptieren, ja sogar für unverzichtbar erklären. Aber dies bekommt hier, wo es um die Gottebenbildlichkeit des Menschen geht, eine tief in die inhaltlichen Fragen hineinreichende Bedeutung. Davon hängt nicht nur ab, *inwiefern* der Mensch als Ebenbild Gottes bezeichnet

werden kann, sondern auch, welche Bedeutung der *Begriff* „Ebenbild"
in diesem Zusammenhang haben kann. Worin besteht das Problem?

Wenn Gott als ein höchstes Wesen zu denken wäre, dem andere (nied-
rigere) Wesen *gegenüberstehen*, dann wäre es durchaus sinnvoll, von
einem anderen (laut Ps 8,6 nur wenig niedrigeren) Wesen zu sagen, es sei
ein *Abbild*, ein *Ebenbild* oder ein *Gegenüber* Gottes, und zwischen beiden
bestehe eine gewisse *Gleichheit* oder *Ähnlichkeit*. Aber welchen Sinn
haben solche Aussagen, wenn zwar der *Mensch* als ein solches *Wesen* zu
denken ist, aber *Gott* den Charakter einer (dynamischen, relationalen)
Wirklichkeit hat? Wenn Gott also seinem Wesen nach als „Geist" (Joh
4,24) oder als „Liebe" (I Joh 4,8 u. 16) zu denken ist – was heißt es dann,
daß der Mensch zu Gottes Ebenbild geschaffen ist?

Unter Beachtung des kategorialen Unterschiedes zwischen Gott und
Mensch kann das heißen, daß der Mensch als *geistbegabtes* oder als
liebendes Wesen ein Ebenbild Gottes ist. „Ebenbild" heißt dabei: eine
gelebte Veranschaulichung, eine Darstellung, ja eine Verwirklichungs-
form des Wesens Gottes.[41] Diese Interpretation versucht die exegetische
Einsicht ernst zu nehmen, daß es nicht *etwas* am Menschen ist, das ihn
zum Ebenbild Gottes macht, sondern daß der Mensch darin Ebenbild
Gottes ist, daß er in seiner leib-seelischen Ganzheit in einer Beziehung zu
Gott und zu seinem Mitmenschen existiert, die ihrerseits dem Wesen
Gottes entspricht, also den Charakter der *Liebe* hat.[42]

Aus dem Gesagten wird deutlich, daß der Mensch die Gottebenbildlichkeit nicht *hat* wie eine *Eigenschaft* oder einen *Teil* seines Wesens,
sondern daß sie die dem Menschen zugesagte, zugedachte und zugemutete

---

41 Als Querverbindung zur *Christologie* (s. o. 9.4.1) sei noch einmal auf die
neutestamentliche Rede von Jesus Christus als *dem* Ebenbild Gottes verwiesen (II Kor 4,4; Kol 1,15; Hebr 1,3). Damit kommt zum Ausdruck, daß in
Jesus Christus die Bestimmung des Menschen vollkommen realisiert ist, und
gerade *so* ist er zugleich *das* Ebenbild Gottes: „ein Spiegel des väterlichen
Herzens" (BSLK 660,41 f.).

42 Zumindest als ein Hinweis in diese Richtung ist – im Anschluß an K. Barth
(KD III/2, S. 344-360) – die Tatsache zu werten, daß sowohl in Gen 1,27 als
auch in Gen 5,1 f. die Erschaffung des Menschen zum Ebenbild Gottes in
Verbindung gebracht wird mit der Unterscheidung und Zuordnung von Mann
und Frau in ihrem Bezogensein aufeinander. Von daher läßt sich die Aussage
wagen, daß die ganzheitliche Liebesbeziehung von Mann und Frau eine
unüberbietbare Form erlebter Veranschaulichung des Wesens Gottes ist –
ohne daß damit andere Liebesbeziehungen herabgesetzt werden. Wenn die
Liebe zwischen den Geschlechtern freilich mit dem Wesen Gottes *identifiziert*
und damit zur Religion oder zum Religionsersatz gemacht wird, leiden Glaube
und Liebe schweren Schaden (vgl. dazu U. Beck/E. Beck-Gernsheim, Das ganz
normale Chaos der Liebe, Frankfurt 1990, bes. S. 222-266).

Bestimmung zur Liebe ist, die freilich *als solche unverbrüchlich für ihn gilt.* Und weil sie unverbrüchlich gilt, darum besteht im Blick auf *jeden* Menschen die Hoffnung, daß sie sich ihm (wieder) erschließen und er sie (wieder) finden kann. Aber diese Aussage gehört bereits in die Soteriologie (s. u. 14.1.4.1).

12.2.2.3 Das Verhältnis des Menschen zu den anderen Geschöpfen

Im unmittelbaren Zusammenhang mit der Auszeichnung und Bestimmung des Menschen zum Ebenbild Gottes ist immer wieder von seinem *Herrschaftsauftrag* über die anderen Geschöpfe, insbesondere über die Tiere die Rede (so z. B. Gen 1,26 u. 28; 9,2; Ps 8,7). Diese Verbindung von „imago" und „dominium terrae" hat die Meinung aufkommen lassen, die Gottebenbildlichkeit werde durch den Herrschaftsauftrag *definiert*, sei also mit ihm *identisch*.[43] Aber die genaue Beachtung des Textzusammenhanges und das theologische Durchdenken der Thematik zeigen gleichermaßen, daß der Herrschaftsauftrag zwar eine *Konsequenz* aus der Gottebenbildlichkeit ist – aber eben deshalb *nicht* mit ihr *identisch*.

Freilich werden auch gegenüber einem aus der Gottebenbildlichkeit *abgeleiteten* Herrschaftsauftrag an den Menschen insbesondere in den letzten Jahren und Jahrzehnten massive Bedenken vorgebracht. Als Formel findet die darin enthaltene Kritik ihren Ausdruck in der Rede von den „gnadenlosen Folgen des Christentums"[44]. In Reaktion auf diese Kritik wird dem von christlicher Seite häufig als positives Motto entgegengestellt: „nicht ,herrschen', sondern ,bauen und bewahren'!" Damit wird bekanntlich die Aufgabenstellung zitiert, die im jahwistischen Schöpfungsbericht dem Menschen gegeben wird: „Und Gott der Herr nahm den Menschen und setzte ihn in den Garten Eden, daß er ihn bebaute und bewahrte" (Gen 2,15). Aber schon die Tatsache, daß die beiden Texte Gen 1,26-28 und Gen 2,15 nebeneinanderstehen und miteinander überliefert werden, muß hier vor einer *Entgegensetzung* warnen.[45]

---

43 „zelem" wäre dann zu verstehen als Bezeichnung für den Repräsentanten oder Statthalter, der im Auftrag Gottes die Herrschaft über die Erde ausübt.
44 So im Untertitel des Buches von Carl Amery, Das Ende der Vorsehung, Reinbek 1972.
45 Würde man unterstellen, daß es sich hierbei im Sinne der biblischen Autoren oder Redaktoren um eine Entgegensetzung handelt, so müßte man im übrigen annehmen, daß die *ältere* Aussage, in der vom Bebauen und Bewahren die Rede ist, durch die jüngere Aussage, die vom Herrschen spricht, korrigiert wird.

Besondere Schwierigkeiten macht uns die Rede vom „Herrschen" als Auftrag des Menschen über die Tierwelt, zumal in der alttestamentlichen Wissenschaft bis vor kurzem die Auffassung dominierte, das Verbum „radah" aus Gen 1,26 u. 28 sei mit „niedertrampeln, unter die Füße treten" zu übersetzen.[46] Heute ist weithin anerkannt, daß der Herrschafts- auftrag in Gen 1,26 u. 28 anders zu verstehen ist: „Herrschaft ist auch im Alten Testament ambivalent und kann nicht von vornherein und auf je- den Fall mit Gewaltausübung verbunden werden. In Gen 1,26.28 kon- kretisiert das Verb die mit den Bildaussagen 1,26 f ausgedrückte ‚könig- liche' Funktion des Menschen, für die Integrität und das Lebensrecht der Schöpfung (speziell der Tierwelt) zu sorgen"[47]. Das Herrschen, das nach biblischer Aussage dem Menschen neben dem Bebauen und Bewahren eingeräumt und angewiesen ist, ist zu verstehen als das Handeln, durch das der Mensch den Lebensraum für sich und die übrigen Geschöpfe bewahrt.[48] So gesehen thematisieren Gen 1,26 u. 28 und 2,15 nur unter- schiedliche *Aspekte* des Schöpfungsauftrags, aber keine zwei gegensätzli- chen Aufträge.

Das rücksichtslose Ausbeuten und Benutzen der übrigen Geschöpfe ist eine Folge davon, daß das Wissen um den Gesamtzusammenhang alles Geschaffenen und vor allem das *Gefühl* für diesen Gesamtzusammenhang verlorengegangen oder aus dem Blick geraten ist. Gerade wenn man das dominium terrae als eine Befugnis und einen Auftrag versteht, die aus der Gottebenbildlichkeit des Menschen *abgeleitet* sind und eine Konsequenz des Menschseins-in-Beziehung-zu-Gott darstellen, kann der Herrschafts- auftrag nur im Geist der Liebe verstanden und wahrgenommen werden. Festigkeit, die mit Behutsamkeit verbunden ist, könnte darum eine Be- schreibung der Haltung sein, die dem zur Gottebenbildlichkeit bestimm- ten Menschen im Verhältnis zu den anderen Geschöpfen angemessen ist. Menschen dürfen nur bauen, in Gang setzen und freilassen, was sie be-

---

46 Dazu paßte offenbar, daß es Gen 9,2 geradezu kriegerisch heißt: „Furcht und   Schrecken vor euch sei über allen Tieren auf Erden ...; in eure Hände seien   sie gegeben." Aber das ist eine Aussage, die *nach* dem „Sündenfall" und der   „Sintflut" gemacht wird und die zeigt, wie sich (auch) das Verhältnis zwi-   schen Mensch und Tier durch die Sünde zum Negativen hin verändert hat.
47 So B. Janowski, Herrschaft über die Tiere, in: Biblische Theologie und gesell-   schaftlicher Wandel, hg. von G. Braulik, W. Groß, S. McEvenue, Freiburg/   Basel/Wien 1993, S. 192 f.
48 So auch Chr. Link (Schöpfung, 1991, S. 392): „Nicht um des Menschen und   seiner besonders gefährdeten Existenz willen, sondern um der Schöpfung im   ganzen und ihres Fortbestehens willen ist ‚Herrschaft' notwendig."

herrschen[49]. Bewahrt werden muß der Gesamtzusammenhang und der gemeinsame Lebensraum des Geschaffenen. Aber um dieser Bewahrungsaufgabe willen kann es nötig sein (und ist dann *gefordert*), energisch und konsequent einzugreifen, um z. B. Seuchen und Epidemien zu stoppen oder drohende Gefahren zu vermeiden. Gerade an dieser Stelle ist deutlich, welcher Gewinn es wäre, wenn es gelänge, das *beherrschende* und das *verbindende* Erkenntnis- und Handlungsinteresse tatsächlich (s. o. 7.1.4) *miteinander zu verbinden.*[50]

12.3 Das Theodizeeproblem

Die Behauptung, der innere, schöpferische Grund der Welt sei *der* Gott, dessen Wesen *Liebe* ist, weckt Fragen, Zweifel, ja Widerspruch – außerhalb und innerhalb der Christenheit. *Kann* das wahr sein? Müßte eine Welt, deren innerer Grund die Liebe ist, nicht anders aussehen? Fällt unter solchen Anfragen und Anklagen nicht der Glaube an Gott als Schöpfer der Welt in sich zusammen? Das ist das Feld, auf das sich die Schöpfungslehre einlassen muß. Und dieses Problemfeld trägt seit der Wende des 17. und 18. Jahrhunderts die von G. W. Leibniz – in Anlehnung an Röm 3,4 f. u. Ps 51,6 – geprägte Bezeichnung „Theodizee"[51]. Genauer gesagt bezeichnet er damit den Versuch der Rechtfertigung Gottes angesichts der Anklagen, die gegen ihn erhoben werden wegen des Zustandes der Welt, deren Schöpfer und Erhalter er gemäß der Aussage des Glaubens ist. Dabei stellt sich aus theologischer Sicht sofort die Frage,

---

49 Kernenergienutzung und Gentechnologie sind einleuchtende Beispiele für die Gefahren, die drohen, wenn der Gedanke des Beherrschens preisgegeben oder vernachlässigt wird.

50 Einen Beitrag dazu bilden m. E. die drei Kriterien, die O. H. Steck (Welt und Umwelt, 1978, S. 148) aus den biblischen Texten für das Verständnis und die Wahrnehmung des dominium terrae ableitet: „Dem Menschen ist im Umgang mit seiner natürlichen Welt und Umwelt alles eröffnet zur Fristung und Freude seines Lebens, was *erstens* auch anderen und künftigen Menschen die vorgegebene Schöpfungsqualität ihrer Lebenswelt bis hin zur unbelebten Natur nicht zerstört, was *zweitens* auch allem anderen Lebendigen jetzt und künftig sein von Jahwe geschaffenes Leben und Lebensmöglichkeit in ihrem eigenständigen Daseinsrecht wahrt, und was *drittens* die Tötung des außermenschlichen Lebens auf den elementaren Lebensbedarf, auf die Abwehr von jedweder Gefahr für Leib und Leben des Menschen beschränkt."

51 Den Begriff „Theodizee" prägte Leibniz bereits Ende des 17. Jahrhunderts. Die Grundform einer Theodizee legte er im Jahre 1710 mit seinen „Essais de Théodicée" vor. Auf sie bezieht sich – in Anknüpfung und Widerspruch – die gesamte folgende Theodizee-Diskussion.

ob es für den Menschen überhaupt zulässig und möglich sein kann, Gott anzuklagen und gegen ihn ein solches Gerichtsverfahren durchzuführen (12.3.1). Sodann ist zu fragen, welche Anklagepunkte in diesem Verfahren eine Rolle spielen (12.3.2) und welche Möglichkeiten es gibt, sie zu entkräften (12.3.3). Abschließend werden wir zu fragen haben, wie dieses Theodizeeverfahren endet und was daraus für die Beschäftigung mit dem Theodizeeproblem folgt (12.3.4).

12.3.1 Bedingungen für die Bearbeitung des Theodizeeproblems

12.3.1.1 Theodizee als Gerichtsverfahren des Menschen gegen Gott?

Kann es dem Menschen überhaupt zustehen, Gott anzuklagen und ihn zur Rechenschaft zu ziehen? Würde damit nicht das Verhältnis zwischen Gott und Mensch in geradezu grotesker Weise verkehrt, indem sich der Mensch zum Richter über Gott aufschwingt? Es scheint so, als hätte Paulus in Röm 9,20 f. alles Erforderliche hierzu gesagt: „Ja, lieber Mensch, wer bist du denn, daß du mit Gott rechten willst? Spricht auch ein Werk zu seinem Meister: Warum machst du mich so? Hat nicht ein Töpfer Macht über den Ton, aus demselben Klumpen ein Gefäß zu ehrenvollem und ein anderes zu nicht ehrenvollem Gebrauch zu machen?" Und diese Aussagen beziehen sich auf einen zentralen Aspekt des Theodizeeproblems, nämlich auf die Frage, wie Gott den Menschen beschuldigen oder bestrafen könne, wenn es doch allein an Gott liege, wessen er sich erbarmt und wen er verstockt (so Röm 9,18 f.).

Aber obwohl hier alles so klar zu sein scheint, ist es doch nicht vertretbar, unter Berufung auf diese Aussagen[52] die inhaltliche Beschäftigung mit dem Theodizeeproblem zu unterlassen, zu verweigern oder gar zu verbieten. Das ist deswegen nicht zulässig, weil die Theodizeefrage oder -anklage sich letztlich gar nicht gegen *Gott*, sondern gegen den *Glauben* an Gott und das *menschliche Reden* von Gott richtet. Nicht Gott steht vor Gericht, sondern der menschliche Gottesglaube, genauer:

---

52 Die paulinische Argumentation hat in sich zwei Schwächen: Einerseits erweckt sie den Anschein, als sei der Mensch ein Gegenstand, den man mit Ton vergleichen kann, also ohne personale Verantwortlichkeit; andererseits nimmt sie den entscheidenden Einwand des fiktiven Gesprächspartners gar nicht auf, der ja nicht dagegen protestiert, daß Gott ihn verworfen oder verstockt hat, sondern nur dagegen, daß Gott ihn dafür auch noch beschuldigt.

der Glaube, daß Gott der Schöpfer der Welt und folglich die Welt Gottes Schöpfung ist. *Dieser* Infragestellung kann sich niemand unter Berufung auf Röm 9 entziehen, und insofern ist der Rechtsstreit, der unter dem Begriff „Theodizee" geführt wird, zulässig.

12.3.1.2   Theodizee als Akt des Unglaubens?

Ging es im ersten Unterabschnitt um die Frage, ob es dem *Menschen* überhaupt zustehe, die Theodizeefrage zu stellen, so steht nun in Frage, ob es sich mit dem Wesen des *Glaubens* vertrage, sich an diesem Theodizeeprozeß zu beteiligen, um Gott oder genauer: den *Glauben an Gott* gegen vorgebrachte Einwände und Anklagen zu verteidigen. Im Hintergrund dieser Anfrage, die besonders von H. Lübbe[53] mit Nachdruck vertreten wird, steht die Überlegung, daß der Versuch der Theodizee gerade dann, wenn er gelingt (oder gelingen würde), den religiösen Glauben seinem Wesen nach *zerstören* würde. Ließe sich, so lautet die Argumentation kurz zusammengefaßt, der Glaube an Gott als den Schöpfer und damit an die Welt als Schöpfung Gottes anhand unserer Maßstäbe von Güte und Gerechtigkeit rechtfertigen, dann wäre damit das *Kontingente* (und d. h. nicht nur das Unableitbare, sondern das letztlich Unbegreifliche) des Lebens sozusagen „wegerklärt", und es bliebe für Religion, die nach Lübbes Ansicht im wesentlichen „Kontingenzbewältigung" ist, kein Bedarf und keine Funktion mehr.

Diese Argumentation erscheint mir aus zwei Gründen als problematisch: Weder geht Religion in Kontingenzbewältigung auf; noch wird der Glaube durch Einsicht oder Erkenntnis überflüssig. Dennoch hat die Argumentation von Lübbe einen berechtigten Kern, den O. Marquard m. E. präzise formuliert hat: „Die Antworten der Theodizee sind ... durchweg unzureichend ... Darum haben wohl diejenigen recht, die dem Vertrauen auf Gott, also dem Glauben das letzte Wort geben, und das nicht zu können ist dann das eigentliche Unglück."[54] Mit den Formulierungen, die Theodizeeantworten seien „unzureichend" und der Glaube habe „das letzte Wort", konstruiert Marquard (im Unterschied zu Lübbe) keinen *Gegensatz* zwischen Glauben und Theodizee, sondern ein *Überbietungsverhältnis*. Und das ist auch ganz angemessen. Der Glaube muß *mit* der

---

53   Religion nach der Aufklärung, Graz/Darmstadt 1986, S. 195-206 sowie ders., Theodizee als Häresie, in: Leiden. Hg. W. Oelmüller, Paderborn u. a. 1986, S. 167-176.

54   Schwierigkeiten beim Ja-Sagen, in: Theodizee – Gott vor Gericht?, Hg. W. Oelmüller, München 1990, S. 101 f.

Unbegreiflichkeit Gottes leben, aber er kann nicht *von* ihr leben. Und deswegen ist die Suche nach Antworten auf die Theodizeefrage nicht als solche schon ein Akt des Unglaubens.

12.3.1.3   Theodizee als Widerlegung aller Anklagen?

Was sich hinter der Formulierung der Überschrift verbirgt, ist ein Aspekt des Theodizeeproblems, der für den Ausgang dieses „Rechtsstreits" von Bedeutung ist und doch kaum irgendwo in der Literatur diskutiert wird. Die Frage, um die es geht, läßt sich juristisch so formulieren: Wer trägt in diesem Verfahren eigentlich die Beweislast? Müssen die Anklagen gegen (den Glauben an) Gott *bewiesen* oder müssen sie *widerlegt* werden? Diese Frage ist vor allem dann von erheblicher Bedeutung, wenn weder der Beweis noch die Widerlegung vollständig gelingt. Wer hat dann eigentlich den Rechtsstreit gewonnen?[55] Die meisten Abhandlungen zur Theodizee gehen m. E. implizit und unbewußt davon aus, die Beweislast liege beim Angeklagten, er müsse also, um den Rechtsstreit zu gewinnen, die Anklagen widerlegen. Gemessen an rechtsstaatlichen Grundsätzen wirkt das als eine kuriose, geradezu absurde Forderung. Freilich: Unter bestimmten Voraussetzungen und in bestimmter Hinsicht ist diese Forderung jedoch durchaus berechtigt; jedenfalls dann, wenn der Anwalt vorgibt, *beweisen zu können*, daß diese Welt die Schöpfung Gottes und daß sie darum „die beste aller möglichen Welten" ist.[56] D. h., dort, wo die Schöpfungsaussage mit *Beweisanspruch* auftritt, da ist von ihrem Verteidiger zu Recht zu fordern, daß er alle Einwände förmlich widerlege. Aber auch dort, wo die Schöpfungsaussage – wissenschaftstheoretisch betrachtet – nur als *Hypothese* vertreten wird, müssen doch auch für diese Hypothese gute Gründe beigebracht und ihr widersprechende Einwände nach Möglichkeit entkräftet werden. Insofern ist es sachlich richtig, dem Angeklagten bzw. der Verteidigung grundsätzlich die Beweislast aufzubürden.

---

55 In Kants Schrift „Über das Mißlingen aller philosophischen Versuche in der Theodizee" (1791), in: ders., Werke in zehn Bänden. Hg. W. Weischedel, Bd. 9, Darmstadt 1968², S. 103-124, wird diese Frage zwar nicht diskutiert, wohl aber als entschieden vorausgesetzt, indem er schreibt: „Der Verfasser einer Theodizee ... macht sich anheischig, den angeklagten Teil, als Sachwalter, durch förmliche Widerlegung aller Beschwerden des Gegners zu vertreten ..." (a.a.O., S. 105). Die Beweislast trägt demnach eindeutig der Angeklagte, genauer: sein *Anwalt. Er* muß alle Beschwerden förmlich widerlegen.

56 Genau das hatte Leibniz mit seiner Theodizee behauptet (Essais de Théodicée, in: ders., Philosophische Schriften, Bd. II/1. Hg. H. Herring, Darmstadt 1985, S. 220 f.).

12.3.1.1–12.3.1.3 Fazit

Ich sehe keine durchschlagenden theologischen Argumente, die Anlaß geben könnten, sich gar nicht auf das Theodizeeproblem einzulassen. Weder ist die Anklage als solche ein Akt der Hybris, noch ist die Verteidigung als solche ein Akt des Unglaubens, noch muß die Beweislast so verteilt werden, daß die Verteidigung gar nicht gelingen *kann*. Und weil all das so ist, darum kann und muß eine Dogmatik sich auf die Anfragen, Einwände und Anklagen einlassen, die mit dem Stichwort „Theodizeeproblem" zusammenfassend bezeichnet werden.

12.3.2 Die konstituierenden Elemente des Theodizeeproblems

In mehreren Überschriften dieses Abschnitts ist im Singular von *dem* Theodizeeproblem die Rede. Das ist in gewisser Hinsicht irreführend, weil es den Eindruck erwecken könnte, als handle es sich jeweils um ein und dasselbe Problem, das allenfalls unterschiedlich formuliert werde. Tatsächlich ist aber das Wort „Theodizeeproblem" ein *Sammelbegriff*, der sehr unterschiedliche, ja unvereinbare Arten der Wahrnehmung und Artikulation einer Spannung oder eines Konflikts zwischen der Erfahrung der Welt und dem Glauben an Gott zusammenfaßt. Die vermutlich ursprünglichste Gestalt, in der dieser Konflikt artikuliert wird, ist die Klage *vor* Gott oder die klagende Frage *an* Gott, wie sie z. B. in den Klagepsalmen, bei Hiob oder in der Passionsgeschichte zum Ausdruck kommen: „Herr, wie lange willst du mich so ganz vergessen? Wie lange verbirgst du dein Antlitz vor mir?" (Ps 13,2) oder: „O hätte ich einen, der mich anhört – hier meine Unterschrift! der Allmächtige antworte mir!" (Hi 31,35) oder: „Mein Gott, mein Gott, warum hast du mich verlassen?" (Ps 22,2; Mk 15,34 par.). Was hier zu Worte kommt, ist die Erfahrung schwersten Leidens und abgrundtiefer Hilflosigkeit, die im schneidenden Gegensatz zu dem steht, was Menschen von Gott gehört oder erfahren, was sie selbst geglaubt und verkündigt haben. Vorausgesetzt ist dabei stets die Wirklichkeit Gottes und der Glaube an Gott. Aber dem klagenden Menschen ist nicht erkennbar, wie Gottes Verheißung und die gegenwärtige Situation zusammenstimmen könnten. Die *Wirklichkeit Gottes* wird hier nicht in Frage gestellt, sondern *vorausgesetzt*. Aber der klagende Mensch ruft um Hilfe, bittet um Einsicht, Kraft oder Geduld.

Jedoch, diese klagende Frage und Bitte kann sich verändern, wenn keine Hilfe zuteil wird, Einsicht ausbleibt und die Kraft und Geduld nicht zuwächst. Die Klage *vor* Gott kann dabei umschlagen in die Anklage *gegen* Gott und schließlich sogar in die Absage *an* Gott (Hi 2,9) und in die Bestreitung Gottes (Ps 14,1).

In diesen sehr unterschiedlichen, ja letztlich miteinander unvereinbaren Formen kann sich der Konflikt zwischen Gottesglauben und Welterfahrung artikulieren, der zusammenfassend als „das Theodizeeproblem" bezeichnet wird. Dieses Problem kann sich jedoch nur dort stellen, wo zwei Erkenntnisse miteinander in Konflikt geraten: eine *bestimmte* Welterkenntnis und eine *bestimmte* Gotteserkenntnis. Diese sollen zunächst je für sich betrachtet werden, bevor genauer bedacht werden kann, wodurch der Konflikt zwischen beidem entsteht und wodurch folglich das Theodizeeproblem konstituiert wird.

12.3.2.1 Das Übel in der Welt

Leibniz hat dasjenige, wodurch das Theodizeeproblem hervorgerufen oder ausgelöst wird, zusammengefaßt in dem (durch die Tradition vorgegebenen) Begriff „*Übel*" (malum). Und Leibniz hat m. E. ganz zu Recht drei Grundformen unterschieden, in denen das Übel erlebt wird:

a) Das *metaphysische* Übel (malum metaphysicum) ist der Inbegriff der Übel, die damit gegeben sind oder daraus resultieren, daß Menschen (wie die übrigen Kreaturen) endliche, irdische Wesen sind, also zeitlich begrenzt, räumlich begrenzt, in ihrem Wissen und in ihrer Macht begrenzt, d. h.: *Geschöpfe* und nicht selbst Gott oder Götter.

b) Das *physische* Übel (malum physicum) ist der Inbegriff der Übel, die – vor allem in Gestalt körperlichen und/oder seelischen *Leidens* – von Menschen (aber nicht nur von ihnen) erlebt und erlitten werden, sei es als Schmerz, Krankheit, Behinderung, qualvolles Sterben oder als Widerfahrnis von Naturkatastrophen. Dabei werden meist unter das physische Übel nicht nur die Formen des Leidens gezählt, die uns durch sog. „höhere Gewalt", also schicksalhaft zuteil werden, sondern auch solche, die durch fremde oder eigene Handlungen herbeigeführt werden (z. B. Kriegsfolgen, Unfälle).

c) Das *moralische* Übel (malum morale) ist der Inbegriff der Übel, die von Menschen verübt werden und zu verantworten sind, also das ethische Fehlverhalten, die „Sünde"[57] und Schuld, das Unrecht, das Menschen einander und oftmals auch sich selber antun.

---

57 Im folgenden Kapitel wird sich zeigen, daß die Gleichsetzung von „Sünde" mit „ethischem Fehlverhalten" entscheidende Aspekte des christlichen Sündenverständnisses verfehlt.

a) – c) Fazit

Diese drei Grundformen des Übels sind zwar nicht das einzige, was über die Welt aus der Sicht des Glaubens zu sagen ist, aber sie sind Realitäten, die in der Welt durchgängig vorkommen und die jeder Mensch aus eigener Erfahrung kennt. Das Übel ist also nach christlichem Verständnis kein Schein und kein bloßer Mangel, sondern etwas Reales und Wirksames. Diese negativen Erfahrungen[58] rufen *als solche* Schmerz, Trauer, Wut, Entsetzen, Haß oder Resignation hervor, aber *an sich* (noch) nicht das Theodizeeproblem. Das ist *erst dort* der Fall, wo diese Erfahrungen des Übels mit einem bestimmten *Gottesbild* konfrontiert werden.

12.3.2.2 Ein gütiger Gott als Schöpfer und Herr der Welt

Nicht *jedes* Gottesverständnis läßt das Theodizeeproblem entstehen, sondern nur ein Gottesverständnis, in dem Gott in Beziehung zur Welt und die Welt in Beziehung zu Gott gesehen wird, das also Gott als *Schöpfer* (und *Erhalter*) der Welt versteht. Aber das ist noch zu *unbestimmt* gesagt. Wie man aus der Theodizee Leibniz' sehen kann, stellt sich das Theodizeeproblem *nur* dann, wenn von Gott folgende drei Eigenschaften ausgesagt werden:

– *Allmacht*, d. h. eine Macht, die durch nichts anderes eingeschränkt ist;
– *Allwissenheit*, d. h. eine uneingeschränkte Erkenntnis der Wirklichkeit;
– *Güte*, d. h. eine grundlegend bejahende, wohlwollende, ja liebende Form der Zuwendung zur Welt.

Entfällt auch nur *eine* dieser Eigenschaften oder wird sie substantiell eingeschränkt, so löst sich das Theodizeeproblem auf. Aus der Sicht des christlichen Glaubens erscheinen jedoch alle Versuche als verfehlt, die das Theodizeeproblem dadurch zum Verschwinden bringen oder lösen wollen, daß sie an einer der *Vollkommenheiten* Gottes Abstriche machen; denn d. h. faktisch: den Glauben an Gott preisgeben.

---

58 Nur beiläufig sei angemerkt, daß die Erfahrung von Gutem, das Menschen widerfährt, sie in der Regel *nicht* an Gottes Gerechtigkeit zweifeln läßt, obwohl dies an sich ja durchaus der Fall sein könnte. Das Gute wird aber u. U. *dann* zum Anlaß der Theodizeefrage, wenn es *anderen* (z. B. den sog. Gottlosen) zuteil wird. Das Übel besteht in diesem Fall in der ungerechten Verteilung des Guten.

12.3.2.3   Das Theodizeeproblem als Konflikt zwischen der Erfahrung des Übels und dem Glauben an Gott

Das Theodizeeproblem entsteht nur dort, wo die Erfahrung, daß es wirkliches Übel in der Welt *gibt*, mit der Glaubensaussage zusammenstößt, daß die Welt von einem gütigen, allmächtigen und allwissenden Gott *erschaffen* ist. *Daß* bei diesem Zusammentreffen das Theodizeeproblem entstehen *kann*, basiert auf einem *Analogieschluß*, der wie folgt rekonstruiert werden kann: Wenn *Menschen* es miteinander gut meinen, dann fügen sie sich, jedenfalls ohne Not, kein Leid zu. Die Einschränkung „ohne Not" verweist auf die Begrenztheit menschlicher Macht und menschlichen Wissens. Da diese Begrenztheit bei Gott entfällt, scheint der Schluß berechtigt: Wenn Gott seine Geschöpfe lieben würde, dann würde er ihnen keine Übel *zufügen*, ja nicht einmal *zulassen*, daß ihnen ein Leid geschieht. Dieser Analogieschluß ist auch schon implizit vorausgesetzt in dem ältesten erhaltenen philosophischen Text, der das Theodizeeproblem formuliert, nämlich in einem Fragment Epikurs[59]:

> „Entweder will Gott die Übel beseitigen und kann es nicht, oder er kann es und will es nicht, oder er kann es nicht und will es nicht, oder er kann es und will es.
> Wenn er nun will und nicht kann, so ist er *schwach*, was auf Gott nicht zutrifft. Wenn er kann und nicht will, dann ist er *mißgünstig*, was ebenfalls Gott fremd ist. Wenn er nicht will und nicht kann, dann ist er sowohl mißgünstig als auch schwach und dann auch nicht Gott. Wenn er es aber will und kann, was allein sich für Gott ziemt, woher kommen dann die Übel, und warum nimmt er sie nicht weg?"

Die entscheidende Prämisse, die hier zum Theodizeeproblem führt, nämlich daß ein Gott, der Übel zuläßt, *mißgünstig* sei, oder daß ein *liebender* Gott kein Übel wollen oder zulassen könne, wird im folgenden noch zu prüfen sein.

12.3.3   Lösungsmöglichkeiten für das Theodizeeproblem

Im Rahmen einer Dogmatik kann es nicht darum gehen, die verschiedenen philosophischen und theologischen Antworten vorzustellen, die das Theodizeeproblem seit Platon und dem Hiob-Buch gefunden hat – und sei es auch nur in typisierender Auswahl. Es geht nur um die Lösungsmög-

---

59 Fragmente über die Götter, in: ders., Von der Überwindung der Furcht. Hg. O. Gigon, Zürich 1949, S. 80.

lichkeiten, die der Autor in Auseinandersetzung mit der philosophischen und theologischen Tradition gefunden und geprüft hat und nun selbst verantworten muß. Ich folge dabei der Einteilung der drei Übel (s. o. 12.3.2.1), stelle aber aus darstellungstechnischen Gründen die Abfolge zwischen malum physicum und malum morale um.

12.3.3.1 *Das metaphysische Übel als Konsequenz des Unterschiedes zwischen Gott und Geschöpf*

Das metaphysische Übel, d. h. die Begrenztheit, die mit der Geschöpf-lichkeit gegeben ist oder aus ihr resultiert, wirft allem Anschein nach die *geringsten* Probleme auf.[60] Es ist ja leicht einsichtig, daß Geschöpfe, die von Gott *unterschieden* sind, nicht selbst *vollkommen*, also göttlich sein können. Sie wären sonst *Dubletten* zu Gott, und damit hörten nicht nur die Geschöpfe auf, Geschöpfe zu sein, sondern auch Gott hörte selbst auf, Gott zu sein: die Alles bestimmende Wirklichkeit.

Zu der geschaffenen Welt gehört ihre räumliche und zeitliche *Begren-zung*. Ja, es leuchtet auch unmittelbar ein, daß nicht nur die *Macht*, sondern auch das *Wissen* der Geschöpfe, auch des Menschen, begrenzt sind. Das hebt freilich nicht auf, daß diese Begrenzung vom Menschen auch als Übel (malum) erlebt wird. Diese Begrenztheit menschlichen Wissens ist übrigens ein Grund dafür, warum *alle* Theodizeeversuche, die einen *Beweisanspruch* erheben, *notwendig scheitern*[61]. Die Unmöglich-keit einer Theodizee mit Beweischarakter ist selbst ein Element oder eine Konsequenz der Endlichkeit menschlichen Wissens, die ein malum metaphysicum darstellt.

Auch wenn hier theoretisch kein (großes) Problem liegt, so könnte sich doch gerade an dieser Stelle *existentiell* das *entscheidende* Problem ver-bergen. Ist es vielleicht gerade die Unvollkommenheit, das Nicht-sein-können-wie-Gott, das vom Menschen als Stachel empfunden wird und sich im Theodizeeproblem artikuliert?[62]

---

60 Vielleicht ist Kant deshalb in seiner Kritik an Leibniz auf das metaphysische Übel gar nicht eingegangen. Er hat das Problem des metaphysischen Übels ersetzt durch das Problem des angemessenen Verhältnisses zwischen Morali-tät und Ergehen, also durch das Problem der *Gerechtigkeit.*

61 Dies hat Kant in seiner Abhandlung „Über das Mißlingen aller philosophi-schen Versuche in der Theodizee" (s. o. Anm. *55*) gezeigt. S. dazu a.a.O. bes. S. 115.

62 Als zwei – ganz unterschiedliche – Zeugen für diese Vermutung wurden be-reits o.S. 271 Luther und Nietzsche genannt. Eine anrührende Variante dieses

12.3.3.2   Die Möglichkeit des moralischen
Übels als Preis personaler Freiheit

In seiner Systematischen Theologie schreibt P. Tillich: „Das moralische
Übel ist die tragische Folge kreatürlicher Freiheit."[63] Dieser Satz wäre
überzeugender, wenn Tillich nicht vom moralischen *Übel* spräche, sondern von der *Möglichkeit* des moralischen Übels oder von seiner *Zulassung.*

Wenn man verstanden hat, was der Ausdruck „moralisches Übel"
meint, nämlich die Verletzung oder gar Zerstörung der Beziehungen der
Menschen untereinander, zu sich selbst und zu Gott, und wenn man weiß,
wie schrecklich solche Verletzungen und Zerstörungen sein können, dann
wird man nicht sagen wollen oder können, die Welt würde dadurch
reicher, interessanter oder gar besser, daß in ihr moralisches Übel vorkommt. Moralisches Übel ist ein Übel, das – per definitionem – *nicht sein
soll.* Und doch wäre aus der Sicht des christlichen Glaubens jeder Versuch,
das moralische Übel durch gentechnische oder psychische Manipulation,
auf neurochirurgischem oder medikamentösem Weg aus der Welt zu
schaffen, kompromißlos abzulehnen; denn alle solchen Eingriffe würden
die *Personalität* des Menschen und damit seine personale *Identität* zerstören. Ein wesentliches Element dieser Personalität ist die *Freiheit*, die darin
besteht, auf das Angeredetwerden durch den Mitmenschen, auf Erwartungen und Forderungen nicht gezwungen oder reflexhaft, sondern spontan zu antworten, d. h. aber: ja *oder* nein zu sagen. Der Mensch wird
gewiß nicht *dadurch* zum Menschen, daß er Böses *tut*, aber er *ist* nur *so*
Mensch, daß er Böses tun *kann*. Wer einem Menschen diese Fähigkeit
nimmt, zerstört dessen Personalität. Wenn man dies kategorisch ablehnt,
so geht man bewußt oder unbewußt davon aus, daß personale Freiheit ein
so hoher Wert ist, daß als Preis für sie die *Möglichkeit* des moralischen
Übels in Kauf zu nehmen ist.

Gedankens findet sich bei G. Büchner (Dantons Tod, Philosophengespräch),
wo Payne sagt: „aber ... kann er (sc. Gott) nur was Unvollkommnes schaffen,
so läßt er es gescheuter ganz bleiben. ... Ich nehme mit einem geringern Vater
vorlieb; wenigstens werd ich ihm nicht nachsagen können, daß er mich unter
seinem Stande in Schweineställen oder auf den Galeeren habe erziehn lassen.
... Man kann das Böse leugnen, aber nicht den Schmerz; nur der Verstand
kann Gott beweisen, das Gefühl empört sich dagegen." Auf den Schlußsatz
werde ich nochmals (s. u. S. 452) zurückkommen. Hier sollte er nur die
Vermutung untermauern, daß das metaphysische Übel zwar relativ leicht
verstandesmäßig zu bewältigen ist, aber emotional und existentiell ein tiefsit-
zendes Problem berührt.

63 Bd. I, S. 309.

Gegen diese Argumentation wird gelegentlich folgender Einwand erhoben: Hätte ein gütiger Gott nicht wenigstens die *Spannweite* menschlicher Bosheit einschränken können, so daß zumindest nicht solche Greueltaten wie Kreuzzüge, Hexenverbrennungen, Judenvernichtung, Christenverfolgungen oder Hiroshima und Nagasaki möglich gewesen wären? Bedenkt man den Einwand näher, so zeigt sich zweierlei: a) Es gibt *keine* irgendwie plausibel zu machende *Grenze*, diesseits derer das moralische Übel akzeptabel wäre. b) Eine Einschränkung der Möglichkeit zum *Bösen* ist nur denkbar als gleichzeitige Einschränkung der Freiheit zum *Guten*. Deswegen führt der Gedanke der quantitativen Reduktion von Handlungsmöglichkeiten nicht weiter. Es muß also dabei bleiben: Die Möglichkeit des moralischen Übels ist der Preis personaler Freiheit. Dieser Satz besagt nicht, daß das moralische Übel leicht wiege, sondern er besagt, daß personale Freiheit ein kostbares Gut ist. Eine Schöpfung *ohne* dieses „Gut" könnten wir nicht als „bessere Schöpfung" bewerten. Aber auch hier bleibt zweifellos ein schmerzlicher Stachel.

12.3.3.3 *Das physische Übel und die Reifung des Menschen*

Eine (theoretisch befriedigende) Anwort auf die Frage nach der Vereinbarkeit von Schöpfungsglauben und physischem Übel zu finden, ist zweifellos wesentlich schwieriger als beim metaphysischen und moralischen Übel. Man sieht *nicht* (jedenfalls nicht ohne weiteres), *wofür* das physische Leid der unvermeidliche Preis sein sollte oder könnte. Hier tritt vor allem der genannte (s. o. 12.3.2.3) „Analogieschluß" in Kraft, der besagt, daß Liebende den Geliebten doch ohne Not kein Leid und keine Schmerzen zufügen. Inwiefern sollte aber für Gott eine „Not" dazu bestehen?

Auch hier scheint mir noch einmal der Blick auf ein (damals) fiktives (heute nicht mehr utopisches) Szenario hilfreich zu sein: In seinem berühmten Roman „Brave New World"[64] hat A. Huxley die Fiktion einer leid- und leidensfreien Welt durchgespielt, in der die Abwesenheit von Leid durchgehend genetisch, pädagogisch und medikamentös herbeigeführt, sichergestellt und überwacht wird. Huxley kommt zu dem m. E. überzeugenden Ergebnis: Eine solche Welt ohne Leiden (und Böses) wäre keine menschlichere Welt, sondern eine Form der Entmenschlichung, ja eine Art Hölle, weil hier keine *menschliche Reifung* und kein wirkliches *Fühlen* mehr möglich wäre. Menschen, die über ihr Leben nachdenken, kommen häufig zu dem Ergebnis, daß Zeiten hoher Gefühlsintensität einschließlich des Leidens für die persönliche Entwicklung und Reifung

---

64 Engl. 1932; dt.: Schöne neue Welt, 1953.

besonders *wichtige* Zeiten waren. Von daher scheint sich eine überzeugende Rechtfertigung für das physische Übel zu ergeben: Es ist notwendig als Preis personaler Entwicklung und menschlicher Reifung und insofern generell gerechtfertigt. Aber man merkt sofort: Wenn man das so generalisiert, wird es falsch, weil dann eine Teilwahrheit unzulässig verallgemeinert wird. Am Leiden kann man auch verzweifeln und zerbrechen, verhärten oder abstumpfen.

Diese anthropologischen Überlegungen zeigen zwar einen *Ansatz* für die Beantwortung der Frage, ob und inwiefern (auch) physisches Übel Element einer guten Schöpfung sein könne. Aber dieser Ansatz bleibt ambivalent. Er wäre erst dann überzeugend, wenn sich zeigen ließe, daß *allen* Menschen, ja *allen* Kreaturen „alle Dinge zum Besten dienen müssen" (Röm 8,28). Aber diese Aussage ist nicht (im rezeptiven Sinn) verifizierbar. Sie ist eine Hoffnungsaussage, die neue Erkenntnis *ermöglichen* will. Aber wodurch ist diese Hoffnung theologisch begründet?

Nach biblischem und reformatorischem Verständnis ist die Person Jesu Christi, genauer: Jesus Christus als der „für uns" Gekreuzigte der Grund dieser Hoffnung. Dabei wird der Kreuzestod Jesu Christi verstanden als das Ereignis der Selbstoffenbarung der göttlichen Liebe zum Heil der Welt (Joh 15,13; Röm 5,10). In diesen Aussagen ist vorausgesetzt, daß Liebe die Bereitschaft zum Leiden um des Geliebten willen einschließt. Ja, es gilt wohl sogar die Umkehrung, daß man letztlich *nur* an dem leiden kann, was man liebt. Der Zusammenhang von Liebe und Leiden, der sich vom Kreuz Christi her auftut, könnte das Tragfähigste sein, was vom christlichen Glauben her zur Realität des (physischen) Übels in der Schöpfung zu sagen ist. Jedenfalls liegt hier der Grund für die christliche Hoffnung im Blick auf das Leiden dieser Welt und Zeit. *Hier* hat auch der von Elert, Bonhoeffer und Moltmann betonte Gedanke der *mitleidenden Gegenwart* Gottes in der Welt seine Bedeutung und seinen Ort.

Aber weder von den anthropologischen Überlegungen noch vom Verweis auf das Kreuz Christi her läßt sich behaupten, damit wäre Kants Forderung Genüge getan, „durch förmliche Widerlegung aller Beschwerden des Gegners" (s. o. S. 442) zu zeigen, daß alles Leiden einen guten Sinn und eine positive Bedeutung hätte. Zwar können wir darauf hoffen, daß sich für uns und für andere immer wieder der Sinn von Leiden erschließt. Aber die Erkenntnis, daß auch in schwerem Leiden ein positiver Sinn steckte, muß sich den vom Leiden Betroffenen *selbst* erschließen und kann in der Regel erst im *Rückblick* so ausgesprochen werden. Von solchen Erfahrungen her läßt sich dann mit Gewißheit sagen, daß das eigene Leben (und insofern auch diese Welt) *ohne alles* physische Übel *keine* menschlichere oder bessere, sondern eine ärmere Welt wäre. Aber das läßt sich *nicht* im Blick auf *alles mögliche Leiden generalisieren*.

Erst recht darf aus einer solchen Einsicht *nicht* abgeleitet werden, Menschen dürften gleichgültig zusehen, wenn andere Menschen leiden. Und schon gar nicht läßt sich daraus ableiten, daß Menschen oder Tieren ohne Not Leiden zugefügt werden dürfte. Wohl aber folgt daraus, daß Leiden als mögliches Element einer guten Schöpfung angenommen und bejaht werden kann. D. h.: Das Vorhandensein von physischem Übel widerlegt *als solches nicht* den Glauben an Gott als den Schöpfer der Welt.

Aber gegen diesen Ansatz kann folgendes Argument geltend gemacht werden: Die eschatologische Hoffnung des christlichen Glaubens richtet sich auf einen „Zustand", in dem das Übel überwunden, ja abgetan ist. Wenn *dies* aber der Zustand verheißener und erhoffter Seligkeit ist, dann ergibt sich daraus doch, daß der *neue* Himmel und die *neue* Erde (Jes 65,17; 66,22; II Petr 3,13; Apk 21,1) dieser irdischen Welt qualitativ überlegen sind.

Dieses Argument läßt sich zuspitzen zu der Frage: Wenn Gott der Schöpfer des Himmels und der Erde ist und wenn es die Bestimmung der Schöpfung ist, eschatologisch zum neuen Himmel und zur neuen Erde zu werden, warum hat Gott dann nicht gleich diesen neuen Himmel und die neue Erde erschaffen? Diese Frage klingt reichlich spekulativ, und es wäre daher leicht, sie als unstatthaft oder als unbeantwortbar zurückzuweisen. Aber es steckt in ihr ein berechtigtes Anliegen, und deshalb ist sie aufzunehmen. In den bisherigen Ausführungen dieser Dogmatik zum Wesen des christlichen Glaubens, zum Wesen Gottes und zum Sinn des Schöpfungsglaubens ergab sich durchgängig ein dynamischer, teleologischer Zug, der dem christlichen Glauben zu eigen ist. Dabei ist die Kernfrage, ob es für den christlichen Glauben letztlich nur darauf ankommt, *daß* das Bestimmungsziel der Welt und des Menschen erreicht wird, oder auch darauf, *wie*, d. h. *auf welchem Wege* dieses Ziel erreicht wird. Von den Ausführungen über Gottes Wesen als Liebe und über die Bestimmung des Menschen zur Gottebenbildlichkeit her ergibt sich, daß der Weg zu diesem Ziel ein *essentielles* Element und daß die Zielangemessenheit des Weges ein *ausschlaggebendes* Kriterium ist. Liebe braucht Zeit und läßt Zeit. Sie zwingt nicht, und sie überrumpelt nicht. Sie lockt und zieht[65]. Man kann zwar nicht sagen: „Der Weg ist das Ziel", wohl aber: „Der Weg gehört zum Ziel".

Das hebt nicht auf, daß auch die Glaubenden (mit anderen Menschen und anderen Kreaturen) auf diesem Weg *seufzen* und sich nach dem Hoffnungsziel *sehnen*, an dem das Übel (auch das physische Übel) abgetan und das Alte definitiv vergangen ist (Röm 8,22 f.). Der christliche Glaube sehnt sich auch deshalb nach diesem Ziel, weil sich damit die –

---

65 So Luther sehr anschaulich in WA 33,130,39-132,25.

begründete – Hoffnung verbindet, im „Licht der Herrlichkeit"[66] zu erkennen, was wir jetzt ahnen, vermuten, bezweifeln oder glauben: daß der
Gott, dessen Wesen sich in Jesus Christus zum Heil der Welt erschlossen
hat, der schöpferische Grund dieser Welt ist, in der es so unbegreifliches
Übel gibt.

12.3.4   Ergebnis und Folgerungen

12.3.4.1   Der Ausgang des Theodizeeprozesses

Welcher Urteilsspruch ist nun eigentlich mit dem bisher Gesagten faktisch
ergangen oder aufgrund der Anklage und Verteidigung zu erwarten?
Würdigt man die Argumente pro und contra, so ergibt sich bei den drei
Anklagepunkten ein unterschiedliches Bild: Die stärksten Argumente für
die „Anklage" können wohl beim dritten Punkt (malum physicum) vorgebracht werden; die stärksten theoretischen Argumente zur „Verteidigung" ergeben sich dagegen beim ersten Punkt (malum metaphysicum).
Wie bereits eingangs vermutet, konnte bei keinem der drei Punkte eine der
Seiten einen förmlichen, unwiderleglichen Beweis liefern – und schon gar
nicht für alle drei Punkte zusammen. Insofern ist der Prozeßausgang allem
Anschein nach *offen*. Kann sich der (christliche) Glaube damit nicht einigermaßen „trösten"? Zwar gelingt es ihm nicht, alle Einwände zu widerlegen; aber es gelingt auch der Anklage nicht, den Glauben an Gott und
an das Geschaffensein der Welt zu widerlegen. Ist das für den Glauben
nicht ein ganz akzeptabler Ausgang des Theodizeeprozesses?

Und doch bleibt dabei ein ungutes Gefühl. Es handelt sich allem
Anschein nach, wenn überhaupt um einen Freispruch, dann nicht um
einen Freispruch „aus erwiesener Unschuld", sondern um einen früher so
genannten Freispruch „mangels Beweises". Der Schöpfungsglaube ist
zwar argumentativ nicht zu widerlegen, aber: „Das Gefühl empört sich
dagegen" (s. o. Anm. 62). Mit *diesem* Hinweis ist das Theodizeeproblem
auf *die* Ebene gebracht, auf der es am intensivsten wahrgenommen, erlebt
und erlitten wird: auf die Ebene des Gefühls. Und alle philosophischen
oder theologischen Argumentationen zum Theodizeeproblem (ob pro
oder contra) werden dann problematisch, wenn sie diese Ebene grundsätzlich ausklammern oder verdecken. Das geschieht dann, wenn eine
Theodizee-Position so mit dem Übel umgeht, daß von ihr her die *Klage*

---

66 Vgl. dazu den Schlußabschnitt von „De servo arbitrio" (WA 18,784 f.), in
    dem Luther aus seiner Sicht zum Theodizeeproblem Stellung nimmt.

über das Übel keinen Raum mehr hat. *Die Eröffnung der Möglichkeit der Klage (die auf Erhörung hoffen kann) ist das theologische Kriterium des angemessenen Umgangs mit dem Theodizeeproblem.*[67]

12.3.4.2 *Der Sinn der Beschäftigung mit dem Theodizeeproblem*

Aufgrund des zuletzt Gesagten könnte es so scheinen, als sei die *Beschäftigung* mit dem Theodizeeproblem als solche irrelevant, ja gefährlich, weil sie das theologische Interesse in die falsche Richtung lenkt und auf die falsche (nämlich gedankliche) Ebene bringt. Von daher könnte sich die Überlegung naheliegen, das Theodizeeproblem auf sich beruhen zu lassen oder in einem weiteren Schritt den Menschen recht zu geben, die sagen: „Eine Welt, in der es (solche) Übel gibt, kann nicht von einem gütigen, allmächtigen Gott erschaffen sein. Zwar kann unsere Vernunft das nicht *beweisen*, aber unser *Gefühl* sagt uns das, und dem folgen wir." Welche Konsequenz hätte es, wenn der Theodizeeprozeß *so* ausginge und wenn die Theologie *so* mit dem Theodizeeproblem umginge?[68]

a) *Theodizee oder Anthropodizee*

In einem Text mit dem Titel „Rechtfertigung"[69] hat O. Marquard das Ergebnis und die Konsequenzen des Theodizeeprozesses wie folgt formuliert: „Die moderne Geschichtsphilosophie ist die Radikalisierung der Theodizee durch den Freispruch Gottes wegen der erwiesensten jeder möglichen Unschuld: der Unschuld wegen Nichtexistenz. Durch diesen Atheismus ad maiorem Dei gloriam wird der Mensch der Erbe der Funktionen Gottes: nicht nur seiner Funktion als Schöpfer, sondern – eben darum – auch ... seiner Funktion als Angeklagter der Theodizee."[70] Diesen Vorgang bezeichnet Marquard als die Verwandlung der Theodizee in die Anthropodizee. Sie faßt scheinbar (wieder) genau den Zustand in den Blick, auf den die *Rechtfertigungslehre* geantwortet hatte: der Mensch als Angeklagter vor Gott. Aber diese Gerichtssituation hat sich im Durchgang durch die Theodizee an einem entscheidenden Punkt verändert. Weil

---

67 Vgl. dazu O. Bayer, Erhörte Klage, in: NZSTh 25/1983, S. 259-272. Die Bedeutung dieses Aufsatzes reicht erheblich über sein Thema „Gebet" hinaus und erstreckt sich auch auf das Thema „Theodizee".

68 Im folgenden beziehe ich mich vor allem auf Gedanken von O. Marquard zum Theodizeeproblem.

69 In: Gießener Universitätsblätter 1980, Heft 1, S. 78-87.

70 A.a.O., S. 82.

454 Die geschaffene Welt

es dem Menschen nicht zusteht, Gott (im Theodizeeprozeß) zu begnadigen, kommt es bei der Verwandlung der Rechtfertigung des Sünders in die Theodizee Gottes zum „Verlust der Gnade"[71]. Die Anklage wird gnadenlos, und das bleibt sie auch dort, wo der Mensch (an Stelle Gottes) zum Angeklagten wird. Damit befindet sich der Mensch in der Anthropodizee in einem Zustand gnadenlosen Angeklagtseins. Er und niemand sonst soll die Übel der Welt verantworten. Aber das kann der Mensch nicht. Und darum ist das eine Überforderung.

b) Das Theodizeeproblem als Artikulation des Übels

In dem Maße, in dem sich zeigt, daß der Mensch nicht dazu in der Lage ist, die Verantwortung für den Zustand der Welt zu tragen, gewinnt eine andere mögliche Konsequenz an Bedeutung: der Nihilismus als definitiver Verzicht auf die Annahme eines höchsten Bestimmungszieles der Welt und des Menschen. In einer nicht von Gott erschaffenen und darum auch nicht zur Vollendung bestimmten Welt verliert das Übel seinen Charakter als Rätsel oder Skandal und wird zur erwartbaren Normalität. Es wäre geradezu erstaunlich, wenn es in der Welt als einem evolutionären Zufallsprodukt kein metaphysisches, physisches und moralisches Übel gäbe. Das schließt zwar nicht aus, daß alle Menschen versuchen werden, für sich ein Maximum an Glück zu erreichen und dabei nur ein Minimum an Schmerz und Leiden zuzulassen, aber einen Erklärungsbedarf für die Existenz des Übels gibt es unter nihilistischen Bedingungen ebensowenig wie eine begründete Hoffnung auf einen neuen Himmel und eine neue Erde, in denen das Übel überwunden und abgetan ist. Für den nihilistischen Atheismus wird das Übel zu etwas Normalem, mit dem man sich abfinden muß.

Demgegenüber findet sich der Glaube an Gott als Schöpfer der Welt nicht mit dem Übel ab, er protestiert im Namen der göttlichen Bestimmung und Verheißung gegen das Übel in der Welt, auch wenn er selbst keine zufriedenstellende Antwort auf das Warum des malum in der Hand hat. O. Marquard hat gelegentlich[72] darauf hingewiesen, daß auch unzureichende Antworten eine wichtige Funktion haben, nämlich Fragen zu bewahren und offenzuhalten. So hat das christliche Reden von der Welt als Schöpfung – auch – die Funktion, das Übel in der Welt als solches wahrzunehmen und sich nicht einfach mit ihm abzufinden. Das gilt freilich nur dann, wenn der christliche Glaube es aushält, daß er auf die

---

71 A.a.O., S. 83.
72 S. o. Anm. 54.

Theodizeefrage keine definitive Antwort *hat*, sie aber im Vertrauen auf Gott eschatologisch *erhofft*.

c) Der Widerstreit von Glaube und Erfahrung

Das Theodizeeproblem ist darum unabweisbar, weil an ihm die Spannung zwischen Glauben und Erfahrung ausgehalten und ausgetragen wird, die für den christlichen Glauben unter irdischen Bedingungen konstitutiv ist. Sie läßt sich auch beschreiben als die Spannung zwischen dem rezeptiven und dem produktiven Aspekt der Wirklichkeitserkenntnis des christlichen Glaubens (s. o. 7.1.1). In rezeptiver Hinsicht setzt der Glaube Erfahrung voraus, nimmt sie wahr und interpretiert sie. In produktiver Hinsicht läßt der Glaube nach neuer Erfahrung Ausschau halten und ist auf sie hoffend ausgerichtet. Hätte der Glaube es *nur* mit dem produktiven Aspekt der Erkenntnis zu tun, so wäre seine Hoffnung faktisch ohne Begründung. Lebte der Glaube dagegen *nur* aus dem rezeptiven Aspekt der Erkenntnis, so verlöre er die Dimension der Verheißung und der Hoffnung aus dem Blick. Was so wie ein harmonisches Ergänzungsverhältnis klingt, ist freilich oft ein innerer Kampf auf Leben und Tod: der Kampf zwischen der Bestimmung der Welt und des Menschen zum Heil und der Erfahrung der Realität der Welt und des Menschen, die immer auch gekennzeichnet sind durch Endlichkeit, Leiden und Sünde. Die theologische Arbeit am Theodizeeproblem löst diesen Widerstreit nicht auf, aber sie *hält ihn offen*, und *darum* ist sie unverzichtbar.

Dem muß auch – im Reden wie im Schweigen – der seelsorgerliche Umgang mit dem Theodizeeproblem dadurch entsprechen, daß

– Leiden und Angst *wahrgenommen und zugelassen*, also weder bagatellisiert noch wegerklärt werden;
– der Raum für die unzensierte *Klage vor* Gott und *Anklage gegen* Gott eröffnet und nicht verstellt wird;
– die eigene *Antwort- und Hilflosigkeit* (von Seelsorgern) ausgehalten und ertragen wird;
– mit alledem der *Horizont offengehalten* wird, in dem sich für die Betroffenen selbst eine Antwort oder eine Perspektive der Hoffnung einstellen kann.

13 Die gefallene Welt (Hamartiologie)

Die heilsame, rettende Botschaft des Evangeliums setzt eine Situation der *Heillosigkeit* und *Verlorenheit* voraus, die in der Bibel und in den kirchlichen Bekenntnissen in der Regel mit dem Begriff „Sünde" (gelegentlich auch „Schuld") bezeichnet wird. Dieser Begriff ist jedoch in unserer Lebenswelt besonderen Mißverständnissen ausgesetzt. Das Reden von „Sünde" begegnet in der Gesellschaft, aber auch in der Kirche nicht selten einer Haltung, die man als Mischung aus Desinteresse und Argwohn bezeichnen kann:

- *Desinteresse*, weil ein so unklares, häufig bloß formelhaft gebrauchtes Wort wie „Sünde" keine orientierende oder erhellende Kraft zu besitzen scheint;
- *Argwohn*, weil das kirchliche Reden von „Sünde" – soweit es vorkommt – erlebt oder empfunden wird als ein Versuch, Menschen ein schlechtes Gewissen zu machen, sie kleinzuhalten und zu überwachen, um sie (besser) beherrschen zu können.[1]

In den Vorbehalten gegen das Thema „Sünde" kann sich aber auch eine andere Haltung ausdrücken, die ihrerseits aus theologischer Sicht gedeutet und verstanden werden kann: Es ist schwer, vielleicht sogar unmöglich, die Heillosigkeit und Verlorenheit des eigenen Lebens anzuschauen, wenn dies nicht schon im Horizont ihrer Überwindung geschieht. Ohne eine solche Perspektive kann die innere Zerrissenheit, das Selbstzerwürfnis, das mit dem Begriff „Sünde" bezeichnet wird, als eine totale Infragestellung der eigenen Person erlebt werden. Erst die Erfahrung von Vergebung, also der Zuspruch der Rechtfertigung des Sünders ermöglicht die *Unterscheidung* zwischen Person und Sünde, aufgrund deren diese Zerrissenheit tatsächlich angeschaut werden kann, ohne daß dies einen Menschen in eine Situation trostloser Verzweiflung treiben muß. Der von O. Marquard diagnostizierte neuzeitliche „Verlust der Gnade" (s. o. S. 454) könnte demzufolge verständlich machen, warum das Thema „Sünde" in unserer Lebenswelt auf Ablehnung und Widerspruch stößt.

Andererseits ist zu konstatieren, daß in den letzten Jahren auch ein neues, bislang primär innertheologisches *Interesse* an dem Thema „Sünde" im allgemeinen und „Erbsünde" im besonderen erwacht ist. Darin

---

1 Auf diesen Aspekt weist insbesondere die feministische Kritik am kirchlichen und theologischen Reden von „Sünde" hin.

meldet sich vermutlich nicht nur ein vernachlässigtes oder verdrängtes Thema wieder zu Wort, sondern das ist auch Ausdruck spezifischer Negativ-Erfahrungen unserer Zeit, die nach Möglichkeiten des Verstehens und der Überwindung von Gewalt und Faszination durch das Böse fragen lassen. Fruchtbar wird dieses Interesse aber sicher nur, wenn es sich verbindet mit dem Bemühen um gedankliche Klärung, theologische Durchdringung und empirische Bewährung. Deswegen soll auch hier nach einem ersten Abschnitt, der dem Versuch der Begriffsklärung gewidmet ist (13.1), die Beschäftigung mit der Frage nach der Wurzel (13.2), den Erscheinungsformen (13.3) und den Auswirkungen der Sünde (13.4) folgen.

13.1 Zur Klärung des Begriffs „Sünde" (und „Schuld")

13.1.1 Zum biblischen Sprachgebrauch

Sowohl im Alten als auch im Neuen Testament werden *mehrere* Begriffe verwendet, um „Sünde" (und „Schuld") zu benennen. Diese Begriffe enthalten wesentliche Gemeinsamkeiten, aber auch jeweils wichtige unterschiedliche Nuancen, die beide zum Verständnis des Gemeinten eine große Hilfe sein können.

13.1.1.1 Hauptbegriffe für „Sünde" im Alten Testament

Im Alten Testament gibt es drei Hauptbegriffe für „Sünde": ḥaṭā't, ʻāwon und pæšʻ.

a) ḥaṭā't

Das Verbum ḥaṭā' und das Substantiv ḥaṭā't sind im Alten Testament die häufigsten Bezeichnungen für „sündigen" und „Sünde". Die Grundbedeutung von ḥaṭā't, ist: *ein Ziel verfehlen*[2]. Entsprechend bedeutet ḥaṭā't, wenn es auf das Verhältnis zum Mitmenschen oder zu Gott übertragen wird: Verfehlung, d. h. das Nicht-Erreichen des eigentlich Intendierten und der Bestimmung, nämlich des Gemeinschaftsverhältnisses. Zwar kann gelegentlich auch ein einzelnes Gebot genannt werden, das durch „sündiges" Verhalten verfehlt wird, aber ausschlaggebend ist die Bezie-

---

2 So heißt es in Jdc 20,16, daß von 700 linkshändigen Steinschleuderern jeder aufs Haar traf und keiner „verfehlte".

hung zur *Gemeinschaft*, und zwar letztlich das Gemeinschaftsverhältnis zu *Gott*. Maßgeblich ist dabei *nicht*, ob es sich um eine absichtliche oder um eine unwissentliche Verfehlung handelt. Beide fallen unter das Urteil: „ḥaṭā't", und was damit gemeint ist, läßt sich am besten wiedergeben mit der Formel: „Verfehlung des Ziels, der Gemeinschaft (mit Gott) gerecht zu werden".

b) ʿāwon

Die Grundbedeutung des (seltenen) Verbums ʿāwah und des (häufigen) Substantivs ʿāwon lautet „abweichen", „abkehren", aber auch „verkehren", „verdrehen", „beugen", „krümmen", „sich vergehen". Vorausgesetzt ist dabei entweder ein Weg, von dem abgegangen wird, oder das Verbiegen von etwas Geradem. Häufig können dabei die *Folgen* mitgemeint sein, die sich aus dem Abweichen oder Verbiegen ergeben – Folgen, die sich in aller Regel unerwartet, ja *ungewollt* einstellen. So kann ʿāwon nicht nur „Vergehen", sondern auch „Schuld" und „Strafe" bedeuten. Auch ʿāwon setzt in seiner religiösen Bedeutung stets ein zwischen Gott und dem Volk oder dem einzelnen bestehendes *Gemeinschaftsverhältnis* voraus, von dem die „Krümmung" bzw. das „Ver-gehen" abweicht.[3] Auch bei ʿāwon ist das Kriterium aber nicht die Absichtlichkeit oder Schuldhaftigkeit, sondern hier das *Abweichen* vom (geraden) Weg der Gottesbeziehung samt seinen schlimmen Folgen.

c) pæš

Die Grundbedeutung dieser dritthäufigsten Bezeichnung für „Sünde" ist nicht leicht zu ermitteln. Das Wort hat zu tun mit „wegnehmen", „rauben", aber auch mit „sich entziehen", „abfallen". Das Gemeinsame dieser vier Bedeutungen könnte man wiedergeben mit dem Wort „herausbrechen", wobei sowohl daran zu denken ist, daß *etwas* aus dem Lebensbereich eines anderen herausgebrochen (d. h. gestohlen) wird, als auch daran, daß jemand sich herausbricht (d. h. eine Gemeinschaft verläßt). Diese letztere Bedeutung ist dort anzusetzen, wo pæš „Sünde" bedeutet. Vorausgesetzt ist auch hier wieder ein bestehendes Gemeinschaftsverhältnis, dem ein Mensch sich – nun aber *stets* wissentlich und willentlich – entzieht. „Sünde" ist hier gesehen als „der Grundvorgang einer bewußten, gemeinschaftsschädigenden Entzweiung"[4].

---

3 Vgl. dazu R. Knierim, Die Hauptbegriffe für Sünde im Alten Testament, S. 255.
4 So Knierim, a.a.O., S. 178.

a) – c) Fazit

Die wichtigste Gemeinsamkeit der drei alttestamentlichen Hauptbegriffe für „Sünde" besteht darin, daß in allen Fällen ein *Gemeinschaftsverhältnis* (insbesondere zwischen Gott und Mensch) – sei es als *Gegebenheit* oder als *Ziel* – vorausgesetzt ist, das der Mensch durch die Sünde *verletzt*. Wenn „Gerechtigkeit" im Alten Testament als „gemeinschafts*gemäßes* Verhalten" zu verstehen ist[5], so ist „Sünde" das Gegenteil: gemeinschafts-*widriges* Verhalten. Dieses Moment steht im Vordergrund, nicht die Übertretung einer vorgegebenen Norm oder eines Gebotes, auch nicht die Schuldhaftigkeit. Die Verletzung der Gemeinschaft ist dabei eher Anlaß zur *Klage* als zur Anklage oder zum Vorwurf.

13.1.1.2 Das Reden von „Sünde" im Neuen Testament

Im Neuen Testament dominiert *ein* Begriff für Sünde, und zwar in *allen* Überlieferungsschichten: „ἁμαρτία". Daneben kommen noch – ebenfalls in allen Überlieferungsschichten – vor: „ἀδικία" und „παράπτωμα".[6]

a) „ἁμαρτία"

Das griechische „ἁμαρτάνω" hat dieselbe profane Grundbedeutung wie das hebräische Verbum haṭā': ein Ziel verfehlen, es also nicht treffen oder nicht erreichen. Zugleich hat die Wurzel „ἁμαρτάνω" im übertragenen Sinn eine ähnliche Bedeutung wie das hebräische Verbum ʿāwah: vom Weg abkommen, sich verlaufen oder verirren. Schließlich kommt in der profanen Bedeutung von „ἁμαρτάνω" noch eine dritte Bedeutung hinzu: ein gestecktes Ziel nicht erreichen oder nicht verwirklichen können, weil man einen *Fehler* macht. Seiner Grundbedeutung nach ist „ἁμαρτάνειν" also immer ein Verhalten, bei dem ein angestrebtes Ziel *nicht* erreicht, sondern verfehlt wird.

„ἁμαρτία" als *Sünde* ist ein Abweichen von dem durch Gottes Willen gewiesenen Weg zum Leben. Deswegen wird das angestrebte Ziel, näm-

---

5 Dies hat K. Koch in seiner grundlegenden Arbeit: sdq im Alten Testament, Diss. theol. Heidelberg 1953, herausgearbeitet.

6 Nur *einmal* kommt im Neuen Testament der Begriff „ὀφείλημα" vor, um Sünde als „Schuld" *vor Gott* zu bezeichnen. Dieser *eine* Beleg ist freilich in einem Text enthalten, dessen Wirkungsgeschichte gar nicht hoch genug veranschlagt werden kann: im Vaterunser (Mt 6,12). Von daher läßt sich erklären, daß der Begriff „Schuld" in der Christentumsgeschichte eine so große Rolle spielen konnte.

lich das Leben, durch die Sünde *verfehlt.* Auffällig am neutestamentlichen
Sprachgebrauch ist dabei zweierlei: Erstens wird „ἁμαρτία" insbesondere
bei Paulus als *Macht* verstanden, und zwar als eine dämonische Macht,
die „durch *einen* Menschen" (Adam) in die Welt gekommen ist und von
da an (bis Christus) über die Menschen *herrscht* (Röm 5,12-21). Zweitens
besteht das überwiegende Interesse des Neuen Testaments nicht an der
Sünde selbst, sondern an ihrer *Aufhebung* und *Überwindung.*

b) „ἀδικία"

Das Substantiv „ἀδικία" und das Verbum „ἀδικέω", die vor allem bei
Paulus und Lukas vorkommen, zeigen schon von der Sprachstruktur her,
daß sie durch einen *Gegensatz* bestimmt sind, nämlich gegen das Recht.
Grundbedeutung von „ἀδικέω" ist „Unrecht tun". Aber als Begriff für
„Sünde" meint „ἀδικία" nicht *irgendein* Unrecht, sondern den Gegensatz
zur δικαιοσύνη, also zur Gemeinschaftstreue Gottes. ἀδικία ist (jedenfalls
bei Paulus) die Weigerung des Menschen, Gott, der seinerseits dem Menschen die Treue hält und dessen Leben und Heil will, die Ehre zu geben.
Aber auch von der ἀδικία gilt: Sie ist nicht nur *Tat* oder *Eigenschaft* des
Menschen, sondern zugleich eine transpersonale Wirklichkeit, eine *Macht,*
die den Menschen versklavt.

c) „παράπτωμα"

Das aus „παραπίπτω" (d. h.: „danebenfallen", „abirren") abgeleitete
Substantiv „παράπτωμα" bezeichnet in der Profangräzität das Versehen,
den Irrtum. Schon in der Septuaginta, in der „παράπτωμα" Übersetzung
für *pæš'* ist, bezeichnet es *nicht* eine Gesamthaltung oder Grundeinstellung des Menschen, sondern die einzelne Verfehlung, den Fehltritt, den
Fall oder Absturz[7]. Anders als „παράβασις" (d. h.: „Übertretung") bezieht sich „παράπτωμα" nicht notwendig auf ein Gesetz oder Gebot, das
übertreten und damit verletzt wird, sondern auf die *Beziehung zu Gott,*
die durch den Fall des Menschen gestört oder zerstört wird, aus der der
Mensch also *herausfällt.* Im Unterschied zu ἁμαρτία und ἀδικία wird
παράπτωμα im Neuen Testament jedoch *nur* als menschliche *Tat, nicht*
als den Menschen beherrschende *Macht* verstanden.

---

7   Es ist kein Zufall, daß Paulus in Röm 5,15-20, wo er von Adams Fall spricht,
     sechsmal den Begriff „παράπτωμα" verwendet.

a) – c)   Fazit

Wie im Alten Testament steht auch im Zentrum der neutestamentlichen Sündenbegriffe die Vorstellung eines menschlichen Verhaltens, durch das ein angestrebtes Ziel, ein Weg, eine Beziehung *verfehlt* wird. Auch hier kann es sich um ein bewußtes und sogar willentliches Abweichen und Sich-Verweigern handeln *oder* um ein unabsichtliches, ungewolltes Abirren und Sich-Verlaufen. Die *Pointe* liegt jedenfalls *nicht* im schuldhaften Vorsatz (wiewohl dieser in der Regel mitgedacht wird), sondern in dem beklagenswerten *Verfehlen* dessen, was dem Menschen zum Leben gegeben oder zugedacht ist. Ein gegenüber dem Alten Testament *neues* Element ist das Verständnis der ἁμαρτία und der ἀδικία als *Macht*, die den Menschen zwar nicht gegen seinen Willen in Besitz nimmt, der sich der Mensch aber ausliefert und so ihr *Sklave* wird. Bemerkenswert ist schließlich, welche geringe Rolle der *Schuld*begriff im Kontext der Sündenthematik (auch) im Neuen Testament spielt.

13.1.2   *„Sünde" (und „Schuld") in den Bekenntnisschriften*

Im Apostolicum und Nicaenum kommt der Begriff „Sünden" („ἁμαρτιῶν"; „peccatorum") nur als Element der Formel „Vergebung der Sünden" vor. Das entspricht der neutestamentlichen Tendenz, Sünde von ihrer *Überwindung* her in den Blick zu fassen. In den lutherischen Bekenntnisschriften spielt das Thema „Sünde" besonders in CA 2 u. 19 eine zentrale Rolle sowie – unter einer speziellen Fragestellung – in FC I. CA 2 gibt eine förmliche Definition von „Sünde"[8]. Dabei wird die Sünde als „Seuche" bzw. „Krankheit" verstanden[9], also (auch hier) nicht primär als Schuld oder Tat des Menschen. Das *Thema* „Schuld" (allerdings *nicht* der *Begriff*) taucht aber dort auf, wo die CA lehrt, daß es nicht *Gott* sei, der die Sünde wirkt, sondern „der verkehrte Will" des Teufels und aller Gottlosen (CA 19; BSLK 75,4 f.). Die damit verbundenen sachlichen Fragen werden uns später (s. u. 13.2) beschäftigen. Hier geht es zunächst nur um den *Sprachgebrauch*. Dazu läßt sich sagen: Was „Sünde" meint, ergibt sich vom Ersten Gebot her, in dem das zusammengefaßt ist, was zum Heil und Leben des Menschen dient, nämlich ungebrochene Ge-

---

8   „... cum peccato, hoc est, sine metu Dei, sine fiducia erga Deum et cum concupiscentia"; „ ... in Sunden ..., das ist, daß sie alle von Mutterleib an voll boser Lust und Neigung seind und kein wahre Gottesfurcht, keinen wahren Glauben an Gott von Natur haben können" (BSLK 53,3-9).

9   „ ... angeborne Seuch"; „morbus" (BSLK 53,10 u. 8).

meinschaft mit Gott. Daß *dies* dem Menschen *fehlt* und daß der Mensch statt dessen von Selbstsucht und Gier getrieben wird, *das* ist die Sünde des Menschen, die zugleich sein Elend ausmacht. Entscheidend ist dabei: Es handelt sich um einen so tiefreichenden Schaden, daß ihn der Mensch aus eigenen Kräften nicht heilen *kann.*

So sieht es auch der Heidelberger Katechismus (Fr. 5-9), der vom Menschen sagt, er sei „von Natur geneigt, Gott und (s)einen Nächsten zu hassen" (Fr. 5). Gegen das naheliegende Mißverständnis, „von Natur" heiße „so erschaffen", wird gelehrt, die verderbte Art des Menschen komme „aus dem Fall und Ungehorsam unserer ersten Eltern", wodurch „unsere Natur also vergiftet worden (sei), daß wir alle in Sünden empfangen und geboren werden" (Fr. 7). Das Stichwort „Ungehorsam" wird dann in Frage 9 noch einmal aufgenommen und verstärkt durch das Adjektiv „mutwillig", wenn es heißt: „Der Mensch aber hat sich und alle seine Nachkommen aus Anstiftung des Teufels durch mutwilligen Ungehorsam derselbigen (sc. von Gott als Befähigung zum Tun des Guten verliehenen) Gaben beraubt." Hier wird die Tendenz erkennbar, Sünde primär als Ausdruck der Hybris, des grundlosen Hochmuts zu verstehen, dem man eigentlich nur mit *Abscheu* und in *anklagender* Haltung begegnen kann. Aber das ist eher ein Nebenton im Sprachgebrauch von Bibel und Bekenntnis, keinesfalls der cantus firmus.

13.1.3 „Sünde" und „Schuld" in unserer Sprache

Mit „unserer" Sprache meine ich hier zweierlei: einerseits den allgemeinen deutschen Sprachgebrauch (insbesondere in der Gegenwart), andererseits das theologisch verantwortliche Reden von „Sünde" und „Schuld".

13.1.3.1 „Sünde" und „Schuld" im allgemeinen Sprachgebrauch

a) „Sünde"

Grimms Wörterbuch[10] ist zu entnehmen, wie der *religiöse* Begriff der Sünde (als Verfehlung vor und gegen Gott) unter neuzeitlichen Bedingungen zunächst eine überwiegend oder ausschließlich *ethische* Bedeutung bekam und schließlich auch bewußt außerreligiös und außerethisch (z. B. ästhetisierend) gebraucht wurde und wird, wobei es ein unverkennbares

---

10 Deutsches Wörterbuch, Bd. 10/IV, Sp. 1111-1128.

Gefälle von einem ernsthaften zu einem ironisierenden Sprachgebrauch gibt. Man kann durchaus von einer Tendenz zur Säkularisierung und zur Verharmlosung des Sündenbegriffs reden, wobei darin (vielleicht sogar gleichzeitig) zwei ganz entgegengesetzte Phänomene zum Ausdruck kommen könnten: einerseits ein Nicht-mehr-ernst-nehmen-Wollen verfehlter Existenzweisen und Handlungsformen; andererseits eine religiöse Überhöhung individueller oder kollektiver Normabweichungen, die zeigen, wo die eigentlichen „Götter" unserer Zeit zu suchen sind (z. B. bei gesellschaftlichen Normen, Konventionen oder Idealen). Auffallend ist eine häufig zu beobachtende Affinität des Redens von „Sünde" zur Sexualität. Auch dies ist ein ambivalenter Befund, der *(zugleich)* zeigen könnte, wie Sünde ins Zwielicht des Verbotenen und gerade darum Verlockenden gerät *oder* wie Sexualität tendenziell dämonisiert oder als dämonisch empfunden wird.

Was im außerkirchlichen Reden von „Sünde" durchgehend (im kirchlichen Reden aber zumindest teilweise) zu beobachten ist, ist der Verlust der Kategorie „*Macht*" im Zusammenhang mit „Sünde", die doch eines der Charakteristika des neutestamentlichen Sprachgebrauchs darstellt (s. o. 13.1.1.2). Freilich muß man sehen, daß es ein (meist unernsthaftes, gelegentlich aber doch auch hintergründiges) Reden vom „*Teufel*" und vom „*Bösen*" gibt, die durchaus als Mächte verstanden werden können. Aber dies verbindet sich nur selten mit dem Begriff „Sünde".

Die darin sich andeutenden sprachlichen und gedanklichen Veränderungen könnten mit der „Sache" zu tun haben, um die es hier geht. D. h.: Auf unbewußte Weise könnte in den Tendenzen der Ethisierung, Ästhetisierung und Ironisierung des Redens von „Sünde" und vom „Teufel" ein Versuch der Verdrängung der zerstörerischen, dämonischen Kräfte stattfinden, die – individuell und gesellschaftlich – im Menschen hausen, deren Anblick aber nur schwer zu ertragen ist.

b) „*Schuld*"

Sprachgeschichtlich ist die Grundbedeutung von „Schuld" das Gesollte im Sinne der Verpflichtung zu einer Leistung oder Zahlung. Im religiösen Sinn bezeichnet „Schuld" einerseits das *Zurückbleiben* hinter einer Forderung (Gottes), andererseits die *Verantwortlichkeit* im Sinne der Zurechnung.

Im Unterschied zum Begriff „Sünde" spielt der Begriff „Schuld" im heutigen Sprachgebrauch eine große und durchweg ernsthafte Rolle, insbesondere im Bereich der Politik und des Strafrechts, aber auch in der Ethik. Dabei ist auch hier ein durchaus ambivalenter Befund zu konstatieren: Je genauer die Sozialisationsbedingungen, die Einflüsse von

Herkunft, Milieu und Gesellschaft erkannt werden und je deutlicher die unbewußten und gerade deshalb besonders wirksamen Beeinflussungen durch Eltern, gesellschaftliche Normen und Strukturen wahrgenommen werden, desto stärker entsteht die Tendenz, andere und sich selbst nicht als Schuldige (ja letztlich nicht einmal als Schuldfähige) zu sehen, sondern als Opfer, als Traumatisierte, als Produkte der Umwelt. Das hat auf der einen Seite eine entlastende Wirkung und führt u. U. zum Abbau von unrealistischen Schuldgefühlen. Aber es hat auf der anderen Seite auch einen entpersonalisierenden, verdinglichenden Effekt. Es gehört zur Wahrheit und Würde des Menschen, unter „normalen" Umständen für sein Tun und Lassen verantwortlich zu sein und diese Verantwortung auch – dort, wo sie tatsächlich besteht – zu übernehmen, in *anderen* Fällen aber zurückzuweisen.

Dem kommt allem Anschein nach der andere, in unserer Gesellschaft ebenfalls zu beobachtende Trend entgegen: die permanente Ausweitung der Rechtfertigungsforderung im Sinne der von O. Marquard diagnostizierten Anthropodizee (s. o. 12.3.4.2 a). In *dieser* Hinsicht ist die gegenwärtige Lebenswelt viel weniger als frühere Generationen bereit, etwas (seien es Kriege, soziale Konflikte, Klimaveränderungen, Epidemien etc.) einfach *hinzunehmen* (als „höhere Gewalt" oder als etwas, „das immer so war"), sondern es wird nach den Schuldigen und Verantwortlichen gefragt, und d. h., sowohl nach denen, die dafür zur Rechenschaft gezogen und ggf. bestraft werden müssen, als auch nach denen, die dafür zuständig sind, den Schaden zu beheben und es künftig besser zu machen.

Möglicherweise ist auch diese Ambivalenz zwischen Schuld-*Negierung* und Schuld-*Ausweitung* Ausdruck *einer* komplexen Grundhaltung. Dort, wo sich die Schuld-Ausweitung auf *andere*, die Schuld-Negierung auf die *eigene* Person oder Gruppe richtet, wird diese Zusammengehörigkeit deutlich sichtbar; aber dieses einfache Muster ist zu oberflächlich und zu grob, als daß es diese Ambivalenz ganz und zufriedenstellend erklären könnte.

13.1.3.2   Theologisch verantwortliches Reden von „Sünde" und „Schuld"

Angesichts des skizzierten Befundes ist es eine ernsthafte Frage, ob insbesondere der Begriff „Sünde", aber doch auch der Begriff „Schuld" überhaupt noch theologisch verwendbar ist. Jedenfalls liegen hier große Interpretationsaufgaben, die durch eine *Ersetzung* von „Sünde" durch ein anderes *Wort* wie z. B. „Verfehlung" oder „Entfremdung" oder „Existenz im Widerspruch" sowie durch eine *Ersetzung* von „Schuld" durch

„Verantwortung" noch keineswegs geleistet sind. Es kommt nicht darauf an, ein *Wort* durch ein anderes zu ersetzen, sondern das *Problemfeld* möglichst genau und anschaulich zu beschreiben.

Die bisherigen Überlegungen zum Sprachgebrauch haben aber auch eine *wichtige Einsicht* ergeben, die die *Art und Weise* des Zugangs zu diesem Themenbereich betrifft und darum die Haltung und Grundeinstellung, aus der heraus die Beschäftigung mit dem Themenbereich „Sünde" (und „Schuld") geschieht. Diese Grundeinstellung ist so etwas wie ein *Vorzeichen*, das die Tonart bestimmt und darum *vorweg* angesprochen und benannt werden sollte.

Von den *Grundbedeutungen* der biblischen Hauptbegriffe für Sünde ergab sich in einem beeindruckend übereinstimmenden Maß, daß „Sünde" *nicht primär* gesehen wird als mutwilliges, hybrides Aufbegehren gegen Gott und seinen Willen, sondern als ein Verfehlen des Zieles und Weges, den Gott dem Menschen zugedacht hat. „Sünde" ist demzufolge *primär Verlorenheit, Scheitern, Mißlingen* und *nicht* primär Rebellion, Ungehorsam, Absage an Gott.

Hier droht freilich ein naheliegendes *Mißverständnis*: Mit dem bisher Gesagten verbindet sich *nicht* die Meinung, die Rede von „Sünde" müsse eher oder ausschließlich als Verhängnis statt als Schuld verstanden werden. Diese Unterscheidung zwischen Verhängnis und Schuld bleibt an der Oberfläche und weist in eine ganz andere Richtung als das, was hier gemeint ist. Das spezifisch biblische Reden von „Sünde" zeigt sich darin, daß über Sünde – als Schuld *und* Verhängnis – im Ton der *Klage* (statt der Anklage) gesprochen wird. Was damit gemeint ist, bringt das Neue Testament – wie bereits angedeutet (s. o. 9.3.1.3) – zum Ausdruck durch das Verbum: „es jammerte ihn". Dieser Jammer wird nicht dadurch *geringer*, daß jemand *willentlich* schuldig geworden ist, sondern er wird dadurch eher noch größer, weil hier erkennbar wird, daß der Schaden bis in den Willen hineinreicht und wie verzweifelt darum die Situation des Menschen ist, der sich der Macht der Sünde ausgeliefert hat.

13.1.3.3 Das Wesen der Sünde

Die hinter uns liegenden Beobachtungen und Überlegungen ergaben, daß (jedenfalls im biblischen und reformatorischen Sinn) dann am angemessensten von der Sünde gesprochen wird, wenn sie als (sei es schuldhafte, sei es tragische) *Verfehlung der Lebensbestimmung,* als Verlorenheit, Scheitern oder Mißlingen des Lebens verstanden und ausgesagt wird. In all diesen Formulierungen ist Sünde *negativ* auf das menschliche *Leben* in seiner (von Gott gegebenen) *Bestimmung* bezogen. Diese Bestimmung haben wir im Rahmen der Schöpfungslehre (s. o. 12.2.2.2) kennengelernt als die Bestimmung zur *Liebe.* Wenn *dies* die Bestimmung des menschlichen Lebens ist und wenn Sünde *Verfehlung* der Bestimmung des menschlichen Lebens ist, dann ist *Sünde ihrem Wesen nach stets Verfehlung der Liebe.*

Die Bedingungen dieser Verfehlung können freilich ganz unterschiedlicher Art sein. So ist es denkbar, daß einem Menschen in seinem Leben *keine* Liebe so *zuteil wird,* daß sie in ihm Liebe weckt und hervorruft. Liebe kann erdrückt und erstickt werden durch *Leistungsdenken* und den Hunger nach gesellschaftlicher *Anerkennung.* Liebe kann vertrieben, verleugnet oder verraten werden *durch Angst oder aus Angst.* Liebe kann versäumt oder verspielt werden durch *Trägheit* und *Gleichgültigkeit.*

An dieser Aufzählung, die sich unschwer fortsetzen und ergänzen läßt, wird noch einmal deutlich, daß und warum der angemessene Grundton des Redens von Sünde der der *Klage* ist – auch dort, wo es sich als Anklage artikuliert. All die expliziten oder impliziten Bedingungen lassen sich ja ihrerseits „verstehen" und „erklären". Sie entstammen selbst nicht einem „bösen Willen" – jedenfalls keinem, den der Mensch beliebig ändern könnte –, sondern sind Ausdruck des *Macht*charakters, mit dem die Sünde über den Menschen hereinbricht und ihn beherrscht, so daß er die Bestimmung des Lebens zur Liebe verfehlt.

13.2   *Die Wurzel der Sünde*[11]

Die Sünde ist *kein* Schöpfungswerk, also keines der Geschöpfe Gottes, deren Dasein dem Willen Gottes entspricht. Diese Aussage ist keine unzulässige Einschränkung der Allmacht oder Schöpfermacht Gottes, sondern wahrt (im Gegenteil) das Gottsein Gottes. Daß auch die Sünde *unter* (und nicht außerhalb von) Gottes Macht steht, ist wohl wahr, aber das heißt nicht, daß sie Gottes Willen entstammte.[12] Aber mit dieser Negation

---

11 Ich verwende bewußt die metaphorische Formel „Wurzel der Sünde" an Stelle der üblichen Formel „Ursprung der Sünde", weil der Begriff „Ursprung" zu dem Mißverständnis verleiten kann, es gehe um die Frage nach dem zeitlichen Anfang der Sünde (in der Schöpfung, in der Menschheitsgeschichte oder im individuellen Menschenleben), über den wir jedoch *nichts* wissen und aussagen können. Die Rede von der „Wurzel der Sünde" verweist demgegenüber deutlicher darauf, daß es um die Frage nach dem *sachlichen* Grund geht, kraft dessen es in dieser Welt und im Leben des Menschen Sünde gibt.

12 Luther hat im Zusammenhang mit der Auslegung der Sündenfallgeschichte die These vertreten, es sei der höchste Grad an Sünde, Gott für den Urheber der Sünde zu erklären: „Hic ultimus gradus peccati est Deum afficere contumelia

ist die Frage nach der Wurzel der Sünde noch nicht beantwortet. Manche Theologen[13] vertreten die Auffassung, diese Frage lasse sich nicht beantworten, müsse also offen bleiben, ja, es sei illegitim und gefährlich, ihre Beantwortung auch nur zu versuchen. Diesem Einwand möchte ich mich zunächst zuwenden.

13.2.1 *Die Legitimität der Frage nach der Wurzel der Sünde*

Die Legitimität der Frage nach der Wurzel der Sünde kann in zweierlei Hinsicht bezweifelt werden: Einerseits könnte man sagen, diese Frage sei spekulativ und *könne* nicht beantwortet werden, da es dafür keine Quelle gebe. Andererseits könnte man einwenden, eine mögliche Beantwortung dieser Frage liefe auf eine Erklärung im Sinne einer *Entschuldigung* hinaus. Das aber sei der falsche, illegitime Umgang mit dem Thema „Sünde" und deswegen müsse schon diese Frage unterbleiben.

Der Einwand, der auf das Fehlen einer möglichen Erkenntnisquelle verweist, ist deswegen nicht stichhaltig, weil es durchaus möglich ist, sowohl der biblischen Überlieferung als auch dem kirchlichen Bekenntnis, als auch der persönlichen Lebenserfahrung Hinweise zu entnehmen, die zur Beantwortung dieser Frage beitragen. Dabei zeigt sich, daß die Frage nach der Wurzel der Sünde *zwei* Aspekte hat: Einerseits geht es um die Frage, wie es *überhaupt* möglich ist, daß es in der von Gott (gut) geschaffenen Welt (s. o. 12.1.1.2) Sünde gibt; andererseits geht es um die Frage, wie es möglich ist, daß dieser Einbruch des Bösen sich immer wieder, in jedem Menschenleben, ereignet, sich sozusagen *wiederholt*.

Ich möchte *beide* Aspekte dieser Frage offenhalten und bedenken, weil sie zwar eng zusammenhängen, sich aber auch in gewisser Hinsicht unterscheiden. Problematisch wäre es jedenfalls, die zweite Frage faktisch in der ersten aufgehen zu lassen, weil damit aus *unserer* Perspektive die „Sünde" *nur noch* als tragisches Verhängnis in den Blick genommen würde, während die ganze *Schuld* bei den „ersten Eltern" läge[14]. Soll dies vermieden werden, so muß die Frage nach der Wurzel der Sünde so

---

et tribuere ei, quod sit autor peccati" (WA 42,134,8-10). Der Sache nach deckt sich das mit den Aussagen der Apologie zu CA 19 (BSLK 313,11-15) und des Heidelberger Katechismus (Fr. 6).

13 In unserer Zeit besonders nachdrücklich W. Joest, Dogmatik II, S. 429.

14 S. Kierkegaard hat m. E. recht, wenn er die Auffassung vertritt, zwischen der Situation der „ersten Eltern" und unserer Situation bestehe nur ein *quantitativer* Unterschied (so in: Der Begriff Angst, S. 45, 51 u. ö.), zwischen Schöpfung und Sünde bestehe dagegen ein *qualitativer* Unterschied. Im Blick auf *ihn* gelte: „Wie die Sünde in die Welt gekommen ist, das versteht ein jeder Mensch

verstanden, aufgenommen und bearbeitet werden, daß sie zum Finden der *eigenen* Antwort anregt und zur Frage nach dem sachlichen Grund des Bösen (auch) im *eigenen* Leben wird.

Auch der zweite Einwand stellt kein durchschlagendes Argument gegen die Beschäftigung mit der Frage nach der Wurzel der Sünde, wohl aber eine berechtigte Warnung dar, wobei sich die Warnung in diesem Fall nicht so sehr auf ein mögliches Mißverständnis als vielmehr auf einen möglichen *Mißbrauch* dieser Frage bezieht. Tatsächlich *kann* die Frage nach der Wurzel der Sünde (im Gesamtzusammenhang der Menschen und im persönlichen Leben) so gestellt, aufgenommen und bearbeitet werden, daß sie de facto der Entschuldigung, u. U. damit sogar der Bagatellisierung der Sünde dient. Eine solche entschuldigende Erklärung der Sünde (des „Sündenfalls") würde aber die notwendige schmerzhafte Auseinandersetzung mit (eigener und fremder) Sünde vermeiden und umgehen. Wird dieser Mißbrauch jedoch bewußtgemacht und vermieden, dann ist die Frage nach der Wurzel der Sünde durchaus legitim, weil sie dann dazu beitragen kann, die Sünde in ihrer ganzen Unbegreiflichkeit und Rätselhaftigkeit *anzuschauen* und *zu übernehmen*. So gesehen dient die Frage nach der Wurzel der Sünde gerade nicht der Verdrängung oder Verharmlosung, sondern der ernsthaften Begegnung und Auseinandersetzung mit der Realität der Sünde. In diesem Sinne soll die Frage nach der Wurzel der Sünde hier aufgenommen und – soweit wie möglich – beantwortet werden.

13.2.2 Die Wurzel der Sünde und der „Sündenfall"

Die Bibel selbst stellt sich der Frage nach der Wurzel der Sünde und versucht sie zu beantworten durch die Erzählung vom Sündenfall (Gen 3), die auch im Neuen Testament als gültige Antwort vorausgesetzt wird (insbesondere in Röm 5,12-21; I Kor 15,21 f.; II Kor 11,3 u. I Tim 2,14). Zwar muß man konstatieren, daß diese Herleitung der Sünde in den biblischen Texten *nicht breit* bezeugt ist, aber sie ist von den wenigen Stellen aus so *tief* in die christliche Überlieferung eingedrungen, daß sie einen fest verankerten Bestandteil in ihr bildet.

Im Rahmen einer Dogmatik kann es nicht darum gehen, die Sündenfallerzählung und ihre neutestamentlichen Deutungen zu exegesieren, wohl aber ist es notwendig, unter Bezugnahme auf die Auslegung dieser biblischen Grundtexte und der entsprechenden Aussagen in den Bekennt-

---

einzig und allein aus sich selbst; will er es von einem andern lernen, so wird er es eben damit mißverstehen" (a.a.O., S. 49).

nisschriften die konstitutiven Merkmale dessen herauszuarbeiten, was in der christlichen Überlieferung als „Fall" oder „Sündenfall" bezeichnet wird. Dabei läßt sich die systematisch-theologische Leitfrage wie folgt formulieren: Welche Verhältnisbestimmung zwischen der Geschöpflichkeit des Menschen und seiner Sünde wird in der christlichen Überlieferung erkennbar, die einerseits beides so miteinander *verbindet*, daß der Fall zumindest als *möglich* gedacht werden kann, und die andererseits beide so voneinander *unterscheidet*, daß der Fall nicht *notwendig* aus der Geschöpflichkeit des Menschen resultiert.

13.2.2.1 Die Möglichkeit des Sündenfalls

Der Begriff „Möglichkeit" hat hier – wie in anderen Fällen – zwei Bedeutungen: Er bezeichnet einerseits die *Fähigkeit* zum Sündigen, die im Wesen des Geschöpfs Mensch liegt, andererseits die *Gelegenheit* oder den *Anlaß*, die den Sündenfall auslösen. Beides ist hier zu bedenken.

a) Die Fähigkeit zur Sünde

Daß der Mensch fähig ist zur Sünde, d. h., daß er seine Bestimmung verfehlen kann, läßt sich insofern schon aus der biblischen (jahwistischen) Schöpfungsgeschichte erschließen, als ihm (und ihm *allein* von allen Geschöpfen) von Gott ein *Gebot*, genauer: ein *Verbot* gegeben wird: „von dem Baum der Erkenntnis des Guten und Bösen sollst du nicht essen" (Gen 2,17). Vordergründig bezieht sich das Verbot auf das Essen von Früchten eines Baumes; aber es handelt sich dabei eben nicht um einen Baum wie andere[15], sondern um den Baum der Erkenntnis des Guten und Bösen. „Erkenntnis" bedeutet dabei (wie auch sonst im Alten Testament) nicht primär *theoretisches* Wissen und Unterscheidenkönnen, sondern *praktisches* Kennenlernen, Erfahrenhaben, Aus-eigenem-Erleben-Kennen. Und daß die Erkenntnis sich auf „gut und böse" bezieht, ist offenbar wichtig.[16]

---

15 Er ist allenfalls dem „Baum des Lebens" (Gen 3,22) vergleichbar, von dem (vorbereitet nur Gen 2,9) am Ende der Sündenfallgeschichte die Rede ist.

16 Es stellt sich freilich ein schwieriges Interpretationsproblem im Blick auf die Frage, worin eigentlich das verbotene Böse besteht: im Essen der Frucht, die zur Erkenntnis von gut und böse führt, oder im Übertreten des Verbotes als solchem? Bedenkt man den Zusammenhang von Verbot und Frucht genauer, so gewinnt man den Eindruck, daß zwischen beidem ein zirkuläres Verhältnis besteht; denn verboten wird das Essen der Frucht *des* Baumes, der bzw. die

Fragt man, warum in der Schöpfungsgeschichte dieses Verbot ergeht, ohne das es gar nichts Böses (nämlich keine Übertretung) gäbe, dann muß man entweder auf eine willkürlich ersonnene Gehorsamsprobe Gottes verweisen oder man muß annehmen, daß sich hinter diesem merkwürdig zirkulären Verbot ein tieferer, existentieller Sinn verbirgt. Letzterem versuche ich mit den folgenden Überlegungen (in Anlehnung an Kierkegaard) auf die Spur zu kommen.

Der Mensch ist das Geschöpf, das um *sich selbst*, um seine göttliche *Bestimmung*, darum aber auch um seine *Gefährdung* weiß. Er ist das Geschöpf, das unter einer Bestimmung steht, nämlich der Bestimmung zur Gottebenbildlichkeit, die es *erreichen oder verfehlen* kann. Anders gesagt: Dem Menschen ist sein Dasein nicht nur *gegeben*, sondern *so* gegeben, daß es *gelingen* oder *scheitern* kann und daß er das auch weiß oder es doch *ahnt*. Deshalb muß der Mensch sein Leben ständig neu so gestalten, daß er aus einer Fülle von Möglichkeiten der Selbstbestimmung *auswählt*. Jeder dieser Wahlakte und darum auch das menschliche Leben im ganzen steht unter der Alternative von Scheitern und Gelingen. In dem Verbot, vom Baum der Erkenntnis des Guten und Bösen zu essen, ist das Wissen enthalten und angedeutet, daß es diese beiden *Möglichkeiten* gibt. Dabei bedeutet das Sich-Einlassen auf das Böse einerseits, daß das Erfahrungsspektrum des Menschen ungeheuer ausgeweitet wird, daß aber andererseits eben damit auch ein lebensbedrohlicher Riß durch sein Dasein geht.

Dabei wird in der jahwistischen Schöpfungsgeschichte zweifellos sehr bewußt und betont dem Verbot in bezug auf einen Baum eine unbegrenzte Erlaubnis vorangestellt: „Du darfst essen von allen Bäumen im Garten" (Gen 2,16). Das folgende Verbot bezüglich des (einen) Baumes der Erkenntnis wirkt zwar oberflächlich betrachtet wie eine willkürliche Beschränkung dieser Erlaubnis (im Sinne einer Gehorsamsprobe), erweist sich aber insbesondere durch den Nachsatz: „an dem Tage, da du von ihm issest, mußt du des Todes sterben" als derselben lebensdienlichen Fürsorge entspringend wie die (fast) uneingeschränkte Erlaubnis zum Essen. Das Verbot hat also – genau besehen – den Charakter einer heilsamen *Warnung* vor einer todbringenden Gefahr, nicht den Charakter einer willkürlichen *Einschränkung*, *Prüfung* oder gar *Drohung*. Schon von diesem ersten Verbot kann man sagen, was Paulus dem Gesetz insgesamt attestiert: Es war „zum Leben gegeben" (Röm 7,10). Aber daß

Erkenntnis (des Guten und Bösen) bringt, wobei aber das Kennenlernen des Bösen offensichtlich (bereits) im Übertreten des Verbotes besteht. Muß man also sagen: Nicht die Frucht oder der Baum vermitteln Erkenntnis (des Guten und Bösen), sondern der Akt des Essens als Übertretung des Verbots?

die Warnung als Gebot bzw. Verbot gegeben wird, zeigt, daß und wie das
Leben des Menschen *durch ihn selbst* gefährdet ist. Die Tatsache, daß der
Mensch eine personale Bestimmung hat, nämlich die Bestimmung zum
Ebenbild Gottes, schließt als unvermeidliche Kehrseite der Personalität
seine Fähigkeit ein, diese Bestimmung zu *verfehlen*. Darin liegt die
menschliche *Fähigkeit zur Sünde*.

b)   Der Anlaß zur Sünde

Gegenüber der Fähigkeit des Menschen zur Sünde, die *in ihm* als dem zur
Gottebenbildlichkeit bestimmten Geschöpf liegt, kommt der *Anlaß* zur
Sünde offenbar *von außerhalb* des Menschen, und zwar von einer gott-
widrigen Macht: *der Schlange* (Gen 3,1-5 u. 14 f.). In dieser Schlange hat
die christliche Frömmigkeit und Theologie über Jahrhunderte hin eine
Verkörperung des Teufels gesehen. Aber diese Deutung ist sowohl aus
exegetischen wie aus systematischen Gründen fragwürdig.

Exegetisch ist festzustellen, daß die Schlange zu den Tieren des Feldes
gezählt wird, „die Gott der Herr gemacht hatte" (Gen 3,1). Sie unterscheidet sich aber von den anderen Tieren dadurch, daß sie listiger, klüger oder
schlauer ist als diese. Das hebräische Eigenschaftswort (*'arum*), das an
dieser Stelle verwendet wird, hat im Alten Testament gelegentlich (so Hi
5,12 u. 15,5) negative, in aller Regel jedoch *positive* Bedeutung. Das
spricht zumindest gegen eine Identifizierung der Schlange mit einer teuf-
lischen Gestalt.[17]

Bereits im Frühjudentum und im Neuen Testament wird freilich die
Identifikation der Schlange mit dem *Teufel* vorausgesetzt.[18] Die in der
jüdischen und christlichen Auslegungsgeschichte vollzogene Identifikation der Schlange mit dem Teufel, also mit der Inkarnation des Bösen, hat
an Gen 3 insofern einen Anhalt, als die Schlange aufgrund ihres verführerischen Wirkens von Gott „verflucht" und „verstoßen" wird (Gen 3,14).
Insofern wird man sagen können, daß die Schlange schon in der altte-

---

17 Von daher muß man auch sagen: Die größere Ansprechbarkeit Evas ist eher
    ihre Stärke als eine Schwäche. In der Sündenfallerzählung ist Eva für Klugheit
    und Schönheit zu interessieren, während Adam einen schlichten, willens-
    schwachen Eindruck hinterläßt. Eva *gibt* ihm, und er *ißt*. Im Gegensatz zu I
    Tim 2,14 muß man sagen: Adam ist offenbar *leichter* zu verführen, nämlich
    diskussionslos.

18 So Apk 12,9: „die alte Schlange, die da heißt: Teufel und Satan, der die ganze
    Welt verführt". Vgl. auch Apk 20,2. Auch die Erzählungen von der Versu-
    chung Jesu am Beginn seines öffentlichen Wirkens, die eine offenkundige
    Parallele und *Antithese* zur Sündenfallerzählung bilden, lassen in der Rolle des
    Verführers den Teufel auftreten (Mk 1,13 ff. parr.).

stamentlichen Erzählung eine *ambivalente* Gestalt ist. Ihre rein negative Interpretation, nämlich die Identifikation mit dem Teufel, ist hingegen erst in der Auslegungsgeschichte erfolgt. Systematisch-theologisch stellt sich die Frage, welche der beiden Auffassungen dem Wesen des christlichen Glaubens eher angemessen ist.

Für die Deutung der verführerischen Schlange als Teufel spricht zweierlei: Einerseits erklärt dies allem Anschein nach den Ursprung der Sünde auf einleuchtende Weise; andererseits vermindert es die menschliche Schuld und macht sie damit eher tragbar. Was ist zu diesen beiden Argumenten zu sagen?

– Die Identifikation der Schlange mit dem Teufel leistet für die Erklärung des Ursprungs der Sünde so gut wie nichts. Sie erklärt zwar, wie es zur Sünde der (ersten) *Menschen* kam, aber sie setzt dabei die Existenz der Sünde oder des Bösen bereits *voraus*. D. h.: Diese Deutung löst das Problem nicht, sondern *verschiebt es nur* an eine andere Stelle und auf eine andere Ebene. Denn nun stellt sich die Frage: Wo liegt der Ursprung des *Teufels*? Ihn als eine gleichrangige Gegenmacht Gott gegenüber im Sinne einer dualistischen Konzeption zu denken, ist für den christlichen Glauben ausgeschlossen; denn dann wäre Gott nicht mehr Gott, d. h. die Alles bestimmende Wirklichkeit. Eine andere Möglichkeit bestünde darin, den Teufel als einen gefallenen Engel (s. Jud 6) zu denken. Entgegen der hier vertretenen Auffassung (s. o. 8.3.4) müßte also angenommen werden, daß es Engel *als Geschöpfe* höherer Art *gibt* und daß unter ihnen ein (erster) Sündenfall stattgefunden hat. *Dieser* Fall ist dann aber ebensosehr erklärungsbedürftig wie der Sündenfall der (ersten) Menschen; deshalb leistet die Gleichsetzung von Schlange und Teufel für die Erklärung des Ursprungs der Sünde so gut wie nichts. Unter *diesem* Aspekt besteht kein theologisches Interesse an einer Satanologie oder Dämonologie (vgl. aber u. 13.4.2).

– Die *Entlastungsfunktion* für den Menschen ist dagegen gegeben, aber einerseits hängt sie nicht an der Gleichsetzung von Schlange und Teufel, sondern lediglich daran, daß dem Menschen eine Versuchung oder Verlockung *von außerhalb* begegnet, aufgrund deren der Fall (eher) verstehbar wird, als wenn es sich um einen Aufstand des Menschen ohne jede Veranlassung handeln würde. Andererseits ist genau dieser Versuch, sich durch Verweis auf die Schlange *Entlastung zu verschaffen*, ein wesentliches Element der *Sündenfallerzählung* (Gen 3,13), das – wie wir noch sehen werden – selbst zum Sündenfall *gehört*. Wer die Sünde aus der Versuchung durch die Schlange erklärt und den Menschen dadurch *entlastet*, *reproduziert* damit also auf theologischer Ebene ein Element des Sündenfalls. Versuchung und Verführung heben die Verantwortung des Menschen nicht auf, und sie entschuldigen auch nicht den Sündenfall. Bei genauem Zusehen bietet die Deutung der Schlange als Teufel dem Menschen also auch *keine* (jedenfalls keine theologisch *vertretbare*) Entlastung.

Beide Argumente sind also in sich nicht tragfähig; deshalb ist nun zu prüfen, ob die Deutung der Schlange als eines *ambivalenten* Wesens, das sowohl Geschöpfliches wie Dämonisches repräsentiert, theologisch besser begründet werden kann.

Was in der Verführung durch die Schlange zum Ausdruck kommt (und zum Anlaß für die Sünde wird), ist in einer Hinsicht die *Erinnerung* an das dem Menschen gegebene *Verbot* und damit an die Gefährdung der menschlichen Existenz durch sein eigenes Wählen und Wollen.[19] D. h. aber: Es ist nicht irgendeine *von außen* an den Menschen herantretende Versuchung oder Verführung, sondern das Bewußtwerden einer im Menschen liegenden gefährlichen und darum „ängstigenden Möglichkeit". Insofern ist die Schlange Ausdruck der „kreatürlichen Angst", die zum geschöpflichen Sein des Menschen gehört und dem sensiblen Gespür für die eigene Gefährdung entspringt.

Aber die Worte der Schlange in der Sündenfallerzählung sind schon Ausdruck des *Mißtrauens gegen Gott*. Die Schlange verschiebt die kreatürliche Angst vom Menschen weg auf Gott, den sie als neidisch und mißgünstig darstellt und vor dem man sich darum in acht zu nehmen hat (Gen 3,4 f.). Dieses Mißtrauen, das die Angst des Menschen, sein Leben zu verfehlen, *vergiftet,* erweist sich so als die Wurzel der Sünde. Von der kreatürlichen Angst, die geweckt wird durch das Gewahrwerden der eigenen Möglichkeit, das Leben zu verfehlen, kann und darf man *das* nicht sagen. Sie ist als solche weder sündig noch die Wurzel der Sünde, sondern resultiert aus der sensiblen, aufmerksamen Wahrnehmung des menschlichen Daseins, das nicht nur gegeben, sondern zugleich aufgegeben ist, das deshalb gewonnen oder verfehlt werden kann. Diese kreatürliche Angst ist etwas Gesundes und Lebensdienliches, das nicht diffamiert oder für krank erklärt werden darf. Von dieser Angst kann man zwar mit Kier-

---

19 Vielleicht können wir sagen: Es geht um das aus dem Unbewußten aufsteigende Gewahrwerden dieser Gefährdung und der Warnung, die ihn davor bewahren will, sich durch das Tun des Bösen in sich selbst zu entzweien und so seine Bestimmung zu verfehlen. Dazu sagt Kierkegaard: „Das Verbot ängstet ihn, weil das Verbot die Möglichkeit der Freiheit in ihm weckt. Was an der Unschuld vorübergestreift ist als das Nichts der Angst, das ist nun in ihn selbst hineingetreten, und ist hier wiederum ein Nichts, die ängstigende Möglichkeit zu *können*" (Der Begriff Angst, S. 43).

kegaard sagen, sie sei eine *Voraussetzung* der Sünde und insofern das die Sünde „*nach rückwärts auf ihren Ursprung zu Erklärende*"[20], aber sie ist nicht selbst Sünde, sondern „Angst der Unschuld"[21].

Aber diese Angst wird – wie jede Angst – schmerzlich *erlitten*. Und deshalb kann die Stimme des Mißtrauens, die dazu einlädt, die eigene Angst auf andere – in diesem Fall auf Gott – zu verschieben und so „loszuwerden", Gehör finden. Aufgrund dieser Verschiebung kann die Angst jedoch nicht mehr verarbeitet werden, sondern wird zur dämonischen Angst, und auf diese Weise wird die Angst zum Einfallstor der Sünde. Dieser „qualitative Sprung"[22] zwischen kreatürlicher Angst und dämonischer Angst, also Sünde, ist in der Ambivalenz der Gestalt der Schlange repräsentiert, und darum darf sie weder als Anwältin von Klugheit und Freiheit idealisiert noch als Stimme des Bösen dämonisiert werden. Gerade in ihrem schillernd-ambivalenten Charakter wird deutlich, inwiefern die Sünde als Möglichkeit in der Schöpfung angelegt ist und inwiefern doch die Verwirklichung dieser Möglichkeit den Charakter eines Falles oder Absturzes, also der Verfehlung der Lebensbestimmung, hat.

13.2.2.2   Die Wirklichkeit des Sündenfalls

Im vorigen Abschnitt zeigte sich: Der Sündenfall ist gegenüber der kreatürlichen Angst des Menschen ein *qualitativer Sprung*, der darin besteht, daß der Mensch seine Angst nicht annimmt und erträgt, sondern auf irgendeine Weise loszuwerden versucht. D. h. aber: Nicht die Angst als solche ist Sünde oder Ausdruck der Sünde, sondern der *Umgang* des Menschen mit der kreatürlichen Angst, durch den aus der kreatürlichen Angst dämonische Angst wird.[23] Und weil es sich dabei um einen qualitativen Sprung handelt, darum hat der Verweis auf die Angst als Wurzel der Sünde weder den Charakter einer hinreichenden Erklärung für die Entstehung der Sünde, noch resultiert daraus die Annahme, die Sünde stelle eine unvermeidliche Notwendigkeit für das Geschöpf Mensch dar.

---

20 Der Begriff Angst, S. 44.
21 A.a.O., S. 55.
22 So auch Kierkegaard, Der Begriff Angst, S. 46.
23 Insofern unterscheide ich mich von der Auffassung Drewermanns, der zwar auch sagen kann: „Allein am Umgang mit der Angst entscheidet sich, ob das Dasein sich verzweifelt in sich selbst verschließt oder sich zu seinem Schöpfer hin öffnet" (Strukturen des Bösen, Bd. III, S. 578). Aber die Zielsetzung der Angst*überwindung* und die fehlende Differenzierung zwischen kreatürlicher und dämonischer Angst hat bei Drewermann eine tendenzielle Gleichsetzung von Angst und Bösem zur Folge.

Mit der Formel „qualitativer Sprung" werden – genaugenommen – *zwei* Differenzen bezeichnet: zunächst die Differenz zwischen kreatürlicher und dämonischer Angst, sodann die Differenz zwischen der Möglichkeit und Wirklichkeit des Sündenfalls. Um diese zweite Differenz geht es jetzt vor allem. Durch sie wird festgehalten, daß das Auftauchen der verführerischen Möglichkeit, die kreatürliche Angst „loszuwerden", noch nicht gleichzusetzen ist mit der *Verwirklichung* dieser Möglichkeit. Zwar leben wir in einer Situation, die immer schon mitbestimmt und mitgeprägt ist durch die Verwirklichung dieser Möglichkeit (s. u. 13.2.3), und das gilt nicht bloß für die uns umgebende Lebenswelt, sondern immer zugleich auch für die eigene Lebensgeschichte; aber trotzdem ist zwischen der verführerischen Möglichkeit („Gelegenheit") und ihrer Verwirklichung zu unterscheiden, weil nur aufgrund dieser Unterscheidung die Möglichkeit der *Durchbrechung* der Macht der Sünde überhaupt *gedacht* werden kann.

Von dieser Unterscheidung her läßt sich sogar sagen, daß der „Übergang" von der Möglichkeit zur Wirklichkeit der Sünde, also der *Fall,* den Charakter des Unverständlichen, Fremden, ja Absurden hat. In der biblischen Erzählung wird dies deutlich in dem an die menschliche Hybris appellierenden Versprechen der Schlange: „ihr werdet sein wie Gott" (Gen 3,5), durch das Adam und Eva sich tatsächlich zur Sünde verführen lassen. Entscheidend ist dabei: Durch das Mißtrauen und den Ungehorsam gegen Gott, durch die die Menschen versuchen, ihre Angst vor dem Scheitern zu bannen, tritt genau das ein, worauf sich die menschliche Angst richtet und was der Mensch durch sein Handeln vermeiden will: das Verfehlen der Bestimmung seines Lebens. Und in dieser Hinsicht ist und bleibt die Sünde tatsächlich schlechterdings „unverständlich" und „unerklärlich".

13.2.3 Sünde als Erbsünde

Die Lehre von der Erbsünde wurde im Anschluß an biblische Aussagen wie Gen 3,7; Ps 51,7; Röm 5,12-21 u. 7,7-25 vor allem von Tertullian und Augustin ausgebildet und durch die reformatorische Theologie erneuert.[24] Dabei ist diese Lehre belastet worden und in Mißkredit geraten durch zwei außerordentlich problematische Zusatzannahmen: einerseits durch die primäre Deutung der Sünde als *Schuld,* aufgrund deren es sich um eine Lehre von der Vererbung von Schuld zu handeln scheint; andererseits durch den Gedanken, daß der Geschlechtsakt ausgerechnet durch

---

24 Vgl. dazu vor allem CA 2 sowie HK Fr. 5.

die dabei empfundene Lust sündig und zum Mittel der Weitergabe von Sünde werde, wodurch eine verheerend negative Einstellung zur Sexualität in weiten Teilen der Christenheit und der Christentumsgeschichte Platz gegriffen hat. Erst wenn man diese beiden Zusatzannahmen zurückweist und beiseite läßt, werden die berechtigten Anliegen sichtbar, die in dieser Lehre enthalten sind und nach einer langen Zeit der Zurückhaltung heute wieder vermehrt als realistische Deutung von gesellschaftlichen und individuellen Prozessen ernstgenommen und beachtet werden.

Der Begriff „Erbsünde" gibt zwei zusammengehörige, aber auch zu unterscheidende Sachverhalte zu denken, die teilweise schon in der theologischen Tradition mit *zwei* lateinischen Begriffen bezeichnet wurden, ohne daß diese Unterscheidung programmatischen Charakter bekam: „Erbsünde" als „peccatum originale" (oder auch „peccatum naturae") und „peccatum personale" (oder auch „peccatum radicale"). Diese beiden Aspekte des Erbsündenbegriffs und der Erbsündenlehre sollen in den folgenden Unterabschnitten bedacht werden.[25]

13.2.3.1 Erbsünde als peccatum originale

Daß auf die Schöpfungsgeschichten in der Bibel *unmittelbar* die Erzählung vom Sündenfall folgt, zeigt, daß jedenfalls die Bibel kein Interesse an der Schilderung einer paradiesischen Urzeit oder eines sog. unschuldigen Urstandes („status integritatis") hat. Vielleicht liegt ein solcher Urstand sogar außerhalb biblischer Denk- und Vorstellungsmöglichkeiten.[26] Die Menschheitsgeschichte ist nach biblischem Verständnis von Anfang an eine Geschichte, die von der Realität der Sünde entscheidend mitbestimmt ist. Und auf die Erzählung vom Sündenfall folgt unmittelbar die vom ersten Brudermord (Gen 4). Das zeigt, daß die Auswirkungen des Sündenfalls nicht auf die begrenzt sind, die in ihn eingewilligt haben, sondern in der Generationenfolge *weiterwirken*. Ja, die Abfolge von Genesis 3-7 erweckt den Eindruck einer anschwellenden Flut von Bosheit. Das von den Voreltern Vererbte wird offensichtlich noch um das Eigene vermehrt, bis die Bosheit so groß geworden ist, daß es Gott reut,

---

25 Der Erbsünde in diesen *beiden* Aspekten stehen gegenüber die sog. Tatsünden („peccata actualia"), von denen im Abschn. 13.3 unter der Überschrift „Erscheinungsformen der Sünde" die Rede sein soll.

26 Dies wäre ein Indiz dafür, daß möglicherweise schon die Bibel das Verhältnis von Schöpfung und Fall *nicht* als zeitliche Abfolge versteht, sondern im Sinne der Unterscheidung zwischen dem, was der Mensch nach Gottes Willen sein soll und kann, und dem, was er aufgrund menschlicher Verfehlung faktisch *ist*.

den Menschen (und die übrigen Geschöpfe) gemacht zu haben und er sie bis auf wenige Ausnahmen in der Sintflut vertilgt (Gen 6,5-8). Deren Ende wird freilich markiert durch die Zusage Gottes: „Ich will hinfort nicht mehr die Erde verfluchen um der Menschen willen; denn(!) das Dichten und Trachten des menschlichen Herzens ist böse von Jugend auf" (Gen 8,21). Diese *Begründung* ist selbst ein Beleg für eine theologische Auffassung, die in der Lehre vom peccatum originale ihren Ausdruck findet: Die Sünde affiziert den Menschen vom Beginn seines Lebens an – eben: „von Jugend auf". Wie kommt es dazu?

So weit man auch in der Lebensgeschichte oder in der Menschheitsgeschichte zurückgeht, stößt man nicht auf einen sündlosen Urzustand, sondern stets auf Situationen, die schon die Signatur gestörter Beziehungen, verfehlten Lebens, verlorenen Glaubens oder beschädigter Liebe tragen. Die Erbsünde ist als peccatum originale, und d. h. auch: als *Menschheitssünde* schon da, bevor die einzelnen sie tun. Dabei wäre es zu schwach, das peccatum originale auf das schlechte Vorbild zu reduzieren. Das ist es auch, aber es ist *mehr*, nämlich ein Erfahren und Erleben von (individueller und struktureller) Sünde, das einen Menschen bis ins Innerste beeinflußt und prägt. Was als Versuchung erlebt wird, ist nicht *nur* die kreatürliche Angst, sondern darüber hinaus dämonische Angst, die erlittene Lieblosigkeit und das begangene Böse. Insofern müssen wir sagen: In der gefallenen Welt bekommt es der Mensch mit der Sünde *immer auch* (und zuerst[27]) in der Form zu tun, daß er sie erleidet und sie ihm angetan wird. Und indem er sie erleidet, wird sein Leben von Sünde bestimmt – selbst dort, wo er sie *nicht* schuldhaft übernimmt und sich zu eigen macht. Würde Sünde mit Schuld identifiziert, so wäre es unsinnig und unzulässig, im Blick auf dieses erlittene Böse den Begriff „Sünde" zu verwenden. Weil es im Begriff „Sünde" nach christlichem Verständnis jedoch primär um den Aspekt der Verfehlung der Bestimmung des Lebens geht, ist das peccatum originale mit einzubeziehen und ernst zu nehmen.

13.2.3.2 *Erbsünde als peccatum personale*

Betont der Begriff „peccatum originale" eher den *menschheits*geschichtlichen Gesamtzusammenhang, so richtet der Begriff „peccatum personale" die Aufmerksamkeit auf das (gesamte) Sein des *Individuums*. Der Grundgedanke, der dabei zur Geltung kommt, läßt sich so formulieren: Das

---

27 Das gilt auch in biographischer Hinsicht.

Sünde-*Tun* des Menschen ist Ausdruck seines Sünder-*Seins*, und *dies* ist
der Grundschaden des Menschen.

Dieses Sünder-Sein ist in der reformatorischen Theologie unterschiedlich interpretiert und verstanden worden: entweder so, daß die Sünde
selbst „des Menschen verderbte Natur, Substanz und Wesen" (BSLK
770,7 f.) geworden sei, oder so, daß die Sünde zwar den Menschen ganz
bestimmt, aber von seinem Wesen und seiner Natur zu *unterscheiden*
bleibt. Die Konkordienformel hat sich in ihrem I. Artikel („Von der
Erbsünde", BSLK 770-776 u. 843-866) für die *zweite* Auffassung entschieden. Dem ist vor allem aus zwei Gründen zuzustimmen:

– Würde die Sünde durch den Fall zur Natur des Menschen, so würde
  damit dem Sündenfall eine Macht und Bedeutung zugesprochen, die
  der Schöpfung Gottes nicht nur gleichrangig, sondern faktisch überlegen wäre. Eine solche göttlich-schöpferische Macht darf der Sünde
  aber nicht zugesprochen werden.
– Wäre die Sünde die Natur des gefallenen Menschen, so wäre die
  Überwindung ihrer Macht über den Menschen nicht möglich – jedenfalls nicht anders als durch Beseitigung des Menschen selbst. Die im
  Evangelium begründete Hoffnung auf Durchbrechung der Macht der
  Sünde setzt voraus, daß zwischen der Sünde und der Natur des Menschen unterschieden werden kann.

Das Sünder-Sein ist demzufolge nicht (substanzontologisch) zu denken als eine negative Verwandlung der menschlichen Natur, sondern
(relationsontologisch) als ein Bestimmtwerden des menschlichen Personzentrums durch die Macht der Sünde. Dieses Personzentrum haben wir
(s. o. 2.2.4) kennengelernt als das Beziehungsgefüge von Gefühl, Vernunft
und Wille des Menschen in ihrer wechselseitigen Abhängigkeit. Die Macht
der Sünde als peccatum personale besteht darin, daß sie in dieses Zentrum
eingedrungen ist und von ihm aus ihre Wirkung entfaltet. *Deswegen*
kommen, von innen her, aus dem Herzen des Menschen böse Gedanken
(Mk 7,21 ff.; Mt 15,19); *deswegen* ist auch schon die Neigung zu Lieblosigkeit, Haß, Verachtung und Gleichgültigkeit Sünde, selbst wenn sie
nicht zur Tat werden; und *deswegen* kann der Mensch sich weder selber
helfen, noch nützt ihm ein Gesetz etwas, das an seinen Willen appelliert
und ihm sagt, was er tun *soll*. Der Wille, an den da appelliert wird, müßte
erst befreit *werden*, um das tun zu können, was das Gesetz fordert, nämlich Gott zu lieben von ganzem Herzen und seinen Nächsten wie sich
selbst. In Röm 7,7-24 hat Paulus eindrücklich die verzweifelte Situation,
die Ohnmacht und Hilflosigkeit beschrieben, die der Mensch erlebt, der
der Herrschaft des peccatum personale ausgeliefert ist.

Von da aus wird auch nachvollziehbar, warum in der christlichen Tradition – spätestens seit Augustin – die Auffassung vertreten wird, *unter der Macht der Sünde* habe der Mensch in seiner Beziehung zu Gott keinen freien, sondern einen versklavten, geknechteten Willen („servum arbitrium"). Diese Einsicht ist weder zu verwechseln mit der These von der *Unvermeidlichkeit* der Sünde noch mit der Auffassung des *Determinismus*, derzufolge alle Ereignisse und Handlungen vorherbestimmt sind und kein Spielraum für geschöpfliche Freiheit besteht. Der theologische Anknüpfungspunkt für die Lehre vom servum arbitrium liegt vielmehr in der Einsicht, die Joh 8,34 formuliert ist: „Wer Sünde tut, der ist der Sünde Knecht." Diese versklavende Wirkung der Sünde kann gerade dann einsichtig werden, wenn man Sünde als Verfehlung der Lebensbestimmung denkt, von der das gesamte Wirklichkeitsverständnis des Menschen, also sein Gottesverständnis, sein Weltverständnis und sein Selbstverständnis, betroffen ist. Weil das Personzentrum des Menschen von dieser Verfehlung mitbestimmt ist, darum bleibt in ihm nicht irgendein Seelenvermögen als intakte Instanz übrig, von der aus der Mensch seine eigene Rettung und Befreiung ins Werk setzen könnte. Ja, schon der Versuch, die Bestimmung des Lebens so aus eigener Kraft und Anstrengung zu verwirklichen, als würde sie nicht als unverfügbares Widerfahrnis empfangen, bestätigt und verfestigt nur die grundlegende Situation der Verfehlung. Und diese Knechtschaft kann darum nur *von außerhalb* aufgebrochen werden, nämlich dadurch, daß einem Menschen die zurechtbringende, rettende und befreiende Wahrheit *begegnet* und er sich von ihr bestimmen *läßt*.

All das Gesagte hebt nicht auf, daß der Mensch auch unter der Herrschaft des peccatum personale sowohl die *Freiheit* behält, *Handlungen* zu wählen und zu vollziehen, als auch den *Wunsch* oder die *Sehnsucht* haben kann, dem Willen Gottes entsprechend zu leben. Aber beides befreit *als solches* noch nicht das Fühlen, Denken und Wollen des Menschen aus seiner Verkehrtheit.

Um sich die Pointe der Lehre vom peccatum personale und dem damit gegebenen servum arbitrium deutlich zu machen, ist es hilfreich, drei Ebenen oder Aspekte zu unterscheiden:

– Jeder Mensch, auch der Mensch unter der Herrschaft der Sünde, hat (begrenzte) *Handlungsfreiheit*, d. h.: Er kann sich zu leibhaften Vollzügen bestimmen, die er will. Dabei sind seinem Können mehr oder weniger enge Grenzen gesetzt, aber *in* ihnen kann er aus eigenem Antrieb wählen und handeln.

– Kein Mensch, auch nicht der Mensch unter der Gnade, ist frei *gegenüber* seinem Willen, so daß er seinen Willen verändern könnte. Der

Wille ist als ein Element des Personzentrums für den Menschen selbst unhintergehbar. Zwar ist er veränderbar, aber nur *von außerhalb*, indem er durch ein neues Ziel affiziert und indem ihm neue Kraft zuteil wird.

– Der Mensch unter der Herrschaft der Sünde lebt (bewußt oder unbewußt) in einem *radikalen Widerspruch,* der darin besteht, daß seine Willenskraft besetzt und er darum unfähig ist, das zu tun, was seiner Bestimmung zum Ebenbild Gottes und seiner Sehnsucht nach erfülltem Leben *entspricht.* Diese innere Besetztheit, derzufolge der Wille des Menschen der Bestimmung des Menschen zuwiderläuft, meint der Begriff „geknechteter Wille".

13.3 Erscheinungsformen der Sünde

In der Überschrift dieses Abschnitts fehlt bewußt der bestimmte Artikel. *Die* Erscheinungsformen der Sünde sind so vielfältig wie das menschliche Leben. Es soll auch nicht darum gehen, in Form von „Lasterkatalogen", wie wir sie z. B. auch in der Bibel finden, hauptsächliche oder besonders schwere Formen von Sünde zusammenzustellen. Das würde einem moralistischen Mißverständnis von Sünde Vorschub leisten und die Wahrnehmung der Sünde als *Macht* über den Menschen und als Ausdruck seines *Elends* in den Hintergrund drängen. Aber es wäre auch nicht richtig, auf die Betrachtung der sog. *Tatsünden* („peccata actualia") überhaupt zu verzichten. Es ist – heute vermutlich sogar in besonderem Maß – nötig, das Reden von Sünde so zu konkretisieren und zu veranschaulichen, daß deutlich und nachvollziehbar wird, von welcher erfahrbaren Wirklichkeit da die Rede ist.[28] Auch dies dient dem Ziel, Sünde (nur) dort zu *erkennen, wo* sie tatsächlich ist. Das aber setzt voraus: sie als das zu erkennen, *was* sie tatsächlich ist.

Abweichend von den zahllosen traditionellen Einteilungsschemata der Tatsünden (z. B. in „läßliche Sünden" und „Todsünden") möchte ich hier anknüpfen an die These aus dem vorigen Abschnitt, der Ursprung der Sünde liege im Umgang des Menschen mit seiner Angst, genauer gesagt: in dem qualitativen Sprung, in dem sich kreatürliche in dämonische Angst verwandelt. Dieser Ansatzpunkt hat den Charakter *eines möglichen* Deutungsversuchs, durch den das religiöse und theologische Reden von „Sünde" in Bezug gesetzt wird zur individuellen und gesellschaftlichen Lebenswirklichkeit. Als Subjekte dieses Um-

---

28 Vgl. dazu auch u. 14.1.1.1, wo Erfahrungen des Unheils als Kontrastfolie zu den Erscheinungsformen des Heils zur Sprache kommen.

gangs mit Angst sind primär *Individuen* zu denken, aber sekundär auch *Kollektive* von Menschen sowie schließlich tertiär auch gesellschaftliche *Strukturen*[29].

13.3.1 Der Umschlag der kreatürlichen Angst in dämonische Angst

Kreatürliche Angst ist das Gefühl der existentiellen Bedrohung, das vor allem ausgelöst wird durch das Gewahrwerden der Möglichkeit des Scheiterns der eigenen Existenz. Aber diese *kreatürliche* Angst kann – wie gezeigt – zum Einfallstor für eine *ganz andere* Angst werden: eine Angst, die aus dem Mißtrauen gegen Gott resultiert, also selber schon Ausdruck von Unglauben und damit von Sünde ist. Indem die kreatürliche Angst vom Mißtrauen gegen Gott infiziert und dadurch vergiftet wird, wird sie zu einer *dämonischen* Angst, die vom Menschen Besitz ergreift und die er nicht annehmen und gelassen ertragen *kann*. Aus der heilsamen *Warnung* (vor dem möglichen eigenen Versagen) wird durch das Mißtrauen gegen Gott eine heillose, ja unheilvolle *Drohung*. Denn – um ein bekanntes Wort aus dem Römerbrief umzukehren – wenn Gott *wider* uns ist, wer kann dann *für* uns sein? Und wenn wir *Gott* nicht trauen können, wie könnte dann unser Leben überhaupt gelingen?

Nicht im Sinn einer Gleichsetzung, wohl aber als genau entsprechende psychologische Veranschaulichung von Unglauben ist hier das *Mißtrauen* bzw. die *Urangst* als Widerpart lebensnotwendigen *Urvertrauens* zu nennen.[30] Es ist kaum zu überschätzen, wie tief der Schaden reicht, wenn die Umwelt, insbesondere die Eltern, einem Kind von klein auf das Gefühl vermitteln, daß auf das Leben kein Verlaß ist, weil es – auf eine für die Kinder überdies ganz undurchschaubare Weise – nicht für sie, sondern gegen sie ist. Das ist eine psychologische Veranschaulichung dessen, was CA 2 nennt: „sine fiducia erga Deum" (BSLK 53,5 f.). Daß in diesem Zusammenhang neben dem Vertrauen auf Gott auch die „wahre Gottesfurcht" genannt wird, ist insofern wichtig, als das daseinsbestimmende Vertrauen sich nur auf etwas richten kann, für das Achtung und Ehrfurcht empfunden wird. Insofern ist die mit dem Begriff „Gottesfurcht" gemein-

---

29 An dieser Stelle hat der Begriff „strukturelle Sünde" seinen Platz und Sinn zur Bezeichnung gesellschaftlicher Strukturen (etwa im politischen, wirtschaftlichen oder kulturellen, aber auch im religiösen bzw. kirchlichen Bereich), die als solche das Verfehlen menschlicher Lebensbestimmung (mit)bewirken.

30 S. dazu E. H. Erikson, Identität und Lebenszyklus (stw 16), Frankfurt 1966, S. 150.

te Ehrfurcht im Vertrauen auf Gott stets *vorausgesetzt.* D. h. aber nicht, daß aus Gottesfurcht notwendig Vertrauen auf Gott folgt. Ein Mensch kann auf ein Bild von Gott fixiert sein, das lebensbedrohliche Züge hat, dem er zwar den Respekt nicht verweigern kann und das er darum nicht los wird, sondern auf das er möglicherweise sogar fixiert ist, dem er aber kein Vertrauen entgegenbringen kann. Die Gottesfurcht (timor filialis) wird hier zur Gottes*angst* (timor servilis) und fällt damit nicht mehr unter das, was die CA „wahre Gottesfurcht" nennt. Gott erscheint hier dem Menschen als eine verfolgende, strafende, quälende Instanz. Dämonisch ist diese Angst nicht nur, weil in ihr Gott als Dämon oder Teufel erscheint, sondern weil sie eine Angst ist, die nicht zum kreatürlichen Sein des Menschen gehört. Sie ist ein *Gift,* das fast unbemerkt in ihn eindringt, das Zentrum seiner Person vergiftet und dem er darum, wenn es in ihn eingedrungen ist, *wehrlos* ausgeliefert ist. Das Reden von „Gottesvergiftung" und von „dämonischen Gottesbildern"[31] ist hier keine Übertreibung, sondern eine angemessene Beschreibung.

13.3.2   *Übertragung und Verdrängung eigener Angst*

Eine andere Erscheinungsform der Sünde besteht darin, die eigene (kreatürliche und dämonische) Angst auf andere zu übertragen, um selber angstfrei(er) zu werden. Zwei häufig auftretende Versuche, eigene Angst auf andere Menschen zu übertragen, sollen im folgenden kurz je für sich und dann in ihrer Verstricktheit ineinander dargestellt werden.

a)   *Angstübertragung durch Unterwerfung von Mitmenschen*

Der naheliegendste und „wirksamste" Versuch, eigene Angst auf andere Menschen zu übertragen, besteht darin, sich selbst als so *überlegen* und damit als bedrohlich für andere darzustellen, daß *sie* Angst bekommen. Wenn einzelne Menschen, ganze Gruppen oder Völker für andere bedrohlich werden, fühlen sie sich selbst weniger bedroht und gefährdet. Dadurch, daß sie anderen angst machen und sie einschüchtern können, wird ihre eigene Angst geringer und die Situation erträglicher. Es ist jedoch naheliegend, daß dieser Mechanismus von den Bedrohten so schnell wie möglich umgekehrt wird, um den bis dahin Überlegenen angst zu machen. Die Eskalation der Spirale der Gewalt, die dadurch ausgelöst wird, ist

31 T. Moser, Gottesvergiftung, Frankfurt 1976 sowie K. Frielingsdorf, Dämonische Gottesbilder. Ihre Entstehung, Entlarvung und Überwindung, Mainz 1993².

bekannt. Ihr innerer Höhepunkt ist dort erreicht, wo die einen sich an der Angst der anderen weiden, also daran noch Lust empfinden. Ihr äußerer Höhepunkt ist dort erreicht, wo das Gegenüber *getötet* wird, so wie es Gen 4 schildert. Dabei wird die Schrecklichkeit von Kains Untat noch dadurch potenziert, daß es sich um den Mord am leiblichen Bruder handelt.[32] Zahllose bedrückende Erfahrungen aus der Geschichte (auch der Religionen) und aus der gegenwärtigen Lebenswelt, insbesondere im Zusammenhang mit Kriegen und anderen Gewalttaten, aber auch mit subtileren Formen der Unterdrückung und Zerstörung anderer Menschen, Völker oder Kulturen lassen sich von daher unschwer als Erscheinungsformen von Sünde wiedererkennen.

b) Angstverdrängung durch eigene Anpassung und Unterwerfung

Das, wovon nun die Rede sein soll, ist so etwas wie das Gegenstück oder Gegenbild zu der eben angesprochenen Form der Sünde. Dabei ist *nicht* an Menschen gedacht, die zu Opfern werden, weil sie im Machtkampf unterliegen, sondern an Menschen, die sich selbst *anpassen* oder *unterwerfen*, um auf diese Weise die *eigene* Angst zum Verschwinden zu bringen. Von dieser Anpassung oder Unterwerfung scheinen auf den ersten Blick nur die zu profitieren, die sich in der dominierenden Position befinden. Aber davon kann auch die sich anpassende oder unterwerfende Person unbemerkt Gewinn ziehen, wenn damit ihre Angst vor der Verantwortung für das eigene Leben beruhigt wird.[33] Auch hier zeigt der Blick in Geschichte und Gegenwart, daß es sich um eine Erscheinungs-

---

32 In der feministischen Theologie wird mit gutem Grund die Frage gestellt, ob Männer und Frauen nicht in unterschiedlicher Weise mit Sünde zu tun bekommen. Problematisch wird diese Fragestellung m. E. nur, wenn aus dem „unterschiedlich" ein „unterschiedlich *schwer*" wird oder wenn daraus verallgemeinernde Aussagen über Geschlechterunterschiede abgeleitet werden. Die Übertragung und Abschiebung (und die dadurch bedingte Dämonisierung) von Angst durch Unterwerfung von Mitmenschen scheint eine „spezifisch männliche" Form der Sünde zu sein. Dabei ist bei „männlich" überwiegend an Männer, aber auch an die männlichen Anteile in Männern und Frauen zu denken. Eine noch weiter zu erforschende Frage ist es, inwiefern und aus welchen Gründen Frauen als *Mütter* an ihre Söhne Ziele und Mechanismen weitergeben, die diese „spezifisch männliche" Form der Sünde begünstigen.

33 Dies scheint eine „spezifisch weibliche" Form der Sünde zu sein, durch die Frauen häufig in entwürdigende Lebenssituationen geraten. Hier setzt der Feminismus mit seiner Kritik und Ermutigung an, damit Frauen sich aus solchen Abhängigkeiten befreien. Auch diese „spezifisch weibliche" Form betrifft freilich nicht nur Frauen, sondern auch die weiblichen Anteile in

form von Sünde handelt, die nicht nur individuell, sondern häufig auch gesellschaftlich wirksam wird. Ein Beleg hierfür ist ebenso Israels Sehnsucht nach den „Fleischtöpfen Ägyptens" (Ex 16,3) wie das bereitwillige Anpassungsverhalten an totalitäre Systeme aus Angst vor der Freiheit.

c) *Die Verquickung von Herrschaft und Selbstunterwerfung*

Es gibt zahlreiche Fälle von Herrschaftsausübung, bei denen Täter und Opfer eindeutig zu unterscheiden sind. In anderen Fällen zeigt sich bei näherem Zusehen eine Verquickung von Herrschaft und Selbstunterwerfung, bei der es schwerfällt, überhaupt noch Täter und Opfer zu unterscheiden. Das ist bei der Selbstunterwerfung insofern implizit enthalten, als diese nur dann „funktioniert" (d. h. den erhofften Gewinn einbringt), wenn das Gegenüber den Anpassungs- oder Unterwerfungsakt akzeptiert und mit entsprechenden (angst-beschwichtigenden) Gegenleistungen honoriert.[34] Dies wird noch deutlicher, wenn man genauer nachfragt, welchen Gewinn *beide Seiten* aus solchen verhängnisvollen Mechanismen ziehen können. Dann zeigt sich nämlich, daß die Absolutsetzung des Gegenübers, die im Akt der Selbstunterwerfung zum Ausdruck kommt, auch die Lebensangst dessen beschwichtigen kann, *dem* sie „dargebracht" wird. Damit entsteht (oder zeigt sich) aber eine faktische *Abhängigkeit* des Dominierenden von dieser Form der Anerkennung und Bestätigung, wie sie aus der Geschichte als Abhängigkeit der Mächtigen von ihren Dienern, Ratgebern und von der jubelnden Menge bekannt ist. Das zeigt, daß die Selbstunterwerfung auf eine subtile, aber höchst wirksame Weise der Ausübung von Macht und Herrschaft gerade über *den* dienen kann, dem scheinbar nur Unterwürfigkeit entgegengebracht wird. Die sich *unterwerfende* Person oder Gruppe kann auf diese Weise *Herrschaft* ausüben, wenn sie die Schwächen, nämlich die Angst ihres Gegenübers kennt und es damit „in der Hand" hat. Solche Verquickungen und Vermischungen neutralisieren sich nicht gegenseitig und beseitigen nicht die Heillosigkeit der beiderseitigen Versuche, Angst loszuwerden, sondern sie *potenzieren* sie und schaffen damit verzweifelte Konstellationen.

Frauen und Männern. Bei letzteren findet sich diese Form der Sünde häufig in Gestalt des Bemühens, sich möglichst überall beliebt zu machen.

34 Es ist zumindest eine Überlegung wert, ob die Aussagen aus Gen 3,16, die von dem (ungestillten) Verlangen der Frau nach dem Mann und von der Herrschaft des Mannes über die Frau sprechen (die aus biblischer Sicht zu den Sündenfolgen zählen), nicht auch in diesen Zusammenhang einzuordnen sind.

13.4 Auswirkungen der Sünde

Schon in Abschn. 13.2.3 war unter dem Stichwort „Erbsünde" von der Sünde als einer Macht die Rede, die sich darin zeigt, daß die Sünde einerseits den Menschheitszusammenhang in der Generationenfolge bestimmt und andererseits das Personzentrum des Menschen so mit Beschlag belegt, daß von da her alle seine Taten mitbestimmt werden. In diesem Schlußabschnitt geht es nun nicht noch einmal um diese Allgemeinheit und Radikalität der Sünde als peccatum originale und peccatum personale, sondern einerseits um die *Folgen* (13.4.1), die aus der Sünde resultieren, selbst aber *nicht* Sünde sind; andererseits um die *Eigendynamik* des Bösen (13.4.2), durch die erst die Allgemeinheit, Radikalität und Folgeträchtigkeit der Sünde verstehbar wird.

13.4.1 Folgen der Sünde

In der theologischen Tradition wurde an dieser Stelle oft statt von Folgen der Sünde von *Strafen* für die Sünde gesprochen. Der Begriff Strafe („poena") ist in diesem Zusammenhang nicht völlig verfehlt, aber doch in zweierlei Hinsicht als problematisch zu bezeichnen. Einerseits entsteht dadurch der Eindruck einer relativ willkürlichen, sozusagen zufälligen Verhältnisbestimmung von Sünde und Sündenfolge; andererseits erscheinen die Sündenfolgen auf diese Weise leicht als von Gott verhängte Vergeltungs- oder Rachemaßnahmen, mit denen er den Menschen ihre Sünde vergilt. Beides *widerspricht* aber dem christlichen Gottes- und Menschenverständnis. Die Sündenfolgen und -wirkungen resultieren mit einer inneren – freilich von Gott so geordneten – Notwendigkeit aus dem Sündersein und Sündetun. Und dieser unaufhebbare Zusammenhang zwischen Sünde und ihren Folgen richtet sich – letztlich – nicht *gegen* den Menschen. Teilweise dient er sogar dem Weiterlebenkönnen unter den Bedingungen der Sünde einschließlich der Hoffnung auf die endgültige Erlösung von ihr.

Bei der Auswahl und Strukturierung der Sündenfolgen orientiere ich mich wieder am biblischen Befund, wie er sich vor allem aus der jahwistischen Urgeschichte ergibt, wie er aber auch im Neuen Testament (besonders bei Paulus und Johannes) Aufnahme gefunden hat. Daraus ergeben sich die beiden Gliederungspunkte: Sünde und Scham (13.4.1.1) sowie Sünde und Tod (13.4.1.2).

13.4.1.1 *Sünde und Scham*

Es fällt auf, welch großes Gewicht das Phänomen des Sich-Schämens in der biblischen Urgeschichte (insbesondere in Gen 2,25-3,21) hat. Wird als Abschluß der Schöpfungsgeschichte vor der Erzählung vom Fall ausdrücklich konstatiert, daß die ersten Menschen nackt waren und sich *nicht* schämten (Gen 2,25), so erweist sich das Sich-Schämen und der damit verbundene Wunsch, sich zu verbergen und zu verhüllen, als die erste Folge des Falles (Gen 3,7 u. 10). Bemerkenswerterweise ist für die Bibel also das Scham- und nicht das Schuldgefühl die erste Folge der Sünde. Das bestätigt von einer anderen Seite aus die Beobachtung, daß Sünde nicht primär als Schuld, sondern primär als Mißlingen, als Riß, als Scheitern verstanden wird. Im Unterschied zum Schuldgefühl kann Scham sich auch auf *die* Beschädigungen des Lebens beziehen, die Menschen ohne ihre verantwortliche Beteiligung *angetan* wurden.[35]

Scham ist eine *unwillkürliche* Reaktion, und zwar eine Reaktion psycho-somatischer Art, die sich bei Menschen (und allem Anschein nach *nur* bei Menschen) dann einstellt, wenn sie das Gefühl haben, daß in ihrem Leben etwas ist, das sie nicht akzeptieren und zu dem sie nicht stehen können, weil sie das Gefühl haben: Es soll nicht sein; es gehört nicht zur eigenen Natur und Bestimmung, sondern ist ein Fremdkörper. Scham ist insofern der Indikator einer inneren Entzweiung. Wie ist damit umzugehen?

Ein besonders liebenswürdiger, anrührender Zug der biblischen Urgeschichte besteht darin, daß es am Ende der Sündenfallerzählung heißt: „Und Gott der Herr machte Adam und seinem Weibe Röcke von Fellen und zog sie ihnen an" (Gen 3,21).[36] Die (gefallenen) Menschen werden also nicht bloßgestellt. Die selbstgefertigten Schurze aus Feigenblättern werden ihnen also nicht heruntergerissen, sondern durch dauerhafte Kleidung ersetzt. *Gott selbst* bedeckt also die Blöße der Menschen und gibt ihnen damit die Möglichkeit, mit der Sünde und trotz der Sünde weiterzuleben. Das ist – neutestamentlich gesprochen – noch nicht Vergebung (ἄφεσις), wohl aber Langmut und Geduld (πάρεσις) Gottes.

Scham als Folge der Sünde ist ein ursprüngliches Zeichen, durch das Sünde sich als Sünde anmeldet und bewußtmacht. Es gibt gute (auch

---

35 Ein bedrückendes Beispiel hierfür ist die Scham vergewaltigter Frauen oder sexuell mißbrauchter Kinder, die es nicht wagen, sich zu offenbaren.

36 Von diesem Endpunkt der Sündenfallerzählung her ist es vielleicht auch möglich, das bekannte „Adam, wo bist du?" (Gen 3,9) nicht im Sinne des aufspürenden, zur Rechenschaft ziehenden Appells zu hören, sondern als nachgehenden, suchenden Lockruf der Liebe an das verlorengegangene Gegenüber. (Diese Deutungsmöglichkeit verdanke ich Pfr. H.-W. Reeh).

entwicklungspsychologische) Gründe für die Annahme, daß das Gefühl der Scham noch tiefer reicht als das Schuldgefühl.[37] Wie das Schuldgefühl, so erhält auch das Gefühl der Scham die Hoffnung auf Überwindung der Sünde lebendig. Schon deshalb verdient das Sich-Schämen immer Achtung und verbietet jeden Spott.[38]

13.4.1.2 Sünde und Tod

Bei der Verhältnisbestimmung von Sünde und Tod (s. dazu auch o. 9.3.2.2 d sowie 15.3.1) stellt sich folgende Alternative: Entweder ist der Tod (erst) durch die Sünde in die Welt gekommen (so die Formulierung aus Röm 5,12), d. h., es gibt den Tod nur, weil und seit es Sünde gibt; *oder* der Mensch ist schon als sterbliches Geschöpf erschaffen, und der Tod erhält durch die Sünde „nur" eine andere Gestalt und Bedeutung für den Menschen.[39] Nur bei Annahme der ersten Interpretationsalternative kann man im strengen, wörtlichen Sinn sagen: Der Tod ist eine Folge der Sünde. Im Falle der zweiten Deutung können wir nur sagen: Der Tod ist durch die Sünde (entscheidend) mitbestimmt.

Die Aussagen der biblischen Urgeschichte in Gen 2 u. 3 belegen keineswegs eindeutig die erste Auffassung. Als Folge der Übertretung des göttlichen Verbotes wird ja nicht angekündigt, daß der Mensch dann *sterblich* werde, sondern daß er *sterben* müsse – und zwar „an dem Tage, da du issest" (Gen 2,17). Dem entspricht es, daß auch nach dem Sündenfall der Tod des Menschen nicht angekündigt wird als Folge der Sünde, sondern er wird begründet damit, daß der Mensch von der Erde genommen ist (Gen 3,19). Ja, der Tod erscheint hier *nicht* selbst als Strafe oder Fluch für die Sünde, sondern als Begrenzung eines mühevollen, oft genug um die Früchte des Erfolgs betrogenen Lebens und damit in gewisser Hinsicht auch als *Begrenzung* des Fluchs, der auf diesem Leben liegt.

Die Annahme, daß es erst durch die Sünde Tod und Sterben in der Welt gebe, ist also schon exegetisch zweifelhaft. Sie ist aber auch in systematisch-theologischer Hinsicht nicht zu halten. Dafür spricht vor

---

37 Daher kann es ganz angemessen sein, daß Menschen sich – etwa im politischen Bereich – für etwas schämen, wofür sie sich nicht schuldig fühlen (können), weil sie keinerlei Verantwortung dafür tragen. Dies gilt z. B. für jüngere Deutsche im Blick auf die Verbrechen der Nazizeit.

38 Über die wichtige, positive Bedeutung der Scham hat sich in unserem Jahrhundert vor allem D. Bonhoeffer in seiner Ethik (NA, München 1992, S. 304-308) geäußert.

39 Dabei könnte man an die Aussage von I Kor 15,56 denken: „Der Stachel des Todes aber ist die Sünde, die Kraft aber der Sünde ist das Gesetz."

allem folgendes Argument: Die Schöpfung hat in allen ihren Elementen
die Signatur der Endlichkeit und des Vergehens.[40]

Gegen diese These spricht auch nicht die christliche Hoffnung auf die
Auferstehung der Toten und das ewige Leben[41]; denn mit dieser Hoffnung
verbindet sich ja nicht die Erwartung der Rückkehr zu einem paradiesischen Urzustand (mit der Möglichkeit ewiger zyklischer Wiederholun-
gen), sondern die Hoffnung auf eine Anteilhabe an der Wirklichkeit Gottes
selbst, die alle irdischen, endlichen Bedingungen übersteigt.

Sterblichkeit und Tod an sich gehören zum irdischen, geschöpflichen
Dasein des Menschen (wie der anderen Lebewesen) und sind als solche zu
bejahen, anzunehmen und ins Leben zu integrieren[42]. Deswegen kann ein
Mensch sich auch legitimerweise danach *sehnen* zu sterben (s. Phil 1,23),
und es kann ihm das *Geschenk* zuteil werden, „alt und lebenssatt" zu
sterben (s. Gen 25,8; 35,29; II Chr 24,15; Hi 42,17).

Aber die Sünde verändert den Tod: Sie gibt ihm einen Stachel, den er
ohne sie nicht hätte. Solange die Sünde über den Menschen herrscht,
verbindet sich mit dem Sterben und dem Tod die Drohung *definitiven*
Scheiterns, endgültiger Verlorenheit. Durch die Angst vor dem ewigen
Scheitern des Daseins wird der schon an sich „bittere" (I Sam 15,32; Koh
7,26; Sir 41,1) kreatürliche Tod *vergiftet* und zur Drohung ewiger Verdammnis. Aber damit wird der (kreatürliche) Tod zu etwas anderem: zum
„zweiten", vernichtenden Tod (Apk 2,11; 20,6 u. 14; 21,8). Von ihm gilt

---

40 Entwicklungsgeschichtlich betrachtet würde aus der These, daß der Tod erst
    durch die Sünde in die Welt kam, die absurde und nachweislich falsche
    Folgerung resultieren, daß es im Universum keinen Tod gab, bevor es Men-
    schen gab. Diese Konsequenz ließe sich nur vermeiden, indem man den Begriff
    „Sünde" auf Tiere und Pflanzen ausdehnte. Aber was soll er dann bedeuten?
41 Anders W. Pannenberg (Systematische Theologie, Bd. 2, S. 310 f.): „Gegen die
    Behauptung der Natürlichkeit des Todes wegen der Endlichkeit menschlichen
    Lebens gibt es jedoch ein durchschlagendes theologisches Argument: Die
    christliche Zukunftshoffnung erwartet ein Leben ohne Tod ... Die zum
    geschöpflichen Leben gehörige Endlichkeit wird durch die Teilnahme am
    ewigen Leben Gottes nicht beseitigt werden. Daraus folgt aber, daß Endlich-
    keit nicht immer Sterblichkeit einschließen kann. Die eschatologische Hoff-
    nung der Christen kennt eine Endlichkeit geschöpflichen Daseins ohne Tod.
    Darum kann der Tod nicht notwendig zur Endlichkeit geschöpflichen Daseins
    gehören." Pannenberg fährt freilich fort: „Nur für das Dasein in der Zeit bleibt
    bestehen, daß Endlichkeit und Sterblichkeit des Lebens zusammengehören."
    Mit diesem Nachsatz wird aber die Sterblichkeit nicht von der Sünde her
    begründet, sondern vom „Dasein in der Zeit", und insofern kann durchaus
    von einer „Natürlichkeit des Todes" gesprochen werden.
42 Das ist der entscheidende Unterschied zur Sünde, die nicht zu bejahen und ins
    Leben zu integrieren ist.

im direkten und eigentlichen Sinn: Er ist nichts anderes als eine Folge der
Sünde. Vom kreatürlichen Sterben und Tod an sich läßt sich das hingegen
so *nicht* sagen.

13.4.2 *Sünde und Teufel*

Beim Nachdenken über Engel (s. o. 8.3.4) habe ich die These vertreten:
„Es gibt *keinen* Grund zu der Annahme, unter der Vielzahl der Geschöpfe
Gottes gebe es eine Art von Geschöpfen, die als ‚Engel' zu bezeichnen seien
(so wie es Pflanzen, Tiere, Menschen, Gestirne, Land und Meer gibt)." Als
positive These wurde dem gegenübergestellt: „Die Seinsweise eines Engels
ist der göttliche Auftrag, den er erfüllt." Was ergibt sich von daher für eine
Lehre vom Teufel – und den Dämonen –, die in der Tradition häufig als
„böse Engel" („angeli mali") bezeichnet wurden?

Zunächst ist festzustellen, daß von dem Ansatz in der Angelologie her
sich jedenfalls ein Zugang zur Satanologie oder Dämonologie *verbietet*,
der (im Anschluß an Jud 6, in dessen Hintergrund möglicherweise Gen
6,2-4 steht) von der Annahme eines Engelfalles ausgeht, Teufel und Dämonen also als „gefallene Engel" versteht. Wenn von den Engeln, so ist
auch, ja *erst recht* von den bösen Geistern zu sagen: Es gibt keinen Grund
zu der Annahme, daß sie als oder wie Geschöpfe Gottes existieren. Auch
die Seinsweise der Engel, also ihr Auftrag, bietet keinen geeigneten Ansatzpunkt für eine Dämonologie; denn wenn Engel ihren Auftrag vergessen, verleugnen oder verkehren würden, dann würden sie sich damit nicht
in Teufel verwandeln, sondern ihre Seinsweise als Engel verlieren. Von
daher ergibt sich die Vermutung, daß der Denkansatz, demzufolge Teufel
und Dämonen *entartete* oder *pervertierte* gute Geister seien, in die Irre
führt.

Aber gibt es dann überhaupt ernst zu nehmende Gründe, sich – nach
der Aufklärung[43] – noch mit dieser Thematik zu beschäftigen? Gehören
Teufels- und Dämonenvorstellungen nicht zu den Formen von Aberglauben, die als obsolet zu betrachten und am besten schweigend zu übergehen
sind? Und ist nicht durch Teufels- und Dämonenvorstellungen in der
Geschichte der christlichen Kirche und durch sie so viel Schaden und

---

43 Zu dem dialektischen Verhältnis von Aufklärung und Teufel vgl. vor allem
Erhart Kästner, Aufstand der Dinge, Frankfurt 1973, S. 241-248 sowie C.
S. Lewis, Dienstanweisung für einen Unterteufel (1944), dt. Freiburg (1958)
1994[3].

Unglück angerichtet worden, daß es am besten ist, sich von alledem deutlich zu distanzieren?

Fest steht jedenfalls, daß es aus christlicher Sicht weder so etwas wie einen Glauben *an* Teufel und Dämonen im Sinne religiöser Verehrung oder daseinsbestimmenden Vertrauens[44] geben kann, noch eine Gleichrangigkeit von Gott und Teufel im Sinne des Dualismus. Ausgeschlossen ist aus der Sicht des christlichen Glaubens aber auch jede Identifizierung eines Menschen (oder einer Gruppe von Menschen) mit dem Teufel oder den Dämonen. Selbst dort, wo von einer „Besessenheit" von Menschen die Rede ist, muß doch immer die Unterscheidung zwischen der besitzergreifenden Macht des Bösen und dem in Besitz genommenen Menschen als dem Opfer mitgedacht werden.

Im Neuen Testament ist häufig von bösen Geistern und Dämonen, vom Teufel und vom Satan[45] die Rede – und zwar in *allen* Überlieferungsschichten. Teufel und Dämonen treten auf als Gegenmächte und Gegenkräfte zu der Selbsterschließung Gottes in Jesus Christus. Dabei betont das Neue Testament sowohl deren Gefährlichkeit und Bedrohlichkeit als auch – und vor allem – die *Überlegenheit* Jesu Christi gegenüber diesen Mächten des Bösen[46]. Die Ankündigung und das darin geschehende Anbrechen der Gottesherrschaft geschieht im Wirken Jesu auch in Form eines fortgesetzten Kampfes mit den Dämonen und unreinen Geistern, die von Menschen Besitz ergriffen haben. Insofern reichen die Dämonen- und Teufelsvorstellungen im Neuen Testament bis tief hinein ins Zentrum des Wirkens Jesu und können schon deshalb nicht einfach ignoriert oder übergangen werden.

Die systematisch-theologische Entscheidung darüber, ob und ggf. was vom Teufel und den Dämonen gesagt werden muß, ist mit diesen exegetischen Feststellungen aber noch nicht gefallen oder präjudiziert. Diese Entscheidung hängt davon ab, ob ein *wesentlicher* Aspekt der Rea-

---

44 Teufel und Dämonen kommen deswegen in Glaubensbekenntnissen nicht als das vor, *woran* Christen glauben, sondern *wovon* sie erlöst werden (z. B. BSLK 511,30).

45 Auf die internen Differenzierungen, die mit diesen unterschiedlichen Begriffen verbunden sind, gehe ich hier und im folgenden nicht ein. Ich verwende diese Ausdrücke als weitgehend austauschbare Bezeichnungen für *einen* „Bereich" oder für *ein* Phänomen.

46 So schon in den Erzählungen von der Versuchung Jesu durch den Teufel am Beginn seines öffentlichen Wirkens, aber auch in den Warnungen an die christliche Gemeinde zur Wachsamkeit sowie im eschatologischen Ausblick auf die endgültige Entmachtung des Teufels. Diese Entmachtung – jedenfalls im Himmel – ist laut Lk 10,18 („Ich sah den Satan vom Himmel fallen wie einen Blitz") bereits die Voraussetzung des Wirkens Jesu.

lität der Sünde und des Bösen unbenannt und unbedacht bliebe, wenn solche Aussagen entfielen. Dieser Aspekt muß zu tun haben mit dem *Macht*charakter der Sünde und des Bösen, von dem bereits mehrfach die Rede war. Die entscheidenden Momente, die das Reden vom Teufel und den Dämonen zumindest nahelegen, sind m. E. die folgenden:

- Die bereits bedachte biblische Aussage: „Wer Sünde tut, der ist der Sünde Knecht" (Joh 8,34) verweist darauf, daß der Mensch sich im Tun der Sünde auf eine *Macht* einläßt, die ihn in Besitz nimmt und beherrscht. Ihr Ziel ist es, den Menschen mit seiner Sünde so zu identifizieren, daß die Unterscheidung zwischen Sünder und Sünde nicht gemacht und wahrgenommen werden kann. Dieser für das neutestamentliche Sündenverständnis wesentliche, in unserem Sprachgebrauch weithin verlorengegangene Aspekt der Macht (s. o. 13.1.1.2 u. 13.1.3.1) kommt durch das Reden vom „Teufel" oder den „Dämonen" unüberhörbar zum Ausdruck. Dadurch läßt sich möglicherweise deutlich machen, daß von einer auch heute noch gültigen *Erfahrung* die Rede ist, wenn Paulus in Röm 7,19 f. schreibt: „Denn das Gute, das ich will, das tue ich nicht; sondern das Böse, das ich nicht will, das tue ich. Wenn ich aber tue, was ich nicht will, so tue nicht ich es, sondern die Sünde, die in mir wohnt." Diese Aussagen zeigen, daß es zu kurz greift, wenn Sünde nur unter ethischen Kategorien (als verfehltes *menschliches Tun*) bedacht wird.[47] Sie zeigen allerdings auch, daß vom Machtcharakter der Sünde (oder des Bösen) gesprochen werden kann, ohne daß dafür *Begriffe* wie „Teufel", „Satan" oder „Dämonen" verwendet werden *müssen*.

- Das Böse wird immer wieder als eine Macht erlebt, die gegen den menschlichen Willen *Widerstandskraft* entfaltet, die sich wehrt, sich „in den Boden krallt", um sich nicht vertreiben zu lassen – genau wie dies gelegentlich von den Dämonen im Neuen Testament berichtet wird (z. B. Mk 5,6-13 parr.) oder wie dies von Suchtphänomenen her bekannt ist. Je intensiver Menschen sich darauf konzentrieren, diese destruktiven Kräfte in den Blick zu fassen und sie zu vertreiben, um so tobender erleben sie diesen Abwehrkampf. In dieser Widerstandskraft äußert sich eine *Eigendynamik* des Bösen, die man als dessen „Selbstbehauptungswillen" bezeichnen könnte.

- Noch stärker wiegt die dritte Wahrnehmung: die *Verstellungskunst* des Bösen, aus der ein Großteil seiner Verführungskraft resultiert. Es gehört geradezu zum *Wesen* des Bösen, daß es auftritt mit dem Ver-

---

47 Terminologisch findet der *Macht*charakter der Sünde häufig darin seinen Ausdruck, daß in diesem Zusammenhang von „dem Bösen" (neutr. und/oder masc.) die Rede ist. So auch in dieser Dogmatik.

sprechen, Glück und Erfüllung zu schenken, und daß es *Surrogate* dessen oft tatsächlich gewährt. Daraus zieht es seinen Reiz und einen Teil seiner Macht. Daß das Böse sich – wie in der Versuchung Jesu – sogar auf biblische Aussagen berufen und an das Vertrauen auf Gott appellieren kann (Mt 4,6 par.) und daß es sich als Engel des Lichts verstellt (II Kor 11,14), das macht es so gefährlich und läßt Menschen noch leichter seiner Verführung erliegen. Dieses Sich-Verstellende muß so zur Sprache gebracht werden, daß man vom Bösen als einer aktiven, initiativen Macht redet.

Von diesen Beobachtungen und Überlegungen her erscheint es nicht nur als möglich, sondern als durchaus sachgemäß, vom Teufel, Satan und von Dämonen zu reden. Es gibt im christlichen und im außerchristlichen Bereich jedoch auch ein Reden von solchen dunklen Mächten, das selbst in Gefahr ist, ihrer Faszination zu erliegen. Dem kann wohl nur dadurch wirksam begegnet werden, daß die *Begrenztheit* dieser Mächte ernstgenommen wird, d. h. dadurch, daß von ihrer *Überwindung* gesprochen wird.

14 Die versöhnte Welt (Soteriologie[1])

Mit der Soteriologie, also der Lehre vom *Heil*, betreten wir das Zentrum des christlichen Weltverständnisses, ja man kann sogar sagen: der christlichen Glaubenslehre im ganzen. Denn nun ist der *Gehalt* des *Evangeliums von Jesus Christus* zu explizieren. Während die Schöpfungslehre und die Hamartiologie die (positiven und negativen) *Voraussetzungen* der Heilsbotschaft thematisieren und die Eschatologie ihre *Konsequenzen* zum Gegenstand hat, richtet die Soteriologie die Aufmerksamkeit auf den Gehalt dieser Botschaft *selbst*.

Daß dies unter der Überschrift „Die versöhnte Welt" geschieht, ist zwar nicht ungebräuchlich, bedarf aber doch der Begründung; denn in der Verkündigung Jesu – soweit wir sie aus den synoptischen Evangelien kennen – kommen die Worte „Versöhnung" oder „versöhnen"[2] nie vor, um das Heilsgeschehen zu beschreiben, das mit seiner Person verbunden ist. Von da aus ist zu fragen, ob es nicht andere, besser geeignete Wörter gibt, um das Heilsgeschehen zu bezeichnen, z. B. „erlöste", „befreite", „unter Gottes Herrschaft lebende" oder „erneuerte Welt". Tatsächlich bringen alle diese Wörter wichtige Elemente des Heilsgeschehens zum Ausdruck, aber sie tendieren alle zu *mehr*, als hier und jetzt über die Welt aus der Sicht des Glaubens gesagt werden kann: Erlösung, Befreiung, Gottesherrschaft, Erneuerung stehen alle in gewisser Hinsicht noch aus. Sie sind im Anbrechen und Geschehen, aber noch nicht da. Anders ist dies bei der Versöhnung. Dieser Begriff bringt zum Ausdruck, daß es bei dem Heilsgeschehen um den Prozeß geht, in dem jetzt schon die vorhandene Entzweiung überwunden und dadurch die Macht der Sünde und des Bösen durchbrochen (aber noch nicht beseitigt) wird. Gerade dadurch, daß die Rede von der versöhnten Welt diese bleibende Widerständigkeit ernst nimmt und die Differenz zu der noch ausstehenden

---

1   Der Begriff „Soteriologie" ist hier in einem sehr weiten Sinn aufzufassen. In ihm sind auch die Sakramentenlehre und die Ekklesiologie enthalten.

2   „καταλλαγή" und „καταλάσσειν" kommen nur bei Paulus und in den Deuteropaulinen (Eph und Kol) vor, sind dort aber so wichtige Begriffe, daß Paulus die christliche Verkündigung zusammenfassen kann in den Worten: „καταλλάγητε τῷ θεῷ" (II Kor 5,20).

Vollendung bewußthält, ist sie dem angemessen, was in dieser Welt als Heil erfahrbar ist.[3]

Damit ist eine dreifache Explikations- und Reflexionsaufgabe gestellt, die sich in folgenden Fragen formulieren läßt:

- Worin besteht das Heil, von dem hier die Rede ist? Was ist also mit „Heil" gemeint, und in welchen Verwirklichungsformen wird es im Leben konkret erfahrbar? (14.1)
- Auf welche Weise wird dieses Heil Menschen zugänglich und zuteil? Wie und wodurch vermittelt es sich also? (14.2)
- Wo ist der Raum oder Ort, an dem dieses Heil zugänglich und erfahrbar wird und an dem es kommuniziert und gefeiert wird? (14.3)

14.1   Das Heil in Jesus Christus

14.1.1   Vielfalt und Einheit des Heils

Das deutsche Wort „Heil" ist eine Übersetzung des griechischen Begriffs „σωτηρία", der in allen Überlieferungsschichten des Neuen Testaments vorkommt[4]. „Σωτηρία" (von „σῴζειν" = retten, heilen, helfen) bedeutet in erster Linie *„Rettung"* aus Gefahr, vor drohendem Unheil. In der positiven Umkehrung bedeutet „σωτηρία" Heil im Sinne erfüllten, beglückenden, ewigen Lebens. Die beim deutschen Wort „Heil" naheliegende Assoziation „Heilung" ist zwar auch im Verbum „σῴζειν" enthalten (z. B. Mk 5,28: die Heilung der blutflüssigen Frau), tritt aber im Substantiv „σωτηρία" ganz zurück.[5]

Die Tatsache, daß das Wort „Heil" recht allgemein und unspezifisch ist, nötigt dazu, inhaltlich näher zu bestimmen, worin das Heil besteht, das dem Menschen zuteil wird, und worin das Unheil, von dem bzw. vor dem er gerettet wird. Nur so kommt auch die konkret erfahrbare Vielfalt des Heils und die größere Macht der Gnade gegenüber der Sünde in den Blick. Damit stellt sich die Doppelaufgabe, die vielfältigen Erscheinungsformen des Heils (14.1.1.1) und das einheitliche Wesen des Heils, wie es

---

3   Trotzdem ist (auch) die Rede von der versöhnten Welt als zusammenfassende Beschreibung des Heilsgeschehens insofern unbefriedigend, als in ihr die Elemente der Befreiung, Heilung und Veränderung nicht zum Ausdruck kommen.

4   Im johanneischen Schrifttum taucht der Begriff allerdings nur einmal auf: in der Glosse Joh 4,22: „Das Heil kommt von den Juden."

5   Daß gleichwohl der *Sache* nach das Heil den Aspekt der Heilung mit umfaßt, soll in 14.1.1.1 d dargestellt werden.

in diesen Erscheinungsformen Gestalt gewinnt (14.1.1.2) [6], in ihrer Bezogenheit auf Erfahrungen des Unheils zu thematisieren.

14.1.1.1 Die vielfältigen Erscheinungsformen des Heils

Die Vielfalt der Erscheinungsformen, in denen Unheil und Heil Gestalt gewinnen, ist *grundsätzlich unbegrenzt.* Die folgenden Konkretisierungen sind daher nicht als erschöpfende Aufzählung gedacht, sondern haben *exemplarischen* Charakter. Die Einteilung orientiert sich an dem grundlegenden Satz aus I Kor 1,30: „Christus Jesus ist uns von Gott gemacht zur Weisheit und zur Gerechtigkeit und zur Heiligung und zur Erlösung."

a) Heil als Erleuchtung und Erkenntnis („Weisheit")

Wo das Heil als Erleuchtung und Erkenntnis beschrieben wird, ist vorausgesetzt, daß das Unheil, in dem der Mensch durch die Macht der Sünde befangen ist, den Charakter der Verblendung, des Irrtums, der Selbsttäuschung oder des Selbstbetrugs hat. Der Mensch erkennt sich selbst nicht, sieht die Welt in einem verkehrten Licht, die Wahrheit Gottes ist ihm verschlossen. Das kann sich dadurch äußern, daß Menschen ihren Liebes*hunger* mit Liebes*fähigkeit* verwechseln, daß sie nicht zwischen Brauchen und Lieben oder zwischen Beliebtsein und Geliebtsein unterscheiden können.

Dabei ist es sinnvoll, zwei Formen solcher Verblendung zu unterscheiden: die eine Form, in der ein Mensch nicht einmal merkt, daß er in der Unwahrheit existiert, in der ihm also seine Verblendung selbst noch verschlossen ist und er glaubt, das Leben richtig zu sehen, und die andere Form, in der einer Person bewußtgeworden ist, daß ihr Wirklichkeitsverständnis in entscheidenden Punkten nicht stimmt, sie aber gleichwohl noch nicht erkennen kann, was genau „nicht stimmt" und worin statt dessen die rettende Wahrheit besteht. Während die erste Form der Verblendung subjektiv gut zu ertragen, aber objektiv schlechthin heillos ist, weil ein Mensch nicht einmal seinen Schaden erkennt (vgl. Joh 9,40 f.), ist

---

6 In Anknüpfung an die in Kap. 2 vollzogene Verhältnisbestimmung von Wesen und Erscheinung (s. o. 2.1 u. 2.3.2) ist daran zu erinnern: Das Wesen (in diesem Fall: des Heils) wird nicht anders zugänglich als *in* den konkreten Erscheinungsformen und *durch* sie, aber es steht eben deshalb nicht auf derselben Ebene wie die Erscheinungsformen. Es wird nicht selbst zur Erscheinung.

die zweite Form subjektiv belastend und quälend, aber objektiv ver-
heißungsvoll, weil der Mensch hier jedenfalls dessen gewahr wird, daß er
in die Irre geht.

Schon diese Unterscheidung zweier Formen des Nicht-Erkennens oder
der Verblendung zeigt, daß die Erfahrung, in der sich die Wahrheit
erschließt, zwar immer etwas Befreiendes ist (s. Joh 8,32 u. 36), aber
gleichwohl als etwas Erschreckendes und Erschütterndes erlebt werden
kann. Beides schließt sich gegenseitig nicht aus, sondern verbindet sich
häufig eng miteinander (vgl. dazu z. B. II Sam 12,1-15).

Die Macht der Sünde zeigt sich immer auch darin, daß sie dem Menschen ein verfehltes Wirklichkeitsverständnis vorspiegelt und ihn damit
orientierungslos macht. Die „erleuchteten Augen des Herzens" (Eph 1,18)
und damit „die Erleuchtung zur Erkenntnis der Herrlichkeit Gottes in
dem Angesicht Jesu Christi" (II Kor 4,6) sind demgegenüber die Erfahrungen von Heil, in denen diese Verblendung und Täuschung durchbrochen wird.

b) Heil als Versöhnung und Rechtfertigung („Gerechtigkeit")

Die Begriffe „Versöhnung" und „Rechtfertigung" samt der ihnen jeweils
zugehörigen Vorstellungswelt liegen weiter auseinander, als dies normalerweise in der kirchlich-theologischen Sprache zum Ausdruck kommt.
„*Versöhnung*" setzt die Erfahrung eines tiefgreifenden Konflikts, einer
Entzweiung voraus, die dadurch überwunden wird, daß die „Entzweiten"
eine neue Basis für ihre Beziehung finden. Die Initiative dafür kann von
einer Seite oder von beiden ausgehen, wichtig ist aber, daß an der Versöhnung immer beide Seiten beteiligt sein müssen (vgl. dazu exemplarisch II Kor 5,19 f., s. o. 9.3.2). „*Rechtfertigung*" setzt demgegenüber
eine forensische Situation voraus, d. h. eine Situation, in der eine Person
vor ein Forum geladen wird, um dort beurteilt oder gerichtet zu werden.
Hier geht es also um die Frage, ob und wodurch ein Mensch „bestehen"
kann, wenn an sein Leben der Maßstab Gottes angelegt wird. Das
Gemeinsame zwischen beiden Begriffen und Vorstellungsbereichen besteht darin, daß es beide Male um eine gestörte Beziehung (zu Gott) geht,
eine Beziehung, die aufgrund des menschlichen Verhaltens nicht in Ordnung ist. Der nicht versöhnte oder nicht gerechtfertigte Mensch hat die
Gemeinschaft mit Gott zerstört oder verlassen, und er hat damit die
heilsame Beziehung zu seinem Schöpfer verwirkt, die doch der Grund
seines Daseins ist.

Die Erfahrung des Heils besteht darin, daß dem Menschen, der sich
gegen diese grundlegende Beziehung verfehlt hat, von Gott her ohne

Vorbedingung Versöhnung, Vergebung, Rechtfertigung *zugesprochen* wird. Die Beziehung ist wiederhergestellt, die Entzweiung überwunden, ohne daß der Mensch dazu etwas getan hätte – ja auch nur hätte tun können. Wer die Erfahrung kennt, eine für das Leben wichtige Beziehung (z. B. eine Freundschaft) durch das eigene Sein oder Tun verletzt zu haben und zugleich zu wissen, daß das durch nichts wiedergutzumachen ist, weiß auch, was es bedeutet, wenn von der anderen Seite her ohne Vorbedingung die Beziehung wiederhergestellt, die Hand gereicht, Vergebung (mit oder ohne Worte) erteilt wird.[7]

c) Heil als Wiedergeburt und Vergöttlichung („Heiligung")

Die Vorstellung und der Begriff vom Heil als „*Wiedergeburt*" ist biblisch belegt (Joh 3,3-8; Tit 3,5; I Petr 1,3 u. 23). Der Begriff „*Vergöttlichung*" kommt hingegen in der Bibel so nicht vor (vgl. aber II Petr 1,4: „damit ihr … Anteil bekommt an der göttlichen Natur"), spielt jedoch vor allem in der ostkirchlichen Tradition eine große Rolle. Zu diesem Vorstellungs- und Begriffsfeld gehören aber auch die Aussagen vom „Sein in Christus" (Röm 6,11; 8,1; 16,7 u. o.) und vom „Leben Christi in den Gläubigen" (Röm 8,10; Gal 2,20). Das Gemeinsame dieser Vorstellungen läßt sich insofern mit dem Begriff „Heiligung" beschreiben, als „heilig" (s. o. 8.1.3.3 c) bedeutet: „(zu) Gott gehörend". Diese Formeln und Begriffe bringen zum Ausdruck, daß durch das Heil die Entfremdung und Trennung des Menschen von Gott überwunden wird und er am Wesen Gottes Anteil erhält. Obwohl es für die reformatorische Theologie ein zentrales Anliegen ist, daß die (kategoriale) *Unterscheidung* zwischen Gott und Mensch nicht aus dem Blick gerät, darf dies nicht dazu führen, daß das Wahrheitsmoment, das in der Vorstellung von der Vergöttlichung des Menschen oder seiner Vereinigung mit Christus enthalten ist, verlorengeht.[8] Gerade wenn man den biblischen Gedanken ernst nimmt, daß Gott seinem Wesen nach Liebe ist, kann deutlich werden, wie heillos die Le-

---

7 Diese befreiende Erfahrung kann ein Mensch auch in Gestalt einer grundsätzlichen (z. B. exegetischen) Einsicht machen und dabei emotional ebenso bewegt werden, wie dies bei der Erfahrung zwischenmenschlicher Vergebung möglich ist. Ein eindrucksvoller Beleg hierfür ist Luthers Rückerinnerung an seinen reformatorischen Durchbruch (WA 54,179-187), der in dem Satz gipfelt: „Da hatte ich das Empfinden, ich sei geradezu von neuem geboren und durch geöffnete Tore in das Paradies selbst eingetreten" (WA 54,186,8 f.: „Hic me prorsus renatum esse sensi, et apertis portis in ipsam paradisum intrasse").

8 S. dazu den S. 363, Anm. 10 zitierten Aufsatz von S. Peura, Die Vergöttlichung des Menschen als Sein in Gott, in: LuJ 60/1993, S. 39-71.

benssituation eines Menschen ist, der von Gott abgeschnitten ist, und daß
das Heilwerden in nicht weniger bestehen kann als in einer *Vereinigung
mit Gott,* die zu verstehen ist *als Teilhabe an der göttlichen Liebe.* Eine
andere sprachliche Form, in der diese heilvolle Anteilhabe des Menschen
an Gott zum Ausdruck kommt, ist das pneumatologisch bestimmte Reden
von dem Geist Gottes, der – *wie* die Liebe Gottes und *als* die Liebe Gottes
(Röm 5,5) – „ausgegossen" ist auf bzw. in die Menschen des neuen Bundes (Act 2,33; 10,45; Tit 3,6). Erinnert man sich daran, daß der Heilige
Geist nicht weniger ist als die Selbstgabe Gottes (s. o. 10.1.3), so wird
nachvollziehbar, daß mit der Formel „Heil als Vergöttlichung" – recht
verstanden – nicht zuviel gesagt wird. Gemeint ist damit ja nicht eine
Identifikation des Menschen mit Gott, sondern eine Anteilhabe des Menschen an Gott, durch die der Mensch aufgerichtet und erhöht wird.[9]

d) Heil als Befreiung und Heilung („Erlösung")

Der Bedeutung von „Heil" als „Rettung" nahe verwandt ist die Vorstellung vom Heil als *Befreiung.* Setzt Rettung die Situation einer tödlichen
Bedrohung (z. B. bei einem Schiffbruch) voraus, so bezieht sich „Befreiung" dem Wortsinn nach auf eine Situation der Gefangenschaft oder
Sklaverei. Hierin kommt der *Macht*charakter der Sünde besonders deutlich zum Ausdruck, wie ihn z. B. Menschen in Gestalt äußerer oder innerer
Abhängigkeit von destruktiven Kräften erleben und erleiden. Im Widerstreit zu dieser Erfahrung der Sünde als einer Macht, die den Menschen
(als einzelnen oder als Gemeinschaft) unterdrückt und tyrannisiert, wird
das Evangelium von der in Jesus Christus anbrechenden Gottesherrschaft
erlebt als *Durchbrechung* dieser Macht und damit als Akt der *Befreiung.*[10]
Das Entscheidende ist geschehen, wenn diese tyrannisierenden Mächte
einmal durchbrochen worden sind, wenn ein Mensch spürt: Die Macht
der Sünde ist verwundbar; die Kraft der Liebe ist größer als der Terror des
Bösen (vgl. Apk 12,7-12). Ein Mensch, dem diese Erfahrung zuteil wird,
spürt, was das Wort „Heil" meint.
    Von hier aus ergibt sich auch ein Zugang zu der im Neuen Testament
(insbesondere in den Evangelien) wichtigen Verbindung zwischen Verkündigung und Heilung, durch die das Heil selbst als Heilung erfahren

---

9 Der Begriff „Vergöttlichung" oder „Vergottung" ist mehrdeutig. Er kann
   entweder bedeuten „Zu-Gott-Werden" oder „Ganz-von-Gott-bestimmt-Wer-
   den". Nur in der letzteren Bedeutung ist er theologisch akzeptabel.
10 Was später (s. u. 14.1.1.2 b) noch zu bedenken ist, sei jetzt schon angemerkt:
   Es geht um die *Durchbrechung* der Macht der Sünde – noch nicht um ihre
   Aufhebung oder *Beseitigung.*

werden kann. So, wie die Sünde das geistige, seelische und leibliche Sein des Menschen erfaßt und mit ihrer desintegrierenden Macht bestimmen kann, so kann sich auch die zurechtbringende Macht der Gnade auf alle Dimensionen der menschlichen Existenz beziehen. Von daher erweist sich das neutestamentliche Neben- und Miteinander von Verkündigung und Krankenheilung keineswegs als äußerlich und zufällig. Daraus darf aber zweierlei *nicht* gefolgert werden: Weder ist Krankheit Ausdruck oder Folge von Sünde, noch bewirkt die Erfahrung von Heil in jedem Fall Heilung. Das *kann* so sein (s. dazu o. 10.3.2.2), aber es kann einem Kranken oder Behinderten auch bewußt werden, daß er sich *in* seiner „Schwachheit" an Gottes Gnade genügen lassen soll (s. II Kor 12,7-10) und daß ihm von daher die Kraft zuwächst, seine Krankheit oder Behinderung anzunehmen, und er in *diesem* Sinne Heilung erfährt.

14.1.1.2 Das einheitliche Wesen des Heils

Die im vorigen Abschnitt aus I Kor 1,30 übernommene Einteilung anhand der vier soteriologischen Grundbegriffe „Weisheit", „Gerechtigkeit", „Heiligung" und „Erlösung" ist nicht im Sinne einer Klimax oder einer zeitlichen Abfolge zu verstehen, sondern soll unterschiedliche Erscheinungsformen des Heils beschreiben. Was läßt sich von daher über das – einheitliche – Wesen des Heils sagen? Dreierlei scheint entscheidend zu sein:

a) Die Erscheinungsformen des Heils als verschiedene Aspekte

Den Begriff *Aspekte* gebrauche ich als Alternative zu Begriffen wie „Teile" oder „Stücke" oder „Elemente". Damit meine ich: Weisheit, Gerechtigkeit, Heiligung und Erlösung sind keine je für sich isoliert vorkommenden Erscheinungsweisen von Heil, sondern sie verhalten sich zueinander wie die unterschiedlichen Ansichten, die sich zeigen, wenn ein plastisches Kunstwerk umschritten und betrachtet wird. Das besagt aber: Auf eine nicht offenkundige, sondern eher verborgene Weise kommen die Erscheinungsformen *ineinander* vor oder – vorsichtiger formuliert – hängen sie untereinander zusammen und verweisen aufeinander. Das soll an einigen Punkten exemplarisch verdeutlicht werden:

– Erleuchtung und Erkenntnis sind zugleich Befreiung und Erlösung. Das ist so, weil die Verblendung selbst den Charakter einer Macht hat, der ein Mensch ausgeliefert ist, ohne sie von sich aus abschütteln oder durchbrechen zu können.

– Versöhnung und Rechtfertigung haben zugleich den Charakter von Erleuchtung und Erkenntnis. Das Wort von der Versöhnung: „Laßt euch versöhnen mit Gott" verändert als solches entscheidend das Bild des Menschen von Gott, also seine Gotteserkenntnis.

– Befreiung und Heilung haben zugleich den Charakter der Wiedergeburt und Vergöttlichung oder Heiligung, weil die Durchbrechung der Macht der Sünde nur dadurch möglich ist, daß Menschen Anteil bekommen an der Macht Gottes.

Eine subtile Analyse könnte möglicherweise zeigen, daß und wie tatsächlich jede Erscheinungsform des Heils zugleich alle anderen in sich enthält, weil Heil letztlich nicht aufteilbar ist, sondern eine Ganzheit darstellt – wenngleich in unterschiedlichen Lebenssituationen und angesichts unterschiedlicher Unheilserfahrungen das Heil unterschiedlich *erlebt* wird.

b)   Das Heil als Durchbrechung der Macht der Sünde

Fragen wir von dem bisher nur exemplarischen Aufweis der Zusammengehörigkeit, die zwischen den verschiedenen Erscheinungsformen besteht, weiter nach dem Wesen des Heils, so zeigt sich, daß das Heil in *allen* Erscheinungsformen – *auch* – den Charakter der Überwindung von Unheil hat. Das weckt die Frage, ob Heil nur erlebt und erfahren werden kann im Prozeß der Überwindung von Unheil, ob es also den Kontrast des Unheils braucht, um als solches erlebt werden zu können. Für das christliche Verständnis von Heil ist offenbar tatsächlich dieser Kontrast- und Überwindungscharakter wesentlich. Heil ist folglich nicht das, was man etwa beim Begriff „heile Welt" assoziiert, sondern Heil meint eine „geheilte", „befreite", „versöhnte" Welt, also eine, die durch Unheilserfahrungen, durch die Begegnung mit der Macht der Sünde und des Bösen *hindurchgegangen* ist.

Dabei zeigte sich bereits, daß Worte wie „geheilt", „befreit" oder „erlöst" mißverständlich sind, weil sie den Anschein erwecken können, als würden sie *zuviel* sagen. Das Unheil, die Sünde, das Böse sind ja nicht beseitigt, nicht erledigt, nicht vernichtet, sondern es ist *„nur"* ihre Macht *durchbrochen*. Luther hat diesen Unterschied durch die Formeln „herrschende Sünde" („peccatum regnans") und „beherrschte Sünde" („peccatum regnatum") zum Ausdruck gebracht[11]. Er gebraucht zur Veranschaulichung des damit Gemeinten das Bild eines gefährlichen Raubmörders,

---

11 Erstmals wohl in seiner Schrift „Wider den Löwener Theologen Latomus" aus dem Jahre 1521 (WA 8,94,9 f.).

der zwar gefaßt und zum Tode verurteilt, aber noch nicht hingerichtet ist und darum gefährlich bleibt und alle Wachsamkeit erfordert.[12]

Das bisher Gesagte wäre mißverstanden, wenn man es nur oder vor allem im Sinne einer *einmaligen* Durchbruchserfahrung verstehen würde. Solche einmaligen Erfahrungen gibt es zwar, und sie können genau das zum Inhalt haben, was das Neue Testament „Heil" nennt. Aber alles wird schief und gefährlich, wenn solche Durchbruchserfahrungen als Endstation und nicht als der *Anfang* eines beschwerlichen, mühevollen, schmerzlichen *Weges* verstanden und wahrgenommen werden, auf dem es immer wieder zur Entdeckung der Macht der Sünde und zur Erfahrung ihrer Durchbrechung kommt. Und es wäre noch einmal ein Mißverständnis, wenn man meinte, die Macht der Sünde würde auf diesem Wege immer leichter, schwächer und harmloser. Das Gegenteil ist der Fall: Je tiefer ein Mensch von der göttlichen Liebe angerührt wird, desto schmerzlicher empfindet er seine tiefsitzende Unfähigkeit und Unwilligkeit zur Liebe, also die Macht der Sünde und des Bösen. Aber um so beglückender und befreiender ist auch die immer neue Erfahrung der Überwindung dieser Macht, also die Erfahrung von Heil.[13]

Beide Erfahrungen (die der Macht der Sünde und ihrer Durchbrechung) finden ihren Widerhall in der reformatorischen Formel „simul iustus et peccator"[14]. In ihr kommt zum Ausdruck, daß der Mensch in diesem Leben *in sich* stets Sünder bleibt, aber gleichwohl *vor Gott* und *von Gott her* bejaht und angenommen und insofern gerecht ist. D. h. aber auch: Das Heil besteht nicht darin, daß die dämonische Angst (s. o. 13.2.2) durch die Begegnung mit dem Evangelium aus dem Leben eines Menschen getilgt wird, wohl aber besteht es darin, daß diese dämonische Angst aufgedeckt, beim Namen genannt und ihr der Kampf angesagt wird. Durch die Erfahrung des Heils kehrt sich der „Richtungspfeil" zwischen kreatürlicher und dämonischer Angst um, ohne daß eine vollständige Eliminierung dämonischer Angst in diesem Leben je erreicht werden könnte.

---

12 In Märchen gibt es etwas Ähnliches in Gestalt der bösen, neidischen, gefährlichen Brüder oder Schwestern, die, nachdem sie entlarvt und besiegt worden sind, um Mitleid betteln und, sobald sie dies bekommen, dem Märchenhelden oder der -heldin ans Leben wollen und sie um alles bringen, was sie errungen hatten.

13 In *diesem* Sinn des Wortes ist jede christliche Theologie *notwendigerweise* „Theologie der Befreiung".

14 Vgl. dazu W. Joest, Gesetz und Freiheit, Göttingen (1951) 1961³, bes. S. 55-82 sowie K. O. Nilsson, Simul, Göttingen 1966.

c) Das Heil als Neukonstituierung der Person

Mit der Rede vom Heil als *Neukonstituierung* der Person wird wohl das
Schwierigste, aber auch das am tiefsten reichende ausgesagt, was im Blick
auf das Wesen des Heils zu bedenken und zu sagen ist. Zugleich besteht
allem Anschein nach gerade hier die Gefahr, in soteriologische Übertrei-
bungen zu verfallen, die das Fragmentarische des Christseins zu verdrängen oder zu vergessen scheinen. Andererseits droht hier aber auch die
Gefahr, zu wenig zu sagen, also das Heilsgeschehen zu oberflächlich und
zu äußerlich zu verstehen, so als verändere sich dadurch nur *etwas* am
Menschen, nicht aber dieser *selbst*. Und eine solche radikale Veränderung, also Neukonstituierung der Person ist doch offenbar gemeint, wenn
Metaphern und Begriffe wie „Wiedergeburt", „neue Kreatur", „Vergöttlichung" oder „Vereinigung mit Christus" gebraucht werden.

Aber *darf* soviel behauptet werden? Bleibt denn nicht ein Mensch,
auch wenn er dem Evangelium begegnet und dadurch verwandelt wird,
mit sich identisch? Ja, *muß* er nicht mit sich identisch bleiben, um überhaupt eine solche Durchbrechung der Macht der Sünde und eine solche
Wende *an sich* erleben zu können? Auch „Wiedergeburt" setzt doch
voraus, daß es der identische Mensch ist, dem diese Wiedergeburt widerfährt. Es wird ja nicht eine neue Person erschaffen, sondern die alte,
bekannte Person wird umgewandelt, erneuert und so neu konstituiert.

Richtig daran ist, daß das Heil die *Kontinuität* zwischen altem und
neuem Menschen nicht aufhebt oder zerstört, sondern bewahrt. Und
deshalb können (und sollen) Glaubende sich *erinnern* an das, was sie
waren und welche Schritte sie durch die Begegnung mit dem Evangelium
tun konnten. Aber die Erneuerung, die in dieser Kontinuität stattfindet,
hat nicht (nur) den Charakter einer Entwicklung, sondern (auch) den
eines radikalen Neuwerdens, das als „Sterben" und „Auferstehen" erlebt
werden kann.

Dieses Zugleich von Kontinuität und Diskontinuität läßt sich nur
denken, wenn man den Menschen als *Beziehungswesen* versteht. Dann
wird das Wesen des Menschen definiert durch die Beziehungen, in denen
er (von anderen und von sich selbst) durch Gefühle, Gedanken und Handlungen interpretiert wird und sich interpretieren läßt. Und wenn das Heil
(ebenso wie das Unheil) die grundlegende Beziehung des menschlichen
Lebens betrifft, nämlich sein daseinsbestimmendes Vertrauen (zu Gott),
dann bedeutet Heilwerden zugleich: *ein anderer Mensch werden*. Das
Heilsgeschehen konstituiert dabei schon insofern die Person neu, als sie
nun ihre Identität nicht ableiten kann von dem, was sie selbst aus sich
gemacht hat und macht, sondern aus dem, was ihr *widerfährt*, was an ihr
geschieht und was sie an sich *geschehen läßt*.

„Rechtfertigung allein aus Glauben" bedeutet: sich selbst verstehen und bestimmen lassen von dem Bild Jesu Christi her, der als Ebenbild Gottes die Bestimmung jedes Menschen zum Ausdruck bringt. Vom Evangelium her fällt so auf jedes Menschenleben ein neues Licht, das den Menschen nicht nur in dem wahrnehmen läßt, was an ihm in Erscheinung tritt, sondern wozu er von Gott bestimmt ist. Wenn eine Person es für sich gelten läßt, daß sie zu demselben Bild Gottes bestimmt ist, das in Jesus Christus erschienen ist, und wenn sie sich von da aus selbst versteht, dann ist ihr Personsein *neu konstituiert.*[15]

Aber wie kann eine solche Neukonstituierung als möglich gedacht werden? Wie kann ein Mensch diese heilvolle Bestimmung für sich wahr werden lassen, wo doch die Sünde ihre Macht im Zentrum der Person etabliert hat? Wo liegt ein möglicher Ansatzpunkt zur Durchbrechung dieser Macht?

Die reformatorische Theologie bestreitet jedenfalls, daß es irgendeinen *intakten Teil* im Menschen gibt, der dieser Macht nicht unterstünde und an den appelliert werden könnte. Weder Leib noch Seele, weder Gefühl noch Wille noch Vernunft kommen als solche intakten Instanzen in Frage. Und deshalb kann das Heil einem Menschen nur *von außerhalb* begegnen und zugesprochen werden. Aber wie kann diese Zusage durch den Panzer der Sünde dringen und den Menschen im Inneren erreichen?

Das ist wohl nur möglich in Gestalt einer – zweifachen – Kontrast- und Differenzerfahrung. Die eine Weise, wie eine solche aufsprengende Erfahrung gemacht werden kann, ist die Begegnung mit einer *Forderung* oder *Norm*, an der gemessen ein Mensch erkennt: So sollte, ja so möchte ich sein, aber so bin ich gerade nicht. Die andere Weise ist die Erfahrung, unbedingt (also ohne Vorleistungen) angenommen, akzeptiert, ja geliebt zu werden, obwohl das liebende Gegenüber erkennt, wie es um den geliebten Menschen bestellt ist – also nicht im Zustand der Täuschung –, aber weil es zugleich erkennt, daß etwas in ihm sich nach Erlösung und erfülltem Leben sehnt.

Beide Differenzerfahrungen setzen also realistisch voraus, daß der Mensch, dem sie zuteil werden, unter der Herrschaft der Sünde steht. Sie appellieren nicht an den guten Willen oder an ungenutzte Kräfte, aber sie schaffen einen Kontrast und damit eine Differenz zu der bisherigen unheil-

---

15 Erst durch diesen Verweis auf Christus wird die soteriologische Aussage aus I Kor 1,30 auch in ihrem Anfangsteil aufgenommen und zur Geltung gebracht: „*Durch ihn aber seid ihr in Christus Jesus, der uns* von Gott gemacht ist zur Weisheit und zur Gerechtigkeit und zur Heiligung und zur Erlösung." Damit wird ernstgenommen, daß die soteriologischen Bestimmungen nicht gelten abgesehen von dem Lebenszusammenhang mit Jesus Christus, sondern nur *in ihm*.

vollen Lebenssituation. Sie tun dies freilich in ganz unterschiedlicher Weise: anklagend, die Sünde beim Namen nennend im ersten Fall; freisprechend, die Sünde nicht anrechnend im zweiten.[16] Aber beide Erfahrungen können einen Menschen nur innerlich erreichen, wenn er sich die in ihnen liegende Zumutung gefallen läßt, die in der Erkenntnis liegt: „Du lebst unter der Macht der Sünde." Dieser Satz, der scheinbar alles festschreibt und zementiert, ist in Wirklichkeit *die Öffnung der Türe*, die ins Freie führt, wenn ein Mensch ihn sich sagen läßt, also sich dazu bereit machen läßt, den Schmerz, die Scham und die Reue zu empfinden, die sich damit verbinden.

Es gibt naheliegende Strategien, um sich darauf *nicht* einzulassen:

- den Versuch, das Böse zu kompensieren durch Verweis auf das Gute, das es im eigenen Leben doch auch gibt;
- die Entschuldigung durch Verweis auf die Verhältnisse oder die Personen, die daran (zumindest auch) schuld sind;
- die Bagatellisierung durch den Vergleich mit anderen, bei dem man noch relativ gut abschneidet;
- schließlich sogar die maßlose Übertreibung, durch die die Anklage scheinbar aufgenommen und verstärkt, in Wirklichkeit ins Monströse gesteigert wird („ich bin an *allem* schuld"), so daß man sich gerade deswegen letztlich doch nicht mit ihr identifizieren muß.

Aber gerade auf diese Identifikation kommt es an, nicht im Sinne einer Selbstfestlegung, sondern als Übernahme der eigenen Anteile, die erst die entscheidende Öffnung und Befreiung ermöglicht. Es erscheint als paradox, daß man von der Macht der Sünde nur *frei* werden kann, indem man seinen Anteil an ihr *übernimmt*. Aber das ist deswegen nicht widersinnig, weil die Sünde ihre Macht zu einem guten Teil aus dem Dunkel, der Verstecktheit und Anonymität bezieht, in der sie wirkt. Das Aussprechen der Sünde als Realität des eigenen Lebens nimmt ihr etwas von dem Bann, den sie ausübt.

Hinzu kommt noch etwas anderes: Ein Mensch kann sich nur etwas vergeben lassen, das er als das Seinige anerkennt. Vergebung ohne Schuldanerkennung ist ebenso unmöglich wie innere Befreiung ohne Anerkennung der Knechtschaft. Aber weil solche Anerkennung mit Scham, Reue und Schmerz verbunden ist, darum versteht sie sich nicht von selbst. Und doch gibt es *keinen Weg* zur Neukonstituierung der Person, der daran vorbeiführt.

---

16 Das ist ein wesentlicher Unterschied zwischen Gesetz und Evangelium, von dem in 14.1.4.3 noch einmal die Rede sein soll.

Das Gesetz als Forderung und Anklage deckt diese Situation des Menschen auf und dient insofern seinem Heilwerden. Aber das Gesetz ist – als Forderung und Anklage – selbst nicht der Ausweg aus dieser Situation. Es kann dazu antreiben, einen solchen Weg zu suchen; es kann die Entwicklung neuer Lebensmöglichkeiten offenhalten; aber es kann auch in Resignation und Verzweiflung stürzen. Das Evangelium als Zusage und Verheißung *ist* der Weg zum Heil, weil es dem Menschen ein Fundament und ein Ziel für sein Leben gibt. Indem es durch die Zusage der Vergebung zwischen der Person und ihrer Sünde unterscheidet, eröffnet es die Möglichkeit zu einem Neubeginn ohne Vorbedingungen. Das Evangelium legt den Menschen nicht auf das fest, was er von seiner Lebensgeschichte her *ist*, sondern spricht ihn auf das hin an, wozu er von Jesus Christus her *bestimmt* ist. Und erst so, so allerdings tatsächlich, kommt es zur *Neukonstituierung der Person*, die als Teilhabe am erfüllten Leben verstanden werden kann – und zwar als lebenslanger, täglicher Prozeß des Neuwerdens.

14.1.2 Erwählung als Grund des Heils

Die Beschäftigung mit der Erwählungs- oder Prädestinationslehre[17] ergibt sich insofern aus dem Nachdenken über das Heil (14.1.1), als sich dabei zeigte, daß nach christlichem Verständnis das Heil nicht vom Menschen selbst bewirkt werden kann, sondern von außerhalb seiner selbst auf ihn *zukommt* – und zwar von *Gott* her. Das Heil wird dem Menschen folglich aus *Gnade*, und zwar *allein* aus (Gottes) Gnade zuteil. Es geschieht *„sola gratia"*. Das Angewiesensein des Menschen auf ein Heilshandeln, das von Gott her auf ihn zukommt und zukommen muß, wenn es ihn retten, befreien und erneuern soll, wird allem Anschein nach durch nichts deutlicher ausgedrückt als dadurch, daß ein ewiger Akt göttlicher *Erwählung* als Grund des Heils gedacht wird.

Aber das Problem der Prädestination stellt sich umfassender dar, als es bislang hier erschien, wo nur das *Heil* des Menschen auf Gottes *Erwählung* zurückgeführt wurde. Müßte nicht konsequenterweise auch das *Unheil* im Sinne der Verdammnis auf Gottes *Verwerfung* zurückgeführt

---

17 Terminologisch unterscheiden sich Erwählungs- und Prädestinationslehre (nur) insofern, als die Erwählungslehre die göttliche Vorherbestimmung des Menschen zum Heil thematisiert, während die Prädestinationslehre die göttliche Vorherbestimmung des Menschen zum Heil *oder* zum Unheil thematisiert. Es gibt keine „Erwählung zum Unheil".

werden? Gibt es also nur eine „einfache" oder eine „doppelte" Prädestination?

Ferner ist zu fragen, ob Gottes Erwählung (und Verwerfung) *unwiderstehlich* wirkt, so daß sie unfehlbar zu ihrem Ziel kommt, gleichgültig, wie
ein Mensch sich zu ihr verhält, oder ob ein Mensch seine Erwählung auch
zurückweisen oder verspielen kann.

Damit sind die beiden Themenkomplexe genannt, um die es in diesem
Abschnitt geht: Erwählung und doppelte Prädestination (14.1.2.1) sowie
die Unwiderstehlichkeit der Erwählung Gottes (14.1.2.2).

14.1.2.1 Erwählung und doppelte Prädestination

Wenn es angemessen ist, einen ewigen Akt göttlicher Erwählung als
Grund des Heils zu denken, dann scheint es nicht nur konsequent, sondern im strengen Sinn notwendig zu sein, von einer göttlichen Entscheidung auszugehen, die den Charakter der Auswahl zwischen zwei Möglichkeiten hat, also *doppelte Prädestination* („praedestinatio gemina")
ist: zum Heil *oder* zur Verdammnis[18]. Aber dieser Schein trügt; denn die
darin enthaltene Folgerung beruht auf einem abstrakten Verständnis der
Erwählung, bei dem nicht bedacht ist, daß das Wesen des erwählenden
Gottes *Liebe* ist.

Für das Wesen der Liebe im Sinne der Agape[19] ist es charakteristisch,
daß sie *niemanden* grundsätzlich ausschließt. Jeder Ausschluß eines anderen wäre eine Minderung und Beschädigung der Liebe. Und das ist so,
weil Liebe ihrem Wesen nach nicht Abgrenzung, Ausschluß oder Verweigerung, sondern im Gegenteil Hinwendung, Zuneigung und Hingabe
ist.

Die Vorstellung von einer (ewigen) doppelten Prädestination, aufgrund deren Gott einen Teil der Menschen erwählt, einen anderen Teil für
die Verdammnis vorherbestimmt hätte, kann von der Selbsterschließung
Gottes in Jesus Christus her nur als ein *Mißverständnis* bezeichnet werden, das zwar aus einem abstrakten Verständnis der Allmacht Gottes,
niemals aber aus dem Wesen Gottes als Liebe abgeleitet werden kann.
Wie sollte es mit der in Jesus Christus zum Heil der Menschen an-

---

18 Aus dem, was oben über „Heil" – auch in seinem fragmentarischen Charakter – gesagt wurde, ergibt sich, daß „Unheil" oder „Verdammnis" nur verstanden werden kann als ungebrochene Herrschaft der Sünde, als Abgeschnittens-
ein vom Heil in jeder seiner Verwirklichungsformen, und d. h.: als *Gottesferne*.

19 Je stärker das erotische Element in einer Liebesbeziehung ist, desto weniger
läßt sich die Liebe – jedenfalls ohne Schaden – vervielfältigen, sondern verlangt eine auswählende Entscheidung.

brechenden Gottesherrschaft, wie sollte es mit der in ihm erschienenen „Freundlichkeit und Menschenliebe Gottes" (Tit 3,4) zusammengedacht werden können, daß Gott einige seiner Geschöpfe einer von Ewigkeit her beschlossenen – ihrerseits ewigen – Verdammnis und Qual, also dem Ausschluß von der Gottesgemeinschaft, preisgibt? Schließlich wird man sogar sagen müssen, daß schon die Vorstellung eines göttlichen Subjekts, das einen Teil seiner Geschöpfe erwählt, einen anderen Teil verwirft und verdammt, nur unter Voraussetzung einer personalistischen Sichtweise möglich ist, die deren – potenziert – *metaphorischen* Charakter (s. o. 8.1.2.2) nicht in Rechnung stellt oder sogar bestreitet.

Mit der hier vorgetragenen Auffassung schließe ich mich der Lehrentscheidung an, die die Konkordienformel (*gegen* verschiedene Aussagen Luthers) getroffen hat und die sie begründet unter Bezugnahme auf den neutestamentlichen Text, der häufig als Belegstelle *für* die Lehre von der doppelten Prädestination herangezogen wurde: Röm 9,22 f.[20] Diesen Bibeltext interpretiert die Konkordienformel wie folgt: „Da dann der Apostel deutlich sagt, Gott habe ‚die Gefäß des Zorns mit großer Geduld getragen', und saget nicht, er habe sie zu Gefäß des Zorns gemacht; dann da es sein Wille gewesen wäre, hätte er keiner großen Geduld darzu bedorfet. Daß sie aber bereitet sein zur Verdammnus, daran seind der Teufel und die Menschen selbst, und nicht Gott schuldig" (BSLK 1086, 17-25). Diese Interpretation von Röm 9,22 f. ist m. E. nicht nur dogmatisch, sondern auch exegetisch überzeugend.[21]

Das heißt aber: Die christliche Theologie hat keine (ewige) doppelte Prädestination zu lehren, sondern nur eine ewige *Erwählung zum Heil.* Diese gründet allein (und allein sie gründet) im Wesen Gottes als Liebe. Sie ergibt sich *nicht* als Forderung oder Anspruch anhand menschlicher

---

20 „Da Gott seinen Zorn erzeigen und seine Macht kundtun wollte, hat er mit großer Geduld ertragen die Gefäße des Zorns, die zum Verderben bestimmt waren, damit er den Reichtum seiner Herrlichkeit kundtue an den Gefäßen der Barmherzigkeit, die er zuvor bereitet hatte zur Herrlichkeit."

21 Eine andere Ansicht vertritt U. Wilckens in seinem Kommentar über den Römerbrief (Der Brief an die Römer, 2. Teilband, Zürich u. a. 1980, S. 204), indem er die paulinische Formel „ἐν πολλῇ μακροθυμία" – gegen den sonstigen paulinischen Sprachgebrauch (Röm 2,4; II Kor 6,6; Gal 5,22) – interpretiert als ein Gewährenlassen in unheilvoller Absicht. Gegen diese schon philologisch schwierige Deutung spricht im übrigen die Tatsache, daß der ganze Abschnitt Röm 9-11 auf Röm 11,25-36 zuläuft. Dort wird gesagt, daß „ganz Israel gerettet werden" wird (11,26) und daß Gott alle eingeschlossen habe in den Ungehorsam, „damit er sich aller erbarme" (11,32). Und darum endet der Abschnitt mit dem hymnischen Satz: „Denn von ihm und durch ihn und zu ihm sind alle Dinge. Ihm sei Ehre in Ewigkeit" (11,36).

Verdienste oder gemessen an menschlichen Maßstäben von Gerechtig-
keit. Sie ist unverdient, ja unverdienbar, sie geschieht sola gratia. Und es
gehört zu ihrem Wesen, *niemanden* (also kein Geschöpf) auszuschließen.
Nur so kann den biblischen Aussagen Rechnung getragen werden, die
bezeugen, daß Gottes Liebe der *Welt* gilt (Joh 3,16), daß Gott die Welt in
Christus mit sich versöhnt hat (II Kor 5,19) und daß er „will, daß *allen*
Menschen geholfen werde und sie zur Erkenntnis der Wahrheit kommen"
(I Tim 2,4).

Und dennoch gibt es ein (von Ewigkeit her) *verwerfendes* Wirken
Gottes. Gott verwirft von Ewigkeit her und in Ewigkeit alles, was mit
seinem Wesen unvereinbar ist: Er verwirft die Sünde und das Böse. Es
gehört zum Wesen der Liebe, *niemanden* auszuschließen; aber es gehört
auch zum Wesen der Liebe, *alles* auszuschließen, was mit der Liebe *unvereinbar* ist. Deshalb muß das Böse wahrgenommen, erkannt, übernommen
werden, aber es darf nicht *angenommen* oder in die Person *integriert*
werden.[22] Von der Sünde als dem *gottlosen Wesen der Menschen* (Röm
1,18) gilt: Sie ist *verworfen* und damit zum Vergehen bestimmt. Aber von
dieser Verwerfung und Verdammnis könnten Menschen nur getroffen
werden, wenn und sofern sie sich mit diesem gottlosen Wesen vollständig
identifizierten, sich also von ihm nicht unterscheiden und trennen ließen.

Dieses Neben- und Miteinander von Erwählung, die dem Geschöpf,
und Verwerfung, die der Sünde gilt, sollte man zur Vermeidung von
Mißverständnissen besser *nicht* als „doppelte Prädestination" bezeich-
nen; denn es handelt sich dabei ja nicht um zwei Wahlakte, die sich auf
verschiedene Personengruppen beziehen, sondern um die *eine* Erwählung
des Sünders, die *als solche* die Verwerfung der Sünde einschließt. Die
Benennung dieser Kehrseite ist freilich nötig, damit die Erwählung des
Sünders, richtiger: die Erwählung des *Menschen*, der unter die Macht der
Sünde geraten ist, nicht verwechselt wird mit einer Erwählung (oder
Vergleichgültigung) der Sünde.[23]

Aber auch in der Konkordienformel findet sich die Aussage, es gebe
Menschen, die „bereitet sein zur Verdammnus", selbst wenn dann gesagt
wird, daß daran sie selbst schuld seien und nicht Gott. Und im Matthäus-
evangelium kommt zweimal die Aussage vor: „Viele sind berufen, aber

---

22 An dieser Stelle besteht theologischer Abgrenzungsbedarf gegenüber Auffas-
    sungen, die im Anschluß an C. G. Jung zwar zu Recht die Integration des
    „Schattens" fordern, aber diesen nicht hinreichend vom Bösen abgrenzen,
    das nicht integriert werden darf.
23 Zufolge der hier (s. o. 13.4.2) vertretenen Auffassung gehören der Teufel und
    die Dämonen nicht zu den Geschöpfen, sondern sind Formen (der Macht) des
    Bösen, das nicht erwählt, sondern verworfen und damit zum Vergehen be-
    stimmt ist.

wenige sind auserwählt" (Mt 20,16; 22,14). Das weckt die Frage, ob aus der Erwählung aller Menschen auch die schließliche und endliche *Erlösung*, also die Apokatastasis panton folgt. Oder können Menschen, indem sie sich mit der Sünde dauerhaft identifizieren, ihrer Erwählung widerstehen und damit *sich selbst* nicht nur zeitlich, sondern ewig die Verdammnis bereiten? Ist die Erwählung also nichts anderes als eine *Bestimmung* zum Heil, der ein Mensch sich jedoch widersetzen und verweigern kann? Damit sind wir beim Thema des zweiten Unterabschnitts.

14.1.2.2 Die Unwiderstehlichkeit der Erwählung

Es geht nun um die Frage, ob die Erwählung so zu denken ist, daß ein Mensch sich ihr widersetzen kann (und sie dadurch *unwirksam* würde), oder ob solcher menschlicher Widerstand ausgeschlossen ist, so daß die menschliche Personalität und Selbstbestimmung an diesem entscheidenden Punkt gewissermaßen suspendiert oder übergangen wird. Man gerät hier in ein Dilemma, aus dem anscheinend nur herauszukommen ist, indem man an der Wirksamkeit der Macht der göttlichen Erwählung *oder* an der Möglichkeit menschlicher Selbstbestimmung entscheidende Abstriche macht. Aber beides wäre ein (zu) hoher Preis.

Fragt man genauer nach, *wodurch* dieses Dilemma zustande kommt, so zeigt sich, daß es sich an der Vorstellung vom *Verhältnis* zwischen göttlichem Erwählen und (möglichem) menschlichem Widerstand gegen die Erwählung entzündet. Nehmen wir an, der Mensch könne der Erwählung widerstehen, so erscheint diese als kraftlos, also Gott nicht angemessen. Nehmen wir dagegen an, der Mensch könne ihr *nicht* widerstehen, so erscheint die Erwählung als zwanghaft oder gewalttätig, also der menschlichen Personalität nicht angemessen. Aber eine solche zwanghaft oder gewalttätig wirkende Erwählung wäre auch dem Wesen *Gottes* nicht angemessen. Und d. h.: Sie würde *beidem* nicht gerecht. Offensichtlich liegt das Problem in der dabei vorausgesetzten Vorstellung von „Erwählung", die möglicherweise aus einem abstrakten Allmachtsbegriff abgeleitet ist. Deshalb muß geprüft werden, ob das Dilemma sich nicht auflöst oder vermeiden läßt, wenn man sich statt dessen an dem konkreten Verständnis der Allmacht Gottes als Allmacht der Liebe (s. o. 8.1.3.2 a) orientiert.

Einerseits ist dann zu sagen: Liebe ist ihrem Wesen nach nicht gewalttätig oder nötigend.[24] Wo die Liebe ihrem Wesen nach zur Geltung kommt

---

24 Wo die Liebe *zwingt*, da tut sie ihr opus alienum, das als solches nicht der Erlösung, sondern nur der Erhaltung und Bewahrung vor dem Bösen dienen kann.

(also ihr opus proprium tut), da läßt sie Raum – sogar für den schmerzlichen Widerstand, für die Verweigerung und Abkehr. Andererseits gibt
es gar nichts *Gewinnenderes* als Liebe. Reine Liebe, d. h. *göttliche* Liebe –
als Zuwendung zum geliebten Gegenüber um seines Besten willen – ist
letztendlich für das geliebte Gegenüber *unwiderstehlich*. Aber sie ist das
nicht, weil sie zwingt oder unterwirft, sondern weil sie das Gegenüber
gewinnt. Aber dies gilt nur „letztendlich" – nicht automatisch und sofort.
Man kann dieses „letztendlich" in einem futurischen Sinn verstehen, und
dann besagt es, daß schließlich und endlich jeder Mensch sich von der
göttlichen Erwählung erreichen, gewinnen und aus seiner Selbstver-
schlossenheit herauslieben lassen wird. Man kann das „letztendlich" aber
auch in einem fundamentalen oder axiologischen Sinn verstehen, und das
würde heißen, daß in der Tiefe seines Wesens jeder Mensch in irgendeiner
Form von der göttlichen Erwählung erreicht, angerührt und bewegt wird,
auch wenn das möglicherweise für niemanden *erkennbar*, geschweige
denn *nachweisbar* wird. Wir werden uns mit dieser Frage im folgenden,
eschatologischen Kapitel (s. u. 15.2) noch ausführlicher zu beschäftigen
haben. Was hier festgehalten werden soll, ist die Gewißheit von der *Unwiderstehlichkeit* der göttlichen Erwählung, die nicht zu verwechseln ist
mit Zwang, Nötigung oder Fremdbestimmung, sondern die zu denken ist
als die innere Kraft und Ausstrahlung der göttlichen Liebe, die ihr Ziel
erreicht, indem sie Menschen für die Liebe *gewinnt*.

14.1.3   Die Aneignung des Heils durch den Glauben

Daß das Heil dem Menschen durch den Glauben, also durch das daseinsbestimmende Vertrauen auf Gott (s. o. 2.2) zuteil wird, könnte als eine
Engführung wirken. Zwar ist es weithin unbestritten, daß der Glaube die
Weise ist, wie die *Rechtfertigung* empfangen wird[25], aber damit scheint
eben nur ein Teilaspekt des Heils in den Blick genommen zu sein. Entgegen dieser Vermutung ist jedoch auf zweierlei hinzuweisen: Erstens ist
„Rechtfertigung" in der paulinischen und in der reformatorischen Theologie die Bezeichnung nicht eines Elements, sondern des *ganzen* Heils –
unter einem bestimmten Aspekt (analog dem hier gebrauchten Begriff
„versöhnte Welt"); zweitens läßt sich anhand des biblischen Sprachgebrauchs zeigen, daß auch die anderen Aspekte des Heils (Erkenntnis,
Erlösung, Wiedergeburt etc.) auf den Glauben bezogen sind und durch

---

25 Vgl. dazu vor allem die paulinischen Belege: Röm 1,17; 3,22-30; 4,5-16; 5,1;
    9,30-10,17; Gal 2,16; 3,8 u. 24; Phil 3,9.

ihn empfangen werden.[26] Von daher stellen sich vor allem zwei Fragen, die in diesem Abschnitt reflektiert werden sollen: Ist der Glaube demzufolge (nur) ein *Mittel* zur Erlangung des Heils (also ein „Heilsmittel"), oder ist der Glaube selbst das Heil – unter einem bestimmten Aspekt? (14.1.3.1) Sodann: Auf welche Weise wird der Glaube – sei es als Heilsmittel oder als Heil – dem Menschen zuteil? (14.1.3.2)

14.1.3.1 Der Glaube als Heilsmittel oder als Heil

Die altprotestantische Theologie hat in der Lehre von den Heilsmitteln (s. u. 14.2) unterschieden zwischen den *austeilenden* Heilsmitteln („media salutis exhibitiva") und dem aneignenden Heilsmittel („medium salutis apprehensivum"): dem *Glauben*. Diese Unterscheidung hat etwas unmittelbar Einleuchtendes: Gott bietet dem Menschen das Heil durch sein Wort an, und der Mensch ergreift das Angebotene im Glauben und empfängt so das Heil. Aber dabei bleibt eine entscheidende Frage unbeantwortet: Wie, wodurch und woher empfängt der Mensch den *Glauben*? Die von der Tradition vorgegebene (und theologisch durchaus stimmige) Antwort lautet: durch die Verkündigung des Wortes Gottes, aus deren Hören der Glaube „kommt" (so Röm 10,17; vgl. auch CA 5). Aber wie können diese austeilenden Heilsmittel Glauben wecken, wenn sie nicht im Glauben *empfangen* werden? Wie sollen sie aber im Glauben empfangen werden, wenn Glaube nicht durch sie geweckt wurde und geweckt wird? Das klingt wie eine rein gedankliche Paradoxie, ist aber zugleich und als solche die Beschreibung einer existentiellen Situation, die sich immer wieder dort einstellt, wo Menschen aus Glauben leben wollen und zugleich dessen innewerden, daß sie Zweifel oder Unglauben nicht abschütteln oder loswerden können.

Das Problem hat aber noch eine andere Seite: Es betrifft nämlich auch den Zusammenhang von Glauben und *Erfahrung*. Dort, wo der Glaube als Heils*mittel* verstanden wird, erscheint das Heil als etwas vom Glauben Unterschiedenes, über ihn Hinausgehendes, als ein Heilserlebnis oder eine Heilserfahrung, die etwas anderes und „*mehr*" ist als der Glaube selbst. Diese Sichtweise legt sich auch von dem her nahe, was über „Vielfalt und Einheit des Heils" (s. o. 14.1.1) zu sagen war. Der Glaube scheint dann nur so etwas wie eine ausgestreckte Hand zu sein, mit der er das Heil ergreift. Aber diese Vorstellung bleibt unter dem (oder liegt neben

---

26 Vgl. dazu etwa Mk 5,34 parr.; 10,52 parr.; Joh 3,16; 8,31 f.; 17,20-23; 20,31; Röm 3,24; II Kor 5,17; Gal 2,20; 5,1-5; Eph 1,13 f.; Kol 2,12; Tit 1,1.

dem), was die biblische und reformatorische Theologie vom rettenden
und heilsamen Wesen des Glaubens sagt.

Der entscheidende Fehler in dieser Konstruktion liegt m. E. in der
substantiellen, quasi-dinglichen Vorstellung vom Heil, das dem Menschen wie eine Gabe von Gott zugeteilt, übergeben und von diesem in
Empfang genommen wird. Löst man sich hingegen von dieser irreführenden Vorstellung und macht damit Ernst, daß das Heil in einer (neuen)
Beziehung zwischen Gott und Mensch besteht, also selbst relationalen
Charakter hat, so ergeben sich Möglichkeiten, dieses Problem zu lösen
und die verschiedenen Wahrheitselemente miteinander zu verbinden. Das
soll im folgenden zunächst anhand von zwei Grenzziehungen verdeutlicht, sodann unter Bezugnahme auf ein bekanntes entwicklungspsycho-
logisches Modell veranschaulicht werden.

a) Grenzziehungen

Die beiden Grenzziehungen, um die es in diesem Unterabschnitt geht,
dienen einer *positiven* Intention, d. h. sie wollen bestimmte Bestreitungen
abwehren, durch die entweder der Charakter des Glaubens als Heil oder
als Heilsmittel in Frage gestellt würde.

– *Es darf nicht bestritten werden, daß der Glaube selbst Heil ist.* Das
  Ereignis, das darin besteht, daß ein Mensch Gott vertrauen *kann* und
  tatsächlich *vertraut* (wie rudimentär und wankelmütig solches Vertrauen auch sei), hat selbst den Charakter eines *Heils*ereignisses. Mehr
  noch: Dies ist das fundamentale, grundlegende Heilsereignis im Leben
  eines Menschen. Das kann schon deswegen gesagt werden, weil der
  Unglaube, also das fehlende Vertrauen auf Gott die grundlegende
  Störung der Gottesbeziehung, also die Grund*sünde* ist (s. CA 2), und
  weil dementsprechend das Erste Gebot (als die Quelle und Wurzel
  aller Gebote) darauf zielt, daß wir „Gott über alle Dinge fürchten,
  lieben und vertrauen" (BSLK 507,42 f.). Wo das Erste Gebot (im
  Glauben) erfüllt wird, da ist die Gottesbeziehung in Ordnung gekommen, also heil geworden. Deswegen darf nicht bestritten werden, daß
  der Glaube selbst – und zwar in grundlegender Weise – Heil *ist*.
– *Es darf nicht bestritten werden, daß durch den Glauben Heil empfangen wird, er also Heilsmittel ist.* Nach allgemein-christlicher Überzeugung ist Vergebung eine ganz wesentliche Form, in der Heil erfahren
  wird. Von der Vergebung gilt aber: Sie wird nur *wirksam*, wenn ein
  Mensch sich auf sie einläßt, ihr vertraut, also glaubt. Aber Vergebung
  selbst ist etwas *anderes* als Glaube (an die Vergebung). Sie ist als das
  Freiwerden von Anklage, Schuld und drohender Vergeltung vom Glau-

ben zu unterscheiden, wird aber durch den Glauben empfangen. Und dasselbe kann im Blick auf Heilung, Befreiung etc. gesagt werden. Daher gilt: *Durch* den Glauben wird Heil empfangen; er ist insofern Heilsmittel.

b) Interpretationsmodell

Von diesen beiden Grenzziehungen her drängt sich die Frage auf, wie beides gedanklich und in der Lebenserfahrung miteinander verbunden werden oder als verbunden gedacht werden kann. M. E. bietet dazu das von E. H. Erikson herausgearbeitete „Schema" der psychischen Entwicklung des Menschen eine wertvolle Hilfe.[27]

Die Anlehnung an ein solches psychoanalytisches Theoriemodell ist nicht unproblematisch und kann leicht Mißverständnisse wecken. Das Hauptmißverständnis besteht darin, daß die *psychologischen* Leitbegriffe Eriksons (insbesondere „Urvertrauen", „Scham", „Zweifel", „Schuldgefühl", „Identität" und „Integrität") als *religiöse* Begriffe genommen oder gedeutet werden. Eine solche Gleichsetzung ist deswegen eine große Gefahr, weil auf diese Weise die Unterscheidung zwischen der *Gottesbeziehung* und der Beziehung zu *Menschen* (z. B. Mutter, Vater, Freunde) ignoriert oder unterschlagen wird. Deswegen muß deutlich zwischen „Urvertrauen" einerseits und „Glaube" andererseits, zwischen „Schuldgefühl" einerseits und „Sünde oder Schuld" andererseits unterschieden werden. Aber beides darf nicht getrennt oder beziehungslos nebeneinandergestellt werden. Die Stufen der psychischen Entwicklung sind *Konkretisierungen* (auch) für die religiösen Erfahrungen des Menschen, und darum wird von ihnen das Gottesbild und das Gottesverhältnis unweigerlich mitgeprägt.

Dabei läßt sich von Eriksons Theoriemodell her sehr gut die Einsicht vermitteln, daß das *Vertrauen auf Gott* – als das „Urvertrauen" im *reli-*

---

27 S. E. H. Erikson, Identität und Lebenszyklus (1959, dt. 1966), S. 55-122, 150 f. u. 214 f. Dieses entwicklungspsychologische Schema ist inzwischen von zahlreichen Autoren aufgenommen und weiterentwickelt worden (insbesondere von J. W. Fowler, Stufen des Glaubens [1981], dt. Gütersloh 1991) und hat dadurch vielfältige Bestätigung gefunden. Es wird hier herangezogen als ein Versuch, entscheidende Wahrheitsmomente der Lehre vom „ordo salutis" (s. dazu E. Herms, Die Wirklichkeit des Glaubens [1982], in: ders., Offenbarung und Glaube, 1992, S. 138-167; M. Marquardt, Die Vorstellung des „ordo salutis" in ihrer Funktion für die Lebensführung der Glaubenden, in: MJTh III, Marburg 1990, S. 29-53 sowie J.A. Steiger, Art. „Ordo salutis" in: TRE 25/1995, S. 371-376) zu rekonstruieren.

giösen Sinn des Wortes – die grundlegende Erfahrung ist, auf der alles andere *aufbaut*, ohne daß es deswegen mit dem Urvertrauen *identisch* wäre. Auf der grundlegenden Entwicklungsstufe ist und bleibt das Vertrauen auf Gott, also der Glaube, *selbst eine Heilserfahrung*. Dabei ist es aus christlicher Sicht wichtig, zweierlei zu betonen:

– Kein Mensch *„hat"* diesen Glauben (etwa von seiner Kindheit her) als verfügbaren Besitz, sondern dieser Glaube muß jedem Menschen immer wieder in veränderten Lebenssituationen zuteil werden.
– Kein Mensch, der in seiner frühen Kindheit in seiner Möglichkeit, Vertrauen zu gewinnen, schwer geschädigt wurde, ist deswegen von der Möglichkeit des Glaubens ausgeschlossen, sondern in jedem Lebensalter kann sich einem Menschen diese Möglichkeit erschließen.

Aber diese Heilserfahrung, glauben zu können, muß auf jeder neuen Entwicklungsstufe angesichts neuer Herausforderungen und Infragestellungen eine Konkretisierung finden, und darin muß sich *auch* das Grundvertrauen auf Gott erneut bewähren und so reifen. Mit den Begriffen „Konkretisierung" und „Bewährung" sind also zwei unterscheidbare Weisen benannt, wie das Vertrauen auf Gott im Lebensvollzug wirksam und erfahrbar wird. Dabei scheint mir die Bewährung gegenüber dem Finden von Konkretisierungen sogar das Grundlegende zu sein: Nur wenn immer wieder das Vertrauen auf Gott in einem Menschen geweckt wird, kann er sich auch den neuen Krisen und Herausforderungen so stellen, daß er dabei für sich heilsame Perspektiven gewinnt, also z. B. im Blick auf seine Gestaltungsmöglichkeiten, sein Selbstbewußtsein, seine Beziehungsfähigkeit oder sein Loslassenkönnen Konkretisierungen seines Vertrauens auf Gott findet.

Gegen Eriksons Modell wird gelegentlich eingewandt, es erwecke leicht die Vorstellung von einem Stufenbau oder einer Leiter, auf denen man sich Schritt für Schritt vorwärts oder aufwärts bewegt, dabei frühere Stufen hinter sich läßt und neue betritt. Das ist ein *Mißverständnis* dessen, was Erikson meint, und in dieser mißverstandenen Form wäre es auch als Interpretationsmodell für den christlichen Glauben ganz ungeeignet. Erikson betont vielmehr, daß nicht nur alle früheren Stufen „mitgenommen" werden, also in den späteren Phasen präsent sind, sondern auch, daß schon die *kommenden* Herausforderungen sich auf den früheren Stufen anmelden, also implizit vorhanden sind.[28]

---

28 Seiner eigenen Aussage nach soll das bekannte entwicklungspsychologische Diagramm andeuten, „daß erstens jedes zu diskutierende Problem der gesunden Persönlichkeit *systematisch mit allen anderen verbunden* ist und daß alle von der *richtigen Entwicklung zur rechten Zeit* abhängen, und daß zweitens

Für die Fragestellung nach dem Glauben als Heil oder Heilsmittel kann dieses Modell folgendes leisten:

- Es macht anschaulich, daß das Vertrauen auf Gott (also der Glaube) die grundlegende Heilserfahrung und als solche *Heil ist.*
- Es verdeutlicht, daß diese Heilserfahrung im Blick auf neu auftauchende Herausforderungen und Krisen den Charakter eines *Heilsmittels* bekommt.
- Es zeigt, daß die grundlegende Heilserfahrung der stetigen Bewährung und damit auch der Wandlung angesichts neuer Herausforderungen bedarf.
- Es weist darauf hin, daß in der grundlegenden Frage des Lebens, nämlich: „Worauf vertraust du letztlich; was ist also dein Gott?", alle anderen Lebensprobleme implizit enthalten sind oder sich jedenfalls darin schon anmelden.
- Es macht bewußt, daß Versäumtes oft nur unter Mühen und Schmerzen „nachgeholt" werden kann, daß es aber tatsächlich möglich ist, solche früheren Defizite später noch zu verarbeiten.
- Schließlich zeigt es, daß das Wirksamwerden des Heils im Leben eines Menschen den Charakter eines *Bildungsgeschehens* hat; denn es geht dabei um die Reifung und Entwicklung der Persönlichkeit in der Beziehung zum christlichen Glauben. Und dieser Prozeß kann in einer christlichen Bildungstheorie entfaltet werden.[29]

Um dieser Leistungen willen verdient die Theorie Eriksons m. E. als Interpretationsmodell Beachtung. Mit ihrer Hilfe kann der Raum zwischen den unter a genannten Grenzziehungen sinnvoll ausgefüllt werden und läßt sich gedanklich nachvollziehen, daß und inwiefern der Glaube in grundlegender Weise selbst *Heil* ist und inwiefern er in abgeleiteter Weise zugleich auch Heils*mittel* sein kann.

14.1.3.2 Das Zustandekommen des Glaubens

Es ist vor allem in der reformatorischen Tradition geläufig, vom Glauben als einer Gabe, einem Geschenk, einem Werk oder einer Tat *Gottes* zu sprechen. Daran ist, wie sich zeigte (s. o. 2.2.3), richtig, daß die *Möglichkeit* zu glauben Menschen *zuteil werden muß*, und zwar dadurch, daß ihnen Gott – vermittelt durch die geschöpfliche Welt – so begegnet, daß

---

jedes Problem in irgendeiner Form schon existiert, bevor es normalerweise in seine entscheidende, kritische Zeit eintritt" (a.a.O., S. 59).

29 Vgl. dazu E. Herms, Bildung und Ausbildung als Grundthemen der Theologie, in: ders., Erfahrbare Kirche, Tübingen 1990, S. 209-221.

er ihr Vertrauen weckt, es ihnen gewissermaßen abgewinnt. Aber unrichtig wäre es, daraus zu folgern, daß Gott das *Subjekt* des Glaubens sei. Nicht Gott glaubt, sondern der Mensch. Und selbst die Formulierung: „Gott erschafft oder wirkt im Menschen den Glauben" ist ungenau und eher irreführend, weil sie den Eindruck erweckt, als sei der Glaube so etwas wie eine Anlage oder Eigenschaft des Menschen, während er doch eine *Lebensbewegung* ist, in die auch sein Innerstes einbezogen ist.

Was es zu beschreiben gilt, ist der *Vorgang*, durch den ein Mensch für das Vertrauen auf Gott gewonnen wird. Dieses Gewonnenwerden kennen wir bereits von der Unwiderstehlichkeit der Liebe her (s. o. 14.1.2.2), die nicht zwingt oder besiegt, sondern lockt und gewinnt.[30] Gäbe es im Inneren des Menschen nur *eine* Instanz und würde auf diese Instanz nur *Gott* einwirken, um das Vertrauen des Menschen zu gewinnen, dann könnte man sich gar nicht vorstellen, wie Glaube umstritten und unsicher sein oder sogar verlorengehen könnte. Aber keine dieser beiden Bedingungen ist gegeben: Weder ist das Personzentrum des Menschen monolithisch – es ist vielmehr ein (somatisch beeinflußtes) psychisches Beziehungsgefüge, in dem zumindest Gefühl, Wille und Vernunft miteinander interagieren (s. o. 2.2.4), ggf. auch miteinander ringen und sich bekämpfen –, noch ist die menschliche Lebenssituation so, daß es in ihr nur die *eine* „Stimme" Gottes gäbe, die auf ihn einwirkt.

In diesem dynamischen Interaktionszusammenhang entsteht und besteht christlicher Glaube dadurch, daß Menschen das Evangelium in irgendeiner Form so begegnet, daß es sie anrührt und sie sich davon bewegen und bestimmen lassen. Die aktive Passivität des Sich-bestimmen-Lassens (im Unterschied zu der reinen Passivität des Getrieben-Werdens und der reinen Aktivität des Sich-selbst-Bestimmens) ist die Weise, in der ein Mensch am Entstehen, Bestehen, Wachsen des Glaubens beteiligt ist. Er tut dabei – genaugenommen – *nichts*, sondern läßt etwas an sich und mit sich geschehen. Aber *daß* er nichts tut, sondern dies geschehen *läßt*, ist seine persönliche, verantwortliche Beteiligung an dem Geschehen des Glaubens.

14.1.4 Die Lebenspraxis des Glaubens

In diesem Abschnitt sind drei Fragen zu bedenken, die so eng miteinander verbunden sind, daß sie sich bei der Beantwortung gegenseitig vorausset-

---

30 Vgl. dazu meinen Aufsatz: Der Glaube als Gottes- und/oder Menschenwerk in der Theologie Martin Luthers, in: MJTh IV, Marburg 1992, S. 37–77, bes. S. 71 f.

zen. Ihre Behandlung in einer sachlichen und zeitlichen Abfolge hat daher den Charakter eines Notbehelfs. Die gewählte Reihenfolge der Bearbeitung ist dementsprechend nicht zwingend:

- Was bedeutet es, wenn die Lebenspraxis des christlichen Glaubens zusammenfassend mit dem Wort „*Liebe*" beschrieben wird?
- Inwiefern hat Liebe tatsächlich den Charakter einer *Lebenspraxis*, bezieht sich also gestaltend auch auf das gemeinsame, gesellschaftliche Leben?
- Inwiefern kann man sagen, daß Liebe die Lebenspraxis, und d. h. auch: die innere *Konsequenz* des christlichen Glaubens ist?

14.1.4.1 Liebe als Lebenspraxis des Glaubens

Es leuchtet nicht sofort und ohne weiteres ein, daß ausgerechnet die Liebe, in der eine Person auf eine andere ausgerichtet und ihr zugewandt ist (s. o. 8.1.1.1), die Lebenspraxis und Lebensbewegung sein soll, die dem Glauben entspricht und durch die Heil erfahren und erlebt wird. Das Natürliche ist doch eher die Vorstellung, daß die menschliche Sehnsucht nach erfülltem Leben (also nach Heil) dadurch gestillt wird, daß einem Menschen Liebe *zuteil wird*, anstatt daß er sich auf ein Gegenüber hin ausrichtet und sich ihm zuwendet. Das könnte den Eindruck erwecken, als gehe es im christlichen Glauben eher um Selbstaufopferung, Verzicht und Selbstverleugnung als um die Erfahrung von Heil. Es gehört jedoch zu dem nicht aufhebbaren Geheimnis der Liebe, daß Menschen gerade in der – nicht-berechnenden – Zuwendung zu einem anderen Erfüllung finden und *so* zugleich zu sich selbst kommen. Der Mensch erreicht seine Bestimmung zum Ebenbild des Gottes, dessen Wesen die Liebe ist, indem er von der Fixierung auf sich selbst loskommt und gerade so sich selbst *findet*. Nie ist ein Mensch *mehr bei sich selbst*, als wenn er *selbstvergessen* für einen anderen *da ist*. Aber dieses Geheimnis würde zerstört, wenn es zu einer Methode gemacht würde, bei der die Selbstfindung das Motiv und Ziel der liebenden Zuwendung ist; denn dann wäre die Zuwendung zum anderen nur eine scheinbare, nämlich nur Mittel zum Zweck der *eigenen* Befriedigung.

Zu solcher selbstvergessenen Zuwendung muß ein Mensch aber dadurch erst befähigt werden, daß ihm Liebe zuteil wird, die er sich nicht verdienen kann und nicht verdient hat[31]. Wer sich geliebt weiß, wer also aus empfangener Liebe lebt, dem ist die Sorge um sich und um sein Heil

---

31 Damit ist aber nicht ausgeschlossen, daß ein Mensch, dem echte Liebe weithin vorenthalten wird, den Schmerz dieses Mangels so verarbeitet, daß er sich

abgenommen, und er kann sich darum anderen selbstvergessen zuwenden, ihnen die Erfahrung des Geliebtwerdens vermitteln und darin zugleich Erfüllung finden.

Daß in der Liebe die *gesamte* christliche Lebenspraxis zusammengefaßt ist, bringt das Neue Testament – teilweise unter Rückgriff auf das Alte Testament – durchgängig zum Ausdruck, indem es nicht nur das Gebot der Gottesliebe (aus Dtn 6,5) und der Nächstenliebe (aus Lev 19,18) aufnimmt und miteinander verbindet (s. Mk 12,29-31 parr.), sondern dieses Doppelgebot der Liebe als das höchste, entscheidende, alle anderen Gebote zusammenfassende Gebot bezeichnet.[32] Dabei wird im Doppelgebot einerseits *unterschieden* (aber nie getrennt, sondern eng verbunden) zwischen *Gottesliebe* und Liebe zum *Mitmenschen* sowie schließlich auch zur *Selbstliebe*, die zwar nirgends geboten, wohl aber als Maßstab der Nächstenliebe vorausgesetzt wird. Andererseits wird innerhalb der Liebe zum Mitmenschen unterschieden zwischen der *Nächstenliebe* (Mk 12,31 parr.; Röm 13,9 f.; Gal 5,14), der *Feindesliebe* (Mt 5,43-48; Lk 6,27 f.; Röm 12,14 u. 20) und der *Geschwisterliebe* (Joh 13,34 f.; 15,12 f.; Röm 13,8; I Joh 4,11 f. u. 21).

a) Die Liebe zum Mitmenschen

Bevor wir auf die Unterscheidung zwischen Nächstenliebe, Feindesliebe und Geschwisterliebe eingehen, soll zunächst noch einmal genauer darüber nachgedacht werden, worin Liebe im allgemeinen und Liebe zum Mitmenschen im besonderen besteht. Damit soll die schon in der Gotteslehre (s. o. 8.1.1.1) ansatzweise vollzogene Konkretisierung der Liebe aufgenommen und weitergeführt werden. Dort zeigte sich, daß „Liebe" im Sinne von Agape stets zu verstehen ist als ein Akt der *Zuwendung*, in dem ein Mensch, der durch die Liebe zu einem liebenden Menschen wird, für ein Gegenüber, der durch die Liebe zu einem geliebten Gegenüber wird, da ist. *Liebe ist Zuwendung zu einem Gegenüber um dessentwillen*[33]. Anders gesagt: Agape ist *die* Form der Zuwendung, die den anderen

gerade nicht verhärtet und verschließt, sondern die Sehnsucht nach Liebe in sich wachhält und sich so für die Liebe offenhält.

32 So Mk 12,28-33 parr. Vgl. auch Mt 5,43-48; Joh 13,34 f.; 15,12; Röm 13,8-10; I Kor 13; Gal 5,14; I Tim 1,5; I Joh 2,7-11; 3,13-18; 4,11-21. Ganz in diesem Sinne gilt auch Augustins kühnes, leicht mißbrauchbares Wort: „Dilige, et quod vis fac" (MPL 35,2033). Dieser Satz ist nur die Konsequenz aus der paulinischen Einsicht, daß alles, was in den Einzelgeboten gesagt ist, im Liebesgebot seine Zusammenfassung und Mitte findet.

33 *Eine* Konsequenz dieser – m. E. weitreichenden – Einsicht ist es, daß man Menschen nicht „aus Liebe" töten kann. Hierzu schreibt U. Eibach (Schwan-

begleitet aber nicht vereinnahmt, die ihn freiläßt aber nicht fallenläßt, die mit ihm auf der Suche ist nach dem, was für ihn gut ist – und das alles „von Herzen". Aber was ist gut für das Gegenüber? Es scheint so, als ließe sich dies nicht allgemeingültig beantworten, weil für jedes Geschöpf und darum auch für jeden Menschen etwas anderes gut sein könnte. In einem allgemeinen und umfassenden Sinn läßt sich – aus der Sicht des christlichen Glaubens – die Frage, was für einen Menschen gut sei, jedoch durchaus beantworten: Gut ist die Verwirklichung seiner von Gott gegebenen Bestimmung. Mit dieser Formulierung sind *zwei* Sachverhalte angesprochen: einerseits die Verwirklichung der *individuellen* Bestimmung jedes einzelnen Menschen, wie sie ihm durch Anlagen, Begabungen, Aufgaben und Herausforderungen gegeben ist; andererseits die Verwirklichung der *gemeinsamen* Bestimmung aller Menschen zur Gottebenbildlichkeit, d. h. zu einem Leben aus der Liebe und in der Liebe (s. o. 12.2.2.2).

Die Verwirklichung der individuellen Bestimmung kann man insofern nicht verallgemeinern, als die Anlagen, Begabungen etc. der Individuen unterschiedlich sind und von uns auch immer nur begrenzt erkannt werden können. Verallgemeinerungsfähig ist hier nur das *Daß* des Zieles, die individuelle Bestimmung zu verwirklichen. Anders ist es bei der *gemeinsamen* Bestimmung zur Gottebenbildlichkeit, die für jeden einzelnen Menschen besteht und untrennbar mit der besonderen Bestimmung zur Verwirklichung seiner Individualität verbunden ist. D. h., die Verwirklichung der individuellen Bestimmung muß gelebt werden als individuelle Konkretisierung der gemeinsamen Bestimmung.

Das Ziel dieser gemeinsamen Bestimmung zur Gottebenbildlichkeit läßt sich aufgrund des Gesagten klar angeben: Wenn es für einen Menschen gut ist, daß er seine Bestimmung zum Ebenbild Gottes verwirklicht, und d. h., selbst ein liebender Mensch wird, dann folgt daraus: Einen Menschen zu lieben heißt, *von Herzen so für ihn und mit ihm dasein, daß*

---

gerschaftsabbruch und Schwangerschaftskonfliktberatung, in: Theologische Beiträge 22/1991, S. 74) zu Recht: Es „wird verkannt, daß Tötung niemals ein Akt der Liebe sein kann, da Liebe Leben ermöglicht und nicht zerstört, daß also das Tötungsverbot die sachgemäße Konkretisierung des Liebesgebots ist". Indem ich diesen Aussagen zustimme, widerrufe ich ausdrücklich die These, die ich in meinem Aufsatz „Unverfügbarkeit des Lebens oder Freiheit zum Tode" (ZEE 19/1975) aufgestellt habe, wonach es eine „tatsächlich an der Liebe orientierte Entscheidung" sein könne, sich *„für* die freiwillige direkte Euthanasie" zu entscheiden (a.a.O., S. 158). Ich danke T. Koch, der mich durch seinen scharfen Protest in dem Aufsatz „‚Sterbehilfe' oder ‚Euthanasie' als Thema der Ethik" (ZThK 84/1987, S. 86-117, bes. S. 92 f. u. 99-102) zum Umdenken in dieser Frage veranlaßt hat.

er selbst ein liebender Mensch wird oder jedenfalls werden kann[34]. Der
Nachsatz: „oder jedenfalls werden kann" weist einerseits darauf hin, daß
nicht der liebende *Mensch*, sondern letztlich nur die *Liebe* dazu in der
Lage ist, einen Menschen so zu verändern, daß er ein liebender Mensch
wird. Diese Unterscheidung ist wichtig, um Gott und Mensch (auch) an
dieser Stelle nicht zu verwechseln. Damit ist nicht bestritten, daß der
liebende Mensch an der Liebe partizipiert und sie in ihm und durch ihn
wirkt, aber das hebt die Unterscheidung nicht auf, sondern bestätigt sie.
Der Nachsatz weist andererseits darauf hin, daß die Liebe einen Menschen nicht automatisch oder wider Willen zu einem liebenden Menschen
macht, sondern daß sie Raum läßt zur Antwort, die auch darin bestehen
kann, daß ein Mensch sich ihr (bis auf weiteres) verschließt.

Würde man den obigen Satz als Definition von „Liebe" verstehen, so
wäre es eine unbefriedigende, weil zirkuläre Definition, in der dasjenige
schon vorausgesetzt wird, was definiert werden soll. Aber dieser Satz ist
keine Definition, sondern die Beschreibung eines *unendlichen, offenen
Prozesses*, in dem Liebe sich dadurch verwirklicht, daß sie in der Begegnung mit Menschen entsteht und weitergegeben wird. In diesen Prozeß
sind jedoch nicht nur menschliche Subjekte einbezogen, die selbst zur Liebe *fähig* sind, sondern auch alle anderen Geschöpfe, die durch ihre Existenz und ihr Wesen Liebe wecken können oder selbst der Liebe bedürfen.
Anthropologisch betrachtet ist dieser unendliche, offene Prozeß die *Verwirklichung der menschlichen Bestimmung* – geschichtstheologisch betrachtet ist er das *Kommen der Gottesherrschaft, d. h. des Reiches Gottes.*

Die Tatsache, daß in der christlichen Überlieferung innerhalb der
Liebe zum Mitmenschen unterschieden wird zwischen Nächstenliebe,
Feindesliebe und Geschwisterliebe, deutet an, daß „Liebe zum Mitmenschen" nicht einfach meint: *alle* Menschen zu lieben. Es geht weder um
„*den* Menschen" noch um die *Gesamtheit* aller Menschen, sondern jeweils um einen *bestimmten* Menschen mit seinem Gesicht, seinem Charakter und seiner Geschichte. Dieser nahe Mitmensch, der *Nächste*, ist das
Gegenüber, das gemeint ist: sei es als *Mitchrist*, sei es als der oder die
Fremde, denen ein Mensch begegnet und die seine Liebe brauchen, sei es
gar als der *Feind*, der ihn verflucht, verfolgt oder ihm nach dem Leben
trachtet. Selbst die Feindschaft ist also keine Grenze der Liebe – wohl aber
ist die Liebe die wirksame Begrenzung aller Feindschaft.

Die Feindesliebe ist so etwas wie die Echtheitsprobe der Nächstenliebe – nicht als ethische Höchstforderung, sondern als Erkennungszeichen

---

34 Dieser Gedanke findet sich in ähnlicher Form schon – wie ich leider erst
   nachträglich bemerkt habe – bei D. Lange, Ethik in evangelischer Perspektive,
   Göttingen 1992, S. 488 f.

von Liebe überhaupt. Denn das Gebot der Feindesliebe leitet zu zwei grundlegenden Einsichten an:

– Liebe (als Agape) ist ihrem Wesen nach *nicht abhängig* von Gegenliebe, obwohl sie diese erhofft, weil erst dann, wenn aus dem Gegenüber ein Liebender geworden ist, die Liebe ihr Ziel für dieses Gegenüber erreicht hat.

– Liebe ist nicht zu verwechseln mit Sympathie und nicht gleichzusetzen mit Freundschaft. Das Gebot der Feindesliebe schreibt nicht das Vorhandensein oder gar die Vorspiegelung freundschaftlicher Gefühle vor, wohl aber mutet es zu, auch den Feind als Menschen wahrzunehmen und anzunehmen, seine Ängste, Sicherheitsbedürfnisse und Lebensinteressen ebenso gelten zu lassen und ernst zu nehmen wie die eigenen. Es liegt freilich in der Logik der Liebe, daß dadurch die Feindschaft selbst in Frage gestellt und überwunden wird. Aber dies ist nicht die Voraussetzung oder die Bedingung der Liebe.

Das Gebot der Nächstenliebe (unter Einschluß der Feindesliebe) ist die unübertroffene Beschreibung der christlichen Lebenspraxis. Es meint keine erfüllbare „Pflicht", auf die irgend jemand irgendwann als „erledigt" oder „getan" zurückblicken könnte, sondern es meint eine Seinsweise in der Begegnung, die in jedem Augenblick das Dasein des Menschen immer neu in Anspruch nimmt – aber eben damit auch erfüllt.[35]

b)   Die Liebe zu Gott

Diese Unendlichkeit der Liebe verweist von sich selbst her auf *Gott*. Damit nehme ich die Unterscheidung zwischen Gottesliebe und Nächstenliebe auf, um sie zu bedenken. Daß diese Unterscheidung nicht als Trennung mißverstanden werden darf, schärft besonders der I Johannesbrief ein (3,17 u. 4,20; vgl. hierzu auch EG 412, 1-8). Gegen dieses Mißverständnis scheint es das beste Gegenmittel zu sein, schon die Unterscheidung zwischen beidem *nicht* zu machen oder, wo sie gemacht wird, wieder aufzuheben, also beides miteinander zu identifizieren.[36]

---

35 S. dazu S. Kierkegaard: *„alles, was lebendig gehalten werden soll, muß in seinem Element gehalten werden;* aber das Element der Liebe ist Unendlichkeit, Unerschöpflichkeit, Unermeßlichkeit" (Der Liebe Tun, Bd. 1, S. 199). Und darum gibt es in der Liebe auch kein „Mehr" oder „Weniger", ja schon das Messen und Vergleichen ist dem Wesen der Liebe zuwider. Dazu noch einmal Kierkegaard (a.a.O., S. 202): „Mit dem Vergleich ist alles verloren, ist die Liebe verendlicht, die Schuld abzahlbar."

36 In diese Richtung weisen die Aussagen H. Brauns, wenn er in seinem Jesus-Buch schreibt: „Das in MARK. 12,28-34 par. verkündigte Nebeneinander der

Durchdenkt man diese Identifikation genauer, so zeigt sich jedoch, daß dabei die Trennung zwischen Gottesliebe und Nächstenliebe nicht vermieden wird, sondern daß die Gottesliebe in der Nächstenliebe aufgeht und so faktisch entfällt. Dadurch kommt es aber – wider Willen – doch zu einer Trennung.

Daß das Alte und das Neue Testament beide Gebote und ihre Erfüllung *nicht* identifizieren, ergibt sich schon aus einer scheinbar kleinen, tatsächlich folgenschweren sprachlichen Beobachtung: Das Gebot der Gottesliebe zielt stets auf eine Liebe „von *ganzem* Herzen, von *ganzer* Seele, mit *all* deiner Kraft" (Dtn 6,5; 10,12; II Reg 23,25; Mt 22,37; Mk 12,30; Lk 10,27). Diese Formeln werden aber *nie* verwendet, wenn es sich um die Liebe zum Nächsten handelt. *Sie* ist nicht mit einem solchen Totalitätsanspruch verbunden, sondern findet ihr Maß in dem: „wie dich selbst" (Lev 19,18; Mt 22,39; Mk 12,31; Lk 10,27; Röm 13,9; Gal 5,14; Jak 2,8). Das kann kein Zufall sein – es hat jedenfalls guten Sinn und eine tiefe Berechtigung. Eine (absolute und totale) Hingabe an einen anderen Menschen würde aus ihm eine *Gottheit* machen. Gott zu lieben wie uns selbst, würde hingegen aus Gott ein *Geschöpf* machen. Deswegen ist die Unterscheidung zwischen Gottesliebe und Nächstenliebe richtig und wichtig.

Aber ihre Pointe wäre ungenau bestimmt, wenn man den Unterschied auf die *Qualität* oder gar auf die *Quantität* der Liebe bezöge. Der Unterschied muß vom *Gegenüber* her gedacht werden, auf das sich die Liebe richtet. Und da gilt: Nur Gott ist das Absolute, das *als solches* geliebt werden soll. In diese Position darf kein Geschöpf einrücken, weil es dadurch zum Abgott gemacht würde. Aber nun das Entscheidende: Diese Ausschließlichkeit der Liebe zu Gott schließt gerade *kein* Geschöpf aus, sondern bezieht *alle* mit ein, weil Gott seinem Wesen nach Liebe ist. Und darum ist „Liebe zu Gott" nichts anderes als „Hingabe an die Liebe", und zwar nicht an diese oder jene geschöpfliche Verwirklichungsform der Liebe, sondern an die Liebe als die Alles bestimmende Wirklichkeit. Ihr kann ein Mensch sich gar nicht vorbehaltlos und umfassend genug hingeben, weil sie *(ihrem Wesen nach)* nicht vom Mitmenschen und Mitgeschöpf abzieht oder mit ihnen konkurriert, sondern an sie verweist. Und

---

beiden Hauptgebote der Gottesliebe und der Nächstenliebe ist also nur ein scheinbares *Nebeneinander*. ... Jesus und die Jesustradition legen die Liebe zu Gott aus als die Liebe zum Nächsten" (Jesus der Mann aus Nazareth und seine Zeit, Gütersloh 1989², S. 164). Ich vermute freilich, daß Braun genaugenommen das Verhältnis nicht als Identität im strengen Sinn, sondern als Konkretion verstanden wissen will, und dem ist zuzustimmen.

deshalb ist es unmöglich, zwischen Gottes- und Nächstenliebe zu trennen, weil keines von beiden ohne das andere bestehen kann. Wer sich nicht an die *Liebe* hingibt, liebt seinen Nächsten nicht. Und wer seinen Nächsten nicht liebt, gibt sich nicht an die Liebe hin, liebt also Gott nicht. Keines von beiden geht im anderen auf – darum ist es zu unterscheiden; aber keines von beiden kann ohne das andere bestehen – darum kann es nicht getrennt werden.

c) Liebe zu sich selbst

Die Auslegung des „wie dich selbst" schwankt zwischen dem in der Tradition oft anzutreffenden Verständnis: „statt deiner" und dem neueren Auslegungsversuch: „sowohl, als auch" oder gar: „zunächst dich, dann und daraufhin auch den Nächsten". Im ersten Fall wäre Selbstliebe das, was durch Nächstenliebe überwunden und abgelöst werden soll, im zweiten Fall ist sie etwas, was mit Nächstenliebe koexistiert oder sogar die Voraussetzung für Nächstenliebe bildet.[37] Dieser Auslegungsstreit ist m. E. *nicht* durch eine Interpretation des Wörtchens „wie" beizulegen, sondern nur durch eine Klärung dessen, was es heißt *zu lieben* und was es deshalb heißt, *sich selbst* zu lieben. Von daher muß sich ergeben, ob das Liebesgebot die Selbstliebe einschließt oder ausschließt.

Bei „Selbstliebe" wird in der Regel „Selbstsucht" oder „Egoismus" assoziiert, d. h. eine Haltung, in der ein Mensch so auf sich bezogen ist, daß er primär sein eigenes Wohl befördert, ohne dabei auf das Wohl anderer Menschen (in vergleichbarer Weise) Rücksicht zu nehmen. Das hat jedoch mit Liebe letztlich *nichts* zu tun. Zwar taucht auch hier das Moment der Zuwendung auf, und man kann auch sagen, daß die eigene Person hier zu dem geliebten „Gegenüber" wird, um dessentwillen die Zuwendung geschieht. Insofern erfüllt der Egoismus formal diese Merkmale von Liebe. Aber *inhaltlich* tut sich hier schon insofern ein unüberbrückbarer Graben auf, als es für das Wesen der Liebe konstitutiv ist, *niemanden* auszuschließen. Der Egoismus oder die Selbstsucht ist aber der Fall, in dem (wahrscheinlich aus Mangel an Liebesfähigkeit) nicht nur einige, sondern *alle* anderen von der Liebe ausgeschlossen sind, so daß nur die Einsamkeit der „incurvatio in seipsum" übrigbleibt.

---

37 Exegetisch läßt sich zu dieser Streitfrage offenbar nur sagen, daß Selbstliebe im biblischen Liebesgebot – ohne Wertung – als etwas jedem Menschen im Grunde unmittelbar Zugängliches und Vertrautes vorausgesetzt wird und als solches das „Maß für das Verhalten gegenüber den anderen" bildet (so M. Noth, Das dritte Buch Mose, Göttingen 1962, S. 122; ähnlich M. Ebersohn, Das Nächstenliebegebot in der synoptischen Tradition, Marburg 1993, S. 47).

Was von der Gottes- und Nächstenliebe zu sagen war, gilt auch hier: Sobald die Selbstliebe sich trennt oder getrennt wird von der Gottes- und Nächstenliebe, hört sie auf, *Liebe* zu sein. Und von jeder solchen Selbst-„Liebe" (richtig: Selbst*sucht*) müßte gesagt werden: Sie ist weder die Voraussetzung noch das Maß noch eine gleichberechtigte Möglichkeit neben der Nächstenliebe, sondern sie ist das, was durch die Liebe überwunden und so geheilt werden soll.

Aber es gibt auch *echte* Selbst*liebe*, also eine Zuwendung des Menschen zu sich selbst um seines eigenen Guten willen, die selbst Ausdruck und Konsequenz der Gottesliebe ist und darum als Liebe die Offenheit und Zuwendung zu den anderen Menschen nicht aus-, sondern einschließt. Mehr noch: Was wäre eine Liebe, von der ausgerechnet das Selbst ausgenommen wäre? Wer sich selbst aus seiner Liebe ausschließt, weil er sich für nicht wichtig, nicht wertvoll, nicht liebenswert hält, vollzieht an einer entscheidenden Stelle einen Ausschluß, eine Ausgrenzung, die mit dem Wesen der Liebe *unvereinbar* ist. Und wie ernst nimmt eigentlich ein Mensch die ihm zugesagte Liebe Gottes und die ihm möglicherweise zuteil werdende Liebe seiner Mitmenschen, wenn er sich trotzdem für nicht liebenswert erklärt? Ist dies nicht eine subtile Art der *Gottesverachtung*, die sich noch dazu leicht als Ausdruck tiefer Demut darstellen kann? Dabei muß und soll gar nicht unterstellt werden, daß es sich dabei um unechte, geheuchelte Demut handelt. Menschen, die diese Haltung verkörpern, sind viel eher als *Opfer* einer letztlich liebesfeindlichen Religiosität oder Ethik zu beklagen, als wegen ihrer Unfähigkeit zur Selbstliebe anzuklagen. Aber das mindert den Schaden nicht.

In seinem Traktat „De diligendo Deo" kommt Bernhard von Clairvaux, nachdem er drei Stufen der Liebe[38] gedanklich durchschritten hat, zu dem Ergebnis, die höchste Form der Liebe sei es, *sich selbst (nur) um Gottes willen zu lieben*.[39] Das ist eine überraschende, aber sehr nachdenkenswerte Einsicht, weil sie durch ihre Zuordnung von Selbstliebe und Gottesliebe sicherstellt, daß Selbstliebe wirklich *Liebe* ist und darum auch die Nächstenliebe einschließt. Für die These, Selbstliebe um Gottes willen sei die höchste und schwerste Form der Liebe, könnte zweierlei sprechen:

– Die negativen Seiten und die bedrohlichen Abgründe kennen (oder erahnen) Menschen vermutlich bei niemandem so genau wie bei sich

---

38 1.) Die Selbstliebe um des Selbst willen; 2.) die Gottesliebe um des Selbst willen; 3.) die Gottesliebe um Gottes willen.
39 A.a.O., S. 142 ff. u. 153, wobei er hinzufügt: „Ich weiß nicht, ob von irgendeinem der Menschen diese vierte Stufe in diesem Leben vollkommen erreicht wird."

selbst. Daß es Gründe gäbe, sich selbst zu verachten oder zu hassen, ist den meisten Menschen nicht fremd.

- Wenn „lieben" heißt, mit einem Menschen nach dem suchen, was für ihn gut ist, und wenn dieses Gute darin besteht, daß das Gegenüber selbst ein liebender Mensch wird, dann bedeutet Selbstliebe die Zuwendung zu sich selbst, die mit der Hoffnung verbunden ist, selbst ein liebender Mensch zu werden und sich den damit verbundenen Leiden und Kämpfen zu stellen. Aber gerade von daher zeigt sich, daß recht verstandene Selbstliebe untrennbar zu der Lebenspraxis gehört, in der Heil empfangen und gelebt wird – nicht ohne oder gegen, sondern nur in unaufhebbarer Einheit mit der Gottes- und Nächstenliebe, genau wie es das *Doppelgebot der Liebe* sagt. Solche Selbstliebe ist das heilvolle Gegenteil der heillosen Selbstsucht.

14.1.4.2 Die gesellschaftliche Lebenspraxis des Glaubens

Wenn es im vorigen Unterabschnitt um einige Grundfragen der *Individualethik* ging, dann geht es nun in ganz knapper Form um einige Grundfragen der *Sozialethik*. Dabei wäre es eine irreführende Vorstellung, als gäbe es Lebensbereiche des Menschen, in denen er nur Individuum ohne gesellschaftlichen Bezug wäre, und als gäbe es Lebensbereiche, in denen es nur soziale Strukturen ohne menschliche Individuen gäbe. Beides sind Abstraktionen, und im Sinne von Lebensbereichen lassen sich Individual- und Sozialethik nicht einmal sinnvoll voneinander unterscheiden oder einander zuordnen – geschweige denn voneinander trennen. Wohl aber ist es sinnvoll, die *Aufmerksamkeit* im einen Fall auf die *in* sozialen Strukturen lebenden und handelnden *Individuen* und im anderen Fall auf die *sozialen Strukturen*, in denen die Individuen leben und handeln, zu richten.

Diese Vorbemerkung zeigt schon, daß auch das bisher Gesagte formuliert wurde im Blick auf Menschen, die permanent und lückenlos in sozialen Strukturen existieren: als Staatsbürgerinnen, als Teilnehmer am Wirtschaftsleben, als Teile eines Familienverbandes, als Mitglieder einer Landeskirche, als Verkehrsteilnehmer, als Medienbenutzer, als Mieterinnen und Mieter etc. In jeder dieser sozialen Strukturen, die zusammengenommen das Abstraktum „Gesellschaft" bilden, werden Menschen konfrontiert mit Rechten, Pflichten, Erwartungen, Rollen(-zuweisungen), Ordnungen etc., die ihre Erlebnis- und Handlungsspielräume prägen und gestalten – aber auch begrenzen und einengen.

Die entscheidende Frage, vor der wir nun stehen, lautet: Inwieweit gilt das zur Gottes-, Nächsten- und Selbstliebe Gesagte auch für diese sozialen

Strukturen? Gibt es nur die häufig erwähnten „Strukturen des Bösen"
oder gibt es auch „Strukturen der Liebe"? Und inwiefern wird durch
solche strukturellen Rahmenbedingungen die Lebenspraxis der Individu-
en beeinflußt? Kann das Heil in einer gesellschaftlichen Lebenspraxis
erfahrbar und erlebbar werden?

Das Dilemma, vor das uns diese Fragen stellen, läßt sich wie folgt
beschreiben: Wir können menschliche Liebe nur als ein *Beziehungs-*
geschehen denken, dessen initiatives *Subjekt* (mindestens) ein *personales*
Wesen ist. Wie aber sollte es möglich sein, von einer sozialen Struktur zu
sagen, daß sie liebt oder daß Liebe von ihr ausgeht? Wenn dies aber *nicht*
möglich ist, ist dann Liebe überhaupt eine Möglichkeit der gesellschaftlich
bestimmten und vermittelten Lebenspraxis?

Die folgenden Gedanken sollen einige elementare Orientierungspunkte
beim Umgang mit diesen Fragen markieren:

– Menschliche Lebenspraxis ist als dauerhafte, gemeinschaftsbezogene
   Praxis ohne soziale Strukturen nicht möglich. Diese sind erforderlich
   als Entlastung von permanenten Reflexions- und Entscheidungs-
   zwängen, und sie können so einen Beitrag zur gegenseitigen Er-
   wartungsstabilität leisten, die – im besten Fall – so etwas wie einen
   Rahmen oder ein Gehäuse darstellen kann, innerhalb dessen sich
   gedeihliche Beziehungen bis hin zur Liebe entwickeln können. Wegen
   dieser Notwendigkeiten und Möglichkeiten sind soziale Strukturen
   als solche *positiv* einzuschätzen und zu fördern.
– Soziale Strukturen als solche können aber Liebe nicht erbringen oder
   ersetzen. Sie haben weder ein „Antlitz" noch ein „Herz", also kein
   personales Zentrum, das zur Zuwendung oder Hingabe fähig wäre.
   Die Leistungsfähigkeit sozialer Institutionen für die Lebenspraxis des
   Glaubens muß deswegen nüchtern und realistisch eingeschätzt werden. Das gilt auch für so „positive" Strukturelemente wie Freundschaft, Partnerschaft, Familie, Ehe, Bildungswesen, Rechtsordnung
   etc. Wer von ihnen zuviel erwartet oder verspricht, trägt fast unvermeidlich zur Enttäuschung und so zur langfristigen Zerstörung dieser
   Strukturen bei.
– Soziale Strukturen sind stets ambivalent: Sie befördern oder behindern
   Lebensmöglichkeiten. Sie können in den Dienst unterschiedlichster
   Intentionen und Interessen gestellt werden. Deswegen ist es notwendig, soziale Strukturen immer wieder daraufhin kritisch zu überprü-
   fen, ob durch sie eine dem Leben dienende Praxis befördert oder
   behindert wird.
– Die Entwicklung, Förderung und Pflege sozialer Strukturen, die der
   Lebenspraxis des Glaubens Raum geben und zugute kommen, ist

selbst ein Element dieser Lebenspraxis. Ein besonderes Augenmerk ist
dabei auf die sozialen Institutionen zu richten, die der *Bildung* des
Menschen zugute kommen, also an der Verwirklichung seiner Bestimmung zum Ebenbild Gottes mitwirken können und der Entfaltung und
Reifung der Persönlichkeit dienen. Auch von ihnen gilt freilich, daß sie
in ihren Möglichkeiten, Ambivalenzen und Bedrohungen nüchtern
einzuschätzen und immer wieder kritisch zu überprüfen sind.

Bei alledem wäre es ein gefährliches Mißverständnis, wenn man annäh-
me, soziale Strukturen, die sich an der Lebenspraxis des Glaubens orientieren, würden sich etwa durch die Abwesenheit von Forderungen und
Sanktionen oder gar durch programmatischen Verzicht auf solche „negativen" Elemente auszeichnen. Weil soziale Strukturen auch im besten
Fall nur einen Rahmen bilden und einen Raum zur Verfügung stellen
können, darum sind sie dem Glauben nur auf indirekte Weise zugeordnet – auf diese indirekte Weise gehören sie freilich legitim zu ihm. Dort,
wo sie *nur* der Begrenzung oder Abwehr des Bösen dienen, sind sie
Ausdruck des *opus alienum* der Liebe Gottes, aber nichtsdestoweniger
der Liebe Gottes.

Es ist freilich als eine Einseitigkeit zu bezeichnen, wenn primär oder
ausschließlich die prohibitiven und defensiven Funktionen sozialer Strukturen zur Geltung gebracht werden. Gegenüber dieser Tendenz, die teilweise im Luthertum wahrzunehmen ist, gilt es, stärker die positive, för-
dernde Funktion sozialer Strukturen wahrzunehmen und anzuerkennen.
Freilich darf auch dabei nicht vergessen werden, daß selbst die besten
Strukturen als solche nicht das Heil schaffen (oder gar sind), sondern nur
dem Heil dienen, indem sie ihm einen äußeren Raum geben, in dem es sich
ereignen, in dem es wachsen und leben kann. Aber *das* ist ihr Sinn, ihre
Bedeutung und ihre Würde.

14.1.4.3   Liebe als innere Konsequenz des Glaubens

Hinsichtlich der Frage, wie sich Glaube und gute Werke zueinander
verhalten, stehen sich in der reformatorischen Theologie von Anfang an
zumindest zwei Positionen gegenüber. Die eine kommt zum Ausdruck in
CA 6: „Auch wird gelehrt, daß solcher Glaube gute Frucht und gute
Werk bringen soll[40] und daß man musse gute Werk tun, allerlei, so Gott
geboten hat, um Gottes willen, doch nicht auf solche Werk zu vertrauen,
dadurch Gnad fur Gott zu verdienen" (BSLK 60,2-7). Diese Position

---

40 Lat. Fassung: „Quod fides illa debeat bonos fructus parere" (BSLK 60,2 f.).

klingt nüchtern und realistisch. Sie rechnet mit der Schwäche des Glaubens und will ihr mit dem Gebot Gottes (tertius usus legis) zu Hilfe kommen.

Demgegenüber vertritt Luther die Auffassung, der Glaube bringe mit *innerer Notwendigkeit* gute Werke hervor, so wie ein guter Baum gute Früchte bringt – und nicht nur bringen soll.[41] Diese Position wirkt geradezu enthusiastisch. Sie setzt ganz auf die innere Kraft des Glaubens.

Die Konkordienformel hat sich angesichts des Streites der Schüler für die Möglichkeit eines tertius usus legis ausgesprochen[42] – wie im übrigen auch (noch eindeutiger) Calvin und die reformierte Tradition. Luther steht in dieser Sache ziemlich allein.[43] Trotzdem folge ich hier (anders als bei der Prädestinationslehre) nicht der Konkordienformel, sondern Luther, der m. E. die besseren theologischen Gründe auf seiner Seite hat.

Doch betrachten wir zunächst die Gegenposition! Sie besagt: Das Gesetz hat nicht nur im *politischen* Bereich eine prohibitive Funktion als „Riegel", der dem Überhandnehmen des Bösen vorgeschoben ist (usus politicus legis), und es hat nicht nur im *geistlichen* Bereich eine überführende Funktion als „Spiegel", in dem der Mensch seine Sünde erkennt (usus elenchticus legis), sondern es hat auch im *ethischen* Bereich eine orientierende Funktion als „Regel" für die Lebensführung der Glaubenden (tertius usus legis bzw. usus paedagogicus legis). Das Hauptargument für diesen dritten Gebrauch des Gesetzes lautet: Die Erneuerung der Christen durch den Glauben ist in dieser Welt nicht vollkommen, sondern erst im Werden. Sie sind zugleich Gerechte und Sünder („simul"), und deswegen bedürfen sie zusätzlich zu der erneuernden Kraft des Evangeliums auch noch der Wegweisung und Hilfe des Gesetzes. Dabei gesteht die Konkordienformel durchaus zu, daß aus dem Fordern und Drohen des Gesetzes *allein* niemals die Früchte des Geistes entstehen, sondern nur die (äußerlichen) Werke des Gesetzes (s. BSLK 794,35 ff. u. 966,47-967,24). Aber auch dort, wo der Heilige Geist durch das Evangelium einem Menschen gegeben ist und Frucht bringt, bedarf es doch nach Meinung der Konkordienformel der äußeren Anleitung durch das Gesetz – auch damit die Glaubenden nicht selbstgewählte Werke an die Stelle der von Gott gebotenen Werke setzen.

---

41 So z. B. WA 7,32,9-18 u. WA 39 I,46,28-34.
42 S. dazu Art. 6 der FC (BSLK 793-795 u. 962-969).
43 Im 20. Jahrhundert hat vor allem W. Elert sich die Ablehnung des tertius usus legis zu eigen gemacht. Vgl. seinen Aufsatz: „Eine theologische Fälschung zur Lehre vom tertius usus legis", in: Zeitschrift für Religions- und Geistesgeschichte, 1/1948, S. 168-170.

Vorausgesetzt ist in dieser Argumentation zu Recht, daß das Evangelium nicht das aufhebt, was im Gesetz als Gottes Wille geboten ist und es darum nicht außer Kraft setzt, sondern – im Gegenteil – in seiner Tiefe erfaßt und den Menschen zum Tun des Gotteswillens *befähigt*. Vorausgesetzt ist weiter, daß auch die Glaubenden als Menschen in dieser Welt *Sünder* bleiben und darum das der Bosheit wehrende und die Sünde aufdeckende Gesetz brauchen.

Diese beiden Voraussetzungen werden aber von den Kritikern des tertius usus legis nicht bestritten, sondern geteilt. Der wirkliche Streit entbrennt vielmehr bei der Frage, ob die Glaubenden *als Glaubende* das Gesetz benötigen, um den Willen Gottes erkennen und tun zu können. Und diese Frage ist – mit Luther und gegen die Konkordienformel – zu *verneinen*, weil sie dem Evangelium und dem Glauben *zuwenig* zutraut und dem Gesetz und dem Gehorsam *zuviel*.

Daß dies so ist, zeigt sich, wenn man genauer über das Gesetz und über das Verhältnis von Gesetz und Evangelium nachdenkt. Dabei ist – mit Paulus – davon auszugehen, daß das Gesetz „zum Leben gegeben" und darum „heilig, gerecht und gut" ist (Röm 7,10-12). Aber durch seinen Charakter als *Forderung* (d. h. als Gesetz oder Gebot) ist es unfähig, den Menschen aus der Knechtschaft der Sünde zu befreien, ja es weckt durch seinen appellativen, fordernden Charakter noch den Wahn, der Mensch *könne* durch sein Tun das Heil erlangen, während es doch darauf ankommt, das Heil von Gott zu *empfangen*.

Die Lehre vom tertius usus legis bringt das Moment des Gesetzes und damit der Forderung *dort* wieder ins Spiel, wo es *nichts* zu suchen hat, sondern nur alles verderben kann, und zwar auf zweifache Weise: Einerseits kann so der Eindruck einer nachträglichen Bedingung entstehen, bei deren Nicht-Erfüllung das Heil verlorengeht, also sozusagen von Gott zurückgenommen wird; andererseits rückt die Forderung an eine Stelle, an der vom Wesen des Heils (als Teilhabe an der göttlichen Liebe) her nur von einer *inneren Konsequenz* die Rede sein darf. Es stimmt ja, daß es ein Zeichen von Heillosigkeit ist, wenn ein Mensch, der von der göttlichen Liebe erreicht und bewegt wurde, in seinem Denken, Reden und Tun der Gleichgültigkeit oder Selbstsucht Raum gibt. Aber an dieser Heillosigkeit wird *nichts* gebessert, wenn er sich durch Gebote oder Gesetze nötigen läßt, diesen Kräften keinen Raum zu geben. Damit können zwar deren verheerende *Auswirkungen* gegenüber anderen Menschen (u. U. auch gegenüber sich selbst) eingedämmt werden, aber die zugrundeliegende Heillosigkeit wird auf diese Weise nur verdeckt und verborgen – jedoch nicht überwunden. *Die* Funktion des Gesetzes, die hier auch den Glaubenden (als Sündern) gegenüber wirksam wird und werden muß, ist die des usus elenchticus legis, der ihnen den Schmerz und

die Trauer über ihre Heillosigkeit zumutet, indem er sie ihnen wie in
einem Spiegel *zeigt.* Und dort, wo die Heillosigkeit die äußeren Bedingungen des Zusammenlebens gefährdet, da ist es der usus politicus legis, der
auch den Glaubenden *(als Sündern)* gegenüber wirksam werden und sie
in die Schranken weisen muß. Aber ein *tertius usus legis* für die Glaubenden *als Glaubende* ist *überflüssig,* ja *gefährlich.* Überflüssig ist er, weil
der Glaube selbst *als Vertrauen auf die göttliche Liebe notwendigerweise*
in der Liebe tätig wird. Gefährlich ist er, weil er das Vertrauen auf die
heilsame Kraft des Evangeliums *untergräbt* und eine „zweite Stütze"
einführt, die konsequent zu Ende gedacht das Evangelium verdrängt.[44]

Aber behält das Gesetz nicht doch für die Glaubenden (als Glaubende)
insofern eine positive Bedeutung, als es ihnen sagt, *was* sie an Gutem tun
sollen? Das würde bedeuten: Das Evangelium verleiht durch den Glauben
zwar die *Kraft* und den inneren *Beweggrund,* das Gute zu tun, aber erst
das Gesetz sagt, *worin* dieses Gute besteht, *was* also zu tun ist. So argumentiert die Konkordienformel tatsächlich, wenn es dort heißt: „So ist
auch solche Lehre des Gesetzes den Gläubigen darumb nötig, auf daß sie
nicht auf eigene Heiligkeit und Andacht fallen und unter dem Schein des
Geistes Gottes eigen erwählten Gottesdienst ohn Gottes Wort und Befehl
anrichten, wie geschrieben stehet Deuter. 12: ‚Ihr sollet deren keines tuen,
ein jeder was ihm recht dünket', sondern ‚höret die Gebot und Rechte, die
ich euch gebiete', und ‚sollet auch nichts darzutuen, noch darvontuen'"
(BSLK 968,5-15). Mit dieser Argumentation wird ein für die reformatorische Theologie wesentlicher Gedanke aufgenommen: Wahrhaft gute
Werke sind die von Gott gebotenen Werke, nicht selbst gewählte Opfer,
Verzichtleistungen, Leiden oder Taten. Und es scheint so, als bedürfe es
dazu eines tertius usus legis; denn das Gesetz sagt, *was* Gott gebietet und
was darum gut ist.

Aber diese Argumentation ist nur bei oberflächlicher Betrachtung
überzeugend; genaugenommen ist sie doppeldeutig. Versteht man unter
„Gesetz" die Gesamtheit der biblischen Gebote und Vorschriften, so ist
die Aussage, das Gesetz sage, was Gott gebietet, sogar *falsch.* Diese Gebote und Vorschriften sind geschichtlich bedingte *Konkretisierungen* des
Gotteswillens, die aber als solche immer wieder daraufhin *überprüft* werden müssen, ob sie den Willen Gottes (in einer veränderten geschichtlichen Situation) tatsächlich zum Ausdruck bringen (vgl. Röm 12,2). Ver-

---

44 *Insofern* ist der tertius usus legis eine Entsprechung zu der Beschneidungs-
   forderung in den Gemeinden Galatiens, gegen die Paulus sich Gal 5,1-15 mit
   Nachdruck ausspricht. Sein entscheidendes Argument lautet: Wer sich (zusätzlich und sicherheitshalber) auf die Beschneidung verläßt, vertraut nicht
   wirklich auf Christus und hat ihn damit „verloren" (Gal 5,4).

steht man unter „Gesetz" hingegen den Inbegriff dessen, was der Wille Gottes *ist,* dann ist der Satz: „Das Gesetz sagt, was Gott gebietet und was darum gut ist" zwar *analytisch wahr,* aber er sagt dann *nichts,* was über den Sprachgebrauch hinausginge. Er sagt vor allem nicht, wo dieser Wille Gottes zu finden und abzulesen ist.

Und genau an dieser Stelle greift die Bestreitung des tertius usus legis mit der These ein: Der Wille Gottes ergibt sich für die Glaubenden aus dem *Evangelium,* und zwar als dessen *innere Konsequenz.* Wer Gottes Wesen in Jesus Christus erkannt hat und wer darauf sein daseinsbestimmendes Vertrauen richtet, der weiß von daher auch, worin *der* Wille Gottes besteht, der für die Lebenspraxis der Glaubenden grundlegend ist. *Der Glaube, der durch die Liebe tätig ist (Gal 5,6), ist die Erfüllung dieses Willens Gottes.* Und darum kann mit Luther gesagt werden: „Wenn wir Christus haben ... können wir neue Dekaloge machen, so wie Paulus in allen Briefen und Petrus und am meisten Christus im Evangelium. Und diese Dekaloge sind klarer als der Dekalog des Mose, so wie Christi Angesicht klarer ist als das Angesicht Moses."[45]

Das alles wird freilich mißverständlich und gefährlich, wenn es undifferenziert von „den Glaubenden" oder „Christen" gesagt wird und dabei das „simul" in Vergessenheit gerät. Es gilt nur von den Glaubenden *als Glaubende*[46]– von ihnen muß es aber gesagt werden dürfen, weil sonst die Gefahr droht, daß der Glaube bloß als kognitiver, intellektueller Akt mißverstanden wird, der nicht eo ipso das Dasein wandelt und neu bestimmt.[47]

Die von Luther gelehrte *notwendige* Zusammengehörigkeit von Glauben und guten Werken kann eingesehen und argumentativ begründet werden, wenn man sich bewußtmacht, daß der Glaube (als daseinsbestimmendes Vertrauen) sich auf *den* Gott richtet, dessen Wesen *Liebe* ist. Sich mit seinem ganzen Dasein (also auch im Handeln) vom Vertrauen auf die Liebe (als die Alles bestimmende Wirklichkeit) bestimmen zu lassen, heißt: *mit innerer Notwendigkeit* den Willen Gottes tun, nämlich Liebe üben. Wo dies *nicht* geschieht, zeigt es nur, daß Menschen sich nicht von Gott bestimmen lassen. Aber dem ist nicht durch das Gesetz abzuhel-

---

45 So die deutsche Übersetzung von WA 39 I,47,25-30: „Habito enim Christo ... novos Decalogos faciemus, sicut Paulus facit per omnes Epistolas, et Petrus, maxime Christus in Euangelio. Et hi Decalogi clariores sunt, quam Mosi decalogus, sicut facies Christi clarior est, quam facies Mosi."

46 Man beachte die drei ersten Worte in dem obigen Lutherzitat: „Habito enim Christo ... "

47 Was dazu kritisch und konstruktiv zu sagen ist, läßt sich im wesentlichen Luthers Vorrede zum Römerbrief entnehmen (s. WA DB 7,8-10).

fen, sondern nur durch das Evangelium, zu dem freilich das Gesetz in seinem usus elenchticus den Menschen hintreiben kann und soll.

14.2   Die Heilsmittel („media salutis")

„Heilsmittel" ist kein gängiger, sondern ein eher ungebräuchlich gewordener theologischer Begriff[48]. Aber die damit gemeinte Sache ist so wichtig, daß sie benannt und bedacht werden muß. Und da es noch keine begriffliche Alternative gibt, verwende ich diesen Begriff weiterhin als zusammenfassende Bezeichnung für diejenigen Vermittlungsgestalten, durch die Menschen des Heiles teilhaftig werden können.

Dabei beschränke ich mich hier (nach dem in Abschn. 14.1.3.1 Gesagten) auf die media salutis exhibitiva, also auf die austeilenden Heilsmittel. Diese werden häufig in dem Dual „Wort und Sakrament(e)" zusammengefaßt. Das ist insofern eine mißverständliche Formel, als es keine Sakramente gibt, in denen nicht auch „Wort" vorkäme und sogar eine entscheidende Rolle spielte. Das Gemeinte kommt genauer zum Ausdruck durch die Formel „Predigt und Sakrament(e)". Freilich ist auch diese Formel mißdeutbar, weil „Predigt" begrenzt zu sein scheint auf die Wortverkündigung im Gottesdienst. „Wort" ist also tendenziell zu weit, „Predigt" tendenziell zu eng. Als Hilfsbegriff, der zwischen „Wort" und „Predigt" liegt, wähle ich vorerst den Begriff „Wortverkündigung".

Bevor ich auf die Verhältnisbestimmung der beiden Größen, die in solchen Formeln unterschieden und zusammengeordnet werden, genauer eingehe, verdient zunächst die Tatsache Beachtung, daß die reformatorische Theologie (allerdings in Abgrenzung von den sog. Schwärmern) in grundsätzlicher Übereinstimmung mit der römisch-katholischen, orthodoxen und anglikanischen Theologie die Notwendigkeit der (äußeren) Heilsmittel betont. Das versteht sich nicht von selbst und war – wie angedeutet – innerhalb der reformatorischen Bewegung umstritten. Deshalb soll mit diesem Thema eingesetzt werden (14.2.1), bevor das Verhältnis von Wortverkündigung und Sakrament und damit zugleich der Sakramentsbegriff versuchsweise näher bestimmt werden sollen (14.2.2). Danach werden je für sich die Taufe (14.2.3), das Abendmahl (14.2.4) und die Beichte (14.2.5) bedacht.

---

48 Ein Indiz dafür ist die Tatsache, daß der Begriff in keinem der großen theologischen Nachschlagewerke unseres Jahrhunderts als Artikelstichwort auftaucht.

14.2.1 Die Notwendigkeit äußerer Heilsmittel

CA 5 schließt mit der Verwerfung: „Und werden verdammt die Wiedertaufer und andere, so lehren, daß wir ohn das leiblich Wort des Evangelii den heiligen Geist durch eigene Bereitung, Gedanken und Werk erlangen" (BSLK 58,11-15).[49] Damit wird bestritten, daß ein Mensch den Geist Gottes ohne Vermittlung durch äußere Zeichen aus sich oder durch sich selbst erlange. Im Hintergrund dieser Verwerfung stehen folgende drei Überzeugungen:

– Die erste Überzeugung bezieht sich darauf, daß der (gefallene) Mensch zwar die *Sehnsucht* nach Heil, nach erfülltem Leben hat oder haben kann, daß er aber das Heil nicht in sich selbst trägt. Es muß ihm *zuteil* werden. Die gestörte, ja zerstörte Beziehung zu Gott kann der Mensch nicht aus sich selbst wiederherstellen. Das muß *von Gott her* geschehen. Jede Berufung auf die eigenen Möglichkeiten und Fähigkeiten unterliegt deshalb dem Verdacht, daß es sich um einen (bewußten oder unbewußten) Versuch der *Selbsterlösung* handelt.

– Gewichtiger ist die zweite Überzeugung, die besagt, daß Gott nicht als eine Größe außerhalb und getrennt von der Welt gedacht werden darf, sondern als ihr allgegenwärtiger schöpferischer Grund und ihre lebensspendende Kraft. In seiner Auseinandersetzung mit Zwingli hat Luther dieses Gottesverständnis als den Kern der Differenzen in der Abendmahlsfrage herausgearbeitet.[50] Gott wirkt *in* den Kreaturen und *durch* die Kreaturen.[51] Deshalb will er sich auch dort finden lassen.

– Der dritte und gewichtigste Grund ist die Gewißheit, daß Gott sich zum Heil der Menschen in Jesus von Nazareth (also in einer menschlichen Kreatur) geoffenbart hat. Gilt dies, so ist alle Heilsvermittlung Bezeugung der in Jesus Christus geschehenen Gottesoffenbarung, und diese ist der bleibende Maßstab für alle Offenbarungsansprüche. Hat Gott sich (in der Schöpfung und) in Jesus Christus selbst *äußerlich gemacht*, dann ist alles Gott-Suchen an äußere *Zeichen* gebunden.[52]

---

49 Der entscheidende Teil der Formel heißt im Lateinischen: „qui sentiunt spiritum sanctum contingere hominibus sine verbo externo ..."
50 Vgl. dazu WA 23, bes. 130-155.
51 Nach einer eindrucksvollen Formulierung J. G. Hamanns gilt: „Rede, daß ich Dich sehe! – – Dieser Wunsch wurde durch die Schöpfung erfüllt, die eine Rede an die Kreatur durch die Kreatur ist ..." (Aesthetica in nuce [1762], Stuttgart 1983, S. 87).
52 Noch einmal Luther: „Unsers Gotts ehre aber ist die, so er sich umb unser willen auffs aller tieffest erunter gibt, yns fleisch, yns brod, ynn unsern mund, hertz und schos" (WA 23,157, 30-32).

Über diese drei gültigen reformatorischen Argumente hinaus ist noch erkenntnistheoretisch und ideologiekritisch zu fragen, ob sich nicht ein Mangel an Reflexion darin ausspricht, wenn Menschen behaupten, sie hätten unvermittelte göttliche Eingebungen empfangen. Schon die Sprache, in der solche Eingebungen ergehen, aber auch die dabei vermittelten Inhalte lassen in aller Regel unschwer entdecken, daß nichts in unsere Vernunft hineinkommt, was uns nicht (direkt oder indirekt) durch unsere *Sinne*, also durch die Aufnahme und Verarbeitung (äußerer) *Zeichen* vermittelt und gegeben wird. Insofern erweist sich die Theorie von der unvermittelten göttlichen Eingebung auch in erkenntniskritischer Hinsicht als problematisch. Aber gerade dadurch wird der eigentliche sachliche Gegensatz zwischen der reformatorischen und der spiritualistischen Position deutlich: Nicht Unmittelbares und Mittelbares stehen letztlich einander gegenüber, sondern ein *angeblich* Unvermitteltes, das sich selbst *verabsolutiert, als Norm setzt* und der Kritik entzieht, gegenüber einem Vermittelten, das um seine Vermitteltheit weiß, sich insofern selbst *relativiert* und sich darum auch der kritischen Prüfung stellt.

Mit alledem ist aber in keiner Weise bestritten, daß die äußeren Zeichen, die Menschen brauchen, um rettende und heilende Erfahrungen machen zu können, ihre wichtige *innere* Wirkungsgeschichte haben. Und sie umfaßt nicht nur das bewußte Nachdenken, die konzentrierte Meditation, das gelöste Warten auf Einsichten, sondern auch das Unbewußte und *seine* Kommunikationsmittel, also z. B. Träume, Visionen, Auditionen, Bilder und Symbole. Aber all das fällt entweder *selbst* unter die verba externa oder ist darauf bezogen und daraus abgeleitet. Und sofern es das ist, gibt es keinen Grund, irgend etwas von alledem aus der christlich-religiösen Kommunikation auszuschließen, sondern viele Gründe, es einzubeziehen und aufmerksam damit umzugehen.

14.2.2   *Wortverkündigung und Sakrament*

Wurde bisher die *Notwendigkeit* äußerer Heilsmittel bedacht, so geht es nun darum, deren *Pluralität* in den Blick zu fassen, wie sie in dem Dual „Wortverkündigung und Sakrament(e)" zum Ausdruck kommt. Dabei ergeben sich zwei Komplexe von Fragen:

–   Was ist mit dieser Unterscheidung genau gemeint, inwiefern und wodurch unterscheiden sich also Wortverkündigung und Sakrament(e) voneinander? Und wie läßt sich diese Unterscheidung *begründen*, von woher läßt sich also ableiten, daß und wie zwischen diesen beiden Grundgestalten der media salutis zu unterscheiden ist?

– Was meinen die Begriffe „Wortverkündigung" und „Sakrament"?
Welche konkreten Vollzüge kirchlichen Handelns werden mit diesen
beiden Begriffen erfaßt und bezeichnet, und welche Vollzüge fallen
möglicherweise *nicht* unter sie?

14.2.2.1 Sinn und Begründung der Unterscheidung zwischen Wortverkündigung und Sakrament

Die Unterscheidung, die bisher behelfsweise mit der Formel „Wortverkündigung und Sakrament" zum Ausdruck gebracht wird, wurde von
Augustin durch das Begriffspaar „verbum audibile" und „verbum visibile"
zum Ausdruck gebracht.[53] Demnach wäre der Wortcharakter das generelle Merkmal aller Heilsmittel, und durch die Unterscheidung zwischen
„hörbar" und „sichtbar" würde die entscheidende Differenzierung benannt. Das ist nicht falsch, aber in mehrfacher Hinsicht ergänzungs- und
präzisierungsbedürftig.

a) Wortverkündigung und Sakrament(e) als „verbum"

Auch im nicht-metaphorischen Sinn kann man sehr wohl zwischen einem
hörbaren und sichtbaren Wort unterscheiden, wenn man im ersten Fall an
ein gesprochenes, im zweiten an ein geschriebenes (gedrucktes, eingemei-
ßeltes) Wort denkt. Daß Augustin (und mit ihm die ganze theologische
Tradition, die dieses Begriffspaar gebraucht) nicht *diesen* Unterschied
meint, wird schon durch sein „tanquam" deutlich. „Visibile verbum" ist
von ihm *metaphorisch* gemeint. Wobei das Metaphorische sich *nicht* auf
die Sichtbarkeit, sondern auf den Wortcharakter bezieht. Obwohl im
Vollzug der Sakramente Worte vorkommen und sogar eine konstitutive
Rolle spielen, sind ihre sog. *Elemente*, d. h. das, was an ihnen *sichtbar*
wird (Wasser, Brot, Wein/Kelch), kein *Wort* (als Bestandteil einer natürlichen Sprache). Wohl aber hat all dies Sichtbare den Charakter von
Zeichen, die auf etwas *verweisen*, das verstanden (also gedeutet) werden
will und das als solches eine Bedeutung für diejenigen hat, die das Zeichen
empfangen. D. h., man kann nun genauer sagen: Das, woran die Unterscheidung (zwischen „hörbar" und „sichtbar") zu machen ist, ist das

---

53 So in: In Joh. Ev. tract. 80,3 (MPL 35, Sp. 1840), wobei Augustin die Formel
„visibile verbum" freilich mit einem „tanquam" versieht. Vgl. außerdem
ders., De Doctrina Christiana II,3,4 (MPL 34, Sp. 37).

Zeichen („signum"), das seinerseits den Charakter der notwendigen äußeren Bedingung für die Vermittlung des Heils, also des Heilsmittels hat.

b) Die Unterscheidung zwischen „audibile" und „visibile"

Mit den Adjektiven „audibile" und „visibile" werden offenbar zwei unserer fünf Sinne angesprochen: das Gehör und der Gesichtssinn. Aber warum ist es wichtig, diese beiden Sinne zu unterscheiden, und warum *nur* diese beiden? Warum hat die theologische Überlieferung des christlichen Glaubens (jedenfalls reformatorischer Prägung) keine Lehre von den *riechbaren, schmeckbaren* und *berührbaren* Zeichen ausgebildet? Zwei Begründungen können hierfür jedenfalls *nicht* gegeben werden: *Weder* wäre es richtig zu sagen, die Heilsmittel würden diese Sinne nicht ansprechen (Brot und Wein lassen sich riechen, schmecken und berühren; Wasser läßt sich jedenfalls berühren); *noch* wäre es richtig zu sagen: Diese drei anderen Sinne seien für die Heilserfahrung *nicht wichtig*. Das kann schon deshalb nicht der Fall sein, weil der Geruchssinn, der in die tiefsten Schichten des menschlichen Erlebens hineinreicht, in der biblischen Metaphorik durchaus vorkommt (s. II Kor 2,15 f.) und weil die Berührung, die eine intensive Form der Nähe darstellt, ebenfalls in der biblischen Überlieferung eine große Rolle spielt (s. Mk 5,27 ff. u. 41; 8,23; 10,16 u. ö.).

Aufgrund dieses Befundes empfiehlt es sich, die Unterscheidung zwischen verbum audibile und verbum visibile so zu interpretieren, daß das *sichtbare* Zeichen die Momente des Riechens, Schmeckens und Berührens mit umfaßt. Dann wäre es aber weniger mißverständlich, vom sinnlichen oder sinnenhaften Zeichen statt vom sichtbaren Zeichen zu sprechen. Nur: Welchen Sinn hat es dann *überhaupt*, zwischen verschiedenen Zeichen grundsätzlich zu unterscheiden, zumal doch auch das Wort ein sinnlich-sinnenhaftes Zeichen ist? Mit dieser Frage nähern wir uns allmählich dem *eigentlichen* Grund der Differenzierung zwischen (zwei) verschiedenen Arten äußerer Zeichen. Es ist freilich nicht leicht, diesen Grund präzise zu formulieren. Die eigentliche Pointe der Unterscheidung liegt *nicht* darin, daß das Gehör den anderen Sinnen gegenübergestellt wird, sondern darin, daß die (im wörtlichen Sinn) *sprachlichen* Zeichen, die alle an etwas lebensgeschichtlich *Erlerntes*, nämlich an das *Verstehen* von Sprache und damit an den Intellekt appellieren, zu unterscheiden sind von den Zeichen, die unmittelbar an die *sinnliche Wahrnehmung* appellieren, die darum auch *jedem* Menschen (ja u. U. jedem fühlenden, empfindenden Lebewesen) zugänglich sind.[54] D. h., der Sinn der Unterschei-

---

54 Wenn dies richtig ist, dann gehören also Geräusche, Klänge, Töne als solche zum verbum *visibile* – nicht zum verbum *audibile*.

dung ist der zwischen deutendem *Wort* im strengen Sinn, das den *Intellekt* anspricht, und *nicht-worthaften Zeichen*, die die leiblichen *Sinne* des Menschen ansprechen.

Der mit der Formel „Wortverkündigung und Sakrament(e)" hilfsweise bezeichnete Unterschied wäre demzufolge genauer zu fassen durch den Dual: „worthafte Deutung und sinnenhaftes Zeichen". Zwischen den beiden Bestandteilen dieses Duals existiert nun – wie man leicht sehen kann – weder ein Gegensatz noch eine Trennung, wohl aber ein *relativer Unterschied*. Jede worthafte Deutung bedarf eines sinnenhaften Zeichens (z. B. einer Stimme, einer Handschrift oder eines Druckbildes), damit sie überhaupt wahrgenommen werden kann. Und jedes sinnenhafte Zeichen bedarf einer worthaften Deutung, damit es überhaupt mittels allgemeingültiger Kommunikationsregeln als Zeichen verstanden werden kann. Und trotzdem besteht hier ein relativer und als solcher gewichtiger Unterschied, der auch darin deutlich wird, daß es Vermittlungsformen gibt, bei denen das Moment der worthaften Deutung und damit die Möglichkeit der Verallgemeinerung im Vordergrund steht und primär wahrgenommen wird, und solche, bei denen das Moment des sinnenhaften Zeichens und damit die Möglichkeit des individuellen Erlebens im Vordergrund steht und die Aufmerksamkeit in Anspruch nimmt. So tritt in der Wortverkündigung in der Regel das sinnenhafte Zeichen (z. B. die Stimme oder der geschriebene Buchstabe) hinter der worthaften Deutung zurück. Die (gehaltvolle) Wortverkündigung gibt deshalb mehr zu *verstehen*, als sinnlich *zu erleben*. Umgekehrt tritt im Sakrament das sinnenhafte Zeichen gegenüber der worthaften Deutung (z. B. Taufbefehl, Einsetzungsworte, Spendeworte) in den Vordergrund. Das Sakrament gibt deshalb mehr zu *erleben*, als zu verstehen.

Dabei läßt sich innerhalb dieser so unterschiedenen Bereiche noch einmal differenzieren. So tritt bei einem *theologischen Begriff* (noch dazu, wenn er gedruckt in einem Buch begegnet) das Moment des sinnenhaften Zeichens noch weniger in Erscheinung als bei einem *Bild*, einer *Erzählung* oder bei einem gesungenen *Lied*. Entsprechende Abstufungen gibt es aber auch beim Sakrament, und sie werden erlebbar, wenn man z. B. die Abendmahlsgottesdienste bzw. Eucharistiefeiern in den verschiedenen christlichen Kirchen miteinander vergleicht.

Zwischen den Grenzwerten, an denen einerseits ganz überwiegend das *Verstehen* (also der *Intellekt*) angesprochen wird und an denen andererseits ganz überwiegend die *Sinne* (und damit die Erlebnisfähigkeit) angesprochen werden, gibt es einen *stufenlosen Übergang* mit wechselnden Anteilen, wobei an keiner Stelle (auch nicht an den Endpunkten, also bei den Grenzwerten) das jeweils andere Element ganz ausgeschlossen werden kann.

Aus alledem folgt aber: Die Unterscheidung zwischen verbum audibile und verbum visibile hat letztlich anthropologischen Sinn. Sie verweist auf die beiden Aspekte des Menschen, seine *Leibhaftigkeit* und seine *Geisthaftigkeit*, und bringt zum Ausdruck, daß die heilsamen äußeren Zeichen, durch die das Evangelium vermittelt wird, *beide* Aspekte ansprechen und einbeziehen. Von da aus – und vermutlich *nur* von da aus – läßt sich auch verstehen und begründen, warum die Unterscheidung zwischen diesen *zwei* Arten von Heilsmitteln *ausreichend* ist und warum sie zugleich nie zu einer *Trennung* werden darf. Das konkrete Ereignis, in dem beides miteinander verbunden ist, ist der jeweilige *Handlungszusammenhang* der Wortverkündigung einerseits und der Sakramentsfeier andererseits.

c) *Konsequenzen für das Verständnis des Sakraments*

Der hinter uns liegende Gedankengang hatte den Charakter einer Reduktion auf den einen, entscheidenden Punkt, an dem sich Wortverkündigung und Sakrament voneinander unterscheiden und sich zugleich als die beiden Grundgestalten heilsvermittelnder Zeichen einander zuordnen lassen. Diese Reduktion war um der Klärung willen notwendig, aber sie darf nicht das letzte Wort bleiben, weil sonst die Gefahr einer abstrakten Darstellung besteht. Deshalb soll nun gefragt werden, welche Konsequenzen sich von da aus für das Verständnis des Sakraments ergeben. Dabei muß auch verstehbar werden, warum die Teilnahme am *Sakrament* nach gemeinchristlicher Auffassung die Zugehörigkeit zur Kirche *begründet*, *voraussetzt* oder zumindest *vorbereitet*, während das von der Teilnahme an der Wortverkündigung (so) *nicht* gilt.

– Die erste Konsequenz, die sich aus dem sinnenhaften und damit leibhaften Bezug des Sakraments ergibt, ist die Betonung der *Individualität* des Sakramentsempfangs. Leibhaftigkeit (im direkten, eigentlichen Sinn des Wortes) ist ja immer *individuelle* Leibhaftigkeit. Was dem Menschen leibhaft zugänglich ist, ist ihm durch seinen je eigenen Leib zugänglich, und menschliche Identitätsgewißheit ist deshalb primär und fundamental „Eigenleibgewißheit"[55]. Im Sakramentsempfang kommt dies zum Ausdruck einerseits durch die Taufformel: „Ich taufe *dich* …", andererseits in den Spendeformeln des Abendmahls: „Christi Leib, für *dich* gegeben; Christi Blut, für *dich* vergossen". Demgegenüber ist für die Wortverkündigung die Anrede an die *einzelne* Person *nicht* konstitutiv, ja nicht einmal der Normalfall, sondern die

---

55 Diesen aussagekräftigen Begriff hat E. Herms in seinem Aufsatz „Glaube", in: MJTh IV, Marburg 1992, S. 83, geprägt.

Ausnahme (z. B. in der Beichte: „Dir sind deine Sünden vergeben"). Die Wortverkündigung richtet sich im Normalfall an *alle* Anwesenden und ist dabei nicht einmal auf die Glieder der Kirche begrenzt. Demgegenüber setzt das Sakrament beim *Individuum* an und wird ihm persönlich zuteil. Aber mit dieser unaufhebbaren Individualität ist keineswegs alles gesagt; denn es fehlt ein ganz entscheidender weiterer Schritt. Das Sakrament, das dem einzelnen Menschen leibhaft zuteil wird, gliedert ihn (durch die Taufe) ein in den „Leib Christi"[56] bzw. vergewissert ihn (im Abendmahl) der Teilhabe an diesem „Leib". D. h. aber: Das Sakrament spricht den einzelnen nicht nur an als (eigenen) *Leib*, sondern zugleich als *Glied* eines umfassenderen Leibes, nämlich des σῶμα Χριστοῦ (Röm 6,1-11; 12,4 f.; I Kor 10,16 f.; 12,12 f. u. Eph 4,1-6). Auf diese Weise bleibt das Individuum im Sakrament nicht isoliert und vereinzelt, sondern wird zum Glied am „Leib Christi". Schon von daher wird erkennbar, inwiefern der Sakramentsempfang Zugehörigkeit zur Kirche *schafft* oder *voraussetzt*.

– Die zweite Konsequenz, die sich aus dem sinnenhaft-leibhaften Bezug des Sakraments ergibt, ist das Moment der unmittelbar leibhaften *Anwesenheit* in dem Raum, in dem das Sakrament gespendet und gefeiert wird. Wortverkündigung ist z. B. durch elektronische Medien, durch Zeitschriften oder Bücher und damit über (große) – räumliche und zeitliche – Abstände hinweg möglich. Demgegenüber setzt der Sakramentsempfang die leibliche Präsenz des Sakramentsempfängers im selben Raum und zur selben Zeit voraus. Nur im Hier und Jetzt desselben Raumes und derselben Zeit, also in einer Situation der Kopräsenz kann das Sakrament gespendet und empfangen werden. Damit wird aber zugleich auch die Gemeinschaft derer, die sich um das Sakrament scharen, leibhaft erlebbar.

---

56 Die neutestamentliche Metapher „Leib Christi" bezeichnet die christliche Gemeinde bzw. Kirche. Durch diese Metapher kommt einerseits zum Ausdruck, daß die christliche Kirche *konstituiert* wird und ihren inneren Zusammenhalt empfängt durch ihre Beziehung zu der Person Jesu Christi. Er ist das Daseins- und Lebensprinzip der Kirche. Andererseits weist diese Metapher darauf hin, daß das durch Wortverkündigung und Sakrament geschehende Wirken Jesu Christi in der Gemeinschaft der christlichen Kirche sichtbare und greifbare, also *leibhafte Gestalt* annimmt. Die Rede vom „Leib Christi" würde jedoch mißverstanden, wenn man daraus ableitete, die Kirche sei eine „Fortsetzung" oder „Verlängerung" der Inkarnation oder des Heilswerkes Jesu Christi. Wegen dieser *Mißverständlichkeit* und wegen der beobachtbaren Verkennung des *metaphorischen* Charakters dieser Formel setze ich den Ausdruck „Leib Christi" grundsätzlich in Anführungszeichen.

- Die dritte Konsequenz der Leibhaftigkeit des Sakraments ist darin zu sehen, daß sein Empfang – in aller Regel – einen Akt des *Begehrens* voraussetzt, der z. B. durch die Bitte um die Taufe, durch das Hinzutreten und durch das Empfangen des Sakraments zum Ausdruck kommt. Dem Sakramentsempfang wohnt damit selbst ein Moment des *Bekenntnisses* inne, das über das Bekenntnis, das schon im Gottesdienstbesuch liegt, noch hinausgeht. Auch von diesem Bekenntnischarakter her wird noch einmal deutlich, daß und warum Sakrament und Kirchen*zugehörigkeit* in einem engen Zusammenhang stehen. Sakraments*empfang* ist individuelle, leibhafte *Annahme* eines Heilsmittels und insofern selbst ein Ausdruck der Zustimmung, die für die *Kirchenmitgliedschaft* konstitutiv ist.[57]

Trotz des bisher Gesagten ist jedoch festzuhalten, daß Wortverkündigung und Sakrament *nichts Verschiedenes* bringen, sondern dasselbe nur auf *verschiedene Weise*: nämlich entweder so, daß das deutende Wort und damit das Verstehen, oder so, daß das sinnenhafte Zeichen und damit das Erleben im Vordergrund steht. Weil Wortverkündigung und Sakrament dasselbe bringen, darum kann von keinem einzelnen Heilsmittel eine *necessitas medii*, d. h. eine Unersetzlichkeit und Unverzichtbarkeit als Heilsmittel ausgesagt werden.[58] D. h. aber: Wer an einem bestimmten Heilsmittel *nicht* teilhat, ist damit *nicht* automatisch vom Heil ausgeschlossen.

Weil aber Wortverkündigung und Sakrament dasselbe Heil auf *verschiedene Weise* bringen und erst in dieser Verschiedenheit den Menschen in seiner *ganzen Existenz* ansprechen, darum wäre es gefährlicher Hochmut und Verachtung der Heilsmittel, wenn ein Mensch willkürlich auf eines von ihnen verzichtete. Den Heilsmitteln eignet zwar keine *necessitas medii*, wohl aber eine *necessitas praecepti*, d. h. sie sind als von Gott gegebene und gebotene Mittel zu achten und anzunehmen.[59]

---

57 Vgl. dazu u. 14.3.1.2, wo die sichtbare Kirche definiert wird als die Gemeinschaft derer, die sich wenigstens *äußerlich* zu Wortverkündigung und Sakramentsfeier halten und sich wenigstens äußerlich zum Glauben bekennen. Der Sakramentsempfang ist ein solches äußerliches Bekenntnis.
58 Auch das „necessarius ad salutem" aus CA 9 (bezogen auf die Taufe) darf nicht im Sinne einer solchen necessitas medii gedeutet werden.
59 Vgl. dazu K. Barth, Die kirchliche Lehre von der Taufe (1943), München 1947, S. 14 f. Ähnlich unterscheidet z. B. schon J. Gerhard zwischen einer (nicht bestehenden) necessitas absoluta und der (tatsächlich bestehenden) necessitas ordinata (vgl. dazu Loci theologici XX, Nr. 236; Bd. 4, Berlin 1866, S. 381).

14.2.2.2 Begründung und Abgrenzung der Sakramente

Im vorigen Abschnitt ist entfaltet worden, daß und warum die christliche Kirche und Theologie das Moment des sinnenhaften Zeichens als *ein* konstituierendes Merkmal der Heilsmittel und als *dominierendes* Merkmal des Sakraments lehrt. Aber den Charakter eines sinnenhaften Zeichens hat *alles*, was man wahrnehmen kann, ohne daß deswegen *alles* ein Sakrament wäre. Soll das Sakrament sinnvoll aus der unendlichen Fülle möglicher Handlungsvollzüge, in denen sinnenhafte Zeichen eine Rolle spielen, herausgehoben und von anderen Handlungsvollzügen mit sinnenhaften Zeichen abgegrenzt werden, so ist noch genauer nach dem *Spezifikum* des Sakraments zu fragen. Dieses Spezifikum besteht offenbar darin, daß das Sakrament *Heils*mittel ist. Wir können also sagen: Sakramente sind diejenigen *Handlungsvollzüge*, in denen die Kommunikation primär mittels *sinnenhafter Zeichen* geschieht und die den Charakter von *Heilsmitteln* haben.

Auf die Frage, wodurch etwas zu einem Heilsmittel wird, sind in der Theologiegeschichte zwei Antworten gegeben worden:

– dadurch, daß es von Gott bzw. von Jesus Christus *eingesetzt, angeordnet* oder *befohlen* ist oder
– dadurch, daß es mit einer *göttlichen Heilsverheißung* verbunden und ausgestattet ist.

Die erste Antwort wurde häufig zugespitzt zu dem Kriterium göttlicher Stiftung aufgrund der Einsetzung durch Jesus Christus, wobei dies nicht im Sinne eines *historisch* nachweisbaren Aktes gemeint sein muß, sondern (von Mt 28,16-20 her) als Stiftung durch den auferstandenen und erhöhten Christus gedacht werden kann. Aber auch unabhängig von möglichen exegetischen Einwänden gegen eine so oder so verstandene Einsetzung durch Jesus Christus muß man hier grundsätzlich fragen, ob die Einsetzung als eigenständiges Kriterium (neben der Betonung des sinnenhaften Zeichens und zusätzlich zu dem Verbundensein mit einer Heilsverheißung) überhaupt sinnvoll ist.

Hierzu ist festzustellen: Wenn ein Handlungsvollzug *nicht* mit einer göttlichen Heilsverheißung verbunden ist, dann ist er kein Heilsmittel (also in diesem Fall: kein Sakrament), und er wird auch nicht dadurch ein Heilsmittel, daß er von Gott bzw. von Jesus Christus eingesetzt, angeordnet oder geboten ist. Das gilt z. B. für das Recht, für das Almosen, aber nach evangelischem Verständnis auch für die Ehe oder die Ordination. Umgekehrt ist zu sagen: Ist ein Handlungsvollzug mit einer göttlichen Heilsverheißung verbunden, so ist er – aus diesem Grund – ein

Heilsmittel, selbst wenn es keine Einsetzung, Anordnung oder kein Gebot Gottes gäbe.

Diese schlichte Überlegung zeigt aber bereits, daß eine göttliche Einsetzung, die in etwas anderem als in der Heilsverheißung („promissio") besteht, offenbar weder ein hinreichendes noch ein notwendiges Kriterium für das Heilsmittel im allgemeinen und das Sakrament im besonderen ist. Sie scheidet also als zusätzliches Kriterium aus. Anders gesagt: Genau betrachtet ist die göttliche Stiftung oder Einsetzung *mit* der Heilsverheißung gegeben und *in ihr* enthalten. Der Gedanke der Stiftung unterstreicht also nur einen Aspekt der Verheißung: Sie soll ernstgenommen, in Anspruch genommen, gebraucht werden. Die necessitas praecepti ist ein Implikat der promissio.

Das Nachdenken über den Begriff und die Bedeutung der Sakramente kann sich also auf das dominierende Element des sinnenhaften Zeichens und auf die damit verbundene Heilsverheißung konzentrieren. „Heilsverheißung" meint dabei, daß dieser Handlungsvollzug mit der Zusage Gottes verbunden ist, daß in ihm die Vielfalt und Einheit des Heils so zur Darstellung kommt, daß es wirksam erlebt werden kann. Um diesen Gedanken einsichtig zu machen, ist es freilich erforderlich, auf den Zusammenhang zwischen dem sinnenhaften Zeichen und der Heilsverheißung zu achten. Dieser Zusammenhang besteht darin, daß der Handlungsvollzug des Sakraments samt den in ihm dominierenden sinnenhaften Zeichen eine *angemessene sinnenfällige Darstellung* dessen ist, was das Evangelium von Jesus Christus für das Heilwerden des Menschen bedeutet. Auf die Bedeutung der einzelnen Elemente und Handlungsvollzüge wird in den folgenden Abschnitten (14.2.3.1 u. 14.2.4.2) einzugehen sein, wo diese Sakramente im einzelnen bedacht werden. Hier ist es jedoch wichtig, auf die *Tatsache* eines solchen Zusammenhanges zu verweisen, um den Eindruck zu vermeiden, sinnenhaftes Zeichen und Heilsverheißung stünden unverbunden nebeneinander, würden also nur willkürlich in einen Zusammenhang gebracht.[60]

Aber von *welchen* Handlungsvollzügen gilt nun, daß sie sowohl ein sinnenhaftes Zeichen enthalten als auch mit einer – entsprechenden – göttlichen Heilsverheißung verbunden sind und darum den Charakter eines Sakraments haben? Die römisch-katholische Kirche hat sich im

---

60 Um die Autorität des göttlichen Gebietens über allen Zweifel deutlich zu machen, hat Luther sich gelegentlich so geäußert, als gäbe es keinen solchen inneren Zusammenhang zwischen Zeichen und Verheißung und als handele es sich lediglich um ein willkürliches „göttliches" Gebot. Dieser Auffassung, die sich als Konsequenz aus Luthers nominalistischem Zeichenverständnis ergibt, und dem darin zum Ausdruck kommenden Gottesverständnis kann ich nicht folgen.

Konzil von Trient (in Anknüpfung an das Konzil von Florenz [DH 1310-1313]) definitiv auf die Siebenzahl der Sakramente festgelegt und jede Abweichung nach oben oder unten anathematisiert[61]. Die reformatorische Bewegung und die späteren evangelischen Kirchen haben daran von Anfang an Kritik geübt.[62] Nach ihrem Verständnis kann nur von zwei oder drei dieser „Sakramente" gesagt werden, daß sie sowohl mit einem sinnenhaften Zeichen („elementum") als auch mit einer Heilsverheißung („verbum") verbunden sind und (darum) als von Gott bzw. Jesus Christus eingesetzt oder gestiftet bezeichnet werden können. Das Schwanken, das in dem Ausdruck „zwei oder drei" zum Ausdruck kommt, bezieht sich auf die Buße, die fraglos mit einer göttlichen Heilsverheißung, aber nicht mit einem bestimmten sinnenhaften Zeichen verbunden ist. Aufgrund dieses Defizits haben sich die reformatorischen Kirchen schließlich auf die Zweizahl der Sakramente: Taufe und Abendmahl festgelegt. Von dem hier entwickelten Denkansatz aus, der sich nicht am Kriterium der Sichtbarkeit, sondern im umfassenderen Sinn am Kriterium der (dominierenden) *Sinnenhaftigkeit* orientiert, *muß* diese reformatorische Entscheidung *nicht* revidiert werden, gleichwohl ist von da aus (wieder) eine stärkere Öffnung des Sakramentsbegriffs auch für die Buße denkbar und möglich. Dies gilt jedoch nicht für diejenigen Handlungsvollzüge, bei denen keine göttliche *Heils*verheißung erkennbar ist, also – nach reformatorischem Verständnis – weder für die *Ehe* noch für die *Ordination* bzw. die *Priesterweihe*:

– Die *Ehe* ist zwar Gottes Ordnung, aber ein „weltlich Ding". D. h., sie gehört zu Gottes Regierweise „mit der Linken". Sie dient also der Erhaltung, aber nicht der Erlösung der Welt. Die Ehe wird sogar in hohem Maße gefährdet, und die Partner werden mit schwer erträglichen Erwartungen beladen, wenn sich – was vermutlich häufig der Fall ist – mit der Eheschließung Erlösungs- und Heilserwartungen verbinden.[63]

---

61 DH 1601: „Si quis dixerit, sacramenta novae Legis non fuisse omnia a Iesu Christo Domino nostro instituta, aut esse plura vel pauciora, quam septem videlicet baptismum, confirmationem, Eucharistiam, paenitentiam, extremam unctionem, ordinem et matrimonium, aut etiam aliquod horum septem non esse vere et proprie sacramentum: anathema sit." In dieser Festlegung auf die Zahl von sieben Sakramenten stimmt die römisch-katholische Kirche mit den orthodoxen Kirchen überein.

62 Vgl. dazu exemplarisch den entsprechenden Passus in Luthers Schrift: „De captivitate Babylonica" (1520) WA 6,501.

63 Selbst dort, wo sich einer alten agendarischen Formel entsprechend mit der Ehe die Hoffnung verbindet, „daß eins das andere mit sich in den Himmel

– Die *Ordination* hat ebenfalls (wie schon ihr Name sagt) den Charakter einer (gottgewollten) Ordnung, die der verläßlichen und verantwortlichen öffentlichen Wortverkündigung und Sakramentsfeier*dient*, aber nicht selbst ein Heilsmittel *ist*. Durch die Ordination wird keine *Befähigung* (im Sinne einer Weihe oder Amtsgnade) vermittelt, sondern eine *Befugnis* und eine *Verpflichtung* erteilt (s. dazu u. 14.3.3.2). Auch die Ordination gehört also zu Gottes Regierweise „mit der Linken". Sie dient der *Erhaltung der sichtbaren Kirche*, die ihrerseits durch die Darreichung der Heilsmittel dem Heil der Welt (und insofern der Erlösung) dient.

Es ist zu befürchten, daß über diese zwischen den Konfessionen strittigen Aussagen bezüglich der Sakramente noch auf längere Sicht keine Verständigung erzielt werden kann. Über diesem Dissens sollte aber nicht der Konsens vergessen oder geringgeachtet werden, der darin besteht, daß alle großen Konfessionen in der Anerkennung von Taufe und Abendmahl als (den beiden grundlegenden) Sakramenten übereinstimmen – auch wenn es im Blick auf das Taufverständnis und das Abendmahlsverständnis im einzelnen noch erhebliche Differenzen gibt. Die Tatsache eines grundsätzlichen Konsensus über Taufe und Abendmahl als Sakramente enthebt uns jedoch nicht der Rückfrage nach seiner Begründung und Tragfähigkeit.

Das Kriterium, daß wir es mit einem Handlungsvollzug zu tun haben, in dem vorrangig mittels sinnenhafter Zeichen kommuniziert wird, ist in beiden Fällen zweifelsfrei erfüllt: durch den Handlungsvollzug des Untertauchens oder Übergießens mit Wasser sowie durch den Handlungsvollzug des Austeilens und Empfangens von Brot und Kelch. Auch die Heilsverheißung ist gegeben, nämlich die Zueignung des Heilswerkes Christi durch Vergebung der Sünden und Teilhabe am „Leib Christi". Schließlich wird auch bei beiden Sakramenten der Zusammenhang erkennbar, der zwischen der Heilsverheißung und den sinnenhaften Zeichen besteht: Das Abwaschen mit Wasser oder das Untertauchen im Wasser veranschaulicht die Vergebung der Sünden und das Neuwerden des menschlichen Lebens; das Gespeist- und Getränktwerden mit Brot und Wein veranschaulicht die Tischgemeinschaft und die Wegzehrung, die den Glaubenden zuteil wird.

Mit alledem ist jedoch noch nicht beantwortet, warum es *zwei* solche Sakramente geben müsse, von denen *eines* strikt *unwiederholbar* ist, während das andere *immer wieder* gefeiert werden kann und soll. Wenn doch beide Sakramente allen Kriterien genügen und nicht nur dasselbe

bringe", darf dies doch nur als verläßliches, verantwortliches *Weggeleit* verstanden werden, aber nicht als *Heilsmittlerschaft*.

Heil bringen, sondern es auch auf dieselbe Weise, nämlich auf sinnenhafte Weise vermitteln – warum sollte dann nicht die Reduktion auf *ein*
Sakrament möglich und angemessen sein?

Eine solche Reduktion wäre deshalb ein schwerer Verlust, weil diese
beiden Sakramente je unterschiedliche Aspekte des Heilsgeschehens zum
Ausdruck bringen, auf die der christliche Glaube nicht verzichten kann.
Das Proprium des *Tauf*sakraments besteht darin, daß es die von Gott her
geschehende zeichenhafte *Inkorporation* des Menschen in den „Leib
Christi" zusagt und ihm zuteil werden läßt. Damit rückt das einzelne
menschliche Leben in die heilvolle Perspektive Gottes, wie sie durch das
Christusgeschehen erschlossen ist. D. h.: Die menschliche Person wird
wahrgenommen im Lichte des Ebenbildes Gottes, das in Jesus Christus
menschliche Gestalt angenommen hat. Es geht also um den *Beginn* des
Christenlebens, um seine *Begründung*, die von Gott her geschieht und
den Charakter einer *Neukonstituierung* der Person (s. o. 14.1.1.2 c) hat.[64]
Diese von Gott her geschehene Annahme und Eingliederung eines Menschen in den „Leib Christi" ist und bleibt für ihn dauerhaft *gültig*. Sie
geschieht ohne menschliche Vorleistung und kann durch kein menschliches Verhalten außer Kraft gesetzt werden. Darum ist sie *einmalig* und
unwiederholbar.

Aber was damit begonnen hat, ist das christliche Leben unter den
Bedingungen von Anfechtung, Zweifel, Sünde, das immer wieder neu der
Vergewisserung und Bestätigung bedarf. Das neue Leben braucht die
Wegzehrung des Sakraments. Entgegen allen Gefahren von Ideologien,
die Ganzheitlichkeit oder Vollkommenheit versprechen, verweist das
Abendmahl auf die *eschatische* Vollendung. Es erinnert an die christliche
Existenz unterwegs, die von der Taufe herkommt, aber noch nicht am Ziel
ist. Auf diesem Weg brauchen Christen die sinnenhafte Vergewisserung
und Stärkung durch das Abendmahl.

Deshalb braucht der christliche Glaube *beide* Sakramente: die Taufe
und das Abendmahl. Er kann also ohne Substanzverlust auf keines von
ihnen verzichten.

Die Beurteilung der Konfirmation bzw. Firmung und der Krankensalbung („unctio extrema") ist nicht ganz einfach:

– Die römisch-katholische Lehre versteht die Firmung (unter Berufung
  auf Act 8,17 f.; 19,6 u. Hebr 6,2) als *Geistmitteilung* durch *Handauflegung*. Damit sind aus ihrer Sicht die beiden sakramentalen Kri-

---

64 Das wird freilich durch das Untertauchen als symbolisches Sterben und
   Auferstehen viel deutlicher ausgedrückt, als durch das Übergießen mit Was-
   ser. Durch letztere kommt aber immerhin der Aspekt des Abwaschens der
   Sünde zur Geltung.

terien (sinnenhaftes Zeichen und Heilsverheißung) erfüllt. Aber nach
neutestamentlichem Verständnis gehört die Gabe des Heiligen Geistes
zum Taufgeschehen hinzu – selbst wenn sie gelegentlich als *zeitlich*
davon abgerückt vorgestellt wird (so Act 8,15 f.). Wird nun grundsätzlich die Geistmitteilung sakramental von der Taufe unterschieden,
so führt dies – ungewollt – zu einer pneumatologischen, und d. h.
zugleich soteriologischen Entleerung der Taufe. Die sakramentale Auf-
wertung der Firmung bzw. Konfirmation geht also zu Lasten der
Taufe. Damit verliert aber die Taufe ihre Eindeutigkeit als Beginn des
christlichen Lebens. Deswegen ist dieser Weg nicht zu empfehlen und
sollte nicht beschritten werden.

– Der sakramentale Charakter der Krankensalbung wird mit dem Verweis auf die Heilungswunder Jesu und der Apostel sowie auf die
Aufforderung von Jak 5,14 f. begründet. In beiden Fällen geht es
tatsächlich um Heil im umfassenden Sinn und nicht *nur* um körperliche Genesung von Krankheit. Insofern wird man der Kranken*salbung*
eine Heilsverheißung nicht absprechen können. Freilich muß man
sehen, daß das sinnenhafte Zeichen des Salböls nur in Jak 5,14 f. mit
diesem Handlungsvollzug verbunden ist. Viel häufiger ist es eine (segnende) *Geste der Berührung*, vor allem aber das *Gebet* über dem
kranken Menschen oder für ihn. Von diesen Beobachtungen her erscheint mir das Kranken- oder Sterbendenabendmahl, in dem das
Gebet und der Segen ihren Ort haben, als die angemessenere sakramentale Form gegenüber der eigenständigen Krankensalbung, wenngleich sie in bestimmten Situationen die einzige Möglichkeit sein kann,
einen Menschen noch durch ein sinnenhaftes Zeichen zu berühren. In
jedem Fall sollte aber (auch hier) vermieden werden, daß das Abendmahl durch ein sakramentales Verständnis der Krankensalbung ent-
wertet wird. Der m. E. gewiesene Weg ist darum nicht die Einführung
eines eigenständigen Sakraments der Krankensalbung im evangelischen Bereich, sondern die Einbeziehung von *Elementen* der Krankensalbung (Fürbitte, persönlicher Segen, u. U. Salbung) in das Abendmahl mit Kranken und Sterbenden.

Das „Nein" zu den fünf „Sakramenten", die von den reformatorischen Kirchen nicht als solche anerkannt werden, hat also ganz unterschiedliche Qualität und Schärfe. Die reformatorische Theologie hat *keinen* Grund, den Satz zu vertreten: „Si quis dixerit, sacramenta esse plura
vel pauciora quam duo: anathema sit." Die Grenzen, die hier zu ziehen
sind, sind für ein solches definitives Urteil (auch abgesehen von dem
Vorbehalt gegenüber *jeder* Form eines Anathema) nicht scharf genug, und
es dürfte deutlich geworden sein, *warum* das so ist und daß dies *keinen*

Schaden darstellt. Daß die reformatorischen Kirchen sich nach längerem
Schwanken auf zwei Sakramente – Taufe und Abendmahl – verständigt
und festgelegt haben, ist jedoch eine gut begründbare Entscheidung, und
es besteht keine theologische Notwendigkeit, sie zu revidieren. Von dem
hier gewählten Denkansatz aus besteht überhaupt *kein* spezifisches Interesse an einer möglichst scharfen Grenzziehung zwischen Wortverkündigung und Sakramentsfeier – im Gegenteil. Das theologische Interesse
konzentriert sich an dieser Stelle vielmehr auf eine deutliche Beschreibung
der Heilsmittel *insgesamt* – und auf die Frage nach ihrer angemessenen,
einladenden Gestaltung.

14.2.3 Die Taufe

Daß die Taufe kein genuin christlicher Ritus ist, bringt das Neue Testament selbst auf zweierlei Weise zum Ausdruck: Einerseits führt es die
Taufe auf *Johannes* (den Täufer) zurück (Mk 1,4 ff. parr.), der seinerseits
vielleicht so etwas wie der Lehrer Jesu war, jedenfalls nicht zu seinem
Jüngerkreis gehörte, und zum Alten Bund gezählt wird (Mt 11,11). Andererseits berichtet das Neue Testament (außer Joh 3,22) nichts davon,
daß Jesus selbst getauft habe; ja an einer Stelle (Joh 4,2) wird dies ausdrücklich verneint, wohl aber von den Jüngern Jesu behauptet. Beides
könnte wie eine Distanzierung gegenüber der Taufe wirken, gäbe es nicht
drei andere Überlieferungselemente, durch die die Taufe von Anfang an
fest mit dem christlichen Glauben verbunden wird:

– die *Taufe Jesu* im Jordan durch Johannes (Mk 1,9 parr.), die zu den
  bestbelegten Ereignissen seiner Lebensgeschichte gehört, was schon
  daran erkennbar wird, daß die Evangelisten mit ihr offenbar theologische Probleme haben (s. Mt 3,14 f.; Joh 1,19-34);
– der *Taufbefehl des Auferstandenen* (Mt 28,19 f.) als eine Art Ver-
  mächtnis an seine Jünger und als Beauftragung zum Weiterwirken und
  Weitergeben des Evangeliums;
– die Tatsache, daß in der Geschichte des Christentums offenbar von
  Anfang an und in allen Regionen *getauft wurde* und dieser rituelle
  Handlungsvollzug der Verbreitung des christlichen Glaubens und damit dem Aufbau der Kirche diente[65].

---

65 Das setzt schon Paulus voraus (I Kor 1,13 ff.; Gal 3,27; Röm 6,3), in dessen
    Wirken das Taufen jedoch keine herausragende Rolle spielte (vgl. I Kor 1,17).
    Auch durch andere Schriften des Neuen Testaments, insbesondere durch die
    Apostelgeschichte, ist die Praxis der Taufe belegt.

Von diesem – distanzierenden und identifizierenden – Doppelbefund
her ist zunächst zu fragen, welche Bedeutung die Taufe für das Selbstverständnis der christlichen Kirche hat (14.2.3.1). Sodann wird zu fragen
sein, wie sich die Taufe (als die zeichenhafte Eingliederung in den „Leib
Christi") zum *Glauben* verhält, durch den ein Mensch zur (verborgenen)
Kirche gehört (14.2.3.2). Die daraus weiter resultierende Frage ist die
nach der Legitimität der Kinder-, genauer: der Säuglingstaufe sowie nach
dem Verhältnis von Erwachsenen- und Säuglingstaufe (14.2.3.3). Den
Abschluß bildet die sich wiederum hieraus ergebende Frage nach der
Taufverantwortung (14.2.3.4).

14.2.3.1 Die Taufe als zeichenhafte Eingliederung in den „Leib Christi"[66]

Das Sakrament der Taufe gehört von seinem Ursprung und seinem Vollzug her in den großen religionsgeschichtlichen Zusammenhang kultischer
Waschungen, wie sie in fast allen Religionen vorkommen. Zugleich unterscheidet sich die Taufe in mehrfacher Hinsicht von diesen kultischen
Waschungen, und gerade diese Unterschiede qualifizieren die Taufe zum
Sakrament, also zu einer Zeichenhandlung, die den Charakter eines Heilsmittels hat.

– Die Taufe teilt mit den rituellen Waschungen die symbolische Bedeutung der Reinigung. Dabei ist vorausgesetzt, daß die Sünde den Charakter einer (inneren) Verunreinigung hat, die beseitigt werden muß,
   wenn ein Mensch wieder mit Gott, seiner Umwelt und sich selbst „ins
   reine kommen" soll – wie man das anschaulich ausdrücken kann.
   Aber dieser Gedanke und dieses Bild sind genau besehen doch – im
   wörtlichen Sinn – zu oberflächlich. Es geht bei der Sünde nicht um
   etwas von außen Anhaftendes, das abgewaschen werden könnte, weil
   es nicht „unter die Haut geht", sondern der Schaden reicht bis ins
   Zentrum der Person, betrifft die menschliche Identität. Und darum ist
   das Taufsakrament erst dann angemessen verstanden und es ist erst
   dann als sinnenhaftes Zeichen verstanden, das der Botschaft des Evangeliums entspricht, wenn es als symbolischer *Durchgang durch den
   Tod*, als ein Sterben und Auferstehen mit Christus verstanden wird
   (Röm 6,1-11). Erst in dieser Zuspitzung, die liturgisch durch den Ritus
   des Untertauchens („Submersion") dargestellt wird, kommt zur Geltung, daß das Erreichtwerden durch die heilbringende Botschaft des
   Evangeliums den Charakter einer *Neukonstituierung* der Person hat,

---

66 Zur Bedeutung dieser Metapher s. o. Anm. 56 auf S. 539.

durch die sie zeichenhaft eine neue Daseinsgestalt erhält, nämlich als Glied am „Leib Christi", und damit zur Existenz ἐν Χριστῷ wird. Damit erhält die rituelle Waschung eine bedeutende Vertiefung und Radikalisierung.

– Wie bei den meisten rituellen Waschungen in anderen Religionen handelt es sich bei der Taufe um eine kultische Zeichenhandlung, die ein *Begehren* voraussetzt, sei es als Bitte um die *eigene* Taufe oder als Bitte um die Taufe der *eigenen* Kinder. Charakteristisch für die Taufe ist aber, daß man zwar selbst die Taufe begehren, aber sich nicht selbst taufen kann. Zwar wäre es technisch ohne weiteres möglich, sich selbst zu taufen, aber das widerspricht dem *Sinn* der Taufe. Man kann sich nur taufen *lassen*. Gerade diese mediale Form, d. h. dieses aktive Passiv entspricht genau dem Geschehen, in dem der Glaube an das Evangelium entsteht und besteht (s. o. 14.1.3.2).[67] Von den meisten rituellen Waschungen unterscheidet sich das Sakrament der Taufe also dadurch, daß man sie nicht selbst an sich vollziehen, sondern nur an sich geschehen lassen kann.[68]

– Wiederum im Unterschied zu den meisten rituellen Waschungen ist das christliche Sakrament der Taufe *einmalig* und *unwiederholbar*. Das ergibt sich daraus, daß die Taufe das neukonstituierende Handeln Gottes symbolisiert, das die gesamte Existenz des Menschen betrifft. Als „Bad der Wiedergeburt" (Tit 3,5; vgl. auch Joh 3,3 ff.) bedarf die Taufe keiner Wiederholung, ja ist sie keiner Wiederholung fähig – sowenig die erste, natürliche Geburt eines Menschen einer Wiederholung bedarf oder fähig ist. Die von Gott her vollzogene Neukonstituierung der Person wird auch durch deren Unglauben nicht *aufgehoben* oder *ungültig gemacht*.[69]

Zusammenfassend läßt sich also sagen: Der spezifische Charakter des Taufsakraments als Zeichenhandlung, die der Heilsverheißung des Evangeliums entspricht und die darum durch sie sinnenhaft vermittelt wird, liegt in drei Elementen, die in der religionsgeschichtlich vertrauten Praxis ritueller Waschungen allenfalls angelegt sind, aber dort nicht (durch-

---

67 Dieses wichtige Element wird verdunkelt durch Barths These von der Taufe mit Wasser als erster „Tat" des christlichen Lebens (KD IV/4, S. 45), wobei Barth natürlich weiß (s. a.a.O., S. 1), daß die „Tat" genaugenommen nur in der *Bitte* um die Taufe bestehen kann.

68 Dasselbe gilt übrigens für das Abendmahl und für die Absolution in der Beichte.

69 Das ist – wenn es nicht substanzontologisch, sondern relationsontologisch verstanden wird – der gute Sinn der römisch-katholischen Lehre vom „character indelebilis", der durch die Taufe jedem Christen verliehen wird.

gängig) zur Geltung kommen: Die Taufe ist ein – einmaliges, unwieder-
holbares – symbolisches Sterben und Auferstehen mit Christus, das ein
Mensch nur an sich geschehen *lassen* kann.

14.2.3.2 *Das Verhältnis von Taufe und Glaube*

Das Problem, um das es nun geht, ist *nicht* das der *zeitlichen* Reihenfolge
zwischen Taufe und Glaube, sondern das ihres *sachlichen* Verhältnisses:
Begründet und „trägt" die Taufe den Glauben, hat also die Taufe für den
Glauben kausative Bedeutung, oder wird der Glaube durch die Taufe
symbolisch dargestellt, hat die Taufe für den Glauben also kognitive
Bedeutung? Hier besteht eine echte Alternative, die auch im Verhältnis
zwischen den täuferischen bzw. baptistischen Gemeinden und dem Großteil der übrigen christlichen Kirchen die Gestalt eines konfessionellen
Gegensatzes angenommen hat:

– Entweder hat die Taufe den Glauben zur *sachlichen Voraussetzung*,
  ist also nur *gültig*, wenn sie im Glauben begehrt und empfangen wird,
  dann ist sie *kein Sakrament*; denn sie ist dann ihrem Wesen nach kein
  Heilsmittel, durch das Glaube geweckt wird, sondern „nur" Bekennt-
  nisakt oder symbolische Darstellung des Glaubens, der sich auf einem
  anderen Weg vermittelt und erschlossen haben muß.
– Oder die Taufe hat nicht den Glauben zur sachlichen Voraussetzung,
  ist aber wesensmäßig darauf ausgerichtet, daß sie Glauben weckt und
  so wirksam wird; dann *ist* sie ein Sakrament, das zugleich als Bekennt-
  nisakt und als symbolische Darstellung des Heilsgeschehens verstanden werden kann, das darin aber nicht aufgeht.

Aus dieser Gegenüberstellung muß man jedoch *nicht* folgern, daß
jeder, der den Glauben zur sachlichen Voraussetzung für die Taufe erklärt
und damit (bewußt oder unbewußt) den sakramentalen Charakter der
Taufe bestreitet oder aufgibt, deswegen notwendigerweise den Glauben
als Werk oder Leistung des Menschen mißdeuten müsse. Es wäre ja in
diesem Falle immer noch möglich, auf das verkündigte Wort als notwendiges Heilsmittel zu verweisen, durch das Glaube geweckt wird. Wohl
aber läßt sich sagen: Mit der Entscheidung für die erste der beiden
Deutungsmöglichkeiten verzichtet eine Person oder eine Kirche auf das
sinnenhafte Zeichen, an das sich ein Mensch auch und gerade *dann* halten
kann, wenn sein *Glaube* ihm fragwürdig wird und zu entschwinden droht.
Sie verzichtet auf das „baptizatus sum" als möglichen *Halt* für den Glauben. Wenn der Glaube die Taufe erst gültig *macht*, dann *entschwindet*
auch mit dem Glauben die Taufe. An diesem Punkt wird noch einmal

deutlich, welchen *Sinn* die necessitas praecepti der Taufe hat: Sie bietet dem Menschen ein sinnenhaftes Zeichen als Erinnerung an den verläßlichen Grund seines Glaubens – auch in der Situation der Anfechtung. Deswegen ist das sakramentale Verständnis der Taufe festzuhalten.

14.2.3.3 Erwachsenen- und Säuglingstaufe

Angesichts der im letzten Abschnitt vollzogenen Entscheidung für das sakramentale Verständnis der Taufe ergibt sich für die Frage nach der Legitimität der Erwachsenen- und/oder Säuglingstaufe von vornherein eine Einschränkung und Zuspitzung. Der Begriff „Erwachsenentaufe" (oder „Mündigentaufe") hat nun jedenfalls *nicht* (mehr) die Bedeutung von „Glaubenstaufe" oder „Gläubigentaufe" im Sinne einer Taufe, für deren Gültigkeit der Glaube des Täuflings die sachliche Voraussetzung bildet. Würde man dies so interpretieren, also „Erwachsene" als „Glaubende" verstehen, dann würde ja wieder die Gültigkeit der Taufe vom Glauben abhängig gemacht, also das sakramentale Taufverständnis preisgegeben.[70] Natürlich ist nicht ausgeschlossen, daß Erwachsene, die sich taufen lassen, auch Glaubende sind, aber es geht nicht um den Glauben, sondern um die Mündigkeit[71] bzw. das Erwachsensein als das Spezifikum, auf das es in diesem Falle ankommt.

Die theologische Streitfrage lautet natürlich *nicht*: Ist es theologisch legitim, (noch nicht getaufte) Erwachsene zu taufen, die dies begehren, sondern nur umgekehrt: Ist es theologisch legitim, (noch nicht getaufte) Unmündige, insbesondere Säuglinge und Kleinkinder zu taufen? Es gibt eine ganze Reihe von Bedenken, die immer wieder – auch von theologischer Seite – *gegen* die Säuglingstaufe geltend gemacht werden. Diese müssen zur Kenntnis genommen (a) und erwogen (b) werden. Schließlich ist aber auch zu fragen, ob es theologisch tragfähige Argumente *für* die Säuglingstaufe gibt (c).

---

70 Zudem würde mit einer solchen Gleichsetzung implizit die These vertreten, nur Erwachsene könnten glauben, Kinder dagegen nicht. Das wäre eine nicht nur unbegründete, sondern angesichts von Mk 10,15 parr. theologisch höchst problematische Annahme.

71 Dabei kann man für die Definition von „Mündigkeit" von dem jeweils gesellschaftlich festgesetzten Alter der Religionsmündigkeit, in unserem Fall also vom vollendeten 14. Lebensjahr ausgehen.

a) Bedenken gegen die Säuglingstaufe

Gegen die Säuglingstaufe werden vor allem folgende vier theologisch relevante Bedenken erhoben:

– Säuglinge (und Kleinstkinder) sind noch nicht in der Lage, die Taufe *für sich zu begehren*. Bei mündigen Menschen ist aber dieses Begehren eine notwendige Voraussetzung für die Taufe. Ohne ein solches Begehren (oder gar gegen den eigenen Wunsch und Willen) darf niemand getauft werden. Mit welchem Recht kann diese Bedingung bei Säuglingen und Kleinstkindern entfallen, oder genauer gesagt: auf die Eltern übergehen?

– Indem Eltern ihre unmündigen Kinder taufen lassen, *verfügen* sie in einem entscheidenden Bereich über die Kinder, ohne daß sie deren Zustimmung oder Einwilligung einholen (können). Sie lassen an ihren Kindern eine Handlung vollziehen, deren Gültigkeit unaufhebbar ist („character indelebilis"). Hinzu kommt, daß in den meisten Kirchen die Taufe zugleich der rechtliche Akt der Aufnahme in die Kirche ist. Auch damit wird ohne Einwilligung der Kinder über sie verfügt, und sie erhalten ungefragt eine Mitgliedschaft, die sie nur durch einen Austrittsakt wieder aufkündigen können.

– Wird die Taufe im Säuglings- oder Kleinkindalter vollzogen, so nimmt das Kind zwar an der Handlung teil, hat aber daran in der Regel *keine eigene Erinnerung*. Es weiß um das „baptizatus sum" nur von Erzählungen, Bildern, Filmaufnahmen, Urkunden, aber nicht aus eigenem *Erleben*. Damit tritt aber das gerade für das Sakrament wesentliche Moment des sinnenhaften Affiziertwerdens in den Hintergrund.

– Wenn der Glaube zwar nicht die Taufe macht, wohl aber *empfängt* (BSLK 701,41 f.), dann besteht insofern ein konstitutiver Zusammenhang zwischen Taufe und Glaube. Da ein Säugling aber (allem Anschein nach) noch nicht fähig ist zu glauben, kommt dieser Zusammenhang zwischen Taufe und Glauben in der Säuglingstaufe nicht zum Ausdruck.

In diesen vier Punkten sind m. E. *alle* systematisch-theologisch relevanten Fragen[72] an die Säuglingstaufe zusammengefaßt und enthalten.

---

72 Zu ihnen zähle ich *nicht* folgende drei immer wieder erhobene Einwände:

– Das Neue Testament kenne keine Kindertaufe; deswegen sei sie nicht zu begründen.
– Die Kindertaufe diene primär der Erhaltung des kirchlichen Bestandes insbesondere der Volkskirche; deshalb sei sie abzulehnen.

b) *Auseinandersetzung mit den systematisch-theologisch relevanten Bedenken*

Betrachtet man die vier genannten Bedenken, die als systematisch-theologisch relevant zu bezeichnen sind, so zeigt sich schnell, daß sie *einen* gemeinsamen Kern oder Nenner haben: die (partielle) *Vertretbarkeit* von Säuglingen und Kleinstkindern im Gesamtzusammenhang des Taufgeschehens durch Eltern und Paten. Diese Vertretung erscheint als eine Art *Notbehelf* gegenüber der eigenen Entscheidung, Erinnerung und dem eigenen Glauben. Insofern ist zunächst grundsätzlich zu fragen, was überhaupt dafür spricht, daß eine solche Stellvertretungssituation herbeigeführt wird. Darauf läßt sich eine einfache Antwort geben: Es ist der Wunsch der Eltern, ihre Kinder an dem teilhaben zu lassen, was für ihr eigenes Leben wichtig ist. Es handelt sich also nur um eine spezifische, allerdings besonders gewichtige Form, in der die Weitergabe und Bezeugung des eigenen Glaubens erfolgt. Dieses Weitergeben und -sagen des Evangeliums hat natürlicherweise als erste und nächste Adressaten die eigenen Familienangehörigen und Hausgenossen.[73] Von daher erweist sich die zunächst paradox klingende These Ratschows als plausibel, daß aus dem Wesen der Taufe als *Missionssakrament* unter geschichtlichen Bedingungen mit innerer Notwendigkeit die Praxis der Kindertaufe *resultiert*.[74] Dabei korrespondiert dem Vermittlungswunsch der Eltern das *Angewiesensein* des Säuglings und des heranwachsenden Kindes auf die

---

– Die Art, wie die Säuglingstaufe wahllos gewährt und gespendet werde, sei unverantwortbar und führe zu einer Entwertung des Christseins.

Der erste dieser drei Einwände ist ein exegetischer Einwand. Er wäre nur dann systematisch-theologisch relevant, wenn sich zeigen ließe, daß die Säuglingstaufe vom *Wesen* der Taufe her (notwendigerweise) auszuschließen ist. *Diese* Frage ist aber in den oben genannten relevanten Bedenken enthalten. Der zweite Einwand wäre nur dann relevant, wenn es aus theologischen Gründen zu beanstanden wäre, daß der Bestand der (Volks-)Kirche erhalten oder vergrößert wird. Wenn es sich dabei überhaupt um einen ernsthaften theologischen Einwand handelt, dann trifft er das Verständnis von Kirche, aber nicht das der Säuglingstaufe. Der dritte Einwand richtet sich nicht gegen die Säuglingstaufe an sich, sondern gegen eine bestimmte Art des Umgangs mit ihr. Dieser Einwand soll in Abschn. 14.2.3.4, wo es um Taufverantwortung geht, aufgenommen werden.

73 Insofern sind die sog. οἶκος-Formeln des Neuen Testaments (Act 16,15 u. 33 f.; I Kor 1,16), gleichgültig ob dabei schon Kleinkinder inbegriffen waren (so Joachim Jeremias) oder nicht (so Kurt Aland), ein *theologisch* wichtiger Ansatzpunkt.

74 C. H. Ratschow, Die eine christliche Taufe, S. 221-247.

Vorgaben und Entscheidungen der Eltern. Es ist eine irrige Annahme, durch *Unterlassung* der Kindertaufe oder durch *Verzicht* auf religiöse Kindererziehung werde *weniger* (oder gar nicht) über Kinder verfügt. Es gehört zum Wesen der Eltern-Kind-Beziehung und zur *Verantwortung* der Eltern für ihre Kinder, daß Eltern (freilich in abnehmendem Maß) *für* ihre Kinder entscheiden und insofern über sie verfügen *müssen*. Eltern können dabei nur versuchen, ihren Kindern das zu vermitteln, was das Beste ist, und ihnen so eine eigenständige Lebensentscheidung zu ermöglichen. Deswegen ist es völlig legitim, wenn Eltern für ihre Kinder die Taufe begehren. Das darin stattfindende „Verfügen" entspricht der Wahrnehmung der Elternverantwortung – auch darin, daß den Kindern zeichenhaft etwas für sie schlechthin *Gültiges* vermittelt wird, das sie später selbst annehmen oder ablehnen können.

Schwerer wiegt jedoch der Einwand, daß die Säuglingstaufe keine eigene, bewußte Erinnerung an das Taufgeschehen beinhalte. Das stellt in der Tat einen (relativen) *Mangel* dar. Ein Mangel ist es gerade wegen der intendierten leibhaften, sinnenhaften Wirkung des Sakraments. Aber es ist doch nur ein *relativer* Mangel; denn auch die Erinnerungen aus späteren Lebensjahren verblassen u. U. schnell, vermischen sich mit den Erzählungen anderer, mit Bildern und mit anderen Erfahrungen. Entscheidend ist, daß ein *Überlieferungsgewebe* existiert, das einen Menschen vergewissert, daß die Taufe stattgefunden hat und was das bedeutet. Trotzdem bleibt hier ein Mangel bestehen, der nur zu ertragen ist, wenn es gute theologische Gründe *für* die Säuglingstaufe gibt.

Bevor wir danach fragen, soll jedoch noch das vierte Bedenken aufgenommen werden, das sich darauf bezieht, daß der Zusammenhang zwischen Taufe und Glauben in der Säuglingstaufe nicht zum Ausdruck komme. Dazu ist zu sagen, daß der Glaube seinem Wesen nach bei *keinem* Menschen und darum auch bei keiner Form der Taufe so zum Ausdruck kommt, daß er festgestellt werden könnte. Die Forderung nach einem solchen konstatierbaren Zusammenhang ist aus einer Außenperspektive formuliert, die dem Geschehen von Taufe und Glauben unangemessen ist.

Von daher erweist es sich auch als abwegig, den Glauben der Eltern und Paten ersatzweise in Anspruch nehmen zu wollen. Schon die Rede vom „Glauben der Eltern und Paten" wird in vielen Fällen dem nicht gerecht, was im Taufwunsch der Eltern zum Ausdruck kommt, nämlich ein – vielleicht sehr vages – religiöses Bewegtsein durch die Geburt eines Kindes und durch das Gewahrwerden der Verletzlichkeit und Gefährdung des neuen Lebens. Angesichts dieser Erfahrung suchen Eltern (und Paten) nach einem daseinsbestimmenden Vertrauen, das ihr Leben und das ihres Kindes umfangen und tragen kann. Insofern erschließt möglicherweise sogar die Geburt des Säuglings den Eltern erst (wieder) einen Zugang zu religiösen Fragen und zum Glauben.

Andererseits ist zu fragen, wie man eine Grenze angeben will, durch die Kinder von religiösen Erfahrungen ausgeschlossen sind. In mancher Hinsicht sind Kinder dem Religiösen näher als Erwachsene, und von daher kann sich ihnen auch schon früh ein Zugang zu den Inhalten des christlichen Glaubens eröffnen, der von außerhalb weder konstatiert noch ausgeschlossen werden kann. Wer wäre in der Lage oder berechtigt, hier eine Grenze zu ziehen? Die neutestamentlichen Aussagen, in denen Kinder als Vorbild des Glaubens genannt werden (Mk 10,13 ff. parr.), stellen im Widerspruch zum Verhalten der Jünger eine deutliche Warnung vor einer solchen Ausgrenzung dar.

c) *Gründe für die Säuglingstaufe*

Abgesehen von dem, was bereits im Zusammenhang mit der Widerlegung der Bedenken an guten Gründen für die Säuglingstaufe angesprochen wurde, gibt es *einen* m. E. tragfähigen theologischen Grund für die Säuglingstaufe, der ihr sogar einen Vorrang vor der Erwachsenentaufe einräumt: Die Säuglingstaufe bringt auf eine unüberbietbare Weise die *Bedingungslosigkeit* der göttlichen Heilszusage zum Ausdruck. In einer Lebenssituation, in der von einer eigenen Leistung oder zu erfüllenden Bedingung des Täuflings noch nicht die Rede sein kann, wird einem neugeborenen Menschen die heilsame Bestimmung seines Lebens auf sinnenfällige Weise zugesprochen.

Diese theologische Bedeutung überwiegt den Mangel, der im Fehlen eigenen Erinnerungsvermögens liegt, so weit, daß die Entscheidung für die theologische Legitimität und Vorzüglichkeit der Säuglingstaufe für mich außer Frage steht. Dabei ist es keine gleichwertige oder theologisch befriedigende Lösung, die Kindertaufe wegen der gegen sie vorgebrachten Bedenken durch eine *Kindersegnung* zu ersetzen, weil die Segnung als Zuspruch von Gedeihen und Bewahrung unter Gottes Fürsorge etwas anderes bedeutet als die Taufe, die die bedingungslose Annahme des Menschen von Gott her zum Ausdruck bringt. Eine Segnung der Kinder (und Eltern) kann und sollte die Taufe *ergänzen*, aber nicht *ersetzen*.[75]

---

75 Für das Verständnis des Segens sind aus biblisch-christlicher Sicht die Momente der *Bewahrung* und des *Wachstums* wesentlich, wobei sich beides nicht nur auf Gesundheit, Fruchtbarkeit und Wohlergehen, sondern auch auf Vergebung, Liebe und die Gabe des Heiligen Geistes beziehen kann. Dabei setzt die Segnung im Zusammenhang mit der Taufe die göttliche Heilszusage voraus und stellt die damit begonnene Lebensbewegung unter Gottes Schutz. Würde

14.2.3.4 Taufverantwortung

Der Mangel, der in der fehlenden Erinnerung an die leibhafte Zeichenhandlung des *eigenen* Getauftseins im Falle der Säuglingstaufe besteht,
darf trotz seiner Relativität nicht einfach übergangen werden. Das Stichwort „Taufverantwortung" muß auch diesen Punkt aufnehmen. In diesem Zusammenhang ist die Bedeutung der *Paten* als Taufzeugen und des
Versprechens der Erziehung im christlichen Glauben zu bedenken.

a) Die Taufverantwortung der Eltern und Paten

Die sakramental verstandene (Säuglings-)Taufe ist der Beginn eines le-
benslangen Prozesses. Dabei ist beides wichtig: der Beginn und der Prozeß. Es kann sich als schwerwiegendes Defizit und dauerhafte Störung
erweisen, wenn der Beginn dieses Prozesses, nämlich die Taufe und damit
zugleich die symbolische Integration des kleinen Kindes in die (christliche) Familie und Gemeinde unterlassen, versäumt oder nur nachlässig
begangen wird. Aber ebenso stellt es ein schwerwiegendes Defizit dar,
wenn dieser Beginn keine Aufnahme und Fortsetzung findet. Damit der
„reditus ad baptismum" aber für den Menschen, der als Säugling getauft
wurde, überhaupt *möglich* wird, bedarf es des Taufzeugnisses nicht nur
in Gestalt einer Urkunde, sondern insbesondere in Gestalt lebendiger
Menschen, die dem Kind von seiner Taufe und dem, was sie bedeutet,
erzählen – es also an die Taufe *erinnern*. Dabei können Gedenkzeichen
und Gedenktage eine Hilfe sein. Entscheidend ist das Bemühen der Eltern
(und Paten), durch eine Erziehung in Liebe und zur Liebe etwas von der
Annahme spürbar werden zu lassen, die in der Taufe zeichenhaft zugeeignet wurde. Daneben findet ein wichtiger Teil der christlichen Erziehung in der Konfirmandenarbeit statt, in der die Kirche das Ziel verfolgt,
„der nachwachsenden Generation zu vermitteln, was es bedeutet, an
Jesus Christus zu glauben, zur Kirche zu gehören und als Christ verantwortlich zu leben"[76]. Indem Eltern (und Paten) ihre Kinder zum Konfirmandenunterricht „schicken" oder „anhalten", nehmen sie einen wesent-

---

die Säuglingstaufe durch die Segnung *ersetzt*, so fehlte ihr diese heilsame,
rettende Neukonstituierung der Person als der Ausgangspunkt, der ihr voraus-
geht und zugrunde liegt. Umgekehrt kommt in der (Säuglings-)Taufe die
bewahrende Dimension nicht zum Ausdruck, wenn sie nicht mit der Segnung
verbunden wird.

76 Diese Zielangabe ist – exemplarisch für andere Landeskirchen – diejenige, die
zur Zeit in der Evangelischen Kirche von Kurhessen-Waldeck in Geltung steht
(vgl. Konfirmandenarbeit und Konfirmation, Kassel 1990, S. 19, ähnlich S. 23
u. 26).

lichen Teil ihrer Taufverantwortung wahr – wie das entsprechend auch
für den Kindergottesdienst und andere Formen kirchlicher Arbeit mit
Kindern gilt.

b) Die Taufverantwortung der Gemeinden und Pfarrer

Das Angebot kirchlicher Arbeit mit Kindern und insbesondere mit Kon-
firmanden ist selbst eine der wichtigen Formen der Wahrnehmung
gemeindlicher und pfarramtlicher Taufverantwortung. Aber diese relativ
spät wirksam werdende Form darf nicht die erste oder gar die einzige
sein. Abgesehen davon, daß die Taufe ein Thema der Wortverkündigung
(insbesondere in Taufgottesdiensten) ist und so das Verständnis der Taufe gefördert wird, ist das ausführliche *Taufgespräch* die erste, unverzichtbare *persönliche* Form, wie Pfarrerinnen und Pfarrer ihre Taufverantwortung wahrnehmen. Dabei geht es nicht darum, in diesem Gespräch
herauszubekommen, ob die Eltern *wissen*, warum sie ihr Kind taufen
lassen wollen und ob diese Gründe akzeptabel sind, sondern es geht darum, auf die Sprache der Eltern zu achten und mit ihnen zusammen zu
bedenken, was aus kirchlicher Sicht die Taufe bedeutet und welche Erwartungen damit an Eltern und Paten verbunden sind, aber auch, welche
Angebote und Hilfestellungen die Gemeinde bereithält. In diesem Zusammenhang muß gemeinsam bedacht werden, was es heißen kann, das
eigene Kind „im christlichen Glauben zu erziehen und ihm durch Wort
und Beispiel zu helfen, Gott und die Menschen zu lieben"[77]. Ein mögliches – wenn auch nicht wünschenswertes – Ergebnis eines solchen Gesprächs könnte es sein, daß Eltern und Paten *nicht* bereit sind, diese
Aufgabe und Verpflichtung zu übernehmen. In diesem Fall wäre ein *Taufaufschub* zu vereinbaren, der der Hoffnung Ausdruck gibt, daß die (noch)
nicht vorhandene Bereitschaft zur Übernahme von Taufverantwortung
noch entsteht oder wächst. Wo Eltern die Taufe ihres Kindes begehren
und öffentlich ihre Bereitschaft zur Erziehung im christlichen Glauben
bekunden, da ist diese Taufe zu vollziehen. Eventuelle Bedenken im Blick
auf die Aufrichtigkeit und Ernsthaftigkeit sind keine Gründe für Tauf-
verweigerung oder Taufaufschub, sondern möglicherweise Anlässe für
vertiefende, weiterführende Gespräche.

---

77 So – wiederum exemplarisch – die Formulierung aus Agende III der Evangelischen Kirche von Kurhessen-Waldeck, Kassel 1975, S. 8.

14.2.4   Das Abendmahl

Ich verwende den Begriff „Abendmahl", weil er – indirekt – auf die Nacht des Verrats und der Gefangennahme verweist, also auf den Ursprung dieses Sakraments in der Passion Jesu (I Kor 11,23; vgl. auch Lk 24,29 f.). Ich verwende dagegen bewußt *nicht* die im 2. Jahrhundert (Didache 9,1 u. 5; Ign Eph 13,1) aufgekommene Bezeichnung „Eucharistie" (= „Danksagung"), die sich anlehnt an den liturgischen Ort des Brotwortes im Abendmahl (I Kor 11,24). Der Begriff „Eucharistie" hat sich zwar in der Ökumene weitgehend durchgesetzt, hat aber als Begriff nur einen *unspezifischen* Bezug zum Ursprung und Sinn des Abendmahls. Durch seine Verwendung kann der Eindruck entstehen, die *Danksagung* der Gemeinde sei das Wesentliche (das Namengebende) am „Sakrament des Altars". Am geeignetsten wäre wohl die paulinische Bezeichnung „κυριακὸν δεῖπνον" (I Kor 11,20), aber sie läßt sich nur unter Inkaufnahme falscher, nämlich sexistischer Assoziationen im Deutschen wiedergeben mit: „Herrenmahl". Die ebenfalls mögliche Bezeichnung „Mahlfeier" (als Übersetzung von „δεῖπνον") wäre möglich, enthält aber keinen Bezug zur Passionssituation, die für das Abendmahl konstitutiv ist. Der ebenfalls gebräuchliche Ausdruck „Altarsakrament" läßt diesen Bezug zur Passion ebenfalls nicht (oder nur auf problematische Weise) erkennen und verbindet sich überdies mit Opfervorstellungen, die als mißverständlich zu bezeichnen sind.

Die terminologische Situation ist unbefriedigend und sachlich nicht leicht entscheidbar; deshalb hat das Argument der *Vertrautheit* für mich große Bedeutung. Und im Blick darauf muß man konstatieren, daß „Abendmahl" der in der evangelischen Christenheit deutscher Sprache eingeführte und gängige Begriff ist.

Wenden wir uns dem Sakrament des Abendmahls zu, so sind auch hier vier Problembereiche zu bedenken: zunächst der Sinn und die Bedeutung des Abendmahls (14.2.4.1), sodann die Gegenwart Christi im Abendmahl und in Verbindung damit die Frage nach der Wandlung der Elemente (14.2.4.2), weiter der würdige oder unwürdige Empfang des Abendmahls (14.2.4.3) sowie schließlich die Teilnahme am Abendmahl (14.2.4.4).

14.2.4.1   Das Abendmahl als zeichenhafte
Anteilhabe am „Leib Christi"

Ist die Taufe ein symbolisches Sterben und Auferstehen mit Christus und in diesem Sinne eine Eingliederung in den „Leib Christi", so ist das Abendmahl die symbolische Anteilhabe an dem Mensch gewordenen und durchs

Leiden hindurchgegangenen Christus, d. h. Teilhabe am „Leib Christi".[78] Der ursprüngliche Sinn der Zeichenhandlung des Abendmahls wird durch die liturgische Übermalung der neutestamentlichen Texte hindurch besonders in I Kor 11 und Mk 14 noch in Umrissen erkennbar und erlaubt folgende Rekonstruktion[79]: Beim letzten festlichen Mahl mit den Menschen, die ihm nachgefolgt waren, spricht Jesus das Dankgebet zu Beginn des Mahls, nimmt Brot, bricht es, sagt dabei: „Das ist mein Leib" (Mk 14,22) und gibt das Brot den Seinen. Nach dem Abendessen nimmt er den Becher (mit Wein), mit dem die Mahlzeit beendet wird, segnet ihn und sagt: „Dieser Becher ist mein Blut für viele" (Mk 14,24).[80]

Im Hintergrund dieses letzten Mahles stehen dabei die Mahlzeiten, die Jesus während seines Wirkens mit seinen Jüngerinnen und Jüngern sowie mit „Zöllnern und Sündern", also Verlorenen und Ausgestoßenen, gefeiert hat. Schon in dieser Tischgemeinschaft „gibt er sich" ihnen, indem er sich mit ihnen solidarisiert und an einen Tisch setzt. Aber nun gibt er sich noch einmal ganz anders, indem er *sich* in der Passion hingibt: seinen Leib und sein Blut. Und sie erhalten Anteil an diesem Selbstopfer, indem er in, mit und unter dem gebrochenen Brot und dem Becher sich selbst durch diese sinnenhaften Zeichen gibt. Zum „Leib Christi" werden die Kommunikanten dadurch, daß sie auf zeichenhaft-sinnenhafte Weise an seinem Leib Anteil bekommen. Indem das Abendmahl denen, die daran teilnehmen, durch das eine Brot und den einen Becher Anteil an dem einen Christus gibt, verbindet es sie untereinander zu einem „Leib", also zur Gemeinschaft der Liebe. Und dies alles geschieht in der Perspektive der kommenden Gottesherrschaft, also des Reiches Gottes.

Das Abendmahl geht insofern ebenfalls über die religionsphänomenologisch bekannten kultischen Mahle hinaus, als es nicht nur ein Essen (und Trinken) *vor* der Gottheit oder *mit* ihr ist, sondern ein Gespeist- und Getränktwerden, in dem Christus sich selbst gibt und an die

---

78 Möglicherweise hat Paulus den Leib-Christi-Gedanken vom Abendmahl aus (als Vergegenwärtigung seiner leibhaften Selbsthingabe für die Seinen) entwickelt und von daher auf die Kirche angewandt, um damit sowohl die Beziehung der Glaubenden zu Christus als auch die neue „Gemeinschaft der Glaubenden" untereinander auszudrücken. Vgl. dazu J. Roloff, Die Kirche im Neuen Testament, Göttingen 1993, S. 100-110, bes. S. 107-109.

79 Vgl. dazu den knappen, präzisen Artikel „Abendmahl II" von G. Delling in TRE Bd. 1, S. 47-58.

80 Wenn der Becher als Symbol des Blutes gilt, dann ist wohl sein *Inhalt*, also der Wein (mit-)gemeint. Das rechtfertigt es, von den Elementen „Brot und Wein" zu sprechen, obwohl in der biblischen Abendmahlsüberlieferung das Wort „Wein" nicht vorkommt.

Seinen hingibt[81]. Aber wie ist diese Gegenwart (Präsenz) Christi im Abendmahl zu deuten und zu verstehen?

14.2.4.2 *Die Realpräsenz Christi in den sinnenhaften Zeichen*

In der Formel „Realpräsenz in den sinnenhaften Zeichen" (von Brot und
Wein) scheint ein Widerspruch enthalten zu sein. Wenn es sich um Real-
präsenz, also um wirkliche Gegenwart Christi handelt, dann sind doch
Brot und Wein offensichtlich *mehr* als Zeichen, nämlich die Sache selbst:
Leib und Blut Christi. Wenn jedoch Brot und Wein „nur" sinnenhafte
Zeichen sind, dann verweisen diese Zeichen zwar auf Christus, aber sie
sind doch nicht selbst Christus. An der Kontroverse über die Frage, ob das
Brot Christi Leib ist („est") oder nur bedeutet („significat"), ist bekanntlich 1529 im Marburger Religionsgespräch der Einigungsversuch zwischen Luther und Zwingli gescheitert. Daraus folgte innerhalb der evangelischen Christenheit eine Spaltung, die erst in unserem Jahrhundert
durch die Arnoldshainer Thesen (1957/62) und durch ihre kirchenrecht-
liche Übernahme in der Leuenberger Konkordie (1973) überwunden
werden konnte. Fragt man, wodurch dies möglich wurde, so kann man
sagen: einerseits dadurch, daß *Calvins* Abendmahlslehre (anders als die
Zwinglis) eine *reale Gegenwart* Christi im Abendmahl zu denken erlaub-
te; andererseits dadurch, daß (auch durch neue exegetische Einsichten) die
Fixierung der Diskussion auf die *Elemente* des Abendmahls aufgebrochen
wurde. Realpräsenz wurde denkbar als *Personalpräsenz*, wie es im
Schlüsseltext der Leuenberger Konkordie deutlich wird: „Im Abendmahl
schenkt sich der auferstandene Jesus Christus in seinem für alle dahingegebenen Leib und Blut durch sein verheißendes Wort mit Brot und
Wein" (LK II,2 b u. III,1). Subjekt dieses Geschehens sind hier weder die
Kommunikanten, die an Christus gedenken, noch Leib und Blut Christi,
die in Brot und Wein präsent sind, sondern der auferstandene *Jesus Christus* in Leib und Blut. Von *ihm* wird gesagt, er schenke sich *durch* sein
verheißendes Wort *mit* Brot und Wein.
  Worin besteht der entscheidende Fortschritt in diesen Formulierungen? Bleibt nicht auch hier letztlich die Alternative von *Zeichen oder
Sache* (signum oder res), von „significat" *oder* „est"? Und muß man nicht
gerade von dem hier gewählten Ansatz aus sagen: Die Elemente des

---

81 Darin liegt das Besondere des Abendmahls gegenüber dem Liebesmahl („Aga-
    pe"). Dieses Besondere findet liturgisch seinen Ausdruck in den Einsetzungs-
    worten und in dem darin enthaltenen Bezug zur Passion Jesu.

Abendmahls sind *sinnenhafte Zeichen* – also *nicht* die Sache selbst; sie *verweisen* auf Christus, aber in ihnen *ist* Christus nicht gegenwärtig? Tatsächlich gilt die (jeweils) erste Satzhälfte, aber daraus folgt nicht ohne weiteres die Negation, die in der (jeweils) zweiten Satzhälfte ausgesagt ist: D. h., die Elemente des Abendmahls sind sinnenhafte Zeichen, und sie verweisen auf Christus, gleichwohl ist die Sache durch sie *gegeben*, in ihnen ist Christus *gegenwärtig*. Daß dies so ist und daß deswegen diese Formel sowohl der lutherischen[82] als auch der calvinistischen Intention gerecht wird, soll im folgenden gezeigt werden.

Zunächst gilt von den Elementen Brot und Wein (wie vom Wasser in der Taufe), daß sie ihre Identität im Vollzug des Abendmahls behalten, aber durch den Handlungszusammenhang und die dabei gesprochenen Worte eine neue, *zusätzliche* Bedeutung erhalten: Sie werden zu sinnenhaften Zeichen, die auf das Heilsgeschehen in Jesus Christus verweisen. Das bisher Gesagte ist jedoch noch so mißdeutbar, als handle es sich dabei um Zeichen, die auf den abwesenden (erhöhten) Christus verweisen, von dem man allenfalls sagen könnte, daß er in den Glaubenden auf geistige Weise gegenwärtig sei. Damit wäre aber die Präsenz Christi im Abendmahl abhängig vom Glauben der feiernden Gemeinde. Wiederum (wie bei der Taufe) würde so der Glaube das Sakrament machen, statt es zu *empfangen*.

Soll die Realpräsenz Christi, an die sich der Glaube auch in der Situation der Anfechtung halten kann, zum Ausdruck gebracht werden, dann scheint der Weg der sicherste zu sein, den die römisch-katholische Kirche mit der Ausbildung der Lehre von der Transsubstantiation beschritten hat[83]. Obwohl damit die Gegenwart Christi unabhängig vom Glauben der Kommunikanten auf deutliche Weise zum Ausdruck gebracht wird, ist diese Lehre aus reformatorischer Sicht trotzdem als überflüssig und gefährlich zu bezeichnen. Die Transsubstantiationslehre setzt nämlich voraus, daß Christus in den sinnenhaften Zeichen von Brot und Wein *an sich* nicht gegenwärtig ist, sondern sich erst im Akt der Wandlung mit ihnen verbindet. Nimmt man jedoch ernst, daß der gekreuzigte und auferstandene Christus (als der Mensch gewordene) an der *Allgegenwart*

---

82 Einen Schritt zu weit geht jedoch das Urteil von O. Bayer (Theologie, S. 443): „Daß das signum selbst schon die res ist: das war Luthers große hermeneutische, seine im strengen Sinne reformatorische Entdeckung."

83 Die endgültige Dogmatisierung dieser Lehre erfolgte im Konzil von Trient (DH 1642 u. 1652). Sie besagt, daß durch den Akt der Konsekration eine vollständige Wandlung der Substanz des Brotes in die Substanz des Leibes Christi und der Substanz des Weines in die Substanz des Blutes Christi erfolgt, während die äußeren Erscheinungsmerkmale („species" oder „Akzidentien") von Brot und Wein unverändert bleiben.

Gottes teilhat, dann muß auch gesagt werden, daß Christus in *allen* Elemente der Schöpfung (verborgen) gegenwärtig ist, weil und indem *Gott* als ihr Schöpfer (verborgen) in ihnen gegenwärtig ist. Das Natürliche muß nicht erst gewandelt und überhöht werden, damit Christus in ihm gegenwärtig sein und begegnen kann. So ist es gerade der Charakter der sinnenhaften Zeichen als *von Gott geschaffene Wirklichkeit*, aufgrund deren die Alternative zwischen „bedeuten" und „sein", zwischen „Zeichen" und „Sache" überwunden werden kann.

Aber von da aus droht offenbar ein Pansakramentalismus, bei dem *alles* zum Sakrament oder Heilsmittel wird. Als *Möglichkeit* muß daran auch festgehalten werden: *Jede* Kreatur und damit jedes äußere Zeichen kann zum Ort oder Mittel der Gottesbegegnung werden. Aber nicht jede solche Gottesbegegnung ist für den Menschen *heilsam*, und nicht jede Kreatur ist dem Heilsgeschehen angemessen.

Für Luther tritt an dieser Stelle die besondere Bedeutung des *Verheißungswortes* in Kraft, das aus der Fülle der sinnenhaften Zeichen die Elemente von Brot und Wein auswählt und mit der heilsamen Verheißung verbindet: „Hier sollst du mich finden"[84]. Will man diesen Bezug zwischen Zeichen und Sache nicht nur als durch das Verheißungswort *äußerlich* hergestellten verstehen, sondern von innen her, so empfiehlt es sich, den Gedanken der „Wandlung" noch einmal aufzunehmen und zu bedenken. Dabei geht es nun nicht um eine Transsubstantiation durch Konsekration, sondern um diejenige Wandlung, die das Brot und der Wein bereits *hinter sich* haben, wenn sie als sinnenhafte Zeichen im Zusammenhang mit dem Abendmahl in Dienst genommen werden. Beide sind keine naturbelassenen Elemente der Schöpfung, sondern haben einen Vorgang der Auflösung (Gemahlenwerden und Gekeltertwerden) und einen Vorgang der Verwandlung (Mehl zu Brot und Traubensaft zu Wein) hinter sich, die beide als Symbole für den Akt des Sterbens und Auferstehens verstanden werden können. Und *diese* sinnenhaften Zeichen erhalten nun durch den Akt des Brechens, Austeilens, Nehmens und Essens und durch das gemeinsame Trinken aus dem Kelch in Verbindung mit den Worten Jesu am Vorabend seiner Passion noch einmal eine neue, vertiefte Bedeutung: In der Nacht des Verrats, der Verleugnung und Flucht und im Wissen (oder Vorahnen) um das Versagen der Jünger gibt Jesus ihnen dieses Zeichen der Vergebung mit auf den Weg, an das sie sich erinnern und halten sollen, wenn sie zu Fall gekommen sind. So ist in den sinnenhaften Zeichen Jesus Christus selber mit seiner vergebenden Liebe real präsent.

---

84 WA 23,151; vgl. auch WA 19,492.

Von da aus wird deutlich, warum die Konzentration der Arnoldshainer Thesen und der Leuenberger Konkordie auf die Personalpräsenz und damit die Einordnung der Frage der Präsenz von Leib und Blut Christi in den Elementen in den größeren Zusammenhang der Christusgegenwart die Kontroverse lösen konnte, die in der Reformationszeit unlösbar blieb. Von „Leib" und „Blut" Christi *an sich* ist es nicht möglich, Allgegenwart auszusagen, wohl aber von *Christus* „in seinem für alle dahingegebenen Leib und Blut", und zur heilsamen Gegenwart wird sie „durch sein verheißendes Wort mit Brot und Wein". Darum ist auch die sakramentale Gegenwart Christi an die *Feier* des Mahles gebunden. Eine Verehrung der Elemente außerhalb der Zeichenhandlung, auf die sich das verheißende Wort bezieht, wäre ein Rückfall hinter diese Einsicht. Das sollte freilich einen respektvollen Umgang mit den beim Abendmahl übriggebliebenen Elementen nicht ausschließen.

14.2.4.3 *Würdiger und unwürdiger Empfang des Abendmahls*

Die biblischen Aussagen, auf die sich dieses Teilthema der Abendmahlslehre bezieht, stehen in I Kor 11,27-34. Die Kernaussage findet sich in V. 29: „Wer so ißt und trinkt, daß er den Leib des Herrn nicht achtet, der ißt und trinkt sich selbst zum Gericht." Dieser Text und die in ihm enthaltenen Gedanken sind (zumindest auch) *gefährlich* und haben (zumindest auch) eine *verheerende* Wirkungsgeschichte gehabt. Insbesondere wurde (und wird?) dadurch bei manchen Menschen Angst und Unsicherheit ausgelöst, ob sie in einer bestimmten Situation das Abendmahl würdig (genug) empfangen haben. Und immer wieder haben diese Aussagen dazu geführt, daß Menschen aus Scheu, unwürdig zu sein, vom Abendmahl in einer Situation fernblieben, in der vielleicht gerade die Teilnahme für sie wichtig und hilfreich gewesen wäre. Die problematischen Wirkungen dieses Textes mahnen zu großer Vorsicht, aber sie rechtfertigen es nicht, diese Gedanken einfach zu ignorieren oder für *überholt* zu erklären. Damit würden weder dieser Text noch seine Wirkungsgeschichte angemessen verarbeitet.

a) *Würdiges oder unwürdiges Essen und Trinken*

Zunächst ist es wichtig, festzuhalten, daß Paulus nicht von unwürdigen *Menschen* spricht, sondern von einem unwürdigen *Verhalten* beim Abendmahl. Es geht um eine Weise des Essens und Trinkens, bei der der „Leib Christi" verachtet wird. Was Paulus dabei unter unwürdigem Abendmahlsempfang versteht, wird aus dem Kontext deutlich: Es ist ein

Mahl, bei dem jeder ißt und trinkt, wann er will und was er (mitgebracht) hat, ohne Rücksicht auf die anderen und ohne Rücksicht auf die gemeinsame Mahlfeier, so daß manche hungrig bleiben, andere betrunken sind (V. 21). Das nennt Paulus sehr prägnant: „den Leib des Herrn nicht achten" (V. 29). Mißachtet wird dabei sowohl der im Abendmahl gegenwärtige Christus, weil das Abendmahl nicht von einer normalen Sättigungsmahlzeit unterschieden wird, als auch der „Leib Christi", den die Gemeinde darstellt, weil jeder *für sich* feiert (oder darbt), je nach dem eigenen Vermögen.

Würdig ist demgegenüber ein Abendmahlsempfang, der geprägt ist von dem Verlangen, an Christus und an seiner Gemeinde *teilzuhaben*. Mit dem Begriff „Verlangen" nehme ich in etwas distanzierterer Form das auf, was in den Bekenntnisschriften mit den Worten „Glauben" oder „Vertrauen" bezeichnet wird (BSLK 521,4-11; HK Fr. 81; vgl. auch LK III,1). Die Distanz zum Begriff „Glauben" ist m. E. an dieser Stelle angezeigt, damit sich niemand vom Abendmahl ausgeschlossen fühlt, der von sich sagen muß: Ich kann zwar (noch) nicht (oder nicht mehr) glauben, aber ich möchte (wieder) glauben können. Nimmt man die Einsicht ernst, daß kein Mensch den Glauben „hat", sondern daß er immer wieder neu zuteil werden muß, dann wird deutlich, daß die beschriebene Haltung in der Abendmahlsfeier der christlichen Gemeinde ihren legitimen Ort hat. Gerade in einer solchen Situation darf ein Mensch sich nicht vom Abendmahl ausgeschlossen fühlen, sondern muß wissen, daß er dazugehört und willkommen ist. Das bringt der Begriff „Verlangen" zum Ausdruck. Er weist außerdem darauf hin, daß es – als die eigentliche Gefahr – ein saturiertes Verachten des „Leibes Christi" geben kann, das daraus resultiert, daß ein Mensch seine eigene Bedürftigkeit nicht empfindet, das Gefühl hat, eigentlich nichts zu brauchen (vgl. Apk 3,17), und ohne Verlangen am Abendmahl teilnimmt.

Mit Sicherheit wird man sagen können: Wer am Abendmahl teilnimmt oder teilnehmen möchte, aber Sorge oder Angst hat, unwürdig teilzunehmen, nimmt *jedenfalls würdig* daran teil. Schon in der Sorge oder Angst kommt das Begehren und die Achtung des „Leibes Christi" zum Ausdruck; denn das Abendmahl ist ja Wegzehrung für Hungernde und Bedürftige, die sich nach Kraft und Leben sehnen.

b) Sich selber zum Gericht essen und trinken

Es leuchtet nicht ohne weiteres ein, daß ein unwürdiger Empfang des Abendmahls, bei dem auf die eine oder andere Weise der „Leib Christi" verachtet wird, eine *negative* Wirkung haben könnte. Wenn die paulinische These hieße: „ ...der ißt und trinkt vergeblich", so würde das eher einleuchten als die Folgerung: „ ... der ißt und trinkt sich selber zum Gericht". Paulus versucht, die Begründung hierfür in V. 32 durch den Erziehungsgedanken zu geben, aber dadurch bekommt das Gericht den Charakter einer von Gott (zum Besten des Menschen) verhängten *Strafe*, deren *innerer Zusammenhang* mit dem unwürdigen Essen nicht deutlich wird. Vom Gesamtzeugnis der Bibel her ist es eher zu empfehlen, einen etwas anderen Weg zu gehen, der sich z. B. an Aussagen wie Ps 95,7 f.; Hebr 3,8 u. 15 oder 4,7 anschließt: „Verstockt eure Herzen nicht, wenn ihr Gottes Stimme hört"[85]. Die Zeichen, die Gott zum Leben gibt, sollen, wenn sie einen Menschen erreichen, gehört, empfangen und angenommen werden, indem er sich für sie *öffnen läßt*. Daß ein Mensch tatsächlich von dieser Botschaft erreicht und innerlich angerührt wird, geschieht nicht beliebig oft. Und jede Möglichkeit, die er nicht zuläßt, kann eine *innere Verhärtung* zur Folge haben, die wie eine allmähliche Immunisierung wirkt.[86] Wer die Wahrheit *erkannt hat*, sich ihr aber *verschließt*, für den wird es von Mal zu Mal schwerer, sich für die Wahrheit öffnen zu lassen. Insofern wird man tatsächlich sagen müssen, daß es ein verachtendes Empfangen der Heilsmittel gibt, durch das ein Mensch innerlich *abstumpft*, und daß so seine innere Verhärtung für ihn selbst zum *Gericht* wird. Das gilt nicht nur, aber *auch* für das Abendmahl.

14.2.4.4   Teilnahme am Abendmahl

Es geht in diesem Abschnitt *nicht* um die Frage, ob aus evangelischer Sicht eine (zeitliche oder dauerhafte) *Exkommunikation*, also ein Ausschluß vom Abendmahl zulässig ist.[87] Die Frage, um die es hier geht, ist vielmehr die nach den Zulassungs*voraussetzungen* und damit implizit nach dem Zulassungs*alter* zum Abendmahl. Wenn ich recht sehe, gibt es

---

85 Durch den Verweis auf Gottes *Stimme*, also sein *Wort*, wird im übrigen deutlich, daß es nicht um etwas geht, das *nur* beim Abendmahl eine Rolle spielt, sondern sich ebenso auf die anderen Heilsmittel bezieht.

86 Diese innere Verhärtung kommt anschaulich zum Ausdruck im biblischen Begriff der „Verstockung".

87 Von dem hier vertretenen Ansatz in der Lehre der Heilsmittel her ergibt sich auf diese Frage ein grundsätzliches „Nein", weil weder abweichende Lehrauffassungen noch schwere Sünde ein hinreichender Grund sein können, einen Menschen vom Abendmahl auszuschließen, der ernsthaft verlangt, daran teilzunehmen. Das schließt nicht aus, daß es konkrete, in der Pastoraltheologie zu bedenkende Situationen geben könnte, in denen in einem bestimmten Fall die Nicht-Darreichung des Abendmahls angezeigt sein kann.

hierbei in der Christenheit vier Positionen: Die Zulassung (admissio) zum
Abendmahl erfolgt

- mit der Taufe;
- nach einer Unterweisung im Kindesalter (Erstkommunion);
- mit der Konfirmation;
- wenn ausreichendes Verständnis vorhanden ist.

Wenn die *Taufe* die zeichenhafte Eingliederung in den „Leib Christi",
also in die Gemeinde ist, zu der *alle* Menschen berufen sind, und wenn das
Abendmahl die zeichenhafte *Anteilhabe* an dieser Gemeinschaft ist, dann
hat die erste Position die stärksten Argumente auf ihrer Seite: *Taufe ist
Zulassung zum Abendmahl.*

Aber ist das theologisch zu verantworten, wenn es sich bei den Getauften um Kinder, ja um Säuglinge handelt? Das Hauptbedenken richtet sich
darauf, daß sie noch nicht *verstehen* (können), was hier geschieht.[88] Dieses
Verstehen erscheint besonders deshalb als wichtig, damit das Abendmahl
in seiner *Unterschiedenheit* und *Besonderheit* gegenüber anderem Essen
und Trinken wahrgenommen, also nicht verkannt wird.

Demgegenüber kann eingewandt werden, daß Säuglinge und Kleinstkinder auch *nicht* (oder jedenfalls nicht besser) verstehen, was in der
Taufe an ihnen geschieht. Es muß ihnen durch Erzählung, Erklärung und
Deutung erst nach und nach erschlossen werden. Das Verstehen *folgt* also
in diesem Fall dem Sakramentsempfang erst nach. Warum sollte das nicht
auch für das Abendmahl gelten?

Das Problem spitzt sich zu auf die Frage, ob es in *dieser* Hinsicht einen
relevanten Unterschied zwischen Taufe und Abendmahl gibt. Einen solchen Unterschied kann ich nicht sehen. Es gibt eine der Taufverantwortung korrespondierende *Abendmahlsverantwortung* der Gemeinde (und der Eltern sowie der Paten gegenüber ihren Kindern), aber (auch)
sie wird nicht angemessen wahrgenommen durch *Ausschluß und Verweigerung*, sondern durch *Hinführung* und *Erschließung* dessen, was da
geschieht.

Es ist sicher individuell verschieden, wann Eltern den Eindruck haben,
daß die Teilnahme am Abendmahl für ihre Kinder eine positive, lebens-
dienliche Bedeutung haben könnte. Und es ist auch individuell verschieden, wann Kinder von sich aus diesen *Wunsch* äußern. Viele Beobachtungen sprechen jedoch für die Vermutung, daß dies bei Kindern, die in
Begleitung ihrer Eltern am Gottesdienst teilnehmen, schon lange vor dem

---

88 Dasselbe Argument gilt übrigens auch für schwer geistig behinderte Menschen und u. U. für demente alte Menschen.

Konfirmationsalter der Fall sein kann und ihr Interesse am Dazugehören zum Ausdruck bringt.

Wenn es das *Spezifikum* des Sakraments ist, daß hier das Lebensangebot Gottes so zuteil wird, daß dabei die sinnenhaften Zeichen im Vordergrund stehen gegenüber der worthaften Deutung, dann ist es nicht konsequent, wenn das (überprüfbare) Verstehen der worthaften Deutung zur *Teilnahmebedingung* für das Abendmahl gemacht wird. Es ist jedenfalls inkonsequent, Kleinkinder zum Familiengottesdienst und zum Kindergottesdienst einzuladen, ihnen aber die Teilnahme am Abendmahl zu versagen, wenn sie und ihre Eltern dies wünschen.

Aber bleibt nicht trotzdem die Gefahr des *Mißverstehens*, also auch des Nicht-unterscheiden-Könnens? Diese *Gefahr* besteht und bleibt bestehen – übrigens nicht nur bei Kindern, sondern auch bei Erwachsenen. Sie erfordert das Ernstnehmen dessen, was der Begriff Abendmahlsverantwortung meint, d. h. einerseits die Heranführung an den Sinn des Abendmahls durch *Erzählung und Deutung*, andererseits – und primär – eine *liturgische Gestaltung*, die *aus sich heraus* den Sinn dieses Mahles deutlich werden läßt.

Als Konsequenz der Entscheidung für die Säuglingstaufe ergibt sich eine weitgehende Öffnung des Abendmahls auch für Kinder. Im Sinne von Mk 10,14 wird damit aus der – defensiven – „Zulassung" die *Einladung* zum Abendmahl, die möglichst niemanden ausschließt und deren Intention es ist, daß möglichst viele kommen.

14.2.5 Die Beichte

Es gibt kaum ein Lehrstück der Dogmatik, an dem das *Charakteristische*, das *Befreiende* und das *Tragische* der Reformation so deutlich erkannt und gezeigt werden kann, wie die Lehre von der Beichte. Dabei braucht von der Frage der Sakramentalität der Beichte und vom Schwanken der reformatorischen Bewegung in dieser Frage hier nicht noch einmal (s. o. 14.2.2.2) ausführlich gesprochen zu werden. Daß die Beichte, in der Sünde *bekannt* (d. h. mit dem Gefühl der Reue ausgesprochen) und *Vergebung* zugesagt und empfangen wird, ein *Heilsmittel* ist, stand für die Reformatoren außer Frage, ja man kann sagen: Ihr ganzes Bemühen an diesem Punkt zielte darauf, die Beichte wieder als Heilsmittel, also als Leben schaffendes Geschehen zur Geltung zu bringen (vgl. BSLK 725-733). Das Tragische ist jedoch, daß durch die Aufhebung des „Beicht*zwanges*" zugleich Wirkungen freigesetzt wurden, die zu einer weitgehenden *Zerstörung der Beichte* im evangelischen Bereich geführt haben.[89]

Die reformatorische Kritik an der mittelalterlichen Theorie und Praxis der Beichte hat Luther im Großen Katechismus zusammengefaßt in dem Satz: „Und das das Ärgste ist gewest, niemand gelehret noch gewußt hat, was die Beichte wäre oder wie nutz und tröstlich, sondern haben eitel Angst und Hellemarter draus gemacht" (BSLK 726,5-9). Mit der Angst und Höllenqual, zu der die Beichte geworden ist, meint Luther einerseits die seit dem IV. Laterankonzil (1215) bestehende Pflicht, mindestens einmal jährlich vor einem Priester zu beichten (DH 812). Andererseits – und viel mehr noch – die Bestimmung, die Absolution, also der Zuspruch der Sündenvergebung, sei nur dann *gültig*, wenn der Beichtende alle und jede einzelne Todsünde(n) in der Beichte genannt habe, deren er sich nach sorgfältiger Selbsterforschung bewußt ist (DH 1707).

Damit lag über jeder Beichte und Absolution die Drohung der vollständigen Unwirksamkeit der Vergebung für *alle* Sünden, wenn auch nur *eine* gewichtige übersehen oder verschwiegen worden wäre.

Demgegenüber betont die reformatorische Theologie den *befreienden* Charakter der Beichte in allen ihren Formen: als sog. *Herzensbeichte* im Gebet des einzelnen, als *Gemeindebeichte* im Gottesdienst oder als *Ohrenbeichte*, sei es vor einem ordinierten Amtsträger oder einem anderen vertrauenswürdigen Christen. Diese unterschiedlichen Formen der Beichte werden dringend empfohlen, aber sie werden nicht zu einer Pflicht gemacht, weil die Reformatoren fürchten, daß die Beichte dadurch erneut ihren Charakter als befreiende Möglichkeit verliert. Freilich muß man konstatieren, daß diese befreiende Möglichkeit – jedenfalls was die Gemeindebeichte und Ohrenbeichte anbelangt – in der evangelischen Kirche (scheinbar oder tatsächlich) wenig genutzt wird. Vielleicht fehlt aber manchmal auch nur das Wahrnehmungsvermögen dafür, in welchen Formen heute Beichten abgelegt werden.

Der Ausfall der Beichte wäre ein unersetzlicher Verlust, weil die Beichte das Geschehen ist, in dem sich die heilsame Öffnung vollzieht, die sich – paradoxerweise – gerade dadurch ereignet, daß ein Mensch seine Liebesunfähigkeit und Verschlossenheit ansieht und anerkennt mit dem *Schmerz* und der *Scham*, die damit verbunden sind, wenn es ernst ist. Das ausgesprochene Sündenbekenntnis („confessio oris") ist der *erste, ent-*

---

89 Man muß zwar anerkennen, daß ein erheblicher Teil des Beichtgeschehens nicht einfach ersatzlos entfallen, sondern in die Psychotherapie und Beratungspraxis übergegangen ist, aber dies ist kein vollständiger Ersatz, weil die „Vergebung im Namen Gottes" nicht aus dem Gesamtzusammenhang der Beichte herausgelöst werden kann.

scheidende Schritt zur Entmachtung der Sünde. Daß dieser Schritt möglich wird (und zwar nicht als Akt verzweifelter Selbstjustiz), ist nur denkbar im Horizont möglicher oder bereits erfahrener *Vergebung*.

Dabei ist die sog. Ohrenbeichte der ernste Schritt, durch den ein Mensch seine Sünde (und Schuld) nicht nur *denkt* und darum im nächsten Moment wieder zurücknehmen, vergessen oder verdrängen kann, sondern *ausspricht*: ihr also vor einem *Zeugen* Ausdruck verleiht und damit zu seiner Sünde *steht*. Es wäre jedoch keine Intensivierung, sondern eine *Verletzung* der Beichte, wenn dieses Aussprechen „vor aller Welt" (z. B. im Fernsehen), also vor einer beliebig großen Öffentlichkeit geschähe. Daß die Sünde ein „pudendum" (s. o. 13.4.1.1) ist, kommt von seiten des Beichtenden darin zum Ausdruck, daß er nicht die Öffentlichkeit, sondern ein vertrauenswürdiges Gegenüber sucht. Von seiten des Beichtigers kommt es in der *unverbrüchlichen* Wahrung des Beichtgeheimnisses zum Ausdruck. Dieses „pudendum" anzuschauen und (vor einem Menschen) *auszusprechen* ist das, was die Beichte ausmacht.

Das *Ziel* der Beichte liegt freilich jenseits dieses Aussprechens, es besteht im Hören oder zeichenhaften Empfangen der Zusage: „Dir sind deine Sünden vergeben." Weil und sofern das von einem Menschen nicht nur in *seinem* Namen, sondern im Namen *Gottes* zugesagt wird, kann der Beichtende dann auch – was vielleicht das schwerste ist – sich selbst gegenüber Vergebung gelten lassen und praktizieren, also von dem Satz „Das verzeihe ich mir nie" Abschied nehmen. Dann würde sich punktuell ereignen, was Bernhard von Clairvaux als die höchste Stufe des Heilwerdens bezeichnet hat: sich selbst um Gottes willen zu lieben (s. o. 14.1.4.1 c). Das ist der *Anbruch erfüllten Lebens*, also *Heil*.

14.3   Die Kirche (Ekklesiologie)

Im Unterschied zu einer soziologisch orientierten *Kirchentheorie*, die bei den institutionell verfaßten Kirchen als gesellschaftlichen Teilsystemen ansetzt und diese zum Gegenstand ihrer Analysen und Reflexionen macht, nimmt die Ekklesiologie, als dogmatische Lehre von der Kirche, ihren Ausgangspunkt bei dem Heilshandeln Gottes in Jesus Christus und versucht von da aus, das Wesen (14.3.1), den Auftrag (14.3.2), die Ämter (14.3.3) und die Struktur (14.3.4) der Kirche in den Blick zu fassen und zu bedenken. Die unterschiedlichen Ausgangspunkte der Kirchentheorie und der Ekklesiologie dürfen jedoch nicht dazu führen, daß beide beziehungslos nebeneinander- oder gar gegeneinanderstehen. Würde es dazu kommen, so verlöre die Ekklesiologie möglicherweise die konkreten, institutionell verfaßten Kirchen aus dem Blick, und die Kirchentheorie müßte auf theologische Kategorien und Kriterien bei der Beschreibung und Beurteilung der Kirchen verzichten. Für die dogmatische Beschäftigung mit dem Thema „Kirche" folgt daraus, daß sie zwar nicht bei der institutionell verfaßten Kirche ansetzen kann, daß sie aber zu ihr hinführen muß, und zwar nicht erst dort, wo von den Ämtern und der Struktur, sondern schon dort, wo vom Wesen und Auftrag der Kirche die Rede ist.

14.3.1   Das Wesen der Kirche

Die Frage nach dem *Wesen* der Kirche richtet sich auf das, was Kirche zur Kirche macht (s. o. 2.1.2). Diese Identitätsbeschreibung kann die Kirche (oder die Theologie) nicht willkürlich vornehmen, sondern muß sich dabei an dem orientieren, was sich vom Heilshandeln Gottes in Jesus Christus her über die Kirche sagen läßt (14.3.1.1). Von da aus stellt sich aber die Aufgabe, das Verhältnis zwischen der so bestimmten *Kirche* und den als institutionell verfaßte gesellschaftliche Größen erfahrbaren *Kirchen* genauer zu bestimmen (14.3.1.2). Schließlich ergibt sich die Aufgabe, diesen beiden unterscheidbaren Größen die *Eigenschaften* und *Kennzeichen* zuzuordnen, die traditionell von „der Kirche" oder „den Kirchen" ausgesagt werden (14.3.1.3).

14.3.1.1   Kirche als „Gemeinschaft der Glaubenden"

Ihrem Ursprung nach verdankt sich die Kirche nicht dem Entschluß der Menschen, die ihr angehören, sondern dem Evangelium von Jesus Christus, das durch die Wortverkündigung und die Feier der Sakramente bezeugt wird und – durch das Wirken des Heiligen Geistes – Menschen beruft, erleuchtet und versammelt (vgl. BSLK 512,5-8). Die Kirche ist also ein „Geschöpf des Evangeliums"[90]. Deshalb verfügt die Kirche nicht über das Evangelium, sondern lebt davon, daß es ihr zuteil wird. Die Kirche ist also die Gemeinschaft der Menschen, die durch das Evangelium von Jesus Christus erreicht und bewegt werden. Die daraus resultierende Wesensbestimmung der Kirche wird in CA 7 u. 8 in der Formel zum Ausdruck gebracht: Die Kirche „ist die Versammlung aller Glaubigen (und Heiligen)" (BSLK 61,4 f. u. 62,3 f.; in der lat. Fassung: „congregatio sanctorum [et vere credentium]"). Hier zeigt sich erneut, daß die christliche Botschaft auf nichts anderes zielt als darauf, in Menschen Glauben,

---

90 So Luther WA 2,430,6 f.: „Ecclesia enim creatura est Euangelii."

also daseinsbestimmendes Vertrauen auf Gott, zu wecken. Aber weil dies ein Geschehen ist, das von Gott her den Menschen zuteil wird, darum kann weder der Glaube wie ein Besitz oder eine Eigenschaft betrachtet werden, noch kann die Kirche verstanden werden als die Gemeinschaft derer, die den Glauben „haben" oder die „gläubig" sind. Ein solches statisches Glaubens- und Kirchenverständnis wird weder der lebendigen Wirklichkeit Gottes noch der des Menschen gerecht. Deshalb muß in der Formel „Gemeinschaft der Glaubenden" stets das prozeßhafte, dynamische Element mitgedacht werden, das dem Glauben als einer Lebensbewegung zu eigen ist.[91] „Glaubende" in diesem Sinne sind Menschen, die bewegt werden von der Sehnsucht nach erfülltem Leben (s. o. 6.3.1.2 c)[92], Menschen, die nach Gott suchen und fragen. In dieser Lebensbewegung des Suchens und Fragens kommt – bewußt oder unbewußt – das Vertrauen zum Ausdruck, das von Gott alles erwartet, also der Glaube.

Dieser Glaube ist es, der die Menschen, die durch das Evangelium erreicht, angerührt und bewegt werden, untereinander verbindet. Es sind nicht die wechselseitige Sympathie oder die Verbundenheit durch gemeinsame Interessen, die aus den Christen, die verschiedenen Geschlechtern, Klassen, Ländern, Konfessionen und Zeiten angehören, eine Kirche machen, sondern das Verbindende ist der gemeinsame Glaube, richtiger: Die hoffende Ausrichtung auf den einen *Gott* verbindet die Christen miteinander und konstituiert so Kirche. Dabei kommt das Verbindende nicht nachträglich und bloß äußerlich zum Glauben hinzu, so als könnte im Prinzip auch jeder Glaubende als isoliertes Individuum existieren, sondern diese Verbindung ergibt sich aus dem Wesen Gottes als Liebe, auf den die Glaubenden ihre Hoffnung setzen.

14.3.1.2 Die verborgene und die sichtbare Kirche

Wenn die Kirche in diesem Sinne ihrem Wesen nach „Gemeinschaft der Glaubenden" ist, und zwar eine Gemeinschaft, die Menschen aus allen Epochen, Erdteilen und Konfessionen umfaßt, dann wird diese Gemeinschaft offensichtlich durch etwas konstituiert, was sich nicht sehen, ein-

---

91 Als permanente Erinnerung daran setze ich die Formel „Gemeinschaft der Glaubenden" jeweils in Anführungszeichen.

92 Vgl. dazu die knappe, eindrucksvolle Aussage von Ch. S. Peirce über das Wesen der Kirche: „Die raison d'être einer Kirche ist, daß die Menschen mit einem Leben beschenkt werden, das weiter greift als ihre enge Persönlichkeit, einem Leben, das in der Wahrheit allen Seins wurzelt" (Religion und Politik, 1895, zitiert nach: Ch. S. Peirce, Religionsphilosophische Schriften, Hg. H. Deuser, PhB 478, Hamburg 1995, Nr. II, 12).

deutig feststellen oder äußerlich wahrnehmen läßt. Es gibt zwar *Anzei-chen* dafür, ob ein Mensch von der Sehnsucht nach erfülltem Leben be-wegt wird, ob er von Gott alles Gute erhofft, aber es gibt hierfür keine *Beweise*. Bei dem Versuch, sich darüber klarzuwerden, ob ein Mensch auf Gott vertraut, kann man sich täuschen und getäuscht werden. Daraus resultiert, daß sich nicht feststellen läßt, wer zu dieser „Gemeinschaft der Glaubenden", also zur Kirche gehört.

Wohl aber kann man feststellen, ob ein Mensch getauft wurde, Mit-glied in einer christlichen Kirche ist oder ob er aus einer solchen Kirche ausgetreten ist und darum nicht mehr zu ihr gehört. Mit der „Kirche" oder den „Kirchen", von denen ich nun spreche, meine ich offensichtlich nicht genau dasselbe, was ich bisher seinem Wesen nach als „Gemeinschaft der Glaubenden" beschrieben habe. Nun geht es um die Kirche als Institution und Organisation, die (ähnlich) verfaßt ist wie andere gesellschaftliche Institutionen auch, in der es Gesetze und Ordnungen, Mitglieder und Amtsinhaber, Finanzen und Besitztümer gibt.

Mit einer auf Zwingli[93] zurückgehenden Formel wird an dieser Stelle häufig unterschieden zwischen „unsichtbarer und sichtbarer Kirche" (ecclesia invisibilis und ecclesia visibilis). Das ist insofern mißverständ-lich, als weder die Glaubenden noch ihre Gemeinschaft im strengen Sinn des Wortes unsichtbar sind. Unsichtbar ist allenfalls die suchende, fragen-de, vertrauende Offenheit für Gott, also der *Glaube*, der die Menschen zur Kirche verbindet. Treffender ist es deshalb, von der *nicht-abgrenzbaren* Kirche oder, mit Luther[94], von der „verborgenen Kirche" zu sprechen.

Wichtiger als diese terminologische Frage ist jedoch, wie diese Unter-scheidung inhaltlich verstanden und angewandt wird. Und hier zeigt sich in der evangelischen Kirche von Anfang an eine Tendenz, das Verhältnis von sichtbarer und verborgener Kirche so zu verstehen, als handele es sich dabei um das Verhältnis zwischen einem Ganzen und seinem Teil. Dem-nach wäre die verborgene Kirche ein Teil der sichtbaren Kirche: nämlich die Gesamtheit derjenigen Menschen in der sichtbaren Kirche, die *tat-sächlich* an Jesus Christus glauben, also die „wahrhaft Glaubenden". Wenn das Verhältnis aber *so* verstanden wird, dann bekommt unter der Hand die sichtbare Kirche (verglichen mit der verborgenen Kirche) eine rein *negative* Bedeutung. Das, was sie von der verborgenen Kirche un-terscheidet, worin sie gewissermaßen über diese hinausreicht, ist dann

---

93 Expositio christianae fidei (1531), in: ders., Auswahl seiner Schriften, Zürich/ Stuttgart 1962, S. 304 f. Vgl. hierzu auch A. Ritschl, Ueber die Begriffe: sichtbare und unsichtbare Kirche (1859), in: ders., Ges. Aufs., Freiburg/ Leipzig 1893, S. 68 f.
94 WA 18,652,23.

nichts anderes als die Existenz der sog. „Nichtglaubenden" oder „Heuchler", die zwar zur sichtbaren, nicht aber zur verborgenen Kirche gehören. Dann kann man zwar noch verstehen, daß diese unechten Elemente gemäß dem Gleichnis vom Unkraut unter dem Weizen (Mt 13,25-30) bis zum Jüngsten Gericht ertragen werden müssen, also nicht „herausgerissen" werden sollen, aber es wird dann gar nicht deutlich, welche *positive* Bedeutung die sichtbare Kirche für die verborgene Kirche haben könnte.

Diese positive Bedeutung wird sehr viel deutlicher in einem Bild, das Luther verwendet, indem er das Wesen der Kirche und ihre äußere Struktur zueinander wie Seele und Leib in Beziehung setzt[95]. Nach dieser Verhältnisbestimmung ist die verborgene Kirche das innere Lebensprinzip, die sichtbare Kirche dagegen die äußere, leibhafte Gestalt, *wobei eines nicht ohne das andere sein kann.* Diese Verhältnisbestimmung ist viel angemessener und leistungsfähiger als die oben skizzierte zwischen Ganzem und Teil.

Freilich müssen von da aus die Aussagen des vorigen Abschnitts (14.3.1.1) insofern ergänzt werden, als die *Tatsache* der leibhaften Gestalt, also das *Faktum* einer äußeren Struktur zum Wesen der Kirche als „Gemeinschaft der Glaubenden" hinzugehört.[96] So wie der Glaube das Dasein notwendigerweise *leibhaft* gestaltet und bestimmt, so gilt dies auch für die „Gemeinschaft der Glaubenden". Zwar ist es richtig, diese Gemeinschaft *von innen her* zu denken, also von der Gemeinsamkeit der Ausrichtung auf Gott, aber diese innere Gemeinschaft kann nicht so gedacht werden, als sei sie auf ein „Innen" beschränkt und begrenzt, sondern das „Innen" muß verstanden werden als die *Innenseite* der leibhaften Vollzüge, die wir als sichtbare Kirche bezeichnen. Das heißt nicht, daß an bestimmten äußeren Strukturen zweifelsfrei abgelesen werden könnte, daß sie Ausdrucksformen des Glaubens sind, aber es heißt, daß die verborgene Kirche nicht losgelöst von äußeren Strukturen existiert, sondern nur *in* ihnen. Das schließt nicht aus, daß zur sichtbaren Kirche auch Menschen gehören, die nicht von der Sehnsucht nach erfülltem Leben bewegt sind. Aber *das* macht nicht das *Wesen* der sichtbaren Kirche aus, sondern gehört nur zu ihren kontingenten Erscheinungsmerkmalen unter irdischen Bedingungen. Das Wesen der sichtbaren Kirche läßt sich vielmehr wie folgt beschreiben: „Kirche in diesem Sinne ist *leibliche Gemeinschaft* (einschließlich aller institutionellen Rahmenbedingungen) von Menschen, *die sich (jedenfalls äußerlich) zu Wortverkündigung und*

---

95 WA 6,296 f.
96 Den Anstoß zu dieser Einsicht habe ich erhalten durch die Dissertation von G. Neebe, Apostolische Kirche, Marburg 1994.

Sakramentsfeier halten und sich (jedenfalls äußerlich) zum Glauben bekennen. Seinen Schnittpunkt findet dies alles in der *Taufe.* Insofern läßt sich die sichtbare Kirche auch zusammenfassend definieren als die *Gemeinschaft der Getauften".*[97] Von da aus wird erkennbar, welche *positive* Bedeutung die sichtbare Kirche hat: Sie ist so etwas wie ein Rahmen oder Raum, in dem Menschen von Wortverkündigung und Sakramentsfeier so erreicht werden können, daß in ihnen Glaube geweckt wird. Die sichtbare Kirche ist also das unverzichtbare Mittel dafür, daß das Evangelium von Jesus Christus tradiert und kommuniziert wird und so immer neu Glaube entsteht und die „Gemeinschaft der Glaubenden" erhalten wird, die selbst nicht sichtbare Kirche ist oder werden kann, der aber die sichtbare Kirche dient. Als die leibliche Außenseite und Gestaltwerdung ist die sichtbare Kirche folglich zugleich ein *Mittel,* durch das die verborgene Kirche erhalten wird. Sie ist dabei nicht selbst *Heilsmittel* oder Sakrament, wohl aber ist sie der Raum und die äußere Gemeinschaft, in denen Wortverkündigung und Sakramentsfeier sich ereignen und erlebbar werden.

Weil Glaube nicht entstehen kann ohne die Heilsmittel als äußere Zeichen (und ohne das Wirken des Heiligen Geistes, durch das diese Zeichen beglaubigt und gewißgemacht werden), darum gehört die sichtbare Kirche als äußere, leibliche Gemeinschaft zum *Wesen* der Kirche.[98] Daß dies so ist, ergibt sich gerade dann, wenn man zu Recht ansetzt bei der *inneren* Wesensbestimmung der Kirche als „Gemeinschaft der Glaubenden". Verborgene und sichtbare Kirche sind so zwei Aspekte am Wesen der Kirche, die zu unterscheiden sind, aber nicht getrennt werden können, sondern eine unaufhebbare Einheit bilden.

14.3.1.3   Die Eigenschaften und Kennzeichen der Kirche

In der Überschrift wird unterschieden zwischen den *Eigenschaften* (notae), die die altkirchlichen Bekenntnisse der Kirche zusprechen, wenn sie sie als „eine einige, heilige, christliche, apostolische Kirche" (BSLK 27,7 f.) be-

---

97 So in meinem Art. „Kirche VII", in: TRE Bd. 18, S. 288. Noch genauer wäre folgende Definition: Die sichtbare Kirche ist – theologisch gesehen – die Gemeinschaft der nicht aus der Kirche ausgetretenen Getauften. In dieser Definition sind freilich nur die zur sichtbaren Kirche gehörenden *Menschen* erfaßt, nicht ausdrücklich auch die *Strukturen* und *Ordnungen,* in denen sie kommunizieren.

98 Wie bereits oben (2.1.2) angedeutet, erweisen sich gerade im Blick auf das Wesen der Kirche die dort eingeführten Differenzierungen am Begriff „Wesen" als klärend und hilfreich.

zeichnen, und den *Kennzeichen* (notae externae), die nach reformatorischer Lehre für das Erkennen der rechten christlichen Kirche und „zur wahren Einigkeit der christlichen Kirche" (BSLK 61,13 f.) notwendig und hinreichend sind und die in CA 7 mit den Stichworten reine Predigt des Evangeliums und evangeliumsgemäße Darreichung der Sakramente (BSLK 61,5-7) bezeichnet werden.[99] Wie verhalten sich jene zuerst genannten „klassischen" notae zu diesen notae externae?

Die Eigenschaften Einheit, Heiligkeit, Katholizität und Apostolizität beziehen sich nicht auf irgendeine institutionell verfaßte Kirche, auch nicht auf den sichtbaren *Aspekt* der Kirche, sondern auf die Kirche *als (verborgene) „Gemeinschaft der Glaubenden"*. Als solche ist die Kirche

- *eine* (einzige), weil sie durch das eine Evangelium von Jesus Christus begründet und erhalten wird und darum *einen* Herrn, *einen* Glauben und *eine* Taufe hat (Eph 4,5);
- *heilig*, weil die Menschen, die zur „Gemeinschaft der Glaubenden" gehören, dadurch zu Gott gehören und also geheiligt sind;
- *katholisch*, also allumfassend, weil das die Kirche begründende Evangelium von Jesus Christus ohne Unterschied Menschen aus allen Völkern, Rassen und Regionen beruft und versammelt;
- *apostolisch*, d. h. gegründet auf die apostolische Verkündigung und damit konstituiert durch das von den Aposteln ursprünglich bezeugte Evangelium von Jesus Christus.

Diese Eigenschaften dürfen nicht normativ verstanden werden, sondern sie haben *deskriptiven* Sinn: Die „Gemeinschaft der Glaubenden" *soll nicht* eine, heilige, katholische und apostolische Kirche sein, sondern sie *ist* es, sofern sie die Gemeinschaft der Menschen ist, die durch das Evangelium von Jesus Christus bewegt werden. In diesem Sinn haben die altkirchlichen Eigenschaften der Kirche auch aus reformatorischer Sicht ihre unverzichtbare Bedeutung.

Weil diese Eigenschaften solche der *verborgenen* Kirche sind, darum eignen sie sich *nicht* als *äußere* Kennzeichen, anhand derer die institutionell verfaßten „Kirchen" daraufhin befragt und geprüft werden können, ob sie diese Bezeichnung für sich zu Recht in Anspruch nehmen. Die dabei vorausgesetzte Unterscheidung zwischen wahrer (rechter) und fal-

---

99 In ähnlicher Weise nennt Luther in seiner Schrift „Von Konziliis und Kirchen" (1539) das gepredigte Wort Gottes, die Taufe und das Abendmahl als die wichtigsten Kennzeichen der Kirche, denen er noch vier weitere Kennzeichen anfügt: das Amt der Schlüssel (also Beichte und Absolution), die kirchlichen Ämter, das Gebet, die Kreuzes- und Leidensnachfolge (WA 50,628 ff.). Den Begriff „notae externae" verwendet Melanchthon in der Apologie zu CA 7 (s. BSLK 234,30 f.).

scher (unrechter) Kirche ist eine Unterscheidung, die nur im Blick auf die *sichtbaren* Kirchen getroffen werden *kann*. Im Blick auf sie *muß* sie aber auch getroffen werden, weil die Kirchen die Aufgabe haben, das zu verkündigen, was dem Leben dient und heilsam ist. Aber faktisch steht jede Kirche in der Gefahr, sich selbst zu verabsolutieren, aus dem Evangelium eine Ideologie zu machen und Menschen falsche Sicherheiten anzubieten. Daher muß sich jede Kirche immer wieder selbst prüfen und von anderen prüfen lassen, ob und inwieweit sie noch dem lebendigen, befreienden Evangelium von Jesus Christus Raum gibt. *Deswegen* sind die dem Urimpuls entsprechende Verkündigung des Evangeliums und die Feier der Sakramente im Geist des Evangeliums *die* fundamentalen (d. h. sowohl notwendigen als auch hinreichenden) Kennzeichen der rechten (sichtbaren) Kirche. Zu ihnen können andere Kennzeichen hinzukommen (s. o. Anm. 99), die jedoch nicht denselben Rang haben können, weil sie nicht *konstitutiv* sind für das Wesen und den Auftrag der sichtbaren Kirche. Notae externae im strengen Sinn des Wortes sind nur diejenigen Heilsmittel, durch die die Kirche als die „Gemeinschaft der Glaubenden" begründet, belebt und erhalten wird. Und nur sofern sie dem dienen, sind sie Kennzeichen der rechten Kirche.

Von hier aus ist auch eine Frage zu bedenken, die sich unter neuzeitlichen Lebensbedingungen immer häufiger stellt: die Frage, ob Menschen, die keiner der (institutionell verfaßten) christlichen Kirchen angehören, dennoch zur „Gemeinschaft der Glaubenden", also zur verborgenen Kirche gehören können, und wie dies theologisch zu begründen ist.[100] Vorauszusetzen ist dabei, daß ein Mensch außerhalb der institutionell verfaßten Kirche in irgendeiner Form der Verkündigung des Evangeliums begegnet, durch sie angerührt und in die Lebensbewegung des Glaubens an Jesus Christus gebracht wird. Hier ist das Wort Jesu zu beachten: „Wehrt ihm nicht! Denn wer nicht gegen euch ist, der ist für euch" (Lk 9,50, ähnlich Mk 9,40). Wichtig ist, daß die Kirchen und ihre Repräsentanten nicht ausgrenzend, sondern offen und anknüpfend reagieren. Denn zum *Inhalt* des christlichen Glaubens gehört auch die Gewißheit, daß der göttliche Heilswille universal ist, sich also nicht auf die Glieder der sichtbaren Kirche *beschränkt*. Die Prüfung und Pflege der Kennzeichen der rechten Kirche wird jedoch dadurch schon deswegen nicht überflüssig, weil diese Gewißheit sich aus der unverfälschten Verkündigung des Evangeliums ergibt, die selbst das zentrale Kennzeichen der rechten Kirche ist.

---

100 In den letzten Jahrzehnten ist dieses Problem vor allem unter drei Formeln diskutiert worden: „Latente Kirche" (P. Tillich, D. Sölle), „Anonymes Christentum" (K. Rahner) und „Christentum außerhalb der Kirche" (T. Rendtorff).

14.3.2 Der Auftrag der Kirche

Wenn es richtig ist, daß die Kirche ihrem Wesen nach die „Gemeinschaft der Glaubenden" ist, die durch das Evangelium von Jesus Christus berufen, gesammelt, erleuchtet, geheiligt und im rechten Glauben erhalten wird (BSLK 512,6-8), dann kann sich die Kirche ihren Auftrag nicht selbständig oder gar willkürlich wählen, sondern muß seine grundsätzliche Bestimmung (14.3.2.1), die Beschreibung seiner Verwirklichungsformen (14.3.2.2) und seiner Grenzen (14.3.2.3) von dem ableiten, wodurch sie konstituiert wird.

14.3.2.1 Die Bestimmung des kirchlichen Auftrags

Aus dem bisher Gesagten ergibt sich *die* grundlegende Aufgabenbestimmung für die Kirche, nämlich *die ihrem Ursprung entsprechende Verkündigung des Evangeliums und die evangeliumsgemäße Darreichung der Sakramente.* Dabei sind Evangeliumsverkündigung und Sakramentsfeier keine zwei unterschiedlichen Aufgaben, sondern zwei Weisen, wie die *eine* Aufgabe der Kirche wahrgenommen wird, das Evangelium von Jesus Christus als das Heil der Welt zu bezeugen. Damit bezeugt die Kirche das, wodurch sie selbst *konstituiert* wird. Der Hinweis darauf ist in dreifacher Hinsicht wichtig:

– Der Auftrag, das gehörte und geglaubte Evangelium von Jesus Christus zu *bezeugen*, und d. h.: als Beteiligte und Betroffene weiterzusagen, ergibt sich für die Kirche aus der Gewißheit, daß dieses Evangelium heilsame Botschaft für alle Menschen ist. Diese Gewißheit muß der innere Beweggrund sein, um dessentwillen das Evangelium verkündigt wird (Act 4,20). Der sog. evangelistische oder missionarische Auftrag der Kirche ist dagegen immer mißverstanden und verfehlt worden, wenn im Namen des christlichen Glaubens der Versuch unternommen wurde, Menschen gegen ihre Überzeugung oder mit unlauteren Mitteln zu Gliedern der christlichen Kirche zu machen. Evangelisation und Mission dürfen nichts anderes sein als die der Kirche aufgetragene Bezeugung des Evangeliums von Jesus Christus. Diese Bezeugung schließt den Dialog mit anderen religiösen Überzeugungen und das sorgfältige Hören auf sie notwendigerweise ein.
– Daß die Kirche das „sie selbst" konstituierende Evangelium zu bezeugen hat, zeigt, daß dieses Geschehen nicht nur etwas ist, das von der Kirche *ausgeht*, sondern auch der Kirche und ihren Gliedern *gilt*. Die Kirche ist niemals eine Gemeinschaft von Menschen, die das Evan-

gelium besitzen und es nun nur noch *anderen* zu bezeugen hätten, sondern die Kirche wird durch das Evangelium immer neu *konstituiert*. Sie ist also selbst darauf *angewiesen*, daß ihr das Evangelium immer wieder zuteil wird. Nur unter Einbeziehung dieser Erkenntnis kann legitimerweise gesagt werden, daß die Kirche „für andere" da sei[101].

– Die Erfüllung des Auftrags der Kirche dient selbst der Sammlung und Erhaltung der „Gemeinschaft der Glaubenden", also der „Auferbauung" der Kirche und gerade *so* dem Heil der Welt. Insofern besteht kein Gegensatz zwischen dem Dienst an der Kirche und dem Dienst an der Welt. Der Einsatz für die Erhaltung und Förderung der sichtbaren (institutionell verfaßten) Kirche ist nicht nur theologisch legitim, sondern sogar geboten, sofern er diesem Ziel dient. Nur wenn die kirchliche Institution zum *Selbstzweck* wird, behindert sie *dadurch* ihren Auftrag; denn sie manifestiert dann jene incurvatio, die das Wesen der Sünde ist, deren Macht durch das Evangelium durchbrochen wird. Um ihrer Aufgabenbestimmung willen kann oder muß eine Kirche u. U. in bestimmten Situationen auf Vorteile, Machtpositionen, Einfluß und finanzielle Mittel verzichten. Aber auch das kann nur vom kirchlichen Auftrag her entschieden werden, ist also seinerseits *kein Selbstzweck*. Es ist *nicht* der Sinn und Zweck der sichtbaren Kirche, sich selbst aufzuheben oder überflüssig zu machen, sondern dem Evangelium von Jesus Christus Raum zu geben.

14.3.2.2 *Verwirklichungsformen des kirchlichen Auftrags*

Es geht hier nicht darum, die tatsächliche, wünschbare oder gar denkbare Vielfalt kirchlicher Veranstaltungen und Einrichtungen aufzuzählen oder zu analysieren. Vielmehr geht es darum, die grundsätzlichen Gesichtspunkte zu benennen, an denen sich die Verwirklichung des kirchlichen Auftrags zu orientieren hat, wenn sie seinem Sinn gerecht werden soll.

---

101 Diese als Definition oder umfassende Auftragsbeschreibung gängige, aber mißverständliche Formel ist abgeleitet aus dem Satz D. Bonhoeffers: „Die Kirche ist nur Kirche, wenn sie für andere da ist." (Widerstand und Ergebung, NA München 1985³, S. 415). Bei Bonhoeffer ist das Dasein für andere *ein* Element des Wesens und Auftrags der Kirche. Insofern ist die Formel nicht zu beanstanden, wohl aber, wenn sie isoliert und verabsolutiert wird.

a) Die Entsprechung zwischen Inhalt und Form

Es gibt keine formlose Wahrnehmung und Verwirklichung des kirchlichen Auftrags – auch dort nicht, wo sie „informell", also nicht im Rahmen einer *geprägten* Form geschieht. Die Bezeugung des Evangeliums durch Worte und Taten, Veranstaltungen und Einrichtungen unterscheidet sich seiner Struktur nach nicht prinzipiell von anderen Kommunikationsvorgängen. Deswegen gilt auch für die Wahrnehmung des kirchlichen Auftrags das Erfordernis der syntaktischen Stimmigkeit, der semantischen Deutlichkeit und der pragmatischen Situationsangemessenheit. D. h.: Die übermittelte Botschaft muß in sich, im Blick auf ihren Gehalt und in ihrem Kontext nachvollziehbar sein. D. h. aber auch: Die *Form* der Mitteilung darf dem Inhalt nicht widersprechen, sondern muß ihm angemessen sein, andernfalls kommt es zu einer Dissonanz in der Vermittlung und Wahrnehmung, die verfälschend wirken kann. Dabei müssen möglichst alle Faktoren berücksichtigt werden, die dieses Kommunikationsgeschehen mitbestimmen: z. B. der Habitus (das Erscheinungsbild, die Gestik und Mimik) der Menschen, die das Evangelium bezeugen; die ästhetische Beschaffenheit der Räume und Veranstaltungen; die Atmosphäre in Gruppen und Versammlungen; der geschichtliche und gesellschaftliche Zusammenhang, in dem der kirchliche Auftrag erfüllt wird. All dies „spricht" insofern mit, als es dem zu bezeugenden Evangelium entspricht oder widerspricht und darum sein Verstehen fördert oder behindert.[102] Bei alledem besteht zwischen Inhalt und Form insofern ein *inneres Gefälle*, als die Form dem Inhalt zu dienen hat, an ihm zu messen und ggf. von ihm her zu korrigieren ist – während das Umgekehrte nicht gilt.

b) Die Erfordernisse der Kontinuität und der Konzentration

Der Auftrag der Kirche, das Evangelium von Jesus Christus als das Heil der Welt zu bezeugen, macht es erforderlich, daß dieser Auftrag – soweit dies möglich ist – in *kontinuierlicher Form* wahrgenommen wird und daß er grundsätzlich in einer für *alle Menschen* zugänglichen Form wahrgenommen wird. Diese kontinuierliche, öffentliche Wahrnehmung des kirchlichen Auftrags erfolgt (bewußt oder unbewußt) durch das *Lebenszeugnis* der Christen, durch die Arbeit kirchlicher *Werke* und *Einrichtungen* (Diakonie) sowie durch den regelmäßigen *Gottesdienst* und andere

---

102 Im Bewußtsein dieser Tatsache und im verantwortungsvollen Umgang mit ihr hat die evangelische Kirche gegenüber der römisch-katholischen Kirche einen erheblichen Rückstand und Nachholbedarf.

Veranstaltungen der christlichen Gemeinde an bestimmten Orten und zu bestimmten Zeiten. Als die gemeinsame, öffentliche Feier und Bezeugung des Evangeliums ist dabei der Gottesdienst das *Zentrum* des regulären kirchlichen Lebens. Das *Kirchenjahr* und die ihm zugeordneten *Perikopenreihen* stellen zusätzliche innere Kontinuitätselemente dar, die dazu dienen, den Reichtum und die vielfältigen Lebensbezüge des Evangeliums möglichst unverkürzt zur Geltung kommen zu lassen.

Neben diesen kontinuierlichen Elementen sind jedoch auch solche Arbeitsformen notwendig, die die *Konzentration* auf bestimmte Herausforderungen, Situationen und Anlässe ermöglichen. Diese Notwendigkeit ergibt sich daraus, daß die menschliche Existenz nicht nur kontinuierlich-gleichförmig verläuft, sondern durch Phasen unterschiedlicher Intensität, Problematik und Bedeutung geprägt ist. Dabei ist an Einschnitte, Übergänge und Herausforderungen zu denken, die alters-, geschlechts- oder berufsspezifisch sind oder durch besondere Lebensumstände hervorgerufen werden. Der überwiegende Teil der Amtshandlungen und seelsorgerlichen Kontakte sowie der kirchlichen Bildungsarbeit (einschließlich Akademiearbeit und Kirchentage) gehört hierher. In all diesen Fällen erfordert die Wahrnehmung des kirchlichen Auftrags eine Ausrichtung auf die spezifische Lebenssituation, in der Menschen sich befinden, damit das rettende und segnende Wirken Gottes für sie erfahrbar werden kann. Mit der hinzugewonnenen arbeitsfreien (Tages-, Wochen-, Jahres- und Lebens-)Zeit ist das Bedürfnis nach solchen konzentrierten Formen kirchlicher Arbeit gewachsen, wobei die „Arbeit" u. U. „nur" darin besteht, „Oasen" zu schaffen, die ihrerseits *nicht* durch Programme ausgefüllt und verplant sind, sondern der Selbstbesinnung und geistlichen Erneuerung dienen.

14.3.2.3 Die Grenzen des kirchlichen Auftrags

Die Begrenzung des kirchlichen Auftrags kann sich nicht darauf beziehen, daß Gruppen oder einzelne Menschen als mögliche Adressaten ausgeschlossen wären. Die Bezeugung des Evangeliums als Heil der *Welt* erlaubt keine *solche* Begrenzung. Wohl aber ergibt sich eine Begrenzung aus dem Auftrag der Kirche, das Evangelium von Jesus Christus als das Heil der Welt zu bezeugen. Diese Begrenzung gehört in Gestalt der Zwei-Regimenten-Lehre (von CA 28 bis zum Art. V der Barmer Theologischen Erklärung) zum festen Lehrbestand der evangelischen Kirche (s. o. 5.3.2.3).

Der Auftrag der Kirche ist die Bezeugung des Evangeliums, das durch das Wirken des Heiligen Geistes Glauben *weckt*, aber nicht immer und

überall tatsächlich Glauben *findet*. Es gibt die Möglichkeit der bleibenden
Verblendung, der Verstockung und des Unwillens. Überall dort bleibt
aber die Macht der Sünde ungebrochen bestimmend (peccatum regnans)
und kann sogar die Sehnsucht nach erfülltem Leben ersticken. Auch angesichts dieser Erfolglosigkeit besteht der kirchliche Auftrag in nichts
anderem als darin, das Evangelium zu bezeugen „sine vi humana, sed
verbo" (BSLK 124,9). Damit aber das Böse seine zerstörerische Macht
gegen Mensch und Natur nicht ungehindert zur Wirkung bringen kann,
entwickelt die menschliche Gesellschaft Institutionen des Rechts und der
Politik. Aus der Sicht des christlichen Glaubens stehen auch diese Institutionen unter Gott. D. h.: Auch die Tatsache, daß es rechtliche und politische Ordnungen gibt, ereignet sich unter Gottes Vorsehung (s. o. 8.3.3).
Darum sind sie am Willen und Auftrag Gottes zu messen. Aber Recht und
Politik (wie auch Wissenschaft und Wirtschaft) haben einen „anderen"
Auftrag als die Kirche. Demzufolge gibt es aus der Sicht des christlichen
Glaubens sehr wohl eine *Eigengesetzlichkeit* des politischen Bereichs gegenüber der *Kirche*, aber *keine* Eigengesetzlichkeit des politischen Bereichs gegenüber dem Willen *Gottes*. Das politische Mandat dient zwar
nicht (unmittelbar) dem *Heil*, sondern *nur* der Erhaltung der Welt durch
die Schaffung von Strukturen, *in denen* Leben geschützt wird und sich
entwickeln kann. Mit der Erfüllung dieser staatlichen Aufgabe ist die
Androhung und Ausübung von Gewalt vereinbar, ja für sie ist das Verfügen über Sanktionsmöglichkeiten sogar *unverzichtbar* (staatliches Gewalt-
monopol). Solche Mittel darf die Kirche *bei der Erfüllung ihres Auftrags*
(im Unterschied zur Errichtung und Erhaltung der Institution mit ihren
Gesetzen und Ordnungen[103]) nicht verwenden. Damit ist der kirchliche
Auftrag auch hinsichtlich der Wahl der *Mittel* begrenzt.

Achtet der *Staat* seine Begrenzung nicht, so wird er tendenziell zur
totalitären Institution, die mit Mitteln der Gewalt über die Gewissen
regieren will. Achtet die *Kirche* ihre Begrenzung nicht, so wird sie tendenziell zu einer schwärmerischen Institution, die den politischen Auftrag
der Bewahrung der Welt zerstört oder verächtlich macht. Deswegen ist
mit der Zwei-Regimenten-Lehre, wie sie auch in Barmen V formuliert ist,
an der klaren Unterscheidung des staatlichen und kirchlichen Auftrags
(und der damit jeweils gegebenen Begrenzung) festzuhalten.

Gerade von dieser Unterscheidung her ergeben sich nun aber auch
mehrere *Verbindungen*, die diese Begrenzungen nicht aufheben, aber präzisieren:

– Wenn der staatliche Auftrag als Mandat *Gottes* zu verstehen ist, so
  hat die Kirche Anlaß, diesen Auftrag, der nicht der ihrige ist, zu

---

103 Zur Rolle des Rechts innerhalb des Lebens der Kirche s. u. S. 582.

respektieren und seine Wahrnehmung zu bejahen. Sie tut dies am angemessensten durch das *Gebet* für die Inhaber politischer Macht.

– Ist der staatliche Auftrag als Mandat *Gottes* zu verstehen, so ist seine Erfüllung *nicht beliebig,* sondern daran zu messen, ob und inwieweit sie der Schaffung von Recht und Frieden und so der Eindämmung des Bösen und der Entfaltung des Lebens dient. In der Wahrnehmung dieser kritischen Funktion besteht das *ethische Mandat der Kirche gegenüber der Politik* – ein eigenes *politisches* Mandat hat die Kirche jedoch *nicht.*

– Die Respektierung der politischen Machtinstanzen findet dort ihre *Grenze,* wo diese Instanzen sich selbst in den Dienst des Bösen stellen, statt ihm in den Weg zu treten. Wo die Inhaber politischer Macht zur Sünde auffordern, darf ihnen nicht Folge geleistet werden (Act 5,29). Das schließt die Verweigerung des Gehorsams bis hin zur Möglichkeit des gewaltlosen Widerstands (einschließlich der Bereitschaft, dafür zu leiden) ein.

– Die Kirche hat das Recht, für sich und die Erfüllung ihres Auftrags den Schutz des Staates in Anspruch zu nehmen, sofern sie dadurch weder dem Staat ein Mitspracherecht über die Wahrnehmung ihres Auftrags einräumt noch sich seiner Sanktionsmöglichkeiten für die Verwirklichung ihres kirchlichen Auftrags bedient.

– Die Unterscheidung zwischen geistlichem und weltlichem Regiment ist *nicht nur* eine Unterscheidung zwischen kirchlichem und staatlichem Auftrag, sondern ist noch einmal auf die Kirche selbst anzuwenden. Die sichtbare Kirche bedarf auch einer *Rechtsordnung* (Kirchenrecht), durch die sie die Rechte und Pflichten ihrer Mitglieder (einschließlich der Amtsträger) für die Fälle regelt, in denen Konflikte entstehen können. Das Kirchenrecht ist insofern die unübersehbare Erinnerung daran, daß das „simul" auch für die Kirche gilt. Aber auch das *Kirchen*recht darf nicht die *Gewissen* der Menschen regieren oder bestimmen wollen. Das ist seine Grenze.

14.3.3   Die Ämter in der Kirche

Aus dem Auftrag der Kirche, das Evangelium von Jesus Christus zu bezeugen, folgt einerseits, daß es *Menschen* geben muß, die diesen Auftrag wahrnehmen, und daß andererseits *Ämter* (nur) insoweit legitim sind, als sie der Erfüllung dieses Auftrags direkt oder indirekt dienen. Es scheint so, als folgte aus diesen beiden Kriterien unmittelbar die Notwendigkeit des

Predigt- oder Pfarramtes als kirchliches Amt.[104] Bei genauerem Zusehen wird freilich erkennbar, daß ein solches kirchliches Amt nicht *unmittelbar*, sondern nur *mittelbar* aus diesen Kriterien folgt. Unmittelbar ergibt sich aus Wesen und Auftrag der Kirche „nur" das *Priestertum aller Gläubigen* (I Petr 2,9; Apk 5,10). Der Auftrag, das Evangelium von Jesus Christus zu bezeugen, ist nicht eingeschränkt auf einzelne Amtsträger, sondern gilt allen Gliedern der Kirche. Von daher sind die grundlegenden Aussagen über die christlichen und kirchlichen Ämter und ihr Verhältnis zueinander abzuleiten.

14.3.3.1 Das Allgemeine Priestertum

Durch die Taufe und den Glauben bekommt jeder Christ Anteil an dem ganzen Heilswerk Jesu Christi, also auch an seinem priesterlichen Amt. Damit ist innerhalb der christlichen Kirche im Blick auf die Beziehung zu Gott der Unterschied zwischen Priestern und Laien aufgehoben und das Priesteramt als ein besonderes Mittleramt an sein Ende gekommen. Damit hat jeder Christ grundsätzlich einen freien und direkten Zugang zu Gott und bekommt zugleich teil an der Aufgabe, anderen Menschen eine solche Beziehung zu Gott zu vermitteln. Wenn aber diese Rechte und Aufgaben *allen* Christen durch die Taufe übereignet sind, dann *kann* es im Sinne direkter göttlicher Einsetzung keine anderen Ämter geben, die *notwendig* zum Wesen der Kirche gehören.

Das Allgemeine Priestertum ist vom *Gemeinsamen* Priestertum, wie es die römisch-katholische Kirche lehrt, grundsätzlich zu unterscheiden.

---

104 In diesem Sinne wird CA 5 häufig verstanden: „Solchen Glauben zu erlangen, hat Gott das Predigtamt eingesetzt, Evangelium und Sakrament geben, dadurch er als durch Mittel den heiligen Geist gibt, welcher den Glauben ... wirket ..." (lat.: „Ut hanc fidem consequamur institutum est ministerium docendi evangelii et porrigendi sacramenta. Nam per verbum et sacramenta tamquam per instrumenta donatur spiritus sanctus, qui fidem efficit ..."; BSLK 58,1-7). Die Begriffe „Predigtamt" bzw. „ministerium docendi evangelii et porrigendi sacramenta" scheinen eindeutig auf das durch Ordination verliehene Pfarramt zu verweisen. Indessen ist von dem durch Ordination verliehenen kirchlichen Amt erst in CA 14 unter der Überschrift „Vom Kirchenregiment" bzw. „De ordine ecclesiastico" (BSLK 69,1) die Rede. Entweder handelt es sich dabei um eine Dublette mit verschiedenen Begriffen oder in CA 5 ist von dem umfassenden Dienst der Evangeliumsverkündigung die Rede, der allen Gläubigen aufgrund des Allgemeinen Priestertums zukommt. Vom Gesamtaufbau der CA her und aus sachlichen Gründen verdient diese zweite Interpretation den Vorzug.

Die Lehre vom Gemeinsamen Priestertum setzt sowohl die Fortdauer des
kirchlichen Priesteramtes als auch den qualitativen Unterschied zwischen
Priester und Laie voraus.[105] Es besagt aber, daß alle Laien, sofern sie an
der Verbindung zum sog. hierarchischen Priestertum festhalten, am kirchlichen Priesteramt *teilhaben* – und dies auf vielfältige Weise. Demgegenüber besagt die reformatorische Lehre vom Allgemeinen Priestertum (unter Rückgriff auf die Bibel), daß alle Christen gleichermaßen berechtigt
mit dem Dienst am Evangelium betraut sind.

   Während sich im Blick auf das gottesdienstliche Leben der Gemeinde
zeigen wird (s. u. 14.3.3.2), daß es nicht nur möglich und sinnvoll, sondern in gewisser Hinsicht notwendig ist, das Recht zur öffentlichen Wortverkündigung und zur Leitung der Sakramentsfeier auf kirchliche Amtsinhaber zu übertragen, ist eine solche Übertragung in zwei anderen
Hinsichten nicht möglich:

– In der allgemeinen Lebenswelt, vor allem in der Familie, im Beruf und
   in der Nachbarschaft, kommt die Beauftragung zum Dienst am Evangelium voll und uneingeschränkt zur Geltung. Insbesondere im Blick
   auf die eigenen Kinder können Eltern sich bei der religiösen Erziehung
   zwar helfen und unterstützen, nicht aber vertreten lassen.
– Auch im Blick auf das Recht und die Verpflichtung, sich selbst ein
   Urteil über die christliche Verkündigung zu bilden („Urteilen über die
   Lehre"), ist jeder Christ und ist die christliche Gemeinde insgesamt
   letztlich unvertretbar verantwortlich. Zwar kann ein Teil dieser Aufgabe an bischöfliche Ämter oder synodale Gremien delegiert werden,
   aber damit erlischt nicht die Mitverantwortung der Gemeinde und der
   einzelnen Christen dafür, daß und wie der Auftrag der Kirche wahrgenommen wird. Während in der römisch-katholischen Kirche die
   Letztverantwortung für die Lehre beim Bischofsamt liegt, ist und
   bleibt sie nach evangelischem Verständnis an das Allgemeine Priestertum gebunden.[106]

---

105 „Das gemeinsame Priestertum der Gläubigen aber und das Priestertum des
     Dienstes, das heißt das hierarchische Priestertum, unterscheiden sich zwar
     dem Wesen und nicht bloß dem Grade nach. Dennoch sind sie einander
     zugeordnet: das eine wie das andere nämlich nimmt je auf besondere Weise
     am Priestertum Christi teil." (LG 10: „Sacerdotium autem commune fidelium
     et sacerdotium ministeriale seu hierarchicum, licet essentia et non gradu
     tantum differant, ad invicem tamen ordinantur; unum enim et alterum suo
     peculiari modo de uno Christi sacerdotio participant.")
106 Die entscheidende Begründung dafür ist nach Luthers Auffassung der Bild-
     rede vom guten Hirten (Joh 10) zu entnehmen, insbesondere den Anfangs-
     und Schlußsätzen in V. 1-5 u. 27-29.

14.3.3.2 Das ordinierte Amt[107]

Es könnte so scheinen, daß es aufgrund dessen, was im vorigen Unter-abschnitt über das Allgemeine Priestertum zu sagen war, gar kein ordi-niertes Amt mit besonderen Befugnissen, Rechten oder Aufgaben geben könne. Bemerkenswerterweise ergibt sich aber gerade aus einer konse-quent durchdachten Lehre vom Allgemeinen Priestertum eine überzeu-gende Begründung für das ordinierte Amt[108]. Das zeigt, daß Allgemeines Priestertum und ordiniertes Amt einander weder aufheben noch ein-schränken, sondern bedingen und ergänzen.

Das ordinierte Amt ergibt sich aufgrund folgender Gedankenschritte aus dem Allgemeinen Priestertum: In seiner alltäglichen Lebenswelt ist jeder Christ nicht nur berechtigt, sondern auch beauftragt, seinen Glau-ben zu bezeugen und für das Evangelium einzustehen. Dort jedoch, wo Christen als Gemeinde zusammenkommen, wo also christliche Kirche gelebt wird, da stellt sich die Frage: Wer darf (kann und soll) in dieser Gemeinschaft predigen, taufen, das Abendmahl austeilen, die Gemeinde leiten etc.? Vom Gedanken des Allgemeinen Priestertums her ist zunächst zu sagen, daß alle Christen die geistliche Befähigung dazu durch die Taufe und den Glauben empfangen haben. D. h. aber nicht, daß alle in gleicher Weise dazu geeignet wären, diese Aufgaben der *öffentlichen* Evangeliums-verkündigung und Darreichung der Sakramente wahrzunehmen. Die Ent-scheidung darüber, wer für die Wahrnehmung dieser Aufgaben geeignet ist, und damit die Übertragung des kirchlichen Amtes durch Ordination obliegt letztlich der ganzen Gemeinde, die sich ein geistlich fundiertes Urteil darüber bilden muß, welche Menschen dazu geeignet sind, diese verantwortungsvolle Aufgabe zu übernehmen. In dieser Amtsübertragung verleiht die Gemeinde einzelnen Menschen die Berechtigung und die Verpflichtung zur öffentlichen Ausübung des Dienstes am Evangelium innerhalb der Kirche. Damit ist nicht nur die Übertragung bestimmter *Funktionen* gemeint, sondern mit dieser Übertragung verbindet sich zu Recht die Hoffnung, daß Menschen, die so für den Dienst am Evangelium freigestellt werden, eher in der Lage sind, ein geistliches Leben zu führen, als diejenigen Gemeindeglieder, die sich zeitlich und kräftemäßig anderen

---

107 Wie bereits oben (S. 31, Anm. 13) vermerkt, ist der Ausdruck „ordiniertes Amt" als zwar ungenaue, aber inzwischen allgemein übliche Kurzformel für das kirchliche, durch Ordination übertragene Amt zu verstehen. Zum Be-griff „Ordination" s. u. S. 586.

108 Eine solche hat Luther u. a. in seiner Schrift „De instituendis ministris Ecclesiae" aus dem Jahre 1523 in ausführlicher Form vorgelegt (WA 12,169-196).

beruflichen Aufgaben widmen müssen und sich *darin* als Christen zu bewähren versuchen.

Weil die Vollmacht zum Dienst am Evangelium allen Christen von Gott gegeben ist, darum darf kein Christ die öffentliche Ausübung dieses Dienstes an sich reißen, wohl aber darf (und soll) die Gemeinde (um der Erfüllung des Auftrags willen) diese Berechtigung auf einen oder einige andere *übertragen* und in diesem Sinne *delegieren*.[109] D. h., aus theologischen Gründen, nämlich um der sachgemäßen Erfüllung des kirchlichen Auftrags willen, ist es notwendig, daß es dort, wo christliche Gemeinde existiert, auch ordinierte Ämter gibt. Deswegen (und in dieser Indirektheit) gehören die Ämter zu den Kennzeichen rechter sichtbarer Kirche.[110]

Übertragen wird das ordinierte Amt von der *Gemeinde* in ihrer Gesamtheit. Der Ordinator (Bischof) handelt nach evangelischem Verständnis nicht als ein Glied in der Ämter-Sukzession, das mit besonderer Amts-Gnade begabt ist und diese weitergibt, sondern als erwählter *Repräsentant der Gemeinde*. Das ordinierte Amt ist folglich ein von der Gemeinde *verliehenes* Amt. Dementsprechend hat die *Ordination* primär den Charakter einer Übertragung von Befugnissen und entsprechenden Pflichten. Sie ist nach evangelischem Verständnis *nicht* der Akt, durch den die *Befähigung* zur Amtsausübung zugeeignet wird (so das römisch-katholische Verständnis der Priesterweihe), sondern mit der Ordination erkennt die Gemeinde (freilich auf irrtumsfähige Weise) die vorhandene geistliche und theologische Eignung zur öffentlichen Amtsübung an, verleiht daraufhin Befugnisse, überträgt Verpflichtungen und erbittet für die Ordinierten (unter Handauflegung) Gottes Segen.

Die in der Ordination *vorausgesetzte* (nicht verliehene!) Eignung hat einerseits den Charakter von Gott verliehener Gaben (Charismen). Im Hinweis darauf liegt der gute Sinn der Rede von der „Berufung" zum

---

109 S. dazu Luther: „Das erfordert wahrlich das Recht der Gemeinschaft, daß einer oder wieviele der Gemeinde gefallen, erwählt und angenommen werden, welche anstatt und im Namen aller derer, die dasselbe Recht haben, diese Ämter öffentlich ausüben, damit nicht eine scheußliche Unordnung im Volk Gottes geschehe. ... Es ist nämlich zweierlei, ein Recht öffentlich auszuüben oder dieses Recht in der Not zu gebrauchen: Öffentliches Ausüben soll nicht geschehen außer mit Zustimmung der Gesamtheit bzw. der Gemeinde. Aber in der Not gebrauche es ein jeder, der will." (WA 12,189,21 ff., nach der Übersetzung von Paul Speratus aus dem Jahre 1524, in: W2, Bd. X, Sp. 1589).

110 Vgl. dazu Luthers Schrift „Von den Konziliis und Kirchen" (WA 50,632 ff.). *Insofern* gibt es in der evangelischen Ekklesiologie einen Anknüpfungspunkt für das Gespräch mit der römisch-katholischen Kirche und Theologie über die Unverzichtbarkeit des kirchlichen Amtes als einer nota externa ecclesiae, durch die CA 7 nicht ergänzt, wohl aber *expliziert* wird.

ordinierten Amt, die sich nicht auf ein „Berufungserlebnis" bezieht, sondern auf die Begabung und Eignung zu diesem Amt.[111] Die Eignung hat
andererseits den Charakter einer (aufgrund dieser Begabung durch ein
theologisches Studium) erworbenen *theologischen Qualifikation* (theologische Kompetenz).

Aus den Aussagen über den Auftrag der Kirche und aus der Ableitung
des ordinierten Amtes aus dem Allgemeinen Priestertum ergibt sich einerseits, daß es in der evangelischen Kirche nur *ein* ordiniertes Amt geben
kann, nämlich dasjenige, das der *öffentlichen* Wahrnehmung dieses kirchlichen Auftrags verpflichtet ist, und daß die entscheidende *erworbene
Qualifikation* hierfür eine *theologische* zu sein hat, also eine, aufgrund
deren der kirchliche Auftrag auf reflektierte, überprüfbare, verantwort-
bare Weise wahrgenommen wird. Diese theologische Qualifikation oder
Kompetenz muß die pastorale und damit auch die rituelle Kompetenz
einschließen, ohne die die öffentliche Wahrnehmung des kirchlichen
Auftrags (für alle Beteiligten) nur unbefriedigend gelingen könnte.

14.3.3.3 Mitarbeiter in der Kirche

Das Allgemeine Priestertum ist der fundamentale Dienst, zu dem alle
Christen befähigt, berechtigt und verpflichtet sind. Ohne die Ausübung
dieses Dienstes durch die Gesamtheit der Christen in ihrer Lebenswelt
und durch die Inhaber des ordinierten kirchlichen Amtes in der Form der
öffentlichen Wortverkündigung und Sakramentsdarreichung würde die
Bezeugung des Evangeliums verstummen. Dabei ist das ordinierte Amt
diejenige fundamentale *institutionelle* Konkretion des Dienstes am Evangelium, ohne die die *öffentliche* Verkündigung des Evangeliums und die
Darreichung der Sakramente nicht auf verläßliche Weise geschähe. Aber
wenn es daneben in der Kirche nicht die Vielzahl der haupt-, neben- und
ehrenamtlichen Mitarbeiter gäbe, die eine Fülle von Aufgaben und Funktionen in allen Bereichen wahrnehmen, würde das kirchliche Leben schweren Schaden leiden.

Es ist eine der wichtigsten und schwierigsten Aufgaben für Inhaber
des Pfarramtes, Mitarbeiter zu gewinnen, sie soweit wie nötig anzuleiten,
ihnen Aufgaben zu übertragen und sie eigenverantwortlich arbeiten zu
lassen. Dabei ist es eine Gefahr, wenn Inhaber des ordinierten Amtes
soviel wie möglich von dem, was sie gerne tun, selbst erledigen und für

---

111 Diese (innere) Berufung zum ordinierten Amt ist nicht zu verwechseln mit
     der Ordination bzw. (äußeren) Berufung in ein kirchliches Amt als kirchen-
     rechtlich geregelter Akt, von dem auf S. 586 und auf S. 589 die Rede ist.

den *Rest* Mitarbeiter suchen.[112] Eine theologisch verantwortete Praxis des Pfarramts besteht in dieser Hinsicht darin, die in einer Gemeinde (oder Region) vorhandenen Charismen aufzuspüren, zur Entfaltung kommen zu lassen und zum Wohl der Gemeinde zusammenzuführen. Dazu gehört Sensibilität und die Bereitschaft aller Beteiligten, sich ggf. selbst zurückzunehmen. Nur so kann das vorhandene Potential an Begabungen und an Bereitschaft zur Zusammenarbeit tatsächlich genutzt werden.

Indem die Inhaber des ordinierten Amtes ihre Kompetenz, die immer auch ein Stück *Macht* ist, nutzen, um andere zu ermutigen und zu befähigen, eigenständig Aufgaben in der Kirche und in anderen Lebensbereichen wahrzunehmen, tragen sie einerseits zur Verwirklichung und Belebung des Allgemeinen Priestertums bei und nehmen andererseits ihren Teil an der Aufgabe der Leitung der Kirche sachgemäß wahr.

14.3.3.4 Die kirchenleitenden Ämter

Die kirchenleitenden Ämter sind – im strengen (und nicht abfälligen) Sinn des Wortes – *zweitrangige* kirchliche Ämter. D. h. nicht, daß sie unwichtig wären, aber es heißt, daß sie in der Rangfolge den Ämtern der Kirche, die der Verkündigung unmittelbar dienen, *zu*- und *nachgeordnet* sind.

Im Begriff „Kirchenleitung" sind dabei verschiedene Funktionen zusammengefaßt:

– die *Aufsicht* (durch Ordination und Visitation) über die Personen, die kirchliche Ämter bekleiden, wobei Aufsicht die Ausbildung, die Amtseinsetzung, das Wachen über Amtsführung und Lehre sowie ggf. die Amtsenthebung umfaßt;
– die Verantwortung für das ordnungsgemäße Stattfinden kirchlicher *Veranstaltungen* in allen Bereichen;
– die *Verfügung* über die (finanziellen, räumlichen und sachlichen) *Mittel*, die zur Wahrnehmung des kirchlichen Auftrags erforderlich sind;
– die Befugnis, diejenigen *Ordnungen* und *Gesetze* zu beschließen, die in all diesen Bereichen erforderlich sind.

Soweit diese kirchenleitenden Aufgaben nicht von der Gesamtheit der Gemeinde wahrgenommen werden können, sind sie zu delegieren einerseits an repräsentative *Gremien*, andererseits an berufene *Personen*.

---

112 Allerdings entspricht auch die Umkehrung nicht dem Wesen des kirchlichen Amtes. D. h.: Es geht nicht an, daß Pfarrerinnen und Pfarrer lediglich den Rest zu erledigen haben, für den sich in der Gemeinde sonst niemand findet.

a) Repräsentative Gremien (das synodale Element)

Die Grundform der Synode ist die Gemeindeversammlung zum Zweck der Beratung und Entscheidung. In ihr kommt die gemeinsame Verantwortung und die umfassende Beteiligung aller Christen an der Aufgabe der Kirchenleitung am unmittelbarsten zum Ausdruck. Aus Gründen der Zweckmäßigkeit muß es jedoch neben der Gemeindeversammlung noch andere synodale Gremien geben, die kirchenleitende Aufgaben in regelmäßiger, konzentrierter Form auf den verschiedenen Ebenen übernehmen: Kirchenvorstände oder Presbyterien, Kirchenkreis- oder Dekanatssynoden, landeskirchliche und gesamtkirchliche Synoden etc. Diese synodalen Gremien müssen von der Gemeinde, und d. h.: vom Allgemeinen Priestertum her legitimiert und konstituiert sein und deswegen auch (z. B. durch zeitliche Befristung der Amtsperioden und durch Rechenschaftsablegung) an diese zurückgebunden werden. Dabei ist ein Wahlverfahren in Analogie zu einem demokratischen Wahlverfahren jedenfalls nicht als unsachgemäß zu bezeichnen. Allerdings handelt es sich nur um eine *Analogie*; denn das dem Wesen der Kirche angemessene Verständnis des Zustandekommens solcher repräsentativer Gremien ist das der (kirchenrechtlich geregelten) *„Berufung"* und *„Amtsübertragung"* durch die Gemeinde. Dies ist von der politischen Praxis und Theorie der *Bewerbung* oder des *Kampfes* um ein Amt oder Mandat (Wahlkampf) zu unterscheiden. Aufgrund solcher Berufung und Amtsübertragung besitzen die synodalen Gremien jeweils auf ihrer Leitungs- und Verantwortungsebene die Entscheidungskompetenz – auch in Fragen der kirchlichen Lehre[113].

b) Berufene Personen (das bischöfliche Element)

Das bischöfliche Amt, wie es durch Bischöfe, Präsides, Kirchenpräsidenten etc. und in Teilfunktionen von Pröpsten, Dekanen, Superintendenten etc. wahrgenommen wird, ist die *personale* Verkörperung kirchenleitender Aufgaben. Als solche ist das bischöfliche Amt nicht bloß die „Exekutive" der synodalen Gremien, sondern bildet ein selbständiges, auch kritisches Gegenüber zu den Synoden. Das kommt einerseits zum Ausdruck in dem Einspruchsrecht (oder der Einspruchspflicht) von Bischöfen gegenüber Synodalbeschlüssen, die dem Evangelium widersprechen, andererseits darin, daß es bischöfliche Rechte und Pflichten gibt,

---

113 Letzteres gilt freilich nur unter Berücksichtigung des in Abschn. 14.3.3.1 genannten Vorbehaltes der Letztverantwortung der christlichen Gemeinde, wie er z. B. in der Barmer Bekenntnissynode von 1934 praktisch und kirchenpolitisch wirksam geworden ist.

die nicht von Synoden beeinflußt oder korrigiert werden können (z. B. Ordinationsrecht).

Auch das Charisma der Kirchenleitung kann nur dadurch in einem kirchlichen Amt sichtbare Gestalt annehmen, daß es von der Gemeinde oder ihrer repräsentativen Vertretung als solches *erkannt* und *anerkannt* wird. Deshalb erfolgt die Berufung in ein bischöfliches Amt zu Recht nicht durch die Wahl eines Bischofskollegiums, sondern durch die dazu von der Gemeinde her legitimierten synodalen Gremien, denen auch das Wachen über die Amtsführung und Lehre der bischöflichen Amtsträger obliegt. In der *Wahl* von Bischöfen durch Synoden findet das Allgemeine Priestertum im Blick auf das personale Leitungselement seinen angemessenen Ausdruck. Weil mit dieser Wahl jedoch die personale Leitungsverantwortung für eine Gesamtkirche (z. B. Landeskirche) übertragen wird, darum ist es weder theologisch begründet noch kirchlich ratsam, wenn andere kirchenleitende Ämter (z. B. Pröpste und Dekane) von eigenständigen synodalen Gremien unabhängig vom bischöflichen Amt vergeben und besetzt werden. Gerade wenn man die Begründung aller kirchlichen (einschließlich der kirchenleitenden) Ämter vom Allgemeinen Priestertum her ernst nimmt, kann nur ein Wahlsystem als befriedigend bezeichnet werden, das sicherstellt, daß die zu wählenden Amtsinhaber *sowohl* das Vertrauen des bischöflichen Amtsinhabers *als auch* das Vertrauen des zuständigen synodalen Gremiums besitzen. Damit ist die Frage noch nicht entschieden, ob solche Ämter auf befristete Zeit oder auf Lebenszeit (genauer: bis zum Eintritt in den Ruhestand) übertragen werden sollten. Für eine zeitliche Befristung spricht der Delegationscharakter, für eine lebenszeitliche Übertragung spricht hingegen die Einsicht, daß die Delegation (ähnlich wie bei der Ordination) in der Anerkennung eines gegebenen Charismas sowie der entsprechenden Qualifikation begründet ist, die ihrerseits (normalerweise) nicht einer zeitlichen Befristung unterliegen. Insofern ist von einem evangelischen Amtsverständnis her *beides* begründbar, und die Entscheidung hängt von unterschiedlichen Akzentsetzungen der Verhältnisbestimmung zwischen synodalem und bischöflichem Amt sowie von Gesichtspunkten der Praktikabilität ab, d. h., sie ist nicht aufgrund ekklesiologischer Einsichten *allein* zu fällen.

14.3.4   *Zur Struktur der Kirche*

Über die Struktur der (sichtbaren) Kirche ist hier nur insoweit zu sprechen, als diese Aussagen aus dem Wesen und Auftrag der Kirche abgeleitet werden und sich nicht nur aus den zufälligen geschichtlichen und gesellschaftlichen Bedingungen ergeben, unter denen die Kirchen existieren. Ebenso wie bei den Ämtern der Kirche ist auch bei den Überlegungen zur Struktur der Kirche zu unterscheiden zwischen dem, was aus Wesen und Auftrag der Kirche resultiert und darum *nicht beliebig* ist, und anderen Elementen, die nach den Zeitumständen und besonderen situativen Erfordernissen geregelt werden können.

14.3.4.1 *Die Gemeinde im Verbund mit anderen Gemeinden*

In ursprünglicher Weise gewinnt Kirche dort soziale Gestalt und – sofern diese Gestalt nicht auf einen einmaligen Akt beschränkt bleibt, sondern dauerhaft wird – soziale *Struktur*, wo Menschen zusammenkommen, um das Evangelium zu hören, zu feiern und zu bezeugen. Die *Gemeinde*, die sich dazu versammelt, kann man deshalb als die *Elementarstruktur* der Kirche bezeichnen. Dabei darf jedoch nicht außer acht gelassen werden, daß die Gemeinde – von *einer* Ausnahme abgesehen – nicht als isolierte Größe existiert, sondern verbunden ist mit den anderen Gemeinden, die sich *vor* ihr, aber auch mit denen, die sich *neben* ihr und *nach* ihr um das Evangelium versammeln. Die *eine* Ausnahme ist – vom geschichtlichen Ursprung des christlichen Glaubens her – die Jerusalemer Urgemeinde als die Gemeinschaft der ersten Jüngerinnen und Jünger, die als einzige das Evangelium nicht von einer anderen Gemeinde empfangen hat, sondern der es sich in der Begegnung mit Jesus Christus erschlossen hat. Alle späteren Gemeinden (also auch die von Rom, Wittenberg und Genf) sind konstitutiv auf das angewiesen, was ihnen von den früheren Gemeinden her überliefert und bezeugt ist. Darum ist die Gemeinde nur im Verbund mit anderen Gemeinden die Elementarstruktur der Kirche. Was über die elementaren äußeren und inneren Strukturbedingungen, die für die Kirche *konstitutiv* sind, zu sagen ist, muß sich von dem Grundvorgang her ergeben, durch den die Kirche entsteht und besteht.

a) *Äußere Strukturbedingungen*

Als *äußere* Strukturbedingungen kommen all diejenigen Faktoren in Frage, die gegeben sein müssen, damit eine Gemeinschaft, die sich um das Evangelium versammelt, überhaupt *möglich* ist. Zwei solche äußere Strukturbedingungen lassen sich benennen: Menschen müssen einander leibhaft *begegnen* und miteinander *kommunizieren* können. Von diesen beiden Bedingungen her ist die Versammlung derer, die kulturell (z. B. durch Sprache) untereinander verbunden sind und nahe beieinander wohnen, der naheliegendste Fall einer gelingenden kirchlichen Strukturbil-

dung. Dieser Fall ist verwirklicht in der sog. *Parochialgemeinde*, d. h. in
der Gemeinde, die um ein kirchliches Versammlungsgebäude herum
wohnt und lebt.

    Die Parochialgemeinde ist freilich nicht der einzige legitime Fall einer
solchen elementaren Strukturbildung; denn die Bedingungen der Begeg-
nungsmöglichkeit und der Kommunikationsmöglichkeit können durchaus miteinander konkurrieren und tun dies faktisch in unserer unübersichtlicher werdenden Lebenswelt immer häufiger. Und da es keine
Möglichkeit gibt, diese Doppelung zu reduzieren, lassen sich Spannungen, die sich dadurch ergeben, auch nicht grundsätzlich vermeiden. Ihnen
muß ggf. durch strukturelle Alternativen, wie sie z. B. *Personalgemeinden*
oder *Hochschulgemeinden* darstellen, Rechnung getragen werden.

b) *Innere Strukturbedingungen*

Dadurch, daß Menschen einander begegnen *können* und miteinander
kommunizieren *können*, entsteht noch keine Kirche, sondern erst dann,
wenn es zur tatsächlichen Versammlung und Kommunikation kommt.
Dabei hat das Gegenüber von Hörenden und Redenden, Gebenden und
Empfangenden den Charakter eines (inneren) Strukturmoments, das in
allen kirchlichen Handlungsvollzügen wiederkehrt. Das Spezifikum der
Kirche kommt jedoch erst darin zum Ausdruck, daß sie die Gemeinschaft
der Menschen ist, die sich um die *Verkündigung des Evangeliums und zur
Feier der Sakramente* versammeln. Deshalb muß das ursprüngliche Zeugnis des Glaubens, an dem sich die Verkündigung des Evangeliums und die
Feier der Sakramente orientieren (müssen), in der kirchlichen Struktur
seinen festen Ort haben. Das wird symbolisiert durch die aufgeschlagene
Bibel im Kirchenraum (in der Regel: auf dem Altar); es kommt aber auch
zum Ausdruck durch das Lesen, Auslegen, Hören und Bedenken biblischer Texte, wie es im Gottesdienst und anderen kirchlichen Veranstaltungen fest verankert ist. Dem tragen alle Agenden dadurch Rechnung,
daß zahlreiche wichtige Stücke des Gottesdienstes unmittelbar der Bibel
entnommen sind. Das muß aber auch in anderen Zweigen und Formen der
Gemeindearbeit in jeweils angemessener Form zur Geltung kommen. Das
von der Bibel in ursprünglicher Weise bezeugte Evangelium von Jesus
Christus muß in der Struktur der Kirche seinen festen Platz, und zwar
einen *zentralen* Platz haben. Das ergibt sich aus dem Wesen und Auftrag
der Kirche und gehört deshalb zu deren unaufgebbaren inneren Strukturbedingungen.

14.3.4.2 Binnendifferenzierungen der Gemeindestruktur

Mit dem Begriff „Binnendifferenzierung" sind diejenigen Gliederungs-
und Spezialisierungsmöglichkeiten (und -erfordernisse) gemeint, die für
die christliche Kirche in ihrer Elementarform als Gemeinde (im Verbund
mit anderen Gemeinden) bestehen. Dabei kann es in einer Dogmatik nur
darum gehen, *Kriterien* zu formulieren, die im Blick auf solche Binnendifferenzierungen von Wesen und Auftrag der Kirche her Beachtung
verdienen.

Das Erfordernis theologischer Kriterienbildung wird schon erkennbar an der ersten, grundsätzlichen Frage, ob nämlich eine Gemeinde *un-
terhalb* der Ebene der gottesdienstlichen Versammlung um das Evangelium überhaupt eine solche Binnendifferenzierung besitzen *müsse*, um
rechte christliche Kirche zu sein. Diese Frage wird man in dieser Form
verneinen müssen, weil man andernfalls zu den aus Wesen und Auftrag
der Kirche abgeleiteten Bestimmungen neue, zusätzliche Forderungen
aufstellen würde. Prinzipiell ist es denkbar, daß eine Gemeinde keinerlei
Binnendifferenzierungen besitzt, sondern *alle* Funktionen gemeinsam und
einheitlich wahrnimmt, so daß Gottesdienst, Unterweisung, Seelsorge,
Diakonie und Wahrnehmung der gesellschafts-politischen Verantwortung
in der Versammlung der Gemeinde ebenso ihren Ort haben wie die Fragen der Verwaltung und äußeren Ordnung. Es ist freilich bereits eine sehr
frühe Erfahrung der christlichen Kirche gewesen (Act 6,1-7), daß das
Wachsen der Gemeinden Differenzierungen personeller und dann auch
struktureller Art erforderlich macht. Und es gibt keinen ernsthaften theologischen Grund, solche Binnendifferenzierungen (in Kindergottesdienst,
Jugend-, Alten- und Bildungsarbeit, Kirchenmusik, Seelsorge, Verwaltung, Diakonie usw.) aufzuheben oder grundsätzlich in Frage zu stellen.
Eine Kirchengemeinde ist ganz frei, sie ist aber auch verpflichtet, ihre
Struktur so zu differenzieren, wie das den örtlichen Erfordernissen und
Möglichkeiten entspricht.

Grundlegend ist dabei jedoch, daß solche Binnendifferenzierungen
tatsächlich als *Binnen*differenzierungen der Gemeinde im Bewußtsein bleiben und entsprechend gehandhabt werden. Auch im Blick hierauf gilt das
paulinische Bild von der Gemeinde als Leib (I Kor 12). D. h.: Problematisch werden solche Binnendifferenzierungen immer dann, wenn sie zu
Rivalitäten innerhalb der Gemeinde oder gar zu einem gegenseitigen Hin-
ausdrängen aus der Gemeinde führen. *Die Gemeinde (im Verbund mit
anderen Gemeinden) ist die unterste „selbständige", d. h. in sich voll
funktionsfähige Einheit in der christlichen Kirche.* Wer diese Ebene un-
terschreitet und dabei den Zusammenhang zur Gemeinde verläßt, gibt
wesentliche Funktionen der christlichen Kirche auf und schneidet sich

damit selbst von ihnen ab. Solange dies *nicht* geschieht, d. h. solange jede Gruppe, Veranstaltung, Aktion sich als *Teil* der Gemeinde im Angewiesensein auf die Ergänzung durch andere Teile weiß und versteht, können Binnendifferenzierungen, wie sie den örtlichen Erfordernissen und Möglichkeiten bei der Wahrnehmung des kirchlichen Auftrags entsprechen, ungehemmt vollzogen werden.

14.3.4.3   *Übergemeindliche Strukturen*

Schon im zurückliegenden Text wurde immer wieder darauf hingewiesen, daß die Gemeinde nur dann und insofern die Elementarstruktur der Kirche darstellt, als sie im Verbund mit anderen Gemeinden gesehen und verstanden wird. Dieser gesamtkirchlichen Sicht ist nun nachzugehen. Dabei geht es um die Erkenntnis, daß die Einzelgemeinde sich weder isolieren noch verabsolutieren darf, so als sei sie die *einzige* oder die *vollständige* Manifestation der Kirche. Seit es *mehr als eine* christliche Gemeinde gibt, muß auch die *Beziehung* dieser Gemeinden untereinander geklärt und geordnet werden, und es besteht demzufolge das Erfordernis einer übergemeindlichen Strukturbildung. Dabei ist – unter konfessionellen Lebensbedingungen – *zunächst* an die Gemeinden derselben Konfession zu denken, aber grundsätzlich gilt dies auch für Gemeinden anderer Konfessionen, sofern in ihnen Kennzeichen rechter christlicher Kirche erkennbar sind. Wenn ich mich hier auf das Problem der innerkonfessionellen Strukturbildungen konzentriere und das der ökumenischen Strukturbildungen ausklammere[114], so deswegen, weil letzteres unter drei komplexen, bislang ungeklärten Bedingungen steht:

– Welche Kirchen können sich gegenseitig als rechte christliche Kirchen anerkennen?
– Welche theologischen Kriterien für übergemeindliche ökumenische Strukturbildungen existieren in den verschiedenen Kirchen?
– Wie ist damit umzugehen, wenn zwischen den Partnerkirchen hinsichtlich der zuerst genannten Fragen keine Einmütigkeit besteht und zu erzielen ist?

---

114 Mit der Ausklammerung dieser Thematik ist nicht gesagt, dieses Problem sei unwichtig, sondern es sei wegen seiner Komplexität (noch) nicht lösbar. Allerdings gibt es auch angesichts dieser Unlösbarkeit einige durchaus wirksame Formen, Kirchengemeinschaft über Konfessionsgrenzen hinweg zu praktizieren. Zu ihnen gehört die gegenseitige Information, die punktuelle Kooperation und die wechselseitige Fürbitte im Gottesdienst.

Wenden wir uns den Erfordernissen *inner*konfessioneller übergemeindlicher Strukturbildung zu, so ergeben sich hier analoge Kriterien wie im Blick auf die Binnendifferenzierung:

Das Wissen um die *Einheit* der Kirche in Jesus Christus und um das Fragmentarische der eigenen Verwirklichung von Kirche verbietet es jeder Gemeinde, sich die Existenz anderer Gemeinden gleichgültig sein zu lassen. In der Ausbildung übergemeindlicher Strukturelemente (Kirchenkreise, Landeskirchen, konfessionelle Bünde etc.) wird bewußt die Kommunikationsgemeinschaft um Wort und Sakrament erweitert in Richtung auf andere Gemeinden, ihre Erfahrungen, Einsichten und ihr Verständnis des Evangeliums. Die übergemeindliche Strukturbildung, die dem Wissen um den eigenen Mangel entspricht, kommt exemplarisch zum Ausdruck

- in der *synodalen Praxis*, d. h. im geordneten Zusammenkommen zur geschwisterlichen Beratung und Entscheidung;
- in der *Visitation*, d. h. im (gegenseitigen) Besuch zum Zweck der Anregung, Entlastung und Kritik;
- in der Bereitschaft zum *Lastenausgleich*, d. h. zum Geben und Annehmen von Hilfen personeller, ideeller und finanzieller Art;
- in der öffentlichen *Fürbitte* für die anderen Gemeinden sowie für die übergemeindlichen Gremien, Organe und Amtsinhaber.

14.3.4.4 *Volkskirche und Freikirche*

Die bisherigen Ausführungen zur Struktur der Kirche implizieren zwar eine Kritik an Strukturmodellen, die die Ausbildung *übergemeindlicher* Strukturen ablehnen, d. h., die die Realität der (eigenen) Gemeinde tendenziell *verabsolutieren*. Aber sie sind noch indifferent gegenüber den Unterschieden übergemeindlicher Strukturbildungen, wie sie mit den Begriffen „Volkskirche" und „Freikirche" beschrieben werden. Da diese Modelle nicht nur Denkmöglichkeiten bezeichnen, sondern die kirchliche Realität des evangelischen Christentums (zumal im deutschsprachigen Bereich) beschreiben, möche ich mich ihnen abschließend zuwenden.

a) *Zu den Begriffen „Volkskirche" und „Freikirche"*

Sowohl der – vermutlich von Schleiermacher geprägte – Begriff „Volkskirche" als auch der Begriff „Freikirche", dessen englische Fassung „Free Church" ebenfalls Anfang des 19. Jahrhunderts entstand, zeichnen sich durch Unschärfe und Bedeutungsvielfalt aus. So lassen sich im Blick auf „Volkskirche" etwa unterscheiden:

- Volkskirche als Volkstumskirche;
- Volkskirche als Kirche des „Kirchenvolks", also der Laien;
- Volkskirche als volksmissionarische Kirche;
- Volkskirche als Kirche des (ganzen) Volkes;
- Volkskirche als gesellschaftlich-politisch anerkannte und geförderte Kirche.

In ähnlicher Weise lassen sich unterschiedliche Grundbedeutungen des Begriffs „Freikirche" ausmachen. So z. B.

- Freikirche als staatsfreie Kirche;
- Freikirche als Freiwilligkeitskirche;
- Freikirche als bekenntnisfreie (unmittelbar bibelorientierte) Kirche.

Aus theologischen Gründen ist von den Volkskirchen-Begriffen lediglich der erste als grundsätzlich kritikwürdig zurückzuweisen, weil er die Tatsache verdunkelt, daß das Evangelium nicht nur Menschen aller Völker anspricht, sondern daß es die Menschen über alle Volkstumsgrenzen hinweg zu dem *einen* Volk Gottes (aus allen Nationen, Völkern und Rassen) verbindet. Unter den Freikirchen-Begriffen ist hingegen der letztgenannte zu problematisieren, sofern sich damit eine grundsätzliche Ablehnung kirchlicher Bekenntnisse und der hermeneutisch unreflektierte Anspruch eines direkten, d. h. ungeschichtlichen Verstehenkönnens der Bibel verbindet.

Andererseits muß konstatiert werden, daß der Anspruch und das Ziel, *volksmissionarische* Kirche zu sein oder dem *Laien*element Raum zu geben, Volkskirche und Freikirche nicht voneinander trennt, sondern eher miteinander verbindet.

Faßt man die verbleibenden Begriffsbestimmungen zusammen, so zeigt sich, daß mit den Begriffen „Volkskirche" und „Freikirche" folgender Unterschied (oder Gegensatz) beschrieben wird:

„Volkskirche" meint einen Kirchentypus, der durch folgende Merkmale gekennzeichnet ist:

- Praxis der Kindertaufe als (Normalfall der) Aufnahme in die Kirche;
- innerkirchlicher Pluralismus im Sinne einer offenen Kirche;
- Anerkennung und Förderung der Kirche durch Staat und Gesellschaft;
- breite Einfluß- und Mitgestaltungsmöglichkeiten der Kirche in der Gesellschaft.[115]

---

115 Im Unterschied zu meinem Art. „Kirche VII", in: TRE Bd. 18, S. 307, habe ich bewußt *weggelassen* das Kennzeichen: „Kirchenzugehörigkeit als gesell-

Unter „Freikirche" sei demgegenüber der Kirchentypus verstanden, für den folgende Kennzeichen charakteristisch sind:

- Kirchenzugehörigkeit nur aufgrund persönlicher Entscheidung;
- Kirchengliedschaft als Verpflichtung zu aktiver Beteiligung und Mitwirkung;
- Distanz gegenüber staatlicher Einflußnahme auf die Kirche;
- Zurückhaltung im Blick auf die Inanspruchnahme gesellschaftlicher Privilegien seitens der Kirche.

b) Volkskirche oder Freikirche

Vergleicht man die eben aufgeführten Charakteristika miteinander, so zeigt sich, daß die entscheidenden Differenzen einerseits in den Zugangs- oder Zugehörigkeitsbedingungen, andererseits in der Verhältnisbestimmung zwischen Kirche und Staat bzw. Gesellschaft liegen. Aber auch in diesen beiden Hinsichten gibt es nicht nur Unterschiede, sondern auch Gemeinsamkeiten, die ihrerseits die Voraussetzung für mögliche gegenseitige Anerkennung und Kirchengemeinschaft bilden.

Was die Zugangs- und Zugehörigkeitsbedingungen anbelangt, besteht zwischen den Volkskirchen und Freikirchen grundsätzliche Übereinstimmung darüber, daß das Evangelium die Voraussetzung und Grundlage für den menschlichen Glauben ist (und nicht umgekehrt) und daß das Evangelium erst dort zu seinem Ziel kommt, wo es im Glauben angenommen wird. Aus diesen beiden Einsichten folgt für die Struktur der Kirche, daß sie Raum bieten muß dafür, daß das Evangelium so verkündigt werden kann, daß durch den Inhalt und die Art der Verkündigung deutlich wird, daß es an keine menschlichen *Vorbedingungen* gebunden ist; andererseits folgt daraus, daß die Kirche Raum bieten muß für das menschliche *Bekenntnis* zum Glauben, mit dem Menschen in Wort und Tat auf das Evangelium antworten. Sofern Volks- und Freikirchen *beidem* Rechnung tragen, können sie sich in struktureller Hinsicht gegen-

---

schaftlicher Normalfall". Entscheidend für das Konzept einer Volkskirche ist, wie mir zwischenzeitlich bewußt wurde, *nicht* die Tatsache, daß die *Mehrheit* der Gesellschaft der Kirche angehört, sondern einerseits: wie die Kirche sich selbst versteht und darstellt, andererseits: wie sie in Staat und Gesellschaft gesehen und angenommen wird. Ein solches volkskirchliches Selbstverständnis und eine ihm entsprechende gesellschaftliche Anerkennung kann sehr wohl auch in einer Minderheitensituation gegeben sein. Man kann allenfalls sagen, aus der Sicht der Volkskirche ist es *erwünscht*, daß die Kirchenzugehörigkeit gesellschaftlicher Normalfall ist.

seitig als rechte sichtbare Kirchen akzeptieren und grundsätzlich Kirchengemeinschaft miteinander aufnehmen und praktizieren.[116] Das schließt
freilich nicht aus, daß die beiden Kirchentypen je ihr *eigenes Profil* haben,
das sich aus unterschiedlichen Akzentsetzungen ergibt und teilweise sogar
sehr bewußt herausgearbeitet wird. So ist es das Proprium der Volkskirche, durch ihre Struktur die *Bedingungslosigkeit* des Evangeliums darzustellen und zum Ausdruck zu bringen. Umgekehrt ist es das Proprium der
Freikirchen, die *Verbindlichkeit* des Glaubens und des christlichen Lebens darzustellen und so dem menschlichen *Bekenntnis* Raum zu geben.

Auch im Blick auf die Verhältnisbestimmung zwischen Kirche und
Staat bzw. Gesellschaft lassen sich zwei theologische Einsichten formulieren, die für Volkskirchen und Freikirchen gemeinsam gültig sind oder
gültig sein müßten: Die Kirche darf sich nicht unter *Einflüsse* begeben, die
sie an der Wahrnehmung ihres Auftrags hindern, aber sie ist zugleich
beauftragt, das Evangelium so „auszurichten an alles Volk" (Barmen VI),
daß es in der jeweiligen Umwelt möglichst umfassend aufgenommen
werden und Geltung gewinnen kann. Aus diesen beiden Einsichten folgt
für die Struktur der Kirche, daß sie außerkirchlichen, gesellschaftlichen
Instanzen keine Mitsprache- oder Entscheidungsrechte hinsichtlich der
Wahrnehmung dieses Auftrags *einräumen* darf. Werden solche Einflüsse
von staatlichen Organen übermächtig ausgeübt, also zwangsweise gegen
die Kirchen durchgesetzt, so kann eine Kirche dies nur – unter Protest –
erleiden. Zugleich folgt aber aus den genannten Einsichten auch, daß die
Kirchen durch ihre Struktur versuchen müssen, ihren Auftrag so *umfassend* wie möglich wahrzunehmen. D. h., wenn und sofern die Eigenständigkeit der Wahrnehmung des kirchlichen Auftrags nicht bedroht ist, ist
es aus theologischen Gründen *geboten*, bestehende Möglichkeiten der
Evangeliumsverkündigung in Anspruch zu nehmen. Auch in dieser Hinsicht kann man sagen: Sofern Frei- und Volkskirchen *beidem* Rechnung
tragen, können sie sich in struktureller Hinsicht gegenseitig als rechte
sichtbare Kirchen akzeptieren und (volle) Kirchengemeinschaft miteinander praktizieren. Aber auch hier ist feststellbar, daß die beiden unterschiedlichen Typen von Kirche jeweils *unterschiedliche* Akzentsetzungen
vornehmen. Die Freikirchen verzichten (zumindest teilweise) auf För-
derungs- und Mitwirkungsmöglichkeiten in der Gesellschaft, um sich

---

116 Diese Gemeinsamkeit ist dort aufgegeben, wo die Kindertaufe nicht als
  rechte christliche Taufe anerkannt wird, weil ihr die Voraussetzung des
  Glaubens fehlt. Diese Gemeinsamkeit ist aber auch dort aufgegeben, wo
  einzelnen oder Gruppen innerhalb der Kirche kein Raum gegeben wird,
  ihrem verbindlichen Bekenntnis gemäß ihr Christsein zu gestalten.

nicht unter Einflüsse zu begeben, die sie an der Wahrnehmung des kirchlichen Auftrags hindern könnten. Die Volkskirchen sind hingegen nicht nur bereit, sondern ausdrücklich daran interessiert, in möglichst vielen Bereichen der Gesellschaft so präsent zu sein, daß sie auch *die* Menschen erreichen können, die von sich aus nicht mehr den Weg in die Kirche suchen. Beides enthält freilich auch Gefahrenmomente: So wie es bei den Freikirchen die Gefahr der *Abschottung und Isolierung* gibt, so gibt es bei den Volkskirchen die Gefahr der *Verzettelung und Profillosigkeit*.

In beiden Hinsichten könnten und sollten Freikirche und Volkskirche einander zur heilsamen kritischen Anfrage werden, ohne deswegen das Ziel zu verfolgen, sich möglichst auf einer mittleren Linie zu verständigen oder sich institutionell zu vereinigen. Was zwischen Volkskirche und Freikirche möglich ist an Kirchengemeinschaft, Kritik, Zusammenarbeit und gegenseitiger Freigabe, macht exemplarisch sichtbar, was mit „Ökumene" theologisch sinnvoll gemeint ist und praktiziert werden kann. Es gibt jedenfalls gute theologische und (sozial-)psychologische Gründe, daß es in der ecclesia peregrinans (auch) *diese* strukturelle Alternative gibt und sie darum nach Möglichkeit erhalten bleiben sollte.

15 Die vollendete Welt[1] (Eschatologie)

Die Eschatologie als die Lehre der – von Gott her – vollendeten Welt erfordert unter allen Teilstücken der Dogmatik die größte *Behutsamkeit*. Dafür sind erkenntnistheoretische, inhaltlich-dogmatische und seelsorgerliche Gründe maßgebend:

– In *erkenntnistheoretischer* Hinsicht ist zu bedenken, daß wir uns mit den Aussagen über die *vollendete* Welt (mehr noch als mit denen über die geschaffene, gefallene und versöhnte Welt) auf einem Gebiet bewegen, das die irdisch-geschichtlichen *Erfahrungs*möglichkeiten transzendiert. Die erkenntnistheoretischen Probleme der Theologie *beginnen* zwar nicht in der Eschatologie (s. o. 7.1), aber sie *potenzieren* sich hier, weil der Aspekt der Welt, auf den sich die eschatologischen Aussagen beziehen, nicht nur *verborgen*, sondern darüber hinaus „noch nicht erschienen" (I Joh 3,2), also noch *ausstehend* ist. Um der Redlichkeit willen muß die Dogmatik der Versuchung widerstehen, die damit gegebene *erkenntnistheoretische Ungesichertheit* durch besonders forsche Gewißheitsbehauptungen zu kompensieren.[2] Positiv formuliert: Die Dogmatik hat möglichst genau Rechenschaft zu geben, von woher sie ihre eschatologischen Aussagen gewinnt und welchen Status diese haben.

– In *inhaltlich-dogmatischer* Hinsicht ist zu konstatieren, daß die Eschatologie mit den meisten anderen Teilstücken der Dogmatik zusammenhängt, so daß sich hier die Frage nach der Konsistenz der dogmatischen Aussagen mit besonderer Dringlichkeit stellt.[3] Deshalb

---

1 Man kann fragen, ob der Begriff „Welt" nicht so sehr mit „Endlichkeit" (und „Entfremdung") verbunden ist, daß er sich für die Eschatologie nicht eignet. Es wäre u. U. angemessener, von „vollendeter Schöpfung" zu sprechen. Um der inneren Systematik des Aufbaus der Kap. 12 bis 15 willen halte ich am Begriff „Welt" fest, konzediere aber, daß dieser Begriff hier an eine Grenze stößt.

2 Wohltuend bescheiden ist (auch) in dieser Hinsicht Schleiermachers Glaubenslehre mit ihrem Eingeständnis, daß „unser christliches Selbstbewußtsein gradezu nichts über diesen uns ganz unbekannten Zustand aussagen kann" (Der christliche Glaube, 2. Aufl. 1830/31, Hg. M. Redeker, Berlin 1960, Bd. 2, S. 409).

3 P. Althaus hat dies auf seine Weise ausgedrückt in dem berühmten Diktum: „In der Eschatologie laufen die Fäden der ganzen systematischen Theologie

müssen die Aussagen der Eschatologie sorgfältig auf ihre Implikationen für die anderen Lehrstücke der Dogmatik hin überprüft werden.[4] Insbesondere darf die Eschatologie inhaltlich nicht von der Soteriologie abgekoppelt werden. Diese Gefahr droht sowohl dort, wo der *Gerichtsgedanke* innerlich unverbunden neben die Botschaft des Evangeliums tritt und diese in Frage stellt, als auch dort, wo die eschatologische Hoffnung auf universales Heil ohne jede Vermittlung mit dem „sola fide" vertreten wird. Dabei muß die Konsistenz keineswegs immer dadurch hergestellt werden, daß man die eschatologischen Aussagen den anderen Aussagen der Dogmatik angleicht. Es kann ebenso angezeigt sein, von bestimmten eschatologischen Konsequenzen oder Einsichten her die übrigen Aussagen in Frage zu stellen und zu korrigieren.

– In *seelsorgerlicher* Hinsicht darf nicht außer acht gelassen werden, daß wir es in der Eschatologie mit den *letztgültigen Erwartungen* (seien es *Hoffnungen* oder *Befürchtungen*) zu tun haben, von denen Menschen im Blick auf eigenes und fremdes Sterben bestimmt, getragen oder gequält werden. Das, was eine Dogmatik in der Eschatologie lehrt, muß die Grundlage für das sein, was an Sterbebetten, an Gräbern und in der seelsorgerlichen Begleitung von Trauernden verantwortlich gesagt (und getan) werden kann. Auch hieraus ergeben sich Konsequenzen in *zweifacher* Hinsicht: Einerseits sind die seelsorgerlichen Aussagen, die im Umfeld von Sterben, Tod und Trauer gemacht werden, daraufhin zu prüfen, ob sie *theologisch verantwortet* werden können. Andererseits ist diese seelsorgerliche Situation (wie dies auch für andere Themen gilt) als *theologische Bewährungsprobe* für eschatologische Aussagen der Dogmatik ernst zu nehmen und in die dogmatische Reflexion einzubeziehen.

---

zusammen. Der Eschatologe muß fast alle seine theologischen Geheimnisse verraten: sein Verständnis der Geschichte, sein Schriftprinzip, seine Christologie, den Sünden- und Rechtfertigungsgedanken, die Lehre von Gesetz und Evangelium, ja den Begriff von Theologie als Glaubenserkennen überhaupt" (Die letzten Dinge, Gütersloh 1926[3], S. X und nochmals zitiert im Vorwort der 4. Aufl. von 1933, S. VIII). Die Formulierung „theologische(n) Geheimnisse verraten" verrät freilich ihrerseits ein merkwürdiges Theologieverständnis.

4   Diese Einsicht wird durch die scharfsinnige Untersuchung von J. Chr. Janowski über „Apokatastasis panton – Allerlösung" eindrucksvoll herausgearbeitet und als dringlich anstehende Aufgabe formuliert.

15.1   Die vollendete Welt als
Gegenstand theologischer Aussagen

Aussagen über die – noch ausstehende – vollendete Welt, also *escha-tologische* Aussagen, verstehen sich nicht von selbst. Ihr Sinn und ihre Notwendigkeit müssen reflektiert (15.1.1), ihre Problematik muß analy-siert (15.1.2) und die Möglichkeit ihrer Begründung muß expliziert (15.1.3) werden. Darum geht es in dem vor uns liegenden Abschnitt.

15.1.1   Sinn und Notwendigkeit eschatologischer Aussagen

Das Zentrum der Verkündigung und des Wirkens Jesu bildet *die Gottes-herrschaft, die als das Heil der Welt anbricht* (s. o. 9.2). Demzufolge kann das Werk Jesu Christi insgesamt als „Heilswerk" (s. o. 9.3) bezeichnet werden. Aber dieses heilvolle Wirken, durch das die gefallene, irregehende Welt gerettet wird und erfülltes Leben empfängt (s. o. 14.1), erreicht sein Ziel in der irdisch-geschichtlichen Lebenswelt nur *fragmentarisch* – und dies in mehrfacher Hinsicht:

– Es erreicht nur eine *begrenzte Zahl* von Menschen, und auch von den wenigen, die äußerlich mit diesem Wirken in Berührung kommen, gewinnt es allem Anschein nach nur einige dafür, sich auf den durch Jesus eröffneten Weg einzulassen.
– Es durchbricht die Macht der Sünde, aber es *beseitigt sie nicht*, und darum bleibt die Wirklichkeit des Heils angefochten, ja bedroht durch die Macht der Sünde.
– Es stößt auf erbitterten *Widerstand*, ja es *weckt*, indem es die Macht des Bösen angreift, den Widerstand, der sich dem Kommen der Gottes-herrschaft entgegenstellt und den Bringer der Gottesherrschaft aus der Welt hinausdrängt.

In jeder dieser Hinsichten wird das Heil nur *bruchstückhaft* wirklich, und d. h. zugleich: Es bleibt bedroht durch sein Gegenteil. Deshalb er-scheint es unter irdisch-geschichtlichen Bedingungen als *offen*, wie der Kampf zwischen Gott und der Macht des Bösen um den Menschen und die Welt schließlich enden wird.

Diese Offenheit des Ausgangs wäre *nicht* befremdlich, wenn es sich um den Kampf handelte, den der *Mensch* gegen die Macht des Bösen zu führen hat. Aber sie *ist* befremdlich, wo es um den Anbruch und Sieg der Herrschaft *Gottes* als der *Alles bestimmenden Wirklichkeit* geht.[5] Der Heilswille *Gottes* kann nicht endgültig nur fragmentarisch und bruchstückhaft verwirklicht werden, sondern es ist Bestandteil christlicher Hoffnung, daß die Begrenzungen, die aus der Endlichkeit der Welt, aus der Freiheit des Menschen und aus der Realität des Leidens resultieren (s. o. 12.3.2.1), schließlich und endlich *durch Gott überwunden werden.*

Diese *Hoffnung* steht freilich ihrerseits selbst ganz unter den *Bedingungen des Fragmentarischen,* und daran müssen wir uns in dieser Zeit und Welt auch *genügen* lassen.[6] Aber schon die *Erkenntnis, daß* diese Bedingungen bruchstückhaft sind, setzt ein Wissen oder doch ein Ahnen davon voraus, daß Vollendung und Erfüllung jedenfalls *denkbar* sind. Das Wissen um das Fragment *als Fragment* hält die Sehnsucht nach Vollendung offen. Erst gemessen am *erfüllten* Leben wird der Mangel bewußt; nur im Vergleich mit dem Vollendeten erweist sich das Fragment als solches.[7] Insofern ist auch schon in der Wahrnehmung des Vorläufigen (als Vorläufiges) das Endgültige – also das Eschaton – als Gedanke, Sehnsucht und Hoffnung, ja als punktuelle Erfahrung gegenwärtig.

So ergibt sich auf die Frage nach dem Sinn und der Notwendigkeit eschatologischer Aussagen eine doppelte Antwort:

– Sie sind unverzichtbar, um das *endgültige Ziel* der durch das Evangelium zugesagten Heilsbotschaft zur Sprache zu bringen.

– Sie sind unverzichtbar, um die gegenwärtige Heilserfahrung *als fragmentarische* wahrzunehmen und anzuerkennen.

---

5 Diese Argumentation zeigt, daß es in gewisser Hinsicht zulässig und richtig ist zu sagen, daß Gott erst in der *Vollendung* der Welt im vollen Sinn des Wortes die Alles bestimmende Wirklichkeit ist. Vgl. o. S. 211, Anm. 17.

6 Den in Bonhoeffers Gefängnisbriefen auftauchenden Gedanken des Lebens als (bedeutsames) Fragment (Widerstand und Ergebung, NA 1985, S. 242 u. 245 f.) hat H. Luther starkgemacht, indem er den Identitätsbegriff vom Begriff des Fragmentarischen her neu interpretiert und dem Gedanken der Ganzheitlichkeit gegenüberstellt (vgl. Identität und Fragment (1985), jetzt in: ders., Religion und Alltag, Stuttgart 1992, S. 160-182 sowie: Leben als Fragment, in: WzM 43/1991, S. 262-273). Dabei droht allerdings gelegentlich die – paradoxe – Gefahr der Verabsolutierung des Fragmentarischen.

7 Auf diesen Zusammenhang verweist auch H. Luther: „Im Fragment ist die Ganzheit gerade als abwesende zugleich auch anwesend. Darum ist es immer auch Verkörperung von Hoffnung" (Leben als Fragment, a.a.O., S. 273).

15.1.2   *Erkenntnistheoretische und*
ontologische Probleme der Eschatologie

Mit der Einsicht, daß eschatologische Aussagen aus der Sicht des christlichen Glaubens sinnvoll, ja notwendig sind, ist noch nicht darüber entschieden, ob und inwiefern sie auch (jedenfalls als *begründete* Aussagen) tatsächlich *möglich* sind. Diese Frage kann nur beantwortet werden, indem man sich den erkenntnistheoretischen (15.1.2.1) und ontologischen (15.1.2.2) Problemen stellt, die in diesem Zusammenhang zu bedenken sind.

15.1.2.1   *Erkenntnistheoretische Probleme der Eschatologie*

Das erkenntnistheoretische Hauptproblem jeder Eschatologie besteht darin, wie ein Mensch zu begründeten Aussagen über eine (noch ausstehende) *vollendete* Welt gelangen kann, während er doch vollständig in die *unvollendete, fragmentarische* irdisch-geschichtliche Welt eingebunden ist. Drei denkbare „Lösungen" dieses Problems müssen *ausscheiden*:

– Die unmittelbare Ableitung eschatologischer Aussagen aus denen der *Bibel* ist deswegen nicht tragfähig, weil für die biblischen Aussagen *keine grundsätzlich anderen* erkenntnistheoretischen Bedingungen gelten als für unsere Aussagen. Die Begründungsfrage läßt sich deshalb nicht durch Rekurs auf die Autorität der Bibel beantworten, sondern nur auf sie verschieben.
– Die unmittelbare Ableitung eschatologischer Aussagen aus der *Auferstehung Jesu Christi von den Toten* ist deswegen nicht tragfähig, weil der Auferstandene zwar an der vollendeten Wirklichkeit Anteil hat, aber eben deshalb nur der Erkenntnis des *Glaubens*, nicht aber einer davon abstrahierenden, distanzierten Erkenntnis zugänglich ist. Die Erkenntnis des Auferstandenen *begründet* nur insofern eschatologische Erkenntnis, als sie selbst eschatologische Erkenntnis *ist*. Auch hier wird also das Begründungsproblem nur verschoben.
– Die unmittelbare Ableitung eschatologischer Aussagen aus *innergeschichtlichen Heilserfahrungen* ist deswegen nicht tragfähig, weil das Eschaton nicht die *Verabsolutierung* innergeschichtlicher (Heils-) Erfahrungen, sondern deren *Vollendung* ist. Solche Heilserfahrungen rufen zwar die *Frage* nach der vollendeten Welt hervor, aber diese Frage ist oder enthält nicht selbst die Antwort.

In allen drei Fällen ist freilich nur der Anspruch einer *unmittelbaren* Ableitung eschatologischer Aussagen zurückzuweisen. *Mittelbar* sind sowohl die biblischen Aussagen als auch die Auferstehung Jesu Christi als auch die innergeschichtlichen Heilserfahrungen für die Gewinnung eschatologischer Aussagen relevant, ja grundlegend. Dies läßt sich am besten verdeutlichen, wenn man seinen Ausgangspunkt beim dritten Element, also bei den innergeschichtlichen Heilserfahrungen nimmt. Die im Anschluß an das johanneische Schrifttum (z. B. Joh 3,18; 5,24; I Joh 5,12 f.) entwickelte sog. *präsentische Eschatologie* hebt diesen Gedanken in besonderem Maße hervor und betont, daß im Glauben bereits *hier und jetzt* das eschatische[8] Heil erfahrbar ist – freilich unter den Bedingungen der Anfechtung und Bedrohung. Deshalb hebt die präsentische Heilserfahrung die Hoffnung auf die definitiv heilvolle Zukunft nicht auf, sondern gibt ihr Nahrung. Freilich, auch solche Heilserfahrungen *beweisen* nicht die Wirklichkeit des vollendenden Wirkens Gottes, aber sie können Menschen dessen *gewiß* werden lassen.

Dabei besteht das Spezifikum der eschatologischen Aussagen *einerseits* in ihrem *produktiven* Aspekt (s. o. 7.1.1.2), nämlich in ihrer *Verheißungs*funktion, die nach erfülltem Leben in Vollendung ausschauen und von daher dessen Vorboten entdecken und erkennen läßt. Aber um begründet zu sein, sind die eschatologischen Aussagen andererseits auch auf den *rezeptiven Aspekt* (s. o. 7.1.1.1) angewiesen, nämlich auf die Erfahrung von Heil in der Gegenwart. Ohne einen solchen Haftpunkt in der gegenwärtigen Glaubenserfahrung würden die eschatologischen Aussagen zu beliebigen Spekulationen über ein (zeitlich und räumlich) fernes Jenseits. Gebunden an die gegenwärtige Glaubenserfahrung lassen sie diese nicht nur als fragmentarische erkennen, sondern *begründen* allererst die Hoffnung auf deren eschatische Vollendung. Dieses Angewiesensein eschatologischer Aussagen auf den rezeptiven Aspekt innerweltlicher Heilserfahrungen sowie deren produktive Funktion macht Martin Luthers berühmtes Diktum aus der Genesis-Vorlesung exemplarisch deutlich: „Wo also und mit wem Gott redet, sei es im Zorn oder in der Gnade, der ist gewiß unsterblich. Die Person des redenden Gottes und das Wort zeigen an, daß wir solche Kreaturen sind, mit denen Gott bis in Ewigkeit und auf unsterbliche Weise reden will"[9].

---

8   Das noch wenig gebräuchliche Adjektiv „eschatisch" bezeichnet das, was zur vollendeten Welt gehört, während „eschatologisch" das bezeichnet, was zur *Lehre* von der vollendeten Welt zu rechnen ist.

9   WA 43,481,32-35: „Ubi igitur et cum quocunque loquitur Deus, sive in ira, sive in gratia loquitur, is certo est immortalis. Persona Dei loquentis et verbum significant nos tales creaturas esse, cum quibus velit loqui Deus usque in aeternum et immortaliter."

15.1.2.2   Ontologische Probleme der Eschatologie

Die ontologischen Probleme, die sich bei dem Versuch ergeben, begründete eschatologische Aussagen zu formulieren, lassen sich zusammenfassen in der Frage: Welche *Art von Wirklichkeit* ist gemeint, wenn von „vollendeter Welt" die Rede ist, und wie verhält sie sich einerseits zu der Wirklichkeit der *irdisch-geschichtlichen* Welt und andererseits zu der Wirklichkeit *Gottes?*

Die Rede von der *„vollendeten"* Welt kann leicht so mißverstanden werden, als sei damit eine *„vollkommene"* Welt gemeint, also eine Welt ohne Mängel, Begrenzungen oder Beeinträchtigungen. In einem weiteren Gedankenschritt legt sich dann die Vermutung nahe, daß alles Vollkommene letztlich etwas *Göttliches* sei und daß darum im Blick auf das Eschaton der Unterschied zwischen Welt und Gott als aufgehoben und überwunden gedacht werden müsse.[10]

Was die sprachliche Verwandtschaft von „vollendet" mit „vollkommen" anbelangt, so ist bei aller Nähe doch auch auf einen wichtigen Unterschied hinzuweisen: Das Vollendete ist (auch) das, was an sein – angezieltes, intendiertes – *Ende* gekommen ist. Es hat (s)einen *Abschluß* gefunden. Insofern trägt das Vollendete durchaus noch die Spuren des *Endlichen*, möglicherweise sogar des Defekten oder Mangelhaften an sich. Das gilt für das *Vollkommene nicht*: Es ist weder defekt noch mangelhaft und unterliegt insofern keinen (quantitativen oder qualitativen) Einschränkungen. D. h.: Auch das Zerstörte und Fragmentarische kann vollendet werden oder vollendet sein, aber es ist nicht vollkommen.

Vor allem aber muß festgehalten werden, daß der – kategoriale – Unterschied zwischen der Wirklichkeit Gottes und der Wirklichkeit der Welt nicht dadurch verschwindet, daß die Welt vollendet wird. Sie bleibt ja auch in ihrer Vollendung Gottes *Schöpfungswerk.* Sie bleibt *Kreatur* und wird nicht selbst zur Schöpferin.

Aber die *Bestreitung der Identität* zwischen der vollendeten Welt und der Wirklichkeit Gottes ist nur die *eine* Seite, und zwar die *negative* Seite der hier anstehenden Verhältnisbestimmung. Die *andere* Seite klang bereits an in den Aussagen aus I Kor 15,28 u. I Joh 3,2: Die vollendete Welt ist die ganz und gar von Gott bestimmte und durchdrungene, von Gott

---

10 Als biblische Belege für diese Auffassung könnte man I Kor 15,28: „damit Gott sei alles in allem" oder I Joh 3,2: „wir werden ihm gleich sein" heranziehen. In beiden Fällen ergibt sich jedoch aus dem Kontext, daß keine *Identität* zwischen Gott und vollendeter Welt vorausgesetzt wird oder gemeint ist, sondern eine *Beziehung*, die man als uneingeschränkte Partizipation bezeichnen kann und die als solche die *Unterschiedenheit* zwischen Gott und vollendeter Welt voraussetzt.

durch *nichts mehr getrennte*, an seiner *Herrlichkeit Anteil habende* Welt. Damit ist zweierlei ausgesagt: die *durch nichts gestörte* Beziehung zwischen Gott und Welt sowie die *Unmöglichkeit* einer (erneuten) *Störung* der Beziehung zwischen Gott und Welt.

Der erste Gedanke besagt, daß dort, wo aller Widerstand gegen die göttliche Liebe an sein Ende gekommen ist, nichts Störendes, Aufhaltendes, Begrenzendes mehr dem Wirken und Wirksamwerden der Liebe Gottes entgegensteht und darum Gott ganz und gar die Welt durchdringt und bestimmt, wie es seinem Heilswillen und der menschlichen Sehnsucht nach erfülltem Leben entspricht.[11] In der Beschreibung oder Ausschmückung dieses Zustandes übt die Bibel große Zurückhaltung. Sie spricht vom „Schauen", „Sehen" und „Erkennen" Gottes und des erhöhten Christus (Mt 5,8; I Kor 13,12; II Kor 5,7; I Joh 3,2; Hebr 12,14; Apk 1,7) oder davon, daß Gott herrscht und regiert (Mk 10,35-45 par.; Mt 19,28; I Kor 15,20-28), und gebraucht das Bild des Festmahles oder der Hochzeit (Jes 25,6-8; Mt 8,11 par.; 14,15-24; 22,1-14 par.; 25,1-13; Apk 3,20), um das anzudeuten, was unsagbar bleibt, weil es weder der Erfahrung noch dem Denken unmittelbar zugänglich ist.

Der zweite Gedanke geht darüber noch einen entscheidenden Schritt hinaus. Er sagt nicht nur, daß die Beziehung zwischen Gott und Welt durch nichts unterbrochen und getrübt *ist*[12], sondern er besagt darüber hinaus, daß sie durch nichts (mehr) unterbrochen oder getrübt werden *kann*. Das ist nur denkbar, wenn in der vollendeten Welt die Macht des *Bösen* an ihr definitives Ende gekommen ist. Gegenüber allen zyklischen Theorien, die mit immer neuen „Sündenfällen" und „Erlösungen" rechnen, sowie gegenüber allen *Seelenwanderungs- und Reinkarnationsvorstellungen* hält der christliche Glaube an der *Einmaligkeit* und *Einzigartigkeit* der geschaffenen Welt und jedes einzelnen Menschen als leib-seelischer Einheit fest (Hebr 9,27 f. u. 12,27).[13] Mit der Vollendung

---

11 In kaum überbietbarer Schlichtheit und Eindrücklichkeit bringt die älteste Schrift des Neuen Testaments, der I Thessalonicherbrief, *diese* christliche Hoffnung zum Ausdruck in den Worten: „Wir werden bei dem Herrn sein allezeit" (I Thess 4,17).

12 Das gilt auch für die Erfahrung des erfüllten *Augenblicks* in der Gegenwart, auf den die präsentische Eschatologie verweist.

13 Reinkarnations- und Seelenwanderungsvorstellungen, die neuerdings wieder auf viele Menschen eine große Anziehungskraft ausüben, sind aus der Sicht des christlichen Glaubens vor allem deswegen abzulehnen, weil sie einerseits die *Einmaligkeit* des Lebens mit seinen Glückserfahrungen und Herausforderungen nicht ernst genug nehmen, andererseits die *Zusammengehörigkeit von Leib und Seele* abschwächen, indem sie das Wesen des Menschen als etwas Geistiges oder Seelisches auffassen, demgegenüber der Leib wie eine – aus-

der Welt und des Menschen ist dementsprechend das *definitive Ende*
ihrer irdisch-geschichtlichen Existenzform verbunden (Apk 21,1-4).[14]
Damit ist freilich zugleich allen eschatologischen Vorstellungen ein Riegel vorgeschoben, die das Eschaton im Sinne eines „*Weiter*lebens nach
dem Tode" oder als paradiesische *Fortsetzung* des irdischen Lebens
auffassen. Der Eingang in die Vollendung ist zu denken als *radikale
Verwandlung durch den Tod hindurch* (I Kor 15,35-57, bes. 51, u. Phil
3,21). Der Tod wird durch die Auferweckung nicht *rückgängig* gemacht,
sondern *überwunden*, ja selbst *getötet*[15]. Aber diese Welt *jenseits des
Todes und jenseits (auch nur der Möglichkeit) der Sünde* entzieht sich
vollständig dem menschlichen Vorstellungsvermögen.

So erweist es sich vom christlichen Glauben her als notwendig, die
vollendete Welt sowohl *kategorial* von der Wirklichkeit *Gottes*[16] als auch
qualitativ von der uns bekannten, *irdisch-geschichtlichen* Welt zu unterscheiden. Sie wird dadurch kein Mittleres zwischen Gott und irdisch-geschichtlicher Welt, sondern sie gehört ontologisch auf die Seite des *Geschaffenen*, also der *Welt*, und zwar der Welt, die vollkommen von Gott
bestimmt ist und die darum „ganz anders" ist als die uns bekannte Welt.

15.1.3 Konsequenzen für die
Gewinnung eschatologischer Aussagen

Fragt man nach den Konsequenzen, die sich aus den hinter uns liegenden
Überlegungen zu Sinn, Notwendigkeit und Problematik eschatologischer
Aussagen ergeben, so ist zunächst noch einmal zu erinnern an die Einsicht

---

wechselbare – Hülle wirkt. Außerdem verbindet sich häufig mit dem Rein-
karnationsgedanken die Auffassung, der Mensch müsse sich durch seine guten
Taten oder durch die Erlangung höherer Erkenntnisse selbst aus dem „Rad der
Wiedergeburten" erlösen.

14 Deshalb gehört der Tod (und das Weltende) zum Themenbestand der christlichen Eschatologie (s. u. 15.3.1).

15 So I Kor 15,26 u. 54 sowie Apk 20,14. Die eindrucksvolle Vorstellung vom
„Tod des Todes" hat auch in das Liedgut der christlichen Kirche Eingang
gefunden, z. B. EG 86,1: „Jesu, meines Todes Tod" und EG 101,4: „Wie ein
Tod den andern fraß".

16 Die vollendete Welt ist darum auch zu unterscheiden von der Wirklichkeit des
erhöhten, also verherrlichten Christus: Sie ist *kategorial* zu unterscheiden von
dem in ihm Mensch gewordenen *Logos* (Sophia), und sie ist – *darum –
qualitativ* zu unterscheiden von ihm *als* dem Mensch gewordenen Logos
(Sophia), d. h. als der einzigen uneingeschränkten Verwirklichung des Wesens
Gottes unter den Bedingungen der Geschöpflichkeit.

in die *Unmöglichkeit*, eschatologische Aussagen *unmittelbar* aus der Bibel, aus der Auferstehung Jesu Christi oder aus gegenwärtigen Heilserfahrungen abzuleiten. Angesichts dieser Unmöglichkeit ist es angemessen, wenn eschatologische Aussagen etwas Tastendes, Offenes, auch Unsicheres haben. Und angesichts dieser Unmöglichkeit ist es ferner notwendig, möglichst genau anzugeben, von woher, aufgrund welcher Überlegungen und in welchen Schritten solche Aussagen dennoch gewagt werden.

Damit sind wir bei der anderen, der positiven Seite: Eschatologische Aussagen sind – als mittelbar gewonnene, abduktiv-abgeleitete Aussagen – *notwendig* für das Verstehen der christlichen Heilsbotschaft sowie für das Erkennen und Anerkennen ihrer fragmentarischen Verwirklichungsformen in der irdisch-geschichtlichen Welt. Daraus ergibt sich die Konsequenz, daß die *christliche* Eschatologie gut beraten ist, wenn sie ihren Anknüpfungspunkt nicht primär in der Gotteslehre oder in der Anthropologie sucht, sondern in der *Soteriologie*. Sowohl die Gotteslehre als auch die Anthropologie erlauben zwar möglicherweise weitreichende eschatologische Schlußfolgerungen (z. B. im Blick auf das Verhältnis von Liebe und Zorn Gottes oder hinsichtlich der Unsterblichkeit der menschlichen Seele), aber Gotteslehre wie Anthropologie stehen selbst noch unter der Alternative, entweder allgemein (z. B. philosophisch oder religionswissenschaftlich) zu argumentieren oder spezifisch (nämlich ausgehend von dem Evangelium von Jesus Christus). Nur wenn die Entscheidung im letzteren Sinn fällt, haben wir es mit Aussagen des christlichen Glaubens zu tun. D. h. aber: Nur wenn Gott und Mensch vom Zentrum der christlichen Botschaft, wie es in der Soteriologie entfaltet wurde (s. o. 14.1), verstanden werden, eignen sich die aus der Theo-logie und Anthropologie gewonnenen Aussagen zur Bestimmung der *christlichen* Hoffnung über den Tod hinaus.

Dieser Ansatz hat weiter den Vorteil, daß er an die Aussagen und Erfahrungen anknüpft, die sich unmittelbar auf das *Leben des Menschen* – seine Rettung, Heilung, Befreiung und Erneuerung – beziehen. Die häufig beschworene Gefahr, die Eschatologie könnte zu einem unwesentlichen, letztlich überflüssigen *Anhang* der Dogmatik verkommen, kann so möglicherweise vermieden werden.

Vor allem aber: Die Eschatologie wird auf diese Weise mit dem *Zentrum* der christlichen Botschaft verbunden. Es geht in ihr nicht um die Befriedigung intellektueller Neugier, auch nicht um die „Erkenntnis höherer Welten", sondern (angelehnt an Kants Formulierung, wenn auch nicht in seiner Intention) um die *existentiell bedrängende Frage*: „Was dürfen wir hoffen – für uns und für andere?" Als deren Kehrseite ist freilich stets mitzuhören: „Und was müssen wir (be-)fürchten – wiederum für uns und für andere?" *Diese* Fragen, die unmittelbar in die Seelsorge-

und Verkündigungssituation hineinreichen, sollen im Mittelpunkt dieses Kapitels über Eschatologie stehen.[17]

Die Leitfrage für alles Folgende lautet also: *Welche eschatologischen Konsequenzen können verantwortlicherweise aus dem Evangelium von Jesus Christus gezogen werden?* Bei der Beantwortung dieser Frage gehe ich in zwei Schritten vor: Zunächst soll analysiert und reflektiert werden, welche *Spannungen* oder gar *Aporien* sich in den unterschiedlichen Konzeptionen ergeben, die die eschatische Vollendung entweder als partikulares oder als universales Heil denken (15.2). Sodann soll abschließend gefragt werden, welche *eschatologischen Konsequenzen* – in Gestalt lehrmäßiger „Aspekte der Vollendung" – aus der christlichen Botschaft gezogen werden können, die mit deren soteriologischen Zentralaussagen – und darum auch mit deren Gottes- und Weltverständnis – übereinstimmen (15.3).

15.2 Vollendung als partikulares oder universales Heil

Bedenkt man die Vollendung der Welt in *soteriologischer* Hinsicht[18], so ergeben sich theoretisch drei alternative Möglichkeiten:

- Es könnten *alle* Menschen gerettet, also *selig* werden.
- Es könnten nur *einige* Menschen gerettet werden, *andere* dagegen verlorengehen oder verdammt werden.[19]
- Es könnten *alle* Menschen *verlorengehen* oder *verdammt* werden.

Dieses einfache Schema erfordert einerseits eine *Ausweitung* aufgrund einer in ihm latent enthaltenen *Differenzierung*, aber es erlaubt andererseits auch eine *Reduktion*, also eine noch weitergehende Vereinfachung.

Die *Ausweitung* betrifft die zweite und dritte Möglichkeit, bei der sprachlich unterschieden wird zwischen „verlorengehen" und „verdammt werden". Mit diesen beiden Verben kann dasselbe gemeint sein, könnte aber u. U. auch Unterschiedliches bezeichnet werden, nämlich entweder:

---

17 Damit sollen andere Fragen, die sich immer wieder stellen, wenn Menschen über den Tod hinausdenken, nicht bagatellisiert, wohl aber den soteriologischen Zentralfragen der Eschatologie zu- und nachgeordnet werden.

18 Die außermenschliche Kreatur lasse ich hierbei vorerst außer acht. Sie wird in Abschn. 15.3.4 in die eschatologischen Überlegungen einbezogen.

19 Über das zahlenmäßige Verhältnis beider Gruppen zueinander ist damit nichts gesagt.

„zu nichts werden"[20] oder: „ewige Qual erleiden"[21]. Durch diese interpretierenden Wiedergaben wird deutlich, daß der negative Ausgang in der zweiten und dritten Möglichkeit *entweder* darin besteht, daß diejenigen, die nicht selig werden, zu nichts *vergehen, oder* darin, daß sie eine *ewige Strafe und Qual erleiden.*

Die *Reduktion* betrifft die *dritte* Möglichkeit, die in der christlichen Theologie und Kirche vermutlich noch nie ernsthaft vertreten worden ist, weil sie allem widersprechen würde, was der christliche Glaube über Gottes Erwählung, Christi Heilswerk und über den Glauben als Heilsgabe und Heilsmittel sagt.[22] Diese dritte Möglichkeit soll deswegen im Fortgang nicht mehr berücksichtigt werden.

Von dieser Differenzierung und Reduktion her läßt sich nun also zwischen folgenden drei Konzeptionen unterscheiden:

– Nur einige Menschen werden gerettet, die anderen erleiden ewige Strafen und Qualen („doppelter Ausgang").
– Nur einige Menschen werden gerettet, die anderen vergehen zu nichts („annihilatio").
– Alle Menschen werden gerettet („Apokatastasis panton").

Es soll nun gefragt werden, ob und inwiefern diese Konzeptionen mit dem Evangelium von Jesus Christus vereinbar sind.

15.2.1   Der „doppelte Ausgang"

Die eschatologische Konzeption des sog. doppelten Ausgangs entspricht nicht nur den Vorstellungen, die in der *Volksfrömmigkeit* unter den Stichworten „in den *Himmel"* oder „in die *Hölle* kommen" bekannt sind, sondern sie ist auch die in der *kirchlichen Lehr- und Bekenntnisbildung* eindeutig dominierende Konzeption.[23] Sie kann sich auch auf zahlreiche

---

20 Dahinter steckt der traditionelle Begriff der „annihilatio". Vgl. dazu die immer noch grundlegende Untersuchung von K. Stock: Annihilatio mundi, München 1971; ferner RGG⁴ I, 508 (Th. Mahlmann).

21 Besonders drastisch wird letzteres formuliert in CA 17, wo es im lateinischen Text von Christus als dem Weltenrichter heißt: „impios autem homines ac diabolos condemnabit, ut sine fine crucientur"; dt.: „die gottlosen Menschen aber und die Teufel in die Helle und ewige Straf verdammen" (BSLK 72,7-9; ebs. in der Apol zu CA 17: BSLK 310,50-52).

22 Hier wird erstmals sichtbar, daß und in welchem Maße eschatologische Aussagen von soteriologischen Aussagen abhängen.

23 Vgl. dazu das *Athanasianum*, das – im Unterschied zum Apostolicum und Nicaenum – *explizit* die Lehre vom doppelten Ausgang vertritt (BSLK 30,24-

biblische Aussagen stützen, die von einem Jüngsten, d. h. letzten Gericht sprechen, aufgrund dessen die einen am *ewigen Leben* Anteil haben, die anderen eine *ewige Strafe* (das „ewige Feuer") erleiden. Der deutlichste biblische Beleg in diese Richtung ist die Rede vom Weltgericht aus Mt 25,31-46 mit dem Schlußvers: „Und sie werden hingehen: diese zur ewigen Strafe, aber die Gerechten in das ewige Leben."[24] Entscheidend ist dabei, daß mit der Qualifizierung der Strafe als „ewig" eine nicht nur vorübergehende, sondern *definitive* Scheidung und Bestrafung ausgesagt wird.

Es soll nun geprüft werden, ob und inwiefern diese Konzeption mit dem Evangelium von Jesus Christus vereinbar ist. Dabei gehe ich so vor, daß ich zunächst nach dem *Maßstab* (oder Kriterium) der Gerichtsentscheidung Gottes frage (15.2.1.1), sodann die Konsequenzen für das *Menschenbild* (15.2.1.2) und für das *Gottesverständnis* (15.2.1.3) bedenke.

15.2.1.1 Der Maßstab der Entscheidung

Auf die Frage nach dem Maßstab, anhand dessen die definitive Entscheidung über ewiges Leben oder ewige Verdammnis fällt, enthält die Bibel unterschiedliche Antworten: Einerseits wird auf den *Glauben* (an Jesus Christus) verwiesen, d. h., daß an der Alternative „glauben" oder „nicht glauben" die eschatologische Entscheidung fällt (so Joh 3,16-18 u. 5,24[25]). Andererseits werden die (guten oder bösen) *Taten* (einschließlich der Worte) als dasjenige genannt, anhand dessen sich das ewige Schicksal eines Menschen entscheidet (so z. B. Mt 7,21-23 par. Lk 13,23-30; Mt 12,36; 16,27; 25,31-46; Joh 5,29; Röm 2,5-10; I Kor 3,13-15; II Kor 5,10).

Die Tatsache, daß die unterschiedlichen Antworten sich nicht auf biblische Schriften oder Theologien verteilen lassen, sondern teilweise in denselben Überlieferungsschichten nebeneinander nachweisbar sind, muß schon davor warnen, zwischen dem Gericht nach dem *Glauben* und nach

---

26); ferner die altkirchlichen Lehrentscheidungen gegen Origenes und den Origenismus aus den Jahren 543 und 553 (s. DH 411 u. 433) sowie die reformatorischen Lehrentscheidungen gegen die Wiedertäufer in CA 17 u. Apol 17 (BSLK 72,1-18 u. 310,45-52).

24 Vgl. hierzu und zu den übrigen einschlägigen Bibelstellen (neben den Kommentaren) die zusammenfassenden exegetischen Erwägungen bei H. Rosenau, Allversöhnung, Berlin 1993, S. 46-103.

25 In diesem Sinne lassen sich wohl auch die paulinischen Aussagen über die Rechtfertigung allein durch den Glauben verstehen (Röm 3,28 u. Gal 2,16), ferner seine These, daß das, was nicht aus Glauben geschieht, dem Gericht verfällt (Röm 14,23).

den *Werken* einen Gegensatz zu behaupten (s. dazu u. 15.3.3). Das würde auch dem widersprechen, was oben (14.1.4.3) über das innere Verhältnis von Glauben und Werken gesagt wurde. Die guten Werke (als Taten der Liebe) sind die notwendige Konsequenz, sozusagen nur die spürbar und sichtbar werdende Außenseite des Glaubens (als Vertrauen auf Gott, dessen Wesen Liebe ist). Wenn das Neue Testament und die reformatorische Theologie eine Rechtfertigung und darum (auch) ein Bestehen im Gericht Gottes aufgrund der „Werke (des Gesetzes)" ablehnen[26], so bestreiten sie damit die Möglichkeit (und die Notwendigkeit), vor Gott durch das zu bestehen, was der Mensch als Resultat *eigener Anstrengung* vorweisen und dessen er sich folglich *rühmen* könnte (s. Röm 3,27 u. 4,2; I Kor 1,29; Eph 2,9). Die notwendige Zusammengehörigkeit zwischen Glauben und guten Werken wird damit aber keineswegs geleugnet, sondern immer wieder ausdrücklich hervorgehoben.[27] Deshalb muß auch im Blick auf Mt 25,31-46 kein Gegensatz zwischen Glauben und Werken konstatiert oder konstruiert werden. D. h., es ist durchaus zulässig, die dort als Maßstab der Gerichtsentscheidung vorausgesetzten *Taten* als Konsequenzen des *Glaubens* zu verstehen.

Aber auch wenn man dies tut, bleibt hier (wie bei den anderen Gerichtsaussagen) ein *großes Problem* bestehen, das bislang noch kaum theologisch bedacht worden ist: In welchem *Sinn* ist dieser Maßstab eigentlich anzuwenden? Das hier bestehende Problem kann jedem Bibelleser dann deutlich werden, wenn er Mt 25,31-46 auf sich selbst anwendet und sich fragt: Was folgt eigentlich daraus, wenn dieser Maßstab auf mein eigenes Leben angewandt wird? Welches Urteil ergeht dann? Einerseits wird man realistisch annehmen dürfen, daß es wohl *keine* (handlungsfähigen) Menschen gibt, die *noch niemals* irgendeine der in Mt 25,35 ff. exemplarisch aufgezählten guten Taten getan haben. Andererseits darf man ebenso realistisch annehmen, daß es *keine* Menschen gibt, die *stets alle* diese Taten getan haben. Und nun stellt sich die Frage: *Was folgt daraus?*

---

26 So insbesondere Röm 3,20 u. 28; Gal 2,16; 3,2 u. 10 f.; Eph 2,9; II Tim 1,9; Tit 3,5. Dagegen Jak 2,14-26. Zu Luthers Verhältnisbestimmung von Glauben und Werken s. meinen Aufsatz „Der Glaube als Gottes- und/oder Menschenwerk in der Theologie Martin Luthers", in: MJTh IV, Marburg 1992, S. 37-77.

27 Vgl. Gal 5,6 u. 13 f.; Röm 12,8-10; CA 6; FC 4 u. 6. Besonders eng miteinander verbunden ist die Ablehnung der Rechtfertigung durch die Werke und die Bejahung der Werke als Konsequenz des Glaubens in Eph 2,8-10: „Denn aus Gnade seid ihr selig geworden durch Glauben, und das nicht aus euch: Gottes Gabe ist es, nicht aus Werken (οὐκ ἐξ ἔργων), damit sich nicht jemand rühme. Denn wir sind sein Werk (ποίημα), geschaffen in Christus Jesus zu guten Werken (ἐπὶ ἔργοις ἀγαθοῖς) ..."

Der naheliegendste Versuch, dieses Problem zu lösen, ist in der Geschichte und Überlieferung der Religionen immer wieder gemacht worden mit Hilfe der Vorstellung vom *Wägen* der guten und der bösen Taten. Aber diese Vorstellung von einem *abwägenden* Gericht ist dem christlichen Glauben unangemessen, weil sie in problematischer Weise Gutes und Böses gegeneinander aufrechnet. Scheidet aber diese abwägende, bilanzierende Lösung aus, so bleibt nur entweder die Möglichkeit, zu sagen: „Wer *nicht immer* aus Liebe gehandelt hat, ist ewig verloren" *oder*: „Wer auch *nur einmal* aus Liebe gehandelt hat, hat teil am ewigen Leben"[28]. Es ist unschwer zu sehen, daß völlig unterschiedliche Ergebnisse daraus resultieren je nachdem, in welchem *Sinn* man diesen Maßstab anlegt.

Es könnte freilich auch der Eindruck entstehen, diese Fragen seien lediglich aus den *bildhaften* Elementen der Rede vom Weltgericht abgeleitet und dürften darum nicht ohne weiteres verallgemeinert werden. Aber auch wenn man sich ganz von den Bildern aus Mt 25 löst, ja, wenn man im strengen theologischen Sinn nur das Kriterium des *Glaubens* anlegt und gelten läßt, stellt sich das Problem – nun nicht bezogen auf die Taten eines Menschen, sondern im Blick auf den Glauben – in ähnlicher Weise, nämlich als das Problem der *Perseveranz*, d. h. des Beharrens im Glauben bis ans Ende. Die Frage nach dem Maßstab, der im Gericht Gottes angelegt wird, ist im Blick darauf durch folgende Alternative zu formulieren: Entweder gilt: „Wer nicht bis zum *Ende* seines Lebens am Glauben festgehalten und ihn bewahrt hat, ist ewig verloren" *oder*: „Wer auch nur *einmal* in seinem Leben auf Gott vertraut hat, hat teil am ewigen Leben". Wiederum ist leicht zu erkennen, wie unterschiedlich diese Maßstäbe sind und zu welch unterschiedlichen Ergebnissen sie wohl führen müßten.

Aber lassen sich diese Alternativen *entscheiden*? Ja, sind sie überhaupt *richtig gestellt*? Begründete Zweifel[29] an der Angemessenheit solcher Alternativen lassen sich von verschiedenen Seiten aus erheben:

---

28 Diese letztere Antwort liegt wohl in der Konsequenz von Mt 10,42: „Und wer einem dieser Geringen auch nur einen Becher kalten Wassers zu trinken gibt, weil es ein Jünger ist, wahrlich ich sage euch: es wird ihm nicht unbelohnt bleiben" (ebs. Mk 9,41). Sie ist auch vorausgesetzt in der berühmten Erzählung: „Die Zwiebel", die F. Dostojewskij in seinen Roman „Die Brüder Karamasoff" (III. Teil, 7. Buch, Abschn. 3) eingebaut hat – freilich mit dem wichtigen Zusatz, daß diese *eine* Tat der Liebe noch einer letzten Bewährungsprobe ausgesetzt wird, die in dieser Erzählung *nicht bestanden* wird.

29 Insbesondere die verbreitete Vorstellung, der *letzte Augenblick* entscheide definitiv über das *ganze* Leben, muß im Blick auf die schrecklichen Umstände, von denen das Sterben eines Menschen begleitet sein kann, massive Bedenken hervorrufen.

– Ist es mit dem *Wesen des Glaubens* (als Vertrauen) und der *Liebe* (als Hingabe) vereinbar, sie als Kriterien für eine Gerichtsentscheidung zu denken, so daß Glaube und Liebe *belohnt*, ihr Fehlen hingegen *bestraft* wird?

– Wenn man mit der Möglichkeit rechnen muß, daß das Evangelium von Jesus Christus sich bestimmten Menschen *nicht* so erschließt, daß es sie zum Vertrauen auf Gott *ermutigt*, dann stellt sich die Frage, ob diese Menschen für etwas bestraft werden, was sie gar nicht zu verantworten haben.[30]

– Der Glaube ist im Menschenleben immer *angefochtener Glaube*, weil er begleitet, in Frage gestellt und bedroht ist durch die Stimme des Zweifels und des Unglaubens. Kann dann aber die *Alternative* zwischen Glauben und Unglauben das Kriterium sein, das über das „ewige Schicksal" des Menschen entscheidet?

– Der Glaube ist seinem Wesen nach Vertrauen auf *den Gott, dessen Wesen Liebe ist*. Muß diese Liebe nicht konsequenterweise auch *diejenigen umfassen*, die zu solchem Vertrauen *nicht* fähig oder willens sind? Droht nicht andernfalls die Gefahr, daß das Vertrauen sich nicht auf *Gottes Liebe*, sondern auf das (eigene) *Vertrauen* auf Gott richtet und daß damit die eigene „*Gläubigkeit*" des Menschen zum Fundament und Bezugspunkt des Vertrauens wird?

Keiner dieser Einwände kann m. E. als unsachgemäß zurückgewiesen oder leicht im Sinne des doppelten Ausgangs beantwortet werden. Es dürfte auch nicht möglich sein, sie als unwesentlich oder marginal einzustufen. Sie liegen als Hypothek auf der Konzeption des doppelten Ausgangs und müßten erst noch abgelöst werden.

15.2.1.2 Anthropologische Implikationen

War bisher im engeren Sinne von den soteriologischen Problemen der Konzeption des doppelten Ausgangs die Rede, so geht es nun darum, wenigstens einen kurzen Blick darauf zu werfen, was aus dieser Konzeption für das Verständnis des *Menschen* folgt. Hier ist zunächst ein Aspekt

---

30 Die in der mittelalterlichen Theologie entwickelte Vorstellung, daß diese Personengruppen an einen besonderen Ort im Totenreich (den „limbus infantium" oder „limbus patrum") kommen, an dem sie möglicherweise noch einmal mit dem Evangelium konfrontiert werden oder eine andere Entscheidungsgelegenheit erhalten, zeigt, daß dieses Problem zumindest wahrgenommen wurde, auch wenn die dafür angebotene Lösung in höchstem Maße zeitgebunden ist.

zu bedenken, der eine ausgesprochene *Stärke* dieser Konzeption darstellt:
Sie nimmt den Menschen als Wesen, das zu *personaler Verantwortung*
fähig ist, ernst. Das Heil wird – auch in eschatologischer Perspektive –
nicht verstanden als etwas, das dem Menschen ungefragt oder gar wider
Willen zuteil wird, sondern das ihm so zugesprochen wird, daß er sich
dieser Zusage und Verheißung auch verweigern kann. Die Lehre vom
doppelten Ausgang trägt also der Sonderstellung des Menschen als
antwortfähiges Wesen, das zu Gottes Ebenbild bestimmt ist, Rechnung.
Sie darf dabei aber nicht außer acht lassen, daß auch dieses Geschöpf
darauf angewiesen ist, daß ihm alles Heilsnotwendige von Gott her *zuteil
wird*. Auf diesen wesentlichen Gesichtspunkt nimmt die Lehre vom doppelten Ausgang jedoch explizit keinen Bezug. Diese Tatsache läßt mehrere
Deutungen zu:

– Es könnte – fatalerweise – bedeuten, daß sie diesen Gesichtspunkt für
  unwesentlich hält und damit hinter entscheidende Einsichten des
  Neuen Testaments und der Reformation zurückfällt in ein Denken,
  das im pejorativen Sinn des Wortes als „gesetzlich" oder „synergi-
  stisch" bezeichnet werden muß und das den Gedanken der Glaubens-
  gerechtigkeit zugunsten der Werkgerechtigkeit preisgibt.[31]
– Es könnte aber auch besagen, daß die Möglichkeit ewiger Verdammnis nur im Blick auf solche Menschen für denkbar gehalten wird, die
  *in voller, klarer, durch nichts beeinträchtigter Erkenntnis der Selbst-
  erschließung Gottes* gleichwohl Gott ihr Vertrauen willentlich verweigern. Eine solche Form des Unglaubens stellt unter irdischen Bedingungen eine reine Denkmöglichkeit dar, von der nicht angenommen
  werden muß, daß sie in irgendeinem Fall tatsächlich realisiert ist oder
  sein wird.[32] Aber ist dies dann noch ein doppelter Ausgang?
– Es könnte schließlich besagen, daß die Lehre vom doppelten Ausgang
  das glaubenermöglichende Wirken Gottes als in *jedem* Fall immer
  schon *geschehen(d)* voraussetzt, so daß das „ubi et quando visum est

---

31 Damit ist *nicht* gesagt, daß dies ein „alttestamentliches" oder „jüdisches"
    Denken wäre. Das Verhältnis von Glaubensgerechtigkeit und Werkgerechtig-
    keit entspricht *nicht* dem vom Neuen Testament zum Alten Testament oder
    von Christentum zu Judentum – wofür Gen 15,6 u. Röm 4,3-5 eindrucksvolle
    Belege sind.
32 Mit dieser Interpretation ließe sich gut der von Bruce Marshall (Alle Herrlich-
    keit ist innerlich [1944, dt. 1947] 1962⁵, S. 11) formulierte Gedanke verbin-
    den, daß zur christlichen Lehre zwar die Überzeugung gehört, daß es eine
    Hölle *gibt*, aber daß wir „nicht verpflichtet (sind) zu glauben, daß jemand
    darin ist". Zur Erläuterung fügt Marshall an: „Sogar dem Judas Ischariot mag
    Gott die Gnade letzter Reue gewährt haben …"

Deo" von CA 5 als immer und überall bereits realisiert angenommen werden müßte. Demzufolge wäre *jede* Form von Unglauben als ein schuldhaftes Nicht-glauben-Wollen trotz vorhandener Glaubensgewißheit zu verstehen.[33] Dies müßte dann wohl als „Sünde wider den Heiligen Geist" (Mk 3,29 u. Hebr 6,4-6) bezeichnet werden.

Die drei skizzierten Interpretationsmöglichkeiten weisen ebenfalls auf ein *Dilemma* hin, das man wie folgt beschreiben kann: Je stärker die Verantwortlichkeit des Menschen als Erklärungsmöglichkeit für die Lehre vom doppelten Ausgang in Anspruch genommen wird, desto eher wird die soteriologisch zentrale Einsicht des Evangeliums verdunkelt, daß das Heil dem Menschen von Gott her bedingungslos zuteil wird. Und je stärker *diese* Einsicht festgehalten wird, desto *weniger* kann die Lehre vom doppelten Ausgang begründet werden.[34] Trotzdem kommt in ihr ein Wahrheitsmoment zur Geltung, das Beachtung verdient. Dieses Wahrheitsmoment, das bisher mit dem Stichwort „personale Verantwortung" bezeichnet wurde, erhält noch eine Erweiterung und Vertiefung, wenn der Gedanke an die *Opfer* des Bösen mit einbezogen wird. Hier geht es um die in der Lehre vom doppelten Ausgang festgehaltene (oder darin jedenfalls aussagbare) Einsicht, daß die Opfer des Bösen nicht vergessen werden dürfen, und zwar gerade dann nicht, wenn ihnen keine Genugtuung widerfahren ist und wenn ihnen oder ihren Hinterbliebenen zugemutet wird, auf Rache und Vergeltung zu verzichten (s. Röm 12,19 unter Rückbezug auf Dtn 32,35). Wo und wie sonst sollte der „Rache Gottes" Raum gegeben werden?

Freilich zeigt sich hierin auch schon die Problematik dieses Gedankens; denn die *ewige Verdammnis* (als ein Gequältwerden *ohne Ende*) ist ja eine *Vergeltung*, die jede Grausamkeit, die ein Mensch begehen kann, nicht nur quantitativ, sondern *qualitativ übersteigt*. Deshalb ist ernsthaft zu fragen, ob die Annahme einer ewigen Verdammnis die angemessene Weise sein kann, in der den Opfern ihr Recht zuteil wird. Müßte eine eschatologisch überzeugende Antwort auf das namenlose Unrecht, das

---

33 Eine Konsequenz dessen wäre es, daß das Gebet um Glaubensgewißheit keine theologische Berechtigung hätte, weil es als immer schon erfüllt vorauszusetzen wäre.

34 Diese Alternative hat vor allem H. Rosenau (Allversöhnung, Berlin 1993) unter der Leitdifferenz „soteriologische Macht" oder „soteriologische Ohnmacht" des Menschen herausgearbeitet und in den Mittelpunkt seiner Überlegungen gestellt.

Menschen anderen Menschen angetan haben, nicht ganz anders aussehen als so, daß die Täter nun ihrerseits ewig gequält werden?[35] An dieser Stelle muß man[36] weiterfragen, ob unter der Voraussetzung eines doppelten Ausganges ewige *Seligkeit* überhaupt gedacht werden könne. Wird dabei vorausgesetzt, daß die Seligen so etwas wie ein „Wissen" um das Schicksal der Verdammten haben, so kann Seligkeit im Sinne des christlichen Glaubens gar nicht gedacht werden. Aber auch die Vorstellung, daß den Seligen dieses „Wissen" vorenthalten ist, wäre eine Beeinträchtigung der vollendeten Welt, die mit diesem Begriff nur schwer zu verbinden ist und überdies nicht ausschließt, daß die „Gläubigen" jedenfalls in *diesem* Leben dieses Wissen haben (können). Aus dem „Wissen" *Gottes* könnte die mögliche Existenz ewig verlorener Geschöpfe in keinem Fall ausgeschlossen werden. Die Einwände, die von daher gegen die Lehre vom doppelten Ausgang zu erheben sind, resultieren nicht aus der Unfähigkeit oder Unwilligkeit, den Ruf zur Umkehr ernst zu nehmen und Grenzen der Umkehrmöglichkeit anzuerkennen, sondern aus der Einsicht, daß die göttliche Liebe *ihrem Wesen nach* (auch als zornige Liebe) *niemanden* ausschließt. Aber mit diesem Gedanken sind wir bereits von den anthropologischen zu den theo-logischen Implikationen übergegangen.

15.2.1.3 Theo-logische Implikationen

Die Lehre vom doppelten Ausgang zwingt dazu, die göttliche Liebe als *begrenzt* zu denken – begrenzt in ihrer *Macht* und in ihrer *Reichweite*, darum aber auch schließlich in Frage gestellt in ihrer *Einzigkeit*.

– In der Gotteslehre (s. o. 8.1.3.2) und in der Erwählungslehre (s. o. 14.1.2.2) erwies es sich als angemessen, die Allmacht Gottes als All-

---

35 Auch dieses Thema hat F. Dostojewskij in „Die Brüder Karamasoff" (II. Teil, 5. Buch, Abschn. 4) aufgegriffen und in eindrucksvoller Weise bearbeitet, indem er Iwan auf einen Himmel, in dem Opfer und Täter einander ohne weiteres versöhnt und Gott preisend in die Arme sinken, verzichten läßt („Ich gebe mein Eintrittsbillett zurück"). Stimmig an Iwans Protest ist m. E. die Zurückweisung einer „billigen Versöhnung", die die Scham und Reue über die begangenen Greuel und den Schmerz über das ungelebte oder beschädigte Leben der Opfer nicht als integralen Bestandteil einschließt. Man muß, wenn man seinen Protest anerkennt, nicht notwendig zur Forderung einer ewigen Bestrafung kommen (dies lehnt auch Iwan ab), sondern könnte viel eher an eine radikale, in die Tiefe gehende Form der Reue und Versöhnung denken.

macht der göttlichen Liebe und darum die – erwählende – göttliche Liebe als allmächtig zu denken. Dabei zeigte sich als Spezifikum der göttlichen Allmacht gerade ihr *gewinnender* Charakter, der ohne Zwang und Gewalt zum Ziel kommt. Die unbeirrbare und grenzenlose Zuversicht, die sich von daher mit dem christlichen Gottesglauben verbindet, wird aber durch die Lehre vom doppelten Ausgang massiv in Frage gestellt. Selbst wenn man ihr nicht die traditionelle Fassung gibt, derzufolge der *weit überwiegende* Teil der Menschheit verdammt wird („massa perditionis"), bleibt doch auch in ihren eingeschränktesten Formen die Tatsache bestehen, daß die göttliche Liebe offenbar nicht mit und bei allen Menschen zu ihrem Ziel kommt. Von da aus wäre es notwendig, die Rede von der *Allmacht* (der Liebe) Gottes *zurückzunehmen*. Dies erscheint freilich als ein Substanzverlust für das christliche Gottesverständnis, von dem es sich schwerlich wieder erholen kann.

– Aus dieser eschatischen Begrenzung der Macht und Reichweite der göttlichen Liebe resultiert aber – wider Willen – auch, daß ihre *Einzigkeit* eschatologisch bestritten wird.[37] Denn die Lehre vom doppelten Ausgang impliziert eine *Verewigung der Sünde und des Bösen*, die mit der Ewigkeit Gottes konkurriert[38] und damit auch die Anschauung von der unumstrittenen und uneingeschränkten eschatischen Souveränität Gottes (wie sie z. B. Röm 11,25-36; I Kor 15,20-28; Eph 1,18-23 sowie Kol 1,15-20 zum Ausdruck kommt) in Frage stellt. Hier werden – nicht im Blick auf den Ursprung, wohl aber im Blick auf das Telos – *dualistische* Tendenzen sichtbar, die mit dem christlichen Gottesverständnis nur schwer zu vereinbaren sind. Ja, die Vorstellung, daß es Geschöpfe Gottes(!) geben könnte, die Gott ihres Unglaubens wegen ewiger Pein überantwortet, ist mit der Einsicht, daß Gottes Wesen Liebe ist, jedenfalls dann *nicht zu vereinbaren,* wenn der aus dem Evangelium von Jesus Christus gewonnene Begriff von Liebe zugrunde gelegt wird. Wenn man sich an Aussagen wie Mt 5,43-48; Joh 15,9-17; I Kor 13,4-7 oder I Joh 4,7-21 und durch diese Texte hindurch an der Gestalt Jesu Christi als der Mensch gewordenen göttlichen Liebe orientiert, dürfte es sich als unmöglich erweisen, den

---

36 Mit Schleiermacher, Der christliche Glaube, 1830/31², Bd. 2, S. 437 ff.
37 Darauf hat neuerdings J. Chr. Janowski in ihrer Arbeit „Allerlösung", Neukirchen-Vluyn 2000, S. 399ff. aufmerksam gemacht.
38 Die FC *verwirft* die Auffassung, „daß auch die Sünde auferstehen und im ewigen Leben in den Auserwählten sein und bleiben würde" (BSLK 859,25-27). Diese Verwerfung müßte aber konsequenterweise auch für *jede andere* Form der Verewigung der Sünde gelten.

Gedanken ewiger, von Gott als Strafe verhängter Höllenqualen mit dem Wesen Gottes in Einklang zu bringen.

Gleichwohl gibt es auch hier ein schon früher (s. o. 8.1.3.3 c) bedachtes Wahrheitsmoment, das festgehalten zu werden verdient: Es ist der Gedanke, daß es zum Wesen der Liebe gehört, zornig zu sein über alles, womit dem Geliebten Schaden zugefügt wird oder womit es sich selbst schadet. Dieser „heilige Zorn", der keine Einschränkung, sondern eine Qualifizierung echter, brennender Liebe ist, muß auch eschatologisch bedacht und ernstgenommen werden. Würde der Zorn Gottes *eschatologisch* suspendiert, so wäre er auch *soteriologisch* nicht ernst zu nehmen, sondern ein bloßes „Als-ob". Hier stellt sich freilich die Frage, ob ein eschatologisches Ernstnehmen des Zornes Gottes anders gedacht werden kann als so, daß dieser Zorn mit verdammender oder vernichtender Wirkung den Sünder trifft, der sich Gottes vergebender Liebe gegenüber beharrlich verschließt. Auch hier tut sich also ein *Dilemma* auf, das unlösbar zu sein scheint; denn ein Zorn, der mit verdammender Wirkung nicht nur die Sünde, sondern auch den *Sünder* trifft, steht zumindest in einer erheblichen Spannung zum Wesen der Liebe, die das *Beste* für das geliebte Gegenüber will.

So ist die eschatologische Konzeption des doppelten Ausgangs in mehrfacher Hinsicht mit – scheinbaren oder tatsächlichen – *Aporien* belastet, die es unmöglich machen, diese Konzeption, so wie sie ist, zu übernehmen. Gleichwohl sind in ihr Wahrheitsanliegen enthalten, die es auch unmöglich machen, jedenfalls aber nicht empfehlen, sie so, wie sie ist, zu verabschieden. Im Schlußabschnitt (15.3.3.3) wird es deshalb darauf ankommen, eine *kritische Rekonstruktion* der wichtigen und tragfähigen Elemente dieser Lehre zu versuchen.

15.2.2   Die Einbeziehung des annihilatio-Gedankens

Im Unterschied zu den im vorigen und im folgenden Unterabschnitt thematisierten eschatologischen Konzeptionen des doppelten Ausgangs und der Apokatastasis panton handelt es sich beim annihilatio-Gedanken nicht um eine eschatologische *Konzeption*[39], sondern nur um ein *Element* innerhalb einer eschatologischen Konzeption. Je nachdem, wie die

---

39 Das ist auch dort nicht der Fall, wo die „annihilatio mundi" (s. o. Anm. 20) gelehrt wird. Würde sie als eine eschatologische Konzeption verstanden, dann wäre sie eine rein destruktive, welt- und menschenverneinende Konzeption und hätte mit dem christlichen Gottes- und Weltverständnis, insbesondere mit dem Schöpfungs- und Heilsgedanken, nichts zu tun.

annihilatio interpretiert wird[40], läßt sie sich entweder in die Konzeption des doppelten Ausgangs oder in die der Apokatastasis panton einbeziehen und bildet darin eine wichtige Facette oder Variante.[41]

Der Begriff „annihilatio" kann in einem *weiteren* und in einem *strengeren* Sinn gebraucht werden. Im *weiteren* Sinn wird damit der Vorgang bezeichnet, durch den etwas seine *bisherige Daseinsform* verliert, sich also *radikal* wandelt und insofern *vergeht*. In diesem Sinne wäre das Verbrennen, die Zersetzung oder die Verwesung ein Vorgang der annihilatio. Im *strengen* Sinn ist „annihilatio" dagegen zu verstehen als *„Vernichtung"* und bezeichnet den Vorgang der *restlosen* Aufhebung und Beseitigung, also einer Auflösung *in nichts*. Die annihilatio in diesem Sinne ist das genaue Gegenstück zur traditionell verstandenen Lehre von der „creatio ex nihilo". Wird in ihr von der Welt gesagt, sie sei *„aus nichts" (durch Gottes Schöpferwort) entstanden*, so wird mit der streng verstandenen annihilatio von der Welt gesagt, sie *vergehe* am Ende der Tage *„in nichts"*.

Es ist theologisch durchaus sinnvoll, mit *beiden* Bedeutungen von „annihilatio" zu arbeiten und den Begriff differenziert zu verwenden, je nachdem, worauf er angewandt werden soll. Dabei ist es sinnvoll, mit einer *Grenzziehung* zu beginnen: In *keiner* der beiden Bedeutungen kann der Begriff „annihilatio" auf *Gott*, auf sein *Wort* und auf seinen im Gesetz geoffenbarten *Willen* angewandt werden (vgl. Ps 102,27 f. par. Hebr 1,10-12; Mk 13,31 parr.; Mt 5,18 par. Lk 16,17). Die Wirklichkeit Gottes *vergeht nicht*, sondern sie *„bleibt"* (s. Ps 9,8; 92,9; 102,13; I Kor 13,13). Dieses eschatische *Bleiben* ist der Gegensatz zum Vergehen und zur Vernichtung. Es ist *ewiges Leben* (s. u. 15.3.4) und füllt als solches „des Lebens Mangel aus" (EG 324,12).

War zunächst zu sagen, daß nach christlichem Verständnis *nicht alles vergeht oder vernichtet wird*, also der annihilatio anheimfällt, so ist nun umgekehrt zu bedenken, daß nach christlichem Verständnis aber auch *nicht alles bleibt*. Im Unterschied zu der problematischen Konsequenz der Lehre vom doppelten Ausgang, derzufolge die Sünde und das Böse in der Hölle als dem Ort der Qual *verewigt* wird (also „bleibt"), erlaubt der annihilatio-Gedanke, die *wirksame Verneinung* der Sünde bzw. des Bösen durch Gott zu denken, *ohne* diese damit zu verewigen. Diese Verneinung ist, wie sich andeutete, auf zweifache Weise zu denken: als ein *Vergehen*,

---

40 Als Absage an die Vorstellung ewiger *Höllenstrafen* gehört sie eher der Apokatastasis panton zu; als Verneinung der Vorstellung, daß alle (und alles) an der ewigen *Seligkeit* Anteil hat, eher der Konzeption des doppelten Ausgangs.

41 Diese prinzipielle Offenheit gegenüber beiden Konzeptionen erklärt auch die Placierung dieses Abschnitts an dieser Stelle – *zwischen* beiden Konzeptionen.

das faktisch den Charakter einer radikalen Verwandlung hat, oder als eine *Vernichtung*, die nichts übrig läßt.

Man könnte einwenden, eine *Vernichtung*, also eine annihilatio im strengen Sinn sei gar nicht denkbar. Das ist jedoch nicht richtig. Zumindest an den Rändern heutiger physikalischer Theoriebildung taucht die (Denk-)Möglichkeit der strengen annihilatio auf: Einerseits gibt es das Modell von *Materie und Antimaterie*, deren Zusammentreffen (bei gleicher „Masse") zu einer wechselseitigen Auslöschung führt; andererseits erlaubt die gedankliche Umkehrung des *Zeitpfeils*, denselben Effekt in zeitlicher Hinsicht zu denken: Positive Zeit (im Sinne der Entropie) und negative Zeit (im Sinne ihrer Umkehrung) heben sich gegenseitig vollständig auf.

So instruktiv (und in ihrer Weise anschaulich) solche Modelle sind, in theologischer (eschatologischer) Perspektive erweisen sie sich als *so* nicht anwendbar. Das Wesentliche am physikalischen annihilatio-Gedanken besteht m. E. darin, daß hier nicht nur das Negative vergeht, indem es dem Positiven *begegnet*[42], sondern es vergeht nur, indem das Positive *mit vergeht*, also auch vernichtet wird. Das ist aber – wie wir oben sahen – für den christlichen Glauben nicht zustimmungsfähig. So bleibt insofern die Frage nach einem theologisch akzeptablen Denkmodell strenger annihilatio *offen*. Vom christlichen Glauben her läßt sich jedoch zweierlei *postulieren*:

– Alles Geschaffene ist endlich. Es trägt die Signatur der Vergänglichkeit und damit der annihilatio im weiteren Sinn des Wortes. Seine Bestimmung ist es *nicht*, ewig zu bleiben, sondern zu *vergehen* (so Gen 3,19; Ps 90,3-10; 102,27; 146,4; Mt 24,35; I Kor 7,31; II Petr 3,10; Apk 21,1). Aber dieses Vergehen kann, wenn man die Geschöpflichkeit des Geschaffenen, also sein *Bejahtsein* von Gott ernst nimmt, nicht im Sinne einer spurlosen und restlosen Vernichtung verstanden werden, sondern nur als *radikale Verwandlung* durch den Tod und d. h. durch das Ende der geschöpflichen Existenzform hindurch.[43] Wenn *jedes* Geschöpf den Grund seines Daseins in der göttlichen Liebe hat, also ein *Geschöpf der Liebe Gottes* ist, dann kann *kein* Geschöpf im strengen Sinn des Wortes eschatisch *vernichtet*, wohl aber *durch den Tod hindurch radikal (zu Gott hin) verwandelt* werden.

---

42 *Das* wäre ein schöner und theologisch gut zu akzeptierender Gedanke.

43 Dafür sprechen nicht nur direkt Ps 102,27 und die paulinischen Aussagen über die eschatische Verwandlung (I Kor 15,51 f. u. Phil 3,21), sondern auch *indirekt* die Aussagen, die davon sprechen, daß an die Stelle des ersten Himmels und der ersten Erde ein neuer Himmel und eine neue Erde treten (Jes 65,17; II Petr 3,10-13; Apk 21,1).

– Eine solche *Vernichtung* im strengen Sinn ist aber denkbar (wenn auch nicht anschaulich vorstellbar), ja sie muß aus theologischen Gründen gelehrt werden im Blick auf die *Sünde* und das *Böse*[44], die ihrerseits nicht als Geschöpfe Gottes existieren, sondern nur als *Verneinung* des Schöpfers und der Geschöpfe (mit vernichtender Intention) eine Realität darstellen.[45] Die Sünde und das Böse sind die Negation dessen, was „bleibt", darum können sie selbst nicht bleiben, sondern sind (nur) dazu bestimmt zu vergehen, und zwar im Sinne der radikalen annihilatio.[46]

Der Gedanke der annihilatio ermöglicht es[47], das wirksame Nein Gottes gegen die Sünde und das Böse zu denken, ohne die problematische Konsequenz einer *Verewigung* der Sünde und des Bösen in Kauf nehmen zu müssen; und er erlaubt es, das radikale, vernichtende Nein Gottes gegen die Sünde und das Böse festzuhalten, ohne damit ein radikales, vernichtendes Nein Gottes gegen irgendeines seiner *Geschöpfe* zu verknüpfen. Beides ist freilich nur möglich, wenn die Unterscheidung zwischen Sünder und Sünde festgehalten und theologisch zur Geltung gebracht wird. Aber diese Unterscheidung ist ja schon soteriologisch grundlegend (s. o. 9.3.2.3 a u. 14.1.1.2 c). Insofern ist es nur konsequent, wenn sie auch eschatologisch eine wesentliche Rolle spielt.

---

44 Insofern haben die „Dämonen" durchaus recht, wenn sie (laut Mk 1,24 par. Lk 4,34) befürchten, von Jesus *vernichtet* zu werden. In diesem Sinn kann man auch die paulinischen Aussagen interpretieren, die von der Vernichtung des Leibes der *Sünde* (Röm 6,6) sowie von der Vernichtung aller widergöttlichen Herrschaft und des Todes sprechen (I Kor 15,24 u. 26). In diesem Sinn ist wohl auch das Vergehen des Weges der Gottlosen zu verstehen, von dem in Ps 1,6 die Rede ist.

45 In diesen Zusammenhang gehört die Aussage aus FC Ep I: „Dann der Unterscheid zwischen Gottes und des Teufels Werk auf das deutlichs dardurch angezeiget, weil der Teufel kein *Substanz* schaffen, sondern allein zufälligerweise aus Gottes Verhängnis die von Gott erschaffene *Substanz* vorderben kann" (BSLK 776,1-6).

46 Wenn das Wesen des Bösen Verneinung und Vernichtung ist, dann ist zumindest die Frage erlaubt, ob das Böse *letztendlich* (also eschatisch) sogar als *selbstverneinend* und *selbstvernichtend* gedacht werden kann. Dies wäre eine überzeugende Form der annihilatio des Bösen. Dieser Gedanke findet sich schon bei P. Tillich (STh II, S. 187), der von „den selbstzerstörerischen Folgen existentieller Entfremdung" spricht, denen Gott „ihren Lauf läßt". Ähnlich STh I, S. 325 f.

47 Mehr sollte man nicht sagen. Von einer *Notwendigkeit* oder etwas Zwingendem kann hier m. E. nicht die Rede sein.

15.2.3 Die Apokatastasis panton als Allerlösung

Die Alternative zu der eschatologischen Konzeption des doppelten Ausgangs ist die mit einem (unklaren) Begriff aus Act 3,21 bezeichnete Lehre von der Apokatastasis (d. h.: Wiederaufrichtung, Wiederherstellung, Wiederbringung) panton (d. h.: aller, oder: von allem). Das Gemeinte wird durch den Begriff „Apokatastasis" nur mißverständlich und ungenau wiedergegeben. Von der christlichen Botschaft her besteht Gottes eschatisches Heilswirken nicht in einer (zyklischen) *Wieder*herstellung eines paradiesischen Urzustandes, in dem es möglicherweise erneut zum „Sündenfall" käme, sondern in der Heraufführung einer *qualitativ neuen*, heilvollen Wirklichkeit, in der Sünde und Böses *definitiv* (auch als Möglichkeit) überwunden sind.

Das Gemeinte kommt aber auch durch den Begriff „Allversöhnung" nicht deutlich zum Ausdruck. Er sagt als solcher noch nicht notwendig, daß es keine ewig verlorenen Geschöpfe gebe, weil das *eschatische Wirksamwerden* der Versöhnung für *alle* (im Sinne von II Kor 5,19 f.) an das „Wort von der Versöhnung" und das dadurch erbetene „Sich-versöhnen-lassen-mit-Gott" gebunden sein könnte.

Demgegenüber verdient der neuerdings von J. Chr. Janowski[48] vorgeschlagene Begriff *„Allerlösung"* den Vorzug, weil er die *eschatisch* wirksame *Überwindung* der widergöttlichen Mächte deutlicher zum Ausdruck bringt. Der neutestamentliche Hauptbeleg für den Allerlösungs-Gedanken (Kol 1,15-20) spricht freilich vom „Versöhnen" Gottes (V. 20). Insofern hat die terminologische Entscheidung nur relativen Charakter.

Die *Lehre von der Allerlösung* ist in der Geschichte der christlichen Kirche und Theologie in unterschiedlichen Formen vertreten worden:

– als eindeutige *Lehre* oder nur als „begründete *Hoffnung"*;
– durch ausschließlichen Rekurs auf Gottes *Gnade* oder durch Einbeziehung des (allen Geschöpfen irgendwann und irgendwie zuteil werdenden) *Glaubens*;
– als Ergebnis eines barmherzigen göttlichen *Urteils* oder als Resultat eines geschöpflichen *Entwicklungsprozesses* vor oder im oder nach dem Tode.

Diese Unterschiede können hier nicht ausführlich reflektiert werden; ausschlaggebend ist der gemeinsame Gedanke, daß „durch die Kraft der Erlösung dereinst eine allgemeine Wiederherstellung aller menschlichen

---

48 Allerlösung. Annäherungen an eine entdualisierte Eschatologie, Neukirchen-Vluyn 2000.

Seelen erfolgen werde"[49]. Es ist keine Frage, daß diese eschatologische Konzeption eine große *Affinität* zu der Botschaft von der in Jesus Christus anbrechenden Gottesherrschaft hat, die als Heil offen ist *für alle* – gerade für die Verlorenen, die in religiöser Hinsicht nichts vorzuweisen haben und sich selbst nicht helfen können. So wie in *soteriologischer* Hinsicht zu sagen war, daß die *Säuglingstaufe* die *Bedingungslosigkeit* der göttlichen Heilszusage unübertrefflich klar zum Ausdruck bringt (s. o. 14.2.3.3 c), so ist dies in *eschatologischer* Hinsicht von der *Allerlösung* zu sagen. Aber dort wie hier stellt sich damit die Frage nach dem Gewicht, der Notwendigkeit und der Bedeutung des *Glaubens*, durch den die göttliche Heilszusage zwar *nicht gültig*, wohl aber für den einzelnen *wirksam* wird. Eines der Grundprobleme der Apokatastasis panton ist es daher, ob und wie in dieser Lehre nicht nur das „sola gratia", sondern auch das „sola fide" zur Geltung kommt. Dabei kann als allgemein anerkannt gelten, daß das eine nicht unter Einschränkung des anderen zur Geltung gebracht werden darf, weil sonst das „sola" in Frage gestellt wäre.

Wenn ich es recht sehe, gibt es für die Lösung dieses Problems zwei konkurrierende Denkmodelle: Das erste Modell geht mit den Formulierungen, die Luther z. B. in der Vorrede zum Römerbrief gebraucht hat[50], davon aus, daß nicht nur die *Gewißheit*, die den Glauben *ermöglicht*, sondern der *Glaube selbst* ein *Werk Gottes* im Menschen sei. Von da aus läßt sich dann sagen: Daß ein Mensch glaubt, ist selbst eine Wirkung der *Gnade* Gottes. Wenn aber Gott allein aus Gnade im Menschen den Glauben, durch den allein er gerettet wird, schafft, dann gilt beides: das „sola gratia" ebenso wie das „sola fide".[51]

Das andere Modell läßt sich gut an Röm 4,16 verdeutlichen: „Deshalb muß die Gerechtigkeit durch den Glauben kommen, damit sie aus Gnaden sei."[52] Hier gilt der Glaube (d. h.: das die Gnade annehmende und empfangende Vertrauen) als die der Gnade *angemessene Weise* des Heilsempfangs – im Gegensatz zu den *Werken*, die einen *Anspruch* auf Lohn vor Gott erheben (Röm 4,4 f.). Das „sola fide" korrespondiert hier (an-

---

49 So Schleiermacher, Der christliche Glaube, 1830/31², Bd. 2, S. 439. Die Formulierung „allgemeine Wiederherstellung aller menschlichen Seelen" wäre von der Konzeption dieser Dogmatik her zu ersetzen durch die Formulierung „Teilhabe aller Menschen am ewigen Leben".

50 WA DB 7,11,6: „Aber Glaube ist ein göttlich werck in uns, das uns wandelt und new gebirt aus Gott ..."

51 So argumentiert z. B. H. Rosenau, Allversöhnung, S. 409-415, bes. S. 412.

52 Diese Argumentation findet sich etwa bei W. Klaiber, Aus Glauben, damit aus Gnaden, in: ZThK 88/1991, S. 313-338. Vgl. dazu auch W. Klaiber/M. Marquardt, Gelebte Gnade, Stuttgart 1993, S. 244-250.

ders als im ersten Modell) nicht als *Werk der Gnade* dem „sola gratia“, sondern als die dem „sola gratia“ entsprechende und angemessene Weise, wie der *Mensch* Gnade empfängt: *Gnade* kann man sich durch nichts verdienen, man kann sie nur (als Geschenk) *annehmen – oder zurückweisen.* Und weil diese letztgenannte Möglichkeit nicht auszuschließen ist (und auch durch die Gnade nicht ausgeschlossen wird), sondern zu den freien Antwortmöglichkeiten des Menschen gehört, darum kann von diesem Denkmodell her die Apokatastasis panton zwar *erhofft*, aber nicht mit Gewißheit *gelehrt* werden.

An diesen beiden Modellen zeigt sich noch einmal: Wird Glaube als eine durch die Gnade Gottes zwar ermöglichte, aber ihr gegenüber eigenständige Größe verstanden, so ist er in der Konzeption der Apokatastasis panton – konsequent gedacht – nicht unterzubringen. Deshalb ist aus der Allerlösungslehre jeder Rest an personaler Beteiligung und Verantwortung ausgeschlossen. Dem Menschen wird die Erlösung von Gott her zuteil wie den anderen Kreaturen.

Hier zeigt sich, daß die Elemente, die oben (15.2.1.2) als Wahrheitsmomente der Lehre vom doppelten Ausgang genannt wurden, nämlich das Ernstnehmen personaler Verantwortung und der Schmerz über das ungelebte Leben der Opfer, mit der eschatologischen Konzeption der Allerlösung kaum zu vereinbaren sind – und insofern wirkt diese Lehre in unzulässiger Weise vereinfachend und defizitär, obwohl sie das große Verdienst hat, die Grenzenlosigkeit und Bedingungslosigkeit der Liebe Gottes eindrucksvoll zur Geltung zu bringen. *Sie macht das Herz und den Geist weit.* Und sie schließt vor allem aus dem eschatologischen Denken jeden Bestrafungs- und Vergeltungswunsch aus, weil er im christlichen Glauben *nichts* zu suchen hat. Aber sie gibt – jedenfalls in ihrer Normalform – dem *Schmerz über die verschmähte oder verratene Liebe* und über das zerstörte oder beschädigte Leben keinen (angemessenen) Raum. Und damit kann sie *wider Willen* den Eindruck erwecken, als sei diese Liebe doch nichts unendlich Kostbares, sondern eher eine Selbstverständlichkeit – eben „son metier“. Dieses Defizit der Allerlösungslehre kann nicht ignoriert und übergangen werden, auch wenn anzuerkennen ist, daß sie dem Geist des Evangeliums von Jesus Christus näher steht als die Lehre vom doppelten Ausgang.

15.2.1–15.2.3   Fazit

Analysiert man die verschiedenen eschatologischen Konzeptionen (und Elemente) in soteriologischer Hinsicht, so zeigt sich, daß in jedem Fall Probleme oder Defizite bleiben, die gewichtig sind:

- So erweist sich in eschatologischer Hinsicht das Verhältnis von „sola gratia" und „sola fide" als spannungsvoll, und das könnte ein Indiz dafür sein, daß dieses Verhältnis schon in soteriologischer Hinsicht nicht hinreichend geklärt ist oder daß die qualitative Differenz zwischen der irdisch-geschichtlichen Welt und dem Eschaton nicht konsequent genug zur Geltung gebracht wird.
- Ferner bricht in eschatologischer Hinsicht die Spannung zwischen Liebe und Zorn Gottes nochmals auf, und d. h.: das Verhältnis zwischen beiden muß erneut durchdacht werden. In der Soteriologie kann (und muß) zwar gesagt werden, daß der Zorn Gottes als Eigenschaft seiner Liebe sich nicht auf die Geschöpfe, sondern auf „alles gottlose Wesen und alle Ungerechtigkeit der Menschen" (Röm 1,18) richtet, aber was besagt diese (wichtige) Unterscheidung im Blick auf Geschöpfe, die sich nicht von ihrer Sünde durch Gottes Liebe unterscheiden lassen wollen, sondern sich mit ihr *identifizieren*? Kann oder muß in eschatologischer Hinsicht gesagt werden, daß dann der Zorn Gottes mit seiner vernichtenden Kraft und Wirkung diese Geschöpfe mittrifft? Oder darf gesagt werden, daß die Möglichkeit der Identifikation eines Menschen mit der *Sünde* in Jesus Christus (metaphorisch) ein für allemal vollzogen wurde, so daß sie von daher *keine menschliche Möglichkeit* (mehr) darstellt?[53]
- Schließlich ist insbesondere im Umfeld der Apokatastasis panton die Unterscheidung zwischen „Hoffnung" und „Lehre" aufgetaucht, die die ältere Unterscheidung zwischen „glauben" und „lehren" überlagert und entscheidend modifiziert hat.[54] Jene ältere Unterscheidung differenziert zwischen denen, die um die Grenzenlosigkeit der Liebe Gottes wissen, und der Masse, vor der dieses „gefährliche" Wissen als Geheimnis gehütet werden muß, um nicht Gleichgültigkeit, Leichtlebigkeit und Sittenverfall zu riskieren. Diese Differenzierung ist in jeder Hinsicht *bodenlos* und darum ihrerseits gefährlicher als alle – vermeintlichen oder realen – Gefahren, die aus dem Wissen um die Allerlösung folgen können. Aber auch die Unterscheidung zwischen einer *Hoffnung* auf Allerlösung und der Ablehnung einer entsprechenden *Lehre* ist nicht völlig unproblematisch. Sie ist akzeptabel, wenn in ihr

---

53 Vgl. dazu meinen Aufsatz: „Christus factus est peccatum metaphorice", in: NZSTh 36/1994, S. 302-315. Vgl. o. S. 331.

54 Mit der älteren Unterscheidung ist z. B. das berühmt-berüchtigte Chr. G. Barth zugeschriebene Diktum gemeint: „Wer an die Wiederbringung nicht glaubt, ist ein Ochs; wer sie aber lehrt, der ist ein Esel" (zitiert nach E. Stählin, Die Verkündigung des Reiches Gottes in der Verkündigung der Kirche Jesu Christi, Bd. VI, Basel 1963, S. 277).

zum Ausdruck kommt, daß es zwar so etwas wie eine „*Affinität*" der
christlichen Botschaft zur Apokatastasis panton gibt und daß, wer
selbst *Vergebung erfahren* hat, nur hoffen und wünschen kann, daß sie
auch *allen anderen* Menschen zuteil werde, daß aber trotzdem von der
christlichen Botschaft her unerledigte Anfragen bestehen bleiben, die
mit dem lehrhaften Bekenntnis zur Apokatastasis panton weder beantwortet noch abgetan sind. Anders gesagt: Die bloße *Hoffnung* auf
die Apokatastasis panton ist theologisch angemessen, wenn und sofern sie Ausdruck theologischer *Zurückhaltung* angesichts nicht aus-
geräumter Bedenken ist. Die Ablehnung der Lehre und die Beschränkung auf die bloße Hoffnung wird aber dann problematisch, wenn sie
begründet wird mit der Respektierung der *Souveränität und Freiheit
Gottes*. Abgesehen von dem kuriosen Kategorienfehler, der in der
Vermutung zum Ausdruck kommt, ein (irriges) *theologisches Urteil*
(nämlich die Lehre von der Allerlösung) könnte der Souveränität und
Freiheit *Gottes zu nahe treten* oder diese gar *einschränken*, wäre die
so begründete Selbstrücknahme wohl eher Zeichen eines *Klein-
glaubens*, der hinter dem zurückbleibt, was das Evangelium von Jesus
Christus zu sagen erlaubt.

15.3   Ausblicke auf die vollendete Welt

In diesem letzten Abschnitt der Dogmatik sollen auf der Basis der im
vorigen Abschnitt diskutierten *soteriologischen* Grundfrage nach parti-
kularem oder universalem eschatischem Heil einige grundlegende inhaltliche Gesichtspunkte zur Eschatologie entwickelt werden. Eine systematisch *geschlossene* Lehre kann im Blick auf die *vollendete* Welt noch
weniger vorgetragen werden als im Blick auf andere Teilthemen der Dogmatik. Das *Fragmentarische*, das der Theologie – als theologia viatorum –
ebenso eignet wie jeder anderen Lebensäußerung des Glaubens, muß
gerade dort zum Ausdruck kommen, wo sie sich der noch ausstehenden
vollendeten Welt zuwendet, um über sie abduktiv gewonnene, hypothe-
tische Aussagen zu wagen. Die Kennzeichnung dieser Aussagen als „Ausblicke" soll dabei dreierlei ins Bewußtsein rufen:

– Das Noch-Ausstehende der vollendeten Welt kommt in der Eschatologie dadurch angemessen zum Ausdruck, daß nur *einige* sich eröff-
  nende Ausblicke ohne jeden Anspruch auf Vollständigkeit vorgetragen werden. Auf diese Weise soll der anfangs genannten Forderung
  nach *Behutsamkeit* Rechnung getragen werden.
– Der Begriff „Ausblicke" erinnert ferner an die *subjektiv-perspektivi-
  sche* Betrachtungsweise, in der alle eschatologischen Aussagen gewagt

werden müssen. Das schließt nicht aus, daß es zwischen diesen Betrachtungsweisen zu einer fruchtbaren interpersonalen Kommunikation kommen kann (in der z. B. die unterschiedlichen lebensgeschichtlichen und gesellschaftlichen Kontexte als Einflußfaktoren erkennbar
werden), aber damit wird die Perspektivität weder eliminiert noch
neutralisiert.

– Der Hinweis darauf, daß es sich um „Ausblicke" handelt, soll schließlich das naheliegende Mißverständnis vermeiden, als würden die folgenden vier Themen: Tod, Auferstehung, Gericht, Ewiges Leben so
etwas wie eine *zeitliche Abfolge* oder einen *heilsgeschichtlichen* Plan
wiedergeben. Sie wollen verstanden werden als *Teilansichten* unter
einer bestimmten thematischen Leitfrage. Sie werden nur deshalb in
dieser Reihenfolge angeordnet, weil so der *sachliche* Zusammenhang,
der zwischen diesen vier Themen besteht, am besten zum Ausdruck
kommt.

15.3.1 Tod [55]

An mehreren Stellen war bereits in dieser Dogmatik vom Tod die Rede:
Einerseits wurde innerhalb der Hamartiologie (s. o. 13.4.1.2) die These
vertreten, der Tod gehöre zur *kreatürlichen* Welt, sei also nicht *als solcher*
eine Folge der Sünde; wohl aber bekomme er durch die Sünde einen
Stachel (s. dazu auch 9.3.2.2 d), nämlich die Drohung des *ewigen* Todes.
Andererseits wurde im vorigen Abschnitt (s. o. 15.2.2) der *Tod* (der *Kreatur*) als radikale, die Daseinsgestalt zum Vergehen bestimmende und auf-
lösende *Verwandlung* unterschieden von der annihilatio im strengen Sinn,
also von der *Vernichtung*. Diese Gedanken werden im folgenden vorausgesetzt und weitergeführt.

In der eschatologischen Theoriebildung stehen einander zwei Grundtypen von Todesverständnissen antagonistisch gegenüber, die zunächst
kurz betrachtet und gegeneinander abgewogen werden sollen. Daraus
werden sich dann weiterführende Überlegungen ergeben.

---

55 Mit der Konzentration auf das Thema „Tod" ist eine gewisse Engführung
verbunden, die aufgebrochen würde, wenn zusätzlich vom „Weltende" die
Rede wäre. Erörterungen über ein von der menschlichen Erfahrung unabhän-
giges Weltende erscheinen mir jedoch – im Rahmen einer solchen Dogmatik –
nicht als sinnvoll. Zum möglichen Ende des Universums vgl. o. S. 416,
Anm. 13. Die Ausblendung dieses Aspekts bildet in gewisser Hinsicht eine
Analogie zu der Behandlung der Weltentstehung in der Schöpfungslehre (s. o.
12.1.2).

15.3.1.1 Der Tod als Trennung der Seele vom Leib

In der Definition des Todes als Trennung von Leib und Seele, genauer: als Trennung der Seele vom Leib, ist vorausgesetzt, daß die Seele nicht nur das Geist- und Gefühls-, sondern auch das *Leben*sprinzip des Menschen ist, das im Tod den Leib verläßt, der (daraufhin) seinerseits verwest oder sich in anderer Weise auflöst. Diesem Todesverständnis zufolge verliert also der Leib durch die Trennung von der Seele dasjenige, was ihn belebt und zusammenhält, und darum stirbt der Leib und zerfällt in seine Bestandteile. Die *Seele* als das Lebensprinzip kann aber per definitionem nicht sterben (auch nicht durch ihre Trennung vom Leib), sondern muß als *unsterblich* gedacht werden.

Wo dieses Todesverständnis (aus der platonischen Tradition) in die christliche Theologie übernommen wurde (was auf weite Strecken – nicht nur in der römisch-katholischen Kirche und Theologie – der Fall war), da richtet sich die Auferstehungshoffnung darauf, daß die Seele (u. U. nach einer Phase des „Seelenschlafs") durch die Auferstehung wieder einen Leib, und zwar den ihr zugehörigen Leib in verwandelter, verklärter, verherrlichter Gestalt erhält.

Für ein abwertendes Urteil über dieses Todesverständnis gibt es m. E. keinen Grund – nicht nur, weil es zumindest am Rande des Kanons belegt ist (vgl. Koh 12,7; Weish 9,15; 15,8; Tob 4,3; im Blick auf andere Aussagen, wie z. B. Gen 2,7 u. I Thess 5,23, ist die Interpretation umstritten[56]), sondern weil es in mehrfacher Hinsicht als ein einfühlsames, am *Phänomen* des Sterbens und des Todes orientiertes Verständnis zu bezeichnen ist. Seine (einzige, aber entscheidende) Schwachstelle liegt darin, daß es die Seele als ein *unabhängig* vom Leib existierendes Prinzip oder als *eigenständige Substanz* denkt und damit zwischen Leib und Seele nicht nur *unterscheidet*, sondern *trennt*. Diese Annahme ist aber nicht nur unbegründet, sondern auch gefährlich, weil ihr eine Tendenz zur Abwertung des (sterblichen) Leibes und zur Hochwertung der (unsterblichen) Seele innewohnt, durch die die notwendige Zusammengehörigkeit beider leicht aus dem Blick geraten kann.

---

56 Vgl. hierzu F. Heidler, Die biblische Lehre von der Unsterblichkeit der Seele, Göttingen 1983, und H. Schwarz, Jenseits von Utopie und Resignation, Wuppertal/Zürich 1991, S. 225-238.

15.3.1.2 Der Tod als definitives Ende des Menschen

Diese Zusammengehörigkeit von Leib und Seele als untrennbare *Einheit* hat dagegen die These vom „Ganztod" im Blick. Sie macht damit Ernst, daß *kein Teil* des Menschen im Tod übrigbleibt und überlebt, sondern daß der ganze Mensch stirbt.[57] Wo dieses Todesverständnis sich mit der christlichen Hoffnung verbindet, da wird in der Regel der *Auferstehungsgedanke* (als *Gegenbild* zur Unsterblichkeit der Seele) starkgemacht. Dabei zeigt sich, daß dieses Todesverständnis dazu tendiert, den Tod im strengen Sinn als annihilatio, also als Vernichtung der leiblich-seelischen Einheit zu denken, die das Geschöpf war, und dementsprechend die Auferstehung als eine *Neuschöpfung* analog zur creatio *ex nihilo*.

Das große Problem, das hierbei auftaucht, ist das der Identität oder Kontinuität zwischen dem gestorbenen und dem auferweckten Geschöpf. Inwiefern kann die eschatologische Neuschöpfung als *Auferstehung der Toten* gedacht und damit von einer eschatischen Erschaffung neuer, *anderer* Geschöpfe *unterschieden* werden? Das ist nur möglich, wenn es in irgendeiner Hinsicht eine *Identität* zwischen dem gestorbenen und dem auferweckten Geschöpf gibt. Aber was käme als solches *identitätsstiftendes Element* in Frage? Die (unsterbliche) Seele jedenfalls nicht, da sie dieser Auffassung nach nicht existiert. Der (sterbliche) Leib auch nicht, da er zerfällt und in andere leibhafte Gestalten übergeht. Hier scheint nur so etwas weiterzuhelfen wie die Vorstellung, daß Gottes Gedenken die „Identität" der Verstorbenen aufbewahrt und zum „Kern" ihrer eschatischen Neuschöpfung werden läßt. Will man den bildhaften Ausdruck „Gedenken Gottes" mit anderen Worten umschreiben, dann ließe sich das damit Gemeinte so ausdrücken: Was den Tod des Menschen überdauert und die Identität des gestorbenen mit dem auferweckten Menschen bildet, ist das, und nur das, was er mit seinem irdisch-geschichtlichen Dasein an göttlicher *Liebe* empfangen hat. Damit wird aber der These vom „Ganztod" an einer entscheidenden Stelle widersprochen; denn an der von Gott empfangenen Liebe, die die Identität des verstorbenen mit dem auferstehenden Geschöpf konstituiert, ist der Verstorbene mit seinem gelebten Leben *beteiligt*. Die Frage der Identität und Kontinuität bleibt also auch hier gestellt und ist weiter zu bedenken.

---

57 Vgl. dazu exemplarisch E. Jüngel, Tod, Gütersloh 1979, für den eine „Kontinuität des menschlichen Lebens über den Tod hinaus" ein „utopische(s) Postulat" ist; denn: „eine Unsterblichkeit der Seele gibt es nicht" (S. 151 f.).

15.3.1.3 Tod als Verhältnislosigkeit

Im Anschluß an K. Barth hat E. Jüngel die Ganztodthese aufgenommen, präzisiert und modifiziert, indem er einerseits den Tod als „Verhältnislosigkeit", andererseits als „Verewigung des gelebten Lebens" deutet.[58] Ich konzentriere mich hier auf die Definition des Todes als „Verhältnislosigkeit" und frage, ob mit dieser Definition die Aporien der beiden bisher genannten Todesbegriffe vermieden oder überwunden werden können. Die Stärke von Jüngels Definition liegt m. E. darin, daß sie (menschliches) Leben und darum auch den Tod nicht substantiell, sondern *relational* auffaßt. „Leben" heißt demnach: „Sein in Beziehung", und zwar zu Gott, zur Welt, zum Mitmenschen und zu sich selbst. Und von daher kann man sagen: Die Aushöhlung oder der Verlust von Beziehungen ist eine Aushöhlung oder ein Verlust des Lebens. Aber „Tod" – und hier erweist sich Jüngels Definition als zu undifferenziert – ist nicht einfach Beziehungs- oder Verhältnislosigkeit. Vielmehr muß hier unterschieden werden zwischen den (Aspekten von) Beziehungen, die *von anderen ausgehen* und auf die betreffende Person zukommen, indem andere sich ihr gegenüber in bestimmter Weise verhalten, und den (Aspekten von) Beziehungen, die *von der Person ausgehen* und auf andere zukommen, indem sie sich ihnen gegenüber in bestimmter Weise verhält. Unterscheidet man so, dann zeigt sich, daß im Tod und durch den Tod keineswegs alle Beziehungen abgebrochen werden. Z. B. behalten Menschen, die eine Person geliebt haben, eine Beziehung zu ihr, die darin zum Ausdruck kommt, daß sie an sie denken, über sie sprechen, sie bestatten, ihr Grab pflegen etc. Entsprechend muß auch im Blick auf die Gottesbeziehung differenziert werden zwischen dem, was *für den Gestorbenen nicht mehr* möglich ist, und dem, was *von Gott her* auch im Blick auf den Verstorbenen nicht nur möglich, sondern wirklich ist.

15.3.1.4 Tod als reine Passivität

Diese Differenzierung kann zu einem genaueren Verstehen des Todes anleiten: Der Tod ist weder „Vernichtung" noch „Eintritt von totaler

---

58 E. Jüngel, Tod, Gütersloh 1979, S. 145. Er knüpft damit an Gedanken an, die K. Barth im Rahmen seiner Anthropologie (im Vorgriff auf die Eschatologie) skizziert hat (KD III/2, S. 770 ff.). Charakteristisch (und bedenklich) ist, daß Jüngel dabei sowohl den *Tod* als auch die *Auferstehung* als „Verewigung gelebten Lebens" (a.a.O., 145 u. 153) bezeichnen kann. Der Unterschied zwischen Tod und Auferstehung geht also durch diese Formel tendenziell verloren.

Verhältnislosigkeit"[59], sondern er ist das *definitive Ende aller aktiven Möglichkeiten.*[60] Das besagt zunächst: Sterben kann nur, was aktive Möglichkeiten *hat*, die an ein Ende kommen können. Sodann: Nicht die Möglichkeiten (einschließlich der Beziehungen) überhaupt kommen mit dem Tod an ein Ende, sondern nur die *aktiven*, d. h. solche, die auf das Verhalten, Wählen oder die Tätigkeit eines Geschöpfs zurückgehen.[61] Schließlich: Erst das *definitive* Ende dieser aktiven Möglichkeiten ist der Tod – im Unterschied etwa zu einer Situation der Bewußtlosigkeit im Koma oder durch Narkose[62].

Tod ist also *der Eintritt und die zeitlich unbegrenzte Dauer des Zustandes reiner Passivität.* Dementsprechend ist das *Sterben* der (ängstigende, schmerzhafte) Prozeß, in dem ein Mensch alle seine aktiven Möglichkeiten *losläßt* oder sie ihm *entrissen* werden. Dieses konstitutive Element der „passio" verweist auf eine Nähe zwischen *Tod und Glauben* (s. o. 2.2.3 u. 14.1.3.2), die weder zufällig noch theologisch unerheblich ist. Von daher lassen sich nämlich der Glaube als *Einübung ins Sterben* (angesichts noch bestehender aktiver Möglichkeiten) und das Sterben als *Ratifizierung des Glaubens* (angesichts der ans Ende gekommenen aktiven Möglichkeiten) bezeichnen.

Entscheidend ist, daß die „*passio"* des Todes zwar das Ende der aktiven Möglichkeiten des Menschen ist, aber gerade *nicht* eine *Beziehungslosigkeit* Gott gegenüber oder ein *Ausgeschlossensein* vom ewigen Leben bedeutet, sondern die für das Geschöpf *höchstmögliche*, weil durch das eigenmächtige Wollen und Wählen nicht mehr gestörte (ja nicht einmal mehr störbare) *Teilnahme* (Partizipation) am göttlichen Leben. Die Beschreibung der Liebe als (selbstvergessene) *Hingabe* (s. o. 14.1.4.1) verliert im Blick auf den Tod nicht ihre Gültigkeit, sondern wird hier radikalisiert und vertieft; denn der Tod ist die Herausforderung, *alles* loszulassen, was ein Mensch liebt, (ohne Sicherheit, aber) im Vertrauen darauf, daß gerade darin sich das als tragfähig erweist, was Menschen nicht festhalten

---

59 So Jüngels „Definition des Todes", a.a.O., S. 145.

60 Deswegen ist auch die Definition des Todes als Trennung der Seele vom Leib insofern zurückzuweisen, als in ihr solche den Tod überdauernde aktive Möglichkeiten gedacht werden.

61 Dazu zählen auch unbewußte, spontane Vorgänge, wie z. B. Atmung und Stoffwechsel, sofern sie von einem Geschöpf ausgehen.

62 Von daher ist m. E. Zurückhaltung gegenüber allen Versuchen geboten, die Feststellung des Todes bei Menschen auf einen möglichst *frühen* Zeitpunkt festzulegen, also z. B. auf den sog. Hirntod. Von daher wird auch verständlich, warum es sinnvoll ist, mit dem Begriff des „biologischen Todes" der Tatsache Rechnung zu tragen, daß bestimmte körpereigene Funktionen sogar noch über den „klinischen Tod" hinaus nachweisbar sind und erst allmählich erlöschen.

(können). Dieses Loslassen des eigenen Lebens und des geliebten Gegenübers ist die größte Forderung und Herausforderung des Todes an die
Liebe. Daß darin die Liebe den Tod überwindet, ist die *eschatologische
Antithese* zu der Vermutung des Unglaubens, daß der Tod das letzte Wort
behalte – auch gegenüber der Liebe.

15.3.2 Auferstehung der Toten[63]

15.3.2.1 Diskontinuität und Kontinuität

Das *Dilemma* des Auferstehungsglaubens wurde bereits beim Nachdenken über die unterschiedlichen Todesverständnisse andeutungsweise sichtbar: Entweder wird die *Radikalität* des Todes und dementsprechend die
völlige *Neuartigkeit* der Auferstehungswirklichkeit gegenüber der irdisch-
geschichtlichen Existenzform betont, dann ist es schwierig, die *Identität*
des Auferweckten mit dem Gestorbenen festzuhalten; oder diese Identität
(und damit ein Moment der Kontinuität) wird betont, dann erscheint die
Auferstehung als eine Art *Fortsetzung* der irdisch-geschichtlichen Existenz im Jenseits, aber nicht als deren eschatische *Vollendung*.

Man kann sich dieses Dilemma schon an dem neutestamentlichen
Text klarmachen, der für das christliche Auferstehungsverständnis grundlegend ist: I Kor 15, insbesondere V. 35-57. Anhand des Bildes vom
Samenkorn betont Paulus zunächst energisch die *Diskontinuität* zwischen
dem Sterbenden und Auferstehenden: „Du Narr: Was du säst, wird nicht
lebendig, wenn es nicht stirbt. Und was du säst, ist ja nicht der Leib, der
werden soll, sondern ein bloßes Korn ... Gott aber gibt ihm einen Leib,
wie er will ..." (V. 36-38). Trotzdem ist auch in diesem Bild die Kontinuität zwischen Sterbendem und Auferstehendem festgehalten, indem Paulus
sagt, daß Gott *„ihm"* einen Leib gibt, nachdem *„es"* gestorben ist. Damit
stellt sich die gedankliche Aufgabe, die *Verwandlung* (im Tod) so zu
denken, daß in ihr Kontinuität und Diskontinuität, Identität und Neuheit
gleichermaßen zur Geltung kommen. Im paulinischen Bild wird dies geleistet durch die mißverständliche (genaugenommen sogar falsche) Rede

---

63 Wie beim Thema „Tod" aufgrund des Verzichtes auf die Thematisierung des
    Weltendes eine gewisse (anthropologische) Engführung einzuräumen war, so
    gilt dies auch im Blick auf das Thema „Auferstehung" wegen des Verzichts
    auf die Thematisierung dessen, was die Bibel „neuen Himmel und neue Erde"
    nennt. Auch diese Aspekte kommen hier nur insofern vor, als sie im Element
    der *Leibhaftigkeit* der Auferstehung impliziert sind, sie werden aber am Ende
    dieses Kapitels (15.3.4.3) noch einmal thematisiert.

vom Samenkorn, das „*stirbt*". Würde das Samenkorn im wörtlichen Sinn tatsächlich *sterben*, so könnte es keine Frucht mehr bringen. Daß es Frucht bringt (und einen neuen „Leib" erhält), ist nur möglich, weil es in aller Auflösung und Verwandlung, die ihm widerfährt, lebendig und lebenskräftig bleibt.

Diese Einsicht wird von Paulus mit Hilfe der Rede vom „*geistlichen Leib*" (V. 44: σῶμα πνευματικόν) auf das Geheimnis der Auferstehung übertragen. Der Schlüssel zum Verständnis dieser wichtigen und für die Lehre von der Auferstehung der Toten grundlegenden Formel liegt m. E. in Röm 8,11: „Wenn nun der Geist dessen, der Jesus von den Toten auferweckt hat, in euch wohnt, so wird er, der Christus von den Toten auferweckt hat, auch eure sterblichen Leiber lebendig machen durch seinen Geist, der in euch wohnt." Von dem Bild des Samenkorns her stellte sich die Frage, inwiefern es *in* aller Auflösung und Verwandlung des sterblichen Leibes etwas gibt, das lebendig und lebenskräftig bleibt. In Übereinstimmung mit den Aussagen über den Tod zeigt sich nun: Lebendig und lebenskräftig bleibt jedenfalls *kein Teil* des Menschen, kein Element seiner leiblich-seelischen Einheit und schon gar nicht diese Einheit als ganze. Der Bibeltext spricht an dieser Stelle davon, daß *Gott* den sterblichen Leib des Menschen durch *seinen* (sc. Gottes) *Geist*, der im Menschen wohnt, lebendig macht. Wie läßt sich das verstehen?

Hier zeigt sich erneut (s. o. 2.2.4 u. 12.2.2.2), daß nur eine *relationale* Ontologie und Anthropologie in der Lage ist, die Aussagen des christlichen Glaubens über den Menschen angemessen aufzunehmen und zur Geltung zu bringen. Das macht es erforderlich, die Vorstellung von einem *substanzhaft* gedachten Wesen des Menschen preiszugeben, durch das die Beziehung zu Gott, zur Welt, zu sich selbst erst (mit-)*konstituiert würde*. Vielmehr ist ernst zu nehmen, daß das Wesen des Menschen selbst nichts anderes ist als *ein Beziehungsgefüge oder Beziehungsgeschehen*, das *konstituiert* ist durch die (schöpferische) Beziehung Gottes zum Menschen (auf die sich der Mensch im Glauben – oder Unglauben – bezieht) und das *besteht* als die *externe* Beziehung zur Welt (einschließlich der Mitmenschen) und als die (diese externe Beziehung mit einschließende) *interne* Beziehung der Identität zu sich selbst.

Dieser relationsontologische Ansatz erlaubt es zu denken, daß auch dann, wenn die Beziehungen, in denen das Menschsein *besteht*, durch den Tod auf die reine Passivität reduziert werden, gleichwohl die konstitutive, schöpferische *Beziehung Gottes zum Menschen* sich durchhält und im Durchgang durch das Dunkel des Todes der Grund für die eschatologische Hoffnung auf Auferstehung und neues Leben bleibt. Versteht man die Rede vom „Geist, der in euch wohnt", als Aussage über diese konstitutive Beziehung Gottes zum Menschen (was von Kap. 10 her sachgemäß ist), dann erschließt sich von da her eine Verständnismöglichkeit der Rede von der Auferweckung der Toten, die mit dem Ernstnehmen der Wirklichkeit des Todes durchaus vereinbar ist. Ihr zufolge ist die Teilhabe am Geist Gottes dasjenige Lebensprinzip, das sich im Tod *durchhält*, den sterblichen Menschen dauerhaft (also über die Schwelle des Todes hinweg) *mit Gott verbindet* und so den *Keim der Auferstehung* bildet. Dieser Geist ist als der *schöpferische* Geist Gottes schon die Konstitutionsbedingung für das *Dasein* des Menschen als Geschöpf Gottes. Er ist als der *versöhnende* Geist Gottes die Konstitutionsbedingung für die *Neuschöpfung* des Menschen zum *Kind und Erben* Gottes (Gal. 4,1-7; Röm 8,12-17). Und er ist als der *erlösende* Geist Gottes die Konstitutionsbedingung für die *Vollendung* des Menschen in der *Herrlichkeit* Gottes.

So läßt sich durch den Rekurs auf die Gegenwart des *Geistes* – und zwar des Geistes *Gottes* – im Menschen das eschatologische Dilemma zwischen *Kontinuität und Diskontinuität* insofern überwinden, als der Geist Gottes beides ist: die dem irdisch-geschichtlichen Menschen zuteil werdende *Gabe*, die im Tode nicht vergeht, *und* die eschatisch neuschaffende *Kraft*, durch die Gott seinen Geschöpfen Anteil an seinem ewigen Leben gibt.

15.3.2.2 Auferstehung zum Gericht oder zum Heil

Von diesem pneumatologisch-eschatologischen Denkansatz aus kann und muß ein weiteres theologisches Problem in den Blick gefaßt werden, das in Verbindung mit der Rede von der Auferstehung der Toten entsteht: die Frage nach ihrer *Universalität* oder *Partikularität*. Damit tauchen zwei Begriffe wieder auf, die in Abschn. 15.2 bereits im Zusammenhang mit der soteriologischen Fragestellung eine entscheidende Rolle spielten.[64] Freilich taucht das Begriffspaar dort und hier in einer merkwürdigen Verschränkung auf. Während es bei der Frage: „doppelter Ausgang" oder „Apokatastasis panton" darum ging, ob *einige* Menschen vom ewigen Heil *ausgeschlossen* sind, geht es nun um die Frage, ob *nur diejenigen* Menschen von den Toten auferstehen, die am ewigen Heil *Anteil haben* (oder auch diejenigen, die „ewig verloren" sind). Dort gehörte die universale Antwort zur Apokatastasis panton, hier tendiert sie in die Richtung des doppelten Ausgangs.

---

64 Zugleich leitet diese Frage über zu der Gerichtsthematik des folgenden Abschnitts.

Die Positionen, die dabei einander gegenüberstehen, lassen sich wie folgt skizzieren:

– Die *eine* – im allgemeinen Bewußtsein auch durch die Werke der darstellenden Kunst breit verankerte – Vorstellung geht davon aus, daß *alle* Menschen auferweckt werden *zum Gericht* und daß sich im Durchgang durch das Gericht entscheidet, ob sie am ewigen Leben oder an der ewigen Verdammnis Anteil haben. Die *allgemeine* Totenauferstehung dient gewissermaßen der *Vorbereitung* auf eine bloß partikulare Teilhabe an der ewigen Seligkeit.[65]
– Die *andere* Auffassung besagt, daß die Menschen durch die Auferstehung von den Toten von aller Sünde gereinigt in die Gemeinschaft mit Christus eingehen und so *an der ewigen Seligkeit Anteil haben*. Die Totenauferstehung bzw. -auferweckung ist hier verstanden als die *Weise*, wie Menschen in das ewige Leben eingehen.[66]

Wägt man die beiden Auffassungen gegeneinander ab, so spricht zunächst für die *erste*, daß sie eindeutig *alle* Menschen umfaßt, während in der zweiten undeutlich (oder unausgesprochen) bleibt, was damit über diejenigen gesagt ist, die nicht am ewigen Leben Anteil haben. *Denkbar* wären hierauf drei Antworten:

– Die Toten, die nicht am ewigen Leben Anteil haben, gehen *ohne Auferstehung* an einen Ort ewiger Qual, kommen also in die *Hölle* (doppelter Ausgang).

---

65 Belege aus Bibel und Bekenntnis für diese Auffassung finden sich Dan 12,2; Joh 5,29; Act 24,15. Hierher gehört auch die Unterscheidung zwischen einer *ersten* und einer *zweiten* Auferstehung, wie sie in Apk 20,5 f. vorkommt. Sie besagt, daß diejenigen, die bis zum (Märtyrer-)Tod am Glauben festhalten, Anteil an der ersten Auferstehung (zum Leben) haben, während die anderen Toten alle (nach dem tausendjährigen Reich) auferstehen zum Gericht nach ihren Werken, das einen doppelten Ausgang hat (vgl. Apk 20,11-15). Von den kirchlichen Bekenntnissen vertreten das Athanasianum 38 f. (BSLK 30,20-26) sowie CA 17 (BSLK 72,1-9) die Lehre von der allgemeinen Auferstehung der Toten zum Gericht.
66 Diese der gängigen Auffassung widersprechende Lehre ist in Schrift und Bekenntnis vielfach belegt: I Thess 4,13-18; I Kor 15,21 u. 42-44; Phil 3,10 f.; Kol 2,12 u. 3,11. (Auch II Makk 7,14; Mk 12,25 ff. u. Joh 11,23 f. lassen sich hierzu zählen.) Sodann der Kleine Katechismus (BSLK 512,10-13); der Große Katechismus (BSLK 653,1-3 u. 659,1-31); FC I (BSLK 772,24-29 u. 859,7-12); FC VI (BSLK 969,22-25) sowie HK Fr. 57 (vgl. andererseits aber auch HK Fr. 52).

– Die Menschen, die nicht auferstehen, weil sie nicht zur Teilhabe am
   ewigen Leben bestimmt sind, *bleiben im Tode* und *vergehen* damit
   definitiv (annihilatio).

– Es gibt keine Menschen, die nicht am ewigen Leben Anteil haben,
   sondern es gibt nur eine *allgemeine Totenauferstehung zum ewigen
   Leben (Apokatastasis panton)*.

Die *erste* Antwortmöglichkeit kann ausgeschieden werden, weil sie
sowohl den *inneren Widerspruch* enthält, daß Tote, die nicht auferstehen,
gleichwohl in der Lage sein sollten, Qualen zu empfinden, als auch den
äußeren Widerspruch (zur christlichen Lehre), daß Menschen ohne den
Durchgang durch Gottes gerechtes Gericht in die Hölle verdammt werden
sollten. Dieser zweite (äußere) Widerspruch verschwindet freilich dann,
wenn man annimmt, daß das Jüngste Gericht nicht *nach* dem Tod, sondern *im* Tod (also im Augenblick des Sterbens oder des Eintrittes des
Todes) stattfindet (s. dazu u. 15.3.3).

Die *zweite* Antwortmöglichkeit leidet nicht an dem zuerst genannten
(inneren) Widerspruch, wohl aber ebenfalls an dem – auflösbaren – äußeren. Gravierender ist jedoch ein anderer Einwand: Wenn es richtig ist, daß
der schöpferische Geist Gottes die Konstitutionsbedingung für das Dasein
jedes Menschen als Geschöpf Gottes ist (s. o. 10.1 u. 12.1.1) – kann dann
irgendein Mensch in nichts vergehen?

Die *dritte* Antwortmöglichkeit impliziert keinen der beiden Widersprüche und verdient insofern den Vorzug. Sie provoziert allerdings die
Frage, welche *Relevanz* dann das irdisch-geschichtliche *Leben* des Menschen (der in ihm gewagte Glaube, die in ihm durchgehaltene Hoffnung,
die in ihm gelebte Liebe) für die Anteilhabe am ewigen Heil hat. Besteht
hier nicht die Gefahr, daß die irdisch-geschichtliche Lebensführung
eschatologisch gleichgültig wird?

Wägt man die konkurrierenden Auffassungen der (allgemeinen) Auferstehung zum Gericht oder der Auferstehung (nur) zum Heil weiter
gegeneinander ab, so spricht für die *zweite* Auffassung, daß *nur sie* damit
Ernst macht, daß die Auferstehungswirklichkeit eine *pneumatische*, also
geistliche Wirklichkeit ist. Wer dies bestreitet, müßte behaupten, daß
auch *die* Menschen, die zum *Gericht* (im Sinne der ewigen Verdammung
oder Vernichtung) auferstehen, in einem *geistlichen Leib* auferstehen.
D. h. aber doch: Sie haben eine *von Gottes Geist vollständig bestimmte
Daseinsform*. Wie soll dann aber gedacht werden können, daß sie in und
mit dieser vollständig von Gottes Geist bestimmten Daseinsform ewig
verlorengehen? Oder ihre eschatische Daseinsform (ihr „Auferstehungs-
leib") wäre ein (qualitativ) anderer als das σῶμα πνευματικόν; dann hieße
das, daß die These von der Auferstehungswirklichkeit als pneumatischer

Wirklichkeit nicht generell gilt. *Dann* stellt sich aber die Frage, wie eine solche eschatische Daseinsform *gedacht* (nicht: vorgestellt) werden sollte: als neutrale, als dämonische?

Läßt man diese Überlegungen auf sich wirken, so zeigt sich, daß die Argumente, die für das Verständnis der Auferstehung als quasi-neutrale *Vorbedingung für das Gericht* (mit doppeltem Ausgang) sprechen, theologisch sehr schwach und daß umgekehrt die Argumente für die Auferstehung nur zum Heil theologisch sehr stark sind. Bliebe da nicht der Hinweis auf die mögliche Vergleichgültigung des irdisch-geschichtlichen Lebens, so wäre die Entscheidung eindeutig. Ob sich diesem Hinweis in überzeugender Weise Rechnung tragen läßt, ist vor allem eine Frage nach der eschatologischen Deutung und Bedeutung des *Gerichts*.

15.3.3 Christi Kommen zum Gericht

Schon in Abschn. 15.2, wo die soteriologische Grundfrage der Eschatologie thematisiert wurde, ging es immer wieder um das Gericht Gottes. Auch das Nachdenken über Tod und Auferstehung (15.3.1 u. 15.3.2) hat mehrfach zum Gerichtsgedanken hingeführt. Aber auch schon die Rückfrage nach der Verkündigung Jesu (s. o. 9.2) zeigte, daß trotz ihres eindeutigen Heilscharakters der Gerichtsgedanke aus ihr nicht eliminiert werden kann. Die Rede vom *Jüngsten*, also letzten, endgültigen *Gericht* (Mt 12,41 f. par. Lk 11,31 f.) kann aus der christlichen Botschaft nicht ohne Substanzverlust herausgenommen werden. Sie gehört zum *Wesen* des christlichen Glaubens.[67] Vor uns liegt nun die Aufgabe, ihren Sinn – im Gesamtzusammenhang der christlichen Botschaft – *zu verstehen* und zugleich zu bedenken, ob und inwiefern aufgrund der Lehre vom Gericht eine *Entscheidung* zwischen doppeltem Ausgang und Apokatastasis panton gefällt werden kann und das Bedenken im Blick auf die Vergleichgültigung des irdisch-geschichtlichen Lebens innerhalb der Lehre von der Apokatastasis panton sich ausräumen läßt.

Gegenüber diesen soteriologisch-theologischen Grundfragen treten die durch das Weltbild und seine Veränderungen bedingten Fragen, wie das Gericht vorzustellen sei, wann und in welcher Form es stattfinde etc., zurück. Ich lasse es bewußt offen, ob das „Jüngste Gericht", von dem die

---

67 Das belegen auch die zahlreichen Hinweise in Bibel und Bekenntnis, von denen hier nur einige wenige exemplarisch genannt seien: I Sam 2,10; I Chr 16,14; Ps 105,7; Jes 2,4; Mt 12,36; Joh 5,22; Röm 2,5; I Kor 3,12-15; II Tim 4,1; I Petr 4,5; Hebr 9,27; Apk 20,12 f. Sodann: Apostolicum, Nicaenum und Athanasianum (BSLK 21,16-18; 26,20-24; 30,17-19); CA 3 u. 17 (BSLK 54,21-26 u. 70,1-5); HK Fr. 52.

christliche Überlieferung spricht, als ein *universaler* Gerichtsakt am Ende der Zeiten gedacht werden muß oder als ein je *individuelles* Geschehen, das sich im Leben, im Sterben oder beim Eintritt des Todes vollzieht. Zum Ernstnehmen der Todesgrenze gehört das Eingeständnis, daß wir das nicht wissen und darum auch nicht entscheiden können. Wem selbst die hierbei vorausgesetzte Alternative mit ihrer Orientierung am individuellen Tod oder am universalen Weltende nicht nachvollziehbar ist, kann dieselben Grundfragen beziehen auf die *letzte Wahrheit* über einen Menschen, wie sie zwar kein Geschöpf *kennt*, wie sie aber von jedem Menschen für jeden Augenblick seines Daseins und auch für das Ganze seines Lebens *gedacht* (und *geahnt*) werden kann.[68]

15.3.3.1 Das Gericht als Aufdeckung der Wahrheit des irdisch-geschichtlichen Lebens

Vor Gericht zitiert zu werden, als Angeklagter vor Gericht zu stehen und einem – letztinstanzlichen – Urteil entgegenzusehen, löst ein Gefühl der Beunruhigung, wenn nicht sogar der Beklommenheit oder Angst aus. Das ist zumal dann der Fall, wenn der angeklagte Mensch sich nicht (völlig) unschuldig fühlt und wenn er fest damit rechnen muß, seiner Schuld überführt zu werden. Es ist darum kein Zufall, sondern in der Natur der Sache begründet, wenn (auch) in der Bibel die Rede vom Gericht – jedenfalls für die Angeklagten – häufig warnenden oder drohenden Charakter hat[69]. In dieser drohenden oder warnenden Funktion wurde häufig auch im Christentum die unersetzliche Bedeutung des Gerichtsgedankens gesehen. Aber das ist eine zumindest *ambivalente* Begründung:

– Mit dem Evangelium von Jesus Christus ist der Gedanke verbunden, daß ein Mensch, der achtlos an Gottes Liebe vorbeigeht, sie nicht annehmen kann oder sie bewußt ablehnt, damit die Bestimmung seines Lebens *verfehlt*. Und diese Verfehlung eines Lebens wird im Ge-

---

68 Der Gerichtsgedanke als solcher steht und fällt also nicht mit der Entscheidung für dieses oder jenes eschatologische Vorstellungsmodell, wie sie etwa unter den Begriffen „präsentische" oder „futurische" Eschatologie, „axiologische" oder „teleologische" Eschatologie diskutiert werden (vgl. dazu die Übersicht über „Die Interpretationsbreite der Eschatologie" bei H. Schwarz, Jenseits von Utopie und Resignation, Wuppertal/Zürich 1991, S. 78-178).

69 „Tröstlichen" Charakter hat die Ankündigung des Gerichtes in der Regel nur dann, wenn *andere*, und zwar „Feinde", das Gericht zu gewärtigen haben und wenn deshalb die bisher ungerecht Behandelten vom Gericht erhoffen dürfen, daß ihnen „ihr Recht" oder gar „Erlösung" zuteil wird.

richt Gottes *offenbar* – und zwar im Blick auf das *definitiv* zu Ende gegangene Leben. Sofern die Rede vom Gericht *warnend* (und d. h.: mit dem Ziel, diese Gefahr *abzuwenden*) auf diese Möglichkeit hinweist und zur Wachsamkeit auffordert, entspricht sie dem Geist des Evangeliums.

– Ganz anders ist es zu beurteilen, wenn die Rede vom Gericht *drohende* Funktion bekommt, also dazu dient, einen Menschen zu ängstigen, einzuschüchtern und durch die Ankündigung ewiger Höllenstrafen zur Erfüllung der Gebote Gottes zu veranlassen. Dies ist mit dem Geist des Evangeliums *unvereinbar*, weil auf *diesem* Weg *niemals Liebe* geweckt werden kann, sondern allenfalls *Gehorsam oder Fügsamkeit* aus Furcht vor Strafe.[70] Damit soll nicht bestritten werden, daß solche Drohungen (unter bestimmten Denk- und Lebensvoraussetzungen) *wirken*, wohl aber wird damit bestritten, daß das, *was* sie bewirken, etwas mit dem Evangelium zu tun hat.

Diese ersten Überlegungen zu der möglichen (ambivalenten) Funktion des *Redens* vom Gericht Gottes enthalten bereits weiterführende Hinweise zum *Verständnis* des Gerichts. Wenn die *warnende* Rede (im Unterschied zur drohenden Rede) als dem Geist des Evangeliums entsprechend bezeichnet wurde, dann zeigte der Kontext dieser Aussage, *worauf* sich diese Warnung bezieht: *nicht* eigentlich auf das *Gericht* selbst, sondern auf die im Gericht offenbar werdende *Verfehlung der Bestimmung des Lebens*. Das ist in mehrfacher Hinsicht für das Verständnis des Gerichts wesentlich:

– Zunächst wird damit der verbreiteten Vorstellung widersprochen, das Gericht Gottes diene dazu, *Strafen* zu verhängen über die *Untaten* der Menschen, die diese in ihrem Leben begangen hätten. Demgegenüber wird hier deutlich: Das Gericht Gottes dient der Erkenntnis der *Wahrheit*, indem es z. B. das *Elend verfehlten menschlichen Lebens aufdeckt*. Ein Leben, in dem die göttliche Liebe keinen Raum gewinnen kann, ist *kein strafwürdiges*, sondern ein *verlorenes* Leben – auch wenn das über lange Zeit hin unter allen möglichen Surrogaten verborgen bleiben kann.

– Sodann kann und muß von daher aber auch die einseitige oder überwiegend *negative* Sichtweise des Gerichtes Gottes korrigiert werden. Wenn es die *Wahrheit* des irdisch-geschichtlichen Lebens aufdeckt, dann nicht nur die Wahrheit *verfehlten* Lebens, sondern auch die

---

70 In *dieser* Hinsicht gilt uneingeschränkt I Joh 4,17 f.: „Furcht ist nicht in der Liebe, sondern die vollkommene Liebe treibt die Furcht aus; denn die Furcht rechnet mit Strafe."

Wahrheit *vergebener* Sünde, empfangener und gelebter *Liebe* und insofern *erfüllten* Lebens. Weil diese Sichtweise in der christlichen Überlieferung (zumal in der *evangelischen* Kirche und Theologie) eher an den Rand gedrängt wurde, ist es wichtig, sie zur Geltung zu bringen. Ein schöner Beleg für sie sind die Aussagen, die Paulus in I Kor 4,1-5 zum Gericht macht, in denen er das Richten Gottes als ein „Ans-Licht-Bringen" des Verborgenen beschreibt, und die überraschenderweise mit dem Satz enden: „Dann wird einem jeden von Gott sein Lob zuteil werden" (V. 5). Im Gericht Gottes geht es also auch um die Erkenntnis dessen, was nicht verkehrt gemacht wurde, sondern was *gelungen* ist.[71]

– Schließlich kann von dem bisher Gesagten her noch ein weiterer Schritt zum Verständnis des Gerichts getan werden. Auch die Aufdeckung der *schrecklichen Wahrheit* ist insofern ein Akt der *Befreiung*, als sie im Rückblick auf ein abgeschlossenes menschliches Leben *das* vollzieht, was für dieses Leben der Ausbruch aus dem Gefängnis der Sünde *gewesen wäre*: die Durchbrechung der Macht der Sünde, indem sie beim Namen *genannt* wird. D. h., daß das Gericht, das die Wahrheit des irdisch-geschichtlichen Lebens aufdeckt, als Befreiung und damit als – und sei es: schmerzhafte – *Wohltat* zu verstehen ist[72], weil die Erkenntnis der Wahrheit die Voraussetzung dafür ist, daß verfehltes Leben zurechtkommen kann.

15.3.3.2 Christus als der Richter

In der Überschrift des Abschn. 15.3.3 ist – im Anschluß an zahlreiche Aussagen aus Bibel und Bekenntnis – vom Kommen („παρουσία") Christi zum Gericht die Rede. Damit wird die Rede vom Gericht Gottes christologisch präzisiert: *Jesus Christus* ist der zum Gericht kommende Richter. Ja, dies ist in den altkirchlichen Bekenntnissen das *einzige*, was über die eschatische Funktion Jesu Christi gesagt wird: Er kommt als der zur Rechten Gottes Erhöhte, zu richten die Lebenden und die Toten. Dieser Gedanke kann – je nach dem dabei vorausgesetzten Gerichtsverständnis – zur Verzweiflung treiben, Unsicherheit verbreiten oder Zuversicht wecken:

---

71 Vgl. dazu meinen Aufsatz: Hoffnung über den Tod hinaus, in: DtPfrBl 87/ 1987, Heft 11, S. 447-450.

72 Diesen Gedanken hat vor allem E. Jüngel, Gericht und Gnade, S. 55-57 zur Geltung gebracht.

– Zur *Verzweiflung* treibt die Rede von Christus, der zum Gericht kommt, dann, *wenn* das Gericht verstanden wird als der schließliche und endliche *Triumph der Gerechtigkeit über die Gnade.* Dient das Jüngste Gericht dazu, der richterlichen Gerechtigkeit zum Sieg zu verhelfen, und ist Christus in diesem Gericht der Richter, dann gibt es *keine Begnadigungsinstanz,* an die der angeklagte und verurteilte Mensch appellieren, kein Asyl, zu dem er fliehen könnte. Dabei kann das Wissen darum, daß in Jesus Christus Gott dem Menschen auf menschliche Weise nahe gekommen ist, sogar noch *verschärfend* wirken. Wer angesichts dieser erwiesenen Menschenfreundlichkeit Gottes in der Sünde verharrt, hat sich nicht nur gegen Gottes *Heiligkeit,* sondern auch noch gegen seine *Barmherzigkeit* vergangen und hat damit offenbar ewige Gottesferne verdient und zu erwarten.

– *Unsicherheit* verbreitet der Gedanke, daß Christus der endzeitliche Richter ist, dann, *wenn* die bedingungslose Heilszusage des Evangeliums *unverbunden* neben der Ankündigung des Endgerichtes steht. Was heißt es, daß die Heilszusage Gottes zwar unverbrüchlich *gilt,* aber nur im Glauben *wirksam* wird? Was heißt das für den Menschen, der meint, ehrlicherweise von sich sagen zu müssen: „Ich glaube nicht", oder was heißt es für den Menschen, bei dem Glaube, Zweifel und Unglaube in einem dauernden Kampf miteinander liegen, der nicht zur Entscheidung kommt? Was heißt es schließlich für den Menschen, der sich in oberflächlich *wirkender* Weise auf sein Getauftsein oder seine Mitgliedschaft in der Kirche *verläßt*? Ist dies zwar *soteriologisch* akzeptabel, weil daraus noch *mehr werden* kann, aber *eschatologisch* inakzeptabel, weil daraus nicht *mehr geworden* ist?

– *Zuversicht* weckt die Erkenntnis, *daß* das Gericht ganz von der bedingungslosen Heilszusage des Evangeliums her zu verstehen ist. Das Entscheidende am Parusie-Gedanken ist dann, daß *kein anderer* als der zum Heil der Menschen gekommene Retter ihr Richter ist und daß deswegen *nichts anderes* als die Liebe Gottes Grund, Maßstab und Ziel dieses Gerichtes sein kann. Dann ist das: „Dir sind deine Sünden vergeben" (Mk 2,5 parr.) oder das: „So verdamme ich dich auch nicht" (Joh 8,11) der Urteilsspruch, der in dem Gericht zu erhoffen ist, in dem von Jesus Christus her die Wahrheit über das Leben des Menschen aufgedeckt wird. Und doch hat diese Hoffnung *nichts* von einem *Rechts*anspruch; ja der Freispruch (wegen erwiesener, aber vergebener Schuld) kann nur als das *Unverdiente* und insofern *Unerwartete* entgegengenommen werden.

15.3.3.3　Gericht über die Person und über die Werke

Insbesondere im Zusammenhang mit dem Nachdenken über die Apokatastasis panton tauchte immer wieder die Frage auf, ob damit nicht das irdisch-geschichtliche Leben vergleichgültigt und das Leiden sowie das ungelebte Leben der Opfer vergessen werde. Beides wäre *dann nicht* der Fall, wenn sich die Lehre von der *Apokatastasis panton* so mit dem *Gerichtsgedanken* verbinden ließe, daß das *Erschütternde verfehlten Lebens* darin ebenso zur Geltung käme wie die *Bedingungslosigkeit der rettenden Liebe Gottes*. Das Neue Testament enthält eschatologische Aussagen, die eine solche Verbindung zumindest ermöglichen.

In I Kor 3,11-15 verbindet Paulus seine Aussagen über das Wirken der Mitarbeiter beim Aufbau der Gemeinde mit den Aussagen über den Tag des Gerichts durch das Bild vom „Bau Gottes". Was oder womit die einzelnen (Mitarbeiter) auf dem Grund, der Jesus Christus allein ist, bauen, das wird im Gericht – durch eine Feuerprobe – offenbar werden. Dabei rechnet Paulus sowohl mit der Möglichkeit, daß das Werk eines Menschen „bleibt" und dieser Mensch Lohn empfängt (V. 14), als auch mit der Möglichkeit, daß das Werk verbrennt und der Mensch (nicht bestraft wird, sondern) „Schaden leidet" (V. 15). Und auf diese Aussage folgt der überraschende, aber ausschlaggebende Nachsatz: „Er selbst aber wird gerettet werden, doch so wie durchs Feuer hindurch" (V. 15).[73]

Üblicherweise werden diese paulinischen Aussagen interpretiert im Sinne der Unterscheidung zwischen einem *Gericht nach den Werken* (in dem es um Lohn und Schaden geht) und einem *Gericht nach dem Glauben* (in dem es um Rettung und ewige Verlorenheit geht).[74] Diese Interpretation scheint mir an *einem* entscheidenden Punkt anfechtbar zu sein, nämlich im Blick auf die Annahme, es gehe hier um die Unterscheidung zwischen (Gericht nach dem) *Glauben* und (Gericht nach den) *Werken*. Der tragende Grund, von dem die Rede ist, ist *nicht* etwa der Glaube, sondern *Jesus Christus*. Und von „Werken" ist *keinmal* die Rede, wohl aber viermal hintereinander vom „Werk" („ἔργον"). Insofern hat die These, es

---

73　Eine ähnliche Unterscheidung im Blick auf das Gericht findet sich I Petr 4,6.
　　In *diesem* Sinne ist auch für eine evangelische Dogmatik der Gedanke eines
　　„Fegfeuers" (purgatorium) nachvollziehbar – aber *nicht* als Ort nachträgli
　　cher Buße für zeitliche Sündenstrafen.
74　So z. B. H. Conzelmann, Der erste Brief an die Korinther, Göttingen 1969,
　　S. 96: „Der Verlust des Glaubens ist Verlust des Heils. Dagegen stürzen
　　untaugliche Werke, die der Christ *als Christ* leistet, nicht in die Verdammnis.
　　Das ist die Kehrseite davon, daß die Werke das Heil nicht beschaffen. Es bleibt
　　aber die Verantwortung für die Werke vor Gott ..."

gehe in I Kor 3,11-15 um die Unterscheidung zwischen Glauben und Werken, philologisch betrachtet am Text *keinen Anhalt*.

Zusätzlich ist einzuwenden, daß damit tendenziell auseinandergenommen wird, was doch nach christlichem Verständnis eine untrennbare *Einheit* bildet: Glaube und Werke.[75] Dementsprechend findet sich im Neuen Testament *nirgends* die *Unterscheidung* zwischen einem Gericht nach dem Glauben und einem Gericht nach den Werken. Im Gericht geht es um die Werke, die aus Glauben geschehen, und um den Glauben, der in der Liebe tätig wird. Diese Wahrheit wird im Gericht aufgedeckt. D. h. aber auch, daß der Unglaube und die Lieblosigkeit, die dabei offenbar werden, in der Begegnung mit Gottes Zorn „verbrennen", also vergehen. Und dennoch darf mit Paulus (und dem Verfasser des I Petrusbriefs) darauf gehofft werden, daß auch der Mensch, dessen Werk „verbrennt", doch *selbst* (durch dieses „Feuer" hindurch) *gerettet* wird, so daß er „nach Gottes Weise das Leben hat im Geist" (I Petr 4,6). Dieser Hinweis darauf, daß es sich um ein Leben „im Geist" (πνεύματι) handelt, erinnert nicht nur an das σῶμα πνευματικόν als die eschatische Seinsweise, sondern verweist auch auf den „Schöpfergeist" als die Konstitutionsbedingung des geschöpflichen Daseins, der mit Grund darauf hoffen läßt, daß keines der *Geschöpfe* Gottes durch das Gericht hindurch ewig verlorengeht.

15.3.4 Ewiges Leben

15.3.4.1 Der Begriff „ewiges Leben"

Mit der Rede vom ewigen Leben, mit der das Apostolicum ausklingt, wird das Ziel christlicher Hoffnung formuliert. Es ist kein Zufall, daß damit ein Begriff aufgenommen wird, der bereits in der Gotteslehre, genauer: in der Lehre von den Eigenschaften Gottes eine wesentliche Rolle spielte (s. o. 8.1.3.2 c). An die Begriffsbestimmungen und inhaltlichen Aussagen, die dort gemacht wurden, kann und soll deshalb hier angeknüpft werden.

Als angemessen erwies sich dort die Definition des Boethius: „Ewigkeit ist der ganze und zugleich vollkommene Besitz unbegrenzbaren Lebens." Die Tatsache, daß Ewigkeit damit als Besitz unbegrenzbaren *Le-*

---

75 Zwar kann der Jakobusbrief – und das ist seine theologische Schwäche – die Trennung zwischen Glauben und Werken *denken* (s. Jak 2,14-26), weil er Glauben als Überzeugtsein von der Wirklichkeit des einen Gottes versteht (Jak 2,19), aber gerade er polemisiert *gegen* diese Trennung und kämpft für die Zusammengehörigkeit.

bens beschrieben wird, macht diesen Begriff besonders geeignet, das zu erfassen, was nicht nur mit „Ewigkeit" allgemein, sondern mit „ewigem Leben" im besonderen gemeint ist. Zu beanstanden ist allenfalls der Begriff „Besitz" („possessio"), wenn es um die Weise geht, in der Ewigkeit für den *Menschen* wirklich ist. Die Rede vom „Besitz" könnte die Assoziation von „Besitzanspruch" oder von „Verfügungsgewalt" wecken und brächte damit ganz fremde Elemente in die Vorstellung vom ewigen Leben hinein. Genauer wäre es deshalb, Ewigkeit zu definieren als ganze und vollkommene *Anteilhabe* am unbegrenzbaren Leben.

Dieser Begriff ist aber in *einer* Hinsicht für unsere Fragestellung zu formal, d. h. er bedarf noch einer weiteren Konkretisierung: *Was* ist hier mit „Leben" gemeint und von *welchem* Leben ist hier die Rede? Von der Beantwortung dieser Frage hängt es entscheidend ab, ob „ewiges Leben" ein Bild der *Hoffnung* oder eine Vision des *Schreckens* ist. In losem Anschluß an die im Griechischen gebräuchliche Unterscheidung zwischen βίος und ζωή[76] kann unterschieden werden zwischen einem Leben, das *biologisch* definiert ist durch Stoffwechsel, Fortpflanzung etc., und einem Leben, das *existentiellen* Charakter hat und für das Sinn, Glück, Erfüllung etc. ausschlaggebend sind.

Die biblische, und d. h. vor allem: die neutestamentliche Hoffnung auf *ewiges* Leben[77] hat weder etwas mit dem Wunschtraum von ewiger Jugend und Schönheit noch mit der Schreckensvision einer sinnentleerten Erhaltung von Stoffwechsel- und Kreislauffunktionen zu tun, die man eher als ein Nicht-sterben-*Können* oder -*Dürfen* bezeichnen müßte. Ewiges Leben im neutestamentlichen Sinn ist *erfülltes Leben*, das schon unter irdisch-geschichtlichen Bedingungen fragmentarisch möglich ist (Joh 3,15 f.; 5,24; Röm 6,10 f.; I Joh 3,14). Die *Hoffnung* auf ewiges Leben richtet sich darauf, daß dieses erfüllte Leben im Tod und durch den Tod hindurch *bleibt*, durch nichts mehr bedroht und in Frage gestellt werden kann und insofern *vollendet wird*.

---

76 Von mehr als einem losen Anschluß kann man nicht sprechen, weil „βίος" nicht mit „Leben" im biologischen Sinne identisch ist, sondern im Neuen Testament in der Regel die Sphäre der materiellen Existenz bezeichnet und deswegen auch „Lebensunterhalt" oder „Wohlstand" bedeuten kann (so z. B. Mk 12,44 par.; Lk 15,12 u. 30; I Joh 3,17).

77 S. für das AT Dan 12,2; für das NT z. B. Mk 10,30 parr.; Joh 3,15 f. u. 36; 10,28; Röm 6,22 f.; Gal 6,8; I Joh 2,25; Jud 21.

15.3.4.2 Ewiges Leben und die Realität des Todes

Die Formulierung „im Tod und durch den Tod hindurch", die ich am Ende des vorigen Absatzes gebraucht habe, weist darauf hin, daß die Hoffnung auf ewiges Leben die oft grausame Realität des Sterbens und des Todes weder umgeht noch neutralisiert, sondern einbezieht, aber zugleich über sie hinausführt. Während alles Leben unter irdisch-geschichtlichen Bedingungen dadurch charakterisiert ist und mitbestimmt wird, daß es den Tod noch *vor* sich hat und auf ihn zutreibt, hat das ewige Leben den Tod – wie eine zweite Geburt – *hinter sich*. Es ist durch ihn hindurchgegangen.

Im Blick auf das *biologische* Leben bildet der Tod zwar eine definitive, unübersteigbare Grenze. Deshalb gilt der paulinische Satz: „Fleisch und Blut können das Reich Gottes nicht ererben; auch wird das Verwesliche nicht erben die Unverweslichkeit" (I Kor 15,50). D. h. jedoch *nicht*, daß nur das Geistige am Menschen Anteil am ewigen Leben erlangt. Der christliche Glaube kennt nur eine Hoffnung für den *konkreten* Menschen, und d. h.: für den *leibhaften* Menschen. Aber der natürlich-fleischliche Leib muß im Tod und durch den Tod hindurch radikal *gewandelt* werden (s. I Kor 15,35-54), damit er Anteil am ewigen Leben erlangt.

Diese Wandlung wäre oberflächlich und äußerlich verstanden, wenn es in ihr um eine Transformation sterblicher in unsterbliche Körpersubstanz ginge. Die Wandlung, um die es geht, besteht vielmehr darin, daß der irdische Leib als *die* menschliche Daseinsgestalt, die sich dem Willen Gottes verweigern kann und verweigert, durch den Tod hindurch radikal gewandelt wird zum „geistlichen Leib", der ganz von der Beziehung, die Gott zu ihm hat, durchdrungen und bestimmt wird. Dabei muß es m. E. auch eschatologisch ausgehalten werden, daß das Fragment des irdisch-geschichtlichen Lebens *nicht komplettiert* wird[78], sondern daß dieses Fragment eingefügt wird in die vollendete Wirklichkeit der Liebe und daß es damit Anteil bekommt an *deren* Vollkommenheit.

15.3.4.3 Die kosmische Dimension des ewigen Lebens

Zu der Behutsamkeit, die der Eschatologie insgesamt angemessen ist, gehört auch ihre Konzentration auf den *Menschen* und die Zurückhaltung gegenüber (spekulativen) Aussagen oder Theorien, die die Vollendung der

---

78 Andernfalls würde sie das irdisch-geschichtliche Leben in seiner Einzigartigkeit und Unwiderruflichkeit entwerten, ja in Frage stellen.

anderen Geschöpfe, ja des ganzen Universums zum Gegenstand haben. Wird diese Konzentration und Zurückhaltung jedoch zur *exklusiven Beschränkung* auf den Menschen, dann besteht die Gefahr einer anthropologischen Selbstverabsolutierung, bei der die Fülle der Kreaturen aus dem Blick gerät.

Zu den wenigen, aber orientierungskräftigen biblischen Texten, die etwas zur kosmischen Dimension der christlichen Hoffnung sagen, gehört Röm 8,18-25.[79] Danach leiden die übrigen Geschöpfe (wie die Menschen) unter der *Vergänglichkeit* und warten voller Angst darauf, daß die Kinder Gottes offenbar werden (Röm 8,19-21). Hinter diesen Aussagen steckt die theologisch nachvollziehbare Einsicht, daß zwar *alle* Geschöpfe der Endlichkeit unterworfen sind und darunter – je auf ihre Weise – leiden, daß aber nur im Blick auf den *Menschen* von einer Verfehlung der Bestimmung des Lebens durch Einwilligung in die Sünde die Rede sein kann. Die eschatologische Hoffnung ist insofern im Blick auf den Menschen eine *potenzierte Hoffnung*. Sie richtet sich auf die Überwindung der Vergänglichkeit *und* auf die Überwindung der Sünde.

Aber es gehört zur realistischen Wahrnehmung der Wirklichkeit, anzuerkennen, daß die anderen Kreaturen zwar nicht als Mittäter, wohl aber als Opfer von der menschlichen Verfehlung *mitbetroffen* sind und unter ihr *mit zu leiden* haben.[80] Insofern sind auch die übrigen Geschöpfe von der (potenzierten) eschatologischen Hoffnung des Menschen *mitbetroffen*. Wenn dies aber zu sagen ist, dann muß daraus gefolgert werden, daß die übrigen Kreaturen, daß also „Himmel und Erde" auch im Blick auf die Überwindung der Sünde an der eschatologischen Hoffnung partizipieren. Dies ist eine theologische Konsequenz sowohl der biblischen Schöpfungsaussagen, die den Menschen als Teil des von Gott geschaffenen *Universums* sehen, als auch der biblischen Hinweise darauf, daß das Heilsgeschehen in Kreuz und Auferstehung Jesu Christi eine *kosmische* Dimension hat, wie sie in Gestalt von Sonnenfinsternis und Erdbeben zum Ausdruck kommt (Mk 15,33 parr.; Mt 27,52 u. 28,2). Hat die Gesamtheit der Kreaturen aber Anteil an Gottes Schöpfungswerk und am Heilswerk Christi, dann kann sie nicht ausgeschlossen sein von

---

79 Weitere biblische Aussagen finden sich in den alttestamentlichen Visionen, in denen das Tierreich in den endzeitlichen Frieden einbezogen ist (Jes 11,6-9 u. 65,25), sowie im Jona-Buch, wo die Tiere nicht nur an der menschlichen Buße beteiligt werden, sondern ausdrücklich als Adressaten des göttlichen Erbarmens genannt werden (Jon 3,7 f. u. 4,10 f.). Von daher muß der paulinischen Argumentation in I Kor 9,9 („Sorgt sich Gott etwa um die Ochsen?") widersprochen werden.

80 Dies ist heute so unübersehbar geworden, daß es keinerlei Illustration und keines Beleges bedarf.

der Vollendung, in der der Inbegriff der Vergänglichkeit, der Tod, als der letzte Feind, vernichtet wird und Gott, dessen Wesen Liebe ist, sein wird „alles in allem" (I Kor 15,28).

Literaturhinweise

Gesamtdarstellungen der evangelischen Dogmatik
(Eine Auswahl in chronologischer Reihenfolge)

F. *Schleiermacher*, Der christliche Glaube (1821/22), Berlin/New York 1984; (1830/ 31[2]), Berlin 1960

M. *Kähler*, Die Wissenschaft der christlichen Lehre von dem evangelischen Grundartikel aus im Abrisse dargestellt (1883/84), Leipzig 1905[3]; ND 1966 u. 1994

A. *Schlatter*, Das christliche Dogma (1911), Stuttgart 1984[4]

K. *Barth*, Die kirchliche Dogmatik, Bd. I/1-IV/4, Zürich (1932-67), NA 1993

E. *Hirsch*, Christliche Rechenschaft, Bd. 1 u. 2 (1938-45), Berlin 1978

W. *Elert*, Der christliche Glaube (1940), Erlangen 1988[6]

E. *Brunner*, Dogmatik, Bd. 1-3, Zürich (1946-60) 1968-72[2-4]

P. *Althaus*, Die christliche Wahrheit, Gütersloh (1947/48) 1969[8]

H. *Vogel*, Gott in Christo (1951), NA Stuttgart 1982

P. *Tillich*, Systematische Theologie, Bd. 1-3 (1951-63), Berlin/New York 1987[8 u. 4]

O. *Weber*, Grundlagen der Dogmatik, Bd. 1 u. 2, Neukirchen (1954/62) 1987[7]

M. *Werner*, Der protestantische Weg des Glaubens, Bd. 1 u. 2, Bern/Tübingen 1955/63

F. *Buri*, Dogmatik als Selbstverständnis des christlichen Glaubens, Bd. 1-3, Bern/ Tübingen 1956-78

R. *Prenter*, Schöpfung und Erlösung, Bd. 1 u. 2, Göttingen 1958/60

W. *Trillhaas*, Dogmatik, Berlin/New York (1962) 1980[4]

H.-G. *Fritzsche*, Lehrbuch der Dogmatik, Bd. 1-4 (1964-76), Göttingen 1982-88[2]

H. *Thielicke*, Der evangelische Glaube, Bd. 1-3, Tübingen 1968-78

R. *Schäfer*, Der Evangelische Glaube, Tübingen 1973

H. *Graß*, Christliche Glaubenslehre, T. 1 u. 2, Stuttgart 1973/74

G. *Ebeling*, Dogmatik des christlichen Glaubens, Bd. 1-3, Tübingen (1979) 1987-93[3]

E. *Schlink*, Ökumenische Dogmatik, Göttingen (1983) 1993[2]

W. *Joest*, Dogmatik, Bd. 1 u. 2, Göttingen (1984/86) 1995/96[4]

W. *Pannenberg*, Systematische Theologie, Bd. 1-3, Göttingen 1988-93

F. *Mildenberger*, Biblische Dogmatik, Bd. 1-3, Stuttgart 1991-93

Literaturhinweise zu den einzelnen Kapiteln bzw. Abschnitten dieser Dogmatik

In die folgenden Literaturhinweise sind normalerweise *nicht* aufgenommen worden die einschlägigen Abschnitte aus den oben genannten Gesamtdarstellungen der Dogmatik sowie die jeweils einschlägigen Artikel aus den großen theologischen Nachschlagewerken wie TRE, RGG, EKL oder LThK. Eine Ausnahme davon wird nur dort gemacht, wo ein Kapitel oder Abschnitt dieser Dogmatik sich *explizit* auf einen Text aus einer anderen Dogmatik oder aus einem der Nachschlagewerke bezieht oder sich mit diesen auseinandersetzt.

Zu 1.1 Wissenschaftsbegriff

Ch. S. Peirce, Phänomen und Logik der Zeichen (1903), dt. (stw 425) Frankfurt/ M. 1993[2]

P. Tillich, Das System der Wissenschaften nach Gegenständen und Methoden (1923), in: MW/HW, Bd. 1, Berlin/New York 1989, S. 113-263

K. R. Popper, Logik der Forschung (1934), dt. Tübingen (1971) 1994[10]

Th. S. Kuhn, Die Struktur wissenschaftlicher Revolutionen (1962), dt. Frankfurt/ M. (1967) 1979[4]

H. Albert, Traktat über kritische Vernunft, Tübingen (1968) 1991[5]

E. Ströker, Einführung in die Wissenschaftstheorie, Darmstadt (1973) 1977[2]

W. Theimer, Was ist Wissenschaft? Praktische Wissenschaftslehre, Tübingen 1985

K. Eberhard, Einführung in die Erkenntnis- und Wissenschaftstheorie, Stuttgart 1987

Zu 1.2 Selbstverständnis der Theologie

P. Tillich, Systematische Theologie, Bd. I (1951), Berlin/New York 1987[8], S. 9-37

K. Barth, Einführung in die evangelische Theologie, Zürich (1962) 1985[3]

E. Herms, Theologie – eine Erfahrungswissenschaft, (ThExh 199) München 1978

M. Heckel, Die Theologischen Fakultäten im weltlichen Verfassungsstaat, Tübingen 1986

I. U. Dalferth, Kombinatorische Theologie, (QD 130) Freiburg 1991

Grundlagen der theologischen Ausbildung und Fortbildung im Gespräch, hrsg. im Auftrag der Gemischten Kommission v. *W. Hassiepen* u. *E. Herms*, Stuttgart 1993

O. Bayer, Theologie, (HST 1) Gütersloh 1994

Phänomenologie. Zum Gegenstandsbezug der Dogmatik, hrsg. v. *W. Härle* u. *R. Preul*, (MJTh VI) Marburg 1994

Zu 1.3 Theologie als Wissenschaft

Theologie als Wissenschaft, hrsg. v. G. *Sauter*, (ThB 43) München 1971
B. J. F. *Lonergan SJ*, Methode in der Theologie (1971), dt. Leipzig 1991
W. *Pannenberg*, Wissenschaftstheorie und Theologie, Frankfurt/M. (1973) ND
1977
G. *Sauter* u. a., Wissenschaftstheoretische Kritik der Theologie, München 1973
W. *Pannenberg* u. a., Grundlagen der Theologie – ein Diskurs, Stuttgart u. a. 1974
A. *Grabner-Heider*, Theorie der Theologie als Wissenschaft, München 1974
A. *Jeffner*, Kriterien christlicher Glaubenslehre (1976), dt. Göttingen 1977
Chr. *Schwöbel*, Doing Systematic Theology (1987), in: ders., God: Action and
Revelation, Kampen 1992, S. 9-22
E. *Herms*, Das Selbstverständnis der Wissenschaften heute und die Theologie, in:
ders., Kirche für die Welt, Tübingen 1995, S. 349-387

Zu 1.4 Dogmatik im Gesamtzusammenhang der Theologie

F. *Schleiermac*her, Kurze Darstellung des theologischen Studiums zum Behuf ein-
leitender Vorlesungen (1810, 1830[2]), hrsg. v. H. Scholz (1910), Darmstadt ND
1993
R. *Bultmann*, Theologische Enzyklopädie (1926-1936), hrsg. v. E. Jüngel u. K. W.
Müller, Tübingen 1984
F. *Mildenberger*, Theorie der Theologie. Enzyklopädie als Methodenlehre, Stutt-
gart 1972
G. *Ebeling*, Studium der Theologie. Eine enzyklopädische Orientierung, Tübingen
1975
G. *Sauter/A. Stock*, Arbeitsweisen Systematischer Theologie. Eine Anleitung,
München/Mainz (1976) 1982[2]
Einführung in das Studium der evangelischen Theologie, hrsg. v. H. Schröer,
Gütersloh 1982
F.-J. *Nocke/H. Zirker*, Einübung in die Systematische Theologie, München 1984
G. *Sauter*, Zugänge zur Dogmatik. Eine Fundamentaltheologie, Göttingen 1998
J. *Zehner*, Arbeitsbuch Systematische Theologie, Gütersloh 1998

Zu 2.1 Wesen und Erscheinung

E. *Husserl*, Ideen zu einer reinen Phänomenologie und phänomenologischen Phi-
losophie (1913, 1922[2]), Tübingen 1980[4]
K. *Flasch*, Art. „Wesen", in: Handbuch philosophischer Grundbegriffe, Bd. 6,
München 1974, S. 1687-1693
Phänomenologie. Zum Gegenstandsbezug der Dogmatik, hrsg. v. W. *Härle* u. R.
Preul, (MJTh VI) Marburg 1994

Zu 2.2 Glaube

J. N. Tetens, Philosophische Versuche über die menschliche Natur und ihre Entwicklung (1777), 2 Bde., ND Berlin 1913

W. Herrmann, Ethik, Tübingen (1901) 1921⁶

E. Frank, Wissen, Wollen, Glauben (1919), in: ders., Wissen, Wollen, Glauben. Ges. Aufsätze zur Philosophiegeschichte und Existentialphilosophie, Zürich/ Stuttgart 1955, S. 342-361

G. Ryle, Der Begriff des Geistes (1949), dt. (Reclam UB 8331) Stuttgart 1978

U. Neuenschwander, Glaube. Eine Besinnung über Wesen und Begriff des Glaubens, Bern 1957

C. H. Ratschow, Der angefochtene Glaube. Anfangs- und Grundprobleme der Dogmatik, Gütersloh (1957) 1983⁵

P. Tillich, Wesen und Wandel des Glaubens (1957), in: MW/HW, Bd. 5, Berlin/ New York 1988, S. 231-290, dt., in: GW, Bd. VIII, Stuttgart 1970, S. 111-196

S. Heine, Leibhaftiger Glaube, Wien 1976

D. Lührmann, Glaube im frühen Christentum, Gütersloh 1976

Ders., Art. „Glaube", in: RAC 11/1981, S. 48-122

P. Knauer, Der Glaube kommt vom Hören. Ökumenische Fundamentaltheologie, Graz 1978

W. Cantwell Smith, Faith and Belief, Princeton 1979

Glaube im Neuen Testament, hrsg. v. *F. Hahn* u. *H. Klein*, Neukirchen 1982

W. Klaiber, Aus Glauben, damit aus Gnaden, in: ZThK 88/1991, S. 313-338

Glaube, hrsg. v. *W. Härle* u. *R. Preul*, (MJTh IV) Marburg 1992

M. Seils, Glaube, (HST 13) Gütersloh 1996

Zu 2.3 Wesensbestimmung des christlichen Glaubens

A. v. Harnack, Das Wesen des Christentums (1899/1900), (GTB 227) Gütersloh 1977

H. Cremer, Das Wesen des Christentums, Gütersloh (1901) 1902³

E. Troeltsch, Was heißt „Wesen des Christentums"? (1903), in: ders., GS, Bd. II, Tübingen 1913, S. 386-451

G. Ebeling, Das Wesen des christlichen Glaubens (1959), (Herder-Bücherei 1778) Freiburg 1993

R. Schäfer, Welchen Sinn hat es, nach einem Wesen des Christentums zu suchen? (1968), in: ders., Gotteslehre und kirchliche Praxis, Tübingen 1991, S. 13-31

H. Wagenhammer, Das Wesen des Christentums. Eine begriffsgeschichtliche Untersuchung, Mainz 1973

St. Sykes, The Identity of Christianity. Theologians and the Essence of Christianity from Schleiermacher to Barth, Gateshead 1984

H. Küng, Das Christentum – Wesen und Geschichte, München 1994

Zu 3.1 Offenbarungsbegriff u.
zu 3.2 Jesus Christus als Gottes Offenbarung
(s. auch zu 9)

P. Tillich, Zum Problem der Offenbarung (1927-1957), in: GW, Bd. VIII, Stuttgart 1970, S. 31-81

I. T. Ramsey, Religious Language, London 1957

Offenbarung als Geschichte, hrsg. v. *W. Pannenberg*, Göttingen (1961) 1982⁵

E. Jüngel, Die Offenbarung der Verborgenheit Gottes. Ein Beitrag zum evangelischen Verständnis der Verborgenheit des göttlichen Wirkens (1984), in: ders., Wertlose Wahrheit, München 1990, S. 163-182

E. Herms, Offenbarung und Glaube, Tübingen 1992, S. 168-298

Ders., Art. „Offenbarung V", in: TRE 25/1995, S. 146-210

Chr. Schwöbel, Offenbarung und Erfahrung – Glaube und Lebenserfahrung, in: MJTh III, Marburg 1990, S. 68-122

Zu 3.3 Gottesoffenbarung außerhalb von Jesus Christus

E. Brunner, Natur und Gnade. Zum Gespräch mit Karl Barth (1934), in: „Dialektische Theologie" in Scheidung und Bewährung 1933-1936, hrsg. v. W. Fürst, (ThB 34) München 1966, S. 169-207

K. Barth, Nein! Antwort an Emil Brunner (1934), in: „Dialektische Theologie" in Scheidung und Bewährung 1933-1936, hrsg. v. W. Fürst, (ThB 34) München 1966, S. 208-258

E. Jüngel, Entsprechungen: Gott – Wahrheit – Mensch. Theologische Erörterungen (1975-1977), München 1980, S. 158-201

Chr. Link, Die Welt als Gleichnis. Studien zum Problem der natürlichen Theologie, München (1976) 1982²

Zu 3.4 Absolutheit des Christentums

E. Troeltsch, Die Absolutheit des Christentums und die Religionsgeschichte (1902), (GTB 138) Gütersloh 1969, S. 11-131

Absolutheit des Christentums, hrsg. v. *W. Kasper*, (QD 79) Freiburg 1977

C. H. Ratschow, Die Religionen, (HST 16) Gütersloh 1979

Glaube und Toleranz. Das theologische Erbe der Aufklärung, hrsg. v. *T. Rendtorff*, Gütersloh 1982

P. F. Knitter, Ein Gott – viele Religionen. Gegen den Absolutheitsanspruch des Christentums (1985), dt. München 1988

R. Bernhardt, Der Absolutheitsanspruch des Christentums. Von der Aufklärung bis zur Pluralistischen Religionstheologie, Gütersloh (1990) 1993²

Christian Uniqueness Reconsidered. The Myth of a Pluralistic Theology of Religions, hrsg. v. *G. D'Costa*, New York 1990

Religionen, Religiosität und christlicher Glaube. Eine Studie, Gütersloh 1991

W. Härle, Der Toleranzgedanke im Verhältnis der Religionen, in: Theologie und Aufklärung. FS G. Hornig, hrsg. v. W. E. Müller u. H. H. R. Schulz, Würzburg 1992, S. 323-338

Ders., Die Wahrheitsgewißheit des christlichen Glaubens und der Wahrheitsanspruch anderer Religionen, in: ZMiss H 3/1998, S. 176-189

Zu 4 Bibel

F. Schleiermacher, Hermeneutik und Kritik (1838), hrsg. v. M. Frank, (stw 211) Frankfurt/M. 1977

K. Holl, Luthers Bedeutung für den Fortschritt der Auslegungskunst (1920), in: ders., Ges. Aufsätze zur Kirchengeschichte, Bd. 1, Tübingen 1923, S. 544-582

E. Käsemann, Begründet der neutestamentliche Kanon die Einheit der Kirche? (1951), in: ders., Exegetische Versuche und Besinnungen, Bd. 1, Göttingen (1960) 1964³, S. 214-223

G. Ebeling, Wort Gottes und Tradition. Studien zu einer Hermeneutik der Konfessionen, Göttingen (1964) 1966²

F. Beißer, Claritas scripturae bei Martin Luther, Göttingen 1966

Das Neue Testament als Kanon. Dokumentation und kritische Analyse zur gegenwärtigen Diskussion, hrsg. v. *E. Käsemann*, Göttingen 1970

G. Maier, Das Ende der historisch-kritischen Methode, Wuppertal (1974) 1984⁵

P. Stuhlmacher, Vom Verstehen des Neuen Testaments. Eine Hermeneutik, Göttingen 1979

H. Graf Reventlow, Hauptprobleme der Biblischen Theologie im 20. Jahrhundert, Darmstadt 1983

E. Schüssler Fiorenza, Zu ihrem Gedächtnis ... Eine feministisch-theologische Rekonstruktion der christlichen Ursprünge (1983), dt. München/Mainz 1988

D. Lührmann, Auslegung des Neuen Testaments, Zürich (1984) 1987²

Jahrbuch für biblische Theologie, Bd. 1 ff., hrsg. v. *I. Baldermann* u. a., Neukirchen 1986 ff

W. Egger, Methodenlehre zum Neuen Testament. Einführung in linguistische und historisch-kritische Methoden, Freiburg (1987) 1990²

O. Bayer, Autorität und Kritik, Tübingen 1991

H. K. Berg, Ein Wort wie Feuer. Wege lebendiger Bibelauslegung, München/Stuttgart 1991

R. Slenczka, Kirchliche Entscheidung in theologischer Verantwortung. Grundlagen – Kriterien – Grenzen, Göttingen 1991, bes. S. 38-62, 94-117 u. 262-271

Sola scriptura. Das reformatorische Schriftprinzip in der säkularen Welt, hrsg. v. *H. H. Schmid* u. *J. Mehlhausen*, Gütersloh 1991

E. Zenger, Das Erste Testament. Die jüdische Bibel und die Christen, Düsseldorf (1991) 1992²

Das Buch Gottes. Ein Votum des Theologischen Ausschusses der Arnoldshainer Konferenz, Neukirchen 1992

Verbindliches Zeugnis, Bd. I: Kanon – Schrift – Tradition, hrsg. v. *W. Pannenberg* u. *Th. Schneider*, Freiburg/Göttingen 1992
O. Kaiser, Der Gott des Alten Testaments. (Wesen und Wirken.) Theologie des Alten Testaments, Teil 1 u. 2, (UTB 1747/2024) Göttingen 1993/98

Zu 5.1 Konfessionelle und ökumenische Dogmatik

Die Arnoldshainer Konferenz. Ihr Selbstverständnis, hrsg. v. *A. Burgsmüller* u. *R. Bürgel*, Bielefeld (1974) 1978[2]
H. Fries/K. Rahner, Einigung der Kirchen – reale Möglichkeit, (QD 100) Freiburg (1983) 1987[3]
E. Herms, Einheit der Christen in der Gemeinschaft der Kirchen. Die ökumenische Bewegung der römischen Kirche im Licht der reformatorischen Theologie. Antwort auf den Rahner-Plan, Göttingen 1984
Ders., Von der Glaubenseinheit zur Kirchengemeinschaft. Plädoyer für eine realistische Ökumene, Marburg 1989
O. Cullmann, Einheit durch Vielfalt. Grundlegung und Beitrag zur Diskussion über die Möglichkeiten ihrer Verwirklichung, Tübingen 1986
Lehrverurteilungen – kirchentrennend?, Bd. 1: Rechtfertigung, Sakramente und Amt im Zeitalter der Reformation und heute, hrsg. v. *K. Lehmann* u. *W. Pannenberg*, Freiburg/Göttingen 1986
Überholte Verurteilungen? Die Gegensätze in der Lehre von Rechtfertigung, Abendmahl und Amt zwischen dem Konzil von Trient und der Reformation – damals und heute, hrsg. v. *D. Lange*, Göttingen 1991
W. Härle, Einheit und Vielfalt als ökumenisches Problem, in: DtPfrBl H 10/1998, S. 594-598

Zu 5.2 Dogma und Bekenntnis

E. Wolf, Bekenntnis und Lehre, in: EvTh 14/1959, S. 330-342
M. Elze, Der Begriff des Dogmas in der Alten Kirche, in: ZThK 61/1964, S. 421-438
R. Slenczka, Der Glaube und das Dogma, in: ders., Kirchliche Entscheidung in theologischer Verantwortung, Göttingen 1991, S. 63-94
H.-G. Link, Bekennen und Bekenntnis, Göttingen 1998

Zu 5.3 Reformatorische Theologie

E. Schlink, Theologie der lutherischen Bekenntnisschriften, München (1940) 1947[2]
F. Brunstäd, Theologie der lutherischen Bekenntnisschriften, Gütersloh 1951
P. Jacobs, Theologie reformierter Bekenntnisschriften in Grundzügen, Neukirchen 1959
P. Althaus, Die Theologie Martin Luthers, Gütersloh (1962) 1983[6]
E. Hirsch, Das Wesen des reformatorischen Christentums, Berlin 1963

G. Ebeling, Luther. Einführung in sein Denken, Tübingen (1964) 1981[4], ND 1990

F. Mildenberger, Theologie der Lutherischen Bekenntnisschriften, Stuttgart 1983

J. Rohls, Theologie reformierter Bekenntnisschriften. Von Zürich bis Barmen, Göttingen 1987

A. Peters, Kommentar zu Luthers Katechismen, 5 Bde., hrsg. v. G. Seebaß, Göttingen 1990-1994

B. Lohse, Luthers Theologie in ihrer historischen Entwicklung und in ihrem systematischen Zusammenhang, Göttingen 1995

H.G. Pöhlmann (u. a.), Theologie der Lutherischen Bekenntnisschriften, Gütersloh 1996

G. Wenz, Theologie der Bekenntnisschriften der evangelisch-lutherischen Kirche, Bd. 1 u. 2, Berlin/New York 1996/97

Zu 6 Die gegenwärtige Lebenswelt als Kontext des christlichen Glaubens

E. Husserl, Die Krise der europäischen Wissenschaften und die transzendentale Phänomenologie (1935/36), in: Husserliana, hrsg. v. W. Biemel, Bd. VI, Haag 1954, bes. S. 105-193

P. Tillich, Der Mut zum Sein (1952), in: MW/HW, Bd. 5, Berlin/New York 1988, S. 141-230, dt. in: GW, Bd. XI, Stuttgart 1976[2], S. 13-139

P. Berger, Zur Dialektik von Religion und Gesellschaft. Elemente einer soziologischen Theorie (1967), dt. Frankfurt/M. 1973

E. Fromm, Haben oder Sein. Die seelischen Grundlagen einer neuen Gesellschaft, Stuttgart (1976) NA 1977

N. Luhmann, Funktion der Religion (1977), (stw 407) Frankfurt/M. 1982

Ders., Soziale Systeme. Grundriß einer allgemeinen Theorie (1984), (stw 666) Frankfurt/M. 1987

F. X. Kaufmann, Kirche begreifen. Analysen und Thesen zur gesellschaftlichen Verfassung des Christentums, Freiburg 1979

H. Waldenfels, Kontextuelle Fundamentaltheologie, Paderborn (1985) 1988[2]

U. Beck, Risikogesellschaft, Frankfurt/M. (1986) 1992[9]

H. Lübbe, Religion nach der Aufklärung, Darmstadt 1986

Glauben heute. Christ werden – Christ bleiben, hrsg. vom Kirchenamt der EKD, Gütersloh (1988) 1989[3]

Theologische Gegenwartsdeutung, hrsg. v. *W. Härle* u. *R. Preul*, (MJTh II) Marburg 1988

Kirche und Gesellschaft, hrsg. v. *W. Härle*, Stuttgart 1989

Text und Kontext in Theologie und Kirche, hrsg. v. *F. Hauschildt*, (Zur Sache, Heft 29) Hannover 1989

E. Herms, Erfahrbare Kirche. Beiträge zur Ekklesiologie, Tübingen 1990

Ders., Kirche für die Welt. Lage und Aufgabe der evangelischen Kirche im vereinigten Deutschland, Tübingen 1995

Protestantische Identität heute, hrsg. v. *F. W. Graf* u. *K. Tanner*, Gütersloh 1992

G. Schulze, Die Erlebnisgesellschaft. Kultursoziologie der Gegenwart, Frankfurt a. M./New York 1992[2]

M. *Terwey*, Zur aktuellen Situation von Glauben und Kirche im vereinigten Deutschland. Eine Analyse der Basisumfrage 1991, in: Zentralarchiv für empirische Sozialforschung 30/1992, S. 59-79

H. *Barz*, Jugend und Religion, Bd. 1-3, Opladen 1992/93

N. *Slenczka*, Kontext und Theologie. Ein kritischer Versuch zum Programm einer „kontextuellen Theologie", in: NZSTh 35/1993, S. 303-331

Pluralismus und Identität, hrsg. v. J. *Mehlhausen*, Gütersloh 1994

Fremde Heimat Kirche. Die dritte EKD-Erhebung über Kirchenmitgliedschaft, hrsg. von K. *Engelhardt, H. von Loewenich, P. Steinacker,* Gütersloh 1997

K.-P. *Jörns,* Die neuen Gesichter Gottes. Was die Menschen heute wirklich glauben, Neukirchen 1997

Zu 7 Gottes- und Welterkenntnis

R. *Bultmann*, Welchen Sinn hat es von Gott zu reden? (1925), in: GuV, Bd. I, Tübingen 1961[4], S. 26-37

P. *Tillich*, Religiöser Symbolismus (1930-1962), in: GW, Bd. V, Stuttgart 1964, S. 187-244

G. *Keil*, Gott als absolute Grenzüberschreitung, Marburg (1971) 1982[2]

G. *Ebeling*, Die Klage über das Erfahrungsdefizit in der Theologie als Frage nach ihrer Sache (1974), in: WuG, Bd. III, Tübingen 1975, S. 3-28

P. *Ricoeur/E. Jüngel*, Metapher. Zur Hermeneutik religiöser Sprache, München 1974

E. *Jüngel*, Gott als Geheimnis der Welt, Tübingen (1977) 1992[6]

J. *Track*, Sprachkritische Untersuchungen zum christlichen Reden von Gott, Göttingen 1977

H. *Küng*, Existiert Gott?, München (1978) 1984[2]

H. *Blumenberg*, Die Lesbarkeit der Welt, (stw 592) Frankfurt a. M. (1981) ND 1986

I. U. *Dalferth*, Religiöse Rede von Gott, München 1981, bes. S. 495-711

Ders., Gott. Philosophisch-theologische Denkversuche, Tübingen 1992

W. *Härle*, Systematische Philosophie, München (1982) 1987[2]

W. *Kasper*, Der Gott Jesu Christi, Mainz (1982) 1983[2]

Religionskritik in der Neuzeit, hrsg. v. M. *Weinrich*, Gütersloh 1985

T. *Koch*, Mit Gott leben. Eine Besinnung auf den Glauben, Tübingen 1989

Kann man Gott aus der Natur erkennen? Evolution als Offenbarung, hrsg. v. C. *Bresch, S. M. Daecke* u. H. *Riedlinger*, (QD 125) Freiburg 1990

J. *Werbick*, Bilder sind Wege. Eine Gotteslehre, München 1992

Im Kontinuum. Annäherungen an eine relationale Erkenntnistheorie und Ontologie, hrsg. v. *Wilfried Härle*, MThSt Bd. 54, Marburg 1999

Zu 8 Theo-logie

H. *Cremer*, Die christliche Lehre von den Eigenschaften Gottes (1897), hrsg. v. H. Burkhardt, Gießen/Basel 1983

C. *Westermann*, Gottes Engel brauchen keine Flügel (1957), (STB 52) München/Hamburg 1965

Ders., Der Segen in der Bibel und im Handeln der Kirche (1968), (GTB 1402) Gütersloh 1981

C. H. *Ratschow*, Zur Theologie (1954-1985), in: ders., Von den Wandlungen Gottes, Berlin/New York 1986, S. 117-296

Ders., Gott existiert, Berlin (1966) 1968[2]

G. *Ebeling*, Zur Lehre von Gott (1963-1968), in: ders., WuG, Bd. II, Tübingen 1969, S. 209-432

J. *Jeremias*, Die Reue Gottes. Aspekte alttestamentlicher Gottesvorstellung, Neukirchen-Vluyn (1975) 1997[2]

F. *Mildenberger*, Gotteslehre. Eine dogmatische Untersuchung, Tübingen 1975

E. *Jüngel*, Gott als Geheimnis der Welt, Tübingen (1977) 1992[6]

U. *Mann*, Das Wunderbare, (HST 17) Gütersloh 1979

H. M. *Barth*, Wohin – woher mein Ruf? Zur Theologie des Bittgebets, München 1981

W. *Kasper*, Der Gott Jesu Christi, Mainz (1982) 1983[2]

I. U. *Dalferth*, Existenz Gottes und christlicher Glaube, München 1984

V. *Brümmer*, Was tun wir, wenn wir beten?, (1984, 1985), Marburg 1985

R. *Mössinger*, Zur Lehre des christlichen Gebets, Göttingen 1986

Handeln Gottes, hrsg. v. W. *Härle* u. R. *Preul*, (MJTh I) Marburg 1987

R. *Leuze*, Gotteslehre, Stuttgart 1988

Vorsehung und Handeln Gottes, hrsg. v. Th. *Schneider* u. Th. *Ullrich*, (QD 115) Freiburg 1988

T. *Koch*, Mit Gott leben. Eine Besinnung auf den Glauben, Tübingen (1989) 1993[2]

W. *Härle*, Die Rede von der Liebe und vom Zorn Gottes, in: ZThK.B 8/1990, S. 50-69

Chr. *Schwöbel*, Divine Action, in: ders., God: Action and Revelation, Kampen 1992, S. 23-82

Zu 9 Christologie

Anselm von Canterbury, Cur deus homo (1098), lat./dt. Darmstadt (1956) 1970[3]

G. *Aulén*, Die drei Haupttypen des christlichen Versöhnungsgedankens, in: ZSystTh 8/1931, S. 501-538

G. *Bornkamm*, Jesus von Nazareth, (Urban-TB 19) Stuttgart u. a. (1956) 1980[12]

H. *Graß*, Ostergeschehen und Osterberichte, Göttingen (1956) 1964[3]

Ders., Traktat über Mariologie, (MThSt 30) Marburg 1991

R. *Bultmann*, Das Verhältnis der urchristlichen Christusbotschaft zum historischen Jesus, Heidelberg (1960) 1978[5]

E. *Jüngel*, Paulus und Jesus. Eine Untersuchung zur Präzisierung der Frage nach dem Ursprung der Christologie, Tübingen (1962) 1979[5]

F. *Hahn*, Christologische Hoheitstitel, Göttingen (1963) 1964[2]

W. *Pannenberg*, Grundzüge der Christologie, Gütersloh (1964) 1991[7]

C. A. *de Ridder*, Maria als Miterlöserin?, Göttingen 1965

R. *Slenczka*, Geschichtlichkeit und Personsein Jesu Christi, Göttingen 1967

J. *Becker*, Johannes der Täufer und Jesus von Nazareth, Neukirchen 1972

Ders., Paulus – der Apostel der Völker, Tübingen 1989
Ders., Jesus von Nazaret, Berlin/New York 1996
W. Kasper, Jesus der Christus, Mainz (1974) 1992[11]
M. Hengel, Der Sohn Gottes, Tübingen (1975) 1998[12]
H. Dembowski, Einführung in die Christologie, Darmstadt 1976
Wurde Gott Mensch? Der Mythos vom fleischgewordenen Gott, hrsg. v. *J. Hick* (1977), dt. Gütersloh 1979
H. Weder, Die Gleichnisse Jesu als Metaphern, Göttingen (1978) 1990[4]
Ders., Das Kreuz Jesu bei Paulus, Göttingen 1981
Ders., Gegenwart und Gottesherrschaft. Überlegungen zum Zeitverständnis bei Jesus und im frühen Christentum, Neukirchen 1993
J. D. G. Dunn, Christology in the Making, London 1980
Maria im Neuen Testament. Eine ökumenische Untersuchung, hrsg. v. *R. E. Brown* u. a., Stuttgart 1981
C. H. Ratschow, Jesus Christus, (HST 5) Gütersloh (1982) 1994[2]
H. Merklein, Jesu Botschaft von der Gottesherrschaft, Stuttgart 1983
G. Wenz, Geschichte der Versöhnungslehre in der evangelischen Theologie der Neuzeit, 2 Bde., München 1984/86
W. Harnisch, Die Gleichniserzählungen Jesu. Eine hermeneutische Einführung, (UTB 1343) Göttingen 1985
Mariologie und Feminismus, hrsg. v. *W. Schöpsdau*, Göttingen 1985
Auferstehung Jesu – Auferstehung der Christen. Deutungen des Osterglaubens, hrsg. v. *I. Broer* u. a., (QD 105) Freiburg 1986
G. Bader, Symbolik des Todes Jesu, Tübingen 1988
J. Moltmann, Der Weg Jesu Christi. Christologie in messianischen Dimensionen, München 1989
K. H. Neufeld, Fundamentaltheologie I. Jesus: Grund des Glaubens, Stuttgart/ Berlin/Köln 1992
G. Lüdemann, Die Auferstehung Jesu, Göttingen 1994
I. U. Dalferth, Der auferweckte Gekreuzigte, Tübingen 1994
K. Berger, Wer war Jesus wirklich? Stuttgart (1995) 1996[3]
G. Theißen/A. Merz, Der historische Jesus, Göttingen 1996
S. Glockzin-Bever, Nahe dem Tod – nahe dem Leben, Neukirchen 1998

Zu 10 Pneumatologie

K. Barth/H. Barth, Zur Lehre vom Heiligen Geist, (ZZ.B 1) München 1930
E. Brunner, Die Lehre vom Heiligen Geiste, Zürich 1945
H. Berkhof, Theologie des Heiligen Geistes, Neukirchen-Vluyn (1968) 1988[2]
G. Hasenhüttl, Charisma. Ordnungsprinzip der Kirche, Freiburg 1969
G. Ebeling, Die Beunruhigung der Theologie durch die Frage nach den Früchten des Geistes (1969), in: ders., WuG, Bd. III, Tübingen 1975, S. 388-404
Ders., Luthers Ortsbestimmung der Lehre vom heiligen Geist (1974), in: ders., WuG, Bd. III, Tübingen 1975, S. 316-348
W. Dantine, Der heilige und der unheilige Geist, Stuttgart 1973

J. V. Taylor, Der Heilige Geist und sein Wirken in der Welt (1972), dt. Düsseldorf 1977

O. A. Dilschneider, Geist als Vollender des Glaubens, Gütersloh 1978

E. Schweizer, Heiliger Geist, Stuttgart/Berlin 1978

Der Heilige Geist im Widerstreit, in: Conc (D) 15/1979, S. 493-558

Theologie des Geistes, hrsg. v. O. A. Dilschneider, Gütersloh 1980

Chr. Schütz, Einführung in die Pneumatologie, Darmstadt 1985

E. Herms, Luthers Auslegung des Dritten Artikels, Tübingen 1987

B. J. Hilberath, Heiliger Geist – heilender Geist, Mainz 1988

Ders., Pneumatologie, Düsseldorf 1994

H. Kägi, Der Heilige Geist in charismatischer Erfahrung und theologischer Reflexion, Zürich 1989

Der Heilige Geist im Verständnis Luthers und der lutherischen Theologie, hrsg. v. *J. Heubach*, Erlangen 1990

J. Moltmann, Der Geist des Lebens. Eine ganzheitliche Pneumatologie, München 1991

H. Zahrnt, Geistes Gegenwart. Die Wiederkehr des heiligen Geistes, München/Zürich 1991

M. Welker, Gottes Geist. Theologie des Heiligen Geistes, Neukirchen-Vluyn 1992

Zu 11 Trinitätslehre

Anselm von Canterbury, De processione Spiritus sancti (1102), in: ders., Opera omnia, Bd. II, Stuttgart 1984, S. 175-219

K. Rahner, Bemerkungen zum dogmatischen Traktat „De Trinitate" (1960), in: ders., Schriften zur Theologie, Bd. IV, Einsiedeln/Zürich/Köln 1964[4], S. 103-133

Ders., Der dreifaltige Gott als transzendenter Urgrund der Heilsgeschichte, in: MySal, Bd. II, Einsiedeln/Zürich/Köln (1967) 1975[2], S. 317-401

E. Jüngel, Das Verhältnis von „ökonomischer" und „immanenter" Trinität (1975), in: ders., Entsprechungen: Gott – Wahrheit – Mensch, München 1980, S. 265-275

Ders., Gott als Geheimnis der Welt, Tübingen (1977) 1992[6]

W. Pannenberg, Die Subjektivität Gottes und die Trinitätslehre (1977), in: ders., Grundfragen systematischer Theologie, Bd. 2, Göttingen 1980, S. 96-111

J. Moltmann, Trinität und Reich Gottes. Zur Gotteslehre, München (1980) 1986[2]

Ders., In der Geschichte des dreieinigen Gottes. Beiträge zur trinitarischen Theologie, München 1991

Geist Gottes – Geist Christi. Ökumenische Überlegungen zur Filioque-Kontroverse, hrsg. v. *L. Vischer*, Frankfurt/M. 1981

W. Kasper, Der Gott Jesu Christi, Mainz (1982) 1983[2]

G. Theißen, Biblischer Glaube in evolutionärer Sicht, München 1984

Trinität. Aktuelle Perspektiven der Theologie, hrsg. v. *W. Breuning*, (QD 101) Freiburg/Basel/Wien 1984

B. Forte, Trinität als Geschichte. Der lebendige Gott – Gott der Lebenden, Mainz 1989

Chr. Schwöbel, Die Rede vom Handeln Gottes im christlichen Glauben, in: Handeln Gottes, hrsg. v. W. Härle u. R. Preul, (MJTh I) Marburg 1987, S. 56-81

H. Deuser, Kategoriale Semiotik und Trinität (1990), in: ders., Gott: Geist und Natur, Berlin/New York 1993, S. 154-173

Ders., Die phänomenologischen Grundlagen der Trinität, in: Phänomenologie, hrsg. v. W. Härle u. R. Preul, (MJTh VI) Marburg 1994, S. 45-67

I. U. Dalferth, Der auferweckte Gekreuzigte, Tübingen 1994, S. 160-236

Trinität, hrsg. v. *W. Härle* u. *R. Preul*, (MJTh X) Marburg 1998

Zu 12.1 Schöpfung

K. Heim, Weltschöpfung und Weltende (1952), Wuppertal 1976[4]

C. F. von Weizsäcker, Die Tragweite der Wissenschaft (1964), Stuttgart 1990[6]

G. May, Schöpfung aus dem Nichts. Die Entstehung der Lehre von der creatio ex nihilo, Berlin/New York 1978

P. Atkins, Schöpfung ohne Schöpfer. Was war vor dem Urknall? (1981), dt. Reinbek 1984

E. Wölfel, Welt als Schöpfung, (ThExh 212) München 1981

J. Hübner, Die Welt als Gottes Schöpfung ehren. Zum Verhältnis von Theologie und Naturwissenschaft heute, München 1982

U. Mann, Schöpfungsmythen, Stuttgart/Berlin 1982

L. Scheffczyk, Einführung in die Schöpfungslehre, Darmstadt 1982

P. Davies, Gott und die moderne Physik (1983), dt. München 1986[5]

J. Moltmann, Gott in der Schöpfung. Ökologische Schöpfungslehre, München (1985) 1993[4]

O. Bayer, Schöpfung als Anrede, Tübingen (1986) 1990[2]

Evolution and Creation, hrsg. v. *S. Andersen* u. *A. Peacocke*, Aarhus 1987

A. J. Leggett, Physik. Probleme – Themen – Fragen (1987), dt. Basel/Boston/Berlin 1989

St. W. Hawking, Eine kurze Geschichte der Zeit. Die Suche nach der Urkraft des Universums (1988), dt. Reinbek 1988

Ders., Einsteins Traum. Expeditionen an die Grenzen der Raumzeit (1993), dt. Reinbek 1993

Chr. Link, Schöpfung, (HST 7/1 u. 2) Gütersloh 1991

T. Koch, Das göttliche Gesetz der Natur. Zur Geschichte des neuzeitlichen Naturverständnisses und zu einer gegenwärtigen theologischen Lehre von der Schöpfung, (ThSt 136) Zürich 1991

W. Schobert u. a., Natur = Schöpfung? Theologische Annäherungen und Fragen, München 1991

Unsere Welt – Gottes Schöpfung. FS E. Wölfel, hrsg. v. *W. Härle, M. Marquardt* u. *W. Nethöfel*, Marburg 1992

M. Welker, Schöpfung und Wirklichkeit, Neukirchen 1995

K. Löning/E. Zenger, Als Anfang schuf Gott. Biblische Schöpfungstheologien, Düsseldorf 1997

U.H.J. Körtner, Solange die Erde steht. Schöpfungsglaube in der Risikogesellschaft, Hannover 1997
Zeit und Schöpfung, hrsg. v. *K. Stock,* Gütersloh 1997

Zu 12.2 Geschöpf

E. Brunner, Der Mensch im Widerspruch. Die christliche Lehre vom wahren und vom wirklichen Menschen, Zürich (1937) 1965[4]
H. Gollwitzer, Krummes Holz – aufrechter Gang. Zur Frage nach dem Sinn des Lebens, München (1970) 1973[6]
C. Westermann, Zur Auslegungsgeschichte von Gn 1,26-27, in: ders., Genesis, Bd. I, Neukirchen-Vluyn 1974, S. 203-218
J. Moltmann, Mensch. Christliche Anthropologie in den Konflikten der Gegenwart, Stuttgart/Berlin (1971) 1977[3]
G. Ebeling, Luthers Disputatio De homine, in: ders., Lutherstudien, Bd. II/1-3, Tübingen 1977-1989
W. Pannenberg, Gottebenbildlichkeit und Bildung des Menschen (1977), in: ders., Grundfragen systematischer Theologie, Bd. 2, Göttingen 1980, S. 207-225
Ders., Anthropologie in theologischer Perspektive, Göttingen 1983
Anthropologie als Thema der Theologie, hrsg. v. *H. Fischer,* Göttingen 1978
A. Peters, Der Mensch, (HST 8) Gütersloh (1979) 1994[2]
O. H. Pesch, Freisein aus Gnade. Theologische Anthropologie, Freiburg/Basel/Wien 1983
Persons, Divine and Human. King's College Essays in Theological Anthropology, hrsg. v. *Chr. Schwöbel* u. *C. E. Gunton,* Edinburgh 1991
O. H. Steck, Welt und Umwelt, (KTB 1006) Stuttgart 1978
H. Timm, Von Angesicht zu Angesicht. Sprachmorphische Anthropologie, Gütersloh 1992
R. Spaemann, Personen. Versuche über den Unterschied zwischen ‚etwas' und ‚jemand', Stuttgart 1996

Zu 12.3 Theodizeeproblem

G. W. Leibniz, Die Theodizee von der Güte Gottes, der Freiheit des Menschen und dem Ursprung des Bösen (1710), in: ders., Philosophische Schriften, Bd. II/1 u. 2, hrsg. u. übs. v. H. Herring, Darmstadt 1985
I. Kant, Über das Mißlingen aller philosophischen Versuche in der Theodizee (1791), in: ders., Werke in zehn Bänden, hrsg. v. W. Weischedel, Bd. 9, Darmstadt 1964[2], S. 103-124
C. G. Jung, Antwort auf Hiob (1952), Olten (1973) 1981[7]
D. Sölle, Leiden, Stuttgart (1973) 1980[5]
W. Sparn, Leiden – Erfahrung und Denken. Materialien zum Theodizeeproblem, München 1980
Leiden, hrsg. v. *W. Oelmüller,* Paderborn 1986
Theodizee – Gott vor Gericht?, hrsg. v. *W. Oelmüller,* München 1990

J. M. Trau, The Co-existence of God and Evil, New York/Bern/Frankfurt a. M.
1991

Worüber man nicht schweigen kann. Neue Diskussionen zur Theodizeefrage, hrsg.
v. *W. Oelmüller,* München 1992

G. Neuhaus, Theodizee – Abbruch oder Anstoß des Glaubens, Freiburg/Basel/Wien
1993

Angesichts des Leids an Gott glauben? Zur Theologie der Klage, hrsg. *G. Fuchs,*
Frankfurt a. M. 1996

Zu 13 Hamartiologie

M. Luther, Rationis Latomianae ... Lutheriana confutatio (1521), WA 8,43-128

J. Müller, Die christliche Lehre von der Sünde, 2 Bde., Breslau (1839) 1867[5]

S. Kierkegaard, Der Begriff Angst. Eine schlichte psychologisch-andeutende Überlegung in Richtung auf das dogmatische Problem der Erbsünde (1844), (GTB
608) Gütersloh 1983[2]

Ders., Die Krankheit zum Tode (1849), (GTB 620) Gütersloh 1985[3]

J. Gross, Geschichte des Erbsündendogmas. Ein Beitrag zur Geschichte des Problems vom Ursprung des Übels, 4 Bde., München/Basel 1960-1972

R. Knierim, Die Hauptbegriffe für Sünde im Alten Testament, Gütersloh 1965

H. Haag, Biblische Schöpfungslehre und kirchliche Erbsündenlehre, Stuttgart
(1966) 1968[4]

E. Drewermann, Strukturen des Bösen, 3 Bde., Paderborn u. a. (1978) 1987-89[5.6]

G. Freund, Sünde im Erbe. Erfahrungsinhalt und Sinn der Erbsündenlehre, Stuttgart u. a. 1979

H. Häring, Die Macht des Bösen. Das Erbe Augustins, Zürich/Köln/Gütersloh
1979

Ders., Das Problem des Bösen in der Theologie, Darmstadt 1985

G. Ebeling, Der Mensch als Sünder. Die Erbsünde in Luthers Menschenbild (1984),
in: ders., Lutherstudien, Bd. III, Tübingen 1985, S. 74-107

Chr. Schaumberger/L. Schottroff, Schuld und Macht. Studien zu einer feministischen Befreiungstheologie, München 1988

Chr. Gestrich, Die Wiederkehr des Glanzes in der Welt. Die christliche Lehre von
der Sünde und ihrer Vergebung in gegenwärtiger Verantwortung, Tübingen
1989

L. Scherzberg, Sünde und Gnade in der Feministischen Theologie, Mainz 1991

H.-St. Haas, „Bekannte Sünde". Eine systematische Untersuchung zum theologischen Reden von der Sünde in der Gegenwart, Neukirchen-Vluyn 1992

G. Hartmann, Lebensdeutung. Theologie für die Seelsorge, Göttingen 1993

H. Schwarz, Im Fangnetz des Bösen. Sünde – Übel – Schuld, Göttingen 1993

M. Theunissen, Der Begriff Verzweiflung. Korrekturen an Kierkegaard, Frankfurt/
M. 1993

G. Schneider-Flume, Frauensünde? Überlegungen zu Geschlechterdifferenz und
Sünde, in: ZThK 91/1994, S. 299-317

Sünde. Ein unverständlich gewordenes Thema, hrsg. v. *S. Brandt, M. H. Suchocki*
u. *M. Welker,* Neukirchen 1997

Zu 14.1 Heil

Bernhard von Clairvaux, De diligendo Deo (ca. 1125), in: St. Bernardi Opera, Vol. III, Rom 1963, S. 109-154

M. *Luther*, Von der Freiheit eines Christenmenschen (1520), WA 7,20-38

Ders., Von den guten Werken (1520), WA 6,204-276

Ders., De servo arbitrio (1525), WA 18,600-787

J. *Calvin*, Institutio Christianae religionis (1559), III. Buch, Kap. 21-24, in: ders., Opera selecta, Bd. IV, hrsg. v. P. Barth u. W. Niesel, München 1931, dt. Unterricht in der christlichen Religion, hrsg. v. O. Weber, Bd. 2, Neukirchen 1937, S. 508-596

F. *Schleiermacher*, Über die Lehre von der Erwählung (1819), in: Krit. Gesamtausgabe I/10, 1990, S. 147-222

S. *Kierkegaard*, Der Liebe Tun (1847), (GTB 617/618) Gütersloh 1983

A. *Ritschl*, Die christliche Lehre von der Rechtfertigung und Versöhnung, 3 Bde., Bonn (1870-1874) ND 1978

A. *Nygren*, Eros und Agape. Gestaltwandlungen der christlichen Liebe, 2 Bde., Gütersloh 1930 u. 1937

W. *Joest*, Gesetz und Freiheit. Das Problem des Tertius usus legis bei Luther und die neutestamentliche Parainese, Göttingen (1951) 1961[3]

K. E. *Løgstrup*, Die ethische Forderung, Tübingen (1959) 1989[3]

P. *Tillich*, Das religiöse Fundament moralischen Handelns (1959-1963), in: GW, Bd. III, Stuttgart 1965, S. 13-56

K. *Schwarzwäller*, Das Gotteslob der angefochtenen Gemeinde. Dogmatische Grundlegung der Prädestinationslehre, Neukirchen-Vluyn 1970

H. G. *Pöhlmann*, Rechtfertigung. Die gegenwärtige kontroverstheologische Problematik der Rechtfertigungslehre zwischen der evangelisch-lutherischen und der römisch-katholischen Kirche, Gütersloh 1971

Rechtfertigung im neuzeitlichen Lebenszusammenhang. Studien zur Neuinterpretation der Rechtfertigungslehre, hrsg. v. W. *Lohff* u. Chr. *Walther*, Gütersloh 1974

E. *Jüngel*, Zur Freiheit eines Christenmenschen. Eine Erinnerung an Luthers Schrift, München (1977) 1991[3]

Ders., Der menschliche Mensch. Die Bedeutung der reformatorischen Unterscheidung der Person von ihren Werken für das Selbstverständnis des neuzeitlichen Menschen (1985), in: ders., Wertlose Wahrheit, Theologische Erörterungen III, München 1990, S. 194-213

Ders., Das Evangelium von der Rechtfertigung der Gottlosen als Zentrum des christlichen Glaubens, Tübingen 1998

W. *Härle*/E. *Herms*, Rechtfertigung. Das Wirklichkeitsverständnis des christlichen Glaubens, (UTB 1016) Göttingen 1980

J. W. *Fowler*, Stufen des Glaubens (1981), dt. Gütersloh 1991

O. H. *Pesch*/A. *Peters*, Einführung in die Lehre von Gnade und Rechtfertigung, Darmstadt 1981

R. *Strunk*, Nachfolge Christi. Erinnerung an eine evangelische Provokation, München (1981) 1988[2]

E. Herms, Die Wirklichkeit des Glaubens. Beobachtungen und Erwägungen zur Lehre vom ordo salutis (1982), in: ders., Offenbarung und Glaube, Tübingen 1992, S. 138-167
O. Bayer, Aus Glauben leben. Über Rechtfertigung und Heiligung, Stuttgart (1984) 1990²
Th. Pröpper, Erlösungsglaube und Freiheitsgeschichte. Eine Skizze zur Soteriologie, München (1985) 1988²
G. Bader, Symbolik des Todes Jesu, Tübingen 1988
J. Baur, Einig in Sachen Rechtfertigung?, Tübingen 1989
Rechtfertigung als Grundbegriff evangelischer Theologie, hrsg. v. *G. Sauter*, München 1989
Lebenserfahrung, hrsg. v. *W. Härle* u. *R. Preul*, (MJTh III) Marburg 1990
G. Fuchs/J. Werbick, Scheitern und Glauben. Vom christlichen Umgang mit Niederlagen, Freiburg/Basel/Wien 1991
R. Brandt, Die ermöglichte Freiheit. Sprachkritische Rekonstruktion der Lehre vom unfreien Willen, Hannover 1992
D. Lange, Ethik in evangelischer Perspektive. Grundfragen christlicher Lebenspraxis, Göttingen 1992
G. Martens, Die Rechtfertigung des Sünders – Rettungshandeln Gottes oder historisches Interpretament?, Göttingen 1992
M. Ebersohn, Das Nächstenliebegebot in der synoptischen Tradition, (MThSt 37) Marburg 1993
Gute Werke, hrsg. v. *W. Härle* u. *R. Preul*, (MJTh V) Marburg 1993
H. Meisinger, Liebesgebot und Altruismusforschung. Ein exegetischer Beitrag zum Dialog zwischen Theologie und Naturwissenschaft, Freiburg/Göttingen 1996
M. Beintker, Rechtfertigung in der neuzeitlichen Lebenswelt. Theologische Erkundungen, Tübingen 1998
Zur Rechtfertigungslehre, hrsg. v. *E. Jüngel*, (ZThK.B 10) Tübingen 1998

Zu 14.2 Heilsmittel

A. Augustinus, De Magistro (389), MPL 32, Sp. 1193-1220
M. Luther, Wider die himmlischen Propheten, von den Bildern und Sakrament (1525), WA 18,62-125
Ders., Von der Widdertauffe an zween Pfarherrn (1528), WA 26,144-174
Ders., Vom Abendmahl Christi, Bekenntnis (1528), WA 26,261-509
P. Tillich, Religiöser Symbolismus (1930-1962), in: GW, Bd. V, Stuttgart 1964, S. 187-244
C. G. Jung, Das Wandlungssymbol in der Messe (1941), in: GW, Bd. 11, Zürich 1963, S. 219-323
D. Bonhoeffer, Zur Tauffrage (1942), in: Werke Bd. 16, Gütersloh 1996, S. 563-587
K. Barth, Die kirchliche Lehre von der Taufe (1943), (ThSt 14) Zürich 1947
E. Metzke, Sakrament und Metaphysik (1948), in: ders., Coincidentia oppositorum, Witten 1961, S. 158-204

Die Arnoldshainer Abendmahlsthesen (1957/1962), in: Die Arnoldshainer Konferenz. Ihr Selbstverständnis, hrsg. v. *A. Burgsmüller* u. *R. Bürgel*, Bielefeld (1974) 1978², S. 47-55

W. Kasper, Wort und Sakrament (1968), in: ders., Glaube und Geschichte, Mainz 1970, S. 285-310

G. R. Beasley-Murray, Die christliche Taufe, Kassel 1968

E. Schlink, Die Lehre von der Taufe, Kassel 1969

E. Jüngel/K. Rahner, Was ist ein Sakrament?, Freiburg 1971

C. H. Ratschow, Die eine christliche Taufe, Gütersloh 1972

H. Feld, Das Verständnis des Abendmahls, Darmstadt 1976

Das heilige Essen. Kulturwissenschaftliche Beiträge zum Verständnis des Abendmahls, hrsg. v. *M. Josuttis* u. *G. M. Martin*, Stuttgart/Berlin 1980

Das Herrenmahl, hrsg. v. der Gemeinsamen römisch-katholischen/evangelischlutherischen Kommission, Paderborn/Frankfurt a. M. (1981), 9. Aufl. o. J.

E. Herms, Die Sprache der Bilder und die Kirche des Wortes (1983), in: ders., Offenbarung und Glaube, Tübingen 1992, S. 221-245

Taufe und Kirchenzugehörigkeit. Studien zur Bedeutung der Taufe für Verkündigung, Gestalt und Ordnung der Kirche, hrsg. v. *Chr. Lienemann-Perrin*, München 1983

Zum Verständnis und zur Praxis der Taufe. Votum der Theologischen Kammer der Evangelischen Kirche von Kurhessen-Waldeck, (Didaskalia 29) Kassel 1984

U. Kühn, Sakramente, (HST 11) Gütersloh (1985) 1990²

G. Wenz, Einführung in die evangelische Sakramentenlehre, Darmstadt 1988

Lehrverurteilungen – kirchentrennend?, Bd. III: Materialien zur Lehre von den Sakramenten und vom kirchlichen Amt, Göttingen 1990, S. 15-186

P. Krämer, Kirchenrecht I: Wort – Sakrament – Charisma, Stuttgart 1991

O. Bayer, Leibliches Wort, Tübingen 1992

R. Hempelmann, Sakrament als Ort der Vermittlung des Heils. Sakramententheologie im evangelisch-katholischen Dialog, Göttingen 1992

E. Drewermann, Glauben in Freiheit oder Tiefenpsychologie und Dogmatik, Solothurn/Düsseldorf 1993, bes. S. 385-517

A. Peters, Kommentar zu Luthers Katechismen, hrsg. v. G. Seebaß, Bd. 4 u. 5, Göttingen 1993/4

Zu 14.3 Ekklesiologie

M. Luther, Von dem Papsttum zu Rom ... (1520), WA 6,285-324

Ders., De instituendis ministris ecclesiae ... (1523), WA 12,169-196

Ders., Von den Konziliis und Kirchen (1539), WA 50,509-653

E. Brunner, Das Missverständnis der Kirche, Zürich 1951

Y. Congar, Der Laie. Entwurf einer Theologie des Laientums (1952), dt. Stuttgart (1957) 1964³

E. Kinder, Der evangelische Glaube und die Kirche. Grundzüge des evangelischlutherischen Kirchenverständnisses, Berlin 1958

M. Honecker, Kirche als Gestalt und Ereignis. Die sichtbare Gestalt der Kirche als dogmatisches Problem, München 1963

H. *Küng*, Die Kirche (1967), München (1977) 1980[2]

T. *Rendtorff*, Christentum außerhalb der Kirche. Konkretionen der Aufklärung, (Stundenbücher 89) Hamburg 1969

Kirchliches Amt im Umbruch, hrsg. v. H. D. *Bastian*, München/Mainz 1971

W. *Huber*, Welche Volkskirche meinen wir?, in: LM 14/1975, S. 481-486

Ders., Kirche, Stuttgart/Berlin (1979) 1988[2]

U. *Kühn*, Kirche, (HST 10) Gütersloh (1980) 1990[2]

A. *Stein*, Evangelisches Kirchenrecht, Neuwied/Darmstadt 1980

L. *Boff*, Kirche: Charisma und Macht. Studien zu einer streitbaren Ekklesiologie (1981), Düsseldorf 1985[4]

W. *Kreck*, Grundfragen der Ekklesiologie, München 1981

P. *Steinacker*, Die Kennzeichen der Kirche. Eine Studie zu ihrer Einheit, Heiligkeit, Katholizität und Apostolizität, Berlin/New York 1982

A. *Ganoczy* u. a., Der Streit um das Amt in der Kirche, Regensburg 1983

Lehrfreiheit und Lehrbeanstandung, 2 Bde., hrsg. v. W. *Härle* u. H. *Leipold*, Gütersloh 1985

H. *Döring*, Grundriß der Ekklesiologie. Zentrale Aspekte des katholischen Selbstverständnisses und ihre ökumenische Relevanz, Darmstadt 1986

W. *Härle*, Art. „Kirche VII. Dogmatisch", in: TRE Bd. 18, 1989, S. 277-317

On being the Church. Essays on the Christian Community, hrsg. v. C. E. *Gunton* u. D. W. *Hardy*, Edinburgh 1989

H.-M. *Barth*, Einander Priester sein. Allgemeines Priestertum in ökumenischer Perspektive, Göttingen 1990

E. *Herms*, Erfahrbare Kirche. Beiträge zur Ekklesiologie, Tübingen 1990 Kirchen in Gemeinschaft – Gemeinschaft der Kirche. Studie des DÖSTA zu Fragen der Ekklesiologie, hrsg. v. P. *Neuner* u. D. *Ritschl*, Frankfurt/M. 1993

J. *Roloff*, Die Kirche im Neuen Testament, Göttingen 1993

M. *Beintker*, Kann eine Minderheitskirche Volkskirche sein?, in: Reformation und Neuzeit, Berlin 1994, S. 303-322

Kirche, hrsg. v. W. *Härle* u. R. *Preul*, (MJTh IX) Marburg 1996

H. *Goertz*, Allgemeines Priestertum und ordiniertes Amt bei Luther, (MThSt Bd. 46) Marburg 1997

M. *Josuttis*, „Unsere Volkskirche" und die Gemeinde der Heiligen. Erinnerungen an die Zukunft der Kirche, Gütersloh 1997

G. *Neebe*, Apostolische Kirche. Grundunterscheidungen an Luthers Kirchenbegriff unter besonderer Berücksichtigung seiner Lehre von den notae ecclesiae, Berlin/ New York 1997

R. *Preul*, Kirchentheorie. Wesen, Gestalt und Funktionen der Evangelischen Kirche, Berlin/New York 1997

Zu 15 Eschatologie

P. *Althaus*, Die letzten Dinge, Gütersloh (1922) (1933[4]) 1970[10]

E. *Brunner*, Das Ewige als Zukunft und Gegenwart, Zürich 1953

G. *Ebeling*, Erwägungen zur Eschatologie (1964), in: ders., WuG, Bd. III, Tübingen 1975, S. 428-447

J. *Moltmann*, Theologie der Hoffnung. Untersuchungen zur Begründung und zu den Konsequenzen einer christlichen Eschatologie, München (1964) 1985¹²

G. *Sauter*, Zukunft und Verheißung. Das Problem der Zukunft in der gegenwärtigen theologischen und philosophischen Diskussion, Zürich/Stuttgart 1965

Ders., Einführung in die Eschatologie, Darmstadt 1995

E. *Jüngel*, Tod, (GTB 339) Gütersloh (1971) 1979

Ders., Gericht und Gnade, in: epd Dokumentation Nr. 29/89, S. 35-62

K. *Stock*, annihilatio mundi. Johann Gerhards Eschatologie der Welt, München 1971

D. *Wiederkehr*, Perspektiven der Eschatologie, Zürich 1974

G. *Greshake/G. Lohfink*, Naherwartung – Auferstehung – Unsterblichkeit. Untersuchungen zur christlichen Eschatologie, Freiburg/Basel/Wien (1974) 1978³

J. *Hick*, Death and Eternal Life (1976), London ND 1990

H. *Vorgrimler*, Hoffnung auf Vollendung. Aufriß der Eschatologie, (QD 90) Freiburg/Basel/Wien 1980

F. *Heidler*, Die biblische Lehre von der Unsterblichkeit der Seele. Sterben, Tod, ewiges Leben im Aspekt lutherischer Anthropologie, Göttingen 1983

Tod – Hoffnung – Jenseits. Dimensionen und Konsequenzen biblisch verankerter Eschatologie, hrsg. v. F. *Dexinger*, Wien/Freiburg/Basel 1983

G. *Greshake/J. Kremer*, Resurrectio mortuorum. Zum theologischen Verständnis der leiblichen Auferstehung, Darmstadt (1986) 1992²

M. *Kehl*, Eschatologie, Würzburg 1986

S. *Hjelde*, Das Eschaton und die Eschata, München 1987

Eschatologie in der Dogmatik der Gegenwart, hrsg. v. B. Hägglund u. J. Heubach, Erlangen 1988

Eschatologie und Jüngstes Gericht, hrsg. v. R. *Rittner*, Hannover 1991

H. *Schwarz*, Jenseits von Utopie und Resignation. Einführung in die christliche Eschatologie, Wuppertal/Zürich 1991

Chr. *Walther*, Eschatologie als Theorie der Freiheit. Einführung in neuzeitliche Gestalten eschatologischen Denkens, Berlin/New York 1991

P. *Pokorny*, Die Zukunft des Glaubens. Sechs Kapitel über Eschatologie, Stuttgart 1992

F. *Beißer*, Hoffnung und Vollendung, (HST 15) Gütersloh 1993

H. *Rosenau*, Allversöhnung. Ein transzendentaltheologischer Grundlegungsversuch, Berlin/New York 1993

Die Zukunft der Erlösung. Zur neueren Diskussion um die Eschatologie, hrsg. v. K. *Stock*, München 1994

R. *Brandt/P. Godzik/U. Kühn*, Hoffnungsbilder gegen den Tod, Hannover 1994

J. Chr. *Janowski*, Eschatologischer Dualismus? Erwägungen zum „doppelten Ausgang" des Jüngsten Gerichts, in: JBTh 9/1994, S. 175-218

Dies., Allerlösung. Annäherungen an eine entdualisierte Eschatologie, Bd. I u. II, Neukirchen-Vluyn 2000

J. *Ringleben*, Wahrhaft auferstanden. Zur Begründung der Theologie des lebendigen Gottes, Tübingen 1998

Bibelstellenregister

Parallelstellen aus den synoptischen Evangelien, die im Textteil der Dogmatik nicht eigens ausgedruckt worden sind, werden in diesem Register aufgeführt und mit gekennzeichnet.

Gen			
1f.	222; 420; 429	3,3f.	326
1,1	409; 425	3,4f.	473
1,1-2,4a	420	3,5	475
1,2	360; 405	3,7	475; 486
1,3	426	3,9f.	486
1,4	414	3,13	472
1,6	426	3,14	471
1,10	414	3,16	484
1,11	426	3,19	326; 487; 622
1,12	414	3,21	486
1,14	426	3,22	469
1,14-18	427	3,24	297
1,14-19	412	4	476; 483
1,18	414	5,1	435
1,21	414	5,1ff.	434; 436
1,24	426	5,3	435
1,25	414	6,2-4	489
1,26	435; 437f.	6,3	362
1,26f.	427; 434	6,5	426
1,26-28	437	6,5-8	477
1,27	426; 436	8,21	426; 477
1,28	437f.	9,2	437f.
1,29f.	426	9,3f.	427
1,31	414	9,5f.	427
2f.	487	9,6	434f.
2,4b-25	420	12,3b	126
2,7	362; 426; 630	15,1	83; 101
2,9f.	426; 469	15,6	101; 616
2,15	437f.	16	297
2,16	470	17,1	258
2,17	326; 469; 487	17,1f.	101
2,25-3,21	486	18,18	126
3-7	476	19	297
3,1	471	22	297
3,1-5	471	22,18	126
		25,8	488

8,6	429; 436	7-9	356
8,7	437	10,12	331
9,8	621		
13,2	443	**Koh**	
14,1	320; 444	7,26	488
19	222	12,7	630
19,1-7	402; 429		
19,29	429	**Cant**	
22,2	443	2,16	240
22,2f.	301	6,3	240
23	237	7,11	240
29	429		
36,10	245	**Jes**	
47	308	1,1	83
51,6	439	2,1-5	126
51,7	475	2,2-4	308
68,15	258	2,4	639
68,22-24	127	6,1-7	297
90,4	410	6,3	268
90,3-10	622	6,5	268
91,1	258	7,7	318
91,14	242	9,14	366
92,9	621	11,6-8	309
95,7f.	565	11,6-9	648
99,1f.	308	13,15f.	127
102,13	621	21,2	83
102,27f.	621f.	25,6-8	607
103	237	40,5	83
103,3	328	42,14	254
104	222; 429	44,9-20	412
105,7	639	45,5f.	108
110,5	317	48,14	242
119,105	153	52,7	308
123,2	254	53,4f.	324
131,2	254	53,5	333f.
136	222	55,12	429
137,7-9	127	63,9	242
139	264	65,17	451; 622
146,4	622	65,25	309
146,8	242	66,13	254
147	429	66,22	451
Prov		**Jer**	
8,22-31	402	2,2	318
8,22-36	355	3,17	308

Personenregister (ohne biblische Namen)

Begriffsregister

(Grundsätzlich wird hier die substantivische Grundform der Begriffe aufgeführt. Adjektive, Verben und nicht eigens genannte Komposita sind unter dieser Grundform zu suchen.)

Vollkommenheit 59, 72f., 103f.,
	116, 120, 133, 164, 310, 324,
	341, 345f., 435, 445, 447, 545,
	606, 645, 647
Vollmacht 340, 348, 586
Vollständigkeit 72f., 103, 116, 133,
	215
voluntas s. Wille
Voraussetzungslosigkeit (s. auch
	Bedingungslosigkeit) 6, 27, 286,
	312, 421f.
Vorbehalt, eschatologischer 27, 78
Vorbild 315, 317, 353, 477, 555,
	557
Vorgegebensein 67, 168, 554
Vorsehung 287-296, 423, 582
Vorurteilslosigkeit 6, 19f.
Vorverständnis 6, 132, 281

Wachstum 60, 123, 164, 188, 310,
	426f., 555, 593
Wahl (s. auch Erwählung) 70, 85,
	114, 470, 506, 508, 633
Wahrhaftigkeit 20, 107
Wahrheit 4, 10-12, 19, 21-24, 32,
	35-37, 68, 84-86, 89, 91, 96,
	104, 106-110, 120f., 130f., 148,
	163, 166, 180f., 198, 204,
	206f., 231f., 271, 320, 356,
	358, 366, 369, 371f., 376, 379,
	389, 393, 395, 422, 464, 478,
	496, 508, 565, 617, 620, 640-
	643, 645
Wahrheitsanspruch 4-9, 35, 38, 61,
	107, 231f.
Wahrheitserkenntnis 8f., 27, 123,
	145f., 167, 356, 368, 495, 641
Wahrheitserweis 181
Wahrheitsfähigkeit 7, 21f.
Wahrheitsfrage 11, 271
Wahrheitsgehalt 10, 20, 23, 36f.,
	39, 44, 195
Wahrheitsgewißheit 4, 12, 20-22,
	32, 35, 107, 109f., 167, 198,
	368

Wahrnehmung 50f., 82, 85, 91,
	109, 169, 171-174, 177, 179,
	181, 199-204, 218f., 266, 275,
	281, 300, 327, 357, 374, 380,
	432, 455, 503, 536, 568, 579,
	648
Wandlung 73, 558, 561f.
Waschung 548f.
Wechsel, wunderbarer/fröhlicher
	328, 333f.
Wechselwirkung 179, 427f.
Weihe 544
Weisheit 27, 67, 93, 222, 257, 288,
	339, 355f., 363, 379, 495f.,
	499, 503
Weissagung 126f.
Welt 25, 43, 83, 91, 94, 104, 106,
	126, 165, 169-172, 180, 195-
	197, 210, 212-217, 221f., 236,
	249, 257, 265f., 269, 273f.,
	282, 290, 304, 325, 329, 354-
	356, 389, 392f., 398, 401f.,
	404, 409-425, 428, 442-446,
	450-452, 455, 467, 500, 508,
	533, 600, 635
Weltbild 179, 381, 639
Weltende 608, 629, 634, 640
Weltentstehung 286, 409f., 415-
	423, 629
Welterkenntnis 170, 195-197, 212-
	216, 218-225
Weltgeschehen 63, 94, 289
Weltordnung 288
Weltverständnis 43f., 83, 195, 213,
	411, 479, 610, 620
Werk/Werke 64, 162, 528, 625, 644f.
Werk Christi s. Jesus Christus
Werk des Menschen 18, 39, 100,
	167, 232, 350, 550, 612f., 644
Werk Gottes 18, 39, 69f., 99f., 167,
	232, 272, 329, 369, 392, 396,
	402, 414, 515f., 625
Werke, gute 162f., 167, 527, 530f.,
	613
Wert 103, 289